시 경(詩 經)

詩傳大全 細註譯

삼천년
사랑의 노래(風) 1

고양시 인문학모임 귀가쫑긋

엮은이 石敬 張重德, 如園 許洵榮, 仁川濟 韓載林

「시전대전(詩傳大全)」의 번역을 시작하며

石敬 張重德

孔子께서 詩 삼백편(三百篇)을 한마디로 덮을 수 있음에 '思無邪'라 했던가!

　예전 시를 처음 접할 무렵엔 때로는 낯설고 때로는 지루하였으며 때로는 모르고 넘어가는 경우가 많았으나, 詩를 마음에 얹다 보니 마음속으로 전해오는 사물(事物)의 이치에는 예전 사람이나 지금이나 변함이 없다는 것을 느낀다. 내 마음이 사사로움(私)으로 치우치면 변풍(變風)의 辭로 넘어감이요, 내 마음이 공평예의(公)로 머물지면 정풍(正風)의 辭로 일관될 뿐이니, 그침을 용납지 않음(不容已)에 있을 뿐인 것이다.
　孔子께서 詩를 편수(編修)하신 뜻을 알기엔 아직도 갈 길이 멀기만 하지만, 오늘도 내일도 詩에 진심(盡心)을 다해 보아야 할 것이다.

　이 번역서는 고양시 인문학 모임인 〈귀가쫑긋〉 내의 경전반 선생님들과 시전대전(詩傳大全)을 읽어나가며 정리한 것으로, 딱딱한 고대의 시어를 현대의 감각적 시어로 옮겨주신 여원 허순영 님과 까다로운 글의 문장과 문맥에 감수를 맡아주신 한재림 님의 공동 작업서이다.
　우리말로 완전히 번역하지 않고 부분적 원문을 함께 혼용하여 원래의 뜻을 살리고자 하였다. 〈본문의 시〉만큼은 우리말로 옮기려 노력하였고, 이는 언해본의 현토를 원칙으로 두되 아주 일부분에서만 역자의 의도를 두었다. 〈세주(細註)〉에서는 저와 같은 초학자들도 함께 따라 해석해 볼 수 있도록 부분적으로 원문을 그대로 사용하였다.

그래서 문어체에다 원문의 혼용으로 처음 읽는 분들의 흥미를 떨어뜨릴까 대단히 송구스럽다. 詩에 대한 식견이 일편(一片)하여 우리말로 전하는 데에 어려움과 번잡함이 많았고, 여러 부분에서 오역의 실수가 있을 것이기에 부끄럽고 민망한 맘 그지없다. 초학(初學)의 입장에서 詩를 접하는 심정을 그대로 살리려고 하였고 詩의 직역적(直譯的) 풀이를 달았으니, 읽다 보면 아주 헛되지는 아니할 것이다. 詩에 등장하는 동식물과 복식(復飾) 및 악기(樂器)나 예기(禮器) 등의 예(例)를 일일이 나열치 못하고 검증하지 못한 채로 기재(記載)하고 말았으니, 후에 뜻있는 학자의 밝은 주(註)를 기대하여 본다.

아울러 부족한 부분에 대해 질책을 더해 주어 오류들을 바로잡을 수 있는 기회가 생긴다면, 앞으로 저희 공부에도 큰 도움이 되리라 믿는다.

아무리 현재(賢才)라도 학문을 공부함에 선생님이 없다면, 독학으로 뜻을 두어 온전히 이뤄내기가 대단히 어려울 것이다. 더욱이 저 같은 둔재(鈍才)로서는 존경하는 은사님이신 이우탁 선생님과 단산(檀山) 박찬근 선생님께서 배움의 길을 일러주셨으니, 대단한 행운이 아닐 수 없다. 선생님들이 베풀어주신 사랑에 비해 제대로 실천의 바를 옮기지 못하여 못내 아쉽고 부끄러울 따름이지만, 일면 용기를 내어 이 자리를 빌려 높은 은혜에 감사의 마음을 밝힙니다.

마지막으로 본가와 처가의 존경하는 부모님과 사랑하는 아내에게도 늘 사랑한다고 전하고 싶습니다. 단결!

파주 농막 〈사물제(四勿齋)〉에서 石敬 張 重 德

如園 許洵榮

詩中有畵 畵中有詩 시중유화 화중유시, '시 속에 그림이 있고 그림 속에 시가 있다'

  당송팔대가인 시인 소동파는 당나라 대시인 왕유를 이렇게 평했다.
  내가 그동안 한문을 공부하면서 그중 특히 한시의 매력에 푹 빠져 살아왔던 것은 한시를 감상하다 보면 시 속에 담겨진 풍경들이 저절로 내 마음속에 잘 그려졌기 때문이 아니었을까 생각하여 본다.
  작년 초 꽤 오랫동안 몸담았던 직장에서 퇴직한 뒤 고향의 한적한 도서관에서 모처럼의 망중한을 즐기던 때 석경 선생님의 시경공부를 같이 하자는 전화를 받았다. 물론 그전에 간간이 들춰보는 정도이긴 했지만 본격적으로 시경 책을 손에 잡고 번역하고 공부하게 된 계기이다. 1년이 지난 지금은 이른 새벽에 따뜻한 차 한잔과 내가 좋아하는 재즈음악과 더불어 시경 책을 펴는 것으로 나의 하루를 시작하고 있다.

  여러 경전 가운데 특히 시경은 유일하게 그 소재가 제왕에서부터 신분이 낮은 서민에 이르기까지 복잡한 인간사를 담고 있어 삶의 애환과 고난과 애증관계들이 적나라하게 시속에 잘 드러나고 있다. 때론 유미적이고 때론 낭만적이고 때론 슬프고 때론 억울한 감정들이 읽는 이로 하여금 같이 공감하며 여러 감정들을 함께 불러일으킨다.
  시 삼백여편을 刪詩(산시)한 것으로 알려진 공자께서는 지도자로서 품성을 기르기에 시경 만한 것이 없다고 설파하셨고, 시를 공부한다는 것은 새와 짐승과 초목의 이름을 많이 알게 된다고 하시고 제자는 물론 아들 백어에게도 시 공부를 권면하는 내용이 논어 구절구절 속에 드러나 있다.

실제로 시경 속에는 鳥獸草木(조수초목)은 물론 초학교재인 사자소학의 첫 구절을 시경의 글로 시작하였다는 것만 보아도 시경이 얼마나 우리 일상생활에 알게 모르게 깊게 자리하고 있다는 것을 잘 알 수 있다. 시 해석에 탁월했다고 전해지는 맹자는 "시를 설명하는 자는 첫째 말을 해치지 말아야 하며, 둘째 뜻을 해치지 말아야 하며, 셋째 그 뜻을 거슬리지 말아야 한다"며 시를 대하는 자세에 이렇게 강조하셨다.

　처음 시경 번역을 맡았을 때는 성인의 글을 옮긴다는 기쁨도 잠시, 두려움과 함께 일천한 나의 학문과 비재가 매번 아쉬웠고, 하면 할수록 어렵다는 생각에 봉착하였다. 그러나 또 한편, 시가 가진 운율성의 매력과 압운까지 잘 맞춰진 옛글을 대하며 밤을 새워 번역작업에 매진하다 보니, 보람과 함께 원문 문장이 주는 기쁨과 번역된 시에 또 다른 생명감을 느낄 수 있기도 하였다. 맹자의 말씀대로 원문을 훼손치 않으며 시의 운율성 갖추려고 많이 노력하였다.

　이런 변변찮은 나의 번역문으로 매주 목요일 저녁에 같이 모여 공부하고 토론하는 시경반 문우들에게 감사함을 전하고, 또 경전에는 정성과 시간을 아끼지 않는 석경 선생님께도 아울러 깊은 존경과 감사를 드린다. 혹 이 책을 읽게 될 미지의 독자들에게도 독서상우의 우정을 맺게 됨에 진심을 다해 감사의 마음을 전하고 싶다.

　시경 한 권을 다 끝마치는 날에는 나의 고요함이 더 깊어지기를 나의 인생이 더 성숙해지기를…

2024년 봄이 무르익은 날　如園　許 洵 榮

仁川濟 韓載林

  논어집주대전'으로 시작해 '사서대전'을 한번 다 보고 난 뒤, 시전대전 공부를 시작한 지도 이제 1년 정도 되었습니다.
  처음에는 거의 삼천년 전 언어라 어렵게 느껴졌습니다. 역시 오래전 언어는 어려운 건가? 다만 집주와 세주에 의지해서 한 달 두 달 공부를 해나가다 보니, 조금씩 조금씩 어렴풋하게 보이는 것이 생겨나기 시작했습니다.

  1년이 지난 지금의 느낌은, 꾸준히 해나가다 보면 시경의 옛 언어도 평이하게 느껴지는 날이 올 수 있겠구나! 어렵다고 생각하면 한없이 어렵게 느껴질 수도 있지만, 부담 없이 매일 한두 시간 몇 페이지씩을 읽어 내려가며 즐거운 책읽기(?)를 하고 있습니다.
  어릴 때 느꼈던 책읽기의 즐거움을 시경을 보며 다시 느끼다니, 시경 번역에 역할이 될 인연이 있는가 봅니다.^^

仁川濟 韓 載 林

「시전대전(詩傳大全)」 추천사

〈귀가쫑굿〉은 공부와 놀이를 함께 하는 일산의 대표 인문학 모임입니다. 2010년부터 시작하여 동양철학, 서양철학, 경전반, 문학반, 독서반, 몸공부반 등의 다양한 활동을 하고 있습니다. 매월 정기강좌를 통해 좋은 강사님을 모시고 새로운 지식과 통찰을 얻고 있으며, 매월 정기모임을 통해 회원 간의 다양한 교류모임을 가져오고 있습니다. 공부를 통해 인간과 세상에 대한 이해의 지평을 넓히고, 함께 즐거움을 나누어 가는 건강한 모임으로 성장해가고 있습니다.

귀가쫑굿의 여러 공부 모임 가운데 오래되고 꾸준한 모임이 있습니다. 석경 장중덕 선생님이 강의해 오시는 "경전반"입니다. 10년이면 강산도 변한다는데 변치 않는 것이 있습니다. 고전공부와 강의를 대하는 석경 선생님의 성의와 열정이 그렇습니다. 지난 10여 년간 한결같이 흔들리지 않는 바위처럼 사서삼경(四書三經)을 강의하면서 도반들과 함께 고전을 공부하고 계십니다. 공부가 삶이 되고, 삶이 공부가 되는 여여(如如)한 모습은 늘 존경스럽습니다. 그런 공부의 결실로 지난번 〈맹자집주대전〉에 이어 이번에 〈시경집전〉을 출간하심을 진심으로 축하드립니다.

"학이시습지 불역열호(學而時習之 不亦說乎)",
배우고 익히는 즐거움을 삶 속에서 실천하며 나아가시는 석경선생님과 함께하시는 도반들께 축하의 인사를 전합니다.

귀가쫑굿 5대 회장 최원집

目次

詩傳序 / 010

詩傳卷 1
國風
周南
關雎 / 022　葛覃 / 039　卷耳 / 045　樛木 / 050　螽斯 / 053　桃夭 / 057
兎罝 / 060　芣苢 / 063　漢廣 / 066　汝墳 / 073　麟之趾 / 078

召南
鵲巢 / 086　采蘩 / 090　草蟲 / 095　采蘋 / 100　甘棠 / 106　行露 / 109
羔羊 / 113　殷其雷 / 117　摽有梅 / 120　小星 / 123　江有汜 / 126　野有死麕
/ 131　何彼穠矣 / 133　騶虞 / 141

詩傳卷 2
邶風
柏舟 / 155　綠衣 / 164　燕燕 / 173　日月 / 179　終風 / 183　擊鼓 / 187　凱
風 / 191　雄雉 / 195　匏有苦葉 / 199　谷風 / 206　式微 / 216　旄丘 / 218
簡兮 / 221　泉水 / 227　北門 / 234　北風 / 238　靜女 / 241　新臺 / 241
二子乘舟 / 248

詩傳卷 3
鄘風
柏舟 / 253　牆有茨 / 257　君子偕老 / 260　桑中 / 266　鶉之奔奔 / 269　定
之方中 / 273　蝃蝀 / 284　相鼠 / 289　干旄 / 291　載馳 / 294

衛風
淇奧 / 302　考槃 / 311　碩人 / 314　氓 / 321　竹竿 / 332　芄蘭 / 335　河廣 /
337　伯兮 / 343　有狐 / 348　木瓜 / 350

詩傳卷 4

王風

黍離 / 355　君子于役 / 363　君子陽陽 / 365　揚之水 / 369　中谷有蓷 / 376
兔爰 / 380　葛藟 / 382　采葛 / 384　大車 / 386　丘中有麻 / 389

鄭風

緇衣 / 392　將仲子 / 395　叔于田 / 397　大叔于田 / 400　清人 / 408　羔裘 / 411　遵大路 / 414　女曰雞鳴 / 417　有女同車 / 422　産有扶蘇 / 424　蘀兮 / 425　狡童 / 426　褰裳 / 427　丰 / 428　東門之墠 / 430　風雨 / 431　子衿 / 433　揚之水 / 434　出其東門 / 437　野有蔓草 / 440　溱洧 / 441

詩傳卷 5

齊風

雞鳴 / 443　還 / 449　著 / 452　東方之日 / 454　東方未明 / 455　南山 / 458　甫田 / 462　盧令 / 465　敝笱 / 467　載驅 / 471　猗嗟 / 473

魏風

葛屨 / 481　汾沮洳 / 483　園有桃 / 486　陟岵 / 489　十畝之間 / 491　伐檀 / 492　碩鼠 / 498

詩傳卷 6

唐風

蟋蟀 / 503　山有樞 / 510　揚之水 / 514　椒聊 / 519　綢繆 / 520　杕杜 / 524　羔裘 / 526　鴇羽 / 527　無衣 / 532　有杕之杜 / 537　葛生 / 538　采苓 / 540

秦風

車鄰 / 548　駟驖 / 551　小戎 / 556　蒹葭 / 564　終南 / 566　黃鳥 / 568　晨風 / 573　無衣 / 575　渭陽 / 580　權輿 / 583

9

詩傳序

或有問於予曰하길, 詩는 何爲而作也리오. 予應之曰하길, 人生而靜은 天之性也오, 感於物而動은 性之欲也라. 夫旣有欲矣엔 則不能無思이고, 旣有思矣일진대 則不能無言이라. 旣有言矣에도 則言之所不能盡을 而發於咨嗟咏歎之餘者엔 必有自然之音響節族하야 而不能已焉하니, 此詩之所以作也라.

혹자가 나에게 물어옴이 있어 왈하길: 시(詩)는 어찌해서 만들어지게 되었습니까? 내가 그것에 응하여 말하길: 사람이 태어남에 고요함(靜)은 하늘로부터 부여받은 성(性)인 것이요, 사물에 감응하여 마음이 움직임(動)은 성(性)의 욕구(欲)인 것이다. 무릇 이윽고 욕구가 있음엔 즉 능히 생각(思)이 없을 수 없고, 이윽고 생각이 있을진대 즉 능히 말(言)이 없을 수 없는 것이다. 이윽고 말을 둠에도 즉 말로 능히 다하지 못하는 바를, 아쉬움의 차탄(咨嗟)과 기쁨의 영탄(咏歎)의 여운으로 발로된 것들엔, 반드시 자연한 음향(音響)과 가락(節族)으로 하여 능히 그것을 그만들 수 없음이 있으니, 이것이 시(詩)가 만들어지게 된 까닭인 것이다.

朱子曰 其未感也엔 純粹至善하여 萬理具焉이니 所謂性也라. 感於物而動이면 則性之欲出焉하여 而善惡이 於是乎에 分矣니, 性之欲이 卽所謂情也라.

朱子曰: 그 아직 感하지 않음엔 純粹로 至善하여 萬理가 그곳에 具이니, 所謂 '性'인 것이다. 物에 感하여 動이면 則 性之欲이 그것으로 出하게 되어 善惡이 이때(於是乎)에 分하게 되니, 性之欲이 卽 所謂 '情'인 것이다.

曰然則其所以敎者는 何也오. 曰詩者人心之感物하여 而形於言之餘也니, 心之所感엔 有邪正인지라 故言之所形에도 有是非이라. 唯聖人在上이면 則其所感者無不正하여 而其言皆足以爲敎이라. 其或感之之雜하여 而所發不能無可擇者엔, 則上之人必思所以自反하야 而因有以勸懲之하니, 是亦所以爲敎也라.

왈: 그렇다면 그것이 가르침(敎)이 되는 까닭인 것은 무엇입니까? 왈: 시(詩)라는 것은 사람의 마음이 사물에 감응하여 말의 여운으로 형성된 것이니, 마음이 감응한 바엔 바름과 사특함이 있기 때문에, 고로 말로 형성된 바에도 옳고 그름이 있는 것이다. 오직 성인(聖人)이 윗자리에 있게 되면 즉 그 감응된 바의 것에 바르지 않음이 없어 그 말들이 모두 족히 가르침이 되는 것이다. 그 혹 그것으로 감음에 사심이 섞여 발로된 바에 능히 가히 잘잘못으로 택함이 없을 수 없는 것엔 즉 윗사람은 반드시 (자신의 잘못으로 인했는지에) 자반(自反)의 所以로 생각하였고, 이로 인해 그것에 권선징악(勸善懲惡)이 있게 하였으니, 이것도 또한 가르침이 되는 까닭인 것이다.

眉山蘇氏曰 其人親被王化之純하여 發而爲詩엔 則無不善이니, 正詩가 是也라. 及其感之雜하여 也有所憂愁忿怨으로 不得其平하고 淫泆放蕩으로 不合於禮者矣하니, 變詩가 是也라.
眉山蘇氏曰: 그 人이 親히 王化之純을 被하여 發마다 詩됨에는 則 善하지 않음이 없으니, '正詩'가 是인 것이다. 그 感에 雜됨으로 及하여 또한 憂愁와 忿怨의 바로 그 平을 得하지 못하고, 淫泆과 放蕩으로 禮에 不合인 것도 有하니, '變詩'가 是인 것이다.

○安成劉氏曰 此는 言先王以詩爲敎者이라. 詩之言에 雖有善惡라도 而皆所以爲敎이니, 故因其所言之是非하여 知其所感之邪正인지라, 而於己엔 則益修其治敎하고 於人엔 則有勸懲之政也라.
安成劉氏曰: 此는 先王들이 詩로 敎를 삼았던 것에 言한 것이다. 詩之言에 비록 善惡이 有하더라도 모두 敎가 될 수 있는 所以인 것이니, 故로 그 言한 바의 是非로 因할지면 그 感하는 바의 邪正에도 知할 수 있는지라, 己에 있어서는 則 더욱 그 治敎로 修할 수 있음이고, 人에게는 則 勸懲之政을 有할 수 있는 것이다.

昔周盛時에 上自郊,廟,朝廷으로 而下達於鄕黨閭巷에 其言粹然 無不出於正者이라. 聖人이 固已協之聲律하사 而用之鄕人하고 用之邦國하여 以化天下였으며, 至於列國之詩에도 則天子巡守에 亦必陳而觀之하야 以行黜陟之典이니,
옛 주나라의 성대한 시절엔 위로 교제(郊祭), 종묘(宗廟), 조정(朝廷)으로부터, 아래로 향당(鄕黨)과 여항(閭巷)에 達하기까지, 그 말(言)이 참되고 순박하여 바름에서 나오지 않은 것이 없었다. 성인(聖人)이 진실로 이미 소리와 음률로 화합을 맞추어 향인(鄕人)에게 사용케 하였고, 천자의 나라에서도 사용케 하여 천하를 교화시켰으며, 제후국의 시에 이르러서도 즉 천자께서 순수(巡守)로 행하실 때에 또한 반드시 펼쳐 그것을 살펴보아 강등(黜)과 승진(陟)의 법도로 행하셨으니,

安成劉氏曰 此는 言先王以詩爲敎於郊廟朝野之正詩이니, 如周頌正雅,二南之類는 則播之音律하고, 於列國之詩엔 則采而觀其善惡하여 而於諸侯에 又有黜陟之政也라. 聖人은 蓋指周公이고, 天子는 指武,成,康也라.
安成劉氏曰: 此는 先王께서 詩로서 郊,廟,朝野에 敎하였던 正詩에 대해 言함이니, 마치 周頌의 正雅와 二南之類와 같음은 則 音律에 播케 하시고, 列國之詩에 있어서는 則 采集하여 그 善惡을 觀하고 諸侯에게 또한 黜陟之政으로 有하셨던 것이다. 聖人은 대개 周公을 指하고, 天子는 武王, 成王, 康王을 指함이다.

降自昭穆而後론 寖以陵夷하여 至於東遷而遂廢不講矣라. 孔子生於其時어도 旣不得位하여 無以行勸懲黜陟之政이니, 於是特擧其籍而討論之하여 去其重複,正其紛亂하고, 而其善之不足以爲法과 惡之不足以爲戒者엔 則亦刊而去之하고 以從簡約여도 示久遠(安成劉氏曰 夫子不得行黜陟之政을 於作詩之候國이나 而於詩籍有所去取하니, 則亦可謂黜陟之敎也라)하시여, 使夫學者로 卽是而有以考其得失하여 善者師之하고 而惡者改焉(安成劉氏曰 夫子不得行勸懲之政을 於作詩之人이나 而使學詩者로 有以考其得失하여 而有所創艾興起이니, 則亦可謂勸懲之敎也라)하니, 是以其政雖不足以行於一時이나 而其敎實被於萬世하니 是則詩之所以爲敎者然也라.

후대로 내려와 주나라 소왕(昭)과 목왕(穆)으로부터 이후로는 점차로 쇠퇴하다(陵夷:구릉이 점차 평평해짐), 동주(東周)로 천도함에 이르러선 드디어 폐지되어 강론되지 못하였다. 공자께서 그 시대에 태어나셨어도, 이윽고 지위를 얻지 못하여 권선징악(勸善懲惡)과 출척(黜陟)의 정령으로 행하실 수 없었으니, 이 때에 다만 그 전적(典籍)을 들어 그것을 검토하고 論하시어, 그 중복된 것을 없애 그 분란의 체계를 바로잡으시고, 그 선(善)하지만 법이 되기에 부족한 것과 악(惡)하지만 경계로 삼기 부족한 것엔 즉 또한 깎아 그것을 없애시고, 간단과 요약을 쫓더라도 멀고 오래될 바로만 보이시어(安成劉氏曰: 夫子께서 黜陟之政을 詩를 作한 제후國들에게 行하실 순 없었어도, 詩에 있어선 籍<등재>에 去와 取의 바로 有하셨으니, 則 또한 可히 黜陟之敎라 謂할 수 있는 것이다), 무릇 배우는 자들로 하여금 이것에 나아가 그 득실(得失)을 살필 수 있게 하시어, 선(善)한 것엔 사표케 하시고 악(惡)한 것엔 그것을 고치게 하시었으니(安成劉氏曰: 夫子께서 勸懲之政을 作詩之人에다 行할 순 없어도, 學詩者로 하여금 그 得失에 考함을 有하여 創艾<삼가게 하고 경계하게 함>와 興起의 바로 有하게 하셨으니, 則 또한 可히 勸懲之敎라 謂할 수 있는 것이다), 이러므로 그 정령으로는 비록 한 시대조차 족히 행하지는 못하셨지만, 그 가르침에 있어서는 실로 만세에까지 입게 하셨으니, 이렇게 즉 시(詩)가 가르침이 되는 까닭인 것이 그러했던 것이니라.

曰 然則國風,雅,頌之體에 其不同이 若是는 何也오. 曰吾聞之컨대, 凡詩之所謂風者는 多出於里巷歌謠之作하니 所謂男女相與를 詠歌하야 各言其情者也로대, 唯周南召南만이 親被文王之化以成德하여 而人皆有以得其性情之正인지라. 故其發於言者가 樂而不過於淫하고 哀而不及於傷이니, 是以二篇만이 獨爲風詩之正經이라. 自邶而下론 則其國之治亂不同하여 人之賢否亦異하니, 其所感而發者에 有邪正是非之不齊하여, 而所謂先王之風者도 於此에 焉變矣라.
왈: 그렇다면 '국풍(國風)'과 '아(雅)'와 '송(頌)'에 있어 각 체(體)에

그 같지 않음이 이와 같음은 무엇입니까? 왈: 내가 그것에 대해 듣건대, 무릇 시(詩)에서의 소위 '풍(風)'이라는 것은 마을과 거리의 가요에서 만들어져 나옴이 많았으니, 소위 '남녀가 서로 함께 함(男女相與)'을 시로 읊고 노래 하여 각각 그 성정(性情)을 말했으나, 오직 주남(周南)과 소남(召南)만이 친히 문왕의 교화를 입고 덕을 이루어, 사람들 모두 그 성정(性情)의 바름을 얻음이 있었기 때문에, 고로 그 말로 발로된 것들이 즐거우면서도 음란으로 지나치지 아니하였고, 슬프면서도 마음을 상하는 데에까진 이르지 않았던 것이니, 이러므로 두 편만이 홀로 풍시(風詩)의 바른 길(正經)이 되었던 것이다. 폐풍(邶風)부터 이하로는 즉 그 나라의 다스려짐과 어지러움이 같지 않아 사람들 현명(賢明)의 여부에도 또한 달랐으니, 그 감응된 바로 발로된 것에 사정(邪正)과 시비(是非)의 가지런하지 못함이 있게 되어, 소위 '선왕(先王)의 풍속'인 것도 이때부터 그것이 변화되었던 것이다.

安成劉氏曰 此는 言國風之體而有正變也라. 蓋二南之詩만이 皆得性情之正이니, 如關雎一篇은 樂不淫, 哀不傷이 全體兼備이고, 他의 如卷耳, 汝墳, 草蟲, 行露, 殷其雷, 摽有梅, 小星, 江有汜之類는 亦皆哀而不傷이며, 如樛木, 螽斯, 桃夭, 芣苢, 漢廣, 羔羊, 何彼穠矣之類는 又皆樂而不淫이라. 故二篇獨爲正風하고, 其餘自邶至豳十三國之詩에선 雖亦有得性情之正者라도 而君臣民庶之間이 不能如二南風俗之純인지라, 故雖豳風이라도 亦不得爲正也라.

安成劉氏曰: 此는 國風之體에 正과 變이 有함을 言한 것이다. 대개 二南之詩만이 모두 性情之正을 得함이니, 마치 關雎一篇과 같음은 '樂不淫'과 '哀不傷'이 全體로 兼備인 것이고, 他의 마치 卷耳, 汝墳, 草蟲, 行露, 殷其雷, 摽有梅, 小星, 江有汜의 類와 같음도 또한 모두 '哀而不傷'인 것이며, 마치 樛木, 螽斯, 桃夭, 芣苢, 漢廣, 羔羊, 何彼穠矣의 類와 같음도 또한 모두 '樂而不淫'인 것이다. 故로 二篇만이 獨으로 正風이 되고, 그 餘인 邶로부터 豳의 十三國之詩에 至해선 비록 또한 性情之正者를 得함이 있더라도 君臣과 民庶의 間이 능히 二南의 風俗之純과 같지 못하는지라, 故로 비록 豳風일지라도 또한 시의 正됨을 得할 수가 없었던 것이다.

若夫雅頌之篇은 則皆成周之世에 朝廷郊廟樂歌之詞니, 其語和而莊하고 其義寬而密하며, 其作者 往往聖人之徒라 固所以爲萬世法程而不可易者也라. 至於雅之變者도 亦皆一時賢人君子가 閔時病俗之所爲를 而聖人取之하니, 其忠厚惻怛之心과 陳善閉邪之意엔 尤非後世能言之士라도 所能及之인지라,

마치 저 '아(雅)'와 '송(頌)'의 편들은 즉 모두 주나라의 문물이 완성된 세상에, 조정(朝廷)과 교제(郊祭)와 종묘(宗廟)에 관한 음악과 노래의 가사이니, 그 말들이 조화롭고 엄장하며 그 의(義)가 관대하고 조밀하여, 그 지은이

가 왕왕 성인의 무리(徒)인지라, 진실로 만세(萬世)의 법도와 규범(法程)이 되어 가히 바꿀 수 없는 까닭이 되었던 것이다. '아(雅)의 變'으로 이르른 것도 또한 모두 한 시대의 현인군자가 당시 풍속이 병듦을 근심하여 지은 것을 성인께서 그것으로 취하심이니, 그 충후(忠厚)하고 측달(惻怛)한 마음과 선(善)을 펼치고 사특을 막으려는 의도엔, 더욱 후세의 달변의 士라도 능히 미칠 수 있는 바가 아니었기 때문에,

朱子曰 大率로 雅는 是朝廷之詩이고, 頌은 是郊廟之詩이나, 變雅도 亦是變用他腔調耳이라.
朱子曰: 大率로 '雅'는 이렇게 朝廷之詩이고, '頌'은 이렇게 郊廟之詩이나, '變雅'도 또한 이렇게 그(他) 곡조(腔調)를 變用하였을 뿐인 것이다.

○安成劉氏曰 此에 言二雅正變及周頌等篇之體하고 不兼言商魯頌者는 其體異同엔 可類推也라. 夫正雅,周頌諸篇인 如<常棣>, <文王>, <淸廟>, <時邁> 等 詩는 皆周公作이고, <公劉>, <泂酌>, <卷阿>는 皆召公作으로, 則所謂聖人之徒者也라. 至其變雅之作해선 則其家父及宜臼之傳과 及蘇公,衛武公,召穆公과 凡伯芮,伯之輩도 又皆所謂 賢人君子者也라.
安成劉氏曰: 此에서 二雅(대아,소아)의 正變과 周頌 等篇의 體로만 言하고 商, 魯의 頌에 대해 兼言하지 않았던 것은, 그 體의 異同에 대해 可히 類推해 볼 수 있기 때문이다. 저 正雅와 周頌의 諸篇 중에 마치 <常棣>, <文王>, <淸廟>, <時邁> 等의 詩와 같음은 모두 周公이 作인 것이고, <公劉>, <형작(泂酌)>, <卷阿>는 모두 召公이 作한 것으로, 則 所謂 '聖人之徒' 者인 것이다. 그 變雅之作에 至해선 則 그 '家父'와 '宜臼의 스승(傳)'과, '蘇公' '衛武公' '召穆公'과, 무릇 '伯芮' '申伯'의 무리(輩)들도 또한 모두 所謂 '賢人君子' 者였던 것이다.

此가 詩之爲經하여 所以人事浹於下하고 天道備於上하여, 而無一理之不具也라.
이것이 시(詩)가 경전(經典)이 되어 아래로는 인사(人事)를 흡족하게 하고 위로는 천도(天道)를 갖추어, 하나의 이치라도 갖추지 않음이 없게 된 까닭인 것이다.

朱子曰 詩經全體가 大而天道精微와 細而人事曲折마다 無不在其中이라.
朱子曰: 詩經의 全體가 大하게는 天道의 精微와 細로는 人事의 曲折마다 그 中에 在하지 않음이 없는 것이다.

○安成劉氏曰 通三百篇하여 而論其大義이면, 則其喜不至瀆하고 怒不至絶하며,

怨不至亂하고 諫不至訐하며, 天時日星之大와 蟲鳥草木之微와 人倫綱常之道와 風氣土地之宜와 神祇祖考之祀와 禮樂刑政之施와 凡天人相與之理가 莫不畢備於一經之中也라.

安成劉氏曰: 三百篇을 通하여 그 大義를 論일지면, 則 그 喜가 瀆으로 至하지 않고 怒가 현絶로 至하지 않으며, 怨이 亂으로 至하지 않고 諫이 訐(들춰낼알)로 至하지 않으며, 天時日星之大와 蟲鳥草木之微와 人倫綱常之道 風氣土地之宜와 神祇祖考之祀와 禮樂刑政之施와 凡의 天人相與之理가 어느 것도 다 一經之中에 갖추지 못함이 없는 것이다.

曰然則其學之엔 也當奈何잇가. 曰本之二南以求其端하고 參之列國以盡其變하며, 正之於雅以大其規하고 和之於頌以要其止이면, 此가 學詩之大旨也라. 於是乎에 章句以綱之하고 訓詁以紀之하여, 諷詠以昌之하고 涵濡以體之하며(安成劉氏曰 此는 言學者格物致知之功인 知之事也라), 察之情性隱微之間하고 審之言行樞機之始이면, 則脩身及家와 平均天下之道를 其亦不待他求여도 而得之於此矣라(安成劉氏曰 此는 言學詩者의 誠意正心과 修齊治平之道인 行之事也라). 問者唯唯而退커늘, 余時方輯詩傳인지라 因悉次是語하여 以冠其篇云이라.

왈: 그렇다면 그 그것을 배움에는 또한 마땅히 이에 어찌하여야 합니까? 왈: 주남과 소남에 그것을 근본하여 그 (性情의) 단서를 구하고 열국(列國)의 풍에다 참조하여 그 변화를 다하며, 아(雅)에다 그것을 바로잡아 그 규모를 키우고 송(頌)에다 조화를 이루어 그 머믈(止) 바로 요(要)할지면, 이것이 시를 공부하는 큰 요지인 것이다. 이에다 장구(章句) 중에 강령(綱)을 세우고 훈고(訓詁)를 달아 벼리(紀)로 삼고서, 시가로 읊조려(諷詠) 그것을 창성히 하고 흠뻑 젖어 그것을 체득할지며(安成劉氏曰: 此는 學者의 格物致知之功인 知之事에 言한 것이다), 성정(性情)의 은미(隱微)한 사이에 관찰하고, 언행의 중추(樞機)의 비롯됨을 살핀다면, 수신(修身)으로 제가(齊家)에 미치고 천하를 공평히 균형 있게 하는 도(道)에 그 또한 다른 것에 구함을 기다리지 않아도 이것에서 얻을 수 있을 것이다(安成劉氏曰: 此는 學詩者의 誠意正心과 修齊治平의 道인 行之事에 언한 것이다). 질문한 자가 '네네' 하며 물러나거늘, 내가 지금 바야흐로 '시전(詩傳)'을 편집(編輯) 중인지라, 이 인해 이 말들을 다 차례 매겨 그 편의 머리에 얹음(冠)이라 말하노라.

淳熙四年(1183년) 丁酉 冬十月 戊子에 新安朱熹 書하노라.

詩傳大全卷之一

國風一

安成劉氏曰 集傳에서 於國風之下에다 係以一者는 以國風이 居四詩之首也고, 下文의 周南一之一者는 周南이 又居國風中十五國之首也니, 後倣此이라.
安成劉氏曰: <集傳>에서 國風之下에다 '一'者로 係한 것은 國風이 四詩之首(風,小雅,大雅,頌)에 居하기 때문이고, 下文의 周南一의 '一'者는 周南이 또 國風中 十五國之首에 居하기 때문이니, 後도 倣此이다.

國者는 諸侯所封之域이고 而風者는 民俗歌謠之詩也라. 謂之風者는 以其被上之化以有言이면 而其言又足以感人이니, 如物因風之動以有聲이면 而其聲又足以動物也라. 是以諸侯采之하여 以貢於天子면, 天子受之하여 而列於樂官하고 於以考其俗尙之美惡에서 而知其政治之得失焉이라.
'國'이라는 것은 제후가 천자로부터 봉(封)해 받은 바의 지역이고, '風'이라는 것은 민속 가요의 시(詩)인 것이다. 風이라고 말하는 것은 그 윗사람의 교화를 有言으로 입음이면 그 言이 또한 족히 사람들을 감화시키기 때문이니, 마치 사물이 바람의 움직임(動)이 소리를 냄으로 인함이면 그 소리가 또한 족히 사물을 움직이게 할 수 있음과 같은 것이다. 이러므로 제후가 그것을 채집하여 천자에게 바치면, 천자는 그것을 받아 악관(樂官)에게 진열케 하고, 그 시속(時俗)에서 숭상하는 美惡을 고찰함에서 그 정령의 득실(得失)을 그것에서 알 수 있는 것이다.

朱子曰 男女相與를 詠歌하여 以言其情이면 行人振木鐸하며 徇路로 采之이라. 何休云하길 男年六十과 女年五十에 無子者는 官衣食之하고, 使采詩邑하여 移於國이면 國以聞于天子이라.
朱子曰: 男女가 서로 함께 함을 詠歌(시가를 읊음)하여 그 情을 言이면, 行人(使者를 통틀어 일컫는 말)이 木鐸을 振하며 路를 따라 그것을 采之한다. 何休云하길, '男의 年이 六十과 女의 年이 五十에 無子者이면 官이 그들에게 衣食之하고, 邑에서 采詩하여 國풍에다 移해 놓으면 國풍으로 天子에까지 聞하게 할 수 있는 것이다.' 라 하였다.

舊說에 二南爲正風이니, 所以用之閨門,鄕黨,邦國에 而化天下也고,

구설(舊說)에 '二南(주남,소남)은 정풍(正風)이 되니, 규방(閨房)이나 향당(鄉黨) 또는 나라 안에 불리워지게 하여 천하를 교화시켰던 까닭인 것이고,

程子曰 二南之詩가 爲敎於衽席之上,閨門之內는 上下貴賤之所同也인지라 故用之鄉人邦國而謂之正風이고, 十三國爲變風이라도 則亦領在樂官하고 以時存肄하여 備觀省而垂監戒耳이라.
程子曰: 二南之詩가 衽席之上과 閨門之內에서 敎됨은 上下貴賤마다 同하는 바인지라 故로 鄉人,邦國으로 그것을 用之에 謂之하길 '正風'이라는 것이고, 十三國은 變風이 될지라도 즉 또한 樂官의 주관으로 在하게 하고 時마다 연주(肄)로 存하게 하여 觀과 省을 備하고 監과 戒를 垂하게 할 뿐인 것이다.

十三國爲變風이니, 則亦領在樂官하고 以時存肄하여 備觀省而垂監戒耳이라.
나머지 13국은 변풍(變風)이 되니, 즉 또한 악관에게 주관으로 在하게 하고 (領) 時마다 연주(肄:익힐이)로 存케 하여, 살피고 성찰할 바를 갖추게 함으로 거울삼고 경계할 바를 드리우게 하였을 뿐인 것이다.' 라 하였다.

朱子曰 變風은 多是淫亂之詩인지라, 故班固言하길 男女相與歌詠以言其情者이라. 聖人存此도 亦以見上失其敎이면 則民欲動情勝하여 其弊至此이니, 故曰詩可以觀也라.
朱子曰: 變風은 多로 이렇게 淫亂之詩인지라, 故로 班固가 言하길 '男女相與歌詠以言其情'者인 것이다. 聖人께서 此를 存하심도 또한 上이 失其敎이면 則 民의 動情하고자 함이 勝하여 그 弊가 此에까지 至함을 見(현)한 것이니, 故로 曰하길 '詩로 可히 觀할 수 있다.' 라 한 것이다.

○安成劉氏曰 男女亂倫에 而邶,鄘,衛,鄭之風變하고 君臣失道에 而王,豳之風變하며, 畋遊荒滛에 而齊國之風變하고 儉嗇褊急에 而魏國之風變하며, 以至曹風變而憂傷하고 秦風變而武勇하며, 陳風變而滛遊歌舞하고 檜曹之風變而亂極思治하니, 此가 十三國風之大槩也라. 然變詩雖不可以風化天下라도 而亦各有音節이니, 如季札所觀是已이라. 故樂官兼掌其詩하고 使夫學者時習之하여 以自省而知所戒하니, 蓋亦莫非所以爲敎也라.
安成劉氏曰: 男女가 倫을 亂함에 邶,鄘,衛,鄭之風으로 變하였고, 君臣이 失道함에 王,豳之風으로 變하였으며, 사냥(畋)과 遊로 荒滛함에 齊國之風으로 變하였고, 儉嗇으로 褊急(좁을편)함에 魏國之風으로 變하였으며, 曹風이 變함에 至해선 憂傷하였고, 秦風이 變함에 武勇하였으며, 陳風이 變함에 滛遊의 歌舞하였고, 檜曹之風이 變함에 亂極하여 思治하였으니, 此가 十三國風之大槩인 것이다. 그러나 變詩가 비록 天下를 風化시킴이 不可라도 또한 各에는 音節이 有

하니, 마치 '季札所觀(계찰이 齊,魯에 사신 가서 음악을 살폈다)' 이 是일 뿐인 것이다. 故로 樂官에게 그 詩를 兼掌케 하고 저 學者로 하여금 그것을 時習之하여 自省으로 戒할 바를 知하게 하였으니, 대개 또한 敎되는 까닭 아님이 없는 것이다.

合之에 凡十五國云이라.
그것을 合之함에 凡十五國이라 云할 뿐인 것이다.

周南一之一(召南說附)

周는 國名이고, 南은 南方諸侯之國也라. 周國은 本在禹貢雍(去聲)州境內의 岐山之陽이라(格庵趙氏曰 岐山은 蓋今箭栝嶺 山南에 有周原하니, 周舊國也라). 后稷十三世孫에 古公亶父가 始居其地하고(安成劉氏曰 棄가 爲后稷封於邰하고, 其後公劉遷豳하며, 至古公又遷於岐山之下라), 傳子王季歷하여 至孫文王昌에 辟國寖廣이라. 於是에 徙都于豐하고 而分岐周故地하여 以爲周公旦,召公奭之采邑이라(顏氏曰 采는 官也라. 因官食地인지라, 故曰采地라). 且使周公으로 爲政於國中하고 而召公으로 宣布於諸侯이라.
周는 나라 이름이고, 南은 남쪽 제후의 나라이다. 주나라는 본래 우임금이 구주(九州)로 나눈(禹貢) 옹주(雍州)의 경내인 기산의 남쪽(陽)에 在하였다(格庵趙氏曰:岐山은 대개 今의 전괄령<箭栝嶺:노송나무괄> 山南에 周原이 有하니, 周의 舊國이다). 후직(后稷:성은 姬, 이름은 棄)의 13세손인 고공단보(후에 太王으로 추존)가 비로소 그 지역에 거처하였고(安成劉氏曰: 棄가 后稷이 되어 태<邰>에 封해졌고, 그 後孫인 公劉가 豳땅으로 遷하였으며, 古公에 至해서야 또 岐山之下에다 遷하였다), 3남인 王季 歷(장자太白, 차남虞仲)에게 왕위를 전해주어 손자인 문왕 昌에 이르러서야 나라를 개간하여 점차로 넓혀 나아갔다. 이때에 수도를 풍(豐)땅으로 옮겨, 기주(岐周)의 옛 땅과 분리하여 주공 단(旦)과 소공 석(奭)의 채읍으로 삼았다(顏氏曰: 采는 官이라. 官의 食地로 因하였기 때문에, 故로 曰하길 采地라 함이다). 또 주공으로 하여금 주나라 안(國中)의 정령을 담당하게 하고, 소공으로 하여금 제후들에게 선포케 하였다.

史記索隱曰 周地는 本大王所居나 以爲公,旦采邑인지라 故曰周公이고, 奭을 食邑於召인지라 故曰召公이라. 蓋文王이 取岐周故墟에 分爵二公也라.
史記索隱曰: 周地는 本으로 大王이 居했던 바이나 公,旦의 采邑으로 삼았기 때문에 故로 曰하길 周公이란 한 것이고, 奭을 召에 食邑으로 삼았기 때문에 故

로 曰하길 召公이라 한 것이다. 대개 文王이 岐周의 故墟를 取하여 二公에게 爵祿으로 分한 것이다.

○孔氏曰 文王이 若未居豊이면 則岐는 邦自爲都邑이니, 明知分賜二公은 在作豊之後라. 且二南은 文王之詩로 而分繫二公이니, 若文王不賜采邑하여 不使行化이면 安得以詩係之리오. 故知此時賜之也라.
孔氏曰: 文王이 만일 豊에 居하지 않았다면 則岐는 邦의 自然 都邑이 되었을 것이니, 二公에게 나누어 하賜함은 豊땅으로 진작(振作)하신 後에 在하였던 일임을 明知할 수 있는 것이다. 또 二南의 내용은 文王之詩인 것으로, 二公에게 나누어 정령을 펼치도록 매이게(繫) 했기 때문이니, 만일 文王이 采邑으로 하賜하지 않아 교화를 行하지 못하였다면 어찌 詩를 그와 매이(係)게 할 수 있었겠는가? 故로 此時에서 그들에게 賜之하였음을 知할 수 있는 것이다.

於是에 德化大成於內하여 而南方諸侯之國인 江,沱,汝,漢之間에서 莫不從化하니, 蓋三分天下而有其二焉이라(鄭氏曰 雍,梁,荊,豫,徐,揚之人이 咸被其德而從之이라. ○孔氏曰 其餘의 冀,青,兗屬紂이니, 是爲三分有其二也라). 至子武王發하여 又遷于鎬하고, 遂克商而有天下이라. 武王崩하자 子成王誦立에 周公相之하여 制作禮樂이라. 乃采文王之世風化가 所及民俗之詩하고, 被之筦弦하여 以爲房中之樂하며, 而又推之以及於鄕黨邦國하니, 所以著名先王風俗之盛하여 而使天下後世之修身齊家治國平天下者로 皆得以取法焉이라. 蓋其得之國中者를 雜以南國之詩하여 而謂之周南하니, 言自天子之國而被於諸侯하여 不但國中而已也고, 其得之南國者만을 則直謂之召南하니, 言自方伯之國被於南方이나 而不敢以繫于天子也라.
이때에 덕(德)의 교화가 나라 안에 크게 이루어져, 남쪽 제후의 나라인 장강(江), 타수(沱), 여수(汝), 한수(漢)의 사이에서 아무도 교화를 따르지 않음이 없었으니, 대개 천하를 3등분으로 나누어 그것 중 그 둘을 차지하였던 때인 것이다(鄭氏曰: 雍,梁,荊,豫,徐,揚之人들이 모두 그 德을 被하여 從之인 것이다. ○孔氏曰: 그 餘의 冀,青,兗<연>이 紂에 屬함이니, 이렇게 三分 중에 그 二를 차지하였던 것이다). 자식 무왕 發에 이르러선 또 호경(鎬京)으로 천도하고, 드디어 상나라를 이겨 천하를 차지하였다. 무왕이 돌아가시자 자식 성왕 송(誦)이 제위로 섬에, 주공이 그를 도와 예악(禮樂)을 제정하였다. 이내 문왕 당세의 풍화(風化)가 민속에 미친 바의 시를 채집하고, 筦(피리관)과 弦에 연주해보아 방중(房中)의 음악으로 삼았으며, 또 그것을 미루어나가 향당(鄕黨)과 邦國에까지 及하였으니, 선왕(先王)의 풍속이 성대함을 저명(著名)하여 천하 후세의 수신(修身) 제가(齊家) 치국(治國) 평천하(平天下)하려는 자들로 하여금 모두 그것으로 법을 취할 수 있게 한 까닭인 것이다. 대개 그 주나라 안에서 득한 것을 남쪽나라의 시와 섞어 그것을 주남이라고 불렀으니, 천자의 나라로부터 제후의 나라에까지 교화를 입어 다만 주나라 國中일뿐이 아님을 말한 것이고, 그 남쪽 나라에서만 득한 것은 즉 곧바로 그것을 소남이라 불렀으니, 방백(方伯)의 나라로부터 남방의 나라에까지 교화를 입었으나 감히 천자와는 연계할 수가 없었음을 말한 것이다.

考索曰 周南,召南은 樂章之名也라. 文王之化가 自北而南及於江漢인지라, 故作樂者가 采自北以南土風을 而名之曰南이라. 用爲燕樂,鄕樂,射樂,房中樂은 所以彰文王之化也라.
考索曰: 周南,召南은 樂章之名이다. 文王之化가 北으로부터 南의 江漢에까지 及하였기 때문에, 故로 作樂(樂官)者가 北으로부터 南의 土俗과 風俗을 采集한 것을 名之하여 '南'이라 曰한 것이다. 用하여 燕樂,鄕樂,射樂,房中樂(실내음악)으로 삼음은 文王之化를 드러내기(彰) 위한 所以인 것이다.

○安成劉氏曰 其詩得於國中者는 多爲文王后妃而作인지라, 故雜以南國漢廣,汝墳二詩하여 而謂之周南이라. 所謂自天子之國被於諸侯者는 不敢使周公食邑之號專主其風나, 也然周公之事도 固統於其所尊矣컨대, 觀下文復取小序繫之周公之說하니, 可互見也라. 若召公은 則宣化於諸侯인지라 故以侯國之詩繫之而謂之召南하니, 正以其食邑之號專主之也라. 謂召公爲方伯之國하고 謂豐邑爲天子之國者는 皆通乎追王之後,制作之時하여 而言也라.
安成劉氏曰: 그 詩 중에 주나라 國中에서 得한 것은 多로 文王과 后妃를 위하여 作한 것인지라, 故로 南國의 <漢廣><汝墳>의 二詩와 雜하여 謂之하길 周南이라 한 것이다. 所謂 '自天子之國 被於諸侯'者는 敢히 周公의 食邑之號로만 그 風에 專主케 하지 않음이나, 또한 그러나 周公之事도 固히 그 尊할 바로 統섭하여야 하건대, 下文에서 다시 小序(모씨의 시·문의 앞에 붙이는 서문)를 取하여 周公之說로 繫之하였음을 觀할 수 있으니, 可히 서로 보완(互見:현)인 것이다. 마치 召公과 같은 경우는 則 諸侯에게 교화를 宣布하였는지라, 故로 侯國之詩로서만 繫之하여 謂之하길 召南이라 한 것이니, 正히 그 食邑之號로 專主之케 한 것이다. 召公을 謂하여 方伯之國으로 삼고 豐邑을 謂하여 天子之國으로 삼았던 것은, 모두 王으로 추존한 後와 制作之時를 通괄하여 言한 것이다.

岐周는 在今鳳翔府 岐山縣하고(即今의 陝西鳳翔府 岐山縣이라), 豐은 在今京兆府 鄠縣 終南山北이라(即今의 陝西西安府 鄠縣이라). 南方之國은 即今興元府 京西湖北等路의 諸州이라.
岐周는 지금(남송 주자의 시대) 봉상부(鳳翔府) 기산현(岐山縣)에 在하고(即

今의 陝西 鳳翔府 岐山縣이라), 豊은 지금 경조부(京兆府) 호현(鄠縣) 종남산의 북쪽에 在한다(即 今의 陝西 西安府 鄠縣<땅이름호>이다). 남방의 나라는 즉 지금의 흥원부(興元府) 경서 호북등로(京西湖北等路)의 여러 주(諸州)이다.

宋興元府諸州는 即今陝西四川所隷인 保寧府 蓬金의 等州로, 廣元巴及大安縣之地也라. 京西路諸州는 即今湖廣襄陽府 安陸,隨均의 等州之地也라. 湖北等路諸州는 即今湖廣,武昌,德安,漢陽,常德,岳州,辰州等府로 澧,沅,淸,荊門,夷陵,沔陽의 等州之地也라. 鎬는 在豊東二十五里이라.
宋의 興元府 諸州는 即 今의 陝西 四川에 예속(隷屬)된 바인 保寧府 봉금(蓬金)의 等州로, 廣元巴에서 大安縣에 及하기까지의 地이다. 京西路 諸州는 即 今의 湖廣 襄陽府 安陸과 隨均의 等州之地이다. 湖北 等路諸州는 即 今의 湖廣,武昌,德安,漢陽,常德,岳州,辰州의 等府로, 澧,沅,淸,荊門,夷陵,면양(沔陽)의 等州之地이다. 鎬는 豊의 東 二十五里에 在한다.

安成劉氏曰 鎬도 亦在今鄠縣이나, 先儒는 以爲即鎬池之地이라.
安成劉氏曰: 鎬도 또한 今의 鄠縣에 在하나, 先儒는 即 鎬池之地로 여김이다.

鎬는 在豊東二十五里이라. 小序曰하길 關雎,麟趾之化는 王者之風인지라, 故繫之周公이라. 南은 言化自北而南也라. 鵲巢,騶虞之德은 諸侯之風也로, 先王之所以敎인지라 故繫之召公라하니, 斯言得之矣라.
호경(鎬)은 풍땅 동쪽 25리(里)에 在한다. <毛氏傳>의 편마다 있는 소서(小序)의 서문에 왈: '<관저(關雎)>와 <인지(麟趾)>의 교화는 천자의 풍이기 때문에, 고로 그것을 매이게 함은 주공인 것이다. '南'은 교화가 북으로부터 남으로 이루어졌음을 말함이다. <작소(鵲巢)>와 <추우(騶虞)>의 덕은 제후의 풍으로, 선왕의 교화를 입은 까닭인지라 고로 그것을 매이게 함을 소공인 것이다.' 라 하니, 이 言이 得之인 것이다.

朱子曰 詩에 言文王之德者를 繫之周公은 以周公主內治故也고, 言諸侯之國被文王之化以成德者를 繫之召公은 以召公長諸侯故也라. 文王治岐에 其東有紂하고 其西昆夷하며 其北獫狁인지라, 故其化自北而南하여 先被于江漢之域也라.
朱子曰: 詩에 文王之德으로 言한 것을 周公에게 繫之함은 周公이 內治로 主했던 까닭인 것이고, 諸侯之國이 被文王之化以成德에 言한 것을 召公에 繫之함은 召公이 諸侯들의 長이었던 까닭인 것이다. 文王의 治岐일 때에 그 東은 有紂하고 그 西는 昆夷이며 그 北은 험윤(獫狁)인지라, 故로 그 교화가 北으로부터 南으로 하여 먼저 江漢之域에서 被하였던 것이다.

○三山李氏曰 二南이 皆文王之風化지만, 周南之詩는 多爲文王而作인지라 故言王者之風하고, 召南之詩는 多爲諸侯而作인지라 故言諸侯之風이라. 雖曰諸侯之風라도 其實文王敎化之所及이니, 故言先王之所以敎이라. 先王卽文王也라.
三山李氏曰: 二南이 모두 文王之風化지만, 周南之詩만은 多로 文王을 위하여 作인지라 故로 王者之風이라 言한 것이고, 召南之詩는 多로 諸侯를 위하여 作인지라 故로 諸侯之風이라 言한 것이다. 비록 曰하길 諸侯之風이라도 그 實은 文王의 敎化之所及이니 故로 '先王의 敎가 되는 所以인 것이다.'라 言한 것이다. 先王은 卽 文王이다.

1.關雎

01-01-01 ○關關雎鳩는 在河之洲로다. 窈窕淑女는 君子好逑로다.
화평히 울음 우는 저구새(雎鳩) 황하(黃河) 모래섬에 노니는도다. 얌전하고 고운 아가씨(窈窕淑女) 군자(君子)의 좋은 짝(逑)이로다.

노래하는 물수리새 황하의 물가에서 노니는구나
얌전하고 고운 아가씨 군자의 좋은 짝이로다

興也라. 關關은 雌雄의 相應之和聲也라. 雎鳩는 水鳥로 一名王雎하며, 狀이 類鳧鷖이고 今江淮間有之이라. 生에 有定偶而不相亂하고, 偶常並遊而不相狎이라. 故毛傳에 以爲摯而有別하고, 列女傳에 以爲人未嘗見其乘居而匹處者니, 蓋其性然也라.
興體이다. '관관(關關)'은 암수(雌雄)가 상응(相應)하는 화평한 울음소리이다. '저구(雎鳩:징경이)'는 물에 사는 새로 일명 왕저새(王雎)라고도 하며, 형상이 鳧鷖(오리부,갈매기예)와 類이고, 지금 양자강과 회수 사이에 그들이 있다. 태어나면서 정해진 짝이 있어 서로 문란하지 않고, 짝으로 항상 나란히 노닐어도 서로 친압(親狎)하지 않는다. 故로 <毛傳>에서는 '암수의 성정이 도타우면서(摯)도 분별이 있다.'라 하였고, <列女傳>에서는 '사람들이 일찍이 그 무리(乘:四)로 거처하거나 홀로(匹:한 쌍의 한 쪽) 處함을 보지 못하였다.'라 한 것이니, 대개 그 성정(性)이 그러함인 것이다.
*역주: 窈窕淑女
窈窕淑女는 恐컨대 용모의 얌전함과 마음씨의 고움인 듯하다.

朱子曰 嘗見淮人說이라. 淮上有之하니, 狀如鳩하나 差小而長하고 常是雌雄이 兩兩相隨하며 不相失이라. 然亦不曾相近立處하고 須隔丈來地하니, 所謂摯而有別이 是也라. 此說은 卻與列女傳合이니, 乘居는 是四箇同居이라.

朱子曰: (王鳩는) 일찍이 淮水가 人들의 說에서 보인다. 淮上에 그들이 有之하니, 狀이 鳩와 같으나 差이가 小而長하고 常으로 이렇게 雌雄이 兩兩으로 相隨하며 서로 失하지 않는다. 그러나 또한 일찍이 서로 近立으로 處하지도 않고 반드시 날아든 地에서 丈만큼 떨어져(隔) 있으니, 所謂 '摯而有別'이 이 인 것이다. 此說은 도리어 <列女傳>과 더불어 合이니, '乘居'는 이렇게 四 개의 箇체가 同居인 것이다.

○列女傳에 曲沃負曰하길, 妾聞컨대 男女之別은 國之大節인지라, 故以雎鳩로 起興이나이다. 夫雎鳩之鳥엔 人猶未嘗見乘居而匹處也이로이다.
<列女傳>에 曲沃負曰: 妾이 聞컨대, 男女之別은 國之大節인지라, 故로 雎鳩로서 起興케 할 수 있나이다. 저 雎鳩之鳥엔 人이 오히려 일찍이 여럿(乘)이 居하거나 단독(匹)으로 處함엔 見하지 못하였나이다.
*참고: 曲沃負
위(魏)나라 대부 여이(如耳)의 모친. 魏哀王이 태자빈을 구하고선 자신의 후궁으로 삼으려하자 간함.

○華谷嚴氏曰 左傳의 郯子五鳩는 備見詩經이라. 雎鳩氏의 司馬는 此雎鳩가 是也이고, 祝鳩氏의 司徒는 鵓鳩로 也四牡嘉魚之雛가 是也라. 鳲鳩氏의 司空은 布穀으로 也曹風之鳲鳩가 是也이고, 爽鳩氏의 司寇는 大明之鷹이 是也라. 鶻鳩氏의 司事는 鷽鳩也로 即小斑鳩이며, 小宛之鳴鳩와 與氓의 食桑葚之鳩가 是也라. 左傳엔 雎作鵙하고, 杜預云하길 摯而有別인지라 故爲司馬主法則(鶻은 音骨이고, 鷽은 音學이라)이라.
華谷嚴氏曰: 左傳에 담자(郯子)가 말한 五의 鳩는 <詩經>에서 갖추어져 보인다. '雎鳩氏의 **司馬**'는 此의 雎鳩가 是인 것이고, '祝鳩氏의 **司徒**'는 鵓鳩<발구:멧비둘기>로 또한 <四牡><南有嘉魚>의 雛<염주비둘기추>가 是인 것이다. '鳲鳩氏의 **司空**'은 곡식을 고루 펼침(布穀)이니 또한 <曹風>의 鳲鳩<뻐꾸기>가 是인 것이고, '爽鳩氏의 **司寇**'는 <大明>의 鷹이 是인 것이다. '鶻鳩氏<산비둘기>의 **司事**'는 鷽鳩<학구:작은 비둘기>로, 即 小斑鳩(밀화부리:참새목 되새과에 속하며 흔한 여름새)이며, <小宛>의 鳴鳩<산비둘기>와 <氓>의 '상심(桑葚)을 먹는 산비둘기(鳩)'가 是인 것이다. 左傳에선 雎를 鵙로 作하였고, 杜預云하길 '摯而有別인지라, 故로 司馬의 法則으로 主됨을 삼은 것이다.'라 하였다(鶻은 音이 骨이고, 鷽은 音이 學이다).
*참고: 昭公 十七年
秋 郯子來朝(秋에 郯子가 來朝하다).
좌 秋 郯子來朝 公與之宴. 昭子問焉曰 少皥氏鳥名官 何故也. 郯子曰 吾祖也 我知之. 昔者黃帝氏以雲紀 故爲雲師而雲名. 炎帝氏以火紀 故爲火師而火名 共工氏

以水紀 故爲水師而水名. 大皞氏以龍紀 故爲龍師而龍名 我高祖少皞摯之立也 鳳鳥適至 故紀於鳥 爲鳥師而鳥名. 鳳鳥氏 歷正也 玄鳥氏 司分者也. 伯趙氏 司至者也 靑鳥氏 司啓者也. 丹鳥氏 司閉者也 祝鳩氏 司徒也. 鴡鳩氏 司馬也 鳲鳩氏 司空也. 爽鳩氏 司寇也 鶻鳩氏 司事也. 五鳩 鳩民者也. 五雉爲五工正 利器用正度量 夷民者也. 九扈爲九農正 扈民無淫者也. 自顓頊以來不能紀遠 乃紀於近. 爲民師而命以民事 則不能故也. 仲尼擧之 見於郯子而學之. 旣而告人曰 吾聞之 天子失官 學在四夷 猶信.

秋에 郯子가 來朝하자 公이 그와 더불어 宴하였더니, 昭子가 그에게 問하며 曰: <소호씨(少皞氏:黃帝之子)는 鳥로서 官에 名하였으니, 무슨 까닭입니까?>라 하니, 郯子曰: <吾의 祖인지라 我가 그것에 知하노라. 昔者에 黃帝氏(軒轅氏,姬姓之祖)는 雲의 祥瑞가 있었기에 雲으로 紀를 삼았기 때문에, 故로 百官師長을 雲師로 삼아 雲으로서 官名을 삼았고, 炎帝氏(神農氏,姜姓之祖)는 그러한 이유로 火로서 紀를 삼았기 때문에, 故로 火師라 하여 火로서 名을 삼았으며, 共工氏(諸侯覇有九州者)는 그러한 이유로 水로서 紀를 삼았기 때문에 故로 水師라 하여 水로 名을 삼았고, 大皞氏(伏羲氏,風姓之祖)는 그러한 이유로 龍으로서 紀를 삼았기 때문에 故로 龍師라 하여 龍으로서 名을 삼았으며, 我의 高祖인 少皞(己姓之祖) 지(摯)께서 立하심에 鳳鳥가 마침 至하였기 때문에 故로 鳥에 紀를 삼아 鳥師라 하여 鳥로서 名을 삼았으니, 鳳鳥氏는 歷正을 담당하였으니(鳳鳥知天時故), 그 下에 玄鳥(燕:제비)氏는 春分과 秋分의 司를 담당한 者이었고(以春分來秋分去), 伯趙(伯勞)氏는 夏至와 冬至의 司를 담당한 者이었고(以夏至鳴冬至止), 靑鳥(鶬鴳:창안,꾀꼬리)氏는 立春과 立夏(啓)의 司를 담당한 者이었고(以立春鳴立夏止), 丹鳥(鷩雉:별치,붉은꿩)氏는 입추와 입동(閉)의 司를 담당하는 者(以立秋來立冬去,入大水爲蜃)이었느니라(皆正歷之屬官). 祝鳩(雛鳩:추구,비둘기)氏는 교육의 司徒를 담당하였고(雛鳩孝故爲司徒主敎民), 저구씨(鴡鳩氏:玉鴡물수리)는 司馬를 담당하였으며(鷙而有別故爲司馬主法制), 시구씨(鳲鳩氏:鵠鶹알구,뻐꾸기)는 水土의 司空을 담당하였고(平均故爲司空平水土), 爽鳩氏(鷹)는 司寇를 담당하였고(鷙故爲司寇主盜賊), 鶻鳩氏(鶻鵰,골조:송골매)는 농사의 司事를 담당하느니라(春來冬去故爲司事). 五鳩는 民을 聚(鳩)하는 者이고(治民上聚故以鳩爲名), 五雉(雉有五種)는 五工의 正이 되어 器用을 利하고 度量을 正하여 民을 夷하는 者이었으며(西方曰鷷雉東方曰鶅雉南方曰翟雉北方曰鵗雉伊洛之南曰翬雉), 구호(九扈:扈有九種)는 九農의 正이 되어 民의 欲을 止(扈)하게 하고 無淫하게 하였던 者이었느니라(春扈鳻鶞,夏扈竊玄秋,秋扈竊藍,冬扈竊黃,棘扈竊丹,行扈唶唶,宵扈嘖嘖,桑扈竊脂,老扈鷃鷃,以九扈爲九農之號各隨其宜以敎民事). 顓頊으로부터 以來는 能히 事에 遠한 것으로

紀를 삼지 못하고 이내 近에서 紀를 삼았으니, 民師라 하여 民의 事로서 관직을 命한 것은 즉 德에 能할 수 없었기 때문이었느니라(顓頊氏代小嘷者德不能致遠瑞以民事命官).>고 하였다. 仲尼께서 聞之하시고, 郯子를 만나 뵙고 그것을 學之하였더니(於是仲尼年二十八), 이윽고 人에게 告해주며 曰:<吾가 聞之컨대, '天子가 官職의 의의를 失함엔, 學하는 바가 四夷(郯子)에게 在한다.'라 하였으니, 오히려 信할 만 하도다.>라 하시었다.

河는 北方流水之通名이라. 洲는 水中에 可居之地也라. 窈窕는 幽閑之意이라(幽深而閑靜也라). 淑은 善也라. 女者는 未嫁之稱으로, 蓋指文王之妃大姒하며(廬陵羅氏曰 有莘國之女이라. 地理攷異에 故莘城은 在汴州 陳留縣 東北 三十五里이라), 爲處子時而言也라. 君子는 則指文王也라. 好도 亦善也라. 逑는 匹也라. 毛傳之摯字는 與至通이니, 言其情意深至也라.

'河'는 북방에서 흐르는 물줄기 통칭의 이름이다. '洲'는 물속에 가히 거처할 만한 땅이다. '窈窕'는 (여자의 인품이) 그윽하고 한가한 의미이다(그윽히 깊고도<幽深> 한가하고 고요함이다). '淑'은 착함이다. '女'라는 것은 아직 시집가기 전의 호칭이니, 대개 문왕의 비인 태사(大姒)를 가리키며(廬陵羅氏曰: 有莘國의 女이다. <地理攷異>에, 故의 莘城은 汴州 陳留縣 東北 三十五里에 在한다), 처녀(處子) 때를 위하여 말한 것이다. '君子'는 즉 문왕을 가리킨다. '好'는 또한 좋음이다. '逑(구)'는 배필이다. 毛傳의 '摯'字는 至의 의미와 더불어 통용이니, 그 성정의 의도가 깊고도 지극함을 말함이다.

朱子曰 情이 雖相與深至여도 而未嘗狎하니, 便見樂而不淫之意라.
朱子曰: 성정(情)이 비록 서로 함께 깊고 지극(深至)하였어도 일찍이 친압(狎)하지 않음이니, 문득 '樂而不淫'의 의미임를 見할 수 있는 것이다.

○安成劉氏曰 摯,至字는 古通用이라. 如商書의 大命不摯과 曲禮의 庶人之摯에 亦訓爲至이니, 故鄭氏云하길 摯之言至也니, 謂鳥雌雄情意至然而有別也라.
安成劉氏曰: '摯'와 '至'字는 古에 통용이다. 마치 商書의 '大命不摯'와 曲禮의 '庶人之摯'에 또한 訓을 至(서경은 이르를지, 곡례는 폐백을 갖고 이르름)로 삼으니, 故로 鄭氏云하길 摯는 '至(시경 여기서는 지극함)'로 言함이니, 鳥 雌雄의 情意가 至然이고도 有別임을 謂함이다.
*참고: 西伯戡黎4장
今我民 罔弗欲喪曰天 曷不降威 大命 不摯 今王 其如台 (西伯戡黎-04)
今에 我民들이 喪하지 않음이 없으면서 曰:<天께서는 어찌 降威로 아니하실

지며, 大命이 어찌하여 摯(지)하지 않을런가? 今王이 그 우리(台)에게 어찌할 수 있겠는가?>라 하나이다.

大命 非常之命 摯 至也 史記云大命 胡不至 民苦紂虐 無不欲殷之亡 曰天何不降威於殷 而受大命者 何不至乎 今王其無如我何 言紂不復能君長我也 上章言天棄殷 此章言民棄殷 祖伊之言 可謂痛切明著矣

大命은 非常의 命인 것이다. 지(摯)는 至이다. 史記에 云하길 '大命은 어찌하여 至하지 않는고?'라 하였으니, 民이 紂虐에 苦하여 殷之亡을 欲하지 않음이 없으면서 曰: <天이 어찌하여 殷에 降威치 않을 것이며, 大命을 受한 者가 어찌하여 至하지 않을 것인가? 今王은 그 我에게 어찌할 수가 없도다.>라 하였으니, 紂가 다시 能히 我의 君長이 될 수 없음을 言한 것이다. 上章에선 天이 棄殷하려 함을 言하였고, 此章에서 民이 棄殷하려 함을 言하고 있으니, 祖伊之言이 可히 痛切하고 明著하다고 할 수 있겠다.

*참고: 禮記 曲禮下
"卿羔, 大夫鴈, 士雉, 庶人之摯匹, 童子委摯而退."라는 구문이 보이는데, 孔穎達은 이에 대해 疏에서 "童子見先生或朋友, 旣未成人, 不敢與主人相授受拜伉之儀<대등할항>, 但奠委其摯於地而自退辟之."라 하였다.

○興者는 先言他物하여 以引起所詠之詞也라. 周之文王은 生有聖德하고, 又得聖女姒氏하여 以爲之配라. 宮中之人이 於其始至에 見其有幽閒貞靜之德인지라, 故作是詩라. 言하길 彼關關然之雎鳩는 則相與和鳴於河洲之上矣하니, 此窈窕之淑女는 則豈非君子之善匹乎리오. 言其相與和樂而恭敬이 亦若雎鳩之情摯而有別也라. 後凡言興者도 其文意가 皆放此云이라.

'興'이라는 것은 먼저 다른 사물을 언급하여서, 읊을 바의 시상의 언사(詞)를 끌어 일으킴이다. 주의 문왕은 나면서부터 성인(聖人)의 덕(德)을 지니셨고, 또 성인 성품의 여자 태사(大姒)를 얻어 그와 배필을 이루었다. 궁중의 사람들이 그 처음 궁에 이르를 적에, 그 그윽한 기쁨(幽閒)과 곧고 바른 정숙(貞靜)한 덕(德)이 있음을 보았기 때문에, 고로 이 시를 지었던 것이다. <저 구구대는 한 쌍의 저구새는 즉 서로 더불어 황하가 모래섬 위에 화평한 울음소리 내니, 여기의 요조숙녀께선 즉 어찌 군자의 좋은 배필이 아니겠는가?>를 말한 것이다. 그 서로 더불어 화락하고도 공경함이 또한 마치 저구새의 성정이 지극(摯)하고도 有別이 있음과 같음을 말한 것이다. 뒤에서 무릇 '흥체(興)'라 말하는 것도 그 시문(詩文)에서의 의미가 모두 이와 같을 뿐이라 말할 수 있는 것이다.

朱子曰 興은 起也니, 引物로 以起吾意라. 如雎鳩엔 是摯而有別之物인지라, 引此로 起興에 猶不甚遠이라. 其他에 亦有全不相類라도 只借物而起吾意者도

雖皆是興이나, 與此又畧不同也라.
朱子曰: 興은 起이니, 物을 引함으로서 吾意를 起인 것이다. 마치 雎鳩가 이렇게 摯而有別의 物과 같은 경우에, 此를 引하여 興을 起이면 (의도와) 오히려 심히 멀지(甚遠) 않음인 것이다. 그 他에서 또한 온전히 相類치 않더라도 다만 借物하여 吾意를 起함이 있는 것도 비록 모두 이렇게 興이지만, 此(雎鳩)와는 또한 대畧 不同인 것이다.

○問컨대 詩中說興處는 多近比體者이니이다. 曰 然이라. 如關雎,麟趾도 相似皆是興而兼比이라. 然雖近比라도 其體卻只是興이라. 且如關關雎鳩는 本是興起로 到得下面說窈窕淑女하니, 此方是入題코서 說那實事이라. 蓋興은 是以一箇物事로 貼一箇物事說이니, 上文興起하곤 下文便接說實事이니, 及比則不然으로 便入題了이라.
問컨대, 詩中에 興으로 說한 處는 多로 比體者와 近합니다. 曰 然이로다. 마치 <關雎><麟趾>와 같은 경우도 서로 흡사하게 모두 이렇게 興이고도 比를 兼인 것이다. 그러나 비록 比와 近이라도 그 體는 도리어 다만 이렇게 興일 뿐인 것이다. 또 마치 '關關雎鳩'와 같은 경우는 本來 이것을 興起하여 下面의 窈窕淑女로 說함으로 到得케 한 것이니, 此가 바야흐로 이렇게 入題(시의 첫구)로 하고서 후에 那의 實事로 說한 것이다. 대개 興은 이렇게 一箇物事로서 후의 一箇物事에다 貼하여 說함이니, 上文에다 興起하곤 下文에서 문득 實事로 接하여 說한 것이지만, 比體에 及해선 則 不然으로 문득 入題로 了이고 말 뿐인 것이다(반드시 實事로는 接하지 않음).

○東萊呂氏曰 首章以雎鳩로 發興하고 後章以荇菜로 發興이나, 至於雎鳩之和靜, 荇菜之柔順엔 則又取以為比也라. 興與比는 相近而難辨이니, 興之兼比者를 徒以為比면 則失其意味矣고, 興之不兼比者를 誤以為比면 則失之穿鑿矣라.
東萊呂氏曰: 首章에서 雎鳩로 興을 發하고 後章에선 荇菜로 興을 發하였으나, 雎鳩之和靜과 荇菜之柔順에 至해선 則 또 取하여 比로 삼은 것이다. '興'과 '比'는 相近而難辨이니, 興之兼比者를 다만 比로만 여길지면 則 그 意味를 失하게 되고, 興之不兼比者를 誤하여 比로 여길지면 則 穿鑿으로 失之인 것이다.

漢匡衡(字는 稚圭이라. 漢宣帝朝에 射策甲科하고, 元帝朝에 遷博士,給事中하며, 建初三年에 拜相이라) 曰窈窕淑女 君子好逑는 言能致其貞淑하여 不貳其操하고, 情欲之感을 無介乎容儀하며, 宴私之意를 不形乎動靜이니, 夫然後에 可以配至尊而為宗廟主라컨대, 此는 綱紀之首이고(<白虎通:반고가 편찬한 경서>曰 三綱은 君臣,父子,夫婦也라. 六紀는 諸父,兄弟,族人,諸舅,師長,朋友也라. 綱은 張

也고 紀는 理也라. 大綱小紀는 所以張理고, 上下整齊의 人道也라) 王敎之端也니, 可謂善說詩矣라.
한나라 광형(字는 稚圭이다. 漢宣帝朝에 射策甲科에 합격하고, 元帝朝에 博士, 給事中으로 遷하였으며, 建昭初<元帝 때의 연호:B.C.38~B.C.34>인 三年에 재상에 임명<拜相>되었다) 왈: <'窈窕淑女 君子好逑'라는 것은 능히 그 정숙(貞淑)함을 이루어 나감에 그 지조를 두 갈래로 하지 않고, 감정욕구의 감응을 몸가짐의 예의(禮儀)에 끼임이 없도록 하며, 편안한 사적 의도를 동정(動靜)간에 형용되지 않게 하였음을 言한 것이니, 무릇 연후에라야 가히 지극히 존귀한 이와 배필이 될 수 있고 종묘의 주인이 될 수 있다.>라 하건대, 이것은 人道의 綱紀가 되는 머리이고(白虎通曰: 三綱은 君臣, 父子, 夫婦이다. 六紀는 諸父, 兄弟, 族人, 諸舅, 師長, 朋友이다. 綱은 張<강령을 펼침>이고, 紀는 理<조목으로 다스림>이다. 大綱과 小紀는 강령을 張하여 조목으로 理하는 所以이고, 上下마다 整齊되는 人道인 것이다) 성왕(聖王)이 교화를 펼칠 수 있는 단서이니(齊家之端), 가히 시를 잘 설명하였다라 할 수 있다.

*참고: 漢匡衡
전한 동해(東海) 승(承) 사람. 자는 치규(稚圭)다. 집안은 가난했지만 공부하기를 좋아했고, 고용살이를 하면서 생계를 꾸렸다. 후창(後蒼)을 좇아 『제시(齊詩)』를 배웠고, 문학에 능했으며 『시(詩)』에 정통했다. 선재(宣帝) 때 사책갑과(射策甲科)에 합격하여 태상장고(太常掌故)에 제수되고, 평원문학(平原文學)에 올랐다. 원제(元帝) 초에 낭중(郎中)이 되었고, 박사(博士)와 급사중(給事中)으로 옮겼다. 글을 올려 시정(時政)을 논했는데, 경의(經義)와 잘 상부했다. 광록훈(光祿勳)과 어사대부(御史大夫)를 역임했다. 원제 건소(建昭) 3년(기원전 36) 승상(丞相)이 되어 낙안후(樂安侯)에 봉해졌다. 성제(成帝)가 즉위하자 왕존(王尊)에게 탄핵을 당했다. 성제 건시(建始) 3년(기원전 30) 봉국(封國)의 전조(田租)를 과다하게 거둔 죄로 면직되어 서인(庶人)이 되었다. 육경(六經) 외에도 『논어』와 『효경』을 숭상했다. 특히 『시경』을 잘 해설했다. 사단(師丹)과 복리(伏理), 만창(滿昌) 등에게 학문을 전수하여 광씨제시학(匡氏齊詩學)을 개창했다. [네이버 지식백과] 광형 [匡衡] (중국역대인명사전, 2010.1.20, 이회문화사)

毛氏曰 君子后妃之德이 無不和諧하여 愼固幽深이 若雎鳩之有別焉이니, 然後可以風化天下이라. 夫婦有別 則父子親이고 父子親則君臣敬이며, 君臣敬則朝廷正이고 朝廷正則王化成이라.
毛氏曰: 君子와 后妃의 德이 주위와 和諧치 않음이 없어 삼가 굳건(固)히 그윽하고 깊기(幽深)가 마치 雎鳩가 그것에 有別인 것과 같았으니, 然後에야 可히 天下를 風化할 수 있는 것이다. 夫婦에 有別이면 則 父子가 親이고, 父子가 親

이면 則 君臣이 敬이며, 君臣이 敬이면 則 朝廷이 正이고, 朝廷이 正이면 則 王化가 成인 것이다.

○豐城朱氏曰 淑者善也니, 是女德之至者也라. 凡溫恭,慈惠,端莊,靜一이 皆在其中矣라. 文王聖人也에도 而詠其德者에 一言以蔽之는 不過曰敬而已이라. 大姒聖女也에도 而詠其德者에 一言以蔽之는 不過曰淑而已이라. 대개 能敬이면 則 能自强不息하여 純亦不已이니, 所以爲乾之健也라. 能淑이면 則足以配至尊奉宗廟이니, 所以爲坤之順也라. 故曰窈窕淑女君子好逑는 言能體坤道之順以承乾也라.
豐城朱氏曰: 淑者는 善이니, 이렇게 女德之至者인 것이다. 凡의 溫恭,慈惠,端莊,靜一이 모두 在其中인 것이다. 文王의 聖人에게도 또한 그 德에 詠하는 것을 一言으로 蔽之할 수 있음은 '敬'이라 曰하는데에 不過할 뿐인 것이다. 大姒의 聖女에도 또한 그 德에 詠하는 것을 一言으로 蔽之할 수 있음은 '淑'이라 曰하는데에 不過할 뿐인 것이다. 대개 能敬이면 則 能히 自强不息하여 純一함을 또한 不已이니, 乾의 健이 되는 所以인 것이다. 能淑이면 則 足히 配至尊과 奉宗廟이니, 坤의 順이 되는 所以인 것이다. 故로 窈窕淑女 君子好逑라 曰함은 能히 坤道之順을 體하여 乾을 承할 수 있음을 言한 것이다.

01-01-02 ○參差荇菜가 左右流之로다. 窈窕淑女를 寤寐求之로다. 求之不得인지라 寤寐思服하며, 悠哉悠哉인지라 輾轉反側하여라.
들쑥날쑥한 행채(荇菜) 좌우로 흔들림이로다. 얌전하고 고운 아가씨(窈窕淑女) 자나 깨나 구함이로다. 구해도 얻지 못한지라 자나 깨나 애달피 그리며, 오래고 오래인지라 밤새 이리 뒤척 저리 뒤척 하여라.

올망졸망 마름플 이리저리 흔들리네
얌전하고 고운 아가씨 자나깨나 생각하네
구하여도 만나지 못해 자나깨나 그리워하네
아득하고 그리워라 이리저리 뒤척이며 잠 못 이루네

興也라. 參差는 長短不齊之貌라. 荇은 接余也니, 根은 生水底하고 莖은 如釵股하며, 上靑下白이라. 葉은 紫赤이고 圓徑은 寸餘이며, 浮在水面이라.
興체이다. '參差(가지런하지않을참,차별치)'는 장단(長短)이 가지런하지 않는 모양이다. '荇(도악이 즉 마름)'은 接余라는 식물이니, 뿌리는 물 바닥에서 자라고 줄기는 마치 비녀(釵:채)의 다리와 같으며 위는 푸르고 아래는 하얗다. 잎은 자적색이고 둘레직경은 한 치 남짓이며, 수면 위에 떠 있다.
*참고: 荇菜
노랑어리연꽃의 생약명은 행채(荇菜), 접여(接余)이며 간과 방광에 이롭고, 해

열과 이뇨, 해독 등의 효능이 있다고 한다. 그밖에도 소변이 잘 나오지 않는 증세나 임질 치료, 한기와 열기를 내리는 데 쓴다고 한다. <'부안21' 발행인, 환경생태운동가> 출처: 위클리서울(https://www.weeklyseoul.net)

陸氏曰 鷺其白莖이라. 以苦酒浸之면 脆美하여 可按酒이라. 鷺은 卽煮이라.
陸氏曰: 그 白莖으로 죽(鷺)을 쑬 수도 있다. 苦酒(식초)에다 그것을 담그면(浸之) 부드럽고(脆:취) 맛이 좋아(美) 可히 按酒(案酒)로 삼을 만하다(약재의 법제를 위해 일정 시간 술에 담가 둠). 鷺은 卽煮이다.

○三小李氏曰 荇菜는 是水서 有之黃花하고 葉似蓴하며 可爲菹이라.
三小李氏曰: 荇菜는 이렇게 水에서 노란꽃(黄花)을 피워냄이 있고, 葉은 순채(蓴:여러해살이풀로 수생식물이며 관엽식물)와 흡사하며 可이 菹를 담글 수 있다.

○南軒張氏曰 荇菜는 取其柔順芳潔하여 可薦之意이라.
南軒張氏曰: 荇菜는 그 柔順하고 芳潔(향내있고 정갈)하여 可히 제사에 薦할 수 있는 意를 取한 것이다.

或左或右는 言無方也라(雙峰饒氏曰 言或左或右는 無一定之方也라). 流는 順水之流而取之也라. 或寤或寐는 言無時也라. 服은 猶懷也라. 悠는 長也라. 輾者는 轉之半이고 轉者는 輾之周이며, 反者는 輾之過이고 側者는 轉之留이니, 皆臥不安席之意이라(慶源輔氏曰 四字之訓은 極爲精切이니, 亦可見古人下字之不苟也라). ○此章은 本其未得하여 而言彼參差之荇菜는 則當左右無方以流之矣고, 此窈窕之淑女는 則當寤寐不忘以求之矣라. 蓋此人此德은 世不常有이니, 求之不得이면 則無以配君子而成其內治之美이라. 故其憂思之深하여 不能自已가 至於如此也라.
  '혹은 오른쪽으로 하고 혹은 왼쪽으로 한다(或左或右).' 는 것은 일정한 방향이 없음을 말하는 것이다(雙峰饒氏曰: 或左或右는 一定之方이 無함을 言함이다). '流'는 물의 흐름에 順으로 따라, 그것대로 흔들림을 취하는 것이다. '혹은 잠들고 혹은 잠이 깸(或寤或寐)'은 정해진 때가 없음을 말함이다. '服'은 품을 懷와 같다. '悠'는 길게 함이다. '輾(돌아누울전)'者는 한 바퀴(轉)에다 반인 것이고 '轉(회전할전)'者는 반 바퀴(輾)에서 한 바퀴로 周인 것이며, '反'者는 반 바퀴(輾)보다 過인 것이고 '側'者는 한 바퀴(轉)에서 머무름(留)인 것이니, 모두 누워도 자리가 편안치 않은 뜻이다(慶源輔氏曰: 四字之訓이 極으로 정밀하고 친절하니, 또한 可히 古人의 下字엔 苟차하지 않음을 볼 수 있는 것이다). ○이장은 그 아직 얻지 못함에 근본하여, 저

參差之荇菜는 즉 좌우로 일정한 방향 없이 흔들림에 해당하고, 이 窈窕之淑女는 즉 자나 깨나 구할 것에 잊지 못함으로 해당됨을 말한 것이다. 대개 이 같은 사람과 이 같은 덕은 세상에 항상 있는 것이 아니니, 그녀를 구해도 얻지 못함이면 즉 군자와 짝을 이루어 그 내치(內治)의 아름다움을 이룰 수 없는 것이다. 고로 그 근심하고 사모하길 깊이 하여 능히 스스로 그치지 못함이 이와 같음에까지 이른 것이다.

朱子曰 此詩看來이면 是妾媵做所以形容이니, 得寤寐反側之事는 外人做不到此이라.
朱子曰: 此詩를 看來일지면 이렇게 妾과 媵이 形容으로서 한 바가 되니, 寤寐反側의 事로 得함은 外人이 此에 到達할 수 없는 것이다.

01-01-03 ○參差荇菜를 左右采之로다. 窈窕淑女를 琴瑟友之로다. 參差荇菜를 左右芼之로다. 窈窕淑女를 鐘鼓樂之로다.
들쑥날쑥한 행채(荇菜) 좌우로 꺾음이로다. 얌전하고 고운 아가씨 금슬(琴瑟)로 친애(友之)로다. 들쑥날쑥한 행채(荇菜) 이리저리 삶아(芼之) 제향(祭享) 올림이로다. 얌전하고 고운 아가씨 종고(鐘鼓)로 화락(樂之)이로다.

> 올망졸망 마름풀 이리저리 헤치며 뜯네
> 얌전하고 고운 아가씨 금슬 뜯으며 친해지네
> 올망졸망 마름풀 이쪽저쪽 담아서 삶네
> 얌전하고 고운 아가씨 종북 울리며 즐거워하네

興也라. 采는 取而擇之也라. 芼는 熟而薦之也라(眉山蘇氏曰 求에 得而采하고, 采에 得而芼하니 先後之敍也라. 凡詩之叙類가 如此이라). 琴은 五弦인데 或七弦이며, 瑟은 二十五弦이니, 皆絲屬으로 樂之小者也라.
興체이다. '采'는 취하여 그것으로 택하는 것이다. '芼'는 삶아서 제사에 薦享하는 것이다(眉山蘇氏曰: 求함에 采할 수 있고, 采함에 芼할 수 있음이니, 先後之敍인 것이다. 凡詩之叙類가 如此이다). '琴'은 五絃인데 혹은 七絃이라고도 하며, '瑟'은 二十五絃이니, 모두 현악기의 등속으로 악기 중의 작은 것이다.

爾雅 釋樂曰: 琴은 長三尺六寸六分으로 五弦이나, 後加文武二弦이라. 雅瑟은 長八尺一寸이고 廣一尺八寸이며 二十五弦이나, 其常用者는 十九弦이라. 頌瑟은 長七尺一寸이고 廣一尺八寸이며 二十五弦으로 盡用이라.
爾雅 釋樂<음악이나 악기에 관한 분류편>曰: 琴은 長三尺六寸六分으로 五弦이

나, 後에 文武二弦으로 加하였다. 雅瑟은 長八尺一寸이고 廣一尺八寸이며 二十五弦이나, 그 常用者는 十九弦이다. 頌瑟은 長七尺一寸이고 廣一尺八寸이며 二十五弦으로 盡用한다.

友者는 親愛之意也라(慶源輔氏曰 蓋以兄友,友弟之友로 言也라). 鐘은 金屬이고, 鼓는 革屬으로, 樂之大者也라. 樂은 則和平之極也라. ○此章은 据今始得하여 而言彼參差之荇菜旣得之에 則當采擇而亨芼之矣고, 此窈窕之淑女旣得之에 則當親愛而娛樂之矣라. 蓋此人此德은 世不常有니, 幸而得之면 則有以配君子而成內治라. 故其喜樂尊奉之意를 不能自己가 又如此云이라.
'友'라는 것은 親愛한다는 뜻이다(慶源輔氏曰: 대개 '兄이 友로 대함에…'와 '友애로 대함에 弟를 다함'의 友로 言한 것이다<兄友弟恭>). '鐘'은 金의 등속이고, '鼓'는 가죽의 등속으로, 악기 중의 큰 것이다. '樂'은 즉 화평의 지극함이다. ○이장은 지금에서야 비로소 얻었음에 의거(据)하여, '저 參差之荇菜를 이윽고 얻었음에 즉 마땅히 采擇하여 삶아(亨:삶을팽) 천향으로 올림에 해당하고, 이 窈窕之淑女를 이윽고 얻었음에 즉 마땅히 친애하여 즐겁게 화락해야 한다.'는 것을 말함이다. 대개 이러한 사람과 이러한 덕(德)은 세상에 항시 있음이 아니니, 다행히 그녀로 얻음이면 즉 군자의 배필로 삼아 내치(內治)를 이룰 수 있는 것이다. 고로 그 기쁨의 즐거움(喜樂)과 존중으로 받드는(尊奉) 뜻을 능히 스스로 그칠 수 없기가 또한 이와 같음이라 말한 것이다.

東萊呂氏曰 后妃之德은 坤德也니, 唯天下之至靜만이 爲能配天下之至健也라. 萬化之原은 一本諸此이니, 未得之에 也如之何로 其勿憂리오. 旣得之에 也如之何로 其勿樂이리오.
東萊呂氏曰: 后妃之德은 坤德이니, 오직 天下之至靜만이 能히 天下之至健과 配할 수 있는 것이다. 萬물 교화의 근원은 한결같이 此에 本인 것이니, 아직 未得之에 또한 如之何로 그 憂하지 않을 수 있겠는가? 이윽고 得之에 또한 如之何로 그 樂하지 않을 수 있겠는가?

○慶源輔氏曰 此詩는 皆興而比이라. 首章은 以關雎起興하고 因以關雎摯而有別為比이라. 二章三章은 以荇菜起興하고 亦以爲比하길 但先儒皆取於荇菜之潔淨柔順이나, 而集傳不言하고 只言其不可不求之意者하니, 豈非所謂不可不求者가 正以其潔淨與柔順之故乎리오.
慶源輔氏曰: 此詩는 모두 興而比인 것이다. 首章은 關雎로 起興하고, 關雎의 摯而有別로 因해 比를 삼은 것이다. 二章三章은 荇菜로서 起興하고, 또 比로 삼음을 다만 先儒들은 모두 荇菜之潔淨柔順으로 取하였으나, 集傳에선 不言하고 다만 그 不可不求之意者만을 言하였으니, 어찌 所謂 '不可不求' 者가 正히 그 潔淨과 柔順의 까닭이 아니겠는가?

關雎는 三章으로 一章四句이고, 二章은 章八句이라.
關雎는 三章으로 一章은 四句이고, 나머지 二章은 章마다 八句이다.

朱子曰 只取篇首二字하여 以名篇이니, 後皆放此이라.
朱子曰: 다만 篇首의 二字를 取하여 篇의 名으로 삼음이니, 後도 모두 放此이다.

○孔氏曰 關雎者는 詩篇之名이라. 金縢云하길 公乃爲詩以貽王 名之曰鴟鴞컨대, 然則篇名은 皆作者所自名이라. 名篇之例는 多不過五하니, 少纔取一하고, 或偏擧兩字하며, 或全取一句하고, 亦有舍其篇文하곤 假外理以定稱이라.
孔氏曰: 關雎者는 詩의 篇之名이다. 서경의 <金縢>에 云하길 '公乃爲詩 以貽王 名之曰鴟鴞(치효)' 컨대, 然則이면 篇名은 모두 作者가 스스로 名한 바인 것이다. 名篇之例는 多로 五字를 초과하지 않으니, 少하게는 겨우 一字만을 取하기도 하고, 或은 上下에서 偏擧하여 兩字하고, 或은 온전히 一句로 取하기도 하며, 또한 그 篇에 있는 文은 버려두고 외부의 뜻(理)을 假하여 명칭으로 定하기도 하였다.

*참고: <모시정의> 공영달소
金縢云하길 "公乃爲詩以貽王, 名之曰鴟鴞."컨대, 然則篇名은 皆作者所自名이라. 旣言爲詩하고 乃云名之하니, 則先作詩하고 後爲名也라. 名篇之例는 義無定準이니, 多不過五라. 少纔取一하고, 或偏擧兩字하며, 或全取一句이라. 偏擧엔 則或上或下하고, 全取엔 則或盡或餘이라. 亦有舍其篇首하곤 撮章中之一言하고, 或復都遺見文하곤 假外理以定稱이라.
尙書 <金縢>에 "公이 마침내 시를 지어 왕에게 바치고, 그것에 이름 붙여 '鴟鴞' 라 曰하였다." 라 하였건대, 그렇다면 詩篇의 명칭은 모두 작자가 스스로 이름을 붙인 것이다. 이윽고 시를 지음(爲詩)이라 말하고 나서, 이내 그것에 편명으로 명(名之)하였다라 云하였으니, 즉 먼저 시를 짓고 나중에 이름을 붙인 것이다. 편에 이름을 붙이는 예(名篇之例)는 의(義)에 있어 일정한 기준이 없으나, 많이들 다섯 자를 넘지는 않는다. 적게는 겨우 한 글자만을 취하기도 하고, 혹 편중하여 두 글자를 들기도 하며, 혹 온전히 한 구로 취하기도 한다. 편중하여 든 경우는 즉 혹 앞(上)에서 혹 뒤(下)에서 취하기도 하고, 온전히 취하는 경우에는 즉 혹 다하거나 혹 남겨놓기도 한다. 또한 그 편의 첫머리를 놓아두곤 장(章) 중의 한 마디 말을 취(撮:촬)하기도 하고, 혹 다시 글에 드러난 것을 모두 버려두고 외부의 뜻(理)을 빌어 명칭으로 정하기도 한다.

*참고: 金滕15章
于後 公 乃爲詩 以貽王 名之曰鴟鴞 王亦未敢誚公 (金滕-15)
後에 公이 이내 詩를 지어, 王께 이(貽)하며 名之하기를 <鴟鴞:치효>라 하건대, 王께서 또한 敢히 公을 초(誚:꾸짖을)하진 못하시다.
鴟鴞 惡鳥也 以其破巢取卵 比武庚之敗管蔡及王室也 誚 讓也 上文言罪人斯得 則是時成王之疑 十已去其四五矣
치효(鴟鴞)는 惡鳥이다. 그 巢를 破하고서 取卵하니, 武庚이 管蔡를 王室과 함께 敗하게 함을 比한 것이다. 초(誚)는 꾸짖을 양(讓)이다. 上文에 '罪人斯得'이라 言하였으니, 則 是時엔 成王之疑가 十 中에 이미 그 四五가 제거된 것이다.

孔子曰 關雎는 樂而不淫하고 哀而不傷라하니, 愚謂컨대 此言은 爲此詩者가 得其性情之正,聲氣之和也라.
공자왈: <關雎는 즐거(樂)우되 넘치(淫)지 않고, 애달프되 상해하지 않는다.>라 하시니, 내가 살펴 말하건대 이것은 이 詩를 지은 자가 그 성정(性情)의 바름과 성기(聲氣)의 화평을 얻었음에 말씀하신 것이다.

問컨대, 關雎 樂而不淫 哀而不傷은 是詩人性情如此잇까, 抑詩之詞意如此잇까. 朱子曰 是有那情性인지라, 方有那詞氣聲音이라. 又曰 樂이 止於琴瑟鐘鼓하니 是不淫也나, 若沈湎淫泆이면 則淫矣라. 憂가 止於輾轉反側하니 是不傷也나, 若憂愁哭泣이면 則傷矣라. 此가 是得性情之正이라.
問컨대, 關雎의 '樂而不淫 哀而不傷'은 이렇게 詩人의 性情이 如此인 것입니까? 아니면 詩의 詞意가 如此인 것입니까? 朱子曰: 이렇게 那(詩人)의 情性이 有였던지라, 바야흐로 那의 詞氣聲音도 有이니라. 又曰: 樂함이 琴瑟鐘鼓에 止하였으니 是가 不淫인 것이나, 만일 沈湎<잠김과 빠짐>淫泆<사욕과 교만으로 넘침>일지면 則 淫인 것이다. 憂가 輾轉反側에 止하였으니 是가 不傷인 것이나, 만일 憂愁<근심과 시름에 내내 잠김>哭泣<원망과 설음의 복받침>일지면 則 마음과 몸을 傷인 것이다. 此가 이렇게 性情之正을 得인 것이다.

○慶源輔氏曰 哀,樂은 情之發也나, 心不宰焉이면 則流於傷與淫여도 而不自知矣라. 關雎之詩는 感於性하여 發於情에 而宰於心者也라. 其形於聲詩와 播諸音樂이 皆得其和且正焉이라.
慶源輔氏曰: 哀,樂은 情之發인 것이나, 心이 그것을 주재하지 못함이면 則 傷과 淫으로 流이어도 스스로 知하지 못함인 것이다. 關雎之詩는 性을 감응하여 情으로 發됨에 心에서 주재인 것이다. 그 聲詩(노래와 시)로 形용함과 音樂으로 播되었던 것(成樂)들이 모두 그 속에서 그 和와 또 正을 得인 것이다.

蓋德이 如雎鳩摯而有別이니, 則后妃性情之正을 固可以見其一端矣라. 至於寤寐反側, 琴瑟鐘鼓엔 極其哀樂여도 而皆不過其則焉이니, 則詩人性情之正을 又可以見其全體也라. 獨其聲氣之和를 有不可得而聞者에 雖若可恨이나, 然學者가 姑卽其詞而玩其理하며 以養心焉이면 則亦可以得學詩之本矣라.

대개 덕(德)이 마치 저구새(雎鳩)가 지극하면서도 분별이 있음(摯而有別)과 같음이니, 즉 후비(后妃)의 성정(性情)이 바름을 진실로 가히 그 일단(一端)의 면모를 볼 수 있는 것이다. 자나 깨나 전전반측(輾轉反側)하고 금슬(琴瑟)과 종고(鐘鼓)로 연주함에 이르러서는 그 애락(哀樂)을 극도로 하여도 모두 그 속에서 그 법도에 넘지 않음이니, 즉 시인의 성정이 바름을 또한 가히 그 전체에 대해 볼 수 있는 것이다. 유독 그 노랫소리 기운(聲氣)의 화(和)함을 들을 수 없는 것에 비록 가히 한탄스러운 듯함이 있지만, 그러나 배우는 자가 우선 그 노랫말에 나아가 그 이치를 완미하며 그것으로 선한 마음을 기를지면, 즉 또한 가히 시(詩)를 배우는 근본을 얻을 수 있는 것이다.

慶源輔氏曰 樂不淫, 哀不傷에 論語集註엔 只說作詩者之性情이나, 而此兼言后妃之性情者는 蓋幷首章言之也라. 聲氣之和는 指其發於言이고, 以至播於八音에선 以成樂而言也라.

慶源輔氏曰: '樂不淫, 哀不傷'에 論語集註에서 다만 作詩者之性情으로 說하였으나, 此에서 后妃之性情과 兼言하였던 것은 대개 首章의 의미와 幷하여 言之한 것이다. 聲氣之和는 그 言으로 發된 것을 指인 것이요, 八音으로 播됨에 至해서는 樂(악)을 이룸(成)으로 言한 것이다.

○胡氏曰 觀詩之法은 原其情性, 審其聲音而已이니, 今聲音不傳하고 惟詞語만을 可以玩味耳라. 關雎는 乃宮中人所作으로 欲得賢妃以配文王이라. 方其未得엔 也寤寐反側으로 以致其憂思之深矣나, 然未至於悲怨이니 則不傷也라. 及其得之에도 也琴瑟鐘鼓으로 以宣其和樂之至矣나, 然未至於沈湎이니 則不淫也라. 因其詞語이면 卽可知其情性이고, 至於播於長言, 被之管弦이면 則聲音에도 亦可畧見矣라.

胡氏曰: 觀詩之法은 그 情性을 근原해보고 그 聲音에 審일 뿐이니, 今에 聲音은 不傳하고 오직 詞語만을 可히 玩味해 볼 수 있을 뿐인 것이다. 關雎는 이내 宮中人들이 作한 바로 賢妃를 得하여 文王과 配하고자 하였을 뿐인 것이다. 바야흐로 그 아직 得하지 못하였을 때엔 또한 寤寐反側으로 그 근심과 사모함(憂思)을 깊이(深) 이루었으나(致), 그러나 悲怨으로는 至하지 않았으니 則 不傷인 것이다. 그 그녀를 得함에 及해서도 또한 琴瑟鐘鼓로서 그 和樂의 至극함으로 펼쳤으나(宣), 그러나 沈湎(잠기고 빠짐)으로는 至하지 않았으니

則 不淫인 것이다. 그 詞語로 因할지면 即 可히 그 情性에 知할 수 있고, 長言으로 播인 것을 管弦에다 被之함으로 至일지면 則 聲音에 대해서도 또한 可히 대畧 見할 수 있는 것이다.

○雙峰饒氏曰 一章은 言文王有聖德에 而后妃亦有聖德하야 可為之配이라. 二章은 推言未得大姒之時에 求之如此之切이라. 三章은 言始得后妃之時에 喜之如此其至이라. 自他詩觀之이면 言哀者는 易至於悲傷하니, 如澤陂之詩曰하길 有美一人 傷如之何 寤寐無為 涕泗滂沱가 是也라. 言樂者는 易至於淫泆하니, 如溱洧之詩曰하길 洧之外 詢訏且樂 惟士與女 伊其相謔 贈之以勺藥이 是也라. 惟此詩만은 得情性之正인지라 故玩其詞면 可為養心之助也라.

雙峰饒氏曰: 一章은 文王께서 聖德이 有하고 后妃도 또한 聖德이 有함에, 可히 그와 配될 수 있음을 言한 것이다. 二章은 大姒를 未得한 時에 求하길 如此로 切했음을 推言한 것이다. 三章은 비로소 后妃를 得한 時에 그것에 喜之하길 如此로 그 至했음을 言한 것이다. 他詩로부터 觀之일지면 哀를 言한 것은 易로 悲傷으로 至하고 마니, 마치 <澤陂>의 詩에서 曰한 '有美一人 傷如之何 寤寐無為 涕泗滂沱(저 아름다운 이여! 볼 수 없어 나의 마음을 아프게 한들 어찌할 수 있으오? 자나 깨나 아무 일도 할 수 없어, 눈물 콧물<涕泗>만 펑펑 흘러내리<滂沱>노라)'와 같음이 是이다. 樂을 言한 것은 易로 淫泆로 至하고 마니, 마치 <溱洧>의 詩에서 曰한 '洧之外 詢訏且樂 惟士與女 伊其相謔 贈之以勺藥(유수 밖은 진실로 넓고 또 즐길 만하다하여, 오직 남자와 여자 이렇게 그 서로 희학하며, 작약의 향초로 증표삼아 선사함이로다)'과 같음이 是이다. 오직 此詩만은 情性之正을 得인지라, 故로 그 詞에 玩일지면 可히 心을 養하는 助가 될 수 있는 것이다.

○須溪劉氏曰 夫子自衛反魯에 考禮正樂이라. 其時師摯在魯하여 為夫子歌周南이라. 故曰師摯之始 關雎之亂이 洋洋乎盈耳哉라하고, 又曰關雎樂而不淫 哀而不傷이라. 嘗謂하길 今世所存之詩는 特其詞與義耳이니, 詩之詞未嘗亡也나 其聲亡也라.

須溪劉氏曰: 夫子께서 衛로부터 魯로 反하심에 考禮正樂하시었다. 그 時에 師摯가 在魯하여 夫子를 為해 周南을 歌하였다. 故로 曰하시길 '師摯之始關雎之亂 洋洋乎盈耳哉(태백15)'라 하시고, 又曰하시길 '關雎 樂而不淫 哀而不傷'이라 하신 것이다. 일찍이 謂하길 '今世에 보존된 바의 詩는 다만 그 詞와 義일 뿐이니, 詩之詞엔 일찍이 亡함이 없었으나 그 聲은 亡이다.'라 한 것이다.

○安成劉氏曰 首章은 取興이 是樂而不淫이니, 是后妃性情之一端也라. 二章三章

所言인 一哀一樂마다 皆不過則이니, 是詩人性情之全體也라. 蓋由后妃與詩人性情之正하여 如此이니, 故發於詩歌,播之音樂마다 宜其聲氣之無不和矣라. 然樂者는 所以節夫詩之聲하여 而有音律以養人耳이니, 歌詠以養人心하고 舞蹈以養血脈함이 此樂之全體也라. 古樂旣亡에 則此詩聲氣之和가 所以樂不淫哀不傷者엔 固不得聞이나, 而其所以養心者엔 幸有詩詞之可玩이니, 則亦尙存樂之一端에 而可爲學詩之本也라.

安成劉氏曰: 首章은 興으로 取함이 이렇게 '樂而不淫'이니, 이렇게 后妃의 性情之一端인 것이다. 二章三章에서 言한 바인 一哀一樂마다 모두 則(측)에서 不過이니, 이렇게 詩人의 性情之全體인 것이다. 대개 后妃와 詩人의 性情之正으로 말미암아 如此한 것이니, 故로 發於詩歌와 播之音樂마다 그 聲氣에 和하지 못함이 없음이 의당인 것이다. 그러나 음악(樂)이라는 것은 저 詩之聲에 가락(節)을 맞추고 音律을 두어 養人케 하는 所以일 뿐이니, 歌詠으로 養人心하고 舞蹈로 養血脈함이 此가 樂之全體인 것이다. 古樂이 이윽고 亡임에 則 此詩의 聲氣之和가 樂不淫,哀不傷의 所以인 것엔 固히 聞할 순 없지만, 그 養心일 수 있는 所以인 것엔 다행히 詩詞가 有하여 可히 玩할 수 있음이니, 則 또한 여전히 樂(악)의 一端을 存하고 있음에 可히 學詩之本으로 삼을 수 있는 것이다.

○匡衡曰 妃匹之際는(慶源輔氏曰 妃匹은 猶言匹耦也라) 生民之始이고(慶源輔氏曰 有夫婦인 而后에 有父子也라) 萬福之原이니, 婚姻之禮가 正然後에 品物遂而天命全이라. 孔子論詩에 以關雎爲始는 言大上者民之父母인지라 后夫人之行이 不侔乎天地이면 則無以奉神靈之統而理萬物之宜라. 自上世以來로 三代興廢가 未有不由此者也라.

광형(匡衡)왈: 배필이 정해지는 때(慶源輔氏曰: 妃匹은 匹耦라 言함과 같다)는 생민(生民)의 처음이고(慶源輔氏曰: 有夫婦인 而后에 有父子이라) 만복의 근원이니, 혼인의 예가 바른 연후에 품물(品物)마다 격을 이루어 천명(天命)이 온전하게 되는 것이다. 공자께서 시를 논하심에 관저로서 시작을 삼으심은, 태상(太上:王)者는 백성의 부모인지라, 후부인(后夫人)의 행실이 천지의 덕과 가지런하지(侔:모) 않을지면 즉 신령(神靈)의 강기(綱紀:統)를 받들어 만물을 다스림에 의당할 수 없음을 言하신 것이다. 上世로부터 이래로 三代의 흥폐(興廢)마다 이것으로 말미암지 않음이 있지 않았던 것이다.

前漢 外戚傳曰하길, 自古受命帝王은 非獨德茂이고 亦有外戚之助焉이라. 夏之興에 也以塗山이나 而桀之放은 也用妹喜이고, 殷之興도 也以有㜪이나 而紂之滅은 也嬖妲己이며, 周之興도 也以大任,大姒이나 而幽王之禽은 也淫褒姒이라. 故 易에 基乾坤하고 詩에 首關雎하며 書에 美釐降하니, 夫婦之際는 人道之大倫커

늘 也可不愼歟아. 嫠은 音莘이라.

前漢 <外戚傳>에 曰: 自古로 하늘로부터 受命의 帝王은 유독 자신의 德이 茂했을 뿐만이 아니라, 또한 그 속에 外戚之助가 有하였던 것이다. 夏之興에 또한 塗山씨로 하였으나 桀之放도 또한 말희(妹喜:여자이름말)를 用하였기 때문이고, 殷之興도 또한 有嫠씨로 하였으나 紂之滅은 또한 妲己를 嬖하였기 때문이며, 周之興도 또한 大任(王季)과 大姒로서 하였으나(太王은 太姜) 幽王之禽은 또한 褒姒에 淫했기 때문이다. 故로 易에선 乾坤으로 基하였고 詩도 關雎로 首했으며 書에서도 釐降(주다,치장할리:公主를 신하에게 시집보냄)을 美했으니, 夫婦之際는 人道之大倫이거늘 또한 可히 愼하지 않을 수 있겠는가? 嫠(나라이름신)은 音이 莘(나라이름신)이다.

*참고: 요전

1-12. 帝曰:「咨, 四岳! 朕在位七十載, 汝能庸命, 巽朕位.」岳曰:「否德, 忝帝位.」帝曰:「明明, 揚側陋.」師錫帝曰:「有鰥, 在下 曰虞舜.」帝曰:「兪! 予聞. 如何?」岳曰:「瞽子. 父頑, 母嚚, 象傲, 克諧以孝, 烝烝乂, 不格姦.」帝曰:「我其試哉, 女于時, 觀厥刑于二女,」釐降二女于嬀汭, 嬪于虞. 帝曰:「欽哉.」

帝曰: <咨하노라, 四岳아! 朕이 在位 七十載이로대, 汝는 能히 庸命하였나니, 朕位를 巽하고자 하노라.>고 하시니, 岳曰: <否德한지라, 帝位를 辱(忝)되게 하리이다.>라 하건대, 帝曰:<明한 이를 顯明之로되, 側陋한 자라도 揚하라.>고 하신대, 師들이 帝께 錫하여 曰: <鰥이 있사온대, 手下에 虞舜이라는 자가 在하나이다.>라 하거늘, 帝曰: <옳도다(兪)! 予도 聞이러니, 그 자의 德은 어떠한고?>라 하시니, 岳曰: <瞽의 子로서, 父는 頑하고 後母는 嚚하며 異母弟 象은 傲하나, 克히 孝로서 해(諧)하며 烝烝히 乂하여져 姦惡에는 格하지 않았나이다.>라 하거늘, 帝曰: <我가 그를 試해볼진저! 이(時)에게 女하여, 그 二女에게 刑을 보이는지 觀하리로다.>라 하시고, 二女를 治裝(釐)케 하시어 규수(嬀水)의 汭로 下嫁(降)하여 虞氏에게 빈(嬪)케 하시며, 帝曰: <敬(欽)할진져!>라 하시다.

○朱子曰 讀關雎詩이면 便使人으로 有齊莊中正意思하니, 所以冠乎三百篇으로 與記言母不敬과 書言欽明文思와 皆同이라. 又曰 當時人이 被文王大姒德化之深하여 心膽肺腸이 一時換了여도 自然不覺이라. 形於歌詠如此인지라 故當作樂之時해서 引爲篇首하여 以見一時之盛為萬世之法이니, 尤是感人妙處이라. 又曰 讀詩는 只是將意로 想象去看이지, 不如他書字字要捉縛敎定이라. 詩意엔 只是疊疊으로 推上去이니, 因一事上有一事이면 一事上又有一事이라. 如關雎形容后妃之德如此에 又當知君子之德如此하고, 又當知詩人形容得意味深長如此하며, 又當知所以齊家,所以治國,所以平天下이라. 人君이면 則必當如文王하고, 后妃이면 則必當如大姒의 其原이 如此이라. 又曰 關雎一詩의 文理深奧하니, 如乾坤卦一般

이나 只可熟讀詳味이지 不可說至이라. 如葛覃卷耳에선 其言은 迫切主於一事하여 便不如此了이라.
朱子曰: 關雎詩를 讀일지면 문득 人으로 하여금 가지런하고 엄장(齊莊)한 中正의 意思를 有하게 하니, 三百篇에다 冠하게 된 所以인 것으로 예기에서 言한 '毋不敬'과 書에서 言한 '欽,明,文,思'와 더불어 모두 同인 것이다. 又曰: 當時의 人이 文王과 大姒의 德化를 被하길 深하여, 心膽肺腸이 一時에 換了(바꿀환)이어도 自然 不覺이었다. 歌詠으로 形됨이 如此인지라, 故로 作樂之時에 當해서 引하여다 篇首로 삼아 一時之盛이 萬世之法이 됨을 見한 것이니, 더욱 이렇게 感人의 妙處인 것이다. 又曰: 讀詩는 다만 이렇게 意를 將하고서 想象으로 나아가 살펴(去看)야지, 他書에서 字字마다 捉縛(감을전)으로 고정되게 要함과는 같지 않은 것이다. 詩意에는 다만 이렇게 거듭거듭(疊疊) 上의 의미로 나아가길(去) 推하여야 하니, 一事上에 一事가 有함으로 因할지면 一事上에도 또 (다른) 一事의 의미가 有인 것이다. 마치 關雎에서 后妃之德으로 形容함이 如此함에, 또 當히 君子之德이 如此임을 知할 수 있는 것이고, 또 當히 詩人의 形容에 意味深長하기가 如此로 得했음을 知할 수 있으며, 또 當히 齊家의 所以와 治國의 所以와 平天下의 所以에 知할 수 있는 것이다. 人君이면 則 必로 當히 文王과 같아야 하고, 后妃이면 則 必로 當히 大姒와 같아야 하는 그 原이 如此인 것이다. 又曰: 關雎一詩의 文理는 深奧하니, 마치 乾坤卦와 더불어 一般이나 다만 可히 熟讀으로 詳味하여야 하지 가히 언설만으로 至할 수 없는 것이다. 마치 <葛覃><卷耳>와 같은 경우에선 그 言은 迫切하게 一事에만 主하여 문득 如此하지 않음으로 了인 것이다.
*참고: 堯典
1-1. 曰若稽古堯帝, 曰放勳, 欽明文思安安, 允恭克讓, 光被四表, 格于上下.
아아(曰若)! 옛날 帝堯를 上考하건대, '널리 크게 공을 이루셨나니(放勳), 공경(欽)하고 밝(明)고 문채(文)나고 思慮깊으시고 편안한 바에 安하시며, 참으로(允) 恭하시고 克히 讓하시어, 그 광택을 四表가 입게 되었으며, 上下에까지 格하셨도다.' 라 하니라(曰).

2.葛覃

01-02-01 ○葛之覃兮여. 施于中谷하야 維葉萋萋커늘, 黃鳥于飛로 集于灌木하야, 其鳴喈喈로다.
칡넝쿨 뻗어나감이여! 계곡까지 자라 저 잎 무성(萋萋)하거늘, 꾀꼬리(黃鳥) 관목 위 날아들어 그 울음소리 멀리 화평이로다.

　　　　　　뻗어나는 칡넝쿨 골짜기에 뻗어나가 그 잎이 무성하네

노란 꾀꼬리 나무숲에 모여앉아 꾀꿀꾀꿀 울어대네

賦也라. 葛은 草名으로, 蔓生하며 可爲絺綌者이라. 覃은 延이고, 施는 移也라. 中谷은 谷中也라(孔氏曰 中谷은 倒言者로, 古人語皆然이니 詩文도 多類此라). 萋萋는 盛貌이고, 黃鳥는 鸝也라(陸氏曰 黃鳥는 黃鸝留也라. 或謂黃栗留하고, 幽州에선 謂之黃鶯하며, 一名倉庚이라). 灌木은 叢木也라. 喈喈는 和聲之遠聞也라. ○賦者는 敷陳其事하곤 而直言之者也라. 蓋后妃旣成絺綌하곤, 而賦其事하길 追叙初夏之時에 葛葉方盛하고 而有黃鳥鳴於其上也라. 後의 凡言賦者도 放此이라.

賦체이다. '葛'은 풀이름으로 덩굴(蔓)로 자라며, 가히 고운(絺:치) 갈포(葛布)와 굵은(綌:격) 갈포를 만들 수 있음이다. '覃(담)'은 만연(蔓延:식물의 줄기가 넓게 뻗음)이고, '施(이)'는 옮겨나감(移)이다. '中谷'은 谷中이다(孔氏曰: 中谷은 倒置의 言인 것으로, 古人語도 모두 然이었으니 詩文에서도 多로 此와 類이다). '萋萋'는 무성한 모양이고, '黃鳥'는 꾀꼬리(鸝:리)이다(陸氏曰: 黃鳥는 황리류<黃鸝留>이고, 或 黃栗留<오디가 익을 때에 날아와서 뽕나무 사이를 엿보니, 절기에 응하는 새이기도 함>라 謂하기도 한다. 幽州에선 그것을 謂之하여 황앵<黃鶯>이라 하고, 一名 창경<倉庚>이라고도 한다). '灌木'은 떨기(한 뿌리에서 여러 개의 줄기가 나와 더부룩하게 된 무더기)로 자라는 나무(叢木)이다. '喈喈(새소리개)'는 화평한 소리가 멀리까지 들림이다. ○'賦'라는 것은 그 일을 펼쳐 늘어놓고선 곧바로 그것에 대해 말하는 것이다. 대개 후비가 이미 가는 갈포와 굵은 갈포를 완성해 놓고서, 그 일에 대해 賦하길 초여름 때에 칡잎이 바야흐로 무성해짐에 그 위에선 꾀꼬리 울음소리 요란하였음을 거슬러 쫓아 기록한 것이다. 후의 무릇 '賦'라고 말한 것도 이와 같음이다.

*灌木: 나무의 키가 작고, 원줄기가 분명하지 아니하며 밑동에서 가지를 많이 치는 나무(무궁화·진달래 따위 등).
*追叙: 결과를 먼저 쓴 다음에, 과정을 쓰는 문장 서술 방법.

豐城朱氏曰 黃鳥飛鳴은 乃夏初之時로 葛方盛而未可刈也라. 雖后妃追敘其事이나, 然此時에서도 已可見其動女工之思하여 而有念念不忘之意矣이라.

豐城朱氏曰: 黃鳥의 飛鳴은 이내 夏初之時로, 葛이 바야흐로 盛해짐이나 아직 可히 刈할 때는 아닌 것이다. 비록 后妃가 그 事에 있어 追敘한 것이나, 그러나 此時에서도 이미 可히 그 女工(여자가 해야 하는 일)의 思로 動하여 念念不忘의 意가 있었음을 見할 수 있는 것이다.

01-02-02 ○葛之覃兮여. 施于中谷하야 維葉莫莫커늘, 是刈是濩하야 爲絺爲綌

하나니, 服之無斁이로다.
칡넝쿨 뻗어나감이여! 계곡까지 자라 저 잎 빽빽(莫莫)하거늘, 이렇게 잘라다 이렇게 삶아내 곱고 굵은 갈포(葛布) 만드나니, 오래도록 입어도 싫증나지 않음이로다.

　　　　뻗어나는 칡넝쿨 골짜기에 뻗어나가 그 잎이 무성하네
　　　　베어다가 삶아내어 굵은 갈포 고운 갈포 옷 해 입고 기뻐하네

賦也라. 莫莫은 茂密貌라. 刈는 斬이고, 濩은 煮也라. 精을 曰絺하고, 麤를 曰綌이라. 斁은 厭也라. ○此는 言盛夏之時에 葛旣成矣하자 於是治以爲布하니 而服之無厭이라. 蓋親執其勞에 而知其成之不易인지라 所以心誠愛之하여 雖極垢弊라도 而不忍厭棄也라.
賦체이다. '莫莫'은 무성하고 조밀한 모양이다. '刈(예)'는 벨 斬이고, '濩(확)'은 삶는(煮) 것이다. 정밀한 것을 '絺'라 말하고, 거친 것을 '綌'이라 말한다. '斁(역)'은 싫어함이다. ○이것은 한여름의 때에 칡이 이윽고 다 자라자, 이때에 길쌈을 다스려 갈포옷을 만드니 그것을 입음에 싫증나지 않았음을 말한 것이다. 대개 친히 그 노고를 겪어(執) 만듦에 그 완성이 쉽지 않았음을 알기 때문에, 마음속에 참으로 그것을 아껴하여 비록 극도로 때 묻고 헤지더라도 차마 싫증나 버릴 수가 없었던 까닭인 것이다.

永嘉陳氏曰 知稼穡之勤者는 飮食則念農功하고, 知絲麻之勤者는 衣服則思女功하니, 親執其勞가 所以心誠愛而不忍棄也라.
永嘉陳氏曰: 稼穡之勤에 知하는 者는 飮食마다 則 農功을 念하고, 絲麻之勤에 知하는 者는 衣服마다 則 女功에 思하니, '親執其勞'가 心속에서 誠으로 愛하여 차마 棄하지 못하는 所以인 것이다.

○華谷嚴氏曰 婦人驕奢之情이면 何有紀極리오. 苟萌一厭心이면 雖窮極靡麗로 耳目日新라도 猶以爲不足也라. 味服之無斁一語이면 可見后妃之德性이라.
華谷嚴氏曰: 婦人이 교만과 사치(驕奢)의 성정이라면, 어찌 紀極됨이 있으리오? 苟라도 一의 厭心이 萌일지면, 비록 窮極의 화려(靡麗)로 耳目을 날로 새롭게 하더라도 오히려 不足인 것이다. '服之無斁'의 一語에 味일지면, 后妃之德性에 可見인 것이다.

○慶源輔氏曰 凡人之於物에 易厭而不甚顧惜者는 以其得之之苟하여 不知其用力之勞而成就之難也라. 唯其身親爲之인지라 故其愛之而不厭이니, 亦可見后妃旣勤且儉之意이라.

慶源輔氏曰: 무릇 人이 物에 있어 易로 厭증내어 어떤 아낌으로도 돌아보지 않는 것은, 그 그것을 得之에 苟차하여 그 用力의 勞를 들여 成就하기가 難임을 不知하기 때문이다. 오직 그 몸소 親히 그것을 為之인지라 故로 그 그것을 愛之하여 不厭인 것이니, 또한 后妃가 이윽고 勤하고 또 儉했던 意에 可見인 것이다.

01-02-03 ○言告師氏하야 言告言歸호라. 薄汚我私며 薄澣我衣리니, 害澣害否리오. 歸寧父母로다.
여사(女師)께 말씀 고(告)해 귀녕(歸寧)의 뜻 전하리라. 이렇게 나의 평상복 빨고(汚) 이렇게 나의 예복도 빨지니, 무엇은 빨고 무엇은 빨지 않으리오? 부모께 안부 여쭈러 귀녕하리로다.

　　　　스승님께 말씀드려 친정집에 다녀오네
　　　　일상 옷도 빨아놓고 예복도 빨아놓고
　　　　빨래일감 다 해놓고 친정부모 뵈러가네

賦也라. 言은 辭也라(安成劉氏曰 如言采,言念,薄言,駕言之類는 皆語辭也라). 師는 女師也라(毛氏曰 古者에 女師가 教以婦德,婦言,婦容,婦功이라. ○孔氏曰 昏禮注云하길, 婦人五十無子하고 出而不復嫁에 能以婦道教人者를 為姆이라). 薄은 猶少也라. 汚는 煩捼之로 以去其汚니, 猶治亂而曰亂也라(釋文曰 煩捼은 猶捼莎也니, 捼莎音은 那梭이라). 澣은 則濯之而已라. 私는 燕服也고, 衣는 禮服也라(安成劉氏曰 周禮에 王后禮服은 有六이나, 文王未嘗稱王하니 則大姒亦未必備此六服인지라 但汎言禮服而已라). 害는 何也라. 寧은 安也니, 謂問安也라. ○上章에 旣成絺綌之服矣하곤, 此章에선 遂告其師氏하여 使告于君子以將歸寧之意라. 且曰하길 盡治其私服之汚하고 而澣其禮服之衣乎라하여, 何者當澣하고 而何者可以未澣乎리오. 我將服之하곤 以歸寧於父母矣라.
賦체이다. '言'은 語辭이다(安成劉氏曰: 마치 言采,言念,薄言,駕言의 類와 같음은 모두 語辭<생각이나 느낌을 표현하고 전달하는 소리>이다). '師'는 여자 스승이다(毛氏曰: 古者엔 女師가 婦德,婦言,婦容,婦功으로 教하였다. ○孔氏曰: <昏禮>注에 云하길, 婦人五十에 無子하고 出家하였으나 다시 시집<嫁>가지 못함에, 能히 婦道로 教人할 수 있는 者를 여자의 스승<姆:유모모>으로 삼았다). '薄'은 조만간(少)과 같음이다. '汚'는 양손으로 비벼서(捼:연) 그 더러움을 제거하는 것으로, 난리를 다스림(治亂)을 '亂'이라 말하는 것과 같은 것이다(釋文曰: 煩捼은 捼莎<비빌나,뭉지를사:양손으로 문지름>와 같으니, 捼莎의 음은 나사<那梭:북사>이다). '澣'은 즉 그것을 세탁할 뿐인 것이다. '私'는 연복(燕服↔正服)복이고, '衣'는 예복이다(安成劉氏曰: 周禮에 王

后禮服엔 有六하나, 文王이 일찍이 稱王치 않았으니 則 大姒에게도 또한 반드시 此六服으로 備하지는 않았기에, 다만 禮服으로 汎言하였을 뿐인 것이다). '害(할)'는 무엇 何이다. '寧'은 안부(安)로서, 문안(問安)을 말함이다. ○ 위의 장에선 이윽고 가늘고 성근 갈포옷을 이루고선, 이장에서는 드디어 그 스승(師氏)께 고하여 군자에게 장차 귀녕의 뜻을 알리게 한 것이다. 또 '어찌 그 사복의 더러움만 다스리고, 그 예복의 옷은 빨지 않겠는가?'라고 말하여, 어느 것은 마땅히 빨고 어느 것은 가히 빨지 않을 수 있겠는가? 내가 장차 그 것을 입고 부모에 안부 여쭈러 귀녕할 것이라 한 것이다.

慶源輔氏曰 薄污薄澣者는 不爲甚飾之辭이고, 害澣害否者에선 又見其不苟之意이라. 於其薄污薄澣者엔 畧施其功하고 而不爲過甚之飾이며, 於其害澣害否者엔 各隨其宜하여 而無雜施之苟이니, 則尤見其勤儉之德也라.
慶源輔氏曰: 薄污薄澣者는 甚한 꾸밈(飾)으로 하지 않는 언사이고, 害澣害否者에선 또한 그 苟차하게 하지 않는 意임을 見할 수 있는 것이다. 그 薄污薄澣者에선 대畧 그 해야 하는 功만을 施하고 過甚之飾으로 하지 않음이며, 그 害澣害否者에선 各 그 宜만을 隨하여 (好不好의) 雜施之苟가 없음이니, 則 더욱 그 勤儉之德임을 見할 수 있는 것이다.

○豐城朱氏曰 師氏導我者로 也則必每事而詢訪하니, 見其不敢專也라. 父母生我者로 也則必及時而問安하니, 見其不敢忘也라. 君子宗主我者로 也則必因師以致告하니, 見其不敢褻也라.
豐城朱氏曰: 師氏는 我를 導하는 者로 또한 則 반드시 每事마다 詢訪(자문을 구하러 방문)하여야 하니, 그 敢히 專할 수 없음을 見(현)한 것이다. 父母는 我를 生한 者로 또한 則 반드시 時마다 及하여 問安하여야 하니 그 敢히 忘할 수 없음을 見한 것이다. 君子는 我에 宗主되는 者로 또한 則 반드시 師로 因하여 致告하여야 하니, 그 敢히 褻할 수 없음을 見한 것이다.

葛覃은 三章으로, 章六句이라.
葛覃은 三章으로, 章마다 六句이다.

此詩는 后妃所自作인지라, 故無贊美之詞이라. 然於此에 可以見其已貴而能勤하고, 已富而能儉하며, 已長而敬不弛於師傅하고 已嫁而孝不衰於父母하니, 是皆德之厚而人所難也라. 小序에 以爲后妃之本하니, 庶幾近之라.
이 시는 후비가 스스로 지은 바인지라, 고로 찬미(讚美)의 언사가 없는 것이다. 그러나 이것에 가히 그 이미 貴인데도 능히 근면했고, 이미 부유한데도 능히 검소했으며, 이미 지위가 長인데도 공경을 스승에 느슨하지 아니했고, 이미 시집가서도 효를 부모에게 쇠하지 않았음을 볼 수 있으니, 이렇게 모두 덕(德)이 후덕한 것으로 사람들이 하기 어려운 바인 것이다. <小序>에서는 후비의 본성(本)으로 여겼으니, 거의 그것이 가까움이 된다.

南軒張氏曰 后妃之貴라도 亦必立師傅하여 以訓之이라. 法家拂士엔 非惟人主不可一日無이고, 后妃亦然也라. 周는 自后稷以農爲務하여 歷世相傳하니, 其君子則重稼穡之事하고 其室家則重織紝之勤하여 相與로 服習其艱難하고 詠歌其勞苦하니, 此實王業之根本也라. 夫治는 常生於敬畏하고 而亂은 常起於驕肆컨대, 使爲國者가 每念稼穡之勞하고 而其后妃도 又不忘織紝之事면 則心之不存者가 寡矣라. 此心常存컨대 則驕矜放恣가 何自而生리오. 故誦服之無斁之章이면 則知周之所以興이고, 誦休其蠶織之章이면 則知周之所以衰라.
南軒張氏曰: 后妃之貴라도 또한 반드시 師傅를 立하여 그에게 訓之(따를훈)하여야 한다. 法家(나라에 법도가 되는 가문)와 필사(拂士:잘 보필하는 賢士)엔 오직 人主만이 一日이라도 無해서는 不可할 뿐만이 아니라, 后妃에게도 또한 然인 것이다. 周는 后稷으로부터 農으로서 務를 삼아 歷世토록 相傳하였으니, 그 君子는 則 稼穡之事를 重히 여기고 그 室家는 則 織紝(길쌈)의 勤을 重히 여겨, 서로 함께 그 艱難을 服習(익숙할복)하고 그 勞苦를 詠歌하였으니, 此가 實로 王業之根本인 것이다. 저 治는 常으로 敬畏에서 生하고 亂은 常으로 驕肆에서 起하건대, 만일 爲國者가 每번 稼穡之勞에 念하고 그 后妃도 또한 織紝之事에 不忘일지면 則 心에 存하지 않아야 할 것들은 寡인 것이다. 此心이 常存컨대, 則 驕矜放恣가 무엇으로 부터하여 生하겠는가? 故로 '服之無斁'의 章을 誦일지면 則 周가 興하게 된 所以에 知할 수 있고, '休其蠶織(蕩之什:瞻卬)'의 章을 誦일지면 則 周가 衰하게 된 所以를 知할 수 있는 것이다.

○慶源輔氏曰 勤儉孝敬이 固婦人之懿德라도 又能不以勢之貴富 時之久遠토록 而有所變遷焉이니, 則尤見其德厚有常而人所難及也라.
慶源輔氏曰: 勤儉과 孝敬이 固히 婦人之懿德이라도, 또한 能히 형세의 貴富가 당시에 멀고 오래됐어도(久遠) 그것을 變遷하는 바로 두지 않았으니, 則 더욱 그 德이 厚하고 常道를 지님에 人이 미치기 難한 바임을 見할 수 있는 것이다.

○安成劉氏曰 后妃之富貴而勤儉者는 二章可見也고, 長嫁而孝敬者는 三章可見也라.
安成劉氏曰: 后妃의 富貴而勤儉者는 二章에서 可見인 것이고, 長而敬과 嫁而孝者는 三章에서 可見인 것이다.

○豐城朱氏曰 此詩三章에 首章是未爲絺綌以前事이고, 二章是爲絺綌時事이며, 三章是旣爲絺綌以後事이라. 卽爲絺爲綌하면 而知其能勤하고 卽澣濯無斁이면 而知其能儉하며, 因其言告師氏면 而知其能敬이고 因其歸寧父母이면 而知其能孝이라. 關雎之所謂淑은 指其德之全體言也고, 此所謂勤儉孝敬은 又各就其一事言也라.
豐城朱氏曰: 此詩 三章 중에, 首章은 이렇게 絺綌을 짜지 않은 以前의 事이고, 二章은 이렇게 絺綌을 짜는 時의 事이며, 三章은 이렇게 이윽고 絺綌을 짠 以後의 事인 것이다. '爲絺爲綌'에 卽하여 보면 그 能勤임을 知할 수 있고, '澣濯無斁'에 卽하여 보면 그 能儉임에 知할 수 있으며, 그 '言告師氏'에 因할지면 그 能敬임을 知할 수 있고, 그 '歸寧父母'로 因할지면 그 能孝임에 知할 수 있는 것이다. 關雎의 所謂 '淑'은 그 德之全體를 指하여 言한 것이고, 此의 所謂 '勤,儉,孝,敬'은 또한 各 그 一事로만 就하여 言한 것이다.

3. 卷耳

01-03-01 ○采采卷耳호되 不盈頃筐코, 嗟我懷人인지라 寘彼周行호라.
권이(卷耳)나물 캐고 캐도 얕은 광주리 채우지 못하고, 아~ 나의 님 생각뿐인지라 저 큰길가로 던져놓노라.

뜯고 뜯네 도꼬마리 낮은 광주리도 못 채우네
그리워라 님 생각에 나물 바구니 길가에 던져두네

賦也라. 采采는 非一采也라. 卷耳는 枲耳로, 葉如鼠耳하고 叢生如盤이라.
賦체이다. '采采'는 한 번만 캐는 것이 아니다. '卷耳'는 시이(枲耳:모시풀시)란 나물로서, 잎은 마치 쥐의 귀와 같고 떨기로 자라나길 마치 소반(盤)과 같음이다.
*卷耳: 도꼬마리. 국화과의 일년초. 들이나 길가에 저절로 나는데, 줄기는 1m 정도 곧게 자람. 잎은 잎꼭지가 길고 넓은 삼각형이며 여름에는 노란 꽃이 핌. 봄에는 부드러운 잎을 먹을 수 있고, 한방에서는 창이자(蒼耳子)라고도 하여 약용으로도 쓰임.

孔氏曰 亦云胡枲하고, 或曰苓耳하며, 江東呼常枲이라. 葉은 靑白色으로 似胡荽이라. 白花이고 細莖이며 蔓生이니, 可煮爲茹이라. 四月中生子하니 如婦人耳璫하여 或爲耳璫草이라.
孔氏曰: 또한 云하길 '호시(胡枲)'라 하기도 하고 或 영이(苓耳)라 曰하기도 하며, 江東에서 '常枲'라 呼하기도 한다. 葉은 青白色으로 호유(胡荽:미나리과에 속한 한해살이풀)와 흡사하다. 白花이고, 細莖이며 덩굴(蔓)로 자라니, 可히 黃하여 茹(나물로 먹을 여)할 수 있다. 四月中에 씨앗(子)을 生하니, 마치 婦人의 귀고리의 구슬(耳璫:귀고리옥당)과도 같아 或 이당초(耳璫草)라 하기도 한다.

○本草에 卷耳는 即今蒼耳이니, 今人은 麴蘗中에 多用之이라.
<本草>에 卷耳는 即 今의 蒼耳이니, 今人은 누룩(麴蘗:누룩국,얼) 中에 多로 그것을 用之한다.

頃은 欹也라. 筐은 竹器이라. 懷는 思也라. 人은 蓋謂文王也라. 寘는 舍也라. 周行은 大道也라(朱子曰: 詩有三周行하니, 此及大東者는 皆道路之道이고, 鹿鳴은 道義之道也라). ○后妃가 以君子不在로 而思念之인지라 故賦此詩하여 託言하길, 方采卷耳여도 未滿頃筐은(鄭氏曰: 器之易盈而不盈者는 憂思深也라) 而心適念其君子니, 故不能復采而寘之大道之旁也라.
'頃'은 기울어질 欹(기)이고, '筐'은 대나무 광주리이다. '懷'는 그리워함이다. 人은 대개 문왕을 말함이다. 寘(치)는 버려둠이다. 周行은 큰 길이다(朱子曰: 詩에는 三의 周行이 有하니, 此는 <大東>者와 함께 모두 道路之道이고, <鹿鳴>은 道義之道인 것이다). ○후비가 군자 계시지 않음으로 그를 그리워 생각하였기 때문에, 고로 이 시를 賦해 의탁하여 말하길 '바야흐로 卷耳를 캐고 캐어도 기울어진 광주리조차(鄭氏曰: 器를 易로 盈할 있음에도 不盈者는 憂思가 深하였기 때문이다) 차지 않음은, 마음이 다만 그 군자를 염두하였기 때문이니, 고로 능히 다시 캐지 않고 그것을 큰길가에 버려두노라.'고 한 것이다.
*頃筐: 앞이 낮고 뒤가 높은 대광주리

問컨대, 卷耳,葛覃은 同是賦體나 又似畧不同이니, 蓋葛覃直敘其所嘗經歷之事이나 卷耳則是託言也이니이다. 朱子曰 雖不自經歷하고 而自言我之所懷者如此라도, 則亦是賦體也라.
問컨대, 卷耳,葛覃은 同으로 이렇게 賦體라 하나 또한 흡사 대략 不同인 듯하니, 대개 葛覃은 直으로 그 일찍이 經歷한 바의 事에까지 敍하였으나, 卷耳는 則 이렇게 託言일 뿐입니다. 朱子曰: 비록 自로 經歷치 않고 自로 我의 懷한 바만을 言한 것이 如此라도, 則 또한 이렇게 賦體일 뿐인 것이다.

○豊城朱氏曰 卷耳는 易采也고, 頃筐은 易盈也나, 然采之又采而不盈頃筐은 何也오. 蓋託言하길, 其心在乎君子하고 而不在乎物也라. 於是에 舍之而寘彼大路

之旁焉하니, 其心之專一하여 而不暇乎他임을 可知也라. 此詩는 是后妃之於君子에 思之切,憂之深,望之至여도 然有懇切至到之意하고 而無悲愁悽愴之懷하니, 盖所以憂思者情也라. 雖憂而不至於傷하고 雖思而不至於悲者는 后妃之所以得性情之正也라.

豐城朱氏曰: 卷耳는 易로 采할 수 있는 것이고, 頃筐은 易로 盈할 수 있는 것이나, 그러나 采之하고 또 采하여도 頃筐을 盈하지 못함은 무엇인가? 대개 의 託하여 言하길, 그 心이 君子에 在하고 物에 在하지 않음이라 한 것이다. 於是에 舍之而寘彼大路之旁焉하니, 그 心이 專一하여 他에 겨를이 없었기 때문임을 可知인 것이다. 此詩는 이렇게 后妃가 君子에 있어 思之切하고 憂之深하며 望之至여도, 그러나 懇切만이 지극히 도달한 意만이 有하고 悲愁悽愴(슬퍼할 창)의 懷가 無하니, 대개 憂思者는 情의 발로인 所以이기 때문이다(없을 수 없음). 비록 憂라도 不至於傷하고 비록 思라도 不至於悲者는 后妃가 性情之正을 得한 所以이기 때문이다.

01-03-02 ○陟彼崔嵬이나 我馬虺隤컨대, 我姑酌彼金罍하여 維以不永懷리라.
저 토산(土山) 바위(崔嵬山) 위 오르려 하나 나의 말 피로(虺隤)하여 오르지 못하건대, 내 우선 저 금뢰병 술을 따라 이 오랜 시름 달래보리라.

저 험한 산 오르려니 나의 말이 지쳐있네
황금 술잔에 술을 따라 긴 시름 달래보네

賦也라. 陟은 升也라. 崔嵬는 土山之戴石者이라. 虺隤는 馬罷하여 不能升高之病이라. 姑는 且也라. 罍는 酒器로, 刻爲雲雷之象하고 以黃金飾之이라(孔氏曰 名罍는 取於雲雷故也라. 言刻畫는 則用木矣라). 永은 長也라. ○此又託言하길 欲登此崔嵬之山하여 以望所懷之人而往從之러니, 則馬罷病而不能進인지라 於是에 且酌金罍之酒하여 而欲其不至於長以爲念也라.
賦체이다. '陟(척)'은 오르는 것이다. '최외(崔嵬)'는 흙산이 돌을 이고 있는 것이다. '훼퇴(虺隤)'는 말이 피로하여 능히 높은 곳을 오르지 못하는 병이다. '姑'는 우선 且이다. '罍(뢰)'는 술을 담는 그릇으로, 구름과 우레의 형상을 새겨 만들고 황금으로 그것을 장식한 것이다(孔氏曰: 罍라 名함은 雲雷의 까닭으로 取한 것이다. 刻畫<화>라 言함은 則 用木이라는 것이다). 永은 길게 함이다. ○이것도 또한 의탁하여 말하길, '이 최외산에 올라 마음에 품었던 님 바라보고 그를 가서 쫓으려 하였더니, 즉 말이 피로의 병으로 능히 나아가지 못하는지라, 이에 또한 금뢰병의 술을 따라 그 오래도록 상념에 잠김으로 이르지 않고자 함이로다.' 라 한 것이다.
*참고: 取於雲雷

恐컨대, 대개 음양의 조화(雲雷)로 인한 상서로운 기운이 악과 액을 막아주고 행운과 소망을 실현해 주는 역할을 한다고 믿음.

慶源輔氏曰 姑는 且也니, 維以欲其也라. 曰且는 曰欲其이니, 亦可見其託言之意이라.
慶源輔氏曰: 姑는 우선 且이니, 오직 그것으로 하고자 함인 것이다. '且'라 曰함은 그것으로 하고자 함을 曰함이니, 또한 그 託言之意임을 可見인 것이다.

01-03-03 ○陟彼高岡이나 我馬玄黃컨대, 我姑酌彼兕觥하야 維以不永傷리라.
저 산등성이 오르려 하나 나의 검은 말 누렇게 병들건대, 내 우선 저 코뿔소 슬잔 술을 따라 이 오랜 상심 잊어보리라.

저 높은 산 오르려니 내 말이 지쳐있네
소뿔잔에 술을 따라 오랜 상심 달래보네

賦也라. 山脊을 曰岡이라. 玄黃은 玄馬而黃으로, 病極而變色也라. 兕는 野牛이며, 一角하고 青色이며 重千斤이라. 觥은 爵也니, 以兕角爲爵也라.
賦체이다. 산등성이(山脊)를 '岡'이라 말한다. '玄黃'은 검은 말임에도 황색 빛이 띄는 것으로, 병이 극도로 악화되어 변색된 것이다. 兕(시)는 야생의 소이며, 뿔은 하나이고 청색이며 무게가 천근이나 나간다. '觥(굉)'은 잔(爵)이며, 코뿔소의 뿔로 만든 슬잔이다.

01-03-04 ○陟彼砠矣나 我馬瘏矣며, 我僕痡矣하니 云何吁矣리오.
저 돌산(砠) 둔덕 위 오르려 하나 나의 말 병듦이며, 나의 시종도 끙끙 앓나니 아~ 이를 어찌하면 좋단 말인가?

저 돌산 오르려니 나의 말이 병들었네
내 종도 병났으니 아! 이를 어쩔거나

賦也라. 石山戴土曰砠이라(安成劉氏曰 爾雅에 石山戴土를 謂崔嵬하고, 土山戴石을 謂砠여도, 今集傳從毛氏하고 而不從爾雅者는 豈以其書後出也歟인져). 瘏는 馬病不能進也라. 痡는 人病不能行也라. 吁는 憂歎也라. 爾雅註에 引此作盱하고, 張目望遠也라하니, 詳見何人斯篇이라.
賦체이다. 돌산이 흙을 이고 있는 것을 '砠(돌산저)'라 말한다(安成劉氏曰: 爾雅에 石山戴土謂崔嵬라 하고, 土山戴石謂砠라 하여도, 今의 集傳에선 毛氏<前漢초기의 毛亨>만을 從하고 爾雅를 從하지 않았던 것은 아마도 그 書가

後에 出함일진져!). '瘏(지쳐 나아가지 못할 도)'는 말이 병들어 능히 나아가지 못함이며, 痡(앓을부)는 사람이 병들어 능히 다니지 못하는 것이다. '吁(탄식할우)'는 근심의 탄사이다. <爾雅>의 주(註)에선 이것을 인용하여 盱(부릅뜰우)로 쓰고, 눈을 크게 떠 멀리까지 바라봄이라 하니, 자세함이 <何人斯>편에서 보인다.

慶源輔氏曰 馬病不能進이면 猶可資于人也나, 僕病不能行이면 則斷不能往矣니, 此亦甚之之辭이라. 至于云何吁矣에선 則憂之極惟有愁嘆而已이지, 非酒可得而解也라.
慶源輔氏曰: 馬가 病으로 能히 進하지 못함이면 오히려 可히 人에게 資할 수 있는 것이나, 僕마저 病들어 能히 行하지 못함이면 則斷연코 能히 往할 수 없음이니, 此는 또한 그것을 甚하게 한 언辭인 것이다. '云何吁矣'에 至해서는 則憂之極하여 오직 愁嘆만이 有할 뿐이지, 酒로 可히 解할 수 있음이 아닌 것이다.

卷耳는 四章으로, 章四句이라.
卷耳는 四章으로, 章마다 四句이다.

此도 亦后妃所自作으로, 可以見其貞靜專一之至矣니, 豈當文王朝會征伐之時나 羑里拘幽之日而作歟인져. 然不可考矣라.
이것도 또한 후비가 스스로 지은 바로, 가히 그 마음이 정숙하여 단정함(貞靜)과 성정이 전일(專一)한 지극함을 볼 수 있으니, 아마(豈)도 문왕이 조회나 정벌의 때로 당했거나, 폭군 주로부터 유리의 옥에 갇혔을 때에 지어졌던 것일진져! 그러나 가히 상고해 볼 수는 없음이다.

慶源輔氏曰 先生又嘗曰하길 此詩後三章은 只是承首章之意이라. 欲登高遠望하여 而往從之이나, 則僕馬皆病으로 而不得往인지라, 故欲酌酒하여 以自解其憂傷耳이니, 大意가 與草蟲詩와 相似이라.
慶源輔氏曰: 先生께서 또한 일찍이 曰하시길 '此詩의 後三章은 다만 이렇게 首章之意를 承한 것이다. 登高로 遠望하여 往으로 從之하고자 하였으나, 則僕,馬가 모두 病으로 往할 수 없었기 때문에, 故로 酌酒하여 스스로 그 憂傷을 解하고자 하였을 뿐이니, 大意가 <草蟲>詩와 더불어 相似이다.'라 하였다.

○安成劉氏曰 后妃託言하길, 方采卷耳에 而適思君子인지라 則遂不能復采하고, 欲望君子여도 而僕馬不前인지라 則且飲酒解憂라하니, 可見其心之貞靜而不動于邪하고 情之專一而不失其常矣라. 至其自言不永懷傷者하여 又合所謂哀而不傷之

意이니, 乃其情性之正이 發見於一端者이라. 參之關雎首章인 樂而不淫이면, 則 又可備見其情性全體也라. 又按컨대, 羑里는 先儒以其地在相州鄴都이나 因羑水 得名이라. 昔紂가 信崇侯虎之譖하여 囚文王於此하자, 文王因作拘幽操이라.

安成劉氏曰: 后妃가 託言하길, 바야흐로 卷耳를 采하려 함에 다만 君子를 思인 지라 則 드디어 能히 다시 采하지 못하였던 것이고, 君子를 望하고자 하여도 僕馬가 前으로 나아가지 못한지라 則 또 飲酒로 解憂라 하니, 그 心之貞靜하 여 邪로 不動하고, 情之專一하여 그 常을 不失임을 可見인 것이다. 그 自言에 至해서도 永으로 懷傷者로 하지 않아 또 所謂 哀而不傷之意와 合이니, 이내 그 情性之正이 一端에서 發見인 것이다. 關雎首章인 樂而不淫과 參之해 보면, 則 또한 可히 그 情性의 全體에 대해 갖추어져 있음을 見할 수 있는 것이다. 又按컨대, 羑里를 先儒들은 그 地가 相州의 업도(鄴都)에 在함이나 羑水로 因 하여 得名이라 하였다. 昔에 紂가 崇侯虎의 譖을 信하고서 文王을 此에다 囚 하자, 文王이 이로 因하여 구유조(拘幽操:폭군이라 할지라도 신하된 자는 끝까 지 따른다는 신하의 도리를 담은 노래곡조)를 지었다.

4.樛木

01-04-01 ○南有樛木에 葛藟纍之로다. 樂只君子여. 福履綏之로다.
남산 굽은 규목(樛木) 있음에 칡 머루덩굴 뻗어 자람이로다. 화락한 소군(小 君)이여! 우리의 복녹(福祿) 누리게 하심이로다.

　　　　　남산의 굽은 나무 칡넝쿨이 얽혀있네
　　　　　화락하신 우리 님은 복록으로 편안하네

興也라. 南은 南山也라. 木下曲曰樛이라. 藟는 葛類이라.
興체이다. '南'은 남쪽의 산이다. 나무 밑이 굽은 것을 '樛(휠규)'라 말한 다. '藟(등나무덩굴류)'는 칡의 종류이다.

孔氏曰 一名巨瓜이며, 亦延蔓生이라.
孔氏曰: 一名 巨瓜이며, 또한 덩굴로 뻗어(延蔓) 자란다.

○本草注曰 蔓延木上하고, 葉은 如葡萄而小이라. 五月開花하고 七月結實하여 青黑微赤이니, 即詩云藟也라. 此藤의 大者는 盤薄하여 又名千歲虆이라.
<本草>의 注에 曰: 덩굴로 木上에까지 뻗어 자라고, 葉은 마치 葡萄와 같으나 小하다. 五月이면 開花하고 七月이면 結實하여 青黑微赤이니, 即 詩에서 云한 藟이다. 此藤의 大者는 盤薄(성대함)해서 또 名하여 천세류(千歲虆)라 한다.

纍는 猶繫也라. 只는 語助辭이라. 君子는 自衆妾而指后妃로, 猶言小君內子也라.

'纍(루)'는 얽매임(繫)과 같음이다. '只'는 어조사이다. '君子'는 많은 첩들의 입장으로부터 후비를 가리키는 것으로, 小君과 內子로 말함과 같은 것이다.

朱子曰 夫人은 稱小君하고 大夫妻는 稱內子하며 妾은 謂嫡이라. 曰女君이니, 則后妃有君子之德인지라 固可以君子目之이라.
朱子曰: 제후 夫人을 小君이라 稱하고, 大夫의 妻를 內子로 稱하며, 妾을 嫡이라 謂한다. 女君이라 曰하여야 하나, 則 后妃에겐 君子之德이 有인지라 참으로 可히 君子로서 지목(目)한 것이다.

○問컨대, 君子를 作后妃여도 亦無害하니 否잇까. 曰 以文義推之이면 不得不作后妃이니, 若作文王이면 恐大隔越了이라. 某가 註詩傳엔 蓋皆推尋其脈理하여 以平易求之지, 不敢用一毫私意이라. 大抵 古人道言語엔 自是不泥著이라.
問컨대, 君子를 后妃로 作하여 보아도 또한 無害인 듯하니, 否입니까? 曰: 文義로서 推之이면 后妃로 作하지 않을 수 없음이니, 만일 文王으로 作하여 보면 恐컨대 大로 隔越了(멀리 떨어져 있게 됨)이라. 某가 詩傳에 註함은 대개 모두 그 문맥의 문리를 推尋하여 平易하게 求之함이지, 敢히 一毫의 私意라도 用할 수 없음이다. 大抵 古人이 言語로 道함에 自로 이렇게 (글자에) 泥著치 않았던 것이다.

履는 祿이고, 綏 安也라. ○后妃가 能逮下而無嫉妬之心인지라 故衆妾이 樂其德而稱願之하길, 曰南有樛木에 則葛藟纍之矣하고, 樂只君子에 則福履綏之矣라.
'履'는 녹(祿)이고, '綏'는 편안이다. ○후비가 능히 아랫사람들에까지 은혜를 미치고 질투의 마음이 없었는지라, 고로 많은 첩들이 그 덕에 즐거워하고 그것에 칭송하여 기원하길, <남산에 굽은 나무 있음에 즉 칡과 등나무가 그곳으로 얽혀 매일 수 있고, 화락한(樂只:句의 가운데나 끝 등에 붙여 語調를 고르게 함) 군자 계심에 즉 우리가 복록(福履)에서 편안을 누리네.>라 曰한 것이다.

慶源輔氏曰 此詩가 雖是興體나 然亦兼比이니, 意與關雎同이라. 故鄭氏以爲하길 木枝以下垂之인지라 故葛藟得纍而蔓之하니, 喩后妃能以惠下逮衆妾인지라 故衆妾得上附而事之也라.
慶源輔氏曰: 此詩가 비록 이렇게 興體라도 그러나 또한 比체를 兼인 것이니,

意가 關雎와 더불어 同이다. 故로 鄭氏는 木枝가 下로 垂之인지라 故로 葛藟가 얽혀 매여(纍) 그곳으로 뻗어(蔓)나갈 수 있으니, 后妃가 能히 惠를 下로 衆妾에까지 逮인지라 故로 衆妾들이 上으로 附하여 그를 事之할 수 있음을 비유한 것으로 여겼다.

01-04-02 ○南有樛木에 葛藟荒之로다. 樂只君子여. 福履將之로다.
남산 굽은 규목(樛木) 있음에 칡 머루덩굴 뻗어 덮음이로다. 화락한 소군(小君)이여! 우리의 복록 불들어 주심이로다.

　　　　　남산의 굽은 나무 칡넝쿨이 뒤덮었네
　　　　　화락하신 우리 님은 복록이 도와주네

興也라. 荒은 奄也라(東萊呂氏曰 苊,覆也라). 將은 猶扶助也라.
興체이다. '荒(거칠황)'은 덮는 것이다(東萊呂氏曰: 가리<苊:가릴비>고 덮음<覆>이다). '將'은 불들어 주고 도와줌과 같은 것이다.

01-04-03 ○南有樛木에 葛藟縈之로다. 樂只君子여. 福履成之로다.
남산 굽은 규목(樛木) 있음에 칡 머루덩굴 휘감아 오름이로다. 화락한 소군(小君)이여! 우리의 복록 이루어(成) 주심이로다.

　　　　　남산의 굽은 나무 칡넝쿨이 휘감았네
　　　　　화락하신 우리 님은 복록이 이뤄지네

興也라. 縈은 旋이고, 成은 就也라.
興체이다. '縈(얽힐영)'은 선회(旋回)함이고, '成'은 성취(就)함이다.

樛木은 三章으로, 章四句이라.
樛木은 三章으로, 章마다 四句이다.

慶源輔氏曰 曰纍曰荒曰縈과 曰綏曰將曰成엔 亦皆有淺深纍繫也라. 荒則奄之也고, 縈旋則奄之周也라. 綏安也고, 將則扶助之也며, 成則有終久之意라. 其美夫人에 也無夸辭하고, 其禱夫人에 也無侈說이니, 此서 又可見衆妾性情之正也라.
慶源輔氏曰: '曰纍 曰荒 曰縈'과 '曰綏 曰將 曰成'에는 또한 모두 淺深의 纍繫가 有인 것이다. 荒은 則奄之이고, 縈旋은 則奄之하길 周이다. 綏는 安이고, 將은 則 扶助之이며, 成은 則 終久之意가 有인 것이다. 그 夫人을 美함에 또한 夸辭가 無하고, 그 夫人을 禱함에도 또한 侈說이 無하니, 此에서 또한 可

히 衆妾들도 性情之正임을 見할 수 있는 것이다.

○東萊呂氏曰 漢之二趙와 隋之獨孤와 唐之武后의 禍는 至亡國커늘, 樛木后妃에 詩人이 安得不深嘉而屢嘆之乎리오.
東萊呂氏曰: 漢의 두 趙씨(趙飛燕,趙合德:왕망에 의해 폐위), 隋의 獨孤황후(文帝 楊堅의 부인:騎虎之勢), 唐의 측천무后에 의한 禍는 亡國에까지 至하였거늘, 樛木의 后妃에 대해 詩人이 어찌 깊히 아름답게 여겨(嘉) 屢차 그를 嘆之하지 않을 수 있겠는가?

5. 螽斯

01-05-01 螽斯羽가 詵詵兮하니, 宜爾子孫이 振振兮로다.
베짱이 날개 돋아 옹기종기 처하니, 의당 너희 자손 무성하리로다.

        베짱이 날개 돋아 울음소리 요란하네
        집안 가득 너의 자손 번성함이 마땅하리

比也라. 螽斯는 蝗屬으로,
비체이다. '螽斯(누리종)'는 메뚜기(蝗:황) 속으로,
*참고:
메뚜기: 메뚜기과에 속하는 방아깨비·딱다기·플무치 등으로 불리는 곤충을 포함하는 총칭.
螽斯: 메뚜기와 여치, 베짱이를 통틀어 이르는 말

問컨대 螽은 即是春秋所書之螽로, 竊疑컨대 斯字只是語辭이니이다. 朱子曰 詩中固有以斯는 爲語辭者니, 如鹿斯之奔,湛湛露斯之類가 是也라. 詩七月篇에도 乃云斯螽動股하니, 則恐螽斯是名也라.
問컨대, 螽은 即 이렇게 春秋에 書된 바인 螽인 것으로, 竊疑컨대 斯字는 다만 이렇게 語辭인 듯합니다. 朱子曰: 詩中에 固히 斯로 有함은 語辭가 됨인 것이니, 마치 소변(小弁-05)편의 '鹿斯之奔'과 소아 잠로(小雅<湛露>)편의 '湛湛露斯'의 類가 是인 것이다(어사로 쓰임). 詩 <七月>篇에서도 이내 云하길 '斯螽動股'라 하니, 則恐컨대 '螽斯'는 이렇게 名인 것이다(명사로 쓰임).

○孔氏曰 七月斯螽의 文雖顚倒나 其實一也라.
孔氏曰: <七月> 斯螽의 文이 비록 顚倒이나 그 實은 一인 것이다.

○釋文曰 郭璞云하길 江東呼為蚱蜢(音窄猛)이라.
釋文曰: 郭璞(東晉文人)云하길, 江東에선 呼하여 책맹(蚱蜢:音窄猛,벼메뚜기책, 좁을착)이라 한다.

長而青하며, 長角長股하여 能以股相切作聲이고, 一生九十九子이라(永嘉陳氏曰 言羽者는 螽斯가 羽蟲也라. 無羊之詩에 羊言角하고 牛言耳는 狀物이 多如此이라). 詵詵은 和集貌이라. 爾는 指螽斯也라. 振振은 盛貌이라. ○比者는 以彼物로 比此物也라. 后妃가 不妬忌而子孫眾多인지라 故眾妾이 以螽斯之羣處和集으로 而子孫眾多를 比之니, 言其有是德에 而宜有是福也라. 後凡言比者도 放此이라.
길쭉하고 청색이며, 긴 더듬이(角)와 긴 다리가 있어 능히 다리를 서로 비벼(切) 소리를 낼 수 있고, 일생 동안 99마리의 새끼를 낳는다(永嘉陳氏曰: 羽로 言한 것은 螽斯가 羽蟲이기 때문이다. <無羊>의 詩에서 羊에 言角하고 牛에 言耳함은 物에 형상하길 多로 如此인 것이다). '詵詵(많을선)'은 화평하게 군집해 있는 모양이다. '爾'는 메뚜기(베짱이)를 가리킨다. '振振'은 번성의 모양이다. ○比體라는 것은 저 사물로서 이 사물을 비유한 것이다. 후비가 투기하지 않고 자손들이 많았기 때문에, 고로 많은 첩들이 베짱이의 무리가 화평히 모여 처함을 자손이 많을 것으로 비유한 것이니, 후비가 그 이러한 덕을 가지고 있기에 의당 이러한 자손의 복이 있음을 말한 것이다. 이후에 무릇 比體라 말하는 것도 이와 같음이다.

朱子曰 比(那一物說)는 便是說實事이라. 如螽斯羽之句가 便是說那人了지만, 下便接인 宜爾子孫도 依舊대로 是就螽斯上說이고 便不用說實事니, 此가 所以謂之比이라. 又曰 借螽斯하여 以比后妃之子孫眾多이라. 子孫振振도 卻自是說螽斯之子孫이지, 不是說后妃之子孫也라. 蓋比詩는 多不說破這意라도 然亦有說破者이라. 此와 前數篇에 賦,比,興이 皆已備矣니, 自此推之하여 令篇篇各有著落이면 乃好이라.
朱子曰: 那의 一物(베짱이)로 比하여 說함은 문득 이렇게 實事(후비)에 대해 說한 격인 것이다. 마치 '螽斯羽'와 같은 句가 문득 이렇게 那의 人에 대해 說了인 것이지만, 下面에 문득 接해놓은 '宜爾子孫'도 依舊(변함없이)대로 이렇게 螽斯上에 就하여 說인 것이고 문득 實在의 事로 說을 用하지 않음이니, 此가 謂之하길 比라 한 所以인 것이다. 又曰: 螽斯를 借하여 后妃之子孫이 眾多함을 比한 것이다. 子孫振振도 도리어 自로 이렇게 螽斯之子孫에 說한 것이지, 后妃之子孫에 대해서는 (직접) 說함은 아닌 것이다. 대개 比詩가 多로 這意에 대해 (직접) 說破치 않았더라도, 그러나 또한 說破함으로 有인 것이다.

此와 前數篇에서 賦,比,興체가 모두 이미 備해져 있으니, 此로부터 推之하여 篇篇마다 各 귀결(著落)케 함이 有일지면 이내 好함인 것이다.
*참고: 此와 前數篇에 賦,比,興이 皆已備矣니
1.關雎(興也) 2.葛覃(賦也) 3.卷耳(賦也) 4.樛木(興也) 5.螽斯(比也)

01-05-02 ○螽斯羽가 薨薨兮하니, 宜爾子孫이 繩繩兮로다.
베짱이 날개 펴 횡횡(薨薨) 날아오르니, 의당 너의 자손 길이 이어지리로다.

　　　　　베짱이 날갯짓하며 윙윙대며 날아드네
　　　　　집안 가득 너의 자손 길이길이 번성하리

比也라. 薨薨은 羣飛聲이라. 繩繩은 不絶貌이라.
比체이다. '薨薨(많을횡)'은 무리지어 나는 소리이다. '繩繩'은 끊김이 없는 모양이다.

01-05-03 ○螽斯羽가 揖揖兮하니, 宜爾子孫이 蟄蟄兮로다.
베짱이 날개 접어 모여드니, 의당 너의 자손 무궁무진이로다.

　　　　　베짱이 웅웅대며 떼 지어 모여드네
　　　　　집안 가득 너의 자손 대대손손 화목하리

比也라. 揖揖은 會聚也라. 蟄蟄도 亦多意라.
比체이다. '揖揖(모일집)'은 한 곳에 모여듦이다. '蟄蟄(습을칩)'도 또한 많다는 뜻이다.

藍田呂氏曰 螽斯가 將化其羽하여 詵詵然하니 比次而起이고, 已化에선 則齊飛에 薨薨然有聲하며, 既飛하곤 復斂羽로 揖揖然而聚하니, 歷言衆多之狀其變如此也라.
藍田呂氏曰: 螽斯가 將次 그 羽로 탈화(脫化)하려 함에 詵詵然하니 차제(次第:比次)에는 성충으로 起함이고, 이미 化해선 則 나란히 날으며(齊飛) 薨薨然히 有聲인 것이며, 이윽고 飛하고선 다시 날개를 걷어(斂羽) 揖揖然히 聚하여 듦이니, 衆多之狀에 歷言하길 그 變化를 如此로 했던 것이다.

螽斯는 三章으로, 章四句이라.
螽斯는 三章으로, 章마다 四句이다.

朱子曰 不妬忌는 是后妃之一節이고, 關雎所論은 卻是全體이라.
朱子曰: 妬忌치 않음은 이렇게 后妃의 一節의 덕목인 것이고, 關雎에서 論한 바는 도리어 이렇게 全體의 덕목인 것이다.

○永嘉陳氏曰 婦人之德은 莫大於不妬忌이라. 蓋功容可勉이나 而根於情者는 難自克也라.
永嘉陳氏曰: 婦人之德 중에 투기(妬忌)하지 않는 것보다 莫大함은 없는 것이다. 대개 職功과 儀容엔 可히 勉할 수 있으나, 情에 根인 것엔 自克하기가 難인 것이다.
*참고: 功容(容, 儀容。 功, 女紅:길쌈)
《周禮. 天官. 九嬪》: 掌婦學之法, 以敎九御, 婦德、婦言、婦容、婦功。

○南軒張氏曰 后妃多子孫에 推本其然이면 則由不妬忌而已이니, 故繼樛木之後이라.
南軒張氏曰: 后妃의 多子孫에 그 然함을 推本일지면 則 不妬忌로 由할 뿐이니, 故로 樛木之後에다 繼한 것이다.

○考索曰 螽斯는 蝗蟲之類耳라도 而乃取之以喩后妃하니, 疑若不論是이면 不然이라. 詩人이 亦取其合於德에 如何耳리오. 如雎鳩亦取其德之合也라.
考索曰: 螽斯는 蝗蟲之類일 뿐이라도 이내 그것을 取之하여 后妃에 喩하였으니, 疑컨대 만일 是로 論하지 않을지면 그러할 수 없기 때문(不然)이다. 詩人이 또한 그 德과 合됨으로 取함에 如何할 뿐이겠는가? 마치 雎鳩에서와 같이 또한 그 德과 合됨으로 取할 뿐인 것이다.

○安成劉氏曰 管蔡世家云하길, 武王同母兄弟十人이라. 長,伯邑考이고 次,武王發이며, 次,管叔鮮이고 次,周公旦이며, 次,蔡叔度이고 次,曹叔振鐸이며, 次,郕叔武이고 次,霍叔處이며, 次,康叔封이고 次,聃季載라하니, 此가 其多子之驗으로 誠后妃之德所致也라.
安成劉氏曰: 管蔡(관숙과 채숙)世家에 云하길, '武王의 同母兄弟는 十人이라. 長은 伯邑考이고 次는 武王發이며, 次는 管叔鮮이고 次는 周公旦이며, 次는 蔡叔度이고 次는 曹叔 振鐸이며, 次는 郕叔武이고 次는 霍叔處이며, 次는 康叔封이고 次은 담계(聃季)載이다.' 라 하니, 此가 그 多子之驗인 것으로 참으로 后妃之德으로 致하였던 바인 것이다.

○豊城朱氏曰 樛木은 后妃不妬忌에 而衆妾에게 有祝願之誠이고, 螽斯는 后妃不妬忌에 而衆妾이 美其子孫有衆多之盛이라. 蓋正家之道는 姑於閨門에 尊卑貴

賤之分을 雖不可以不嚴이나, 然必上無嫉妬之心여야 則下無怨恨之意하여, 和氣充溢하고 瑞慶流衍인지라, 福履之綏와 子孫之衆을 自有不期然여도 而然者矣라. 豊城朱氏曰: 樛木은 后妃의 不妬忌임에 衆妾들에게 祝願之誠이 有하였던 것이고, 螽斯는 后妃의 不妬忌에 衆妾들이 그 子孫에 衆多之盛이 有할 것으로 美한 것이다. 대개 正家之道는 우선 閨門에 尊卑와 貴賤의 分을 비록 嚴히 하지 않아서는 不可하지만, 그러나 반드시 上이 嫉妬之心이 無이어야 則 下에서도 怨恨之意가 無하여, 和氣가 充溢하고 瑞慶이 流衍(넘칠연)인지라, 福履之綏와 子孫之衆을 自로 然할 것에 期하지 않아도 然者가 有인 것이다.

6. 桃夭

01-06-01 ○桃之夭夭여. 灼灼其華로다. 之子于歸여. 宜其室家로다.
복숭아 가지 작고 앙증맞음이여! 그 꽃잎 다닥다닥이로다. 시집가는 저(之) 여식이여! 그 실가(室家) 의당(宜)케 하리로다.

    작고 이쁜 복숭아 그 꽃이 활짝 폈네
    시집가는 저 아가씨 그 집안 화목케 하리

興也라. 桃는 木名으로, 華紅이고 實可食이라. 夭夭는 少好之貌이고, 灼灼은 華之盛也니(華谷嚴氏曰 灼灼은 鮮明貌이라), 木少에 則華盛이라(華谷嚴氏曰 夭夭는 以桃言으로 指桃木也고, 灼灼은 以華言으로 指桃華也라). 之子는 是子也니, 此指嫁者而言也라(孔氏曰 之子는 桃夭謂嫁者之子이고 漢廣則貞潔之子이며, 東山言其妻이고 白華斥幽王이니, 各隨其事而名之이라). 婦人이 謂嫁를 曰歸라(公羊傳注曰 婦人生에 以父母爲家하고, 嫁에 以夫爲家하니, 故謂嫁曰歸이라). 周禮에 仲春 令會男女라하니(媒氏注曰 陰陽交에 以成昏禮는 順天時也라), 然則 桃之有華는 正昏姻之時也라. 宜者는 和順之意라. 室은 謂夫婦所居이고, 家는 謂一門之內이라. ○文王之化가 自家而國에 男女以正하고 婚姻以時인지라, 故詩人이 因所見以起興하여 而歎其女子之賢하고 知其必有以宜其室家也라.
興체이다. '桃'는 나무 이름으로, 꽃은 붉홍(紅)이고 과실은 가히 먹을 수 있다. '夭夭'는 어린 가지가 보기 좋은 모습이고, '灼灼'은 꽃이 분명하고 성대한 것이니(華谷嚴氏曰: 灼灼은 鮮明한 貌이다), 나무가 어림에도 즉 꽃이 성대하다는 것이다(華谷嚴氏曰: 夭夭는 桃로서 言한 것으로 桃木을 指인 것이고, 灼灼은 華로서 言한 것으로 桃華를 指한 것이다). '之子'는 이 자식(是子)이니, 이것은 시집가는 자를 가리켜 한 말이다(孔氏曰: '之子'는 <桃夭>에선 嫁者之子를 謂함이고, <漢廣>에선 則 貞潔之子이며, <東山>에선 그 妻를 言함이고, <白華>에선 幽王을 指斥함이니, 各 그 事를 隨하여 名인 것이다). 婦人이 시집가는 것을 일러 '歸'라 말한다(公羊傳 注에 曰: 婦人이 生해선 父母로서 家를 삼고, 嫁해선 夫로서 家를 삼기 때문에, 故로 嫁를 謂하여 歸라 曰한다). 주례에 '仲春에 남녀를 모이게 영을 내리니…' 라 하건대, 그렇다면 복숭아꽃이 필 때는 정히 혼인의 시기인 것이다(地官司徒下 매씨<媒氏>편 注에 曰: 陰陽이 交에 昏禮를 成함은 天時에 順인 것이다). '宜' 라는 것은 화목과 유순의 뜻이다. '室' 이라는 것은 부부가 거처하는 곳을 말하고, 家는 한 집안의 문 안쪽을 말함이다. ○문왕의 교화가 한 가정에서부터 나라에까지 퍼짐에, 남녀는 행실이 바르고 혼인도 때에 맞게 하는지라, 고로 시인이 본 바로 인하여 감흥이 일어나 그 여자의 현명함에 감탄하고 그 반드시 그 가정과 집안에 의당 유순으로 화목케 할 것임을 알았던 것이다.

慶源輔氏曰 婦人之賢엔 莫大於宜家이라. 使一家之人으로 相與和順하여 而無一毫乖戾之心라야 始可謂之宜矣라.
慶源輔氏曰: 婦人之賢 중에 宜家보다 大함은 없는 것이다. 一家之人으로 하여금 서로 함께 和順케 하여 一毫라도 乖戾之心이 없게 하여야, 비로소 可히 '宜' 라 謂之할 수 있는 것이다.

01-06-02 ○桃之夭夭여. 有蕡其實이로다. 之子于歸여. 宜其家室이로다.
복숭아 가지 작고 앙증맞음이여! 그 과실 주렁주렁이로다. 시집가는 저 여식이여! 그 집안(家室) 의당(宜)케 하리로다.

    작고 이쁜 복숭아 그 열매 탐스럽네
    시집가는 저 아가씨 그 집안 화목케 하리

興也. 蕡은 實之盛也라. 家室은 猶室家也라.
興체이다. '蕡(열매많을분)' 은 열매 맺음이 성대한 것이다. '家室' 은 室家와 같음이다.

01-06-03 ○桃之夭夭여. 其葉蓁蓁이로다. 之子于歸여. 宜其家人이로다.
복숭아 가지 작고 앙증맞음이여! 그 잎 울을히 무성이로다. 시집가는 저 여식이여! 그 가문(家人) 의당(宜)케 하리로다.

    작고 이쁜 복숭아 그 잎이 무성하네
    시집가는 저 아가씨 그 집안 화목케 하리

興也. 蓁蓁은 葉之盛也라. 家人은 一家之人也라.

興체이다. '蓁蓁'은 잎이 무성함이다. '家人'은 한 가문(一家)의 사람들이다.

朱子曰 室家,家室,家人은 變文으로 以叶韻耳이라.
朱子曰: 室家, 家室, 家人은 文에 變化를 주어 韻에 叶(화합할협)하게 하였을 뿐인 것이다.

○東萊呂氏曰 灼灼其華는 因時物以發興也라. 既詠其華하곤 又詠其實하고 又詠其葉은, 非有他義고 蓋反覆歌詠之耳이라.
東萊呂氏曰: 灼灼其華는 時物로 因하여 興을 發한 것이다. 이윽고 詠其華하고선 또 詠其實하고 또 詠其葉함은, 他의 義를 有함이 아니라 대개 反覆하여 그것을 歌詠之하였을 뿐인 것이다.

桃天는 三章으로, 章四句이라.
桃天는 三章으로, 章마다 四句이다.

止齋陳氏曰 既曰宜其室家하고 又曰宜其家人에서 則可見男女以正之義也라. 如父母國人皆賤之이면 則非所謂宜矣이라. 血氣之使가 尤甚於少年인지라, 故少艾之女가 不閑於婦道하고 輕鋭之士도 不堅於臣節이라.
止齋陳氏曰: 이윽고 '宜其室家'라 曰하고서 또 '宜其家人'이라 曰함에서, 則 可히 男女가 正해야 하는 義를 見할 수 있는 것이다. 만일 父母와 國人이 모두 그를 賤之이면, 則 所謂 '宜'함이 아닌 것이다. 血氣의 부림(使)이 少年에서부터 더욱 甚해지는지라, 故로 젊고 예쁜(少艾) 女가 婦道에 閑(閒:익힐한)하지 못하고, 경솔히 앞서려는(輕鋭) 士들도 臣節에 堅하지 못하는 것이다.

○豊城朱氏曰 宜者는 和順之意이니, 和則不乖이고 順則無逆으로 此非勉強所能也라. 必로 孝不衰於舅姑하고 敬不違於夫子하며, 慈不遺於卑幼하고 義不哄於夫之兄弟인 而後可以謂之宜也라. 然由后妃教化行而倡於上하여 之子則倣而應於下인지라, 故于歸之際에 見者가 知其必有以宜室,宜家焉이니, 此서도 亦可以觀感應之機矣라.
豊城朱氏曰: 宜者는 和順之意이니, 和는 則 不乖이고 順은 則 無逆으로, 此는 勉強으로 能할 수 있는 바가 아닌 것이다. 반드시 孝가 不衰於舅姑하고 敬이 不違於夫子하며, 慈가 不遺於卑幼하고 義가 不哄於夫之兄弟인 而後에야 可히 謂之하길 宜라 할 수 있는 것이다. 그러니 后妃의 教化가 行해지길 上에서 倡導함으로 말미암아 之子에서도 則 본받아(倣) 下에서 應인지라, 故로 歸之際에 見者가 그 반드시 그곳에서 宜室,宜家함이 있을 것으로 知한 것이니, 此에서도 또한 可히 感應의 기틀(機:윗사람의 덕)에 대해 觀할 수 있는 것이다.

7. 兎罝

01-07-01 ○肅肅兎罝여. 椓之丁丁이로다. 赳赳武夫여. 公侯干城이로다.
정연(肅肅)한 토끼그물이여! 말뚝 소리 쩡쩡이로다. 늠름하고 씩씩한 사내(武夫)여! 공후(公侯)의 호위(干城)감이로다.

정연한 토끼그물 말뚝소리 쩡쩡하네
씩씩한 저 사내 공후의 무사로다

興也라. 肅肅은 整飭貌이라. 罝는 罟也라. 丁丁은 椓杙聲也라(孔氏曰 杙은 謂橛也니, 此는 丁丁連椓之인지라 故知椓杙聲이라 ○華谷嚴氏曰 椓伐杙橛之聲이라. ○東陽許氏曰 繫橛於地中코서 張罝其上也라). 赳赳는 武貌이라. 干은 盾也니, 干,城은 皆所以扞外而衛內者이라. ○化行俗美로 賢才衆多하니, 雖罝兎之野人이라도 而其才之可用이 猶如此이라. 故詩人因其所事하여 以起興而美之니, 而文王德化之盛을 因可見矣라.

興체이다. '肅肅'은 질서 정연(整飭:신칙할칙)한 모양이다. '罝(저)'는 그물 罟이다. '丁丁'은 말뚝(杙:익)을 박는(椓:탁) 소리이다(孔氏曰: 杙은 말뚝<橛:궐>을 謂함이니, 此는 丁丁하게 連續으로 그것을 椓之인지라, 故로 椓杙의 聲임을 知할 수 있는 것이다. ○華谷嚴氏曰: 杙橛을 椓伐<칠벌>하는 聲인 것이다. ○東陽許氏曰: 地中에다 橛을 繫해놓고서, 그 上에다 張罝인 것이다). '赳赳(재능뛰어날규)'는 풍체가 늠름(武)한 모양이다. '干'은 방패이며, '干,城'은 모두 외부를 막아 안을 지켜낼 수 있는 까닭인 것이다. ○교화가 행해짐에 풍속이 아름다워져 현재(賢才)가 많고도 많았으니, 비록 토끼그물 놓는 촌사람(野人)일지라도 그 재주로 가히 쓰일 수 있음이 오히려 이와 같았다. 고로 시인이 그 일삼았던 바로 인하여 감흥이 일어나 그것을 아름답게 여긴 것이니, 문왕께서 덕으로 교화시킨 성대함을 이로 인해서도 가히 볼 수 있는 것이다.

朱子曰 聞橛杙之聲코서 而視其人甚勇이 可為干城者也라. 田野之人조차 皆有可用之才니, 足以見賢才衆多矣라. 此詩엔 極其尊稱하길 不過曰公侯而已이니, 亦文王未嘗稱王之一驗也라. 凡雅頌稱王者는 皆追王後所作耳이라.
朱子曰: 橛杙之聲을 聞하고서 그 人의 甚勇함이 可히 干,城者가 될 수 있음으로 視한 것이다. 田野之人조차 모두 可用之才가 有하니, 足히 賢才의 衆多함을 見할 수 있는 것이다. 此詩에선 그 尊稱으로 極하길 公侯라 曰함에 不過하였을 뿐이니, 또한 文王께서 일찍이 稱王치 않았던 一驗인 것이다. 凡의 雅頌에 稱王者는 모두 王으로 追尊한 後에 作된 바일 뿐인 것이다.

○問컨대, 免罝詩는 作賦看得이니 否잇까. 曰 亦可但其辭가 上下相應라도 恐當爲興이니, 然亦是興之賦也라.
問컨대, 免罝詩는 賦체로 作하여 볼 수 있음이니, 否입니까? 曰: 또한 可히 다만 그 辭가 (賦로) 上下 문맥이 相應관계일지라도 恐컨대 當히 興체이니, 그러나 또한 이렇게 興이고서도 賦인 것이다.

○安成劉氏曰 此는 賦其事하여 以起興也라.
安成劉氏曰: 此는 그 事를 賦하여 興을 起한 것이다.

01-07-02 ○肅肅兎罝여. 施于中逵로다. 赳赳武夫여. 公侯好仇로다.
정연(肅肅)한 토끼그물이여! 아홉 갈림길 처져있도다. 늠름하고 씩씩한 사내(武夫)여! 공후(公侯)와 의(義)로운 짝(仇)됨로다.

정연한 토끼그물 큰길가에 처져 있네
늠름한 저 사내 공후의 의인이로다

興也라. 逵는 九達之道라(孔氏曰 釋宮云하길 九達을 謂之逵라. ○郭璞曰 四道交出하고 復有旁通者라 ○安成劉氏曰 中逵는 謂九達之道中也라). 仇는 與逑同으로, 匡衡도 引關雎에 亦作仇字라. 公侯善匹은 猶曰聖人之耦이니, 則非特干城而已이고 歎美之無已也라. 下章도 放此라.
興체이다. '逵(길거리규)'는 아홉으로 통달하는 길이다(孔氏曰: 이아의 釋宮 云하길, 九로 達함을 謂之逵이다. ○郭璞曰: 四의 道가 交차하여 出하고(여덟 길), 다시 旁에 通路가 有인 것이다(아홉 길). ○安成劉氏曰: '中逵'는 九達之道의 中을 謂함이다). '仇'는 짝 逑와 같으며, 한나라 광형은 관저편을 인용할 때에 또한 仇字로 썼다. '공후(公侯)의 좋은 짝(善匹)'은 성인(聖人)과의 짝 됨이라 말함과 같으니, 즉 다만 干,城일 뿐만이 아니라 아름답게 감탄하길 그침이 없는 것이다. 아래 장도 이와 같다.

01-07-03 ○肅肅兎罝여. 施于中林이로다. 赳赳武夫여. 公侯腹心이로다.
정연(肅肅)한 토끼그물이여! 우거진 산림 속 처져 있도다. 늠름하고 씩씩한 사내(武夫)여! 공후(公侯)와 한마음 한뜻 재목이로다.

정연한 토끼그물 수풀 속에 처져있네

늠름한 저 사내 공후의 심복이로다

興也. 中林은 林中이라. 腹心은 同心同德之謂니, 則又非特好仇而已也라.
興체이다. '中林'은 林中의 도치이다. '腹心'은 마음도 같고 덕도 같음을 말함이니, 즉 또한 다만 좋은 짝일 뿐만이 아닌 것이다.

東萊呂氏曰 曰干城,曰好仇,曰腹心은 其詞浸重으로, 亦嘆美無已之意也라.
東萊呂氏曰: 干城이라 曰하고 好仇라 曰하고 腹心이라 曰함은 그 詞가 점차 重인 것으로, 또한 嘆美하길 그침이 없는 의미인 것이다.

兎罝는 三章으로, 章四句이라.
兎罝는 三章으로, 章마다 四句이다.

慶源輔氏曰 文王之時엔 固多賢者나 此特言武夫者는 見其無所不備也라. 且文王도 於武事에 尙矣니, 觀此及棫樸所謂六師及之者면 亦可見當時俗尙之萬一夫이라. 三分天下有其二하여 雖是德化之盛으로 而天下歸之라도, 然過密侵阮,伐崇, 戡黎之後에야 其於武事에도 大畧可觀矣라.
慶源輔氏曰: 文王之時엔 固히 多賢者이나 此에선 다만 武夫만을 言한 것은, 그 武事에까지 備하지 않는 바가 없음을 見(현)한 것이다. 또 文王도 武事에 尙하였으니, 此에서와 文王之什의 <棫樸>에서의 所謂 '六師及之(棫樸-03)'者에 觀일지면, 또한 可히 當時의 습속이 萬 중에 一夫조차도 그것을 숭상하였음에 見할 수 있는 것이다. 三分天下에 그 二를 有하여 비록 이렇게 德化之盛으로 天下가 歸之라도, 그러나 '密인이 阮땅으로 侵함을 遏하고', '崇侯虎를 伐하시고', '(서경에서) 西伯께서 黎를 戡(무찌를감)하시고'인 後에서야 그 武事에 대해 전체를 大畧 可히 觀할 수 있는 것이다.
*참고: 六師及之
○淠彼涇舟를 烝徒楫之로다. 周王于邁하시니 六師及之로다. (棫樸-03)
저 涇水로 나아가는 舟엔, 배 안의 많은 무리 노 저음(楫)이로다. 周王께서 출정으로 나가시니, 六師의 무리 함께 함이로다.
興也라. 淠는 舟行貌이라. 涇은 水名이다. 烝은 衆이고, 楫은 櫂이다. 于는 往이고. 邁 行也. 六師 六軍也. ○言淠彼涇舟 則舟中之人 無不楫之 周王于邁 則六師之衆 追而及之 蓋衆歸其德 不令而從也.
興체이다. '폐(淠)'는 舟가 나아가는 貌이다. '涇'은 水名이다. '烝'은 衆이고, '즙(楫)'은 노 저을 도(櫂)이다. '于'는 往이고, '邁'는 行이고, '六師'는 六軍이다. ○저 涇水로 나아가(淠)는 배엔 즉 배 안의 사람들 중 노 젖지 않음이 없고, 周王께서 출정(邁)으로 나아가심엔 즉 六師之衆들이 쫓아(追) 그와 함께 하였음을 말한 것이니, 대개 衆이 그 德에 歸의하여 令하지 않아도 從하였던 것이다.

○豐城朱氏曰 兎罝肅肅은 言其敬이고, 赳赳는 言其勇이라. 曰干城은 以其才之著於外者로 言이고, 曰好仇曰腹心은 則以其德之蘊於中者로 言也라. 以武夫之賤이라도, 而才는 可以爲干城하고 德은 可以爲好仇爲腹心이니, 是何人才之盛哉리오. 蓋幸而遇聖人之世이고 又幸而生聖人之國이니, 則其涵濡聖人之化하여 固宜其成就之若此也라. 棫樸之詠文王曰하길 豈弟君子 遐不作人이라하고, 旱麓之詠文王曰하길 周王壽考 遐不作人이라하니, 是人才之作興은 固本之文王之德이고 尤本之文王之壽也라. 有文王之德인지라 故其造就之에 也速이고, 有文王之壽인지라 故其涵養之에 也深이니, 雖以罝兎之野人而其才德之美若此컨대 則其在官使者에도 從可知矣라.

豐城朱氏曰: 兎罝肅肅은 그 敬됨을 言한 것이고, 赳赳는 그 勇됨을 言한 것이다. 曰干城은 그 才가 外로 著한 것으로 言한 것이고, 曰好仇,曰腹心은 則 그 德이 中에 蘊인 것으로 言한 것이다. 武夫之賤이라도, 才에 있어서는 可히 干,城이 될 수 있고, 德에 있어서는 可히 好仇가 되고 腹心이 될 수 있음이니, 이렇게 어찌 人才之盛일 수 있었던 것인가? 대개 幸으로 聖人之世를 遇함이요, 또 幸으로 聖人之國에 生하였기 때문이니, 則 그 聖人之化에 涵濡되어 固히 宜當 그 成就가 此와 같을 수 있었던 것이다. <旱麓>에서 文王에 詠하며 曰하길 '豈弟君子 遐不作人(豈弟한 君子께서 어찌 人材를 振作케 하지 않으시리오?)'라 하고, <역박(棫樸)>에서 文王에 詠하며 曰하길 '周王壽考 遐不作人(周王께서 壽考컨대, 어찌 人材를 振作케 하지 않으시리오?)'라 하니, 이렇게 人才之作興은 固히 文王之德에 本인 것이고, 더욱 文王之壽에 本인 것이다. 文王之德이 有인지라 故로 그 造就之가 또한 速인 것이고, 文王之壽가 有인지라 故로 그 涵養之가 또한 深인 것이니, 비록 罝兎之野人이라도 그 才德之美하기가 若此하건대 則 그 官使에 在한 者에서도 從하여 可知일 수 있는 것이다.

8. 芣苢

01-08-01 ○采采芣苢를 薄言采之호라. 采采芣苢를 薄言有之호라.
흐드러진(采采) 질경이(芣苢) 잠깐 캐어 보노라. 흐드러진(采采) 질경이(芣苢) 잠시 만에 캐었노라.

> 질경이를 뜯고 뜯네 여기저기 캐어보네
> 질경이를 뜯고 뜯네 어서어서 담아보세

賦也라. 芣苢는 車前也니, 大葉長穗로 好生道旁이라(釋文曰 韓詩云하길 直曰車前하고, 瞿曰芣苢이라. ○草木疏曰 又名當道이라). 采는 始求之也고, 有는 旣得之也라. ○化行俗美하고 家室和平하여 婦人無事인지라, 相與采此芣苢하며 而賦其事以相樂也라. 采之에 未詳何用이나, 或曰其子로 治産難이라.

賦체이다. '부이(芣苢)'는 차전(車前:마차를 끄는 소가 다니는 길에서도 잘 자라는 풀)이라는 풀이니, 잎이 크고 이삭(穗:수)이 길며, 길옆에 잘 난다(釋文曰: 韓詩外傳<西漢,韓嬰>云하길, 곧은<直> 것을 車前이라 曰하고, 옆으로 휘어진(瞿) 것을 芣苢이라 曰한다(韓詩外傳:蓋生於兩旁謂之瞿). ○草木疏<陸機의 毛詩草木鳥獸蟲魚疏>曰: <馬舃(소나 말 발자국)에서 자라기 때문에> 또 名하여 當道라 한다). '采'는 비로소 그것을 구할 때이고, '有'는 이윽고 그것을 얻음인 것이다. ○교화가 행해지고 풍속이 아름다워져, 집안(家)과 가정(室)이 화평하여 부인들이 일삼을 바가 없는지라, 서로 함께 이 질경이(芣苢)를 뜯으며 그 일에 대해 서로 즐거움으로 賦한 것이다. 그것을 캐어서 어떤 용도로 쓰이는지엔 자세하지 않지만, 혹자는 曰하길 그 씨앗으로 난산(産難)을 다스린다고도 하였다.

*참고: 薄言
意思是 1.急急忙忙, 2.淺薄的話 多用作謙詞。

毛氏曰 宜懷任焉이라.
毛氏曰: 그것으로 懷任을 宜당하게 함이다.

○本草曰 强陰益精하여, 令人有子이라.
本草曰: 陰을 强하게 하고 精을 益하게 하여, 人으로 하여금 有子케 한다.

○慶源輔氏曰 陸璣만이 以爲治難産이나 而先生獨取之者는 蓋以今醫에도 治難産者가 用其子故也라. 毛氏以爲宜懷任者는 亦只是陸璣之意이지, 非謂其能治人之無子也라.
慶源輔氏曰: 陸璣의 詩疏(삼국시대 吳나라)에만 難産을 治함으로 여겼지만, 先生께서 유독 그것을 取之하신 것은, 대개 今의 醫에서도 難産을 治하는 者가 그 씨앗(子)을 用하는 까닭인 것이다. 毛氏가 宜懷任者로 여김은 또한 다만 이렇게 陸璣의 意와 같음이지, 그 能히 人之無子를 治할 수 있음을 謂함은 아닌 것이다.

01-08-02 ○采采芣苢를 薄言掇之호라. 采采芣苢에 薄言捋之호라.
흐드러진(采采) 질경이(芣苢) 잠깐 주워 담(掇)노라. 흐드러진(采采) 질경이(芣

苢) 씨앗도 잠시 따보노라.

질경이를 뜯고 뜯네 어서어서 담아보세
질경이를 뜯고 뜯네 어서어서 캐어보세

賦也라. 掇은 拾也라. 捋은 取其子也라.
賦체이다. '掇'은 줍는(拾) 것이다. '捋(딸랄)'은 그 씨앗을 취하는 것이다.

01-08-03 ○采采芣苢를 薄言袺之호라. 采采芣苢를 薄言襭之호라.
흐드러진(采采) 질경이(芣苢) 잠깐 상의 자락(袺) 담아보노라. 흐드러진(采采) 질경이(芣苢) 잠시 치맛자락(襭) 허리춤에 꽂아(扱) 담노라.

질경이를 뜯고 뜯네 옷섶에도 담아보네
질경이를 뜯고 뜯네 치마폭에 감싸오네

賦也라. 袺은 以衣貯之하고 而執其衽也라. 襭은 以衣貯之而扱其衽於帶間也.
賦체이다. '袺(옷섭잡을결)'은 상의에 그것을 담아 그 옷섶을 부여잡는 것이다. '襭(옷자락 걷어끼울힐)'은 하의에 그것을 담아 그 치마섶을 허리띠 사이에 끼워 꽂음(扱:삽)이다.

安成劉氏曰 衽者는 衣之襟也고, 帶者는 腰之帶也라. 自采之至襭之하니, 有無多寡之序如此이라.
安成劉氏曰 衽(옷깃임)者는 상의(衣)의 옷깃(襟:금)이고, 帶者는 허리(腰)의 帶인 것이다. 采之에서부터 襭之에까지 至하였으니, 有無와 多寡의 序가 如此인 것이다.

芣苢는 三章으로, 章四句이라.
芣苢는 三章으로, 章마다 四句이다.

慶源輔氏曰 薄은 猶少畧也라. 雖薄言采之라도 而采之之多가 以至於袺與襭焉하고, 其形於歌詠에 意簡여도 而辭複如此하니, 則又可見其和平之意矣라. 曰采曰有는 則始求而既得之辭고, 曰掇曰捋는 則正采而拾取其子之辭며, 曰袺曰襭는 則既采而攜以歸之辭이라.
慶源輔氏曰: 薄은 少畧과 猶이다. 비록 '薄言采之'라 하였어도 그것으로 采之에 多함이 그것을 袺과 襭에까지 至하였고, 그 歌詠으로 形容함에 意는 簡

이어도 辭는 중복하길 如此하였으니, 則 또한 그 和平之意임을 可見인 것이다. 曰采,曰有는 則 始求에 이윽고 得했다는 辭인 것이고, 曰掇,曰捋은 則 正히 采하고서 그 子까지 拾取했다는 辭인 것이며, 曰袺,曰襭은 則 이윽고 采하고서 攜대하여 歸한다는 辭인 것이다.

○孔氏曰 首章采之는 據初往이고, 至則掇之捋之하고 既又袺之襭之하니, 六者는 本各見其一이나 因相首尾하여 以承其次耳이라.
孔氏曰: 首章의 采之는 처음 감(初往)으로 據한 것이고, 이르러(至)서는 則 掇之,捋之하고 이윽고 또 袺之,襭之인 것이니, 六者는 本으로 各 그 一씩 見한 것이나 서로 首尾로 因하여 그 次례로 承했을 뿐인 것이다.

9. 漢廣

01-09-01 南有喬木하니 不可休息(吳氏曰韓詩作思)이로다. 漢有游女여도 不可求思로다. 漢之廣矣는 不可泳思며, 江之永矣는 不可方思로다.
남산에 교목(喬木)만 우뚝하니 가히 쉴 그늘조차 없음이로다. 한수(漢)에 정결한 처자 유람이어도 가히 구할 수 없음이로다. 한수는 넓어 가히 헤엄쳐 건널 수 없으며, 장강은 길어 가히 뗏목으론 다다를 수 없도다.

　　　　　남산에 우뚝 선 나무 그 아래선 쉴 수 없네
　　　한수가에 유람나온 저 아가씨 그리워도 가히 만날 수 없네
　　　　　한수는 하도 넓어 헤엄쳐서 못 건너고
　　　　　장강은 너무 길어 뗏목으로 못 간다네

興而比也라. 上竦無枝曰喬이라(爾雅曰 小枝가 上繚를 曰喬이라. 注에 細枝皆翹繚向上이라). 思는 語辭也니,
興체이면서 比체이다. 위로만 우뚝 솟구치고(竦) 가지 없음을 '喬'라 말한다 (爾雅曰: 작은 가지(小枝)들이 上으로 繚<감겨올라갈료>함을 喬라 曰한다. 注에, 細枝가 모두 上을 向하여 발돋움(翹:교)해서 감겨(繚) 올라감이다). '思'는 어조사니,

孔氏曰 毛傳에선 先言思辭인 然後에 始言漢上游女컨대, 疑컨대 息字作思이라. 詩之大體는 韻이 在辭上이니, 疑컨대 休,求為韻에 二字에다 俱作思이라.
孔氏曰: 毛傳에선 思는 어사(語辭)라 先言한 然後에 비로소 漢上의 游女로 言하였건대, 疑컨대 息字도 思로 作하여야 한다. 詩之大體는 韻이 어사(辭) 위(上)의 글자에 在함이니, 疑컨대 休,求가 韻이 됨에 二字(休,求)에다 함께 思로

作하였던 것이다.
*참고: 毛傳
興也 南方之木美 喬 上竦也 思 辭也 漢上游女 無求思者
興이다. 南方之木이 美한 것이다. 喬는 上竦이다. 思는 辭이다. 漢上의 游女를 求할 수가 없다는 것이다.

○安成劉氏曰 集傳에 旣載吳氏之說하고 而於此에도 復先釋思字하곤 其下方釋漢水하여 不從經文之次하니, 正用毛傳之意也라.
安成劉氏曰: 集傳에서 이윽고 吳氏之說(吳氏曰韓詩作思)을 載해 놓곤, 於此에서 다시 先으로 思字를 釋하고선 그 下에다 바야흐로 漢水를 釋하여 經文之次를 從하지 않음이니, 正히 毛傳之意를 用인 것이다.

篇內도 同이라. 漢水는 出興元府,嶓冢山하여 至漢陽軍,大別山하곤 入江이라. 江漢之俗에 其女好遊하여 漢魏以後猶然이니, 如大堤之曲에도 可見也라.
이 篇 내에서도 동일하다. '漢水'는 흥원부(興元府) 파총산(嶓冢山)에서 출원하여, 한양군(漢陽軍) 대별산(大別山)에 이르러 장강으로 흘러들어 간다. 장강과 한수의 풍속에 그 처자들은 유람하길 좋아하여, 한(漢)나라, 위(魏)나라 이후까지에도 여전히 그러하였으니, 마치 '大堤之曲'과 같음에서도 가히 볼 수 있음이다.

安成劉氏曰 李太白詩注에 曰하길, 大堤는 漢水之堤이라. 大堤曲은 宋隨王誕이 爲襄州時作이라. 樂府遺聲의 都邑三十四曲에 有大堤曲이라. 古詞云하길, 朝發襄陽城하여 暮至大堤宿하네. 大堤諸女兒가 花艶驚郞目하네.
安成劉氏曰: 李太白詩의 注에 曰하길, '大堤'는 漢水之堤(湖北省 襄陽縣)이다. 大堤曲(襄陽樂의 대제곡)은 六朝(남북조) 때 宋의 隨王 탄<誕>이 양양(襄陽)군수가 되었다가 옹주(襄州:或雍州의 誤字)자사가 되어 당시에 作하였다. <樂府遺聲:指過去留下的樂曲,과거에 남겨진 악곡>의 都邑三十四曲 중에 '大堤曲'이 有하다. 古詞에 云하길 '아침(朝)나절 襄陽城을 출발하여 저녁(暮)나절 大堤에 至하여 宿하네. 大堤의 여러 女兒들 花처럼 고움(艶:염)에 郞目들을 驚케 하네.'라 하였다.
*참고: 六朝
중국에서 한(漢)이 망하고 수(隋)가 중국을 통일하기까지의 과도기(220~589). 6조라는 용어는 이 시기에 중국 중부에 있는 도시 난징[南京]에 수도를 두고 흥망성쇠를 거듭했던 여섯 왕조에서 유래되었다. 이 여섯 왕조는 오(吳: 222~280)·동진(東晉: 317~420)·유송(劉宋: 420~479)·남제(南齊: 479~502)·남량(南梁: 502~557)·남진(南陳: 557~589)을 말한다. <다음백과

사전>

泳은 潛行也라. 江水는 出永康軍,岷山하여(永康軍은 即今成都府 灌縣 隸四川이라) 東流하다 與漢水合하고 東北에서 入海라. 永은 長也라(東陽許氏曰 漢에 言廣은 謂橫渡也고, 江에 曰永은 謂沿沂也라). 方은 桴也라(釋文曰 桴,泭,柎는 竝으로 同音이라. 木曰樺,竹曰筏,小筏曰泭<樺音牌이고, 筏音伐>이라). ○文王之化가 自近而遠에 先及於江漢之間하여 而有以變其淫亂之俗인지라(問컨대, 文王時에 紂在河北인지라 故化只行于江漢이니이다. 朱子曰然이니, 北方亦有獫狁이라. ○新安胡氏曰: 此는 文王修身齊家之道에 美化之行이 見諸南國者가 如此이라). 故其出游之女를 人望見之코서 而知其端莊靜一하여 非復前日之可求矣라. 因以喬木起興하여 江漢爲比하곤 而反復詠歎之也라.

'泳'은 물에 잠겨서 건너는 것이다. '江水'는 영강군(永康軍) 민산(岷山)에서 출원하여(永康軍은 即 今의 成都府 灌縣에서 四川에까지 隸屬이다), 동으로 흐르다 한수와 더불어 합쳐 동북에서 바다로 들어간다. '永'은 깊이다(東陽許氏曰: 漢水에 廣이라 言함은 가로질러 건넘<橫渡>을 謂함이고, 江에 永이라 曰함은 물길 따라<沿:연> 다다른 地境<沂:기>을 謂함이다). 方은 뗏목(桴:부)이다(釋文曰: 桴와 泭와 柎는 나란히 同音이다. 木을 樺<큰뗏목패>라 曰하고, 竹을 筏<벌>이라 曰하며, 小筏<뗏목벌>을 泭<부>라 曰한다<籓패는 音이 牌이고, 筏은 音이 伐이다>). ○문왕의 교화가 근거리로부터 멀리까지 퍼져나감에, 우선 장강과 한수의 사이에 미쳐 그 음란한 풍속을 변화시킴이 있었기 때문에(問컨대, 文王時엔 紂가 河北에 在한지라, 故로 化가 다만 江漢으로 行하였던 것입니다. 朱子曰 然이로니, 北方에는 또한 獫狁도 有함이라. ○新安胡氏曰: 此는 文王의 修身,齊家之道에 美하게 감화된 行實이 南國에 見하였던 것이 如此였던 것이다), 고로 그 유람하러 나선 처자들을 사람들이 멀리서 그들을 바라보고서 그 단장(端莊)하고 정일(靜一)하여 다시 전일처럼 가히 구할 수 있음이 아님을 안 것이다. 이로 인하여 교목으로 감흥을 일으켜 장강과 한수로서 비유를 삼고선, 반복적으로 감탄하며 읊은(詠歎) 것이다.

慶源輔氏曰 女者는 未嫁之稱으로 未嫁而出游는 亦非禮也라. 故先生引大堤之曲하여 以見江漢之俗에 其女好游甚이라. 當詩人에도 必以游女爲言者는 出游之女라도 猶如此컨대, 况于閨閫之內乎아. 自豊鎬而南은 即今興元府 京西 河北等路가 皆江漢之所經由也라. 此章은 是其始見之時에도 知其容貌之端莊,性情之靜一하여 非復如前日之可求也라.
慶源輔氏曰: 女者는 未嫁之稱으로, 未嫁에 出游함은 또한 非禮인 것이다. 故로 先生께서도 大堤之曲을 引하여 江漢之俗에 그 女들이 好游하길 甚하였음을 見한 것이다. 당시의 詩人도 반드시 游女로서 言을 삼았던 것은 出游之女라도

삼천년 사랑의 노래(風) 1

오히려 (품행이) 如此하건대, 하물며 閨閫(문지방곤)의 內에서야? 豊鎬로부터 南은 卽 今의 興元府 京西 河北等路가 모두 江漢이 經由하는 바인 것이다. 此章은 이렇게 그 始見之時에서도 그 容貌之端莊과 性情之靜一하여 다시 前日과 같이 可求할 수 있음이 아님을 知한 것이다.

○孔氏曰 木은 所以芘蔭으로 本有可休之道이나 今以上竦之에 故不可休止코, 以興女有可求之時이나 今以貞潔之인지라 故不可求이라. 游女도 尙不可求일진대, 則在室無敢犯禮임을 可知이라. 又言하길 水本有泳方之道이나, 今漢之廣江之長엔 則不可濟也라.
孔氏曰: 木은 가리고 그늘(芘蔭)의 所以로 本來 可休之道가 有인 것이나, 今에는 上으로만 竦之인 까닭에 可히 休止할 수 없다는 것으로, 女는 可求之時가 有인 것이나 今에 貞潔之인지라 故로 可히 求할 수 없음을 興한 것이다. 游女도 오히려 不可求일진대, 則 在室엔 敢히 犯禮할 수 없음을 可知인 것이다. 又言하길, 水엔 本으로 泳方之道가 有이나, 今의 漢之廣과 江之長엔 則 不可濟라는 것이다.

○華谷嚴氏曰 喬竦之木의 不可休로 興高潔之女不可求이고, 漢廣不可泳과 江永不可方으로 以比見其貞潔之意하여 使人暴慢之意不作이라.
華谷嚴氏曰: 喬竦之木이 不可休임으로 高潔之女가 不可求임을 興한 것이고, 漢廣의 不可泳과 江永의 不可方인 것으로 그 貞潔之意를 比喩로 나타내어(見) 人으로 하여금 暴慢之意가 일어나지 못하게 한 것이다.

○朱子曰 主意는 只說漢有游女 不可求思의 兩句이고, 餘六句는 是反覆比興說이라. 如奕奕寢廟에서 至遇犬獲之까지 上下六句도 亦只興出他人有心 予忖度之의 兩句이라.
朱子曰: 主된 意는 다만 '漢有游女 不可求思'의 兩句로 說함이고, 餘六句는 이렇게 反覆으로 比喩로 說을 興한 것이다. 마치 <巧言>편의 '奕奕寢廟(혁)'에서 '遇犬獲之'에 至하는 上下 六句와 같은 경우도, 또한 다만 '他人有心 予忖度之'의 兩句를 興기하기 위해 出한 것이다.
*참고: 巧言-04
○奕奕寢廟를 君子作之며 秩秩大猷를 聖人莫之니라. 他人有心을 予忖度(탁)之로니 躍躍毚兎 遇犬獲之니라.
奕奕한 寢廟를, 君子께서 作之하시며, 整然한 大道(大猷)를, 聖人께서 定(莫)之하셨느니라. 他人의 有心을 내가 헤아릴(忖度)릴 수 있음이로니, 약삭빠르고 (躍躍) 교활(毚)한 토끼가, 사냥개를 만나 사로잡힘이니라.

○安成劉氏曰 上四句는 以喬木不可休로서 對游女不可求而言인지라 故屬興이고, 下四句는 但言漢廣不可泳江永不可方으로 以比貞女不復可求之意하곤 而不說其所比之事인지라 故屬比이라. 此는 其興比體製之殊를 備見於一章之內하니, 後凡言興與比者의 其文意도 亦皆倣此章云이라.
安成劉氏曰: 上四句는 喬木不可休로서 游女不可求에 對하여 言하였기 때문에 故로 興에 屬함이고, 下四句는 다만 漢廣不可泳 江永不可方으로 言함으로서 貞女不復可求의 意로 比하고선 그 比한 바의 事론 不說하였기 때문에, 故로 比에 屬인 것이다. 此는 그 興과 比의 體製(體制)의 殊를 一章之內에 備見하였으니, 後의 凡言한 興與比者의 그 文意도 또한 모두 此章과 倣이라 云할 뿐인 것이다.

01-09-02 ○翹翹錯薪에 言刈其楚하리라. 之子于歸에 言秣其馬하리라. 漢之廣矣는 不可泳思며, 江之永矣는 不可方思로다.
높이 자란 잡목 군락 그 모형(牡荊:楚)가지 베어내리라. 돌아가는 저 처자 그 말 꼴로 먹이리라. 한수(漢)는 넓어 가히 헤엄쳐 건널 수 없으며, 장강은 길어 가히 뗏목으론 다다를 수 없도다.

　　　　빽빽한 잡목 숲의 가시나무 베어내어
　　　　그 아가씨 시집올 때 타고 온 말 먹이련만
　　　　한수는 하도 넓어 헤엄쳐서 못 건너고
　　　　장강은 너무 길어 뗏목으로 못 간다네

興而比也라. 翹翹는 秀起之貌이라. 錯은 雜也라. 楚는 木名으로, 荊屬이라. 之子는 指游女也라. 秣은 飼也라. ○以錯薪起興而欲秣其馬하니 則悅之至이고, 以江漢爲比하여 而歎其終不可求하니 則敬之深이라.
興체이면서 比체이다. '翹翹(교)'는 잡목 따위가 높이 일어난 모양이다. '錯'은 섞임이다. '楚'는 나무 이름으로, 가시나무(荊)의 속이다. '之子'는 유람하는 처자를 가리킴이다. '秣(꼴말)'은 말의 먹이(飼:사)이다. ○잡목의 땔나무로서 감흥이 일어나 그 말에게도 꼴을 먹이고자 하니 즉 내면의 기뻐함이 지극한 것이고, 장강과 한수로서 비유를 삼아서 그 끝내 가히 구할 수 없음으로 탄미함이니 즉 삼감의 공경이 깊은 것이다.

廬陵歐陽氏曰 旣願秣其馬컨대 此悅慕之辭이니, 猶古人言에 雖爲執鞭나 猶忻慕焉者也라. 又陳其情雖可悅라도 而不可求라하니, 則見文王之化가 被人하길 深也라.
廬陵歐陽氏曰: 이윽고 그 馬에 꼴(秣)로 먹이길 願컨대 此는 悅慕之辭이니, 마치 古人이 비록 執鞭이 되고자 言이어도 오히려 그것에 忻慕함이 있는 것과 같은 것이다. 또 그 情을 陳함에 비록 可悅이라도 不可求라 하니, 則 文王之化가 人에 被하길 深하였음을 見할 수 있는 것이다.

○慶源輔氏曰 悅之至코도 敬之深이면 則可見其性情之正也나, 悅之不敬이면 則便放佚矣라.
慶源輔氏曰: 悅之至코도 敬之深이면 則 그 性情之正임을 可見인 것이나, 悅之코서 不敬이면 則 문득 放佚인 것이다.

01-09-03 ○翹翹錯薪에 言刈其蔞호리라. 之子于歸에 言秣其駒호리라. 漢之廣矣는 不可泳思며, 江之永矣는 不可方思로다.
높이 자란 잡목 군락 그 물쑥만 베어내리라. 돌아가는 저 처자 그 망아지 꼴로 먹이리라. 한수(漢)는 넓어 가히 헤엄쳐 건널 수 없으며, 장강은 길어 가히 뗏목으론 다다를 수 없도다.

　　　　울창한 잡목 숲의 물쑥을 베어다가
　　　　그 아가씨 시집올 때 타고 온 말 먹이련만
　　　　한수는 하도 넓어 헤엄쳐서 못 건너고
　　　　장강은 너무 길어 뗏목으론 못 간다네

興而比也라. 蔞는 蔞蒿也로, 葉似艾하고 靑白色이며 長數寸이니, 生水澤中이라 (陸氏曰 蔞蒿는 正月에 根芽生하고 旁莖은 正白이고 生食之라. 香而脆美하며 葉可蒸爲茹라). 駒는 馬之小者라.
興체이며 比체이다. '蔞(누)'는 물쑥(蔞蒿:누호)으로, 잎은 쑥과 흡사하고 청백색이며 길이는 수촌(數寸)이니, 물이나 연못 속에서 자란다(陸氏曰: 蔞蒿는 正月에 어린 싹(根芽)이 生하고, 곁가지 줄기<旁莖>는 正白이며 生으로 食之할 수 있다. 香이 있고 아삭한 맛(脆美:연할취)이 나며, 葉은 可히 蒸으로 茹할 수 있다). '駒'는 말 중에 작은 것이다.

漢廣은 三章으로, 章八句이라.
漢廣은 三章으로, 章마다 八句이다.

朱子曰 漢廣,汝墳諸詩가 皆是說婦人이니, 豈是文王之化에 只化及婦人하고 不化及男子리오. 只看他意하길 恁地拘해선 不得이라. 又曰 漢廣游女는 求而不可得이고, 行露之男은 不能侵凌貞女이니, 豈當時婦人蒙化하고 而男子則非리오. 亦是偶然히 有此樣에 詩說得一邊耳이라.

朱子曰: 漢廣과 汝墳의 諸詩들이 모두 이렇게 婦人에 대해서만 說인 것이니, 어찌 이렇게 文王之化에 있어 다만 化가 婦人에게만 及하고 化가 男子에게는 及하지 않았으리오? 다만 그 意를 看함에 恁地로만 拘해서는 不得인 것이다. 又曰: <漢廣>의 游女는 求而不可得이고, (行露에선) 行露之男이 能히 貞女를 侵凌치 못함이니, 어찌 當時의 婦人만이 化를 蒙하고 男子에게서는 則 非하였겠는가? 또한 이렇게 偶然히 此樣이 有함에 詩에서 一邊만을 說得했을 뿐인 것이다.

○慶源輔氏曰 三章之末에 皆終之以不可求之意하니, 所謂言之詳,辭之複은 所以見其敬慕로 有不能自已之意也라.
慶源輔氏曰: 三章之末에 모두 '不可求'의 意로서 終之하니, 所謂 '言之詳 辭之複' 함은 그 敬慕로 인하여 能히 스스로 그만 둘 수 없는 意가 있음을 見한 所以인 것이다.

○建安何氏曰 劉氏云하길, 文王敎化에 其民桃夭로 歌其男女以正하고, 漢廣으로 歌其美化行乎江漢之域하며, 汝墳으로 歌其婦人能勉其君子以正라하니, 苟非防微之道라면 習以性成하여 風以成俗컨대 其能然乎리오.
建安何氏曰: 劉氏云하길, '文王敎化에 그 民이 桃夭로 그 男女以正을 歌하였고, 漢廣으로 그 美化가 江漢之域에까지 行해졌음을 歌하였으며, 汝墳으로 그 婦人이 能히 그 君子에 勉하길 正으로 함을 歌하였다.' 라 하니, 苟로 防微之道로 아니었더라면 習으로 性이 成하고 風으로 俗을 成하고 말건대 그 能히 然할 수 있겠는가?

○豊城朱氏曰 漢之廣者不可泳, 江之永者不可方으로 以比女德之端莊,靜一者不可求也라. 言今日之不可求이면 則知前日之可求矣니, 前日之可求는 衰世之俗也고 今日之不可求는 聖人之化也라. 夫觀聖人之化에 不於其他하고 而必於江漢之游女는 何也오. 曰 天下之治는 正家爲先이니, 錄一漢廣하여 以見天下之家正也라. 天下之家正에 而天下治矣니, 非被聖人之化코도 而能若是哉리오.
豊城朱氏曰: 漢之廣者不可泳과 江之永者不可方으로서 '女德之端莊,靜一者 不可求也'를 비한 것이다. 今日之不可求로 言일지면 則 前日之可求임에 知할 수 있으니, 前日之可求는 衰世之俗인 것이고 今日之不可求는 聖人之化인 것이다. 저 聖人之化를 觀함에 그 他로 하지 않고, 반드시 江漢之游女로 함은 무엇인가? 曰: 天下之治는 正家로 先을 삼으니, 一의 漢廣을 錄함으로서 天下之家가 正임을 見한 것이다. 天下之家가 正임에 天下도 治인 것이니, 聖人之化를 被하지 않고서도 能히 是(江漢之游女)와 같을 수 있겠는가?

10. 汝墳

01-10-01 ○遵彼汝墳하야 伐其條枚호라. 未見君子이라 惄如調飢호라.
저 여수(汝水)가 방죽 따라 그 큰가지(枚) 잔가지(條) 나무하노라(伐). 아직 군자 뵙지 못한지라 그리움의 간절함 굶주린 듯하노라.

저기 여수 강둑 따라 나뭇가지 꺾어보네
보고픈 님 못 만나니 그리움에 허기지네

賦也라. 遵은 循也라. 汝水는 出汝州天息山하여 徑蔡穎州하곤 入淮이라(汝州는 今南陽府汝州이고, 蔡州는 今汝寧府竝隸河南이며, 穎州는 今鳳陽府穎州直隸이라). 墳은 大防也라(孔氏曰: 墳은 謂崖岸狀이니, 如墳墓하여 名大防也라). 枝를 曰條하고, 榦曰枚이라(程子曰 君子從役於外인지라 婦人爲樵薪之事이라. ○華谷嚴氏曰 親伐薪이니 則庶人之妻이라). 惄은 飢意也라. 調는 一作輖하니, 重也라(廬陵羅氏曰 惄本訓思이나, 但飢之思食이니 意又惄然이라. 故傳言飢意이지 而非飢狀이라. 釋文曰 調는 又作輖하니, 廣韻注曰하길 輖는 重載也라). ○汝旁之國이 亦先被文王之化者이니, 故婦人喜其君子行役而歸하여 因記其未歸之時에 思望之情如此하여 而追賦之也라.

賦體이다. '遵'은 따를 循이다. '汝水'는 여주(汝州) 천식산(天息山)에서 출원하여 채주(蔡州)와 영주(穎州)를 경과하여 회수(淮)로 들어간다(汝州는 今의 南陽府 汝州이고, 蔡州는 今의 汝寧府에서 河南에까지 아울러 隸屬이며, 穎州는 今의 鳳陽府 穎州에 直으로 隸屬이다). '墳'은 큰 제방이다(孔氏曰: 墳은 애안<崖岸>의 狀<깎아지른 듯한 물가>을 謂함이니, 마치 墳墓와 같아 名하여 大防이라 함이다). 곁가지를 '條'라 曰하고, 기둥줄기(榦:간)를 '枚'라 曰한다(程子曰: 君子가 外에서 從役인지라, 婦人이 樵薪之事<땔나무초>를 한 것이다. ○華谷嚴氏曰: 親히 伐薪하니 則 庶人之妻인 것이다). '惄(허기질녁)'은 굶주림의 의미이다. '調(주)'는 한편에선 輖(무거워낮을주)라고도 쓰니, 거듭(重)이다(廬陵羅氏曰: 惄은 本으로 訓이 思<끝까지 마음에 남아 아프게 생각함>이나, 다만 飢에 食로 思함이니 意가 또한 惄然인 것이다. 故로 詩傳에선 飢意로 言함이지 飢의 狀은 아닌 것이다. 釋文曰: 調를 또한 輖<낮을주>로도 作하니, 廣韻注에 曰하길 輖는 重한 짐(載)을 실었기 때문이라 하였다). ○여수(汝水)를 끼고 있는 나라가 또한 먼저 문왕의 교화를 입었던 것이니, 고로 부인이 그 군자 행역(行役) 나갔다가 돌아옴에 기뻐하여, 이로 인하여 그 아직 돌아오지 않은 때에 그리워하고 바라는 성정이 이와 같았음을 기록하고, 거슬러 올라가 그것을 읊은 것이다.

01-10-02 ○遵彼汝墳하야 伐其條肄호라. 旣見君子호니 不我遐棄로다.
저 여수(汝水)가 방죽 따라 그 베낸 자리 새 가지로 나무하노라. 이윽고 님 만나 뵈오니 나 멀리해 버리지 않으심이로다.

저기 여수 강둑 따라 나무 새싹 베어냈네
그리운 님 만나보니 날 버리시진 않으셨네

賦也라. 斬而復生을 曰肄이라. 遐는 遠也라. ○伐其枚하고 而又伐其肄는 則踰年矣라. 至是乃見其君子之歸하곤 而喜其不遠棄我也라.
賦체이다. 잘라낸 곳에서 다시 자라나는 것을 '肄(이)'라 曰한다. '遐(하)'는 멀리함이다. ○그 기둥을 베어내고선 또 그 새로 난 가지도 베었다는 것은 즉 1년이 넘은 것이다. 이때에 이르러 이내 그 군자의 귀향을 보고선 그가 나를 멀리하여 버리지 않았음을 기뻐한 것이다.

01-10-03 ○魴魚赬尾어늘 王室如燬로다. 雖則如燬이나 父母孔邇니라.
방어 꼬리 붉게 물들거늘 왕실 부역 불타듯(燬) 고됨이로다. 비록 즉 불타듯 고될지나 부모 같은 이 심히 가까이서 보살피시니라.

방어꼬리 붉게 물드니 왕실부역 고되구나
불에 덴 듯 고달프나 내 부모님 가까이서 보살피네

比也라. 魴은 魚名으로, 身은 廣而薄하고 少力, 細鱗이라(陸氏曰 魴一名魾인데, 江東呼為鯿하니 音邊이라. ○山陰陸氏曰 魴은 靑,鯿,細鱗하며, 縮頭에다 潤腹이라. 其廣方,其厚褊인지라 故曰魴, 亦曰鯿이니, 魴方也고 鯿褊也라). 赬은 赤也니, 魚勞이면 則尾赤이라. 魴尾本白而今赤이면 則勞甚矣라(藍田呂氏曰 鯉尾赤, 魴尾白이나, 今亦赤이면 則勞甚矣라). 王室은 指紂所都也라. 燬는 焚也라. 父母는 指文王也라. 孔은 甚이고, 邇는 近也라. ○是時에 文王三分天下有其二여도 而率商之叛國하여 以事紂인지라, 故汝墳之人도 猶以文王之命으로 供紂之役이라.
比체이다. '魴(방어방)'은 물고기 이름으로, 몸체는 넓고 얇으며 힘이 약하고 가는 비늘이 있다(陸氏曰: 魴은 一名 魾<방어비>라고도 하는데, 江東에선 呼하여 鯿<방어편>이라고도 하니 音은 邊<가변>이다. ○山陰陸氏曰: 魴은 푸르고<靑> 좁으며<鯿> 작은 비늘<細鱗>로 덮여있으며, 움츠린 머리<縮頭>에다 넓은 배<潤腹>를 지니고 있다. 그 廣이 方하고 그 厚가 褊<좁을편>인지라 故로 曰魴하고 亦曰鯿하니, 魴은 方의 의미이고 鯿은 褊의 의미이다). '赬(붉을정)'은 붉은 색이니, 물고기가 피로하면 즉 꼬리가 붉어진다. 방어의 꼬리는 본래 흰데도 지금 붉다는 것은 즉 노고가 심하다는 것이다(藍田呂氏曰: 잉어<鯉>의 尾는 赤이고 魴은 尾가 白이나, 今에 또한 赤이면 則 勞가 甚인 것이다). '王室'은 폭군 주가 도읍한 바를 가리킨다. '燬(훼)'는 불타오름이다. '父母'는 문왕을 가리킨다. '孔'은 심함이며, '邇'는 가까움이다. ○이때에 문왕께서 천하를 3분하여 그 둘을 차지하고도 상나라에 배반한 나라들을 이끌고 紂를 섬겼기 때문에, 여수가 제방의 사람들도 오히려 문왕의 명으로서 폭군 주의 부역에 제공(提供)되었던 것이다.

朱子曰 傳云의 文王率商叛國以事紂는 蓋天下歸文王者가 六州이고, 唯靑,兗,冀만이 屬紂耳이라.
朱子曰: 集傳에 云한 '文王率商叛國 以事紂'는 대개 天下歸文王者가 六州이고, 오직 靑,兗(바를연),冀만이 紂에 屬하였을 뿐인 것이다.

○南軒張氏曰 玩此詩이면 則民心雖怨乎紂이나 而尚以周之故로 未至於泮散也라. 是文王이 以盛德爲商之方伯하여 與商室係民心하고 而繼宗社者거늘, 也其德을 可不謂至乎리오.
南軒張氏曰: 此詩를 玩일지면 則 民心은 비록 紂에 怨하였지만, 오히려 周의 까닭(故)으로 아직 泮散(나뉠반)으로는 至하지 않았던 것이다. 이렇게 文王께선 盛德으로 商의 方伯이 되시어, 商室에 民心을 係하게 하고 종묘사직(宗社)을 繼로 참여하신 것이거늘, 또한 그 德을 可히 至極이라 이르지 않을 수 있겠는가?

其家人이 見其勤苦而勞之하며 曰 汝之勞旣如此하여 而王室之政이 方酷烈而未已이나, 雖其酷烈而未已라도 然文王之德이 如父母하고, 然望之甚近인지라 亦可以忘其勞矣라. 此는 序所謂 婦人能閔其君子하길 猶勉之以正者로, 蓋曰雖其別離之久,思念之深이라도 而其所以相告語者엔, 猶有尊君親上之意하고 而無情愛狎昵之私하니, 則其德澤之深,風化之美를 皆可見矣라.
그 집안사람이 그 근로의 고생을 보고서 그것에 위로하여 왈하길:<너의 고달픔이 이윽고 이와 같아 폭군의 왕실 정령이 바야흐로 혹독(酷:혹독할혹)하고 매섭기가 아직 그치지 않음이나, 비록 그 혹독하고 매섭기가 아직 그치지 않음이라도 그러나 문왕의 덕이 부모와 같고, 그리고 그것 바라봐주시길 심히 가까이서 하는지라, 또한 가히 그 노고를 잊을 수가 있음이다.>라 한 것이다. 此는 <序>에서의 소위 '부인이 능히 그 군자 위문(閔)하길 오히려 바름으로서 힘쓰게 하였다.'인 것으로, 대개 '비록 그 이별이 오래되고 그리움의 생각이 심하였더라도 그 서로 고해주고 이야기 한 까닭인 것엔, 오히려 군주를 높이고 윗사람을 친근히 하려는 뜻이 있고 애정만으로 친밀하게 가까이 하려는 사사로움은 없다.'라 曰할 수 있음이니, 즉 그 德(덕)의 은택이 깊고 교풍(敎風)의 감화가 아름다웠음을 모두 가히 볼 수 있는 것이다.

安成劉氏曰 婦人之伐枚伐肆하니 則別其夫之久矣고, 怒如調飢하니 則念其夫之深矣라. 然其久別于行役之勞이면 宜有怨上之意이고, 相見於深思之餘이면 宜有情昵之思이라. 今乃有親上之語以相慰하니 則可見文王德澤之深이고, 而其無情昵之私言하니 則又可見文王風化之美也라.
安成劉氏曰: 婦人이 伐枚하고 伐肆하였으니 則 그 夫와 이별됨이 久인 것이고, 怒하기가 마치 調飢와 같았으니 則 그 夫에 念하기를 深인 것이다. 그러나 行役之勞에서 이별됨이 久일지면 宜當 怨上之意가 有하고, 深思之餘에서 相見일지면 宜當 情昵之思가 有인 것이다. 今에 이내 親上之語로 相慰함이 有하니, 則 可히 文王의 德澤이 深하였음을 見할 수 있고, 그 情昵之私言이 無하니 則 또한 可히 文王의 風化之美에도 見할 수 있는 것이다.

一說에 父母甚近을 不可以懈於王事而貽其憂라하니, 亦通이라.
일설에 '父母甚近(부모 같은 이가 심히 가까이 계신다).'를 '왕사에 게을리 하여 그 근심으로 끼쳐서는 불가하다.'라 하니, 또한 통한다.

列女傳曰 妻恐其懈於王事하여 言國家多難惟勉强之하고 無遺父母憂라하니, 蓋生於亂世하여 迫於暴虐故也라.
列女傳曰: 妻가 그 王事에 懈할 것에 恐하여 言하길 '國家의 多難엔 오직 그것에 勉强之하고, 父母에게 憂로 遺함이 없어야 한다.'라 하였으니, 대개 亂世에서 태어(生)나 暴虐으로 핍박(迫)을 받았던 까닭인 것이다(아마도 그래서 왕사에 충실할 수밖에 없음).

○須溪劉氏曰 父母는 行役者之父母也라.
須溪劉氏曰: 父母는 行役者之父母이다.

汝墳은 三章으로, 章四句이라.
汝墳은 三章으로, 章마다 四句이다.

臨川王氏曰 前二章은 篤於夫婦之仁이고, 後一章은 篤於君臣之義이라.
臨川王氏曰: (이 편에서) 前二章은 夫婦之仁에 篤인 것이고, 後一章은 君臣之義에 篤인 것이다.

止齊陳氏曰 汝墳은 是已被先王之化者이고, 江漢은 是聞文王之化하고 而未被其

澤者라도 卻有意思이라.
止齊陳氏曰: 汝墳은 이렇게 이미 先王之化를 被인 것이지만, 江漢은 이렇게 文王之化엔 聞하고 아직 그 澤으론 被하지 않았더라도 도리어 意思(무엇을 하고자 하는 생각)만큼은 有인 것이다.

○慶源輔氏曰 未見君子 惄如調飢는 思望之情也고, 旣見君子 不我遐棄는 喜幸之意也라. 雖則如燬, 父母孔邇는 慰勉之辭也고, 未見而思, 旣見而喜는 發乎情也며, 終勉之以正은 止乎禮義也니, 此에 可見其情性之正矣라. 且以紂之無道에 天下離心이나 而汝墳之民만은 尙以文王之命으로 服紂之役하니, 則文王之德이 孚於人心者를 可見矣라. 不惟此하고 也至於婦人에도 亦知以文王爲父母하고 而勉其君子以尊君親上之意하니, 則文王之化에는 爲不可及矣라.
慶源輔氏曰: 未見君子에 惄如調飢는 思望之情인 것이고, 旣見君子에 不我遐棄는 喜幸之意인 것이다. 비록 如燬하지만(雖則) 父母孔邇는 慰勉之辭인 것이고, 未見而思하고 旣見而喜는 發乎情이며, 終에 勉之以正은 止乎禮義인 것이니, 此에서 可히 그 情性之正임을 見할 수 있는 것이다. 또 紂之無道에 天下가 離心이나 汝墳之民만은 오히려 文王之命으로 紂之役에 服무하였으니, 則 文王之德이 孚於人心인 것을 可見인 것이다. 오직 此일 뿐만이 아니라 婦人에 至해서도 또한 文王으로서 父母를 삼고 그 君子에 勉하길 尊君親上의 意로 할 줄 알았으니, 則 文王之化에는 可히 及할 수 없음이 됨이다.

○豐城朱氏曰 周南十一篇에 而南國之詩를 僅居其二는 何也오. 曰 漢廣,汝墳之間이 是非一國也나, 而其被聖人之化엔 則一而已矣라. 不錄은 則無以見其風俗之美이고, 盡錄엔 則又有不勝其可錄者焉이니, 故錄一漢廣하여 以見其德之端莊其性之靜一者가 非特一女而已也고, 錄一汝墳하여 以見其意之忠厚其志之專慤者가 又非特一行役之婦人而已也라. 是時에 王化가 自北而南인지라, 故觀於桃夭면 而見化之行於國中者如此이고, 觀於漢廣汝墳이면 而見化之行於南國者又如此컨대, 詩를 亦何以多爲哉리오.
豐城朱氏曰: 周南의 十一篇 중에, 南國之詩를 겨우 그 二로만 居하게 함은 무엇인가? 曰: 漢廣,汝墳의 間이 이렇게 一國일 뿐이 아니지만, 그러나 그 聖人之化를 被함에는 則 여러 나라가 한결같았을 뿐인 것이다. 不錄에는 則 그 風俗之美를 見할 수 없었기 때문이고, 盡錄인 것엔 則 또한 그것에 그 可錄인 것을 누르지 못했기(不勝) 때문이니, 故로 一의 漢廣을 錄하여 그 德之端莊과 그 性之靜一者가 다만 一女일 뿐이 아님을 見한 것이고, 一의 汝墳을 錄하여 그 意之忠厚와 그 志之專慤者가 또한 다만 一의 行役之婦人일 뿐이 아님을 見한 것이다. 是時에 王의 化가 自北而南인지라, 故로 桃夭에 觀일지면 化가 國中에 行해졌던 것이 如此함을 見할 수 있고, 漢廣,汝墳에 觀일지면 化가 南國

에 行해졌던 것이 또 如此함에 見할 수 있건대, 詩를 또한 어찌 多로서만 善을 삼을 수 있겠는가?

11. 麟之趾

01-11-01 ○麟之趾여. 振振公子로소니, 于嗟麟兮로다.
기린의 어진 발걸음(趾)이여! 인후(仁厚)한 문왕의 공자(公子)로니, 아~ 상서로운 기린(麟)의 행보로다.

기린의 어진 발이여! 인후하신 임금의 자손들이네
아! 상서로운 기린이로다

興也라. 麟은 麕身에다 牛尾馬蹄로 毛蟲之長也라(陸氏曰 麟色은 黃이고 圓蹄이며, 王者가 至仁이면 乃出이라). 趾는 足也니, 麟之足은 不踐生草하고 不履生蟲이라. 振振은 仁厚貌이고, 于嗟는 歎辭이라. ○文王后妃가 德脩于身에 而子孫宗族도 皆化於善인지라, 故詩人以麟之趾로 興公之子이라. 言麟性仁厚인지라 故其趾亦仁厚이고, 文王后妃仁厚인지라 故其子亦仁厚이라. 然言之不足인지라, 故又嗟歎之이라. 言하길 是乃麟이거늘 也何必麕身,牛尾而馬蹄인 然後에 爲王者之瑞哉리오.
興체이다. '麟'은 사슴(麕:고라니균)의 몸에다 소의 꼬리와 말의 발굽을 지닌, 털 달린 짐승의 우두머리이다(陸氏曰: 麟의 色은 黃이고, 둥근 말굽(즉 통발굽:蹄)이며, 王者가 至仁이면 이내 세상에 出한다). '趾'는 발이니, 기린의 발은 살아있는 풀은 밟지(踐) 않고, 살아있는 벌레도 내딛지(履) 않는다. '振振'은 인후한 모양이며, '于嗟'는 감탄사이다. ○문왕과 후비가 몸에다 덕을 닦음에 자손과 종족들도 모두 선(善)으로 감화되었기 때문에, 시인이 기린의 발로서 공(公)의 자식들을 흥기시킨 것이다. 기린의 성품이 인후한지라 고로 그 발의 내딛음도 또한 인후함이고, 문왕과 후비가 인후했기 때문에 고로 그 자식들도 또한 인후했음을 말한 것이다. 그러나 말로는 부족하였기 때문에, 고로 또 그것에 嗟歎한 것이다. '이것(趾之德)이 이내 기린이 되는 까닭이거늘, 어찌 반드시 사슴의 몸과 소의 꼬리와 말의 발굽으로 갖춘 연후에야 왕자(王者)의 상서로운 징조로 삼을 수 있겠는가?'라 말한 것이다.
*역주: 麟之趾
恐컨대, 麟이 麟之趾의 덕이 有하기 때문에 則 麟(王者之瑞)이 됨도 有인 것이고, 문왕,후비가 王者之道가 有인지라 則 振振公子(王者之實)도 有인 것이다. 그렇다면 '于嗟麟兮'는 麟之趾의 덕이 有이기 때문이고, 振振公子도 문왕과 후비에게 王者之道가 있었기 때문인 것이다. 그렇다면 '麟之趾'는 仁厚之性

을 비유인 것이고, '振振公子'는 王者之道를 비유인 것으로, 興而比체가 될 수도 있음이다.
*麟性仁厚 故其趾亦仁厚 所以爲王天下之端也
麟의 性이 仁厚하기 때문에 故로 그 趾도 또한 仁厚인 것으로, 王天下의 상서로운 징조(端)가 되는 까닭인 것이다.
*文王后妃王道 故其子亦仁厚 所以爲王天下之實也
文王과 后妃에게 王道가 있었기 때문에 故로 그 자식들도 또한 仁厚했던 것으로, 王天下를 이룰 實체가 된 까닭인 것이다.
<기린의 어진 발걸음(趾)이여! 아~ 상서로운 기린(麟)의 까닭이로다.
仁厚한 문왕의 公子들이여! 아~ 왕천하의 실체를 갖춤이로다.>

問컨대, 傳은 以麟興文王后妃하고 以趾興其子컨대, 然則이면 下文의 于嗟麟兮는 爲指誰耶잇까. 朱子曰 正히 指公子而言耳이라.
問컨대, 詩傳에선 麟으로 文王后妃를 興하고, 趾로서 그 子를 興컨대, 然則이면 下文의 '于嗟麟兮'는 누구를 指함이 되는 것입니까? 朱子曰: 正히 公子들을 指하여 言하였을 뿐인 것이다.

○慶源輔氏曰 振振은 毛傳에 以爲信厚이나, 然詩內엔 初無信意인지라, 故先生 以爲仁厚이라. 麟趾가 不踐生草하고 不履生蟲하니, 有仁厚意也라. 文王이 身修家齊에 后妃도 又有賢德하여 而子孫宗族이 皆化而爲善하니, 則文王雖不王라도 而不害其爲有王者之道也라. 有王者之道인지라 則有王者之瑞이니, 故以麟之趾爲興이라.
慶源輔氏曰: 振振을 毛傳에선 信厚라 여겼건대, 그러나 詩內엔 애초부터 信意가 無하였기 때문에, 故로 先生께선 仁厚로 여긴 것이다. 麟趾가 不踐生草하고 不履生蟲하니, 仁厚의 意가 有인 것이다. 文王이 身修에 家齊되었고 后妃에게도 또한 賢德이 有하여 子孫과 宗族들이 모두 감화되어 善하게 되었으니, 則 文王께서 비록 王천하 하지는 못하였더라도 그 王者之道를 가지고 있음이 됨에는 不害인 것이다. 王者之道를 有인지라 則 王者之瑞도 有인 것이니, 故로 麟之趾(王者之道)로서 興하게 된 것이다.

01-11-02 ○麟之定이여. 振振公姓이로소니, 于嗟麟兮로다.
기린의 어진 이마(定)여! 인후(仁厚)한 문왕의 소생(姓)이로니, 아~ 상서로운 기린(麟)의 행보로다.

기린의 어진 이마여! 인후한 임금의 자손들이네
아! 상서로운 기린이로다

興也라. 定은 額也니, 麟之額엔 未聞이나, 或曰하길 有額而不以抵也라. 公姓은 公孫也니, 姓之爲言은 生也라.
興체이다. '定'은 이마(額)이니, 기린의 이마엔 아직 듣지 못했지만, 혹자 왈하길: <이마는 가지고 있으되, 들이받지는 않는다.>라 하였다. '公姓'은 공의 자손들로, 姓으로 말을 삼은 것은 소생(生)의 바를 말함이다(姬姓).

01-11-03 ○麟之角이여. 振振公族이로소니, 于嗟麟兮로다.
기린의 어진 뿔(角)이여! 인후(仁厚)한 문왕의 친족(族)이로니, 아~ 상서로운 기린(麟)의 행보로다.

   기린의 어진 뿔이여! 어진 임금의 공족들이네
     아! 상서로운 기린이로다

興也라. 麟은 一角으로 角端엔 有肉이라(漢 終軍傳曰 麟角엔 戴肉이나 設武備而不爲害이니, 所以爲仁이라). 公族은 公同高祖로, 祖廟未毀하고 有服之親이라.
興체이다. 기린은 뿔이 하나로서, 뿔의 끝에 근육이 있다(漢書 終軍傳曰: 麟의 角엔 肉을 戴하고 있으나, 武備만을 設하고 害되지 않음을 보임이니, 仁이 되는 所以인 것이다). '公族'은 공(公)과 고조(高祖)를 함께 하는 바로(8촌), 조상의 사당을 헐지 않고 상복을 함께 입는 친족간을 말함이다.
*친척: 親族과 外戚

鄭氏曰 祖廟에 高祖는 爲君者之廟이니, 有緦麻之親이라.
鄭氏曰: 祖廟엔 高祖가 君者之廟가 되니, 緦麻복(8촌,3개월상복)를 有하는 親인 것이다.

○安成劉氏曰 公同高祖는 與文王과 同高祖也라. 蓋亞圉之玄孫으로 文王之三從兄弟이며, 至武王時然後엔 亞圉服이 盡也라.
安成劉氏曰: 公同高祖는 文王과 더불어 高祖를 同함인 것이다. 대개 亞圉(19세)의 玄孫들로 文王(23세)과 三從兄弟(8촌)이며, 武王時(24세)에 至한 然後에는 亞圉에 대한 服이 다함(盡)인 것이다(10촌엔 袒免).

麟之趾는 三章으로, 章三句이라.
麟之趾는 三章으로, 章마다 三句이다.

序에 以爲關雎之應라하니, 得之라.

<序>에서 관저편과 응함이 된다고 여겼으니, 그것이 득함이 된다.

華谷嚴氏曰: 應은 效應也라. 公子生長이 富貴면 宜其驕淫輕佻也일진대, 今乃仁厚커늘 豈非關雎의 風化之效歟리오. 公子猶仁厚컨대, 則他人可知라.
華谷嚴氏曰: '應'은 效驗에 대한 應인 것이다. 公子의 生長이 富貴일지면 宜당 그 驕淫하고 輕佻(경박할조)일진대, 今에 이내 仁厚하거늘 어찌 關雎의 風化之效가 아니겠는가? 公子도 오히려 仁厚컨대, 則 他人에 있어서도 可知인 것이다.

○南軒張氏曰 麟이 出於上古之時엔 蓋極治之日也나, 以紂之在上어도 而周之公子가 振振仁厚이니, 不減於極治之日이라. 故詩人歌之하여 以爲是乃麟也고, 周公取之하여 以爲關雎之應이라.
南軒張氏曰: 麟이 上古之時에 出하였던 것은 대개 極治之日인 것이나, 紂가 在上이어도 周之公子들이 振振仁厚하였으니, 極治之日보다 감쇄함은 아닌 것이다. 故로 詩人이 그것을 歌之하여 是가 이내 麟의 상서로움으로 여긴 것이고, 周公께선 그것을 取之하시어 關雎之應으로 삼은 것이다.

○董氏曰 麒麟在郊藪하고 禮運에 以爲四靈하며, 孔叢子曰하길 唐虞之時麒麟遊於田라하니, 蓋古人이 言治之極엔 必假此爲應이라.
董氏曰: (鹽鐵論:前漢,宣帝,桓寬이 편찬한 책)에 '麒麟은 郊藪(수풀수)에서 在하였다.'라 하고, 예기 <禮運>편에선 '四靈'이라 하였고, 孔叢子曰하길 '唐虞之時엔 麒麟이 田에 遊하였다.'라 하였으니, 대개 古人이 治之極으로 言함에는 반드시 此를 假하여 應으로 삼았던 것이다.

○朱子曰 興은 是以一箇物事로 貼一箇物事說이라. 如麟之趾는 下文便說振振公子이니, 一箇를 對一箇說이라. 蓋公이 本是一箇好底人임에 子也好이고 孫也好이니, 譬如麟이면 趾也好이고 定也好이이며 角也好이라.
朱子曰: 興은 이렇게 一箇의 物事로 一箇의 物事에다 貼하여 說한 것이다. 마치 麟之趾와 같은 경우는 下文에서 문득 振振公子로 說함과 같으니, 一箇를 一箇와 對하여 說한 것이다. 대개 公이 本으로 이렇게 一箇의 好底人임에 子가 또한 好이고 孫도 또한 好라는 것이니, 麟에 譬如이면 趾가 또한 好이고 定이 또한 好이며 角도 또한 好임과 같은 것이다.

○慶源輔氏曰 一章言公子,二章言公姓,三章言公族은 自近而遠이고 自狹而廣也라.
慶源輔氏曰: 一章의 言公子와 二章의 言公姓과 三章의 言公族은 近으로부터

遠인 것이고, 狹으로부터 廣인 것이다.

○疊山謝氏曰 麟之趾,之定,之角은 美其仁이니, 頌詠其一身之間皆仁也라. 一章曰趾,二章曰定,三章曰角은 自下而至於上也라.
疊山謝氏曰: 麟의 趾와 定과 角은 그 仁함을 美한 것이니, 그 一身之間을 모두 仁함으로 頌詠한 것이다. 一章曰趾와 二章曰定과 三章曰角은 下로부터 上으로 至인 것이다.

○廬陵彭氏曰 黃氏云하길 麟之趾不踶,定不抵,角不觸은 猶公子宜貴不期驕하고 富不期侈也하여 而乃至於仁厚이라. 又曰 或云하길, 關雎之應에 雖無麟어도 而若麟之時이고, 春秋之作엔 雖有麟어도 而非麟之時이라.
廬陵彭氏曰: 黃氏云하길 麟之趾가 不踶(밟을제)하고 定이 不抵하며 角이 不觸함은, 公子가 宜當 貴임에도 驕로 期약하지 않고 富여도 侈로 期하지 않아 이내 仁厚로 至함과 같은 것이다. 又曰: 或云하길, 關雎之應에 비록 無麟이였어도 마치 麟之時와 같은 것이고, 春秋之作에 비록 有麟이였어도 麟之時가 아닌 것이라 하였다.

周南之國은 十一篇으로, 三十四章 百五十九句이라.
주남의 국풍은 11편으로, 34장 159구이다.

按컨대 此篇首五詩는 皆言后妃之德이나, 關雎는 擧其全體而言也고, 葛覃,卷耳는 言其志行之在己이며 樛木,螽斯은 美其德惠之及人이니, 皆指其一事而言也라(朱子曰 關雎는 如易之乾坤意思거늘, 恁地無方際리오. 只反覆形容后妃之德이지, 而不指說道甚麼是德이라. 只恁渾淪說이고, 如下面諸篇은 卻多就一事說이라). 其詞雖主於后妃나, 然其實은 則皆所以著明文王身脩家齊之效也라. 至於桃夭,兔罝,芣苢는 則家齊而國治之效이고, 漢廣,汝墳는 則以南國之詩附焉이니, 而見天下已有可平之漸矣라. 若麟之趾는 則又王者之瑞로 有非人力所致而自至者인지라, 故復以是終焉이니, 而序者以爲關雎之應也라. 夫其所以至此는 后妃之德이 固不爲無所助矣나, 然妻道無成이면 則亦豈得而專之哉리오. 今言詩者가 或乃專美后妃하곤 而不本於文王은 其亦誤矣라.
이 주남편의 처음부터 5번째까지의 시를 살피건대 모두 후비의 덕을 말한 것이나, 관저편은 그 전체를 들어 말한 것이고, 葛覃과 卷耳는 그 지조와 행실이 자기에게 있음을 말한 것이며 樛木과 螽斯는 그 덕의 은택이 사람들에까지 미침을 아름답게 여김이니, 모두 그 한 가지 일마다를 가리켜서 말한 것이다(朱子曰: 關雎는 易의 乾坤意思와 같거늘, <諸篇과 같을지면> 어떻게<如何> 恁地의 無方<乾坤之無方>의 際를 득할 수 있겠는가? 다만 反覆으로 后妃의 전체적 德을 形容한 것이지, 甚麼를 이렇게 德이라 가리켜 說道함이 아닌 것이다. 다만 이렇게(恁) 천지渾淪의 說인 것이나, 下面의 諸篇들과 같음은 도리어 多로 一事상으로만 나아가 說한 것이다). 그 시의 언사(詞)가 비록 후비로 주(主)를 삼았지만, 그러나 그 실제는 즉 모두 문왕에서 身脩와 家齊의 효과임을 著明케 한 까닭인 것이다. 桃天와 兎置와 芣苢에 이르러서는 즉 家齊하여 國이 治되었던 효과이고, 漢廣과 汝墳에서는 즉 남국(南國)의 시로 그것에다 붙여놓음이니, 천하가 이미 가히 평정으로 점차 되어지고 있음을 보인 것이다. 마치 麟之趾와 같음은 즉 또한 왕천하의 상서로운 징조인 것으로, 사람의 힘으로 이루려 해도 스스로 이를 수 있는 바가 아님이 있는 것이기에 다시 이것으로 그것에다 끝을 맺음이니, <序>에서 관저의 효험에 대한 응(應)이라 여긴 것이다. 무릇 그 여기에까지 이른 까닭은 후비의 덕이 참으로 도와준 바 없음이 되지는 않지만, 그러나 후비가 아녀자의 도리를 이룸(成)이 없었다면, 즉 또한 어찌 그것으로 오로지 할 수 있었겠는가? (그러나) 지금 시(詩)를 말하는 자가 혹 이내 오로지 후비만을 아름답게 여기곤 문왕에다 근원(本)을 두지 않음은 그 또한 잘못인 것이다.

★참고: 恁地無方際(주자어류)

"君擧所說詩, 謂關雎如何?" 曰: "謂后妃自謙, 不敢當君子. 謂如此之淑女, 方可爲君子之仇匹, 這便是后妃之德." 曰: "這是鄭氏也如此說了. 某看來, 恁地說也得. 只是覺得偏主一事, 無正大之意. 關雎如易之乾坤意思, 如何得恁地無方際? 如下面諸篇, 卻多就一事說. 這只反覆形容后妃之德, 而不可指說道甚麼是德. 只恁地渾淪說, 這便見后妃德盛難言處."

그대(君)께서 說詩한 바로 擧일지면, 關雎는 如何라 謂할 수 있는 것입니까? 曰: 后妃의 自謙에 대해 謂함이지, 敢히 君子로 當하게 함은 아닌 것입니다. 如此의 淑女는 바야흐로 可히 君子의 좋은 짝(仇匹)이 됨을 謂함이니, 이것이 문득 이렇게 后妃之德인 것입니다. 曰: 이것엔 이렇게 鄭氏도 또한 如此로 說了하였고, 저(某)도 看來이면 恁地의 說이 또한 得이니, 다만 이렇게 一事에 주된 것으로 치우쳐 覺得일지면 正大之意는 無인 것입니다. 關雎는 마치 주역 乾坤의 意思와 같건대, 如何로 이러한 無方의 際를 得하였겠습니까? 마치 下面의 여러 편(諸篇)들과 같은 경우는 도리어 多로 각 一事로만 나아가 說한 것이나, 이것(관저)은 다만 反覆으로 后妃之德을 形容한 것이지 可히 어떠한 것(甚麼)이 이렇게 德이 됨을 가리켜 說하여 말한 것은 아닙니다. 다만 이러한 渾淪한 說인 것이니, 이것에서 문득 后妃의 德이 盛大해서 言하기 어려운 處임을 볼 수 있는 것입니다.

慶源輔氏曰 張子謂하길 今之言詩者가 字爲之訓하고 句爲之釋코서, 未有全得一篇之意者라컨대, 而先生爲詩는 非止全得一篇之意者하고, 至於此論서도 則又全

得周公集此二南之吉이라. 句句有事實에 意味可玩하길 無一毫穿鑿牽合之私하여, 熟讀之면 自見與大學中庸二解同功리니, 是豈拘於序說者가 所能及哉리오.
慶源輔氏曰: 張子가 謂하길 '今之言詩者가 字로만 그것의 訓을 삼고 句로만 그것의 釋을 삼고서, 一篇之意를 全得하였던 者는 아직까지 있지 않았다.'라 하건대, 先生께서 詩를 다스리심은 다만 一篇之意만을 全得하였던 것이 아니고, 此論에 至해서도 則 또한 周公께서 此二南으로 集하셨던 吉를 全得인 것이다. 句句마다에 각 事實로 有함에, 意味를 可히 玩미하길 一毫의 穿鑿과 牽合(附會)의 私가 없게 하시어, 그것을 熟讀之일지면 大學,中庸의 뜻을 풀이한 二解와 더불어 同功임을 自見이리니, 是가 어찌 序說(關雎之應)로만 拘礙된 者가 能히 及할 수 있는 바이겠는가?

○安成劉氏曰 已上十一篇詩에 原其所以作이면 皆本於文王之身이라. 蓋關雎至螽斯五篇은 則刑于寡妻之效也고, 桃夭以下六篇은 所謂至于兄弟御于家邦者也로, 后妃之德이 固在其中矣라. 然而妻者는 陰道也라. 陰道는 無成有終이니, 則后妃가 豈得專成功之名哉리오. 此가 所以一國之事係一人之本하여 而謂之風也라.
安成劉氏曰: 已上의 十一篇詩에 그 作되어진 所以에 原해 보면, 모두 文王之身에 本인 것이다. 대개 關雎에서 螽斯에 至하기까지 五篇은 則 수신으로 '刑于寡妻(모범을 보임)'의 效인 것이고, 桃夭 以下의 六篇은 所謂 '至于兄弟御于家邦'인 것으로, 后妃之德이 固히 在其中인 것이다. 그렇지만 妻者는 陰道인 것이다. 陰道는 成(初가 있어야 成)을 이루게 함은 없지만 終(初가 있음에 終을 맺음)을 맺게 함은 있으니, 則 后妃가 어찌 成功之名으로 專함을 得할 수 있겠는가? 此가 一國之事가 一人之本에 係되어 '風'이라 謂之하는 所以인 것이다.

召南 一之二

召는 地名으로, 召公奭之采邑也라.
'召'는 지명으로, 소공석(召公奭)의 채읍(采邑)이다.

釋文云하길 召康公也하고, 而燕世家云하길 與周同姓이라. 又皇甫謐云하길 文王庶子로 勝殷後에 封於北燕하고, 留周佐政하여 食邑於召하며 輔成王,康王하다 卒諡曰康이니, 長子繼燕하고 支子繼召이라. 左傳에 富辰言한 文之昭十六國엔 無燕이니, 未詳孰是이라.

經典釋文(陸德明)云하길 召康公이라 하고, 그리고 燕世家云하길 周와 더불어 同姓이라 하였다. 또 황보밀(皇甫謐:西晋학자)云하길 文王庶子로 殷을 勝한 後에 北燕에 封해졌고, 周에 留하며 政을 佐하여 召로 食邑하였으며, 成王,康王을 輔하다 卒에 諡를 康이라 曰하였으니, 長子는 燕을 繼하고 支子는 召를 繼하였다라 하였다. 춘추左傳에 富辰이 言한 文의 昭항렬의 十六國엔 無燕이니, 누가 옳은지엔 未詳이다.

*참고: 左傳富辰言(僖公 二十二年)
富辰諫曰 不可 臣聞之 大上以德撫民 其次親親以相及也. 昔周公弔二叔之不咸 故封建親戚 以蕃屛周. 管蔡郕霍魯衛毛聃郜雍曹滕畢原酆郇 文之昭也. 邘晉應韓 武之穆也. 凡蔣邢茅胙祭 周公之胤也. 召穆公思周德之不類 故糾合宗族于成周而作詩曰 常棣之華 鄂不韡韡 凡今之人 莫如兄弟. 其四章曰 兄弟鬩于牆 外禦其侮. 如是則兄弟雖有小忿 不廢懿親.

富辰(周大夫)이 諫하며 曰: <不可하나이다. 臣이 그것에 듣기를 '最大의 上은 德으로서 民을 위무(撫)하는 것이고(無親疏也), 그 次善은 親親으로서 서로에게 미쳐나가는(相及) 것입니다(先親及疏). 昔에 周公께서 二叔(蔡叔,管叔:或二叔夏殷之叔世:말세)과 함께하지 못함(不咸:不同)을 가슴 아프게 여기셨기(弔:傷) 때문에, 고로 親戚을 封建하시어 周의 울타리로 삼으셨으니(蕃屛), 管, 蔡, 성(郕), 곽(霍), 魯, 衛, 毛, 담(聃), 고(郜), 雍, 曹, 滕, 畢, 原, 풍(酆), 순(郇) 등은 文王<문왕은 목항렬>의 昭 항렬이었고(十六國皆文王子也:故其子曰文之昭), 우(邘), 晉, 응(應), 韓 등은 武王<무왕은 소항렬>의 穆 항렬이었으며(四國皆武王子:故其子曰文之穆), 凡, 장(蔣), 형(邢), 모(茅), 조(胙), 祭는 周公의 후예(胤)였던 것입니다. 召穆公(周卿士,名虎,召采地)이 周의 德이 善(類)하지 못함을 가슴 아파했기 때문에, 故로 宗族을 成周(西周)에다 糾合하고서 周公의 樂歌인 常棣의 詩를 賦(作)하며 曰: <아가위나무(常棣) 꽃이여! 꽃(鄂) 받침대

에 활짝 피어 있지 않은가(不韡韡)? 무릇 오늘날 人들 중엔 兄弟만한 이가 없도다.>라 하였고, 그 詩 四章에 曰: <兄弟가 담장(牆)안에 다툴(鬩:혁)지라도, 외부의 그 모욕은 함께 막는다.>라 하였으니, 이와 같다면 즉 兄弟간에 비록 작은 忿이 있을지라도 아름다운 친속(懿親)은 廢할 수가 없는 것입니다.

舊說에 扶風,雍縣南에 有召亭하나, 卽其地는 今雍縣을 析爲岐山天興二縣이니, 未知召亭的在何縣이라. 餘는 已見周南篇이라(史記正義에 召亭은 在岐山縣西南이라).
구설에 부풍현(扶風縣)과 옹현(雍縣) 남쪽에 소정(召亭)이 있다라 했으나, 즉 그 지방은 지금의 옹현(雍縣)을 기산(岐山)현과 천흥(天興)현으로 잘라서 된 것이니, 소정(召亭)이 정확히 어느 현에 소재하는지엔 알 수가 없음이다. 나머지는 이미 주남편에서 보인다(史記正義에 召亭은 岐山縣 西南에 在한다라 하였다).
*참고: 扶風雍縣
당나라 <括地志>에, 岐州에는 雍縣, 陳倉縣, 郿縣, 岐山縣, 普潤縣, 扶風縣등이 있다.

1. 鵲巢
02-01-01 ○維鵲有巢에 維鳩居之로다. 之子于歸에 百兩御之로다.
까치둥지 지음에 비들기 날아와 거처로다. 저 시집가는 여식에 백량(百兩)의 수레로 맞이함(御)이로다.

까치가 지은 집에 비들기가 거처삼네
저 아가씨 시집갈 때 백량 수레 마중했네

興也라. 鵲,鳩는 皆鳥名이다. 鵲은 善爲巢하니, 其巢最爲完固이라(鄭氏曰 冬至 架之라가 春乃成이라). 鳩는 性拙하여 不能爲巢하고, 或有居鵲之成巢者이라.
興체이다. '鵲(까치작)'과 '鳩(비들기구)'는 모두 새의 이름이다. 鵲은 둥지(巢)를 잘 만드니, 그 둥지가 최고로 완전하고 견고함이 된다(鄭氏曰: 冬至에 그것을 얽기(架) 시작하였다가 春에서야 이내 완성한다). '鳩'는 성품이 졸렬하여 능히 둥지를 만들지 못하고, 혹은 까치가 만들어놓은 둥지에다 거처를 정하는 것도 있다.

廬陵歐陽氏曰 鳩는 拙鳥로, 也不能作巢하고 多在屋瓦間하며, 或於樹上에 架構

樹枝이나 初不成巢하고 便以生子하곤 往往墜雛이라. 鵲作巢하길 甚堅하고 旣生하여 雛飛去면, 容有鳩來處彼之巢이라.
廬陵歐陽氏曰: 鳩는 拙劣한 鳥로, 또한 能히 作巢치 못하고 多로 집의 기와(屋瓦)의 사이에 在하며, 或 樹上의 樹枝에다 架構하나 애초부터 巢를 成하지 못하고, 문득 生子하고선 往往 雛를 墜(추)하기도 한다. 鵲이 巢를 作하길 甚히 堅하고서 이윽고 生하여 雛가 飛去이면, 鳩가 彼之巢에다 來處함을 용납하기도 한다.

之子는 指夫人也라. 兩은 一車也니, 一車兩輪인지라 故謂之兩이라. 御는 迎也라. 諸侯之子가 嫁於諸侯에 送,御마다 皆百兩也라. ○南國諸侯가 被文王之化하여 能正心修身으로 以齊其家하고, 其女子도 亦被后妃之化하여 而有專靜純一之德인지라, 故嫁於諸侯에 而其家人美之曰하길 維鵲有巢에 則鳩來居之로다. 是以之子于歸에 而百兩迎之也로다. 此詩之意도 猶周南之有關雎也라.
'之子'는 제후의 부인을 가리킨다. '兩'은 하나의 수레이니, 하나의 수레에 두 개의 바퀴이기 때문에 兩이라 말함이다. '御'는 맞이함이다. 제후의 여식이 제후에게 시집을 감에, 보내고 맞이하길 모두 백 대의 수레로 한 것이다. ○남국의 제후들이 문왕의 교화를 입어 능히 마음을 바로잡고 자신을 닦아 그 집안을 가지런히 하였고, 그 여식도 또한 후비의 교화를 입어 오로지 정결하고 순일(純一)한 덕(德)을 소유하였기 때문에, 제후에게 시집감에 그 집안사람들이 그녀를 아름답게 여겨 왈하길: <저 까치등지 단단히 지음에, 즉 비둘기 날아와 그곳에 거쳐하네. 이렇게 시집가는 저 여식에, 백兩의 수레로 맞이하네.>라고 한 것이다. 이 시의 의미도 주남에서 관저편이 있음과 같은 것이다.
*참고: 專靜純一
恐컨대, 靜과 純은 體이고, 專과 一은 그 체의 用인 것이다.

龜山楊氏曰 鵲巢서 言夫人之德은 猶關雎之言后妃也라. 蓋自天子至於諸侯,大夫까지 刑于家邦하니, 無二道也라.
龜山楊氏曰: 鵲巢에서 夫人之德으로 言함은 關雎에서 后妃로 言함과 같은 것이다. 대개 天子로부터 諸侯와 大夫에 至하기까지 '刑于家邦<思齊편>'으로 하니, 二道가 없는 것이다(刑于寡妻 → 至于兄弟 → 以御于家邦).

○問컨대, 關雎言窈窕淑女는 則是明言后妃之德이나, 鵲巢三章엔 皆不言夫人之德이니 如何잇까. 朱子曰 鳩之性을 靜專으로 無比나, 可借이면 以見夫人之德也라.
問컨대, 關雎에서 窈窕淑女로 言함은 則 이렇게 后妃之德을 밝게 言한 것이나,

鵲巢三章엔 모두 (직접적으로) 夫人之德엔 不言하고 있으니, 如何인 것입니까? 朱子曰: 鳩之性을 專靜으로 견줄 수는 없지만, 可히 借해 보면 夫人之德임을 見할 수 있는 것이다.
*참고: 주자어류
問:「召南之有鵲巢, 猶周南之有關雎。關雎言『窈窕淑女』, 則是明言后妃之德也。惟鵲巢三章皆不言夫人之德, 如何?」曰:「鳩之為物, 其性專靜無比, 可借以見夫人之德也。」時舉。

○南軒張氏曰 惟其能專靜而端然으로 享之가 是乃夫人之德이지, 有所作為는 則非婦道矣라.
南軒張氏曰: 오직 그 能히 專靜(성정이 純樸<體>하고 인정이 敦厚<用>함)하고 단정(端然)으로 조상을 흠향(享)케 함이 이렇게 이내 夫人之德이지, 作為의 바로 듬은 則 婦道가 아닌 것이다.

○慶源輔氏曰 專靜純一은 婦人之庸德也라. 后妃惟有幽閑貞靜之德인지라 故既得之에 也則琴瑟鐘鼓以樂之이라. 夫人唯有專靜純一之德인지라 故其來歸에 也則百兩之車以迎之이라. 此詩之意가 如周南之有關雎者는 說得最好이니, 便見周公當時集此二南詩意는 蓋欲人知夫治國平天下之道도 自修身齊家始也라.
慶源輔氏曰: 專靜純一은 婦人之庸德(항상 쓰임으로 갖추어야 하는 덕)인 것이다. 后妃에게 오직 幽閑(얌전하고 그윽함)의 貞靜之德이 有인지라, 故로 이윽고 그녀를 得之함에 또한 則 琴瑟鐘鼓로 그것을 樂之인 것이다. 夫人에게도 오직 專靜과 純一의 德이 有인지라, 故로 그 歸하여 옴에 또한 則 百兩之車로 그녀를 迎之인 것이다. 此詩之意가 周南에 關雎가 有함과 같다라는 것은 說得이 最好이니, 문득 周公께서 當時에 此 二南의 詩를 集한 意는 대개 人으로 하여금 저 治國平天下之道도 修身齊家로부터 始됨을 알게 하고자 한 것임을 볼 수 있는 것이다.

02-01-02 ○維鵲有巢에 維鳩方之로다. 之子于歸에 百兩將之로다.
까치둥지 지음에 비둘기 이윽고 차지로다. 저 시집가는 여식에 백량(百兩)의 수레로 환송함(將)이로다.

까치가 지은 집에 비둘기가 차지하네
저 아가씨 시집갈 때 백량 수레로 환송했네

興也라. 方은 有之也라. 將은 送也라.
興체이다. '方'은 그쪽 방면을 차지(有之)함이다. '將'은 환송(歡送)이다.

02-01-03 ○維鵲有巢에 維鳩盈之로다. 之子于歸에 百兩成之로다.
까치둥지 지음에 비둘기 식구 가득이로다. 저 시집가는 여식에 백량(百兩)의 수레로 예(禮) 이룸(成)이로다.

까치가 지은 집에 비둘기 떼 가득찼네
저 아가씨 시집갈 때 백량 수레 따라갔네

興也라. 盈은 滿也니, 謂衆媵姪娣之多이라(釋文曰 國君엔 夫人에다 有左右媵이라. 兄弟女曰姪하고 娣는 女弟也라. ○公羊傳에, 諸侯娶一國에 則二國往媵之以姪娣하여 從이라. 諸侯一聘에 九女이라). **成은 成其禮也러.**
興체이다. '盈'은 가득한 것으로서, 많은 잉첩(媵妾: 시집가는 여인이 데리고 가던 侍妾)의 조카와 동생들이 많았음을 말한 것이다(釋文曰: 國君에겐 夫人에다 左右의 媵첩이 有한다. 兄弟의 女를 姪이라 曰하고, 娣는 女弟이다. ○公羊傳에 諸侯가 一國으로 娶함에 則 二國에서 媵으로 보낼<往>길 姪娣로서 從하게 한다. 諸侯는 一聘<장가들빙>에 九女이다). **'成'은 그 예(禮)를 이룸인 것이다.**

*참고: 諸侯娶一國(莊公 十九年)
秋 公子結 媵陳人之婦于鄄 遂及齊侯宋公盟.
秋에 公子 결(結)이 陳人之婦에게 견(鄄)에까지 媵을 환송해 보내고, 齊侯와 宋公과 함께 盟을 이루다(遂).
[좌] *公子結魯大夫 送魯女媵陳至鄄而聞齊宋會 權與之盟
公子 結은 魯大夫이다. 魯의 여식을 陳의 媵妾으로 환송하여 鄄에 이르자, 齊와 宋의 會를 듣고 權을 행하여 그들과 더불어 盟을 맺은 것이다
[공] 媵者何 諸侯娶一國則二國往媵之 以姪娣從. 姪者何 兄之子也. 娣者何 弟也. 諸侯壹聘九女 諸侯不再娶. 媵不書 此何以書 爲其有遂事書. 大夫無遂事 此其言遂何 聘禮大夫受命不受辭. 出竟 有可以安社稷利國家者 則專之可也.
媵이란 무엇인가? 諸侯가 一國에 장가를 들면 즉 二國에서 媵妾을 그녀에게 보내는데 姪과 娣로서 쫓게 하는 것이다(禮, 君不求媵, 二國自往媵夫人, 所以一夫人之尊). 姪이란 무엇인가? 兄의 子이다. 娣란 무엇인가? 弟이다. 諸侯는 한 번의 혼례(聘禮)에 九女로서 하며, 諸侯는 재차 장가들지 않는 것이다. 媵은 미천한 일로서 기록하지 않는 것인데, 여기서는 어찌하여 기록한 것인가? 그 事를 온전히 이룸(遂)이 있음을 위하여 기록한 것이다. 大夫는 임의대로 遂事할 수 없는 것인데, 여기서 遂라 말한 것은 무엇인가? 聘禮의 大夫는 직의 命만을 받지 일일이 응대의 辭는 받지 않으나, 國竟을 나섬에는 가히 社稷

을 안정시키고 國家를 이롭게 하는 것이 있으면, 즉 그것을 오로지 처리함도 가한 것이다.

鵲巢는 三章으로, 章四句이라.
鵲巢는 三章으로, 章마다 四句이다.

2. 采蘩

02-02-01 ○于以采蘩이 于沼于沚로다. 于以用之가 公侯之事로다.
다북쑥 뜯음 연못(沼)과 물가(沚)로다. 그것의 쓰임 공후(公侯) 제사(事)에 흠향이로다.

  어디에서 다북쑥을 뜯을까요? 연못과 물가에서 뜯음이로다
  어디에 그것을 쓰실 건가요? 공후의 제사상에 올린답니다

賦也라. 于는 於也라. 蘩은 白蒿也라(本草曰 蓬蒿也라. 似靑蒿이나 而葉麤上에 有白毛호되 從初生至枯하고, 白於衆蒿하며, 頗似細艾이라. 三月採하니, 爾雅所謂 皤蒿也라. 秋까지 香美하여 可生食하고 又可蒸爲茹이라). 沼는 池也며, 沚는 渚也라(孔氏曰 蘩는 非水菜여서, 謂於沼沚之旁에서 采之이라. 爾雅에 小洲曰渚하고 小渚曰沚이라. 沼는 池之曲者이라). 事는 祭事也라(長樂劉氏曰 尊祭事인지라 故直謂之事이니, 春秋有事于太廟가 是也라). ○南國이 被文王之化하여 諸侯夫人이 能盡誠敬으로 以奉祭祀인지라, 而其家人이 叙其事以美之也라(問컨대, 采蘋蘩,采枲耳는 后妃,夫人이 恐未必親爲之이니이다. 朱子曰 詩人且是如此說이라). 或曰 蘩은 所以生蠶이니, 蓋古者后夫人엔 有親蠶之禮이라. 此詩도 亦猶周南之有葛覃也라.
賦체이다. '于'는 어조사 於이다. '蘩(산흰쑥번)'은 흰쑥(白蒿)이다(本草曰: <白蒿>는 蓬蒿<쑥봉>이다. 靑蒿<개사철쑥>와 흡사하나 葉의 麤上에 有白毛하되 初生부터 從하여 枯에까지 至하고, 衆蒿보다 白하며, 자못 細艾와 흡사하다. 三月에 採<캘채>하니, 爾雅의 所謂 皤蒿<흴파>이다. 秋까지 香이 美하여 可히 生食할 수 있고, 또 可히 蒸하여 茹를 만들 수도 있다). '沼'는 연못(池)이고, '沚'는 물가(渚:저)이다(孔氏曰: 蘩는 水菜(현대 중국어는 미나리)가 아니어서, 沼沚之旁에서 그것을 采之함을 말함이다. 爾雅에, 小洲를 渚라 曰하고<水의 岐가 渚를 成한다>, 小渚를 沚라 曰한다<沼는 小水의 池이다<'洲>渚>沚'>. 沼는 池의 굽은<曲> 것이다<池之圓者는 爲池이고, 曲者는 爲沼이다>). '事'는 제사의 일이다(長樂劉氏曰: 祭事를 높임<尊>인지라

故로 直으로 謂之하길 事라 함이니, 春秋에서 '有事于太廟<宣公八年>' 가 是이다). ○남국(南國)이 문왕의 교화를 입어 제후의 부인들이 능히 정성과 공경을 다하여 제사를 받드니, 그 집안사람들이 그 일을 서술하여 아름답게 여긴 것이다(問컨대 蘋을 采하고<소남> 蘩을 采하며<소남> 시이<梟耳:卷耳의 異名:주남>를 采함은, 后妃와 夫人이 恐컨대 반드시 親히 그것을 하지는 않았던 것입니다. 朱子曰: 詩人이 또한 이렇게 如此로 說했을 뿐인 것이다). 혹자왈: <蘩은 누에를 길러주는 까닭인 것이니, 대개 옛날엔 后夫人에 친히 누에치는 예(禮)가 있었다.>라 하였다. 이 시도 또한 주남에서 갈담(葛覃)이 있음과 같은 것이다.

問컨대, 采蘩只作祭祀說라도 自是曉然이나, 若作蠶事이면 雖與葛覃同類라도 而恐實非也이니이다. 葛覃은 是女功이고 采蘩은 是婦職여서 以爲同類에 亦無不可컨대, 何必以爲蠶事而後에 同耶라 하리오. 朱子曰 此說도 亦姑存之而已라. 又問컨대, 何故로 存兩說잇까. 曰 如今엔 不見得果是如何인지라 且與兩存이니, 從來說蘩所以生蠶이면 可以供蠶事커늘, 何必抵死코 說道하길 只爲奉祭祀하고 不爲蠶事리오.

問컨대, 采蘩을 다만 祭祀로만 作하여 說이어도 자연 이렇게 曉然인 것이나, 만일 蠶事로 作일지면 비록 葛覃과 더불어 同類일지라도 恐컨대 實로는 非인 듯합니다. 葛覃은 이렇게 女功인 것이고 采蘩은 이렇게 婦職이여서 同類가 됨에 있어 또한 可하지 않음이 없건대, 어찌 반드시 蠶事로 여긴 而後에야 同類라 하겠습니까? 朱子曰: 此說도 또한 우선 그것으로 存之케 하였을 뿐이로다. 又問컨대, 何故로 兩說로 存인 것입니까? 曰: 今과 같은 경우엔 果然 是가 如何인가에 見得할 수 없기 때문에 또한 더불어 兩으로 存하였을 뿐이니, '蘩所以生蠶'의 來說을 從일지면 可히 蠶事에도 供할 수 있음이거늘, 어찌 반드시 결사코(抵死:죽음으로 맞섬) 說道하길 다만 奉祭祀라고만 하고 蠶事가 되지 않는다고 할 수 있겠는가?

02-02-02 ○于以采蘩이 于澗之中이로다. 于以用之가 公侯之宮이로다.
다북쑥 뜯음 계곡 안쪽 물가(澗)로다. 그것의 쓰임 공후(公侯) 종묘(宮)에 흠향이로다.

　　　　어디에서 다북쑥을 뜯을까요? 산골짜기 시냇가에서 뜯음이로다
　　　　어디에다 그것을 쓰실건가요? 공후의 종묘에 제사 올려요

賦也라. 山夾水를 曰澗이라. 宮은 廟也라. 或曰하길 卽記所謂 公桑蠶室也라.
賦체이다. 산이 물길을 끼고 있음을 '澗'이라 말한다. '宮'은 종묘이다.

혹자왈: <즉 예기(禮記)의 소위 '公桑蠶室'이다.>라 하였다.

禮記祭義曰 天子諸侯는 必有公桑,蠶室하고, 築宮에 仞有三尺이라. 卜三宮夫人의 世婦之吉者하여 使入蠶于蠶室,桑于公桑이라.
禮記祭義曰: 天子와 諸侯는 반드시 公桑과 蠶室을 有하였고, 잠실의 宮을 築함에 한길(仞) 三尺으로 하였다. 三宮夫人의 世婦<三宮을 섬김> 중에 吉한 者를 卜하여, 公桑의 田에 桑을 따서 蠶室에 蠶業으로 들인다.

02-02-03 ○被之僮僮이여. 夙夜在公이로다. 被之祁祁이여. 薄言還歸로다.
가체(加髢) 단정(端正)하며 몸가짐 삼감이여! 새벽 밤중 재실(齋室) 정성 다함이로다. 가체(加髢) 단정(端正)하며 철상(撤床:去) 완만함이여! 일상 침실(燕寢)로 권면이로다.

        머리 장식 단정하고 몸가짐은 조신하네
        새벽부터 밤까지 공소에서 정성쏟네
        단정한 머리장식 하늘하늘 흔들리면
        이제서야 연침으로 돌아오는구나

賦也라. 被는 首飾也로, 編髮하여 爲之이라.
賦체이다. '被(머리꾸미개피)'는 머리 장식인 것으로, 머리를 땋아 매듭져(編髮:편발) 그것을 만듦이다.
*참고: 鄭玄箋
我還歸者 自廟反其燕寢
我還歸者는 祖의 廟로부터 그 燕寢(평상시 거처하는 전각)으로 反한다는 것이다.
*참고: 薄言
《方言》訓薄 爲"勉"; 言 語助詞; "薄言"有相勸勉之意.
《方言》에, 薄에 訓은 "勉"이 되고, 言은 语助词이니, "薄言"엔 서로 권면하는 意가 有인 것이다.

孔氏曰 少牢云하길 主婦被褐라하니, 此周禮所謂次也라. 次第髮長短하여 爲之하니, 所謂髢髢也라. 又曰 剔刑人賤者髮하여 以被婦人之紒(音計)로 爲飾하니, 因名髮鬠이라(被褐,髮鬠는 竝音被弟이라).
孔氏曰: 少牢(儀禮·少牢饋食禮)云하길 '主婦被褐(포대기체)'라 하니, 此는 周禮의 所謂 '次(차례지게 함)'이다. 髮의 長短을 次第(차례)지게 하기 위해 그것으로 爲之하니, 所謂 '髢髢(다리피,체)'인 것이다. 又曰: 刑人과 賤者의

髮을 剔(깎을척)하여 婦人之紒(상투계:音計)에다 씌워 飾을 삼으니, 이로 因하여 髲鬄(가발체)라 名함이다(被祔,髲鬄는 竝으로 音이 被弟이다).

○華谷嚴氏曰 王后는 六服이라. 緣衣는 爲進朝於王之服하고, 首則服次이라. 諸侯夫人도 於其國衣服은 與王后同이나, 夫人祭祀엔 不應服次이라. 曹氏謂하길 此는 在商時여서 與周禮와 異이라.
華谷嚴氏曰: 王后는 六服이다. 緣衣(부인옷단)는 王에게 朝會로 나아가는 服이 되고, 首에는 則 次(가체)를 服한다. 諸侯夫人도 그 國에 있어서는 衣服이 王后와 同이나, 제후의 夫人은 祭祀에 次로 服함으로는 應하지 않는다. 曹氏謂하길, 此는 商時에 在했기 때문에 周禮와는 異했던 것이다(아직은 상나라의 제후로서, 주공이 주례로 정하기 이전).
*참고: 王后六服(周禮,天官,內司服)
왕후(王后)의 6복(六服)은 휘의(褘衣), 요적(揄狄), 궐적(闕狄), 국의(鞠衣), 전의(襢衣), 단의(褖衣)이다.

僮僮은 竦敬也라(長樂劉氏曰 步雖移라도 而被不動之貌이라). 夙은 早也라. 公은 公所也라(朱子曰 謂宗廟之中이지, 非私室也라. ○疊山謝氏曰 齊廬之類이라). 祁祁는 舒遲貌로, 去事에도 有儀也라. 祭儀曰하길, 及祭之後에도 陶陶遂遂하길 如將復入然하여(鄭氏曰 祭畢여도 思念旣深하여 如覩親將復入也라. 陶陶遂遂는 相隨行之貌이라) 不欲遽去니, 愛敬之無已也라. 或曰하길 公은 卽所謂公桑也라.
'僮僮(두려워 삼갈 동)'은 조심히 삼가며(竦) 공경인 것이다(長樂劉氏曰: 步를 비록 移할지라도 不動을 被하게 하는 貌습이다). '夙'은 아침 일찍이다. '公'은 공무를 보는 곳이다(朱子曰: 宗廟之中은 私室이 아님을 謂함이다. ○疊山謝氏曰: 齊廬<齋室>의 類이다). '祁祁(성할기)'는 여유 있고 풍아(舒遲)한 모습으로, 제사의 철상(去:撤床)에 의례(儀禮)를 갖춤인 것이다. 의례(儀禮)<제의(祭儀)>편에 왈: <제사를 마친 후에 이르러서도 매우 화락(陶陶)하게 느긋이 물리(遂遂)길, 마치 조상이 장차 다시 들어오시는 듯이 하여(鄭氏曰: 祭畢이어도 思念이 이윽고 深이어서 마치 親이 將次 다시 入함으로 목觀함과 같게 하는 것이다. 陶陶遂遂는 서로 隨行하는 貌이다) 급히 제거하려 하지 않음이니, 사랑하고 공경하길 끊임없이 함이다.>라 하였다. 혹자왈: <公은 즉 뽕나무를 재배하는 공전(公田)이다.>라 하였다.

慶源輔氏曰 此章은 又極言以形容其誠敬之有終始也라. 熟玩之이면, 如畵에 出箇賢婦人來하여 其意態,精神에 皆可見이라. 采蘩以供祭는 是未祭以前事이고, 被之僮僮夙夜在公은 是正當祭時事이며, 被之祁祁薄言還歸는 是旣祭畢時事이라.

夫銳始而怠終者가 常人之情也나, 事有始終하고 敬無間斷하니 此夫人之所以為賢也라.
慶源輔氏曰: 此章은 또한 그 誠敬에 終始가 있음을 形容하길 極도로 하여 言한 것이다. 그것을 熟玩之일지면, 마치 그림 속(畫)에 箇 賢婦人이 出하여 來함과 같이, 그 의도나 태도(意態) 精神에 있어 모두 可히 見할 수 있는 것이다. '采蘩以供祭'는 이렇게 아직 祭를 지내기 以前의 事인 것이요, '被之僮僮 夙夜在公'은 이렇게 正히 祭時로 當할 때의 事인 것이며, '被之祁祁 薄言還歸'는 이렇게 이윽고 祭가 畢한 時의 事인 것이다. 무릇 始에 銳하고 終에 怠인 것이 常人之情이나, 事에 始終을 有하고 敬에 間斷이 無하니 此가 夫人이 賢되는 所以인 것이다.

采蘩은 三章으로, 章四句이라.
采蘩은 三章으로, 章마다 四句이다.

止齋陳氏曰 采蘩은 其家人之六二乎인져. 无攸遂 在中饋는 言婦人無遂事하고 惟飮食薦享而已이라. 采蘩于沼澗하여 而用之于祭祀이니, 其未事엔 則夙夜以致吾力하고 其既事엔 則舒遲以言歸而已이라.
止齋陳氏曰: 采蘩은 그 家人괘의 六二爻일진져! '无攸遂 在中饋'란 婦人은 事를 이룸(遂)은 無하고 오직 飮食만을 薦享할 뿐임을 言한 것이다. 蘩을 沼와 澗(산골물간)에서 采하여 그것을 祭祀에 用之하려 함이니, 그 아직 未事엔 則 夙夜로 吾力을 致하고, 그 이윽고 事를 지냄엔 則 舒遲(遲)하며 言歸라 할 뿐인 것이다.
*참고: 37. 巽上離下 風火家人

| 六二 | 爻辭 | 无攸遂(在下之婦)이니, 在中으로 饋하며 貞인지라 吉하니라.
유순(柔順)의 아녀자(婦)가 그 공으로 이루려(遂) 함이 없음이니, 중도의 바름(正)에 처하며 가인(家人)의 음식(饋)에 주(主)하고 곧고 바름(貞)인지라 길(吉)하니라. |
| | 象曰 | 六二之吉은 (中正之)順以巽也라. *家道之安食
'육이지길(六二之吉)'은 체(體)가 유순(柔順)임에 강(剛)이 손순(巽順)으로 대함이라. |

○盧陵彭氏曰 呂氏云하길 一章二章言其事也고, 三章言其容也라.
盧陵彭氏曰: 呂氏云하길 '一章二章은 그 事로 言한 것이고, 三章은 그 容으로 言한 것이다.' 라 하였다.

3. 草蟲

02-03-01 ○喓喓草蟲이며 趯趯阜螽이로다. 未見君子인지라 憂心忡忡호라. 亦旣見止코 亦旣覯止라야, 我心則降이로다.
찌르르 우는 베짱이(草蟲) 후드득 나는 메뚜기(阜螽)로다. 군자 볼 수 없는지라 근심 걱정 쿵쾅(忡忡)거리노라. 또한 이윽고 만나(見) 또한 이윽고 대면(覯)이라야, 나의 마음도 즉 안심이로다.

찌르르르 우는 풀벌레 펄쩍뛰는 메뚜기라
우리 님을 볼 수 없어 안절부절 편치않네
한 번만 만나 보았으면 보기라도 하였으면
이내 마음 놓이련만

賦也라. 喓喓는 聲也라. 草蟲은 蝗屬으로, 奇音靑色이라. 趯趯은 躍貌라. 阜螽은 蠜也라.
賦체이다. '喓喓(벌레소리요)'는 풀벌레 울음소리이다. '草蟲'은 메뚜기(蝗) 속으로, 기이한 울음소리와 푸른색을 띈다. '趯趯(뛸적)'은 도약해 뛰어오르는 모양이다. '阜螽(누리종)'은 메뚜기 蠜(번)이다.

*참고: 메뚜기의 이름들
계종<蟿螽>, 번종<蠜螽>, 부종<阜螽>, 사종<斯螽>, 종사<螽斯>, 종사과<螽斯科>, 종사침<螽斯枕>, 초종<草螽>, 토종<土螽> 등등.
종사(螽斯)는 메뚜기나 여치를 이르는 말. 사종(斯螽)이라고도 한다. 옛 그림에 메뚜기가 자주 보이는 것은 99개의 알을 낳기에, 부부의 금실이 좋고 자손의 번창을 상징하기 때문이다. 메뚜기도 한철이라고 풀숲에서 목청을 높이던 여름 메뚜기 혜고(蟪蛄)는 여치라는 뜻으로, 아(兒)라고도 한다. 여름 메뚜기가 선선한 바람에 맥을 못 추게 되면, 가을 메뚜기가 대신 나선다. 느릿한 걸음의 송서(蝑蝑)는 베짱이, 논에 번성하는 책맹(蚱蜢)은 벼메뚜기이다. 벼메뚜기는 負蠜(부번), 小蝗蟲(소황충), 樗鷄(저계), 草螽(초종)이라고도 한다. 벼메뚜기는 등에 다른 녀석을 업은 경우가 많기에, 負(질부)라는 이름이 생기기도 하였다. 갑작스레 많이 생겨나 무리를 지어 이동하는 것도 있다. 비황(飛蝗), 황충(蝗蟲), 부종(阜螽), 황남(蝗蝻)이라고 한다. '메뚜기 떼가 지나간 듯하다.' 라 하듯이, 지나간 자리엔 남아난 것이 없다. 우리말로 누리라는 녀석은 풀무치라는 커다란 일종의 메뚜기. 비황(飛蝗)은 날아서 멀리 이동하기 때문에 불인 이름. 황충(蝗蟲)은 해로운 벌레로, 해충의 성격이 강하다. 황재(蝗災)는 메뚜기 떼가 와서 농사를 망침이다. 메뚜기들의 먹이인 풀밭이 줄어듦에 황재(蝗災)가 역사적으로 세계각지에서 지금까지 빈번하게 일어나고 있다.
(출처: 경성대 중어중문학과 외래초빙강사 임형석)

孔氏曰 釋蟲云에 草蟲負蠜也라하고, 郭璞云하길 常羊也라하며, 又陸璣云하길 大小長短이 如蝗也라.
孔氏曰: <釋蟲>에 云하길, 草蟲은 負蠜(부번:메뚜기목 메뚜깃과에 속한 곤충) 이라 하였고, 郭璞은 云하길 常羊(헤매는 모양의 뜻도 있다)이라 하였으며, 또 陸璣는 云하길 '大小의 크기와 長短의 길이가 蝗과 같음이다.' 라 하였다.

○華谷嚴氏曰 負螽也라. 蠜은 也即螽斯也라.
華谷嚴氏曰: (阜螽은) 負螽이다. 蠜은 또한 即 螽斯인 것이다.

○山陰陸氏曰 草蟲鳴에 阜螽躍而從之인지라, 故負螽曰蠜하고 草蟲謂之負蠜이라.
山陰陸氏曰: 草蟲이 鳴함에 阜螽도 躍하며 그를 從之인지라, 故로 負螽(阜螽)을 蠜이라 曰하고, 草蟲을 謂하여 負蠜이라 한 것이다.
*참고: 草蟲 阜螽
恐컨대, 山陰陸氏의 말대로면 草蟲(負蠜)은 잘 나는 메뚜기 속이고, 阜螽(蠜)은 잘 날지 못하는 메뚜기 속인 듯싶다.

忡忡은 猶衝衝也라(疊山謝氏曰 心이 不寧也라). 止는 語辭이라. 覯는 遇이고, 降은 下也라(疊山謝氏曰 猶今人云하길 放下心也라). ○南國被文王之化하여 諸侯大夫가 行役在外에 其妻獨居하며 感時物之變하여 而思其君子如此이니(三山李氏曰 出車도 亦是行役之詩인지라, 故五章에서 述其妻憂思하길 亦如此이라), 亦若周南之卷耳也라.
'忡忡(근심할충)'은 두근두근 거려(衝衝:찌를충) 맘이 편치 않음과 같음이다(疊山謝氏曰: 心이 寧치 못함이다). '止'는 어조사이고, '覯(만날구)'는 만남(遇)이고, '降'은 내려놓음(下)이다(疊山謝氏曰: 今人들이 云하길 放下心<마음을 내려놓음>이라 함과 같음이다). ○남쪽의 나라들이 문왕의 교화를 입어 제후의 대부가 행역(行役)으로 외부에 있자, 그 처가 홀로 거쳐하며 당시 사물의 변화에 감흥이 일어, 그 군자 그리워하길 이와 같이 하였으니(三山李氏曰: <出車>편도 또한 이렇게 行役之詩인지라, 故로 五章에서 그 妻의 憂思를 述하길 또한 如此인 것이다), 또한 주남의 <권이(卷耳)>편과 같음(卷耳)이다.

02-03-02 ○陟彼南山하여 言采其蕨호라. 未見君子인지라 憂心惙惙호라. 亦旣見止코 亦旣覯止라야, 我心則說이로다.
저 남산 올라 그 고사리라도 꺾어보리라. 아직 군자 뵐 수 없는지라 근심 걱정 애끓(惙惙) 듯하노라. 또한 이윽고 만나(見) 또한 이윽고 대면(覯)이라야, 나의 마음도 즉 화색이로다.

남산 위에 올라가서 고사리를 꺾어보네
아직 님을 못 뵌지라 근심으로 애가 타네
한 번만 만나 보았으면 보기라고 하였으면
내 마음은 어느새 환해졌을 텐데

賦也라. 登山은 蓋託以望君子이라. 蕨은 鼈也니, 初生無葉時엔 可食이라(釋文曰 周,秦曰蕨하고 齊,魯曰鼈하니, 初生似鼈脚인지라 故名이라). 亦感時物之變也라(黃氏曰 隨其所感하여 動其所思니, 時物之變屢至여도 大夫之役未還컨대, 憂念之情을 其可已乎리오). 惙도 憂也라.
賦체이다. 산에 오름은 대개 군자를 바라보고자 의탁한 것이다. '蕨'은 鼈(자라별)이니, 처음 자라나 잎이 없는 시기엔 가히 먹을 수 있다(釋文曰: 周,秦에서 蕨이라 曰하나, 齊,魯에선 鼈이라 曰하니, 初生이 흡사 鼈의 다리<脚>와 같은지라 故로 名한 것이다). 또한 당시 사물의 변화에 감흥한 것이다(黃氏曰: 그 感하는 바를 隨하여 그 思하는 바로 動함이니, 時物之變이 屢차 至하여도 大夫之役에서 還하지 못하건대, 憂念之情을 그 可히 已할 수 있겠는가?). 惙(근심할철)도 근심이다.

慶源輔氏曰 草蟲之鳴,阜螽之躍,蕨薇之生은 皆時物之變也라. 南國諸侯大夫가 行役于外에 而其妻在家하며 感時物之變如此하며 而思念其君子이라. 且曰使我得見君子면 則其心乃自降下矣라하니, 此可見其情性之正이 是皆文王風化之所及也라.
慶源輔氏曰: 草蟲之鳴과 阜螽之躍과 蕨薇之生은 모두 時物之變이다. 南國 諸侯의 大夫가 외에서 行役함에 그 妻가 在家하며 時物之變에 感하길 如此하며, 그 君子를 思念한 것이다. 또 만일 我가 君子를 得見할 수 있다면 則 그 心을 이내 스스로 내려놓을(降下) 수 있을 것이라 曰하니, 此에서 可히 그 情性之正이 이렇게 모두 文王의 風化가 及한 바임을 見할 수 있는 것이다.

02-03-03 ○陟彼南山하야 言采其薇호라. 未見君子인지라 我心傷悲호라. 亦旣見止코 亦旣覯止라야, 我心則夷로다.
저 남산 올라 그 고비라도 꺾어보리라. 아직 군자 뵐 수 없는지라 나의 마음 아파 애처롭노라(傷悲). 또한 이윽고 만나(見) 또한 이윽고 대면(覯)이라야, 나의 마음도 즉 화평이로다.

남산위에 올라가서 고비나물 꺾어보네
아직 님을 못 뵌지라 나의 마음 애처롭네
한 번만 만나 보았으면 보기라고 하였으면
이내 마음 이내 곧 편안해질 텐데

賦也라. 薇는 似蕨而差(汪氏는 音初邁反으로, 較也라)大하고, 有芒而味苦이라. 山間人食之하며 謂之迷蕨이라(慶源輔氏曰 蕨,薇는 皆是山之所有이니, 登山采薇도 亦皆託言也라. 凡詩中所言인 采掇之事는 多是託言이라). 胡氏曰 疑컨대 卽 莊子所謂 迷陽者이라.

賦체이다. '薇(고비미)'는 고사리(蕨)와 유사하나 비교적(差:汪氏는 音이 初邁反<조금채>으로, 비교적 조금<較>의 의미이다) 크고, 가시가 있으며 맛은 쓴맛이 난다. 산속 사람들이 그것을 식용하며 그것을 일러 '미궐(迷蕨)'이라 한다(慶源輔氏曰: 蕨과 薇는 모두 이렇게 山에 有하는 바이니, 登山采薇도 또한 모두 託言인 것이다. 무릇 詩中의 言한 바인 采掇之事는 多로 이렇게 託言인 것이다). 호씨왈: <의심컨대 즉 장자에서 소위 '미양(迷陽)'인 것이다.> 라 하였다.

*참고: 미궐(迷蕨)과 미양(迷陽)

사전엔 '薇'에 대한 訓이 고비(고사리속)와 살갈퀴(콩과의 두해살이 풀) 등으로 설명되고 있다. 따라서 恐컨대, 집전(集傳)의 '미궐(迷蕨)'은 고비의 薇를 가리킴이고, 호씨(胡氏)왈의 '미양(迷陽)'은 콩과 식물인 살갈퀴의 薇로 보인다. 따라서 아래의 致堂胡氏, 山陰陸氏, 容齋項氏의 주(註)도 모두 살갈퀴(薇)에 대한 설로 보인다.

致堂胡氏曰 荊楚之間엔 有草叢生脩條하고 四時發穎이라. 春夏之交에 花亦繁麗하며, 條之腴者大를 如巨擘剝而食之면 甘美이라. 野人呼爲迷陽하니, 疑莊子所謂 迷陽迷陽無傷吾行이 卽此蕨也라.

致堂胡氏曰: 荊楚之間에선 풀 더미(草叢) 속에서 긴 가지(脩條:길수,가지조)로 자라고(生), 四時마다 이삭(穎)을 發한다. 春夏之交에 花가 또한 풍부하고 화려(繁麗)하며, 가지(條)의 살찐(腴) 것 중 大한 것을 만일 巨擘으로 벗겨(剝)내 그것을 食之하면 甘美이다. 野人이 呼하여 迷陽이라 하니, 疑컨대 莊子의 所謂 '迷陽迷陽이 無傷吾行로다(接與歌:미양이라도 미양이라도, 나의 떠나감을 상하게 하지는 못할지로다)'가 卽 此蕨인 것이다.

○山陰陸氏曰 薇도 亦山菜로, 莖,葉皆似小豆하고 蔓生하며 其味亦似小豆이라. 今官園種之하여 以供宗廟祭祀이라.

山陰陸氏曰: 薇도 또한 山菜로서, 莖,葉이 모두 小豆와 흡사하고 덩굴(蔓)로 자라며, 그 味도 또한 小豆(덩굴팥)와 흡사하다. 今의 官가의 정원(庭園)에 그 것을 種之하여 宗廟祭祀에 供하기도 한다.

○容齋項氏曰 薇는 今之野豌豆이니, 蜀人謂之巢菜(豌音剜)이라.
容齋項氏曰: 薇는 今의 野生 완두(豌豆)이니, 蜀人은 그것을 謂之하여 소채(巢菜)라고도 한다(豌은 音이 剜<깎을완>이다).

夷는 平也라.
夷는 평이함이다.

草蟲은 三章으로, 章七句이라.
草蟲은 三章으로, 章마다 七句이다.

疊山謝氏曰 惙惙은 憂之深이니 不止於忡忡矣라. 傷則惻然而痛이고 悲則無聲之哀니, 不止於惙惙矣라. 此는 未見之憂가 一節緊一節也라. 降則心稍放下이고 悅則喜動于中이며 夷則心氣和平이니, 此는 既見之喜가 一節深一節也라. 此詩每有三節에, 蟲鳴螽躍,采蕨,采薇之時가 是一般意思이고, 忡忡,惙惙,傷悲之時가 是一般意思이며, 則降,則悅,則夷之時가 是一般意思이라.
疊山謝氏曰: 惙惙은 憂之深으로 忡忡에만 止하지 않음이다. 傷은 則 가여워서(惻然) 마음 아파(痛)함이고, 悲는 則 소리 없는(無聲) 애처로움(哀)이니, 惙惙로만 止하지 않음인 것이다. 此의 未見之憂는 一節이 一節보다 緊迫인 것이다. 降은 則 心이 잠시(稍)로 放下인 것이고, 悅은 則 喜가 中에서 動인 것이며, 夷는 則 心氣가 和平인 것이니, 此의 既見之喜는 一節이 一節보다 深인 것이다. 此詩는 每로 三節로 有함에, 蟲鳴螽躍,采蕨,采薇之時가 이렇게 一般意思이고, 忡忡,惙惙,傷悲之時가 이렇게 一般意思이며, 則降,則悅,則夷의 時가 이렇게 一般意思인 것이다.

○豐城朱氏曰 卷耳는 后妃之思其君子也고, 草蟲은 大夫妻之思其君子也며, 曰汝墳曰殷其雷도 又行役者之妻之思其君子也라. 尊卑之分雖殊라도, 而室家之情은 則一이라. 然以行役之久하여 雖有別離之思라도 而無怨恨之情하니, 所以為風之正也라.
豐城朱氏曰: 卷耳는 后妃가 그 君子를 思인 것이고, 草蟲은 大夫妻가 그 君子를 思인 것이며, <汝墳>에서 曰하고 <殷其雷>에서 曰함도 또한 行役者之妻가 그 君子를 思인 것이다. 尊卑之分이 비록 殊하더라도, 室家之情은 則 一인 것이다. 그러나 行役之久하여 비록 別離之思는 有하더라도 怨恨之情이 無하였으니, 風의 正이 되는 所以인 것이다.

4.采蘋

02-04-01 ○于以采蘋이 南澗之濱이로다. 于以采藻는 于彼行潦로다.
네가래(蘋) 뜯음 남쪽 계곡 물가로다. 마름(藻) 뜯음 저 길가 도랑이로다.

개구리밥을 뜯어보세 남쪽 계곡 물가에서
마름풀을 뜯어보세 저 길가 도랑에서

賦也라. 蘋은 水上의 浮萍也니, 江東人謂之藻이라.
賦체이다. '蘋(빈)'는 물위에 떠 있는 부평초(浮萍)이니, 강동의 사람들은 개구리밥(藻:표)이라고도 한다.

華谷嚴氏曰 本草에 水萍有三種이라. 大者曰蘋하니, 葉圓闊寸許로 季春始生可糝蒸為茹이라. 中者曰荇菜하고 小者水上浮萍이라. 毛氏는 以蘋為大萍是也라하고, 郭璞은 以蘋為水上浮萍是라하나 以小萍為大萍誤矣라. 蘋可茹而萍不可茹컨대, 豈有不可茹之草而乃用以供祭祀乎리오.
華谷嚴氏曰:<本草>에 水萍엔 三種이 有하다. 大者를 蘋이라 曰하니, 葉은 둥글고 매끄러우며(圓闊) 한 치(寸) 남짓(許)으로, 季春에 비로소 生하고 可히 곡식 가루와 이겨서(糝:삼) 蒸하여 茹할 수 있다. 中者를 荇菜라 曰하고, 小者가 水上浮萍이다. 毛氏는 蘋을 大萍이 이것이라 여겼고, 郭璞은 蘋을 水上浮萍이 이것이라 여겼으나 小萍으로서 大萍이라 잘못(誤) 여긴 것이다. 蘋은 可히 茹이나 萍은 不可茹이건대, 어찌 不可茹의 草로 이내 祭祀에 供으로 用함이 有하겠는가?

濱은 厓也라. 藻는 聚藻也로, 生水底하며, 莖如釵股하고 葉如蓬蒿이라.
'濱'은 물가 厓이다. '藻'는 붕어마름(聚藻)으로, 물의 바닥에서 자라고, 줄기는 비녀(釵:채)다리와 같으며 잎은 마치 쑥(蓬蒿)과 같음이다.

陸氏曰 藻生水底하나 有二種이라. 一은 葉似雞蘇로 莖大如筯하고 長四五尺이라. 一은 莖如釵股하고 葉似蓬蒿하며 謂之聚藻이라. 二者皆可食이라. 熟煮하여 挼去腥氣하고, 米麵糝蒸으로 為茹佳美이라. 飢荒可充食이라.
陸氏曰: 藻는 水底에서 生하나 二種이 有하다. 一은 葉이 계소(雞蘇:석잠풀)와 흡사하고 莖의 大하기가 마치 젓가락(筯:저)과 같고 長 四五尺이라. 一은 莖이 마치 釵股(비녀채)와 같고, 葉은 蓬蒿와 흡사하며, 謂之하여 聚藻라 한다. 二者는 모두 可히 食할 수 있다. 熟煮하여 비벼서(挼:뇌) 腥氣(비린내)를 去하고,

米와 麵을 반죽(糝:삼)하여 蒸으로 먹을(茹) 수 있고 맛도 좋다(佳美). 飢荒에 可히 食에 充당할 수 있음이다.

行潦는 流潦也라. ○南國이 被文王之化하여 大夫妻能奉祭祀하니, 而其家人叙其事以美之也라.
'行潦'는 물이 흘러 길바닥에 괸 물이다. ○남국(南國)이 문왕의 교화를 입어 대부의 처가 능히 제사를 받드니, 그 집안사람이 그 일을 서술하여 그것을 아름답게 여긴 것이다.

王氏曰 采蘋必於南澗하고 采藻必於行潦함은, 言其所薦有常物하고 所采有常處也라.
王氏曰: 采蘋하길 必로 南澗에서 하고, 采藻하길 必로 行潦에서 함은, 그 薦하는 바에도 常物이 有인 것이고 采의 바에도 常處가 有함을 言함이다.

○慶源輔氏曰 此詩는 與采蘩와 正相類이나, 但采蘩는 是美諸侯夫人이고, 此詩는 是美大夫妻이니, 以言奠於宗室而知之也라.
慶源輔氏曰: 此詩는 采蘩과 더불어 正히 相類이나, 다만 采蘩은 이렇게 諸侯의 夫人을 美한 것이고, 此詩는 이렇게 大夫의 妻를 美한 것이니, 宗室에다 奠을 올린다고 言함에서 그것을 知之할 수 있는 것이다.

02-04-02 ○于以盛之가 維筐及筥로다. 于以湘之는 維錡及釜로다.
그것 가득 담음 네모(筐)와 둥근(筥) 광주리로다. 그것 삶아냄 세 발과 둥근 가마솥이로다.

　　어서어서 담아보세 네모 광주리 둥근 광주리에
　　어서어서 삶아보세 세발 솥과 둥근 가마솥에

賦也라. 方曰筐하고, 圓曰筥이라(曹氏曰 皆竹器이라). 湘은 烹也니, 蓋粗熟而淹以爲菹也라(慶源輔氏曰 知粗熟而淹以為菹者는 祭祀之禮에 主婦는 主薦豆而實以菹醢故也라). 錡는 釜屬이니, 有足曰錡하고 無足曰釜라(釋文曰 錡는 三足釜也라). ○此에서 足以見其循序有常이니, 嚴敬整飭之意라.
賦체이다. 네모진 것을 '筐'이라 말하고, 둥근 것을 '筥(거)'라 말한다(曹氏曰: 모두 竹器이다). '湘'은 삶아 데치(烹)는 것으로, 대개 거칠게 삶아 저려(淹)서 김치(菹)로 만듦이다(慶源輔氏曰: 집전에서 '粗熟而淹以爲菹'라 함을 知할 수 있는 것은 祭祀之禮에 主婦는 豆를 薦함에 菹와 醢<젓갈해>로 채움<實>을 주관하는 까닭이기 때문이다). '錡'는 솥의 종류이니, 다리가 있는 것을 '錡'라 曰하고 다리가 없는 것을 '釜'라 曰한다(釋文曰: 錡는 三足의 釜이다). ○이것에서 족히 그 순서에 따라 항상된 기물로 하였음을 볼 수 있으니, 엄숙히 공경하며 질서정연(整飭)한 의미인 것이다.

臨川王氏曰 所用따라 有常器也라.
臨川王氏曰: 所用에 따라 常器를 有하였던 것이다.

○長樂劉氏曰 誠敬之至를 事事마다에 必躬也라.
長樂劉氏曰: 誠敬의 至극함을 事事마다에 반드시 몸소(躬) 하였던 것이다.

○慶源輔氏曰 所用有常器하고 每事必躬親하며 先後有次序는 皆嚴敬者之所爲也라. 嚴敬일지면 則自然整飭如此이라.
慶源輔氏曰: 所用에 常器를 有하고, 每事마다 必로 몸소(躬) 親히 하며, 先後마다 次序를 有하게 함은, 모두 嚴敬者만이 爲할 수 있는 바인 것이다. 嚴敬일지면, 則 自然 整飭하길 如此인 것이다.

○安成劉氏曰 必采而後에 盛以筐筥하고, 必盛而後에 烹以錡釜이니, 則非循序有常者면 不能也라. 曰采曰盛曰湘은 無一不親이고, 曰筐曰筥曰錡曰釜는 無一不具니, 則非嚴敬整飭者면 不能也라.
安成劉氏曰: 必采인 而後에 筐筥에 盛함이고, 必盛인 而後에 錡釜로 烹함이니, 則 循序로 有常者가 아닐지면 不能인 것이다. 曰采,曰盛,曰湘은 一이라도 親히 하지 않음이 없음이고, 曰筐,曰筥,曰錡,曰釜는 一이라도 具비치 못함이 없음이니, 則 嚴敬整飭者가 아니면 不能인 것이다.

02-04-03 ○于以奠之가 宗室牖下로다. 誰其尸之런가. 有齊季女로다.
그것 올림(奠) 종묘 제실(祭室) 들창(牖) 아래로다. 누구로 그 시동 모심이런가? 어린 막내딸에 공경 다함이로다.

제사상을 올려보세! 종묘 제실 들창아래
어떤 시동 모시는가 공경스런 막내딸이라네

賦也라. 奠은 置也라. 宗室은 大宗之廟也로, 大夫士祭於宗室이라(安成劉氏曰 諸侯之庶子爲別子하고, 別子之嫡子爲大宗이니, 卽大夫之始祖也인지라 故祭於其廟이라). 牖下는 室西南隅로 所謂奧也라.
賦체이다. '奠'은 놓아둠(置)이다. '宗室'은 대종가의 사당으로, 대부와 士는 종실(宗室)에서 제사를 지낸다(安成劉氏曰: 諸侯之庶子는 別子가 되고,

別子之嫡子는 大宗이 되니 即 大夫之始祖인지라 故로 그 廟에서 祭한다). 牖下는 집의 서남쪽 모퉁이로, 소위 '奧(깊숙할오)'인 것이다.

朱子日 古人廟堂南向이니, 室在其北하고 東戶,西牖는 皆南向이라. 室西南隅為奧이니, 尊者居之인지라 故神主在焉이니 所謂牖下者也라. 凡廟皆南向이나 而主皆東向이라.
朱子日: 古人의 廟堂은 南向하고 室은 그 北에 在하며, 室의 東戶와 西牖(햇빛을 받기 위하여 벽에 낸 자그마한 창 유)는 모두 南壁의 면에서 동서로 치우쳐 南向하게 한다(但室戶, 在室南壁之東偏而南向, 牖, 在室南壁之西偏而南向). 室의 西南隅가 奧가 되니, 尊者가 그곳에 居之인지라 故로 神主가 그곳에 在이니, 所謂 '牖下' 者인 것이다. 凡의 廟는 모두 南向이나, 신주만은 모두 서쪽에서 東向이다.

○廬陵李氏日 堂屋五架이니, 中脊之架日棟하고 次棟之架日楣하며, 後楣之下의 以南為堂하고 以北為室與房하니, 大夫房東室西로 하여 相連為之이라. 室에서 又 戶東而牖西에 戶不當中而近東하니, 則西南隅最為深隱인지라 故謂之奧하고 而祭祀에 及尊者常處焉이라. 牖은 穿壁為交牕하여 以取明也라.
廬陵李氏日: 堂屋에는 五架이니, 中脊之架를 棟<용마루동>이라 日하고, 棟의 전후로 次하는 架를 楣<처마미>라 日하며, 後楣之下의 南(1/4)에다 堂을 만들고 北(3/4)에다 室과 房을 만드니, 大夫의 房은 東이고 室은 西쪽으로 하여 서로 연속되게 그것을 만든다. 室에서 또 戶는 東이고 牖은 西로 함에, 戶가 中에 當하지 않고 東에 近으로 치우치게 하니, 則 西南隅는 最로 深隱이 되는지라 故로 謂之하길 奧라 하고, 祭祀에 尊者가 常으로 그곳에 處함으로 及인 것이다. 牖은 壁을 穿하여 교창(交牕)을 만들어 明을 取함인 것이다.

尸는 主也라. 齊는 敬이라. 季는 少也라. 祭祀之禮에 主婦가 主薦豆에 實以葅醢라(儀禮少牢日 饋食에 主婦薦韭葅,醓醢奠於筵前하고 葵葅,臝醢는 陪設于東이라. ○建安熊氏日 葅는 菜茹이고, 醢는 肉汁이라. 周禮에 有七葅七醢이라. 或日醢肉醬也라. 又日無骨為醢이라). 少而能敬하니, 尤見其質之美와 而化之所從來者가 遠矣라.
'尸'는 제사 지내는 대상의 주체이다. '齊'는 공경함이다. '季'는 어림이다. 제사의 예(禮)에는 祭主의 부인이 제기(豆)에다 김치와 육장으로 채워 천향함을 주관한다(儀禮少牢日: 饋食에, 主婦는 韭葅와 醓醢<장조림담,젓갈해>를 筵前<대자리연>에다 奠하고, 葵葅<아욱규>와 臝醢<조개류나>는 東에다 陪設하여 薦한다. ○建安熊氏日: 葅는 菜茹<나물>이고, 醢는 肉汁이다. 周禮에 七葅와 七醢가 有이다. 或日하길 醢은 肉醬<장조림>이다. 又日하길 無骨

로 醯를 만든다). 어림에도 능히 공경하니, 그 자질의 아름다움과 선왕의 교화가 쫓아 온 바가 오래(遠)되었음을 더욱 볼 수 있는 것이다.

*참고: 담해(醓醢)

중국의 허신(許愼)이 지은 『설문해자(說文解字)』에서는 "해는 육장이다."고 했다. 『주례(周禮)』 「천관(天官)」에서는 "해인(醢人)이 네 개의 두(豆)를 담당하는데, 두에 올리는 음식은 탐해(醓醢), 나해(蠃醢), 비해(麋醢), 신지해(蜃蚳醢), 토해(兔醢), 어해(魚醢), 안해(鴈醢)가 있다."고 적었다. 그 주석에서는 "무릇 해를 만드는 자는 반드시 먼저 말린 고기를 잘게 썰어서 여기에 기장으로 만든 누룩과 소금을 넣고 버무리고, 좋은 술에 절여서 항아리에 차곡차곡 넣어서 100일 동안 익힌다."고 했다. 정사농(鄭司農)은 해는 뼈가 없는 고기를 절인 음식이라고 보았다. 『모전(毛傳)』에서는 육(肉)이 곧 담해라고 했다. 당나라의 공영달(孔穎達)은 소(疏)에서 대체로 고기를 사용하여 해를 만드는데, 특히 즙이 많은 것을 '담'이라고 부른다고 하였다. (위키 실록 사전)

華谷嚴氏曰 自后妃로 及夫人, 及大夫妻하니, 皆文王齊家之化也라.
華谷嚴氏曰: 后妃로부터 夫人에 及하였고 大夫妻에까지 及하였으니, 모두 文王의 齊家之化인 것이다.

采蘋은 三章으로, 章四句이라.
采蘋은 三章으로, 章마다 四句이다.

東萊呂氏曰 采之,盛之,湘之,奠之하니 所爲者非一端이고 所歷者非一所矣며, 煩而不厭하고 久而不懈하며, 循其序而有常하고 積其誠而益厚인 然後에 祭祀成焉이라. 季女之少는 若未足以勝此라도 而實尸하니, 此者는 以其有齊敬之心也라.
東萊呂氏曰: 采之,盛之,湘之,奠之하니, 爲하는 바의 것이 一端일 뿐이 아니고, 歷하는 바의 것에도 一所일 뿐이 아니니, 煩而不厭하고 久而不懈하며, 循其序而有常하고 積其誠而益厚인 然後에 祭祀가 그것에서 成인 것이다. 季女之少는 마치 아직 足히 此(尸)에 감당하지 못할 듯하지만 實로 尸로 삼았으니, 此는 그 齊敬之心이 有이기 때문이다.

○慶源輔氏曰 首章은 言未祭之前의 采蘋藻之事하고, 次章은 言旣得蘋藻而治以爲菹之事하며, 三章은 言祭時獻豆菹之事이라. 如東萊所言은 亦說得好이나, 但此詩意는 尤在有齊季女一句上이라. 惟敬인지라 故無間斷하여 少而能敬이니, 非質之美而敎之豫者면 不能이고, 非文王之化所從來者遠이면 曷能如此哉리오. 采蘩에 見其始終之敬하고, 采蘋에 見其少而能敬이라. 左傳曰하길, 苟有明信이면

澗溪沼沚之毛와 蘋蘩薀藻之菜와 筐筥錡釜之器와 潢汙行潦之水라도 可祭於鬼神하고 可羞於王公이라. 風에 有采蘩采蘋하고 雅에 有行葦泂酌은 昭忠信也라하니라.

慶源輔氏曰: 首章은 未祭之前의 采蘋藻之事에 言함이고, 次章은 이윽고 得蘋藻하고 治하여 菹를 만드는 事에 言함이며, 三章은 祭時의 獻豆菹之事에 言한 것이다. 東萊가 言한 바와 같음이 또한 說得이 좋이나, 다만 此詩에 意는 더욱 '齊季女'의 一句上에 在함으로 有인 것이다. 오직 敬인지라 故로 無間斷하여 少이여도 能敬이니, 자질이 美하고 교화에 기뻐(豫)하였던 者가 아니라면 不能이고, 文王之化로 來從하였던 바의 것이 遠함 아니라면 어찌 能히 如此일 수 있겠는가? 채번(采蘩)에서 그 始終之敬을 見할 수 있고, 채빈(采蘋)에서 그 少而能敬임을 見할 수 있는 것이다. 左傳曰하길 '苟有明信이면 澗溪,沼沚之毛와 蘋蘩,薀藻之菜와 筐筥,錡釜之器와 潢汙,行潦之水라도 可祭於鬼神하고 可羞於王公이라. 風에 有采蘩,采蘋하고, 雅에 有行葦,泂酌은 昭忠信也라.'고 하였다.

＊참고: 隱公 三年
左附: 鄭武公莊公爲平王卿士. 王貳于虢 鄭伯怨王 王曰 無之. 故周鄭交質 王子狐爲質於鄭 鄭公子忽爲質於周. 王崩 周人將畀虢公政. 四月 鄭祭足帥師取溫之麥. 秋 又取成周之禾 周鄭交惡. 君子曰 信不由中 質無益也. 明恕而行 要之以禮 雖無有質 誰能間之. 苟有明信 澗谿沼沚之毛 蘋蘩薀藻之菜 筐筥錡釜之器 潢汙行潦之水 可薦於鬼神 可羞於王公. 而況君子結二國之信 行之以禮 又焉子質. 風有采蘩采蘋 雅有行葦泂酌 昭忠信也.

鄭나라 武公과 莊公이 周 平王의 卿士가 되었더니, 王이 職分을 둘로 나누어 虢에게 주려하자(貳), 鄭伯이 王을 원망하거늘, 王曰: <그럴 뜻이 없도다.>라 하니, 故로 周와 鄭이 서로 人質을 교환하니, 王子 狐가 鄭에 인질이 되고 鄭公子 忽이 周에 인질이 되었다. 王이 崩함에 周人이 장차 虢公에게 政權을 주려하자, 四月에 鄭나라 채족(祭足)이 군사를 이끌고 溫의 麥을 취하고, 秋에 또 成周의 禾를 취하니(익기 전에 벰), 周와 鄭이 서로 미워하였다(兩相疾惡). 君子가 曰: '신의(信)가 마음속에서 말미암지 않으면 人質은 無益하도다. 명료(明瞭)하게 서로를 이해하며 行하길 禮로서 要한다면, 비록 인질이 있지 않더라도 누가 능히 이간할 수 있으리오? 진실로 분명한 미더움(信)이 있으면 계곡(澗谿:간계)이나 연못(沼沚:소지)의 수초인 물쑥(蘋蘩:빈번)과 마름(薀藻:붕어마름온)의 나물과, 광주리(筐筥)나 솥(錡釜)의 器物과, 고인(潢汙:웅덩이황)길가(行潦)의 물(水)이라도, 가히 鬼神에게 천신할 수 있고 가히 돌아가신 王公에게도 올릴 수 있는 것인데, 하물며 군자가 두 나라의 신의(信)을 맺음에 禮로서 行之해야 하거늘, 또한 어찌 자식으로서 인질을 삼을 수 있겠는가? 시경 風의 '채번(采蘩)'과 '채빈(采蘋)', 雅의 '행위(行葦)'와 '형작(泂

酌:멀형)'은 忠信을 밝힌(昭) 것들이었도다.>라 하였다.

5. 甘棠
02-05-01 ○蔽芾甘棠을 勿翦勿伐하라. 召伯所茇이니라.
무성한 팥배나무(甘棠) 자르지도 말고 베지(伐)도 말라. 소백(召伯)께서 그늘삼아 머무시던 바이니라.

<blockquote>
무성한 저 팥배나무 자르지 말고 베지도 마세요
우리 님 소백께서 머무시는 거처랍니다
</blockquote>

賦也라. 蔽芾은 盛貌라. 甘棠은 杜梨也니, 白者爲棠이고 赤者爲杜이라(陸氏曰 棠은 今棠棃也라. ○山陰陸氏曰: 其子에 有赤白,美惡이라. 白色은 爲甘棠이고, 赤色은 澁而酢이니, 俗語에 澁如杜가 是也라). 翦은 翦其枝葉也라. 伐은 伐其條榦也라. 伯은 方伯也라(廬陵羅氏曰 伯은 長也니, 爲諸侯之長也라). 茇은 草舍也라(廬陵羅氏曰 止於其下함에 以自蔽가 猶草舍耳이지, 非謂作舍也라). ○召伯이 循行南國하며 以布文王之政에 或舍甘棠之下하니(長樂王氏曰 召伯觀風省俗에 或茇甘棠之下하여 以受民訟이라. ○元城劉氏曰 憩息甘棠之下耳이라. 說者乃謂召公이라. 不重煩勞百姓하여 止舍棠下니, 是爲墨子之道也라), 其後人思其德인지라 故愛其樹而不忍傷也라.

賦체이다. '蔽芾(나무우거질패,우거질불)'은 무성한 모습이다. '甘棠'은 일명 팥배나무(杜梨:열매는 팥, 꽃은 배)이니, 흰 것은 棠이 되고, 붉은 것은 杜가 된다(陸氏曰: 棠은 今의 당리<棠棃>이다. ○山陰陸氏曰: 그 씨앗<子>엔 색깔의 赤白과 맛의 美惡가 有하다. 白色은 甘棠이 되고, 赤色은 떫으면서(澁:삽) 신맛(酢)이고 俗語의 '澁하기가 杜와 같다.'가 是인 것이다). '翦'은 그 가지와 입을 자르는 것이다. '伐'은 그 가지와 줄기를 베는 것이다. '伯'은 方伯이다(廬陵羅氏曰: 伯은 長이니, 諸侯之長이 되었다). '茇(발)'은 풀로 지은 막사이다(廬陵羅氏曰: 그 下에 止함에 自蔽함이 草舍와 같았을 뿐이지, 作舍를 謂함이 아닌 것이다). ○소백이 남국을 순행하며 문왕의 정령을 반포함에 혹 감당의 나무 아래에서 머무르니(長樂王氏曰: 召伯이 風을 觀하고 俗을 省함에, 或 甘棠之下에서 노숙<茇:발>하며 民의 訟사를 受한 것이다. ○元城劉氏曰: 甘棠之下에서 憩息<쉴게>하였을 뿐인 것이다. 說<머무를세>者는 이내 召公을 謂함이다. 거듭 百姓을 煩勞케 하지 않고자 하였기에 다만 棠下에서 舍함이니, 이렇게 墨子가 하였던 道인 것이다), 그 후에 사람들이 그 덕을 사모하였기 때문에, 고로 그 나무를 사랑하여 차마 상하게 할 수 없었던 것이다.

*참고: 팥배나무
배나무 꽃과 닮은 꽃이 피고, 팥알 같은 열매가 열린다하여 팥배나무라는 이름이 붙었다. 키가 큰 나무로 10m~15m 정도 자란다. 꽃과 열매가 아름다워 관상용, 조경수로 사용한다. (나무위키 백과사전)
*참고: 墨子之節用
去其無用之費, 聖王之道, 天下之大利也.
무용의 비용을 없애는 것은 성왕의 도이고, 천하를 이롭게 하는 것이다.

元城劉氏曰 覩其物에 思其人하고, 思其人에 則愛其樹니, 得人心之至也라.
元城劉氏曰: 그 物을 목覩함에 思其人하고, 그 人을 思함에 則 愛其樹함이니, 得人心의 至인 것이다.

02-05-02 ○蔽芾甘棠을 勿翦勿敗하라. 召伯所憩니라.
무성한 팥배나무 자르지도 말고 훼손(敗)치도 말라. 소백께서 휴식하신 바이니라.

무성한 저 팥배나무 자르지도 말고 꺾지도 마세요
우리 님 소백께서 쉬시던 곳이랍니다

賦也라. 敗는 折이라(廬陵羅氏曰 必邁反이라. 凡物에 自毁엔 則如字이고, 毁之엔 必邁反이라). 憩는 息也라. 勿敗는 則非特勿伐而已이니, 愛之愈久에 而愈深也라. 下章放此이라.
賦체이다. '敗'는 꺾어 훼손하는 것이다(廬陵羅氏曰: 敗는 必邁反이다. 凡物이 自毁엔 則 如字이고<수동>, 그것을 毁之엔 必邁反이다<능동>). '憩(쉴게)'는 휴식이다. '勿敗'는 즉 다만 베지(伐) 말 뿐으로 그침이 아니니, 그것을 아끼길 더욱 오래 할수록 더욱 깊이 한 것이다. 아래의 장도 이와 같음이다.

慶源輔氏曰 始則不忍翦伐之하고 旣則不忍敗折之코선 旣則又不忍抑屈之하니, 愛之愈久而愈深也라. 思其人而愛其樹하니 則其愛之意廣矣고, 又至於愈久而愈深하니 則其愛之之意遠矣라. 召公之德이 其浹洽於人心者如此하니 而文王之化의 從에 可知矣라.
慶源輔氏曰: 始엔 則 차마 翦伐之하지 못하였고, 이윽고는 則 차마 敗折之하지 못하고선, 이윽고는 則 또 차마 抑屈之하지도 못하였으니, '愛之愈久而愈深也'인 것이다. 그 人을 思함에 愛其樹하니 則 그 愛之意가 廣인 것이고, 또 愈久而愈深으로 至하였으니 則 그 愛之意가 遠인 것이다. 召公之德이 人心

에 그 浹洽하였던 것이 如此하였으니, 文王之化의 所從來(지내 온 내력)에 대해 可知인 것이다.

02-05-03 ○蔽芾甘棠을 勿翦勿拜하라. 召伯所說니라.
무성한 팥배나무 자르지도 말고 휘지도 말라. 소백께서 하루를 머무시던 바이니라.

무성한 저 팥배나무 자르지 말고 휘지도 마세요
우리 님 소백께서 머무시던 곳이랍니다

賦也라. 拜는 屈이라(董氏曰 如人之拜같이 小低屈也라). 說는 舍也라. 勿拜는 則非特勿敗而已이라.
賦체이다. '拜'는 구부리는 것이다(董氏曰: 마치 人之拜와 같이 조금 낮게 <小低> 屈인 것이다). '說(세)'는 하루를 머무를 舍이다(이틀 동안은 信, 그 이상은 次). '勿拜'는 즉 다만 훼손하지 말 뿐이 아닌 것이다.
*참고: 芨, 憩, 說
恐컨대, 芨은 초가의 그늘 삼아 머문 것이고, 憩는 휴식으로 머문 것이며, 說는 하루를 머묾이니, 점점 머문 바가 오래일수록 팥배나무 아끼기를 깊이 한 것이다.

甘棠은 三章으로, 章三句이라.
甘棠은 三章으로, 章마다 三句이다.

史記燕世家曰 召公甚得兆民和이라. 巡行鄉邑에 有棠樹하자 決政事其下이라. 人思召公하여 懷棠樹코서 不敢伐歌詠之라.
史記燕世家曰: 召公이 西方을 治함에 모든 백성(兆民)의 和를 甚得하였다. 鄉邑을 巡行함에 棠樹가 有하자 그 下에서 政事를 決하였다. 人이 召公을 思慕하여 棠樹를 마음에 懷하고선 敢히 伐할 수 없어 그것으로 歌詠之한 것이다.

○孔氏曰 括地志云에 召伯廟가 在洛州壽安縣西北하니, 人懷其德하여 因立廟이라.
孔氏曰: 括地志(당나라 濮王泰 등이 편찬)云하길, '召伯의 廟가 洛州 壽安縣 西北에 在한다.'라 하니, 人이 그 德을 懷하고서 이로 因해 立廟한 것이다.

○三山李氏曰 樂記論武樂曰하길 '五成而分 周公左召公右'라하니, 則召公爲伯은 在武王時이고 而此詩稱治者도 亦後人追稱之耳이라.

三山李氏曰: <樂記>에서 武樂에 論하며 曰하길 '五成의 악장에선 陝땅을 分하여 周公左하고 召公右하다.' 라 하니, 則 召公이 伯이 됨은 武王時에 在인 것이고 此詩에서 稱治者도 또한 後人이 그것을 追慕하여 稱之하였을 뿐인 것이다.

○考索曰 周南天子所都인지라 周公不得專有其美하고, 召公專主諸侯하여 則南國之敎에 得以稱召伯也라. 在易二與四엔 同功而異位인지라, 二多譽는 遠也고 四多懼는 近也라 하니, 周公近,召公遠인지라 有詩無詩의 此도 其異歟인져.
考索曰: 周南은 天子가 都읍한 바인지라 周公에서 그 美稱을 有로 온전히 득하지 못함인 것이고, 召公은 專으로 諸侯에 主되어 則 南國이 敎化됨에 召伯을 稱송하는 詩로 득할 수 있었던 것이다. 易의 二爻와 四爻에 在해선 同功而異位인지라 二에서 多譽함은 遠이기 때문이고 四에서 多懼함은 近이기 때문이니(계사전), 周公近이고 召公遠인지라 有詩와 無詩의 此는 그 異함일 때문일진져!

○慶源輔氏曰 蘇氏謂하길 周公在內로 近於文王임에 雖有德而不見인지라 故其詩不作이고, 召公在外로 遠於文王인지라 功業明著에 則詩作於下라 하니, 此理之最明者라. 此其說似可采여도 而詩傳不取者는 蓋二南皆周公所集여도 其實皆所以明文王之德化也라.
慶源輔氏曰: 蘇氏謂하길 '周公은 在內로 文王과 近이기에 비록 有德이어도 見(현)할 수 없었기 때문에 故로 그 詩가 不作이었던 것이고, 召公은 在外로 文王과 遠인지라 功業이 明著함에 則 詩가 下에서 作되었던 것이다.' 라 하니, 此는 理之最明者인 것이다. 此에서도 그 說을 흡사 可히 采할 만함에도 <詩傳>에서 不取하였던 것은, 대개 二南의 詩 모두를 周公께서 集해놓은 바였어도 그 實은 모두 文王의 德과 化를 明하기 위한 所以이기 때문이다.

6. 行露
02-06-01 ○厭浥行露에, 豈不夙夜마는 謂行多露이니라.
길가 이슬 흠뻑 젖음에, 어찌 이른 저녁 가고자 않겠는가마는 길가 이슬 너무 많기 때문이니라.

   촉촉하게 이슬 내려 길이 흠뻑 젖어있네
  어찌 내가 아침저녁으로 걷고 싶지 않겠소만
   길에는 이슬이 너무 많기 때문이네

賦也라. 厭浥은 濕意라. 行은 道이고, 夙은 早也라. ○南國之人이 遵召伯之敎하여 服文王之化하며, 有以革其前日淫亂之俗이라. 故女子有能以禮自守하여 而不爲强暴所汚者를 自述己志하고 作此詩하여 以絶其人이라. 言道間之露方濕하니, 我豈不欲早夜而行乎만은 畏多露之沾濡而不敢爾라. 蓋以女子早夜獨行이면, 或有强暴侵陵之患인지라 故託以行多露而畏其沾濡也라.
賦이다. '厭浥(누를엽,젖을읍)'은 젖음의 의미다. '行'은 길이고, '夙'은 일찍이다. ○南國의 사람들이 召伯의 가르침을 따라 文王의 교화를 가슴에 간직(服膺)하며, 그 前日의 淫亂했던 풍속을 개혁함이 있었다. 고로 여자가 능히 禮로서 자기를 지켜내어, 强暴한 자에게 더럽혀지는 바가 되지 않았던 것을 스스로 자기의 뜻한 바를 기술하고 이 詩를 지어 그 사람과 인연을 끊은 것이다. 길가 사이가 이슬로 바야흐로 이미 젖었으니, 내 어찌 저녁 일찍 행차하지 않겠는가마는, 많은 이슬에 젖을까 두려워 감히 하지 못했을 뿐이라 말한 것이다. 대개 여자가 이른 저녁에 홀로 행차하면, 혹 强暴한 자에게 侵陵을 당하는 憂患이 있기 때문에, 고로 길에 이슬이 많아 그 젖을(沾濡)까 두렵다고 의탁한 것이다.

02-06-02 ○誰謂雀無角이리오 何以穿我屋인고하며, 誰謂女無家리오 何以速我獄인고마는, 雖速我獄이나 室家不足하니라.
누군가 이르길 '참새에 뿔이 없겠는가? 어찌 나의 집(屋)을 뚫을 수 있겠는가?' 라 하며, 누군가 이르길 '네(女)가 실가(室家)의 약속 없었겠는가? 어찌 나로 하여금 옥사(獄事)로 불러들이게 할 수 있겠는가?' 라 하건마는, 비록 '나로 하여금 옥사로 불러들이게 하였다.' 라 하나 실가(室家) 이루자는 예(禮)는 족히 없었느니라.

그 누가 참새에 부리가 없다고 했나 어떻게 나의 집을 뚫었겠는가
그 누가 그대에게 혼인의 예가 없다 했나 어떻게 나를 옥사로 불러들였나
아무리 옥사로 불러 들였어도 혼인약속 잡기엔 부족하다네

興也라. 家는 謂以媒聘으로 求爲室家之禮也라. 速은 召致也라. ○貞女之自守如此여도, 然猶或見訟而召致於獄에 因自訴而言이라. 人皆謂하길 雀有角에 故能穿我屋으로, 以興人皆謂하길 汝於我嘗有求爲室家之禮에 故能致我於獄이라지만, 然不知汝雖能致我於獄이나 而求爲室家之禮는 初未嘗備이라. 如雀雖能穿屋라도 而實未嘗有角也라.
興체이다. '家'는 중매(媒)에게 聘問하여 室家를 이루는 禮로 구하겠다는 것을 말함이다. '速'은 옥사로 불러들임(召致)인 것이다. ○貞淑한 女의 自守함이 이와 같았어도, 그러나 오히려 혹 訟事로 獄에 불러들임(召致)으로 당함

에, 이로 인해 스스로 하소연(訴)하여 말한 것이다. 사람들 모두가 '참새에게 뿔이 있었기에 능히 나의 집을 뚫을 수 있었다.' 라 謂함으로, 사람들 모두가 '너(汝)가 나에게 일찍이 室家로 이루자는 禮를 구함이 있었기 때문에, 고로 능히 나로 하여금 獄事를 이루게 하였다.' 라 謂함을 일으킨 것이다. 그러나 네가 비록 '능히 나로 하여금 獄事를 이루게 하였다.' 라 하지만, 室家를 이루자는 禮로 구함은 애초부터 일찍이 갖춘 적이 없음엔 알지 못하니, 마치 참새가 비록 능히 집을 뚫었을지라도 실로는 일찍이 뿔이 있지 않음과 같다는 것이다.

華谷嚴氏曰 男侵陵女에 女不從하자 遂誣女以有室家之約함에 而召伯聽其訟하니, 此詩는 述女子自訴之辭如此이라. 蓋雀之穿屋은 實以味이지 不以角也고, 男子之速我獄은 乃是侵陵이지 實無室家之禮也라(味音畫).
華谷嚴氏曰: 男이 女를 侵陵에 女가 不從하자, 드디어 女를 室家之約을 有했다 하여 誣告함에 召伯이 그 訟을 聽하였으니, 此詩는 女子 스스로 하소연(訴)한 辭에 述하길 如此한 것이다. 대개 雀之穿屋은 實로 味(부리주)로서이지 角으로 서는 아닌 것이고, 男子가 我를 獄으로 速하게 함은 이내 이렇게 侵陵이었던 것이지 實제 室家之禮는 無하였던 것이다.

02-06-03 ○誰謂鼠無牙리오 何以穿我墉인고하며, 誰謂女無家리오 何以速我訟인고마는, 雖速我訟이나 亦不女從호리라.
누군가 이르길 '쥐에 어금니(牙)가 없겠는가? 어찌 나의 담장 뚫을 수 있겠는가?' 라 하며, 누군가 이르길 '네(女)가 실가의 약속 없었겠는가? 어찌 나로 하여금 송사(訟)로 불러들이게 할 수 있겠는가?' 라 하건마는, 비록 '나로 하여금 송사로 불러들이게 하였다.' 라 하나 또한 끝내 그대 쫓지는 않으리라.

그 누가 쥐에게 이빨이 없다고 했나
어떻게 우리 집 담장을 뚫을 수 있었겠나
그 누가 그대가 혼인 약속도 없이
어떻게 나를 송사로 불러들였냐 했나
비록 나를 송사로 불러냈지만
그대를 따르는 일 없을거라네

興也라. 牙는 牡齒也라(龜山楊氏曰 鼠는 無牡齒이라 ○山陰陸氏曰 鼠엔 有齒나 而無牙라). 墉은 墙也라. ○言汝雖能致我於訟이나, 然其求爲室家之禮엔 有所不足이니, 則我亦終不汝從矣라.

興체이다. '牙'는 숫컷의 이빨(어금니)이다(龜山楊氏曰: 鼠엔 牡齒가 無이다. ○山陰陸氏曰: 鼠엔 齒는 有하지만 牙는 無이다). '墉'은 담장이다. ○네가 비록 '능히 나로 하여금 訟事로 이루게 하였다.' 라 하지만, 그러나 그 室家를 이루는 禮로 구함엔 족하지 않는 바가 있음이니, 즉 나는 또한 끝내 너를 쫓지는 않을 것을 말한 것이다.

*참고: 牡齒
설문엔 '牡齒는 上下의 치아가 相錯(개의 구치처럼 들쭉날쭉하게 서로 어긋남)한 形이다.' 라 하니, 단옥재는 장(牪)字가 각 판본에서 모(牡)字로 잘못된 것이라 하였다.

朱子曰 使貞女之志로 得以自伸者이니, 召伯聽訟之明이라.
朱子曰: 貞女之志로 하여금 스스로 펼칠(伸) 수 있게 한 것이니, 召伯의 聽訟之明인 것이다.

○慶源輔氏曰 前章室家不足은 責之以禮也고, 此章亦不女從은 斷之以義也라. 貞女之志가 守禮執義如此하니, 則被化而成德者深矣라. 牡齒는 謂齒之大者라.
慶源輔氏曰: 前章의 '室家不足'은 禮로서 責之인 것이고, 此章의 '亦不女從'은 義로서 斷之인 것이다. 貞女之志가 守禮執義하길 如此하니, 則 교화를 被하여 德을 이룬 것이 深인 것이다. 牡齒는 齒之大者를 謂함이다.

行露는 三章으로, 一章은 三句이고 二章은 章六句이라.
行露는 三章으로, 一章은 三句이고 二章은 章마다 六句이다.

朱子曰 召南은 非一國其被化인지라 必有淺深이니, 此詩之作은 其被化之未純者歟인져. 故未免有強暴侵陵之患이니, 必待聽之明而後察이라. 若周南엔 則固無是詩이나, 然騶虞純被之後엔 召南서도 亦不宜有是詩矣라.
朱子曰: 召南은 一國만이 그 被化가 아닌지라 반드시 淺深이 有이니, 此詩之作도 그 被化에 아직 純者는 아닐진져! 故로 強暴에게 侵陵을 당하는 患이 有함에서 면하지 못하였던 것이니, 반드시 소백의 聽이 明함을 待한 而後에야 察할 수 있었던 것이다. 마치 周南과 같은 경우엔 則 固히 是詩는 無이나, 그러나 소남의 <騶虞>의 純被之後일지면 召南에서도 또한 의당 是詩는 有하지 않을 것이다.

○安成劉氏曰 此詩貞女는 乃訟之初六이고, 強暴之男은 則訟之九四也라. 初六陰深에 不永於訟이나, 而九四는 以剛不中正으로 應之이라. 貞女自守가 非所以召訟이나, 而男子의 以強暴陵之然이라. 曰室家不足은 則初六之辯明矣고, 曰亦不

女從은 則九四不克訟矣라. 所以能然者는 以有召伯爲九五之大人也라. 然以此詩
之貞女는 猶周南漢廣之貞女也나, 而彼之出遊엔 人自不犯이고 此雖早夜自守라
도 而猶有强暴之訟이라. 是又被化에도 有遠近하고 作詩에도 有先後나, 未可遽
分優劣也라.
安成劉氏曰: 此詩의 貞女는 이내 訟卦(䷅)의 初六이고, 强暴之男은 則 訟의 九
四이다. 初六은 陰深에 不永於訟이나 九四는 剛不中正으로 그와 應之인 것이
다. 貞女의 自守가 訟을 召하는 까닭은 아니나, 男子가 强暴으로 陵之하여 然
인 것이다. '室家不足'이라 曰함은 則 初六之辯이 明인 것이고, '亦不女
從'이라 曰함은 則 九四가 訟에 克할 수 없는 까닭인 것이다. 能히 然일 수
있었던 所以인 것은 召伯이 九五의 大人이 됨이 있었기 때문이다. 그리고 此
詩之貞女는 周南의 漢廣之貞女와 같으나, 彼之出遊엔 人이 自로 不犯이었고,
此에선 비록 早夜에서 自守여도 오히려 强暴之訟이 有하였던 것이다. 이렇게
또한 被化에도 遠近이 有하고 作詩에도 先後가 有할지나, 아직 可히 遽로 優
劣로 分할 수는 없는 것이다.

○豐城朱氏曰 行露之女子貞信이나 而男强暴이니, 豈文王召伯之敎化가 能行之
女고 而不能行之男耶인가. 蓋當是時에 南國之人이 染商之惡深하고 被周之政淺
하여 則或變或不變여서 固不可以一律齊也라. 漢廣之遊女에 歎其終不可求하니,
此被化而先變者也라. 行露之貞女는 見訟而致於獄하니 此被化而未純者也라. 文
王之化를 譬之太陽이면 雖無私라도 而其照엔 陰崖也獨後이고, 陽春雖無私여도
而其至엔 陰谷獨遲이니, 其勢則然也라.
豐城朱氏曰: 行露之女子는 貞信이나 男은 强暴이니, 어찌 文王,召伯之敎化가
能히 女에겐 行之하고 能히 男에겐 行之하지 못하였던가? 대개 是時를 當해서
南國之人들이 商之惡에 染하길 深이고 周之政에 被하길 淺하여, 則 或變이고
或不變이어서 固히 可히 一律적으로 齊일 수 없었던 것이다. 漢廣之遊女에선
그 終不可求에 歎하니, 此는 被化로 先變者인 것이다. 行露之貞女는 見訟而致
於獄하니, 此는 被化에 아직 純하지 않았던 것이다. 文王之化를 太陽에 譬之이
면, 비록 無私일지라도 그 照엔 陰崖(벼랑애)만은 또한 유독 後이고, 따뜻한
봄(陽春)이 비록 無私여도 그 至엔 陰谷만이 유독 遲이니, 그 勢가 則 然인 것
이다.

7. 羔羊
02-07-01 ○羔羊之皮여. 素絲五紽로다. 退食自公하나니 委蛇委蛇로다.
어린 염소 갖옷이여! 흰 실끈에 다섯 매듭 장식(紽)이로다. 사가(私家)의 식사
공문(公門) 나서서 하나니 거듭 태연(泰然)의 자득(委蛇)이로다.

새끼양 가죽으로 만든 갖옷에 흰 명주실 다섯 솔기 수를 놓았네
관청에서 물러나 저녁 드시니 그 모습 의젓하고 당당하시네

賦也라. 小曰羔하고, 大曰羊이라. 皮는 所以爲裘이니, 大夫燕居之服이라. 素는 白也라. 紽는 未詳이니, 蓋以絲飾裘之名也라.
賦체이다. 작은 것을 '羔'라 曰하고, 큰 것을 '羊'이라 曰한다. '皮'는 갖옷을 만들 수 있는 까닭이니, 大夫가 한가할 때(燕居)에 입는 복장이다. '素'는 흰 것이다. '紽(실타래타)'는 未詳이니, 아마도 실로서 갖옷을 꾸미는 명칭인 것이다.

錢氏曰 兩皮之縫은 不易合인지라 故織白絲爲紃이라. 施之縫中하여 連屬兩皮하니, 因以爲飾이라(紃音馴이라).
錢氏曰: 兩皮之縫은 쉽게 合할 수 없는지라, 故로 白絲를 織하여 연결끈(紃,순: 납작하게 엮은 끈)을 만듦이다. 縫合하려는 中에다 施之하여 兩皮를 連屬하니, 이로 因하여 飾을 삼을 수 있는 것이다(紃의 音은 순<馴>이다).

○曹氏曰 裘는 必合衆皮而成인지라 故以縫殺가 不一이라.
曹氏曰: 裘는 반드시 衆皮를 합하여 成인지라, 故로 縫합하여 殺(꿰맬쇄) 하는 처가 一이 아닌 것이다.

退食은 退朝而食於家也라. 自公은 從公門而出也라. 委蛇는 自得之貌이라. ○南國이 化文王之政하여 在位皆節儉正直이라. 故詩人이 美其衣服有常而從容自得如此也라.
'退食'은 조정에서 물러나 사가(家)에서 식사하는 것이다. '自公'은 公門을 쫓아서 나서는 것이다. '委蛇(구불구불이)'는 自得의 모습이다. ○南國이 文王의 정령에 感化되어, 지위에 있는 자들도 모두 節약하고 근儉으로 正直하였다. 고로 詩人이 그 의복에 항상됨을 두고 從容히 自得하길 이와 같음이 있었음을 찬미한 것이다.

朱子曰 衣裳有常制하고 進止有常所하니, 其節儉正直임을 亦可見矣라.
朱子曰: 衣裳에 常制가 有하고, 進止에 常所가 有하니, 그 節儉과 正直의 바임을 또한 可히 見할 수 있는 것이다.

○慶源輔氏曰 羊裘素飾에 可見其節儉하고, 退公委蛇에 可見其正直이라.
慶源輔氏曰: 羊裘素飾에 可히 그 節儉임을 見할 수 있고, 退公委蛇에 可히 그

正直임에 見할 수 있는 것이다.

○疊山謝氏曰 召南大夫에 有潔白之操인지라, 稱潔白之服이라. 中心無愧怍인지라 故外貌有威儀하고, 德行可法인지라 故容止可觀이며 進退可度라. 委蛇委蛇 此는 泰然自得之貌也라. 使胸中微有愧怍이면, 其走趨에 非躁則急하고 不遲則速커늘, 安能委委蛇蛇哉리오.
疊山謝氏曰: 召南의 大夫에겐 潔白之操가 有인지라 潔白之服으로 稱한 것이다. 中心에 無愧怍인지라 故로 外貌에 威儀가 有하고, 德行에 可法인지라 故로 容止마다 可觀이며 進退마다 可度인 것이다. 委蛇委蛇의 此는 泰然自得의 貌이다. 가령 胸中에 微라도 愧怍이 有일지면, 그 走趨(윗사람 앞을 지날 때에 허리를 굽히고 빨리 걸음)에 躁급이 아니면 則 急박이고, 遲가 아니면 則 速이거늘, 어찌 能히 委委蛇蛇일 수 있겠는가?

○南軒張氏曰 重言委蛇는 舒泰而有餘裕也라. 獨賦其退食之際는 蓋於此時而然이니, 則其在公之正直을 可知矣라. 不然이면 有愧于中하여 則其退也도 亦且促迫息遽之不暇리니, 寧有委蛇氣象哉리오.
南軒張氏曰: '委蛇'로 거듭 言함은 舒泰하여 餘裕가 있음인 것이다. 유독 그 退食之際로만 賦함은 대개 此時에서 然했다는 것이니, 則 그 公朝에 在해서는 正直임을 可知인 것이다. 不然이면 中에 愧함이 有하여 則 그 退에 있어서도 또한 또 促迫과 息遽(바쁠총:몹시 바쁨)로 겨를이 없을지니, 어찌(寧) 委蛇의 氣象이 有할 수 있겠는가?
*참고: 寧 (출처: 다음사전)
1. 선택
(1) [寧…] 차라리 …지언정 …하다. - 寧爲鷄口 無爲牛後<史記>
(2) [與…寧…] …함보다는 차라리 …한 편이 낫다. - 禮與其奢也 寧儉 喪與其易也 寧戚<論語>
2. 반어
(1) [無寧…乎] 차라리 …함이 낫지 않겠는가(…함이 낫다). - 無寧死於二三子之手乎<論語>
(2) [寧…乎] 어찌…하리오(아니 그런 것은 있을 수 없다). - 王侯將相 寧有種乎<史記>

02-07-02 ○羔羊之革이여. 素絲五緎이로다. 委蛇委蛇로니 自公退食이로다.
어린 염소 갖옷이여! 흰 실끈에 다섯 솔기장식이로다. 거듭 태연(泰然)의 자득(委蛇)이로니 공문(公門) 나서 사가(私家)서 식사로다.

새끼양 가죽으로 만든 갖옷에 흰 실로 다섯 솔기 수를 놓았네
의젓하고 당당하신 그 발걸음 관청에서 물러나 저녁 드시네

賦也라. 革도 猶皮也라(孔氏曰 皮去毛曰革이라. 對文則異하고 散文則通이라).
緎은 裘之縫界也라.
賦체이다. '革'도 皮와 같음이다(孔氏曰: 皮에 毛를 제거한 것을 革이라 曰 한다. 상대 對구의 文으로 보면 則 의미가 異인 것이고, 散의 文<얽매이지 않고 자유롭게 쓴 글>으로 보면 則 의미가 通인 것이다). '緎(솔기역)'은 갖옷의 경계를 재봉인 것이다.
*참고: 솔기
두 폭의 천을 맞대고 꿰매어 생긴 줄.

新安胡氏曰 紽,緎,總은 竊意컨대 名義에 微異이라. 縫之突兀謂之紽하고, 有界限謂之緎하며, 合二爲一謂之總이라.
新安胡氏曰 紽,緎,總은 竊意컨대 名과 義에 있어 微하게 異이다. 縫의 우뚝 솟은 부분(突兀:우뚝할올)을 謂之하길 紽라 하고, 界限이 有인 것을 謂之하길 緎이라 하며, 二를 合하여 一로 삼음을 謂之하길 總이라 이른다.

02-07-03 ○羔羊之縫이여. 素絲五總이로다. 委蛇委蛇로니 退食自公이로다.
염소 갖옷의 재봉선이여! 흰 실끈에 다섯 덧댐장식이로다. 거듭 태연(泰然)의 자득(委蛇)이로니 사가(私家)의 식사 공문(公門) 나서 함이로다.

새끼양 가죽으로 만든 갖옷에 다섯 겹의 흰실로 장식 덧댔네
의젓하고 듬직하신 그 발걸음 관청에서 물러나 저녁 드시네

賦也라. 縫은 縫皮合之로 以爲裘也라. 總은 亦未詳이라.
賦체이다. '縫'은 가죽을 재봉해 그것을 합해서 갖옷을 만듦이다. '總'도 또한 未詳이다.

羔羊은 三章으로, 章四句이라.
羔羊은 三章으로, 章마다 四句이다.

安成劉氏曰 此詩之言賢才는 猶周南之有兎罝也라. 蓋文王作人之效가 如春風和氣所在生輝인지라, 故人才之所成就를 驗諸在野면 則赳赳之武夫,公侯腹心이고, 觀諸在朝면 則委蛇之大夫,節儉正直이라. 此文王之化엔 不可以淺深遠近論者也라.

安成劉氏曰: 此詩에서 賢才로 言함은 마치 周南에서 <兎罝>편이 有함과 같음이다. 대개 文王께서 人을 진작시켰던 效가 마치 春風의 和氣가 所在마다 광휘를 生함과 같은지라, 故로 人才마다 成就되었던 바를 在野에서 驗이면 則 赳赳之武夫가 公侯腹心인 것이고, 在朝에 觀이면 則 委蛇之大夫가 節儉正直인 것이다. 此의 文王之化에 대해선 可히 淺深과 遠近으로 論할 수 없는 것이다.

8. 殷其雷

02-08-01 ○殷其雷는 在南山之陽어늘, 何斯違斯하여 莫敢或遑인고. 振振君子는 歸哉歸哉인져.

'우르릉 쾅' 그 우레 소리 남산 너머 들리거늘, 어찌 이 사람만 이곳 떠나 감히 혹 겨를조차 못 내시는가? 신망 두터운 군자 돌아오고 돌아올진져!

우르르 쾅 우레 소리 남산 너머에서 들려오네
어찌 그대 이곳을 떠나 쉴 겨를도 못내나요
믿음직스런 내님이여! 돌아와요 돌아와요

興也라. 殷은 雷聲也라. 山南曰陽이라. 何斯의 斯는 此人也고, 違斯의 斯는 此所也라. 遑은 暇也라. 振振은 信厚也라. ○南國被文王之化하여 婦人이 以其君子從役在外而思念之故로 作此詩라. 言殷殷然雷聲은 則在南山之陽矣거늘, 何此君子는 獨去此而不敢少暇乎인가(張子曰 如鸛鳴, 婦歎之義로, 將風雨에 則思念行者이라. ○盧陵彭氏曰 或云하길 行者遇雨이면 則思居者之安하고, 居者遇雨면 則思行者之勞也라). 於是에 又美其德하고, 且冀其早畢事而還歸也라.
興체이다. '殷'은 우레 소리이다. 산의 남쪽을 '陽'이라 曰한다. 何斯의 '斯'는 이 사람이요, 違斯의 '斯'는 이곳이다. '遑'은 겨를(暇)이다. '振振'은 미덥고 후덕(厚德)함이다. ○南國이 文王의 교화를 입어, 婦人이 그 군자가 行役을 쫓아 밖에 있자 그리움(思念)의 까닭으로 이 詩를 지은 것이다. '우르릉 쾅(殷殷然)거리는 우레 소리는 즉 南山 너머(陽)서 들려오거늘, 어찌하여 이 군자는 홀로 이곳을 떠나 감히 조금의 겨를도 못내는가?'라 말한 것이다(張子曰: 마치 빈풍 <東山>편에 '황새울음 개미뚝에서 들려오거늘<鸛鳴于垤>'과 '집사람은 내실에서 탄식하며<婦歎于室>...'의 義와 같은 것으로, 將次 風雨가 몰아치려 함에 則 行役 나간 者를 思念한 것이다. ○盧陵彭氏曰: 或云하길 '行者가 雨를 遇이면 則 居者의 安危를 思하고, 居者가 雨를 遇함이면 則 行者의 勞苦를 思하게 된다.'라 하였다). 이에 또한 그 德을 찬미하고, 또한 그 일찍 일을 마치고 歸還하길 바램인 것이다.

須溪劉氏曰 再言歸哉者는 不敢必其卽歸也라.
須溪劉氏曰: '歸哉'라 再言한 것은 敢히 그 卽時 歸할 것으로 기필하지 못하였기 때문이다.

○慶源輔氏曰 此詩에 明白只涵泳이면 便自見念其勞,美其德하며 冀其早畢事以還歸라. 無棘欲,無怨辭인지라 可謂得其情性之正矣며, 婦人而能如此하니 文王之化深矣라.
慶源輔氏曰: 此詩에 明白히 다만 涵泳일지면, 문득 그 勞에 念慮하고 그 德에 讚美하며 그 早期에 일을 마치고 歸還하길 바랬던 것을 自見할 수 있다. 棘欲(빠를극)도 無하고 怨辭도 無한지라, 可히 그 情性之正을 得함이라 謂할 수 있으며, 婦人조차 能히 如此하니 文王之化가 深인 것이다.

○豐城朱氏曰 何斯違斯는 念其久也고 莫敢或遑은 閔其勞也며, 振振君子는 美其德也고 歸哉歸哉는 望其至也라. 往役者는 君子事上之義이고, 思念者는 婦人愛夫之情이니, 二者固竝行여도 而不相悖也라.
豐城朱氏曰: '何斯違斯'는 그 久되었음을 念인 것이고 '莫敢或遑'은 그 勞에 閔인 것이며, 振振君子는 그 德에 美한 것이고 '歸哉歸哉'는 그 至하길 望한 것이다. 往役者는 君子의 事上之義인 것이고, 思念者는 婦人의 愛夫之情이니, 二者가 固히 竝行이어도 不相悖인 것이다.

02-08-02 ○殷其雷는 在南山之側어늘, 何斯違斯하여 莫敢遑息인고. 振振君子는 歸哉歸哉인져.
'우르릉 쾅' 그 우레 소리 남산 옆(側)서 들리거늘, 어찌 이 사람만 이곳 떠나 감히 휴식 겨를조차 못 내시는가? 신망 두터운 군자 돌아오고 돌아올진져!

　　　우르르 쾅 우레 소리 남산 옆에서 들려오네
　　　그대 어찌 이곳을 떠나 쉴 겨를도 못내나요
　　　믿음직스런 내님이여! 돌아와요 돌아와요

興也라(黃氏曰 南山之陽,之側,之下는 但便韻叶聲耳이니, 不必求異義也라). 息은 止也라.
興체이다(黃氏曰: 南山의 '陽'과 '側'과 '下'로 한 것은 다만 문득 韻叶<협운:어떤 음운의 글자가 때로는 다른 음운과 통용되는 일>의 聲일 뿐인 것이니, 반드시 異義로 求할 필요는 없는 것이다). '息'은 휴식의 그침이다.

02-08-03 ○殷其雷는 在南山之下어늘, 何斯違斯하여 莫或遑處인고. 振振君子

는 歸哉歸哉인져.

'우르릉 쾅' 그 우레 소리 남산 아래(下)서 들리거늘, 어찌 이 사람만 이곳 떠나 감히 처(處)할 겨를조차 못 내시는가? 신망 두터운 군자 돌아오고 돌아올진져!

우르르 쾅 우레 소리 남산 아래에서 들려오네
그대 어찌 이곳을 떠나 머물 짬도 못 내나요
믿음직스런 내님이여! 돌아와요 돌아와요

興也라.
興체이다.

疊山謝氏曰 始에 不敢暇하고 中에 不敢止하며 終에 不暇居處하니, 一節緊一節로 此詩人法度也라.
疊山謝氏曰: 始에 不敢暇라 하고, 中에 不敢止라 하며, 終에 不暇居處라 하니, 一節이 一節보다 緊인 것으로 此는 詩人의 法度인 것이다.

殷其雷는 三章으로, 章六句이라.
殷其雷는 三章으로, 章마다 六句이다.

問컨대, 此詩比君子于役之類이면 莫是寬緩和平인지라 故入正風이니이다. 朱子曰 固然이나, 但正變風이란 亦是後人如此分別이지, 當時亦只是大約取之이라. 聖人之言은 在春秋,易,書엔 無一字虛이나 至於詩則發乎情으로 不同이라.
問컨대, 此詩를 王風의 <君子于役>의 類와 비일지면 아마도(莫) 이렇게 寬緩和平인지라, 故로 正風으로 入하게 된 것입니다. 朱子曰: 固히 然이지만, 다만 正,變의 風이란 또한 이렇게 後人들이 如此로 分別이지, 當時엔 또한 다만 이렇게 大體의 要旨(大約)로 그것을 取之하였을 뿐인 것이다. 聖人之言은 春秋나 易과 書에 在해선 一字라도 虛는 無하지만, 詩에 至해서는 則 情으로 發해보게 했을 뿐으로 不同인 것이다.

○安成劉氏曰 此詩之念行役은 猶周南之有汝墳也라. 然視汝墳이면 獨無尊君親上之意者는 蓋彼詩作於既見君子之時인지라 故得慰其勞而勉以正이라. 此詩作於君子未歸之日인지라 故但念其行役之勞이나 然而無怨咨之辭이니, 則其婦人之賢과 文王之化를 亦皆可見矣라.
安成劉氏曰: 此詩에서 行役으로 念함은 마치 周南에서 <汝墳>으로 有함과 같은 것이다. 그러나 汝墳과 견줄(視)지면 유독 尊君과 親上의 意가 無한 것은,

대개 彼詩는 이윽고 君子를 見한 時에 作하였기 때문에, 故로 그 勞를 慰하고 正으로 勉함을 得할 수 있었던 것이다. 此詩는 君子의 未歸之日에 作되었기 때문에, 故로 다만 그 行役之勞만을 念하였지만 그렇지만 怨咨之辭는 無하니, 則 그 婦人之賢과 文王之化임을 또한 모두 可히 見할 수 있는 것이다.

○豐城朱氏曰 二南言振振者가 凡三이라. 螽斯之振振은 以衆盛言也고, 麟趾之振振은 以仁厚言也며, 殷其靁之振振은 以信厚言也라. 自子孫之衆多而言인지라 故取其盛이고, 自聖化之漸濡而言인지라 故取其仁이며, 自室家之別離而言인지라 故取其信이니, 言固各有所指也라.
豐城朱氏曰: 二南에서 '振振'으로 言급한 것이 凡三이다. 螽斯之振振은 衆이 盛함으로 言한 것이고, 麟趾之振振은 仁이 厚함으로 言한 것이며, 殷其靁之振振은 信(소식)이 厚함으로 言한 것이다. 子孫之衆多로부터 言인지라 故로 그 盛함으로 取한 것이고, 聖化之漸濡로부터 言인지라 故로 그 仁함으로 取한 것이며, 室家之別離로부터 言인지라 故로 그 信함으로 取한 것이니, 言마다 固히 各 指하는 바가 有인 것이다.

9. 摽有梅

02-09-01 ○摽有梅여. 其實七兮로다. 求我庶士는 迨其吉兮인져.
떨어지는 저 매실나무여! 그 열매 7개 남음이로다. 나를 찾는 여러 님(士)들 그 길일(吉日) 맞춰 오셔야 할진져!

매화 열매 떨어지니 남은 열매 일곱 개로다
나를 찾은 선비님들 길일에 때맞춰 꼭 오세요

賦也라. 摽는 落也라. 梅는 木名으로, 華白하고 實似杏而酢이라. 庶는 衆이며, 迨는 及也라. 吉은 吉日也라. ○南國被文王之化하여 女子知以貞信自守하니, 懼其嫁不及時면 而有强暴之辱也인지라, 故言梅落而在樹者少하여 以見時過而太晚矣이라(安成劉氏曰 周禮에 仲春令會男女라하니, 梅落之時면 則四月矣인지라 故曰時過而太晚이라). 求我之衆士는 其必有及此吉日而來者乎인져.
賦체이다. '摽'는 떨어짐이다. '梅'는 나무이름으로, 꽃이 희고 열매는 살구와 비슷하며 신맛이 난다. '庶'는 많음이요, '迨(태)'는 미칠 及이다. '吉'은 吉日이다. ○南國이 文王의 교화를 입어 여자들이 貞信으로 스스로를 지킬 줄 알았으니, 그 시집감이 때에 미치지 못하면 强暴한 이의 辱이 있을 것을 두려웠기 때문에, 고로 매실이 떨어져 나무에 달린 것이 적음을 말하여 혼례할 수 있는 때가 지나 너무 늦었음을 나타낸 것이다(安成劉氏曰: 周禮

에 '仲春에 男女를 會하게 한다.'라 하니, 梅落之時이면 則 四月이니, 故로 '時過而太晚'이라 曰한 것이다). 나를 구하려는 여러 士들은 그 반드시 이때의 吉日에 맞춰 와야 하는 자가 있어야 할진져!

慶源輔氏曰 先生之說當矣니, 此는 乃女子自言其心事之實而已라. 無隱情, 無愿志하니, 非文王之化면 其能臻此哉리오.
慶源輔氏曰: 先生之說이 의當하니, 此는 이내 女子가 그 心事(마음속 생각하는 일)의 실제를 自言하였을 뿐인 것이다. 隱情도 無하고 愿志(사특할특,숨길닉)도 無하니, 文王之化가 아니면 그 能히 此에 臻(이르를진)할 수 있겠는가?

02-09-02 ○摽有梅여. 其實三兮로다. 求我庶士는 迨其今兮인져.
떨어지는 저 매실나무여! 그 열매 3개 남음이로다. 나를 찾는 여러 님(士)들 그 오늘이라도 오셔야 할진져!

　　　　매화 열매 떨어지니 남은 열매 세개로다
　　　　나를 찾는 선비님들 오늘 당장 와주세요

賦也라. 梅在樹者三이면 則落者又多矣라. 今은 今日也니, 蓋不待吉矣라.
賦체이다. 매실이 나무에 달려있는 것이 세 개이면, 즉 떨어진 것들도 또한 많은 것이다. '今'은 今日이니, 대개 吉日조차 기다릴 수 없음이다.

臨川王氏曰 不暇吉日之擇하여 迨今라도 可以成昏矣라.
臨川王氏曰: 吉日을 擇할 겨를도 없이, 今에 미쳐서라도 可히 成昏할 수 있다는 것이다.

02-09-03 ○摽有梅여. 頃筐墍之로다. 求我庶士는 迨其謂之인져.
떨어지는 저 매실나무여! 경광(頃筐) 바구니 주워 담음이로다. 나를 찾는 여러 님(士)들 그 언약이라도 고(告)해야 할진져!

　　　　매화 열매 떨어지니 광주리에 주워담네
　　　　나를 찾은 선비님들 언약 말씀 해주세요

賦也라. 墍는 取也니, 頃筐取之면 則落之盡矣라. 謂之는 則但相告語하며 而約可定矣라.
賦체이다. 墍(담을기)는 취함이니, 頃筐에다 그것을 취함이면 즉 떨어지기를 다한 것이다. '謂之'는 즉 다만 서로 語를 告하며 언약이라도 가히 정할 수 있다는 것이다.

廬陵歐陽氏曰 謂는 相語也라. 遣媒妁하여 相語以求之也라.
廬陵歐陽氏曰: 謂는 서로 語함이다. 媒妁을 遣하여 求之할 것으로 서로 語한 것이다.

○黃氏曰 迨其謂之는 以爲男女固欲及時하길 而亦必以正하여, 必待父母之命,媒妁之言也라.
黃氏曰: '迨其謂之'는 男女가 固히 혼례의 時에 及하길 또한 반드시 正으로서 하고자 하여 반드시 父母之命과 媒妁之言을 待하고자 한 것이다.

○慶源輔氏曰 其辭雖若汲汲然이나 必待夫士之求也라. 懼時之過者情也오, 待士之求者禮也라. 發乎情하고 止乎禮義하니, 蓋不獨變風爲然矣라.
慶源輔氏曰: 그 言辭가 비록 마치 汲汲然한 듯하지만, 반드시 저 士之求를 待인 것이다. 時之過에 懼한 것은 情인 것이요, 士之求를 待인 것은 禮인 것이다. 情에서 發했더라도 禮義에서 止함이니, 대개 유독 變風에선 然일 수 없는 것이다.

摽有梅는 三章으로, 章四句이라.
摽有梅는 三章으로, 章마다 四句이다.

或問컨대, 若以此詩爲女子自作이면 恐不足以爲風之正經이니이다. 朱子曰 以爲女子自作라도 亦不害이라. 蓋里巷之詩가 但如此已라도 爲不失正矣라.
或問컨대, 만일 此詩를 女子의 自作으로 여긴다면, 恐컨대 足히 風俗의 바른 길(正經)이 될 수는 없습니다. 朱子曰: 女子의 自作으로 여겨도 또한 不害이다. 대개 里巷之詩가 다만 如此할 뿐이라도, 正에서 失하지 않음이 되는 것이다.

○問컨대, 此詩가 何以入正風잇까. 曰當文王與紂之世엔 方變惡入善에 未可全責備이라. 問컨대 此詩固出於正라도 只是如此急迫은 何耶오. 曰此亦是人之情이라. 嘗見晉,宋間에 有怨父母之詩하니, 讀詩者는 於此亦欲達男女之情이라. 向見東萊麗澤詩에 有唐人女言兄嫂不以嫁之詩컨대, 亦是鄙俚可惡러니, 後來思之에 亦自是人之情處이라. 爲父母者가 能於是而察之면 則必使之及時矣러니, 此所謂 詩可以觀이라. 女子之情이 欲昏姻之及時는 視桃夭면 則少貶矣나, 行露,死麕,於漢廣에도 亦然이라.
問컨대, 此詩가 어찌하여 正風으로 入인 것입니까? 曰: 文王과 紂의 世에 當

해선 바야흐로 惡을 變하여 善으로 入하게 함에, 可히 온전히 備하기만으로 責할 수 없기 때문이다. 問컨대, 此詩가 固히 正에서 出하였을지라도, 다만 이렇게 如此하게 急迫인 것은 무엇입니까? 曰: 此도 또한 이렇게 人之情이기 때문이다. 일찍이 晋,宋間에선 父母를 怨望하는 詩가 有하였음을 보았으니, 讀詩者는 於此에서 <또한 男女之情에 達하고자 하여야 한다. 예전에 東萊(呂祖謙:字伯恭)의 <麗澤集詩>에 唐人의 女가 '兄嫂不以嫁(?)'로 言한 詩가 有함을 보았건대, 또한 이렇게 鄙俚(비루하고 속됨:속될리)하여 可히 미워할(惡) 만하였더니, 後來에 그것을 思之하여 봄에 또한 自로 이렇게 人의 情處인 것이다. 父母된 者가 能히 이것에서 察之이면 則 반드시 그들로 하여금 時에 及하게 할 수 있는 것이니, 此가 所謂 '詩可以觀'인 것이다. 女子之情이 昏姻을 時에 及하게 하고자 함을 <桃夭>와 견주(視)어 보면 則 少로 貶함이 되지만, <行露>,<野有死麕>과 <漢廣>에 있어서도 또한 然(欲昏姻之及時)인 것이다.

○東萊呂氏曰 是詩에도 也其詞汲汲하여 如將失之나, 豈習亂而喜始治者耶리오.
東萊呂氏曰: 是詩에도 또한 그 詞가 汲汲하여 마치 將次 失之인 듯하더라도, 어찌 亂에 習됨 속에서 비로소 治되기 시작에 喜로만 할 수 있겠는가(교화가 누적되어야 풍속이 바뀜)?

○安成劉氏曰 此詩의 懼婚姻之過時는 固不若桃夭之樂이 得及時矣나, 然召南之有此詩는 則猶周南之有桃夭也라.
安成劉氏曰: 此詩의 婚姻之過時에 懼함은 固히 桃夭之樂이 及時에 得함만 못하지만, 그러나 召南에 此詩로 有함은 則 周南에 桃夭가 有함과 같은 것이다.

10. 小星
02-10-01 嘒彼小星이여. 三五在東이로다. 肅肅宵征이여. 夙夜在公호니 寔命不同일새니라.
희미한 저 작은 별들이여! 세댓 개 동쪽 하늘 떠 있음이로다. 삼가(肅肅)며 어두운 길 재촉이여! 이른 아침 늦은 저녁 공실(公室) 정성 다하니 실로 분수의 명 같지 않음이니라.

희미한 저 작은 별들 동쪽 하늘에 네다섯개
조신조신 밤길 나서 밤낮없이 공무보네
참으로 분수가 다 같지 않음이네

興也라. 嘒는 微貌이라. 三五는 言其稀이니, 蓋初昏이나 或將旦時也라. 肅肅은

齊遫貌라(鄭氏曰 齊는 謙愨貌이고, 遫는 猶蹙蹙也라). 宵는 夜이고, 征은 行也라. 寔은 與實同이고, 命은 謂天所賦之分也라. ○南國夫人이 承后妃之化하여 能不妬忌以惠其下인지라, 故其衆妾이 美之如此이라. 蓋衆妾進御於君에 不敢當夕하고 見星而往하여 見星而還이라(安成劉氏曰 見星而往還者는 或在昏時이고 或在旦時也라). 故因所見以起興이나 其於義無所取이고 特取在東在公兩字之相應耳이라. 遂言其所以如此者는 由其所賦之分이 不同於貴者이라. 是以深以得御於君을 爲夫人之惠하여 而不敢致怨於往來之勤也라.

興체이다. '嘒(작을혜)'는 미미한 모양이다. '三五'는 그 드묾을 말한 것이니, 대개 초저녁(初昏)이거나 혹은 장차 동틀 때(旦時)인 것이다. '肅肅'은 삼가(齊)며 빨리 재촉(遫:속)하는 모양이다(鄭氏曰: 齊는 겸손과 성실<謙愨>의 貌이고, 遫<펼칙,빠를속>은 蹙蹙<재촉할축>과 같음이다). '宵'는 밤이요, '征'은 감이다. '寔(참으로식)'은 實과 같고, '命'은 하늘이 부여한 바의 분수를 말함이다. ○南國 제후의 夫人이 后妃의 교화를 받들어(承), 능히 妬忌하지 않고 그 아랫사람을 은혜롭게 대하였는지라, 고로 그 衆妾들이 그것을 찬미하길 이와 같이 한 것이다. 대개 衆妾들이 君에 나아가 모심에, 감히 저녁(夕)나절에만 當하게 하지 않고 뜨는 별을 보고 가서 지는 별을 보고 돌아왔다(安成劉氏曰: 見星으로 往하고 還하였다는 것은 或 昏時에 在이고 或 旦時에 在인 것이다). 고로 본 바로 인하여 興을 일으켰으나 그 뜻으로는 취한 바 없고, 다만 '在東'과 '在公'의 두 글자가 相應함을 취하였을 뿐인 것이다. 드디어 그 이와 같은 까닭인 것은 그 부여된 바의 분수가 귀한 자와 같지 않음으로 말미암았기 때문임을 말한 것이다. 이러므로 군을 깊이 모실 수 있음을 夫人의 은혜로 여겨, 감히 왕래의 勤苦에 대해 원망을 이룰 수가 없었던 것이다.

02-10-02 ○嘒彼小星이여. 維參與昴로다. 肅肅宵征이여. 抱衾與裯호니 寔命不猶일새니라.
희미한 저 작은 별들이여! 오직 서방(西方) 별자리 삼수(參宿)와 묘수(昴宿)로다. 삼가(肅肅) 어두운 길 재촉이여! 요(衾)와 홑(裯)이불 안고 가노니 참으로 분수의 명 같지 않음이니라.

희미한 저 작은 별들 삼성인 듯 묘성인 듯
총총걸음으로 밤길 가네 이부자리 들고 가네
참으로 분수가 다 같지 않음이네

興也라. 參,昴는 西方二宿之名이라(孔氏曰 參은 白虎宿으로, 三星直하고 下有 三星銳를 曰參이라. 昴는 六星이라). 衾은 被也고, 裯는 禪被也라. 興을 亦取與

昴與裯二字相應이라. 猶도 亦同也라.
興체이다. '參'과 '昴'는 西方의 두 별자리의 이름이다(孔氏曰: 參은 서방 白虎宿의 별자리인데, 三星이 횡의 直으로 나란하고<저울대를 형상>, 아래(直下)에 또 다른 三星 중에 상단이 銳리함이 有하여 罰<伐>을 상징하나, 위 參과 연달아 체를 이루는지라 '參宿'이라 曰한다. 昴宿는 六星으로 이루어져 있다). '衾'은 까는 요이불(被)이고, '裯'는 덮는 홑이불(襌被)이다. 興을 또한 '與昴'와 '與裯'의 두 글자가 서로 응함을 취한 것이다. '猶'도 또한 同의 의미이다.

*참고: 西方 白虎宿七宿
28수(宿) 중 서쪽 일곱별인 즉, 규(奎)·누(婁)·위(胃)·묘(昴)·필(畢)·자(觜)·삼(參).
*참고: 모시정의(동양고전종합DB)

【傳】參은 伐也요 昴는 留也라
參은 伐宿이고, 昴는 留宿이다.

【箋】箋云 此言衆無名之星이 亦隨伐留在天이라 ○參은 星名也니 一名伐이요 昴는 一名留니 二星은 皆西方宿也라
箋云: 이는 이름 없는 뭇 별들 역시 伐宿와 留宿를 따라 하늘에 있음을 말한 것이다. ○參은 별이름인데 一名 伐宿이고, 昴는 一名 留宿이니, 두 별(參과 昴)은 모두 서방의 宿이다.

【疏】傳 '參伐 昴留' ○正義曰: 天文志云 "參, 白虎宿, 三星直, 下有三星, 旒曰伐, 其外四星, 左右肩股也." 則參, 實三星, 故綢繆傳曰 "三星, 參也." 以伐與參連體, 參爲列宿, 統名之, 若同一宿然, 但伐亦爲大星, 與參互見, 皆得相統, 故周禮 '熊旂六旒以象伐', 注云 "伐屬白虎宿, 與參連體而六星, 言六旒, 以象伐." 明伐得統參也. 是以演孔圖云 "參以斬伐." 公羊傳曰 "伐爲大辰." 皆互擧相見之文也, 故言 '參伐'也, 見同體之義. 元命苞云 "昴六星, 昴之爲言留, 言物成就繫留." 是也. 彼昴留爲一, 則參伐, 明亦爲一也.

傳의 [參伐 昴留] ○正義曰: ≪漢書≫〈天文志〉에 "參星은 白虎宿인데, 세 개의 별이 가로로 나란히 있고, 그 아래에 세 개의 별이 있는데, 기[旒]처럼 늘어져 '伐宿'라 하며, 바깥쪽의 네 개의 별은 좌우의 어깨와 다리이다."라고 하였으니, 그렇다면 參宿는 실로 세 개씩 이루어진 별이다. 그리하여 〈唐風 綢繆〉의 傳에서도 "三星은 參宿이다."라고 한 것이다.

이는 伐宿가 參宿에 이어져 있고 參宿는 列宿이기 때문에 총칭하여 마치 하나의 별자리인 듯이 한 것이다. 다만 伐宿도 큰 별로 參宿와 나란히 나타나 모두 서로를 거느린다. 그리하여 ≪周禮≫〈冬官考工記 䩞人〉에 '곰을 그리고 여섯 개의 술을 드리운 깃발로 伐宿를 상징한다.'의 注에 "伐宿는 白虎宿에 속하는데 參宿와 이어져 여섯 개의 별이니, '六旒'를 말하여 伐宿를 상징한 것이다."라고 하였으니, 분명 伐宿가 參宿를 거느린다. 이 때문에 ≪

春秋緯≫ 〈演孔圖〉에서 "參宿가 伐宿를 斬한다."라고 하고, ≪春秋公羊傳≫에 "伐宿는 큰 별이다."라고 하였으니, 모두 서로 나타남을 번갈아 거론한 글이다. 그리하여 參宿와 伐宿를 말하여 同體인 뜻을 나타낸 것이다. 〈元命苞〉에서 "昴宿는 여섯 개의 별이니, 昴를 留라 한 뜻은 만물의 완성이 여기에 달려 있음을 말한 것이다."라고 한 것이 이것이다. 저 昴宿와 留宿는 같은 별이니 그렇다면 參宿와 伐宿도 분명 같은 별인 것이다.

程子曰 賤妾得御於君이면 是其僭恣可行而分限得踰之時이나 也乃能謹於抱衾與裯而知命之不猶하니, 則敎化至矣라.
程子曰: 賤妾이 君에 御를 得일지면 이렇게 그 僭恣를 可히 行할 만하여 分限을 踰할 수 있는 時인 것이나, 또한 이내 能히 衾과 裯를 抱함으로 謹하고도 命이 不猶임을 知하였으니, 則 敎化가 至인 것이다.

小星은 二章으로, 章五句이라.
小星은 二章으로, 章마다 五句이다.

呂氏曰 夫人無妬忌之行에 而賤妾安於其命하니, 所謂上好仁而下必好義者也라.
呂氏曰: 夫人이 투기(妬忌)하는 행실이 없음에 賤妾이 그 분수의 命에 편안해하니, 이른바 윗사람이 仁을 좋아함에 아랫사람도 반드시 義를 좋아함인 것이다.

安成劉氏曰 此爲衆妾美夫人之詩이니, 則亦周南의 樛木,螽斯之類也라.
安成劉氏曰: 此는 衆妾들이 夫人을 美하는 詩가 되니, 則 또한 周南의 〈樛木〉과 〈螽斯〉의 類인 것이다.

11. 江有汜
02-11-01 ○江有汜어늘 之子歸에 不我以로다. 不我以나 其後也悔로다.
강(江)도 갈라져 합쳐 흐름 있거늘 저 그대 시집감에 나와 함께 하지 않음이로다. 나와 함께 하지 않음이나 그 후엔 또한 뉘우치리로다.

　　　　　　강수는 갈라졌다 다시 합쳐 흐르는데
　　　　　　우리 아씨 시집갈 때 나를 아니 데려갔네
　　　　　　나를 아니 데려가나 그 나중엔 후회하리

興也라. 水가 決라가 復入爲汜이라(爾雅疏曰 凡水之岐流가 復還本水者를 曰汜

이라) 今江陵漢陽의 安,復之間에 蓋多有之(朱子曰 夏水가 自江而別以通于漢라가 漢復入江하니, 冬竭夏流인지라 故謂之夏而其入江處이라. 今名夏口가 即所謂 江有汜也라. ○宋安州가 即今之德安府이고, 復州는 今沔陽州에서 竝隷湖廣이라). 之子는 媵妾이 指嫡妻而言也라. 婦人謂嫁曰歸이라. 我는 媵自我也라. 能左右之曰以니, 謂挾己而偕行也라. ○是時汜水之旁에서 媵有待年於國에도 而嫡不與之偕行者이나(孔氏曰 古者에 嫁女의 娣姪가 從을 謂之媵이라. ○公羊傳注曰 待年父母國也라. 婦人八歲備數하고, 十五從嫡하며, 二十承事君子이라), 其後嫡被后妃夫人之化하여 乃能自悔而迎之이라. 故媵見江水之有汜하고 而因以起興하여, 言江猶有汜거늘 而之子之歸에도 乃不我以로다. 雖不我以라도 然其後也亦悔矣라.

興체이다. 물길이 갈라졌다(決)가 다시 본류로 합쳐 들어오는 것을 汜(범)라 하는데(爾雅疏曰: 무릇 水之岐流<갈림길기>가 다시 本水로 還하는 것을 汜이라 曰한다), 지금의 江陵과 漢陽의 安과 復의 사이에 대개 많이 그것들이 있다(朱子曰: 여름의 물줄기<夏水>가 江으로부터 別道로 漢水로 通하였다가 漢에서 다시 江으로 入하니, 冬竭夏流인지라 故로 '夏而其入江'의 處라 謂之한 것이다. 今의 名稱인 夏口가 即 所謂 '江有汜'인 것이다. ○宋의 安州는 即 今의 德安府이고, 復州는 今의 沔陽州<물이름면>에서 湖廣까지 아울러 미친다<竝隷>). '之子'는 媵妾이 嫡妻를 가리켜서 말한 것이다. 婦人이 시집가는 것을 '歸'라 말한다. '我'는 媵妾의 自我인 것이다. 능히 좌지우지함을 '以'라 曰하는데, 자기를 옆에 끼고 함께 가는 것을 말함이다. ○이때에 汜水의 곁에서 媵妾이 내국서 시집갈 나이를 기다렸음(待年)에도, 嫡妻가 그와 더불어 함께 동행하지 않았던 것이나(孔氏曰: 古者에 女를 嫁할 적에 娣姪로 從하게 함을 謂之하여 媵이라 한다. ○公羊傳注曰: '父母國에서 待年한다.'라 하였다. 婦人은 八歲에서 년수를 備하였다가 十五에 從嫡하고, 二十에 君子를 받들어 섬긴다<承事>), 그 후에 적처가 后妃와 夫人의 교화를 입어 이내 능히 스스로 뉘우쳐 그녀를 맞이한 것이다. 고로 媵妾이 江水에도 물이 갈라졌다가 다시 합쳐진 곳을 보고서, 이것으로 인하여 興을 일으켜, <江에도 오히려 汜의 처가 있거늘, 저 사람 시집감에도 이내 나로서 함께하지 않는도다. 비록 나로서 함께 하지 않으나, 그러나 그 후에는 또한 뉘우치리로다.>라고 말한 것이다.

02-11-02 ○江有渚어늘 之子歸에 不我與로다. 不我與나 其後也處로다.
강(江)에도 모래톱 있거늘 저 그대 시집감에 나와 함께 하지 않음이로다. 나와 함께 하지 않음이나 그 후엔 또한 편안의 처 택할지로다.

강수에 갈라진 곳에 모래섬이 있네

우리 아씨 시집갈 때 나와 함께 하지 못하였네
함께 하지 않았지만 그 나중엔 편안하리

興也라. 渚는 小洲也니, 水岐成渚이라. 與은 猶以也라. 處는 安也니, 得其所安也라.
興체이다. '渚'는 小州이니, 물길이 갈라져 모래톱(渚)을 이룸 것이다. '與'는 以와 같다. '處'는 安處함이니, 그 편안한 바를 얻음이다.
*참고: 渚
恐컨대 강물이 불어나면 작은 모래톱은 본류와 합쳐짐을 비유함.

02-11-03 ○江有沱어늘 之子歸에 不我過로다. 不我過나 其嘯也歌로다.
강도 갈라 나온 지류(沱) 있거늘 저 그대 시집감에 내 앞 지나지(過)도 않음이로다. 내 앞 지나도 않음이나 그 후회의 휘파람 불며 또한 노래 부르리로다.

강수가 갈라진 곳에 물굽이 있네
우리 아씨 시집갈 때 나 있는 곳 들르지 않았네
들르지는 않았지만 휘파람 불고 노래했네

興也라. 沱는 江之別者이라(爾雅曰 水가 自河出爲雍이고, 漢爲潛이며, 江爲沱이라. ○孔氏曰 皆大水와 別爲小水之名이라. 禹貢의 荊,揚에도 皆有沱潛者이니, 以水從江漢出者를 皆曰沱潛인지라 故二州皆有也라). 過는 謂過我而與俱也라. 嘯는 蹙口出聲하여 以舒憤懣之氣이니, 言其悔時也라. 歌는 則得其所處而樂也라.
興체이다. '沱'는 장강에 나온 별도의 지류인 것이다(爾雅曰: 물줄기<水>가 河水로부터 벗어(出)난 지류가 雍이 되고, 漢水로부터 벗어나선 潛이 되며, 장江으로부터 벗어나선 沱가 된다. ○孔氏曰: 모두 큰 물줄기(大水)와 구별하여 小水의 名으로 삼은 것이다. 禹貢의 荊,揚州에도 모두 沱,潛者가 有하였으니, 水가 江,漢을 從하였다가 벗어난(出) 것들을 모두 '沱,潛'이라 曰하는지라, 故로 二州에 모두 有하였던 것이다). '過'는 나에게 와서 더불어 함께 함인 것이다. '嘯'는 입을 오므려 소리를 내어 憤懣(번민할만:속앓이)의 氣를 펴는 것이니, 그 뉘우치는 때를 말함이다. '歌'는 즉 그 處할 바를 얻어 즐거워함이다.
*참고: 沱
恐컨대 별도의 지류를 칭하여 嫁를 통해 부모형제와 떨어져 멀어짐을 비유.

朱子曰 此는 兼上兩節而言이라.

朱子曰: 此는 上 兩節을 兼하여 言한 것이다.

○豐城朱氏曰 始而不我以者는 私欲之害也고, 終而遂能悔者는 天理之復也라. 江沱之嫡而能自悔하니, 則亦可以驗夫聖化行而美俗成矣라.
豐城朱氏曰: 始에서 '不我以'者는 私欲之害인 것이고, 終에서 '遂能悔'者는 天理之復인 것이다. 江沱에서의 嫡에게 能히 自悔함이 있었으니, 則 또한 可히 저 聖化가 行해져 美俗이 成하였음을 驗할 수 있는 것이다.

江有汜는 三章으로, 章五句이라.
江有汜는 三章으로, 章마다 五句이다.

慶源輔氏曰 不我以,不我與,不我過者는 欲也고, 其後也悔,其後也處,其嘯也歌者는 理也라. 從欲者는 躁急而褊狹이고 復禮者는 安舒而和樂이니, 從欲而悔하고 循理而樂인지라 得性情之正也라.
慶源輔氏曰: 不我以와 不我與와 不我過者는 欲인 것이고, 其後也悔와 其後也處와 其嘯也歌者는 理인 것이다. 從欲者는 躁急而褊狹인 것이고, 復禮者는 安舒而和樂인 것이니, 從欲而悔하고 循理而樂인지라 性情之正을 得인 것이다.

陳氏曰 小星之夫人은 惠及媵妾하여 而媵妾盡其心이고, 江沱之嫡은 惠不及媵妾에도 而媵妾不怨하니, 蓋父雖不慈라도 子不可以不孝니 各盡其道而已矣라.
陳氏曰: 小星의 夫人은 恩惠가 媵妾에까지 미쳐 媵妾이 그 마음을 다할 수 있었던 것이고, 江沱의 적처(嫡妻)는 은혜가 媵妾에까지 미치지 않음에도 媵妾이 원망하지 않았으니, 대개 부모가 비록 자애롭지 못한다 해도 자식은 가히 孝하지 않을 수 없음이니, 각각 그 道를 다할 뿐인 것이다.

黃氏曰 居上者는 當如小星之夫人하고 居下者는 當如江汜之媵妾하니, 凡爲人子,爲人弟,爲人臣은 皆當以此詩爲法이라.
黃氏曰: 居上者는 當히 小星之夫人과 같아야 하고, 居下者는 當히 江汜之媵妾과 같아야 하니, 凡의 人子가 되고 人弟가 되며 人臣이 됨에는 모두 當히 此詩로서 法을 삼아야 할 것이다.

○東萊呂氏曰 一章曰悔,二章曰處,三章曰歌하니, 始則悔悟,中則相安,終則相樂은 言之序也라.
東萊呂氏曰: 一章에 悔라 曰하고, 二章에 處라 曰하며, 三章에 歌라 曰함이니, 始에는 則 悔悟인 것이고 中에선 則 相安인 것이며 終에선 則 相樂인 것으로, 言之序인 것이다.

12. 野有死麕

02-12-01 ○野有死麕어늘 白茅包之로다. 有女懷春어늘 吉士誘之로다.
들에 죽은 노루 있거늘 흰 띠풀 싸서 옴이로다. 봄에 님 찾는 아가씨 있거늘 번지르한 유생(吉士) 그걸로 유혹이로다.

>   들에 죽은 노루 있어 흰 띠풀로 감쌌다네
>   봄바람 난 아가씨 멋진 사내가 유혹하네

興也라. 麕은 獐也니, 鹿屬無角이라(本草注曰 麏類甚多이나, 麕其總名也라). 懷春은 當春而有懷也라(華谷嚴氏曰 春者는 天地交感으로 萬物孶生之時이니, 聖人順天地萬物之情하여 令媒氏以中春會男女인지라, 故女之懷昏姻者를 謂之懷春이라). 吉士는 猶美士也라(須溪劉氏曰 稱其人曰吉士이니, 厚也又愧之也라). ○南國被文王之化로 女子有貞潔自守하여 不爲強暴所汚者이라. 故詩人因所見하여 以興其事而美之이라(華谷嚴氏曰 言野有死麕에, 人欲取其肉이나, 猶以白茅包裹之이라. 有女懷春에 汝吉士는 何不以禮娶之하고 乃誘之乎인가. 無禮者가 豈吉士리오. 但美其稱以責之로, 言汝本善良커늘 何乃如此리오). 或曰賦也니, 言美士以白茅包其死麕하여 而誘懷春之女也라.

興체이다. '麕(균)'은 노루(獐:장)이니, 사슴의 등속인데 뿔이 없다(本草注曰: 麏<노루장>의 類는 甚히 多이나, 麕은 그 總名이다). '懷春'은 봄에 당하여 혼인의 마음을 품음이 있는 것이다(華谷嚴氏曰: 春者는 天地가 交感하여 萬物이 孶生(새끼칠자)하는 時이니, 聖人께서 天地의 萬物의 情에 順하시어 媒氏로 하여금 中春에 男女를 會케 하였으니, 故로 女가 昏姻으로 懷인 것을 謂之하여 懷春이라 한 것이다). '吉士'는 잘생긴 남자(美士)와 같음이다(須溪劉氏曰: 그 人을 稱하여 吉士라 曰한 것이니, 厚하게 칭하면서도 또한 그를 愧之인 것이다). ○南國이 文王의 교화를 입어 여자들이 貞潔로 自守하며, 強暴한 자에게 더럽혀지는 바가 되지 않음이 있었던 것이다. 고로 詩人이 본 바로 인하여 그 일을 흥기하여 찬미한 것이다(華谷嚴氏曰: '野에 死麕이 有함에 다른 사람은 그 肉만을 取하고자 하지만, 오히려 白茅로서 그것을 包裹之함인 것이다. 有女의 懷春에 汝의 吉士는 어찌 禮로서 그녀에게 娶之하지 않고, 이내 그것으로 誘之할 수 있는 것인가?' 라 言한 것이다. 無禮者가 어찌 吉士일 수 있겠는가? 다만 그 稱만을 美하게 하여 그를 責之인 것으로, '汝는 本으로 善良이거늘, 어찌 이내 如此일 수 있는 것인가?' 라 言한 것이다). 혹자는 曰하길 '賦체이니, 美士가 흰 띠풀로 죽은 노루고기를 포장하여 懷春의 여자를 유혹함을 말함이다.' 라 하였다.

朱子曰 野有死麕에 潘叔恭謂하길, 強暴者가 欲以不備之禮로서 為侵陵之具하여 得之이라.
朱子曰: '野有死麕'에 반숙공(潘叔恭)이 謂하길 '強暴者가 不備之禮로서 侵陵之具로 삼아 그녀를 得之하고자 한 것이다.' 라 하였다.
*참고: 潘叔恭
潘景憲: '叔度'는 반경헌(1134~1190)의 자이다. 宋나라 때 학자로, 金華 사람이다. 1163년에 진사가 되어 太平 教授 등을 역임하였다. 이후에 呂祖謙에게 나아가 수학하였다. 朱熹의 아들 주숙(朱塾)이 그의 사위이다.
[출처]: 임려문답(林廬問答) 사창 제도에 대해 논하다(論社倉): 작성자 류병훈

02-12-02 ○林有樸樕하며 野有死鹿어늘, 白茅純束하나 有女如玉이로다.
숲속 관목 있으며 들엔 죽은 사슴 있거늘, 관목 깔고 흰 띠풀 묶을지나 옥같이 정결(貞潔)한 아가씨일 뿐이로다.

숲속에는 떡갈나무 들판에 죽은 사슴있네
흰띠풀로 고이 싸서 옥같은 고운 님께 선물드리네

興也라. 樸樕은 小木也라. 鹿은 獸名으로, 有角이라. 純束도 猶包之也라(華谷嚴氏曰 純聚而包코서 束之라). 如玉者는 美其色也라. 上三句는 興下一句也라. 或曰賦也니, 言以樸樕으로 藉死鹿하곤 束以白茅하여 而誘此如玉之女也라.
興체이다. '박속(樸樕)'은 작은 관목이다. '鹿'은 짐승 이름으로, 뿔이 있다. '돈속(純束:쌀돈)'도 그것을 쌈(包)과 같음이다(華谷嚴氏曰: 덮어<純聚> 싸고서<包> 그것을 束之인 것이다). '如玉'은 그 姿色이 아름다움이다. 위의 세 구절은 아래의 한 구절을 興한 것이다. 혹자는 曰하길 '賦이니, 관목의 樸樕으로 죽은 사슴 밑에다 깔고 흰 띠풀로 묶어서 이 옥같은 처녀를 유혹한 것임을 말한 것이다.' 라 하였다.

慶源輔氏曰 以上三句로 興下一句의 此는 在興體中코도 又是一格이라. 但言有女如玉하고 而不言所以求之者는 蒙上章意也라.
慶源輔氏曰: 上三句로 下一句를 興하였다는 此는 興體中에 在하면서도 또 이렇게 一格(比也)인 것이다. 다만 有女如玉이라고만 言하고 그녀를 求之하는 所以에 不言한 것은 上章意를 (비유로) 蒙한 것이다.

02-12-03 ○舒而脫脫兮하야 無感我帨兮며, 無使尨也吠하라.
천천히 살금살금 다가와 나의 수건조차 흔들지 말며, 우리 삽사리 놀라 짖게

도 하지 말라.

천천히 오세요 살금살금 오세요
나의 손수건도 잡지 마시고
우리집 삽살개도 못 짓게 해요

賦也라. 舒는 遲緩也고, 脫脫는 舒緩貌이라. 感 動이고, 悅은 巾이라(孔氏曰 內則에, 婦事舅姑에 左佩紛悅라하니, 注云하길 拭物之巾이라). 尨은 犬也라. ○此 章은 乃述女子拒之之辭이라. 言姑徐徐而來라도 毋動我之悅하고 毋驚我之犬이 라하여, 以甚言其不能相及也라. 其凜然不可犯之意를 蓋可見矣라.
賦체이다. '舒'는 천천히 완만하게(遲緩) 함이요, '태태(脫脫)'는 행동이 느릿느릿(舒緩)한 모습이다. '感'은 動함이요, '悅(세)'는 수건이다(孔氏 曰: 內則에 '婦가 舅姑를 事함에는 左측에 紛悅<헝겊분,수건세>를 찬다 <佩>.'라 함에, 注云하길 物을 拭<닦을식>하는 巾이라 하였다). '尨'은 개 이다. ○이 章은 이내 여자가 그를 거절한 언사를 기술한 것이다. <우선 徐徐 히 살금살금 와서라도 나의 수건조차 움직이게 하지 말고, 나의 개도 놀라게 하지 말라.>고 말한 것으로, 심히 그 능히 서로 함께 할 수 없음을 말한 것이 다. 그 냉정(凜然)하여 가히 범할 수 없는 의미임을 대개 가히 알 수 있는 것 이다.

新安胡氏曰 莫動我之悅는 拒之使遠其身也고, 莫驚我之犬도 又拒之使遠其室也 니, 此可見其凜然不可犯矣라.
新安胡氏曰: '莫動我之悅'는 그를 拒之하여 그 자신과 遠하게 한 것이고, '莫驚我之犬'도 또한 그를 拒之하여 그 室과 遠하게 한 것이니, 此에서 그 凜然히 不可犯임을 可見인 것이다.

○慶源輔氏曰 此詩之意는 都在此章이지, 不必於前章死字,白字,懷春字,誘字上巧 이니, 生意가 見才如此면 便害了此詩本旨라.
慶源輔氏曰: 此詩의 意는 모두 此章에 在함이지, 반드시 前章의 死字와 白字와 懷春字와 誘字上의 기교(巧)에 있지 않으니, 생각(生意)이 조금(才)이라도 如 此(誘字上)로 見일지면 문득 此詩의 本旨를 害了인 것이다.

野有死麕은 三章으로, 二章은 章四句이고 一章은 三句이라.
野有死麕은 三章으로, 二章은 章마다 四句이고 一章은 三句이다.

東萊呂氏曰 此詩는 言惡無禮而拒之이라. 其詞初猶綏이나 而後益切이라. 曰吉士

誘之其詞는 猶巽也나, 曰有女如玉은 則正言其貞潔不可犯也고, 至於其末엔 拒之益切矣라.
東萊呂氏曰: 此詩는 無禮를 惡하여 그를 拒之하였던 것을 言함이다. 그 詞의 初는 오히려 緩이나 而後로는 더욱 切인 것이다. '吉士誘之'라 曰한 그 詞는 오히려 巽이나, '有女如玉'이라 曰함은 則 正히 그 貞潔에 不可犯임을 言한 것이고, 그 末에 至해서는 그를 拒之하길 더욱 切인 것이다.

○安成劉氏曰 召南有此詩는 亦猶周南有漢廣이라. 但漢廣엔 則男女各得其正이나, 而行露,死麕二詩가 方作之時엔 則女已貞而男未正耳이라.
安成劉氏曰: 召南에 此詩가 有함은 또한 마치 周南에 漢廣이 有함과 같은 것이다. 다만 漢廣엔 則 男女가 各得其正이나, 行露와 死麕의 二詩가 바야흐로 作되었던 時엔 則 女는 이미 貞되었으나 男은 아직 正되지 못하였을 뿐인 것이다.

13. 何彼穠矣

02-13-01 ○何彼穠矣인고. 唐棣之華로다. 曷不肅雝리오. 王姬之車로다.
무엇이 저리도 성대한가? 산앵두(唐棣) 꽃이로다. 어찌 공경히 화목치 않을손가? 왕희(王姬) 시집(下嫁)가는 행차로다.

어찌 저리 고울까 산앵두 꽃이구나
어찌 저리 의젓하고 위엄 있을까 우리 공주님 행차가시네

興也라. 穠은 盛也니, 猶曰戎戎也라. 唐棣는 栘也로, 似白楊이라(本草曰 枎栘는 樹大十數圍라하니, 即唐棣也라. 亦名栘楊라하니, 團葉弱蒂하여 微風大搖하며, 一云莫李라. 華或白或赤이며 六月熟이고, 大如李子로 可食이라). 肅은 敬이고, 雝은 和也라. 周王之女姬姓인지라 故曰王姬라. ○王姬下嫁於諸侯에 車服之盛如此여도 而不敢挾貴以驕其夫家인지라, 故見其車者가 知其能敬且和以執婦道하고, 於是作詩以美之曰하길, 何彼戎戎而盛乎런가. 乃唐棣之華也로다. 此何不肅肅而敬 雝雝而和乎손가. 乃王姬之車也로다(朱子曰 何彼,曷不은 皆設問之辭也라). 此乃武王以後之詩로 不可的知其何王之世이나, 然文王太姒之敎가 久而不衰임을 亦可見矣라.
興체이다. '穠'은 성대한 것이니, 戎戎이라 말함과 같은 것이다. '唐棣'는 산앵두나무(栘:이)로, 白楊과 흡사하다(本草曰: 枎栘<우거질부>는 樹의 大하기가 十數圍<아름위>라 하니, 即 唐棣이다. 또 名하여 栘楊이라 하니, 둥근<團> 葉과 弱한 기둥<蒂:체>으로 微風에도 大搖하며, 一云에선 莫李<앵두나

무욱>라고도 한다. 華가 或 白이고 或 赤이며 六月에 熟하고, 大하기가 마치 자두<李子>와 같고 可히 食할 수 있다). '肅'은 공경이고, '雝'은 화락(和)함이다. 주나라 왕의 딸은 희씨 성인지라, 王姬라 말한 것이다. ○王姬가 제후에게로 낮추어 시집감에 수레와 복식의 성대함이 이와 같았어도, 감히 신분의 귀함을 끼고서 그 신랑 집안에 교만하지 않았기 때문에, 고로 그 수레를 본 자가 여자의 도리로서 그 능히 공경하고 또 화락할 것임을 알았기에, 이때에 시를 지어 그것을 아름답게 여기며 왈하길: <무엇이 저리도 무성히(茂茂) 성대함인가? 이내 산앵두(唐棣)의 꽃이로다. 이가 어찌 엄숙히 공경하며 화목(雝雝)치 않을 수 있겠는가? 이내 왕희의 수레로다(朱子曰: 何彼와 曷不은 모두 疑問之辭로 設한 것이다).>라 하였다. 이것은 이내 무왕 이후의 시로, 가히 정확히 어느 왕의 세대인가에는 알 수 없지만, 그러나 문왕과 태사의 교화가 오래되었어도 쇠하지 않았음을 또한 가히 볼 수 있는 것이다.

慶源輔氏曰 東萊曰하길 不言王姬而曰王姬之車者는 不敢指切之也라. 二南은 多言后妃,夫人,大夫妻之美하고, 而此詩乃美王姬下嫁而作인지라, 故取而附之이라. 或近或遠마다 皆所以見文王太姒之敎也라.
慶源輔氏曰: 東萊曰하길 '王姬라 言하지 않고 王姬之車로 曰하였던 것은 敢히 누구라고 친절하게 지목(指切)할 수 없었기 때문이다.' 라 하였다. 二南은 多로 后妃,夫人,大夫妻의 美함에 言하였고, 此詩에서도 이내 王姬가 下嫁함을 美하게 여겨 作하였기 때문에, 故로 取하여서 그것에다 附之한 것이다. 或近或遠마다 모두 文王과 太姒의 교화임을 見할 수 있는 所以인 것이다.

02-13-02 ○何彼穠矣인고. 華如桃李로다. 平王之孫과 齊侯之子로다.
무엇이 저리도 성대한가? 복숭아 꽃 자두 꽃 같음이로다. 평왕(平王)의 손녀와 제후(齊侯)의 자제로다.

어찌 저리 무성한가 복숭아꽃과 자두꽃이
평왕의 손녀와 제후의 자제라네

興也라. 李는 木名으로, 華白實可食이라. 舊說에 平은 正也니, 武王女, 文王孫이 適齊侯之子라하고,
興체이다. '李'는 나무 이름으로, 꽃은 희고 과실은 가히 먹을 수 있다. 구설엔 '平'은 바로잡음(正)의 의미이니, 무왕의 여식이고 문왕의 손녀가 제나라 제후의 자제에게 시집가는 것이라 했고,

孔氏曰 文이 謚之正名也나, 稱者엔 則隨德不一이니, 以德能平正天下인지라 故

稱平王이라. 如書稱寧王也라.
孔氏曰: 문왕의 '文'字가 諡法에선 正名인 것이나, 稱하는 것엔 則 德을 隨함에 따라 一로만 하지 않으니, 德으로 能히 平正天下인지라 故로 문왕을 平王이라 稱했던 것이다. 마치 書에서 '寧王<서경大誥편,君奭편:무왕을 가리킴>'이라 稱함과 같은 것이다.
*참고: 寧王
蘇氏曰 當時謂武王爲寧王 以其克殷而安天下也
蘇氏曰: <當時에 武王을 謂하여 寧王이라 하였으니, 그 克殷하고 安天下하였기 때문이다.>라 하였다.

○皇甫謐曰 武王은 五男二女로 元女妻胡公하니, 王姬宜爲媵이거늘 今何得適齊侯之子런가. 或以尊故로 命同族爲媵이라.
皇甫謐<고요할밀>曰: 武王은 五男二女로 元女는 陳胡公에게 妻하였으니, 王姬는 宜당 媵첩이 되어야 하거늘 今에 어찌 '適齊侯之子'로 得인 것인가? 或 尊의 연고로 同族에게 命하여 媵으로 삼았을 것이다.
*참고: 陳 胡公
중국 춘추 시대, 제후국 가운데 주나라의 무왕(武王)이 호공(胡公) 만(滿)에게 봉한 나라. 지금의 허난성(河南省) 화이양현(淮陽縣)에 있었는데, 세력을 떨치지 못하다가 기원전 478년경 초나라에 망하였다.

○安成劉氏曰 二南은 乃周公制作時에 所定이니, 則有武王以後之詩에는 固無可疑라. 其稱文王爲平王은 猶棫樸之稱爲辟王하고, 文王有聲之稱爲王后하며, 江漢之稱爲文人하니, 初不拘於諡也라. 又如商頌稱湯爲武王하고 稱契爲玄王하며 文王有聲稱武王爲皇王하고 韓奕稱厲王爲汾王하니, 詩人之詞類가 如此이라.
安成劉氏曰: 二南은 이내 周公께서 制作한 時에 定되었던 바이니, 則 武王 以後之詩임에는 固히 可히 疑할 수 없음이 有인 것이다. 그 文王을 稱하여 平王으로 삼음은 마치 <棫樸>에서 稱하여 辟王으로 삼고, <文王有聲>에서 稱하여 王后로 삼고, 大雅의 蕩之什 <江漢>에서 稱하여 文人으로 삼음과 같으니, 애초에 諡호에 拘碍되지 않음인 것이다. 또 마치 商頌에서 湯을 稱하여 武王으로 삼고, 契(설)을 稱하여 玄王으로 삼고, <文王有聲>에서 武王을 稱하여 皇王으로 삼고, 한혁<韓奕>에서 厲王을 稱하여 汾王으로 삼았으니, 詩人之詞의 類가 如此한 것이다.
*참고: 厲王(汾王)
중국 주(周)의 제10대 왕으로 국인폭동(國人暴動)으로 왕위에서 쫓겨나 주(周)의 쇠락(衰落)을 가져왔다. 분수(汾水)가에 있는 왕의 뜻으로, 周 厲王이 체(彘)땅으로 달아나(유배되어) 있었는데, 체땅은 분수가에 있었기 때문에 분왕

으로 폄하하여 표현한 것이다. <사기(史記)>의 기록에 따르면 려왕(厲王)은 아버지인 이왕(夷王)의 뒤를 이어 주(周)의 천자(天子)가 되었는데, 신하들의 간언(諫言)에도 불구하고 이익을 탐하고 간신(奸臣)인 영이공(榮夷公)을 경사(卿士)로 임용하여 국사(國事)를 주관하게 했다. 려왕(厲王)은 포악하고 사치스럽고 교만하여 백성들이 그를 비방하였다. 그러자 왕은 위(衛) 나라의 무당을 불러서 비방하는 자들을 감시하고, 무당이 보고하면 그들을 죽였다. 감시와 탄압이 심해지자 백성들은 감히 말을 하지 못하고 길에서 만나면 눈짓으로 뜻을 교환했으며, 제후(諸侯)들도 왕에게 조회(朝會)하러 오지 않았다. 소목공(召穆公)이 려왕(厲王)에게 폭정(暴政)을 멈출 것을 간언(諫言)하였지만, 그는 듣지 않았다. 그래서 나라에는 감히 정치에 대해 말하는 자가 없었고, 마침내 3년 뒤에 제후들과 백성들은 반란을 일으켰다. 려왕(厲王)은 도읍인 호경(鎬京, 지금의 陝西省 長安)을 벗어나 체(彘, 지금의 山西省 霍州)로 피신하였다. 이 사건을 '국인폭동(國人暴動)'이라고 한다. 려왕(厲王)이 쫓겨나자 기원전 841년 주정공(周定公)과 소목공(召穆公)이 천자(天子)를 대신해 함께 정무(政務)를 관리하였는데, 이를 '공화(共和)'라고 부른다. 기원전 828년(공화 14년) 려왕(厲王)은 체(彘)에서 죽었고, 주정공(周定公)과 소목공(召穆公)은 려왕(厲王)의 아들인 희정(姬靜)을 선왕(宣王)으로 세워 주(周) 왕실을 회복시켰다. [네이버 지식백과] (두산백과 두피디아, 두산백과)

或曰平王卽平王宜臼이고, 齊侯卽襄公諸兒이니, 事見春秋라하나,
혹자는 왈하길 '평왕은 즉 주나라 13대 평왕 의구(宜臼)이고, 齊侯는 즉 14대 양공 제아(諸兒)이니, 그 일이 춘추에서 보인다.' 라 하나,

莊公十有一年冬 王姬歸於齊에 左氏傳曰하길 齊侯來逆共姬이라.
'莊公十有一年 冬에 王姬가 歸於齊하다.'에 左氏傳曰하길 齊侯가 와서 共姬를 맞이한 것이라 하였다.

○新安胡氏曰 以爲東遷之王,齊國之侯하여 與春秋甚協하면, 然以東周之詩가 得入召南之風이라. 而黃氏所謂 周太史編後經吾夫子手와 不應이라. 若此其失倫者로 誠爲可疑이니, 豈秦火之餘의 漢儒修補에 不免簡編之雜耶인저. 然則이면 此說은 只當如集傳作或曰以附之하고 俾讀者知其說可也라.
新安胡氏曰: 東遷之王과 齊國之侯로 삼아 春秋시대와 더불어 甚히 協케 할지면, 그러면 東周之詩가 召南之風으로 入하게 됨을 得하게 된다(주공이 주남소남으로 정한 때와 맞지 않음). 그리고 黃氏의 所謂 '周太史(在西周)가 編인 後에 吾夫子의 手를 經하였다.'와 不應인 것이다. 此와 같음은 그 倫에 失인 것으로 참으로 可히 疑함이 되니, (그렇다면) 아마도 秦火之餘에서 漢儒들의

修補를 거쳐 簡編之雜에서 免하지 못함일진져! 然則이면 此說은 다만 當히 <集傳>에서와 같이 '或曰'로 作하여 附之하고, 讀者로 하여금 그 說도 可할 수 있음을 알게 하여야 한다.

○考索曰 此詩는 乃是平王以後事이라. 大抵詩之所載는 上起文王하고 下訖陳靈하니, 則陳靈之世에도 詩之篇目이 未可定也라. 二南雖爲文王之風이라도 而文王之後以至陳靈토록 凡詩之主乎夫婦하고 而言乎人倫하니, 則後世取而附之二南之末을 亦勢之所不免也라.
考索曰하길 '此詩는 이내 이렇게 平王 以後의 事인 것이다.'라 하였다. 大抵 詩에 載된 바는 上으론 文王에서부터 起하고 下로는 陳靈公에까지 이르렀으니(訖:흘), 則 陳靈之世에도 詩之篇目이 아직 可히 定되지 않았던 것이다. 二南이 비록 文王之風이 되더라도 文王之後에서 陳靈에까지 至하도록 凡詩의 내용들은 저 婦에 主됨을 삼고 人倫에 대해 言하고 있음이니, 則 後世에서 取하여 二南之末에다 附之함을 또한 勢에 있어선 免할 수 없는 바인 것이다.

○安成劉氏曰 集傳에선 疑齊侯爲襄公이니, 則所謂齊侯之子는 蓋指桓公小白也라. 莊公十一年은 即莊王十四年으로, 以共姬妻桓公하면, 莊王은 乃平王曾孫인지라, 未知共姬爲何王之女人이라. 按컨대 齊襄公도 爲莊王四年亦娶王姬이니, 春秋의 於莊公元年에 書王姬歸於齊者가 是也라. 若以爲此事이면 則襄公是僖公子이니, 詩中所指齊侯는 又當爲僖公矣라.
安成劉氏曰: <集傳>에선 齊侯를 襄公이 됨으로 疑하였으니, 則 所謂 '齊侯之子'는 대개 桓公 小白을 指함이 된다. 莊公 十一年은 即 주나라 莊王 十四年으로, '共姬로서 桓公에게 妻를 삼아 주었다.'라 하면, 莊王은 이내 平王의 曾孫인지라, 共姬가 어느 王의 女人이 되는지 知하지 못하게 된다. 按컨대, 齊襄公도 莊王 四年에 또한 王姬에게 娶하였으니, 春秋에서 莊公元年에 '王姬歸於齊'라 書한 것이 是이다. 만일 此事로서 여길지면 則 襄公은 이렇게 僖公의 子이니, 詩中에서 指하는 바인 齊侯는 또한 當히 僖公이 되는 것이다.
*참고: 或曰에서의 齊侯之子
襄公 諸兒와 桓公 小白은 형제간으로, 襄公이 공손무지에게 피살되고 공손무지도 피살됨에 桓公 小白이 형인 공자 규(糾)를 물리치고 제위에 올랐기 때문에, 양공의 아들은 제위에 오르지 못하였다. 양공과 소백은 희공을 아버지로 두었기에, 或曰에서의 齊侯는 當히 僖公이 되어야 한다.

未知孰是(朱子曰 此詩義엔 疑인지라, 故兩存之라)라. 以桃李二物로 興男女二人也라.
어느 것이 옳은지에는 알 수가 없음이다(朱子曰: 此詩의 義엔 疑이기 때문에,

故로 兩으로 그것을 存之한 것이다). 복숭아와 자두 두 사물로서 남녀 두 사람을 흥기시킨 것이다.

鄭氏曰 華如桃李는 興王姬與齊侯子의 顏色俱盛이라.
鄭氏曰: '華如桃李'는 王姬와 齊侯子의 顏色이 함께 盛함을 興한 것이다.

02-13-03 ○其釣維何인고. 維絲伊緡이로다. 齊侯之子와 平王之孫이로다.
그 낚싯줄은 어찌 만듦인고? 실로 엮어 저(伊) 낚싯줄(緡) 만듦이로다. 제후(齊侯)의 자제와 평왕의 손녀로다.

　　　　낚시줄을 만들려면 어찌 할까요? 실을 꼬아 엮어서 줄을 만들지요
　　　　　　　제후의 자제와 평왕의 손녀로다

興也라. 伊도 亦維也라. 緡은 綸也라. 絲之合而爲綸하니, 猶男女之合而爲昏也라.
興體이다. '伊'도 또한 維인 것이다. '緡(민)'은 낚시줄(綸:륜)이다. 실을 합하여 낚시줄을 만드니, 마치 남녀가 합하여 혼인을 이룸과 같은 것이다.

何彼襛矣는 三章으로, 章四句이라.
何彼襛矣는 三章으로, 章마다 四句이다.

建安胡氏曰 王姬嫁於諸侯에 車服不繫其夫禮하고, 亦降矣라. 夫陽唱而陰和이고, 夫先而婦從이니, 則雖以王姬之貴라도 當執婦道컨대, 與公侯大夫士庶人之女와 何以異哉리오. 故舜爲匹夫妻帝二女에 而曰嬪于虞하고, 王姬嫁于諸侯에 而亦成肅雝之德이라. 自秦而後엔 列侯之尙公主인지라, 使男事女하고 夫屈於婦人하여 倫悖於上에 風俗壞於下컨대, 又豈所以爲治也哉리오.
建安胡氏曰: 王姬가 諸侯에게 嫁함에 車服만을 그 저 禮로 繫하지 않고, 또한 降하였던 것이다. 무릇 陽이 唱함에 陰이 和인 것이고, 夫가 先임에 婦가 從함이니, 則 비록 王姬之貴라도 當히 婦道를 執컨대, 公侯와 大夫와 士庶人의 女와 더불어 어찌 異하겠는가? 故로 舜께서 匹夫로 帝二女에 妻함에 '嬪于虞(시집보낼빈)'라 曰하였고, 王姬가 嫁于諸侯에도 또한 肅雝之德을 이룰 것이다. 秦으로부터 而後엔 列侯들이 公主를 숭尙인지라, 가령 男이 事女하고 夫가 屈於婦人하여 倫이 上에서 悖함에 風俗도 下에서 壞하였건대, 또한 어찌 治를 이루는 所以이겠는가?

○永嘉陳氏曰 吾於是詩에 得君子善善之意니, 不惟及其身이고 而又及其親矣라.

美王姬에 則曰平王之孫,齊侯之子하고 美莊姜에 則曰齊侯之子,衛侯之妻하며, 美大任에 則曰文王之母,京室之婦하고 美韓侯取妻에 則曰汾王之甥,蹶父之子하며, 美僖公에 則曰周公之孫,莊公之子하니, 蓋曰其子如此에 以其父母如此也고 其孫如此에 以其祖父如此也며, 其妻如此에 以其夫如此也고 其甥如此에 以其舅如此也니, 君子之善善은 也周矣라.

永嘉陳氏曰: 吾가 이렇게 詩에서 君子가 善을 널리 善하게 여기는 意를 得할 수 있었으니, 선하게 여김을 오직 그 사람의 身에만 及했을 뿐만 아니라 또한 그 親族에까지 及하였던 것이다. 王姬를 美함에 則 '平王之孫 齊侯之子'曰 하였고, 莊姜을 美함에 則 '齊侯之子 衛侯之妻'라 曰하였으며, 大任을 美함에 則 '文王之母 京室之婦(王室)'라 曰하였고, 韓侯取妻를 美함에 則 '汾王之甥 蹶父之子(주나라 卿士 궤보)'라 曰하였으며, 僖公을 美함에 則 '周公之孫 莊公之子'라 曰하였으니(魯頌駉之什,閟宮), 대개 그 子가 如此함에 그 父母도 如此인 것이고, 그 孫이 如此함에 그 祖父도 如此이며, 그 妻가 如此임에 그 夫도 如此이고, 그 甥이 如此임에 그 舅도 如此라 曰함이니, 君子之善善은 또한 두루 미치(周)게 함인 것이다.

*참고: 주나라 제13대 평왕(平王)
서주 13대 왕(B.C.770~720 50년간 재위). 이름은 의구(宜臼)로 유왕(幽王)의 아들이며, 어머니는 신후(申侯)의 딸인 신후(申后)이다. 유왕이 왕비 신후와 태자 의구를 폐위한 뒤, 총애하던 포사(褒似)를 왕비로 삼고 그 소생의 아들 백복(伯服)을 태자로 책봉하였다. 이에 격분한 신후(申侯)가 증(繒)·서이(西夷)·견융(犬戎) 등을 이끌고 쳐들어와 유왕을 죽이고서 포사의 아들 백복을 살해하였다. 그때 태자 의구와 동생 서신(徐臣)은 탈출하여 각각의 망명지에서 스스로 주왕이라 칭함으로서, 한 천하에 두 명의 왕이 생겨났다. 그러자 晉문후(仇)가 태자 의구가 망명하고 있던 신나라로 군대를 이끌고 가서, 새 왕조를 열 낙양까지 의구를 보호해 주었다. 의구가 주평왕이 되자 진문후의 은혜에 감사하다는 뜻으로 진문후를 방백(方伯)으로 임명하고 들로 쪼개져 있는 晉의 곡옥을 공격하도록 제후들에게 여러 번 명을 내리게 된다. 그 후 신후를 도왔던 서방의 이민족이 강성해져 주나라 영토를 침공하였으므로, 평왕은 마침내 호경(鎬京:西安 부근)을 버리고 동쪽의 낙읍(洛邑:洛陽)으로 도읍을 옮겼다 (BC770년). 이전을 서주(西周)라 하고, 그 이후를 동주(東周)라 부른다. 동주의 개막은 곧 춘추시대를 의미한다. 이 무렵부터 제후(諸侯)들의 세력이 점차로 강성해진 반면, 주나라 왕실은 천자국으로서 권위를 상실하고 쇠약해져 그 후 약 550년간의 춘추전국시대를 맞이하게 된다.

*제나라 13대 양공의 집안

13대 齊侯 희공은 3남 3녀를 두었는데, 아들은 제아(諸兒), 규(糾), 소백(小白), 딸은 문강(文姜), 애강(哀姜), 선강(宣姜)이었다. 이 집안의 딸들은 핏줄이 특이하다. 맏딸 문강은 이복 오빠와 불륜을 맺었고, 둘째 딸인 애강은 언니 문강의 아들과 결혼하여 시동생(경보)과 놀아났고, 막내인 선강은 衛나라 세자에게 시집을 갔으나 첫날밤에 시아버지가 가로채 애첩이 되었을 뿐 아니라 후에 전실 자식과 결혼해 살게 되었으니, 팔자도 그러하거니와 多淫의 체질을 타고 난 집안이라 할 수 있다.

아들도 매한가지다. 세자인 제아(양공)는 이복 여동생인 문강과 불륜을 맺었고, 이를 눈치챈 아버지 희공이 문강을 魯나라 환공에게로 시집을 보냈는데, 제아와 문강은 그 후에도 불륜의 관계를 끊지 못했다고 시경과 춘추는 기록하고 있다. 문강이 시집간 지 15년 되던 해 노환공은 제나라 양공이 된 제아의 초청을 받고 경축 인사차 제나라에 방문하게 되는데, 시집가서 부모가 죽은 후에는 친정에 귀녕 갈 수 없었던 당시의 예법을 깨고 문강을 데리고 제나라로 갔다. 제나라에 가서도 문강은 임금이 된 오빠 제아와 불륜을 계속하였다. 결국 이를 눈치챈 노 환공이 힐란하고서 서둘러 귀국하려고 수레를 탔는데, 제양공의 명을 받은 양공의 아들 팽생이란 자가 노환공을 껴안는 척하며 갈빗대를 부러뜨려 죽였다. 친선관계로 제나라에 갔던 환공이 죽어서 돌아오자 노나라는 제나라에 항의했고, 제양공은 팽생을 죽여 사과했다. 이런 무도한 인물들이 천수를 누린다면 누가 천도라 하고 하늘을 믿겠는가? 몇 년이 흘러 제양공은 규구 땅의 수비대장에 연칭(連稱)과 관지보(管至父)로 임명하였다. 그 지역은 오지로서 좌천과 마찬가지였다. 그래서 제양공은 두 사람에게 1년 후 참외가 익을 무렵 교대해 주겠다고 약속했으나, 1년이 지나도 소식이 없자 두 사람은 인편에 사람을 보내어 요청함에도 제양공은 들어주지 아니했다. 두 사람은 양공을 저주하며, '군주는 사람도 아니다. 제 누이동생과 놀아나는 집승과도 같은 놈이다. 이놈을 그냥...' 이라고 하며, 연칭과 관지보는 공손무지(公孫無知)와 결탁하여 모의를 계획했다. 공손무지는 양공과는 종형제(사촌동생)로 부왕 희공이 생전에 끔찍이도 사랑하여 세자와 똑같이 대우해주었는데, 양공이 제위에 오르자 평소에 시기했던 공손무지를 찬밥같이 대접하자 공손무지도 양공에게 원한이 있었다. 이 세 사람은 거사를 일으켜 궁궐에 침입하여 양공을 찾아내 난도질하여 죽이고, 거사의 약속대로 공손무지를 제후로 추대했다. 이때가 周장왕 10년, 기원전 688년이었다. 이 반란을 계기로 양공의 동생인 규와 소백이 노나라와 거나라로 각각 피신했다. 공손무지도 천수를 누리지 못하고 피살당하였다. 군주의 자리가 비게 되자, 노나라에서는 문강의 아들인 노장공을 부추겨 조말을 장군으로 삼아 규를 호위하여 제나라로 향하게 하였고, 소백도 역시 거나라의 호위를 받으며 제나라로 향하였다.
(출처: 인터넷 자료나 출처미상)

14. 騶虞

02-14-01 ○彼茁者葭에 壹發五豝로소니, 于嗟乎騶虞로다.
저 장대한 사냥감 갈대밭 있음에 12발 화살에 암돼지 다섯이로니, 오호라~ 추우(騶虞)의 어짊이로다!

저기 무성한 갈대숲에서
화살 한번 쏘아 암돼지 다섯 마리 사로잡았네
아! 추우로다

賦也라. 茁은 生出에 壯盛之貌이라. 葭는 蘆也니, 亦名葦이라(華谷嚴氏曰 葭, 蘆, 葦이고 又名華이니, 一物四名이라). 發은 發矢이라. 豝는 牡豕也라(潛室陳氏 曰 毛傳云하길 豕牝曰豝라하니, 恐牡字當作牝이라). 一發五豝는 猶言中必疊雙 也라. 騶虞는 獸名으로 白虎黑文하고, 不食生物者也라(陸氏曰 騶虞는 尾가 長 於軀하고 不食生物,不履生草이라). ○南國諸侯承文王之化하여 修身齊家로 以治 其國이 而其仁民之餘恩이 又有以及於庶類인지라, 故其春田之際에 草木之茂,禽 獸之多가 至於如此하니, 而詩人述其事以美之하고 且歎之曰하길, 此其仁心自然 이지 不由勉強로니, 是卽眞所謂騶虞矣로다.

賦체이다. '茁(줄)'은 태어나 자람에 장대하고 성대한 모습이다. '葭(가)' 는 갈대(蘆:로)로, 또한 葦라 名하기도 한다(華谷嚴氏曰: 葭,蘆,葦라 하고, 또 華라고 名하기도 하니, 一物에 四名인 것이다). '發'은 화살을 발사하는 것 이다. '豝(암돼지파)'는 숫돼지(牡豕)이다(潛室陳氏曰: 毛傳云하길 豕牝을 豝 라 曰하였으나, 恐컨대 牡字는 當히 牝으로 作하여야 한다). '一發五豝'는 적중마다에 반드시 거듭 쌍으로 하였다라 말함과 같은 것이다. '騶虞'는 짐 승 이름으로 흰 호랑이 바탕에다 검은 무늬가 있고, 살아있는 생물의 것은 먹 지 않는다(陸氏曰: 騶虞는 尾가 軀보다 長하고, 生物은 不食하고 生草도 不履 이다). ○南國의 제후들이 문왕의 교화를 이어받아 수신제가로 그 나라를 다 스림에, 그 백성들을 仁하게 대하고 남은 은택(餘恩)이 또한 여러 사물의 류에 까지 미침이 있었기 때문에(愛民而及物), 그 봄 사냥에 즈음하여 초목이 무성 하고 금수도 많음이 이와 같음에 이르렀으니, 시인이 그 일들을 기술하여 그 것을 아름답게 여기고 또 감탄하며 왈: <이것은 그 인(仁)한 마음이 자연 그 러하게 함이지 억지 힘써 말미암음이 아니니, 이렇게 즉 참으로 소위 추우(騶 虞)의 어짊이로다.>라 한 것이다.

*참고: 一發五豝
韋昭(삼국시대 吳나라 吳郡 雲陽사람)曰 : 射礼三而止, 每射四矢, 故以十二爲

一發也

朱子曰 於田獵之際에 見動植之蕃庶하고 因以贊詠文王仁澤之所及이지, 而非指田獵之事為仁也라. 禮曰無事而不田曰不敬라하니, 故此詩의 彼茁者葭는 仁으로 也仁在壹發之前하고, 壹發五豝는 義也라

朱子曰: 田獵之際에 動植物의 蕃庶함을 見하고 이로 因해 文王의 仁한 恩澤이 及하였던 바에 贊詠함이지, 다만 田獵之事를 仁함으로 삼아 指함이 아닌 것이다. 禮에 曰하길 '無事임에 田을 익히지 않을지면, 不敬(無祭祀,接賓之禮)이라 曰한다.' 라 하니, 故로 此詩의 '彼茁者葭'는 仁인 것으로 또한 仁함이 壹發之前에 在인 것이고, 壹發五豝는 義인 것이다.

*참고: 無事而不田曰不敬(禮記, 王制)
天子諸侯는 無事엔 則 歲에 三田이라. 一爲乾豆하고, 二爲賓客하며, 三爲充君之庖이라. 無事而不田이면 曰不敬하고, 田에 不以禮이면 曰暴天物이라.

○東萊呂氏曰 彼茁者葭는 記蒐田之時이니, 蓋曹子桓所謂 句芒司節, 和風扇物, 草淺獸肥之時也라. 一發五豝는 獸之多也라. 反三隅而觀之면, 則天壤之間이 和氣充塞에 庶類繁殖하니, 而恩足以及禽獸者를 皆可見矣라. 化育之仁에 其何以形容曰于嗟乎騶虞인가. 非騶虞自然不勉之仁이면, 殆不足以形容之也라.

東萊呂氏曰: 彼茁者葭는 蒐田之時를 記한 것이니, 대개 曹子桓(曹丕:187-226, 魏文帝,字子桓)의 所謂 '句芒司節에 和風扇物이네. 草淺獸肥로다.'의 時인 것이다. 一發五豝는 獸之多인 것이다. 三隅로 反하여 觀之일지면 則 天壤之間이 和氣充塞함에 庶類가 繁殖하니, 恩이 足히 禽獸에까지 及하였던 것을 모두 可히 見할 수 있는 것이다. 化育之仁에 그 어찌 '于嗟乎騶虞' 라 曰하여 形容인 것인가? 騶虞自然의 不勉之仁이 아닐지면, 자못 足히 그것을 形容할 수 없기 때문이다.

*참고: 句芒司節和風扇物草淺獸肥
魏文言 句芒司節 和風煽物 弓燥柔手 草淺獸肥 與族兄子丹 獵於鄴西
魏 文帝 言하길, '동방의 句芒의 신이 봄의 절기를 관장(司)함에, 和風이 만물에 불어(煽:선)오네. 잘 만든 활(弓燥)에 여린 손(柔手)이며, 낮은 풀숲(草淺)엔 살찐 짐승(獸肥)이로다. 族兄弟인 子丹(曹眞)과 함께, 업성(鄴城) 西쪽서 전렵(獵)이로다.' 라 하였다

02-14-02 ○彼茁者蓬에 壹發五豵이로소니, 于嗟乎騶虞로다.
저 장대한 사냥감 쑥대밭 있음에 12발 화살에 새끼돼지 다섯이로니, 오호라~ 추우(騶虞)의 어짐이로다!

저기 무성한 쑥대밭에서
화살 한번 쏘아 다섯 마리 새끼돼지 사로잡았네
아! 추우로구나

賦也라. 蓬은 草名이라. 一世曰豵하니, 亦小豕也라.
賦체이다. '蓬'은 풀의 이름이다. 한 살 된 돼지를 '豵(종)'이라 曰하니, 또한 어린 돼지이다.

豐城朱氏曰 于嗟騶虞之辭는 與于嗟麟兮와 無以異니, 而彼以爲興此하여 以爲賦者이라. 于嗟麟兮는 此興中之比也고, 于嗟騶虞는 此賦中之比也라. 公子之仁이 無以異於麟趾인지라 所以見家道之成이고, 諸侯之仁이 無以異於騶虞인지라 所以見王道之成이라. 由是而法度彰, 禮樂著하여, 由是而雅頌之聲作이니, 豈徒曰風而已哉리오.
豐城朱氏曰: '于嗟騶虞'의 辭는 주남의 '于嗟麟兮'와 더불어 다름이 없으니, 彼(彼茁者蓬)로서 此(于嗟騶虞)를 興하기 위해 賦한 것이다. 于嗟麟兮의 此는 興체 中에 比체인 것이고, 于嗟騶虞의 此는 賦체 中에 比체인 것이다. 公子之仁이 麟趾와 異함이 없는지라 家道之成임을 見할 수 있는 所以인 것이고, 諸侯之仁이 騶虞와 異함이 없는지라 王道之成임을 見할 수 있는 所以인 것이다. 是(麟趾와 騶虞)로 말미암음에 法度가 彰되고 禮樂이 著되어, 是로 말미암음에 雅頌之聲이 作됨이니, 어찌 다만 風이라 曰할 수 있을 뿐이겠는가?

騶虞는 二章으로, 章三句라.
騶虞는 二章으로, 章마다 三句이다.

文王之化가 始於關雎하여 而至於麟趾하니 則其化之入人者深矣오, 形於鵲巢하여 而及於騶虞하니 則其澤之及物者廣矣라(問컨대, 麟趾, 騶虞는 莫是當時有此二物出來는 否이나이다. 朱子曰 不是只是取以爲比이고, 卽此가 便是麟趾이고 便是騶虞이라. ○安成劉氏曰 麟趾는 言公族仁厚인지라 故知其化之入人이고, 騶虞는 言庶類蕃殖인지라 故知其澤之及物이라). 蓋意誠心正之功을 不息而久면, 則其熏蒸透徹하고 融液周徧하여 自有不能已者니, 非智力之私所能及也라. 故序以騶虞爲鵲巢之應이라하니, 而見王道之成엔 其必有所傳矣라.
문왕의 교화가 관저(關雎)에서 비롯되어 인지(麟趾)에까지 이르렀으니, 즉 그 교화가 사람들에게 入하였던 것이 깊었던 것이요, 작소(鵲巢)에서 형상되어 추우(騶虞)에 까지 미쳤으니, 즉 그 은택이 사물에까지 미친 것이 넓었던 것이다(問컨대, 麟趾와 騶虞는 아마도 이렇게 當時엔 此二物이 出來로 有함은 否인 것입니다. 朱子曰: 이렇게 다만 是를 取하여 比로만 삼음이 아니라, 卽 此가 문득 이렇게 麟趾라는 것이고 문득 이렇게 騶虞라는 것이다. ○安成劉氏曰: 麟趾는 公族仁厚에 言함이니 故로 그 化가 入人임에 知할 수 있고, 騶虞는 庶類蕃殖에 言함이니 故로 그 澤이 及物임에 知할 수 있는 것이다). 대개 의도가 참되고(意誠) 마음이 바르게 되는(心正) 공부를 쉼 없이 오래할지면, 즉 흥증이 투철하게 되어져 녹아 스며들길(融液) 두루 미쳐서 스스로 능히 그만두지 못함이 있는 것이니, 지혜와 힘으로 사사로이 능히 미칠 수 있는 바가 아닌 것이다. 고로 <서(序)>에서 추우(騶虞)를 작소(鵲巢)와 상응이 된다고 하였으니, 왕도(王道)가 이루어짐(成)엔 그 반드시 전해진 바가 있음을 볼 수 있는 것이다.

慶源輔氏曰 周南에서 見其化之入人者深하고, 召南에서 見其澤之及物者廣이니, 則文王意誠心正之功이 轉移動化되길 始於家邦하여 終於四海者니, 無以復加矣라. 此義가 至先生서야 而始明이라.
慶源輔氏曰: 周南에서 그 化가 人에 入한 것이 深임을 見할 수 있고, 召南에서 그 澤이 物에 及한 것이 廣임을 見할 수 있으니, 則 文王의 意誠과 心正의 功이 轉移로 動化되길 家邦에서 始하여 四海에서 終된 것이니, 다시 더 加함이 없는 것이다. 此義가 先生에 至해서야 비로소 明인 것이다.

○南軒張氏曰 麟趾는 言公子仁厚이니 則在內者無不孚이고, 騶虞는 言國君蒐田以時니 則在外者無不孚也라. 未有邇之未孚인지라 而可以及遠者也라. 鵲巢之化는 是亦關雎之所達也니, 然則이면 天下之本在國하고 國之本在家하며 家之本在身이니 其本一而已이라.
南軒張氏曰: 麟趾는 公子들의 仁厚에 言함이니 則 在內者에 孚하지 않음이 없는 것이고, 騶虞는 國君의 蒐田을 時에 맞게 함을 言함이니 則 在外者에 孚하지 않음이 없는 것이다. 가까움(邇)마다에 孚하지 않음이 있지 않는지라, 可히 遠에까지 及일 수 있는 것이다. 鵲巢之化는 이렇게 또한 關雎가 達하게 한 바인 것이니, 然則이면 天下之本은 在國이고 國之本은 在家이며 家之本은 在身이니, 그 本이 一일 뿐이기 때문이다.

○安成劉氏曰 此詩之應鵲巢는, 亦猶麟趾之終周南也라. 但作詩者가 非同一人라도 而皆以仁獸為喻하고 皆以于嗟為詞하며, 皆以三句成章하고 皆詞簡而意深하니, 豈其同被文王之化하여 而吟詠情性에도 亦有同然者歟인져. 編詩者가 分置二南之末에 得無意乎리오.
安成劉氏曰: 此詩가 鵲巢와 應함은, 또한 麟趾가 周南에서 終됨과 같은 것이다. 다만 作詩者가 同一의 人이 아니라도, 모두 仁獸로서 喩를 삼았고 모두 于嗟로서 詞를 삼았으며, 모두 三句로서 章을 成하였고 모두 詞는 簡이나 意는

深하니, 아마도 그 同으로 文王之化를 被하여 情性을 吟詠함에서도 또한 同으로 然함이 있었던 것일진져! 編詩者가 二南之末에다 分하여 置해 놓음에 意가 없을 수 있겠는가?

召南之國은 十四篇으로, 四十章이고 百七十七句이라.
召南之國은 十四篇으로, 四十章이고 百七十七句이다.

愚按컨대, 鵲巢至采蘋는 言夫人大夫妻가 以見當時國君大夫被文王之化하여 而能修身以正其家也라. 甘棠以下에선 又見由方伯能布文王之化하여 而國君能脩之家로 以及其國也라. 其詞에 雖無及於文王者나, 然文王의 明德新民之功이 至是하니 而其所施者溥矣라. 抑所謂 其民皞皞而不知爲之者與인져(南軒張氏曰 王者之化가 遠而大涵養斯民하니, 由於其道코도 而莫知其所以然인지라 故曰皞皞如也라). 唯何彼穠矣之詩만이 爲不可曉니, 當闕所疑耳이라.
내가 살피건대, 鵲巢에서 采蘋에 이르기까지는 군주의 부인과 대부의 처가 당시의 군주와 대부가 문왕의 교화를 입어 능히 수신(修身)으로 그 집안을 바로잡았음을 본 것으로 말한 것이다. 甘棠 이하에서는 또 방백(方伯:소공석)이 능히 문왕의 교화를 펼침으로 말미암아, 군주도 능히 집안을 다스려 그 나라에까지 미쳐나갔음을 볼 수 있는 것이다. 그 가사(詞)에서 비록 문왕으로 미친 것은 없지만, 그러나 문왕께서 자신의 명덕(明德)을 밝혀 백성을 거듭나게 한 공로가 이것에까지 이르게 한 것이니, 그 펼쳤던 바의 것이 넓었던 것이다. 아니면 소위 '그 백성들이 그 밝고 화평(皞皞)하여 그렇게 하게 한 것에 알지 못함이다.' 인 것일진져(南軒張氏曰: 王者之化가 遠까지 그게 斯民을 涵養케 하였으니, 그 道로 말미암고도 아무도 그 所以然에 知하지 못한지라, 故로 '皞皞如<廣大自得之貌>'라 曰한 것이다)! 오직 何彼穠矣의 시(詩)에서만이 가히 밝히 수 없음이 되니, 마땅히 의문난 바를 비워둘 뿐이다.

豐城朱氏曰 南方之諸侯가 固非一國也나 而國君之夫人엔 有鵲巢之德하고 大夫之妻엔 有采蘩之敬이라. 立乎朝廷者엔 無不節儉而正直하고 處乎閨門者에도 無不專靜而純一이라. 爲嫡妻者엔 有逮下之仁하고, 爲媵妾者도 有安分之義이라. 雖里巷僻遠之處와 民庶微賤之家라도 而其女子之賢이 猶以貞信而自守하여 無强暴之相陵이니, 則推而上之從임을 可知也라. 積而至於仁이 如騶虞면, 則王道成矣라. 先儒所謂 擧一世而言라도 固無一人之不仁하고 擧一人而言라도 又無一事之不仁者니, 惟此時爲然이라. 是雖文王意誠心正之功라도 而召伯循行宣布之力임을 亦不可誣也라.
豐城朱氏曰: 南方之諸侯가 固히 一國만이 아니었어도, 國君之夫人에겐 鵲巢의 德이 有하고 大夫之妻엔 采蘩之敬이 有하였다. 朝廷에 立한 者엔 節儉으로 正

直치 않음이 없었고, 閨門에 處한 者에서도 專靜으로 純一치 않음이 없었던 것이다. 嫡妻가 된 者엔 逮下之仁이 有하였고, 媵妾이 된 者에 있어서도 安分之義가 有하였다. 비록 里巷의 僻遠之處와 民庶의 微賤之家라도 그 女子之賢하기가 오히려 貞信으로 自守하여 强暴한 이가 서로 侵陵함이 없었으니, 則 推하여 보면 上之從임을 可知인 것이다. 積하여 仁에 지극하기가 마치 騶虞와 같을지면, 則 王道는 成인 것이다. 先儒의 所謂 '一世를 擧하여 言일지라도 固히 一人이라도 不仁한 이가 없고, 一人을 擧하여 言일지라도 또 一事조차 不仁한 것이 없다.'인 것이니, 오직 此時만이 然함이 되었던 것이다. 是가 비록 文王의 意誠과 心正의 功일지라도, 召伯이 각지를 돌며(循行) 宣布한 力임을 또한 可히 誣할 수 없는 것이다.

○周南召南의 二國은 凡二十五篇으로, 先儒以爲正風컨대 今姑從之이라.
주남과 소남의 2국은 모두 25편으로, 선대의 유학자는 정풍(正風)으로 여겼건대 오늘날도 우선 그것으로 쫓음이다.

朱子曰 周南은 言文王后妃閨門之化이고, 召南은 言諸侯夫人,大夫妻가 被文王后妃之化하여 而成德之事이니, 蓋詩之正風也라.
朱子曰: 周南은 文王과 后妃의 閨門之化에 言함이고, 召南은 諸侯夫人과 大夫妻가 文王后妃之化를 입어 成德하였던 事에 言함이니, 대개 詩之正風인 것이다.

○孔叢子曰 吾는 於周南召南에 見周道之所以盛也라.
孔叢子曰: 吾는 周南,召南에서 周道가 盛할 수 있었던 所以에 見할 수 있음이다.

○華谷嚴氏曰 詩는 首二南하여 見夫婦之倫焉하고 見王道之端焉하며, 二南係周召하여 見君臣之倫焉하고 見文王心德之微盛德之至焉이라.
華谷嚴氏曰: 詩는 二南으로 首하여 그것에서 夫婦之倫을 見(현)하고 그것에서 王道之端을 見하였으며, 二南을 周公과 召公奭에 係하여 그것에서 君臣之倫을 見하였고 그것에서 文王 心德의 은微함과 盛德하기가 至극함을 見한 것이다.

○眉山蘇氏曰 二南이 皆出於文王이나 而有內外之異이라. 內得之深이고 外得之淺인지라, 故召南之詩가 不及周南之深也라.
眉山蘇氏曰: 二南은 모두 文王에서 出하였지만, 內外에는 異함이 有인 것이다. (주남은) 內로 得함이 深이고 外로 得함은 淺인지라, 故로 召南之詩가 周南之深보다 不及인 것이다(恐컨대 本末로서 말함이다).

○鄭氏曰 二南為正風則然矣나, 自後南國諸侯政衰거늘 何以無變風잇가. 曰陳諸侯之詩者는 將以知其缺失하고 省方設教하여 為黜陟也라. 時徐及吳楚僭號하여 不承天子之風인지라 故無其詩也라.
鄭氏曰: 二南이 正風이 됨은 則 然이라 하지만, 後世로부터는 南國의 諸侯들이 政令을 衰하였거늘, 어찌 變風조차 없게 되었던 것입니까? 曰: 諸侯之詩를 陳설하는 것은 將次 그 缺失을 知하여 사방을 省하고 教를 設하여 黜陟으로 삼고자 함이다. (소남 지역은) 當時에 徐나라가 吳,楚와 함께 僭號하며 天子之風을 不承인지라, 故로 그 詩가 아예 無하게 된 까닭인 것이다.

○孔子謂伯魚曰 女는 為周南召南矣乎인가. 人而不為周南召南이면, 其猶正牆面而立也與인져.
공자께서 백어(伯魚)에게 일러 말하길: <너는 주남과 소남을 다스(為)렸느냐? 사람이고서 주남과 소남을 다스리지 않을지면, 그 마치 담장을 정면으로 대면하고 서 있음과 같을진져!>라고 하였다.

朱子曰 為는 猶學也라. 周南召南所言은 皆脩身齊家之事이라. 正牆面而立은 言即其至近之地하여 而一物無所見하고 一步不可行이라.
朱子曰: '為'는 學과 같음이다. 周南,召南에서 言한 바는 모두 脩身齊家之事이다. '正牆面而立'은 그 至近之地로 即하여 一物이라도 見하는 바가 없어 一步라도 可히 行할 수 없음을 言한 것이다.

○南軒張氏曰 天下之事엔 未有不本於齊家니, 必如二南所述室家之事인 而後에 為家齊이라. 由此而達之면 則無所不可行이니, 若為之不從此始이면 則動有隔礙하여 雖尺寸不可推而行之니, 故曰其猶正牆面而立也與인져.
南軒張氏曰: 天下之事엔 齊家에 本하지 않음이 있지 않으니, 반드시 二南에서 室家之事로 述한 바와 같은 而後에 家齊가 될 수 있는 것이다. 此로 由하여 그것을 達게 할지면 則 可히 行하지 못할 바가 없는 것이니, 만일 그것을 함에도 此를 從하여 始로 삼지 않을지면, 則 動일지라도 隔礙함이 有하여 비록 尺寸이라도 可히 推하여 그것을 行之할 수 없게 되니, 故로 그 '正牆面而立과 같음이다.' 라 曰함일진져!

○慶源輔氏曰 二南之詩서 於文王齊家之事엔 則見之矣나, 至於脩身之事에선 則未嘗及也에도 今乃謂所言마다 皆脩身齊家之事라하니, 何也오. 曰 身者는 家之本也고, 聖人之化엔 未有不本於身者컨대, 文王之化가 自內及外如此이면 則 其脩身之事도 固在其中矣라.

慶源輔氏曰: 二南之詩에서 文王의 齊家之事엔 則 그것을 見之이나, 脩身之事에 至해서는 則 일찍이 及지 않았는데도, 또한 今에 이내 言한 바마다 謂하길 모두 脩身齊家之事라 하니, 무엇입니까? 曰: 身者는 家之本인 것이고, 聖人之化엔 身者에 근본을 두고 있지 않음이 없건대, 文王之化가 內로부터 外로 及하기가 如此하니 則 그 脩身之事도 固히 在其中인 것이다.

○考索曰 孔子가 告伯魚學詩에 必自周南召南始이라. 蓋詩之序는 先之以風하고 而周南召南을 又為風之先焉이니, 此皆文王의 正心誠意가 有在於此이라. 故其肅肅雝雝이 在於閨門之內하고, 而其化가 行於二南之國이라.
考索曰: 孔子께서 伯魚에게 學詩로 告해주길 반드시 周南召南으로부터 始를 삼아야 한다고 하였다. 대개 詩之序엔 風으로서 先之하고, 周南召南을 또 그것 중에 風의 先으로 삼았으니, 此는 모두 文王의 正心誠意가 此에 在하고 있기 때문이다. 故로 그 肅肅(嚴肅하고 고요)雝雝(和樂함)이 閨門之內에 在하였고 그 化가 二南之國에 行해졌던 것이다.

○儀禮의 鄉飲酒,鄉射,燕禮에도 皆合樂周南의 關雎,葛覃,卷耳와 召南의 鵲巢,采蘩,采蘋이라.
의례(儀禮)의 <향음주(鄉飲酒)>편과 <향사(鄉射)>편과 <연례(燕禮)>편에서도, 모두 주남의 '관저' '갈담' '권이'와 소남의 '작소' '채번' '채빈'으로 악곡을 합주(合樂)하였다.

廬陵李氏曰 鄉飲酒禮에 諸侯之卿大夫는 三年大比로 獻賢能於君이면 以禮賓之하고 與之飲酒之禮이라. 鄉射禮에 州長春秋마다 以禮會民하고 而射於州序之禮也라. 合樂은 謂堂上歌瑟하고 堂下鐘磬하며 合奏此詩也라. 燕禮에 遂歌鄉樂에 諸侯與羣臣은 燕飲酒之禮하고, 歌者는 亦與眾音俱作而歌之이라. 鄉飲酒,鄉射마다 自歌其樂인지라, 故言合樂하고 不言鄉樂也라.
廬陵李氏曰: <鄉飲酒禮>에 諸侯의 卿大夫는 三年마다 크게 견주고 살피(大比)어서 賢能을 君에게 獻하면, 禮로서 그를 賓之하고 그와 飲酒之禮를 함께 행하였다. <鄉射禮>엔 州長이 春秋마다 禮로서 民을 會하고선, 학교인 州序에서 射하는 禮를 행하였다. '合樂'은 堂上에선 歌瑟하고 堂下에서 鐘磬하며, 此詩들을 合奏하였음을 말함이다. <燕禮>에서 드디어 鄉樂(궁중음악)을 歌함에, 諸侯와 羣臣은 燕飲酒之禮를 행하고, 歌者는 또한 眾의 악기(音)와 더불어 함께 연주(俱作)하며 그것을 歌之한다. <鄉飲酒>와 <鄉射>마다 自然 그 樂曲을 歌인지라, 故로 合樂이라 言하고 鄉樂이라고만 言하지 않았던 것이다.

燕禮서도 又有房中之樂이라. 鄭氏註曰하길, 弦歌周南召南之詩하곤 而不用鐘磬

이라. 云房中者는 后夫人之所諷誦로 以事其君子이라(盧陵李氏曰 與四方賓燕에 도 則有之라). ○程子曰 天下之治는 正家爲先이니, 天下之家正이면 則天下治矣라. 二南은 正家之道也니, 陳后妃夫人大夫妻之德하여 推之士庶人之家는 一也라. 故使邦國至於鄕黨까지 皆用之하여, 自朝廷至於委巷까지 莫不謳吟諷誦하니, 所以風化天下이라.

<연례(燕禮)>에서도 또한 규중(房中)의 음악(즉 주남 소남의 내용)으로 사용하기도 하였다. 정씨 주(註)에 왈: 주남과 소남의 시를 현악기로는 노래했지만, 종과 경쇠를 사용치는 않았다. 房中이라 말한 것은 군주의 부인이 그 군자를 섬김에 읊고 암송한 바이기 때문이다(盧陵李氏曰: 四方의 賓과 더불어 燕할 때에도, 則 그것을 有之하였다). ○정자왈: 천하의 다스림은 집안을 바로잡음으로 급선무로 삼으니, 천하의 가정이 바름에 즉 천하도 다스려짐인 것이다. 二南은 집안을 바로잡는 도(道)인 것이니, 후비와 제후 부인과 대부의 처에 대한 덕(德)을 펼쳐서 士와 서인의 집안까지 부르도록 미루어 나갔던 것은 한결같은 道이기 때문이다. 고로 나라에서 향당에 이르기까지 모두 그것을 쓰게 하여, 조정에서부터 꼬불꼬불한 거리(委巷)에까지 아무도 읊조려 노래하고(謳吟) 읊고 암송(諷誦)하지 않는 이가 없었으니, 천하를 風으로 교화시킬 수 있는 까닭인 것이다.

黃氏曰 文王后妃之德이 始於二南에 而極於天下이라. 鵲巢之夫人, 草蟲之大夫妻, 江漢之游女가 莫不被其風化니, 大用之則大하고 小用之則小이라. 上自朝廷, 下至里巷까지 皆可得而用之하니, 此如春風和氣及物에 則生을 不可以大小計也라.
黃氏曰: 文王과 后妃의 德이 二南에서 始됨에 天下에까지 極되었던 것이다. 鵲巢之夫人과 草蟲之大夫妻와 江漢之游女가 그 風化를 입지 않음이 없었으니, 大로 用之이면 則 大하고, 小로 用之이면 則 小인 것이다. 上으로 朝廷에서부터 下로 里巷에 至하기까지 모두 可히 그것을 用之할 수 있었으니, 此는 마치 春風의 和氣가 及物에 則 生해줌을 可히 大小로 計하지 않음과 같음이다.

○南軒張氏曰 二南皆文王時詩나 周公取하여 以爲萬世后妃, 夫人, 大夫士庶人妻之法이라. 夫刑家之法雖自於己이나 而於其配에도 必謹所擇이라. 是蓋禍福之基며 所以重宗廟이니, 重其身하여 正夫婦함에 而爲正家之本也라.
南軒張氏曰: 二南은 모두 文王時의 詩이니, 周公께서 取하여 萬世토록 后妃와 夫人과 大夫士庶人妻의 法으로 삼게 한 것이다. 저 刑家之法이 비록 己에서부터이지만, 그 配偶者에 있어서도 반드시 擇할 바로 謹해야 하는 까닭인 것이다. 是는 대개 禍福之基이며 宗廟를 重히 여기는 所以인 것이니, 그 身을 엄중히 하여 夫婦의 도를 正함에 正家之本이 이루어지기 때문이다.

○慶源輔氏曰 正變之風엔 雖經無明文이나 然無害於義인지라 故姑從之이라. 孔子之誨伯魚에 但使之學二南하고 而不言二南之義니, 今得先生說得二篇之義明白하니, 尤覺孔子之言有意味可玩也라. 程子云하길, 孔子曰人而不為周南召南其猶正牆面而立이나, 而今人讀了二南詩하여 果便不面牆而立하려면 方是善讀詩라 하니, 故先生嘗訓一學者이라. 曰公讀二南了에 還能不正牆面而立리오. 否라 하니, 意思컨대 都不曾相粘濟得甚事이니, 此에 又讀詩者之所當知也라. 儀禮之說은 見古人於二南用之如此其廣且切이고, 而程子之說은 則又所以述二南之用也라.
慶源輔氏曰: 正變之風에 대해 비록 經에선 明文이 없지만, 그러나 義에 있어선 害됨이 無인지라 故로 '姑從之'라 한 것이다. 孔子께서 誨伯魚에 다만 그로 하여금 二南에 學하게 하고 二南之義엔 不言하시나, 今에 先生이 二篇之義로 說得함을 得일지면 明白이니, 더욱 孔子之言에 意味와 可玩이 有함을 覺인 것이다. 程子云컨대, '孔子曰하시길 "人而不為周南召南 其猶正牆面而立"라 하였으나, 今人이 二南의 詩를 讀了이고서 果然 문득 面牆而立하지 않으려면 바야흐로 이렇게 善하게 讀詩하여야 한다.'라 하니, 故로 先生께서 일찍이 一의 '學'으로 訓을 단 것이다. 曰: 公들이 二南을 讀으로 了함에 도리어 能히 '正牆面而立' 하지 않을 수 있겠는가? 否라 하니, 意思컨대 모두 일찍이 서로의 시가 엉겨 붙어서(粘濟) 어떠한 事인가에 得하지 못하였기 때문이니, 此에 또한 讀詩者는 當히 知해야 하는 바인 것이다. 집전의 儀禮之說은 古人이 二南으로 그것을 用之하길 如此로 그 廣하고 또 切하였음을 보인 것이고, 程子之說은 則 또 二南의 用으로 述한 所以인 것이다.

○龜山楊氏曰 二南為王道之基나, 本只為正家임에 而天下定故也라.
龜山楊氏曰: 二南은 王道之基가 됨이니, 本으론 다만 家를 正함에 天下가 定되었던 까닭인 것이다.

詩傳大全卷之二

邶 一之三

邶,鄘,衛는 三國名으로, 在禹貢冀州이라. 西阻太行하고 北踰衡漳하며, 東南跨河로 以及袞州桑土之野이라. 及商之季하여 而紂都焉컨대, 武王克商코선 分自紂城朝歌하여, 而北謂之邶,南謂之鄘,東謂之衛하곤 以封諸侯이라. 邶,鄘에 不詳其始封이나, 衛는 則武王弟康叔之國也라.

邶, 鄘, 衛는 세 나라의 이름으로, 禹貢의 冀州내에 있었다. 서쪽으로는 太行山에 막히고, 북쪽으로는 衡漳水를 넘어서며, 동남쪽으로는 黃河유역을 타고 넘어(跨) 곤주(袞州) 桑土의 들에까지 미쳤다. 商나라 말기에 이르러 紂가 그곳으로 도읍하였건대, 武王이 商을 이기고선 紂의 도성 朝歌로부터 나누어, 北을 패(邶)라 이르고, 남쪽을 용(鄘)이라 이르고, 동쪽을 위(衛)라 일러, 諸侯로서 封하였다. 邶와 鄘에 그 처음 封한 제후엔 자세하지 않으나, 衛는 즉 武王의 아우인 康叔의 나라이다.

＊참고: 北踰衡漳(禹貢第一)
覃懷에 底績하사 至于衡漳하시다
覃懷에서 功績을 이루어나가 衡漳에까지 이르셨다.
[傳] 覃懷는 近河地名이라 漳水橫流入河하니 從覃懷致功至橫漳하니라
覃懷는 황하와 가까운 땅의 이름이다. 漳水가 가로로 흘러서 황하로 들어가니, 覃懷로부터 공적을 이루어나길 橫漳에까지 이른 것이다.
○衡은 橫也라 馬云 水名이라 近은 附近之近이라
衡은 橫(가로)의 뜻이다. 그러나 馬融은 "물 이름이다."라고 하였다. 近은 '附近'의 近이다.
○正義曰：地理志河內郡有懷縣, 在河之北, 蓋覃懷二字共爲一地, 故云 '近河地名'. '衡', 卽古橫字. 漳水橫流入河, 故云 '橫漳'. 漳在懷北五百餘里, 從覃懷致功而北至橫漳也. 地理志云 "淸漳水出上黨沾縣大黽谷, 東北至渤海阜城縣入河, 過郡五, 行千六百八十里, 此沾縣因水爲名." 志又云 "沾水出壺關." 志又云 "濁漳水出長子縣, 東至鄴縣入淸漳." 鄭玄亦云 "橫漳, 漳水橫流." 王肅云 "衡·漳, 二水名."
正義曰：《漢書》〈地理志〉에 의하면 河內郡에 懷縣이 있으니 황하의 북쪽인 것이다. 아마 '覃懷' 두 글자가 한 지대이기 때문에 '황하와 가까운 지명이다.'라고 한 것이다. '衡'은 '橫'의 古字이다. 漳水가 가로 흘러서

황하로 들어가기 때문에 '橫漳'이라고 한 것이다. 漳水는 懷縣의 북쪽 500여 리의 지점에 있으므로, 覃懷로부터 공적을 이루어나가 북쪽으로 橫漳에까지 이른 것이다. 〈地理志〉에 "淸漳水가 上黨 沾縣 大黽谷에서 나와 동북쪽으로 渤海 阜城縣에 이르러 황하로 들어간 다음, 郡 다섯을 지나 1,680리를 흘러간다."라고 하였으니, 이 沾縣은 물로 인해 '縣'의 이름으로 삼은 것이다. 〈地理志〉에 또 "沾水는 壺關에서 나온다."라 하였고, 〈地理志〉에 또 "濁漳水가 長子縣에서 나와 동쪽으로 鄴縣에 이르러 淸漳으로 들어간다."라 하였다. 鄭玄도 또한 "橫漳은 漳水가 가로로 흐르는 것이다."라고 하였다. 王肅은 "衡과 漳은 두 물줄기 이름이다."라고 하였다. (동양고전종합db, 尙書注疏)

安成劉氏曰 武王이 作酒誥하여 戒康叔而曰하길 明大命于妹邦컨대, 妹邦即紂都이니 則康叔封衛는 明在武王時矣라. 邶鄘之地는 豈始爲武庚三叔之封라가, 至成王滅武庚誅三監해선 乃復以封他國라가 而其後又幷入於衛也歟인져.
安成劉氏曰: 武王이 〈酒誥〉편을 作하여 康叔에게 戒하며 曰하길 '明大命于妹邦(妹邦에다 大命을 明하노라.)'이라 하건대, 妹邦이 即 紂都이니 則 康叔의 封衛는 明白히 武王時에 在인 것이다. 邶,鄘之地는 아마도 처음엔 武庚과 三叔의 封地가 되었다가, 成王이 武庚을 滅하고 三監을 誅함에 이르러선 이내 다시 他國으로 封하였다가 그 後에 또 幷呑되어 衛로 편입되었을진져!

衛本都는 河北朝歌之東,淇水之北,百泉之南이라. 其後에 不知何時幷得邶鄘之地이고, 至懿公하여 爲狄所滅이며, 戴公東徙渡河하여 野處漕邑하고 文公又徙居于楚丘이라. 朝歌故城은 在今衛州衛縣西二十二里하니, 所謂殷墟이라. 衛故都는 即今衛縣이고 漕,楚丘는 皆在滑州이니, 大抵今懷,衛,澶,相,滑,濮等州와 開封,大名府界가 皆衛境也라.
衛 본래의 도읍은 河北인 朝歌의 동쪽과, 淇水의 북쪽과, 百泉의 남쪽이다. 그 후에 언제 邶와 鄘의 땅까지 병합하여 득했는지엔 알 수 없고, 의공(懿公) 때에 이르러 狄人에게 滅되는 바가 되었으며, 戴公이 동쪽으로 옮겨 황하를 건너 漕邑의 野에 處하였고, 文公이 또 楚丘로 옮겨 거처하였다. 朝歌의 故城은 지금의 衛州 衛縣의 서쪽 22里 지점에 在하니, 소위 '殷墟'이다. 衛의 故都는 즉 지금의 衛縣이고, 漕와 楚丘는 지금의 滑州에 在하니, 대저 지금의 懷, 衛, 澶(선), 相, 滑, 濮의 等州와 開封府 大名府의 경계가 모두 衛의 경내인 것이다.

懷州는 今懷慶府이고, 衛州는 今衛輝府이며, 相州는 今彰德府이라. 開封府는 今仍舊하여 竝隸河南이고, 大名府는 今仍舊이라. 澶州는 今開州이고, 滑州는

今滑縣竝隷北京이며, 濮州는 今東昌府濮州隷山東이라.
'懷州'는 今의 懷慶府이고, '衛州'는 今의 衛輝府이며, '相州'는 今의 彰德府이다. '開封府'는 今도 舊땅으로 仍하여 河南에까지 아울러 미치며(竝隷), '大名府'는 今도 舊로 仍함이다. '澶州'는 今의 開州이고, '滑州'는 今의 滑縣에서 北京에까지 竝隷이며, '濮州'는 今의 東昌府 濮州에서 山東에까지 미친다(隷).

但邶鄘地가 旣入衛하여 其詩皆爲衛事거늘, 而猶繫其故國之名엔 則不可曉이라.
다만 邶와 鄘의 땅이 이미 衛로 編入되어 그 詩들도 모두 衛나라의 일이 되거늘, 그러나 여전히 그 故國의 명칭으로 연계함은 즉 가히 밝힐 수 없음이다.

朱子曰 存其舊號者는 豈其聲之異歟인져. 又曰衛有衛音하고 鄘有鄘音하며 邶有邶音인지라, 故詩有鄘音者엔 係之鄘하고 有邶音者엔 係之邶이라.
朱子曰: 그 舊號로 存인 것은 아마도 그 聲이 異함일진져! 又曰: 衛엔 衛音이 有하고, 鄘에 鄘音이 有하며, 邶에 邶音이 有인지라, 故로 詩에 鄘音인 有인 것엔 鄘으로 그것을 係之하고, 邶音이 有인 것엔 邶로 그것을 係之하였던 것이다.

○慶源輔氏曰 先生初說엔 亦疑其爲聲之異나, 今但以爲不可曉者는 蓋此等旣不繫詩之大義하고, 又他無所考니, 不若闕之爲得也라.
慶源輔氏曰: 先生께서 初說(細註)엔 또한 그 聲이 異함이 됨으로 疑하였으나, 今(詩傳)에 다만 不可曉라고 여긴 것은, 대개 此等은 이윽고 詩의 大義로 매이지도 않았고, 또 他들에서도 考할 바가 없으니, 그것을 闕之가 得함만 되지 못하기 때문이다.

○程子曰 一國之詩而三其名하니, 得於衛地者爲衛하고 得於邶鄘者爲邶,鄘이라.
程子曰: 一國之詩임에도 그 名稱을 三으로 하니, 得於衛地者엔 衛로 삼고 得於邶,鄘者엔 邶,鄘으로 삼았던 것이다.

○華谷嚴氏曰 存邶,鄘之名은 不與衛之滅國也라.
華谷嚴氏曰: 邶,鄘之名으로 存함은 衛의 滅國을 許與하지 않은 것이다.

○安成劉氏曰 綠衣,燕燕等詩는 莊姜自作이고, 共姜作柏舟하며, 桑中言沬鄕하니, 皆正作于衛國여도 而或係邶或係鄘이라. 泉水,載馳,竹竿은 皆作於外國에도 而一係邶,一係鄘,一係衛이라. 意컨대 大師各從得詩之地하여 而係之也라. 其所以必係邶鄘故名者엔 無乃欲寓興滅,繼絶之心리오. 如春秋에 昭公八年楚旣滅陳에

도 而九年經書陳災컨대, 穀梁以爲存陳이라하니 亦此意也라. 是以大師存邶鄘之 名하여 置於衛前은 亦如魏風을 先於唐之例이라. 夫子存其名而不削도 因其序而 不革耳이라.

安成劉氏曰: <綠衣>,<燕燕>의 等詩는 莊姜의 自作이고, 共姜이 <柏舟>를 作함이며, <桑中>에선 沫鄕(매향:殷대의 朝歌의 땅)으로 言하고 있으니, 모두 正히 衛國에서 作인데도 或 邶에 係하였고 或 鄘에 係하였다. <泉水><載馳><竹竿>은 모두 外國에서 作인데도, 一은 邶에 係하였고 一은 鄘에 係하였으며 一은 衛에 係하였다. 意컨대 大師가 各 得詩의 地를 從하여 그것으로 係之하였던 것이다. 그 반드시 邶,鄘이라 옛 지명(故名)으로 係하게 된 所以인 것은 이내 '興滅'과 '繼絶'의 心을 寓해놓고자 함은 없겠는가? 마치 <春秋>의 昭公 八年에 楚가 이윽고 滅陳하였는데도, 九年의 經엔 '4월 陳에 火災가 났다.'라 書하였건대, 穀梁傳에서는 陳을 存續시킴으로 여겼으니 또한 此意인 것이다. 是以로 大師가 邶鄘之名으로 存하여 衛前에 置함은 또한 마치 魏風을 唐보다 先하게 한 例와 같은 것이다(衛가 邶鄘을 멸하고, 唐이 魏를 멸함을 허여하지 않음). 夫子께서 그 名을 存하시고 不削하심도, 그 봉국의 序로 因하게 하시고 革하지 않았을 뿐인 것이다.

而舊說엔 以此下十三國은 皆爲變風焉이라.
그리고 舊說엔 이것 이하의 13國은 모두 그것이 變風이 된다고 여겼다.

華谷嚴氏曰 關雎,鵲巢는 爲三百篇綱領되어 風之正이니, 也反乎此者는 變也라. 邶,鄘,衛는 皆衛風也라. 衛禍는 機於衽席하여 覃及宗社하고 居變風之首하니, 二南之變也라.
華谷嚴氏曰: 주남의 <關雎>와 소남의 <鵲巢>는 三百篇의 綱領이 되어 風之正이니, 또한 此와 反者는 變인 것이다. 邶,鄘,衛는 모두 衛風인 것이다. 衛의 禍는 衽席에서 機틀이 되어 깊이(覃:담) 宗廟社稷에까지 及하였고 變風之首에다 居하게 하였으니, 二南之變인 것이다.

○竹房張氏曰 正風以關雎爲首者는 得夫婦人倫之至正者也라. 變風以邶柏舟爲首者는 莊姜이 處夫婦人倫之變者也고, 次鄘柏舟者는 處母子之變者也라.
竹房張氏曰: 正風으로서 關雎를 首로 삼았던 것은 夫婦의 人倫之至正者를 得하였기 때문이다. 變風으로 邶풍에 <柏舟>로 首로 삼았던 것은 莊姜이 夫婦의 人倫之變者에 處했기 때문이고, 다음(次) 鄘풍에 <柏舟>로 하였던 것도 母子之變者에 處했기 때문이다.

○眉山蘓氏曰 春秋所見인 百七十餘國서도 變風之作이나, 春秋數世矣而載於大

師者는 獨十三國이라. 意者컨대 列國不皆有詩하고, 其有詩者가 雖檜曹之小, 邶鄘之亡라도 而有不能已也라.
眉山蘓氏曰: <春秋>에서 보였던 바인 百七十餘國에도 變風이 作되었을 것이나, 春秋의 數世동안을 거치며 大師에게서 실린 것이라곤 유독 十三國일 뿐이었다. 意해 볼 수 있는 것은 列國마다 모두 有詩하였던 것은 아니고, 그 詩로 有하였던 나라가 비록 檜,曹처럼 小國과 邶,鄘처럼 亡國이었더라도 能히 已하지 못함이 있었기 때문이다.

*참고: 禹貢의 九州

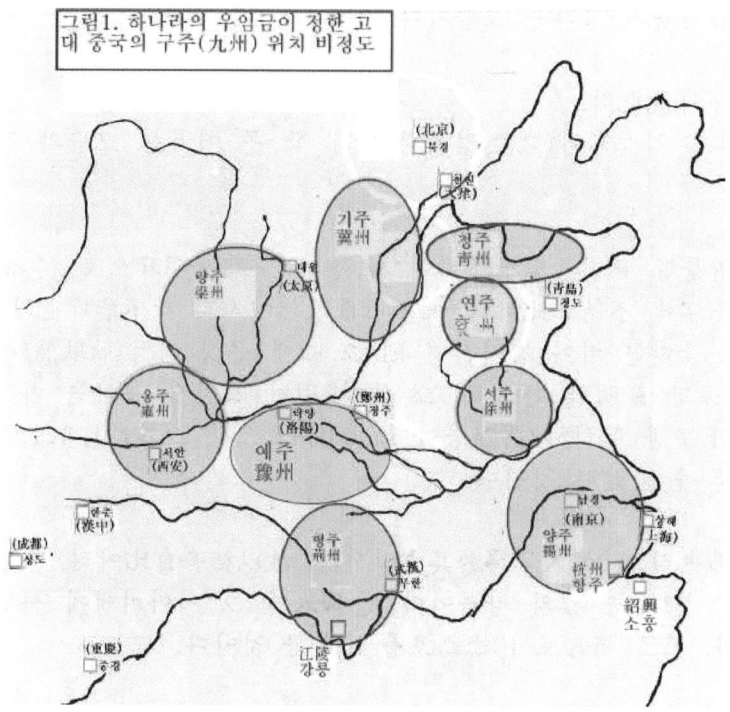

하나라를 세운 우(禹)임금이 중국 전역을 아홉 주로 나누어 다스렸다. 아홉 주의 이름은 기(冀), 예(豫), 청(靑), 서(徐), 양(揚), 형(荊), 연(兗), 양(梁), 옹(雍)이다. 다만 장강 위쪽에 국한되었다. <출처: 인터넷자료. 출처미상>

1. 柏舟

03-01-01 汎彼柏舟여. 亦汎其流로다. 耿耿不寐하며 如有隱憂호라. 微我無酒로 以敖以遊니라.
빈 배 두둥실 떠 있는 저 잣나무배여! 또한 그 물결(流) 따라 흐름이로다. 깜박깜박(耿耿) 잠 못 들어 남모를 근심 지니노라. 내 노닐며 유희로 풀어낼 술

(酒) 없음이 아니니라.

둥실둥실 떠다니는 저 잣나무 배 물결 따라 이리저리 흘러다니네
자다 깨다 깜박깜박 잠 못 이루니 나의 근심걱정은 한이 없도다
술이 없어 놀고 즐기지 못하는 것이 아니라네

比也라. 汎은 流貌이라. 栢은 木名이라. 耿耿은 小明憂之貌也라.
比체이다. '汎'은 물결대로 흐르는 모양이다. '栢'은 나무 이름이다. '耿耿'은 불빛 깜박(小明)이듯 근심하는 모습이다.

朱子曰 耿耿은 猶儆儆不寐貌也라.
朱子曰: 耿耿은 긴장하고 걱정되어(儆儆:경계케할경) 잠 못 이루는 모습과 같음이다.

○慶源輔氏曰 蓋人有所憂면 則其心耿耿然하여 唯於憂之一路分明耳으로, 其他固有所不及也라. 古人下字에 不苟如此하니, 唯其心耿耿然인지라 故不能寐也라.
慶源輔氏曰: 대개 人에 憂하는 바가 有일지면 則 그 心에 근심 걱정(耿耿然)이 드리워 오직 憂之一路로만 分明할 뿐으로, 그 他엔 固히 及하지 못하는 바가 있는 것이다. 古人의 下字엔 苟차하지 않음이 如此하니, 오직 그 心이 耿耿然인지라 故로 能히 寐할 수 없었던 것이다.

隱은 痛也고, 微는 猶非也라. ○婦人不得於其夫인지라, 故以栢舟自比이라.
 '隱'은 아파함이고, '微'는 非와 같음이다. ○婦人이 그 지아비에게 사랑을 얻지 못했기 때문에, 고로 栢舟로서 스스로를 비유한 것이다.

問컨대 栢舟를 看來면 與關雎와 亦無異컨대, 彼何以爲興잇가. 朱子曰 他下面에 便說淑女하니 見得是因彼興此고, 此詩才說栢舟하고 下面更無貼意니 見得其義是比이라.
問컨대, 栢舟를 看來이면 關雎와 더불어 또한 異함이 없거늘, 彼에선 어찌 興체가 되는 것입니까? 朱子曰: 他의 下面에서 문득 淑女로 說하고 있으니, 이렇게 彼로 因하여 此를 興하였음을 見得인 것이고, 此詩에선 才로 栢舟만을 說하고 下面에 다시 貼意(붙일첩)함이 無하니 그 義가 이렇게 비임을 見得할 수 있는 것이다.

○安成劉氏曰 有全章皆比者엔 如螽斯之類가 固專屬比矣나, 亦有比意之外繼陳其事하니, 如此章之類者이라. 今以集傳서 賦而比之體를 反觀之比而興之體하여

例로 求之면 則此類는 恐亦可以爲比而賦也라.
安成劉氏曰: 한편의 全章이 모두 比체로 有인 것에는 마치 <螽斯>와 같은 類가 固히 專으로 比체에 屬함이지만, 또한 比意之外를 그 事에다 이어서 陳述함도 있으니 마치 此章의 類와 같은 것이다. 지금 集傳에서 '賦而比'의 體를 '比而興'의 體와 돌이켜 살피고 例로 삼아 그것을 求之해 보면, 則此類는 恐컨대 또한 可히 '比而賦'가 됨이다.

言以栢爲舟면 堅緻牢實이나 而不以乘載하여 無所依薄하니,
잣나무로 배를 만듦이면 견고하고 치밀하여 튼실(牢實:굳을뢰)할 것인데, 타고 실지(乘載) 못해 의지하고 부착(依薄:부착할박)할 바 없으니,

安成劉氏曰 薄字訓附이니, 以說卦雷風相薄으로 証之면 只讀作泊若이고, 以離騷九章의 芳不得薄之薄으로 証之면 則音爲博이고 而亦訓爲附也라.
安成劉氏曰: 薄字의 訓은 附이니, 說卦의 '雷風相薄'으로 그것을 증거(証之)해 보면 다만 讀하길 泊과 若의 반음씩으로 作하고(부딪치고 犯함), 離騷九章의 '芳不得薄'의 薄으로 証之하면 則 音이 博이 되고 또한 訓도 附가 된다.
*참고: 離騷九章 <涉江>
鸞鳥鳳皇日以遠兮
鸞새, 鳳凰 같은 吉鳥들은 나날이 멀어져 가고
燕雀烏鵲巢堂壇兮
제비, 참새, 까마귀, 까치 같은 雜새들은 高堂과 뜰에 깃들며,
露申辛夷死林薄兮
神草와 辛夷의 풀이 茂盛한 풀숲 속에서 죽고
腥臊並御芳不得薄兮
비린내 나는 惡臭는 잘도 쓰이는데 香氣나는 것은 쫓겨나네.
陰陽易位時不當兮
陰과 陽(卽 小人과 君子)의 자리 바뀌어져 있고 때가 穩當치 않으니,
懷信侘傺忽乎吾將行兮
眞實된 마음을 품고서 失意에 젖어 홀연 나는 將次 떠나가리라.

但汎然於水中而已이라(華谷嚴氏曰 二柏舟用意는 皆在下句이라. 邶柏舟는 在於亦汎其流하고, 鄘柏舟는 在於在彼中河也라). 故其隱憂之深如此하니, 非爲無酒可以敖遊而解之也라. 列女傳에 以此爲婦人之詩하니, 今考其辭氣컨대 卑順柔弱하며 且居變風之首하며 而與下篇相類하니, 豈亦莊姜之詩也歟인저.
다만 汎然히 水中에 떠 있을 뿐임을 말한 것이다(華谷嚴氏曰: 二편 柏舟의 用意는 모두 下句에 在한다. 邶풍의 柏舟는 '亦汎其流'에 在하고, 鄘풍의 柏舟

는 '在彼中河'에 在인 것이다). 고로 그 隱憂하길 깊이 함이 이와 같으니, 술(酒)로 가히 이리저리 유람(敖遊)하며 그것을 풀어낼 길 없음이 아닌 것이다(술과 유람을 통해서도 아픈 근심을 풀어낼 길이 없다). <烈女傳>에선 이것으로써 婦人의 詩로 여겼으니, 지금 그 辭氣를 상고해 보건대 卑順하고 柔弱하며 또한 變風의 첫머리에 거처해서 下篇과 더불어 서로 類를 이루고 있으니, 아마도 또한 莊姜의 詩일진져!
*참고: 微我無酒
恐컨대, 술과 유람을 통해서도 아픈 근심을 풀어낼 길이 없음이다.

新安胡氏曰 列女傳에 以爲衛宣夫人之詩의 此는 魯詩說也라. 此詩詞氣는 誠爲卑弱하고 而末云不能奮飛컨대, 可見婦人詩이라. 何則런가. 人臣은 道不合則去하니, 是有可去之義라. 若姜氏는 則無可去之義矣인지라, 故曰不能奮飛라. 況以下四篇도 皆婦人作이고, 二南與邶鄘柏舟서도 皆首婦人하니, 亦是一證이라.
新安胡氏曰: 列女傳에서 '衛宣夫人'의 詩로 여긴 此는 <魯詩(한나라 초기 申培가 지음)>에서의 說인 것이다. 此詩의 詞氣는 誠으로 卑弱하고 末에 云하길 '不能奮飛'라 하니, 婦人의 詩임을 可見인 것이다. 어찌하여 그러한가(何則)? 人臣은 道不合이면 則 去이니, 이렇게 可去之義가 有인 것이다. 마치 姜氏와 같은 경우는 則 可去之義가 없기 때문에, 故로 不能奮飛이라 曰한 것이다. 하물며 以下의 四篇도 모두 婦人作이고, 二南과 邶‧鄘의 柏舟에서도 모두 婦人으로 首하였으니, 또한 이렇게 一證인 것이다.

○鄭氏曰 莊姜은 莊公夫人으로 齊女이고 姓姜氏이라.
鄭氏曰: 莊姜은 莊公의 夫人으로, 齊女이고 姓은 姜氏이다.

03-01-02 ○我心匪鑒인지라 不可以茹며, 亦有兄弟나 不可以據로니, 薄言往愬라가 逢彼之怒호라.
나의 마음 거울 아닌지라 가히 남의 맘 헤아릴 수 없으며, 또한 형제 있으나 가히 의지할 처지 아니로니, 가서 하소연 고했다가 저이 노여움만 만났노라.

　　　　　　내 마음이 거울이면 그대 마음 비출 것을
　　　　　　내게 형제 있지만은 의지할 처지 아니라네
　　　　　　잠시 가서 하소연하다 노여움만 사고 왔네

賦也라. 鑑은 鏡이고, 茹는 度이라(待洛反이라. 廬陵羅氏曰 量也,謀也,計也,料也,忖也라. 惟分,寸,丈,尺,引을 曰五度하니, 則也,過也며, 音徒故反이라. 放此도 類推이라). 據는 依이고, 愬는 告也라. ○言我心旣匪鑒而不能度物하고, 雖有兄

弟而又不可依以爲重인지라, 故往告之而反遭其怒也라.
賦체이다. '鑒'은 거울이요, '茹'는 헤아림(度:탁)이다(待洛反<탁>이다. 廬陵羅氏曰: ①量이고 謀이며, 計이고 料이며, 忖<헤아릴촌>이나, ②오직 分, 寸,丈,尺,引에선 五度<도>라 曰하니, 법칙<則>이고 過<渡:가다, 떠나다, 통과하다의 뜻이다>의 의미이며, 음이 徒故反<도>이다. 放此에도 類推할 수 있음이다). '據'는 의지함이요, '遡'는 告함이다. ○나의 마음이 이윽고 거울이 될 수 있음이 아니니 능히 남의 마음 헤아릴 수 없고, 비록 형제가 있더라도 또한 가히 의지해 마음속 重함으로 삼지도 못하니, 고로 가서 그것을 告했다가 도리어 그 노여움만 만났음을 말한 것이다.

慶源輔氏曰 內旣不得於其夫하고 外又不得於其兄弟인지라, 其情之無聊亦甚矣라.
慶源輔氏曰: 內로 이윽고 그 夫에 不得하고, 外로도 또 그 兄弟에 不得인지라, 그 情의 無聊(의지할 것이 없음)하기가 또한 甚인 것이다.

03-01-03 ○我心匪石인지라 不可轉也고, 我心匪席인지라 不可卷也며, 威儀棣棣여도 不可選也로다.
나의 마음 바위 아닌지라 가히 굴려 보일 수 없고, 나의 마음 자리 아닌지라 가히 말아 치울 수도 없으며, 위의(威儀) 넉넉히 익힘(棣棣)이어도 가히 간택되지 못함이로다.

　　　　내 마음은 돌이 아니라서 가히 굴릴 수도 없네
　　　　내 마음은 돗자리가 아니라 가히 말 수도 없다네
　　　　위엄 있고 당당하니 굽힐 수는 더욱 없네

賦也라. 棣棣는 富而閑習之貌이라(慶源輔氏曰 富는 謂富盛也라. 富盛이면 則全備而無欠闕이고, 閑習이면 則從容而不生也라. ○東萊呂氏曰 言威儀에 閑習이면 自有常度이라). 選은 簡擇也라. ○言石可轉而我心不可轉하고, 席可卷而我心不可卷하며, 威儀無一不善라도 又不可得而簡擇取舍니, 皆自反而無闕之意라.
賦체이다. '棣棣(익숙할태)'는 넉넉히 숙련(閑習:익힐한)된 모습이다(慶源輔氏曰: '富'는 풍부하고 盛大함을 말함이다. 富盛이면 則 온전히 備되어 欠闕이 無인 것이다. 閑習이면 則 從容하여 일 삼을 바를 만들지 않음<不生>인 것이다. ○東萊呂氏曰: 威儀에 閑習이면 自로 常度가 있음을 말함이다). '選'은 簡擇됨이다. ○바위(石)라면 가히 굴릴 수 있으나 나의 마음은 가히 굴릴 수 없고, 자리(席)는 말아 들 수 있지만 나의 마음은 가히 말아 들 수도 없으며, 威儀에 하나라도 善하지 않음이 없더라도 또한 가히 取舍의 簡擇을 득하지 못함을 말함이니, 모두 스스로 돌이켜 보아도 闕함이 없다는 뜻인 것이다.

慶源輔氏曰 心之不可轉,不可卷은 言其有常也고, 威儀之不可選은 言其皆善也라. 唯其存諸中者有常인지라 而不可移이니, 故形於外者皆善이어도 而不可揀也라.
慶源輔氏曰: '心의 不可轉과 不可卷'은 그 有常임을 言한 것이고, '威儀여도 不可選'은 그 모두가 善임을 言한 것이다. 오직 그 中에다 存한 것들에 有常인지라 不可移하니, 故로 形於外者가 모두 善이어도 可히 揀(가려뽑을련)하지 못하였던 것이다.

03-01-04 ○憂心悄悄어늘 慍于群小호라. 覯閔旣多거늘 受侮不少호라. 靜言思之하곤 寤辟有摽호라.
근심의 마음 초조하거늘 여러 첩(妾)들에 성냄만 당했노라. 병폐를 만난 지 이윽고 오래거늘 수모 받음 적지 않았노라. 조용히 그것에 생각 잠기곤 잠들다 깨어 가슴만 치노라.

　　　걱정으로 안절부절하다 여러 증첩 미움 샀네
　　　쓰라리게 많은 수모 업신여김 적지 않네
　　　이런저런 생각하다 잠 깨어나 가슴 치네

賦也라. 悄悄는 憂貌이라. 慍는 怒意라. 群小는 衆妾也니, 言見怒於衆妾也라. 覯는 見이고, 閔은 病也라. 辟은 拊心也고, 摽는 拊心貌라.
賦체이다. '悄悄(근심할초)'는 근심하는 모양이다. '慍'은 怒한 의미이다. '群小'는 여러 衆妾들이니, 여러 첩들에게 노여움만 받았음을 말한 것이다. '覯'는 봄이요, '閔'은 병듦이다. '辟'은 가슴을 두드림이요, '摽'는 가슴을 치는(拊:부) 모습이다.

孔氏曰 寤覺之中에 拊心而手摽然이라.
孔氏曰: 잠에서 깨어난(寤覺) 中에, 가슴을 치며(拊心) 손으로 두드리고 있는 모습(摽然)이다.

○慶源輔氏曰 此章에서 又言其所憂之事가 以至於拊心而有摽하니, 則其憂極矣라.
慶源輔氏曰: 此章에서 또 그 憂한 바의 事가 拊心而有摽하는 데에까지 이르렀음을 言함이니, 則 그 憂가 極인 것이다.

03-01-05 ○日居月諸여. 胡迭而微리오. 心之憂矣여. 如匪澣衣로다. 靜言思之하곤 不能奮飛호라.

해가 달의 처지로 처함이여! 어찌 뒤바뀌어 어그러질 수 있으리오? 마음속 근심이여! 때 묻은 옷 입은 듯하도다. 곰곰이 그것에 생각 잠기곤 능히 떨쳐 날지 못함 한(恨)일 뿐이노라.

저 해야 저 달아! 어찌 자꾸 스러지나
내 마음에 서린 근심 빨지 못한 때옷같네
이런저런 생각하니 날지 못해 한스럽네

比也라. 居,諸는 語辭이라. 迭은 更이고, 微는 虧也라(華谷嚴氏曰 微謂不明也라. 日을 月食이면 則不明이니, 十月之交云하길 彼月而微, 此日而微이라). 匪澣衣는 謂垢汙不濯之衣이라. 奮飛는 如鳥奮翼而飛去也라. ○言日當常明이고 月則有時而虧하니, 猶正嫡當尊이고 衆妾當卑이나, 今衆妾이 反勝正嫡하니 是日月更迭而虧라. 是以憂之하여 至於煩寃憒(古對反이고, 心亂也라)眊(音冒이고, 目不明也라)하니, 如衣不澣之衣에도 恨不能奮起而飛去也라.
比체이다. '居'와 '諸'는 語辭이다. '迭'은 번갈아 바뀜(更)이요, '微'는 어그러짐이다(華谷嚴氏曰: 微는 밝지 못함을 말함이다. 日을 月이 食이면 則 不明이니, <十月之交>편에서 云하길, '彼엔 月而微하였다가, 此엔 日而微로다.'라 하였다). '匪澣衣'는 때와 더러움이 묻어 세탁하지 않은 옷이다. '奮飛'는 마치 새가 날개를 떨치며 날아 떠나감과 같음이다. ○해는 마땅히 항상 밝음이지만 달은 때에 따라 기울어지니, 마치 正嫡은 존귀함에 해당하고 衆妾은 비천에 해당인데도, 지금의 衆妾들은 도리어 正嫡을 이기려드니, 이렇게 日月이 다시 뒤바뀌어(更迭) 이그러진 것이다. 이러므로 그것을 근심하길 원통의 가슴앓이(煩寃:원통원)로 마음이 심란하고 시야가 깜깜함에까지 이르렀으니(憒:古對反<케>이니, 心亂이다. 眊는 音冒로, 目이 밝지 못함이다), 마치 옷을 입어도 빨지 않은 옷과 같은데도, 능히 奮起로 날아 떠나가지 못함을 恨스럽게 여긴다는 말이다.

栢舟는 五章으로, 章六句이라.
栢舟는 五章으로, 章마다 六句이다.

朱子曰 讀詩엔 須當諷味하여 看他詩人之意在甚處이라. 如婦人不得於其夫엔 宜其怨之深矣나, 而曰我思古人, 實獲我心하고 又曰靜言思之, 不能奮飛라하니, 其詞氣가 忠厚惻怛하여 怨而不過如此하니, 所謂止乎禮義로 而中喜怒哀樂之節者이라. 所以雖為變風이라도 而繼二南之後者이라. 以此로 臣之不得於君,子之不得於父,弟之不得於兄,朋友之不相信엔 皆當以此為法이라. 如屈原이 不忍其憤하고 懷沙로 赴水하니 此賢者之過也고, 賈誼云하길 歷九州而相其君兮, 何必懷此都也는

又失之遠矣라. 讀詩須合如此看이라. 所謂詩可以興,可以觀,可以羣,可以怨은 是詩中大義니, 不可不理會得이라.

朱子曰: 讀詩엔 반드시 當히 諷味하여 그(他) 詩人之意가 甚處에 在한지를 看하여야 한다. 마치 婦人이 不得於其夫엔 宜當 그 怨이 深이지만 曰하길 <綠衣>에서 '我思古人 實獲我心'이라 하고, 又曰하길 '靜言思之 不能奮飛'라 하니, 그 詞氣가 忠厚하고 惻怛(불쌍히 여기어 슬퍼함)하여 怨이라도 如此함에 不過하였으니, 所謂 '止乎禮義'인 것으로 喜怒哀樂之節에 中인 것이다. 비록 變風이 되더라도 二南之後를 繼할 수 있는 所以인 것이다. 此로서 臣이 不得於君하고 子가 不得於父하며, 弟가 不得於兄하고 朋友가 不相信엔 모두 當히 此로 法을 삼아야 할 것이다. 마치 屈原이 그 憤함을 참지 못하고 <懷沙賦>를 짓고 멱라水로 빠져(赴)드니 此는 賢者之過인 것이고, 사기의 <屈原賈生列傳>에서 가의(賈誼)가 회사부(懷沙賦)에 답하여 云하길 '九州를 歷하며 그 君을 相할 뿐이지, 어찌 반드시 此의 도읍(都)만을 懷이런가?'라 하니 또한 失之遠인 것이다. 讀詩엔 반드시 如此로 合하여 看하여야 한다. 所謂 '詩는 可以興하고, 可以觀하며, 可以羣하고, 可以怨할 수 있다.'는 이렇게 詩中의 大義이니, 理會로 得하지 않아서는 不可한 것이다.

○問컨대, 靜言思之,不能奮飛엔 猶似未有和平意이니이다. 曰也只是如此說라도 無過當處이라. 既有可怨之事엔 亦須還他有些怨底意思하고 終不成하고 只如平時이니, 卻與土木相似인져. 只看舜之號泣于旻天이라도 更有甚於此者하니, 喜怒哀樂을 但發之에 不過其則耳이지, 亦豈可無리오. 聖賢處憂危엔 只要不失其正이라. 如綠衣言인 我思古人,實獲我心의 這般意思가 卻又分外好이라.

問컨대, '靜言思之 不能奮飛'엔 오히려 흡사 아직 和平의 意는 있지 않은 듯합니다. 曰: 또한 다만 이렇게 如此로 說이라도, 過하게 當한 處는 없는 것이다. 이윽고 可怨之事를 有함에도 또한 반드시 도리어 他에겐 些의 怨底意思만이 有하였고 終에까지 不成하고 다만 平時와 같았을 뿐이니, 도리어 음양오행에서 土木과 더불어 相似함일진져! 다만 舜의 號泣于旻天에 看일지라도 원망이 다시 此보다 甚함이 有인 것이니, 喜怒哀樂을 다만 그것으로 發之함에 그 則(측)에 過하게 하지 않을 뿐이지, 또한 어찌 可히 無하게 할 수 있겠는가? 聖賢께서 憂危에 處할지라도 다만 그 正에서 不失일 것을 要하셨을 뿐인 것이다. <綠衣>에서 言한 '我思古人 實獲我心'과 같은 경우의 이(這) 일반적 意思는 도리어 또한 특별히(分外) 好인 것이다.

○慶源輔氏曰 首章은 以柏舟爲比하여, 比其可用乘載也라. 末章은 以日月爲比이니, 比其當明而虧하고 當尊而卑也라. 所謂 詞氣卑順柔弱이 全篇固然이나, 末後兩章에 尤可見이라.

慶源輔氏曰: 首章에선 柏舟로서 比를 삼아, 그 可히 乘載로 用할 수 있음을 比한 것이다. 末章에선 日月로서 比를 삼아, 그 當明에도 虧하고 當尊에도 卑함을 比한 것이다. 所謂 '詞氣卑順柔弱'이 全篇에서도 固히 然이지만, 末後의 兩章에서 더욱 可見인 것이다.

○竹房張氏曰 莊姜은 處夫婦之變여도 正靜自守而不忍斥言其夫하고, 共姜은 處母子之變하여 以死誓여도 無他感動其母이라. 然母之慈愛는 猶可回也인지라 故共姜處之易하고, 夫之昏惑은 不可移也인지라 故莊姜處之難이니, 所以冠邶衛居變風之首也라.
竹房張氏曰: 莊姜은 夫婦之變에 處했어도 正靜으로 自守하며 차마 그 夫로 斥言하지 않았고, 共姜은 母子之變에 處하여 死誓로서 하여도 他의 그 母를 感動케 함이 없었다. 然이나 母之慈愛는 오히려 可히 回케 할 수 있는지라 故로 共姜의 그것으로 處之는 易이고, 夫之昏惑은 不可移인지라 故로 莊姜의 그것으로 處之는 難인 것이니, 邶,衛에다 冠하여 變風之首로 居하게 한 所以인 것이다.

○豐城朱氏曰 莊姜은 不得志於夫而無怨夫之意하고 不見禮於兄弟而無絶兄弟之情하며 不見愛於衆妾而無怒衆妾之心하니, 而所以自反者이라. 惟知心志不可以不專一하고 威儀不可以不閑習여도, 使惡我者無得而簡擇하고 怒我者無得以瑕疵하니, 亦可謂善自處矣고 此所以居變風之首也歟인져. 又曰 莊姜之憂는 憂己之不得於其夫也라. 己之不得於其夫가 似若未害也나, 而夫婦之道가 於此乎始虧하고 嫡妾之分이 於此乎始亂하니, 事始於閨門라도 而毒流於一國하고 怨生於衽席라도 而禍延於後世하니, 則其憂也豈惟一人之憂리오. 乃邦國無窮之憂也컨대 而亦何能自已於言乎리오. 夫子錄之하곤 且列於變風之首는 固將以垂戒於天下後世也歟인져.
豐城朱氏曰: 莊姜은 不得志於夫인데도 怨夫之意가 無하였고, 不見禮於兄弟인데도 兄弟之情을 絶함이 없었으며, 不見愛於衆妾이여도 衆妾에 怒하는 心이 없었으니, 自反하였던 所以인 것이다. 오직 心志를 專一치 않아서는 불가하고 威儀는 閑習치 않아서는 불가함을 알았어도, 惡我者로 하여금 簡擇케 청함이 없었고, 怒我者로 하여금 瑕疵케 책함이 없었으니, 또한 可히 '善自處'라 말할 수 있음이고, 此가 變風之首에 居하게 된 所以일진져! 又曰: 莊姜之憂는 己가 不得於其夫임을 憂한 것이다. 己의 不得於其夫가 흡사 마치 아직 害됨은 아닌 듯하지만, 夫婦之道가 於此乎에 비로소 虧됨이고, 嫡妾之分이 於此乎에 비로소 亂이니, 事가 閨門에서 始됨에 毒이 一國에까지 流하고, 怨이 衽席에서 生함에 禍가 後世에까지 뻗음(延)이니, 則 그 憂가 또한 어찌 오직 一人만의 憂일 뿐이겠는가? 이내 邦國의 無窮之憂이거늘, 또한 어찌 能히 스스로 言함에만 그칠 수 있겠는가? 夫子께서 그것을 錄之하곤 또 變風之首에다 列함은 固히 將차 天下後世에다 戒를 垂함일진져!

2. 綠衣

03-02-01 綠兮衣兮여. 綠衣黃裏로다. 心之憂矣여. 曷維其已리오.
녹색 저고리여! 녹색 저고리에 황색 내의로다. 마음속 근심이여! 언제라야 오직 그 근심 끝나리오?

초록색 저고리에 황색 속옷 껴입었네
내 마음속 근심이여! 이 시름 언제나 그치려나

比也라. 綠은 蒼勝黃之間色이고, 黃은 中央土之正色이라(安成劉氏曰 靑,黃,赤,白,黑은 五方之正色也고, 綠,紅,碧,紫,繡은 五方之間色也라. 蓋以木之靑이 克土之黃하니, 合靑黃而成綠하여 爲東方之間色이라). 間色은 賤而以爲衣하고 正色은 貴而以爲裏하니, 言皆失其所也라. 已는 止也라. ○莊公이 惑於嬖妾하여(曹氏曰 莊公揚은 武公子이라. 左傳謂하길 '公子州吁는 嬖人之子也라. 有寵하고..'라하니, 此所謂妾는 或州吁之母歟인져), 夫人莊姜이 賢而失位인지라 故作此詩이라. 言綠衣黃裏로 以比賤妾尊顯而正嫡幽微하니(孔氏曰 間色爲衣而見하고 正色反爲裏而隱하니, 猶妾蒙寵而顯하고 夫人反見疎而微也라), 使我憂之不能自已也라.

比체이다. '綠'은 푸르름(蒼)이 황색을 이기는 간색(間色)이고, '黃'은 토지 중앙의 정색(正色)이다(安成劉氏曰: 靑,黃,赤,白,黑이 五方之正色이고, 綠,紅,碧,紫,繡<분홍훈>이 五方之間色이다. 대개 木之靑이 土之黃을 克하니, 靑黃을 합하여 綠을 만들고 東方之間色으로 삼음이다). 간색은 천한데도 상의(上衣)가 되었고, 정색은 귀한데도 상의의 속옷이 되니, 모두 그 마땅한 바를 잃었음을 말한 것이다. 已는 그침이다. ○위나라 장공이 폐첩(嬖妾)에게 유혹되어(曹氏曰: 莊公 揚은 武公의 子이다. 左傳에 謂하길 '公子州吁는 嬖人之子로, 또한 寵愛를 받으며...'라 하였건대, 此에서의 所謂 '妾'은 或 州吁之母일진져!), 부인 장강이 현명한데도 지위를 잃었기 때문에 고로 이 시를 지은 것이다. 녹색 상의와 황색 속옷으로, 천첩은 존귀하게 드러나고 정실부인은 미약하여 미미하게 되었으니(孔氏曰: 間色으로 상의를 만들어 見하게 하고 正色은 도리어 裏를 만들어 隱微하게 하니, 마치 妾이 寵을 蒙하여 顯하게 되고 夫人은 도리어 疎遠을 만나 微하게 됨과 같다는 것이다), 나로 하여금 그것으로 근심하길 능히 스스로 그만두지 못하게 함을 비유하여 말한 것이다.

*참고: 左傳謂公子州吁(隱公四年)

戊申 衞州吁殺其君完.

戊申일에 衞 州吁가 그 君 完을 시해하다.

좌 衞莊公娶于齊東宮得臣之妹 曰莊姜. 美而無子 衞人所爲賦碩人也. 又娶于陳 曰厲嬀 生孝伯 早死. 其娣戴嬀生桓公 莊姜以爲己子. 公子州吁 嬖人之子也. 有寵而好兵 公弗禁 莊姜惡之. 石碏諫曰 臣聞愛子敎之以義方 弗納於邪. 驕奢淫泆 所自邪也. 四者之來 寵祿過也. 將立州吁 乃定之矣. 若猶未也 階之爲禍. 夫寵而不驕 驕而能降. 降而不憾 憾而能眕者鮮矣. 且夫賤妨貴 少陵長 遠間親 新間舊 小加大 淫破義 所謂六逆也. 君義臣行 父慈子孝 兄愛弟敬 所謂六順也. 去順效逆 所以速禍也. 君人者將禍是務去 而速之 無乃不可乎. 弗聽. 其子厚與州吁游 禁之不可. 桓公立 乃老. 四年春 衞州吁弒桓公而立

衞 莊公이 齊나라 동궁(東宮:태자) 得臣의 누이동생(妹)에게 장가를 들었으니 '莊姜'이라 曰하였다. 아름다웠으나 자식이 없음에, 衞人이 <碩人>이란 詩를 賦해주는 바가 되었다. 또 (衞 莊公이) 陳나라에도 장가를 들었으니 여규(嬀:성씨屬:시호)라 曰하였고, 孝伯을 낳았으나 일찍 죽었다. 그의 동생 대규(戴嬀)가 桓公을 낳으니, 莊姜이 자기의 자식으로 삼았다. 公子 주우(州吁)는 嬖人의 자식으로 총애를 받으며 兵事를 좋아하였으나, 公이 禁하지 않으니 莊姜이 그를 미워하였다. 석작(石碏)이 諫하며 曰: <臣이 듣기를 '사랑하는 자식을 가르치길, 義의 향방(方)으로 하여 사특함을 들이지 않게 한다.'라 하였으니, 교만(驕:업신여김)과, 사치(奢:윗사람참소)와, 음란(淫:욕심과도)과, 넘쳐남(泆:방종)은 邪로부터 오는 바입니다. 네 가지가 오게 됨은 寵祿이 지나치기 때문이니, 장차 州吁로 태자를 세우시려거든 이내 그로 정하십시오. 만일 오히려 아니하실지면, 그것으로 계단 삼아 禍를 일으킬 것입니다. 무릇 총애를 받고도 驕慢하지 않고, 驕慢하면서도 능히 자신을 낮추며, 자신을 낮추고도 憾하지 않고, 憾하면서도 능히 진중(眕:鎭重)하는 자는 드뭅니다. 또 무릇 賤한 자가 貴한 자를 방해하고, 젊은이가 어른을 능멸하고, 소원한 자가 친근한 자를 이간하고, 새로운 자가 오래된 자를 이간하고, 약소한 자가 강대한 자를 치고(자기의 뜻을 더함), 음란함이 義를 파괴하는 것을 소위 六逆이라 합니다. 君이 義로움에 臣은 의(義)를 行하고, 父가 慈愛로움에 子는 孝를 다하고, 兄이 親愛함에 弟는 敬을 다함을 所謂 六順이라 합니다. 順을 버리고 逆을 본받게 한다면, 禍를 속히 이르게 하는 까닭인 것입니다. 군주된 사람은 장차 禍에 대해 이렇게 제거하기를 힘써야 하는데도 그것을 속히 이르게 하시니, 이내 불가함은 없겠습니까?>라 하여도 듣지 않았다. 그의 자식인 석후(石厚)도 州吁와 더불어 游하니, 그것을 禁하여도 가히 듣지를 않았다. 桓公이 효하자, 이내 늙음을 핑계로 치사(致仕)하였다. 四年 春에 衞 州吁가 桓公을 시해하고 스스

로 효하였다.

南軒張氏曰 言嫡妾之亂의 其弊여도 將有不可勝言者하니, 憂在宗國也거늘 夫豈爲一身之私哉리오.
南軒張氏曰: 嫡과 妾을 亂케 하는 그 弊에 言이어도 將次 可히 言으로 감당할 수 없음이 있는 것이니, 憂가 宗廟와 國에까지 在하게 됨을 말함이거늘, 저 어찌 一身의 私사로운 근심만이 되겠는가?

○疊山謝氏曰 嫡妾易位로 尊卑不明하여 家不齊이면 則國不治거늘, 莊姜之心이 豈但憂一身哉리오. 爲君憂하고 爲君之子憂하며 爲國家後日憂커늘, 其憂를 何時能止也리오.
疊山謝氏曰: 嫡과 妾이 易位로 尊卑가 不明하여 家가 不齊이면 則 國은 不治거늘, 莊姜之心이 어찌 다만 一身만을 憂함이겠는가? 君을 위하여 憂하고 君之子를 위하여 憂함이며 國家의 後日을 위하여 憂함이거늘, 그 憂를 何時인들 能히 止할 수 있으리오?

03-02-02 ○綠兮衣兮여. 綠衣黃裳이로다. 心之憂矣여. 曷維其亡이런고.
녹색 저고리여! 녹색 저고리에 황색 치마로다. 마음속 근심이여! 언제라야 오직 그 시름 잊을런고?

초록색 저고리에 황색 치마 걸쳐입네
내 마음속 근심이여! 이 시름 언제나 잊을런가

比也라. 上曰衣하고 下曰裳이라. 記曰하길 衣正色하고 裳間色컨대, 今以綠爲衣에 而黃者自裏轉而爲裳이니, 其失所益甚矣라(孔氏曰 間色爲衣而在上에 正色爲裳而處下하니, 猶妾蒙寵而尊하고 夫人反見疎而卑이라. 前以表裏喩幽顯하고 此以上下喩尊卑이라). 亡之爲言은 忘也라.
比체이다. 위의 옷을 '衣'라 말하고, 아래옷을 '裳'이라 曰한다. 예기(禮記)에 왈하기를 '衣는 정색으로 하고, 裳은 간색으로 한다.'라 하였건대, 지금 녹색으로 衣를 만듦에 황색인 것은 속(裏)으로부터 전락(轉落) 되어 裳이 되고 말았으니, 그 잃어버림이 더욱 심한 바인 것이다(孔氏曰: 間色으로 衣를 만들어 在上케 함에 正色은 裳이 되어 處下하니, 마치 妾이 蒙寵하여 尊이고 夫人은 도리어 疎를 만나 卑인 것과 같음이다. 前은 表裏로서 幽와 顯을 喩한 것이고, 此는 上下로서 尊과 卑를 喩한 것이다). '亡'이라 말을 삼음은 잊을 忘인 것이다.

03-02-03 ○綠兮絲兮에도 女所治兮로다. 我思古人하야 俾無訧兮로다.
녹색 물들여 막 실(絲) 이룸에도 그댄 또한 옷감 짜게 하는도다. 나 옛사람에 돌이켜 허물없도록 힘쓸 뿐이로다.

예쁜 초록 실타래를 그대 곱게 물들였지
옛사람 생각함에 허물없도록 맘먹었네

比也라. 女는 指其君子而言也라. 治는 謂理而織之也라. 俾는 使이고, 訧는 過也라. ○言綠方爲絲而女又治之로 以比妾方少艾而女又嬖之也라. 然則我將如之何哉런가. 亦思古人有嘗遭此而善處之者하여 以自勵焉으로 使不至於有過而已이라.
比체이다. '女'는 그 군자를 가리켜 말한 것이다. '治'는 실을 다스려 그것으로 옷감을 짜는 것이다. '俾'는 하여금 使이고, 訧(우)는 허물함이다. ○녹색으로 물들여 막 실이 만들어졌음에도 그대(女)는 또 그것으로 옷감을 짜게 한다는 것으로서, 첩이 바야흐로 어리고 앳됨에도 그대는 또한 그녀로 총애한다는 것을 비유하고서, 그렇다면 나는 장차 그것을 어떻게 하여야 할 것인가? 또한 옛사람 중에 일찍이 이러한 상황을 만나 그것에 잘 처신함이 있었던 자를 생각하여, 그것에 스스로 힘써 과실 있는 데로 이르지 않게 할 뿐임을 말한 것이다.

慶源輔氏曰 彼之所爲는 自違悖이나, 而我之所爲는 則欲其無過而己니, 此其所以爲賢也라.
慶源輔氏曰: 彼가 爲했던 바는 自로 違悖(어긋나고 거스름)일지나, 我가 爲하는 바에는 則 그 無過코저 할 뿐이니, 此가 그 賢이 되는 所以인 것이다.

03-02-04 ○絺兮綌兮여. 凄其以風이로다. 我思古人호니 實獲我心이로다.
가늘고 거친 삼베옷이여! 싸늘히 그 바람 맞음이로다. 내 옛사람에 돌이키노니 실로 나의 마음 마땅함을 얻을 뿐이로다.

모시옷 베옷 사이 찬바람이 들어오네
옛사람 생각함에 내 마음도 알겠구나

比也라. 凄는 寒風也라. ○絺綌而遇寒風은 猶己之過時하여 而見棄也라. 故思古人之善處此者하여 眞能先得我心之所求也라.
比체이다. '凄'는 차가운 바람이다. ○가는 베옷과 거친 베옷(絺綌:치격)으로 찬바람을 만남은, 자기의 때 지나침이 버림받음과 같다는 것이다. 고로 옛사람 중 이것에 잘 처신한 자를 생각하여, 참으로 능히 나의 마음이 求해야 할 바로 먼저 득한다는 것이다.

朱子曰 古人所爲洽을 與我合이면 只此로도 便是至善이라. 前乎千百世之已往과 後乎千百世之未來라도 只是此道理니, 孟子所謂 若合符節이 政히 謂是爾이라.
朱子曰: 古人이 흡족히 하였던 바로 我와 더불어 合하게 할지면, 다만 此로도 문득 이렇게 至善인 것이다. 千百世之已往의 前과 千百世之未來의 後라도 다만 이렇게 此의 道理일 뿐이니, 孟子에서 所謂 '若合符節(離婁章句下)'이 틀림없이(政) 是를 말함일 뿐인 것이다.

○慶源輔氏曰 莊姜始에 則思法古人以求無過하고, 旣又因古人之事하여 而知其先得我心之所同然者하니, 可不謂之賢乎哉리오.
慶源輔氏曰: 莊姜이 始엔 則 古人에 法받아 無過할 것을 求할 것으로 생각하였고, 이윽고 또 古人之事로 因하여 그 我心과 다름이 없는(同然:好惡) 바의 것을 先得할 것에 知하였으니, 可히 賢이라 謂之하지 않을 수 있겠는가?
*참고: 모시정의
【疏】傳 '古之君子'
○正義曰: 傳以章首二句, 皆責莊公不能定其嫡妾之禮, 故以爲思古之君子, 謂能定尊卑, 使妻妾次序者也.
正義曰: 傳은, "이 장의 처음 두 구는 모두 장공이 정실과 첩 사이의 禮를 定케 하지 못한 것을 나무란 것이다. 그리하여 '옛 군자를 생각함은, 尊卑를 정하여 정실과 첩 사이에 서열이 있게 한 자를 말한 것"으로 여긴 것이다.
【疏】箋 '古之聖人制禮者'
○正義曰: 箋以上二句, 皆責妾之上僭, 故以爲思古之聖人制禮者, 使貴賤有序, 則妾不得上僭, 故思之.
正義曰: 箋은, '위의 두 구가 모두 첩이 위로 참람함을 나무란 것이므로, '예를 제정한 옛 성인을 생각해보건대, 貴賤에 서열이 있게 하였으니, 첩이 위로 참람할 수 없었다. 그리하여 〈옛 군자를〉 생각한다고 말한 것'으로 여긴 것이다. (출처: 동양고전종합DB, 전통문화연구회)
*역주
恐컨대 '我思古人'에 대해, 주자의 집전은 <古人之善處此者>로 보았고, 모시정의는 <古之聖人制禮者>로 보았다. 고로 집전에선 '惟思古人以自修其身'의 '수신과 정심'에 대한 의미로 삼았고, 정의에선 '古之聖人制禮者, 使貴賤有序, 則妾不得上僭, 故思之.'라 하여 "참으로 내 마음 아셨네(實獲我心)."라 여긴 것이다.

綠衣는 四章으로, 章四句이라.

綠衣는 四章으로, 章마다 四句이다.

莊姜事는 見春秋傳이나, 此詩無所考라. 姑從序說하니, 下三篇同이라.
장강의 일이 춘추전에 보이나, 이 시에서는 상고할 바가 없음이다. 우선 <序說>을 쫓음이니, 아래 3편도 같음이다.

左氏傳 隱公三年初에 衛莊公娶于齊東宮得臣之妹하니, 曰莊姜이라. 美而無子에 戴嬀生桓公하자 莊姜以爲己子라. 公子州吁는 嬖人之子也라. 有寵而好兵컨대, 公弗禁하자 莊姜惡之이라.
<左氏傳> 隱公三年初에, 衛 莊公이 齊나라 동궁(東宮:태자) 得臣(莊公的太子)의 누이동생(妹)에게 장가를 들었으니 '莊姜'이라 曰하였다. 아름다웠으나 자식이 없음에, 衛人이 <碩人>이란 詩를 賦해주는 바가 되었다. 또 (衛 莊公이) 陳나라에도 장가를 들었으니 여규(嬀:성씨屬:시호)라 曰하였고, 孝伯을 낳았으나 일찍 죽었다. 그의 동생 대규(戴嬀)가 桓公을 낳으니, 莊姜이 자기의 자식으로 삼았다. 公子 주우(州吁)는 嬖人의 자식으로 총애를 받으며 兵事를 좋아하였으나, 公이 禁하지 않자 莊姜이 그를 미워하였다.

○華谷嚴氏曰 女子之情으론 饒怨이나, 此詩但刺莊公不能正嫡妾之分하고, 其詞氣溫柔敦厚하길 如此하니, 故曰詩可以怨이라.
華谷嚴氏曰: 女子之情으론 怨에 넉넉(饒)일지나, 此詩에선 다만 莊公이 能히 嫡妾之分을 正하지 못함만을 풍자하고, 그 詞氣가 溫柔하고 敦厚하길 如此하니, 故로 '詩可以怨'이라 曰함인 것이다.

○黃氏曰 觀詩를 至綠衣然後에 知先王之風澤深厚이라. 夫以婦人女子而所知하길 如此하니, 詞氣坦夷가 固與氣息茀然者완 不可同年語矣라. 蓋不得已而後言이니, 仁厚積中而然也라.
黃氏曰: 觀詩를 綠衣에 至한 然後에야 先王之風澤이 深厚하였음을 知인 것이다. 저 婦人의 女子로서도 知했던 바가 如此하였으니, 詞氣의 坦夷(寬而平坦)가 固히 氣息의 茀然者(숨찬모양발)와는 同年으로 語함이 不可한 것이다(猶言 相提並論:서로 끌어다 아울러 논함). 대개 不得已인 而後에 언하였으니, 仁厚가 積中인 이후에나 然일 수 있는 것이다.
*참고: 氣息茀然(장자내편)
獸死不擇音 氣息茀然
짐승이 죽을 때는 자신의 소리를 택하지 못하고, 마구 짖어대 숨소리의 기세가 거칠어짐.

○定宇陳氏曰 不得於夫而不疾其妾하고 惟思古人以自修其身하니, 憂而不傷이고 怨而不怒로 孔子謂의 詩可以怨이 其此類也夫인져.
定宇陳氏曰: 不得於夫라도 不疾其妾하고, 오직 思古人하여 自修其身하니, 憂而不傷이고 怨而不怒로, 孔子謂하신 '詩可以怨'이 그 此類일진져!

*衛나라 개괄
위나라는 희성(姬姓)의 제후국으로, 주나라 3대 성왕 때 숙부 관숙과 채숙이 은나라 주(紂)왕의 아들 녹보와 손잡고 난을 일으키자, 숙부인 주공단이 소공 석과 함께 난을 평정하고 은나라 유민을 모아 무왕의 막내아우 강숙봉(康叔封)에게 봉했는데, 은나라의 옛 영토이다. 지금의 섬서성과 산시성으로 위나라는 동으로는 제, 노, 송 서쪽으로는 晉, 秦, 남쪽으로 周,鄭으로 둘러싸인 소국이다.
서주 말엽 10대 군주 무공이 주나라에 침입한 오랑캐를 물리쳐 공을 세우고서 부터 역사에 알려지기 시작했으며, 소국 정나라와 함께 중원에서 세력을 구가하기도 했으나 공자들 간의 골육상쟁이 끊이지 않는 등 내란을 겪다 멸망당하고 말았다. 위나라는 위무공 이후 위환공, 위선공, 위혜공 때 내부적으로 복잡한 일이 일어나 국력이 크게 소모되다, 16대 위의공에 이르러 오랑캐에게 잡혀 죽는 사건까지 일어났다.

*동주 천도에 공을 세운 위무공
서주 유왕이 요녀 포사와 놀아나 왕후(申后)를 폐위하고 태자를 갈아치우는 등 악정을 계속하다, 신후(申侯)가 오랑캐를 끌어들여 주나라를 침범하여 바로 잡으려 하였다. 그러나 뜻하지 않게 오랑캐가 유왕을 죽이고서 왕실을 초토화시키고 행패가 심하여 백성들의 원망이 신후에게로 돌아가자, 신후는 삼로(三路)의 제후에게 오랑캐를 무찔러 줄 것을 청하였는데, 세 나라는 晉, 秦, 衛나라였다. 위나라 제후 무공 희화(姬和)는 당시 80세로 주나라를 구한 공로로, 주평왕은 그에게 公爵에 봉하고 사도로 봉해 정나라 굴돌과 함께 주나라 정사를 도와 세를 과시하였다. 그러나 주평왕 13년에 위무공이 죽자 주나라 정사는 정무공에게 장악되었다.

*莊公이후 骨肉相爭
장공이 죽자 환공(桓公)이 왕위를 계승하였다. 11대 군주 위장공의 맏아들 완(完)이 군위에 올라 환공이 되었는데, 정나라에서 군주 장공의 동생 공숙이 난을 일으켜 아들 공손활에게 위나라로 보내 군사를 빌리러 보냈는데, 그 사이 반란이 실패하여 공숙단이 자살하였다는 소식을 듣고 아들 활은 위나라 군대를 빌리러 오는 도중 다시 발길을 돌려 위나라로 도망쳤다. 그리고는 다시 위환공에게 아비 원수를 갚아달라고 하여 위환공은 군대를 내주었는데, 정장공이 보낸 사신으로부터 공숙단 부자의 반란 경위를 듣고, 위환공이 정장공에게 편지를 보내어 화친하고 공손활을 위나라에서 살게 해주었다.

그 후 주우가 위환공을 죽이고 군위를 찬탈한 사건이 있었다. 기원전 719년 봄, 주우는 환공을 죽이고 스스로 군주의 자리에 올랐다. 주평왕이 붕어하자 이를 조문하러 가는 위환공을 배웅한다고 속이고, 군사를 매복시켜 중간에서 환공을 죽이고 만 것이다. 이 난으로 위환공의 동생 진(晉)이 형나라로 도망쳤는데, 나중에 돌아와 군위에 오르니 그가 바로 위선공이다. 주우는 군주자리에 올랐으나 동생이 형을 죽인 것을 안 백성들의 성난 민심을 위협하고 억압하기 위해, 정나라를 공격하기로 하였다. 그럼에도 민심이 수습되지 않자 주우는 백성의 신망이 두터운 석후의 아비인 석작을 불러 정사를 맡기려 하였으나, 오히려 석작의 계책으로 주우와 아들 석후도 붙잡혀 죽게 된다.

*衛桓公 完. 위(衛) 12대 군주(B.C.734~719 15년간 재위)
선군 위장공(B.C.757~735)은 부인 장강이 아이를 낳지 못하자, 진후(陳侯)의 딸 여규를 들였으나 그녀의 소생은 일찍 죽었다. 여규의 친정동생인 대규를 받아들여 아들 둘이 태어났는데 하나는 완(完)이고 다른 하나는 진(晉)이었다. 둘 다 후에 군주가 되는데 위환공과 위선공이다. 천성이 착한 적부인 장강은 한 궁녀를 위장공에게 천거하였는데, 거기서 난 아들이 주우(州旴)였다. 주우는 장성하면서 천성이 포악하고 무예를 좋아했다. 장공은 그런 주우를 가장 사랑했다. 대부 석작에게는 아들 석후란 자가 있었는데, 음탕하고 사치가 많아 주우와 친하게 지냈다. 석작은 아들 석후가 백성들을 괴롭히자, 매질을 하고 감금했음에도 도망쳐 주우에게로 가 주우와 더욱 친해졌다. 위장공이 세상을 떠나자 공자 완이 군위를 계승했는데, 그가 바로 위환공이다. 위환공은 매사 결단력이 없고 나약하였다. 주우는 석후와 더불어 밤낮 형의 군위를 찬탈할 계획을 꾸미고 논의하였다. 마침 주 왕실에서 평왕이 죽자 환공이 조문하러 주나라로 떠나니, 주우는 계획을 꾸며 배웅하는 것처럼 속여 중간에서 환공을 죽이고 스스로 군주자리에 올랐다. 석후는 상대부가 되었고, 죽은 환공의 친동생 진(晉)은 형나라로 달아났다. 백성들이 주우를 형을 죽인 놈이라고 저주한다는 보고를 받자, 주우는 민심을 돌리기 위해 정나라를 쳤다. 그런데도 민심이 돌아오지 않자, 석후는 주우에게 백성들의 신임이 두터운 아비 석작을 불러냈다. 석작은 주우에게 주 왕실에 가 품명하고 인증을 받으면 민심이 돌아올 것이라 말하고, 주환왕에게는 비밀히 편지를 보내 두 역적을 사로잡아달라고 부탁하였다. 결국 두 사람은 붙잡혀 석작의 지시로 불귀의 객이 되고 말았다. 형나라로 도망갔던 진이 돌아와 주우의 머리를 죽은 친형 위환공의 묘에 바치고 군위에 올랐는데, 그가 패륜아인 위선공이다. 좌구명은 고사(古史)를 편찬하다가 석작이 친자식 석후를 죽이는 대목에서 이르러 「석작은 대의를 위해 친자식을 죽였으니, 진실로 순수한 신하로다(大義滅親).」라고 찬했다.

*석작(石碏)
위(衛)나라 충신으로, 불초한 아들 석후가 난신적자인 주우를 도와 위환공을 시해하고 온갖 아첨과 간계를 일삼는 것을 보다 못해, 주왕실과 비밀리에 연락하여 그들의 도움을 받아 주우와 석후를 처형하였다. 대의를 위해 아들까지 처벌한 충정과 대의멸친의 기개는, 후세에 현신과 충신의 대명사로 두루 칭송을 받았다.

*위선공 晉. 위(衛) 14대 군주(B.C. 718~700 19년간 재위)
이름은 진(晉)으로 공자 주우(B.C 719)가 형인 위환공을 죽이고 군위를 찬탈하였으나, 민심을 얻지 못해 군주자리에 오른 지 1년도 안 돼 대부 석작에게 죽임을 당했고, 형나라에 있던 진을 불러다 군위에 앉힌 인물이다. 사람됨이 음탕하여 공자(公子)때부터 아버지 위장공의 첩인 이강(夷姜)과 관계를 하고 아들까지 낳아 급자(急子)라 하였다. 급자 외에도 금모, 석(碩)을 낳았다. 군주가 된 후에 아들 급자의 신부될 며느리감(제 희공의 딸 선강)이 미색이란 얘길 듣고, 생각이 바뀌어 아들 급자를 송나라 사신으로 보낸 후에 신대(新臺)를 지어 선강을 취해 첩으로 만들어 버렸다. 거기서 수와 삭 둘을 낳았다. 천성이 사악한 삭의 간계로 친형 수와 서형 급자 둘 다 억울하게 비명횡사하자, 위선공은 충격을 받아 반년 만에 세상을 떠났다.

*혜(惠)공 朔.
선강과 함께 부군에게 서형 태자 급을 참소해 죽게 만들었으며, 그 과정에서 친형 공자 수도 죽임을 당하자 태자 자리를 이어받았다. 좌공자 설과 우공자 직이 주나라에 있던 공자 검모(黔牟)를 옹립하자 제나라로 달아났다. 기원전 687년, 제 양공이 제후들을 이끌고 위나라를 공격해 공자 금모를 주나라로 추방하고 좌우 공자를 죽이고 혜공을 복위시켰다.

*학에게 직품을 주고 녹을 준 위의공.
16대 군주 위의공은 혜공의 아들로, 역시 군위에 오르자마자 하는 일 없이 학을 유독 좋아하여 궁궐 사방천지가 학으로 가득 찼고, 학마다 다 직품과 직위를 부여하고 녹까지 지급하는 우스운 짓까지 하였다. 학을 먹여 살리느라 백성들에게 세금을 마구 거두어 굶주린 백성들은 궁중을 원망하였고, 민심은 자연 제나라에 가 있는 공자 훼(燬)에게로 쏠렸다. 옛날 주태왕(고공단보) 때부터 강성하기 시작한 北狄 오랑캐가 단숨에 형나라를 쳐부수고 위나라에 쳐들

어왔다. 학만 가지고 논 위의공이 오랑캐를 대적할 수 없었다. 들판에서 온몸이 갈기갈기 찢기어 형체도 알아볼 수 없이 죽고 말았다. 대부 굉연이 간신히 위 의공의 간(肝)만이 성한 것을 찾아내어 자신이 棺이 되겠다하여 배를 가르고 위의공의 간을 자기 뱃속에 넣고 죽었다. 대부 영속과 석기자가 남은 군사와 백성을 모아 공자 申을 모셔 세우니 위 대공(衛戴公)이다. 그러나 병약하여 군위에 오른지 며칠도 못가 죽어 제나라에 있는 공자 훼를 모시니, 그가 바로 18대 위문공이다. 주혜왕 18년이었다. 훼는 위혜공(朔)과는 아버지가 다른 동생이다. 곧 급자의 친동생 공자 석(碩)이 자기 형수뻘인 동시에 서모뻘인 선강(宣姜)과 관계해서 낳은 아들이다. 훼가 제나라에 있자 제환공은 그에게 큰딸을 주어 제나라에서 머물게 해주었다. 그러다 위나라로 귀국하여 제위에 오른 것이다. 위문공은 25년간 재위하였다. 관중의 계책으로 위나라 재건을 도우니, 제환공은 패자의 지위를 얻을 수 있었다.

3. 燕燕

03-03-01 燕燕于飛여, 差池其羽로다. 之子于歸에 遠送于野호라. 瞻望弗及인지라 泣涕如雨호라.
제비 연이어 날아오름이여! 서로 층지어 그 날갯짓이로다. 저 그대 영영 친정 떠남에 성 밖 들녘서 전송하노라. 멀리 바라봐도 눈길 닿지 않는지라 솟구친 눈물 비 오듯 하여라.

　　　　제비들이 날고 있네 날개치며 날고있네
　　　　시집가는 저 아가씨 들판 멀리 배웅하네
　　　　봐라봐도 볼 수 없어 돌아서서 눈물짓네

興也라. 燕은 鳦也니, 謂之燕燕者는 重言之也라(孔氏曰 古人重言之이라. 漢書 童謠에 燕燕 尾涎涎이 是也라). 差池는 不齊之貌라. 之子는 指戴嬀也라. 歸는 大歸也라(盧陵羅氏曰 大歸者는 不反之詞라. 公羊傳註曰 大歸者는 廢棄되어 來歸也라. ○毛氏曰 歸宗也라). ○莊姜無子하자 以陳女戴嬀之子完으로 爲己子이라. 莊公卒하고 完卽位하자, 嬖人之子州吁弑之이라. 故戴嬀大歸于陳하자 而莊姜送之하며 作此詩也라.
興체이다. '燕'은 제비 鳦(을)이니, 燕燕이라 말한 것은 거듭 그것으로 말한 것이다(孔氏曰: 古人들이 거듭 그것으로 言之한 것이다. 漢書의 童謠에 '제비 쌍으로 날아오르니<燕燕> 꼬리에 윤기 흐르네<涎涎>'가 是인 것이다). '差池(층질치)'는 가지런하지 못한 모양이다. '之子'는 대규(戴嬀)를 가리킨다. '歸'는 영영 친정나라로 가는 것이다(盧陵羅氏曰: 大歸者는 不反의 詞인 것이다. 公羊傳註曰하길 '大歸者는 廢棄되어 來歸함인 것이다.'라 하였다.
○毛氏曰: 생가로 되돌아옴<歸宗>이다). ○장강이 자식이 없자 진(陳)나라 여식인 대규의 자식 완(完)을 자기의 자식으로 삼았다. 장공이 죽고 완이 즉위하자, 총애의 첩 자식인 주우가 그를 죽였다. 고로 대규가 친정인 진(陳)으로 영영 돌아가자, 장강이 그녀를 전송하며 이 시를 지은 것이다.

臨川王氏曰 燕方春時엔 以其匹至인지라, 其羽相與差池하고 其鳴一上一下이니, 故感以起興이라.
臨川王氏曰: 燕은 바야흐로 春時에는 그 홀로된 匹(한 쌍의 한 쪽)로 至하기 때문에, 그 羽가 서로 함께 差池가 지는 것이고, 그 鳴도 一은 上하고 一은 下이니, 故로 感한 바로 興을 起한 것이다.

○眉山蘇氏曰 禮에 婦人送迎不出門여도, 遠送于野는 情之所不能已也라.
眉山蘇氏曰: 禮에 婦人이 送迎엔 出門치 않음인데도, 遠送于野는 情에 있어 능히 已할 수 없었던 바기 때문이다.

○南軒張氏曰 獨言泣涕之情者는 蓋家國之事에 有不可勝悲者니, 晉褚太后가 批桓溫廢立하여 詔云하길, '未亡人不幸히 罹此百憂하여 感念存沒마다 心焉如割러니...'라하니, 有合於詩人之情歟인져.
南軒張氏曰: 獨으로 泣涕之情에 언한 것은 대개 家國之事에 가히 悲를 감당(勝)할 수 없음이 있었기 때문이니, 동진의 저태후(褚太后:褚蒜子<저산자>)가 桓溫의 廢立(다른 임금을 맞아 세우는 것:사마혁을 폐위하고 사마욱을 옹립)에 대한 批답을 내려 詔書에서 云하길 '未亡人이 不幸하여 此의 百가지 憂患에 걸리어, 感念의 存과 沒(존망)마다 心이 그것에 칼로 베이듯 하였더니...'라 하였건데, 여기의 人之情과 合함이 있음일진져!
*참고: 桓溫廢立(晉書,卷九. 海西公紀)

○華谷嚴氏曰 風人은 含不盡之意이니, 此但敘離別之恨라도 而子弑國危之戚이 皆隱然在不言之中矣라.
華谷嚴氏曰: 風人(시인)은 시에다 不盡한 意도 含케 함이니, 此에서 다만 離別之恨만을 敘함이라도 子가 弑되고 國이 危태로운 근심(戚)이 모두 隱然의 不言之中에 在인 것이다.

03-03-02 ○燕燕于飛여. 頡之頏之로다. 之子于歸에 遠于將之호라. 瞻望弗及인지라 佇立以泣호라.
제비 연이어 날아오름이여! 오르락내리락 비행이로다. 저 그대 영영 친정 떠남에 멀리 나서 그녀 전송하노라. 멀리 바라봐도 눈길 닿지 않는지라 우두커니 울음만 우노라.

> 제비들이 날고 있네 물결치듯 날고있네
> 시집가는 저 아가씨 멀리까지 배웅하네
> 바라봐도 볼 수 없어 우두커니 눈물짓네

興也라. 飛而上曰頡하고, 飛而下曰頏이라. 將은 送也고, 佇立은 久立也라.
興체이다. 비행하며 날아오르는 것을 '頡(목덜미힐)'이라 말하고, 비행하며 내려오는 것을 '頏(목항)'이라 曰한다. '將'은 전송하는 것이고, '佇立(우두커니설저)'은 오랫동안 서 있는 것이다.

03-03-03 ○燕燕于飛여. 下上其音이로다. 之子于歸에 遠送于南호라. 瞻望弗及인지라 實勞我心호라.
제비 연이어 날아오름이여! 아래위(上下)서 그 울음이로다. 저 그대 영영 친정 떠남에 멀리 남녘서 전송하노라. 멀리 바라봐도 눈길 닿지 않는지라 실로 그리움에 가슴 미어지노라.

> 제비들이 날고 있네 날개치며 지저귀네
> 시집가는 저 아가씨 멀리 남쪽 배웅하네
> 아득해진 뒷모습에 이 내마음 미어지네

興也라. 鳴而上曰上音하고, 鳴而下曰下音이라. 送于南者는 陳이 在衛南이라.
興체이다. 울면서 날아오름을 '上音'이라 曰하고, 울면서 날아 내려옴을 '下音'이라 曰한다. '送于南'者는 陳나라가 衛나라 남쪽에 있었기 때문이다.

廣源輔氏曰 泣涕如雨는 初別時也고, 佇立以泣은 已別而久立으로 以泣也며, 實勞我心은 既去而思之여도 不忘也라.
廣源輔氏曰: 泣涕如雨는 初의 이별의 時인 것이고, 佇立以泣은 이미 이별이고서 久立으로 泣인 것이며, 實勞我心은 이윽고 去임에 그녀를 思之여도 不忘인 것이다.

03-03-04 ○仲氏任只러니 其心塞淵이로다. 終溫且惠하야 淑慎其身이며, 先君之思로 以勗寡人이로다.
중씨(仲氏) 인정(恩)의 신망 보이더니 그 마음 충실하고 깊음이로다. 끝까지 온화와 유순(惠:柔順)으로 그 몸가짐 잘 삼갔으며, 선군에 직분의 사념(思念)으로 내게 힘쓰라 당부로다.

중씨는 미더우니 그 마음 깊고 넓어
온화하고 유순하여 몸가짐도 조신했지
선군을 생각하여 나에게도 힘써주네

賦也라. 仲氏는 戴嬀字也라. 以恩相信曰任이라. 只는 語辭이라. 塞은 實이고, 淵은 深이며, 終은 竟이고, 溫은 和이며, 惠는 順이고, 淑은 善也라. 先君은 謂莊公也라. 勖은 勉也라. 寡人은 寡德之人으로, 莊姜自稱也라. ○言戴嬀之賢如此코도, 又以先君之思勉我하여 使我常念之而不失其守也라(孔氏曰 言仲氏有德行하고, 其心은 誠實而深遠하며 又終能溫和恭順으로 善自謹慎其身하니, 內外之德旣如此이라. 又於將歸之時조차 以思先君之故로 勸勉寡人以禮義也라). 楊氏曰 州吁之暴,桓公之死,戴嬀之去가 皆夫人失位로 不見答於先君所致也나(慶源輔氏曰 以恩愛相信하니, 嫡妾相與之情이 於是爲至이라. 塞實은 不虛妄也고, 淵深은 不淺露也니, 二者其本也라. 溫和惠順코서 又終竟如此하여 而無作輟焉하니, 則是得情性之常也라. 淑又婦人之美德코도 而慎하니 則持身之謹也라. 有是衆德하고 而又謹於持身하니, 其賢에 爲可知矣라), 而戴嬀猶以先君之思로 勉其夫人하니, 眞可謂溫且惠矣라.

賦체이다. '仲氏'는 대규(戴嬀)의 자(字)이다. 은혜로 서로 신망인 것을 '任'이라 말한다. '只'는 어조사이다. '塞'은 찰 實이고, '淵'은 깊음이요, '終'은 끝까지 竟이고, 溫은 和함이고, 惠는 순함(順)이고, 淑은 착함(善)이다. '先君'은 장공을 말함이다. '勖(욱)'은 힘쓰게 함이다. '寡人'은 덕이 부족한 사람으로, 장강이 스스로를 칭한 것이다. ○대규의 현명함이 이와 같고도, 또 선군(장공)에 사념(思念)토록 나를 힘쓰게 하여, 나로 하여금 항상 그것에 유념케 하여 그 지킴을 잃지 않게 하였음을 말한 것이다(孔氏曰: 仲氏가 德行으로 有하였고, 그 心은 誠實而深遠하였으며, 또 終내까지 能히 溫和와 恭順으로 善하게 스스로 그 身을 謹慎하였으니, 內外之德이 이윽고 如此하였다. 또 將차 歸하는 時에서조차 君之故를 思하게 하여 寡人에게 禮義로서 勸勉하였음을 말한 것이다). 양씨왈: 주우의 난폭함, 환공의 죽음, 대규의 떠남들이, 모두 부인(장강)이 지위를 잃고 선군이 이룸(致) 바에서 보답을 만나지 못함이지만(慶源輔氏曰: 恩愛로서 相信하니, 嫡妾의 相與之情이 於是에 至함이 되는 것이다. 塞實은 虛妄하지 않음이고, 淵深은 淺露치 않음이니, 二者가 그 本인 것이다. 溫和의 惠順<柔順>이고서 또 終竟까지 如此하여 그것에 輟<그만들철>로 作함이 없었으니, 則 이렇게 情性之常을 得인 것이다. 淑이며 또 婦人之美德이고서도 慎하였으니, 則 持身之謹인 것이다. 이렇게 衆德을 有하고도 또 持身에 謹하였으니, 그 賢에 可히 知할 수 있음이 되는 것이다), 대규는 오히려 장공에 대한 직분의 생각으로 그 부인에게 힘쓰게 하였으니, 참으로 가히 온화하고 유순으로 보답함이라 말할 수 있는 것이다.

或謂컨대, 戴嬀는 不以莊公已死에도 而勉莊姜以思之하니 可見溫和惠順而能終也잇까. 亦緣他之心의 塞實淵深은 所稟之厚인지라, 故能如此이니이다. 朱子曰 古人文字之美는 詞氣溫和와 理義精密하길 如此이니, 秦漢以後엔 無此等語라. 某讀詩에 於此數語와, 讀書에 至先王肇修人紀부터 至玆惟艱哉에서, 深誦歎之이라. 又曰 譬如컨대, 畵工傳神一般이니, 直是寫에도 得他精神出이라.

或謂컨대, 戴嬀는 莊公이 이미 死인데도 莊姜에게 그것에 思之할 것으로 勉하였으니, 可히 溫和惠順으로 能히 終하였음을 見할 수 있음이 아니겠습니까? 또한 他之心의 塞實淵深은 稟한 바가 厚로 緣하였기 때문에, 故로 能히 如此일 수 있었던 것입니다. 朱子曰: 古人의 文字之美는 詞氣가 溫和하고 理義가 精密하길 如此이니, 秦漢의 以後로는 此等의 語가 無이로다. 某가 讀詩에서 此의 數語와, 書經을 讀함에 '先王肇修人紀'로부터 '玆惟艱哉'에 이름에 이르기까지 深히 誦하여 그것을 歎之하였도다. 又曰: 譬如컨대, 畵工의 '傳神'과 一般이니, 直으로 초상을 寫함에도 他의 精神까지도 得하여 出해야 하는 것이다.

*참고: 傳神一般
'전신사조(傳神寫照)'의 준말로 초상화를 그릴 때 인물의 외형 묘사일뿐 아니라, 인격과 내면세계까지 표출해야 한다는 초상화론. 늑신사(神似). '전신사조'라는 말을 처음으로 사용한 사람은 동진(東晋)의 인물화가 고개지(顧愷之)이다. <한국민족문화 대백과사전>

*참고: 伊訓5章
嗚呼 先王 肇修人紀 從諫弗咈 先民 時若 居上克明 爲下克忠 與人不求備 檢身若不及 以至于有萬邦 玆惟艱哉 (伊訓-05)
嗚呼라! 先王께서 비로소(肇) 人紀에 修하시어, 從諫에 弗咈하시고 先民에 이렇게 若이러시니, 居上엔 克明하시고 爲下엔 克忠하시고, 與人에 備만을 求함이 없으시고, 檢身엔 及하지 못한 듯이 하신지라, 萬邦을 차지하는 데로 至하셨거늘, 玆가 오직 艱함이 될진져!
人紀 三綱五常孝敬之實也 上文欲太甲 立其愛敬 故此言成湯之所修人紀者 如下文所云也 綱常之理 未嘗泯沒 桀廢棄之 而湯始修復之也 咈 逆也 先民 猶前輩舊德也 從諫不逆 先民是順 非誠於樂善者 不能也 居上克明 言能盡臨下之道 爲下克忠 言能盡事上之心 ○呂氏曰 湯之克忠 最爲難看 湯放桀 以臣易君 豈可爲忠 不知湯之心 最忠者也 天命未去 人心未離 事桀之心 曷嘗斯須替哉 與人之善 不求其備 檢身之誠 有若不及 其處上下人己之間 又如此 是以德日以盛 業日以廣

天命歸之 人心戴之 由七十里 而至于有萬邦也 積累之勤 兹亦難矣 伊尹 前旣言 夏失天下之易 此又言湯得天下之難 太甲可不思所以繼之哉

人紀는 三綱五常으로, 孝敬의 實인 것이다. 上文에선 太甲으로 하여금 그 愛敬에 立하고자 하였기에, 故로 此에선 成湯께서 人紀에 修하신 바로서만 言한 것이니, 마치 下文에서 云한 바와 같은 것이다. 綱常之理가 일찍이 泯沒되어지지는 않았으나, 桀은 그것을 廢棄之하였고 湯께서는 비로소 修하여 復之하신 것이다. 咈은 逆이다. 先民은 前輩의 舊德과 같은 것이다. 從諫不逆 先民是順은 樂善에 誠된 者가 아니라면 能하지 못하는 것이다. 居上克明은 能히 臨下之道에 盡하였음을 言한 것이고, 爲下克忠은 能히 事上之心을 盡하였음에 言한 것이다. ○呂氏曰: <湯의 克한 忠은 最로 看에 어려움이 된다. 湯이 放桀함은 臣이 易君한 것이거늘 어찌 可히 忠이 되겠는가라고만 한다면, 湯之心이 最로 忠하다라는 것을 알지 못하는 것이다. 天命이 아직 去하지 아니하고 人心이 아직 離하지 아니함에, 事桀之心이 어찌 일찍이 이렇게 반드시 替하려 하였겠는가? 人의 善을 허여함에 그 備됨만을 求하지 아니하였고, 檢身의 誠에 마치 及하지 못함이 있는 듯이 하였으며, 그 上下와 人己之間에 處하여 또 如此와 같이 하였으니, 이러므로 德은 日로 盛해지고 業은 日로 廣해져, 天命이 그에게 歸之하고 人心이 그를 戴之하였건대, 七十里로 말미암아 萬邦을 차지하는 데에 이르셨거늘, 積累之勤이 이렇게 또한 難한 것이로다. 伊尹이 前篇에서는 이윽고 夏가 失天下의 易를 言하였고, 此에서 또 湯께서 得天下之難을 言하였으니, 太甲이 可히 그것에 繼之하려는 까닭을 思하지 않을 수 있겠는가?>라 하였다.

燕燕은 四章으로, 章六句이라.
燕燕은 四章으로, 章마다 六句이다.

天台潘氏曰 前三章은 但見莊姜拳拳於戴嬀를 有不能已者라. 四章에선 乃見莊姜於戴嬀에서 非是情愛之私이고, 由其有塞淵溫惠之德하여 能自淑愼其身하며, 又能以先君之思勉莊姜以不忘이니, 則見戴嬀平日於莊姜과 相勸勉以善者多矣라. 故於其歸而愛之如此하니, 無非情性之正也라.
天台潘氏曰: 前三章에선 다만 莊姜이 戴嬀에게 있어 拳拳(정성스런)한 마음을 能히 그칠 수 없음이 있는 것을 見(현)한 것이다. 四章에선 이내 莊姜이 戴嬀에 이렇게 情愛之私일 뿐만이 아니라, 그 塞淵溫惠之德이 있음으로 말미암아 能히 스스로 그 身을 근慎하길 잘 하였으며, 또 能히 先君之思로 莊姜에게 不忘일 것으로 勉하였음을 見한 것이니, 則 戴嬀가 平日에 莊姜과 서로 善으로서 勸勉하였던 것이 多였음을 見(견)할 수 있음이다. 故로 그 歸함에 있어 그를 愛之하길 如此함이니, 情性之正 아님이 없는 것이다.

○新安胡氏曰 國風雖變여도 猶有如是之婦人하니, 此所謂先王之澤未泯이고 而康叔之餘烈猶在也라.
新安胡氏曰: 國風 중에 비록 變이어도 오히려 是와 같은 婦人이 있었으니, 此가 所謂 '先王之澤이 아직 泯되지 않은 것이다.'이고, 康叔이 남긴 공훈(烈)이 여전히 在인 것이다.

○豐城朱氏曰 余讀是詩에 未嘗不歎莊公之狂惑하여 也使其翻然悔悟이라. 立莊姜以為之主하고 俾戴嬀以為之助면, 則閨門正矣라. 立子完以為之嫡하고 命石碏以為之輔면 則國本定矣라. 若州吁者에 可教則姑教之코 不可教則去之하여, 夫如是면 則衛非今日之衛이고 即康叔武公之衛矣라. 顧컨대 乃以寵奪正하고 以孼奪宗하여 卒貽國家無窮之禍하니, 不謂之狂惑而可乎리오.
豐城朱氏曰: 余가 是詩를 讀함에 일찍이 莊公之狂惑에 歎식하여 또한 그 翻然(불현듯이)히 悔悟케 하지 않음이 없었도다. 莊姜을 立하여 그로 主로 삼고 戴嬀로 하여금 그로 助로 삼게 하였다면, 則 閨門正이었을 것이다. 子인 完으로 立하여 그를 嫡으로 삼고 石碏에게 命하여 그로 輔를 삼았다면, 則 國本은 안정이었을 것이다. 만일 州吁者를 可教할 만하면 則 우선 그를 教之하고, 不可教이면 則 그를 去之하여, 저 是와 같았을지면 則 衛는 今日之衛가 아니고 即 康叔과 武公의 衛였을 것이다. 顧컨대, 이내 寵이 正을 奪하고 孼이 宗을 奪하여, 卒엔 國家에 無窮之禍만을 貽하고 말았으니, '狂惑'이라 謂하지 않아서야 可하겠는가?

4. 日月

03-04-01 日居月諸여. 照臨下土시니 乃如之人兮여. 逝不古處로다. 胡能有定이온만 寧不我顧인고.
해를 달로 거(居)하게 한 격이여! 본래 세상 비추어 임하나, 이내 저와 같은 님이여! 아~ 옛 법도론 처신하지 않음이로다. 어찌 능히 이리 정해졌겠는가마는 어찌 정녕 나 돌아봐 주지도 않으신고?

> 해와 달은 변함없이 온 땅을 비추는데
> 이 사람은 옛날처럼 날 사랑하지 않으시네
> 어찌 그 마음 이미 정했는가 정녕 나를 봐주시지 않으시네

*참고: 日居月諸
<栢舟>편을 참조.

賦也라. 日居月諸는 呼而訴之也라. 之人은 指莊公也라. 逝는 發語辭이라. 古處는 未詳이나, 或云하길 以古道相處也라(長樂王氏曰 不以古夫婦之道로 處我이라). 胡,寧은 皆何也라. ○莊姜不見答於莊公인지라 故呼日月而訴之하며 言하길, 日月之照臨下土久矣컨대, 今乃有如是之人하여 而不以古道相處로다(慶源輔氏曰 觀綠衣之詩의 所謂我思古人이면 則於此에 歎莊公不以古道處己者도 宜也라. 自處하길 以古人爲法하고 而望人以古道處己하니, 莊姜之處己,望人엔 皆有則矣라). 是는 其心志回惑이지, 亦何能有定哉며, 而何爲其獨不我顧也리오. 見棄如此여도 而猶有望之之意焉이니, 此詩之所以爲厚也라.

賦체이다. '日居月諸'는 부르짖으며 그것에다 하소연함이다. '之人'은 莊公을 가리킴이다. '逝'는 發語辭이다. '古處'는 未詳이나, 혹자는 옛날의 道로서 서로 처신함을 말함이라 하였다(長樂王氏曰: 古의 夫婦之道로 我에게 處하지 않음이다). '胡'와 '寧'은 모두 어찌 何이다. ○莊姜이 莊公에게서 보답을 받지 못했기 때문에 고로 日月에 부르짖으며 그것에 하소연하면서, <日月이 下土를 비춤으로 臨한지 오래이거늘, 지금 이내 이와 같은 사람은 古道로서 서로 처하지 않음이 있도다(慶源輔氏曰: 綠衣之詩에서의 所謂 '我思古人'에 觀일지면, 則 此에서 莊公이 古道로서 己에게 處하지 못함을 歎하는 것도 宜인 것이다. 自處하길 古人으로 法을 삼았고, 人도 古道로서 處己하길 望하였으니, 莊姜의 處己와 望人에 모두 有則인 것이다). 이는 그 마음의 뜻이 回惑(迷惑)되어서이지, 또한 어찌 능히 정해짐이 있겠으며, 어찌 그 유독 나만을 돌아보지 않음으로 할 수 있겠는가?>라 말한 것이다. 버림받기가 이와 같았어도 오히려 그에게 그것을 바라는 뜻이 있음이니, 이 詩가 仁厚함이 되는 까닭인 것이다.

*참고: 諸
恐컨대 여기서의 諸를 영탄의 의미로도 볼 수 있음이다(…여. …이여. …저. …인저.).

安成劉氏曰 每章의 章末二句엔 皆有望之之意이라.
安成劉氏曰: 每章의 章末 二句에는 모두 望之의 意가 有인 것이다.

03-04-02 ○日居月諸여. 下土是冒나 乃如之人兮여. 逝不相好로다. 胡能有定이온만 寧不我報인고.
해를 달로 거(居)하게 한 격이여! 본래 세상 이리도 덮어줌이나 이내 저와 같은 님이여! 아~ 서로 우호(好)치도 않음이로다. 어찌 능히 이리 정해졌겠는가마는 어찌 정녕 내게 보답조차 않으신고?

해와 달은 온 땅을 비춰주는데
해 같고 달 같은 님 나를 사랑하지 않는구나
어찌 그 마음 이미 정했는가 정녕 대답조차 없으시네

賦也라. 冒는 覆也고, 報는 答也라.
賦체이다. '冒'는 덮음이요, '報'는 보답함이다.

03-04-03 ○日居月諸여. 出自東方이나 乃如之人兮여. 德音無良이로다. 胡能有定이온만 俾也可忘인고.
해를 달로 거(居)하게 한 격이여! 본래 떠오름 동방이나 이내 저와 같은 님이여! 나의 덕음(德音)조차 추하게 여김이로다. 어찌 능히 이리 정해졌겠는가마는 어찌 또한 가히 잊혀진 존재케 할 수 있으신고?

해와 달은 오늘도 동방에서 떠오르네
해 같고 달 같은 님 나를 사랑하지 않는구나
어찌 그 마음 이미 정했는가 나를 벌써 잊었는가

賦也라. 日은 旦必出東方하고, 月望도 亦出東方이라. 德音은 美其辭이고, 無良은 醜其實也라(華谷嚴氏曰 此德音無良은 及邶谷風의 德音莫違와 皆婦人言其夫待己之意라). 俾也可忘는 言何獨使我로 爲可忘者耶리오.
賦체이다. 해는 아침이면 반드시 東方에서 뜨고, 달의 보름달도 또한 東方에서 뜬다. '德音'은 그 언사를 아름답게 여김이고, '無良'은 그 실체를 추하게 여김이다(華谷嚴氏曰: 此의 '德音無良'은 邶풍 <谷風>편의 '德音莫違'와 함께 모두 婦人이 그 夫가 己를 待하는 意로 言한 것이다). '俾也可忘'은 '어찌 유독 나로 하여금 가히 잊혀지는 자가 되게 할 수 있는가?'라 말한 것이다.

03-04-04 ○日居月諸여. 東方自出이나 父兮母兮여. 畜我不卒이샷다. 胡能有定이온만 報我不述이로다.
해를 달로 거(居)하게 한 격이여! 본래 동방서 떠오름이나 아버지 어머니여! 나 끝까지 길러주지 않음이샷다. 어찌 능히 이리 정해졌겠는가마는 내게 보인 보답조차 도리 맞지 않음이로다.

해와 달은 오늘도 동쪽에서 떠오르네
부모님 날 기르실 제 끝까지 다 못 하셨네
어찌 그 마음 이미 정했는가

내게 보낸 보답마저 무례하기 짝이 없네

賦也라. 畜은 養이라. 卒 終也니, 不得其夫하자 而歎父母養我之不終이라. 蓋憂患疾痛之極에 必呼父母은 人之至情也라(安成劉氏曰 日居月諸는 呼日月而訴之也고, 父兮母兮는 呼父母而訴之也니, 猶舜號泣于旻天于父母之意라). 述은 循也니, 言不循義理也라.

賦체이다. '畜'은 길러줌이다. '卒'은 끝까지이니, 그 지아비 사랑을 얻지 못하자 父母께서 나를 길러주심을 끝까지 하지 못했음을 탄식한 것이다. 대개 憂患과 疾痛이 지극에 반드시 부모를 부름은 사람의 지극한 情인 것이다(安成劉氏曰: '日居月諸'는 日月에 呼하며 그것으로 訴之한 것이고, '父兮母兮'는 父母에 呼하며 그것으로 訴之한 것이니, 마치 舜께서 旻天과 父母에 號泣한 意와 같은 것이다). '述'은 따를 循이니, 義理를 따르지 않았음을 말한 것이다.

日月은 四章으로, 章六句이라.
日月은 四章으로, 章마다 六句이다.

慶源輔氏曰 呼日月하며 而但云照臨下土는 尊之之詞也고, 呼父母하며 而遂言畜我不卒은 親之之詞也라. 一章云한 寧不我顧는 言不相顧眄也고, 二章言한 寧不我報는 言不相酬答也며, 三章云한 俾也可忘은 則蒙上句胡字하여 言何獨使我為可忘者耶라. 詞雖緩라도 而意則切矣라. 四章言한 報我不述은 則又言莊公雖有時相報我라도 而都不循乎義理也라. 雖為莊公所棄라도 而猶有望之之意焉이니, 是其性情之正也라.

慶源輔氏曰: 日月에 呼하며 다만 '照臨下土'이라 云함은 尊之의 詞인 것이고, 父母에 呼하며 드디어 '畜我不卒'로 言함은 親之의 詞인 것이다. 一章에서 云한 '寧不我顧'는 서로 돌아봐 주지(顧眄:곁눈질면) 않음을 言한 것이고, 二章에서 言한 '寧不我報'는 서로 酬答치 않음을 言한 것이며, 三章에서 云한 '俾也可忘'은 則 上句의 胡字를 蒙하여 '어찌 유독 我로 하여금 可히 忘되어지는 者가 되게 할 수 있는 것인가?'라 言한 것이다. 詞는 비록 緩일 지라도 意는 則 切인 것이다. 四章에서 言한 '報我不述'은 則 또한 莊公이 비록 有時따라 서로 報我함이 있더라도 모두 義理에 循하지 않았음을 言한 것이다. 비록 莊公에게 棄된 바가 되었어도 오히려 그에게 그것을 望之하는 意가 有함이니, 이렇게 그 性情之正인 것이다.

此詩는 當在燕燕之前이니, 下篇放此이라.
이 詩는 마땅히 燕燕의 앞에 있어야 한다. 下篇도 이와 같음이다.

新安胡氏曰 此篇은 分明作於莊公之時이니, 胡能有定은 只是說莊公心志가 回惑되어 反覆無定之意이니, 故不我顧,不我報하며, 俾也可忘,而報我不述也라.
新安胡氏曰: 此篇은 分明히 莊公之時에 作되어짐이니, '胡能有定'은 단지 이렇게 莊公心志가 回惑되어 反覆으로 無定之意임을 說함이니, 故로 不我顧라 하고 不我報라 하며, 俾也可忘이라 하였다가 報我不述이었던 것이다.

○問컨대, 日月,終風二篇을 據集傳云한 當在燕燕之前하여 以某觀之면, 終風當在先이고 日月當次之라. 蓋詳終風之詞면 莊公於姜에 猶有往來之時고, 至日月엔 則見公已絶不顧姜이고 而姜不免微怨矣며, 燕燕은 則莊公薨後의 送歸에 妾情不能堪耳라. 以此觀之면 則終風當先이고 日月當次라. 朱子曰 恐或如是이라.
問컨대, 日月과 終風의 二篇을 集傳에서 云한 '當在燕燕之前'에 근거하여 某가 그것을 觀之이면, 終風이 當히 在先이고 日月은 當히 그것보다 次之인 것입니다. 대개 終風之詞에 詳이면 莊公이 姜에 있어서 오히려 往來之時가 有인 것이나, 日月에 至해서는 則 公이 이미 絶하여 姜을 顧하지 않음으로 당하였고 姜도 微怨에서 면하지 못함이며, 燕燕은 則 莊公이 薨한 後의 送歸에 妾情을 能히 堪當하지 못하였을 뿐인 것입니다. 此로서 觀之이면 則 終風은 當先이고, 日月은 當次이니이다. 朱子曰: 恐컨대 或 是와 같음이로다.

○豐城朱氏曰 變風之始를 於莊姜은 何也오. 曰 婦人은 夫를 其所天이니 也以夫則狂惑이고, 妾을 其所使니 也以妾則上僭이라. 子를 其所恃賴以終身커늘, 也以子則暴而無禮이라. 莊姜之處此는 亦難矣라. 雖遭人倫之變여도 而不失乎天理之常하니, 則莊姜亦賢矣哉인저. 是가 可以為處變者之法矣라.
豐城朱氏曰: 變風之始를 莊姜으로 함은 무엇인가? 曰: 婦人은 夫를 그 天으로 여기는 바이나 또한 夫로서 則 狂惑되었고, 妾을 그 부리(使)는 바이나 또한 妾으로서 則 上(婦人)을 僭하였던 것이다. 子는 그 終身토록 恃賴하는 바이거늘, 또한 子로서 則 暴하며 無禮하였으니, 莊姜이 此에 處함은 또한 難인 것이다. 비록 人倫之變을 遭했어도 天理之常에 不失하였으니, 則 莊姜이 또한 賢함이 될진저! 是가 可히 處變者의 法이 될 수 있기 때문이다.

5. 終風

03-05-01 終風且暴여도 顧我則笑러니, 謔浪笑敖인지라 中心是悼이라.
종일 바람 또한 세찼어도 나 돌아봐 즉 웃어주기도 하였더니, 희롱의 방탕과 비웃는 거만일 뿐인지라 마음만 이리도 상심(悼)이라.

하루종일 불어오는 거센 바람도 가끔은 나를 보고 웃어주네요
그대 이제 희롱하고 농담만 하니 이 내 가슴 멍들고 아프답니다

比也라. 終風은 終日風也라. 暴은 疾也라. 謔은 戲言也고, 浪은 放蕩也라. 悼는 傷也라. ○莊公之爲人은 狂蕩暴疾이나, 莊姜蓋不忍斥言之라. 故但以終風且暴로 爲比이라. 言雖其狂暴如此지만 然亦有顧我則笑之時이나, 但皆出於戲慢之意而無 愛敬之誠이니, 則又使我不敢言而心獨傷之耳이라. 蓋莊公暴慢無常이나 而莊姜正 靜自守인지라, 所以忤其意而不見答也라.
比체이다. '終風'은 終日토록 부는 바람이다. '暴'은 빠름이다. '謔'은 실없는 농담(戲言)의 말이요, '浪'은 放蕩이다. '悼(슬퍼할도)'는 傷함이다. ○莊公의 사람됨이 광폭(狂蕩)하고 사나웠으나(暴疾), 莊姜은 대개 차마 指斥하여 그것을 말할 수 없었다. 고로 다만 종일토록 바람이 또한 세차게 부는 것으로서 比喩를 삼은 것이다. 비록 그 狂暴하기가 이와 같았지만, 그러나 또한 나를 돌아보고 즉 웃어주는 때도 있었으나, 다만 모두 戲慢하는 뜻에서 나온 것이지 愛敬하는 참됨은 없었으니, 즉 또한 나로 하여금 감히 말도 못하고 마음으로만 유독 그것에 상처 입게 하였을 뿐임을 말한 것이다. 대개 莊公은 사납고 거만(暴慢)하여 항상됨이 없었으나 莊姜은 正靜으로 스스로를 지켰기에, 그녀의 뜻을 거슬리기만 하고 보답은 보지 못했던 까닭인 것이다.

03-05-02 ○終風且霾여도 惠然肯來러니, 莫往莫來인지라 悠悠我思로다.
종일 바람에 또한 흙비 자욱했어도 마음 따라 기꺼이 오기도 하였더니, 이젠 오가도 않는지라 오래도록 시름에 잠김이로다.

하루종일 바람불고 흙비 날리니 큰맘 먹고 혹시나 와주시려나
이제는 오도가도 않고 있으니 나의 시름 오래도록 끝이 없어라

比也라. 霾는 雨土로 蒙霧也라(爾雅孫炎曰 大風揚塵土하여 從上而下也라). 惠 는 順也라. 悠悠는 思之長也라. ○終風且霾로 以比莊公之狂惑也라. 雖云狂惑이 나 然亦或惠然而肯來이라(毛氏曰 時에 有順心也라). 但又有莫往莫來之時하니, 則使我悠悠而思之이라. 望其君子之深이니, 厚之至也라.
比체이다. '霾(매)'는 흙비로 뒤덮여 자욱함(霧:안재자욱할몽)이다(爾雅<爾 雅音義>에 孫炎이 曰: 大風이 塵土를 揚하여 從上하였다가 下인 것이다). '惠'는 順함이다. '悠悠'는 생각을 오래 하는 것이다. ○ '終風且霾'로서 莊公의 狂惑함을 비유한 것이다. 비록 狂惑하다고 말할 수 있으나, 또한 혹 惠 然(유순)의 마음으로 기꺼이 올 때도 있었으나(毛氏曰: 時로는 順心이 有하였 던 것이다), 다만 또한 이젠 오가지 않는 때만이 있으니, 즉 나로 하여금 오래

도록 곰곰이(悠悠) 생각으로 빠져들게 함이로다. 그 君子 바라기를 깊이 한 것이니, 두텁기가 지극한 것이다.
*참고: 霾
*자욱할 몽(天氣下에 地不應이 晦也라): <漢書> '(천자가) 霾임에 恒風若(항상 바람불고 비옴과 같다)이다.' 라 하였다.
*컴컴할 무(無識貌): <漢書> '(心이) 區霾이면 無識(어두움으로 구획되면 識함이 없다)이다.' 라 하였다.

03-05-03 ○終風且曀여도 不日有曀로다. 寤言不寐하여 願言則嚏호라.
종일 바람에 또한 음산했어도 하루 채 안 돼 또 음산이로다. 근심에 잠 깨 잠들지 못하여 걱정근심(願)에 즉 고뿔만 들었노라.

하루종일 바람불고 음산하더니 하루도 채 안되어 또 날이 흐리네
근심걱정 잠 깨어나 잠 못드는데 나의 가슴 무너지고 병만 들었네

比也라. 陰而風曰曀이라. 有는 又也라(蘇氏曰 古엔 有又는 通이라). 不日有曀는 言旣曀矣코서, 不旋日而又曀也니, 亦比人之狂惑이 暫開而復蔽也라. 願은 思也라. 嚏는 鼽(音仇이라. 病寒으로 鼻窒也라)嚏也라. 人氣가 感傷하여 閉鬱되고, 又爲風霾所襲인지라, 則有是疾也라.
比체이다. 음산하게 부는 바람을 '曀(음산할에)'라 曰한다. '有'는 또한 又이다(蘇氏曰: 古에 有와 又가 通이다). '不日有曀'는 이윽고 음산하고서 하루가 못되 또 음산함을 말한 것이니, 또한 사람의 狂惑함이 잠시 개었다가 다시 가려짐을 比喩한 것이다. '願'은 생각함이다. '嚏(재채기체,걸려넘어질치)'는 코가 막혀서(鼽:音仇이다. 寒에 病들어 鼻가 窒인 것이다) 재채기(嚏:체) 함이니, 사람의 기운이 傷으로 感하여 閉鬱되고, 또한 바람조차 자욱이 엄습하는 바가 되는지라, 즉 이 병이 있게 되었던 것이다.

慶源輔氏曰 寤는 則憂而不能寐이고, 思之에 則感傷하여 氣閉而成疾이니, 其憂危가 甚矣라.
慶源輔氏曰: 寤는 則 憂임에 能히 寐하지 못함인 것이고, 그것을 思之에 則 傷함으로 感하여 氣는 閉되어 疾만을 成이니, 그 憂의 危됨이 甚인 것이다.

03-05-04 ○曀曀其陰이며 虺虺其雷로다. 寤言不寐하여 願言則懷호라.
그 음기 더욱 음산해지며 우르릉 들려오는 그 우렛소리로다. 근심에 잠 깨 잠들지 못하여 걱정근심에 즉 그리움만 사무치노라.

하루종일 먹구름이 하늘 덮더니 우르르 천둥소리 요란도 하네
근심걱정 잠 깨어나 잠 못 드는데 나의 가슴 그리움에 사무칩니다

比也라. 曀曀는 陰貌이고, 虺虺는 雷將發而未震之聲이니, 以比人之狂惑이 愈深여도 而未已也라(東萊呂氏曰 驟雨, 迅雷엔 其止可待나, 至於曀曀之陰, 虺虺之雷엔 則殊未有開霽之期也라). 懷는 思也라.
比체이다. '曀曀'는 음산한 모양이고, '虺虺(살무사회, 고달플회:우뢰소리)'는 우레(雷)가 장차 發하려 함에 아직 벽락(震)이 치지 않을 때의 소리이니, 사람의 狂惑함이 더욱 심하여도 아직 그치지 않음을 비유한 것이다(東萊呂氏曰: 세차게 몰려온 비(驟雨)와 맹렬한 우레(迅雷)엔 그 그침을 可히 기대해볼 수 있으나, 曀曀之陰과 虺虺之雷에 至해선 則 자못 아직 開霽之期를 두지 못함인 것이다). '懷'는 그리워함이다.

終風은 四章으로, 章四句이라.
終風은 四章으로, 章마다 四句이다.

說이 見上이라.
해설이 위에서 보인다.

安成劉氏曰 一章의 言莊公狂暴과 二章의 言其狂惑은 皆止一句為比하고 而莊公猶有顧笑惠來之時니, 所謂暴慢無常의 狂惑이 暫開者也라. 三章은 則暫開而復蔽고, 四章은 則愈深而未已니, 皆是以兩句為比이라. 若以此詩繼綠衣之後하곤, 次日月하고 次燕燕하여 讀之면 尤可備見이라. 姜氏初作柏舟, 綠衣에선 惟自憂歎而止於和平하여 未嘗指譏公之為人也라. 至於終風에선 則言其狂惑蔽錮여도 而猶不忍斥言이니, 及日月然後엔 極其詞하니, 此豈情之所得已哉리오.
安成劉氏曰: 一章에서의 莊公이 狂暴으로 言함과 二章에서의 그 狂惑으로 言함은 모두 一句상에 止하여 比를 삼고, 莊公에게도 오히려 顧笑, 惠來之時가 有하였다는 것이니, 所謂 '暴慢無常'의 狂惑이 暫時 開인 것이다. 三章에선 則 暫開였다 復蔽이고, 四章에선 則 愈로 深해져 아직 그치지 않음이니, 모두 이렇게 兩句로서 比를 삼은 것이다. 만일 此詩로서 綠衣之後에다 繼하고선, 日月로 次하고 燕燕으로 次하여 讀之이면, 더욱 可히 備해짐을 見할 수 있는 것이다. 姜氏가 初作인 柏舟와 綠衣에선 오직 自로 憂歎하였으나 和平에 止하고선 아직 일찍이 公之為人됨을 指譏하지는 않은 것이다. 終風에 至해서는 則 그 狂惑의 蔽錮에 言이어도 오히려 차마 지斥하여 言하지 않았으나, 日月로 及힌 然後에는 그 詞를 極하였으니, 此에 어찌 情을 已함으로 得할 수 있는 바이겠는가?

6. 擊鼓

03-06-01 擊鼓其鏜어늘 踊躍用兵호라. 土國城漕커늘 我獨南行호라.
북소리 그 둥둥 울리거늘 뛰어 찌르며 병장기 훈련하노라. 도성 안 토목공사 조(漕)땅 축성커늘 나만 홀로 남행(南行)하여 생사 넘나드노라.

> 북소리 둥둥 울리니 병장기 들고 훈련하네
> 도성에서 흙일하고 조땅에서 성 쌓는데
> 나만 홀로 남쪽험지 생사넘어 가는구나

賦也라. 鏜은 擊鼓聲也라. 踊躍은 坐作하며 擊刺之狀也라. 兵은 謂戈戟之屬이라. 土는 土功也라. 國은 國中也라. 漕는 衛邑名이라(華谷嚴氏曰 漕는 廓地也니, 在河南이라) ○衛人從軍者가 自言其所爲하고 因言하길, 衛國之民에 或役土功於國하고 或築城於漕이나, 而我獨南行하여 有鋒(兵端也)鏑(音適矢鋒也)死亡之憂라하니, 危苦尤甚也라.

賦체이다. '鏜(鐘鼓소리당)'은 북 치는 소리이다. '踊躍'은 앉았다 일어나며 치고 찌르는 모습이다. '兵'은 戈와 戟의 등속을 말함이다. '土'는 土功이다. '國'은 國中이다. '漕'는 衛나라의 읍명이다(華谷嚴氏曰: 漕는 廓地이니, 河南에 在한다). ○衛나라 사람 중 從軍하였던 자가 스스로 그 하였던 바를 말하고 이로 인해 말하길 '衛나라 백성 중에 혹은 도성에서 土功에 종역하고, 혹은 漕땅에서 축성에 종역컨대, 나만이 홀로 南行하여 병장기 칼날(兵의 端이다)과 화살촉(矢의 鋒<칼날봉>이다)에 사망하는 근심이 있다.'라 하니, 위태로움과 고립이 더욱 심한 것이다.

三山李氏曰 土國,城漕가 非不勞苦지만 而猶處於境內이나, 今我之在外하여 死亡 未可知也라.
三山李氏曰: 土國과 城漕가 勞苦치 않음이 아니지만 오히려 境內에 處함이나, 今의 我만은 在外하여 死亡에 可히 知할 수 없기 때문이다.

○鄭氏曰 南行從軍은 南行伐鄭이라.
鄭氏曰: 南行從軍은 南行으로 伐鄭인 것이다.

03-06-02 ○從孫子仲하야 平陳與宋하노라. 不我以歸인지라 憂心有忡호라.
손자중(孫子仲) 장군 종군하야 진(陳)·송(宋) 화평 맺었노라. 나의 귀향 허락치 않는지라 마음속 근심만 가득하노라.

손장군을 따라가서 진·송나라 평정하네
나의 귀향 어려워라 이 내시름 깊어지네

賦也라. 孫은 氏이고, 子仲은 字이니, 時軍帥也라. 平은 和也니, 合二國之好也라(鄭氏曰 謂使告宋曰하길, 君爲主, 敝邑以賦與陳蔡從이라. ○新安胡氏曰 必先和陳宋而後에 進兵也라). 舊說에 以此爲春秋隱公四年, 州吁自立之時에 宋, 衛, 陳, 蔡가 伐鄭之事라하니, 恐或然也라. 以는 猶與也니, 言不與我而歸也라.

賦체이다. '孫'은 氏요, '子仲'은 字이니, 당시 군대의 장수이다. '平'은 和平을 이룸이니, 두 나라와 우호의 合을 구함인 것이다(鄭氏曰: 좌전에서 '宋에게 告하게 하며 曰하길 <君을 맹주로 삼고 敝邑의 병력으로서 陳과 蔡와 함께 從하고자 함이...>'라 함을 謂함이다. ○新安胡氏曰: 반드시 先으로 陳과 宋에 和平의 맹약을 구한 而後에 進兵한 것이다). 舊說에, 이것으로 春秋 隱公四年 州吁가 自立했을 때에 宋, 衛, 陳, 蔡가 鄭나라를 친 일이라 여겼으니, 恐컨대 혹 그러한 듯하다. '以'는 허락할 與와 같으니, 나로 하여금 돌아감을 허락하지 않음을 말한 것이다.

*참고: 使告宋曰...(隱公 四年)

宋公 陳侯蔡人衛人伐鄭(宋公, 陳侯, 蔡人, 衛人이 鄭을 伐하다).

좌 宋殤公之卽位也 公子馮出奔鄭 鄭人欲納之. 及衛州吁立 將修先君之怨於鄭 而求寵於諸侯 以和其民. 使告於宋曰 君若伐鄭以除君害 君爲主 敝邑以賦與陳蔡從 則衛國之願也 宋人許之. 於是陳蔡方睦於衛 故宋公 陳侯 祭人 衛人伐鄭 圍其東門五日而還. 公問於衆仲曰 衛州吁其成乎. 對曰 臣聞以德和民 不聞以亂. 以亂 猶治絲而棼之也. 夫州吁阻兵而安忍. 阻兵無衆 安忍無親. 衆叛親離 難以濟矣. 夫兵猶火也 弗戢將自焚也. 夫州吁弑其君而虐用其民. 於是乎不務令德 而欲以亂成 必不免矣.

宋 殤公이 卽位하자 公子 馮이 鄭나라로 出奔하니, 鄭人이 그를 군위로 들이고자 하였다. 衛 州吁가 효함에 미쳐서 장차 정나라에 대한 先君의 怨(은공2년 鄭이 衛를 침)을 수복(修復)하고, 諸侯들에게 총애(회맹)를 구하여 그 백성을 화목(和)하게 하고자 하였다. 宋에 고하게 하며 말하길: <君께서 만일 鄭을 정벌하여 君의 害(公子馮)를 제거하시고자 하시면, 君을 맹주로 받들고 폐읍(敝邑: 衛의 謙辭)의 병력(賦)으로 陳과 蔡와 더불어 從軍하리니, 즉 우리 衛國의 願입니다.>라 하니, 宋人이 그것을 허락하였다. 이때에 陳과 蔡는 바야흐로 衛와 화목하였기 때문에, 고로 宋公과 陳侯와 蔡人과 衛人이 鄭을 정벌하여 그 東門을 포위하고 五日만에 돌아왔다. 隱公이 衆仲에게 물어 말하길: <衛 州吁가 그 군이 되려는 뜻을 이루겠는가?>라 하자, 對曰: <신이 듣기를,

德으로서 民을 화목케 한다고는 들었으나, 亂으로서는 듣지 못하였습니다. 亂으로서 하는 것은 마치 실을 다스리려다 엉키고(棼:亂) 마는 것과 같습니다. 무릇 州吁는 兵力을 믿고(阻:恃) 차마 함(忍)에 편안해 하니, 병력을 믿으면 大衆을 잃고 차마 함에 편안히 하면 親近한 이를 잃게 됩니다. 대중이 배반하고 친근한 이가 떠나가면, 다스리기가 어렵습니다. 무릇 병력은 마치 불과 같아 거두지(戢:止) 않으면 장차 자신을 불살라 버리게 됩니다. 무릇 州吁는 그 君을 시해하고 그 民을 부리기를 포학하니, 이렇게 令德에 힘쓰지 않고 亂으로서만 이루고자 하건대 반드시 免치 못하리이다.>라 하였다.

03-06-03 ○爰居爰處하여 爰喪其馬코선, 于以求之라가 于林之下호라.
이곳에 주둔(居)하고 저곳에 포진(處)하여 이에 그 말 잃코선, 찾아 나섰다가 숲속 아래만을 헤매노라.

　　　　이곳 저곳 떠도는 몸 타던 말도 없어졌네
　　　　어디 가서 찾아볼까 깊은 숲속 헤매이네

賦也라. 爰은 於也라. 於是居하고 於是處에, 於是喪其馬하곤 而求之於林下하니, 見其失伍離次로 無鬪志也라.
賦체이다. '爰'은 '이에'의 於이다. 이곳에 居주하고 이곳에 거處할 때에, 이때 그 馬를 잃고 숲속 아래에서 찾아다니니, 그 대오를 잃고 주둔지를 이탈하여 싸울 뜻이 없음을 볼 수 있는 것이다.

03-06-04 ○死生契闊라도 與子成說호라. 執子之手하야 與子偕老호라.
생(生)과 사(死)에 멀리 떨어질지라도 그대 함께하자는 맹서 이루리라. 그대 손 부여잡고 그대와 백년해로 하리라.

　　　　생사고락 함께하자 우리 굳게 약속했네
　　　　그대 두 손 부여잡고 백년해로 기약했네

賦也라. 契闊은 隔遠之意이라. 成說은 謂成其約誓之言이라. ○從役者가 念其室家하고 因言하길, 始爲室家之時에 期以死生契闊不相忘棄하니, 又相與執手而期以偕老也라.
賦체이다. '契闊(오래 헤어질 결,넓을 활)'은 멀리 떨어짐(隔遠)의 의미이다. '成說'은 그 맹約하고 맹誓한 말들을 이룰 것이라 말함이다. ○부역에 종사한 자가 그 室家를 그리워하고, 이로 인해 말하길 '처음 室家를 이룰 적에 생사(生死)로 멀리 떨어져 있더라도 서로 잊고 버리지 말길 기약하였으니, 또한 서로 함께 손을 부여잡고 偕老할 것으로 기약한다.' 라 한 것이다.

03-06-05 ○于嗟闊兮여. 不我活兮로다. 于嗟洵兮여. 不我信兮로다.
오호라~ 머나 멀리 떨어짐이여! 내겐 살아날 방도 없음이로다. 오호라~ 언약한 약속이여! 내 신의(信義) 펼칠 방도 없음이로다.

아 천리 만리 멀어졌네 이젠 함께 살 수 없네
함께 맺은 굳은 맹세 부질없는 약속이네

賦也라. 于嗟는 歎辭也라. 闊은 契闊也라. 活은 生이라. 洵은 信也라. 信은 與申同이라(釋文曰 卽古伸字이라). ○言昔者의 契闊之約如此라도 而今不得活하고, 偕老之信如此라도 而今不得伸意하니, 必死亡하여 不復得與其室家와 遂前約之信也라.
賦체이다. '于嗟'는 歎辭이다. '闊'은 契闊이다. '活'은 삶이요, '洵'은 언약의 신의이다. '信'은 펼 申과 같음이다(釋文曰: 卽 古의 伸字이다). ○옛적의 契闊에 대한 약속이 이와 같았을지라도 지금은 살아날 방도가 없고, 偕老하자는 신의가 이와 같을지라도 지금엔 뜻을 펼칠 수가 없으니, 반드시 사망하여 다시는 그 室家와 함께 전일의 언약에 대한 신의를 이룰 수 없게 되었음을 말한 것이다.

擊鼓는 五章으로, 章四句이라.
擊鼓는 五章으로, 章마다 四句이다.

安成劉氏曰 按左傳컨대, 伐鄭圍其東門은 五日而還하여 出師不爲久여도 而衛人之怨如此는 身犯大逆衆叛親離하여 莫肯爲之用爾이라.
安成劉氏曰: 按左傳컨대, 伐鄭하여 그들의 東門을 圍하길 五日만에 還하여 出師가 久되지 않았음에도, 衛人들의 怨이 如此했던 것은 자신이 大逆(주우의 시해)으로 인해 대중이 이반하고 親屬조차 離함속에 犯해져, 어느 누구도 肯히 그를 위해 用되고자 하지 않았을 뿐인 것이다.

○豐城朱氏曰 役土功於國者도 此民也고, 築城於漕者도 亦此民也며, 南行而平陳與宋者도 又此民也라. 先王之於民엔 也不得已而用之하니, 則必先其所急하고 後其所緩이라. 未聞衆役竝興하여 罷民之力으로 以逞己之志하니, 若斯之甚者也엔 是亦可謂忍矣커늘, 其卒至於敗亡也宜哉인져.
豐城朱氏曰: 役土功於國者도 此民이었고, 築城於漕者도 또한 此民이었으며, 南

行而平陳與宋者도 또한 此民이었던 것이다. 先王께선 民에 있어 또한 不得已하고서 그들을 用之하셨으니, 則 반드시 그 急한 바를 先하고 그 緩한 바엔 後로 하셨다. 衆役들을 나란히 興케 하여 民之力을 罷(고달플피)케 함으로 己之志를 逞케 함엔 아직 聞하지 못했으니, 마치 斯와 같이 甚者엔 이렇게 또한 可히 '忍(차마 함)'이라 謂할 수 있거늘, 그 卒엔 敗亡으로 至함도 또한 宜일진져!

7. 凱風

03-07-01 凱風自南서 吹彼棘心이로다. 棘心夭夭어늘 母氏劬勞삿다.
따뜻한 봄바람 남쪽서 저 가시나무 새싹 불어옴이로다. 가시나무 새싹 여리고 어여삐 자랐거늘 어머닌 양육(劬)에 노고하샷다.

> 산들산들 남풍 불어 가시나무 새싹돋네
> 돋아난 싹 아직 어려 을 어머니 힘드시네

比也라. 南風을 謂之凱風컨대, 長養萬物者也라(孔氏曰 李巡云하길, 萬物喜樂故 曰凱風이라. 凱는 樂也고, 風性은 樂養萬物이라). 棘은 小木으로 叢生多刺이고 難長이니, 而心又其稚弱而未成者也라(字書에 棘은 如棗하고 而多刺木堅이라. 色赤色白為白棘하고, 實酸為貳棘이라). 夭夭는 少好貌라. 劬勞는 病苦也라. ○衛之淫風流行하여 雖有七子之母조차 猶不能安其室이라. 故其子作此詩하여 以凱風比母하고 棘心比子之幼時라. 蓋曰하길, 母生衆子하고 幼而育之하여 其 劬勞甚矣라하니(華谷嚴氏曰 棘은 至夏始生하니, 凱風南來하여 吹彼稚弱之棘하여 心至於夭夭然少好이면 則風之為力多矣라. 比母以慈愛之情으로 養我七子之身하길 至于少長이면 則母亦當苦矣라. 母之養子엔 於少時最勞苦이라), 本其始 而言하여 以起自責之端也라.
比체이다. 南風을 謂之하여 凱風이라 하는데, 萬物을 자라게 하고 길러주는 것이다(孔氏曰: 이순<李巡:後漢靈帝때 환관>云하길 '萬物을 喜樂케 하는 까닭에 凱風이라 曰함이다.'라 하였다. 凱는 樂이고, 風의 性은 萬物을 養해주길 樂인 것이다). '棘'은 작은 나무로 관목으로 자라고 가시가 많으며 자라기가 어려우니, 싹(心)이 또한 어리고 유약할지면 아직 성장을 이루지 못한 것이다(字書에 棘은 棗과 같고, 多刺이며 木堅이다. 色赤과 色白이 白棘<멧대추>이 되고, 實에 酸(산)맛이 남이 貳棘이 된다). '夭夭'는 어리고 좋은 모양이다. '劬勞(수고로울구)'는 병들고 勞苦인 것이다. ○衛나라에 淫風이 유행하여, 비록 일곱 자식을 둔 어머니조차 오히려 능히 그 집안에 편안해하지 못함이 있었다. 고로 그 자식들이 이 詩를 지어, 凱風으로서 어머니를 比하고, 가시나무의 싹으로 자식들의 幼年시절을 比하였다. 대개 曰하길, 어머니가 여러 자식들을 낳고 어려서부터 길러 그 병들고 勞苦가 심하였음을 말하였으니(華谷嚴氏曰: 棘은 夏에 至해서야 비로소 자라니, 凱風이 南에서 來하여 彼의 稚弱之棘에 吹하여 싹<心>이 夭夭然의 少好에까지 至하였으면, 則 風의 力됨이 多인 것이다. 母의 慈愛之情으로 我七子之身을 養하길 少長에까지 至하였을지면, 則 母도 또한 當히 노고였음을 比한 것이다. 母之養子엔 少時에서가 最로 勞苦인 것이다), 그 처음을 근본하여 말함으로서 자책의 端緖를 일으킨 것이다.

03-07-02 ○凱風自南서 吹彼棘薪이로다. 母氏聖善어늘 我無令人하여라.
따뜻한 봄바람 남쪽서 저 땔감(棘薪) 자란 가지 불어옴이로다. 어머닌 지혜롭고 선(善)하시거늘 우린 착한 구석도 없어하여라.

　　　　　산들산들 봄바람이 가시나무에 불어오네
　　　　　성선하신 울 어머니 착한 자식 하나 없네

興也라(安成劉氏曰 上章엔 言凱風棘心하고 而下句無應인지라 故屬比고, 此章엔 言風與棘하고 而下文以母與子應인지라 故屬興이라. 二章은 相似而不同也라). 聖은 叡이고, 令은 善也라. ○棘이 可以爲薪이면 則成矣라. 然非美材인지라, 故以興子之壯大而無善也라. 復以聖善稱其母하고 而自謂無令人하니, 其自責也深矣라.
興체이다(安成劉氏曰: 上章에선 凱風棘心이라 言하고 下句에서 無應인지라 故로 比체에 屬함이고, 此章에선 風과 棘이라 言하고 下文에선 母와 子로서 應인지라 故로 興에 屬인 것이다. 二章이 相似이나 不同인 것이다). '聖'은 밝을 叡(예)이요, '令'은 善함이다. ○가시나무(棘)가 가히 땔나무 될 만하였으면 즉 성장한 것이다. 그러나 좋은 木材는 아니기에, 고로 자식이 壯大하였지만 善함이 없다고 興한 것이다. 다시 聖善으로서 그 어머니를 일컫고 스스로를 無令人이라 이르니, 그 자책함이 또한 심한 것이다.

長樂劉氏曰 自言七子之中엔 有一令善之人인지라, 則母도 亦不舍之而去也라.
長樂劉氏曰: 스스로 言한 七子之中에는 一의 令善之人이 有하였기 때문에, 則 母도 또한 그들을 舍之로 去하지 못하였던 것이다.

03-07-03 ○爰有寒泉이 在浚之下로다. 有子七人호대 母氏勞苦런가.
이내 한천(寒泉) 물줄기 준읍(浚邑) 아래까지 뻗음이로다. 일곱 자식이 있건대 어머니 노고(勞苦)로 개가(改嫁)케 할 수 있겠는가?

차디찬 샘물 줄기 준읍까지 흘러가네
일곱 자식 두었으나 엄마 고생 끝이 없네

興也라. 浚은 衛邑이라. ○諸子自責言하길, 寒泉在浚之下여도 猶能有所滋益於浚이나 而有子七人여도 反不能事母하고 而使母至於勞苦乎아(永嘉陳氏曰 寒泉在浚邑여도 邑人賴之以生養컨대, 今子七人은 反不能養一母하고 而使母勞苦求嫁也라. ○孔氏曰 寒泉有益於浚인지라 浚民得以逸樂으로, 以興七子無益於母하여 乃寒泉之不如라). 於是에 乃若微指其事하고 而痛自刻責하여, 以感動其母心也라. 母以淫風流行으로 不能自守이나 而諸子自責이라. 但以不能事母하여 使母勞苦爲詞하니(孔氏曰 母欲嫁者는 本爲淫風流行이어도 但七子不可斥言인지라, 故言母爲勞苦而思嫁也라. 上章言母氏劬勞는 謂長養七子劬勞也고, 此謂母今日勞苦思嫁이니, 與上不同也라), 婉詞幾諫하여 不顯其親之惡하니, 可謂孝矣라. 下章放此이라.

興체이다. '浚'은 衛의 邑이다. ○여러 자식들이 스스로를 책하며 말하길, 寒泉이 浚邑의 아래에 있어도 오히려 능히 浚邑에까지 滋益하는 바가 있는데, 자식이 일곱으로 있어도 도리어 능히 어머니를 섬기지 못하고 어머니로 하여금 勞苦로 이르도록 할 수 있겠는가(永嘉陳氏曰: 寒泉은 浚邑에 在이어도 邑人들이 그것에 賴之하여 生을 養할 수 있건대, 今의 子七人은 도리어 能히 一母조차 養하지 못하고 母로 하여금 勞苦로 개嫁를 求하게 함이로다. ○孔氏曰: 寒泉이 浚읍에까지 益함을 有인지라 浚民이 逸樂을 得할 수 있다는 것으로, 七子는 母에 無益하여 이내 寒泉만 못함을 興한 것이다)? 이것에서 이내 마치 은미하게 그 일(改嫁)을 일컫고 痛烈히 자신을 가혹하게 책망(刻責)하여, 그 어머니 마음을 감동케 함과 같은 것이다. 어머니는 음란한 풍속의 유행으로 능히 스스로를 지켜내지 못하였으나, 여러 자식들은 스스로를 책망하였다. 다만 능히 어머니를 섬기지 못하여 어머니로 하여금 勞苦롭게 하였다고 언사를 삼으니(孔氏曰: 母가 嫁하고자 한 것은 本으로 淫風의 유행으로 된 것이어도, 다만 七子는 可히 지斥하여 言할 수 없는지라 故로 母의 勞苦가 심하여 嫁를 思하게 되었다고 言한 것이다. 上章에서 母氏劬勞라 言함은 七子를 長養함에 劬勞였음을 謂한 것이고, 此에선 母가 今日의 勞苦로 思嫁하게 되었음을 謂한 것이니, 上과 더불어 不同인 것이다), 언사를 부드럽게 하고 諫하기를 은근히 하여 그 어버이의 악을 드러내지 않았으니, 가히 孝라 말할 수 있는 것이다. 下章도 이와 같음이다.

03-07-04 ○睍睆黃鳥는 載好其音이로다. 有子七人호대 莫慰母心런가.
맑고 화평한 꾀꼬리 그 을음소리 좋게 하여 기쁨 즘이로다. 일곱 아들 있으되

어머니 마음 위로치 못해서야 되겠는가?

곱고 예쁜 꾀꼬리는 정다운 소리로 지저귀네
일곱 아들 두었으나 모정세월 위로조차 없네

興也라. 睍睆은 淸和,圓轉之意이라(新安胡氏曰 黃鳥는 卽黃鸝이니, 其音이 淸和流轉이라). ○言黃鳥猶能好其音하여 以悅人커늘, 而我七子만 獨不能慰悅母心哉리오.

興체이다. '睍睆(아름다운현,가득찰환)'은 모습과 소리가 맑고 온화(淸和)하여, 원만히 구르는(圓轉:옥쟁반의 구슬) 듯한 뜻이다(新安胡氏曰: 黃鳥는 卽 황앵<黃鸝>이니, 그 音이 淸和하게 流轉인 것이다). ○<꾀꼬리도 오히려 능히 그 음을 좋게 하여 사람들을 기쁘게 하거늘, 우리 일곱의 자식들만이 유독 능히 어머니의 마음 기쁘게 위로하지 못해서야 되겠는가?>라 말한 것이다.

孔氏曰 自責하며 言黃鳥之不如也라.
孔氏曰: 自責하며 黃鳥만 못함을 말한 것이다.

○慶源輔氏曰 三章은 以無情興有情하고, 四章은 以無知興有知이라.
慶源輔氏曰: 三章은 無情으로서 有情을 興함이고, 四章은 無知로서 有知를 興한 것이다.

凱風은 四章으로, 章四句이라.
凱風은 四章으로, 章마다 四句이다.

南豐曾氏曰 凱風은 盛於夏時하고, 黃鳥는 鳴於夏木하며, 寒泉도 亦夏所宜耳이라. 寒泉도 能使人甘之컨대 有子而使母勞苦하고, 黃鳥도 能使人悅之컨대 有子而莫慰母心이라.
南豐曾氏曰: 凱風은 夏時에서 盛하고, 黃鳥는 夏木에서 鳴하며, 寒泉도 또한 夏에 宜할 뿐인 것이다. 寒泉도 能히 人으로 하여금 그것을 甘之컨대 有子이어도 母로 하여금 勞苦케 하고, 黃鳥도 能히 人으로 하여금 悅之컨대 有子이어도 아무도 母心을 기쁨으로 慰하지 못한다는 것이다.

○止齊陳氏曰 瞽叟日頑에 舜則負罪하니, 聖人豈緣飾哉리오. 其心誠曰吾罪焉而已矣라. 此詩每曰有子七人은 蓋曰吾屬在此無益也니, 抑以見一門昆弟마다 皆舜耕歷山氣象이라.
止齊陳氏曰: 瞽叟가 日로 頑함에 舜께서는 則 負罪하셨으니, 聖人께서 어찌 걸치레(緣飾)로 하셨겠는가? 그 心에선 誠으로 '그것엔 吾의 罪일뿐이로다.'라 曰하신 것이다. 此詩에서도 매번 '有子七人'으로 曰함은 대개 '吾가 此에 在함으로 속해도 無益이로다.'라 曰한 것이니, 도리어 一門의 형제(昆弟)들이 모두 舜께서 耕歷山할 때의 氣象임을 見할 수 있는 것이다.

○疊山謝氏曰 不怨母而責己하니, 孝之至也라.
疊山謝氏曰: 母를 怨치 않고 責己하였으니, 孝之至인 것이다.

○慶源輔氏曰 母之不善을 在他人見之가 則可이나, 自其子觀之면 則只見其聖善하고 而七子之中自無令人而已이라. 不然이면 則不足以感悟其母하여 以成其善志也니, 其曰聖善은 過爲歸美之詞耳이라. 此는 唯子可以施之於母이고, 臣而事君如此면 則未安也라. 韓退之作羑里操云하길, 臣罪當誅兮,天王聖明컨대, 雖程子亦以此言爲得文王之心라하나, 而先生常云하길 看得文王之心에 不解如此라하니, 蓋聖人之處患難에도 其樂天知命,尊君親上之意가 固自不能無컨대, 豈有紂如是無道하곤 而乃强以爲聖明者哉리오.
慶源輔氏曰: 母之不善을 他人에 在해선 그것을 드러냄이 則 可이나, 그들 子로부터 觀之일지면 則 다만 그 聖善만을 見(현)하고 七子之中엔 自로 無令人이라 하였을 뿐인 것이다. 不然이면 則 足히 그 母를 感悟케 하여 그 善志를 成일 수 없으니, 그 '聖善'이라 曰함은 過하게 아름답게만 歸하였던 언詞가 될 뿐인 것이다. 此는 오직 子만이 可히 母에 있어 그것을 施之일 뿐이고, 臣이고서 事君에 如此이면 則 未安인 것이다. 韓退之가 <羑里操>를 作하여 云하길 '臣의 罪는 當히 誅에 해당할 것이나, 天王께선 聖明이시로다.'라 함에, 비록 程子께서도 또한 此言으로서 文王之心을 得함이라 여겼지만, 先生께선 常으로 云하시길 '文王之心을 看得함에 如此로만 解일 수는 없는 것이다.'라 하시니, 대개 聖人께서 患難에 處하시더라도 그 樂天知命과 尊君親上의 意가 固히 自로 能히 無일 수 없었건대(평상시에도 마찬가지), 어찌 紂가 是와 같이 無道함이 있고 나서야 이내 억지로 聖明이라 할 수 있겠는가?

8. 雄雉

03-08-01 雄雉于飛여. 泄泄其羽로다. 我之懷矣여. 自詒伊阻로다.
장끼 날아오름이여! 그 날갯짓 완만히 자득이로다. 내 그리운 임이여! 나만 홀로 두고 저 멀리 떨어짐이로다.

> 장끼가 날아 오르네 날개치며 날고 있네
> 그리운 내 님이여! 날 두고 떠나갔네

興也라. 雉는 野鷄로, 雄者는 有冠長尾하고 身有文采하며 善鬪이라. 泄泄는 飛之緩也라. 懷는 思이고, 詒는 遺이며, 阻는 隔也라. ○婦人이 以其君子從役于外인지라, 故言雄雉之飛는 舒緩自得如此커늘 而我之所思者는 乃從役於外하여 而自遺阻隔也라.
興체이다. '雉'는 野鷄로, 숫컷은 벼슬이 있고 꼬리가 길며, 몸에 문채가 있으며 잘 싸운다. '泄泄(느긋한 모양 예)'는 날기를 완만히 함이다. '懷'는 그리워함이요, '詒(이)'는 남길 遺이요, '阻'는 떨어질 隔이다. ○婦人이 그 君子가 밖으로 行役을 쫓았기 때문에, 고로 수꿩의 비행은 날개를 활짝 펴 완만하여 自得하길 이와 같거늘, 내가 그리워하는 바의 사람은 이내 밖으로 行役을 쫓아 스스로 隔阻(떨어지고 막힘)하게 남겨지게 되었음을 말한 것이다.

慶源輔氏曰 我之懷矣는 指其夫也고, 自詒伊阻는 不以怨人也라.
慶源輔氏曰: '我之懷矣'는 그 夫를 指함이요, '自詒伊阻'는 人을 怨하지 않음인 것이다.

03-08-02 ○雄雉于飛여. 下上其音이로다. 展矣君子여. 實勞我心이로다.
장끼 날아오름이여! 상하(下上)로 그 울음소리 자득이로다. 참으로 보고픈 군자여! 실로 나 노심초사케 하도다.

　　　　장끼가 날아 오르네 끼룩끼룩 날개치네
　　　　보고픈 내 님이여! 내 마음만 애닮프네

興也라. 下上其音은 言其飛鳴自得也라. 展은 誠也니, 言誠又言實은 所以甚言此君子之勞我心也.
興체이다. '下上其音'은 그 날며 우는 소리가 自得함을 말함이다. '展'은 참으로 誠이니, 誠을 말하고 또 實을 말한 것은 이 君子가 나의 마음을 수고롭게 하였음을 심하게 말한 까닭인 것이다.

慶源輔氏曰 言有盡이나 而意無窮也라.
慶源輔氏曰: 言에는 한계의 盡함이 있지만, 意엔 無窮인 것이다.

03-08-03 ○瞻彼日月호니 悠悠我思로다. 道之云遠이어니 曷云能來리오.
저 일월의 왕래 바라보니 나의 그리움 오래(長久)로다. 떠나신 길 멀고머니 어찌 능히 돌아올 수 있으리오?

해와 달을 바라보니 그리운 맘 끝이 없네
천리만길 멀어졌네 그 언제나 돌아올까

賦也라. 悠悠는 思之長也라. 見日月之往來而思其君子從役之久也라.
賦체이다. '悠悠'는 생각을 길게 하는 것이다. 日月의 往來를 보고서 그 군자가 行役으로 쫓음이 오래되었음을 생각한 것이다.

程子曰 日月은 取其迭往迭來之意고, 又日月은 陰陽相配이라. 又旦暮所見이 動人情하여 思總包意其間이라.
程子曰: 日月은 그 迭往迭來의 意로 取한 것이고, 또 日月은 陰陽의 相配인 것이다. 또 아침저녁(旦莫)의 見하는 바가 人情을 動하여, 그간의 포괄적 의미를 총괄하여 생각한 것이다.

○鄭氏曰 視日月之行迭往迭来면 今君子만이 獨久行役而不來하여 使我心悠悠然思之이라.
鄭氏曰: 日月之行의 迭往迭来를 視이면, 今의 君子만은 홀로 行役에 久여도 不來하여 我心으로 하여금 悠悠然히 그것을 思케 함이라는 것이다.

03-08-04 ○百爾君子는 不知德行런가. 不忮不求면 何用不臧이리오.
모든 그대 군자들 어찌 덕행 알지 못하겠는가? 분노의 해침(忮害) 탐욕의 구함(求) 없을지면 어디서 쓰인들 선(善)하지 않으리오?

세상 모든 군자들은 어찌 덕행 모르는가
해침 없고 욕심없으면 어찌 좋은 일이 없겠는가

賦也라. 百은 猶凡也라. 忮는 害이고, 求는 貪이며, 臧은 善也라. ○言凡爾君子가 豈不知德行乎리오(慶源輔氏曰 不知德行之不는 與鄂不韡韡之不와 同이라) 若能不忮害하고 又不貪求면(止齋陳氏曰 忮心生於忿怒하고 求心生於貪慕인지라, 故人之恥貧賤患難者는 能不忮면 則或入於求하고, 能不求면 則或入於忮이라. 故忮者常生於嫉人하고 求者常至於枉己이라) 則何所爲而不善哉리오. 憂其遠行之犯患하여 冀其善處而得全也라.
賦체이다. '百'은 모두의 凡과 같다. '忮(기)'는 시기로 害함이고, '求'는 탐욕으로 구함이요, '臧'은 善함이다. ○<모든 너희 君子들이 어찌 德行에 알지 못하겠는가(慶源輔氏曰: 不知德行의 不의 音은 '鄂不韡韡'의 不와 同이다:의문문의 반어적 부사사)? 만일 능히 忮害를 가하지 않고 또 탐욕으로 구하지 않을지면 (止齋陳氏曰: 忮心은 忿怒에서 生하고 求心은 貪慕에서 生하

는지라, 故로 人 중에 貧賤과 患難을 恥하는 者는 能히 忮하지 않으면 則 或 求로 入하고, 能히 求하지 않으면 則 或 忮로 入하고 만다. 故로 忮者는 常으로 嫉人에서 生하고, 求者는 常으로 枉己로 至하게 되는 것이다), 즉 어찌 하는 바마다 善하지 않겠는가?>라 말한 것이다. 그 遠行에서 우患을 범할까 근심하여, 그 善으로 處하여 온전함을 얻길 바란 것이다.

*참고: 鄂不韡韡(小雅鹿鳴之什, 常棣)
鄂不는 꽃받침이란 뜻의 萼跗(꽃받침악, 발부위부)를 달리 쓴 말. 韡韡<활짝 필 위>는 꽃이 울긋불긋한 모양을 가리킨다.

東萊呂氏曰 思其君子之切여도 而知其未得歸也고, 於是에 自解曰하길, 凡百君子가 但不忮害不貪求면 則何所用인들 而不善리오. 雖久處軍旅之間라도 固未害也라.
東萊呂氏曰: 그 君子 思하길 切이어도 그 아직 歸할 수 없음에 知하였고, 於是에 自로 解하며 曰하길 '凡百의 君子들이 다만 不忮害와 不貪求이면, 則 어디서 用되는 바인들 不善이리오. 비록 軍旅之間으로 久處라도 固히 未害로다.' 라 한 것이다.

○新安胡氏曰 此도 亦發乎情이나 止乎禮義之意라.
新安胡氏曰: 此도 또한 情에서 發하였으나, 禮義에서 止한 意인 것이다.

雄雉는 四章으로, 章四句이라.
雄雉는 四章으로, 章마다 四句이다.

上蔡謝氏曰 君子之於詩에 非徒誦其言하고 又將以考其情性하며, 非徒以考其情性하고 又將以考先王之澤이라. 蓋法度禮樂雖亡라도 於此에 猶能倂與其深微之意로 而傳之하니, 故其爲言이 率皆樂而不淫하고 憂而不困하며, 怨而不怒하고 哀而不傷이라. 如綠衣의 傷己之詩에 也不過曰我思古人,俾無訧兮라하고, 擊鼓의 怨上之詩에 也不過曰土國城漕,我獨南行이라하며, 至軍旅數起,大夫久役에 止曰自詒伊阻라하고, 行役無度,思其危難으로 以風焉에 不過曰苟無飢渴而已라하니, 作詩者如此거늘 讀詩者가 其可以邪心讀之乎리오.
上蔡謝氏曰: 君子가 詩에 있어 다만 그 言만을 誦할 것이 아니라 또한 將次 그 情性에까지 考하여야 하고, 다만 그 情性으로만 考할 것이 아니라 또한 將次 先王之澤에까지도 考하여야 한다. 대개 法度와 禮樂이 비록 亡했어도, 於此에서 오히려 能히 아울러 그 深微之意와 함께 그것을 傳之했으니, 故로 그 言을 삼음이 대체로 모두 樂而不淫하고 憂而不困하며 怨而不怒하고 哀而不傷인 것이다. 마치 綠衣의 傷己之詩와 같은 경우에도 또한 '我思古人 俾無訧兮'

라 曰함에 不過하였고, 擊鼓의 怨上之詩에서도 또한 '土國城漕 我獨南行'이라 曰함에 不過하였으며, (雄雉에서 衛宣公을 刺한) 軍旅數起와 大夫久役에 至해서도 다만 '自詒伊阻'라 曰하였고, (왕풍의 君子于役에서 平王을 刺한) 行役無期度하여 思其危難으로 그것을 風자함에 '苟無飢渴'라 曰함에 不過하였을 뿐이니, 作詩者가 如此이거늘 讀詩者가 그 可히 邪心으로 그것을 讀之할 수 있겠는가?

○豊城朱氏曰 雄雉四章에 前三章은 皆所謂發乎情이고, 後一章은 乃所謂止乎禮義이라. 蓋閨門之內는 以愛爲主하니, 則雖思之之切이라도 是亦情之正也이라. 惟其思之也切인지라 故其憂之也深이고, 惟其憂之也深인지라 故其勉之也至이라. 忮求者는 皆取禍之道也니, 必能不忮害不貪求면 乃可以自免於患矣라. 噫라, 不忮不求의 此는 孔門克己之術,求仁之方커늘, 而行役之婦人能言之하니, 其亦可謂賢也已이라. 此가 其所以爲先王之遺澤也歟인져.

豊城朱氏曰: 雄雉의 四章 중에 前三章은 모두 所謂 '發乎情'이고, 後一章은 이내 所謂 '止乎禮義'인 것이다. 대개 閨門之內는 愛로서 主를 삼으니, 則 비록 思之하길 切이라도 이렇게 또한 情之正인 것이다. 오직 그 思之하길 또한 切인지라 故로 그 憂之하기를 또한 深인 것이고, 오직 그 憂之하길 또한 深인지라 故로 그 勉之하기도 또한 至인 것이다. 忮求者는 모두 取禍之道이니, 반드시 能히 不忮害하고 不貪求이면 이내 可히 自로 患에서 免일 수 있는 것이다. 噫라! 不忮不求의 此는 孔門의 克己之術과 求仁之方이거늘, 行役之婦人조차 能히 그것으로 言之하고 있으니, 그 또한 可히 賢이라 謂할 수 있을 뿐인 것이다. 此가 그 先王之遺澤이 되는 所以일지져!

9. 匏有苦葉

03-09-01 匏有苦葉이어늘 濟有深涉이로다. 深則厲이요 淺則揭이니라.
박잎(苦葉) 아직 완연하거늘 수심 헤아려 건널지로다. 깊음엔 즉 속바지 입고 얕음엔 즉 바지 걷고 건넘이니라.

　　　　　　박 줄기에 쓴 잎 있고 나루에는 깊은 곳 있네
　　　　　물 깊으면 속옷 입고 건너고 물 얕으면 바지 걷고 건너리

比也라. 匏는 瓠也니(埤雅曰 長而瘦上曰瓠하고, 短頸大腹曰匏이라), 匏之苦者는 不可食하고 特可佩以渡水而已이라. 然今尙有葉이면 則亦未可用之時也라(華谷嚴氏曰 匏는 經霜하여 其葉枯落然後에 乾之하여 腰以渡水라). 濟는 渡處也라. 行渡水曰涉컨대, 以衣而涉曰厲하고(爾雅,邢昺疏云에 此衣謂褌也니, 言水深

至於褌以上者에서 而涉渡之名이 屬이라) 褰衣而涉曰揭라(爾雅에, 繇膝以上為涉이나, 繇帶以下為屬하고 繇膝以下為揭이라). ○此는 刺淫亂之詩이라. 言匏未可用에 而渡處方深이면 行者當量其淺深而後可渡라하여, 以比男女之際에도 亦當量度禮義而行也라.

比체이다. '匏'는 박 瓠(호)이니(埤雅曰: 長하며 上으로 瘦인 것을 瓠라 日하고, 短한 頸과 大한 腹을 匏라 曰한다), 박(匏) 중에 쓴 것은 먹을 수가 없고 다만 가히 차서 물을 건널 뿐인 것이다. 그러나 지금 여전히 잎이 있으면 즉 또한 아직 가히 그것으로 쓰지 못하는 때인 것이다(華谷嚴氏曰: 匏는 霜을 經하여 그 葉이 枯落인 然後에 그것을 乾之하여 腰에 차고 渡水할 수 있는 것이다). '濟'는 건너는 처이다. 물길 건넘으로 행함을 다 涉이라 하건대, 속바지(衣:褌)만 입고 물에 잠겨 건넘을 厲라 하고(爾雅의 형병<邢昺:宋眞宗때> 疏에 云하길, 此衣는 褌<속바지곤>을 謂함이니, 水深이 褌以上에 至하는 것에서 涉渡之名이 屬임을 言한 것이다), 옷을 무릎까지만 걷고(褰:건) 건넘을 揭라 한다(爾雅에, 膝로 말미암은<繇:유> 以上에서가 涉이 되나, 帶로 말미암은 以下를 屬라 하고, 膝로 말미암아 以下를 揭라 한다). ○이는 淫亂함을 풍자한 詩이다. 박을 아직 가히 쓸 수 없음에 건널 곳이 바야흐로 깊으면, 건너려는 자는 마땅히 그 淺深을 量한 이후에 가히 건널 수 있음을 말하여, 男女의 교제에도 또한 마땅히 禮義를 量度한 후에 行해야 함을 比한 것이다.

毛氏曰 遭事制宜이니, 如遇水深則厲하고 淺則揭矣컨대, 男女之際만 安可無禮義哉리오.
毛氏曰: 事를 遭함마다엔 宜로 制함이니, 마치 水의 深을 遇엔 則 厲하고 淺이면 則 揭하건대, 男女之際에만 어찌 可히 禮義 없게 할 수 있겠는가?

○華陽范氏曰 深則厲하고 淺則揭는 宜斟酌也라. 若不顧禮義이면 猶不度水之深淺而欲濟也라.
華陽范氏曰: 深이면 則 厲하고 淺이면 則 揭함은 斟酌에 宜당인 것이다. 만일 禮義를 돌아보지 않을지면 마치 水之深淺을 度하지 않고 濟하고자 함과 같은 것이다.

03-09-02 ○有瀰濟盈이어늘 有鷕雉鳴이로다. 濟盈不濡軌하고 雉鳴求其牡로다.
물길 가득 넘실대거늘 까투리 울음소리 쟁쟁이로다. 넘실대어도 바퀴 적시지 않음이고 까투리 울음소리 들짐승 구애라 함이로다.

찰랑찰랑 물길따라 까투리소리 요란하네
강물은 넘실대도 수레바퀴 젖지 않네

까투리 장끼찾아 꾸욱꾸욱 우짓는다

比也라. 瀰는 水滿貌이라. 鷕는 雌雉聲이라. 軌는 車轍也라.
比체이다. '瀰(물넓을미)'는 물이 가득한 모양이다. '鷕(암꿩우는소리요)' 는 雌雉가 내는 소리이다. '軌'는 수레바퀴 자국이다.

竹房張氏曰 說文曰하길, 軌는 車轍也니 從車九이고, 軓은 車軾前也니 從車凡(音犯)으로, 諸家辨之詳矣라. 然集傳에선 獨從軌는 蓋以九牡으로 聲之叶也나, 軓聲은 則難叶矣이라.
竹房張氏曰: 說文曰하길 '軌(궤)는 車의 轍이니 從車(形部) 九聲(聲部)이며, 軓(수레바닥 들레나무 범, 바퀴자국 케)은 車의 軾前에 있는 명칭이니 從車凡聲(音犯)으로, 諸家들은 그것 辨之하길 詳하였다. 그러나 集傳에선 獨으로 軌만을 從하여 해설하였던 것(軌車轍也)은 대개 九와 牡가 聲之叶이나, 軓聲은 則 難叶이기 때문이다.
*참고: 軓
軓在軾前而以板橫側揜之
軓은 軾前에 在한 명칭인데 板자로서 橫側을 그것으로 揜之함이다.

○廬陵羅氏曰 周禮의 輈人疏에, 轍廣을 謂之軌하고, 轂末도 亦為軌이라. 韻會曰車軸謂轊頭也니, 轊는 即車頭之端으로 貫轂者이라. 車輪의 廣狹高下는 皆定於軌이라. 軌同이면 則轍迹亦同이라. 後人因謂車轍하여 亦曰軌이라. 曲禮의 塵不出軌는 以高下言이고, 中庸의 車同軌는 以廣狹으로 言이라. 蓋車輪은 崇六尺六寸이고 軌는 居輪中이니, 若濡軌이면 則水를 涉三尺三寸이라.
廬陵羅氏曰: 周禮의 <輈人>疏에, '바퀴자국(轍)의 廣을 謂之하여 軌라 하고, 바퀴 중앙 통(轂:곡)의 末端 부위도 또한 軌가 된다.' 라 하였다. <韻會>에서 曰하길, '車軸은 "굴대 끝(轊:예두)의 머리"를 謂함이다.' 라 하니, 轊는 即 수레 굴대(車頭)의 끝(端)으로 중앙의 바퀴통(轂)을 貫통인 것이다. 車輪의 廣狹高下가 모두 軌에서 定해진다. 軌가 同이면 則 轍迹도 또한 同이다. 後人이 이로 因하여 車轍을 謂하여 또한 軌라 曰한 것이다. 曲禮의 '塵不出軌(몰 때 먼지는 바퀴 높이를 벗어나지 않게 함)'는 高下로서 言한 것이고, 中庸의 '車同軌'은 廣狹으로서 言한 것이다. 대개 車輪은 六尺六寸을 崇하고 軌는 輪의 中앙에 居함이니, 만일 軌를 濡일지면 則 水를 三尺三寸으로 涉인 것이다.

飛曰雌雄하고, 走曰牝牡이라. ○夫濟盈엔 必濡其轍하고, 雉鳴엔 當求其雄은 此

常理也라. 今濟盈에도 而曰不濡軌하고, 雉鳴을 而反求其牡로서,
날짐승엔 '雌,雄'이라 曰하고, 걸어 다니는 짐승에 '牝,牡'라 曰한다. ○
무릇 건너는 곳에 물이 가득하면 반드시 그 바퀴를 적시고, 암꿩이 울 때에는
마땅히 그 수꿩을 구함이거늘, 이것은 그 항상된 이치인 것이다. 지금 건너는
곳에 물이 가득한데도 수레바퀴를 적시지 않는다라 曰하고, 암꿩(雉)의 울음을
도리어 그 숫컷 짐승을 구한다는 것으로서,

竹房張氏曰 走曰牝牡의 此는 爾雅釋獸之正例이고, 諸家들이 以牝雞,雄狐로 爲
證言飛走通也라. 殊不識詩人之意이나, 曰當濡其轍에도 今乃不濡其轍迹하니 是
大可怪也고, 當求其雄에도 今乃求其牡獸라하니 是大異常也라. 如此歌之면 則得
詩人之意하고 知集傳之旨也라.
竹房張氏曰 '走曰牝牡'의 此는 爾雅에서 獸之正例로 釋한 것이고, 諸家들이
牝雞와 雄狐로서 함은 飛와 走간을 通틀어서 證言한 것이다. 자못 詩人之意에
不識이나, 當濡其轍이라 曰할 수 있는데도 今에 이내 不濡其轍迹이라 하니 이
렇게 大의 可怪인 것이고, 當求其雄함에도 今에 이내 求其牡獸라 하니 이렇게
大의 異常인 것이다. 如此로 歌之해 보면 則 詩人之意를 得하고 集傳之旨를
知일 수 있는 것이다.

以比淫亂之人이 不度禮義하고 非其配耦而犯禮以相求也라.
음란한 사람이 禮義를 헤아리지 않고 그 배우자 아님에도 禮를 범하면서까지
서로 구함을 比한 것이다.

03-09-03 ○雝雝鳴鴈은 旭日始旦이니라. 士如歸妻인댄 迨冰未泮이니라.
육례(六禮) 남채(納采)에 화평한 기러기 울음 해 뜨는 이른 아침에 행하니라.
총각 신부 맞이할(歸妻)진대 얼음 풀리기 전 육례의 예(禮) 미리 행하니라.

　　　　화평하게 기러기 울어대는데 아침햇살 훤히 비쳐 날이 새었네
　　　　선비님 아내를 맞이하려거든 이 얼음 녹기 전에 서두르세요

賦也라. 雝雝은 聲之和也라(孔氏曰 生執之하여 以行禮인지라 故言雁聲이라).
鴈은 鳥名으로, 似鵝하고 畏寒하여 秋南春北이라. 旭(아침해욱)은 日初出貌라
(毛氏曰 日始出을 謂大昕之時이라<昕音欣>).
賦체이다. '雝雝'은 소리의 和함이다(孔氏曰: 生으로 執之하여 行禮하였기
때문에, 故로 雁聲이라 言한 것이다). '雁'은 새 이름으로, 거위(鵝)와 비슷
하고 추위를 두려워하여 가을에 남으로 갔다 봄에 북쪽으로 돌아온다. '旭'
는 해가 처음 나오는 모양이다(毛氏曰: 日의 始出을 大昕之時<새벽흔>라 謂한

다<昕音欣:기쁠흔>).

昏禮에
昏禮에

廬陵李氏曰 娶妻之禮는 以昏爲期인지라 因以名焉이라. 日入의 二刻半이 爲昏이라. 納采엔 用雁이라. 孔氏曰: 六禮에 唯納徵用幣하고 餘皆用雁이라.
廬陵李氏曰: 娶妻之禮는 昏으로 期를 잡기 때문에, 이로 因하여 그것으로 名한 것이다. 日이 入한지 二刻半(37분경)이 昏이 된다. 納采(혼인 때 신랑집에서 신부집으로 예물을 보냄)엔 雁을 用한다. 孔氏曰: 六禮에 오직 納徵(納幣)에만 用幣하고, 餘엔 모두 雁을 用한다.
*참고: 의례(儀禮) 사혼례(士昏禮)
의례(儀禮) 사혼례(士昏禮)에 혼례(昏禮)의 순서와 방법이 기록되어 있는데, 납채(納采), 문명(問名), 납길(納吉), 납폐(納幣), 청기(請期), 친영(親迎)의 순서로 이루어지고, 여섯 가지를 후대에 육례(六禮)라고 칭함에 혼례(昏禮)를 의미하게 되었다. 납채(納采)는 남자가 청혼의 예물을 보냄이고, 문명(問名)은 여자의 사주(출생 연월일)를 물음이며, 납길(納吉)은 사주로 길함을 얻으면 이것을 여자에게 알림이고, 납폐(納幣)는 혼인을 정한 증명으로 예물을 여자에게 보냄이며, 청기(請期)는 남자가 결혼 날짜를 정하여 여자에게 지장의 유무를 물음이고, 친영(親迎)은 신랑이 신부집에 가서 아내를 맞이하는 오늘날의 결혼식이다. (金漢熙의 맑은샘 漢文)
*참고: 시간
15분, 30분, 45분, 1시간을 '一刻', '半', '三刻', '点'이라 한다.

○鄭氏曰 用雁者는 取其順陰陽往來이라.
鄭氏曰: 用雁者는 그 陰陽의 往來에 順함을 取함이다.

○程子曰 取其不再偶也라.
程子曰: 그 再로 偶하지 않음을 取함이다.

○本草注曰 雁은 爲陽鳥이니 蓋得中和之氣이라. 熱卽北하고 寒卽南하여 以就和氣이라. 所以爲贄者는 一取其信하고 一取其和也라.
本草注曰: 雁은 陽鳥가 되니, 대개 中和之氣를 得함이다. 熱이면 卽 北하고, 寒하면 卽 南하여 和氣로 나아감인 것이다. 贄로 삼는 所以인 것은 一은 그 절기에 信함을 取함이고 一은 그 음양에 和함을 取함인 것이다.

○朱子曰 凡贄는 用生雁하여 左首하며, 以生色繒으로 交絡之라.
朱子曰: 무릇 贄는 生雁을 用하여 左首하며, 生色의 명주(繒)로 交차하여 그것을 絡之한다.

○安成劉氏曰 集傳에서 但言納采用雁者는 唯擧六禮之始耳이라.
安成劉氏曰: 集傳에서 다만 '納采用雁'者로 言함은 오직 六禮之始만을 擧했을 뿐이다.

納采에 用鴈하고, 親迎以昏하나 而納采,請期는 以旦이라(鄭氏曰 自納采至請期엔 皆用昕하고, 親迎用昏이라. ○孔氏曰 用昕者는 君子行禮에 貴其始이라. 親迎用昏에 鄭氏云하길 取陰陽往來之義이라). 歸妻以氷泮하고 而納采,請期는 迨氷未泮之時이라. ○言古人之於婚姻에 其求之不暴하고 而節之以禮如此하여, 以深刺淫亂之人也라.
納采엔 기러기를 쓰고, 親迎은 저녁으로 하나 納采와 請期는 아침으로 한다(鄭氏曰: 納采에서부터 請期에 至하기까지는 모두 昕<아침흔>으로 用하고, 親迎만은 昏으로 用한다. ○孔氏曰: 用昕者는 君子가 行禮에 그 始를 貴하게 여김이고, 親迎用昏엔 鄭氏云하길 陰陽의 往來之義를 取함이라 하였다). 歸妻는 얼음이 풀릴(泮) 때 하고, 納采와 請期는 얼음이 풀리지 않을 때로 미치(迨: 태)게 한다. ○古人이 婚姻에 그 구하기를 갑자기 하지 않고 禮로서 節度 있게 하길 이와 같았음을 말하여, 깊이 淫亂한 사람을 풍자한 것이다.

新安胡氏曰 味士如歸妻之辭이면, 可見是刺淫者이라. 若責之曰하길, 士如欲歸妻엔 自有婚姻之禮커늘, 何得如此淫亂也리오. 若刺宣公不當하여 以士言이라.
新安胡氏曰 '士如歸妻'의 辭를 味일지면, 可히 이렇게 淫者를 刺임을 見할 것이다. 마치 그것에 責之하며 曰하길 '士가 만일 歸妻코저 한다면 自로 婚姻之禮가 有하여야 하거늘, 어찌 如此와 같이 淫亂하게 할 수 있겠는가?'라 함과 같은 것이다. 마치 宣公의 不當을 刺함을 士로 言함과 같은 것이다.

○慶源輔氏曰 此章은 言婚姻之常理하여 以刺淫亂者之不然也라.
慶源輔氏曰: 此章은 婚姻之常理를 言하여 淫亂者之不然을 刺한 것이다.

03-09-04 ○招招舟子에 人涉卬否호라. 人涉卬否는 卬須我友니라.
뱃사공 소리쳐 부름에 사람들 달려 건너나 나만은 그러지 않노라. 사람들 달려 건너지만 나만 그러지 않음은 나 나의 님 예(禮) 기다림이니라.

어서 타라 손짓하는 저 뱃사공 다른 사람 다 건너도 나는 안가네

모든 사람 다 가도 내 아니 감은 모름지기 내 짝을 기다림이라네

比也라. 招招는 號召之貌이라(孔氏曰 王逸云하길 以手曰招하고, 以口曰召이라). 舟子는 舟人主濟渡者이라. 卬은 我也라. ○舟人이 招人以渡면 人皆從之나 而我獨否者는 待我友之招而後에 從之也니, 以比男女必待其配耦而相從하여, 而刺此人之不然也라.

比체이다. '招招'는 소리쳐 부르는 모습이다(孔氏曰: 王逸云하길, '손으로서 함을 招라 曰하고, 口로서 함을 召라 曰한다.' 라 하였다). '舟子'는 뱃사람으로, 강을 건네줌으로 主됨을 삼는 자이다. '卬(앙)'은 나 我이다. ○뱃사람이 사람들을 건네줄 것으로 부르면 사람들마다 모두 그를 쫓지만, 나만이 홀로 그리하지 않는 것은 내 님의 부름을 기다린 이후에 그를 쫓으려 하기 때문이니, 남녀는 반드시 그 配偶를 기다려 서로 쫓아야 함을 비유하여, 이 사람은 그렇하지 못함을 풍자한 것이다.

匏有苦葉은 四章으로, 章四句이라.
匏有苦葉은 四章으로, 章마다 四句이다.

慶源輔氏曰 此詩意가 雖正이라도 而體製엔 異於諸作이니, 若有不敢正言之意이라. 一章은 言為事當有所度量이고, 二章은 言苟不能度量이면 則必至於反常而逆理하며, 三章은 則詔之以婚姻常理이고, 四章은 則言人當有可有不可하여 以刺淫亂之人亂常逆理而無有不可也라.

慶源輔氏曰: 此詩의 意가 비록 正이라도, 체계(體系:體製)에 있어서는 여러 작품(諸作)들과 異함이니, 마치 敢히 正言할 수 없는 意가 有인듯 하다. 一章은 事에는 當히 度量할 바로 有해야 함을 言한 것이고, 二章은 苟로 不能度量이면 則 반드시 常에 反함으로 至하게 되어 逆理케 됨을 言한 것이며, 三章은 則 그것을 고함(詔)에는 婚姻의 常理로 해야 하는 것이다. 四章은 則 人은 當히 可함과 不可함을 有해야 함을 言하여, 淫亂之人이 亂常과 逆理로 不可함을 有함이 없어야 함을 풍자한 것이다.

○安成劉氏曰 此詩의 一章,二章,四章은 反覆諷刺하길 皆以濟涉之事로 為比이라. 豈所指淫人居津水之傍歟인져. 抑詩人以一時所見而取譬歟인져.

安成劉氏曰: 此詩의 一章,二章,四章은 反覆으로 諷刺하길, 모두 濟涉之事로서 比를 삼은 것이다. 아마도 淫人이 津水之傍에 居함을 指한 바일진져! 아니면 詩人이 一時에 見한 바로 譬를 取함일진져!

10 谷風

03-10-01 習習谷風이 以陰以雨하나니, 黽勉同心언정 不宜有怒니라. 采葑采菲는 無以下體로니, 德音莫違인댄 及爾同死니라.
화창한 곡풍(谷風) 음(陰)의 기운에 비 내리니, 한마음 한뜻 힘쓸지언정 노여움 두어선 의당치 않나니라. 순무와 무 캠엔 뿌리로 잎까지 버려선 아니 되니, 선한 명예 도리에 어김 없을진댄 그와 함께 죽음 같이 하나니라.

        살랑살랑 산골바람 불어오더니 어느덧 구름끼고 비가 내리네
       동심으로 우리 서로 애써왔는데 노여움을 품는 것은 의당치 않네
   순무캐고 무캐는 건 뿌리때문이 아니고 명예도리 지킨다면 죽음도 함께 하리

比也라. 習習은 和舒也라. 東風을 謂之谷風이라(毛氏曰 陰陽和에 而谷風至이라). 葑은 蔓菁也라. 菲는 似葍하고, 莖麤葉厚하며 而長有毛이라. 下體는 根也라(華谷嚴氏曰 江南有菘하고 江北有蔓菁하여 相似而異이라. 春食苗하고 夏食心하며, 秋食莖하고 冬食根이라. 菲는 葍類이니, 爾雅謂蒠菜하고, 河內謂蓿菜이라. 三月中蒸爲茹이라. 滑美可作羹이라. 根은 如指하고, 正白可啖이라). 葑, 菲는 根莖皆可食이나 而其根엔 則有時而美惡이라. 德音은 美譽也라. ○婦人이 爲夫所棄인지라, 故作此詩하여 以叙其悲怨之情이라. 言陰陽和而後에 雨澤降하니, 如夫婦和而後家道成인지라, 故爲夫婦者는 當黽勉以同心언정(華谷嚴氏曰 黽勉猶勉強也라. 力所不堪하여 心所不欲함엔 而勉強爲之하니, 皆謂之黽勉이라) 而不宜至於有怒이라. 又言采葑菲者는 不可以其根之惡라하여 而棄其莖之美하니, 如爲夫婦者는 不可以其顔色之衰라하여 而棄其德音之善하니, 但德音之不違면 則可以與爾同死矣라.

比체이다. '習習'은 화창하고 쾌적(和舒<和昣舒适>:화창할창) 함이다. 東風을 일러 谷風이라 한다(毛氏曰: 陰陽이 和함에 谷風이 至인 것이다). '葑(봉)'은 순무(蔓菁:순무정)이다. '菲'는 순무(葍:메복)와 비슷한데(혹,무우), 줄기는 거칠고 잎은 두터우며 자람에 털이 난다. '下體'는 뿌리이다(華谷嚴氏曰: 江南엔 菘<배추승>이 有하고 江北엔 蔓菁이 有하여 相似이나 異하다. 春엔 食苗하고, 夏엔 食心<이파리>하며, 秋에 食莖하고 冬엔 食根이라. 菲는 葍의 類이니, 爾雅에서 식래<蒠菜:나물식>라 謂하고, 河內에선 슉채<蓿菜:거여목슉>라 謂한다. 三月中에 蒸하여 茹<나물로 먹음>하기도 하고, 부드러워<滑美> 可히 羹을 만들 수도 있다. 根은 指와 같고, 正白으로 可히 먹을<啖:씹을담> 수 있다). 葑과 菲는 뿌리와 줄기를 다 먹을 수 있지만, 그 뿌리에는 즉 때로 좋고 나쁨이 있다. 德音은 덕행의 아름다운 명예(美譽)이다. ○婦人이 남편의 버림받는 바가 되었기 때문에, 이 詩를 지어 그 悲怨의 감정을 펼친 것이다. 陰陽이 和한 이후에야 雨澤이 내리니, 마치 夫婦가 和한 이후에 실가의 道가

이루어짐과 같음이다. 고로 夫婦가 된 자는 마땅히 부지런히 힘써(黽勉) 同心을 이룰지언정(華谷嚴氏曰: 黽勉<힘쓸민>은 勉强과 같음이다. 力이 堪當하지 못하는 바로 心에서 하고자 않는 바에는 勉强히 그것을 爲之하여야 하니, 모두 謂之하길 黽勉이라 한다), 의당 노여움이 있는 데로 이르러서는 안 됨을 말한 것이다. 또 葑菲를 캐는 자는 그 뿌리가 나쁘다하여 그 줄기의 좋은 것까지 버려서는 불가하니, 마치 부부된 자는 그 顔色이 쇠하였다 하여 그 德音의 善한 것까지 버려서는 불가한 것과 같으니, 다만 德音에서 어긋나지 않을지면 즉 가히 너와 함께 해로하다 죽을 뿐임을 말한 것이다.

*참고: 거여목
개자리. 콩과의 두해살이풀. 높이는 30~60cm이며, 잎은 어긋나고 겹잎이다. 봄에 노란 잔꽃이 잎겨드랑이에서 피고 열매는 용수철 모양의 협과(莢果)를 맺으며 거름, 목초로 쓰여진다.

慶源輔氏曰 上四句는 以陰陽之和로 比夫婦之和이고, 下四句는 以葑菲根으로 比婦人之色이라.
慶源輔氏曰: 上四句는 陰陽之和로서 夫婦之和에 比한 것이고, 下四句는 葑菲의 根으로서 婦人之色에 比한 것이다.

○程子曰 夫婦之道는 貴於有終이라. 德音은 美音也라. 當期好音無違엔 至於偕老이라.
程子曰: 夫婦之道는 有終에 貴인 것이다. 德音은 美音이다. 當히 好音의 無違엔 偕老에까지 至하길 期해야 한다.

03-10-02 ○行道遲遲하야 中心有違어늘, 不遠伊邇하길 薄送我畿하다. 誰謂茶苦리오. 其甘如薺로다. 宴爾新昏하야 如兄如弟하다.
떠나는 길 더디더니 마음속 발걸음과 어긋나거늘, 멀리 나와 보지 않고 가까이 대문서만 전송하도다. 누가 씀바귀 쓰다고만 하는가? 그 달기가 냉이 같음이로다. 너의 새댁만 잔치 벌여 형제 대하듯 하도다.

가는 길 터벅터벅 더딘 걸음은 내 마음 내키지 않아서라오
멀리까지 배웅도 아니 해주고 박정하게 문간에서 나를 보내네
그 누가 씀바귀를 쓰다고 했나 나에게는 냉이처럼 달기만 한데
그대는 신혼살림 재미에 빠져 형제처럼 다정스레 지내겠지요

賦而比也라. 遲遲는 徐行貌이라. 違는 相背也라. 畿는 門內也라(東萊呂氏曰 韓詩云하길, 白石爲門畿하니, 蓋門閫也라. 韻會에 梱即閫字이니, 門橛也라. 即門

限兩傍의 夾木이라). 茶는 苦菜로 蓼屬也니, 詳見良耜이라. 薺는 甘菜이라(木草曰 薺味甘이니, 人取其葉하여 作葅及羹이라). 宴은 樂也라. 新昏은 夫所更娶之妻也라. ○言我之被棄하여 行於道路를 遲遲不進은 蓋其足欲前이나 而心有所不忍하여 如相背然이니, 而故夫之送我에 乃不遠而甚邇하길 亦至其門內而止耳이라. 又言茶雖甚苦나 反甘如薺하여, 以比己之見棄의 其苦는 有甚於茶커늘 而其夫方且宴樂其新昏하길 如兄如弟而不見恤이라(永嘉陳氏曰 物莫苦於茶고 婦人見棄는 其情甚苦이나, 則茶反甘於薺矣라). 蓋婦人從一而終하니, 今雖見棄이나 猶有望夫之情이니 厚之至也라.

賦而比체이다. '遲遲'는 더디게 떠나는 모습이다. '違'는 서로 위배됨이다. '畿'는 문 안쪽이다(東萊呂氏曰: 韓詩云하길, '白石으로 門畿<경계기>를 삼으니, 대개 대문의 문지방<門閫:門地枋>이다.'라 하였다. <韻會>에선 梱은 即 閫字이니, 門橛<말뚝궐>이다. 即 門限의 兩傍에다 끼이게 하는 협목<夾木>인 것이다). '茶(도)'는 쓴나물<씀바귀>로 여귀(蓼:료)의 등속이니, 자세함은 周頌 <良耜>편에서 보인다. '薺(제)'는 단맛의 나물이다(木草曰: 薺는 味甘이니, 人이 그 葉을 取하여 葅와 羹을 만들 수 있다). '宴'은 즐김이다. '新昏'은 남편이 다시 장가든 바의 아내이다. ○내가 버림받아 도로로 나설 때 더디고 더디게(遲遲) 앞으로 나아가지 못함은, 대개 그 발은 앞으로 나아가고자 하나 마음만은 차마 떠나가지 못하는 바가 있어, 마치 서로 어긋남이 있는 듯하였기 때문이다. 그리고 옛 지아비가 나를 전송함에 이내 멀리 나오지 않고, 심히 가깝게 하길 또한 그 대문 안에서만 이르러 그쳤을 뿐임을 말한 것이다. 또 씀바귀(茶)가 비록 심히 쓰다 하지만 도리어 달기가 마치 냉이(薺)와 같다 하여, 자기의 버림받은 그 고통은 씀바귀보다 심함이 있거늘, 그 지아비는 바야흐로 또한 그 新昏댁과만 잔치 베풀고 즐기길(宴樂), 마치 형제 대하듯 하며 불쌍히 보지 않음을 비유한 것이다(永嘉陳氏曰: 物 중에 茶보다 苦함은 없고, 婦人이 버림을 당한 그 情은 甚히 苦이지만, 則 茶에도 도리어 薺보다 甘함이 있다는 것이다). 대개 婦人은 한 지아비를 좇아 인생을 마치니, 지금 비록 버림을 받았더라도 오히려 지아비를 바라는 情이 있음이니, 두텁기가 지극한 것이다.

安成劉氏曰 此章上四句는 賦其望夫之意하길 而及其夫之薄情이고, 下四句는 則比己之甚苦하여 而歎其夫之方樂이라. 賦體與比體가 相繼成章이니, 後凡言의 賦而比者文意도 亦放此云이라.
安成劉氏曰: 此章의 上四句는 그 夫를 望하는 意로 賦하길 그 夫之薄情에까지 及한 것이고, 下四句는 則 己之甚苦를 比喩하다 그 夫之方樂을 歎식한 것이다. 賦體와 比體가 相繼하여 成章이니, 後의 凡言한 賦而比者의 文意도 또한 放此라 云할 뿐인 것이다.

03-10-03 ○涇以渭濁이나 湜湜其沚니라. 宴爾新昏하야 不我屑以하나다. 毋逝我梁하며 毋發我笱언만, 我躬不閱이온대 遑恤我後런가.
경수(涇) 위수(渭)로 탁해지나 그 물가엔 맑은 처도 있나니라. 너의 새댁만 잔치 즐겨 나와 함께 있음 달가워 않는도다. 나의 어량 가지 말지며 나의 통발 들추지 말라 싶건만, 내 몸 기댈 곳 없건대 내 떠난 후 근심할 겨를 있겠는가?

경수가 위수로 탁해졌어도 그 강물 푸르고 맑기만 하네
그대는 신혼살림 재미에 빠져 나 같은 건 달갑게도 아니 여기네
내가 만든 어량에는 가지 마세요 내가 놓은 통발도 들추지 마오
이 내몸 이다지도 기댈 곳 없어 뒷일을 걱정한들 무엇 하리오

比也라. 涇,渭는 二水名이라. 涇水는 出今原州,百泉縣,笄頭山東南하고 至永興軍,高陵하여 入渭이라. 渭水는 出渭州,渭源縣,鳥鼠山하고 至同州,馮翊縣하여 入河이라.
比체이다. '涇水'와 '渭水'는 두 개의 강 이름이다. '涇水'는 지금의 원주(原州) 백천현(百泉縣) 계두산(笄頭山)의 東南쪽에서 나와 영흥군(永興軍) 고릉(高陵)에 이르러 渭水로 들어가고, '渭水'는 위주(渭州) 위원현(渭源縣) 조서산(鳥鼠山)에서 나와 同州 풍익현(馮翊縣)에 이르러 黃河로 들어간다.

東萊呂氏曰 詩人多述土風에 此衛詩而遠하건만 引涇渭者는, 蓋涇濁渭清을 天下所共知니, 如云海鹹河淡也라.
東萊呂氏曰: 詩人이 多로 그 지방 풍속(土風)을 述함에 此의 衛詩에서도 遠함이건만 涇,渭로 引하였던 것은, 대개 涇은 濁이고 渭는 清함을 天下가 함께 知하는 바이기 때문이니, 마치 海는 鹹이고 河는 淡이라 云함과 같은 것이다.

○原州,百泉縣은 今平凉府,鎭原縣이고, 永興軍,高陵은 今西安府,高陵縣이며, 渭州,渭源縣은 今平凉府,渭源縣이고, 同州,馮翊縣은 今西安府,同州地에서 竝隸陝西이라.
原州의 百泉縣은 今의 平凉府 鎭原縣이고, 永興軍의 高陵은 今의 西安府 高陵縣이며, 渭州의 渭源縣은 今의 平凉府 渭源縣이고, 同州의 馮翊縣은 今의 西安府 同州의 地에서 陝西에까지 아울러 다다른다(竝隸).

湜湜은 清貌이라. 沚는 水渚也라. 屑은 潔이고, 以는 與며, 逝는 之也라. 梁은 堰石障水하여 而空其中으로 以通魚之往來者也라. 笱는 以竹爲器하고 而承梁之

空하여 以取魚者也라. 閱은 容也라. ○涇濁渭淸이나, 然涇未屬渭之時엔 雖濁而 未甚見라가, 由二水旣合에야 而淸濁益分이라. 然其別出之渚流가 或稍緩엔, 則 猶有淸處이라. 婦人以自比其容貌之衰久矣하고, 又以新昏形之면 益見憔悴이라. 然其心맘은 則固猶有可取者이라. 但以故夫之安於新昏인지라, 故不以我爲潔而與 之耳이라. 又言하길 毋逝我之梁하고 毋發我之筍하여, 以比欲戒新昏에 毋居我 之處하고 毋行我之事이라. 而又自思하길, 我身且不見容커늘 何暇恤我已去之後 哉리오. 知不能禁하여 而絶意之辭也라.

 '湜湜(맑을식)'은 맑은 모양이다. '沚(지)'는 물가(渚:저)이다. '屑'은 깨끗함이요, '以'는 더불어 與이고, '逝'는 갈 之이다. '梁'은 돌로 둑 을 쌓아(堰:언) 물길을 막고 그 중간을 비워 물고기의 왕래를 위해 통해 놓은 곳이다. '筍'는 대나무로 그릇을 만들어, 魚梁의 공간을 이어놓아 물고기를 취하는 것이다. '閱'은 용납함이다. ○涇水는 濁하고 渭水는 맑음이나, 그러 나 涇水가 아직 渭水와 닿지 않았을 때에는 비록 渭水가 탁함이나 심히 볼 수 없었다가, 두 물줄기가 이윽고 합해짐으로 말미암아 淸과 濁이 더욱 나누어지 게 된다. 그러나 그 別도의 벗어(出)난 물가 흐름(渚流)이 혹 다소 완만한 곳 엔, 즉 오히려 맑음의 처도 있는 것이다. 婦人이 스스로 그 容貌의 衰落함이 오래되었고, 또 신혼새댁과 형상화하면 더욱 憔悴함을 볼 수 있음을 비유한 것이다. 그러나 그 마음만은 즉 진실로 오히려 가히 취할 만한 것이 있다는 것이다. 다만 옛 남편이 신혼새댁에게만 안락해하는 까닭에, 고로 나를 깨끗이 여겨 함께 하지 않을 뿐이라는 것이다. 또 나의 魚梁에 가지 말고 나의 통발 도 열지 말라고 말하여, 신혼새댁에게 나의 처소에 居하지 말고 나의 일도 行 하지 말라고 경계하고자 함을 비한 것이다. 그리고 또 스스로 생각하길, 내 몸 조차 또한 용납됨을 보지 못하거늘, 어느 겨를에 내가 이미 떠난 후의 일까지 걱정하겠는가? 능히 禁할 수 없음을 알고서, 단념의 의도로 한 언사인 것이 다.

慶源輔氏曰 不忍遂棄其家事者는 仁也오, 知其不能禁而絶意焉者는 知也라.
慶源輔氏曰: 차마 갑자기 그 家事의 일을 버릴 수 없는 것은 仁이요, 그 能히 禁하지 못함을 알아 그것에 단절의 意도로 한 것은 知인 것이다.

03-10-04 ○就其深矣엔 方之舟之오, 就其淺矣엔 泳之游之호라. 何有何亡이어 도 黽勉求之하며, 凡民有喪엔 匍匐救之호라.
그 깊음에 나가선 뗏목과 배로 했음이오, 그 얕음에 나가선 잠수와 유영 했노 라. 어떤 부유나 어떤 가난도 부지런히 힘써 그것 구했으며, 여러 이웃 큰일에 온 힘 다해 구원했노라.

깊은 물 건널 때는 뗏목 타고 배도 타지요
얕은 물 건널 때는 자맥질하고 헤엄쳐가지요
있을 때 없을 때 가리지 않고 온갖 궂은 일 도맡았지요
이웃의 어려운 일 있을 때도 모든 힘 다 바쳐 도와주었네

興也라. 方은 桴이고, 舟는 船也라. 潛行曰泳하고, 浮水曰游이라(安成劉氏曰 泳與游는 今俗所謂 迷與泅也라). 匍匐은 手足並行이니, 急遽之甚也라(孔氏曰 匍匐本小兒未行之狀이나, 其盡力顚蹶似之인지라 故取名이라). ○婦人이 自陳其治家勤勞之事하여 言하길, 我隨事盡其心力而爲之컨대, 深則方舟하고 淺則泳游하여 不計其有與亡하고 而勉强以求之하며(孔氏曰 隨水深淺하여 期於必渡하듯 猶隨事難易하여 期於必成하니, 不問貧富하고 吾皆盡力求之라. ○安成劉氏曰 深淺은 以興有亡이고, 方舟泳游는 以興勉求也라), 又周睦其隣里鄕黨하여 莫不盡其道也라.

興체이다. '方'은 뗏목 桴이요, '舟'는 배이다. 潛수하여 行하는 것을 泳이라 하고, 물 위로 떠서 가는 것을 游라 한다(安成劉氏曰: 泳과 游는 今의 俗에선 所謂 迷와 泅<헤엄칠수>이다). '匍匐'은 엎드려서 手足을 나란히 행하는 것이니, 몹시 서두르길(急遽) 심한 것이다(孔氏曰: 匍匐은 本來 小兒가 아직 行하지 못하는 狀이나, 그 顚蹶에도 盡力함이 그것과 흡사하기 때문에, 故로 取하여 名한 것이다). ○婦人이 스스로 그 治家에 勤勞했던 일을 펼치며 말하길, 내가 일에 따라 그 마음과 힘을 다하여 그것을 하였건대, 깊으면 즉 뗏목과 배를 타고, 얕으면 잠수와 헤엄쳐서 그 있을 때나 없을 때를 헤아리지 않고 勉强히 그것을 求했으며(孔氏曰: 水의 深淺을 隨하여 반드시 渡할 것으로 期約하듯이, 마치 事의 難易를 隨하여 반드시 이룰 것으로 期하였으니, 貧富를 따지지 않고 내가 모두 盡力으로 그것을 求之하였다. ○安成劉氏曰: 深淺은 有와 亡을 興한 것이고, 方舟와 泳游는 勉求를 興한 것이다), 또 두루 그 隣里와 鄕黨에 親睦하여 그 道를 다하지 않음이 없었다는 것이다.

慶源輔氏曰 勤勞家事, 周恤隣里가 卽首章之所謂德音이고 下章之所謂我德也라. 婦人無外事인지라 以勤家睦隣으로 爲德而已니, 此可見其勤而不怨이라.
慶源輔氏曰: 家事에 勤勞하고 隣里에 周恤함이 卽 首章의 所謂 德音이고 下章의 所謂 我德인 것이다. 婦人은 外事가 無인지라 勤家睦隣으로 德을 삼을 뿐인 것이니, 此에서도 可히 그 勤而不怨임을 見할 수 있는 것이다.

03-10-05 ○不我能慉하곤 反以我爲讐하나다. 旣阻我德하니 賈用不售로다. 昔育恐育鞫해선 及爾顚覆러니, 旣生旣育하얀 比予于毒런가.
나 능히 길러주진 못하곤 도리어 나 원수로 여기도다. 그 마음 이윽고 내 덕

행조차 물리치니 장사치 물건 팔리지 않는 격이로다. 예전 살아갈 방도 두렵고 곤궁해선 너와 함께 전복(顚覆)으로 이르렀더니, 이윽고 살 만하고 이윽고 길러줄 만하여선 나를 해악으로 견줄 수 있는 것인가?

따뜻하게 위로 한번 못해 주더니 도리어 원수 보듯 나를 대하네
나의 정성 뿌리치고 막아버리니 팔려해도 팔지 못한 고물같구나
예전에 어렵고 곤궁할 때는 둘이 함께 힘을 합쳐 고생했건만
이제 겨우 살림살이 살만해지니 독벌레 바라보듯 나를 대하네

賦也라. 慉은 養이고, 阻는 却이며, 鞠은 窮也라. ○承上章言하길, 我於女家에 勤勞如此여도 而女旣不我養하고 而反以我爲仇讐로다. 惟其心이 旣拒却我之善인지라, 故雖勤勞如此여도 而不見取컨대, 如賈之不見售也라(程子曰 凡人所以憎은 而不知善者니, 由其心阻하여 絶其善故也라. ○廣韻注曰 售는 謂物出手也라). 因念其昔時컨대, 相與爲生엔 惟恐其生理窮盡하고 而及爾皆至於顚覆러니, 今旣遂其生矣엔 乃反比我於毒하여 而棄之乎런가. 張子曰 育恐은 謂生於恐懼之中이고, 育鞠은 謂生於困窮之際라하니, 亦通이라.
賦체이다. '慉(기를휵)'은 기름이요, '阻'는 물리칠 却이요, '鞠'은 궁핍함이다. ○上章을 이어 말하기를, <내가 너의 집에 勤勞하길 이같이 하였어도, 너는 이윽고 나를 길러주지도 않고 도리어 나를 원수로 여기는도다. 오직 그 마음 이윽고 나의 善까지 막고 물리치니, 고로 비록 勤勞하길 이처럼 하였어도 취(取)함을 보지 못하였건대, 마치 장사꾼(賈)이 물건 팔림(售:수)을 보지 못함과 같음이로다(程子曰: 凡人들이 憎하는 所以는 善한 것조차 알아주지 않기 때문이니, 그 心이 阻됨으로 말미암아 그 善조차 絶했던 까닭인 것이다. ○廣韻注曰: 팔림(售)은 物이 手에서 떠남을 말함이다). 이로 인해 생각컨대, 그 옛적 서로 함께 삶을 이룰 적엔 오직 그 살아갈 방도(生理) 다해 없어질까(窮盡) 걱정하였고, 너와 함께 모두 顚覆되는 지경에까지 이르렀더니, 지금 이윽고 그 삶을 이름에 있어서는 이내 도리어 나를 毒에 견주어 그렇게 버릴 수가 있는 것인가?>라 한 것이다. 張子曰: <'育恐'은 살림살이를 恐懼하는 속에서 살아감을 謂함이요, '育鞠'은 困窮 속에 빠져 살아감을 謂함이다.>라 하였는데, 또한 통한다.

三山李氏曰 正所謂 將恐將懼엔 惟予與汝이나, 將安將樂엔 汝轉棄予가 是也라.
三山李氏曰: 正히 所謂 '將次 恐하고 將次 懼함에 오직 予는 汝와 함께 하였건만, 將次 安하고 將次 樂함에선 汝는 돌아서서 予를 棄하는도다.'가 是인 것이다.

○慶源輔氏曰 或問컨대, 昔育恐育鞠에 張子之說固善이나, 然推之下文及爾顛覆之云이면 意不甚實이니, 不若前說爲順이니이다. 先生曰 此는 姑存異義耳이고, 然舊說도 亦不甚明白耳이라.
慶源輔氏曰: 或問컨대, '昔育恐育鞠'에 張子之說도 固히 善이나, 그러나 下文의 '及爾顛覆'이라 云함에까지 推之일지면 意컨대 甚히 實(확실)치는 않음이니, 前說이 順함이 됨만 못합니다. 先生曰: 此는 우선 異義로서 存해 놓았을 뿐이고, 그리고 舊說도 또한 甚의 明白은 아닐 뿐인 것이다.

03-10-06 ○我有旨蓄은 亦以御冬이니라. 宴爾新昏이여, 以我御窮이럿다. 有洸有潰하곤 旣詒我肄하니, 不念昔者에 伊余來墍로다.
내 좋은 나물 쌓아둠은 또한 겨울나기 위함이니라. 너의 새댁만 잔치 즐김이여! 나로만 궁핍 막게 함이럿다. 위협과 노여움만 극(極)하곤 이윽고 나의 노고조차 지우니, 옛적 저 내게 와 쉬던 때를 생각지 않음이로다.

　　　내가 맛난 채소 엮어두는 건 겨울 한철 나기 위한 준비이지요
　　　그대는 신혼살림 재미에 빠져 나는 궁할 때만 필요한가요
　　　성내고 사납게만 나를 대하고 이다지도 모진 고생시키더니만
　　　옛날의 좋은 때는 잊으셨나요 내게와 편히 쉬던 좋은 그때를

興也라. 旨는 美이고, 蓄은 聚이며, 御는 當也라. 洸은 武貌이고, 潰는 怒色也라(容齊項氏曰 洸은 水涌也라. 其勇이 如水가 涌水之이고, 潰者는 其勢가 橫暴而四出인지라 故怒之盛者爲潰이라). 肄는 勞이고, 墍는 息也라. ○又言하길, 我之所以蓄聚美菜者는 蓋欲以禦冬月乏無之時인지라, 至於春夏엔 則不食之矣라(安成劉氏曰 古人은 場圃同地라도, 秋杪이면 則築堅圃地하여 爲場以納禾稼하고, 至來春엔 又耕治之以種菜茹하니, 故蓄菜는 但以禦冬也라). 今君子安於新昏하여 而厭棄我하니, 是但使我禦其窮苦之時하곤 至於安樂則棄之也라(南豐曾氏曰 人之於物에 得新可以捐故이니, 然厚者는 猶有所不忍이라. 夫婦義當偕老커늘 乃姑以禦窮而已하니, 其薄惡可知라). 又言於我極其武怒하곤 而盡遺我以勤勞之事하니, 曾不念昔者我之來息時也라. 追言其始見君子之時의 接禮之厚이니, 怨之深也라.
興체이다. '旨'는 아름다움이요, '蓄'은 모음(聚)이요, '御'는 當하게 함이다. '洸(용솟음할광)'은 무력의 모습이요, '潰(무너질궤)'는 노여운 얼굴빛이다(容齊項氏曰: 洸은 水가 용솟음(涌)인 것이다. 그 맹렬<勇>하기가 마치 水가 涌水之인 것과 같음이다. 潰者는 그 勢가 橫暴하여 四出인지라, 故로 怒之盛者를 潰로 삼은 것이다). '肄(익힐이)'는 노고인 것이고, '墍(벽바를기)'는 휴식인 것이다. ○또 말하기를, 내가 좋은 나물(美菜) 쌓아 모아

213

둔(蓄聚) 까닭인 것은 대개 겨울날 모자라고 없을 때를 해당하고자 함인지라, 봄과 여름에 이르러선 즉 그것을 먹지도 않았도다(安成劉氏曰: 古人은 마당 <場>과 밭<圃>을, 同地라도 늦가을<秋杪:끝초>이면 則 圃地를 築堅하여 場을 만들어 벼이삭<禾稼>을 納하고, 來春에 至해선 또 그곳을 耕治之하여 채소 <菜茹>를 種하니, 故로 蓄菜는 다만 冬을 다스리기 위함이다). 지금 君子는 신혼새댁에게만 편안하여 나를 싫어해서 버리니, 이렇게 다만 나로 하여금 그 窮苦한 때만을 막게 하고, 安樂할 때에 이르러선 즉 버림을 받았도다(南豐曾氏曰: 人이 物에 있어 新을 得이면 可히 故의 것을 捐인 것이나, 그러나 厚者는 오히려 차마 하지 못하는 바가 있는 것이다. 부부의 義는 當히 偕老인 것이나, 이내 우선 窮핍한 때만을 禦하게 하였을 뿐이니, 그 薄惡로 대하였음을 可知인 것이다). 또 말하길, 나에게는 그 위협의 노여움(武怒:威怒)을 極하곤 내가 勤勞했던 일들은 다 없애버리니, 일찍이 옛적에 내게 와서 쉬던 때를 생각지 않는 것이다. 그 처음 君子를 만났을 때 接禮의 厚함까지 더듬어 言한 것이니, 원망함이 深인 것이다.

慶源輔氏曰 末二章에도 又可見其怨而不怒이라.
慶源輔氏曰: 末二章에서도 또한 그 怨而不怒임을 可見인 것이다.

谷風은 六章으로, 章八句이라.
谷風은 六章으로, 章마다 八句이다.

朱子曰 看詩엔 義理外에도, 更好看他文章이라. 且如谷風에 他只是如此說出來이니, 然而序得事曲折先後함에 皆有次序이라. 而今費盡氣力하고 去做後이면 尙做得不好이라.
朱子曰: 看詩엔 義理外에도, 다시 他의 文章에도 好看하여야 한다. 또한 마치 谷風과 같은 경우도 他가 다만 이렇게 如此로 說을 出來하였지만, 그렇지만 得事하게 된 曲折과 先後를 序함엔 모두가 次序가 有인 것이다. 그러나 今에 氣力을 다 써버리고 後의 공부로 삼는다면, 오히려 不好를 得함이 되는 것이다.

○慶源輔氏曰 觀此一詩에 比物,連類이면 因事興詞이라. 條理가 秩然有序코도 勤而不怨하고 怨而不怒이라. 玩而味之이면 可謂賢婦人矣커늘, 而見棄於夫者는 亦獨何哉리오.
慶源輔氏曰: 此 一詩에서 사물에 비견하고 類와 連動(설득력을 높이기 위해 사물에 비견하고 류와 연동시키는 기교)함에 觀일지면, 事로 因하여 詞를 興인 것이다. 條理가 秩然히 有序하면서도, 勤而不怨하고 怨而不怒인 것이다. 玩

而味之이면 可히 賢婦人이라 謂할 수 있거늘, 夫에게 버림받은 것은 또한 유독 어째서인가?

○豐城朱氏曰 谷風이 雖棄婦所作라도 而觀其自叙면 有治家之勤,有睦鄰之善,有安貧之志,有周急之義하니, 皆其節之可取者也라. 至於見棄矣엔 而拳拳忠厚之意가 猶藹然溢於言辭之表이니, 則是初無可棄之罪나, 也徒以其夫之安於新昏하여 不以爲潔而棄之耳라. 然其言之有序하며 而不迫如此하니, 殆庶幾乎로 夫子所謂可以怨者矣라.

豐城朱氏曰: 谷風이 비록 棄婦가 作한 바라도, 그 自叙에 觀일지면 治家之勤이 有하고 睦鄰之善이 有하며, 安貧之志가 有하고 周急之義가 有하니, 모두 그 節목마다 可히 取할 만한 것이다. 棄를 당함에 至해선 拳拳의 忠厚之意가 오히려 藹然(우거질애:온화와 부드러움)히 言辭之表로 溢이니, 則 이렇게 애초부터 可棄之罪는 없었던 것이나, 또한 다만 그 夫가 新昏에만 安하여 潔로 여기지 않고 그를 棄之하였을 뿐인 것이다. 그러나 그 言之에 有序하며 不迫하길 如此하니, 자못 거의(庶幾乎) 夫子께서의 所謂 '可以怨'者인 것이다.

*참고: 양화9 學詩之法
子曰: 小子! 何莫學夫詩?
자왈: 제자들아! 어찌 아무도 저 시경을 공부하지 않는가!
詩, 可以興-> 感發志意.
시로 인할지면 가히 뜻한 바로 흥기할 수 있고-> 그 뜻한 바와 의도를 감발할 수 있다.
可以觀-> 考見得失.
가히 시대의 得(치세)失(난세)에 살필 수 있으며,->得失의 정황을 고찰할 수 있다.
可以羣(和以處衆)-> 和而不流.
가히 화(和)로 무리와 함께 할 수 있고-> 화합되면서 넘쳐흐르지 않을 수 있다.
可以怨.-> 怨而不怒.
가히 원망은 있으나 노여워하지 않으며,-> 원망은 있지만 성냄은 없다.
邇之事父, 遠之事君-> 人倫之道, 詩無不備.
가깝게는 부모를 섬기고 멀게는 임금을 섬길 수 있고-> 인륜의 도(道)가 시에 갖추어지지 않음이 없다.
多識於鳥獸草木之名.->其緖餘又足以資多識.
조수(鳥獸)와 초목(草木)의 이름 등으로 많이 다식(多識)할 수 있나니라.-> 그 나머지 실마리(緖餘)에서도 또한 족히 다식으로 의뢰할 수 있는 것이다.
==>學詩之法 此章盡之, 讀是經者 所宜盡心也.

시경을 배우는 법을 이장에서 그것을 다 했으니, 이렇게 시경을 읽는 사람은 마땅히 마음을 다하여야 할 것이다.
*小子, 弟子也.

11. 式微

03-11-01 式微式微어늘 胡不歸리오. 微君之故라면 胡爲乎中露리오.
아~ 쇠미(衰微)하고 쇠미하거늘 어찌 돌아가지 않으리오? 군주 때문 아니라면 어찌 이슬 속 헤맬 수 있으리오?

이렇게 여위고 지쳐있는데 어찌 돌아가지 아니하는가
우리 군주 때문이 아니라면은 어찌 내가 이슬 속을 헤매겠는가

賦也라. 式은 發語辭이라. 微는 猶衰也니, 再言之者는 言衰之甚也라(鄭氏曰 微乎微者也라. ○華陽范氏曰 諸侯失國에 而寄於他國之邑인지라 微莫甚焉이니, 故 郭璞註云하길 言至微也라). 微는 猶非也라(安城劉氏曰 此章二微字는 義不同이라). 中露는 露中也라. 言有霑濡之辱여도 而無所芘覆也라. ○舊說에 以爲黎侯 失國하여 而寓於衛ㄴ대(釋文曰 杜預云하길 黎는 在上黨,壺關縣이라. ○鄭氏曰 寓寄也라. 黎侯爲狄人所逐되어 棄其國而寄於衛라), 其臣勸之曰하길 衰微甚矣커늘 何不歸哉리오. 我若非以君之故면 則亦胡爲而辱於此哉리오.
賦체이다. '式'은 發語辭이다. '微'는 衰함과 같으니, 두 번이나 그것을 말한 것은 衰하기가 심함을 말한 것이다(鄭氏曰: 衰微로 극미해짐이다. ○華陽范氏曰: 諸侯가 失國하여 他國之邑에 寄인지라 微함이 그것보다 甚함은 없기 때문에, 故로 郭璞註云하길 '至極히 쇠미해짐을 言한 것이다.'라 한 것이다). '微'는 非함과 같은 것이다(安城劉氏曰: 此章의 二微字에는 義가 不同이다). '中露'는 이슬 속(中)에 있음이니, 이슬에 젖어 축축(霑濡:젖을점,유)해지는 辱이 있음에도 芘覆(가릴비)할 바가 없음을 말한 것이다. ○옛 설에 黎侯가 失國하고 衛나라에 의탁하였는데(釋文曰: 杜預云하길, '黎는 上黨郡 壺關縣에 在한다.'라 하였다. ○鄭氏曰: 寓는 寄이다. 黎侯가 狄人에게 逐出되는 바가 되어 그 國을 棄하고 衛에 寄하였다), 그 신하가 그에 권면하며 말하길:<衰微하기가 심하거늘, 어찌 돌아가지 않으시렵니까? 제가 만일 임금의 연고가 아니라면, 즉 또한 무엇을 위하여 여기서 욕됨을 받음이 되겠습니까?>라 한 것이다.
*참고: 黎
주(周)나라 초기에 있었던 나라임.

孔氏曰 主憂臣勞,主辱臣死하니, 固當不憚淹恤인데도 今言我若無君何為處此者는, 自言己勞하여 以勸君歸也라.
孔氏曰: 主가 憂함에 臣이 勞하고, 主가 辱임에 臣이 死함이니, 固히 마땅히 난을 피해 타향을 떠돌며 근심에 잠겨(淹恤)하길 꺼려서 하지 않음인 데도 今에 言하길 '我若無君 何為處此'者는 己勞를 自言하며 君歸를 勸한 것이다.

03-11-02 ○式微式微어늘 胡不歸리오. 微君之躬이라면 胡爲乎泥中이리오.
아~ 쇠미하고 쇠미하거늘 어찌 돌아가지 않으리오? 군주 안위(安危) 아니라면 어찌 진창 속 헤맬 수 있으리오?

이렇게 여위고 지쳐있는데 어찌 다시 돌아가지 아니하는가
우리 군주 때문이 아니라면은 내가 어찌 이 진흙 속에 빠져있겠는가

賦也라. 泥中은 言有陷溺之難여도 而不見拯救也라.
賦체이다. '泥中'은 陷溺의 患亂이 있음에도 건져 구해줌(拯救)을 보지 못함을 말함이다.

式微는 二章으로, 章四句라.
式微는 二章으로, 章마다 四句이다.

此엔 無所考니, 姑從序說이라.
이것에는 상고할 바가 없으니, 우선 序說을 쫓음이다.

問컨대, 式微詩는 以為勸邪잇까 戒邪잇까. 朱子曰 亦不必如此看이라. 只是隨他當時所作之意如此면 可見得有羈旅狼狽之君如此여도 而方伯連帥無救恤之意이라.
問컨대, 式微의 詩는 권면이 되는 것입니까? 경계가 되는 것입니까? 朱子曰: 또한 반드시 如此로 看할 필요는 없음이다. 다만 이렇게 그 當時의 作한 바의 意가 如此임을 쫓아(隨) 볼지면, 可히 羈旅의 신하와 狼狽之君이 如此함이 有 했더라도 方伯이 連帥로 하여금 救恤하려는 意가 없음을 볼 수 있는 것이다.

○新安胡氏曰 補傳云하길, 以詩作於衛地인지라 故編之衛風이라.
新安胡氏曰: <補傳>에 云하길, 詩가 衛地에서 作되었기 때문에, 故로 衛風으로 그것을 編之인 것이라 하였다.

12. 旄丘

03-12-01 旄丘之葛兮여. 何誕之節兮인고. 叔兮伯兮여. 何多日也리오.
모구(旄丘)의 언덕 칡이여! 어느새 마디마다 넓게 성글었는가? 위(衛)나라 숙(叔)이여 백(伯)이여! 어찌 많은 날들만 흐르게 할 수 있으리오?

높은 언덕 저 칡넝쿨 마디마디 성글고 넓게 퍼졌네
숙이여 백이여! 어찌하여 하 세월을 흘려 보내는가

興也라. 前高後下曰旄丘이라. 誕은 闊也라. 叔伯은 衛之諸臣也라(疊山謝氏曰 叔伯字也라). ○舊說에 黎之臣子自言하길, 久寓於衛하여 時物變矣인지라, 故登旄丘之上하여 見其葛長大而節疎闊이라. 因託以起興曰하길, 旄丘之葛는 何其節之闊也리오. 衛之諸臣은 何其多日여도 而不見救也리오(東萊呂氏曰 葛初生엔 其節蹙而密이나 旣長엔 其節闊而疎니, 黎人見葛之長하고 感時之久여도 而衛猶未見救爾라). 此詩本責衛君여도 而但斥其臣이니, 可見其優柔而不迫也라.
興체이다. 앞이 높고 뒤가 낮은 것을 旄丘라 한다. '誕(탄)'은 넓을 闊이다. '叔'과 '伯'은 衛의 여러 신하이다(疊山謝氏曰: 叔,伯은 字이다). ○舊說에 黎의 臣子가 스스로 말하길, 오래도록 衛에 의탁해 머물러 時物들이 변하였기 때문에, 고로 旄丘의 언덕 위에 올라 그 칡이 장대해져 마디마다 넓고 성글어(疎闊)졌음을 본 것이다. 이로 인해 기탁하여 興을 일으켜 말하기를 <旄丘의 칡은 어찌도 그 마디마다가 넓고 무성해졌는가? 衛의 여러 신하들에겐 어찌 그 여러 날들 흘러도 구원함을 볼 수 없는 것인가?>라 하였다(東萊呂氏曰: 葛의 初生엔 그 節이 蹙而密<좁을축>이나 이윽고 長이면 그 節이 闊而疎이니, 黎人이 葛之長을 見하고 時之久임을 感이어도 衛에는 아직도 救援하려는 바를 보지 못했을 뿐이라는 것이다). 이 詩는 본래 衛君을 責함인데도 다만 그 신하만을 지척하였으니, 가히 그 優柔(부드럽고 유순)하면서도 박절하지 않음을 볼 수 있는 것이다.

慶源輔氏曰 本責衛君이나 而但斥其臣컨대, 望之雖切어도 而其辭益緩하니, 眞可見其溫柔寬厚之情也라.
慶源輔氏曰: 本來 衛君을 責이나 다만 그 臣만을 斥하였건대, 그것 望之하길 비록 切이어도 그 辭는 더욱 緩하였으니, 眞으로 그 溫柔와 寬厚之情임을 可見인 것이다.

03-12-02 ○何其處也리오. 必有與也로다. 何其久也리오. 必有以也로다.
어찌 그 편안으로만 처했으리오? 반드시 여(與)나라와 함께 오려함이로다. 어찌 그 오래도록 허송세월만 했으리오? 반드시 다른 까닭 있음이로다.

　　　　어찌하여 그곳에 계시는가요? 반드시 함께 할 나라 있음이로다
　　　　어찌 이리도 오래 걸리는가요? 반드시 무슨 까닭 있음이로다

賦也라. 處는 安處也라. 與는 與國也라. 以는 他故也라. ○因上章何多日也而言 하길, 何其安處而不來이겠는가. 意必有與國相俟而俱來耳로다. 又言하길, 何其 久而不來이겠는가. 意其或有他故而不得來耳로니, 詩之曲盡人情하길 如此이라.
賦체이다. '處'는 편안히 處함이다. '與'는 與國이다. '以'는 다른 까닭 인 것이다. ○上章의 <어찌 많은 날들 흘러가게 할 수 있으리오?>로 인하여, 어찌 그 편안으로만 처하여 소식 오지 않았겠는가? 의도컨대 반드시 與國과 서로 기다려 함께 오려했을 뿐이라 말한 것이다. 또 말하길, 어찌 그 오랜 날 들만 소비하고 소식 오지 않음이겠는가? 의도컨대 그 혹 다른 연고가 있어 올 수 없었을 뿐이라 하니, 詩에서 人情에 曲盡하기가 이와 같음이다.

03-12-03 ○狐裘蒙戎하니, 匪車不東이라. 叔兮伯兮여. 靡所與同이로다.
여우 갖옷 헤져만 가나니, 수레 몰아 동(東)에다 고하지 않음 아니니라. 위 (衛)나라 슥(叔)이여 백(伯)이여! 함께 동심(同心)의 바가 아니로다.

　　　　걸친 갖옷 다 헤지고 수레마저 꼼짝않네
　　　　슥이여 백이여! 내 마음과 같은 사람 이제 없구나

賦也라. 大夫는 狐蒼裘이라. 蒙戎는 亂貌니, 言弊也라. ○又自言하길, 客久而裘 弊矣건만, 豈我之車不東告於女乎리오. 但叔兮伯兮여, 不與我同心인지라 雖往告 之라도 而不肯來耳이라. 至是하여 始微諷切之라. 或曰 狐裘蒙戎은 指衛大夫하 여 而譏其憤亂之意고, 匪車不東은 言非其車면 不肯東來救我也라. 但其人不肯與 俱來耳이라. 今按컨대, 黎國在衛西하니, 前說近是이라.
賦체이다. 大夫는 여우의 푸른 갖옷(狐蒼裘)을 입는다. '蒙戎'은 낡아서 어 지러운 모양이니, 헤진 것을 말함이다. ○또 스스로 말하길, 客살이 오래되어 갖옷이 헤졌건만, 어찌 나의 수레 동쪽으로 몰고 가 그대들에게 告하지 않았 으리오? 다만 叔兮여 伯兮여! 나와 함께 한마음 한뜻이 아닌지라, 비록 가서 告했을지라도 기꺼이 소식 오지 않았을 뿐이라는 것이다. 여기에 이르러서야 비로소 은미하게 풍자하길 그것으로 절박하게 한 것이다. 혹자왈: '狐裘蒙 戎'은 衛나라 大夫를 가리켜 그 憤亂함을 기롱한 뜻인 것이고, '匪車不動' 은 그 병거의 수레 아니면 기꺼이 동쪽으로 와서 우리를 구원하지 못할 것이 나, 다만 그 사람들 기꺼이 더불어 함께 오려하지 않았을 뿐이라는 것이다. 지 금 살펴보건대, 黎나라는 衛나라 서쪽에 在하고 있으니, 앞의 설이 옳음에 가

까음이 된다.

03-12-04 ○瑣兮尾兮여. 流離之子로다. 叔兮伯兮여. 褎如充耳로다.
세미해지고 초라함이여! 떠돌다 흩어질 신세로다. 위(衛)나라 슉(叔)이여 백(伯)이여! 실없이 웃는 웃음 농아(聾啞:充耳)와 같음이로다.

초라하고 볼품없네 떠돌이 신세로다
슉이여 백이여! 실없는 농담만 하고 귀도 막은 듯하네

賦也라. 瑣는 細이고, 尾는 末也라. 流離는 漂散也라. 褎는 多笑貌이라. 充耳는 塞耳也니, 耳聾之人은 恒多笑라. ○言黎之君臣은 流離瑣尾하길 若此其可憐也거늘, 而衛之諸臣은 褎然如塞耳而無聞하니 何哉오. 至是然後에 盡其辭焉이라. 流離患難之餘에도 而其言之有序而不迫如此하니, 其人亦可知矣라.
賦체이다. '瑣'는 가늚(細)이요, '尾'는 보잘 것 없을 末이다. '流離'는 떠돌고 흩어짐(漂散)이다. '褎(유)'는 웃음이 많은 모양이요, '充耳'는 귀가 먹음이니, 귀먹은 사람은 항상 웃음기가 많다. ○<黎의 君臣들이 떠돌고 흩어져(流離) 쇄미(瑣尾:자질구레할쇄)하길 이처럼 그 가히 불쌍하거늘, 衛의 여러 臣하들은 웃음기가 많길 마치 농아(聾啞)의 들림 없음과 같으니, 무엇인가?>라 言함이니, 이 상황에 이른 연후에야 그것으로 언사를 다한 것이다. 流離되고 患難의 여지 속에서도 그 말의 次序가 있어 박절하지 않음이 이와 같으니, 그 사람에 대해 또한 가히 알 수 있음이다.

慶源輔氏曰 褎如充耳는 責之也라. 自緩而疑,自疑而諷,自諷而責하니, 是皆情性之正也라.
慶源輔氏曰: '褎如充耳'는 責之인 것이다. 緩으로부터 疑하였고, 疑로부터 諷하였으며, 諷으로부터 責하였으니, 이렇게 모두 情性之正인 것이다.

旄丘는 四章으로, 章四句이라.
旄丘는 四章으로, 章마다 四句이다.

說이 同上篇.
해설이 上篇과 같다.

須溪劉氏曰 一章의 何多日也는 未有怨望之意也고, 二章의 必有與也,必有以也엔 有望於衛이나 未怨也라. 三章의 靡所與同은 微怨也고, 四章褎如充耳엔 不能不怨也라.

須溪劉氏曰: 一章의 '何多日也'는 怨望之意가 아직 있지 않음인 것이고, 二章의 '必有與也'와 '必有以也'는 衛에 望함은 있지만 아직 怨望치는 않음이다. 三章의 '靡所與同'에는 微로 怨인 것이고, 四章의 '褎如充耳'에서는 能히 怨치 않을 수 없는 것이다.

○眉山蘇氏曰: 諸侯雖異國라도 而相爲救니, 苟黎亡이면 則衛及矣거늘, 奈何靡所與同哉리오. 蓋時에 衛在河北하고 黎도 衛壤地相接인지라, 故狄之爲患엔 黎衛共之라.
眉山蘇氏曰: 諸侯와 비록 다른 異國이라도 서로 救援해야 함이니, 苟로 黎가 亡이면 則 衛나라에도 화가 及이거늘, 이내 어찌 '나의 마음과 함께 한마음 한뜻이 없기 때문이로다.'라고 여기게 할 수 있겠는가? 대개 당시 衛는 河北에 在하였고 黎는 衛의 壤地(疆土)와 相接하였기 때문에, 故로 狄이 患이 됨에는 黎와 衛가 그것을 共之인 것이다.

○三山李氏曰 衛不救黎는 非惟失睦乃四隣之道하고 抑亦脣亡齒寒矣라. 其後衛爲狄所滅되어 齊侯以管仲之言而救之하니, 觀衛之德이면 齊爲最深이고 則知黎之怨에선 衛爲最切이라.
三山李氏曰: 衛가 黎를 救援치 않음은 오직 이내 사방 이웃(四隣)과 화목해야 하는 道에 失일 뿐이 아니라, 도리어 또한 脣亡齒寒인 것이다. 그 後에 衛도 狄이 滅하는 바가 되어 齊侯가 管仲之言으로 그들을 救之하였으니, 衛之德(薄德)에 觀할지면 齊가 最고로 深함이 됨이고, 則 黎之怨에 知해야 함에 있어서는 衛가 最로 切해야 하는 것이다.

○黃氏曰 衛失國에 而齊救之하고, 黎失國에 而衛不救하니, 此가 齊之所以伯이고 而衛之所以不振也라.
黃氏曰: 衛가 失國에 齊는 그들을 救之하였고, 黎가 失國엔 衛가 不救하였으니, 此가 齊가 伯이 되었던 所以인 것이고 衛가 떨쳐 일어나지 못하였던 所以인 것이다.

13. 簡兮

03-13-01 簡兮簡兮로 方將萬舞호라. 日之方中이어늘 在前上處호라.
건들건들 장차 선왕의 만무춤(萬舞) 추어 보리라. 해는 바야흐로 중천이어늘 무대 앞섬으로 나섬이노라.

건들건들 저 무사가 만무 춤을 추고 있네

해는 떠서 중천인데 맨 앞줄 서서 춤을 추네

賦也라. 簡은 簡易不恭之意라. 萬者는 舞之總名으로, 武用干戚하고 文用羽籥也라(東萊呂氏曰 萬舞는 二舞之總名이라. 干舞者는 武舞之別名이고, 籥舞者는 文舞之別名也라. 文舞를 又謂之羽舞라. ○安成劉氏曰 干盾也고, 戚斧也라. 羽籥은 此詩三章所言者가 是也니, 皆舞者가 所執之物이라). 日之方中,在前上處는 言當明顯之處라. ○賢者가 不得志而仕於伶官하여(鄭氏曰 伶氏가 世掌樂官而善焉인지라, 故後世號樂官為伶官이라) 有輕世肆志之心焉인지라, 故其言如此니(須溪劉氏曰 簡兮簡兮의 坦坦施施엔 有慢世玩物之意라. 味方將字면 可見이라), 若自譽而實自嘲也라.

賦체이다. '簡'은 크게 簡易하게 여겨 不恭한 의미이다. '萬' 이란 것은 춤(文,武之舞)의 總稱인 것으로, 武舞에는 방패와 도끼를 쓰고, 文舞에는 깃과 피리를 쓴다(東萊呂氏曰: 萬舞는 二舞之總名이다. 干舞者는 武舞之別名이고, 籥舞者는 文舞之別名이다. 文舞를 又 謂之하길 羽舞라고도 한다. ○安成劉氏曰: 干은 방패 盾이고, 戚은 斧이다. 羽籥은 此詩三章에서 言한 바의 것이 是이니, 모두 舞者가 執하는 바의 物인 것이다). '日之方中 在前上處'는 밝게 드러나는 처로 당면함을 말함이다. ○賢者가 뜻한 바를 얻지 못하고 악관(伶官)에 벼슬하여(鄭氏曰: 黃帝 때 영륜인 伶氏가 당세에 樂官을 掌하여 그것에 善하였기 때문에, 故로 後世의 樂官을 號하여 伶官이라 하였다), 그것으로 세상을 輕忽히 여기고 뜻한 바대로 마음껏 하려는 마음이 있었기 때문에, 고로 그의 말함이 이와 같았으니(須溪劉氏曰: '簡兮簡兮'의 坦坦施施<넓고 평탄하게 득의양양>엔 慢世玩物之意가 有이니, '方將'字에 味하여보면 可見이다), 스스로를 당당(譽)하게 여긴 것 같으나 실지로는 자조(自嘲)인 것이다.

慶源輔氏曰 此章에 既自以為簡易하고 次章에도 又自以為碩人하니, 只此라도 便可見其為不恭也라. 當明顯之處하여 公然為此코도 而不以為辱하니 亦是不恭之意로, 與次章所謂公庭萬舞와 同이라. 先生謂하길 其若自譽而實自嘲者라 하니, 深得其旨也라.

慶源輔氏曰: 此章에서 이윽고 스스로 簡易로 하였고, 次章에도 또 스스로를 碩人으로 하였으니, 다만 此만이라도 문득 可히 그 不恭이 됨을 見할 수 있는 것이다. 明顯之處에 當하여 공공연(公然)하게 此를 하고도 辱되게 여기지 않았으니 또한 이렇게 不恭之意인 것으로(자기 뜻한 바로만 행함, 즉 肆焉), 次章의 所謂 '公庭萬舞'와 더불어 同인 것이다. 先生께서 謂하시길 그 '若自譽而實自嘲' 者라 하시니, 그 旨를 深得인 것이다.

03-13-02 碩人俁俁러니 公庭萬舞로다. 有力如虎하고 執轡如組로다.

석인(碩人)의 몸집처럼 건장이러니 공(公)의 뜰서 만무춤이로다. 박력은 범과 같고 말고삐 쥠은 비단결이로다.

크고 힘센 대장부가 궁정에서 춤을 추네
범같이 힘이 넘쳐 비단실 쥐듯 고삐 잡네

賦也라. 碩은 大也라. 俁俁는 大貌라. 轡는 今之韁也라. 組는 織絲爲之이니, 言其柔也라. 御가 能使馬니, 則轡柔가 如組矣라. ○又自譽其才之無所不備으로, 亦上章之意也라.
賦체이다. '碩'은 큼이다. '俁俁(우)'는 몸집이 큰 모양이다. '轡'는 지금의 고삐(韁:강)이다. '組'는 실을 짜서 그것을 만듦이니, 그 부드러움을 말한 것이다. 수레꾼(御:恐컨대 만무춤의 연희자이다)이 능히 말을 잘 부리니, 즉 고삐 쥐는 부드러움이 마치 실로 짠 천(組)과 같다는 것이다. ○또한 스스로 그 재주에 갖추지 않음이 없음을 칭찬한 것으로, 또한 上章의 뜻인 것이다.

安成劉氏曰 旣能樂舞코도 又善御焉이니, 亦若上章之自譽而實自嘲也라.
安成劉氏曰: 이윽고 能히 樂舞하고도 또 그것에다 善御하니, 또한 마치 上章의 '自譽而實自嘲'와 같은 것이다.

03-13-03 左手執籥하고 右手秉翟호라. 赫如渥赭어늘 公言錫爵하시다.
왼손 피리 들고 오른손 꿩 깃 잡았노라. 붉게 상기돼 땀 흠뻑 젖었거늘 영광되게 공의 술잔 하사하시다.

왼손에는 피리잡고 오른손에 꿩깃 잡네
상기되어 붉은 얼굴 임금께서 어사주 내리셨네

賦也라. 執籥,秉翟者는 文舞也라. 籥은 如笛而六孔이나, 或曰三孔이라(釋文曰 以竹爲籥하니, 長三尺이며 執之以舞라. 郭璞云하길, 似笛而小이라). 翟은 雉羽也라. 赫을 赤貌이고, 渥 厚漬也(孔氏曰 渥者는 浸潤之名이니 信南山曰旣優旣渥이 是也라. 言漬之久厚而有光澤이니, 故以喩顔色之潤이라). 赭는 赤色也니, 言其顔色之充盛也라. 公言錫爵은 卽儀禮燕飮而獻工之禮也라(燕禮에, 主人洗하여 升獻工이면 工不興코서 一人拜受爵이라. ○廬陵李氏曰 詩錫爵은 謂此獻工之禮也라). 以碩人而得此이면 則亦辱矣나(程子曰 錫之以爵은 勞賤者之道이라) 乃反以其貴予之親하고 洽爲榮而誇美之하니, 亦玩世不恭之意也라.
賦체이다. '執籥'과 '秉翟'者는 文舞이다. '籥'은 젓대(笛:피리)와 같음인데 구멍이 여섯 개이나, 혹자는 구멍이 세 개라고도 曰한다(釋文曰: 竹으로

籥을 만드니, 長이 三尺이며 그것을 執之하며 舞한다. 郭璞云하길, 笛과 흡사한데 小하다). '翟'은 꿩의 깃이다. '赫(혁)'은 붉은 모양이고, '渥'은 두텁게 적심이다(孔氏曰: 渥者는 浸潤之名이니, <信南山>편에서 曰한 '既優既渥<이윽고 넉넉하게 이윽고 흠뻑 적셔…'가 是이다. 漬之하길 久厚하여 光澤이 有함을 言함이니, 故로 顔色之潤을 喩한 것이다). '赭(붉은흙자)'는 붉은색이니, 그 顔色이 充盛(旺盛)하게 상기됨을 말함이다. '公言錫爵'은 즉 예기 儀禮편의 燕飮할 때에 악공에게 술잔을 내려주는 禮이다(燕禮에 主人이 잔을 洗하고 술을 채운 잔을 獻工에게 올리게 하면, 工은 不興코서 그중 一人이 잔<爵>을 拜하며 受한다. ○廬陵李氏曰: 詩의 '錫爵'은 此의 獻工之禮를 謂함이다). 碩人이고도 이것을 얻음이면 즉 또한 치욕인데도(程子曰: '錫之以爵'은 賤者를 위로하는 道인 것이다), 이내 도리어 그 내려주는(賚予:줄뢰) 친함을 흡족히 영광으로 삼아 그것을 과장되게 찬미하였으니, 또한 玩世不恭의 뜻인 것이다.

慶源輔氏曰 前已言其輕世肆志之心하고 又言其玩世不恭之意하니, 何也오. 曰 意唯輕之인지라 是以玩之志고, 惟肆焉하니 故不恭也라. 知其世之不可與有爲인지라, 故輕玩之心生焉이라. 於其所不足爲에 而姑爲之하고, 於其所不足誇에 而反誇之하니, 是皆不恭之意也라.
慶源輔氏曰: 前에서 이미 그 輕世肆志之心이라 言하고서, 또 言하길 그 玩世不恭之意라 하니, 무엇인가? 曰: 意가 오직 輕之인지라 是가 玩之志인 것이고, 오직 肆焉이니 故로 不恭인 것이다. 그 世가 可히 더불어 有爲할 수 없음을 知하였기 때문에, 故로 輕玩之心이 그곳에서 生인 것이다. 그 足히 爲할 수 없는 바에 우선 그것을 爲之하고, 그 足히 誇할 수 없는 바에 도리어 그것을 誇之하니, 是가 모두 不恭之意인 것이다.

03-13-04 山有榛이며 隰有苓이로다. 云誰之思인가. 西方美人이로다. 彼美人兮여. 西方之人兮로다.
산엔 맛난 개암나무 습지엔 약성 좋은 감초로다. 누구를 그리워함인가? 서주(西周) 성군의 미인이로다. 저 성군의 미인이여! 정녕 서주(西周)일 뿐이로다.

　　　　산에는 개암나무 습지엔 감초플들
　　　　어느 누굴 사모하나 서주의 성군일세
　　　　저 고운 사람이여! 서쪽 나라 그 분 일세

興也라.
興체이다.

安成劉氏曰 楚詞의 湘夫人歌曰하길 '沅有沚兮고 澧有蘭어늘, 思公子兮여도 未敢言하나니…' 라하고, 越人歌曰하길 '山有木兮하며 木有枝건만, 心悅君兮컨대 君不知로다.' 라하며, 秋風辭曰하길 '蘭有秀兮하며 菊有芳컨대, 懷佳人兮여. 不能忘이로다' 라하니, 皆與此章起興之例同이라. 故朱子嘗曰하길 知此則 知興體矣라.

安成劉氏曰: <楚詞>에서 湘夫人이 歌하며 曰하길 '원수(沅水)가에 모래톱(沚) 있음이고 례수(澧水)가에 蘭초 있음이거늘, 思公子여도 敢히 言할 수 없음이나니…' 라 하였고, 說苑의 <越人歌>에 曰하길 '山에 木이 있으며 木엔 枝가 있건만, 心이 君에 悅컨대 君께선 不知로다.' 라 하였으며, 한무제의 <秋風辭>에 曰하길 '蘭엔 빼어난 꽃대(秀)가 있음이며 菊엔 그윽한 향기(芳) 있음이건대, 佳人을 懷함이여 能히 忘일 수 없음이로다.' 라 하였으니, 모두 此章의 起興之例와 더불어 同인 것이다. 故로 朱子께서 일찍이 曰하시길 '知此이면 則 興體에 知할 수 있다.' 라 하신 것이다.

榛는 似栗而小이라. 下濕曰隰이라. 苓은 一名大苦로 葉似地黃하니, 卽今甘草也라. 西方美人은 託言以指西周之盛王이니, 如離騷에도 亦以美人目其君也라(離騷經曰 恐美人之遲暮에 集註云하길, 言美好之婦人이나 蓋託辭而寄意於君也라). 又曰西方之人者는 歎其遠而不得見之辭也라. ○賢者가 不得志於衰世之下國하자, 而思盛際之顯王이라. 故其言如此하니, 而意遠矣라.

'榛(개암나무진)'은 밤나무와 흡사하나 조금 작다. 낮고 濕한 곳을 '隰(진펄습)'이라 曰한다. '苓'은 일명 大苦로, 잎이 地黃(현삼과에 속한 여러해살이풀)과 비슷하니, 즉 지금의 甘草이다. '西方美人'은 西周의 성대한 왕을 가리켜 의탁한 말이니, 마치 굴원의 <離騷>에서도 또한 美人으로서 그 군주를 지목하기도 하였다(離騷經曰: '恐美人之遲暮'에 集註云하길 미인은 美好之 婦人을 言함이나, 대개 의탁한 辭로 하여 君에게 意도를 寄인 것이다). 또 '西方之人'이라 말한 것은 그 먼 시대여서 볼 수 없음을 탄식한 언사이다. ○賢者가 衰퇴한 세상 아래의 國에서 뜻을 얻지 못하자, 盛할 때의 훤히 드러난 선왕들을 생각하였다. 고로 그 말이 이와 같았으니, 뜻함이 멀기만 함이다.

*참고: 惟草木之零落兮 恐美人之遲暮(王逸註:後漢 때 사람. 字는 叔師)

遲는 晚也라. 美人은 謂懷王也라. 人君服飾이 美好인지라 故言美人也라. 言天時運轉에 春生秋殺하여 草木零落이면 歲復盡矣라. 而君不建立道德하고 擧賢用能인지라 則年老耄晚暮하여 而功不成하고 事不遂也라. 補曰하길, 屈原이 有以美人喩君者는 恐컨대 美人之遲暮가 是也고, 有喩善人者는 滿堂兮美人이 是也며, 有自喩者는 送美人兮南浦가 是也라.

遲는 晚이다. 美人은 초 懷王을 謂함이다. 人君의 服飾이 美好인지라, 故로 美

人이라 言한 것이다. 天時가 運轉함에 春에 生하고 秋에 殺하여 草木이 零落이면 歲는 다시 盡인 것이다. 그러나 君은 道德을 建立하고 擧賢과 用能치 않는지라 則 年은 老耄로 晩暮하여 功은 不成이고 事는 不遂임을 言한 것이다. 補하여 曰하길, 屈原이 美人으로서 君을 喩인 것도 有하니 '恐美人之遲暮(초목이 시들어 떨어지니, 아름다운 사람도 늙어갈까 두렵네.)' 가 是이고, 善人을 喩한 것도 있으니 '滿堂兮美人' 이 是이며, 自를 喩한 것도 있으니 '送美人兮南浦' 가 是인 것이다.

竹房張氏曰 榛之實甘美에 而山有之하고, 苓之莖甘美에 而隰有之로, 以興為人之君而美好者이라. 惟西周有之인지라 所以思之者고, 其人에 也思之而不得見之인지라 故重歎之而思之深也라. 此蓋伶官碩人之辭로, 其詞甚婉이나 而實諷衛國之無賢君也라. 然思盛世之聖明하고 而不責衰世之幽厲하니 此詩人之忠厚也라.
竹房張氏曰: 榛之實이 甘美함에 山이 그것을 有하고, 苓之莖이 甘美함에 隰이 그것을 有之한다는 것으로서, 人之君이 되어 美好해야 함을 興한 것이다. 오직 西周에서만이 有之인지라 그것으로 思之한 所以인 것이고, 그 人을 또한 思之여도 見之할 수 없는지라 故로 거듭 歎之하며 思之하길 深인 것이다. 此는 대개 伶官인 碩人의 辭로, 그 詞가 甚히 婉하지만 實로 衛國에 無賢君임을 諷간한 것이다. 그러나 盛世之聖明만을 思하고 衰世之幽厲엔 責하지 않았으니, 此가 詩人之忠厚인 것이다.

簡兮는 四章으로, 三章은 章四句이고 一章은 六句이라.
簡兮는 四章으로, 三章은 章마다 四句이고 一章은 六句이다.

舊에 三章 章六句컨대, 今改定이라. ○張子曰 爲祿仕而抱關擊柝엔 則猶恭其職也나, 爲伶官에선 則雜於侏儒俳優之間하니 不恭甚矣라. 其得謂之賢者는 雖其迹如此여도 而其中固有以過人하고 又能卷而懷之하니, 是亦可以爲賢矣라. 東方朔似之이라.
舊說에는 <三章으로, 章마다 六句이다.>라 하였는데, 지금에 改正하였다. ○張子曰: 祿을 위해 벼슬하여 抱關擊柝이 되서는 즉 오히려 그 職責에 恭順해야 하지만, 伶官이 되어선 즉 난장이(侏儒:나장이주)의 배우(俳優)들 사이에 섞이니, 不恭이 심하게 되는 것이다. 그 賢자라고 말할 수 있는 것은 비록 그 자취가 이와 같았어도 그 心中엔 진실로 남보다 뛰어남이 있었고, 또 능히 그것을 말아 쥐고 그것을 품었으니, 이렇게 또한 가히 賢이라 할 수 있는 것이다. 東方朔이 그것과 유사함이 된다.

問컨대 如張子之說이면 是固可以爲賢이나, 然以聖賢出處律之면 恐未可以爲盡

善이니이다. 朱子曰 古之伶官도 亦非甚賤이니, 其所執者도 猶是先王之正樂이라. 故獻工之禮에 亦與之交酢이나, 但賢者而為此이니 則是不得志耳이라.
問컨대, 張子之說과 같이 보면 이렇게 固히 可히 賢함이 되지만, 그러나 聖賢의 出處로 그것을 律之해 보면 恐컨대 아직 可히 盡善이 될 수는 없음입니다. 朱子曰: 古之伶官도 또한 甚히 賤함은 아니니, 그 執했던 바의 것도 오히려 이렇게 先王之正樂인 것이다. 故로 獻工之禮에 또한 그와 더불어 交代로 잔을 수작(酢)하였지만, 다만 賢者이면서도 此만을 하게 되었으니 則 이렇게 不得志일 뿐인 것이다.

○虙源輔氏曰 朔之所以自譽者도 皆所以自嘲이라. 其詼諧로 類俳優는 正與此詩之意와 相似이라.
虙源輔氏(정성건)曰: 동방삭이 自譽한 所以인 것도 모두 自嘲의 所以인 것이다. 그 詼諧(회해:익살스럽고 우스꽝스러운 말과 행동)로 俳優와 類함은 正히 此詩之意와 더불어 相似인 것이다.

○三山李氏曰 伶官者는 賤役耳거늘, 今之賢人爲之이면 正猶君子陽陽之詩이라. 序言하길, 君子遭亂하여 相招하며 爲祿仕니, 全身遠害하고 屈於賤役也라.
三山李氏曰: 伶官者는 賤役일 뿐이거늘, 今의 賢人이 그것으로 爲之함은 正히 왕풍편 <君子陽陽>의 詩와 같음이다. 序에 言하길, 君子遭亂하여 相招하며 祿을 위해 仕하니, 몸을 온전히 함으로 遠害하고 賤役에 屈하였던 것이라 하였다.

14. 泉水

03-14-01 毖彼泉水도 亦流于淇로다. 有懷于衛하야 靡日不思호니, 孌彼諸姬와 聊與之謀호라.
졸졸 흐르는 천수(泉水)도 또한 기수(淇)로 흐름이로다. 위나라 귀녕할 맘 품어 날마다 생각지 않음 없나니, 어여쁜 저 잉첩(諸姬)들과 함께 꾀해보리라.

　　　　　졸졸 흐르는 천수가 기수로 흘러가네
　　　　　그리운 고국 위땅 하루라도 잊을손가
　　　　　어여쁜 잉첩들과 돌아갈 날 꾀해보네

興也라. 毖는 泉始出之貌이라. 泉水는 即今衛州,共城之百泉也라. 淇水가 出相州林慮縣하여(相州,林慮縣은 今河南彰德府,林縣이라) 東流에, 泉水는 自西北으로 而東南來注之이라(孔氏曰 邶,鄘,衛,三國境地는 相連인지라, 故邶云하길 亦流

于淇하고, 鄘云하길 送我乎淇之上矣하며, 衛云하길 瞻彼淇澳之類가 皆言淇也니라). 孌은 好貌이고, 諸姬는 謂姪娣也라. ○衛女가 嫁於諸侯하여 父母終에 思歸寧而不得인지라, 故作此詩라. 言毖然之泉水도 亦流於淇矣어늘, 我之有懷於衛하길 則亦無日而不思矣로다. 是以卽諸姬而與之謀하여 爲歸衛之計라하니, 如下兩章之云也라.

興체이다. '毖(좁은 틈새로 흘러내릴 비)'는 샘이 처음 흘러나오는 모양이다. '泉水'는 즉 지금의 衛州 共城의 百泉이다. '淇水'가 相州 林慮縣에서 나와 동쪽으로 흐름에(相州의 林慮縣은 今의 河南 彰德府 林縣이다), '泉水'는 서북쪽으로부터 동남쪽으로 와서 淇水로 흘러들어간다(孔氏曰: 邶,鄘,衛의 三國 국경의 地는 相連인지라, 故로 邶云하길 '亦流于淇<此篇>'라 하였고, 鄘云하길 '送我乎淇之上矣<桑中편>'라 하였으며, 衛云하길 '瞻彼淇澳<淇澳편>'이라 하였던 類가 모두 淇를 言함인 것이다). '孌(련)'은 예쁜 모양이고, '諸姬'는 姪娣(조카와 여동생)들을 말함이다. ○衛나라 여자가 諸侯에게 시집가서, 부모가 돌아가심에 歸寧할 것을 생각하였으나 할 수 없었던지라, 고로 이 詩를 지은 것이다. <졸졸 흐르기 시작하는 泉水도 또한 淇水로 흘러들어가거늘, 나는 衛 그리워하길 즉 또한 날마다 생각지 않음이 없음이로다. 이렇게 諸姬에게 나아가 그들과 함께 도모하여 衛로 귀녕할 계책을 꾸며 본다.>라 말한 것이니, 마치 아래 兩章에서 말함과 같은 것이다.

慶源輔氏曰 讀首章四句면 便可見其思歸之心이 蓋與泉水와 日流於衛而不息이니, 此是興體中에도 說得好者니, 極好玩味이라. 凡人之情은 營私背公인지라 故不詢謀하고 惟恐人之或知也나, 衛女思歸에 博謀於諸姬而無所隱하니 則其情之正大를 可知矣라.
慶源輔氏曰: 首章의 四句를 讀이면 문득 그 思歸之心이 대개 泉水와 더불어 매일 衛로 流하길 不息임에 可見이니, 此는 이렇게 興體中에서도 說得에 好者이니, 極好로 玩味하여야 한다. 무릇 人之情은 營私背公인지라, 故로 謀로 묻지(詢) 않고 오직 人이 或 知할까에 恐이나, 衛女는 思歸에 諸姬와 널리 모의(博謀)하길 隱하는 바가 없었으니, 則 그 情之正大임을 可知인 것이다.

03-14-02 出宿于泲할새 飮餞于禰하노니, 女子有行은 遠父母兄弟이라. 問我諸姑코 遂及伯姊호라.
시집올 적 제(泲)땅 나서 유숙할 제 예(禰)땅서 전별 했노니, 여자 시집 나섬은 이미 부모형제와 멀리 떨어짐이라. 나의 잉첩 고모께 자문하곤 드디어 잉첩 언니께도 여쭈어보리라.

제땅에서 유숙하고 예땅에서 작별하네

여자한번 시집가면 부모형제 멀어지네
친척안부 궁금하여 잉첩들께 안부묻네

賦也라. 沘는 地名이라. 飮餞者는 古之行者엔 必有祖道之祭하고, 祭畢에 處者 送之하길 飮於其側인 而後行也라.
賦체이다. '沘(강이름제)'는 地名이다. '飮餞(전별할전)'이란 것은 옛날에 먼길 떠나는 자는 반드시 祖道(시작의 알림과 도로의 귀신에 제사)의 제사를 지내고, 제사를 마침에 머무르는 자가 그를 전송하길 그 옆에서 술을 마신 이후에 떠나가는 것이다.

孔氏曰 所以祖祭者는 重己方有事於道인지라 故祭道之神也라. 軷祭를 又名祖하니 聘禮及詩云한 出祖가 是也고, 又名道하니 曾子問云한 道而出이 是也라. 皆先軷而飮餞이고 乃出宿者나, 見飮餞은 爲出宿하여 而設이라.
孔氏曰: 祖祭의 所以인 것은 자기가 바야흐로 道에서 有事임을 重히 여기기 때문에, 故로 道之神에게 祭인 것이다. 軷祭를 또한 '祖'라 名하기도 하니 <의례의 聘禮>와 <詩:烝民,韓奕>에서 云한 '出祖'가 是이며, 또 '道'라 名하기도 하니 <예기의 曾子問>에 云한 '道祭를 올리고 出할 때에는...'가 是이다. 모두 先軷<행차수레에 푸닥거리>인 이후에 飮餞이고서 이내 出宿(제를 고했으면 실행의 의미로 교외에 나가 유숙함)인 것인데, 飮餞으로 또 보인 것은 出宿을 위함임을 (詩의 후미에 보충하여) 設한 것이다(三名:軷:수레를 의미,祖:시작을 의미,道:도로를 의미).
*역주: 恐컨대, 祖는 행차의 始와 사당의 祖를 두루 갖추고 있는 듯하다.
*참고: <예기 曾子問 第七>
孔子曰 諸侯適天子 必告于祖 奠于禰 冕而出視朝 命祝史告于社稷宗廟山川 乃命國家五官而后行 道而出 告者五日而徧 過是非禮也凡告用牲幣 反亦如之
공자가 말했다. "제후가 천자에게 조근할 때는 반드시 선조와 아버지의 廟에 전(奠)을 드리고 이를 보고한다. 그런 뒤에 면류관(冕)을 갖추고 나와서 視朝(나라의 정사를 살피는 것)한다. 축과 사에게 명하여 '사직' '종묘' '산천'의 신에게 고하게 한다. 그 다음에는 나라의 5관에게 직무에 충실할 것을 신칙하고 나서 길을 떠난다. 길을 떠날 때는 길의 신에게 제사를 올려서 도중의 안전을 빈 뒤에 출발한다. '사직' '종묘' '산천'의 신에게 고하는 것은 닷새로서 끝내야 한다. 이 이상 초과하면 예가 아니다. 무릇 신에 고하는 데는 희생과 폐백을 갖춘다. 돌아왔을 때도 또한 이와 같이한다. (예기를 읽다. 녹색시인)
*참고: 역수가(易水歌:餞別歌) - 荊軻
風蕭蕭兮하나 易水寒로다.

바람 쓸쓸히 불어오나 역수는 차디차구나.
壯士一去兮면 不復還리라.
장사 한번 떠나가면 돌아오지 못하리라.

禰도 亦地名이니, 皆自衛來時所經之處也라. 諸姑,伯姊는 卽所謂諸姬也라.
'禰(아비사당례)'도 또한 지명이니, 모두 衛나라로부터 올 때에 경유한 바의 처이다. '諸姑'와 '伯姊'는 즉 소위 諸姬이다.

安成劉氏曰 夫人之嫁엔 必有姪娣二人為媵하고, 而同姓二國서도 往媵之하고 亦有姪娣하니, 皆謂之媵하고 凡八人이라. 集傳에선 以此詩為夫人作하고 而以諸姬為姪娣코서 又謂諸姑,伯姊하길 卽諸姬라하니, 然則八人之中에 亦有是夫人姑姊輩行者乎인져.
安成劉氏曰: 夫人之嫁엔 반드시 姪娣의 二人으로 媵첩함이 有하고, 同姓의 二國에서도 媵첩으로 보내주고 또한 2인의 姪娣로서 더함이 有하니, 모두 謂之하길 媵이라 하고 凡八人이다. 集傳에선 此詩를 夫人이 作함으로 여기고서 諸姬로서 姪娣로서 여기곤 또 諸姑,伯姊를 謂하길 卽 諸姬라 하니, 然則이면 八人之中엔 또한 이렇게 夫人의 姑姊도 비슷한 동년배(輩行)의 者가 있음일진져!
*참고: 凡八人
본국의 姪娣 2인의 媵과, 同姓二國에서 각 1媵과 2姪娣으로 보내니 도합 8인이며, 모두 媵이라 한다. 따라서 정실과는 함께 9인이다.

○言始嫁來時에도 則固已遠其父母兄弟矣거늘, 況今父母旣終컨대 而復可歸哉리오. 是以問於諸姑伯姊하여 而謀其可否云耳이라. 鄭氏曰 國君夫人은 父母在則歸寧하고, 沒則使大夫寧於兄弟라.
<처음 시집을 때에도 즉 진실로 이미 그 父母兄弟와 멀리 떨어져 지냈거늘, 하물며 지금은 父母께서 이윽고 돌아가셨건대 다시 가히 귀녕할 수 있겠는가? 이러므로 諸姑와 伯姊에게 물어 그 可否를 도모함이라 말할 뿐이로다.>라 말한 것이다. 鄭氏曰: <國君의 夫人은 父母가 계시면 즉 歸寧하고, 돌아가시면 즉 大夫로 하여금 형제들에게 편안의 안부를 묻는다.>라 하였다.

03-14-03 出宿于干하고 飮餞于言로되, 載脂載舝하야 還車言邁이면, 遄臻于衛언만 不瑕有害런가.
귀녕에 간산(干山) 나서 유숙하고 언산(言山)서 전별하되, 굴대 기름칠해 바퀴 끼고 비녀장 질러 타고 온 수레 돌려세울지면, 속히 위(衛)로 다다를 수 있건마는 어찌 의(義)에 해(害)됨이 없지 않겠는가?

간산에서 유숙하고 언산에서 작별하네
굴대에 기름칠해 바퀴끼고 빗장 질러
수레 돌려 나설지면 곧바로 위땅인데
혹시라도 무슨 해는 없을까

賦也라. 干,言은 地名이니, 適衛所經之地也라(隋志에 邢州內,丘縣에 有于山,言山이라). 脂는 以脂膏塗其牽하여 使滑澤也라. 牽은 車軸也니, 不駕엔 則脫之라가 設之而後行也라(釋文曰 牽은 車軸頭의 金이라. ○華谷嚴氏曰 載脂는 謂先以脂塗其牽이니, 其用在脂인지라 故曰載脂라. 載牽은 謂塗畢乃設牽於車니, 其用在牽인지라 故曰載牽이라). 還은 回旋也니, 旋其嫁來之車也라. 邁은 疾이고, 臻은 至也라. 瑕는 何로, 古音相近에 通用이라. ○言如是則其至衛疾矣니, 然豈不害於義理乎리오. 疑之하여 而不敢遂之辭也라.

賦체이다. '干'과 '言'은 地名이니, 衛나라로 떠남에 경유해야 하는 바의 땅인 것이다(<隋志>에, 邢州內 丘縣에 于山과 言山이 有하다). '脂'는 기름으로 그 바퀴 비녀장(牽:바퀴비녀장할)에 칠해 滑澤케 함이다. '牽'은 수레의 바퀴와 연결하는 굴대(車軸)부위이니, 멍에를 매지 않았을 때에는 즉 바퀴를 벗겨두었다가, 그것을 설치한 이후에 떠나는 것이다(釋文曰: 牽은 車軸의 頭에 꽂는 金이다. ○華谷嚴氏曰: 載脂는 먼저 脂로 그 牽을 塗함을 謂함이니, 그 用함이 脂에 在하기 때문에 故로 載脂라 曰함이다. 載牽는 塗가 畢이고서 이내 牽을 車에다 設함을 謂이니, 그 用이 在牽인지라 故로 載牽이라 曰함인 것이다). '還'은 돌려세움(回旋)이니, 그 시집올 때의 수레를 돌려세움이다. '邁'은 빠름이요, '臻'은 이르를 至이다. '瑕'는 何로, 옛 음이 서로 비슷함에 通用하였다. ○<이와 같을지면 즉 그 衛나라로 이르름이 빠를 것이나, 그러나 어찌 의리에 해롭지 않겠는가?>라 말함이니, 그것에 의문을 두어 감히 이를 수 없다는 언사인 것이다.

*참고: 不瑕有害
*瑕不은 胡不로서, 어찌 ~이 아니겠는가!
*不瑕는 不無로서, 어찌 ~이 없지 않겠는가?

03-14-04 ○我思肥泉에 玆之永歎호라. 思須與漕호니 我心悠悠로다. 駕言出遊언들 以寫我憂런가.
건넜던 비천(肥泉) 물줄기 생각에 이에 긴 탄식 늘어가노라. 지나온 수(須)와 조(漕)땅 떠올리니 나의 수심 길어짐이로다. 멍에 매 유람 나선들 나의 근심 지을 수가 있겠는가?

231

비천을 생각하니 긴 한숨 늘어나네
수땅 조땅 생각하니 나의 수심 깊어가네
수레타고 유람가면 이 내 근심 없어질까

賦也라. 肥泉은 水名이라. 須,漕는 衛邑也라. 悠悠는 思之長也라. 寫는 除也라. ○旣不敢歸나, 然其思衛地로 不能忘也니, 安得出遊於彼인들 而寫其憂哉리오.
賦체이다. '肥泉'은 물 이름이다. '須'와 '漕'는 衛나라의 邑이다. '悠悠'는 생각을 길게 함이다. '寫'는 제거(除)하는 것이다. ○이윽고 감히 귀녕할 순 없지만, 그러나 그 衛나라 땅 그리워 능히 잊지 못하니, 어찌 저곳으로 나서 노닌들 그 근심 없앨 수가 있겠는가?

鄭氏曰 肥泉은 自衛而來所渡水인지라 故思此而長歎이고, 須漕는 自衛而來所經邑인지라 故又思之라.
鄭氏曰: 肥泉은 衛로부터 來할 때에 渡했던 水인지라 故로 此를 思함에 長歎인 것이고, 須,漕는 衛로부터 來할 때에 經過 했던 邑인지라 故로 또한 그곳을 思之인 것이다.

○問컨대, 恐此는 只是因思歸不得인지라, 故欲出遊于國以寫其憂이니, 否잇가. 朱子曰 夫人之遊도 亦不可輕出이니, 只是思遊於彼地耳라.
問컨대, 아마도(恐) 此는 다만 이렇게 思歸의 不得으로 因했는지라, 故로 國으로 出遊하여 그 憂를 寫하고자 하였던 것이니, 否입니까? 朱子曰: 夫人之遊도 또한 可히 가벼이 出할 수 없음이니, 다만 이렇게 彼地로 遊하고자 思하기만 했을 뿐인 것이다.

○慶源輔氏曰 思歸寧者는 思之正也고, 謀及姪娣는 謀之正也며, 恐害義理而卒於不歸는 事之正也라. 始終一出於正하니, 雖賢士且難之커늘 況婦人乎아.
慶源輔氏曰: 思歸寧者는 思之正인 것이고, 謀及姪娣는 謀之正인 것이며, 恐害義理하여 卒於不歸는 事之正인 것이다. 始終마다 한결같이 正에서 出함이니, 비록 賢士라도 또한 그것에 難之거늘 하물며 婦人에 있어서야!

泉水는 四章으로, 章六句이라.
泉水는 四章으로, 章마다 六句이다.

楊氏曰 衛女思歸는 發乎情也요, 其卒也不歸는 止乎禮義也라. 聖人著之於經以示後世하여 使知適異國者가 父母終엔 無歸寧之義니, 則能自克者는 知所處矣라.
楊氏曰: 衛女가 歸寧으로 생각함은 情에서 발로인 것이요, 그 마침내 또한 귀녕으로 돌아가지 않음은 禮義에서 그침인 것이다. 聖人께서 經書에다 그것을 드러내 後世에 보이셔서, 다른 나라로 시집간 자가 부모 돌아가심엔 歸寧의 의(義)가 없음을 알게 하심이니, 즉 능히 스스로를 이겨내는 자는 마땅히 처해야할 바에 알 수 있는 것이다.

新安胡氏曰 一章은 託泉水起興하여 而謀於諸姬也라. 二章은 述初嫁時宿餞衛郊하고, 旣遠父母하곤 今父母終而欲歸인지라 故以問諸姑伯姊何如耳이라. 三章은 又欲效初嫁時宿餞于所嫁國之干言하고, 脂牽歸衛이나 第未知有害於義禮乎리오. 此正謀諸姬之語也라. 四章은 旣不可歸인지라 於是但思肥泉, 思須漕로 以重衛國悠悠之景慕인지라, 欲徃遊以寫憂而已이니, 所謂發乎情,止乎禮義者也라.
新安胡氏曰: 一章은 泉水에 託으로 興을 起하여 諸姬와 謀한 것이다. 二章은 初의 嫁時에 衛郊에서 宿,餞하였음을 述하고, 이윽고 遠父母하곤 今의 父母終에 欲歸인지라, 故로 諸姑伯姊에게 何如임을 問하였을 뿐인 것이다. 三章에선 또 初嫁時에 嫁한 바의 國인 干,言에서 宿,餞할 것을 밝히고(效) 脂牽로 歸衛코자 하였지만, 다만(第) 義禮에 害됨이 있음을 알지 못하였겠는가? 此는 正히 諸姬들과 謀했던 語인 것이다. 四章에선 이윽고 可히 歸할 수 없자 於是에 다만 思肥泉하고 思須漕하여 거듭 衛國을 悠悠토록 景慕(우러러 사모함)하였기 때문에, 遊로 徃하여 憂를 寫하고자 하였을 뿐이니, 所謂 '發乎情이나, 止乎禮義'인 것이다.

○止齋陳氏曰 泉水,竹竿,載馳는 皆衛女思歸也라. 泉水,竹竿은 歷道欲歸之意하고 終篇엔 唯欲出遊以驅吾愁思而已이니, 所謂止乎禮義이라. 載馳之詩에선 其歸尤急하고 末章에도 無有愧止之辭하니, 蓋泉水,竹竿은 作於無事之時인지라 故其辭緩以婉하고, 載馳는 賦於故國已亡之日인지라 故其辭切以怨이라.
止齋陳氏曰: <泉水>, <竹竿>, <載馳>는 모두 衛女들의 思歸인 것이다. <泉水>와 <竹竿>은 欲歸之意에 歷道하고 終篇에선 오직 出遊하여 吾의 愁思를 몰아내고자(驅) 하였을 뿐이니, 所謂 '止乎禮義'인 것이다. <載馳>의 詩에선 그 歸를 더욱 急하였고 末章에도 부끄러울 바를 알아 그침(愧止)의 辭로 有함이 없으니, 대개 泉水와 竹竿은 無事之時에 作인지라 故로 그 辭가 緩으로 婉일 수 있었고, 載馳는 故國이 已亡之日에서 賦했기 때문에 故로 그 辭가 切實로 怨痛하였던 것이다.

○豐城朱氏曰 禮는 緣人情而為之也이니, 夫旣曰緣人情而為之면 則父母其本根也고 兄弟其同氣也이니, 皆人情之不可忘者거늘 而何為其不可以寧兄弟也리오. 曰 人情은 有出於天理之公者하고 有出於人欲之私者이라. 聖人制禮는 將以全夫天理之正하여 而節其人欲之流也라. 據禮의 女子已嫁而反엔 兄弟不與同席而坐하고

不與同器而食해보면 所以厚別也니, 則閨門之內에선 所可同坐하고 而共食者는 唯母姑姉妹耳이라. 使父母歿而歸寧이면 則誰與同坐하고, 誰與共食하며 而孰爲之主乎리오. 聖人於此寧에, 以義斷恩하여 不以恩掩義이라. 故制爲父母終不得歸寧之禮는 所以存天理而遏人欲也라. 以此爲防여도 猶有禽獸其行이 如齊襄魯桓夫人之所爲者하니, 然後知聖人制禮는 眞可謂萬世無弊者矣라.

豊城朱氏曰: 禮는 人情으로 緣하여 그것을 만드니, 무릇 이윽고 '緣人情而爲之'라 曰할 수 있음이면, 則 父母는 그 本根인 것이고 兄弟는 그 同氣인 것으로, 모두 人情에 可히 잊일 수 없는 것이거늘 어찌 그 '寧兄弟'조차 불가함이 되는 것인가? 曰: 人情은 天理之公에서 出인 것도 有하고, 人欲之私에서 出인 것도 有하다. 聖人의 制禮는 將次 저 天理之正을 온전히 하여 그 人欲之流를 節制하기 위함인 것이다. 禮에, '女子가 已嫁하여 反함엔, 兄弟는 함께 同席으로 坐하지 않고, 함께 同器로 食하지 않는다.'에 據일지면 유별에 厚한 所以인 것이니, 則 閨門之內에서 可히 同坐하며 共食할 수 있는 者는 오직 母姑와 姉妹일 뿐인 것이다. 가령 父母歿에 歸寧일지면 則 누구와 함께 同坐할 것이고, 누구와 함께 共食할 것이며, 누구로 그것에 主를 삼을 수 있겠는가? 聖人께서 此의 귀寧에선, 義로서 恩을 斷하여 恩이 義를 掩하지 못하게 한 것이다. 故로 制定하여 '父母終 不得歸寧之禮'를 만듦은 存天理而遏人欲의 所以인 것이다. 此로서 防을 삼아도 오히려 禽獸와 같은 그 行實이, 마치 齊襄과 魯桓夫人이 하였던 바와 같은 것도 있었으니, 然後에야 聖人의 制禮는 참으로 可히 萬世의 無弊者라 말할 수 있음을 知할 수 있는 것이다.

15. 北門

03-15-01 出自北門에 憂心殷殷호라. 終窶且貧이어늘 莫知我艱하나다. 已焉哉리라. 天實爲之시니 謂之何哉리오.
북문의 음지 나섬에 마음속 근심만 가득호라. 끝내 궁핍하고 또 빈곤이거늘 아무도 내 괴로움(艱難) 알아주지 않는도다. 그렇게 끝나고 말 뿐이리라! 하늘이 실로 그리하심이니 그것 일러 무엇 하리오?

북문 밖을 나서보니 마음 근심 가득하네
궁핍하고 가난한 삶 그 누가 알아주나
아서라! 부질없네 천명이 하시는 일 말하여 무엇하리

比也라. 北門은 背陽向陰이라. 殷殷은 憂也라. 窶者는 貧而無以爲禮也라(孔氏曰 窶는 謂無財可以爲禮이고, 貧은 謂無財可以自給이나, 然二者皆無財之事인지라 故爾雅貧窶通也라. ○三山李氏曰 兼言之하여 以見貧之甚也라). ○衛之賢者

가 處亂世,事暗君하여 不得其志인지라, 故因出北門하여 而賦而自比이라(問컨대, 只作賦로 說이면 如何잇까. 朱子曰 當作賦而比이라. 當時必因出北門인 而後作此詩이니, 亦有比意思라. ○孔氏曰 言出自北門하여 背明向陰而行은 猶居亂世向暗君而仕也라. ○張子曰 偶出北門하여 因有此言이라). 又歎其貧窶여도 人莫知之하고, 而歸之於天也라.

比체이다. '北門'은 양지를 등지고 음지로 향하는 곳이다. '殷殷'은 근심함이다. '窶(가난할구)'라는 것은 가난하여 禮로 할 수 없는 것이다(孔氏曰: '窶'는 財로 可히 禮할 수 없음을 말하고, '貧'은 財로 可히 自給할 수 없음을 말함이나, 그러나 二者는 모두 無財之事인지라 故로 爾雅에선 貧과 窶는 通이라 하였다. ○三山李氏曰: 兼言之하여 貧之甚을 見<현>한 것이다). ○衛의 賢者가 亂世에 處하여 暗君을 섬겨 그 뜻한 바를 얻지 못한지라, 고로 北門으로 나섬으로 인하여 賦하고서 스스로를 比한 것이다(問컨대, 다만 賦로만 作하여 說이면 如何잇까? 朱子曰: 當히 賦이고서 比로 作한 것이다. 當時에 반드시 北門을 出함으로 因한 而後에 此詩를 作한 것이니, 또한 比의 意思가 有인 것이다. ○孔氏曰: 北門으로부터 出하여 背明向陰으로 行함은 마치 亂世에 居하여 暗君을 向하여 仕함과 같음을 말한 것이다. ○張子曰: 偶然히 北門으로 出함을 因하여 此言을 有한 것이다). 또한 그 貧窶(가난하여 보잘 것 없음)하여도 남들이 아무도 그것을 알아주지 못함을 탄식하고, 그 탓을 하늘에 돌린 것이다.

孔氏曰 我之困苦는 天實為之하여 使我遭此커늘 君知인들 復奈何哉리오. 君臣道不合이면 則去이나, 今無去心하니 忠之至也라.
孔氏曰: 我之困苦는 天이 實로 그것으로 為之하여 我로 하여금 此를 遭하게 하였거늘, 君이 知해준들 다시 이내 어찌 할 수 있겠는가? 君臣간의 道가 不合이면 則 去인데도, 今에 去하려는 心이 無하니 忠之至인 것이다.

○鄭氏曰 詩人事君에 無二志인지라, 故自決歸之於天이라.
鄭氏曰: 詩人이 事君에 二志가 無인지라, 故로 自로 決연히 天에 歸之인 것이다.

○慶源輔氏曰 終者에 已焉之辭는 蓋自以為無復有望也인지라, 故嘆之曰하길 已焉哉,天實為之,謂之何哉라. 此는 蓋知其無可奈何하여 而歸之天也니, 是亦所謂發乎情,止乎禮義者也라.
慶源輔氏曰: 終者에 '已焉'의 辭는 대개 自로 다시 望으로 有함이 없다고 여긴지라, 故로 그것을 嘆하며 '已焉哉 天實為之 謂之何哉'라 曰한 것이다. 此는 대개 그 可히 이내 어찌 할 수 없음에 知하고선 天에 歸之인 것이니,

是도 또한 所謂 '發乎情 止乎禮義'者인 것이다.

03-15-02 ○王事適我코 政事一埤益我로다. 我入自外호니 室人交徧讁我하나다. 已焉哉리라. 天實爲之시니 謂之何哉리오.
왕사(王事)로 보내놓고 모든 정사 일절 내게 더하도다. 밖에서 들어서니 집안 사람 교대로 두루 질책하도다. 그렇게 끝나고 말 뿐이리라! 하늘이 실로 그리 하심이니 그것 말해 무엇 하리오?

나랏일 맡겨놓고 모든 정사 혼자하네
돌아오면 집안사람들 나한테만 질책하네
아서라! 부질없네 천명이 하시는 일 말하여 무엇하리

賦也라. 王事는 王命使爲之事也라. 適은 之也라. 政事는 其國之政事也라. 一은 猶皆也라. 埤는 厚이고, 室은 家며, 讁은 責也라. ○王事旣適我矣코도 政事로도 又一切以埤益我하여 其勞如此하고, 而窶貧又甚하여 室人이 至無以自安而交徧讁我하니, 則其困於內外가 極矣라.
賦체이다. '王事'는 왕명하여 그것에 일삼게 함인 것이다. '適'은 갈 之이다. '政事'는 그 나라의 政事이다. '一'은 모두 皆와 같다. '埤(더할 비)'는 두텁게 함이요, '室'은 집이요, '讁(귀양갈적)'은 責함이다. ○王事로 이윽고 나를 가게 해놓고도, 政事로도 또한 일절 나에게 더더욱 가해 그 수고가 이와 같았고, 窶貧도 또한 심하여 室人이 스스로 편안치 못해 교대로 두루 나를 꾸짖는데 이르렀으니, 즉 그 內外로 곤란하기가 極인 것이다.

孔氏曰 言非直已貧窶이고, 君政又皆埤已我하고, 自外而歸에 則室家之人이 更迭而徧來責我컨대, 外爲君所困하고 內爲家人不知인지라, 故又自決歸之於天이라.
孔氏曰: 다만(直) 이미 貧窶할 뿐만이 아니라, 君政으로도 또한 일절 이미 我에게 埤해지게 하고, 외로부터 歸함에 則 室家之人들이 다시 번갈아 두루 와서 我를 責하건대, 외론 君에게 困한 바가 되고 內론 家人조차 知해주지 못함이 되는지라, 故로 또한 自로 決然히 天에다 歸之하였음을 言한 것이다.

○華陽范氏曰 關雎之化行이면 則婦人能關其君子나, 至於衰世인지라 則室家日見코도 而有不知其心者이라.
華陽范氏曰: 關雎之化가 行해짐이면 則 婦人도 能히 그 君子를 위關할 것이나, 衰世에 至했는지라 則 室家가 日마다 見하고도 그 心을 知해주지 못함이 있었던 것이다.

03-15-03 王事敦我코 政事一埤遺我로다. 我入自外호니 室人交徧摧我하다.
已焉哉리라. 天實爲之시니 謂之何哉리오.
왕사(王事)로 던져놓고 모든 정사 일절 내게 쌓아두도다. 밖에서 들어서니 집안사람 번갈아 내 의지 꺾는도다. 그렇게 끝나고 말 뿐이리라! 하늘이 실로 그리하심이니 그것 따져 무엇 하리오?

나랏일 맡겨놓고 모든 정사 혼자하네
돌아오면 집안사람들 내 의지를 꺾는구나
아서라! 부질없네 천명이 하시는 일 말하여 무엇하리

賦也. 敦 猶投擲也. 遺 加. 摧 沮也.
賦체이다. '敦(다스릴퇴)'는 투척(投擲:던질척)과 같은 것이다. '遺'는 더함이요, '摧(최)'는 막음(沮)이다.

鄭氏曰 摧者는 刺譏之言이라.
鄭氏曰: 摧者는 刺譏(풍자하고 비난함)의 言인 것이다.

○慶源輔氏曰 摧는 謂摧折沮抑之니, 又甚於譴也라.
慶源輔氏曰: 摧는 摧折(어떤 일에 대한 의지나 기운이 꺾임)과 沮抑之함을 謂함이니, 또한 譴보다 甚인 것이다.

北門은 三章으로, 章七句이라.
北門은 三章으로, 章마다 七句이다.

楊氏曰 忠信重祿은 所以勸士也라. 衛之忠臣이 至於窶貧여도 而莫知其艱하니, 則無勸士之道矣고 仕之所以不得志也라. 先王께선 視臣如手足커늘, 豈有以事投遺之하곤 而不知其艱哉리오. 然不擇事而安之하고, 無懟憾之辭하며, 知其無可奈何하고 而歸之於天하니, 所以爲忠臣也라.
楊氏曰: 忠信으로 대하고 녹(祿)을 중하게 해 줌은 士를 권면하는 까닭인 것이다. 衛의 忠臣이 窶貧에 이름에도 그 艱難을 아무도 알아주지 못하니, 즉 士를 권면하는 도(道)가 없었던 것이고, 벼슬길에 올라도 뜻한 바를 얻지 못하였던 까닭인 것이다. 先王께선 신하 보길 手足과 같이 하셨거늘, 어찌 事만을 던져 맡겨놓고 그 艱難함을 알아주지 못함이 있었겠는가? 그러나 사사로운 말만 택해 그것으로 편안을 삼지 않았고, 원망과 회한의 언사조차도 없었으며, 그 가히 이내 어찌 할 수 없음을 알고 하늘에다 명을 돌리니, 忠臣이 되는 까닭인 것이다.

疊山謝氏曰 鹿鳴,四牡之燕樂과 出車,杕杜之勞來엔, 一人之勞苦에 君無不知하고 一毫之事功에 君無不報이라. 此는 先王所以體羣臣也니, 千歲治安의 根本이 蓋在此也라. 北門之忠臣이 至於終窶且貧여도 祿不足以代耕矣하고, 出則當王事之獨勞하고 入則當政事之煩使여도 室人不能忍飢寒而交徧讁之하니, 此人情所難堪者이라. 上으로 不怨其君하고 下론 不怨其家이라. 窮而呼天하길 亦無一毫怨天之辭하니, 此는 樂天知命之士也라. 有臣如此여도 而不能忠信重祿以勸之하니, 衛之所以亡也라.

疊山謝氏曰: <鹿鳴><四牡>의 燕樂과 <出車><杕杜>의 勞來(오는 사람을 맞이해 수고에 위로함)에는 一人之勞苦라도 君이 知해주지 못함이 없었고, 一毫之事功이라도 君이 報해주지 않음이 없었다. 此는 先王께서 羣臣에 體得하였던 所以인 것이니, 千歲토록 治安의 根本이 대개 此에 在인 것이다. 北門之忠臣이 終내 窶하고 또 貧함에 至했어도 祿은 足히 耕作을 代身할 만하지 못하였고, 出로는 則 王事之獨勞에 當하고 入해서는 則 政事之煩使에 當했어도 室人이 能히 飢寒을 忍하지 못하고 交대로 두루 그를 讁之하니, 此는 人情에 堪당하기 難한 바인 것이다. 上으로 그 君을 怨하지 않고, 下론 그 家조차 怨하지 않았다. 窮박임에도 天에 呼하길 또한 一毫의 天을 怨하는 辭조차 없었으니, 此는 樂天,知命의 士인 것이다. 臣에 如此함이 有하였어도 能히 忠信重祿으로 그를 勸之하지 못하였으니, 衛가 亡하게 된 所以인 것이다.

○慶源輔氏曰 楊氏之說은 其論君臣之道에 備矣고, 而衛之忠臣은 則處其變여도 而不失其道者이니, 可以爲萬世臣子之法也라.
慶源輔氏曰: 楊氏之說은 그 일반적 君臣之道로 論함에 있어서 備인 것이고, 衛之忠臣은 則 그 變에 處하고도 그 道를 不失인 것이니, 可히 萬世의 臣子之法이 되는 것이다.
*참고: 無去心
공(恐)컨대 他姓의 신하에게는 君臣有義이나, 同姓의 신하에게는 宗廟社稷과 함께 함인 것이다(맹자 만장하 <齊宣王問卿>章).

16. 北風

03-16-01 ○北風其凉하며 雨雪其雱이로다. 惠而好我로 携手同行호리라. 其虛其邪리오. 旣亟只且로다.
북풍의 바람 그 싸늘하며 눈비 그 펑펑 쏟아짐이로다. 아껴주고 좋아해 주는 자와 손잡고 함께 떠나가리라. 그 완만히 그 더디 할 수 있겠는가? 이윽고 다만 급박한 지경에 이르렀도다.

　　　　　북녘 바람 차가웁고 진눈깨비 흩날리네
　　　　　날 아껴주고 사랑하는 그 손잡고 떠나리라
　　　　　주저주저 하지 말고 어서 빨리 함께 가요

比也라. 北風은 寒凉之風也라. 凉은 寒氣也라. 雾은 雪盛貌이라. 惠는 愛이고, 行은 去也라. 虛는 寬貌라. 邪는 一作徐컨대, 綏也라(釋文曰 爾雅엔 作徐이라). 亟은 急也라. 只且는 語助辭라. ○言北風雨雪로 以比國家危亂將至하여 而氣象愁慘也라. 故欲與其相好之人로 去而避之이라. 且曰하길, 是尙可以寬徐乎리오. 彼其禍亂之迫이 已甚에 而去不可不速矣라.

比체이다. '北風'은 寒凉한 바람이다. '凉'은 寒氣이다. '雾(퍼부을방)'은 눈이 盛한 모양이다. '惠'는 아껴줌(愛)인 것이요, '行'은 떠나감이다. '虛'는 관대한 모습이다. '邪(서)'는 한편으로는 徐로도 쓰는데, 완만히(綏) 함이다(釋文曰: 爾雅엔 徐로 作하였다). '亟(극)'은 빠름이다. '只且(어조사저)'는 語助辭이다. ○北風雨雪로 말하여 국가의 危亂이 장차 이르름에 氣象이 愁慘(시름겹고 참혹)함을 비유한 것이다. 고로 그 서로 좋아하는 사람들과 함께 떠나 그곳을 피하고자 한 것이다. 또 말하기를: <이것에 오히려 가히 여유 있게 서서히 할 수 있겠는가? 저 그 禍亂의 급박함이 이미 심해짐에 떠나감을 속히 하지 않아서는 불가하도다.>라 한 것이다.

慶源輔氏曰 惠而好我,攜手同行은 不忘故舊之仁也고, 其虛其邪,既亟只且는 見幾而作之智也라.
慶源輔氏曰: '惠而好我 攜手同行'은 故舊를 잊하지 않는 仁인 것이고, '其虛其邪 既亟只且'는 幾微를 見하고 作하는 智인 것이다.

03-16-02 ○北風其喈며 雨雪其霏로다. 惠而好我로 携手同歸호리라. 其虛其邪리오. 既亟只且로다.
북풍의 바람 그 씽씽 거리며 눈비 그 펄펄 내림이로다. 아껴주고 좋아해 주는 자와 손 이끌고 함께 영영 떠나가리라. 그 완만히 그 더디 할 수 있겠는가? 이윽고 다만 급박한 지경에 이르렀도다.

　　　　　북녘바람 씽씽불고 진눈깨비 몰아치네
　　　　　날 아껴주고 사랑하는 그 손잡고 떠나리라
　　　　　머뭇머뭇 하지 말고 어서 빨리 함께 가요

比也라. 喈는 疾聲也라. 霏는 雨雪分散之狀이라(疊山謝氏曰 北風怒而有聲이니

不止於凉矣고, 雨雪霏霏而密이니 不止於雱矣로, 喩禍害愈急也라). 歸者는 去而不反之辭也라.
比체이다. '嚌(새소리개)'는 빠른 소리이다. '霏(펄펄날릴비)'는 비와 눈이 分散해 내리는 모양이다(疊山謝氏曰: 北風이 怒하여 聲을 有함이니 凉에만 그치지 않음이고, 雨雪이 霏霏하여 密이니 雱에만 그치지 않음인 것으로, 禍害가 더욱 急迫임을 비유한 것이다). '歸'라는 것은 떠나가서 돌아오지 않는다는 언사인 것이다.

03-16-03 ○莫赤匪狐며, 莫黑匪烏인가. 惠而好我로 携手同車호리라. 其虛其邪리오. 旣亟只且로다.
어느 것도 붉은 여우 아님 없으며, 어느 것인들 검은 까마귀 아님 아니겠는가? 아껴주고 좋아해 주는 자와 손 붙잡고 함께 수레 타고 떠나가리라. 그 완만히 그 더디 할 수 있겠는가? 이윽고 다만 급박한 지경에 이르렀도다.

붉은 것은 여우이고 검은 것은 까마귀라
날 사랑하고 아껴주는 그 손 잡고 함께 가요
주저주저 하지 말고 어서 빨리 함께 가요

比也라. 狐는 獸名으로 似犬黃赤色하고, 烏는 鴉로 黑色이니, 皆不祥之物로 人所惡見者也라. 所見마다 無非此物이면 則國將危亂에 可知이라(問컨대, 狐與烏는 不知詩人以比何物이냐이다. 曰 不但指一物而言이고, 當國將危亂時에 凡所見者가 無非不好底景象也라). 同行同歸에선 猶賤者나, 也同車면 則貴者亦去矣라.
比체이다. '狐'는 짐승 이름으로 개와 흡사하며 황적색이고, '烏'는 까마귀 鴉(아)로 흑색이니, 모두 상서롭지 못한 동물로 사람들이 보기 싫어하는 바인 것이다. 보는 바마다 이러한 동물 아님이 없을지면, 즉 나라는 장차 危亂일 것에 가히 알 수 있는 것이다(問컨대, 狐와 烏는 詩人이 何物로서 比했는지에 不知이냐이다. 曰: 다만 一物만을 指하여 言한 것이 아니라, 國이 將次 危亂으로 當할 時에 凡의 보이는 것들이 不好의 景象 아님이 없다는 것이다). 同行하고 同歸에선 오히려 천한 자일지나, 또한 同車일지면 즉 귀한 자도 또한 떠나감인 것이다.
*참고: 同車
恐컨대 同車는 더욱 급박하여 떠나기를 속히 하려는 뜻도 있는 듯하다.

疊山謝氏曰 一章曰同行하고 二章曰同歸하며 三章曰同車하니, 一節急一節로 風人之法度也라.
疊山謝氏曰: 一章은 曰同行하고, 二章은 曰同歸하며, 三章은 曰同車라 하니,

一節이 一節보다 急인 것으로 風人(시인)의 法度인 것이다.

○慶源輔氏曰 國家將亡에 觀其氣象愁慘이라. 如北風雨雪之寒凉하고, 目所見者 無非赤狐烏鴉의 不祥之物이니, 亦非有先見者면 不能然也컨대, 作此詩者가 其賢 可知矣라.
慶源輔氏曰: 國家가 將次 亡하려 함에 그 氣象마저 愁慘함을 觀望한 것이다. 마치 北風에 雨雪로 寒凉하고, 目으로 見하는 바의 것마다 赤狐와 烏鴉(갈가마귀아:까마귀속을 통틀어 이르는 말)의 不祥之物 아님이 없음과 같으니, 또한 先見을 有한 者가 아니라면 能히 然일 수 없건대, 此詩를 作한 者가 그 賢임을 可知인 것이다.

北風은 三章으로, 章六句이라.
北風은 三章으로, 章마다 六句이다.

安成劉氏曰 詩中에 有同車之語하니, 疑컨대 此爲仕於衛者所作이라. 其虛其邪 旣亟只且는 三章三言之하니, 豈果於忘君哉리오. 蓋見幾而作하길 不俟終日이니, 若國已危이면 則無可去之義矣라.
安成劉氏曰: 詩中에 '同車'의 語가 有하니, 疑컨대 此는 衛에 仕한 者가 作한 바가 됨이다. '其虛其邪 旣亟只且'는 三章에서 三이나 言之하니, 어찌 忘君으로 果敢인 것인가? 대개 幾微를 見하여 作하길 하루가 끝나길(終日) 기다리지 않음이니, 만일 國이 이미 危일지면 則 可去之義는 無인 것이다.
*참고: 乾上艮下 天山遯(速而遠으로 遯하되 사사로움에 얽매이지 않아야 함)

初六 ䷠	爻辭	遯尾(遯而在後故尾之象)이니, 厲인지라 勿用有攸往하니라. *見不可而逃之 이미 음이 둘로 자라남을 보고 떠날(遯)지면 후미(後尾)를 이룸이니, 의심(疑)의 위태로움(厲)만 있는지라 떠나는(往) 바로 용(用)하지 말지니라. (위진남북조의 죽림칠현)
	象曰	遯尾之厲인지라 不往일진대 何災也리오. '둔미지려(遯尾之厲)'인지라, 떠나지 않고 머묾의 화합(和)으로 부동(不同)일진대 어찌 재앙(災)일 수 있으리오?

17. 靜女

03-17-01 靜女其姝하니 俟我於城隅하곤, 愛而不見하야 搔首踟躕호라.
단아한 그녀 그 곱기만 하더니 성곽 모퉁이서 나 기다린다 해놓곤, 보고픈 마음 만나지 못해 머리 긁적이며 서성이노라.

단아하고 고운 그녀 성곽길에서 날 기다리네
내 고운 님 볼 수 없어 머리만 긁적이며 서성대네

賦也라. 靜者는 閒雅之意이라. 姝는 美色也라. 城隅는 幽僻之處이라. 不見者는 期而不至也라. 踟躕는 猶躑躅也라(音擲觸이고, 行不進貌이라). 此는 淫奔期會之詩也라.
賦체이다. '靜'이라는 것은 閒雅(품위있을한)하다는 뜻이다. '姝(주)'는 美色이다. '城隅'는 어둡고 외진(幽僻) 곳이다. '不見'이란 것은 기약하였는데 이르지 않았던 것이다. '踟躕(머뭇거릴,지주)'는 머뭇거림(躑躅:머뭇거릴척,촉)이다(音이 척촉<擲觸>이니, 行에 進하지 못하는 貌이다). 이것은 음난의 난잡(淫奔)을 기약(期會)하는 詩이다.

問컨대, 淫奔之人이 方相與狎暱컨대, 又何取乎閒雅잇까? 朱子曰 淫奔之人이 不知其爲可醜하고 但見其可愛耳이라. 以女而俟我於城隅컨대, 安得謂之閒雅리오. 而此曰靜女者는 猶所謂德音無良也라. 無良이면 則不足以爲德音矣나, 而曰 德音은 亦愛之之辭也라.
問컨대, 淫奔之人이 바야흐로 서로 함께 狎暱하고자 함인데도, 또한 무엇 때문에 '閒雅'함으로 取한 것입니까? 朱子曰: 淫奔之人이 그 可히 醜함이 됨을 알지 못하고, 다만 그 可히 사랑스러움(愛)만으로 見했을 뿐인 것이다. 女이고도 '俟我於城隅'일진대, 어찌 謂之하길 閒雅를 得할 수 있겠는가? 그러나 此에서 '靜女'라 曰한 것은 마치 所謂 <日月>의 詩에서 '德音無良'이라 함과 같은 것이다. 無良일지면 則 足히 德音이 될 수 없지만, 그러나 '德音'이라 曰함은 또한 그녀를 愛之하게 여긴 辭일 뿐인 것이다.

○廬陵歐陽氏曰 衛俗淫亂인지라 幽靜難誘之女且然이니, 則其他에 可知이라.
廬陵歐陽氏曰: 衛俗이 淫亂인지라 그윽하고 고요(幽靜)함의 꾀어내기 어려운(難誘) 女에서조차도 또한 然하였으니, 則 그 他에도 可知인 것이다.

03-17-02 ○靜女其孌하니 貽我彤管이로다. 彤管有煒하니 說懌女美호라.
단아한 그녀 그 깜찍하기만 하더니 내게 동관(彤管)의 증표 건넴이로다. 동관(彤管)에 붉은빛 감도나니 그녀 예쁜 마음에 흠뻑 빠졌노라.

단아하고 예쁜 그녀 내게 빨간 피리 선물했네
빨간 피리 빛깔 고와 그 모습에 흠뻑 젖네

賦也라. 孌은 好貌니, 於是則見之矣라. 彤管은 未詳何物이나(廬陵歐陽氏曰 古者에 鍼,筆皆有管하고, 樂器亦有管이나, 不知此管是何物이나, 但彤은 是色之美者라. 鍼은 與針同이라), 蓋相贈以結殷勤之意耳라. 煒는 赤貌라. 言旣得此物하곤 而又悅懌此女之美也라.

賦체이다. '孌(련)'은 좋은 모양이니, 이때서야 즉 그녀를 만난 것이다. '彤管'은 어떤 물건인지엔 자세하지 않으나(廬陵歐陽氏曰: 古者엔 鍼과 筆마다 모두 有管하였고, 樂器에도 또한 有管하였으나, 此管이 이렇게 何物인지엔 不知이나, 다만 '彤<붉은칠동>'은 色之美者인 것이다. 鍼은 針과 더불어 同이다). 아마도 서로 주고받아 은근(慇懃:속의 깊은 정)한 의도를 맺고자했을 따름인 것이다. '煒(위)'는 붉은 모양이다. 이윽고 이 증표의 물건을 얻고서, 또한 이 여자의 아름다움에 유쾌(悅懌:풀려날,기쁠역)해 한 것이다.

03-17-03 ○自牧歸荑하니 洵美且異로다. 匪女之爲美이라 美人之貽니라.
야외들서 띠풀 새싹 건네니 참 귀엽고도 또 특이하도다. 네가 멋짐 아니라 아름다운 그녀 주었기 때문이니라.

들녘에서 딴 띠풀 새싹 귀엽고도 특이하네
띠풀 싹이 고운 것은 예쁜 님이 주셨음이지

賦也라. 牧은 外野也라. 歸도 亦貽也라. 荑는 茅之始生者라. 洵은 信也라. 女는 指荑而言也라. ○言靜女又贈我以荑하니 而其荑亦美且異이나, 然非此荑之爲美이고 特以美人之所贈이니, 故其物亦美耳라.

賦체이다. '牧'은 外野이다. '歸'도 또한 주는(貽:이) 것이다. '荑'는 띠풀(茅)이 처음 자라난 것이다. '洵'은 참으로 信이다. '女'는 荑(삘기제)를 가리켜 한 말이다. ○靜女가 또한 나에게 삘기로 주니 그 삘기 또한 예쁘고 특이하지만, 그러나 이 삘기가 예쁜 것이 아니고 다만 미인이 준 바이기 때문이니, 고로 그 물건이 또한 아름다울 뿐임을 말한 것이다.

東陽許氏曰 首言城隅하고 末言自牧하니, 蓋不特俟於城隅하고 抑且相逐於野矣라.
東陽許氏曰: 首言에 城隅라 하고, 末言엔 自牧이라 하니, 대개 다만 城隅에서만 俟하지 않고 도리어 또한 서로 野에까지 쫓음(逐)인 것이다.

靜女는 三章으로, 章 四句이라.
靜女는 三章으로, 章마다 四句이다.

18. 新臺

03-18-01 新臺有泚하니 河水瀰瀰로다. 燕婉之求러니 籧篨不鮮이로다.
신대(新臺) 물 위로 선명한 자태 드리우니 하수의 물결 넘실댐이로다. 편안히 순응할 짝 구함이러니 급히지 못하는 만곡병세(籧篨) 적지 않음이로다.

> 신대는 아름답고 황하 물은 넘실대네
> 멋진 내 님 구했건만 만곡병세 적지 않네

賦也라. 泚는 鮮明也라(新安胡氏曰 臺가 在河上인지라 曰泚曰洒하여 皆從水義이라). 瀰瀰는 盛也라. 燕은 安이고, 婉은 順也라. 籧篨는 不能俯하여 疾之醜者也라. 蓋籧篨는 本竹席之名이나, 人或編以爲囷에 其狀如人之擁腫하여 而不能俯者인지라, 故又因以名此疾也라. 鮮은 少也라. ○舊說以爲하길, 衛宣公이 爲其子伋娶於齊라가 而聞其美하고 欲自娶之인지라 乃作新臺於河上而要之하니, 國人惡之하여 而作此詩以刺之라. 言齊女는 本求與伋爲燕婉之好이나 而反得宣公醜惡之人也라.

賦체이다. '泚(맑을체)'는 선명함이다(新安胡氏曰: 臺가 河上에 在하였기 때문에, 曰泚하고 曰洒<최>라 하여 모두 水義를 從한 것이다). '瀰瀰(물넓을미)'는 盛함이다. '燕'은 편안함이요, '婉'은 順함이다. '籧篨(대자리,거저:거친 대자리)'는 능히 구부리지(俯) 못함이니, 질병 중에 추한 것이다. 대개 籧篨는 본디 대나무로 만든 돗자리 이름이나, 사람들이 혹 엮어서 둥근 창고 지붕을 만듦에, 그 형상(혹 원뿔모양)이 마치 사람의 배가 擁腫(안을옹:부풀어 올라 불퉁하다)하여 능히 구부릴 수 없음과 같았기 때문에, 고로 또한 이로 인하여 이 질환으로 이름한 것이다. '鮮'은 드물 少이다(귀하고 예쁜 것은 수량이 적고 드물다). ○舊說에 <衛宣公이 그 아들 伋을 위해 제나라에 장가들게 하였다가, 그 아름답다는 말을 듣고서 스스로 그녀에게 장가들고자 하였기 때문에, 이내 河水가 위에 樓臺를 새로 지어 그녀를 요구하니, 國人들이 그것을 미워하여 이 詩를 지어 그것을 풍자한 것이다.>라 하였다. 齊女(宣姜)는 본래 伋과 함께 燕婉(온화하고 유순)의 좋은 짝 되기를 구했으나, 도리어 宣公의 추악한 사람만을 얻게 되었음을 말한 것이다.

*참고: 籧篨(척추전만증:lordosis)
지금까지 연구된 바에 의하면 요추전만에 영향을 주는 요인은 몸의 무게중심의 위치, 사무직 근로자의 부적절한 자세나 생활습관 환경들이 있다고 알려졌다. 복부비만이 심하거나 임신을 하여 복부의 하중이 커지면 엉덩이 관절(고관절)에 과도한 힘이 가해지기 때문에 이러한 힘을 줄이기 위해 상체를 뒤로 젖히는 자세를 취하게 되는데, 이 자세가 바로 과도한 허리뼈의 전만곡을 만

들어 낸다. 또한, 장시간 의자에 앉아 사무를 보는 사무직 근로자가 잘못된 자세로 오랜 기간 일하면 요추 전만이 증가한다고 알려져 있다.
[네이버 지식백과] (서울대학교병원 의학정보, 서울대학교병원)

孔氏曰 宣公晉은 桓公子이라.
孔氏曰: 宣公 晉은 桓公 完의 弟이다('子'는 誤字인 듯하다).

○三山李氏曰 新臺는 臨河니, 今澶州에 遺址尙存이라.
三山李氏曰: 新臺는 河와 臨하고 있으니, 今의 澶州에 遺址가 여전히 存한다.

○疊山謝氏曰 籧篨는 乃惡疾이니, 宣公非有此疾이고 國人惡其無禮義, 亂人倫인지라 故以惡疾比之라. 旣無人道하니, 亦非人形也라.
疊山謝氏曰: 籧篨는 이내 나쁜 질환(惡疾)이니, 宣公이 此疾을 有했다는 것이 아니라 國人들이 그 無禮義와 亂人倫을 惡하였기 때문에, 故로 惡疾로서 그를 比之한 것이다. 이윽고 人道가 無하였으니, 또한 人形이 아닌 것이다.

03-18-02 ○新臺有洒하니 河水浼浼이로다. 燕婉之求러니 籧篨不鮮이로다.
신대(新臺) 물가 벼랑 위 있나니 하수의 흐름 질펀도 하도다. 편안히 순응할 짝 구함이러니 급히지 못하는 만곡병세(籧篨) 영구(永久)로다.

신대는 높이 솟고 황하 물은 출렁대네
멋진 님을 구했건만 만곡병세 그치질 않네

賦也라. 洒는 高峻也라. 浼浼은 平也라. 鮮은 絶也니, 言其病不已也라.
賦체이다. '洒(험할최)'는 高峻함이다. '浼浼(질펀히흐르면)'는 평평히 흐름이다. '鮮'은 끊김이니, 그 병이 그치지 않음을 말함이다.

03-18-03 ○魚網之設에 鴻則離之로다. 燕婉之求러니 得此戚施로다.
어망 드리움에 큰 기러기만 즉 걸림이로다. 편안히 순응할 짝 구함이러니 이러한 곱사등이만 얻음이로다.

고기 그물 쳐놨더니 기러기만 걸렸구나
멋진 님을 구했더니 곱사등이 걸렸구나

興也라. 鴻은 鴈之大者라. 離는 麗也라. 戚施는 不能仰이니, 亦醜疾也라(東萊呂氏曰 國人惡宣公하여 而以惡疾指之니, 不能俯者는 籧篨之疾證이고 不能仰者는

戚施之疾證이나, 非於此取義也라). ○言設魚網而反得鴻하여 以興求燕婉而反得醜疾之人이니, 所得은 非所求也라.

興체이다. '鴻'은 기러기의 큰 것이다. '離'는 걸림(麗:리)인 것이다. '척시(戚施)'는 능히 위를 우러르지 못함이니, 또한 추한 질환이다(東萊呂氏曰: 國人이 宣公을 惡하여 惡疾로서 그를 指하니, 不能俯者는 籧篨之疾의 證상인 것이고 不能仰者는 戚施之疾<곱사등이>의 證상인 것이나, 此로 義를 取함은 아닌 것이다). ○어망(魚網)을 설치했는데 도리어 큰 기러기만 걸렸음을 말하여, 燕婉의 짝을 구했음에도 도리어 醜한 疾患이 있는 사람만을 얻었음을 興한 것이니, 얻은 바는 구하려던 바가 아닌 것이다.

*참고: 戚施(척추후만증:kyphosis)
후만증의 가장 큰 원인은 자세가 나쁜 경우이며, 이를 자세성 후만증이라고 한다. 그 외의 원인으로는 청소년기 후만증, 선천성 척추 후만증, 원발성 혹은 전이성 종양, 노인성 척추 후만증, 결핵성 척추 후만증, 강직성 척추염, 요부 변성 후만증, 외상이나 광범위한 추궁판 절제술 등이 있다.
자세성 후만증은 청소년 급성장 시기의 불량자세가 그 원인이다. 청소년기 후만증은 아직 원인이 확실하게 밝혀지지 않았으나, 호르몬 이상, 유전적 성향, 영양 부족, 골다공증, 물리적 요인 등이 원인으로 제시되고 있다.
선천성 척추후만증은 척추의 선천성 기형으로 인해 나타난다. 노인성 척추 후만증의 원인은 척추의 퇴행성 변화로 인한 추간판의 변화와 등 근육의 근력 약화, 폐경 후 골다공증과 노인성 골다공증으로 인한 압박 골절이다.
결핵성 후만증은 결핵균이 추체(척추 뼈의 몸체가 되는 둥글납작한 부분)를 파괴시키고 붕괴시킴으로써 발생하게 된다.
요부 변성 후만증의 원인은 아직 밝혀지지 않았으나, 쪼그리고 앉아서 일하는 생활 습관이 발병과 밀접한 관계를 가진다고 알려져 있다.
[네이버 지식백과] (서울대학교병원 의학정보, 서울대학교병원)

南豐曾氏曰 籧篨,戚施는 皆惡疾之人으로, 不能為人者也라. 宣公之行이 非復人理커늘, 尚可謂之人歟인가. 燕婉之求而得此匪人하니, 深惡之之辭也라.
南豐曾氏曰: 籧篨와 戚施는 모두 惡疾之人으로, 能히 人의 역할을 할 수 없는 것이다. 宣公之行이 인류의 이치를 회복하지 못했거늘, 오히려 可히 人이라 謂之할 수 있겠는가? 燕婉을 求하려다 此의 匪人만을 得하고 말았으니, 深惡之한 辭인 것이다.

新臺는 三章으로, 章四句이라.
新臺는 三章으로, 章마다 四句이다.

凡宣姜事의 首末이 見春秋傳나, 然於詩엔 則皆未有考也니, 諸篇放此이라.
무릇 宣姜의 일은 首末이 <春秋傳>에 보이지만, 그러나 詩에서는 즉 모두 상고할 수 있음이 없으니, 諸篇이 이와 같음이다.

三山李氏曰 聖人存此로 以垂戒後世하여 宜懲其轍而乃有踵其惡者이라. 楚平王은 納太子建妻하고, 唐明皇은 納壽王妃하니, 此三君者는 其惡一也라. 其後宣公之子인 伋, 壽가 皆爲所殺하고, 惠公奔齊하며 子懿爲狄所滅이라. 楚平王은 有鞭尸之禍하고, 唐明皇은 身竄西蜀하여 幾失天下하니, 則知淫亂之禍其報如此컨대, 可不戒哉리오.
三山李氏曰: 聖人께서 此를 存으로 後世에 戒를 垂하시어, 그 행적의 자취(轍)로 인해 이내 그 惡行을 뒤쫓음(踵)이 있는 자를 宜當 懲戒케 하신 것이다. 楚平王은 太子建의 妻를 納하였고, 唐明皇은 壽王(당 현종의 18번째 황자이자 후궁 무혜비의 3남)의 妃를 納하였으니, 此三君(宣公,平王,明皇)者는 그 惡이 一인 것이다. 그 後의 宣公의 子인 伋과 壽는 모두 殺되는 바가 되었고, 惠公(朔)은 齊로 奔하였으며 그 아들 懿는 狄人이 滅하는 바가 되었다. 楚平王에겐 鞭尸之禍가 有하였고, 唐明皇(당나라의 6대 황제인 玄宗의 별칭)은 자신이 西蜀(四川지역)으로 숨어(竄:찬) 들어 거의 失天下하였으니, 則 淫亂之禍의 報가 如此임을 知할 수 있건대, 可히 戒하지 않을 수 있겠는가?

○安成劉氏曰 宣姜事의 首末은 見左氏傳桓公十六年에서 及閔公二年이라.
安成劉氏曰: 宣姜의 事에 대한 首末은 左氏傳의 桓公 十六年과 閔公 二年에서 見할 수 있음이다.

*참고: 위선공 진(晉): 14대 군주(B.C. 718~700 19년간 재위)
이름은 진(晉)으로 공자 주우(B.C 719)가 형인 위환공을 죽이고 군위를 찬탈하였으나, 민심을 얻지 못해 군주자리에 오른 지 1년도 안 돼 대부 석작에게 죽임을 당해, 형나라에 있던 진(晉)을 불러다 군위에 앉힌 인물이다. 사람됨이 음탕하여 공자시절에 아버지 첩 이강(夷姜)을 겁탈했다. 이강에게서 몰래 아들을 낳아 궁 밖에서 기르게 했다. 너무 일찍 생겼다하여 이름도 급자(急子)라 하였다. 급자 외에도 검모와 완(頑)을 낳았다. 아버지 위장공이 죽자 주우의 환란을 거쳐 위선공 진이 군위를 이어받았다. 선공은 이강을 즉시 정실로 맞아들이고 급자도 궁궐로 데려왔다. 급자가 성장하자 위선공은 제나라 희공에게 청혼하여 막내 딸 선강을 며느리로 맞아들이기로 했다. 그런데 선강이 천하미색이라는 말을 듣자, 선공은 마음이 동해 생각이 바뀌어 아들 급자를 송나라 사신으로 보낸 후 신대(新臺)를 지어 선강을 취해 첩으로 만들어 버렸다. 신방에 아들대신 들어가 선강을 취한 사건이었다. 급자는 효심이 지극하여 말

한마디 못하고 내색 한번 못하였다고 하나 사실인지는 알 수 없다. 세월이 흘러 선공과 선강사이에 아들 수(壽)와 삭(朔)이 태어났다. 한 뱃속에서 태어났건만, 이 두 아들은 성격이 천양지차였다. 큰아들 수는 마음씨가 좋고 효심이 깊어 형제간의 우애가 돈독했고 세자인 급자를 무척 따랐다. 반면 삭은 시샘이 많아, 자라면서 은근히 세자 자리를 노리고 있었다. 그 배후에는 선강이 막내아들을 조정하고 있었다. 세자인 급자의 생일날, 잔치가 끝난 후 삭이 어머니 선강에게 급자가 자신더러 「너는 내 자식이나 마찬가지다」 라고 말했다고 거짓 일렀다. 선강이 원래 급자의 아내가 될 여자였는데 선공이 가로채 그 사이에서 난 자식이니, 내 자식이나 마찬가지란 뜻이다. 이 말이 선강의 입을 통해 선공의 귀에까지 들어가자, 선공이 세자의 어머니 이강을 질책하자 이강은 목매달아 죽고 말았다. 이후 세자 급자는 선강과 삭의 음모로 제나라 사신으로 출발하게 되었다. 수가 궁 밖에서 급자일행을 기다리고 있었다. 어머니와 동생 삭이 세자 일행을 도중에서 해칠 것이라는 정보를 입수하고 마중 나왔던 것이다. 수는 세자를 술에 취하게 한 후 다른 배에 옮겨 싣고 자신은 세자 옷을 갈아입고 자객들을 기다렸다. 괴한들이 수를 단칼에 죽이고 세자가 탄 배를 뒤 쫓아 세자 급자도 죽였다. 선공은 이 사실에 그만 화병을 얻어 두 아들이 죽은 지 한 달도 못 되 세상을 떠났다. 삭이 군위를 계승하니 위혜공이 바로 그다. 급자의 친동생인 완(頑)은 신변의 위협을 느끼고 이웃나라로 도망쳤다. 정나라에 내분이 일어나 위혜공이 정나라를 치기위해 자리를 비운 사이 좌우공자 여러 명이 혈맹하여 周왕의 사위인 이강의 자식 공자 검모를 새 군주로 옹립하고 선강을 별궁에 가두어 버렸다. 위혜공은 본국에서 정변이 일어난 것을 알고 제나라로 도망쳤고, 제양공은 그를 맞아들였다. 위혜공은 자기 여동생의 아들이었으니 생질간이다. 제양공은 이때부터 위나라를 미워했다. 그런데 제양공은 기발한 발상을 내놓았다. 지난날 제나라로 도망와서 숨어사는 위나라 공자 완(頑)이 상처하고 혼자 살고 있으니, 선강과 함께 살도록 하면 완과 친형제인 새 군주 검모도 선강을 어찌하지 못할 것이라 생각하였다. 선강은 완의 친어머니는 아니지만 모자지간이다. 과연 제양공다운 얘기다. 지난날 누이동생 문강과 살을 섞었던 제아가 바로 이 제양공이었으니 말이다. 이리하여 선강은 시집올 때는 위나라 세자인 급자에게 온다는 것이 그 아버지인 위선공에게 당하여 첩실이 되었고, 선공이 죽자 이번에는 전실 자식 완하고 살 섞어 살게 되었으니 팔자가 그러했다. 선강은 완에게서도 아들 딸 다섯이나 낳았다. 그 자식 중 신과 훼가 있었으니 그들이 19대 위대공과 20대 위문공이다. (참고: 인터넷 자료이나 출처 불분명)

19. 二子乘舟

03-19-01 二子乘舟하니 汎汎其景이로다. 願言思子에 中心養養호라.
두 공자 배에 올라 떠나니 그 모습 물결 속 일렁이는도다. 공자들 안위 걱정 마음속 근심만 조마조마하여라.

두 공자 배타고 떠나 잔물결에 어른거리네
떠난 공자 안위 걱정 조마조마 속이 타네

賦也라. 二子는 謂伋壽也라. 乘舟는 渡河如齊也라. 景은 古影字이라(葛洪이 始加彡하여 爲影字이라). 養養은 猶漾漾이니, 憂不知所定之貌라. ○舊說以爲하길 宣公納伋之妻하니 是爲宣姜이라. 生壽及朔컨대, 朔이 與宣姜과 愬伋於公하니, 公令伋之齊하곤 使賊先待於隘而殺之라. 壽知之以告伋하자 伋曰하길, 君命也로니, 不可以逃이라. 壽가 竊其節而先往하자 賊殺之라. 伋至曰하길, 君命殺我커늘, 壽有何罪리오. 賊又殺之라. 國人傷之하여 而作是詩也라.
賦체이다. '二子'는 伋과 壽를 말함이다. '乘舟'는 黃河를 건너 齊나라로 감이다. '영(景)'은 옛날의 影字이다(東晉의 葛洪이 비로소 彡을 加하여 影字를 만들었다). '養養'은 漾漾(출렁일양)과 같으니, 정처할 바에 알지 못해 근심스런 모양이다. ○舊說에 <宣公이 伋의 처를 첩으로 들이(納)니, 이를 宣姜이라 하였다. 壽와 朔을 낳았건대, 朔이 宣姜과 함께 伋을 公에 참소하자, 公이 伋으로 하여금 齊나라로 가게 하고는, 도적으로 하여금 먼저 좁은 길목서 기다려 그를 죽이라 하였다. 壽가 그것을 알고선 伋에 告하였는데, 伋이 말하길 '군주의 명이니, 도망감은 불가하도다.' 라 하였다. 壽가 그 부절을 훔쳐 먼저 떠나가니, 賊들이 그를 죽였다. 伋이 도착하여 말하길 '군주께서 나를 죽이라 명하였거늘, 壽에게 무슨 죄가 있겠는가?' 라 하니, 賊들이 또한 그마저도 죽여버렸다. 國人들이 그것을 마음 아파하여, 이 詩를 지은 것이다.> 라 여겼다.
*참고: 갈홍(葛洪)
동진(東晉) 시대의 이름 난 의약학자(醫藥學者)이자 도가(道家)이다. 자(字)는 치천(稚川)이고, 포박자(抱朴子)라 자호(自號)하였다.

眉山蘇氏曰 國人傷其往而不返인지라 汎汎然이고, 徒見其影에 故救之不可得인지라 是以思之하길 養養然이라.
眉山蘇氏曰: 國人들이 그 往하여 不返일 것에 傷하였기 때문에 汎汎然(일렁)하였던 것이고, 다만 그 影만이 보임에 故로 그들을 救之여도 不可得인지라 이러므로 그것을 思之하길 養養然(조마조마) 하였던 것이다.

03-19-02 ○二子乘舟하니 汎汎其逝로다. 願言思子노니 不瑕有害런가.

249

두 공자 배에 올라 떠나니 그 떠난 자취 물결 속 넘실댐이로다. 공자들 안위 걱정하노니 어찌 해(害) 입음 없지 않겠는가(不瑕)?

두 공자 태운 배가 물결따라 흘러가네
공자들 안위 걱정 무슨 해 입지는 않으실까

賦也라. 逝는 往也라. 不瑕는 疑辭로, 義가 見泉水니, 此는 則見其不歸而疑之也라.
賦체이다. '逝'는 감이다. '不瑕'는 疑問詞로 뜻이 <泉水>편에서 보이니, 이것은 즉 돌아오지 못할 것으로 보아 그것에 의심을 둔 것이다.

慶源輔氏曰 字義가 雖與泉水와 同이나, 泉水所謂害者는 害於義也고, 此所謂害者는 言其身而已이라. 故先生謂하길 此則見其不歸而疑之之辭이라. 蓋不忍正言其死이고, 且爲君諱也라.
慶源輔氏曰: 不瑕의 字義가 비록 泉水와 더불어 同이나, 泉水의 所謂 害者는 害於義인 것이고, 此에서의 所謂 害者는 그 身으로 言하였을 뿐인 것이다. 故로 先生께서 謂하시길 '此則見其不歸而疑之'의 辭라 하신 것이다. 대개 차마 正히 그 死일 것이라 言하지 못함이고, 또 君을 위하여 諱한 것이다.

○定宇陳氏曰 二子之死明矣나, 猶爲疑辭而不盡言以彰君惡하니, 詩人之厚也라.
定宇陳氏曰: 二子之死가 明이나, 오히려 疑辭로 하여 盡言으로 君惡을 彰하지 않았으니, 詩人之厚인 것이다.

二子乘舟는 二章으로, 章四句이라.
二子乘舟는 二章으로, 章마다 四句이다.

太史公曰 余가 讀世家言하다 至於宣公之子以婦見誅하여, 弟壽가 爭死以相讓컨대, 此는 與晉太子申生이 不敢明驪姬之過와 同이라. 俱惡傷父之志나, 然卒死亡하니 何其悲也런가. 或父子相殺하고 兄弟相戮에선 亦獨何哉리오.
太史公曰: 내가 <世家>의 말들을 읽다가 宣公의 자식들이 아녀자(婦) 때문에 죽음을 당함에 이르러, 동생 壽가 서로 사양으로서 죽음을 다투었는데, 이는 晉의 太子 申生이 감히 驪姬의 과실을 밝힐 수 없음과 같은 것이다. 모두 아버지의 뜻을 상하게 함을 미워했기 때문이나, 그러나 끝내 사망하고 말았으니 어찌 그리도 비참하기만 한 것인가? (그런데도) 혹자 중엔 부자가 서로 살해하고 형제가 서로 도륙함에선 또한 유독 어째서인 것인가?

朱子曰 太史公之言엔 有所抑揚이니, 謂三人皆惡傷父志而終於死亡여도, 其情則可取라. 雖於理爲未當이나, 然視夫父子相殺,兄弟相戕者면 則大相遠矣라. 又曰 伋當逃避하여 使宣公으로 無殺子之事하여 不陷於惡이 乃爲得禮지만, 如不忍去而死之엔 尙可也나, 壽는 無救於兄하고 而重父之過하니, 其死也亦何爲乎리오. 但國人憐而哀之니, 故聖人이 錄國人之情,著宣公之過이니, 亦以是二子事親之道엔 有未盡也라. 舜之事瞽瞍엔 烝烝乂하여 不格姦하니, 欲使之未嘗不在側索而殺之여도 未嘗可得이니, 此가 舜之所以爲法於天下也라.

朱子曰: 太史公之言에는 (선과 불선의) 抑揚의 바가 有하니, 三人(二子와 申生)은 모두 父志를 傷하게 함을 惡하여 끝내 死亡으로 나아갔어도, 그 情에 있어 만큼은 則 可取임을 謂한 것이다. 비록 理에 있어서는 아직 의當하지 않음이 되지만, 그러나 저 父子相殺과 兄弟相戕者에 견주어보면 則 크게 서로 遠인 것이다. 又曰: 伋은 當히 逃避하여 宣公으로 하여금 殺子之事를 無하게 하여 惡에 陷하지 않게 함이 이내 得禮가 되지만, 마치 차마 去할 수 없어 그 곳에서 死之하는 경우엔 오히려 可하겠으나, 壽는 兄을 救援함도 없이 父之過만을 重하게 하였으니, 그 死가 또한 무엇을 爲함이란 말인가? 다만 國人이 불쌍히 여겨 그를 哀之한 것이니, 故로 聖人께서 國人之情을 錄하고 宣公之過를 著인 것이나, 또한 이렇게 二子의 事親之道엔 未盡함이 有인 것이다. 舜께서 瞽瞍를 事함엔 차츰차츰(烝烝) 다스림(乂)으로 나아가게 하여 姦慝으론 이르지 않게 하였으니, 그로 하여금 일찍이 側에 在할 때마다 기회를 탐색하여 그를 殺하려 하지 않음이 없었어도 일찍이 得할 수가 없었던 것이니, 此가 舜께서 天下에 法이 되시는 所以인 것이다.

○慶源輔氏曰 二子處此는 亦不得爲是여도 而夫子取此詩者는 所以著宣公志行之惡으로 而其禍至於如是之酷하여 以爲萬世戒爾라. 故로 先生嘗謂하길, 太史公欠此意나 然其言有抑揚하여 可以感發人라하니, 故取之이지 非便以二子所處爲是也라.

慶源輔氏曰: 二子가 此에까지 處함은 또한 是가 됨을 得하지는 못하지만, 夫子께서 此詩로 取한 것은 宣公의 지조와 행실(志行)에 대한 악행으로 그 禍가 이와 같이 혹독(酷)에까지 至함을 著하여, 萬世의 戒로 삼게 하신 까닭일 뿐인 것이다. 故로 先生께서 일찍이 謂하시길 '太史公은 此意에 있어 부족(欠)이지만, 그러나 그의 言엔 抑揚이 有하여 可히 人을 感發시킬 수 있음이다.'라 하셨으니, 故로 그것(太史公曰)을 取之하셨던 것이지 문득 二子가 處신한 바를 是로 여겼기 때문은 아닌 것이다.

○豐城朱氏曰 宣公納子之妻以爲妻하니 則夫婦之倫滅矣고, 因宣姜而殺二子하니 則父子之倫滅矣라. 夫而不夫하고 父而不父이면, 則君之道以之不立하고 而君臣

之倫亦廢矣라. 春秋以來로 三綱廢九法斁됨이 未有甚於此時者也니, 其卒胥爲夷也宜哉인져.

豊城朱氏曰: 宣公이 子之妻를 納하여 妻로 삼았으니 則 夫婦之倫이 滅된 것이고, 宣姜으로 因하여 二子를 殺하였으니 則 父子之倫이 滅인 것이다. 夫이면서 夫답지 못하고, 父이면서 父답지 못할지면, 則 君之道가 그것으로 立하지 못하고 君臣之倫도 또한 廢인 것이다. 春秋 以來로 三綱이 廢되고 九法이 斁(깨어질두)되어짐이 此時보다 심하였던 적이 있지 않았으니, 그 卒엔 서로 오랑캐(夷)가 되었음도 또한 宜당일진져(오랑캐의 땅, 혹은 그 후의 복잡한 혼인관계)!

*참고: 九法

홍범구주(洪範九疇)는 중국 상고(上古)시대에 하(夏)나라의 우(禹)왕이 요순(堯舜) 이래의 사상을 집대성(集大成)한 천지의 대법(大法)으로 알려진 정치 도덕의 기본적 아홉 법칙을 말한다. 주나라 무왕(武王)이 기자(箕子)에게 선정의 방안을 물었을 때 기자가 이 홍범구주로써 교시하였다고 한다. 《서경》 주서(周書) 홍범편에 수록되어 있다. 홍범은 대법(大法)을 말하고, 구주는 9개 조(條)를 말하는 것으로, 즉 9개 조항의 큰 법이라는 뜻이다. 9조목은 오행(五行)·오사(五事)·팔정(八政)·오기(五紀)·황극(皇極)·삼덕(三德)·계의(稽疑)·서징(庶徵) 및 오복(五福)과 육극(六極)이다. (위키 백과사전)

邶는 十九篇에 七十二章이고, 三百六十三句이라.
邶는 十九篇에 七十二章이고, 三百六十三句이다.

安成劉氏曰 衛三十九篇중에 而邶風은 才十有九이라. 然觀綠衣면 則妾僭嫡矣고 燕燕은 則臣弑君矣며, 谷風은 則夫婦之道乖이고 新臺는 則男女之倫滅이며, 二子乘舟는 則父子之恩絶이고 旄丘는 則無恤隣之義이며, 簡兮는 則無尊賢之心이고 北門은 則失勸士之道이니, 亂常敗政이 莫甚於此인지라 所以居變風之首歟인져. 於呼라, 渡河野處가 已兆矣니, 不待讀定之方中而后知也라.

安成劉氏曰: 衛의 三十九篇 중에 邶風은 겨우 十有九편이다. 그러나 綠衣를 觀이면 則 妾이 嫡을 僭인 것이고, 燕燕은 則 臣이 弑君인 것이며, 谷風은 則 夫婦之道가 乖인 것이고, 新臺는 則 男女之倫이 滅인 것이며, 二子乘舟는 則 父子之恩이 絶인 것이고, 旄丘는 則 恤隣之義가 無인 것이며, 簡兮는 則 尊賢之心이 無인 것이고, 北門은 則 勸士之道에 失인 것이니, 亂常敗政이 此보다 심함은 없는지라 變風之首에 居하게 된 所以일진져! 於呼라, 東으로 옮겨 河를 건너 漕邑에다 野處할 것으로 이미 兆짐이 드러난 것이니, 鄘風의 <定之方中> 편을 讀하길 기다린 而后에 知할 수 있음이 아닌 것이다.

詩傳大全卷之三

鄘 一之四

說見上篇

1. 栢舟

04-01-01 ○汎彼柏舟여. 在彼中河로다. 髧彼兩髦는 實維我儀로니, 之死언정 矢靡他호리라. 母也天只커늘 不諒人只런가.

두둥실 저 측백나무 배여! 저 황하 속에 놓여 있도다. 늘어진 저 양 갈래 총각머리 실로 오직 나의 배필이로니, 죽음 이를지언정 맹세코 다른 맘 품지 않으리라. 어머님 은혜 또한 하늘 같거늘 어찌 사람 맘 믿어주지 못하신가?

　　　등등 떠있는 저 잣나무 배 황하 가운데 떠있구나
　　　덥수룩한 갈래머리 총각 실로 나의 배필이네
　　　만약 내가 죽어간들 다른 사람 품으리오
　　　하늘 같은 우리 모친 어찌 나를 못믿는가

興也라. 中河는 中於河也라. 髧은 髮垂貌이라. 兩髦者는 翦髮夾囟으로(音信이라. 廣韻注曰 頭會의 腦蓋也라), 子事父母之飾이며, 親死然後去之라. 此蓋指共伯也라.

興체다. '中河'는 황하의 한 가운데이다. '髧(늘어질담)'은 머리를 늘어트린 모습이다. '兩髦'라는 것은 머리카락을 잘라 정수리(囟) 양쪽에 다는 것으로(囟는 음이 信이다. 廣韻注曰: 頭에서 백회혈이 있는 뇌개골<腦蓋>이다), 자식이 부모를 섬기는 장식이며, 부모가 돌아가신 연후에는 그것을 제거함이다. 이것은 대개 공백(共伯)을 가리킴이다.

孔氏曰 夾囟인지라 故兩髦也라. 士는 旣殯而脫髦하고, 諸侯는 小斂則脫之라. 若父母有先死者면 於死三日脫之하고 服闋에 又著之라. 共伯은 僖侯世子로 名餘이라. 共謚,伯字며 以未成君인지라 故不稱爵이라.

孔氏曰: 囟을 夾하는 장식인지라, 故로 兩髦인 것이다. 士는 이윽고 殯(빈소)하고 나선 脫髦이고, 諸侯는 小斂(수의와 이불로 감쌈)이면 則 그것을 脫之한다. 만일 父母보다 先死者(大功服이상)가 有일지면, 死한지 三日에서야 그것을

脫之하고 服闋(마칠결)인 이후에는 또 그것을 著之한다. 共伯은 僖侯의 世子로 名이 餘이다. 共은 諡이고 伯은 字이며 未成君인지라, 故로 爵으로는 稱하지 않은 것이다.
＊참고: 服闋
결복(闋服) 또는 사복(卸服:풀사)이라고도 한다. 복결은 대공복(大功服) 이상의 중복을 입는 사람이 복제의 기간이 끝나는 것을 가리키는 말이나, 일반적으로는 부모상과 조부모상에 대해 상기(喪期)가 끝난다는 말로 통용되어왔다. 처음에는 상을 당하면 효의 도를 다하기 위하여 국가에서 내리는 일체의 명예와 직위도 사양하고 부모의 상복기간을 보내는 것이 선비의 미덕으로 여겼으나, 차차 정치의 비중이 예로 옮겨지면서 아무리 중요한 위치에 있는 관원이라도 말미를 주어 효의 실천을 권장하였다. 상을 당해 사직을 하지 않은 사람에게는 국가에서 직첩을 거두어 사생활에 충실하도록 계도하였다. 이러한 의미에서 복결이라는 말은 상복의 기간이 끝났다는 뜻보다도 재등용의 기회라고 여겨 복결의 뜻을 중요시하였다. (한국민족문화 대백과사전)

○容齋項氏曰 內則注云하길, 髦는 象幼時鬌로, 兒生三月에 翦髮爲鬌로되, 男角女羈라. 夾囟은 曰角兩髻也고, 午達은 曰羈三髻也라. 又曰 髦者는 以髮作偽髻코서 垂兩眉之上하니, 如今小兒用一帶連雙髻하고 橫繫額上이 是也라. 鬌는 音 朶라.
容齋項氏曰: <內則>注에 云하길, 髦(아이들의 눈썹까지 늘어진 앞머리)는 幼時의 鬌(덜 밀고 남긴 머리털 타)를 형상한 것으로, 兒가 生한지 三月에 翦髮하여 鬌하되 男은 角(뿔처럼 두 개의 상투)이라 하고 女는 羈(세 개의 상투)라 한다. '夾囟'은 角이라 曰하며 兩髻(상투계)이고, '午達'은 羈라 曰하며 三髻(상투계)이다. 又曰: 髦者는 髮로 가짜 髻를 만들고서 兩眉之上으로 垂하니, 마치 今의 小兒들이 하나의 천으로 된 帶를 用하여 雙髻를 連하고서 額上에다 橫繫함이 是이다. 鬌는 音이 朶(가지늘어질타)이다.
＊참고: 鬌, 總.
鬌: 전발(翦髮)하고 난 다음의 남긴 머리.
總: 비단을 찢어서 상투밑을 매고 남는 것은 뒤에 드리우는 것이다.
＊참고: 기(羈)
북상투로, 아무렇게나 막 끌어 올려 짠 상투를 말한다. 『예기(禮記)』 「내칙(內則)」에서 "머리털을 잘라서 타를 만드는데, 남자아이는 각(角)을 만들고 여자아이는 기(羈)를 만들며, 그렇지 않으면 남자아이는 왼쪽에 여자아이는 오른쪽에 상투를 묶는다[剪髮爲鬌 男角女羈 否則男左女右]"라고 하였는데, 그 주(註)에 "타는 머리털을 모두 깎지 않고 남겨 놓은 것이다. 협신을 각이라 하고, 오달을 기라고 한다. [鬌所遺髮 夾囟曰角 午達曰羈]"라고 하였고, 엄

씨(嚴氏)가 말하기를 "각(角)은 상투가 두 개이고, 기(羈)는 상투가 세 개이다.[角雙髻 羈三髻]"라고 하였다.
*참고: 午達(古代女子的发髻式样)
引《礼记·内则》 "男角,女羈" 汉 郑玄注: "午达曰羈也。"
孔颖达疏: "今女剪髮留其頂上, 縱橫各一, 相交通達, 故云午達。"

(三鬟髻, 宋代未出嫁少女. 출처: 抖音百科)

我는 共姜自我也라(釋文曰 共伯之妻也라. 婦人은 從夫諡하고, 姜姓也라). 儀는 匹이고 之는 至이며, 矢는 誓이고 靡는 無也라. 只는 語助辭고, 諒은 信也라. ○舊說以爲하길, 衛世子共伯이 蚤死하자 其妻共姜이 守義나 父母는 欲奪而嫁之인지라, 故共姜이 作此以自誓이라. 言하길, 柏舟는 則在彼中河하고, 兩髦는 則實我之匹이니, 雖至於死라도 誓無他心컨대 母之於我엔 覆育之恩이 如天罔極커늘, 而何其不諒我之心乎리오. 不及父者는 疑컨대 時獨母在거나, 或非父意耳이라.

'我'는 공강(共姜) 자아이다(釋文曰: 共伯之妻이다. 婦人은 夫의 諡를 從하고, 姜은 姓이다). '儀'는 짝이고, '之'는 이르를 至이며, '矢'는 맹세이고, '靡(미)'는 없을 無이다. '只'는 어조사이고, '諒'은 미더움의 信이다. ○구설(舊說)에 위나라 세자 공백(共伯)이 일찍 죽자 그 처 공강(共姜)이 의(義)를 지켰으나, 부모는 마음을 빼앗아 그녀를 재가시키려 하였기 때문에, 고로 공강이 이것을 지어 스스로를 맹세한 것이라 여겼다. '柏舟는 즉 저 황하 한가운데 있고, 양 갈래의 총각머리(兩髦)는 즉 실로 나의 배필이니, 비록 죽음에 이르더라도 맹세코 다른 곳으로 시집갈 마음이 없음을 맹세하는데, 부모는 나에겐 덮어주고 길러준 은혜가 마치 하늘이 끝이 없음과 같거늘, 어찌 그 나의 마음조차 믿어주지 못하신가?'라 말한 것이다. 아버지를 언급하지 않은 것은 의심컨대 당시에 어머니만 홀로 계셨던가, 혹은 아버지의 의도는 아니었을 뿐인 것이다.

慶源輔氏曰 實維我匹은 一定而決不可易也고, 之死矢靡他는 雖死而誓不敢易也라. 夫母之欲嫁共姜이나, 想亦不過是惑於愛하여 而慮其終耳라. 今味共姜自誓之言이면 其至誠貞固之意如此하니, 則母之惑을 可解이고 而慮를 可釋矣라.
慶源輔氏曰: '實維我匹'은 한 번 배필로 定함이면 決斷코 可히 易할 수 없다는 것이고, '之死矢靡他'는 비록 死에 이를지라도 誓를 敢히 易할 수 없다는 것이다. 저 母는 共姜을 재嫁하고자 하였으나, 생각(想)컨대 또한 이렇게 愛에 惑되어 그 終을 우慮함에 불과했을 뿐인 것이다. 今에 共姜의 自誓之言에 味일지면 그 至誠의 貞固한 意가 如此하니, 則母之惑을 可히 解할 수 있음이고 慮를 可히 釋할 수 있음인 것이다.

04-01-02 ○汎彼柏舟여. 在彼河側이로다. 髧彼兩髦는 實維我特이로니, 之死언정 矢靡慝호리라. 母也天只커늘 不諒人只런가.
두둥실 저 측백나무 배여! 저 황하 곁에 놓여 있도다. 늘어트린 저 양 갈래 총각머린 실로 오직 나의 우뚝한 님이로니, 죽음 이를지언정 맹세코 사특한 맘 갖지 않으리라. 어머니 은혜 또한 하늘 같거늘 어찌 사람 맘 믿어주지 않으신가?

등등 떠있는 저 잣나무 배 황하 가에 떠 있구나
덥수룩한 갈래머리 총각 실로 나의 배필이네
이 몸 이미 죽어가도 사특한 맘 품지 않네
하늘같은 우리 모친 어찌 내 맘 모르는가

興也라. 特도 亦匹也라(朱子曰 特엔 有孤特之義에도 而以爲匹者는 古人用字엔 多如此하니, 猶治之謂亂也라). 慝은 邪也라. 以是爲慝이니 則其絶之甚矣.
興체이다. '特'도 또한 배필의 한쪽 짝이다(朱子曰: 特에는 孤特之義가 有함에도 匹로 여겼던 것은 古人의 用字엔 多로 如此하니, 마치 '治'를 亂이라 謂함과 같은 것이다<武王曰予有亂臣十人>). '慝'은 사특인 것이다. 이것(再嫁)으로 사특으로 여김이니, 즉 그 그것 끊기를 심히 한 것이다.

柏舟는 二章으로, 章七句이라.
柏舟는 二章으로, 章마다 七句이다.

○華陽范氏曰 衰亂之世에 淫風大行여도 共姜得禮之正하여 而能守義인지라, 故以首鄘風也라.
華陽范氏曰: 衰亂之世에 淫風이 大유행이어도 共姜이 禮之正을 得하여 能히

守義인지라, 故로 鄘風에 首한 것이다.

○孔叢子曰 於柏舟서 見匹婦執志之不可易也라.
孔叢子曰: <柏舟>편에서 匹婦가 志를 執함에 可히 易하지 않았음을 見할 수 있는 것이다.

○或問컨대, 有孤孀貧窮의 無託者엔 可再嫁이니 否잇까? 程子曰 只是後世에 怕寒餓死인지라 故有是說이라. 然餓死事는 極小고 失節事는 極大이라.
或問컨대, 孤孀(과부상)으로 貧窮하여 無託者에겐 可히 再嫁함이 有이니, 否입니까? 程子曰: 다만 이렇게 後世에 寒餓로 死할 것에 怕하였기 때문에, 故로 是說이 有인 것이다. 그러나 餓死의 事는 極小이고, 失節의 事는 極大이니라.

○西山眞氏曰 柏舟之不再適은 蓋婦人之大節인지라, 故孔子列之하여 使萬世取法焉이니, 程子之論은 可爲後世深戒이라.
西山眞氏曰: 柏舟에서 재가(再適)치 않음은 대개 婦人之大節인지라, 故로 孔子께서 그것을 列之하여 萬世로 하여금 그것에서 取法코자 하신 것이니, 程子之論은 可히 後世에 深戒가 될 만함이다.
*참고: 再適
词语解释. 1.谓第二次得其人。 2.婦女再嫁。

○定宇陳氏曰 衛之淫風流行여도 而有共姜特立之節이니, 眞可謂遏人欲之橫流矣라. 讀此詩者에 豈不可以感發人之善心乎리오.
定宇陳氏曰: 衛에 淫風이 流行이어도 共姜에겐 特立之節이 有하였으니, 참으로 可히 人欲之橫流를 막음이라 謂할 수 있는 것이다. 此詩를 讀하는 者에 어찌 可히 人之善心으로 感發치 않을 수 있겠는가?

2. 牆有茨

04-02-01 牆有茨여도 不可掃也로다. 中冓之言이여. 不可道也로다. 所可道也인댄 言之醜也로다.
담장 위 찔레가시 있어도 가히 제거할 수 없음이로다. 구중궁궐의 소문이여! 차마 말할 수 없음이로다. 가히 말할 수 있을진댄 추악한 얘기일 뿐이로다.

> 담장 위에 찔레나무 걷어 낼 수 없는 것을
> 궁중에서 하던 얘기 밖에서는 할 수 없네
> 말할 수는 있다 해도 추한 얘기 뿐이로다

興也라. 茨는 蒺藜也라. 蔓生하고 細葉하며 子有三角으로 刺人이라(本草曰 一名即藜라. 注云에, 子有刺하고 狀이 如菱而小이라. 軍家에선 鑄鐵로 作之하여 以布敵路하니, 亦呼蒺藜이라). 中冓는 謂舍之交積材木也라(東萊呂氏曰 前漢 梁王共傳에 應劭注云하길, 中冓는 材構在堂之中也라하고, 顏師古云하길 冓는 謂舍之交積材木也라하니, 當從應顏說이면 蓋閨內隱奧之處也라. 中冓之言은 若曰閨門之言也라). 道는 言이고, 醜는 惡也라. ○舊說以爲하길, 宣公卒에 惠公幼컨대, 其庶兄頑이 烝於宣姜인지라(孔氏曰 左傳 閔公二年曰하길, 初惠公之即位에 也少하니, 齊人使昭伯으로 烝於宣姜하자 不可라하니, 強之하여 生齊子,戴公,文公,宋桓許穆夫人이라. 服虔云하길, 昭伯은 宣公之長庶로 伋之兄이고, 宣姜은 惠公朔之母이라), 故詩人作此詩以刺之라. 言其閨中之事가 皆醜惡인지라 而不可言이니, 理或然也라.

興체이다. '茨(가시나무자:남가새,백질려)'는 백질려(蒺藜)이다. 덩굴로 자라고 잎은 가늘며 열매는 삼각형으로, 사람을 찌른다(本草曰: 一名 即 藜<남가새려>라 한다. 注에 云하길, 子에는 刺가 有하고, 狀은 마치 菱<마름릉>과 같으나 小하다. 軍家에서는 주철<鑄鐵>의 재질로 그것을 作之하여 敵路에다 布하니, 또한 질리<蒺藜>라 呼한다). '中冓'는 집안에다 목재를 교차해 쌓아 놓은 곳을 말한다(東萊呂氏曰: 前漢 <梁王共傳>에 應劭注서 云하길, '中冓'는 목재를 쌓아놓은 構造가 堂之中에 在인 것이라 하고, 顏師古云하길, '冓'는 舍에 交차로 材木을 積해 놓음을 말함이라 하니, 當히 應과 顏의 說을 從이면 대개 閨內의 隱奧之處이다. 中冓之言은 마치 閨門之言이라 曰함과 같음이다). '道'는 말함이고, '醜'는 추악한 것이다. ○구설에 선공이 죽고 혜공이 어릴 적에, 그 서형인 완(頑:혹설엔 碩)이 선강을 겁탈하였기 때문에(孔氏曰: 左傳 閔公二年曰하길, '애초에 惠公이 即位함에 또한 어리니, 齊人이 昭伯<公子頑 惠公庶兄>으로 하여금 宣姜과 간통(烝)케 하니 不可라 하였다. 그것을 강제하여 齊子<어려서 일찍 죽음>와 戴公<公子申>과 文公<公子燬>과 宋桓夫人과 許穆夫人을 낳았지만...,'라 하였다. 服虔云하길, 昭伯은 宣公之長庶로 伋之兄이고, 宣姜은 惠公朔之母이다), 고로 시인이 이 시를 지어 풍자한 것으로 여겼다. 그 규중의 일은 모두 추악하여 가히 말할 수 없다는 것을 말함이니, 이치상 혹 그렇기도 하겠다.

*참고: 宣公
위나라의 14대 군주. 위장공의 아들이자 환공의 이복 동생. 서모(庶母) 이강(夷姜)과 통정하여 급자·금모(黔牟)·완(頑,昭伯: 또는 碩이라는 설도 있다)을 낳았음.

04-02-02 ○牆有茨여도 不可襄也로다. 中冓之言이여. 不可詳也로다. 所可詳也

인댄 言之長也로다.
담장 위 찔레가시 있어도 가히 걷어낼 수 없음이로다. 구중궁궐의 소문이여! 차마 자세할 수 없음이로다. 가히 말할 수 있을진댄 얘기만 길어질 뿐이로다.

> 담장 위에 찔레나무 걷어 낼 수 없는 것을
> 궁중에서 하는 얘기 세세하게 할 수 없네
> 세세하게 말하자면 말만 너무 길 뿐이지

興也라. 襄은 除也라. 詳은 詳言之也라. 言之長者는 不欲言하여 而託以語長難竟也라.
興체이다. '襄'은 제거하는 것이다. '詳'은 자세히 말하는 것이다. '言之長'이라는 것은 말하고 싶지 않음에, 말이 길어져 끝마치기(竟) 어렵다고 의탁한 것이다.

04-02-03 ○牆有茨여도 不可束也로다. 中冓之言이여. 不可讀也로다. 所可讀也인댄 言之辱也로다.
담장 위 찔레가시 있어도 가히 묶어 제거할 수 없음이로다. 구중궁궐의 말들이여! 차마 옮길 수 없음이로다. 가히 옮길 수 있을진댄 욕된 얘기일 뿐이로다.

> 담장 위에 가시나무 묶어낼 수 없는 것을
> 궁중에서 하는 얘기 읊어댈 수 없는 거지
> 여기 저기 떠들어도 말할수록 욕됨이네

興也라. 束은 束而去之也라. 讀은 誦言也라. 辱은 猶醜也라.
興체이다. '束'은 묶어 그것을 제거함이다. '讀'은 암송하여 말함이다. '辱'은 추악(醜)함과 같음이다.

牆有茨는 三章으로, 章六句이라.
牆有茨는 三章으로, 章마다 六句이다.

楊氏曰 公子頑이 通乎君母하여 閨中之言이 至不可讀하니, 其汙甚矣거늘 聖人何取焉而著之於經也오. 蓋自古淫亂之君은 自以爲密於閨門之中하여 世無得而知者인지라 故自肆而不反이라. 聖人所以著之於經은 使後世爲惡者로 知雖閨中之言을 亦無隱而不彰也니, 其爲訓戒深矣라.
양씨왈: 공자 완(頑)이 군주의 모친과 통정을 하여, 규중의 말들이 가히 공언

할 수 없을 지경에까지 이르렀으니, 그 더러움이 심하거늘 성인께선 어찌하여 그것을 취하여 시경에다 내보이신 것인가? 대개 예부터 음란한 군주는 스스로 규중의 안을 은밀히 하여 세상 사람들이 알 수 없을 것으로 여겼기 때문에, 고로 스스로 함부로 하고 돌이킬 줄 몰랐다. 성인께서 시경에 내보이신 까닭은 후세에 惡함을 하는 자로 하여금 비록 규중의 말을 또한 은밀히 하여도 드러나지 않음이 없음을 알게 하신 것이니, 그 훈계로 삼음을 깊게 하신 것이다.

慶源輔氏曰 楊氏之說은 蓋不獨爲此篇發이고, 凡聖人所錄滛亂之詩其意가 皆如此이니, 卽先生所謂 惡者可以懲創人之逸志者也라.
慶源輔氏曰: 楊氏之說은 대개 유독 此篇만을 위해 發하였을 뿐만이 아니라, 凡으로 聖人께서 滛亂之詩를 錄한 바의 그 意가 모두 如此이니, 卽先生의 所謂 '惡으로 기록한 것은 可히 人의 逸志를 懲創일 수 있다.'인 것이다.

○豊城朱氏曰 宣姜은 本伋之妻也나, 一失身於宣公에 而爲新臺之有泚하고, 再失身於公子頑에 而爲中冓之不可道이라. 蓋由其節義虧缺於前인지라 是以無所顧藉於後이라. 甘以其身處於汙穢여도 而不辭하니, 則亦無復羞愧에 悔悟之萌矣라.
豊城朱氏曰: 宣姜은 本으로 伋之妻이나, 一로 宣公에게 失身함에 新臺之有泚가 되었고, 再로 公子頑에게 失身함에 中冓之不可道가 되었던 것이다. 대개 前에서 그 節義가 虧缺됨으로 말미암은지라, 是以로 後에서도 顧藉하였던 바가 없었던 것이다. 그 身이 汙穢에 處하여도 달게 여겨 不辭하였으니, 則 또한 다시 羞愧에 대한 悔悟之萌이 없었던 것이다.

3. 君子偕老

04-03-01 君子偕老인지라 副笄六珈이니, 委委佗佗며 如山如河인지라 象服是宜어늘, 子之不淑을 云如之何리오.
군자와 해로(偕老)할 수 있는지라 가채머리 비녀에다 6개 옥장식이로니, 화락하고 자득함이며, 산같이 진중(安重)하고 황하같이 홍광(弘廣)인지라, 법도의 의복(象服) 이리도 의당하거늘, 그대의 선(善)하지 못함은 어찌하면 좋단 말인가?

> 그대와 맺은 백년해로 비녀 꽂고 옥장식했네
> 의젓하고 점잖은 폼 산과 같고 강과 같네
> 격식 맞게 입은 예복 멋있고 당당한데
> 그대 행실 맑지 못해 어찌하면 좋을까

賦也라. 君子는 夫也라. 偕老는 言偕生而偕死也라. 女子之生은 以身事人에 則 當與之同生,與之同死이라. 故夫死에 稱未亡人하여 言亦待死而已니, 不當復有他 適之志也라. 副는 祭服之首飾이니, 編髮爲之이라(孔氏曰 副之言은 覆이니 所以 覆首爲之飾이라. 編列他髮하여 爲之假作紒形하고 加於首上하니, 服之以從祭祀 이라<紒音髻>). 笄는 衡笄也로(孔氏曰 衡笄는 以玉爲之라), 垂于副之兩旁하고 當耳엔 其下以紞(音黕)懸瑱이라(廬陵羅氏曰 紞은 織如條하여 上屬於衡者하고, 瑱은 以玉爲之하여 以纊縛之而屬於紞縣之當耳이라<縛音篆으로, 同卷也라>). 珈之言은 加也니, 以玉加於笄而爲飾也라(孔氏曰 必飾之에 以六이라). 委委佗佗 는 雍容自得之貌라. 如山은 安重也고, 如河는 弘廣也라. 象服은 法度之服也라. 淑은 善也라. ○言夫人이 當與君子偕老인지라 故其服飾之盛如此하고, 而雍容自 得하고 安重寬廣인지라 又有以宜其象服커늘(毛氏曰 能與君子偕老인지라 乃宜 居尊位하고 而服盛服也라), 今宣姜之不善乃如此하니 雖有是服라도 亦將如之何 哉리오. 言不稱也라.

賦체이다. 君子는 지아비이다. '偕老'는 함께 살았다가 함께 죽음을 말함이 다. 여자의 일생은 몸소 사람을 섬김에, 즉 마땅히 그와 더불어 함께 살았다가 그와 더불어 함께 죽는 것이다. 고로 지아비가 죽음에 未亡人이라 칭하여 또 한 죽음을 기다릴 뿐임을 말하는 것이니, 다시 다른 곳으로 갈 뜻을 두어서는 부당한 것이다. '副'는 祭服의 首飾이니, 머리를 땋아서 만든 것이다(孔氏 曰: 副의 言은 '覆'이니, 首에 覆하여 그것으로 飾을 삼는 所以인 것이다. 타인의 髮을 엮고 배열<編列>하여 그것으로 假發을 만들어 紒形<상투계>을 作하고선 首上에다 加하니, 그것을 服之하고 祭祀를 從함이다<紒는 음이 髻이 다>). '笄(계)'는 횡으로 꽂는 비녀로(孔氏曰: 衡笄는 玉으로 그것을 爲之한 다), 副의 양옆으로 드리우고선 귀에 해당엔 그 아래로 끈(紞:귀막이끈담)을 드리워 귀막이 옥(瑱:진)을 매단다(廬陵羅氏曰: '紞<音黕,검은때담>'은 織하 길 마치 條<끈조>와 같이 하여 上으로 衡者에 屬하게 하고, '瑱'은 玉으로 爲之하여 솜방울<纊:광>과 함께 감아<縛> 紞에 屬<촉>하여 그것을 縣之하길 當耳케 한다<縛은 음이 篆으로, 卷의 뜻과 同이다>). '珈'라는 말은 加함이 니, 玉으로서 비녀에 더하여 장식을 삼음이다(孔氏曰: 반드시 그것을 飾之하길 六으로서 한다). '委委佗佗'는 雍容의 自得한 모양이다. '如山'은 安重함 이고, '如河'는 弘廣함이다. '象服'은 法度의 복식이다. '淑'은 善함이 다. ○<夫人이 마땅히 君子와 더불어 偕老인지라 고로 그 服飾의 성대함이 이 와 같을 수 있고, 雍容의 自得과 安重의 寬廣인지라 또한 그 법도의 象服에 의당함이 있거늘(毛氏曰: 能히 君子와 더불어 偕老인지라, 이내 宜당히 尊位로 居하고 盛服으로 服인 것이다), 지금에 宣姜의 不善이 이내 이와 같으니 비록 이러한 복식이 있더라도 또한 장차 그것을 어떻게 하리오?>라 말하여, 걸맞지 않음을 말한 것이다.

04-03-02 ○玼兮玼兮하니 其之翟也로다. 鬒髮如雲하니 不屑髢也로다. 玉之瑱 也며, 象之揥也며, 揚且之皙也로니, 胡然而天也며 胡然而帝也런가.
선명하고 성대하나니 그녀의 꿩 채색 적의(翟衣)로다. 검은 모발 구름 같으니 가체(加髢) 달갑지 않음이로다. 옥구슬 귀막이며, 상아의 빗치개며, 넓은 이마 희디희나니, 어찌 그리 하늘 빚은 듯하며 어찌 그리 상제(天帝) 그린 듯한가?

    곱고도 성대하네 꿩모양 채색 예복입고
    구름같은 검은 머리 가체 없을 필요없네
    옥구슬 귀고리에 상아 비녀 꽂았으니
    희고 넓어 흰한 이마 아름답고 빛이 나네
    천제님이 빚어낸 듯 상제님이 그려낸 듯

賦也라. 玼는 鮮盛貌이라. 翟衣는 祭服으로, 刻繒爲翟雉之形하고 而彩畵之以爲 飾也라(孔氏曰 翟雉는 名彩畵爲飾이지, 不用眞羽이라. ○華谷嚴氏曰: 鄭氏云하 길, 江淮而西에선 靑質에다 五色皆備하여 成章을 曰褕컨대, 褕翟은 則畵褕雉이 라. 衛侯爵夫人이 服褕翟이라). 鬒은 黑也라. 如雲은 言多而美也라. 屑은 潔也 라. 髢는 髲髢也니, 人少髮엔 則以髢益之나, 髮自美면 則不潔於髢而用之也라. 瑱은 塞耳也라. 象은 象骨也라. 揥는 所以摘髮也라(華谷嚴氏曰 揥는 所以摘髮 이니, 若今之篦兒也라). 揚은 眉上廣也라. 且는 語助辭이라. 皙은 白也라. 胡然 而天, 胡然而帝는 言其服飾容貌之美하여 見者驚猶鬼神也라.
賦체이다. '玼(옥빛 깨끗할 차)'는 선명하고 성대(鮮盛)한 모습이다. '翟衣 (꿩적)'는 祭服이니, 비단(繒:무늬없는비단증)에 수놓아 꿩의 형상을 만들고, 그것에다 물감으로 채색하여 수식한 것이다(孔氏曰: 翟雉는 彩畫로 飾을 삼음 을 名함이지, 眞으로 羽를 용함은 아닌 것이다. ○華谷嚴氏曰: 鄭氏云하길, 江 淮而西에선 靑의 質에다 五色이 모두 備하여 成章인 것을 褕<꿩을 그린 황후 의 옷 유>라 曰하건대, 褕翟은 則 褕에다 雉를 畫한 것이다. 衛侯의 爵夫人이 褕翟을 服인 것이다). '鬒(술 많고 검을 진)'은 검은 머리이다. '如雲'은 많고도 아름다움을 말한 것이다. '屑'은 깨끗함이다. '髢(다리체)'는 머리 카락으로 만든 가체(加髢:髲髢,다리피)인데, 사람들은 머리술이 적으면 즉 髢 로서 더하지만, 머리술이 자연 아름다우면 즉 髢로 사용하는 것을 달갑게 여 기지 않는다. '瑱(귀옥막이전,누를진)'은 귀막이 옥이다. '象'은 코끼리뼈 이다. '揥(빗치개체)'는 모발의 가르마를 가르는 도구인 것이다(華谷嚴氏曰: 揥는 摘髮할 수 있는 所以이니, 마치 今의 篦兒<빗치개비>와 같음이다). '揚'은 눈썹 위가 넓은 것이다. '且(저)'는 語助辭이다. '皙(밝을석)'은 흰 것이다. '胡然而天 胡然而帝'는 그 服飾과 容貌의 아름다움이 귀신과 같음에 보는 자가 놀람을 말함이다.
*참고: 掃(빗치개체)
빗치개는 여인에게 있어서 머리를 빗는 도구 중에서 빗 이외에 가장 필요성이 큰 것으로서, 가르마를 갈라 머리를 정돈하는 데 필요할 뿐 아니라 밀기름을 바르는 도구가 되기도 하고 빗의 때를 빼는 기구이기도 하다.

慶源輔氏曰 其者는 指宣姜而言이라. 玼兮玼兮 其之翟也는 言服之美也고, 鬒髮如雲 不屑髢也는 言質之美也니 足乎己者無待於外也라. 玉之瑱也 象之掃也는 言飾之美也고, 楊且之晳也는 言色之美也라. 服飾容貌之美盛하기가 如天如帝然이라도, 是에 豈可以徒居哉리오.
慶源輔氏曰: '其'者는 宣姜을 指하여 言한 것이다. '玼兮玼兮 其之翟也'는 服之美를 言함이고, '鬒髮如雲 不屑髢也'는 質之美를 言한 것이니, 己者에 足하여서 外에 구하길 待함이 없는 것이다. '玉之瑱也 象之掃也'는 飾之美를 言한 것이고, '楊且之晳也'는 色之美를 言함이다. 服飾과 容貌에 아름답고 성대(美盛)하기가 마치 天이 그리하고 帝가 그리함과 같더라도, 이 지위에 어찌 可히 다만 居할 수 있으리오(徒居:무위도식, 직분에 걸맞지 않고 헛되이 사는 것)?

*참고: 足乎己者無待於外也(韓愈).
博愛之謂仁, 行而宜之之謂義, 由是而之焉之謂道, 足乎己無待於外之謂德. 仁與義, 爲定名, 道與德, 爲虛位, 故道有君子有小人, 而德有凶有吉.
博愛를 일러 '仁'이라 하고, 行하여 그것에 宜당하게 함을 일러 '義'라 하며, 是로 말미암아 그것(仁義)으로 나아감을 일러 '道'라 하고, 己에 足하여 外에 待함이 없음을 일러 德이라 한다. 仁與義는 定해진 名이나, 이로 말미암아 나아가는 道와 이것을 득하여 잃어버리지 않은 德은 虛의 位인지라, 故로 道(채움에 따라)엔 君子도 有하고 小人도 有하며, 德(지킴에 따라)엔 凶함도 有하고 吉함도 有인 것이다.

04-03-03 ○瑳兮瑳兮하니 其之展也로다. 蒙彼縐絺하니 是紲袢也로다. 子之淸揚이며 揚且之顏也로다. 展如之人兮여. 邦之媛也로다.
선명하고 성대하나니 그녀의 전의(展衣) 예복이로다. 저 고운 갈포 걸쳐 입음이니 이렇게 옷맵시(袢) 단정(紲)이로다. 그대 맑은 눈 넓은 이마며 훤한 이마 풍만이로다. 참으로 저와 같은 사람이여! 나라 안의 미색일 뿐이로다.

곱고도 성대하네 그대 예복 빛나도다
고운 갈포 차려입고 삼베 적삼 동여매네
맑은 눈매 훤한 이마 아름답고 풍성하네

참으로 이런 사람 이 나라의 가인일세

賦也라. 瑳도 亦鮮盛貌이라. 展은 衣也니, 以禮見於君及見賓客之服也라(毛氏曰 展衣는 以丹縠으로 為衣이라. ○鄭氏曰 展衣는 宜白이며 禮記作禮<音戰>이라). 蒙은 覆也라. 縐絺는 絺之蹙蹙者로, 當暑之服也라(孔氏曰 葛之精者曰絺하고, 其精尤細靡者縐也니, 言細而縷縐이라). 紲袢은 束縛意니, 以展衣蒙絺縐하고 而為之紲袢이니, 所以自歛飭也라. 或曰하길, 蒙은 謂加絺縐於褻衣之上라하니, 所謂表而出之也라(朱子曰 先著裏衣하고, 表絺縐하여 而出之於外하니, 欲其不見體也라). 清은 視清明也고, 揚은 眉上廣也며(孔氏曰 以目視清明인지라 因名為清하고, 揚者眉上之美名이라. 因謂眉上眉下皆曰揚하고, 目上目下皆曰清이라. 故野有蔓草傳云에 清揚은 眉目之間하고, 猗嗟傳云에 目下為清이라), 顏은 額角豐滿也라. 展은 誠也라. 美女曰媛하니, 見其徒有美色하고 而無人君之德也라.

賦체이다. '瑳(고울차)'도 또한 鮮盛한 모양이다. '展'은 옷이니, 禮로써 임금을 뵐 때와 賓客을 뵐 때에 입는 복식이다(毛氏曰: 展衣는 丹縠<주름비단곡>으로 衣를 만든다. ○鄭氏曰: 展衣는 宜당 白색이며, 禮記에선 禮<音戰>으로 作하였다). '蒙'은 덮음이다. '縐絺(추치)'는 葛布 중에 촘촘(蹙蹙)한 것으로, 더위에 당하여 입는 복식이다(孔氏曰: 葛포의 精者를 絺라 曰하며, 그 精密하기가 더욱 細靡者<고운옷감미>가 縐<주름질추>이니, 細하기가 면사<縷>와 같음이 縐임을 言한 것이다). '紲袢(고삐설,차려입을반)'은 속박(束縛)의 의미이니, 展衣로서 絺縐에다 덧입고 그것을 속박(紲袢)케 함이니, 스스로 몸단속을 삼가하는 까닭인 것이다. 혹자는 왈:<'蒙'은 絺縐을 褻衣의 위에다 덧대 입음을 말함이니, 所謂 '表而出之'인 것이다.>라 하였다(朱子曰: 先으로 裏衣를 著하고 絺縐을 表하여 외로 出之인 것이니, 그 體를 드러내지 않고자 한 것이다). '清'은 시야가 清明함이요, '揚'은 눈썹 위가 넓은 것이요(孔氏曰: 目視가 清明인지라 이로 因해 名하여 清이라 하고, 揚者는 眉上之美名이다. 이로 因하여 眉上眉下를 謂하여 모두 揚이라 曰하고, 目上目下를 모두 清이라 曰한다. 故로 鄭風의 <野有蔓草>傳에 云하길 清揚은 眉目之間이라 하고, 齊風의 <猗嗟>傳에 云하길 目下를 清이라 한 것이다), '顏'은 관자놀이 사이(角)의 이마(額)가 豐滿함이다. '展'은 참됨의 誠이다. 美女를 '媛(미인원)'이라 曰하니, 그 다만 美色만이 있고 人君의 德은 없음을 드러낸 것이다.

*참고: 王后之六服
褘衣(폐슬휘): 꿩무늬가 있는 황후의 제복
揄狄(황후옷요): 청색 바탕에 오색으로 꿩 무늬를 새기어 장식한 옷
闕狄(궐적): 꿩깃의 무늬를 새기어 장식한 옷
鞠衣(국의): 왕후(王后),제후(諸侯)의 부인이 봄철에 누에를 치며 입었던 옷

展衣(전의): 전의(禮衣)라고도 불리는데, 백색 비단으로 만들며, 예(禮)를 갖추어 임금을 뵙거나 빈객(賓客)을 접견할 때에 입음
褖衣(단의): 검정 바탕에 깃과 소매에 붉은 선을 두름

君子偕老는 三章으로, 一章七句고 一章九句며 一章八句라.
君子偕老는 三章으로, 一章은 七句이고, 一章은 九句이며, 一章은 八句이다.

東萊呂氏曰 首章之末云한 子之不淑,云如之何는 責之也고, 二章之末云한 胡然而天也,胡然而帝也는 問之也며, 三章之末云한 展如之人兮,邦之媛也는 惜之也라. 辭益婉여도 而意益深矣라.
東萊呂氏曰: 首章의 말미에 '子之不淑 云如之何'라 云한 것은 責한 것이요, 二章의 말미에 '胡然而天也 胡然而帝也'라 云한 것은 그것에 의문을 둔 것이요, 三章의 말미에 '展如之人兮 邦之媛也'라 云한 것은 애석해한 것이니, 어사는 더욱 완연(婉)히 하였어도 의도의 뜻은 더욱 깊이 한 것이다.

慶源輔氏曰 凡人之責人엔 辭愈多에 則氣愈暴하고 氣愈暴에 則辭愈屬하니, 此는 則志不帥氣에 而氣反動其志者也라. 君子之責人은 則辭愈多여도 而氣愈緩하고 氣愈緩여도 而辭愈和하니, 此는 則發乎情하되 止乎禮義也라. 且心有所忿懥면 則不得其正이니, 如此詩之辭는 益婉여도 而意益深이니, 則心不至於失其正矣라. 東萊先生의 責之,問之,惜之의 三字는 說盡詩意하길 極好이니, 玩味이라.
慶源輔氏曰: 무릇 人은 責人에 辭를 愈로 多함에 則 氣는 愈로 暴하고, 氣를 愈로 暴함에 則 辭는 愈로 屬하니, 이것은 則 志가 氣를 帥하지 못함에 氣가 도리어 그 志를 動이기 때문이다. 君子는 責人에 則 辭를 愈로 多이어도 氣는 愈로 緩하고, 氣를 愈로 緩이어도 辭는 愈로 和하니, 此는 則 情에 發이어도 禮義에 止이기 때문이다. 또 心에 忿懥(성낼치)의 바가 有일지면 則 不得其正이니, 如此의 詩之辭는 益으로 婉이어도 意는 益으로 深이니 則 心이 失其正으론 至하지 않았기 때문이다. 東萊先生의 '責之,問之,惜之'의 三字는 詩意를 說盡하길 極好이니, 玩味해야 할 것이다.

○華谷嚴氏曰 此詩는 唯述夫人服飾之盛,容貌之尊하고 不及淫亂之事나, 但中間有子之不淑一語에서 而譏刺之意를 盡見이라.
華谷嚴氏曰: 此詩는 오직 夫人의 服飾之盛과 容貌之尊만을 述하고 淫亂之事엔 不及이나, 다만 中間에 子之不淑의 一語가 有함에서 譏刺之意를 盡見인 것이다.

○安成劉氏曰 三章에서 皆極言宣姜服飾,容貌之盛如此하니, 玩其辭면 想其人有

德以稱之하여 固足以尊其瞻視,享其安榮이나, 苟無其德이니 不幾於誨淫者乎리오. 惟詩人寬厚意가 在言外니 故其立言如此였고, 蓋與猗嗟之詩와 同意라.
安成劉氏曰: 三章에서 모두 宣姜의 服飾과 容貌가 盛대하길 如此함으로 極言하였으나, 그 辭를 玩일지면 그 人에 德이 有함으로 稱之한 것으로 여겨 固히 足히 그 瞻視로 尊하고 그 安榮으로 享인듯 想像해 볼 수 있지만, 苟로 그 德이라곤 無하였으니 거의 誨淫(음탕한 짓으로 모범을 보임)의 자가 아니겠는가? 오직 詩人의 寬厚한 意가 言外에 在함이니 故로 그 立言하길 如此하였고, 대개 <猗嗟:노나라 장공을 풍자로 미화>의 詩와 더불어 同意인 것이다.

4. 桑中

04-04-01 爰采唐矣를 沬之鄕矣로다. 云誰之思리오. 美孟姜矣로다. 期我乎桑中이나, 要我乎上宮이오 送我乎淇之上矣로다.
저 새삼약초(갯실새삼) 뜯기를 매(沬)땅 고을서 약조로다. 누구를 그리워함이오? 아리따운 맹강(孟姜)이로다. 상중(桑中)땅 만나길 기약이나, 상궁(上宮)까지 나가 맞이함이오 기수(淇水)에서 전송함이로다.

　　　　새삼 캐러 가는구나 매 땅으로 가는구나
　　　　그 누구를 생각하나 아름다운 맹강이네
　　　　상중에서 기약하고 상궁에서 맞아주네
　　　　기수의 강가에서 나를 위해 배웅하네

賦也라. 唐은 蒙菜也니, 一名兎絲이라(孔氏曰 釋草云에, 唐蒙을 名하여 女蘿하고, 女蘿를 名하여 兎絲하니, 則唐與蒙은 或幷或別인지라, 故經엔 直言唐하고 而毛傳엔 言唐蒙也라. ○本草曰 生田野하며, 蔓延草木之上이라). 沬는 衛邑也니, 書所謂妹邦者也라(孔氏曰 酒誥注에 妹邦은 紂所都朝歌가 即沬也라). 孟은 長也라. 姜은 齊女로, 言貴族也라. 桑中,上宮,淇上은 又沬鄕之中의 小地名也라. 要는 猶迎也라. ○衛俗淫亂하여 世族在位조차 相竊妻妾이라. 故此人自言컨대, 將采唐於沬하길 而與其所思之人과 相期會코서, 迎送如此也라.
賦체이다. '唐'은 蒙菜(새삼플,小草:다른 식물에 기생해서 사는 풀)이니, 一名 兎絲이다(孔氏曰: 釋草云하길 '唐蒙을 名하여 女蘿<라:겨우살이>라고도 하고, 女蘿는 名하여 兎絲라고도 하니, 則唐과 蒙은 或 함께 붙여(幷) 하기도 하고 或 각각 따로(別) 하기도 하는지라, 故로 經에서 直으로 言하길 唐이라 하고 毛傳에선 言하길 唐蒙이라 한 것이다. ○本草曰: 田野<논밭과 들>에서 生하며, 덩굴로 草木之上으로 뻗어나간다<恐컨대 혹 담장이류>). '沬(殷의 朝歌의 땅이름 매)'는 衛나라의 邑이니, <書傳>의 이른바 妹邦(紂의 도읍 朝

歌)인 것이다(孔氏曰: 서경 <酒誥>편의 注에, 妹邦은 紂가 都읍한 바인 朝歌가 即沫이다). '孟'은 연장자(맏이)이다. '姜'은 齊나라의 여식이니, 貴族을 말함이다. '桑中, 上宮, 淇上'은 또한 沫鄕 속의 작은 지명이다. '要'는 迎과 같다. ○衛의 풍속이 淫亂하여, 권문世族의 지위에 있는 자들조차 서로 妻妾들을 몰래 취하였다. 그러므로 이 사람이 스스로 말하기를 <장차 沫땅에서 唐 뜯기를 그 그리워하는 바의 사람과 함께 서로 만나길 기약하여, 맞이하고 전송하길 이와 같이 한 것이다.>라 한 것이다.

04-04-02 ○爰采麥矣를 沫之北矣로다. 云誰之思리오. 美孟弋矣로다. 期我乎桑中이나, 要我乎上宮이오 送我乎淇之上矣로다.
이내 보리싹 뜯기를 매(沫)땅 북녘서 약조로다. 누구를 그리워함이오? 아리따운 맹익(孟弋)이로다. 상중(桑中)땅 만나길 기약이나, 상궁(上宮)까지 나가 맞이함이오 기수에서 전송함이로다.

보리싹을 뜯어보네 매땅마을 북쪽에서
그 누구를 생각하나 아름다운 맹익이네
상중에서 기약하고 상궁에서 맞아주네
기수의 강가에서 나를 위해 배웅하네

賦也라. 麥은 穀名으로, 秋種夏熟者이라(白虎通曰 麥金也라. 金旺而生하고, 火旺而死이라). 弋은 春秋에 或作姒하니(春秋의 定姒를 公穀엔 作定弋이라), 蓋杞女이라. 夏后氏之後니 亦貴族也라.
賦체이다. '麥'은 곡식의 이름으로, 가을에 파종해서 여름에 익는 것이다(白虎通曰: 麥은 金의 성질이다. 金이 旺임에 生하고, 火가 旺임에 死이다). '弋'은 <春秋>傳에 혹 姒<동서사>로 썼으니(春秋에 定公의 첩 定姒(魯襄公之母)를 公穀傳<恐컨대 公羊의 誤이다>에선 定弋으로 作하였다), 아마도 杞나라의 여식인 듯하다. 夏后氏의 후예이니, 또한 귀족이다.

04-04-03 ○爰采葑矣를 沫之東矣로다. 云誰之思리오. 美孟庸矣로다. 期我乎桑中이나, 要我乎上宮이오, 送我乎淇之上矣로다.
이내 무우 캐기를 매땅 동녘서 약조로다. 누구를 그리워함이오? 아리따운 맹용(孟庸)이로다. 상중땅 만나길 기약이나, 상궁(上宮)까지 나가 맞이함이오 기수에서 전송함이로다.

순무를 뽑으러 가네 매땅 마을 동쪽으로
그 누구를 생각하나 아름다운 맹용이네

상중에서 기약하고 상궁에서 맞아주네
기수의 강가에서 나를 위해 배웅하네

賦也라. 葑은 蔓菁也라. 庸엔 未聞이나, 疑亦貴族也라.
賦이다. '葑'은 만청(蔓菁:무,배추류)이다. '庸'엔 알 수 없음이나, 疑컨대 또한 貴族인 것이다.

長樂劉氏曰 采唐,麥,葑者는 欲適幽遠하여 行其淫亂에, 不敢正名인지라 而託以 采此也라.
長樂劉氏曰: 唐,麥,葑을 采한다는 것은 幽遠으로 가서 그 淫亂을 行하고자 함에, 敢히 正으로 이름할 수 없었기에 采此로 의탁한 것이다.

○安成劉氏曰 孟姜,孟弋,孟庸도 亦託言貴族하여 以指所私之人이지, 非必當時實 有此三姓之女也라.
安成劉氏曰: 孟姜,孟弋,孟庸도 또한 貴族으로 託言하여 私通 하려는 바의 人을 指함이지, 반드시 當時에 實로 此 三姓之女가 있었음은 아닌 것이다.

桑中 三章으로, 章七句이라.
桑中 三章으로, 章마다 七句이다.

樂記曰 鄭衛之音은 亂世之音也로, 比於慢矣라(比去聲으로, 猶同也라). 桑間은 濮上之音으로 亡國之音也니, 其政散하고 其民流하여 誣上行私하길 而不可止也 라.
예기의 <樂記>편에 왈: <鄭, 衛의 음악은 亂世의 음악으로, 윗사람을 기만 (慢)함과 가까운(比) 것이다(比는 去聲으로, 同과 猶이다). '桑間(桑林間을 말 함:사기에 자세한 사연이 나옴)' 의 시는 濮上之音으로 亡國의 음악이니, 그 정사(政事)는 散되고 그 백성은 流離되어, 윗사람을 속이고 사욕 행하길 가히 그침이 없었던 것이다.>라 하였다.
*참고: 慢
위 조항의 직전에 이르길, 오음(五音:궁상각치우)이 서로 능멸하는 것을 만 (慢)이라 한다.

慶源輔氏曰 誣上은 只是欺謾其上之人으로, 大抵行私者엔 皆有此心이라. 桑中之 詩가 雖肆言無忌라도 然誣上行私之心이 自在此는 皆緣民情流蕩無所限節之故이 라. 民情이 所以如此는 則又因政散之故거늘, 上之人이 苟有政事라면 則何至於 此리오.

慶源輔氏曰: 誣上은 다만 이렇게 그 上之人을 欺謾인 것으로, 大抵 行私者에겐 모두 此心(欺謾之心)이 有인 것이다. 桑中之詩가 비록 言으로 방자(肆)하여 忌하는 바가 無라도, 그러나 誣上과 行私의 心이 자연 此에 在하였던 것은 모두 民情이 流蕩해서 限節의 바가 없었던 까닭으로 緣했던 것이다. 民情이 如此하게 된 所以는 則 또 政散之故로 因함이거늘, 上之人이 苟로 政事를 有하였더라면 則 어찌 此의 지경까지 至할 수 있었겠는가?

○鄭氏曰 濮水之上地에 有桑間者니, 亡國之音은 於此水에 出也라. 昔殷紂가 使師延作靡靡之樂하고, 已而自沈於濮水이라. 後師涓이 過焉하다 夜聞하고 而寫之하여 爲晉平公鼓之하니, 是之謂也라.
鄭氏曰: 濮水之上의 地에 桑間者가 有하니, 亡國之音은 此水에서 出인 것이다. 昔에 殷紂가 악사 師延으로 하여금 靡靡之樂을 作하게 하였고, 그 後(已而)에 스스로 濮水에 沈하여 죽었다. 後에 위나라 師涓이 그곳을 過하다 夜에 聞하고서 그것을 寫之하여 晉平公을 위해 그것을 鼓之하였으니, 是를 謂함인 것이다.

按컨대 桑間은 卽此篇이니, 故小序서도 亦用樂記之語이라.
살펴보니 <桑間>은 즉 이편(桑中)이 되니, 고로 小序에서도 또한 樂記의 말을 인용한 것이다.

安成劉氏曰 朱子는 以桑間을 卽此桑中詩하곤 而証以樂記之語이라. 然則鄭氏謂師涓所聞者가 自是濮上之音也라.
安成劉氏曰: 朱子는 桑間을 此의 桑中詩로 卽하곤, 樂記之語로서 証(證의 약자)하였다. 然則이면 鄭氏謂한 '師涓所聞'者가 自로 이렇게 濮上之音인 것이다.

5. 鶉之奔奔

04-05-01 鶉之奔奔이며 鵲之彊彊어늘, 人之無良을 我以爲兄인가.
메추리 떼 짝지어 날며 까치무리 쌍쌍이 비행커늘, 저 선량치 못한 이를 내가 형이라 할 수 있겠는가?

메추리 떼 나란히 날고 까치무리 쌍쌍이 나네
선량하지 못한 사람 나의 형이 될 수 있나

興也라. 鶉은 鶴屬이라(本草曰 鶉初生을 謂之羅鶉하고, 至初秋를 謂之早秋하

며, 中秋以後를 謂之白唐라 하니, 一物四名也라). 奔奔,彊彊은 居有常匹라가 飛
則相隨之貌이라. 人은 謂公子頑이라. 良은 善也라. ○衛人이 刺宣姜與頑이 非
匹耦而相從也라. 故爲惠公之言以刺之曰하길, 人之無良이 鶉鵲之不若거늘 而我
反以爲兄何哉리오.
興체이다. '鶉(메추라기슌)'은 메추리(鶴:세가락메추라기암)의 등속이다(本草
曰: 鶉의 初生을 謂之하길 羅鶉이라 하고, 初秋에 至해서는 謂之하길 早秋라
하며, 中秋 以後엔 謂之하길 白唐이라 하니, 一物에 四名인 것이다). '奔奔'
과 '彊彊'은 지면에 居할 때에는 항상된 짝을 두었다가, 날 적에도 즉 서로
무리지어 따르는 모습이다. '人'은 公子 頑을 말함이다. '良'은 善함이다.
○衛나라 사람들이 宣姜과 頑이 匹耦가 아님에도 서로 쫓음을 풍자하였다. 고
로 惠公의 말로서 그것을 풍자 삼아 왈하길: <저 사람의 善良하지 못함이 鶉
鵲(까치작)만도 같지 못하거늘, 나(惠公)에겐 도리어 兄이 됨은 어째서인가?>
라 한 것이다.

孔氏曰 言鶉은 則鶉대로 自相隨奔奔然하고, 鵲도 則鵲대로 自相隨彊彊然하여,
各有常匹不亂其類커늘 今宣姜爲母면 頑則爲子여도 而與之滛亂하여 曾鶉鵲之不
如컨대, 而我反以爲兄也哉리오?
孔氏曰: '鶉은 則 鶉대로 自然 서로 奔奔然히 隨하고, 鵲도 則 鵲대로 自然
서로 彊彊然히 隨하여, 各 常匹을 두어 그 類와 不亂이거늘, 今에 宣姜이 母가
됨이면 頑은 則 子가 됨에도 그와 더불어 滛亂하여 일찍이 鶉鵲만 같지 못함
이건대, 我에게 도리어 兄이 될 수 있겠는가?' 라 글한 것이다.

04-05-02 ○鵲之彊彊이며 鶉之奔奔어늘, 人之無良을 我以爲君인가.
까치무리 쌍쌍이 비행이며 메추리 떼 짝지어 날거늘, 저 선량치 못한 이를 내
가 소군이라 할 수 있겠는가?

　　　　　까치무리 쌍쌍이 날고 메추리 떼 나란히 나네
　　　　　　선량하지 못한 사람 나의 소군 될 수 있나

興也라. 人은 謂宣姜이라. 君은 小君也라.
興체이다. '人'은 宣姜을 말함이다. '君'은 小君이다.

孔氏曰 夫人을 對君稱小君하니, 以夫妻一體言之면 亦得曰君이라. 襄公九年 左
傳에, 筮穆姜曰하길 君必速出라 하니, 是也라.
孔氏曰: 夫人을 君과 對하여 小君이라 稱하니, 夫와 妻를 一體로서 그것을 言
之하면 또한 君이라 曰할 수 있는 것이다. 襄公九年 <左傳>에, 穆姜이 東宮에

갇힘을 벗어남에 대해 筮하며 曰하길 '君(穆姜)께서는 반드시 速히 出하시리이다.'라 하니, 是인 것이다.
*참고: 襄公九年左傳

五月 辛酉 夫人姜氏薨.
五月 辛酉일에 夫人 姜氏가 薨하다.

[좌] 穆姜薨於東宮. 始往而筮之 遇艮之八. 史曰 是謂艮之隨 隨其出也 君必速出. 對曰 亡 是於周易曰 隨元亨利貞 無咎.元體之長也 亨嘉之會也 利義之和也 貞事之幹也. 體仁足以長人嘉德足以合禮 利物足以和義 貞固足以幹事. 然故不可誣也. 是以雖隨無咎. 今我婦人而與於亂 固在下位 而有不仁 不可謂元. 不靖國家 不可謂亨 作而害身 不可謂利. 棄位而姣 不可謂貞. 有四德者 隨而無咎 我皆無之 豈隨也哉. 我則取惡 能無咎乎 必死於此 弗得出矣.

穆姜이 東宮(淫叔孫僑如<宣伯>欲廢成公故徙居東宮)에서 薨하였다. 始에 벗어남(往)을 筮로 접쳐보건대 艮之八(䷳)을 遇하니(艮五爻皆變惟二得八故不變八, 小陰也), 史曰: <是는 艮之隨(䷐:震下兌上)를 이름이나이다. 隨는 그 出이니(隨非閉固之卦), 小君은 반드시 速出하게 되리이다(謂不久居東宮).>라 하니, 對曰: <亡함이니라(亡猶無). 是는 周易에 이르기를 '隨는 元, 亨, 利, 貞이라 하니, 無咎함이로다. 元은 體의 長이오, 亨은 嘉의 會이오, 利는 義의 和이오, 貞은 事의 幹이니, 仁을 體하면 足히 人의 長이 될 수 있고, 德에 嘉(美)하면 足히 禮에 合할 수 있고, 物에 利로 하면 足히 義로 和할 수 있고, 堅固히 貞하면 足히 事의 幹이 될 수 있거늘, 그러한 故로 可히 誣할 수 없음이노라. 이러므로 비록 隨卦를 만나더라도 無咎할 수 있거늘, 今에 我 婦人은 亂에 참여하고, 진실로 下位(婦人卑於丈夫)에 在하면서도 不仁함이 있었으니 可히 元이라 말할 수 없고, 國家를 靖히 하지 못하였으니 可히 亨이라 말할 수 없고, 作亂하여 害가 身에 미쳤으니 可히 利라 말할 수 없고, 位를 棄하고 요염하게 사통(姣:淫)하였으니 可히 貞이라 할 수 없나니, 四德이 있는 者는 隨하더라도 無咎할 것이나 我는 이 모두 없거늘, 어찌 隨卦대로 될 수 있겠는가? 我는 즉 惡을 取했으니, 能히 허물이 없을 수 있겠는가? 반드시 이곳에서 死하여 出을 得하지 못하리로다.>라 하였다.

○慶源輔氏曰 詩人이 疾惡宣姜至矣여도 而猶不敢不以爲小君也나, 彼謂狡童,碩鼠하며 爲稱其君者는 何哉리오.
慶源輔氏曰: 詩人이 宣姜을 疾惡하길 至하였어도 오히려 敢히 小君이라 하지 않을 수 없었으나, 彼의 鄭風에서 <狡童:정나라 장공의 세자>과 魏風에서 <碩鼠:重斂之君>로 謂하며 그 君으로 稱했던 것은 무엇이란 말인가?

*참고:
恐컨대, 여기 시인이 소군이라 칭함에서 성정의 후덕함을 볼 수 있는 것이고, 정풍과 위풍에 시인의 가사는 비유의 은유로 풍자함을 취한 것이며, 毛詩의 序와 경원보씨는 군의 惡한 실체를 드러내기 위해 군으로 지칭한 것이라 여겨진다.

鶉之奔奔은 二章으로, 章四句이라.
鶉之奔奔은 二章으로, 章마다 四句이다.

范氏曰 宣姜之惡은 不可勝道也라. 國人이 疾而刺之하길, 或遠言焉하고 或切言焉이니, 遠言之者는 君子偕老가 是也고 切言之者는 鶉之奔奔이 是也라. 衛詩至此에 而人道盡,天理滅矣라. 中國이 無以異於夷狄하고, 人類가 無以異於禽獸함에 而國隨以亡矣라. 胡氏曰 楊時有言에, 詩載此篇은 以見衛爲狄所滅之因也라. 故在定之方中之前이라(廬陵彭氏曰 陳氏云하길, 木必壞然後에 蠹生焉하고, 國必亂然後에 寇生焉하니, 聖人存此詩로 以爲狄入衛張本하여 使後世知所戒也라). 因以是說하여 考於歷代이면, 凡淫亂者에 未有不至於殺身敗國而亡其家者하니, 然後면 知古詩垂戒之大여도 而近世有獻議乞於經筵에 不以國風進講者하니, 殊失聖經之旨矣라.

范氏曰: <宣姜의 惡은 가히 이루 다 말할 수가 없다. 國人이 미워하여 그를 풍자하되, 혹 그것을 멀리 우회하여 그것을 말하기도 하고, 혹 그것을 절절하게 말하기도 하였으니, 그것에 멀리 우회하여 말한 것은 '君子偕老'가 이것이고, 절절하게 말한 것은 '鶉之奔奔'이 이것이다. 衛나라 詩가 이 지경에까지 이르름에 人道와 天理가 멸되고 말았다. 中國이 夷狄과 다름이 없고 人類가 禽獸와 다름이 없었기에, 나라가 드디어 망하게 되었던 것이다.>라 하였고, 胡氏曰: <楊時(龜山先生)가 당시를 말하길, 詩經에서 이편을 실은 것은 衛가 夷狄에게 멸망하게 된 바의 원인을 위하여 보인 것이다. 고로 '定之方中'의 앞에 놓이게 한 것이다.>라 하였으니(廬陵彭氏曰: 陳氏云하길, 木은 반드시 壞인 然後에 蠹<좀두>가 그곳에서 生하고, 國이 반드시 亂인 然後에 寇가 그것으로 生하게 되니, 聖人께서 此詩를 存하시어 狄이 衛에 入하게 된 張本을 삼아 後世로 하여금 戒할 바로 知하게 하신 것이다), 이 說로 인하여 歷代를 상고해 보건대, 무릇 음란한 자들 중에 자신은 죽임을 당하고 나라는 패망케 하며 그 가문도 멸망에 이르게 하지 않는 자가 없었으니, 연후이면 옛 詩가 크게 경계로 드리움을 알 수 있음에도, 近世엔 經筵場에서 獻議(의제를 제출)를 청함(乞)에 國風으론 講論에 나가지 못하게 하는 자들이 있으니, 자못 聖經의 요지를 잃은 것이다.

三山李氏曰 淫亂은 非美事而不刪之者는 所以示鑒戒也라. 亦如春秋에 亂臣賊子
一一書之도, 亦所以示戒也라. 而唐太子弘을 受左傳하고, 至於楚世子商臣弑其君
頵而請更受他書이면, 是不知聖人垂訓之意也라. 近世에 有建言經筵에 不進國風
도, 是亦不知聖人垂訓之意也(頵音均)라.

三山李氏曰: 淫亂이 美事가 아님에도 그것을 刪之하지 않았던 것은 鑒戒를 示
하기 위한 所以인 것이다. 또한 마치 春秋에서 亂臣賊子를 一一마다 그것을
書之함과 같음도, 또한 示戒하기 위한 所以인 것이다. 그러나 唐太子 李弘을
左傳에서 경계 삼을 바로 이어받으려(受) 하거나, 楚世子 商臣(穆王)이 그 아
버지 君인 頵(頵音均)을 弑함에 至해서도 다시 他書에서 이어받으려 請함이면,
이렇게 聖人의 垂訓之意에 不知인 것이다. 近世에 經筵에서 建言(의견을 말함)
함에 國風으론 進하지 못하게 함이 있음도, 이렇게 또한 聖人의 垂訓之意에
不知인 것이다.

*참고: 李弘. 商臣
李弘: 어머니인 측천무후는 당태종의 후궁이었다가 그 아들 당고종의 부인이
되어, 이홍을 낳고 아들을 죽음으로 내몬 장본인.
商臣: 성왕은 아우로서 형을 시해했고, 그 아들 상신은 아들로서 아버지를 시
해하였다.

6. 定之方中

04-06-01 定之方中이어늘 作于楚宮하나니, 揆之以日하야 作于楚室이오, 樹之
榛栗하고, 椅桐梓漆하니, 爰伐琴瑟이로다.

영실성(營室星:定) 초저녁 남방 중앙이어늘 초구(楚丘)에다 궁궐(宮) 지으니,
햇빛(日中) 그림자 방위 헤아려 초구에 비로소 그 가옥(室) 지음이오, 제수(祭
需)에 쓸 개암나무 밤나무도 심음이고, 예악(禮樂)에 쓸 의(椅)나무 오동(桐)나
무 및 가래(梓)나무 옻(漆)나무도 심나니, 이에 금슬(琴瑟)의 재목 베어 쓸 수
있음이로다.

정성이 정남에 올 때 초구 땅에 궁 지으시고
해 그림자 방향 살펴 초구 땅에 초실 짓네
개암나무 밤나무는 제례 때 쓸 나무이고
산유자와 오동 가래 옻나무는 예악에 쓸 나무이네
다 자라면 베어다가 거문고와 비파 만들지고

賦也라. 定은 北方之宿의 營室星也라. 此星이 昏而正中이면 夏正 十月也니, 於
是時에야 可以營制宮室인지라 故謂之營室이라.

賦체이다. '定'은 북방의 별자리의 營室星이다. 이 별이 초저녁 남쪽 정중앙에 나타나면 夏正(현음력)의 十月이니, 이때에야 가히 宮室을 營(지을영)하고 制할 수 있는지라 고로 營室이라 말함인 것이다.

*참고: 營室
동양에서는 전통적으로 28수가 방위에 따라 네 가지 신령한 동물의 형상을 이루고 있다고 여겼다. 실성(室星)은 그중에서 북방 현무(玄武)를 이루는 여섯째 별자리이다. 실성은 남북으로 놓여 있는 두 별로 이루어진 별자리로서, 서양 별자리에서 페가수스자리의 'α And(알파 안드로메다자리)'라는 별과 'γ Peg(감마 페가수스자리)'라는 별로 이루어진 중국 별자리이다. 고대에는 동벽(東壁)이라고도 불렀다. (위키 실록사전)

晉天文志曰 營室二星으로 一曰玄宮하고 一曰淸廟하니, 又爲土功事이라.
晉天文志曰: 營室은 二星으로 一曰 玄宮이라 하고 一曰 淸廟라 하니, 또한 土功의 事를 일으킬 수 있음이 된다.

○安成劉氏曰 夏正十月은 建亥로, 春秋時엔 十二月也라. 農事已畢에 可以興作이고 而人君居가 必南面인지라, 故亥月昏時에 見定星當南方之午位라. 因記에 此星爲每歲營作之候하고, 又因號爲營室이라. 此蓋成周以後之制로, 上考唐虞之時이면 定星以戌月昏中라가 歲久而差하여 至周時서야 定星始以亥月昏中하니, 下逮今日엔 此星又以子月昏中矣라.
安成劉氏曰: 夏正十月은 建亥로, 春秋時(周歷)엔 十二月이다. 農事가 已畢인지라 可히 興作할 수 있고 人君의 居가 반드시 南面인지라, 故로 亥月의 昏時에 定星이 南方之午位에 當함을 見할 수 있는 것이다. 이로 因하여 記에선 此星을 每歲의 營作의 계절(候)로 삼았고, 또 이로 因해 號하여 營室로 삼은 것이다. 此는 대개 成周 以後之制로 唐虞之時에까지 上考일지면, 定星은 戌月의 昏中이었다가 歲久로 差이를 보이다 周時에 至해서야 定星이 비로소 亥月의 昏中이었으니, 下世로 今日에 逮해선 此星은 또 子月의 昏中인 것이다.

현양력	12월	1월	2월	3월	4월	5월	6월	7월	8월	9월	10월	11월
建月	子	丑	寅	卯	辰	巳	午	未	申	酉	戌	亥
夏歲首 寅月(人)	11월	12월	1월	2월	3월	4월	5월	6월	7월	8월	9월	10월
商세수 丑月(地)	12월	1월	2월	3월	4월	5월	6월	7월	8월	9월	10월	11월
周세수 子月(天)	1월	2월	3월	4월	5월	6월	7월	8월	9월	10월	11월	12월

楚宮은 楚丘之宮也라(鄭志에, 楚丘는 在濟河間이라). 揆는 度也니, 樹八尺之臬

(音醫)하여 而度其日之出入之景으로 以定東西하고, 又參日中之景으로 以正南北也라.

'楚宮'은 楚丘의 宮이다(鄭玄의 <鄭志>에, 楚丘는 濟河間에 在한다).
'揆'는 헤아림이니, 여덟 자 되는 기둥(臬,얼:해그림자를 재는 기둥)을 세워서 그 해의 출입하는 그림자를 헤아려 東西를 정(定)하고, 日中의 그림자를 참고하여 南北을 바로잡는(正) 것이다.

孔氏曰 匠人云하길, 水地에 以懸하고, 置槷에도 以懸하여, 視以景이라. 爲規에 識日出之景,與日入之景이라. 畫는 參諸日中之景이라. 注云에, 於四角立植而懸하고, 以水望其高下이라. 高下旣定이면 乃爲位於平地하고, 於所平之地中央에다 樹八尺之臬以懸正之라<槷臬同이라>.

孔氏曰: 주례 <考工記>에, 匠人云하길 '水平의 地를 만듦에 懸으로 하고, 槷을 置함에도 懸으로 하여 그림자(景)를 視한다. 規(土圭:방위·절기·시각을 측정하던 천문관측기기)로서 할지면, 日出之景과 日入之景을 識할 수 있다. 畫의 시간은 日中之景으로 參考하여 정할 수 있음이다.'라 하였다. 注云하길, 먼저 四角으로 立植하여 각각마다 줄을 懸하고 水로서 그 高下를 望함이다. 高下가 이윽고 定해지면 이내 平地에다 位를 만들고, 平된 바의 地의 中央에다 八尺之臬을 樹하고 줄을 懸하여 그것을 正之한다<槷과 臬은 同이다>.

*참고: 槷(얼): 땅의 고저(高低)를 측량(測量)할 때 세우는 기둥
*참고: 考工記解

《周禮·考工記·匠人》記載:「匠人建國, 平地以懸, 置槷以懸, 眡以景. 爲規, 識日出之景與日入之景. 畫參諸日中之景, 夜考之極星, 以正朝夕.」

1) 水地以縣

注云四角立木 此說未明, 經言水地而注云立木 恐亦未當. 蓋水地以縣置槷以縣 兩句卽一事也 先以水平地 猶恐未定 必以縣而後正也 何以爲縣置槷以爲縣也 水地者假如一所用一丈之地 先爲四方之溝乃注 水以試之地有高下 則水之流行自有高下鋤<호미서>掘其地用水以平之水旣平矣 猶未可也又用縣槷以定之

2) 置槷以縣

槷與臬字同 臬居門之中 此制用木一縱一橫 橫者在地 縱者向上 其縱者橫木之中 就此木之上 懸繩以取正 卽可定地高下也 水地以縣者 謂以水平地而後爲置槷之懸也

3) 眡以景<볼시>

此以土圭視日景而定東西南北也

4) 爲規識日出之景與日入之景

規法也 爲眡景之法以記日出入之景 取東西之中也. 識音志, 記也.

5) 畫參諸日中之景

日出入之影 用朝晚考之 日中則定也

○安成劉氏曰 彭魯叔云하길, 槷柱也라. 懸은 垂繩也니, 柱에 有四角하고 四中垂하길 以八繩코서, 繩皆附柱면 則其柱正矣라. 柱正然後에 視之라하니, 以測日景也라. 又轉筳하여 畫地에 爲圓規면, 朝서 識日景에 其端指西하고, 暮서 識日景에 其端指東하니, 兩端長短을 必與規齊하여 測其端이면 則東西正이고, 就其中屈之면 則南北亦可正也라. 又於畫漏午時에 參此日中之景이면 可以正南方之位하고, 因以正北方之位也라. 此가 周禮의 定方制度니, 衛文公建宮室의 定四方之法도 蓋亦如此이라.
安成劉氏曰: 彭魯叔云하길, '槷은 柱이다. 懸은 繩을 垂함이니, 柱에 四角으로 有하고 四中에다 八繩으로 垂코서, 繩마다 모두 附柱케 하면 則 그 柱는 正일 수 있음이다. 柱가 正인 然後에 그것으로 視之할 수 있음이다.' 라 하였으니, 日景을 測함인 것이다. 또 筳(가는대정)을 轉으로 畫地하여 圓規(동심원)를 만들지면, 朝에서 日景을 기록(識)함에 그 端은 西를 指하고, 暮에서 日景을 기록(識)함에 그 端은 東을 指하니, 兩端의 長短을 반드시 함께 規로 齊하여 그 端에 測이면 則 東西가 正이고, 그 日中에 나아가 屈을지면 則 南北도 또한 可히 正일 수 있는 것이다. 또 낮(畫)의 漏午時(午時의 滴漏)에서 此의 日中之景을 參일지면 可히 南方之位를 正할 수 있고, 이로 因하여 北方之位도 正일 수 있는 것이다. 此가 周禮의 定方制度니, 衛 文公의 建宮室에 定四方의 法도 대개 또한 如此인 것이다.
*참고: 彭魯叔
安城處士 彭君諱絲 字魯叔. 江陵府君 長子也.

○慶源輔氏曰 古人之作室은 上順天時하고 下正方面하여 不敢苟也라.
慶源輔氏曰: 古人의 作室은 上으론 天時에 順하고 下론 方面에 正하게 하여, 敢히 苟차하지 않았을 뿐인 것이다.

楚室은 猶楚宮이니, 互文以協韻耳이라. 榛,栗은 二木으로, 其實은 榛小栗大하나, 皆可供籩實이라(本草注曰 榛樹高는 丈許이고, 子如小栗이라. 栗樹高는 二三丈이며, 花는 靑黃色이고, 實은 有房彙하며 大者中에 子三五하고, 小者엔 子唯一二이라). 椅는 梓實에 桐皮이며, 桐은 梧桐也라.
'楚室'은 楚宮과 같음이니, 상호 문장으로 韻을 맞추었을 뿐인 것이다. '榛(개암)'과 '栗(밤)'은 두 나무 이름으로, 그 열매는 榛이 작고 栗은 크나, 모두 가히 籩의 實(제기에 채움)로 바칠 수 있는 것이다(本草注曰: 榛의 樹高는 丈남짓(許)이며, 子는 小栗과 같다. 栗의 樹高는 二三丈이며, 花는 靑黃色이고, 實은 房에 무리<彙:휘>로 모여 있으며, 밤송이 大者의 中엔 子가 三五

이고, 小者엔 子가 오직 一二일뿐이다). '椅(의나무의)'는 가래나무(梓)의 열매에다 오동나무(桐)의 껍질을 갖고 있고, '桐'은 오동나무(梧桐)이다.

華谷嚴氏曰 陸璣言하길, 有青桐,白桐,赤桐하나 此중에 作琴瑟者는 白桐也라하니, 椅,桐,梓,漆之桐은 為白桐이고, 梧桐生矣之桐은 為青桐이라.
華谷嚴氏曰: 陸璣言하길, '青桐과 白桐과 赤桐이 有하나, 此 중에 琴瑟을 作할 수 있는 것은 白桐이다.'라 하니, '椅桐梓漆'의 桐은 白桐이 됨이고, <卷阿>편의 '梧桐生矣(于彼朝陽:오동이 자라나니, 저 아침 해가 뜨는 곳이로다)'의 桐은 벽오동(青桐)이 됨이다.
*참고: 陸璣
삼국(三國) 오(吳)나라 육기(陸璣)의 《모시초목조수충어소(毛詩草木鳥獸蟲魚疏)》

○本草注曰 桐엔 有四種이라. 一種白桐으로 可斷琴하고 葉三枚로 開白花나 不結子이라. 一種荏桐으로 子可作油이라. 一種梧桐으로, 今人收其子하여 炒로 作果이라. 一種岡桐으로 無花하며 不可作琴體重이라.
本草注曰: 桐에는 四種이 有이다. 一種은 白桐으로, 可히 斷하여 琴을 만들 수 있고, 葉은 三枚이고 白花로 開이나 子를 結하지는 못한다. 一種은 荏桐(들깨잎,油桐:기름오동)으로, 子는 可히 油를 作할 수 있다. 一種은 梧桐으로, 今人은 그 子를 收하여 볶아(炒:초) 作果하기도 한다. 一種은 岡桐으로, 無花하며 可히 琴으론 作하지 못하며 體는 重하다(其質性體重하여 而不中作琴瑟이다).

梓는 楸之疎理에 白色이며 而生子者이라(本草注曰 梓는 似桐而葉小하고 花紫하며, 亦有三種이라). 漆은 木有液으로, 黏黑하여 可飾器物이라(本草注曰 漆의 樹高는 二三丈으로, 皮白이고 葉은 似椿하고 花는 似槐이라. 以斧로 斫其皮開하곤 以竹筒承之汁滴이면 則成漆也라). 四木은 皆琴瑟之材也라(華谷嚴氏曰 椅,桐은 可為琴瑟이고, 榛,栗은 可備籩實이며, 梓,漆은 可供器用이나, 但言伐琴瑟者는 取成句耳이라). 爰은 於也라. ○衛가 為狄所滅에 文公徙居楚丘하고 營立宮室컨대, 國人悦之하여 而作是詩以美之라. 蘇氏曰 種木者는 求用於十年之後니, 其不求近功이 凡此類也라.

'梓(가래나무재)'는 추자나무의 거친 결에다 백색이며, 열매를 맺는다(本草注曰: 梓는 桐과 흡사하나 葉은 小하고 花는 紫하며, 또한 有三種이다). '漆(옻칠)'은 나무에 수액을 가지고 있어, 끈적하고 검어서 가히 器物을 장식할 수 있다(本草注曰: 漆의 樹高는 三二丈으로, 皮는 白이고 葉은 참죽나무<椿:춘>와 흡사하고 花는 회화나무<槐:괴>와 흡사하다. 斧로 그 皮를 斫<벨작>하여 開하고, 竹筒으로 汁滴을 承之이면, 則 漆을 成일 수 있다). 四木은 모두

277

琴瑟의 材木이다(華谷嚴氏曰: 椅,桐은 可히 琴瑟을 만들 수 있고, 榛,栗은 可히 籩實<제기의 과실>에 備일 수 있으며, 梓,漆은 可히 器用에 이바지<供>할 수 있으나, 다만 琴瑟로 伐할 수 있다고 말한 것은 成句로 取했을 뿐인 것이다). '爰'은 於이다. ○衛나라가 夷狄에게 멸망 당하는 바가 됨에, 文公이 楚丘로 옮겨 居하면서 궁실을 營立하였는데, 國人들이 그것을 기뻐하여 이 詩를 지어 그것을 찬미한 것이다. 蘇氏曰: 나무를 심는 것은 十年 후에 쓸 것을 구하는 것이니, 그 近功만을 구하지 않는 것들이 모두 이러한 類인 것이다.

*참고: 《詩·鄘風》椅桐梓漆。
《陸璣·草木疏》梓實桐皮曰椅。《埤雅》椅卽是梓, 梓卽是楸。蓋楸之疎理而白色者爲梓, 梓實桐皮曰椅, 其實兩木大類同而小別也(그 實은 兩木에서 大에선 類同이지만 小에서는 別인 것이다)。

華陽范氏曰 此詩는 美其新造而志於永久이라. 埤雅云하길, 言其所植이 皆能預備禮樂之用이라. 語曰하길, 一年之計엔 莫如種穀하고 十年之計엔 莫如種木라하니, 故文公이 於初作室之時부터 早計如此이라.
華陽范氏曰: 此詩는 그 새로이 造成이 永久에 志하였음을 美한 것이다. 埤雅(송나라의 백과사전)云하길, 그 植한 바들이 모두 能히 禮樂之用으로 預備할 수 있음을 말한 것이다. 語(恐컨대 管子의 <權修>편)에 曰하길, 一年之計엔 莫如種穀하고, 十年之計엔 莫如種木이라 하니, 故로 文公이 初의 作室之時에서부터 早로 計하길 如此한 것이다.

○安成劉氏曰 此章의 上四句는 言其得天時地利之宜이고, 下三句는 言其有久遠預備之計니, 所謂悅之美之者는 皆追述其事如此也라.
安成劉氏曰: 此章의 上四句는 그 天時와 地利의 宜당함을 得했음에 말한 것이고, 下의 三句는 그 久遠의 預備之計가 有하였음을 말인 것이니, 所謂 '悅之美之' 者는 모두 그 事가 如此함으로 追述한 것이다.

04-06-02 ○升彼虛矣하야 以望楚矣로다. 望楚與堂하며, 景山與京하며, 降觀于桑하니, 卜云其吉러니 終焉允臧로다.
저 옛 성터 올라 초구의 건국 살핌이로다. 초구와 당(堂)읍 전체 관망하며, 주산(主山) 언덕(京) 향방 헤아리며, 내려와 뽕나무 토양까지 살피나니, 점사(占)에도 그 길함 얻었더니 종국엔 그곳 참으로 안성맞춤이로다.

옛 성터에 올라가서 초구 땅을 바라보네
초구 당읍 관망하여 산과 언덕 방향잡네
뽕밭을 살펴보고 점을 치니 길한 점괘이네

마침내 터 잡으니 참으로 좋을시고

賦也라. 虛는 故城也라(孔氏曰 故墟는 高하여 可望이니, 猶僖公二十八年에 晋侯登有莘之虛也라). 楚는 楚丘也라. 堂은 楚丘之旁邑也라(傳寅의 羣書百攷曰 當是博州의 堂邑이라). 景은 測景以正方面也니, 與旣景迺岡之景同이라. 或曰景은 山名이니, 見商頌이라. 京은 高丘也라. 桑은 木名으로 葉은 可飼蠶者고, 觀之는 以察其土宜也라(安成劉氏曰 衛詩엔 多言桑이니, 如桑中,與氓詩,及此에서도 皆再三言之라. 蓋衛地는 跨冀兗二州하니, 桑者는 尤其土所宜고 而民生之所資也라. 據楚丘在冀河之東, 兗州之境이면 則文公所觀所說이 其桑土之野乎인져. ○蔡氏曰 兗地는 宜桑이니, 如桑間濮上에서 可驗也라). 允은 信이고, 臧은 善也라. ○此章은 本其始之望하고(鄭氏曰 望楚丘與旁邑하여 審其高下所依倚이라. ○東萊呂氏曰 升望하여 以領略其大勢라) 景하며(安成劉氏曰 建國之制엔 必先辨方하고, 辨方之法은 必考日景인지라 故謂之景이라. 此章의 景山與京은 先審其丘山之方向也고, 上章의 揆之以日은 復定其宮室之方向也라) 觀하고(眉山蘓氏曰 降觀其下하여 有桑土면 可以居民이라. ○東萊呂氏曰 降觀하여 以細察其土宜라) 卜하여(三山李氏曰 建國엔 必相土地之宜하고, 土地旣善然後에 稽之卜筮라. 文公旣有以相土地之宜矣인지라, 故其後曰卜云其吉이라. ○三山林氏曰 將遷國엔 必考之卜이니, 如綿詩曰爰契我龜와 楚丘之遷에 亦曰卜云其吉이 是也라), 而言以至於終而果獲其善也라.

賦체이다. '虛'는 옛날의 城이요(孔氏曰: 故墟는 高하여 可히 望할 수 있음이니, 마치 僖公 二十八年에 晋侯가 有莘之虛를 登함과 같은 것이다), '楚'는 楚丘이고, '堂'은 楚丘 곁의 邑이다(傳寅<?~1215年>의 <羣書百攷>에 曰: 當히 이렇게 博州<넓을박>의 堂邑이다). '景(영)'은 그림자를 헤아려서 方面을 바로잡음이니, 大雅 <生民之什>의 '旣景迺岡(그림자로 방향재고 언덕위로 올랐다)'의 景과 같음이다. 혹자왈:<景(클경)은 山名이니, 商頌에서 보인다.>라 하였다. '京'은 조형한 높은 언덕이다. '桑'은 나무이름으로 잎은 누에를 먹일 수 있는 것이고, '觀之'는 그 토지가 마땅한가를 살피는 것이다(安成劉氏曰: 衛詩에선 桑에 多言하니, 마치 <桑中>과 <氓>詩와 此에 及함과 같음에서도 모두 再,三으로 그것에 言之한 것이다. 대개 衛地는 冀兗二州를 跨하고 있으니, 桑者는 더욱 그 土가 宜당해야 하는 바인 것이고, 民生이 資하는 바인 것이다. 楚丘가 冀河之東과 兗州之境에 在임을 據일지면, 則 文公이 觀한 바와 說한 바는 '桑土'의 野일진져! ○蔡氏曰: 兗地는 桑에 宜이니, 마치 '桑間濮上<濮水주변의 뽕나무 숲에서 나온 음란한 음악>'과 같음에서 可驗인 것이다). '允'은 진실로 信이고, '臧'은 善함이다. ○이 章은 그 처음에선 전체를 관망하고(鄭氏曰: 楚丘와 旁邑<곁의 읍:堂>을 望하여 그 高下에 따라 依倚할 바로 審인 것이다. ○東萊呂氏曰: 升望하여 그 大勢를 領略

279

<대강을 집작하여 경략하는 것>하려 함이다), **해의 그림자로 주변 丘山의 방위를 헤아리며**(安成劉氏曰: 建國之制엔 반드시 先으로 方位를 辨別하여야 하며, 辨方之法은 반드시 日景을 考하는지라, 故로 謂之하길 景이라 한 것이다. 此章의 '景山與京'은 先으로 그 丘山之方向에 審한 것이고, 上章의 '揆之以日'은 다시 그 宮室之方向으로 定했다는 것이다), **그곳의 세밀한 토양을 관찰하고**(眉山穌氏曰: 降하여 그 下를 觀하여, 有桑土이면 可히 民으로 居하게 할 수 있는 것이다. ○東萊呂氏曰: 降觀하여 그 土宜에 細察한 것이다), **연후에 길흉으로 점친 것들을 근본하여**(三山李氏曰: 建國엔 반드시 土地之宜를 相하여 土地가 이윽고 善인 然後에야, 卜筮에 稽之할 수 있는 것이다. 文公이 이윽고 土地之宜로 相함이 有하였기 때문에, 故로 그 後에 '卜云其吉'이라 曰한 것이다. ○三山林氏曰: 將次 遷國에는 반드시 卜에 考之하여야 하니, 마치 <綿>詩와 같음에서도 '爰契我龜'라 曰하였고, 楚丘之遷에서도 또한 '卜云其吉'이라 曰함이 是인 것이다), **終末에 이르러서는 과연 그 좋음을 얻었다고 말한 것이다.**

*참고1: 傅寅羣書百攷
송나라 무주(婺州) 의오(義烏) 사람. 자는 동숙(同叔)이고, 호는 행계(杏溪)이다. 젊어서 경사백가(經史百家)에 정통했고, 당중우(唐仲友)에게 배웠는데, 당중우가 익우(益友)라 불렀다. 천문지리와 봉건정전(封建井田), 학교교묘(學校郊廟), 율력(律曆)과 군제(軍制) 등을 두루 연구했으며, 오류나 와전 등을 철저하게 교정하여 사항마다 도(圖)를 만들었는데, 이름하여 『군서백고(群書百考)』라 했다. 관직에 나가지 않고 집에 있으면서 생업에 신경을 쓰지 않아 만년에 더욱 가난해졌다. 태수(太守) 맹유(孟猷)가 녹봉을 덜어 돕자, 뜻 있는 사람들이 전담을 팔아 동양(東陽)의 천촌(泉村)에 집을 지어 주었다. 시도 잘 지어 한원고담(閑遠古淡)한 시풍(詩風)을 보였다. 저서에 『우공설단(禹貢說斷)』이 있다. [네이버 지식백과] (중국역대인명사전, 2010. 1. 20. 임종욱, 김해명)

*참고2: 或曰景山名 見商頌(玄鳥05)
或曰景 山名 商所都也. 見殷武卒章. 春秋傳亦曰 商湯有景亳之命是也.
或曰: <景은 山名으로 商의 都된 바이니, 殷武의 卒章에서 見한다.>라 하였고, 春秋傳(昭公四年春)에도 또한 曰: <商湯께서 景亳의 命을 두었다.>라 하였으니, 是이다.

臨川王氏曰 言今信善이 如卜所言也라.
臨川王氏曰: 今의 '信善'하기가 마치 卜에서 言한 바와 같음을 말한 것이다.

○長樂劉氏曰 建國之初엔 憂民之不得其所하여 不敢遑寧이고, 曰終焉允臧者는 喜其果遂於志願也라.

長樂劉氏曰: 建國之初엔 民이 그 所에 不得일 것에 憂하여 敢히 편안할 겨를(遑寧)이 없었던 것이고, '終焉允臧'이라 日한 것은 그 果然 志願을 遂하였음에 喜한 것이다.

○慶源輔氏曰 旣正其方面也고, 又覽其形勢也며, 又察其土宜也라. 人事盡矣然後에 卜之면, 則 始之吉而終之臧함이 宜矣라.
慶源輔氏曰: 이윽고 그 方面에 正이고서, 또 그 形勢를 覽하였으며, 또 그 土宜한 것까지 察한 것이다. 人事를 盡인 然後에 그것에 卜之이면, 則 卜始에 吉이었던 것이 終에 가서 臧함이 宜인 것이다.

04-06-03 ○靈雨旣零이어늘, 命彼倌人하여 星言夙駕하야 說于桑田하니, 匪直也人에 秉心塞淵이라, 騋牝三千이로다.
시절의 알맞은 비 이윽고 내리거늘, 저 관인(倌人)에 령 내려 새벽별 일찍 멍에 매 상전(桑田)에 이르러 머무시니, 다만 그이의 떳떳한 마음(秉心) 성실하고 깊을 뿐 아니라, 7척의 암말도 벌써 삼천이로다.

시절 맞게 단비 올 제 관인에게 분부내려
새벽 별에 수레 내어 뽕밭에 이르시네
문채나고 곧으신 분 마음 깊고 신실하네
큰말 암말 모두 합쳐 삼천이나 되는구나

賦也라. 靈은 善이고, 零은 落也라. 倌人은 主駕者也라. 星은 見星也라. 說는 舍止也라. 秉은 操이고, 塞은 實이며, 淵 深也라. 馬七尺以上爲騋라. ○言方春時雨旣降하여 而農桑之務作에, 文公이 於是命主駕者하여 晨起駕車하고 亟往而勞勸之라(臨川王氏曰 上章에서 旣言城市,宮室인지라 於是엔 言其政事이라. 蓋人君이 先辨方正位하여 體國經野然後에 可以施政事云이라. ○朱子曰 古人은 戴星而出라가 戴星而入하니, 必是身耐勞苦여야 方能率得人이라). 然非獨此人所以操其心者가 誠實而淵深也고, 蓋其所畜之馬의 七尺而牝者도 亦已至於三千之衆矣라. 蓋人操心이 誠實而淵深이면 則無所爲而不成하니, 其致此富盛宜矣라(疊山謝氏曰 秉心也實인지라 故事事朴實하여 不尙高虛之談하고, 秉心也淵인지라 故事事深長하여 不爲淺近之計이니, 富國强兵이 豈談高虛,務淺近者之所能辦哉리오. ○眉山蘇氏曰: 富强之業은 必深厚者爲之이지, 非輕揚淺薄者之所能致也라). 記曰에 問國君之富에 數馬以對라하니, 今言騋牝之衆如此컨대 則生息之蕃에 可見이고, 而衛國之富에도 亦可知矣라. 此章은 又要其終而言也라.
賦체이다. '靈'은 善함이요, '零'은 떨어질 落이다. '倌人(관인관)'은 멍에를 주관하는 자이다. '星'은 새벽별 봄(見星)이다. '說(세)'는 머무름(舍止)이다. '秉'은 잡음이고, '塞'은 朴實함이며, '淵'은 깊음이다. 말 7尺 이상이 騋(큰말래)가 된다. ○바야흐로 봄에 時雨가 이윽고 내림에 農桑을 힘써 일으켜야 하자, 文公이 이에 멍에를 주관하는 자에게 명하여 새벽에 일어나 수레에다 멍에 매고 급히 가서 그들을 위로하고 권면한 것이다(臨川王氏曰: 上章에서 이윽고 城市와 宮室에 언하였기 때문에, 於是에선 그 政事로 言한 것이다. 대개 人君이 先으로 辨方과 正位하여 國에 기틀의 체계를 세워 野의 구획을 經略인 然後에야 可히 政事를 施할 수 있음이라 云할 수 있음이다<周禮 天官冢宰>. ○朱子曰: 古人은 戴星而出하였다가 戴星而入하니, 반드시 이렇게 몸소 勞苦를 耐이어야 바야흐로 能히 통률에 得人일 수 있는 것이다). 그러나 유독 이 사람이 그 마음을 잡고 있는 까닭이 誠實하며 淵深하였을 뿐만이 아니라, 대개 그 길렀던 바의 말에도 7尺이면서 암말인 것이 또한 이미 三千의 무리에 이르렀음을 말한 것이다. 대개 사람이 마음을 잡고 있음이 誠實하고 淵深이면 즉 하는 바마다 이루지 못함이 없음이니, 이런 富의 盛大함으로 이룬 것도 의당한 것이다(疊山謝氏曰: 秉心이 또한 實인지라 故로 事事마다 朴實이어서 高虛之談을 승상하지 않고, 秉心이 또한 淵인지라 故로 事事마다 深長하여 淺近之計로 도모하지 않음이니, 富國强兵이 어찌 高虛만을 談하고 淺近만을 務하는 者가 能히 판별(辨)할 수 있는 바이겠는가? ○眉山蘇氏曰: 富强之業은 반드시 深厚인 者만이 그것을 爲之이지, 경박<輕揚>의 淺薄者가 能히 致할 수 있는 바가 아닌 것이다). 禮記에 曰하길, <國君의 富를 물음에 말을 세어서 대답한다.>라 하였으니, 지금 言하길 7척 이상 암말의 무리가 이와 같다라 하건대 즉 개체 불어남(生息)의 蕃盛에 대해 가히 알 수 있고, 衛國의 富에 대해서도 또한 가히 알 수 있는 것이다. 이 章은 또한 그 종국(終局)의 상황을 요약하여 말한 것이다.

慶源輔氏曰: 此章은 乃要其後日之終而言이라. 觀其始之經營其國者가 如此其備하고, 繼之勤勞於民者가 如此其勤이면, 則其終之善與富가 亦宜矣라.
慶源輔氏曰: 此章은 이내 그 後日之終을 要約해서 言한 것이다. 그 始에 그 國을 經營하였던 것이 如此로 그 備하였고, 그 繼之하길 民에 勸勉하고 위勞하였던 것이 如此로 그 부지런(勤)하였음에 觀이면, 則 그 終이 善하고 富임이 또한 宜인 것이다.

○廬陵曹氏曰 人君之一心은 萬事之本也라. 文公之能勤於農桑者도 此心也고, 所以致牝馬之多者도 亦此心也라. 一心之誠實淵深이면 則無所爲而不成矣라.
廬陵曹氏曰: 人君의 一心은 萬事之本인 것이다. 文公이 能히 農桑에 勤勉인 것도 此心이었던 것이고, 牝馬之多로 致할 수 있었던 所以인 것도 또한 此心인 것이다. 一心이 誠實과 淵深일지면, 則 爲하는 바마다에 成하지 못함이 없는 것이다.

定之方中은 三章으로, 章七句이라.
定之方中은 三章으로, 章마다 七句이다.

按春秋傳컨대, 衛懿公九年冬에 狄入衛하여 懿公이 及狄人과 戰于熒澤하여 而敗死焉이라. 宋桓公이 迎衛之遺民하여 渡河而南하고 立宣姜子申하여 以廬於漕하니, 是爲戴公이라. 是年卒에 立其弟燬하니 是爲文公이라. 於是齊桓公이 合諸侯하여 以城楚丘而遷衛焉이라. 文公이 大布之衣,大帛之冠하고 務材訓農하며, 通商惠工하고 敬敎勸學하며, 授方任能하니, 元年의 革車三十乘이 季年엔 乃三百乘이라.

春秋傳을 살펴보건대, 衛나라 懿公 9年 겨울에, 狄人이 衛에 침입하여 懿公이 狄人과 熒澤에서 싸우다가 그곳에서 敗死하였다. 宋桓公이 衛의 流民을 맞이하여 黃河를 건너 南下하게 하였다. 宣姜(선강과 완)의 아들 申을 세워 漕邑에다 여막을 짓고 거처하게 하였으니, 이가 戴公이 되었다. 이 해에 卒하거늘, 그 동생 燬를 세우니 이가 文公이 되었다. 이에 齊桓公이 諸侯들을 규합하여 楚丘에다 성을 쌓고 그곳으로 위나라를 옮겼다. 文公이 거친 布衣와 거친 帛冠을 쓰고, 인재에 힘쓰며 농사를 가르치고, 상인을 通하게 하고 工人을 은혜롭게 대하였으며, 가르침을 공경히 받들게 하고 학문을 권면하였으며, 직분의 방면에 제수(授)하길 능한 자를 임용하니, 元年에 革車 三十乘이었던 것이 말년에 가서는 이내 三百乘이나 되었다.

程子曰 一章에선 言建國之事하고, 次章서야 方言相土度地之初하니, 屬文之勢가 然也라. 今文에도 首에다 言其事하고, 然後에 言其初者도 多矣라. 旣度其可然後에 卜以決之하니, 卜洛도 亦然이고 人謀도 臧인지라 則龜筮從矣라. 卒章에선 則敍其勤勞以致殷富이라.

程子曰: 一章에선 建國之事로 言하였고, 次章에서야 바야흐로 相土와 度地의 初를 言하였으니, 文에 屬하게 한 勢를 然하게 한 것이다. 오늘날 文에서도 首에다 그 조목의 事로 먼저 言하고, 然後에 그 初에 대한 것을 言함도 多인 것이다. 이윽고 그 可함을 度한 然後에야 卜으로 그것을 결정하였으니, 卜으로 초구의 新都를 결정(卜洛)함도 또한 然하였고 人謀도 臧인지라 則 龜筮도 從이었던 것이다. 卒章에선 則 그 勤勞로서 성대(殷)한 富로 致하였음을 敍한 것이다.

*참고:卜洛
意思是周公卜擇洛邑得吉兆而建爲東都, 后因稱經營新都爲卜洛。
意思가 이렇게 周公이 거북점(卜)으로 洛邑을 선택할 때 吉兆를 得하자 建設

하여 東都로 삼았으니, 이후에 이로 因해 新都로 經營함을 稱하여 '卜洛'이라 하였다.

○安成劉氏曰 春秋紀事는 用周月이니, 定星中時는 乃周之十二月이라. 衛懿公九年十二月에 狄滅衛하여 戴公立而卒하고, 文公繼立하니 以次年爲元年이라. 至文公二年歲首之月에야 齊桓始城楚丘이니, 則詩人所指의 定星方中은 其在文公元年之終에선 楚丘未城之先歟인져. 然詩言終焉允臧騋牝三千하니, 則是詩가 蓋作於文公之季年라가 而追言其始遷時一事耳이라. 故二章以前은 皆本其始하고, 二章以後는 則要其終也라.
安成劉氏曰: 春秋의 紀事는 周月을 用하니, 定星中의 時는 이내 周의 十二月이다. 衛懿公 九年十二月에 狄이 滅衛함에 戴公이 立하였으나 卒하였고, 文公이 繼하여 立하니 次年이 元年이 됨이다. 文公二年의 歲首之月에 至해서야 齊桓이 비로소 楚丘에다 城하였으니, 則 詩人이 指했던 바의 定星方中은 그 文公元年之終에 在해서는 楚丘에다 아직 城을 쌓지 않은 先일진져! 그러나 詩에서 '終焉允臧 騋牝三千'이라 言하였으니, 則 是詩가 대개 文公之季年에서야 作되어졌다가 그 처음 遷할 때의 一事까지 追言하였을 뿐인 것이다. 故로 二章의 以前에서는 모두 그 始에 本하였고, 二章 以後에는 則 그 終으로 要약한 것이다.

7. 蝃蝀

04-07-01 蝃蝀在東하니 莫之敢指로다. 女子有行은 遠父母兄弟니라.
무지개(蝃蝀) 동쪽 하늘 걸렸나니 아무도 음기(淫氣)라 감히 지척치 못함이로다. 여자 음분(淫奔)의 행차 부모 형제와 멀리 떨어짐이니라.

동쪽 하늘 무지개 떴네 감히 손가락질 하지 않네
여자 한번 시집가면 부모형제 멀어지네

比也라. 蝃蝀은 虹也로 日與雨交에 倏然成質로, 似有血氣之類에 乃陰陽之氣가 不當交而交者니, 蓋天地之淫氣也라(孔氏曰 雙出에 色鮮盛者爲雄曰虹하고, 暗者爲雌曰蜺이라. ○須溪劉氏曰 何獨非陰陽之交에 而虹이리오. 獨以不正之氣가 著見於野를 詩之托物하길 如此이라). 在東者는 莫虹也니, 虹은 隨日所映인지라, 故朝西而莫東也라(安成劉氏曰 虹之爲質은 不映日이면 不成이니, 蓋雲薄에 漏日로 日映雨氣면 則生也라. 今에 以水噀日이면 亦成靑紅之暈이라). ○此는 刺淫奔之詩라. 言蝃蝀在東에 而人不敢指로 以比淫奔之惡을 人不可道이라. 況女子有行이면 又當遠其父母兄弟컨대, 豈可不顧此而冒行乎리오.

비체이다. '蝃蝀(무지개체,동)'은 무지개(虹)로 해와 비가 교차함에 倏然(갑자기숙)히 무지개의 質이 이루어지는 것으로, 흡사 血氣의 類에 이내 陰陽의 기운이 마땅히 교차하지 않아야 함에도 교차함이 있음과 같으니, 대개 天地의 淫氣인 것이다(孔氏曰: 雙으로 出함에 色의 鮮盛者는 雄이 되어 虹이라 曰하고, 暗者는 雌가 되어 蜺<예>라 曰한다. ○須溪劉氏曰: 어찌 유독 陰陽이 交하지 않아야함에 虹만 이겠는가? 유독 不正之氣가 野에 著見하였던 것만을 詩에서 托物하길 如此한 것이다). 동쪽에 있는 것은 저물 때의 무지개이다. 무지개는 햇빛이 비추는 바를 따르니, 아침에는 서쪽에 있고 저녁에는 동쪽에 있다(安成劉氏曰: 虹의 質됨은 日로 비추<映>지 않으면 成되지 않으니, 대개 雲의 엷은<薄> 틈새로 日빛이 새어<漏>나옴으로 日이 雨氣를 映이면 則 生한다. 今에 水로 日에다 내뿜<噀:손>으면 또한 靑紅之暈<무리훈>를 成한다). ○이것은 淫奔함을 풍자한 詩이다. <무지개가 동쪽에 있음에도 사람들이 감히 가리키지 못하는 것으로서, 淫奔의 惡에 사람들이 감히 말하지 못함을 비유한 것이다. 하물며 여자가 음분의 행차를 들지면 또한 마땅히 그 부모 형제와 멀어지거늘, 어찌 가히 이를 돌아보지 않고 행차에 무릅쓸 수 있겠는가?>라 말한 것이다.

東萊呂氏曰 女子有行,遠父母兄弟의 此詩는 蓋言女子終當適人하여 非久在家者거늘, 何為而犯禮也리오. 泉水,竹竿은 蓋衛女思家로, 言女子分當適人인지라 雖欲常在父母兄弟之側여도 不可得也라. 一은 則欲常居家而不可得이고, 一은 則欲亟去家而不能得이니, 其善惡에 可見矣라.
東萊呂氏曰: '女子有行 遠父母兄弟'의 此詩는 대개 '女子 終극에는 當히 人을 適인지라 久로 家에 在할 수 있는 것이 아니거늘, 무엇을 위하여 犯禮일 수 있겠는가?'라 言한 것이다. 패풍의 <泉水>와 위풍의 <竹竿>은 대개 衛女가 思家인 것으로, 女子의 分은 當히 適人인지라 비록 常으로 父母兄弟之側에 在하고자 하여도 不可得임을 言한 것이다. 一(泉水,竹竿)은 則 常으로 居家코자 하나 可히 得할 수 없음이고(자탄), 一(此篇)은 則 빨리 去家라도 能히 得할 수 없다는 것이니(질책), 그 善惡에 可見인 것이다.

04-07-02 ○朝隮于西하니 崇朝其雨로다. 女子有行은 遠兄弟父母니라.
무지개 서쪽 하늘 떠오르니 아침나절 그 비 그침이로다. 여자 음분의 행차 형제 부모와 떨어져 멀어짐이니라.

서쪽하늘에 무지개 떴네 아침까지 비내린 탓
여자 한번 시집가면 부모형제 멀어지네

比也라. 隮는 升也라. 周禮에, 十煇九日隮컨대, 註以爲虹하니, 蓋忽然而見이 如自下而升也라.

比체이다. '隮'는 오를 升이다. 周禮에서 十煇(햇무리운) 중에 아홉 번째를 '隮'라 曰하는데, 註에서는 무지개라 여겼으니, 대개 忽然히 나타남이 마치 아래로부터 떠오름과 같기 때문이다.

*참고: 十煇
옛날 서운관(書雲觀)과 관상감(觀象監)에서 햇무리가 생기는 것을 관찰하여 이를 열 가지로 나누어 요상(妖祥)을 살펴서 길흉(吉凶)을 변별(辨別)하던 방법. ≪주례≫의 주소(註疏)에 따르면, 음양(陰陽)의 기운이 서로 해를 침범하는 것을 '침(祲)'이라 하고, 적조(赤鳥)와 같은 것을 '상(象)'이라 하며, 해를 찌르는 듯한 모양의 햇무리를 '휴(鑴)'라 하고, 구름과 같은 기운이 해에 일어나 귀고리 모양의 햇무리가 나타나는 것을 '감(監)'이라 하며, 해와 달이 어둔 빛을 보이는 것을 '암(闇)'이라 하고, 해와 달이 빛을 잃어버리는 것을 '몽(瞢)'이라 하며, 백홍(白虹)이 해에 미쳐 있는 것을 '미(彌)'라 하고, 구름이 겹쳐 있어서 해 안에 산 모양 따위가 있는 것을 '서(敍)'라 하며, 무지개가 해의 기운을 타고 넘는 것을 '제(隮)'라 하고, 잡스러운 기운들이 해에 미치는 것을 '상(想)'이라 한다.(한국고전용어사전, 세종대왕기념사업회)

春官注에 眡祲은 掌十煇之法하니, 以觀妖祥하여 辨吉凶이라. 煇는 謂日旁之光氣이라. 一曰祲하니, 陰陽氣相侵에 赤雲爲陽하고 黑雲爲陰이라. 二曰象이니, 如赤鳥이라. 三曰鑴이니, 日旁雲氣가 刺日이라. 四曰監이니, 赤雲在日旁이 如冠珥이라. 五曰闇이니, 日月食이라. 六曰瞢이니, 日月無光이라. 七曰彌이니, 雲氣貫日而過이라. 八曰敍이니, 雲氣次序가 如山在日上이라. 九曰隮이니, 虹也라. 十曰想이니, 雜氣하여 有似可形像이라.

주례 <春官> 注에, 시침(眡祲:볼시,요기침)의 관직은 햇무리가 만드는 十煇之法을 掌하니, 妖와 祥을 觀하여 吉凶을 辨別한다. 煇(운)는 日旁之光氣를 謂함이다. 一曰祲(햇무리침)이니, 陰陽의 氣가 相侵에, 赤雲은 陽이 되고 黑雲은 陰이 된다. 二曰象이니, 赤鳥와 같음인 것이다(태양 속에 까마귀가 있다고 하는 중국 신화). 三曰鑴(솔,햇무리휴)이니, 日旁의 雲氣가 日을 刺인 것이다. 四曰監이니, 赤雲이 日旁에 在함이 마치 冠珥(귀고리이)와 같음이다. 五曰闇이니, 日을 月이 食인 것이다. 六曰瞢(먼눈맹,어두울몽)이니, 日月無光이다. 七曰彌(휘감길미)이니, 雲氣가 貫日하여 過인 것이다. 八曰敍(차례서)이니, 雲氣의 次序가 마치 山과 같음이 日의 上에 在함과 같은 것이다. 九曰隮이니, 虹인 것이다. 十曰想이니, 氣가 雜하여 可히 形像을 이룸과 같음이 있는 것이다.

*참고: 日珥
지구 상층 대기에 떠 있는 얼음 결정에 의해 햇빛이 산란되어 특정한 무늬가

생기는 것을 총칭하여 햇무리 현상[Haloism]이라고 한다. 그 가운데 해를 둘러싸면서 원형으로 생기는 것을 일훈(日暈) 즉 햇무리라고 하고, 그 양옆에 밝은 부분이 생기는 것을 일이(日珥) 또는 해의 귀에 고리라고 한다. 양쪽에 쌍으로 나타나기 때문에 양이(兩珥)라고도 한다. 또한 일훈의 위쪽에 위로 볼록한 모양으로 생긴 것은 갓을 닮았다고 해서 일관(日冠)이라고 하고, 아래로 볼록한 모양으로 생기는 무늬는 등을 닮았다고 해서 일배(日背)라고 한다. 백홍(白虹)은 해 주변에 생기는 기다란 무지개처럼 생긴 부분을 말한다. 이것이 마치 해를 꿰뚫는 모양을 하므로 흔히 백홍관일(白虹貫日)이라고 한다. (위키 실록사전)

○孔氏曰 隮는 虹隮也라. 由升氣로 所爲인지라, 故號虹隮이라. 日東이면 則見西이고, 日西이면 則見東이라.
孔氏曰: 隮는 虹이 隮인 것이다. 升氣로 由하여 만들어진 바이기 때문에, 故로 虹隮라 號한 것이다. 日이 東이면 則 西에서 見(현)인 것이고, 日이 西이면 則 東에서 見인 것이다.

崇은 終也니, 終旦에서 至食時이면 爲終朝이라. 言方雨而虹見이면 則其雨는 終朝而止矣니, 蓋淫慝之氣가 有害於陰陽之和也라. 今俗謂하길 虹能截雨컨대, 信然이라.
'崇'은 마침이니, 旦이 終됨에서 밥 먹는 때에 이르게 되면 '朝가 終함'이 된다. <바야흐로 비가 내렸다가 무지개가 보이면 즉 그 비는 終朝만에 그치게 됨을 말함이니, 대개 淫慝한 기운이 陰陽의 和를 해롭게 함이 있다는 것이다. 오늘날 속담에도 이르길: <무지개가 능히 비를 그치게 한다.>라 하니, 참으로 그러함인 것이다.

南軒張氏曰 蝃蝀見하여 則雨止엔 初無東西之分이니, 驗之多矣라. 陰陽和則成雨나, 陰氣方凝聚에 而日氣가 自他方來感하길 不以正이면, 陰受其感에 其正은 反爲之解散인지라, 故雨不能成也라.
南軒張氏曰: 蝃蝀이 見하여 則 雨를 止하게 함엔 애초부터 東西之分이 없으니, 그것을 驗之할 수 있음이 多인 것이다. 陰陽이 和함에는 則 成雨이나, 陰氣만이 바야흐로 凝聚한 곳에 日의 氣가 他(日)로부터 方來하여 感하길 正도로서 아니할지면, 陰이 그 感을 受함에 그 正은 도리어 그곳에서 解散되기 때문에, 故로 雨를 能히 成하지 못하는 것이다.

○慶源輔氏曰 淫慝之氣가 害陰陽之和로 以比淫奔之惡이 害人道之正이니, 蓋理所不容也라.

慶源輔氏曰: 淫慝之氣가 陰陽之和를 害한다는 것으로 淫奔之惡이 人道之正을 害함으로 比한 것이니, 대개 理에 있어 容납할 수 없는 바인 것이다.

04-07-03 ○乃如之人也여. 懷昏姻也로다. 大無信也로니 不知命也로다.
이내 저와 같은 이여! 혼인의 욕구만 품음이로다. 크게 정신(貞信) 지켜냄 없으니 천명의 바름도 알지 못함이로다.

이와 같이 하는 행동 시집가고 싶은 거지
큰 믿음도 줄 수 없네 천명 이치도 알 수 없네

賦也라. 乃如之人는 指淫奔者而言이라. 婚姻은 謂男女之欲이라. 程子曰 女子는 以不自失爲信이라. 命은 正理也라. ○言此淫奔之人은 但知思念男女之欲하고, 是不能自守其貞信之節하여 而不知天理之正也라. 程子曰 人雖不能無欲이나 然當有以制之니, 無以制之而惟欲之從이면 則人道廢而入於禽獸矣나, 以道制欲이면 則能順命이라.
賦체이다. '乃如之人'은 음탕과 난잡(淫奔)한 자를 가리켜 말한 것이다. '婚姻'은 남녀의 욕구를 말함이다. 程子曰: <여자는 자신을 잃지 않음으로서 信을 삼는다.>라 하였다. '命'은 바른 이치(正理)이다. ○이 淫奔한 사람은 다만 남녀의 욕구만을 思念할 줄 알고, 이렇게 능히 그 貞信의 절개를 스스로 지켜내지 못해 天理의 바름을 알지 못함을 말한 것이다. 程子왈: <사람이 비록 능히 욕구가 없을 수야 없지만, 그러나 마땅히 그것을 절제함이 있어야 하니, 그것을 절제함 없이 오직 욕구만을 쫓는다면 즉 人道는 폐기되어 禽獸로 빠져들게 될 것이나, 道로써 욕구를 제지한다면 즉 능히 천명에 順일 수 있는 것이다.>라 하였다.
*참고: 恐컨대 생물학적 本性 + 命 → 사회적 理性
1) 생물학적 本性: 생명을 영위함에 수반되어지는 감각적 본능의 욕구.
2) 사회적 理性: 자신의 행위가 사회 속에 투영되어지는 개념적 사유체계.

臨川王氏曰 男女之欲도 性也나, 有命焉인지라 君子不謂性也라.
臨川王氏曰: 男女之欲도 性이나, 그것엔 命도 有인지라 君子는 온전히 性으로만 謂하지 않음이다.

○慶源輔氏曰 男女之欲에 人所不能無也나, 要當有以制之라. 無以制之면 則失其貞信之節하여 而有害於天理之正이라. 道가 即是理이고, 理가 即是命이니, 以道制欲이면 則能順命이고 去其人欲이면 則能循乎天理矣라.
慶源輔氏曰: 男女之欲에 人이 능히 無일 수 없는 바이지만, 當히 그것을 制之

함이 有하길 要하여야 한다. 그것을 制之함이 無일지면 則 그 貞信之節을 失하여 天理之正에 害만이 有하게 된다. 道가 即 이렇게 理인 것이고, 理가 即 이렇게 命인 것이니, 道로서 制欲일지면 (복례) 則 能히 順命일 수 있고, 그 人欲을 去일지면 (극기) 則 能히 天理에 循일 수 있는 것이다.
*참고: 道,理,命
道: 人이 行하며 걸어야 하는 궁극의 길(道)
理: 天,地,人에 본연(本然)의 자연한 이치(理)
命: 부여해준 바의 부터 온 바를 쫓아 명명함(命名)

蝃蝀은 三章으로, 章四句이라.
蝃蝀은 三章으로, 章마다 四句이다.

8. 相鼠

04-08-01 相鼠有皮하니 人而無儀런가. 人而無儀진댄 不死何爲리오.
쥐를 보아도 가죽 있나니 사람이면서 위의(威儀) 없을 수 있겠는가? 사람이고도 위의(威儀) 없을진댄 죽지 않고서 무엇 하리오?

　　　　　　　쥐를 보아도 가죽 있거늘 사람인데 체신없네
　　　　　　　사람으로 체신 없으면 죽지 않고 무엇할까

興也라. 相은 視也라. 鼠는 蟲之可賤惡者이라. ○言視彼鼠而猶必有皮컨대, 可以人而無儀乎런가. 人而無儀면 則其不死코서 亦何爲哉리오.
興체이다. '相'은 봄이다. '鼠'는 짐승 중에 가히 천하고 미운 것이다. ○<저 쥐를 보아도 오히려 반드시 가죽이 있건대, 가히 사람으로서 威儀가 없을 수 있겠는가? 사람이고도 威儀가 없을지면, 즉 그 죽지 않고서 또한 무엇을 할 수 있겠는가?>라 말한 것이다.

04-08-02 ○相鼠有齒하니 人而無止런가. 人而無止진댄 不死何俟리오.
쥐를 보아도 이빨 있나니 사람이면서 용모와 행동거지 없을 수 있겠는가? 사람이고도 용모와 행동거지 없을진댄 죽지 않고서 무엇 기대하리오?

　　　　　　　쥐을 보아도 이빨 있거늘 사람인데 예의없네
　　　　　　　사람으로 예의 없으면 죽지 않으면 뭘 기대할까

興也라. 止는 容止也라. 俟는 待也라.

興체이다. '止'는 容모와 행동거止이다. '俟'는 기대함이다.

04-08-03 ○相鼠有體하니 人而無禮런가. 人而無禮진댄 胡不遄死리오.
쥐를 보아도 사지 신체 있나니 사람이면서 예의(禮義) 없을 수 있겠는가? 사람이고도 예의(禮義) 없을진댄 어찌 빨리 죽지 않고 무엇 하리오?

쥐를 보아도 몸이 있거늘 사람인데 예의없네
사람으로 예의 없으면 죽지 않고서 뭐할건가

興也라. 體는 支體也라. 遄은 速也라.
興체이다. '體'는 사支의 體이다. '遄'은 빠름이다.

相鼠는 三章으로, 章四句이라.
相鼠는 三章으로, 章마다 四句이다.

慶源輔氏曰 每章章末은 甚疾之之辭이라. 首章言威儀하고, 次章言容止하며, 末章方言禮이니, 自淺以至深이라. 以皮興儀하고 以齒興止하며 以體興禮하니, 亦有輕重也라. 又曰 蝃蝀,相鼠二詩는 皆文公之化行하여 而人心去邪反正인지라, 見國人之淫奔,在位之無禮하고 為可惡而作이니, 故其辭意가 比他詩特為嚴厲이니, 然亦未嘗不止於禮義也라.
慶源輔氏曰: 每章의 章末은 甚히 疾之한 辭인 것이다. 首章에선 威儀로 言하였고, 次章은 容止로 言하였으며, 末章에서야 바야흐로 禮로 言하였으니, 淺으로부터 深에 至인 것이다. 皮로서 儀를 興하였고, 齒로서 止를 興하였으며, 體로서 禮를 興하였으니, 또한 輕重으로 有한 것이다. 又曰: <蝃蝀><相鼠>의 二詩는 모두 文公之化가 行해져 人心이 邪를 去하고 正으로 反하였는지라, 國人之淫奔과 在位之無禮를 見하고서 可히 惡함으로 여겨 作하였기 때문에, 故로 그 辭意가 他詩에 비해 특히 嚴厲했던 것이나, 그러나 또한 일찍이 禮義에서 止하지 않음이 없음이다.

○華谷嚴氏曰 凡獸에도 皆有皮,齒,體컨대, 獨言鼠는 擧卑汚可惡之物하여 以惡人之無禮也라.
華谷嚴氏曰: 凡의 獸에도 모두 皮,齒,體가 有하건대, 유독 鼠만을 言한 것은 卑汚의 可惡之物을 擧하여 人之無禮를 惡한 것이다.

○東萊呂氏曰 相鼠之惡無禮하길 何其如是之甚也런가. 蓋溺於淫亂之俗에 不如是면 不足以自拔也고, 疾惡에 不深이면 則遷善不力이라.

東萊呂氏曰: <相鼠>편에서 無禮를 싫어함이 어찌 그 是와 같이 甚하게 한 것인가? 대개 淫亂之俗으로 溺함에 是와 같지 않을지면 足히 自扳(뽑을발)치 못하기 때문이고, 疾惡하길 不深이면 則 遷善으로 不力이기 때문이다.

9. 干旄

04-09-01 孑孑干旄여. 在浚之郊로다. 素絲紕之코 良馬四之로니, 彼姝者子는 何以畀之런고.

우뚝한 깃대 모(旄)의 깃발이여! 준(浚)읍 교외에 있도다. 흰 비단실 짜 엮어 매고 살찐 사마(四馬) 수레 세움이로니, 저 후덕한 현자께선 어떤 말씀 답례(畀)하실런가?

우뚝 선 소꼬리 깃발 준읍 땅에 펄럭이네
흰 비단실 깃대 꾸며 네 필 말이 수레끄네
아름다운 저 사람은 무슨 말로 보답해줄까

賦也라. 孑孑은 特出之貌라. 干旄는 以旄牛尾하여 注於旗干之首하고, 而建之車後也라(程子曰 注旄干首는 九旗서도 皆然이라). 浚은 衛邑名이라. 邑外를 謂之郊이라. 紕는 織組也니, 蓋以素絲織組而維之也라. 四之는 兩服兩驂으로, 凡四馬以載之也라(董氏曰 馬의 在車中爲服이고, 在車外爲驂이라). 姝는 美也라. 子는 指所見之人也라. 畀는 與也라. ○言衛大夫가 乘此車馬하고 建此旄旌하여 以見賢者에(程子曰 旄,旗,旌은 皆通言耳이니, 謂卿大夫建旗而來觀浚之都하여 禮下賢者이라) 彼其所見之賢者는 將何以畀之하여 而答其禮意之勤乎인가.

賦체이다. '孑孑'은 特出한 모습이다. '干旄'는 旄牛(全身黑色長毛)의 꼬리모양으로 깃대장식을 만들어 旗干의 머리에다 달고서, 수레의 뒤에 세우는 것이다(程子曰: 干首에다 소꼬리 깃대장식<旄>으로 注함은 九爵의 旗에서도 모두 然인 것이다). '浚'은 衛의 邑名이다. 邑의 밖을 郊라 이른다. '紕(合絲를 꼴 비)'는 옷감을 직조(織組)이니, 대개 흰 실로 織組하여 그것으로 동여매는 것이다. '四之'는 두마리의 服馬와 두 마리의 驂馬이니, 모두 네 마리의 말에다 그것을 싣는 것이다(董氏曰:馬가 車中으로 在함이 服이 되고, 車外로 在함이 驂이 된다). '姝(예쁠주)'는 아름다움이다. '子'는 봄는 바의 사람을 가리킴이다. '畀'는 고해주는 것이다. ○<衛나라 大夫가 이 車馬를 타고 이 旄旌를 세워 賢者를 찾아봄에(程子曰: 旄,旗,旌은 모두 일반에서 널리 쓰는 명칭<通言>일 뿐이니, 卿大夫가 建旗로 浚之都에까지 來하여 觀하고 禮로 賢者에게 下함을 謂함이다), 저 그 만나 봄는 賢者는 장차 무슨 말로 고해주어 그 예의의 수고로움에 보답하려는가?>라 말한 것이다.

朱子曰 此是旁人이 見此人에 有好善之誠이니, 曰彼姝者子,何以告之는 蓋指賢者 而言也라.
朱子曰: 此는 이렇게 旁人들이 此人에게 好善之誠이 有함을 見한 것이니, '彼 姝者子 何以告之'라 曰함은 대개 賢者를 指하여 言한 것이다.

04-09-02 ○孑孑干旟여. 在浚之都로다. 素絲組之코 良馬五之로니, 彼姝者子는 何以予之런고.
우뚝한 깃대 여(旟)의 깃발이여! 쥰(浚)의 하읍(下邑:都)에 있도다. 흰 비단실 짜 엮어 매고 살찐 다섯 필 수레에 세움이로니, 저 후덕한 현자께선 어떤 말씀 보답(予)하실런가?

펄럭이는 새매 깃발 쥼읍 도성에서 나부끼네
흰 비단실로 깃대 묶어 다섯 말이 수레끄네
아름다운 저 사람은 무엇으로 보답할까

賦也라. 旟는 州里所建鳥隼之旗也라. 上設旌旄하고, 其下繫斿하며, 斿下屬縿하니(音衫이고, 旗之體也라. ○孔氏曰 旗에도 亦有旌旄이니, 三章互文也라. 言旄則有斿縿이고, 言旗則有旌旄矣라), 皆畫鳥隼也라(周禮司常曰하길 鳥隼爲旟라 하고, 考工記曰하길 鳥旟七斿는 以象鶉火라 하니, 蓋畫朱鳥及隼於斿縿之上也 라). 下邑曰都이라. 五之는 五馬니, 言其盛也라.
賦體이다. '旟'는 州와 里에다 세우는 바의 새매(鳥隼)를 그려 넣은 기이다. 위에는 旌旄(깃을 쪼갬)로 설치하고 그 아래에다 깃발 장식의 술(斿:旒:류)을 매달고, 술(斿:유) 밑에다 기 본체(縿:기의 정폭 삼)의 폭을 속하게 함인데(縿 音이 衫<적삼삼>이고, 旗之體이다. ○孔氏曰: 旗에도 또한 旌旄의 장식이 有이니, 三章은 互文인 것이다. 旄로 言함은 則 斿와 縿이 有함인 것이고, 旗로 언함은 則 旌과 旄가 有인 것이다), 모두 새매를 그려 넣는다(周禮 <司常>에 曰하길 '鳥隼이 旟가 된다.'라 하고, <考工記>에 曰하길 '鳥旟에 七斿로 함은 鶉火<남방朱雀七宿>를 象한 것이다.'라 하니, 대개 朱鳥와 隼을 斿縿之 上에다 畫인 것이다). 下邑을 '都'라 曰한다. '五之'는 五馬이니, 그 盛함 을 말함이다.

04-09-03 ○孑孑干旌이여. 在浚之城이로다. 素絲祝之코 良馬六之로소니, 彼姝 者子는 何以告之런고.
우뚝한 깃대 정(旌)의 깃발이여! 쥰(浚)읍의 성안에 있도다. 흰 비단실 짜 부 착(祝)하곤 살찐 여섯 필 수레에다 치장이로니, 저 후덕한 현자께선 어떤 말씀

청해 고해주실런고?

> 나부끼는 새털 깃발 즁읍 성에 펄럭이네
> 흰 비단실로 깃대꾸며 여섯 말이 수레끄네
> 아름다운 저 사람은 무슨 말로 해주실까

賦也라. 析羽爲旌하니, 干旄은 蓋析翟羽하여 設於旗干之首也라(孔氏曰 孫炎云하길 析五采羽하여 注旄上라하니, 則干之上엔 有旄有羽이라. 又爾雅注에, 旄首曰旌라하니, 則干旄,干旌은 一也라). 城은 都城也라. 祝은 屬也라. 六之는 六馬이니, 極其盛而言也라.
賦체이다. 깃털을 쪼개어 旌을 만드는데, '干旄'은 대개 꿩의 깃을 쪼개어 깃대의 머리에 설치한다(孔氏曰: 孫炎云하길 五采羽를 析하여 旄上에다 注한다라 하니, 則 干之上엔 旄도 有하고 羽도 有함인 것이다. 또 爾雅注에 旄首를 旌이라 曰하니, 則 '干旄'와 '干旌'은 一일 뿐인 것이다). '城'은 都城이다. '祝'은 부착(屬:촉)케 하는 것이다. '六之'는 六馬이니, 그 盛함을 極하여 말한 것이다.
*참고:
告: 빕고 청할 곡

朱子曰 五之,六之는 取協韻耳이고, 亦極言其車馬之盛이라. 見其位高勢重여도 而能降屈於賢者如此하니, 非心誠好善이면 不能也라.
朱子曰: 五之와 六之는 協韻으로 取했을 뿐이고, 또한 그 車馬之盛을 極言한 것이다. 그 位가 高이고 勢가 重이어도 能히 賢者에게 降屈하길 如此함을 見한 것이니, 心에 誠으로 好善이 아닐지면 能할 수 없는 것이다.

干旄는 三章으로, 章六句이라.
干旄는 三章으로, 章마다 六句이다.

此上三詩를 小序는 皆以爲文公時詩컨대, 蓋見其列於定中載馳之間故爾이나, 他無所考也라. 然衛는 本以淫亂無禮하여 不樂善道으로 而亡其國컨대, 今破滅之餘에 人心危懼하니, 正其有以懲創往事하고 而興起善端之時也라. 故其爲詩가 如此이니, 蓋所謂 生於憂患, 死於安樂者이라. 小序之言도 疑亦有所本云이라.
이 위 세 詩를 <小序>에선 모두 文公 때의 詩라 여겼는데, 대개 그 '定中' 章과 '載馳' 章 사이에 열거되어 있음을 보았기 때문일 뿐이나, 그것을 상고할 바는 없는 것이다. 그러나 衛나라는 본래 淫亂하고 無禮하여 善道에 樂하지 않아 그 나라가 망하게 됐었는데, 지금 파멸이고 나서 人心이 危懼하니, 정히 그 지나간 일에 懲創하고 善端을 興起시키려는 때가 있었던 것이다. 고로 그 詩를 지은 것이 이와 같았으니, 대개 맹자의 소위 <憂患에서 삶을 온전히 이루고, 安樂의 안일에서 죽는다.>인 것이다. <小序>의 주장도 의심컨대 또한 근본한 바가 있음이라 말할 수 있는 것이다.

安成劉氏曰 衛俗이 淫亂, 無禮하고 不好善道에 以致亡國이니, 君臣上下가 蓋嘗 溺於三者之中이여도 而不知矣라. 逮其滅亡之餘서야 懲往事로 而興善念하니, 於是 에 淫亂者엔 有蝃蝀之刺하고, 無禮者엔 有相鼠之惡하며, 樂善道者엔 又有干旄 之詩하니, 非文公之更化면 何以臻此리오.
安成劉氏曰: 衛의 풍속은 淫亂과 無禮하여 善道를 好하지 않음에 亡國으로 致 하게 된 것이니, 君臣上下가 대개 일찍이 三者之中(淫亂, 無禮, 不好善道)에 溺 하고도 不知였던 것이다. 그 滅亡之餘에 逮하고서야 往事를 懲戒로 삼아 선한 마음(善念)을 興하려 하였으니, 於是에 淫亂者에겐 蝃蝀之刺를 有하였고, 無禮 者엔 相鼠之惡을 有하였으며, 樂善道者엔 또 干旄之詩를 有하였던 것이니, 文 公이 풍속을 更하여 교화를 펼침이 아니었더라면 어찌 此에까지 臻(이르를진) 할 수 있었겠는가?

10. 載馳
04-10-01 載馳載驅하야 歸唁衛侯호리라. 驅馬悠悠하야 言至於漕러니, 大夫跋 涉인지라 我心則憂호라.
이내 말 몰고 이내 말 달려 귀녕으로 위후(衛侯) 조문하리라. 말 몰아도 조읍 땅 당도엔 아직 멀었거니, 대부(大夫) 산길 물길 달려오는지라 나의 마음속 근 심만 가득호라.

말을 몰고 수레 달려 위나라 제후 조문가네
내 말은 느릿느릿 조읍 땅은 멀고 먼데
대부들이 산길 물길 달려오니 내 마음은 초조하네

賦也라. 載는 則也라. 弔失國曰唁이라(孔氏曰 昭公 二十五年 穀梁傳云하길 弔 失國曰唁컨대, 若對弔死曰弔일지면 則弔生曰唁이라). 悠悠는 遠而未至之貌이 라. 草行曰跋하고, 水行曰涉이라. ○宣姜之女가 爲許穆公夫人이라. 閔衛之亡하 여 馳驅而歸하고 將以唁衛侯於漕邑컨대(朱子曰 此詩之作이 在定之方中之前일 지니, 則未知其爲戴公時歟, 文公時歟인져), 未至而許之大夫에 有奔走跋涉而來者 러니, 夫人知其必將以不可歸之義來告인지라 故心以爲憂也라. 旣而終不果歸코서 乃作此詩하여 以自言其意爾이라.

賦체이다. '載'는 곧 則이다. 나라 잃어 조문하는 것을 '唁(위문할언)'이라 曰한다(孔氏曰: 昭公 二十五年 穀梁傳云하길 '弔失國曰唁'이라 하건대, 마치 死에 弔문하는 경우를 弔라 曰함에 對일지면 則 生에 弔함을 唁이라 曰함이다). '悠悠'는 멀어서 아직 이르지 못하는 모양이다. 초원을 달리는 것을 '跋'이라 曰하고, 물길을 건너는 것을 '涉'이라 曰한다. ○宣姜의 딸이 許穆公의 夫人이 되었다. 衛나라의 멸망을 슬퍼하여 馳驅로 귀녕하여 장차 하남(河南)의 漕邑에서 衛侯를 위로코자 하였는데(朱子曰: 此詩之作이 <定之方中>의 前에 在일지니, 則 그 戴公時가 됨인지 文公時가 됨인지엔 知하지 못함인져!), 아직 이르지 않았음에도 許나라 大夫 중에 산 넘고 물길 건너(跋涉) 奔走히 달려온 자가 있자, 夫人이 그 반드시 장차 귀녕이 불가하다는 뜻으로 와서 고할 것임을 알았기 때문에, 고로 마음속으로 근심을 삼은 것이다. 이윽고 끝내 결국 귀녕치 못하고서, 이내 이 詩를 지어 스스로 그 의도를 말하였을 뿐인 것이다.

慶源輔氏曰 據此詩所言이면 則是夫人旣歸에 而許之大夫가 乃追之于路하여 而告之以不可歸之義이니, 夫許大夫何不告하고 而止之於欲行之時乎인가. 想컨대 夫人傷宗國之亡하여 旣請於穆公하자 而公許之인지라, 故遂行焉이라. 旣而에 大夫及國人이 皆以爲不可하고 遂請於穆公하곤 追而止之耳이라. 觀夫人見其大夫之至에 亦知其必將以不可歸之義來告하여 而心以爲憂이면, 則夫人之行에도 亦固知其於義有不可者矣라. 特以惻怛之情인지라 有不能自止者이니, 故爲是倉卒之行焉이라. 要知其初必竟是犯不義이나, 但能聞義而自克하니, 爲可取耳이라.
慶源輔氏曰: 此詩에서 言하고 있은 바에 據일지면, 則 이렇게 夫人이 이윽고 歸녕길로 떠남에, 許之大夫가 이내 路로 追之하여 不可歸의 義로 告之하려한 것이니, 저 許大夫가 어찌 (조정에서 미리) 告하지 않고 行차하려했던 時에 그것을 止하였던 것인가? 想컨대, 夫人이 宗國之亡에 傷하여 이윽고 穆公에게 請하자 公이 그것을 許之하였기 때문에, 故로 드디어 그것으로 行차 하였던 것이다. 얼마 안 있어(旣而) 大夫와 國人들이 모두 不可라 여기고, 드디어 穆公에게 請하여 追격해서 그것을 止之하였을 뿐인 것이다. 夫人이 그 大夫之至를 見하고서 또한 그 반드시 將차 不可歸의 義로 來告하려 함을 知하고서 心속 憂로 삼음을 觀일지면, 則 夫人之行에도 또한 固히 그 義에 있어 不可者가 有함을 知하였던 것이다. 다만 惻怛之情 때문에 能히 스스로 멈출(止) 수 없었을 뿐인지라, 故로 이렇게 그것을 倉卒간에 그것으로 行차하였던 것이다. 그 初에 있어서도 必竟 이렇게 不義를 犯하게 될 것에 知하길 要해야하지만, 다만 能히 聞義하고 스스로 克하였으니, 可히 取함이 될 뿐인 것이다.

04-10-02 ○旣不我嘉일새 不能旋反호라. 視爾不臧이나 我思不遠호라. 旣不我

嘉일새 不能旋濟호라. 視爾不臧이나 我思不閟호라.
이윽고 나의 귀녕 선(善)하게 여기지 않을새 능히 고국 돌아갈 수 없었노라. 그대 나 선(善)하게 보지 않을지나 나의 생각 만큼 멀어지게 할 순 없노라. 이윽고 나의 귀녕 선(善)하게 여기지 않을새 능히 발길 돌려 강 건널 수 없었노라. 그대 나 선(善)하게 보지 않을지나 나의 생각 만큼 막아 그칠 순 없노라.

　　　　나에게 잘한다고 하지 않아도 내 발걸음 이제 돌릴 수 없네
　　　　그대 나를 좋게 보지 않아도 내 생각은 멀리 할 수 없네
　　　　나에게 잘한다고 하지 않아도 내 뜻은 이제 돌이킬 수 없네
　　　　그대 나를 좋게 보지 않아도 내 생각 이제 막을 수 없네

賦也라. 嘉,臧은 皆善也라. 遠은 猶忘也라. 濟는 渡也니, 自許歸衛엔 必有所渡之水也라. 閟는 閉也止也니, 言思之不止也라. ○言大夫旣至에 而果不以我歸爲善하니, 則我도 亦不能旋反而濟하여 以至於衛矣니, 雖視爾不以我爲善라도 然我之所思만은 終不能自已也라.
賦체이다. '嘉'와 '臧'은 모두 善함이다. '遠'은 잊음과 같다. '濟'는 물길 건넘이니, 許로부터 衛로 귀녕할 시엔 반드시 건너야 할 바의 물길이 있는 것이다. '閟(문닫을비)'는 닫음이고 그침이니, 생각을 그치게 할 수 없음을 말함이다. ○<大夫가 이윽고 이르러 결국 나의 귀녕을 善하게 여기지 않으니, 즉 나도 또한 능히 회귀(旋反)로 강을 건너 衛에 이를 수 없으니, 비록 그대가 나를 선하게 여기지 않게 볼지라도 그러나 나의 생각하는 바만큼은 끝내 능히 스스로 그치게 할 수 없음이로다.>라 말한 것이다.

臨川王氏曰 宗廟顚覆은 變之大者로, 人情之至痛也라. 夫人은 致其思하길 如此然後에야 盡於人心이라. 夫人致其思하고 大夫致其義하니, 非先王之澤라면 孰能使人如此리오.
臨川王氏曰: 宗廟의 顚覆은 變之大者로, 人情之至痛인 것이다. 夫人이 그 思에 致하길 如此인 然後에야 人心에 盡일 수 있는 것이다. 夫人은 그 思로 致하였고 大夫는 그 義로 致하였으니, 先王之澤이 아니라면 누가 能히 人으로 하여금 如此하게 할 수 있겠는가?

○慶源輔氏曰 使許穆夫人이 知人以己爲不善코도 而竟爲之면, 則是從欲者也라. 知人以己爲不善하여 雖不復爲여도 而情終不能自已하니, 則是發乎情而止乎禮義者也라.
慶源輔氏曰: 가령 許穆夫人이 人들이 己를 不善으로 여김을 知하고도 마침내(竟) 그것을 하였다면, 則 이렇게 從欲者인 것이다. 人이 己를 不善으로 여김

을 知하여, 비록 다시 爲하지는 못했을지라도 情에서만큼은 終乃 能히 스스로 己할 수가 없었으니, 則 이렇게 發乎情이나 止乎禮義者인 것이다.

04-10-03 ○陟彼阿丘하야 言采其蝱호라. 女子善懷라도 亦各有行어늘, 許人尤之하니 衆穉且狂로다.
저 깎아지른 언덕 위로 올라 그 맹초(蝱)라도 뜯어 미어진 가슴 달래보리라. 여자 상념 잘 젖더라도 또한 각자 방식대로 함이거늘, 허나라 사람들(許人) 허물로만 여기나니 모두가 유치한 식견이고 광폭한 생각이로다.

　　　　저 언덕위에 올라가서 맹초나물 캐어보네
　　　　여자들은 근심 걱정 잘한다 하지만
　　　　모든 것은 제 방식대로 행하여지네
　　　　허나라 사람들은 허물이라 탓하지만
　　　　그 사람들 어리석고 교만하기 그지없네

賦也라. 偏高曰阿丘이라. 蝱은 貝母로, 主療鬱結之疾이라. 善懷는 多憂思也니, 猶漢書云岸善崩也라(溝洫志曰 引洛水에 至商顔下岸까진 善崩이라). 行은 道이고, 尤는 過也라. ○又言以其旣不適衛여도 而思終不止也라. 故其在塗에 或升高以舒憂想之情하고, 或采蝱以療鬱結之疾이라. 蓋女子所以善懷者엔 亦各有道거늘, 而許國之衆人은 以爲過하니 則 亦少不更事커나 而狂妄之人爾이라. 許人守禮인지라, 非穉且狂也라. 但以其不知己情之切至인지라 而言若是爾이라. 然而卒不敢違焉이니, 則亦豈眞以爲穉且狂哉리오.

賦체이다. 한편으로 치우치게 높은 것을 '阿丘'라 曰한다. '蝱(맹)'은 패모초(貝母草)이니, 鬱結한 질환을 치료하는 데에 主한다. '善懷'는 근심어린 걱정을 많이 함이니, 漢書에 云한 '강가 岸은 무너지기를 잘한다(善崩).'라는 말과 같음이다(한서 溝洫志<붓도랑혁>曰: 洛水를 끌어옴(引)에 商顔<山名, 即商山>의 下岸에 至하기까지는 잘 崩潰 된다). '行'은 방도의 道요, '尤'는 허물이다. ○또 그 이윽고 衛에 갈 순 없어도 그리움만은 끝내 그칠 수가 없었다. 고로 그 길에 있음에, 혹 높은 곳에 올라 근심과 상념의 情을 펴보기도 하고, 혹은 맹(蝱)초라도 뜯어 鬱結한 아픔 치료해보기도 함이다. 대개 여자가 善懷하는 까닭인 것에는 또한 각 방도대로 함이 있거늘, 許國의 衆人들은 허물로만 여기나니, 즉 또한 어려서 일을 경험(更事:겪을경)해보지 못했거나 방자하고 오만(狂妄)한 사람일 뿐이라 말한 것이다. 許나라 사람들은 禮를 지킴인지라, 어리고 또한 狂妄함은 아닌 것이다. 다만 그들이 자기의 情이 간절하고 지극함을 알지 못하는지라, 말함이 이와 같았을 뿐인 것이다. 그렇지만 끝내 감히 그것을 어기지 않았으니, 즉 또한 어찌 참으로 어리고 또한 狂妄이라 여김이 되겠는가?

04-10-04 ○我行其野나 芃芃其麥로다. 控于大邦이나 誰因誰極런고. 大夫君子아. 無我有尤어다. 百爾所思라도 不如我所之니라.
내 행차 들판 지나야 하나 무성한 그 보리밭 막아섬이로다. 대국(大邦) 부여잡고 고(告)할지나 누구로 인(因)하고 어디로 이르러야 할런고? 대부(大夫)와 여러 군자(君子)들아! 나를 허물치 말지어다. 그대들 백방(百方) 생각하는 바라도 나의 마음 맘껏 가게 함만 못하니라.

내가 지나가는 저 들판에 푸릇푸릇 보리싹들
대국을 찾아가서 하소연 좀 하여볼까
누구를 찾아가서 구원의 청 넣어볼까
대부들이여 군자들이여! 나의 허물 탓하지 마오
그대들의 온갖 계획 나의 갈 길 막을 수 없네

賦也라. 芃芃은 麥盛長貌이라. 控은 持而告之也라. 因은 如因魏莊子之因이라(左傳 襄公四年에, 無終子가 使孟樂如晋하여 因魏莊子로 納虎豹之皮하여 以請和諸戎이라). 極은 至也라. 大夫는 卽跋涉之大夫이고, 君子는 謂許國之衆人也라. ○又言歸途在野하여 而涉芃芃之麥하고, 又自傷許國之小하여 而力不能救인지라, 故思欲爲之控告于大邦이나 而又未知其將何所因하고 而何所至乎라(華谷嚴氏曰 味詩意면, 夫人蓋欲赴愬於方伯으로 以圖救衛인지라, 而托歸唁爲詞耳이라). 大夫君子는 無以我爲有過하라. 雖爾所以處此百方이라도 然不如使我得自盡其心之爲愈也라.

賦체이다. '芃芃(우거질봉)'은 보리가 盛長한 모습이다. '控'은 붙들고 고함인 것이다. '因'은 마치 <魏莊子로 因하게 하여...>의 因과 같음이다(左傳 襄公四年에, 無終(山戎國名)子 嘉父가 孟樂(山戎臣)으로 하여금 晋으로 가서 魏莊子(魏絳)로 인하여 虎豹之皮를 納하게 함으로서 戎과 和平을 請하게 하건대...). '極'은 이르름이다. 大夫는 즉 跋涉하였던 大夫요, '君子'는 許國의 衆人들을 말함이다. ○또 말하기를 <귀녕의 길엔 들판이 놓여있어 芃芃히 자란 보리밭을 건너야 하고, 또한 스스로 許國은 국력이 작아 힘으로 능히 구원할 수 없음을 傷心하였기 때문에, 고로 생각하길 그것에 대국(大邦)을 붙들고 고하고자 하였지만, 또한 그 장차 누구로 인해야 할 바인지와 어디로 이르러야할 바인지에 알지 못하였던 것이다(華谷嚴氏曰: 詩意를 味일지면, 夫人은 아마도 方伯에게 赴愬하여 衛를 救援으로 圖모하고자 하였기 때문에, 歸唁으로 의탁<托>하여 詞를 삼았을 뿐인 것이다). 大夫와 君子는 나를 허물이 있다 여기지 말지어다. 비록 그대들이 이것에 百方으로 처리했던 까닭이라도, 그러나 나로 하여금 스스로 그 마음을 다하게 함이 나음이 됨만 못함이다.>라 한 것이다.

慶源輔氏曰 蓋欲其察我之情하여 而憐我之志耳이라.
慶源輔氏曰: 대개 그 我之情을 察하여 我之志를 가련(憐)히 여기게 하고자 하였을 뿐인 것이다.

○豊城朱氏曰 始之欲徃은 發乎情也고, 終於不敢徃은 止乎禮義也라. 宗國顚覆에 而不知恤이면, 有人心者에 宜不若是恝也라. 然而義有重於亡者면 獨且奈之何哉리오. 宜其思之至切也라.
豊城朱氏曰: 始의 欲徃은 發乎情인 것이고, 不敢徃으로 終함은 止乎禮義인 것이다. 宗國이 顚覆임에도 구恤에 不知일지면, 人心이 有한 者엔 宜當 是와 같이 근심 없게(恝) 할 수는 없는 것이다. 그렇지만 義에 亡국보다 중한 것이 있을지면, 유독 또한 이내 그것을 어찌 하여야 하는가? 宜當 그 思하길 至극하고 切실하게 할 뿐인 것이다.

載馳는 四章으로, 二章은 章六句이고, 二章은 章八句이라.
載馳는 四章으로, 二章은 章마다 六句이고, 二章은 章마다 八句이다.

事가 見春秋傳이라(見閔公二年이라). 舊說에, 此詩五章으로 一章六句이고, 二章三章은 四句이며, 四章은 六句이고, 五章은 八句이라. 蘇氏는 合二章三章하여 以爲一章컨대, 按春秋傳이면 叔孫豹가 賦載馳之四章하여 而取其控于大邦,誰因誰極之意하니, 與蘇說合인지라 今從之라. 范氏曰 先王制禮에, 父母沒則不得歸寧者는 義也니, 雖國滅君死라도 不得徃赴焉은 義重於亡故也라.
일이 春秋傳에 보인다(閔公二年에 見한다). 舊說에 <이 詩는 五章으로, 一章은 六句이고, 二章과 三章은 四句이며, 四章은 六句이고, 五章은 八句이다.>라 하였다. 蘇氏는 二章과 三章을 合하여 一章으로 삼았건대, 春秋傳을 살펴보면 叔孫豹가 <載馳> 四章을 읊어 '控于大邦 誰因誰極'의 내용의 뜻을 취하였으니, 蘇氏의 설과 서로 합치 되는지라 지금은 그것을 쫓음이다. 范氏曰: 先王께서 禮를 제정하심엔, 부모가 沒하심엔 歸寧할 수 없게 한 것은 義이기 때문이니, 비록 나라가 멸망하고 군주가 죽더라도 그곳으로 가서 赴告할 수 없는 것은 義가 亡보다 중한 까닭이기 때문이다.

華谷嚴氏曰 首章은 婉而未露也고 次章은 欲言而未言也며, 三章은 始慨然責之며 四章은 乃言其情하여 欲控于大邦하고 而求其能救衛者니, 此至哀至切之情也라. 其後齊桓公이 卒救衛而存之라.

華谷嚴氏曰: 首章은 婉으로 하여 아직 未露인 것이고, 次章은 言하고자 하였으나 아직 言하지 못한 것이며, 三章에서야 비로소 분개(慨然)히 그것에 責之인 것이고, 四章에선 이내 그 情을 言하여 大邦을 붙(控)고 고하여 그 能히 衛를 救援할 수 있는 자를 求하고자 한 것이니, 此는 至極히 哀切하고 至極히 切박한 情인 것이다. 그 後에 齊桓公이 마침내 衛를 救援하여 그들을 存之케 하였던 것이다.

○朱子曰 載馳詩엔 煞有首尾인지라 委曲詳盡이니, 非大段會底면 說不得이라. 又曰 聖人이 錄泉水於前은 所以著禮之經이고, 列載馳於後는 所以盡事之變이라. 夫宗國覆滅보다 莫大之變이나, 顧以父母旣終而不得歸면 則事變之微於是서도 可知矣라. 然則許穆夫人도 亦賢矣哉인져. 又曰 宣姜은 生衛文公,宋桓夫人,許穆夫人,衛壽子하니, 以此觀之면 則人生에 自有秉彝하여 不係氣類이라.
朱子曰: 載馳의 詩엔 매우(煞:쇄) 首尾의 전개가 有인지라 委曲마다 詳盡해야 하니, 大段으로 會底하지 않으면 說을 得할 수 없다. 又曰: 聖人께서 泉水를 前에다 기록하심은 禮之經을 著한 所以인 것이고, 載馳를 後에다 列하심은 事之變에까지 盡하신 所以인 것이다. 저 宗國의 覆滅보다 大之變은 없으나, 父母가 이윽고 終함에 不得歸로 顧해 보면 則 事變이 是보다 微에서도 可히 知할 수 있는 것이다. 然則이면 許穆夫人도 또한 賢일진져! 又曰: 宣姜은 衛文公, 宋桓夫人, 許穆夫人(소백 頑과 선강사이에 낳은 자식들), 衛壽子(선공과 선강사이에 낳은 아들)를 生하였으니, 此로 觀之이면 則 人生엔 自로 秉彝가 有하여 氣類에 係하지 않음인 것이다(부모의 선과 불선에 매이지 않음).
*참고: 衛壽子
주자 어류에선 '衛伋壽'라 되어 있으니, 伋은 좌전에선 急으로 되어 있고 선공이 서모인 이강(夷姜)과의 관계에서 낳았으며, 壽와 朔은 선강이 선공과의 관계서 낳았으며, 衛文公, 宋桓夫人, 許穆夫人은 선강이 공자 頑과의 관계에서 낳았다.

○慶源輔氏曰 宣公宣姜之惡極矣여도, 而其子의 如壽如文公과 其女의 如許穆夫人,宋桓夫人은 則皆有賢德하니, 如是는 是何所觀法哉리오. 亦自強於爲善耳이니, 以是知人能自強於善이면 則惡人不能汚하고 邪世不能亂也라.
慶源輔氏曰: 宣公과 宣姜의 惡이 지극하였음에도, 그 子에 있어서 壽와 같음과 文公과 같음과, 그 女식에 있어서 許穆夫人과 같음과 宋桓夫人과 같음에는, 則 모두 賢德이 有하였으니, 是와 같음은 이렇게 어떤 法으로 觀해야 할 바인 것인가? 또한 爲善에 自强일 뿐이니, 이렇게 人이 能히 自強於善일지면 則 惡人이라도 能히 汚하게 할 수 없고, 邪세라도 能히 亂케 할 수 없음을 知할 수 있는 것이다.

鄘國은 十篇으로, 二十九章이고 百七十六句이라.
鄘國은 十篇으로, 二十九章이고 百七十六句이다.

衛 一之五

1. 淇奧

05-01-01 瞻彼淇奧혼대 綠竹猗猗로다. 有匪君子여. 如切如磋하며 如琢如磨로다. 瑟兮僩兮며 赫兮咺兮니, 有匪君子여. 終不可諼兮로다.
저 기수(淇)가 물굽이 바라본대 푸른 대나무 파릇파릇 성대하도다. 저 문채난 군자여! 자르는 듯 가는 듯하며 쪼는 듯 연마하는 듯하도다. 안으로 엄숙과 굳센 위엄이며 밖으론 위엄의 광채 혁혁하나니, 저 문채난 군자여! 끝내 가히 잊을 수 없음이로다.

저 기수 물결 바라보니 푸른 대나무 무성하네
문채나는 군자여! 자르는 듯 다듬는 듯 쪼는 듯 가는 듯
엄숙하고 위엄있고 빛나고도 성대하네
문채난 군자여! 영영 잊지 못하리

興也라. 淇는 水名이고, 奧는 隈也라(爾雅曰 厓內가 爲奧하고, 外가 爲隈이라. ○長樂劉氏曰 水涯의 灣曲之地이라). 綠은 色也라. 淇上多竹컨대, 漢世猶然이니, 所謂淇園之竹이 是也라(漢志에, 武帝가 塞瓠子決河하니 薪柴가 少하고, 乃下淇園之竹으로 以爲楗이라. 又冦恂傳에, 伐淇園之竹하여 爲矢百餘萬이라<楗音健>). 猗猗는 始生의 柔弱而美盛也라. 匪는 斐通이니, 文章의 著見之貌也라. 君子는 指武公也라(孔氏曰 武公和는 僖侯子이라). 治骨角者는 旣切以刀斧하고 而復磋以鑢錫하며, 治玉石者는 旣琢以槌鑿하고 而復磨以沙石하니, 言其德之脩餙에 有進而無已也라(雙峰饒氏曰 有匪君子에 詳此文勢면 是說已做成君子之人이니, 言君子之所以斐然有文者는 其初自切磋琢磨中來이라. ○朱子曰 切琢은 皆裁物하여 使成形質也고, 磋磨는 皆治物에 使其滑澤也라. 切而復磋하고 琢而復磨는 言治之有敘하여 而益致其精也라). 瑟은 矜莊貌이고, 僩은 威嚴貌이며, 咺은 宣著貌이며, 諼은 忘也라. ○衛人이 美武公之德하여 而以綠竹始生之美盛으로 興其學問自脩之進益也라(安成劉氏曰 此는 釋章內上五句이라. ○慶源輔氏曰 以綠竹始生之美盛으로 興武公道學自脩之進益하고, 遂言其威儀之盛하여 而盛德至善함에 民不能忘이니, 則固已極其始終而言之矣라). 大學傳曰하길, 如切如磋者는 道學也고 如琢如磨者는 自脩也며,
興체이다. '淇'는 강 이름이요, '奧(욱)'은 물굽이(隈)이다(爾雅曰: 물가<厓:애>의 內쪽이 奧이 되고, 외가 隈가 된다. ○長樂劉氏曰: 水涯의 灣曲之地이다). '綠'은 색(色)이다. 淇水가 위에는 대나무가 많았는데 漢世에서도 여

전히 그러하였으니, 이른바 '淇園의 대나무'가 이것이다(漢志에, 武帝가 호자<瓠子>의 무너진 황하제방<決河>을 장군이하에게 땔나무를 짊어지고 塞하게 하자 薪柴가 少하게 되었고, 이내 下쪽의 淇園之竹으로 방죽<楗:건>으로 삼았다. 또 後漢의 <冠恂>傳에, 淇園之竹을 伐하여 矢 百餘萬발을 만들게 하였다<楗音健>). '猗猗'는 비로소 자라남에 柔弱하여 아름답고 성대(美盛)한 것이다. '匪'는 斐(문채날비)와 通하니, 文章이 훤히 드러나는 모양이다. '君子'는 武公을 가리킨다(孔氏曰: 武公和는 僖侯의 子이다). 骨角을 다스리는 자는 이윽고 칼과 도끼로 자르고선 다시 줄과 대패(鑢錫:려탕)로 갈고, 玉石을 다스리는 자는 이윽고 망치와 끌로 쪼고선 다시 沙石으로 연마하는데, 그 德을 닦고 삼감(修飭)에 나아감만 있고 그침이 없음을 말한 것이다(雙峰饒氏曰: '有匪君子'의 此文勢를 詳일지면 이렇게 이미 君子之人으로 成하였음을 說한 것이니, 君子가 斐然히 文彩로 有한 所以인 것은 그 初에 切磋琢磨中으로부터 來하였음을 言한 것이다. ○朱子曰: 切과 琢은 모두 裁物하여 形質로 成하게 한 것이고, 磋와 磨는 모두 治物에 그 滑澤으로 한 것이다. 切이고서 다시 磋하고, 琢이고서 다시 磨함은, 治之에 有緖하여 더욱 그 精으로 致하였음을 言한 것이다). '瑟'은 조심하며 엄숙한 (矜莊:삼갈긍) 모양이고, '僩'은 威嚴있는 모양이며, '咺(훤)'은 떨쳐 드러난(宣著) 모양이다. '諼(훤)'은 잊음이다. ○衛나라 사람들이 武公의 德을 찬미하여 綠竹이 처음 나올 때의 아름답고 성대함으로서, 그 學問에 스스로 닦아나가 증익으로 나아갔음을 興한 것이다(安成劉氏曰: 此는 章內의 上五句를 釋한 것이다. ○慶源輔氏曰: 綠竹의 始生之美盛으로 武公이 道學에 自脩之進益함을 興하고서, 드디어 그 威儀之盛하고 盛德至善에 民이 不能忘임을 言하였으니, 則 固히 이미 그 始終을 極하여 그것으로 言之한 것이다). 大學傳에 이르기를, '如切如磋'者는 學을 말이요, '如琢如磨'者는 스스로 닦아나감인 것이며,

*참고: 瓠子歌(호자가)
한무제 원광(元光) 3년 기원전 132년, 황하의 남안에 있던 고을인 지금의 하남성 복양시(濮陽市) 호자(瓠子)에서 황하의 둑이 터져 사수(泗水)로 흘러가 회수(淮水)와 합해졌다. 이에 그 주변 일대인 지금의 하남성 동부, 안휘성, 절강성, 산동성 남부 전체에 홍수가 났다. 한무제가 사람들을 동원하여 제방을 틀어막았으나 황하의 세찬 물길을 견디지 못하고 계속 터져 결국은 한나라 조정이 그 공사를 포기하게 되어 매년 범람하는 황하의 물로 농사를 지을 수가 없었다. 그리고 23년 후인 한무제 원봉 2년 기원전 109년 한무제가 태산에 올라 봉선을 행하고 돌아오다 호자에 머물면서 동원한 백성들과 관리들을 몸소 감독하여 황하의 터진 제방을 막았다. 이로써 황하는 옛날의 흐름으로 돌아가고 홍수가 근절되었다. 한무제는 그 공사를 기념하기 위해 호자의 제방을 위해 궁궐을 짓게 하고 이름을 선방궁(宣防宮)이라고 지었다. 호자가는 한무제가

호자에서 터진 제방 위로 범람하는 황하의 물을 보고 한탄하며 지은 시가이다. 《사마천·사기·하거서》에 실려있다. (출처: <열국연의> 양승국)

朱子曰 道는 言也라. 學은 謂講習討論之事이라. 自脩者는 省察克治之功이라. 又曰 旣學而猶慮其未至면 則復講習討論以求之하니, 猶治骨角者가 旣切之而復磋之이라. 旣脩而猶慮其未至면 則又省察克治以終之하니, 猶治玉石者가 旣琢之而復磨之이라.

朱子曰: '道學也'의 道는 言인 것이다. 學은 講習과 討論의 事를 謂함이다. 自脩者는 省察과 克治의 功인 것이다. 又曰: 이윽고 學이고도 오히려 그 아직 未至에 慮일지면, 則 다시 講習과 討論으로 그것을 求之하니, 마치 治骨角者가 이윽고 그것을 切之하고도 다시 그것을 磋之함과 같음이다. 이윽고 脩하고도 오히려 그 아직 未至에 慮일지면 則 또 省察과 克治로 그것에 終之하니, 마치 治玉石者가 이윽고 그것을 琢之하고도 다시 그것에 磨之함과 같음이다.

○問컨대, 道學,自脩의 此는 詩人美武公之本旨邪잇까. 曰 武公大段으로 是有學問底人이라. 抑之一詩는 義理精密이니, 詩中如此者는 甚不易得이라.
問컨대, '如切如磋者 道學也, 如琢如磨者 自修也.'의 此는 이렇게 詩人이 武公之本旨로 美하게 여긴 것입니까? (아니면) 우선 그 詞만을 借하여 學問의 自修之義로 發한 것입니까? 曰: 武公은 大段으로 이렇게 學問으로 有했던 人인 것이다. 대아 <抑>편의 一詩는 義理精密이니, 詩中에 如此者는 甚히 쉽게 得할 수 없는 것이다.
*참고: <抑>편
위(衛) 나라 무공(武公)이 주(周) 나라 여왕(厲王)의 옛일을 풍자하고 자신을 경계하기 위해 지은 시로서, 덕(德)을 갖추어 위의(威儀)를 드러내도록 권고하는 내용임. (한국고전용어사전)

○問컨대, 大學傳引此詩하여 而以道學,自脩으로 釋之나, 與論語子貢所引不同하니, 何也오. 曰 古人引詩에 斷章取義하여 姑以發己之志에 或疎或密하고 或同或異하니, 蓋不能同也라.
問컨대, 大學傳에선 此詩를 引하여 道學과 自修로 그것을 釋之하였으나, <論語>에서 子貢이 引한 바와는 不同하니 무엇입니까? 曰: 古人의 引詩엔 斷章取義하여 우선 己之志를 發함에 或疎或密하고 或同或異하였으니, 대개 能히 同일 수만은 없는 것이다.

○北溪陳氏曰 切은 是窮究事物之理하여 逐件으로 分析有倫有序이고, 磋는 是講究가 到純熟하여 道理瑩徹이니, 所以如切而又磋이라. 琢은 是克去物欲之私하

여 使無瑕纇이고, 磨는 是磨礱이 至那十分純粹處이니, 所以如琢而又磨라.
北溪陳氏曰: 切은 이렇게 事物之理에 窮究하여 件마다 逐하여 分析에 有倫有
序인 것이고, 磋는 이렇게 講究가 純熟에 到하여 道理에 瑩徹(밝을영)인 것이
니, 마치 '如切而又磋'로 한 所以인 것이다. 琢은 이렇게 物欲之私를 克去하
여 瑕纇(실마디흠뢰)됨이 없게 함이고, 磨는 이렇게 磨礱(갈롱)이 저 十分의
純粹處로 至함이니, 마치 '如琢而又磨'로 한 所以인 것이다.
*참고: 절차탁마(切磋琢磨)
北溪陳氏로 의하면 공(恐)컨대, 절차(切磋)는 궁리(窮理)의 관함이요 탁마(琢
磨)는 극기(克己)의 문제인 듯하다.

瑟兮僩兮者는 恂慄也고 赫兮喧兮者는 威儀也며,
'瑟兮僩兮' 者는 두려워하여 조심(恂慄:정성순,엄할준)함이고, '赫兮喧兮'
者는 威儀가 드러남인 것이며,

朱子曰 瑟은 嚴密貌이고, 僩은 武毅貌이며, 赫喧은 宣著盛大之貌라. 恂慄은
戰懼也라. 威는 可畏也고, 儀는 可象也라. 恂慄者는 嚴敬之存乎中也고, 威儀者
는 光輝之著乎外也라.
朱子曰: 瑟은 내면을 嚴密히 하는 貌이고, 僩은 외부가 武毅한 貌이며, 赫喧은
盛大함이 宣著한 貌이다. 恂慄은 전전긍긍으로 懼이다. 威는 可히 畏할 만함이
고, 儀는 可가 표상을 삼을 만함이다. 恂慄者는 嚴敬이 中에 보존인 것이고,
威儀者는 光輝가 外로 著인 것이다.

有斐君子 終不可諠兮者는 道盛德至善에 民之不能忘也라.
'有斐君子 終不可諠兮' 者는 盛德과 至善에 백성들이 능히 잊을 수가 없음을
道한 것이라 하였다.

朱子曰 盛德至善엔 蓋人心之同然이나, 聖人이 旣先得之하고 而其充盛宣著하길
又如此하니, 是以民皆仰之코서 而不能忘也라. 盛德은 以身之所得而言也고, 至
善은 以理之所極而言也라.
朱子曰: 盛德,至善엔 대개 人心도 同으로 然함인 것이나, 聖人만이 이윽고 先
으로 그것을 得之하였다가 그 充盛하고 宣著하길 또 如此하니, 是以로 民이
모두 그것을 仰之하고선 能히 잊을 수 없었던 것이다. 盛德은 자신이 得한 바
로 하여 言한 것이고, 至善은 理에 極하였던 바로 言한 것이다.

○慶源輔氏曰 觀大學傳에 曾子所以解此詩首章後六句之說이면, 字義明白하고
而旨意詳備인지라 愈讀愈有意味니, 此方可謂之善說詩이라. 蓋後之說詩者는 詳

於訓詁면 則或略於旨意하고, 泥於旨意이면 則或遺於訓詁이나, 惟曾子만은 則於字義旨意兩에서 皆極其至也라.
慶源輔氏曰: 大學傳에서 曾子께서 此詩의 首章 後六句之說을 解한 所以를 觀일지면, 字義에서도 明白하고 旨意도 詳備인지라 愈로 讀일수록 愈로 有意味하니, 此를 바야흐로 可히 謂之하길 '善說詩'라 할 수 있음이다. 대개 後世의 說詩者는 詳於訓詁이면 則 或 略於旨意하고, 泥於旨意이면 則 或 遺於訓詁이나, 오직 曾子만은 則 字義와 旨意의 兩에서도 모두 그 至極함으로 極度로 한 것이다.

05-01-02 ○瞻彼淇奧혼대 綠竹青青이로다. 有匪君子여. 充耳琇瑩이며 會弁如星이로다. 瑟兮僩兮며 赫兮咺兮니, 有匪君子여. 終不可諼兮로다.
저 기수가 물굽이 바라본대 푸른 대나무 푸릇푸릇 무성이로다. 저 믄채난 군자여! 수옥(琇瑩)의 귀막이 옥돌이며 피변(皮弁)의 옥장식 별처럼 빛남이로다. 안으로 엄숙과 굳센 위엄이며 밖으론 위엄의 광채 혁혁하나니, 저 믄채난 군자여! 끝내 가히 잊을 수 없음이로다.

저 기수 물결 바라보니 푸른 대나무 무성하네
믄채난 군자여! 수형옥돌 귀걸이에 가죽 갓이 빛나도다
엄숙하고 위엄있고 빛나고 성대하네
저 믄채난 군자여! 영영 잊지 못하리

興也라. 青青은 堅剛茂盛之貌이라. 充耳는 瑱也라. 琇瑩은 美石也라. 天子는 玉瑱하고, 諸侯는 以石이라. 會는 縫也라. 弁은 皮弁也라. 以玉飾皮弁之縫中하니, 如星之明也라(孔氏曰 弁師注云하길, 會는 縫中也라. 皮弁之縫中에 結玉為飾하니 謂之綦이라. 武公은 諸侯인지라 則玉用三采하고 而綦飾七也라). ○以竹之堅剛茂盛으로 興其服飾之尊嚴하여(安成劉氏曰 此釋上五句이라) 而見其德之稱也라(安成劉氏曰 此釋下四句이라).
興체이다. '青青'은 堅剛하면서 茂盛한 모습이다. '充耳'는 귀막이 옥(瑱: 전)이요, '琇瑩(옥돌수,영)'은 美石이다. 天子는 玉瑱을 쓰고 諸侯는 돌을 쓴다. '會'는 꿰맴이요, '弁'은 皮弁이니, 玉으로 皮弁의 縫中을 꾸밈이 마치 별의 밝음과 같다는 것이다(孔氏曰: 정현의 주례 <弁師>의 注에 云하길, 會는 縫中선이다. 皮弁의 縫中선에다 玉을 結해 달아 飾을 꾸미니, 그것을 謂之하여 綦<아마도 동여매는 매듭의 의미인 듯>라 한다. 武公은 諸侯이니, 則 玉엔 세 가지의 색(三采)을 用하고 綦飾에는 七로 한다). ○대나무의 堅剛함과 茂盛함으로 그 服飾의 尊嚴함을 興하여(安成劉氏曰: 此는 上五句를 釋이라) 그 德에 걸맞음을 보인 것이다(安成劉氏曰: 此는 下四句를 釋이라).

*참고: 弁師
주례 夏官司馬 下에, 弁師는 掌王之五冕이라.
변사(弁師)는 왕의 다섯 가지 면류관인 오면(五冕)을 관장한다.

05-01-03 ○瞻彼淇奧혼대 綠竹如簀이로다. 有匪君子여. 如金如錫이며 如圭如璧이로다. 寬兮綽兮하니 猗重較兮로다. 善戱謔兮하니 不爲虐兮로다.
저 기수가 물굽이 바라본대 푸른 대나무 발처럼 쭉쭉 뻗음이로다. 저 문채난 군자여! 쇠와 주석의 정순(精純)같이 단련이며 옥홀과 옥구슬의 온화같이 윤택이로다. 관대코도 그 품 넓기만 하나니 아~ 수레 위 양(重) 각(較) 손잡이 의지해 계심이로다! 온화와 상냥의 우스운 농도 잘하시니 위엄으로만 험악치 않도다.

저 기수 물결 바라보니 푸른 대나무 우거졌네
문채난 군자여! 금인 듯 주석인 듯 규옥인 듯 벽옥이라
관대하고 의젓하게 수렛대에 기대섰네
농담도 잘하시고 거칠지도 않으시네

興也라. 簀은 棧也니(濘,上聲也라. 禮記檀弓注曰하길, 簀謂床第라하니, 卽床棧也라), 竹之密比가 似之면 則盛之至也라. 金錫은 言其鍛鍊之精純이고, 圭璧은 言其生質之溫潤이라(孔氏曰 此는 與首章과 互文이라. 首章은 論其學問自脩이니, 如器未成之初인지라 故須切磋琢磨이라. 此는 論道德之成이니 如已成之器인지라 故言圭璧金錫이라). 寬은 宏裕也고, 綽은 開大也라. 猗는 歎辭也고, 重較은 卿士之車也니, 較이란 兩車輢에 上出軾者니, 謂車兩傍也라(藍田呂氏曰 古者 車箱은 長四尺四寸三分이고, 前一後二의 橫一木은 下去車床이 三尺三寸을 謂之式이라. 又於式上에 二尺二寸橫一木을 謂之較하며, 去車床이 凡五尺五寸이라. 古人立乘에, 若平常이면 則憑較하고, 若應爲敬이면 則落手憑下式여야 而頭得俯이라). 善戱謔 不爲虐者는 言其樂易而有節也라(程氏曰 言其樂易코도 而以禮로 防節하여 不至於過가 是不爲虐也라. ○慶源輔氏曰 寬廣而自如이면 則無勉强之意고, 和易而中節이면 則有從容自得之意니, 非盛德者면 不能如此也라). ○以竹之至盛으로 興其德之成就하고(安成劉氏曰 此는 釋上五句이라) 而又言其寬廣而自如하며 和易而中節也라(安成劉氏曰 此는 釋下四句이라). 蓋寬綽엔 無欽束之意하고, 戱謔엔 非莊厲之時니, 皆常情所忽하여 而易致過差之地也라. 然猶可觀而必有節焉이면 則其動容周旋之間에 無適而非禮임을 亦可見矣라.
興체이다. '簀(대자리책)'은 대나무로 엮은 발(棧:잔교잔)이니(음이 濘<졸졸흐를잔>이니, 上聲이다. 禮記 <檀弓>注에 曰하길, 簀은 침상의 나무배열<床第>을 謂함이라 하니, 卽 床棧<침상으로 촘촘히 짠 것>인 것이다), 대나무가

빽빽하고 나란하기가 그것과 흡사할지면 즉 盛大함이 지극한 것이다. '金錫'은 그 단련(鍛鍊)됨이 정밀하고 순일(精純)함을 말한 것이요, '圭璧'은 타고난 형질이 溫潤함을 말한 것이다(孔氏曰: 此는 首章과 더불어 互文인 것이다. 首章에선 그 學問의 自脩에 論했기에, 마치 器가 아직 成되지 않은 초기와 같은지라 故로 모름지기 '切磋琢磨'로 한 것이다. 此는 道德之成임에 論했기에, 마치 已成之器와 같은지라 故로 '圭璧金錫'으로 言한 것이다). '寬'은 크고 넉넉함(宏裕)이요, '綽(관대할작)'은 크게 개방(開大)됨이다. '猗(거세의)'는 歎辭(猗嗟)이다. '重較'은 卿士의 수레이니, '較(각)'이란 수레 양옆 수직으로 세운 판자(輢:수레 양옆 판자 의) 위로 돌출된 가로막이(軾:수레 앞턱 가로 댄 나무 식) 지지대인 것으로, (重較은) 수레의 양방(兩傍)을 말함이다(藍田呂氏曰: 古者의 車箱<사람이 타는 울타리 부분>은 길이<長>가 四尺四寸三分이고, 前一과 後二의 橫一木이 下로 수레바닥<車床>과의 去리가 三尺三寸인 것을 謂之하여 式이라 한다. 또 式上에다 二尺二寸의 橫一木을 謂之하여 較이라 하며, 車床과의 去가 무릇 五尺五寸이다. 古人이 乘해서 立함에, 만일 平常과 같은 경우는 則 較에 憑하고, 만일 應하여 敬의를 표할 때에는 則 手를 落하여 下式에 憑이어야 頭를 俯할 수 있는 것이다). '善戱謔 不爲虐'者는 그 즐겁고 편안(樂易)하면서도 절도가 있음을 말함이다(程氏曰: 그 樂易하면서도 禮로서 防하고 節하여 過에 至하지 않음이 이렇게 '不爲虐'임을 言한 것이다. ○慶源輔氏曰: 寬廣而自如이면 則 勉強之意가 無인 것이고, 和易而中節이면 則 從容自得의 意가 有인 것이니, 盛德者가 아닐지면 能히 如此일 수 없는 것이다). ○대나무가 지극히 盛大함으로 그 德의 成就에 대해 興하였고(安成劉氏曰: 此는 上五句를 釋한 것이다), 또 그 寬廣하기가 자유자재(自如)롭고 온화(和易)하면서도 節度에 맞았음을 말한 것이다(安成劉氏曰: 此는 下四句를 釋한 것이다). 대개 寬綽엔 斂束의 뜻이 없음이고, 戱謔엔 莊厲의 때가 아님이니, 모두 보통사람의 성정에선 소홀히 하는 바여서 쉽게 過差의 지경으로 이루게(致) 된다. 그러나 오히려 가히 觀할 만하고서도 반드시 그것에도 절제함이 있었으니, 즉 그 動容周旋하는 사이에 가는 곳마다 禮 아님이 없었음을 또한 가히 볼 수 있는 것이다.

*참고: 較(각과 교)
원래는 수레 차상(車廂)의 양옆 판자에 직각으로 교차하는 가로나무로서, 각(較)은 수레 안에 서 있을 때 잡는 손잡이 역할을 하는 것이다. 귀 모양으로 생겨서 거이(車耳)라고도 하는데 이때 발음은 '각'이고, 신분의 등급에 따라 달리했기에 '비교하다, 계산하다'라는 뜻으로 변형되었으며, 이때 발음은 교이다.

安成劉氏曰 綠竹이 自始生猗猗로 以至盛多하길 如簀이면, 則成其生矣라. 武公

이 由學問自脩하여 如金錫之出於鍛鍊하고, 如圭璧之成於琢磨일지면, 則成其德矣라. 興之取義가 蓋如此이라. 若其寬綽而居重較이면 則自如코도 而猶可觀也고, 戲謔而不爲虐이면 和易코도 而必有節也니, 所以能然者는 由其德之全備也라.

安成劉氏曰: 綠竹이 始生의 猗猗로부터 盛多에 至하여 簀과 같을지면, 則 그 生을 온전히 成함인 것이다. 武公이 學問의 脩로부터 由하여 마치 金錫이 鍛鍊에서 出함과, 마치 圭璧이 琢磨로부터 成됨과 같을지면, 則 그 德을 온전히 成인 것이다. 興體의 取義가 대개 如此인 것이다. 만일 그 寬綽이고도 重較에 居일지면 則 自如이고도 오히려 可觀인 것이고, 戲謔이면서도 不爲虐이면 和易하고도 반드시 有節인 것이니, 能히 然일 수 있는 所以인 것은 그 德을 온全히 備함으로 말미암은 것이다.

○定宇陳氏曰: 充耳會弁은 則以德之稱其服으로 言이고, 重較은 則以德之稱其車로 言也라.
定宇陳氏曰: '充耳會弁'은 則 德이 그 服과 稱됨을 言한 것이고, '重較'은 則 德이 그 車와 稱됨을 言한 것이다.

禮曰하길 張而不弛이면 文武不能也고, 弛而不張하면 文武不爲也니, 一張一弛가 文武之道也라하니, 此之謂也라.
禮記에 왈: <(활쏘기에서) 당기기만 하고 놓아주지 않는다면 文武의 도에 능할 수 없고, 풀어주기만 하고 당기지 않으면 文武의 도를 할 수 없으니, 한번 당기고 한 번 놓아주는 것이 文武의 道이다.>라 하였으니, 이것을 말함이다.

鄭氏曰 君子之德엔 有張有弛인지라 故不常矜莊이고 而時戲謔이라.
鄭氏曰: 君子之德엔 張케 함도 有하고 弛함도 有인지라, 故로 常으로 矜莊하기만 하지 않고 時에 따라 戲謔인 것이다.

○止齋陳氏曰 古人은 張不廢弛하고 屛不廢逞하니, 肅肅不廢雝雝하고 僮僮不廢祁祁인지라 有所拘者라도 必有所從也라.
止齋陳氏曰: 古人은 張케 함이라도 弛를 廢하지 않았고, 屛(氣似不息者,出降一等)이어도 逞(顔色怡怡如也)을 廢하지 않았으니, 肅肅이어도 雝雝을 廢하지 않고 僮僮(숙연하고 경건)이어도 祁祁(和順的样子)를 廢하지 않는지라, 拘하는 바의 것이 有하더라도 반드시 從(縱)하는 바도 有인 것이다.
*참고: 屛不廢逞(향당4)
10-4-4攝齊升堂鞠躬如也屛氣似不息者(齊音咨)
攝齊로 升堂엔 鞠躬如也듯 하시고, 屛氣엔 흡사 不息者인 듯하시다.

攝摳(驅侯反)也齊衣下縫也(縫房用反)禮將升堂兩手摳衣使去地尺恐躡(尼輒反)之
而傾跌(音迭)失容也屏(音丙)藏也息鼻息出入者也近至尊氣容肅也
攝은 摳(추어올릴구)이다. 齊(자)는 衣下의 縫이다. 禮에 將次 升堂함엔 兩手
로 摳衣하여 地와의 去를 尺하게 하니, 躡(밟을섭)之하여 傾跌(꺼꾸러질질)로
失容일까에 恐하였기 때문이다. 屏은 藏이다. 息은 鼻息이 出入하는 것이다.
至尊과 近하여 氣와 容을 肅하신 것이다.

○安成劉氏曰: 前章의 瑟僴赫咺는 張之時也고, 此章의 寬綽戲謔이 弛之時也라.
安成劉氏曰: 前章의 '瑟僴赫咺'는 張之時인 것이고, 此章의 '寬綽戲謔'은
弛之時인 것이다.

淇奧은 三章으로, 章九句이라.
淇奧은 三章으로, 章마다 九句이다.

按國語컨대, 武公年九十有五여도 猶箴儆于國曰하길, 自卿以下로 至于師長士까
지 苟在朝者는 無謂我老耄而舍我하고 必恪恭於朝하며 以交戒我라코서, 遂作懿
(懿當讀為抑)戒之詩以自警하고, 而賓之初筵도 亦武公悔過之作이니, 則其有文章
코도 而能聽規諫하니, 以禮自防也可知矣라. 衛之他君엔 蓋無足以及此者하고,
故序以此詩爲美武公라하니, 而今從之也라.
國語를 살펴보니, 武公의 나이 95세였어도 오히려 온 나라에다 규범으로 권하
게 하고 경계할 바로 고하게 하며(箴儆) 말하기를: <卿에서부터 이하로 師와
長士에 이르기까지, 진실로 朝廷에 있는 자들은 나를 老耄라 일러 나를 버려
두지 말고, 반드시 조정에서 삼가 공경히(恪恭) 교대로 나를 경계케 하라.>고
하였다. 드디어 <抑>편의 懿戒(抑戒:懿는 當히 讀하길 抑으로 하여야 한다)의
시를 지어 스스로를 警戒하였으며, 소아 <賓之初筵>의 詩도 또한 武公이 悔過
하였던 詩인 것이니, 즉 그 文章을 갖추고서도 능히 規諫을 청해들었으니, 禮
로써 스스로를 방어했음을 또한 가히 알 수 있는 것이다. 衛나라의 다른 군주
들에겐 대개 족히 여기에 미친 자가 없었고, 고로 <序>에서도 이 詩를 武公에
대해 찬미한 것으로 여겼으니, 지금 그것을 쫓음이다.

問컨대, 武公의 進德成德之序엔 始終임을 可見이라. 一章言의 如切如磋琢磨는
則學問自脩之精密如此이고, 二章言의 威儀服飾之盛은 有諸中而形諸外也며, 三
章言의 如金錫圭璧은 則鍛鍊已精코도 溫純深粹하니 而德器成矣라. 前二章엔
皆有瑟僴赫咺之辭이나 第三章만은 但言寬綽戲謔하니, 而於此에 可見不事矜持
하고 而周旋中禮之意이나이다. 朱子曰 說得甚善이라. 武公의 學問之功은 甚不
苟하니, 年九十五에도 猶命羣臣使進規諫케하니, 畢竟他去聖人近하여 氣象自是

不同이라.

問컨대, 武公의 進德과 成德의 序엔 始終이 있었음을 可見인 것입니다. 一章에서 言한 如切如磋琢磨는 則 學問自脩의 精密이 如此인 것이고, 二章에서 言한 威儀服飾의 盛은 中에 有하였던 것이 外로 形인 것이며, 三章에서 言한 如金錫圭璧은 則 鍛鍊이 이미 精이고도 溫純하며 深粹하였으니 德과 器가 成인 것입니다. 前二章에선 모두 瑟,僩,赫,咺의 辭를 有하였으나, 第三章에서만은 다만 寬,綽,戱,謔만을 言하였으니, 於此에서 矜持를 일삼지 않고 周旋마다 中禮之意였음을 可見인 것입니다. 朱子曰: 說得이 甚善이로다. 武公의 學問之功은 甚히 苟차하지 않았으니, 年九十五이어도 오히려 羣臣에게 命하여 規諫을 進하게 하였으니, 畢竟 他(周之卿士:武公)들은 聖人과의 去가 近하여 氣象이 自로 이렇게 不同이었던 것이다

○豐城朱氏曰 首章은 以竹之美盛으로 興其德之進脩하고, 卒章은 以竹之至盛으로 興其德之成就이라. 合二章而觀之면, 所以能有是鍛鍊之精純者는 由其知行之竝進也고, 所以能全其生質之溫潤者도 由其表裏之相符也라. 寬廣者는 矜莊之反이나 矜莊而又寬廣이면 則是寬而有制也고, 和易者는 威嚴之反이나 威嚴而又和易이면 則是嚴而能泰也니, 此所以爲德之成也라. 如是면 則其謂之睿聖也니, 亦可以無愧矣라.
豐城朱氏曰: 首章은 竹之美盛으로서 그 德之進脩에 興하였고, 卒章은 竹之至盛으로서 그 德之成就에 興하였다. 二章을 合하여 觀之일지면, 能히 是의 鍛鍊之精純으로 有할 수 있었던 所以인 것은 그 知行之竝進으로 由인 것이고, 能히 그 生質之溫潤으로 全할 수 있었던 所以인 것도 그 表裏之相符로 由인 것이다. 寬廣者는 矜莊之反이나 矜莊이고도 또 寬廣일지면 則 이렇게 寬이고서도 有制인 것이고, 和易者는 威嚴之反이나 威嚴이고도 또 和易일지면 則 이렇게 嚴이고서도 能泰인 것이니, 此가 德之成을 이룬 所以인 것이다. 如是일지면 則 그 謂之하길 睿聖(智德이 높고 사리에 밝음)이라 할 수 있으니, 또한 可히 愧함이 無인 것이다.

2. 考槃

05-02-01 考槃在澗하니 碩人之寬이로다. 獨寐寤言하길 永矢弗諼이로다.
초야의 오두막 계곡가에 있나니 석인(碩人)의 관대한 기상이로다. 홀로 자다 깨어 말(言)하길 영원히 이 즐거움 잊지 못할 것 맹서로다.

계곡 가의 오두막 집 대인의 관후한 기상일세
홀로 잠들고 홀로 깨어 혼자 말도 잘 하시네

이 즐거움 영원토록 잊지 말자 맹세하네

賦也라. 考는 成也고, 槃은 盤桓之意이니, 言成其隱處之室也라. 陳氏曰 考는 扣也고 槃은 器名으로 蓋扣之以節歌이니, 如鼓盆拊缶之爲樂也나, 二說에 未知 孰是이라. 山夾水曰澗이라. 碩은 大이고 寬은 廣이며, 永은 長이고 矢는 誓이며, 諼은 忘也라. ○詩人이 美賢者隱處澗谷之間하며 而碩大寬廣으로 無戚戚之 意하고, 雖獨寐而寤言라도 猶自誓其不忘此樂也라.

賦體이다. '考'는 이름(成就)이고, '槃'은 반환(槃桓)의 의미이니, 그 隱處 할 수 있는 집을 이름을 말함이다. 陳氏왈:<考는 두드림이고 槃은 기물의 이 름으로 대개 그것을 두드려서 가락에 맞추어 노래하는 것이니, 마치 동이를 치고(鼓) 질그릇을 두드려서(拊) 음악을 하는 것과 같은 것이다>라 하였으나, 두 설 중에 어느 것이 옳은지엔 알 수가 없음이다. 산이 물길을 끼고 있는 것 을 '澗'이라 曰한다. '碩'은 큼이요, '寬'은 넓음이요, '永'은 깊이 요, '矢'는 맹세함이요, '諼'은 잊음(忘)이다. ○詩人이 賢者가 澗谷의 사 이에 隱處하며, 碩大하고 寬廣으로 근심하고 두려워(戚戚)하는 뜻이 없고, 비 록 홀로 잠들다 깨어 말할지라도 오히려 그 이 즐거움에 대해 잊지 못할 것이 라 스스로 맹서함을 찬미한 것이다.

*참고: 盤桓 (盤桓, 槃桓)
(1)徘徊；逗留<머무를두> (2)周旋；交往<교차로 왕래> (3)玩弄；逗弄 (4)盤 旋；曲折回绕(두를요) (5)广大貌(면적,공간이 넓다) (6)引申<原義를 확대>爲傲 慢自大貌
1. 머뭇거리며 그 자리를 멀리 떠나지 못하고 서성이는 일.
2. 어떻게 할지 결정을 못 내리고 우물쭈물하는 일.

華谷嚴氏曰: 碩人之寬은 易所謂 肥遯者也라.
華谷嚴氏曰: 碩人之寬은 易에서의 所謂 '肥遯' 者인 것이다.
*참고: 易所謂肥遯

上九	爻辭	肥의 遯(遯之遠而无累)이니, 无不利이라.*肥者 寬裕自得之意而疾憊之反 먼저(首) 환난을 떠나(遯) 소인(小人)과의 응(應)이 없는 기름짐의 떠남(肥 遯)이니, 리(利)롭지 않음이 없음이라. (백이숙제,노자)
	象曰	肥遯(肥寬裕自得之意) 无不利는 (剛決)无所疑也라. *上九去柔最遠高而无 應 剛而能決 遯之速者遯之首者也 '비둔 무불리(肥遯 无不利)'는 소인(小人)과 응(應)으로 의심(疑)되는 바가 없는지라 진퇴(進退)의 우려(慮)에 수고로움이 없음이라.

○永嘉陳氏曰 碩人在澗하며 考槃樂歌인지라 天子不得而臣하고 諸侯不得而友이

나, 雖寤寐라도 永誓不忘此樂이라.
永嘉陳氏曰: 碩人이 在澗하며 考槃으로 樂歌인지라 天子는 不得而臣이고 諸侯는 不得而友이나, 비록 寤寐라도 此樂에 不忘일 것을 永誓인 것이다.

05-02-02 ○考槃在阿하니 碩人之薖로다. 獨寐寤歌하길 永矢弗過로다.
초야의 오두막 산속 굽이에 있나니 석인(碩人)의 넉넉한 기상이로다. 홀로 자다 깨어 노래(歌)하길 영원히 이 즐거움 벗어나지 않을 것 맹서로다.

언덕 아래 오두막 집 대인의 넉넉한 기상일세
홀로 자고 홀로 깨어 혼자 노래 불러보네
이 즐거움 영원토록 놓지 말자 맹세하네

賦也라. 曲陵曰阿이라. 薖는 義未詳이나, 或云亦寬大之意也라. 永矢弗過는 自誓所願不踰於此니, 若將終身之意也라.
賦체이다. 曲陵을 '阿'라 曰한다. '薖(채찍과)'는 뜻이 未詳이나, 혹자는 또한 寬大하다는 뜻이라 말한다. '永矢弗過'는 원하는 바가 이것에서 넘어서지 않을 것임을 스스로 맹세한 것이니, 장차 終身하려는 뜻인 것이다.

慶源輔氏曰 退而窮處偏仄이 甚矣여도 而能寬大自樂하길 若將終身焉하니, 蓋無入而不自得也라.
慶源輔氏曰: 세상에 退하여 窮핍으로 偏仄(협소할측:좁음)에 處함이 甚이어도, 能히 寬大로 自樂하길 마치 將次 그곳에서 終身하려는 듯하니, 대개 入마다에 自得치 못함이 없는 것이다.

05-02-03 ○考槃在陸하니 碩人之軸이로다. 獨寐寤宿이나 永矢弗告로다.
초야의 오두막 고원 평지에 있나니 석인(碩人)의 머무는 터전이로다. 홀로 자다 깨어 뒤척이나 영원히 이 즐거움 발설치 않을 것 맹서로다.

산기슭에 오두막 집 대인이 머무는 터전일세
홀로 자고 홀로 깨어 이리저리 뒹굴뒹굴
이 즐거움 영원한데 누구한테 말할소냐

賦也라. 高平曰陸이라. 軸은 盤桓의 不行之意이라(眉山蘇氏曰 盤桓不行하여 從容自廣之謂也라). 寤宿은 已覺而猶臥也라. 弗告者는 不以此樂告人也라.
賦체이다. 高平한 곳을 '陸'이라 曰한다. '軸(망설이며 나아가지 아니할 축)'은 盤桓으로 떠나가지 못하는 뜻이다(眉山蘇氏曰: 盤桓으로 行하지 않고서 從容으로 自廣함을 謂함이다). '寤宿'은 이미 잠은 깨었으나 여전히 누워있음이다. '弗告'라는 것은 이 樂으로 남에게 고해주지 않는다는 것이다.

考槃은 三章으로, 章마다 四句이라.
考槃은 三章으로, 章마다 四句이다.

孔叢子曰 吾於考槃에서 見遯世之士無悶於世이라.
孔叢子曰: 考槃으로 세상과 소원(吾:疏遠한 모양 어)함에서 遯世之士가 세에 번민(悶)함이 없음을 見할 수 있는 것이다.

○慶源輔氏曰 孔叢子所說은 深得詩意이라.
慶源輔氏曰: 孔叢子가 說한 바는 深으로 詩意를 得인 것이다.

○豐城朱氏曰 賢者가 隱處於澗谷之間코서 而自誓不忘其樂이니, 蓋其所養之充, 所守之正하여 而不狗乎外物之誘니, 則天下之樂라도 亦孰有加於此哉리오. 獨寐寤言, 獨寐寤歌, 獨寐寤宿컨대, 見其無往而不獨樂也라.
豐城朱氏曰: 賢者가 澗谷之間에 隱處하고서 그 樂에 不忘일 것을 自誓함이니, 대개 그 養했던 바가 充인 것이고 守했던 바가 正이어서 外物之誘에 不狗이니, 則 天下之樂이라도 또한 무엇을 此에다 加함이 있겠는가? 獨의 寐寤로 言하고 獨의 寐寤로 歌하며 獨의 寐寤로 宿이건대, 그 往마다 獨樂치 않음이 없음을 見할 수 있는 것이다.

3. 碩人

05-03-01 碩人其頎하니 衣錦褧衣로다. 齊侯之子오, 衛侯之妻오, 東宮之妹오, 邢侯之姨오, 譚公維私로다.
아름다운 여인 저리도 늘씬 하나니 안의 비단옷에 홑옷 걸침이로다. 제후(齊侯)의 여식이요, 위후(衛侯)의 정실이요, 동궁(東宮) 득신의 여동생(妹)이요, 형후(邢侯)에겐 처형(姨)이요, 담공(譚公)은 오직 제부(私)로다.

> 훤하고 멋진 여인 비단 옷도 화려하네
> 제후의 여식이고 위후의 부인이요
> 동궁의 누이이며 형후의 처제되네
> 담나라 제공은 형부가 된다네

賦也라. 碩人은 指莊姜也라. 頎는 長貌이라(孔氏曰 狩嗟云하길 頎而長兮라).

삼천년 사랑의 노래(風) 1

錦은 文衣也고, 褧은 禪(單也)也니, 錦衣而加褧焉인지라 爲其文之太著也라(朱
子曰 褧을 儀禮作景하고, 禮記作絅컨대, 古註以爲禪衣所以襲錦衣者이라. 沈存
中謂하길, 褧與䋧同으로 是用枲麻織布爲之라하나, 不知是否라. ○華谷嚴氏曰
褧은 以縠爲之라). 東宮은 太子所居之宮으로, 齊太子得臣也라. 繫太子言之者는
明與同母하여 言所生之貴也라. 女子後生曰妹하고, 妻之姉妹曰姨하며, 姉妹之夫
曰私하니, 邢侯,譚侯는 皆莊姜姉妹之夫로 互言之也라(眉山蘇氏曰 邢은 周公之
後이고, 譚은 近齊라. ○孔氏曰 春秋에 譚子奔莒라하니, 則譚子爵이라. ○東
萊呂氏曰 白虎通云하길, 臣子는 于其國中에선 皆襃其君하여 爲公이라). 諸侯之
女가 嫁於諸侯하여 則尊同인지라 故歷言之라(安成劉氏曰 歷言此者는 以見莊姜
之姉妹와 與莊公之姻婭의 其尊이 皆同也라). ○莊姜事는 見邶風綠衣等篇이라.
春秋傳曰하길, 莊姜美而無子컨대 衛人爲之賦碩人이라하니, 卽謂此詩라. 而其
首章旣稱其族類之貴하여 以見其爲正嫡小君은 所宜親厚하고, 而重歎莊公之昏惑
也라.

賦體이다. '碩人'은 莊姜을 가리킴이다. '頎(키가 크고 풍채가 좋은 모양
기)'는 키가 큰 모습이다(孔氏曰: 齊風 <猗嗟>편에 云하길 '頎而長兮<훤출
하고 장대함이며>' 라 하였다). '錦'은 문채의 옷이고, '褧(홀옷경)'은 홀
옷(單也)이니, 錦衣에다 그것에 褧衣를 加해 입음인지라 그 문채가 크게 드러
남이 되는 것이다(朱子曰: 褧은 儀禮에선 '景'이라 作하였고, 禮에선 '絅
<홀옷경>' 이라 作하였다. 古註에선 禪衣를 錦衣에다 襲하여 입는 所以인 것
으로 여겼고, 沈存中은 謂하길 '褧은 䋧과 同으로 이렇게 枲麻<어저귀경:아
욱과의 한해살이풀:靑麻>를 用하여 織布하여 그것을 만든다.' 라 하였으나, 是
否엔 不知이다. ○華谷嚴氏曰: 褧은 縠<주름비단곡>으로 그것을 만든다).
'東宮'은 태자가 거처하는 宮이니, 齊나라 太子인 得臣이다. 太子와 연관지
어 그것으로 말한 것은 태자와 同母임을 밝혀서, 그 소생이 貴함을 말한 것이
다. 여자로 뒤에 태어남을 '누이동생 妹' 라 曰하고, 妻의 姉妹를 '처제,처
형(姨)' 이라 曰하며, 姉妹의 지아비를 '형부,제부(私)' 라 曰하니, 邢侯와 譚
侯(클담)는 모두 莊姜의 자매간의 남편으로, 상호 그것(姨,私)으로 호칭하여
말함인 것이다(眉山蘇氏曰: 邢은 周公의 後예이고, 譚은 齊나라와 近이다. ○
孔氏曰: 春秋 莊公 10년에 '譚子奔莒' 라 하니, 則譚나라는 子爵이다. ○東
萊呂氏曰: 白虎通云하기 '臣子가 그 國中에서는 모두 그의 君을 크게 기려서
<襃> 公이라 한다.' 라 하였다). 諸侯의 딸이 諸侯에게 시집감에 尊位가 같은
지라, 고로 낱낱이 그것으로 말한 것이다(安成劉氏曰: 此者를 歷言하여 莊姜의
姉妹와 莊公의 사돈 및 동서(姻婭) 간의 그 尊하기가 모두 同임을 본 것이
다). ○莊姜의 일은 邶風 <綠衣> 등의 편에서 보인다. 春秋傳에 曰: <莊姜이
아름다웠으나 아들이 없거늘, 衛나라 사람들이 그녀를 위해 碩人의 시를 읊었
다.>라 하였으니, 바로 이 詩를 말함이다. 그리고 그 首章에서 이윽고 그 族類

의 貴함을 稱하여 정실 소생(正嫡)의 小君은 의당 親厚하게 대할 바가 됨을 나타내어, 거듭 莊公이 사리에 어둡고 미혹(昏惑)됨을 탄식한 것이다.

*참고: 姻婭
사위 집 편의 사돈 및 동서(同壻) 집 편의 사돈을 두루 일컬음. 사위의 아버지 곧 사돈을 인(姻)이라 하고, 여자(女子) 형제(兄弟)의 남편(男便)끼리 곧 동서(同壻)끼리를 아(婭)라 함. (출처: ㈜오픈마인드인포테인먼트)

孔氏曰 其父母兄弟가 皆正大如此커늘, 君何爲不答之乎리오.
孔氏曰: 그 父母兄弟가 모두 正大하길 如此하거늘, 君이 어찌 그것에 보답하지 않음으로 할 수 있겠는가?

○華谷嚴氏曰 風人이 不直言莊姜不見答之事하고 但首章歷述其親族하여 欲讀之者로 知其爲莊姜則不見答之事니, 國人自知之不待察察言之矣라.
華谷嚴氏曰: 風人이 곧바로 莊姜이 보답을 보지 못했던 事로 言하지 않고 다만 首章에서 그 親族만을 歷歷히 기술하여, 그것을 讀之하는 者로 하여금 그 莊姜이 즉 답례를 보지 못하는 事가 되었음을 知하게 하고자 한 것이니, 너무 자세히(察察) 그것으로 言之함을 기다리지 않아도 國人들이 알 수 있는 것이다.

05-03-02 ○手如柔荑오 膚如凝脂이오, 領如蝤蠐오 齒如瓠犀이오, 螓首蛾眉로니, 巧笑倩兮며 美目盼兮로다.
손은 여린 띠싹같고 피부는 엉긴 기름같음이요, 목은 굼벵이처럼 희고 길며 치아는 박씨(瓠)같이 가지런함이요, 매미같은 이마에 나비같은 눈썹이로니, 앙증맞은 웃음 보조개며 까만 눈동자에 아름다운 눈매로다.

　　　　새싹 같은 고운 손결 기름친 듯 빛난 피부
　　　　하얀 솜털 목덜미에 박속같이 고른 치아
　　　　매미같은 둥근 이마 나비같이 가는 눈썹
　　　　방긋 웃는 그 얼굴에 앙증맞은 보조개까지
　　　　아름다운 눈매 검은 눈동자 빛이 나네

賦也라. 茅之始生曰荑니, 言柔而白也라. 凝脂도 脂寒而凝者로 亦言白也라. 領은 頸也라. 蝤蠐는 木蟲之白而長者이라(本草注曰 郭璞云하길, 腐木根下에 有之니, 瘦而白이라). 瓠犀는 瓠中之子로, 方正潔白하며 而比次整齊也라. 螓은 如蟬而小하고, 其額廣而方正이라(鄭氏曰 螓은 蜻蜓이라). 蛾는 蠶蛾也니, 其眉細而長曲이라. 倩은 口輔之美也라(孔氏曰 服虔云하길, 輔는 上頷車也라. 是牙外之

皮膚로 頰下之別名也라). 盼은 黑白分明也라. ○此章言其容貌之美니, 猶前章之意也라.

賦체이다. 띠풀이 처음 돋아난 것을 '荑(띠싹제)'라 曰하니, 여리면서도 힘을 말함이다. '凝脂'도 기름이 寒氣에 엉긴 것으로, 또한 흰 것을 말함이다. '領'은 목이다. '蝤蠐(추제)'는 木蟲(나무굼벵이)으로, 희고 긴 것이다(本草注曰: 郭璞云하길 '腐木의 根下에 그것이 있으니, 가늘<瘦:수>면서도 희다.'라 하였다). '瓠犀(박호,박씨서)'는 박 속의 씨앗이니, 方正하면서도 潔白하고 나란히 차례대로 정돈되어 가지런(整齊)하다. '螓<털매미진>'은 매미와 같으나 작으며, 그 이마가 넓고 方正하다(鄭氏曰: 螓은 청청<蜻蜻:씽씽매미>이다). '蛾(나방아)'는 누에나방이니, 그 눈썹이 가늘고 길며 구부러져 있다. '倩'은 보조개의 아름다움이고(孔氏曰: 服虔云하길, 輔는 上頷車<상악치조골>의 부위로, 이렇게 牙外之皮膚이며 頰骨 下의 別도의 名稱이다). '盼'은 눈동자의 흑백이 분명함이다. ○이 章도 그 容貌의 아름다움을 말한 것이니, 前章의 뜻과 같음이다.

*참고: 추제(蝤蠐)
하늘솟과에 속한 애벌레를 통틀어 이르는 말(희고 깨끗한 미인의 목).
*참고: 螓(털매미진)
이마가 넓고 반듯하며 아름다우므로 미인 이마의 형용으로 쓰임.
*참고3: 輔는 上頷車也라.
【左傳·僖五年】輔車相依。
【註】輔, 頰輔. 車, 牙車.
【疏】車, 牙下骨之名也。或又謂之頷車(頷,含也. 口含物之車也)。輔爲外表, 車爲內骨, 故云相依。

鄭氏曰 言莊姜容貌之美는 所宜親幸也라.
鄭氏曰: 莊姜의 容貌之美는 宜당 친밀히 총애(親幸) 할 만한 바임을 말함이다.

05-03-03 ○碩人敖敖하니, 說于農郊하야 四牡有驕하며 朱幩鑣鑣어늘, 翟茀以朝하니 大夫夙退하야 無使君勞하니라.
아름다운 여인 훤칠도 하나니, 도성 근교에 머물다 사마(四牡) 끄는 장대한 수레 타고 붉은 고삐장식 성대하거늘, 꿩 깃 휘장 드리워 입조하나니 대부들 일찍 퇴조(退朝)하여 군주 노고케 함 없게 할지니라.

        훤칠하고 고운 여인 도성 밖에 머무시네
        네 필 말은 늠름하고 붉은 재갈 성대하네
        꿩 깃 장식 휘장 둘러 화려하게 입성하네

대부 퇴청 서둘러서 우리 군주 쉬게 하소

賦也라. 敖敖는 長貌이라. 說는 舍也라. 農郊는 近郊也라. 四牡는 車之四馬이라. 驕는 壯貌이라. 幩은 鑣飾也니, 鑣者는 馬銜外鐵로서(廬陵羅氏曰 鑣는 一名扇汗이고, 又曰排沫이며, 爾雅謂之하길 钀<魚列反>이라), 人君은 以朱纏之也라. 鑣鑣는 盛也라(孔氏曰 言以朱飾鑣가 而鑣鑣然盛이라). 翟은 翟車也니, 夫人은 以翟羽飾車이라. 茀은 蔽也니, 婦人之車의 前後設蔽이라(孔氏曰 婦人不露見이니, 車前後에 設幨하고 謂之茀이라. 因以翟羽爲飾이라). 夙는 早也라. 玉藻曰하길, 君日出而視朝하고(鄭氏曰 朝는 內朝이고, 路寢은 門外之正朝也라) 退適路寢聽政하며, 使人視大夫하여 大夫退然後 適小寢釋服이라(鄭氏曰 小寢은 燕寢也라. 釋服의 服은 玄端이라. ○孔氏曰 君出視朝畢에 乃適路寢하여 以待大夫之所諮하니, 決事之多少는 大夫所主인지라 故大夫退然後罷이라). ○此言 莊姜自齊來嫁하여 舍止近郊라가 乘是車馬之盛으로 以入君之朝하니, 國人이 樂得以爲莊公之配인지라 故謂하길, 諸大夫朝於君者는 宜早退하여 無使君勞於政事하여 不得與夫人相親컨대, 而歎今之不然也라.

賦체이다. '敖敖'는 긴 모양이다. '說(세)'는 머무름(舍)이다. '農郊'는 近郊이다. '四牡'는 수레 네 필의 말이다. '驕'는 씩씩한 모양이다. '幩(재갈장식분)'은 鑣飾(재갈표)이니, 鑣라는 것은 말에게 물게 하는 외부의 쇠로서(廬陵羅氏曰: 鑣는 一名 말 재갈 양방을 얽어매 꾸미는 천<扇汗:飾巾>이고, 又曰하길 排沫<배말.飄帶나부낄표:재갈 양방을 꾸민 천이 나부끼게 드리운 때>이라 하며, 爾雅에선 謂之하길 钀<재갈알:魚列反>이라 한다), 人君은 붉은 실로 그것을 얽어맨다(纏:전). '鑣鑣'는 盛함이다(孔氏曰: 朱飾의 鑣가 鑣鑣然히 盛大함을 言한 것이다). '翟'은 翟車이니, 夫人은 翟羽로서 수레를 꾸민다. '茀'은 가림이니, 婦人 수레의 前後에다 가리개를 설치한다(孔氏曰: 婦人은 露見치 않으니, 車의 前後에 幨을 設하고 그것을 謂之하여 茀이라 한다. 이로 因하여 翟羽로서 飾을 삼음이다). 夙은 일찍이다. 예기 <玉藻>편에 왈: <임금은 해가 뜨면 內朝에서 정사를 살피고(鄭氏曰: 朝는 內朝이고, 路寢은 門外之正朝이다.), 물러나 路寢(政殿:집무실)으로 가서 정사를 들으며, 사람들로 하여금 大夫들 동정을 살피게 하곤 大夫가 물러난 후에야 小寢(침실)으로 가서 조복을 벗는다(鄭氏曰: 小寢은 燕寢이다. 釋服의 服은 玄端이다. ○孔氏曰: 君이 出하여 視朝가 畢이면 이내 路寢으로 適하여 大夫가 諮하는 바를 待함이니, 事의 多少로 決함은 大夫가 主하는 바인지라 故로 大夫가 退인 然後에야 罷인 것이다).>라 하였다. ○이것은 莊姜이 齊나라로부터 시집올 때에 近郊서 머물며 그쳤다가(舍止), 이렇게 車馬의 성대함을 타고 군의 조정에 입조하니, 國人들이 莊公의 배필됨을 즐거워하였기 때문에, 고로 여러 대부 중 임금에게 조회 드는 자에게 이르길, 의당 일찍이 조회에서 물러나 임금으로 하여금 정사로 수고롭게 하여 부인과 함께 相親할 수 없게 하지 말라 하였는데, 지금은 그러하지 않음을 탄식한 것이다.

05-03-04 ○河水洋洋하야 北流活活어늘, 施罛濊濊에 鱣鮪發發하며 葭菼揭揭어늘, 庶姜孼孼하며 庶士有朅이니라.
하수(河水)는 넘실넘실 북의 흐름 도도하거늘, 어망 첨벙 드리움에 철갑상어(鱣) 다랑어(鮪) 펄쩍 뛰며 갈대 억새 무성히 자라거늘, 어여쁜 잉첩(媵妾) 행렬 성대하며 여러 잉신(媵臣) 굳센 위엄이니라.

황하 물결 넘실대며 북쪽으로 흘러가네
철벙철벙 어망질에 잉어 다랑어 팔딱이네
갈대 억새 무성하듯 여러 잉첩 화려하네
뒤따르는 무사들도 씩씩하고 위엄있네

賦也라. 河는 在齊西衛東하니, 北流入海이라. 洋洋은 盛大貌고, 活活은 流貌라. 施는 設也고, 罛는 魚罟也라. 濊濊은 罟入水聲也라(說文曰 濊는 礙流也라). 鱣魚는 似龍하고 黃色銳頭하며, 口在頷下하고 背上腹下에 皆有甲하니, 大者千餘斤이라(孔氏曰 鱣魚는 體有邪行甲하고 無鱗하며 大者는 長二三丈하며, 江東呼하여 爲黃魚이라). 鮪도 似鱣而小하고, 色靑黑이라(孔氏曰 陸璣云하길 鮪는 頭小而尖하여 似鐵兜鍪하고, 口亦在頷下며, 其甲可以摩薑하니, 大者不過七八尺이라. 一名鮥하고, 肉의 色味는 不如鱣也라<鍪音矛>). 發發은 盛貌라. 菼은 薍(頑,去聲)也니, 亦謂之荻이라. 揭揭은 長也라. 庶姜은 謂姪娣라. 孼孼은 盛飾也라. 庶士는 謂媵臣이라. 朅은 武貌라. ○言齊地廣饒하여 而夫人之來에 士女佼好하고 禮儀盛備하길 如此라하니, 亦首章之意也라.
賦체이다. '河'는 제나라 서쪽과 衛나라 동쪽에 있으니, 북쪽으로 흐르다 바다로 들어간다. '洋洋'은 盛大한 모양이요, '活活'은 흐르는 모양이다. '施'는 설치하는 것이고, '罛(어망고)'는 물고기 그물이다. '濊濊(그물던지는소리활)'은 그물이 물에 들어가는 소리이다(說文曰: 濊는 물의 흐름을 막는<礙流> 모양이다). '鱣魚(전어:철갑상엇과에 속한 바닷물고기)'는 용과 흡사하고 황색으로 머리가 예리하며, 입이 턱 아래에 나와 있고 등 위와 배 아래엔 모두 딱딱한 껍질(甲)이 있으며, 큰 것은 千餘斤이나 된다(孔氏曰: 鱣魚는 體에 매우 심한(邪行) 甲이 있으나 無鱗하고, 大者는 長이 二,三丈이며, 江東에선 呼하여 黃魚라 한다). '鮪(다랑어유)'도 鱣魚와 흡사하나 작고, 색은 靑黑色이다(孔氏曰: 陸璣云하길 '鮪는 頭가 小而尖하며 흡사 鐵의 투구<兜鍪:두무.鍪音矛>와 같고, 口도 또한 頷下에 在하며, 그 甲에다 可히 생강<薑>을 摩할 수 있음이다. 大者라도 七八尺에 不過하며, 一名 鮥<다랑어락>

319

이라고도 한다. 肉의 色과 味가 鱣만 못하다). '發發'은 盛한 모양이다. '葭(물억새담)'은 물억새(薍:완)이며, 또한 荻(물억새적)이라고도 부른다. '揭揭(길걸)'은 길다는 것이다. '庶姜'은 姪娣들을 말함이며, '孼孼'은 盛大한 장식이다. '庶士'는 媵臣을 말하며, '朅(헌걸찰흔)'은 굳센 모습이다. ○齊나라 땅은 넓고 비옥해서 夫人이 시집옴에 士와 女들이 예쁘고(佼:교) 좋았으며, 禮儀의 盛備함이 이와 같았음을 말함이니, 또한 首章의 뜻인 것이다.

*참고1: 濊 礙流也
<通釋>에, 蓋施罟水中 礙流之貌
*참고2: 鱣魚
一種無鱗的大魚。《爾雅．釋魚》「鱣」句下晉．郭璞．注：「鱣, 大魚。似鱘而短鼻, 口在頷下, 體有邪行甲, 無鱗, 肉黃, 大者長二、三丈, 今江東呼為黃魚。」

碩人은 四章으로, 章七句이라.
碩人은 四章으로, 章마다 七句이다.

孔氏曰 此詩는 皆陳莊姜宜於見答여도 而君不親也라.
孔氏曰: 此詩는 모두 莊姜이 보답을 보아야 의당함에도 君이 親으로 대하지 않았음을 陳述한 것이다.

○華谷嚴氏曰 此詩엔 無一語라도 及莊姜不見答之事하고, 但言其姻族之貴,容貌之美,禮儀之備하며 又言齊地廣饒士女佼好하여, 以深寓其閔惜之意而已라. 惟大夫夙退,無使君勞二句에만 微見其意하고 而辭亦深婉하니, 風人之辭가 大抵然也라.
華谷嚴氏曰: 此詩엔 一語라도 莊姜이 보답을 받지 못한 事로는 及함이 없고, 다만 그 姻族之貴와 容貌之美와 禮儀之備만을 言하였으며 또 齊地가 廣饒하여 士女가 佼好<예쁘고>함을 言하여, 깊이 그 閔惜之意(가엽고 애석)만을 寓하게 하였을 뿐인 것이다. 오직 '大夫夙退 無使君勞'의 二句에서만은 그 意도를 은미하게 드러냈고 辭도 또한 깊이 婉하게 하였으니, 風人之辭가 大抵 然인 것이다.

○新安胡氏曰 黃氏云하길, 綠衣詩는 言嬖妾之不當僭而僭하고, 碩人詩는 言夫人之宜見答而不見答이라.
新安胡氏曰: 黃氏云하길 '綠衣의 詩는 嬖妾의 僭濫함이 마땅하지 않음에도 僭하였음을 言하였고, 碩人의 詩는 夫人이 宜當 보답을 보아야 함에도 보답을 보지 못했음을 言한 것이다.'라 하였다.

○慶源輔氏曰 觀邶風燕燕等篇이면 則莊姜之德行文章엔 皆未易及여도 而此詩不之言은 何也오. 朱子曰 此는 但指其人所易見者하여 以刺莊公之昏惑而不知耳로, 莊姜之美는 則固不止此也라.
慶源輔氏曰: 邶風의 <燕燕>等篇에 觀일지면 則 莊姜의 德行과 文章엔 모두 쉽게 及할 수 있음이 아님에도, 此詩에선 그것으로 言하지 않음은 무엇입니까? 朱子曰: 此는 다만 그 人들이 쉽게 見할 수 있는 바의 것만을 가리켜 莊公이 昏惑하여 不知함을 刺했을 뿐으로, 莊姜之美는 則固히 此(용모와 의례 및 친족)에만 止하지 않음인 것이다.

4. 氓

05-04-01 氓之蚩蚩가 抱布貿絲러니, 匪來貿絲이라 來卽我謀러라. 送子涉淇하길 至于頓丘호라. 匪我愆期이라 子無良媒니라. 將子無怒어다 秋以爲期라호라.
무지한 장돌뱅이 명주(布) 옷감 짊어지고 생사(絲) 무역 왔더니만, 생사 무역 온 것 아니라 와선 즉 나 꾀어냄이라. 그대 전송하길 기수(淇) 건너 돈구(頓丘)까지 이르렀노라. '내 기약 어기려함 아니라 그대에 보낼 좋은 중매 없기 때문이라. 원컨대 그대 노여워 말지어다 가을에나 다시 기약 다짐하노라.'고 하니라.

> 어리숙한 한 사내가 명주포 들고와 실 사가네
> 실 사려는 건 핑계이고 날 꾀려 온 것이네
> 기수 건너 돈구까지 그대 전송 하였건만
> 내가 기약 어긴 것은 좋은 중매 없어서지
> 노여워만 하지 말고 올 가을엔 기약하오

賦也라. 氓은 民也니, 蓋男子而不知其誰何之稱也라(朱子曰 始見其來엔 莫知其爲誰何也라가, 旣與之謀인댄 則爾汝之矣니, 此言之序也라). 蚩蚩는 無知之貌이니, 蓋怨而鄙之也라. 布는 幣라(孔氏曰 幣者는 布帛之名이라). 貿는 買也니(釋文曰 交易也라), 貿絲는 蓋初夏之時也라. 頓丘는 地名이라(華谷嚴氏曰 在朝歌之東이라. 漢志에 陳郡에 有頓丘縣컨대 師古云하길 以丘爲縣也고, 丘一成爲頓丘이니, 謂一頓而成也라). 愆은 過也라. 將은 願也고 請也라. ○此는 淫婦爲人所棄하여 而自叙其事하고 以道其悔恨之意라. 夫旣與之謀에도 而不遂往하고, 又責所無以難其事에 再爲之約하며 以堅其志하니, 此其計亦狡矣라. 以御蚩蚩之氓엔 宜其有餘이나 而不免於見棄이라. 蓋一失其身이면 人所賤惡인지라, 始

雖以欲而迷라가 後必以時而悟이니 是以無往而不困耳이라. 士君子立身에도 一敗而萬事瓦裂者가 何以異此며 可不戒哉리오.
賦체이다. '氓'은 백성이니, 대개 남자인 것이나 그 누구라 꼭 집어(誰何) 칭함인지엔 알지 못함이다(朱子曰: 처음 그 來를 見함에는 전혀 그 누가<誰何>되는지에 알 수 없었다가, 이윽고 그와 더불어 謀일진댄 則 爾,汝의 함이니, 此는 言之序인 것이다). '蚩蚩(어리석을치)'는 무지한 모습이니, 대개 원망하며 그를 비루하게 여긴 것이다. '布'는 견직물(幣)의 옷감이다(孔氏曰: 幣者는 布帛<베와 비단>의 名이다). '貿'는 사는 것이니(釋文曰: 交易인 것이다), 貿絲는 아마도 初夏의 때인 것이다. '頓丘(끊이지 않고 이어진 언덕)'는 지명이다(華谷嚴氏曰: 朝歌의 東쪽에 在함이다. 漢書의 지리지에, '陳郡에 頓丘縣이 有하다.' 라 하였건대, 師古云하길 고원의 丘로서 縣을 삼음이고, 丘로만 한결같이 이루어져 '頓丘'라 한 것이니, 한결같이 가지런(頓)하게 이루어졌음을 謂함이다<頓,猶整也>). '愆'은 허물이다. '將'은 願함이고, 請함이다. ○이것은 淫난한 婦人이 사람에게 버림받는 바가 되어 스스로 그 일들을 서술하고, 그 悔恨의 뜻을 말한 것이다. 무릇 이윽고 그와 더불어 도모했음에도 갑자기 따라 나서지 않았고, 또 실행의 바 없어 그 기약의 일을 이루기 어렵게 됨을 책망하자, 거듭 그것을 위해 약조하며 그 뜻한 바를 견고케 다짐하니, 이것은 그 계책도 또한 교활할 뿐인 것이다. 무지스런 사람 모시길 의당 그 남음이 있었어도, 버려짐을 당함에는 면하지 못하였다. 대개 한 번이라도 그 몸을 잃게 되면 사람들이 천히 여기고 미워하는 바인지라, 처음엔 비록 욕망으로 미혹되었더라도 후에 반드시 때가 되어서야 깨달았으니, 이렇게 가는 곳마다 곤란치 않음이 없었을 뿐인 것이다. 士君子의 立身에도 한 번이라도 어긋나 敗하면 萬事가 瓦裂되고 마는 것이, 어찌 이와 다를지며 가히 경계하지 않을 수 있겠는가?

慶源輔氏曰 讀先生之說이면 令人惕然知戒하여 不敢有一毫自恕之意也라.
慶源輔氏曰: 先生之說을 讀일지면, 人으로 하여금 惕然히 戒할 바를 知하게 하여 敢히 一毫라도 自恕(스스로의 잘못을 너그럽게 용서함)의 意를 有할 수 없는 것이다.

05-04-02 ○乘彼垝垣하야 以望復關호라. 不見復關인지라 泣涕漣漣러니, 旣見復關이면 載笑載言호라. 爾卜爾筮에 體無咎言어든, 以爾車來하며 以我賄遷이라 호라.
기약 이르러 저 무너진 담장 올라 멀리 복관(復關) 땅 바라보노라. 바라봐도 복관(復關) 땅 보이지 않는지라 소리 없는 눈물만 줄줄 흐르더니, 이윽고 복관 그댈 만날지면 잠시 웃어가며 잠시 얘기도 건네보리라. '너의 거북점 너의 시초점 점사(占辭)에 허물없거든, 너는 수레 맞이해 올지며 나는 재물 실어 따르리라.'고 하리라.

> 무너진 담장 올라서서 복관 땅을 바라보네
> 바라봐도 볼수 없어 소리없이 눈물짓네
> 그대 이제 만날지면 웃으면서 말 나누리
> 복서점에 점괘보아 허물없고 길하거든
> 그대 수레 타고와서 나의 집도 태워가소

賦也라. 垝는 毁이고, 垣은 牆也라. 復關은 男子之所居也니, 不敢顯言其人인지라 故託言之耳이라. 龜曰卜하고 蓍曰筮라. 體는 兆卦之體也라.
賦체이다. '垝(케)'는 무너짐이요, '垣(원)'은 담장이다. '復關'은 그 남자가 居하는 곳이니, 감히 그 사람을 드러내놓고 말할 수 없는지라 고로 그것으로 의탁하여 말했을 뿐인 것이다. 거북점 치는 것을 '卜'이라 曰하고, 시초점 치는 것을 '筮'라 曰한다. '體'는 거북점의 龜兆와 시초점 筮卦에 대한 體(繇詞:점사주)이다.

朱氏曰 龜는 歲久수록 則靈하고, 蓍는 生百年하고 一本百莖이니, 亦物之靈者이라. 卜筮는 實問鬼神이니, 以蓍龜神靈之物인지라 故假之以驗其卦兆이라. 卜法은 以明火로 爇柴(사를설)하여 灼龜면 爲兆하고, 筮法은 以四十九蓍로 分掛揲扐하길 凡十八變에 而成卦이라.
朱氏曰: 龜는 歲久일수록 則 靈하고, 蓍는 百年을 生하고 一本에 百莖이니, 또한 物之靈者이다. 卜과 筮는 實로 鬼神에 問할 수 있음이니, 蓍와 龜는 神靈之物이기 때문에 故로 그것을 假之하여 그 卦兆에다 증驗할 수 있는 것이다. 卜法은 明火로서 섶(柴:시)을 불살라(爇:열) 龜를 태우(灼)면 兆가 만들어지고, 筮法은 四十九蓍로 分掛(3變1爻之掛)에 揲扐(揲之以四 以象四時, 歸奇於扐 以象閏,再閏)하길 凡十八變함에 卦를 成함이다.

○孔氏曰 兆卦之體는 謂龜兆筮卦也라. 故左傳曰의 一薰一蕕十年尚猶有臭가 是龜之繇고, 澤水困의 易曰의 困于石據于蒺藜가 是卦之繇이니, 二者에 皆有繇詞이라<繇音宙>.
孔氏曰: 兆卦之體는 龜兆와 筮卦를 謂함이다. 故로 僖公 五年에 左傳曰한 '一薰를 一蕕에다 十年이어도 尚猶有臭이라.'가 이렇게 龜之繇<점사주>인 것이고, 澤水困의 易에서 曰한 '앞으로 困于石이고, 후로 據于蒺藜로니…'가 이렇게 卦之繇이니, 二者에 모두 繇詞가 有인 것이다<繇는 音이 점사 宙이다>.
*참고: 一薰一蕕十年尚猶有臭

初 晉獻公欲以驪姬爲夫人. 卜之不吉 筮之吉. 公曰 從筮 卜人曰 筮短龜長 不如從長. 且其繇曰 專之渝 攘公之羭. 一薰一蕕 十年尚猶有臭 必不可. 弗聽 立之 生奚齊.

初에 晉 獻公이 驪姬로서 夫人을 삼고자 하여 그것에 거북점(卜:龜象)을 치게 하자 不吉하였고, 그것에 시초점(筮:筮數)을 치게 하니 吉하였다. 公曰: <시초점(筮)을 쫓고자 하노라.>고 하자, 卜人이 曰: <筮는 短이고 龜는 長하나니(象長數短), 長을 쫓음만 못하옵니다. 또한 그 占辭(繇)에 曰하길 '총애로 오로지 할지면 이로 인해 달라지게(渝:變) 되어, 公의 아름다움(羭:검은암양유,美)을 물리(攘:除)치게 할 것이다(指申生). 一薰(香草)을 一蕕(臭草)에 十年일지라도 오히려 여전히 악취가 난다(善易消惡難除).'라 하였으니, 반드시 不可합니다.'라 하여도 듣지 않고, 그녀를 부인으로 세워 奚齊를 낳고, 그 여동생에 서 卓子를 낳았다.

*참고: 困于石,據于蒺藜

六三	文辭	困于石(上進故:指四)하며 據于蒺藜(處下故:指二)이로니(居陽用剛以自取困), 入于其宮(謂三)이라도 不見其妻(謂六:由名必辱,身必危)인지라 凶토다. 나아감(往)도 사(四)의 바위(石)에 곤(困)함이며 거처함(居)도 이(二)의 가시(蒺藜)에 걸터앉음(據)이로니, 그 집안(宮)으로 입(入)이라도 그 처(妻)를 견(見)하지 못함인지라 흉(凶)토다.
	象曰	據于蒺藜는 乘剛也오, 入于其宮不見其妻는 不祥(之至:居陽用剛)也라. '거우질려(據于蒺藜)'는 강(剛)을 올라탐(乘)이오, '입우기궁불견기처(入于其宮不見其妻)'는 곤(困)의 처신이 지극히 상서롭지 못함이라.

賄는 財이고, 遷은 從也라. ○與之期矣인지라, 故及期而乘堵垣以望之라. 旣見之矣면, 於是問其卜筮所得卦兆之體하고 若無凶咎之言이면,

'賄'는 재물이요, '遷'은 옮김이다. ○그와 더불어 기약하였기 때문에, 고로 기약이 다다름에 무너진 담장위로 올라 바라보았다. 이윽고 그를 만날지면, 이에 그 卜筮에서 얻은 바의 卦兆의 體를 물고서, 만약 凶咎의 말이 없으면

慶源輔氏曰 此章에서 可見古人之尚卜筮이라. 然使其知易為君子謀고 不為小人謀면, 則亦不敢求之筮矣라.
慶源輔氏曰: 此章에서 可히 古人도 卜筮를 숭상하였음을 見할 수 있는 것이다. 그러나 만일 그 易이 君子를 위한 謀이고 小人을 위한 謀가 되지 않음을 알았더라면, 則 또한 敢히 筮에다 求之할 수 없는 것이다.

○安成劉氏曰 卜筮之法은 所以開物成務로, 定天下之吉凶하여 成天下之亹亹者

거늘, 曾謂有淫人之瀆問진대 而尙得無凶咎之言乎리오. 以其猶能自疑而欲決之이면 也則請에 以蒙之六三告之라. 蓋使此氓이 而知勿用取行不順之戒하고, 此女가 而知不有躬无攸利之戒면, 則必各求正應컨대 豈復至於相棄也哉리오.

安成劉氏曰: 卜筮之法은 사물의 이치에 開해주고 務할 바로 成해주는 所以로, 天下之吉凶을 定해지게 하여 天下之亹亹(힘쓸미)을 成해주는 것이거늘, 일찍이 淫人이 瀆問함이 있음이라 謂할 수 있건대, 오히려 凶咎가 없는 言을 得할 수 있겠는가? 그 오히려 能히 自疑하여 그것을 決之하고자 하면, 또한 則 請함에 蒙괘의 六三효로 告之하였을 것이다. 대개 가령 此氓이 '不順을 行하는 女이니, 장가듦으로 用取하지 말라.'는 戒에 知하고, 此女가 '몸소 행실(躬)을 두지 못한지라, 利한 바가 없음이다.' 라는 戒에 知일지면, 則 반드시 各 正應으로 求하였을진대, 어찌 다시 서로가 棄함으로 至할 수 있겠는가?

*참고: 蒙之六三告之

| 六三 | 爻辭 | 勿用取女(不中不正)이니, 見金夫(見上九之利)하며 不有躬(忘身:捨其求蒙)인지라 无攸利이라.
장가(娶)들 녀(女)로 취(取)함으론 쓰지(用) 말지니, 졸부(金夫)만을 바라보고(見) 몸소 행실을 두지 못하는지라 리(利)한 바가 전혀 없음이라. |
| | 象曰 | 勿用取女는 行이 不順(或愼:乘二之不順 以從上九之金夫)也라.
'물용취녀(勿用取女)'는 행실(行)이 이치에 불순(不順)이라. |

則以爾之車來迎에 當以我之賄로 往遷也라.
즉 너의 수레로 와서 맞이함에 마땅히 나의 재물을 옮겨 따라가겠다는 것이다.

05-04-03 ○桑之未落엔 其葉沃若러니라. 于嗟鳩兮여. 無食桑葚이어다. 于嗟女兮여. 無與士耽이어다. 士之耽兮는 猶可說也어니와, 女之耽兮는 不可說也니라.
뽕나무도 지기 전엔 그 잎 윤기 있더니라. 아~ 비들기여! 오디 탐해 즐겨먹지 말지어다. 아~ 처자들아! 남정네와 탐해 즐기지(耽) 말지어다. 남자들 탐함(耽) 오히려 가히 핑계 있거니와, 처자들 탐함은 가히 핑계조차 없음이니라.

뽕잎이 지기 전엔 그 잎이 싱싱했네
아서라 비들기야 그 오디는 먹지마라
아! 처자들아 남자들과 탐닉마라
사내들이 탐한 사랑 이리저리 핑계많고
여자들이 빠진 사랑 변명초자 할 수 없네

比而興也라. 沃若은 潤澤貌라. 鳩는 鶻鳩也니, 似山雀而小하고 短尾,靑黑色이며 多聲이라(華谷嚴氏日 即 莊子所謂 鳶鳩也라. 郭璞云하길, 似山鵲하며 呼爲 鶻鵃<音骨朝>이라. 本草日 鶻鵃는 尾短하고 黃色이며 多聲이라). 葚은 桑實也니, 鳩食葚多면 則致醉이라. 耽은 相樂也라. 說은 解也라. ○言桑之潤澤하여 以比己之容色光麗이라. 然又念其不可恃此而從欲忘反인지라, 故遂戒鳩無食桑葚하여 以興下句戒女無與士耽也라(安成劉氏日 此章의 比는 自比이고 興도 自興이니, 下泉은 則就以比辭하여 起興이니, 蓋有兩例이라. 後凡言比而興者도 各以 文意求之라야 可也라). 士猶可說而女不可說者는 婦人被棄之後에 深自愧悔之辭 이라. 主言婦人無外事하고 唯以貞信爲節이니, 一失其正이면 則餘無足觀爾이니, 不可便謂士之耽惑여도 實無所妨也라.

比而興체이다. '沃若(기름질옥)'은 潤澤한 모양이다. '鳩'는 산비들기(鶻 鳩)이니, 곤줄박이(山雀)와 흡사한데 조금 작고, 짧은 꼬리에다 청흑색이며, 울 음소리가 많다(華谷嚴氏日: 即 莊子의 所謂 '鳶鳩<솔개연>'이다. 郭璞云하 길, 山鵲<까치작>과 흡사하며, 呼하여 鶻鵃<송골매골,멧비둘기주>라 한다<音 骨朝>. 本草日: 鶻鵃는 尾가 短하고 黃色이며 多聲이다). '葚(오디심)'은 뽕 나무 열매이니, 비들기가 뽕나무 열매 먹기를 많이 하면 즉 취함으로 이르게 된다. '耽'은 서로 즐김이다. '說'은 해명하는 것이다. ○뽕나무의 윤택함 을 말하여 자기의 容色이 빛나고 고왔던 것을 比한 것이다. 그러나 또 그 이 것만을 믿고 육구만을 쫓아 돌이킬 줄 몰라서는 불가함을 유념했는지라, 고로 드디어 '비들기 뽕나무 열매를 먹지 말라.'로 경계하여, 下句의 '여자는 남 자(士)와 더불어 탐(耽)하지 말라.'는 경계를 興한 것이다(安成劉氏日: 此章의 比는 自로 比이고 興도 自로 興인 것이니, <下泉>에서는 則 比辭로만 나아가 興을 起한 것이니, 대개 兩例가 有인 것이다. 後의 凡言한 比而興者에도 各 文 意로서 그것을 求之하여야 可함이다). 남자(士)에겐 오히려 해명함이 있더라도 여자에겐 가히 해명할 수 없다는 것은, 부인이 버림을 받은 후에 깊이 스스로 부끄러워 뉘우친 말이다. 婦人에겐 바깥일은 없고 오직 貞信만을 절개로 삼으 니, 한 번 그 바름을 잃어버리면 즉 나머지는 족히 볼만 한 것이 없을 뿐임을 주되게 말한 것이나, 문득 남자(士)라고 耽惑에 실로 방해받을 바가 없다라 말 해서는 불가한 것이다.

鄭氏日 士有百行인지라 可以功過相掩이지만, 婦人惟以貞信爲節이라.
鄭氏日: 士에겐 바깥의 百行이 有인지라 可히 功과 過를 서로 덮을(掩) 수 있 지만, 婦人은 오직 貞信으로만 節을 삼음인 것이다.

○安成劉氏日 集傳所謂 主言者는 蓋以此婦으로 立言之意이라. 專主於言婦人不 可一失其節인지라 故以辭意抑揚을 重於女而輕於男이지, 非謂男有可耽之理而無

所妨이라. 玩詩文猶之一字意면 亦可見이니, 讀者는 當不失性情之正也라.
安成劉氏曰: 集傳의 所謂 '主言'者는 대개 此婦로서 立言한 意인 것이다. 專으로 婦人은 一이라도 그 節을 失해서는 不可함을 言하는 데에 主인지라, 故로 辭意의 抑揚을 女에겐 重하고 男에게 輕하였던 것이지, 男에게는 可恥之理가 有하여 妨해받을 바가 없음이라 말함은 아닌 것이다. 詩文의 '猶'의 一字意를 玩일지면 또한 可見인 것이니, 讀者는 當히 性情之正을 失해서는 안 되는 것이다.

05-04-04 ○桑之落矣니 其黃而隕이로다. 自我徂爾론 三歲食貧호라. 淇水湯湯하니 漸車帷裳이로다. 女也不爽이라 士貳其行이니라. 士也罔極하니 二三其德이로다.
뽕나무도 잎 떨어지니 그 황혼으로 져뭄이로다. 내 네게 간 후론 오래(三歲)도록 가난했노라. 헤어져 돌아오는 기수(淇水)는 세차게만 흐르더니 수레 휘장까지 젖음이로다. 여자 직분 어긋남 아니라 사내 그 행실 두 갈래 때문이니라. 사내 행실 끝도 없어하니 그 덕(德)이 두 갈래 세 갈래일 뿐이로다.

뽕잎이 떨어지네 누런 잎이 떨어지네
그대에게 시집온 뒤 삼년이나 굶주렸네
기수 물결 거세어서 수레 휘장 다 적셨네
여자들은 허물없고 사내 마음이 두 갈래라
사내 행실 중심없어 이리저리 갈라지네

比也라. 隕은 落이고, 徂는 往也라. 湯湯은 水盛貌이라. 漸은 漬也라. 帷裳은 車飾이니, 亦名童容하며 婦人之車에 則有之이라(孔氏曰: 以帷로 障車之傍이 如裳以為容飾인지라, 故謂童容이라). 爽은 差이고, 極은 至也라. ○言桑之黃落하여 以比己之容色凋謝하고, 遂言自我往之爾家에 而值爾之貧이나, 於是엔 見棄하여 復乘車而度水以歸코서, 復自言其過不在此而在彼也라.
比체이다. '隕'은 떨어짐이요, '徂'는 감(往)이다. '湯湯(세차게 흐를 상)'은 물이 盛한 모양이다. '漸'은 젖음이다. '帷裳(휘장유)'은 수레의 장식이니, 또한 童容이라 이름하기도 하는데 婦人의 수레엔 즉 그것이 있음이다(孔氏曰: 帷로 車之傍을 障함이 마치 裳<長衣>으로 容모를 飾함과 같기 때문에, 故로 謂하길 童容인 것이다). '爽'은 어긋남이요, '極'은 지극함이다. ○뽕나무가 누렇게 落함을 말하여 자기의 容色도 凋謝(시들조,사)하였음을 比하였고, 드디어 내가 너의 집으로 가면서부터는 곧바로 너의 가난을 당(值)하였으나, 이젠 버림을 받아 다시 수레를 타고 물길 건너 집으로 돌아간다고 말하고서, 다시 스스로 그 허물이 여기에 있지 않고 저기에 있음을 말한 것이다.

慶源輔氏曰 女也不爽의 此는 但言其誓約之言不差耳이나, 豈不悔其初之失哉리오. 雖云曲不在己라도 殊不知始旣如此이면 則其終固宜然也라.
慶源輔氏曰: '女也不爽'의 此는 다만 그 誓約之言에 差나게 하지 않았을 뿐임을 言일지나, 어찌 그 初之失에 悔하지 않을 수 있겠는가? 비록 曲곡히 己에 在하지 않음이라 云할지라도, 자못 始에서부터 이윽고 如此이면 則 그 終에서 固히 宜당 그러할 것을 알지 못함인 것이다.

○安成劉氏曰 此婦가 首稱曰氓하고 繼而曰子하며, 繼而曰爾하곤 又繼而謂之士하며, 繼而復曰爾하고 又復曰士라. 或鄙之하고 或親之하며 或貴之하니, 此所以爲怨婦之辭歟인져.
安成劉氏曰: 此婦가 首에 稱하길 氓이라 曰하고 繼하길 子라 曰하며, 繼하여 爾라 曰하였다가 또 繼하여 謂之하길 士하며, 繼하여 다시 爾라 曰하고 또 다시 士라 曰하였다. 或 鄙之이고 或 親之이며 或 貴之이니, 此가 怨婦의 辭가 되는 까닭일진져!

05-04-05 ○三歲爲婦하야 靡室勞矣며, 夙興夜寐하야 靡有朝矣라. 言旣遂矣커늘 至于暴矣호니, 兄弟不知하곤 咥其笑矣로다. 靜言思之하곤 躬自悼矣호라.
오래도록 아내 되어 노고 마다치 않았으며, 새벽 기상해 밤중 잠들길 아침나절 짬도 두지 않았노라. 언약대로 이윽고 이루었거늘 난폭만 더해 이르니, 형제들 이는 알지 못하곤 낄낄대며 그 웃음거리 삼는도다. 가만히 그것에 생각에 잠기곤 나의 신세 절로 애닯노라.

　　　　삼년 동안 아내노릇 쉬지 않고 고생했네
　　　　새벽부터 밤중까지 아침부터 짬도 없네
　　　　그 언약 이루어지니 점점 더 난폭한데
　　　　속 모르는 형제들은 웃음거리 낄낄대네
　　　　생각하고 생각하니 이내 신세 고달퍼라

賦也라. 靡는 不이고, 夙은 早이며, 興은 起也라. 咥는 笑貌이라. ○言我三歲爲婦되어 盡心竭力하며 不以室家之務爲勞하고, 早起夜臥하길 無有朝旦之暇하며 與爾始相謀約之言旣遂컨대, 而爾遽以暴戾加我라. 兄弟見我之歸하고 不知其然하곤, 但咥然其笑而已이라. 蓋淫奔從人엔 不爲兄弟所齒인지라, 故其見棄而歸에 亦不爲兄弟所恤이라. 理固有必然者거늘, 亦何所歸咎哉리오. 但自痛悼而已이라.
賦체이다. '靡'는 아님이요, '夙'은 일찍이며, '興'은 일어남이다. '咥

(웃음소리희)'는 웃는 모양이다. ○나는 3년 동안 아내가 되어 마음을 다하고 힘을 다 쏟아 室家에 힘쓸 바라도 수고롭게 여기지 않았고, 아침 일찍 일어나 저녁 늦게 자길 朝旦(동틀 무렵에서 아침식사의 때)만큼의 겨를도 없이, 너와 함께 비로소 서로 謀約한 말을 드디어 이루었건대, 너는 갑자기 暴戾로 나에게 더했음을 말한 것이다. 형제들 나의 돌아옴을 보고 그 그런 연유 알지 못하곤, 다만 호호대며 그 웃음거리로 삼을 뿐이다. 대개 淫奔으로 남을 쫓아감엔 형제라도 나이순서의 바로 대하지 않는지라, 고로 그 버림받고 돌아옴에 또한 형제들에게 구휼 받는 바가 되지 못하였던 것이다. 이치엔 진실로 반드시 그러함이 있는 것이거늘, 또한 어찌 허물 돌릴 바가 있으리오? 다만 스스로 몹시 슬퍼(痛悼)할 뿐인 것이다.

05-04-06 ○及爾偕老러니 老使我怨이로다. 淇則有岸이며 隰則有泮이어늘, 總角之宴엔 言笑晏晏러니, 信誓旦旦일새 不思其反호라. 反是不思어니 亦已焉哉로다.
너와 함께 해로코자 하였더니 늙어 버림받아 너 원망할 줄 몰랐도다. 기수엔 즉 낭떠러지 있으며 습지도 즉 물가 땅 구분 있거늘, 처녀(總角) 시절 화목(宴樂)엔 웃음꽃 온화러니, 기약 맹서 밝게 이름엔 그 처음 만남서 돌이켜(反) 생각해보지 못했노라. 돌이켜 이렇게 생각지 못했거늘 또한 이렇게 끝나고 말 뿐이로다!

백년해로 약속했네 나 늙으니 원망하네
기수 물가 언덕 있고 습지에도 두렁있네
처녀시절 다정했고 말씨 웃음 온화했네
맺은 언약 단단하여 번복될 일 생각못했네
돌이킬 일 몰랐더니 다 끝난 일이구나

賦而興也라. 及은 與也라. 泮은 涯也니, 高下之判也라. 總角은 女子未許嫁엔 則未笄하고 但結髮爲飾也라(孔氏曰 但結其髮하여 爲兩角이라). 晏晏은 和柔也고, 旦旦은 明也라. ○言我與汝本期偕老나 不知老而見棄如此하여 徒使我怨也라(安成劉氏曰 詩言總角之宴은 則此女未笄而已奔矣라. 又言老使我怨는 則至老而後見棄也니, 故前章以桑之黃落으로 自比其色之衰也라. 所謂三歲爲婦,三歲食貧者는 言其在夫家貧勞之歲月耳라). 淇則有岸矣하고 隰則有泮矣컨대, 而我總角之時엔 與爾宴樂言笑이나, 成此信誓엔 曾不思其反覆하여 以至於此也니, 此則興也라(安成劉氏曰 此章興은 在賦外나, 他章엔 亦有就賦其事로 以起興이니, 如黍離之類者로 蓋亦有兩例也라. 後凡言賦而興者도 當各以其文意求之이라). 旣不思其反覆而至此矣컨대, 則亦如之何哉리오. 亦已而已矣라. 傳曰思其終也,思其復也

라하니, 思其反之謂也라.

賦而興체이다. '及'은 함께 함이다. '泮'은 물가 涯이니, 高下로 판별된 곳이다. '總角'은 여자가 시집가기를 허락받지 않을 때엔, 즉 비녀를 꽂지 않고 다만 머리만을 묶어 장식 한다(孔氏曰: 다만 그 髮만을 結하여 兩角으로 만듦이다). '晏晏'은 和柔함이요, '旦旦'은 밝음이다. ○나는 너와 함께 본래 偕老하기를 기약하였으나, 늙었다고 이와 같이 버림받아 다만 나로 하여금 원망하게 할 줄 알지 못했음을 말한 것이다(安成劉氏曰: 詩에서 總角之宴으로 言함은 則 此女가 아직 笄하지 않을 때에 이미 奔인 것이다. 또 '老使我怨'이라 言함은 則 老에 至한 而後에 棄를 당하였기 때문에, 故로 前章에서 桑之黃落으로 스스로 그 色之衰로 比한 것이다. 所謂 '三歲爲婦'와 '三歲食貧'者는 그 夫家의 貧勞之歲月로 在했음을 言하였을 뿐인 것이다). 淇水가엔 즉 낭떠러지(岸)가 있고, 습지에도 즉 물과 땅의 높낮이로 나눠짐(泮)이 있건대, 나의 總角 시절엔 너와 함께 宴樂하며 웃고 말하였으나, 이 信誓를 이룸엔(버림 받음으로 이름엔) 일찍이 그 처음서 다시 돌이켜 볼 것(反覆)을 생각지 않아 여기까지로 이르렀다라 하였으니, 이것이 즉 興체인 것이다(安成劉氏曰: 此章의 興은 賦한 것의 外에 在함이고, 他章에선 또한 그 事로 賦한 것에 就하여 興을 起한 것도 有하니, 마치 黍離之類와 같은 것으로 대개 또한 兩例가 有인 것이다. 後의 凡言한 賦而興者도 當히 各 그 文意로서 그것을 求之하여야 할 것이다). 이윽고 그 돌이켜 볼 것(反覆)을 생각하지 않았기에 여기까지로 이르렀으니, 즉 또한 그것을 어떻게 할 수 있겠는가? 또한 그만 둘 따름인 것이다. 춘추傳에 왈하길 '(君子之行은) 그 끝맺을 것을 생각하고, 그 초심으로 돌이킬 것을 생각한다.' 라 하였으니, '思其反'을 말함인 것이다.

襄公二十五年注曰 思使終可成하고 思其可復行也라.
襄公 二十五年의 좌전(君子之行 思其終也 思其復也)에 대한 (십삼경注疏의) 注에 曰: (思其終也는) 終으로 하여금 可히 成하게 할 것을 思함이고, (思其復也는) 그 可히 초심으로 돌이켜 행(復行)할 것을 思함인 것이다(처음에서 삼가 하여 행하고, 끝을 이루길 생각함).
*참고: 襄公二十五年
王二月 辛卯 衛甯喜弑其君剽(王二月 辛卯일에 衛 甯喜가 그 君 剽를 弑하다).
좌전 衛獻公自夷儀 使與甯喜言 甯喜許之. 大叔文子聞之曰 嗚呼 詩所謂我躬不說 皇恤我後者. 甯子可謂不恤其後矣. 將可乎哉 殆必不可. 君子之行 思其終也 思其復也. 書曰 愼始而敬終 終以不困. 詩曰 夙夜匪解 以事一人. 今甯子視君不如弈棋 其何以免乎. 弈者擧棋不定 不勝其耦 而況置君而弗定乎 必不免矣. 九世之卿 一擧而滅之 可哀也哉.

衛 獻公이 夷儀로부터 寗喜와 더불어 復國을 言하게 하건대, 寗喜가 許之하였다. 大叔文子(大叔儀)가 그것을 聞之하고 曰: <嗚呼! 詩에 所謂 '我의 躬도 용납(說:容)되지 못하거늘, 하물며(皇) 我의 後者를 恤할 수 있겠는가?'라 하였으니, 寗子는 可히 그 後를 恤할 수 없을 것이라 말할 수 있음이로다. 將차 可하겠는가? 殆하여 반드시 不可하리라. 君子之行은 그 終을 思하며 그 行이 復될 것을 思하여야 하나니, 書에 이르기를 '삼가(愼)히 始하고 敬히 終하면 不困으로 終하리라.'고 하였고, 詩에 이르기를 '夙夜로 解怠하지 아니하고 一人만을 事하노라.'고 하였으나, 今에 寗子는 君 視하기를 혁기(弈棋)만도 못하노니, 그 어찌 화를 免할 수 있겠는가? 弈者도 擧棋에 不定이면 그 짝을 不勝이어늘, 하물며 置君함에 弗定할 수 있는 것인가? 반드시 화를 면치 못할 것이로다. 九世의 卿(自武公及喜九世)이 一擧에 滅之하게 되었으니, 可히 哀할 뿐일진저!>라 하였다.

○慶源輔氏曰 靜言思之,躬自悼矣와 反是不思,亦已焉哉는 皆悔恨之極也라. 大凡人之處事엔 須當思其反이니, 不然이면 鮮有不陷於凶咎者이라. 欲心一縱이면, 則必不能思其反耳이라.

慶源輔氏曰 '靜言思之 躬自悼矣'와 '反是不思 亦已焉哉'는 모두 悔恨之極인 것이다. 大凡으로 人之處事엔 반드시 當히 그 反할 것으로 思해야 하니, 不然이면 凶咎에 陷하지 않을 者가 드문 것이다. 欲心으로만 一로 縱일지면, 則반드시 能히 思其反하지 못할 뿐인 것이다.

氓은 六章으로, 章十句이라.
氓은 六章으로, 章마다 十句이다.

長樂劉氏曰 夫婦者는 五品之本으로, 匹配가 雖自於人謀이나 義理가 實根於天地이라. 順其道者는 足以安於其位이나 逆其理者는 無以保於其生이라. 蓋肇有人倫以來로 未有違理犯義終其身而弗悔者하니, 此가 氓詩之所由作也라.
長樂劉氏曰: 夫婦者는 五品之本으로, 匹의 配가 비록 人의 謀에서부터지만 義理가 實로 天地에 根인 것이다. 그 道에 順者는 足히 그 位에서 安일 수 있으나, 그 理에 逆者는 그 生조차 保할 수 없는 것이다. 대개 人倫이 있음으로 비롯된 이래로 違理로 犯義하고도 그 身을 終토록 悔하지 않는 者는 있지 않았으니, 此가 氓詩가 말미암아 作하게 된 바인 것이다.

○慶源輔氏曰 谷風與氓二詩는 皆怨이나, 然谷風雖怨而責之에 其辭直은 蓋其初以正也라. 氓之詩엔 則怨而悔之耳이니, 其辭隱은 蓋其初之不正也라. 嘗謂二詩

皆出於衛之婦人이나, 其文辭,序次엔 雖後世工文之士라도 所不能及이라. 然考其 行이면 則一賢一否하여 如是之不同커늘, 所謂 有言者不必有德에 豈不信哉리오.
慶源輔氏曰: 谷風과 氓의 二詩는 모두 怨이지만, 그러나 谷風은 비록 怨이라도 그것을 責之에 그 辭를 直함은 대개 그 初가 正이었기 때문이다. 氓之詩에서 는 則 怨이면서 그것에 悔之일 뿐이니, 그 辭를 隱함은 대개 그 初가 不正이 기 때문이다. 일찍이 謂하길 二詩는 모두 衛之婦人에서 出이라 하였으나, 그 文辭와 序次에는 비록 後世의 工文之士라도 能히 及할 수 없는 바인 것이다. 그러나 그 行實에 考일지면 則 一은 賢하고 一은 否하여 是와 같이 不同이거 늘, 所謂 '有言者라고 不必有德이라.'에 어찌 信하지 못함이겠는가?

○安成劉氏曰 此詩는 及邶谷風과 皆棄婦所作인지라, 故其辭意가 多同이라. 桑 之黃隕은 即淫濁之色也고, 食貧靡勞는 即方舟泳游之苦也라. 至於暴矣는 即有洸 有潰之意也고, 偕老而使我怨은 即旣生育而比予于毒也라. 然則이면 宴爾新昏以 我御窮은 則其過今在於夫이고, 女之耽兮不可說也는 則其過昔在於己이라. 今之 過在夫인지라 故可責其不念昔者之來墍이고, 昔之過在己인지라 故終於自悔昔者 之不思其反이라. 此詩自悔之深라도, 固不得如谷風歸怨之深也<墍音戲>라.
安成劉氏曰: 此詩는 邶의 谷風과 함께 모두 棄婦가 作한 바여서, 故로 그 辭意 가 多로 同이다. '桑之黃隕'은 即 淫濁之色(淫以渭濁)이고, '食貧靡勞'는 即 方舟泳游之苦이다. '至於暴矣'는 即 有洸有潰之意이고, '偕老而使我怨' 은 即 旣生育而比予于毒이다. 然則이면 宴爾新昏以我御窮은 則 그 過가 今에 在於夫인 것이고, '女之耽兮不可說也'는 則 그 過가 昔에 在於己인 것이다. 今之過가 在夫인지라 故로 可히 그 昔者의 來墍(내게와서 쉼)에 念하지 않음 을 責한 것이고, 昔之過가 在己인지라 故로 昔者에 不思其反에 自悔함으로 終 한 것이다. 此詩가 自悔之深이라도, 固히 <谷風>에서 歸에 怨을 深하게 함과 는 같음을 得할 수가 없는 것이다(墍<쉴기>는 音이 戲이다)

5.竹竿
05-05-01 籊籊竹竿하여 以釣于淇를 豈不爾思언마는, 遠莫致之로다.
긴 낚싯대 드리워 기수가의 낚시를 어찌 생각지 않으리오마는, 머나멀어 그것 이를 수 없음이로다.

휘적 휘적 낚싯대로 기수 강에서 낚시하네
그대 생각 간절하나 길이 멀어 갈 수 없네

賦也라. 籊籊은 長而殺也라(盧陵羅氏曰 竹竿은 長而根大이나, 其末엔 漸漸衰小

이라). 竹은 衛物이고, 淇도 衛地也라. ○衛女가 嫁於諸侯하여 思歸寧而不可得인지라, 故作此詩이라. 言思以竹竿으로 釣于淇水나 而遠不可至也라.
賦체이다. '籊籊(가늘고 길 적)'은 길면서 점점 줄어드는 것이다(廬陵羅氏曰: 竹竿은 長하며 根이 大이나, 그 末에서는 漸漸으로 衰小인 것이다). '竹'은 위나라의 물건이고, '淇'도 위나라 땅이다. ○衛나라의 여식이 諸侯에게 시집가서 歸寧할 것을 생각하였으나 가히 得할 수 없었기 때문에, 고로 이 詩를 지은 것이다. 竹竿으로 淇水에서 낚시할 것을 생각하였으나, 멀어서 가히 다다를 수 없음을 말한 것이다.

慶源輔氏曰 豈不爾思者는 言固不能不思也고, 遠莫致之者는 以義有不可인지라 故託以遠而不能致耳이라.
慶源輔氏曰: 豈不爾思者는 固히 能히 思하지 않을 수 없음을 言한 것이고, 遠莫致之者는 義로서 不可함이 有하기 때문에 故로 遠而不能致라 의託하였을 뿐인 것이다.

05-05-02 ○泉源在左오 淇水在右니라. 女子有行이여. 遠父母兄弟로다.
원천(泉源) 왼편에 놓임이오 기수(淇) 오른편에 놓이니라. 여자 시집 떠나옴이여! 이미 부모형제와 멀리 떨어짐이로다.

천원은 왼쪽이요 기수는 오른쪽이네
여자 한번 시집가면 부모형제 멀어지네

賦也라. 泉源은 卽百泉也니, 在衛之西北하여 而東南流入淇인지라 故曰在左이라. 淇는 在衛之西南하여 而東流與泉源合인지라 故曰在右이라(新安胡氏曰 以北爲左하고 南爲右이라). ○思二水之在衛하곤 而自歎其不如也라.
賦체이다. '泉源'은 즉 百泉이니, 衛나라 西北쪽에 위치해 東南쪽으로 흐르다 淇水로 들어가는지라, 고로 '왼쪽에 있다.'라 한 것이다. 기수(淇)는 衛나라 西南쪽에 위치해 동쪽으로 흐르다 泉源과 합쳐지는지라, 고로 '오른쪽에 있다.'라 한 것이다(新安胡氏曰: 北을 左로 삼고, 南을 右로 삼은 것이다). ○두 물줄기가 衛나라에 위치해 있는 것을 생각하곤, 스스로 그 같(如) 수 없음을 탄식한 것이다.

慶源輔氏曰 女子有行, 遠父母兄弟는 安之之辭이라.
慶源輔氏曰: '女子有行 遠父母兄弟'는 그곳에서 安之하고자 한 辭이다.
*역주:
恐컨대, 본국의 산하는 옛 모습대로 의구(依舊)한데, 자신은 오래도록 본가에

머물며 부모형제와 함께 하고 싶었어도 시집으로 그럴 수 없음을 차탄한 듯싶다.

05-05-03 ○淇水在右오 泉源在左니라. 巧笑之瑳여. 佩玉之儺이런가.
기수(淇水) 오른편에 있음이오 천원(泉源) 왼편에 있나니라. 고운 치아 환한 웃음이여! 그곳서 노닐며 패옥소리(儺) 행할 수 있겠는가?

기수는 오른쪽이요 천원은 왼쪽에 있네
생긋 웃는 고운 웃음 걸음마다 패옥소리

賦也라. 瑳는 鮮白色으로, 笑而見齒其色이 瑳然하길 猶所謂粲然皆笑也라. 儺는 行有度也라. ○承上章言二水在衛하여 而自恨其不得笑語遊戱於其間也라.
賦체이다. '瑳(차)'는 鮮明한 흰(白) 색으로, 웃을 때 드러난 치아의 그 색이 瑳然(곱게 연마할 차)하길, 마치 소위(昭公四年 곡량전) '군인들이 粲然(정미찬:웃는 모습이 산뜻함)히 모두 웃었다.' 와 같은 것이다. '儺(절도있게 걸을나)'는 걸을 적에 법도가 있음이다. ○上章에서 두 물줄기가 衛나라에 있음을 말한 것을 이어서, 스스로 그간에서 웃고 이야기하며 遊戱할 수 없음을 한스럽게 여긴 것이다.

05-05-04 ○淇水滺滺하니 檜楫松舟로다. 駕言出遊언들 以寫我憂런가.
기수 유유히 흐르나니 전나무 노에 소나무 배로다. 멍에 매 유람 나선들 나의 근심 지을 수가 있겠는가?

출렁이는 기수 강에 회나무 노로 배저어 가네
수레타고 유람가서 이내 시름 씻어볼까

賦也라. 滺滺는 流貌이라. 檜는 木名으로 似柏이라(毛氏曰 檜는 柏葉에 松身이라 ○孔氏曰 禹貢栝柏注에 柏葉松身曰栝컨대, 與此一也라). 楫은 所以行舟也라. ○與泉水之卒章과 同意라.
賦체이다. '滺滺'는 흐르는 모양이다. '檜(전나무회)'는 나무 이름이니, 잣나무(栢)와 흡사하다(毛氏曰: 檜는 柏의 葉에다 松의 身이다. ○孔氏曰: 서경 禹貢52장에 栝柏의 注에, 栢葉에다 松身을 栝<노송나무괄>이라 曰하니, 此와 더블어 一이다). '楫(노즙)'은 배를 나아가게 하는 까닭인 것이다. ○<泉水>의 卒章과 더블어 (글과) 뜻이 같다.
*참고: 與泉水之卒章 同意.
03-14-04 ○我思肥泉에 玆之永歎호라. 思須與漕호니 我心悠悠로다. 駕言出遊

언들 以寫我憂런가.
건넜던 비천(肥泉) 물줄기 생각에 이에 긴 탄식 늘어가노라. 지나온 수(須)와 조(漕)땅 떠올리니 나의 수심 길어짐이로다. 멍에 매 유람 나선들 나의 근심 지울 수 있겠는가?

竹竿은 四章으로, 章四句이라.
竹竿은 四章으로, 章마다 四句이다.

眉山蘇氏曰 泉水,載馳,竹竿은 皆異國詩여도 而在衛者는 以其聲衛聲歟인져. 記云에, 鄭聲은 好濫淫志하고, 衛音은 促數煩志하며, 齊音은 傲辟驕志컨대, 蓋諸國之音엔 未有同者이라. 衛女가 思歸而作詩이니, 其爲衛音이 也宜矣라.
眉山蘇氏曰: <泉水>, <載馳>, <竹竿>은 모두 異國의 詩인데도 衛風에 在하게 한 것은 그 聲이 衛聲이기 때문일진져! 樂記에 云하길, 鄭聲은 好濫(난잡한 음악)으로 淫志이고, 衛音은 促數(촘촘할촉:예의가 번잡함)으로 煩志이며, 齊音은 傲辟(傲慢邪僻)으로 驕志라 하니, 대개 諸國之音엔 同者가 있지 않는 것이다. 衛女가 思歸로 作詩이니, 그 衛音이 됨이 또한 宜당인 것이다.

6.芄蘭

05-06-01 芄蘭之支여. 童子佩觿로다. 雖則佩觿나 能不我知로다. 容兮遂兮하니 垂帶悸兮로다.
박주가리 넝쿨 가지여! 동자(童子)의 상아송곳 찬 듯하도다. 비록 즉 상아 송곳 찼을지나 능히 나의 지혜만 못함이로다. 한들한들 방자히 걷나니 허리띠는 아래로 축 늘어뜨림이로다.

　　　　박주가리 넝쿨가지 상아 송곳 찬 격이네
　　　　상아 송곳 찼다지만 그 지혜는 나만 못해
　　　　걸음걸이 건들건들 허리띠는 흔들흔들

興也라. 芄蘭은 草로 一名蘿摩인데, 蔓生하고 斷之有白汁하고 可啖이라(音淡○本草注曰 幽州에서 謂之雀瓢이라. ○爾雅엔 名藋<音黃>이라). 支는 枝와 同이라(董氏曰 石經에도 作枝하고, 說文도 同이라). 觿는 錐也니, 以象骨爲之며 所以解結로, 成人之佩이지 非童子之飾也라. 知는 猶智也니, 言其才能이 不足以知於我也라. 容,遂는 舒緩放肆之貌라. 悸는 帶下垂之貌라.
興체이다. '芄蘭(왕골환)'은 풀로서 일명 박주가리(열매는 라마:蘿摩子:여주와 비슷)인데, 덩쿨로 자라나고 그것을 자르면 흰 즙이 있어 가히 먹을(啖) 수 있다(音이 淡이다. ○本草注曰: 幽州에선 그것을 謂之하여 雀瓢<박표>라 한다. ○爾雅에선 名하여 萑<音黃>이라 한다). 支는 枝와 같다(董氏曰: 石經<石質에 새긴 경전>에선 作枝이니, 說文도 同이다). 觿는 송곳(錐)이니, 코끼리뼈로 그것을 만들며 맺힌 것을 푸는 까닭인 것으로, 成人이 차는 것이지 童子가 수식으로 삼음이 아니다. '知'는 智와 같으니, 그 재주와 능함이 족히 나보다 知하지 못함을 말한 것이다. '容'과 '遂'는 느릿(徐緩)하며 방자(放肆)한 모양이다. '悸(때늘어진모양계)'는 띠를 아래로 늘어뜨린 모습이다.

05-06-02 ○芄蘭之葉이여. 童子佩韘이로다. 雖則佩韘이나 能不我甲이로다. 容兮遂兮하니 垂帶悸兮로다.
박주가리 넝쿨 잎이여! 동자(童子)의 활깍지 찬 듯하도다. 비록 즉 활깍지 찼을지나 능히 나의 장점만 못함이로다. 건들건들 방자히 걷나니 허리띠는 아래로 축 늘어뜨림이로다.

박주가리 잎사귀는 활깍지를 찬 격이네
활깍지를 찼을망정 뛰어남은 나만 못해
걸음걸이 건들건들 허리띠는 흔들흔들

興也라. 韘은 決也니, 以象骨爲之하고 著右手大指하여 所以鉤弦闓(音開로 與開同이라)體라. 鄭氏曰沓(冒也라)也라하니, 卽大射所謂 朱極三이 是也라. 以朱韋爲之컨대, 用以彄沓右手의 食指,將指,無名指也라(儀禮,大射에, 小射正은 取決興하여 贊設決,朱極三이라. ○鄭氏曰 極猶放也니, 所以韜指利放弦也라. 三者는 食指,將指,無名指이라). 甲은 長也니, 言其才能 不足以長於我也라.
興체이다. '韘(깍지섭)'은 깍지(決:활을 쏠 때 오른쪽 엄지에 끼는 기구)이니, 코끼리뼈로 만들고, 오른손의 엄지손가락에 끼워 활시위를 당겨 활의 체(體)을 여는(闓: 音開로 開와 同이다) 것이다. 鄭氏曰:<겹쳐 낌(沓겹칠답:쓸 冒이다)이니, 즉 예기 <大射禮>에 이른바 '朱極三(三은 식지,장지,무명지)'이 이것이다. 붉은 가죽으로 그것을 만드는데, 가락지(彄)처럼 만들어 오른손의 食指와 將指와 無名指에 당겨(彄:彀와 동자.당길구,활고자구) 씌워(沓) 활시위를 당기는 데에 사용한다.>라 하였다(<儀禮의 大射>에, 小射正<직책>은 決을 取해 興하고선 決의 朱極三을 贊設<贊은 助이다>한다.' 라 하였다. ○鄭氏曰: 極은 放과 猶이니, 指를 韜(덮을도)하여 放弦을 利케 하는 所以인 것이다. 三者는 食指,將指,無名指이다). '甲'은 장점이니, 그 재주와 능함이 나보다 장점이지 못함을 말한 것이다.
*참고1: 손가락
1엄지,大指,巨指. 2食指. 3中指,將指. 4無名指,藥指. 5小指.

*참고2: 大射(천자와 제후가 함께 활쏘기를 함으로써 군신(君臣) 간의 의리를 밝히고 화합을 도모하는 의식)
《儀禮·大射》: "小射正坐 奠笥於物南, 遂拂以巾, 取決興, 贊設決, 朱極三. 小臣正贊袒, 公袒朱襦, 卒袒, 小射正退俟於東堂. 小射正又坐取拾, 興. 贊設拾, 以笥退奠於坫上, 復位." 鄭玄注: "極, 猶放也. 所以韜指利放弦也, 以朱韋爲之. 三者, 食指、將指、無名指.

芄蘭은 二章으로, 章六句이라.
芄蘭은 二章으로, 章마다 六句이다.

此詩不知이니, 所謂 不敢强解이라.
此詩는 不知이니, 所謂 '敢히 억지로 解할 수 없음이다.'인 것이다.

慶源輔氏曰 牆有茨의 傳謂하길 宣公卒에 惠公幼하고, 而杜預又謂하길 惠公卽位時에 方十五六則小이라. 序에 以此詩屬之惠公이나 亦可라도, 但他無所見하고 而詩文又不明言其所以인지라, 故先生直斷以爲不知所謂不敢强解라하니, 此闕疑之義이라. 若必爲刺衛惠公이면 則便至有依託鑿空之失矣라.
慶源輔氏曰: <牆有茨>의 傳에선 謂하길 '宣公이 卒에 惠公이 幼하였고…'라 하였고, 杜預가 또 謂하길 '惠公이 卽位의 時엔 바야흐로 十五六으로 則 小하였며…'라 하였다. <序>에서는 此詩로서 惠公으로 屬之케 하였으나 또한 可할지라도, 다만 他에 見할 수 있는 바가 없고 詩文에서도 또 그 所以에 명하게 言하고 있지 않는지라, 故로 先生께서 直으로 斷하길 '不知 所謂不敢强解'라 하신 것이니, 此는 闕疑之義인 것이다. 만일 반드시 衛惠公을 刺함으로 삼을지면, 則 문득 鑿空에 依託하는 失을 有함으로 至하고 마는 것이다.

7. 河廣

05-07-01 誰謂河廣인고. 一葦杭之로다. 誰謂宋遠인고. 跂予望之로다.
누가 황하 넓다고 하는가? 하나의 갈대라도 건널 수 있을지로다. 누가 송나라 멀다고 하는가? 한 번의 발돋움에 바라볼 수 있음이로다.

    그 누가 황하를 넓다고 말했는가
    한 잎의 갈대로도 능히 갈 수 있는 것을
    그 누가 송나라를 멀다고만 하였는가
    발돋음 짓 한번으로 바라볼 수 있는 것을

賦也라. 葦는 蒹葭之屬이라. 杭은 度也라. 衛在河北하고, 宋在河南이라. ○宣姜之女가 爲宋桓公夫人되어 生襄公라가 而出歸于衛컨대, 襄公卽位에 夫人思之나 而義不可往이라. 蓋嗣君은 承父之重하여 與祖爲體컨대(東陽許氏曰 以昭穆言이라. ○廬陵羅氏曰 孫爲王父尸이라), 母가 出與廟絶하여 不可以私反인지라 故作此詩이라. 言컨대, 誰謂河廣乎리오, 但以一葦加之면 則可以渡矣라. 誰謂宋國遠乎리오, 但一跂足而望이면 則可以見矣라(華谷嚴氏曰 跂는 擧踵也니, 脚根不著地이라). 明非宋遠而不可至也고, 乃義不可而不得往耳라.

賦체이다. '葦(갈대위)'는 蒹葭(겸가:볏과에 속한 여러해살이풀)의 등속이다. '杭(건널항)'은 건넘(度)이다. 衛나라는 黃河 북쪽에 있었고, 宋나라는 黃河 남쪽에 있었다. ○宣姜의 딸이 宋나라 桓公의 夫人이 되어 襄公을 낳고서 쫓겨나 衛나라로 돌아왔는데, 襄公이 즉위함에 夫人이 그를 그리워하였어도, 의(義)에 있어 가히 갈 수가 없었던 것이다. 대개 君位를 잇는다(嗣)는 것은 아버지의 중임(重任)을 이어서, 조상과 더불어 體를 같이하는 것인데(東陽許氏曰: 昭穆으로서 말한 것이다. ○廬陵羅氏曰: 孫은 조부<王父>의 尸동이 되기 때문이다), 어머니가 쫓겨나 宗廟와 더불어 절연하여 가히 사사로이 돌이킬 수 없었기 때문에, 고로 이 시를 지은 것이다. <누가 黃河를 넓다 하였는가? 다만 한 개의 갈대를 더한다면 즉 가히 건널 수 있음이고, 누가 宋나라와 멀다고 하였는가? 다만 한 번의 발돋음으로 바라본다면, 즉 가히 볼 수 있음이로다(華谷嚴氏曰: 발돋음할 跂는 踵을 擧인 것이니, 脚根이 地와 著지하지 않음이다).>라 말한 것이니, 宋나라가 멀어서 가히 이를 수 없는 것이 아니요, 이내 의리에 있어 불가하기 때문에 갈 수 없을 뿐임을 밝힌 것이다.

華谷嚴氏曰 箋謂하길, 宋襄公卽位에 其母思之而作河廣之詩라하고, 孔氏因以爲 衛文公時나 非也라. 衛都朝歌는 在河北이고, 宋都睢陽은 在河南이니, 自衛適宋엔 必涉河이라. 衛는 自魯閔公二年狄入之後부터 戴公始渡河而南이니, 河廣之詩 言한 誰謂河廣一葦杭之는 則是作於衛未遷之前矣라. 時宋桓公猶在하고, 襄公方爲世子이며, 衛戴公文公俱未立也니, 舊說誤矣라. 孔氏以河廣屬衛風하고 當爲衛人所作하고 非宋襄公母所親作이나, 然宋襄公母本衛女이고 又歸衛而作此詩컨대, 不屬之衛면 何所屬乎리오.

華谷嚴氏曰: 鄭玄의 箋(주석전)에 謂하길 '宋襄公이 卽位에 그 母가 그를 思之하여 河廣之詩를 作하였다.'라 하였고, 孔氏는 이로 因하여, 衛文公時로 여겼으나 非인 것이다. 衛의 都인 朝歌는 河北에 在이고, 宋의 都인 수양(睢陽: 물이름수)은 河南에 在이니, 衛로부터 宋으로 適함에는 반드시 河를 涉하여야 한다. 衛는 魯 閔公 二年에 狄入之後로부터 戴公이 비로소 渡河로 南下하였으니, 河廣之詩에서 言한 '誰謂河廣 一葦杭之'는 則 이렇게 衛가 아직 遷하지 않은 前에 作인 것이다. 時에 宋 桓公이 여전히 在하였고 襄公도 바야흐로 世

子가 되었으며, 衛 戴公과 文公도 함께 아직 立하지는 못하였으니, 舊說은 誤인 것이다. 孔氏는 河廣으로 衛風에 屬하게 하고, 當히 衛人이 作한 바이고 宋襄公의 母가 親作한 바가 아니라 여기나, 그러나 宋襄公의 母는 本으로 衛女이고 歸衛하여 作此詩라도 衛로 屬之하지 않을지면 어디에다 屬할 바이겠는가?

05-07-02 ○誰謂河廣인고. 曾不容刀로다. 誰謂宋遠인고. 曾不崇朝로다.
누가 황하 넓다고 하는가? 오히려 작은 거룻배(刀:舠)조차 필요치 않토다. 누가 송나라 멀다고 하는가? 오히려 아침나절 전에 당도로다.

그 누가 황하를 넓다고 말했는가
한 척의 조각배도 띄우지 못하거늘
그 누가 송나라를 멀다고만 하였는가
아침나절 되기 전에 당도할 수 있는 것을

賦也라. 小船曰刀이니, 不容刀는 言小也라. 崇은 終也니, 行不終朝而至는 言近也라.
賦체이다. 小船을 '刀(舠)'라 曰하니, 不容刀는 아주 작음을 말함인 것이다. '崇'은 마침(終)이니, 떠나 아침이 끝나기 전에 이르름은 가까움을 말한 것이다.

華谷嚴氏曰 刀,舠는 古字通用이라.
華谷嚴氏曰: 刀와 舠(거룻배도)는 古字에 通用이다.

○慶源輔氏曰 但言非河之廣而不可渡하고 非宋之遠而不可至하여 以極其情思焉하곤 而終不明言其義之不得往也라. 此意를 最可玩范氏以爲知禮而畏義者면 得之矣라.
慶源輔氏曰: 다만 河之廣이어서 不可渡가 아니고, 宋之遠이어서 不可至가 아님을 言하여, 그것에 그 情과 思를 極하곤 終내 그 義에 往할 수 없음에는 明言치 않았다. 此意를 最로 可히 范氏가 '知禮而畏義'로 한 것에 玩일지면, 得之인 것이다.

河廣은 二章으로, 章四句이라.
河廣은 二章으로, 章마다 四句이다.

范氏曰 夫人之不往은 義也라. 天下에 豈有無母之人歟리오. 有千乘之國여도 而

不得養其母니, 則人之不幸也라. 爲襄公者는 將若之何리오. 生則致其孝하고 沒則盡其禮而已이라. 衛엔 有婦人之詩하길 自共姜至於襄公之母六人焉컨대(廬陵羅氏曰 六人은 謂共姜也, 莊姜也, 許穆夫人也, 宋桓夫人也, 泉水之女也, 竹竿之女也라) 皆止於禮義而不敢過也라. 夫以衛之政敎가 淫僻하고 風俗이 傷敗여도 然而女子로 乃有知禮而畏義如此者는 則以先王之化가 猶有存焉故也라.

范氏曰: 夫人이 갈 수 없음은 의(義)인 것이다. 천하에 어찌 어머니 없는 사람이 있겠는가? 千乘의 나라를 두었으나 그 어머니를 봉양하지 못했으니, 즉 사람됨으로서 불행한 것이다. 襄公의 입장이 된 자는 장차 그것에 어찌 해야 할 것인가? 살아계실 때는 즉 그 孝를 다하고, 沒하여서는 즉 그 禮를 다할 뿐인 것이다. 衛나라에 婦人의 詩가 있기를, 共姜으로부터 襄公의 母親에 이르기까지 六人인데(廬陵羅氏曰: 六人은 共姜이고 莊姜이며, 許穆夫人이고 宋桓夫人이며, 泉水之女이고 竹竿之女임을 謂한 것이다), 모두 禮義에 그치고 감히 지나치(過)게 하지 않았다. 무릇 衛의 政敎가 淫僻하고 風俗이 傷敗하였어도, 그렇지만 여자로서 이내 예(禮)를 앎이 있고 義에 두려워하길 이와 같았던 것은 즉 先王의 교화가 여전히 그곳에 보존됨이 있었던 까닭인 것이다.

慶源輔氏曰 范氏爲襄公處者는 得其義矣라. 所謂 先王之化猶有存焉은 即大序의 所謂 止乎禮義, 先王之澤也니, 必如此等詩가 方可當之라.
慶源輔氏曰: 위 范氏의 襄公을 위한 處理인 것은 그 義를 得인 것이다. 所謂 '先王之化 猶有存焉'은 即 <大序>의 所謂 '止乎禮義는 先王之澤이다.'로, 반드시 如此等의 詩와 같음이 바야흐로 可히 그것에 當之인 것이다.
*참고: 大序(毛詩<序> 중에 關雎篇 머리에 있는 序文)
《關雎》, 后妃之德也, 風之始也, 所以風天下而正夫婦也, 故用之鄕人焉, 用之邦國焉。 風, 風也, 敎也, 風以動之, 敎以化之。
《관저(關雎)》는 후비(后妃)의 덕이고, "풍(風)"의 시작이다. 천하에 풍(風)을 일으켜 부부를 바로잡는 까닭이기에, 고로 그것을 鄕人에다 쓰이게 한 것이고 그것을 제후의 나라에다 쓰이게 한 것이다. "풍(風)"은 바람이고 가르침이니, 바람으로 그들을 움직이게 하고 가르침으로 그들을 교화케 함이다.
詩者, 志之所之也, 在心爲志, 發言爲詩, 情動於中而形於言, 言之不足, 故嗟歎之, 嗟歎之不足, 故永歌之, 永歌之不足, 不知手之舞之足之蹈之也。
"시(詩)"라는 것은 뜻한 바가 가는 바인 것이다. 마음이 놓여 있는 바가 志가 되고, 言으로 발로됨이면 시(詩)가 됨이니, 감정(情)이 마음속에 움직여 말로 형용되더라도 말로는 부족인지라 고로 그것에 한숨지어 탄식(嗟歎)하게 되고, 한숨지어 탄식이어도 부족인지라 고로 그것에 길게 읊어보게 되며, 길게 읊어보아도 부족인지라 손이 춤사위를 만들고 발이 장단을 굴러도 알지 못하는 것이다.

情發於聲，聲成文，謂之音。治世之音安以樂，其政和。亂世之音怨以怒，其政乖。亡國之音哀以思，其民困。故正得失，動天地，感鬼神，莫近於詩。先王以是經夫婦，成孝敬，厚人倫，美教化，移風俗。

감정이 소리(聲)로 발로되고 소리가 운문(文)으로 이루어짐을 일러 "음(音)"이라 한다. 다스려지는 세상의 음은 편안함으로 화락하니 그 정령(政)들이 화평을 이루었기 때문이고, 혼란한 세상의 음은 원망으로 노여우니 그 정령(政令)이 어그러졌기 때문이며, 망국의 음은 슬픔으로 사무치니 그 백성이 곤란을 겪었기 때문이니, 고로 득실(得失)을 바로잡아 천지를 감동케 하고 조상의 귀신(鬼神)을 감응케 함엔 어느 것도 시보다 가까움은 없는 것이다. 선왕께서 이것(관저편)으로 부부에 대한 대경(大徑)의 법도를 세워, 효와 공경을 이루(成)게 하였고, 인륜을 후덕(厚)케 하였으며, 교화에 찬미(美)케 하였고, 풍속을 옮겨(移)가도록 하였던 것이다.

故《詩》有六義焉：一曰「風」，二曰「賦」，三曰「比」，四曰「興」，五曰「雅」，六曰「頌」。上以風化下，下以風刺上，主文而譎諫，言之者無罪，聞之者足以戒，故曰「風」。

고로 《시경[詩]》에는 그곳에 여섯 가지 형식의 의의가 있음인 것이다. 첫째 '풍(風)'이라 말하고, 둘째 '부(賦)'라 말하며, 셋째 '비(比)'라 말하고, 넷째 '흥(興)'이라 말하며, 다섯째 '아(雅)'라 말하고, 여섯째 '송(頌)'이라 말함이다. 윗사람이 온화한 風으로서 아랫사람을 교화하고 아랫사람도 풍간(諷諫)으로 윗사람을 충고(刺)함에, 문체에 따라 주(主)로 삼아 둘러(譎)서 간할지면, 그것을 말하는 자는 죄를 얻음이 없고 그것을 듣는 자도 족히 경계로 삼을 수 있으니, 고로 "풍[가르침의 바람]"이라 말함인 것이다.

至于王道衰，禮義廢，政教失，國異政，家殊俗，而變風變雅作矣。國史明乎得失之迹，傷人倫之廢，哀刑政之苛，吟詠情性，以風其上，達於事變而懷其舊俗者也，故變風發乎情，止乎禮義。發乎情，民之性也；止乎禮義，先王之澤也。是以一國之事，繫一人之本，謂之「風」。

왕도가 쇠함에 이르러 예의가 폐(廢)해지고 정교(政教)를 잃어버리자, 나라마다 정령이 다르게 되고 제후의 家마다 습속들이 달라져, 변풍(變風)과 변아(變雅)가 일어나게 되었다. 國의 史가 정령의 득실에 대한 자취에 밝아, 인륜이 폐해짐을 마음 아파하고 형벌과 정령의 가혹함에 슬퍼하여, 성정에 탄식하고 읊조려 그 윗사람을 풍간하길 일의 변고에 당했더라도 옛 바른 풍습을 품은 것들에까지 기록하길 두루(達) 하였다. 고로 변풍이 성정에서 발로되었더라도(發乎情) 예의에서 그치게 되었던 것이다(止乎禮義). 성정에서 발로됨(發乎情)은 백성들의 본성인 것이고(民之性), 예의에서 그치게 됨(止乎禮義)은 선왕의 은택인 것이다(先王之澤). 이러므로 일국(一國)의 일들은 한 사람(군주)의 근본이 어떠냐에 매이게 되는 까닭이니, 그것을 일러 "풍"이라 함인 것이다.

言天下之事, 形四方之風, 謂之「雅」。「雅」者, 正也, 言王政之所由廢興也。
政有小大, 故有《小雅》焉, 有《大雅》焉。「頌」者, 美盛德之形容, 以其成功
告於神明者也。是謂四始, 《詩》之至也。
천하의 일에 대해 말하고 사방의 풍속에 대해 형언(形言)함을 일러 '아(雅)'라 말한다. '아(雅)'라는 것은 바름이니, 왕도의 정령이 흥(興)하고 폐(廢)해짐이 말미암는 바에 대해 말함인 것이다. 정(政)에는 대소(大小)가 있기 때문에, 고로 그것에 《소아(小雅)》가 있고 그것에 《대아(大雅)》가 있음이다. '송(頌)'이란 것은 덕의 성대한 형용(形容)에 찬미하며 그 공덕(功) 이룸을 신명께 고(告)하는 것이다. 이것들을 일러 '四始(風,大雅,小雅,頌)'라 하니, 《시(詩)》의 지극함인 것이다.

然則《關雎》、《麟趾》之化, 王者之風, 故繫之周公; 南, 言化自北而南也。
그러한 즉 《관저(關雎)》, 《인지(麟趾)》의 교화는 본래 왕천하의 풍(風)이기 때문에, 고로 주공에게 매이게 한 것이다(주나라를 관장). 주남의 南이란 교화가 북으로부터 남쪽으로 이르렀음을 말함이다.

《鵲巢》,《騶虞》之德, 諸侯之風也, 先王之所以教, 故繫之召公。
《작소(鵲巢)》,《추우(騶虞)》의 덕은 제후의 풍이니, 선왕께서 교화하였던 까닭인지라 고로 소공에게 매이게 한 것이다(문왕의 정령을 제후국에 펼침).

《周南》《召南》, 正始之道, 王化之基。是以《關雎》樂得淑女以配君子, 愛在進賢, 不淫其色, 哀窈窕思賢才而無傷善之心焉, 是《關雎》之義也。
《주남(周南)》《소남(召南)》은 인륜의 처음인 道(夫婦有別)를 바로잡음이고, 왕도의 교화에 기틀인 것이다. 그러므로 《관저(關雎)》에서 요조숙녀를 얻어 군자와 짝됨에 화락하였던 것이니, 사랑(愛)이 현명한 이와 부부 예로 나아감에 있어도 그 여색에 음란하지 않았고, 요조숙녀에 애절하고 현명한 재능에 사모하였지만 善한 마음이 그것으로 상(傷)함이 없었으니, 이것이 《관저(關雎)》편의 본뜻인 것이다.

○豐城朱氏曰 母出엔 固與廟絶이나 而母之與子엔 初無絶道也라. 為襄公者엔 當若之何리오. 曰 宗廟之中엔 不以恩揜義하고, 閨門之內엔 不以義勝恩이니, 襄公能盡其誠敬於宗廟면 則外旣不失乎承重之義이고, 盡其孝養於慈母면 則內亦不失乎愛親之仁이니, 庶乎로 恩義兩全而無憾矣라. 然則이면 母를 可以返國乎잇까. 曰 母之轍엔 雖不可以私返이나, 而子之使엔 則未嘗不可以私往也라. 歲時問安之하길 使交錯於道路하고 而一草一木之微라도 必先以奉乎親焉이면, 則子之心에 可以無愧하고 而母之心에도 亦可以少慰矣라.
豐城朱氏曰: 母出에는 固히 廟와는 絶이지만, 母가 子에 있어서는 애초부터 絶道는 無인 것이다. 襄公이 된 者에게는 當히 그것을 어떻게 하여야 합니까? 曰: 宗廟之中엔 恩으로서 義를 가리(揜)게 할 수 없고, 閨門之內엔 義로서 恩

을 勝하게 할 수 없나니, 襄公이 能히 그 誠敬을 宗廟에 盡일지면 則 외로는 이윽고 承重之義에 不失인 것이고, 그 孝養을 慈母에다 盡일지면 則 內로도 또한 愛親之仁에 不失인 것이니, 거의 恩과 義를 兩으로 全히 하여 無憾인 것이다. 然則이면 母를 可히 國에 返케 할 수 있는 것입니까? 曰: 母의 행적(轍)에 비록 私로 返케 함이 不可라도, 子之使(시)에 있어서는 則 일찍이 私로 往케 함엔 不可하지 않은 것이다. 歲時마다 問安之하길 道路에서 交錯케 하고 一草一木의 微라도 반드시 先으로 그것을 親에게 받듦(奉)일지면, 則 子之心에도 可히 無愧일 수 있고 母之心에도 또한 可히 少로 慰케 할 수 있는 것이다.

8. 伯兮

05-08-01 伯兮朅兮하니 邦之桀兮로다. 伯也執殳하야 爲王前驅리라.
님 굳세기도 하시니 나라 안 호걸이로다. 낭군님 창 부여잡고 지금쯤 왕의 선도(前驅)에 서 계시리라.

그대 모습 씩씩하니 이 나라의 호걸일세
창을 잡은 그대 모습 왕을 위해 앞장섰네

賦也라. 伯은 婦人이 目其夫之字也라. 朅은 武貌라. 桀은 才過人也라. 殳는 長丈二而無刃이라. ○婦人이 以夫久從征役인지라 而作是詩라. 言其君子之才之美가 如是인지라, 今方執殳而爲王前驅也라.
賦체이다. '伯'은 婦人이 그 지아비의 字로 지목한 것이다. '朅(헌걸찰 흘)'은 굳센 모양이다. '桀'은 재주가 남보다 뛰어남이다. '殳(창수)'는 길이가 一丈 二尺이며 칼날이 없는 것이다. ○婦人이 남편이 오래도록 征役에 종사하였기 때문에, 이 詩를 지은 것이다. 그 君子 재주의 아름다움이 이와 같아서, 지금쯤 바야흐로 창(殳)을 들고서 왕의 선도(前驅)가 되었을 것임을 말한 것이다.
*참고: 殳 長丈二而無刃
釋兵: 殳矛, 殳, 殊也。長丈二尺而無刃, 有所撞挃於車上, 使殊離也(수레 위에서 치고 찌르는 바로 떨어지게 하는 것)

慶源輔氏曰 先言其君子之才之美如是하고 而後言하길 方執殳而爲王前驅하니, 則是惜其用之不得其所也라.
慶源輔氏曰: 그 君子之才의 美하기가 如是함으로 先言하고서 後言하길 '方執殳而爲王前驅'라 하나니, 則 이렇게 그를 用之에 그 마땅한 바로 得하지 못함을 애석히 여긴 것이다.

05-08-02 ○自伯之東하야 首如飛蓬호라. 豈無膏沐이온마는 誰適爲容이리오.
님 동정(東征) 떠난 후 머리 쑥대 같음이라. 어찌 머리 감고 바를 기름 없으리
오마는 누구를 주인(主) 삼아 용모 가꾸리오?

그대 동쪽으로 정벌가니 내 머리는 쑥대 같네
머리 감고 기름칠도 내 누굴 위해 꾸미는가

賦也라. 蓬은 草名으로, 其華如柳絮하여 聚而飛면 如亂髮也라. 膏는 所以澤髮
者이고, 沐은 滌首去垢也라. 適은 主也라. ○言我髮亂如此는 非無膏沐可以爲容
이고, 所以不爲者는 君子行役에 無所主而爲之故也라. 傳曰女爲說己容이라.
賦체이다. '蓬'은 풀이름이니, 그 꽃이 버들강아지(柳絮:솜서)와 같아서, 모
여서 바람에 날리면 머리카락이 난발(亂髮)한 것과 같음이다. '膏'는 머리카
락을 윤택하게 하는 까닭인 것이요, '沐'은 머리를 감아(滌:척)서 때를 제거
함이다. '適'은 주됨을 삼음이다. ○나의 머리 난발함이 이와 같음은, 머리
감고 기름 발라 가히 용모 가꿀 수 없는 것이 아니라, 하지 않은 까닭인 것은
君子가 行役을 나가 주됨을 삼아 그를 위해 치장함이 없었던 까닭임을 말한
것이다. 사기列傳에 曰: <여자는 자기를 기쁘게 여기는 자를 위해 얼굴을 꾸
민다.>라 하였다.

戰國策曰 晉豫讓云하길, 士爲知己者死하고 女爲悅己者容이라.
戰國策曰: 晉 豫讓이 云하길, '士는 己를 知해주는 者를 위해 死하고, 女는
己에 悅해주는 者를 위해 容을 가꾼다.' 라 하였다.

○慶源輔氏曰 此는 其眞情也라.
慶源輔氏曰: 此는 그 眞情인 것이다.

○東萊呂氏曰 膏는 所以膏首面이고, 沐은 蓋潘也라. 左傳에 遺之潘沐컨대, 杜
預云하길 潘은 米汁으로 可以沐頭라하고, 魯遣展喜하여 以膏沐勞齊師라 하니,
則膏非專婦人用也라.
東萊呂氏曰: 膏는 首와 面을 기름지게 하는 까닭인 것이고, 머리감을 沐은 대
개 뜨물 潘(반)이다. 左傳의 '遺之潘沐'에 杜預云하길 '潘은 米汁으로 可히
沐頭이다.' 라 하였고, (國語에) '魯가 展喜에게 膏沐으로 보내 齊師를 위勞
케 하였다.' 라 하니 則 膏는 專으로 婦人의 用만이 아닌 것이다.
*참고: 哀公十四年 夏四月(弟子欲存公子卒故幷錄之以繫於經)
齊簡公之在魯也 闞止有寵焉. 及卽位 使爲政 陳成子憚之 驟顧諸朝. 諸御鞅言於

公曰 陳闞不可並也 君其擇焉 弗聽. 子我夕 陳逆殺人 逢之 遂執以入. 陳氏方睦 使疾而遺之潘沐 備酒肉焉 饗守囚者 醉而殺之而逃. 子我盟諸陳于陳宗.
齊 簡公(悼公子,壬)이 魯에 在할 적에, 감지(闞止)가 그에게 寵이 있었더니, 卽位에 及하여 그로 하여금 爲政을 삼았거늘, 陳成子(陳恒)가 그를 憚之하여 자주(驟) 朝에서 顧하건대(心不安故), 諸御鞅(齊大夫)이 公에 言하며 曰:<陳과 闞은 可히 並으로 할 수 없나니, 君께서는 그들 중에 一人만을 擇하소서.>라 하니, 弗聽하였다. 子我(闞止)가 夕에까지 業務(事)를 視하였더니, 陳逆(陳氏宗也)이 殺人하였다 하거늘, 만나(逢) 보고서는 드디어 執하여 朝에서야 入(至)하니, 陳氏들이 바야흐로 睦하여 (陳逆으로 하여금) 거짓 疾한 척하게 하여 뜨물(潘:반,米汁,可以沐頭)을 보내어 頭를 沐하게 하고, 그곳에 酒肉도 備하게 하여 守囚者에게 饗하였더니, 醉하건대 그들을 殺之하고서 (陳逆을) 逃케 하거늘, 子我가 諸陳들과 陳宗에서 盟하였다(失陳逆懼其爲患故盟之).

○新安胡氏曰 內則에 女事父母姑舅에 五日마다 燂湯請浴하고 三日마다 具沐로되, 其間面垢면 燂潘請靧하고 足垢엔 燂湯請洗컨대, 注에 潘은 淅의 米汁이며 靧는 洗面이라.
新安胡氏曰: <內則>에 女가 父母와 姑舅를 事함에, 五日마다 물을 데워 끓여(燂湯:데울섬) 浴하길 請하고 三日마다 머리감길(沐) 具하되, 그 間에 面垢이면 뜨물(潘)을 燂하여 靧(세수할회)할 것을 請하고 足垢이면 물을 데워 끓여(燂湯) 洗할 것을 請한다라 하건대, 注에 潘은 淅(쌀일석)의 米汁이며, 靧는 洗面이라 하였다.

05-08-03 ○其雨其雨러니 杲杲出日이로다. 願言思伯이라 甘心首疾이로다.
그 비오길 그 비오기만 바랬더니 해만이 쨍쨍 떠오름이로다. 낭군 그리워 걱정인지라 두통 정돈 달게 여김이로다.

비야 비야 내리거라 되약볕만 쨍쨍 나네
그리운 님 생각하니 두통마저 달게 여기네

比也라. 其者는 冀其將然之詞이라. ○冀其將雨而果然日出로 以比望其君子之歸而不歸也라. 是以로 不堪憂思之苦하여 而寧甘心於首疾也라.
比체이다. '其'라는 것은 그 장차 그러하길 바란다는 品사이다. ○그 장차 비오기를 바랐으나 쨍하고(果然:햇빛이 환한 모양 호) 해만 떴다는 것으로, 그 君子가 돌아오길 희망하였으나 돌아오지 않았음을 比한 것이다. 이러므로 근심과 그리움의 고통을 감내하지 못해, 차라리 두통 정도는 마음속에 달게 여진다는 것이다.

慶源輔氏曰 冀其歸에 復不歸하자, 則其憂思만이 爲尤甚이라.
慶源輔氏曰: 그 歸할 것으로 冀하였더니 다시 歸하지 못하자, 則 그 憂思만이 더욱 甚하였던 것이다.

05-08-04 ○焉得諼草하야 言樹之背리오. 願言思伯인지라 使我心痗로다.
망우초 얻어 북당에 심은들 어찌 근심 잊으리오? 낭군 그리워 근심인지라 내 마음의 병 깊어짐이로다.

망우초를 어디 얻어 뒤뜰에다 심어 볼까
그리운 님 생각하니 마음의 병만 깊어졌네

賦也라. 諼은 忘也라. 諼草는 合歡으로, 食之에 令人忘憂者라(本草注曰 一名鹿葱으로 其花를 名宜男이며, 懷胎婦人이 佩其花면 生男也라. 萱草는 味甘으로 令人好歡樂忘憂이라). 背는 北堂也라(孔氏曰 房室所居之地를 總謂之堂하고, 房半以北爲北堂하며 房半以南爲南堂이라. ○廬陵李氏曰 北堂有北階이라. 賈氏云하길, 房與室相連爲之데 房無北壁인지라 故得北堂之名이라. ○安成劉氏曰 北堂이 背南하고 向北인지라 故謂之背이라). 痗는 病也라. ○言焉得忘憂之草하여 樹之北堂인들 以忘吾憂乎런가(朱子曰: 北堂은 대개 古에 花草를 植하는 處이런다). 然終不忍忘也라. 是以寧不求此草하고 而但願言思伯하다 雖至於心痗라도 而不辭爾이라. 心痗면 則其病益深이니, 非特首疾而已也라.
賦체이다. 諼은 잊음이니, '諼草'는 合歡(원추리)과 같은 것으로, 먹으면 사람의 근심을 잊게 하는 것이다(本草注曰: 一名 鹿葱<①원추리,②수선화,상사화>으로, 그 花를 '宜男'이라 名하니, 懷胎의 婦人이 그 花를 佩하면 男을 生한다. 萱草<원추리훤>는 味가 甘이고, 人으로 하여금 잘 歡樂게 하여 忘憂케 한다). '背'는 여자가 거처하는 北堂인 것이다(孔氏曰: 房室이 居하고 있는 바의 地를 總칭하여 謂之하길 堂이라 하고, 房半의 北으로서 北堂을 삼고 房半의 南으로서 南堂으로 삼는다<房은 室로 통하는 통로>. ○廬陵李氏曰: 北堂의 뒤에는 北階(남자에겐 경건하고 엄숙, 여자에겐 거처의 가까운 곳이며, 깊고 그윽한 곳)가 有하다. 賈氏云하길, 房과 室은 서로 連하여 짓는데, 房에는 北壁이 無인지라 故로 北堂之名을 得인 것이다. ○安成劉氏曰: 北堂이 南을 背하고 北으로 向인지라, 故로 謂之하길 背라 한 것이다). 痗(앓을매)는 病이다. ○어찌 忘憂草를 얻어 北堂에다 심은들, 나의 근심 잊을 수 있겠는가(朱子曰: 北堂은 대개 古에 花草를 植하는 處이다)? 그러니 끝내 차마 잊지 못함을 말한 것이다. 이러므로 차라리 이 풀을 구하지 않고, 다만 원하건대 伯을 그리워하다 비록 心癘에 이를지라도 사양치 않을 뿐임을 말한 것이다. 마음에 병이 들지면 즉 그 병은 더욱 깊어짐이니, 다만 두통일 뿐이 아닌 것이다.
*참고: 合歡(원추리꽃을 합환화라 함)
鐲忿(덜을견), 令人歡樂無憂. 樹之庭除(섬돌제), 使人不忿[本草].
분노를 없애서 즐거워하고 걱정이 없게 한다. 그것을 정원에 심어 놓으면 화를 내지 않게 된다(『본초』). <네이버 한자사전>

伯兮는 四章으로, 章四句이라.
伯兮는 四章으로, 章마다 四句이다.

范氏曰 居而相離則思하고 期而不至則憂는 此人之情也라. 文王之遣成役하고 周公之勞歸士엔 皆叙其室家之情과 男女之思하여 以閔이라. 故其民悅而忘死이라. 聖人能通天下之志인지라, 是以能成天下之務이라. 兵者는 毒民於死者也로, 孤人之子, 寡人之妻하여 傷天地之和, 召水旱之災이라. 故聖王重之하곤, 如不得已而行이면 則告以歸期하고, 念其勤勞하여 哀傷, 慘怛하길 不啻在己이라. 是以治世之詩는 則言其君上閔恤之情하고 亂世之詩는 則錄其室家怨思之苦하니, 以爲人情이 不出乎此也라.
范氏曰: 함께 居하였다 서로 헤어짐엔 즉 그리워하고, 기약하여 이르지 않음엔 즉 근심함은, 이것은 사람의 情인 것이다. 文王이 극경 戍자리의 役으로 파견하고 周公이 돌아오는 병사들을 위로하였던 것은 모두 그 室家의 情과 남녀의 그리움을 펼쳐서 그들을 위문(閔)하였던 것이다. 고로 그 백성들이 기뻐함으로 죽음을 잊을 수 있었던 것이다. 聖人은 능히 천하가 뜻한 바에 通인지라, 이러므로 능히 천하의 業務를 이룰 수 있었던 것이다. 兵이라는 것은 백성을 죽음에 이르게 하는 毒인 것으로, 사람의 자식을 고아로 만들고 사람의 처를 과부로 만들어, 天地의 和睦을 傷하게 하고 水旱의 재난을 불러들이는 것이다. 고로 聖王께선 그것을 重視하시곤, 만일 不得已 行해야 함엔 즉 돌아올 기약으로 고해 주셨고, 그 勤勞에 유념하여 哀傷과 慘怛(아파하고 슬퍼함)하길 자기에게만 놓이게 할 뿐이 아니었다. 이러므로 治世의 詩는 즉 그 君上이 閔恤하였던 情에 말하였고, 亂世의 詩는 즉 그 室家의 怨望과 思慕의 괴로움을 기록하였으니, 人情됨이 이에 벗어나지 않는 것이다.

慶源輔氏曰 范氏之說은 誠足以詔萬世人君하니, 而知此義면 則知謹重於用兵矣라. 至於所謂治世之詩則述其君上閔恤之情 亂世之詩則錄其室家怨思之苦 以爲人情不出乎此者에선 又深得聖人錄詩之意라.
慶源輔氏曰: 范氏之說은 誠으로 足히 萬世의 人君에게 詔할 만하니, 此義에 知일지면 則 用兵에 謹하고 重해야 함을 知할 수 있는 것이다. 所謂 '治世之詩

則述其君上閔恤之情, 亂世之詩 則録其室家怨思之苦, 以為人情 不出乎此' 者에 至해서는 또 聖人의 録詩之意를 深得인 것이다.

○三山李氏曰 古者師出엔 不逾時니, 所以重民力也라. 春秋時엔 用兵多矣라도 未有書師還者나 獨於莊公八年書之하니, 以見逾時不返也라. 然采薇之役은 逾年而歸하고 東山之師는 三年而至에 詩人乃美之者는, 蓋用之得其道면 則民無怨懟之心이고, 不得其道면 則逾時之久에 而人怨矣라.

三山李氏曰: 古者의 師出엔 時를 넘기지(逾:유) 않았으니, 民力을 重視하였던 까닭인 것이다. <春秋>時에 用兵이 많이어도 '師還' 者로 書함이 있지 않았으나 유독 莊公 八年에서야 그것을 書之하였으니, 逾時하고 不返하였음을 보이신 것이다. 그러나 <采薇>편의 役엔 逾年이고서 歸하였고, <東山>편의 師엔 三年에서야 至함에, 詩人이 이내 그것을 美之하였던 것은, 대개 用之에 得其道이면 則 民도 怨懟之心이 없으나, 不得其道이면 則 逾時之久임에 人이 怨이기 때문이다.

*참고: 莊公八年書之

秋 師還(秋에 師가 還하다).

좌 秋 師還 君子是以善魯莊公.
秋에 師가 還하니, 君子가 이것으로서 魯 莊公을 善하게 여긴 것이다.

공 還者何 善辭也. 此滅同姓 何善爾 病之也. 曰 師病矣 曷為病之 非師之罪也.
還이라는 것은 무엇인가? 善하게 여긴 언사이다(慰勞其罷病). 이것은 同姓을 멸한 것인데도, 어찌하여 그것을 善하게 여긴 것인가? 罷病(고달픔)에 대해 위로한 것이다. 曰: <師의 출병은 모두 罷病이거늘, 어찌하여 이번 출병만을 罷病으로 여긴 것인가? 師之罪의 죄가 아니라, 君이 滅同姓임을 明하여 그 重함이 君에 在했다는 것이다.

곡 還者 事未畢也 遯也.
還이라는 것은 事를 아직 마치지 않았는데도 달아났다(遯)는 것이다. 同姓之國을 滅함을 辟하기 위해 不卒其事로 示한 것이다.

9.有狐

05-09-01 有狐綏綏하니 在彼淇梁이로다. 心之憂矣는 之子無裳이니라.
여우 짝 찾아 배회하니 저 기수가(淇) 어량(魚梁)이로다. 마음속 근심은 저 님 입고 건널 바지 없음이니라.

여우가 어슬렁거리네 기수가 다리에서 배회하네

내 마음 심히 걱정되네 그대 바지 없을까 걱정되네

比也라. 狐者는 妖媚之獸이라. 綏綏는 獨行求匹之貌라(華谷嚴氏曰 狐性은 淫又 多疑하여 綏綏然獨行으로 而遲疑하며 有求匹之意이니, 喩無妻之人也라. ○本草 曰 狐는 鼻尖尾大하여 善爲妖魅이라). 石絕水曰梁하니, 在梁則可以裳矣라. ○ 國亂民散하여 喪其妃耦에, 有寡婦見鰥夫而欲嫁之인지라 故託言하길 有狐獨行 而憂其無裳也라.
比체이다. '狐'라는 것은 요염하고 픔행이 바르지 않은(妖媚:아첨할미) 짐승 이다. '綏綏(천천히할수)'는 홀로 다니며 짝을 구하는 모습이다(華谷嚴氏曰: 狐性은 淫하고 또 多로 疑하여, 綏綏然히 獨行으로 망설(遲疑亦作遲疑,猶豫)이 며 求匹하는 意가 有이니, 無妻之人을 喩인 것이다. ○本草曰: 狐는 鼻가 尖하 고 尾는 大하여 잘 요염하게 흘린다<妖魅:홀릴매>). 돌로 물길 끊음(가로지 름)을 '梁'이라 曰하니, 梁에 있음이면 즉 가히 하의(裳)를 입고 건널 수 있 는 것이다. ○나라가 어지러워 백성들이 흩어져 그 배우자(妃耦)를 잃음에, 어 떤 과부가 홀아비를 보고서 그에게 시집가고자 하였는지라, 고로 <여우 홀로 짝을 구하러 행함이 있음에, 그 바지(裳) 지을 이 없음을 근심한다.>라 의탁하 여 말한 것이다.

疊山謝氏曰 見鰥夫無人縫裳하여 而有憂면 則其情可知矣라. 因其有言者하여 以 探其不言者면 可以言風人之旨矣라.
疊山謝氏曰: 鰥夫에게 人이 縫裳해줌이 없음을 보고 憂함이 있음이면, 則 그 情에 대해 可知인 것이다. 그 有言한 것으로 因하여 그 不言者에 탐일지면, 可 히 風人之旨에 언해 볼 수 있는 것이다.

05-09-02 ○有狐綏綏하니 在彼淇厲로다. 心之憂矣는 之子無帶니라.
여우 짝 찾아 배회하니 저 기수가 여울(厲)이로다. 마음속 근심은 저 님 상의 동여맬 띠 없음이니라.

여우가 어슬렁거리네 기수가 여울목에서 서성이네
내 마음 심히 걱정되네 그대 허리띠 없을까 걱정되네

比也라. 厲는 深水가 可涉處也라. 帶는 所以申束衣也니, 在厲則可以帶矣라.
比체이다. '厲'는 물길의 깊이가 가히 걸어서 건널 수 있는 처이다. '帶' 는 상의를 동여 맬(申束) 수 있는 바이니, 厲에 있음이면 즉 가히 띠를 매고 건널 수 있는 것이다.

05-09-03 ○有狐綏綏하니 在彼淇側이로다. 心之憂矣는 之子無服이니라.
여우 짝 찾아 배회하니 저 기수 건너로다. 마음속 근심은 저 님 반듯한 복장 없을까 하니라.

　　　　　여우가 어슬렁거리네 기수의 물가에서 배회하네
　　　　　내 마음 심히 걱정되네 그대 입을 옷 없을까 걱정되네

比也라. 濟乎水면 則可以服矣라.
比체이다. 물길을 건넜다면 즉 가히 옷을 입을 수 있는 것이다.

有狐는 三章으로, 章四句이라.
有狐는 三章으로, 章마다 四句이다.

10. 木瓜

05-10-01 投我以木瓜에 報之以瓊琚오. 匪報也는 永以爲好也니라.
내게 모과 건넴에 아름다운 경옥(瓊)과 거옥(琚)으로 보답했다오. 후한 답례로 여기지 않음은 길이 우호 맺고자 함이니라.

　　　　내게 모과 던져 주길래 아름다운 옥돌로 보답했다네
　　　보답하기 위함만이 아니였지요 오래오래 잘 지내자는 뜻이랍니다

比也라. 木瓜는 楙木也니, 實은 如小瓜하고 酢하며 可食이라(本草曰 木狀如柰하고, 花生於春末하며, 深紅色이라. 其實大者如瓜하고 小者如拳이라. 爾雅謂之 楙이라. ○徐氏曰 瓜엔 有瓜㼌하고, 桃엔 有羊桃하며, 李엔 有雀李하니, 此는 皆枝蔓也라. 故言木瓜,木桃,木李로 以別之也라). 瓊은 玉之美者고, 琚는 佩玉名이라(廬陵羅氏曰 琚는 處佩之中하고, 所以貫蠙珠에다 而上繫於珩하며 下維璜, 衝牙者也라). ○言人有贈我以微物에 我當報之以重寶코도 而猶未足以爲報也니, 但欲其長以爲好而不忘耳라. 疑亦男女相贈答之辭로 如靜女之類이라.
比체이다. 木瓜는 모과나무(楙木:모과나무무)이니, 열매는 마치 작은 참외와 같고 시며(酢:초) 가히 먹을 수 있다(本草曰: 木狀은 柰(능금나무내)와 같고, 花는 春末에 生하며 深紅色이다. 그 實의 大者는 瓜와 같고 小者는 拳(주먹)과 같으니, 爾雅에선 그것을 謂之하여 楙<모과나무무>라 하였다. ○徐氏曰: 瓜에는 瓜㼌(작은 오이 질)도 有하고, 桃에는 羊桃(참다래)도 有하며, 李에는 雀李(산앵두:장미과)도 有하니, 此들은 모두 枝가 蔓으로 자란다. 故로 木瓜, 木桃, 木李라 言하여 그것과 別之인 것이다). '瓊(경)'은 옥 중에 아름다운 것이

요, '琚'는 佩玉의 이름이다(廬陵羅氏曰: 琚는 佩玉 중에 中간으로 處하게 하고, 蠙珠(빈주:진주)를 貫한 바에다 上으로는 珩(형옥)을 끼워 繫하며, 下로는 璜(황옥)과 衝牙(충아)를 매단다(維)). ○어떤 사람이 나에게 微物로서 보내옴이 있음에, 내가 마땅히 그것에 보답하길 重寶로서 하고도 오히려 족히 보답이라 여기지 않으니, 다만 그 오래도록 우호를 맺어 잊지 않고자 할 뿐임을 말한 것이다. 의심컨대 또한 남녀가 서로 贈하고 答례한 언사이니, <靜女>편의 類와 같음이다.

*참고: 투과득경(投瓜得瓊)
모과를 선물(膳物)하고 구슬을 얻는다는 뜻으로, 사소(些少)한 선물(膳物)에 대(對)해 훌륭한 답례(答禮)로 받음을 두고 이르는 말.

05-10-02 ○投我以木桃에, 報之以瓊瑤오. 匪報也는 永以爲好也니라.
내게 복숭아 건넴에 아름다운 경옥(瓊)과 요옥(瑤)으로 보답했다오. 후한 답례로 여기지 않음은 길이 우호 맺고자 함이니라.

　　　　　내게 복숭아 건네 주길래 아름다운 옥구슬로 보답했다네
　　　　　보답만을 위함이 아니었지요 오래오래 잘 지내자는 뜻이랍니다

比也라. 瑤도 美玉也라.
比체이다. 瑤(요)도 美玉이다.

05-10-03 ○投我以木李에 報之以瓊玖오. 匪報也는 永以爲好也니라.
내게 자두 건넴에 아름다운 경옥(瓊)과 구옥(玖)으로 보답했다오. 후한 답례로 여기지 않음은 길이 우호 맺고자 함이니라.

　　　　　내게 자두 던져 주기에 아름다운 옥돌로 보답했다네
　　　　　보답만을 위함이 아니었지요 오래오래 잘 지내자는 뜻이랍니다

比也라. 玖도 亦玉名也라.
比체이다. '玖(구)'도 또한 美玉이다.

說文曰 玖는 玉黑色이라.
說文曰: 玖는 玉의 黑色이다.

○孔氏曰 丘中有麻의 傳云에 玖石次玉者라하니, 是玖非全玉也라.
孔氏曰: 왕풍 '丘中有麻'의 傳에 云하길 '玖는 石으로 玉보다 次인 것'이

라 하니, 이렇게 玖는 온全한 玉은 아닌 것이다.

木瓜는 三章으로, 章四句이라.
木瓜는 三章으로, 章마다 四句이다.

衛國은 十篇으로, 三十四章이고 二百三句이라.
衛國은 十篇으로, 三十四章이고 二百三句이다.

張子曰 衛國은 地濱大河로 其地土薄인지라 故其人氣輕浮하고, 其地平下인지라 故其人質柔弱하며, 其地肥饒로 不費耕耨인지라 故其人心怠惰이라. 其人情性如此하니, 則其聲音亦淫靡인지라 故聞其樂이면 使人懈慢而有邪僻之心也라. 鄭詩도 妨此라.
張子왈: 衛國은 땅이 大河의 물가(濱)에 인접하여 그 땅의 토질이 薄하였기 때문에 고로 그 사람들의 기질도 가볍고 깊지 않았으며(輕浮), 그 땅이 평평하고 낮았기 때문에 고로 그 사람들의 바탕이 柔弱하였으며, 그 땅이 넉넉하고 기름져서(肥饒) 밭 갈고 김매는 노력을 허비하지 않기 때문에 그 人心들이 怠惰하였다. 그 사람들의 性情이 이와 같았으니, 즉 그 聲音도 또한 음란하고 사치(淫靡)하였기 때문에, 고로 그 음악을 들으면 사람들로 하여금 懈慢하게 하여 邪僻한 마음이 들게 하였다. 鄭나라의 詩도 이와 같음이다.

慶源輔氏曰 鄭衛之俗은 淫靡여서 非獨習俗之弊이니, 蓋亦風土所致라. 張子發此說은 可謂能通天,地,人矣라.
慶源輔氏曰: 鄭과 衛의 俗은 음란하고 사치(淫靡)하여서 유독 習俗의 弊端일 뿐이 아니었으니, 대개 또한 風土가 致한 바인 것이다. 張子께서 此說로 發하심은 可히 能히 天,地,人에 통하였다고 말 수 있음이다.

○定宇陳氏曰 此說은 大槩爲淫詩言耳로, 鄘의 柏舟,定之方中,淇奧等篇은 不在此限이라.
定宇陳氏曰: 此說은 大槩 淫詩만을 위해 言했을 뿐으로, 鄘풍의 <柏舟>,<定之方中>,<淇奧> 等의 篇은 此의 限간으로는 在하지 않음이다.

詩經大全卷之四

王 一之六

王은 謂周東都洛邑의 王城畿內 方六百里之地이라(孔氏曰 漢志云하길, 周封圻에 東西長하고 南北短하나 短長相覆면 千里이라. 按컨대, 西都方八百里는 八八六十四로 爲方百里者六十四고, 東都方六百里는 六六三十六으로 爲方百里者三十六이니, 二都方百里者는 百인지라 方千里也라). 在禹貢에선 豫州의 大華,外方之間이며, 北得河陽하고 漸冀州之南也라(孔氏曰 漸冀南境也라). 周室之初엔 文王居豐하고 武王居鎬이나, 至成王周公서야 始營洛邑하여 爲時會諸侯之所하니, 以其土中하야 四方來者의 道里均故也라. 自是로 謂豐鎬爲西都하고 而洛邑爲東都이라.

'王'은 周나라의 東都 <洛邑>의 王城 畿內 사방 六百里의 땅을 말함이다(孔氏曰: 漢志云하길, '周가 圻(기:畿)땅을 封함에 東西로는 長하고 南北으론 短이나, 短長을 서로 覆이면 千里이다.' 라 하였다. 按컨대, 西都의 方八百里는 八八六十四로 方百里者가 되는 것이 六十四이고, 東都의 方六百里는 六六三十六으로 方百里者가 되는 것이 三十六이니, 二都의 方百里者가 百인지라 方千里인 것이다:方千里는 10*百里×10*百里이므로 즉 100개의 百里). 서경 <禹貢>에 在해선 豫州의 太華山과 外方山 사이이며, 북으로는 河陽을 차지하고 冀州의 남쪽에까지 점철되어 있다(孔氏曰: 冀南의 境에까지 이어짐<漸>이다). 주왕조(周室) 初엔 文王께서 豐邑에 居하시고 武王은 鎬京에다 居하셨으나, 성왕의 주공에 이르러서야 비로소 낙읍을 경영하시어 당시에 제후들의 회합장소로 삼았으니, 그 낙읍의 토지가 중심이어서 四方에서 바야흐로 오는 자들의 도로 거리(里)가 균등하였기 때문이다. 이로부터 豐과 鎬를 일러 西都라 하고 <洛邑>을 일러 東都라 이르게 되었던 것이다.

鄭氏曰: 洛邑謂之王城은 是爲東都니 今河南是也고, 周公又營成周는 今洛陽是也라.

鄭氏曰: '洛邑謂之王城'은 이렇게 東都가 됨이니 今의 河南이 是인 것이고, '周公又營成周'는 今의 洛陽이 是인 것이다.

○東齋陳氏曰 鎬京謂之宗周는 以其爲天下所宗也고, 洛邑謂之東都又謂之成周는 以周道成於此也라. 洛邑은 天下之至中이고 豐鎬는 天下之至險이니, 於洛邑定鼎

하여 以朝諸侯하고 宅土中하며 以涖四海는 其示天下가 也公이고, 於鎬京定都하여 以據形勝,處上游하며 以制六合은 其慮天下가 也遠이라. 漢唐도 並建兩京하니, 蓋亦深識天下形勢之所在하고 而有得於成王周公之遺意歟인져.

東齋陳氏曰: '鎬京謂之宗周'는 그 天下가 宗으로 받드는 바가 되었기 때문이고, '洛邑謂之東都,又謂之成周'는 周道가 此에서 成되었기 때문이다. 洛邑은 天下之至中이고 豐鎬는 天下之至險이니, 洛邑에다 定鼎으로 諸侯를 朝會하고 土中에 宅하며 四海에 涖함은 그 天下를 示함이 또한 公인 것이고, 鎬京에다 定都하여 形勢의 勝地에 據하고 상류(上游)에 處하며 六合(천지+사방)을 制함은 그 天下를 慮함이 遠인 것이다. 漢唐에서도 並으로 兩京에다 建했으니, 대개 또한 天下形勢의 所在에 深識하고 成王周公의 遺意에 得함이 있음일진져!

至幽王에 嬖褒姒하여 生伯服하고 廢申后及太子宜臼하니, 宜臼奔申이라. 申侯怒하여 與犬戎과 攻宗周하여 弑幽王于戱이라(音義라. ○華谷嚴氏曰 戱는 驪山下 地名으로, 亦水名이라). 晉文侯,鄭武公이 迎宜臼于申而立之하니 是爲平王이라. 徒居東都王城하자(孔氏曰 鎬京爲西周,王城爲東周는 及敬王하여 去王城而遷成周에 自是又謂하길 王城爲西周,成周爲東周이라), 於是에 王室遂卑하여 與諸侯無異인지라 故其詩가 不爲雅而爲風이라. 然其王號未替也인지라, 故不曰周而曰王이라.

幽王에 이르러 褒姒를 총애하여 伯服을 낳고서 申后와 太子 宜臼를 폐위하자, 宜臼는 申으로 달아났다. 申侯가 노하여 犬戎과 함께 宗周를 공격하여 幽王을 戱땅에서 죽였다(音이 義이다. ○華谷嚴氏曰: 戱는 驪山下의 地名으로, 또한 水名이기도 하다<戱水>). 晉文侯와 鄭武公이 宜臼를 申나라에서 맞이하여 그를 왕위로 세우니, 이 사람이 平王이다. 東都의 王城으로 옮겨 居하니(孔氏曰: 鎬京이 西周가 되고 王城이 東周가 됨이니, 敬王<주나라의 26대 왕이자 동주의 15대 왕> 때에 미쳐서는 (난리를 피해) 王城을 去하고 成周로 遷해서는 이로부터 또 謂하길 王城<洛邑:洛陽 서쪽 교외>을 西周로 삼고 成周(洛陽)를 東周로 삼았다), 이때서야 王室이 드디어 낮아져 諸侯와 더불어 다를 바가 없었는지라, 고로 그 詩가 雅가 되지 못하고 風이 되었던 것이다. 그러나 그 왕의 칭호만은 참람할 수 없었기 때문에, 고로 周라 하지 않고 '王'이라 曰한 것이다.

眉山蘇氏曰 其風이 及其境內하고 而不能被天下인지라, 與諸侯比이라.
眉山蘇氏曰: 그 風이 그 境內에만 及하고 能히 天下에까지 被하지 못하였기 때문에, 諸侯와 더불어 比등하였던 것이다.

○問컨대, 王風은 是他風如此이지 不是降爲國風이니이다. 朱子曰 其辭語에서 可見이라. 風은 多出於在下之人이고 雅는 乃士大夫所作이니, 雅雖有刺라도 而其辭는 與風異이라.
問컨대, 王風은 이렇게 그(他) 風이 如此했을 뿐이지, 이렇게 實際로 降等되어 國風이 되었던 것은 아닙니다. 朱子曰: 그 辭語에서 可히 見할 수 있음이다. 風은 多로 在下의 人에게서 出이고, 雅는 이내 士大夫가 作한 바이니, 雅에 비록 풍刺함이 있더라도 그 雅의 辭는 風과는 더불어 異한 것이다.

○黃氏曰 黍離之爲國風은 以其詩之體爲風也라. 周室未遷엔 則其聲은 天下之正聲也나, 平王遷而東之엔 則其音은 乃東土之音耳이니, 故曰王國風이라.
黃氏曰: 黍離가 國風이 됨은 그 詩之體가 風이 되기 때문이다. 周室이 未遷에선 則 그 聲은 天下之正聲이었으나, 平王이 遷而東之엔 則 그 音은 이내 東土之音이었을 뿐이니, 故로 '王國의 風'이라 曰함인 것이다.

○孔氏曰 平王地狹於千里인지라 比於列國이니, 當言周이나 而言王尊之也라.
孔氏曰: 平王의 地는 千里보다 狹인지라 列國과 견주게(比) 되었으니, 當히 周라 言해야하나 王이라 言하여 그것을 尊之인 것이다.

其地는 則今河南府와 及懷,孟等州가 是也라.
그 땅은 즉 지금의 河南府와 懷, 孟 등의 州가 이곳이다.

河南府는 即今河南府이고, 懷州는 今懷慶府이며, 孟州는 今孟縣에서 並隸河南이라.
河南府는 即 今의 河南府이고, 懷州는 今의 懷慶府이며, 孟州는 今의 孟縣에서 아울러 河南에까지 이른다(隸).

1.黍離

06-01-01 彼黍離離어늘 彼稷之苗로다. 行邁靡靡하며 中心搖搖호라. 知我者는 謂我心憂라거늘, 不知我者는 謂我何求오하나니, 悠悠蒼天아. 此何人哉리오.
지난해의 저 찰기장(黍) 이삭대 무성하거늘 저 메기장(稷)은 새싹 틔움이로다. 행차 더디 주저하며 마음 둘 곳 없어 나부끼노라. 나 아는 자 내게 '괜한 근심이다.' 하거늘, 나 알지 못하는 자 내게 '무엇을 구함이오?'라 하나니, 멀고 먼 푸른 하늘아! 이는 누구의 잘못이란 말인가?

기장 이삭 늘어지고 피 싹도 돋았구나

행차 걸음 더뎌지고 나의 마음 둘 곳 없네
나를 아는 사람들은 괜한 근심이라 말하지만
날 모르는 사람들은 뭘 구하는가 말들하네
아득한 저 푸른 하늘이여! 이 누구의 허물인가

賦而興也라. 黍는 穀名으로, 苗似蘆하고 高丈餘이며, 穗黑色이고 實圓重이라. 賦체이면서 興체이다. '黍'는 곡식 이름으로, 싹은 갈대(蘆)와 비슷하고 높이는 한 길 남짓이며, 이삭(穗:수)은 흑색이고 열매는 둥글며 무겁다.

*참고: 黍,稷

氾勝之書(전한의 氾勝之가 편찬한 農書)에 따르면 예로부터 직(稷)은 메기장을, 서(黍)는 찰기장을 가리킨다고 하였다. 하지 20일전 즈음에 파종하며, 8월 중순~9월 중순에서 수확한다. 줄기는 곧게 서며 녹색을 띤 원통 모양이다. 방향성이 있다. 잘 자란 기장은 키가 1.7m에 이르는 것도 있다. 기장은 수확량이 작지만 기름지지 못한 메마른 땅에서도 잘 견디며, 조보다 성숙이 빠른 이점이 있어 산간 지방에서 주로 재배하였다. 수수와 비슷한 곡류이나, 도정하면 조와 비슷한데 조보다 좀 크다. 씨알의 빛깔에 따라 얼룩 기장, 흰 기장(황백색), 누런 기장(황갈색), 붉은 기장(적갈색)으로 나뉜다. 한자로 씨알의 빛깔에 따라 황백색은 기(芑), 황갈색은 거(秬), 적갈색은 미(穈)라고 표기한다. 그러나 이들 열매를 도정하면 모두 노란색을 띤다. 쌀·보리·조·콩과 함께 오곡으로 취급된다. 공업용·식용·약용으로 이용된다. 줄기는 제지 원료로 이용되며, 지붕을 이는 데나 땔감으로도 쓰이고, 이삭은 비를 매는 데에도 쓴다. 기장은 팥과 섞어서 떡을 만들면 별미가 있고, 엿과 술의 원료로도 쓰인다. 만주에서는 황주(黃酒)를 만들기도 한다. 약으로 쓸 때는 탕으로 하거나 죽을 끓여서 사용한다. 과다 복용이나 장복은 금한다. (출처: 익생양술대전)

華谷嚴氏曰: 黍는 似粟而非粟이며 有二種이라. 米에 粘者는 為秫되어 可以釀酒이고, 不粘者為黍이라.
華谷嚴氏曰: 黍는 조(粟)와 흡사하지만 粟는 아니며, 조(粟)에는 二種이 有하다. 낟알(米) 중에 粘者는 차조 秫(출)이 되어 可히 양주(釀酒)할 수 있고, 不粘者가 黍가 됨이다.

○本草注曰 黍有數種이나, 又有丹,黑이라. 黑黍를 謂之秬하고, 丹黍는 皮赤米黃이라.
本草注曰: 黍에는 數種이 有하나, 또한 丹과 黑이 有하다. 黑黍를 謂之하여 秬라 하고, 丹黍는 皮는 赤이지만 낟알(米)은 黃이다.

離離는 垂貌라. 稷도 亦穀也니, 一名穄로 似黍而小나, 或曰粟也라. 邁는 行也라. 靡靡는 猶遲遲也고, 搖搖 無所定也며(孔氏曰 楚威王曰 寡人心搖搖然하여 如懸旌而無所薄라하니, 搖搖는 是心憂而無附著之意라), 悠悠는 遠貌라. 蒼天者는 據遠而視之에 蒼蒼然也라. ○周旣東遷하고, 大夫行役라가 至于宗周하여 過故宗廟宮室에 盡爲禾黍하니, 閔周室之顚覆하고 彷徨不忍去인지라, 故賦其所見인 黍之離離與稷之苗하여 以興行之靡靡,心之搖搖라. 旣嘆時人莫識己意하고 (鄭氏曰 怪我久留而不去이라. ○慶源輔氏曰 人憂에 則行遲하여 而心無所定이라. 國家顚覆에 在臣子는 固不能無憂니, 此詩人憂之는 得其正者也라), 又傷所以致此者는 果何人哉라하니, 追怨之深也라.

'離離'는 이삭이 늘어진 모양이다. '稷'도 또한 곡식이니, 일명 穄(검은기장제:메기장)로 黍와 비슷하나 조금 작지만, 혹자는 조(粟:속)라고도 한다. '邁'는 감이다. '靡靡'는 遲遲와 같음이고, '搖搖'는 정한 바가 없음이며(孔氏曰: 楚威王이 曰하길 '寡人의 心이 搖搖然하길 마치 바람에 나부끼는 깃발(懸旌)과 같아 매일<薄> 바가 없음이다.' 라 하니, 搖搖는 이렇게 心憂하여 附著함이 없는 意인 것이다), '悠悠'는 먼 모양이다. '蒼天'이라는 것은 먼 곳을 들어 봄에 蒼蒼然하다는 것이다. ○周왕조가 이윽고 東遷하였고, 大夫가 行役나갔다 宗周(鎬京)에 이르러 옛 宗廟와 宮室을 지날 적에 다 禾와 黍가 되어버렸으니, 周室의 顚覆됨을 슬퍼하고 彷徨하며 차마 떠나가지 못하였기 때문에, 고로 그 본 바인 찰기장(黍)의 離離함과 메기장(稷)의 苗로서 펼쳐 읊어 行의 靡靡와 마음의 搖搖함을 興한 것이다. 이윽고 당시 사람들이 자기의 뜻을 아무도 알아주지 못함을 탄식하고(鄭氏曰: 我가 久留하며 不去함을 怪이하게 여긴 것이다. ○慶源輔氏曰: 人이 憂함이면 則 行은 遲하여서 心에 定된 바가 없게 됨인 것이다. 國家가 顚覆됨에 臣子에 在해서는 固히 能히 憂가 없을 수 없음이니, 此의 詩人이 그것으로 憂之함은 得其正者인 것이다), 또 '이 지경으로 이루게 한 까닭인 자는 과연 누구인가?' 라 상심하였으니, 거슬러 怨望하길 깊이 한 것이다.

*역주: 離離
恐컨대, 철 지난 찰기장이 처량하게 폐허를 무수히 뒤덮고 있음에도, 그 속에서 또 메기장의 생명이 싹과 이삭과 결실로 자라나고 있음을 흥기한 듯하다.

三山李氏曰 呼天而愬曰하길 '致此者 何人哉'라하니, 蓋含蓄其辭하곤 不欲指斥其人也라.
三山李氏曰: 天을 呼하여 하소연하며 曰하길 '致此者는 何人哉리오.' 라 하니, 대개 그 辭를 含蓄케 하고선 그 人으로는 指斥하지 않고자 한 것이다.

06-01-02 ○彼黍離離어늘 彼稷之穗로다. 行邁靡靡하며 中心如醉호라. 知我者

는 謂我心憂라거늘, 不知我者는 謂我何求오하나니, 悠悠蒼天아. 此何人哉리오.
지난해의 저 찰기장(黍) 이삭대 무성하거늘 저 메기장(稷)은 이삭 내밈이로다. 행차 더디 주저하며 마음속 슬 취한 듯하노라. 나 아는 자 내게 '괜한 근심이다.' 하거늘, 나 알지 못하는 자 내게 '무엇을 구함이오?' 라 하나니, 멀고 먼 푸른 하늘아! 이는 누구의 잘못이란 말인가?

기장 이삭 늘어지고 피 싹도 돋았구나
행차 걸음 더뎌지고 마음속은 슬 취한 듯
나를 아는 사람들은 괜한 근심이라 말하지만
날 모르는 사람들은 뭘 구하는가 말들하네
아득한 저 푸른 하늘이여 이 누구의 잘못인가

賦而興也라. 穗는 秀也라. 稷穗下垂가 如心之醉인지라 故以起興이라.
賦체이면서 興체이다. '穗(수)'는 이삭(秀)이다. 稷의 穗가 아래로 드리워짐이 마치 마음이 슬에 취함과 같았기 때문에, 고로 興을 일으킨 것이다.

毛氏曰 中心似醉는 醉於憂也라.
毛氏曰: 中心이 흡사 슬에 醉함과 같음은 憂에 醉함인 것이다.

06-01-03 ○彼黍離離어늘 彼稷之實이로다. 行邁靡靡하며 中心如噎호라. 知我者는 謂我心憂라거늘, 不知我者는 謂我何求오하나니, 悠悠蒼天아. 此何人哉리오.
지난해의 저 찰기장(黍) 이삭대 무성하거늘 저 메기장(稷) 결실 가득이로다. 행차 더디 주저하며 마음속 근심 목메듯 하노라. 나 아는 자 내게 '괜한 근심이다.' 하거늘, 나 알지 못하는 자 내게 '무엇을 구함이오?' 라 하나니, 멀고 먼 푸른 하늘아! 이는 누구의 잘못이란 말인가?

기장 이삭 무성하고 피 이삭도 여물었네
행차 걸음은 더뎌지고 마음속은 미어지네
나를 아는 사람들은 괜한 시름이라 말하지만
날 모르는 사람들은 뭘 구하는가 말들하네
아득한 저 푸른 하늘이여! 이 누구의 허물인가

賦而興也라. 噎은 憂深하여 不能喘息이 如噎之然이라(孔氏曰 噎는 咽喉閉塞之名으로, 言憂深也라). 稷之實이 如心之噎인지라, 故以起興이라.
賦체이면서 興체이다. '噎(목멜열)'은 憂가 深하여 능히 숨이 차 息하지 못함이, 마치 목이 메여 그러함과 같다는 것이다(孔氏曰: 噎은 咽喉가 閉塞된 名으로, 憂가 深함을 言함이다). 稷에 열매 맺힘이 마치 마음이 목메임과 같은지라, 고로 興을 일으킨 것이다.

黍離는 三章으로, 章十句이라.
黍離는 三章으로, 章마다 十句이다.

元城劉氏曰 常人之情은 於憂樂之事에, 初遇之면 則其心變焉하고, 次遇之면 則其變少衰하며, 三遇之면 則其心如常矣라. 至於君子忠厚之情엔 則不然이니, 其行役往來에 固非一見也라. 初見稷之苗矣하고, 又見稷之穗矣하며, 又見稷之實矣여도(張子曰 言苗, 言穗, 言實은 作文者에도 須是如此이라) 而所感之心엔 終始如一하여 不少變而愈深이니, 此則詩人之意也라.
元城劉氏曰: 보통사람의 情은 憂樂之事에 처음 그것을 만남이면 즉 그 마음이 그것에 변함이 있고, 다음에 그것을 만남이면 즉 변함이 조금 衰하며, 세 번 그것을 만남이면 즉 그 마음이 평상과 같게 된다. 君子의 忠厚한 情에 이르러서는 즉 그렇지가 않으니, 그 行役의 왕래에 진실로 한 번 본 것만은 아니었다. 처음에는 피의 싹을 보았고, 또 피의 이삭을 보았으며, 또 피의 나락까지 보았어도(張子曰: 言苗, 言穗, 言實은 作文인 것에도 반드시 이렇게 如此인 것이다), 그 느낀 바의 마음에는 始終如一하여 조금도 변하지 않고 더욱 깊어져만 갔으니, 이것이 즉 詩人의 의도인 것이다.

慶源輔氏曰 久而不忘者는 天理之常也고, 暴集旋渦者는 人欲之無定也라. 情得其正이면 則自然久而不忘矣라.
慶源輔氏曰: 久而不忘者는 天理之常인 것이고, (溝澮之水가) 暴集에 旋渦인 것은 人欲之無定인 것이다. 情에 得其正이면 則 自然 久而不忘인 것이다.

○ 疊山謝氏曰 天王而沒於夷狄이니, 天地之大變, 中國之大恥, 東周臣子之大讎也라. 文, 武, 成, 康之宗廟임에도 而盡為禾黍이니, 聞者當流涕矣라. 心搖搖而不忍去이고, 天悠悠而不我知컨대, 能為閔周之는 詩者인 一行役大夫之外엔 無人也라. 不知平王而聞此詩也나, 亦有惻于中이 否乎리오. 吾觀書하다 至文侯之命서야 知平王之不足以有為矣니, 所以訓戒晉文侯者라곤 惟曰自保其國而已이라. 王室之盛衰, 故都之興廢는 悉置度外거늘, 吾於黍離之詩에서 重有感也夫인져.
疊山謝氏曰: 天王이고도 夷狄에게 沒되었으니, 天地之大變이고 中國之大恥이며 東周의 臣子에겐 大讎인 것이다. 文王 武王 成王 康王의 宗廟가 있는데도 다 禾黍가 되어버렸으니, 聞者는 當히 流涕인 것이다. 心이 搖搖하여 차마 去할 수가 없었고, 天은 悠悠로만 하며 我를 알아주지 않컨대, 能히 그것에 두루 마음 아파함은 詩者인 一의 行役大夫의 외에는 無人이었다. 平王으로서도 此詩를 聞했는지엔 알지 못하지만, 또한 마음속에 惻怛이 있었음이 아니었겠는가? (그러나) 吾가 書經을 觀하다 <文侯之命>에 至해서야 平王이 足히 有爲할 수 없었음을 知하였으니, 晉 文侯에게 訓戒한 까닭인 것이라곤 오직 '스스로 그 國을 보전하라.' 고 曰하였을 뿐이었다. 王室之盛衰와 故都之興廢는 다 법도의 외로 놓이게(置) 하였기 때문일 뿐이거늘, 吾가 黍離之詩에서 거듭 感하는 바가 있음인져!

*참고: 文侯之命 4章
王曰父義和 其歸視爾師 寧爾邦 用賚爾秬鬯一卣 彤弓一 彤矢百 盧弓一 盧矢百 馬四匹 父 往哉 柔遠能邇 惠康小民 無荒寧 簡恤爾都 用成爾顯德
王曰: <父義和여! 그 歸로 爾 師에 視하야, 爾 邦을 寧케 할지니, 爾에게 秬鬯 일유(一卣)와, 彤弓 一과, 彤矢 百과, 盧弓 一과, 盧矢 百과, 馬 四匹로 用賚하노니, 父는 往哉할지어다. 遠에 柔케 하고 邇에 能케 하며, 惠로 小民을 康케 하야 荒寧치 말지며, 爾都를 簡恤하야 爾의 顯德을 用成할지로다.>라 하니라.

師 衆也 黑黍曰秬 釀以鬯草 卣 中尊也 諸侯受錫命 當告其始祖 故賜鬯也 彤 赤 盧 黑也 諸侯有大功 賜弓矢 然後得專征伐 馬 供武用 四匹曰乘 侯伯之賜無常 以功大小 爲度也 簡者 簡閱其士 恤者 惠恤其民 都者 國之都鄙也 ○蘇氏曰 予讀文侯篇 知東周之不復興也 宗周傾覆 禍敗極矣 平王宜若衛文公越勾踐然 今其書 乃旋旋焉 與平康之世無異 春秋傳曰 屬王之禍 諸侯釋位 以間王政 宣王有志而後效官 讀文侯之命 知平王之無志也 愚按史記 幽王娶於申 而生太子宜臼 後幽王嬖褒姒 廢申后 去太子 申侯怒 與繒西夷犬戎 攻王而殺之 諸侯卽申侯而立故太子宜臼 是爲平王 平王以申侯立己 爲有德 而忘其弑父爲當誅 方將以復讐討賊之衆 而爲成申成許之擧 其忘親背義 得罪於天 已甚矣 何怪其委靡頹墮而不自振也哉 然則是命也 孔子以其猶能言文武之舊而存之歟 抑亦以示戒於天下後世而存之歟

師는 衆이다. 黑黍를 秬라 曰하며, 鬯草로서 釀造한다. 유(卣)는 中尊이다. 諸侯가 錫命을 受하고서는 當히 그 始祖에게 告하였기 때문에, 故로 鬱鬯酒를 賜하는 것이다. 彤은 赤이고, 盧는 黑이다. 諸侯에게 大功이 有하면 弓矢를 賜한 然後에라야 專征伐을 得할 수가 있는 것이다. 馬는 武用에 供하는 것이니, 四匹을 乘이라 曰한다. 侯伯之賜에는 無常하건대, 功의 大小로서 度를 삼는다. 簡이라는 것은 그 士를 簡閱하는 것이고, 恤이라는 것은 그 民을 惠恤하는 것이다. 都라는 것은 國의 都鄙이다. ○蘇氏曰: <予가 文侯之篇을 讀하고서 東周가 다시는 興하지 못할 것임에 知하였다. 宗周가 傾覆되어 禍敗가 極일진댄, 平王은 宜當 衛 文公과 越 勾踐과 같이 그렇게 하여야 하는 데도, 今에 그 書는 이내 그것에 旋旋히 하여 平康之世와 더불어 異할 바가 없었도다.>라 하였다. 春秋傳에 曰: <厲王之禍에 諸侯들이 位를 釋하고 王政을 間하였건대, 宣王

이 有志한 而後에 官으로 效하게 하였다.>라 하였으니, 文侯之命을 讀함에 平王이 無志하였음을 知할 수 있겠다. 愚가 史記를 按컨대, 幽王이 申으로 娶하여 太子 宜臼를 生하였더니, 後에 幽王이 褒姒를 嬖하자 申后를 廢하고 太子를 去하건대, 申侯가 怒하야 증(繒:나라이름증)과 西夷인 犬戎과 더불어 王을 攻하여 그를 殺之하였다. 諸侯들이 申侯에 卽하여 故의 太子인 宜臼로 立하였으니, 是가 平王이 되었다. 平王은 申侯가 己를 立하게 한 것으로서 有德하다고 여기고서는, '其弑父爲當誅'에 忘하고서 바야흐로 將次 復讐와 討賊할 衆으로서 申에 戍하게 하고 許에 戍하게 하는 擧動을 하였으니, 그 忘親背義로 天에 得罪함이 너무 甚하였거늘, 어찌 그 의기소침(委靡:위미)으로 무너지고 떨어져(頹墮:퇴타) 스스로 振하지 못했던 것이 怪가 되겠는가? 그렇다면 是 命에 孔子께서는 그 오히려 文武之舊에 能言하였기 때문에 存之케 하셨던 것인가? 아니면 또한 天下後世에 戒할 바로 示하기 위해 그것을 存之케 하신 것인가?

○安成劉氏曰 小弁詩曰하길, 踧踧周道여 鞫爲茂草로다 我心憂傷이여 惄然如擣라하니, 正若此詩之意라. 然則이면 黍離之感慨는 有不待於大夫行役之時하고 而已兆於褒氏母子僭亂之日이니, 大夫追怨之辭엔 有所歸矣라.
安成劉氏曰: 小弁詩에서 曰한 '踧踧周道여, 鞫爲茂草로다. 我心憂傷이여, 惄然如擣로다.'는 正히 此詩之意와 같음이다. 然則이면 <黍離>편에 對한 感慨는 大夫의 行役之時를 기다릴(待) 必要 없이 이미 褒氏母子의 僭亂之日에서부터 兆가 있음이니, 大夫의 追怨之辭엔 歸책의 바가 있는 것이다.
*참고: 小弁-02
○踧踧周道여 鞫爲茂草로다. 我心憂傷이여 惄焉如擣로다. 假寐永嘆하야 維憂用老호니 心之憂矣라 疢如疾首로다.
평탄한(踧踧) 큰(周) 道路여! 끝내(鞫) 풀 무성하게 될지로다. 我心의 憂傷함이여! 그것을 생각(惄)컨대, 절구 찧는(擣) 것만 같도다. 잠시 잠든(假寐) 사이 초차 永嘆하야, 오직 근심에 늙어(老) 가기만 하나니, 마음속에 근심인지라, 열병(疢)에 머리 질끈(首疾)이듯 하도다.

○豊城朱氏曰 宮室所以奉至尊이고 宗廟所以妥先王인데, 而今乃鞫爲禾黍됨에 徘徊顧瞻컨대, 安得而不憂리오. 追思所以致此者컨대, 又安得而不怨리오. 雖然憂之怨之가 誠是也라도 憂之怨之하고 而付之無可奈何면 則非也라. 周之王業은 公劉開拓之於豳하고 太王創造之於岐하며, 文王光大之於豐하고 武王成就之於鎬하니, 皆在西都八百里之內이라. 其土地는 則先王之土地이고, 其人民도 則先王之人民也거늘, 爲子孫者는 正當以死守之而不去이니, 今乃無故擧八百里舊都棄之하고 而卽安於東하니, 平王亦可謂不君矣라. 行役之大夫가 苟無所見이면 則已이

나, 旣已見之而且憂之且追怨之거늘, 豈容付之無可奈何而已邪리오. 謂宜請於平王해서, 泣血嘗膽하고 號令諸侯하여, 整師輯旅로 光復舊物이니, 諸侯見王之有志컨대 孰不奔走而服從리오. 當是時에 晉之義和,鄭之掘突만이 旣皆王室之舊勳이나, 齊엔 藉太公之故基하고 魯엔 承周公之遺烈하며 衛엔 憑康叔之威靈하여 亦皆足以左右王室컨대, 苟有宣王中興之志면 則侯國之甲兵은 卽吾之甲兵이고 侯國之財賦는 卽吾之財賦也나, 而王自棄之라. 爲之臣者도 又寂無一人以爲言이니, 則其偸安忍恥하고 頹墮委靡거늘, 豈特王之罪리오. 亦羣臣之罪라. 噫라, 周轍之不西엔 有由矣夫인져.

豐城朱氏曰: 宮室은 至尊을 奉하는 所以인 것이고, 宗廟는 先王을 평온(妥:타)케 하는 所以인데도, 今에 이내 다(窮:鞠) 禾黍가 됨에 徘徊하며 顧瞻컨대, 어찌 憂치 않을 수 있겠는가? 此로 이르게 한 所以인 것에 追思컨대, 또 어찌 怨치 않을 수 있겠는가? 비록 그렇지만 憂之와 怨之가 誠으로 옳음(是)이라도, 또한 憂之하고 怨之만 하고 그것을 '可히 이내 어찌 할 수 없다.'라 付之할지면 則 非인 것이다. 周之王業은 公劉께서 豳에서 그것을 開拓之하였고, 太王께서 岐에서 創造之하였으며, 文王이 豐에서 그것을 光大之케 하였고, 武王이 鎬에서 그것을 成就之하였으니, 모두 西都의 八百里之內에 在인 것이다. 그 土地는 則 先王之土地이고 그 人民도 則 先王之人民이거늘, 子孫된 者들은 正히 마땅히 死로서 그것을 守之하고 不去하여야 하나, 今엔 이내 無故로 八百里의 舊都를 통째(舉)로 그것을 버리(棄之)고선 東에 安住로 나아가니(卽), 平王을 또한 可히 君답지 못함이라 말할 수 있는 것이다. 行役之大夫가 苟로 見한 바가 없었다면 則 그만(已)일 뿐이지만, 이윽고 이미 그것을 見之하고선 또 그것을 憂之하고 또 그것에 追怨之하였건대, 어찌 그것을 '可히 이내 어찌 할 수 없을 뿐이다.'로 付之함을 용납할 수 있겠는가? 의당함을 謂하여 平王에게 請해서, 泣血로 와신상담(嘗膽)하고 諸侯에게 號令하여, 師를 整頓하고 旅를 輯(모을집)으로 舊物을 光復하여야 하니, 諸侯들이 王之有志에 見일진대 누군들 奔走히 服從치 않을 수 있겠는가? 是時를 當하여 晉의 義和(文侯)와 鄭의 掘突(武公)만이 이윽고 모두 王室에 舊勳이 있었지만, 齊에는 太公之故基(공업의 옛 기틀)를 藉(의뢰할자)하였고 魯는 周公之遺烈을 承하였으며 衛는 康叔之威靈에 憑하였기에, 또한 모두 足히 王室을 左右할 수 있음이건대, 苟로 宣王에게(姬靜:厲王의 아들.共和이후에 제위:恐컨대 平王의 오자) 中興之志가 有하였을지면 則 侯國之甲兵도 卽 吾之甲兵이고 侯國之財賦도 卽 吾之財賦인 것이나, 그러나 王이 스스로 그것을 棄之하였던 것이다. 그의 臣된 者들도 또한 고요히(寂) 一人이라도 言을 삼는 자가 無하였으니, 則 그 목전의 안일만을 탐(偸安)하여 치욕을 감수(忍恥)인 것이고, 정신이 무너져(頹墮:무너질퇴) 의기소침(委靡)이거늘, 어찌 다만 王만의 罪이리오? 또한 羣臣들의 罪이기도 함이로다. 噫라! 周의 행적(轍)이 西로 나아가지 못함은 말미암음이 있었던 것일진져!

2. 君子于役

06-02-01 君子于役이여. 不知其期로소니 曷至哉리오. 鷄棲于塒며 日之夕矣인지라 羊牛下來로소니, 君子于役이여. 如之何勿思리오.
군자 행역(行役) 나섬이여! 그 기약 알 수 없음이니 어디쯤 계실런고? 닭도 횃대(塒) 위 깃들며 날 저물어 소양도 내려오나니, 군자 행역 떠남이여! 어찌 근심치 않을 수 있으리오?

　　　　　내 님 행역 떠나셨네 돌아올 날 기약 없네
　　　　　그 어디 쯤에 계시는가 닭도 횃대 올라가네
　　　　　해도 서산 넘어가고 소도 양도 돌아 오네
　　　　　내님 행역 떠나셨네 이 그리움 어이하랴

賦也라. 君子는 婦人目其夫之辭이라. 鑿墻而棲를 曰塒이라. 日夕엔 則羊先歸而牛次之라(埤雅曰 羊性畏露하여 晩出라가 而早歸하니, 常先於牛也라). ○大夫久役于外하니, 其室家思而賦之曰하길, 君子行役이여. 不知其反還之期러니, 且今亦何所至哉리오. 鷄則棲于塒矣하고, 日則夕矣에 牛羊則下來矣나니, 是則畜産出入도 尙有旦暮之節커늘, 而行役之君子는 乃無休息之時하니, 使我로 如何而不思也哉리오.
賦체이다. '君子'는 婦人이 그 지아비를 지목한 언사이다. 담장을 뚫어 깃들(棲) 것을 만들어 주는 것을 '횃대(塒:시)'라 曰한다. 日의 夕에는 즉 羊이 먼저 돌아오고, 소는 그 다음인 것이다(埤雅曰: 羊의 性은 이슬<露>을 畏하여 晩으로 出하였다가 早歸하니, 常으로 牛보다 先인 것이다). ○大夫가 오래도록 외지로 행역을 나가니, 그 室家가 그리워하여 그것을 읊으며 말하길 '君子께서 行役나가심이여! 그 돌아올(反還) 기약 알 수 없었더니, 또 지금은 또한 어느 곳까지 이르렀을까? 닭은 즉 횃대(塒:시)에 깃들고, 날은 즉 저물(夕)어 소와 양도 즉 내려오나니, 이렇게 즉 畜産의 出入도 오히려 旦暮의 절도가 있거늘, 行役나가신 君子께선 이내 휴식의 때도 없으니, 나로 하여금 어떻게 근심치 않게 할 수 있겠는가?'라 한 것이다.

慶源輔氏曰 知其歸期면 則知其所止也고, 知其所在면 則思有所向也라. 今也不知其期인지라 則不知其幾時可歸也고, 曷至哉인지라 則不知其今在何所也라. 如之何勿思는 覩物興思에 雖欲自已라도 而有所不能也라.
慶源輔氏曰: 그 歸의 期에 知이면 則 그 어디쯤 머물고 계신(止) 바에 知할 수 있고, 그 所在에 知일지면 則 집으로 向하고 있는 장소를 생각할 수 있는 것이다. 今에 또한 不知其期인지라 則 그 거의 언제(幾時)라야 可歸인지에 不知이고, '曷至哉'인지라 則 그 지금 何所에 在하고 있는지에도 不知인 것이다. '如之何勿思'는 사물을 목관하고 그리움(思)을 흥기함에 비록 스스로 그치고자 하여도 能하지 못하는 바가 있는 것이다.

06-02-02 ○君子于役이여. 不日不月이로소니 曷其有佸런고. 鷄棲于桀이며 日之夕矣인지라 牛羊下括이로소니, 君子于役이여. 苟無飢渴이어다.
군자 행역(行役) 나섬이여! 일월(日月)론 헤아릴 수 없나니 언제라야 그 만날(佸) 날 있을런고? 닭도 말뚝(桀) 위 깃들며 날 저물어 소양도 돌아오나니, 군자 행역(行役) 떠남이여! 참으로 굶주림과 목마름만 없을지어다.

　　　　내 님 행역 떠나셨네 몇 날인가 몇 달인가
　　　　그 언제나 만나려나 닭도 횃대 올라가네
　　　　해도 서산 넘어가고 소도 양도 돌아오네
　　　　내 님 행역 떠나셨네 굶주리진 않으신지

賦也라. 佸은 會이고 桀은 杙이며, 括은 至이고 苟는 且也라. ○君子行役之久에 不可計以日月하고 而又不知其何時可以來會也니, 亦庶幾其免於飢渴而已矣라. 此는 憂之深而思之切也라.
賦체이다. '佸(다다를활)'은 만날 會이고, '桀'은 말뚝(杙:횃대)이며, '括(묶을괄)'은 이르를 至이요, '苟'는 또 且이다. ○君子께서 行役나감이 오래됨에 가히 日月로 헤아릴 수가 없고, 또 그 어느 때라야 가히 와서 만날 수 있을런지 알지 못하니, 또한 바라건대 飢渴에서만 면할 뿐이라는 것이다. 이는 근심하기를 깊이 함이며 그리워하길 간절인 것이다.

慶源輔氏曰 夫以日月計이면 則思有節也고, 知其會期이면 則思猶有止也라. 不日不月인지라 則 不可計以日月也고, 曷其有佸인지라 則不知其何時可以來會也라. 苟無飢渴는 則不敢必其歸에 而但幸其不至于飢渴而已이니, 其憂思之情이 益甚矣라.
慶源輔氏曰: 저 日月로서 計할 수 있음이면 則 思에도 有節일 수 있고, 그 會期에 知일지면 則 思에도 오히려 止할 수 있는 바가 있는 것이다. 不日不月인지라 則 日月로 不可計이고, 曷其有佸인지라 則 그 何時라야 可히 來會할 수 있을지 不知인 것이다. '苟無飢渴'은 則 敢히 반드시 그 歸할 것이라 기필할 수 없기에, 다만 그 飢渴로만 至하지 않았으면 다행일 뿐이라는 것이니, 그 憂思之情이 더욱 甚인 것이다.

君子于役은 二章으로, 章八句이라.
君子于役은 二章으로, 章마다 八句이다.

疊山謝氏曰 雨雪霏霏는 遣戍役여도 而預言歸期也고, 卉木萋萋는 勞還卒하며 而詳言歸期也라. 四牡之使가 寧幾何時에 勞之曰하길 我心傷悲하고, 吉甫在鎬하며 不過千里여도 勞之曰하길 我行永久라하니, 吾觀先王之心컨대 惟恐一人之勞苦하고 惟恐一人之怨咨니, 何也오. 不如是면 非所以體羣臣也라. 本於推己及物之恕發되어 而為序情, 関勞之仁컨대, 豈有無期度者哉리오. 今君子于役에 至于不知其期하니, 仁恕之意가 泯然矣라. 文武가 宣王之治를 何時而可復見乎리오.

疊山謝氏曰: 녹명지집(鹿鳴之什) <채미(采薇)>편의 '雨雪霏霏'는 戍役으로 遣이어도 歸期에 預言할 수 있음이고, 녹명지집(鹿鳴之什) <출거(出車)>편의 '卉木萋萋'는 還卒을 慰勞함이며 歸期에 대해 詳言인 것이다. <四牡>의 使(시)가 '거의 어느 때라도 (부모 봉양으로) 귀녕할 것인가?'에 그것을 위로(勞之)하며 曰하길 '我心傷悲'라 하였고, 吉甫가 鎬에 在하며 千里로 過하지 않았음에도 그것에 勞之하며 曰하길 '我行永久'라 하니, 吾가 先王之心을 觀컨대 오직 一人이라도 勞苦일까에 恐하였고, 오직 一人조차도 怨咨가 何인가에 恐하였으니, 무엇인가? 是와 같지 않을지면 羣臣에 體한 바가 아닌 것이다. 推己及物之恕에 本하여 發로되어, 情을 펴게(序) 하고 勞에 関하는 仁이 되건대, 어찌 期度(탁)의 것을 없게 함이 있었겠는가? 今의 君子于役에 不知其期로 至하고 말았으니, 仁恕之意가 泯然인 것이다. 文武에서 王之治로 宣하셨던 것을 何時라야 可히 다시 見할 수 있겠는가?

3. 君子陽陽

06-03-01 君子陽陽하며 左執簧하고 右招我由房하나니, 其樂只且로다.
군자 득의양양하게 왼손 생황 잡고 오른손 나 부름에 동방(東房) 쫓나니, 다만 그와 화락할 뿐이로다.

나의 님은 득의양양 흥에 겨워 즐기시네
왼손에 생황잡고 오른손은 날 부르며 동방으로 가자하네
아 즐겁고도 즐거운지고

賦也라. 陽陽은 得志之貌라(董氏曰 陽陽者는 氣充於內하여 容貌不枯也라). 簧은 笙,竽管中의 金葉也라. 蓋笙竽는 皆以竹管으로 植於匏中하고 而竅其管底之側하여 以薄金葉障之에, 吹면 則鼓之而出聲이니 所謂簧也라. 故笙竽에 皆謂之

簧이라. 笙은 十三簧이나 或十九簧이고, 竽는 十六簧也라. 由는 從也라. 房은 東房也라(朱子曰 房은 只是人出入處이라. 古人於房에 前有壁하고 後無壁하니, 所以通內이라. ○廬陵李氏曰: 堂屋의 次棟之架를 曰楣이라. 後楣以北에다 爲室與房하니, 人君左右房이고 大夫東房西室而已이라). 只且는 語助辭이라. ○此詩는 疑亦前篇婦人所作이라. 蓋其夫旣歸하여 不以行役爲勞하고 而安於貧賤以自樂하니, 其家人又識其意하고 而深嘆美之로, 皆可謂賢矣라. 豈非先王之澤哉리오. 或曰序說亦通컨대, 宜更詳之라.

賦체이다. '陽陽'은 뜻한 바(志)를 얻은 모양이다(董氏曰: 陽陽者는 氣가 內에 充하여 容貌가 不枯인 것이다). '簧'은 笙과 竽(피리우)의 대통 속(管中)에 있는 金葉(생황 따위의 대롱 아래쪽 끝에 붙여 떨어 울리게 하는 서. 백동 따위의 쇠붙이로 만든다:다음사전)이다. 대개 笙과 竽는 모두 대나무관을 박속(匏中)에 끼워 세우고서, 그 관 밑의 측면에 구멍을 뚫어(竅:규) 얇은 金葉으로 그곳을 가로막음에, 불면 즉 그것을 두드리게 되어 소리를 내니, 소위 '簧'인 것이다. 고로 笙과 竽에 모두 '簧'이라 말하는 것이다. '笙'은 관이 13개의 簧이거나 혹 19개의 簧이고, '竽'는 16개의 簧이다. 由는 따를 從이다. '房'은 東房이다(朱子曰: 房은 다만 이렇게 人의 出入處이다. 古人은 房에 있어서 前에는 有壁하고 後에는 無壁하였으니, 內와 通하는 所以인 것이다. ○廬陵李氏曰: 堂屋의 次棟之架<마룻대동>를 楣라 曰한다. 後楣의 北에다 室과 房을 만드니, 人君은 左右의 房으로 하고 大夫는 東房西室로 할 뿐인 것이다). '只且'는 語助辭이다. ○이 詩는 의심컨대 또한 前篇의 婦人이 지은 바이다. 대개 그 지아비가 이윽고 돌아와 行役 나갔던 것을 노고로 여기지 않고 貧賤에 안주하며 스스로 자락(自樂)함이니, 그 집안사람이 또한 그의 의도를 알고 깊이 그것을 歎美한 것으로, 모두 가히 '賢'이라 말할 수 있음이다. 어찌 先王의 은택이 아니겠는가? 혹자왈하길 <序>의 說도 또한 통함이라 하니, 의당 다시 그것에 자세히 해야 할 것이다.
*참고: 笙,竽
『呂氏春秋·仲夏紀』 "調竽笙壎篪… (우·생황·훈·호 등 관악기의 音을 조절하고…)"에서 竽와 笙은 담배 파이프 형상의 吹奏管에 여러 개의 조그만 音管을 꽂은 관악기이다. 모양은 비슷하지만 크기는 竽가 더 크고 音管의 숫자는 竽가 36개인데 笙은 13개에서 19개 사이로 더 적다.
『여씨춘추』 정하현 역, 소명출판, 2011, p.148.
*참고: 房中之樂
【石潭案】: 방중지악(房中之樂) ⇒ 방중악(房中樂)은 정침[路寢]아래 좌우 방(房)에 있는 후비(后妃)들이 방중악(房中樂)을 풍송(諷誦)하여 그 군주를 섬기는 음악이다. 옛날의 음악은 당하악(堂下樂)과 당상악(堂上樂) 그리고 방중악(房中樂)이 있는데, 대청(大廳) 아래 당하(堂下)에서 연주(演奏)하는 것을 당하

악(堂下樂)이라 하고, 승당(升堂)하여 대청(大廳)에서 연주하는 것을 당상악(堂上樂)이라 하며, 방(房)에 입실(入室)하여 연주하는 것을 방중악(房中樂)이라 하였다.

『毛詩正義』　《君子陽陽》篇⇒ 疏「君子」至「只且」。○雲： 天子路寢有五室，無左右房矣。是路寢以聽政，小寢以燕息，路寢非燕息之所也。《天官·宮人》：「掌六寢之脩」，注雲：「六寢者，路寢一，小寢五。」是小寢係於路寢之事也。天子小寢，如諸侯之路寢，故得有左右房。

『모시정의』　《군자양양》편⇒정현(鄭玄)의 소(疏)에 이르기를 "천자의 노침(路寢)은 다섯 실(室)이 있으며 좌우의 방(房)은 없다. 이는 노침으로서 정사를 듣고 소침으로써 편안히 쉬는데, 노침은 편안히 쉬는 곳이 아니다." 라고 했다. 《주례 천관 궁인(天官·宮人)》편에 "여섯 침실의 관리를 담당한다." 주(注)에 이르기를 "여섯 침[六寢]이라는 것은 노침 하나에 소침 다섯이다." 라고 했는데 이는 소침이 노침의 일에 묶여 있음이다. 천자의 소침은 제후의 노침과 같기 때문에 [제후는]좌우의 방(房)이 있다. (출처: 석담 김한희)

*참고: 或曰序說亦通(모시정의)

《君子陽陽》，閔周也。君子遭亂，相招為祿仕，全身遠害而已。（祿仕者，苟得祿而已，不求道行。○遠，於萬反。）
疏「《君子陽陽》二章，章四句」至「而已」。○正義曰：作《君子陽陽》之詩者，閔周也。君子之人，遭此亂世，皆畏懼罪辜，招呼為祿仕，冀安全己身，遠離禍害，已不複更求道行，故作詩以閔傷之。此敘其招呼之由，二章皆言其相呼之事。○箋「祿仕」至「道行」。○正義曰：君子仕於朝廷，欲求行己之道，非為祿食而仕。今言祿仕，則是止為求祿，故知是苟得祿而已，不求道行也。

*참고: <堂之屋, 南北五架. 中脊之架曰棟, 次棟之架曰楣.>
당의 가옥은 측면이 5가(架:도리)로 되어 있다. 중척의 가를 동(棟)이라 하고 그 다음에 있는 가를 미(楣)라고 한다. 동서방향의 도리 가운데 가장 높은 곳에 있는 것을 동(棟) 또는 아(阿) 라고 했고, 그 밑에 있는 것을 미(楣), 그리고 미의 다음의 가장 낮은 곳에 있는 것을 기(庪) 라고 했다. 이 같은 건물을 송대에는 사연복(四椽栿) 이라고 했고, 청대에는 사보가(四步架) 라고 했으며, 오늘날에는 오가량(五架梁) 또는 오량가(五梁架) 라고 한다.
출처: <https://slidesplayer.org/slide/11047807>

慶源輔氏曰 謂此詩疑亦前篇婦人所作者는 蓋兩篇之首에 皆以君子為言하고 而又相聯屬이니, 此固不害於義나 然亦安知其非偶然而然也리오. 故又取或者之說하여 以為序說亦通宜更詳之라하니, 蓋欲仍舊也라.
慶源輔氏曰: '此詩疑亦前篇婦人所作'이라 謂한 것은 대개 兩篇의 首에다 모두 君子로서 言을 삼았고, 또 서로 聯屬해 있기 때문이니, 此는 固히 義에 害

됨은 아니나 그러나 또한 어찌 그 偶然히 然하게 됨이 아니라고 알 수 있겠는가(의도한 것이라고 알 수 있겠는가)? 故로 또 或者之說을 取하여 '序說亦通宜更詳之'라 하였으니, 대개 舊(序說)로 仍하고자 함인 것이다.

*참고:【毛詩 序】
《君子陽陽》, 閔周也。君子遭亂, 相招為祿仕, 全身遠害而已。
《君子陽陽》은 周나라를 근심(閔)한 것이다. 君子가 遭亂함에 相招하고서 祿을 위해 仕하여 身을 全하고 害를 遠했을 뿐인 것이다.

○孔氏曰 君子之人이 陽陽然히 左手執簧하고 右手招我從房中러니, 樂官之位에 時世衰亂에선 且相與樂此而已이라. 天子諸侯에 皆有房中之樂이라.
孔氏曰: 君子之人이 陽陽然히 左手執簧하며 右手招我에 從房中이러니, 樂官의 지위에 있어 時世의 衰亂인 상황에선 또한 서로 함께 此로 樂할 뿐인 것이다. 天子와 諸侯에게도 모두 房中之樂이 有하였던 것이다.

○新安胡氏曰 朱子初解云하길, 君子知道之不行하여 為貧而仕엔 所以辭尊居卑, 辭富居貧이니, 相招為祿仕엔 雖役于伶官之賤라도 而陽陽自得하길 若誠有樂乎此者니, 其所以全身遠害之計深矣라. 雖非聖賢出處之正라도 然比於不量其力貪利以沒身者면 豈不賢哉리오.
新安胡氏曰: 朱子께서 初解에서 云하시길, '君子가 道之不行임을 알아하여 貧을 위해 仕함엔 辭尊居卑하고 辭富居貧하는 바이다.'라 하니, 서로 불러 祿仕(苟得祿而已,不求道行)만을 위함에는 비록 악관(伶官)의 賤직에 복역이여도 陽陽히 自得하길 마치 誠으로 此에 樂함을 갖고 있음과 같게 하니, 그 자신을 온전케 하여 害를 遠케 하는 까닭의 計가 深인 것이다. 비록 聖賢의 出處之正은 아닐지라도, 그러나 그 力을 量하지 않고 貪利로 沒身케 하는 者에 비하면 어찌 賢하지 않겠는가?

06-03-02 ○君子陶陶하며, 左執翿하고 右招我由敖하나니, 其樂只且로다.
군자 매우 화평(陶陶)하게 왼손 일산(翿) 들고 오른손 나 부름에 무대 위 쫓나니, 다만 그와 화락일 뿐이로다.

나의 님은 흥에 겨워 화평하게 즐기시네
왼손은 깃털들고 오른손은 손짓으로 나를 불러 놀자하네
아! 즐겁고도 즐거운지고

賦也라. 陶陶는 和樂之貌라. 翿는 舞者의 所持羽旄之屬이라. 敖는 舞位也라.
賦체이다. '陶陶'는 和樂한 모습이다. '翿(깃일산도)'는 춤추는 자가 잡는 바의 羽旄의 등속이다. '敎'는 춤추는 위치이다.

君子陽陽은 二章으로, 章四句이라.
君子陽陽은 二章으로, 章마다 四句이다.

4.揚之水

06-04-01 揚之水여. 不流束薪이로다. 彼其之子여. 不與我戍申이로다. 懷哉懷哉로니 曷月에 予還歸哉리오.
완만히 흐르는 강물이여! 장작단조차 띄워 보낼 수 없음이로다. 저 그리운 사람이여! 내 신(申)땅 수(戍)자리로 함께 하지 못함이로다. 그리움만 품고 품나니 어느 달에나 내 귀가할 수 있을런가?

> 잔잔하게 흘러가는 저 강물은 땔나무 한 단도 못 보내네
> 저기 그리운 내 집사람 신땅의 수자리로 함께 못하네
> 그립고 그리워라 어느 달에 나 돌아갈까

興也라. 揚은 悠揚也니, 水의 緩流之貌라. 彼其之子는 戍人이 指其室家而言也라. 戍는 屯兵以守也라. 申은 姜姓之國으로 平王之母家也니, 在今鄧州,信陽軍之境이라(鄧州는 卽今鄧州屬南陽府이고, 信陽軍은 今改信陽縣屬汝寧府하니, 並隸河南이라). 懷는 思이고, 曷은 何也라. ○平王이 以申國近楚하여 數被侵伐인지라, 故遣畿內之民戍之하니 而戍者怨思하여 作此詩也라. 興取之不二字하니, 如小星之例이라.
興체이다. '揚'은 悠揚(유양:泰然自若한 모양)이니, 물이 완만히 흐르는 모양이다. '彼其之子'는 戍人이 그 室家를 가리켜서 말한 것이다. '戍'는 병사를 주둔시켜 국경을 지키게 함이다. '申'은 姜氏姓의 나라로 平王의 어머니 모국이니, 지금의 鄧州 信陽軍의 경계에 있다(鄧州는 卽 今엔 鄧州의 南陽府에 屬함이고, 信陽軍은 今엔 信陽縣을 改하여 汝寧府에 屬함이니, 河南에까지 아울러 이른다<隸>). '懷'는 그리움이요, '曷'은 언제의 何이다. ○平王은 申나라가 楚나라와 가까워 자주 侵伐을 당하였기 때문에, 고로 畿內의 백성을 보내어 그곳에서 수자리를 살게 하니, 수자리 나간 자가 원망하고 그리워하여 이 詩를 지은 것이다. 興으로 '不'의 두 글자를 취한 것이니, 마치 <小星>의 예와 같음이다.

*참고: 如小星之例
故因所見以起興이나 其於義無所取이고 特取在東在公兩字之相應耳이라.
고로 본 바로 인하여 興을 일으켰으나 그 뜻으로는 취한 바가 없고, 다만

'在東'과 '在公'의 두 글자가 相應함을 취하였을 뿐인 것이다.

慶源輔氏曰 彼其之子는 是成人指其室家而言이니, 則不與我戍申云者는 蓋言不得同其室家以往耳이고, 懷哉懷哉은 言其思念不一而足也며, 曷月予還歸哉는 言不知何日可以還歸以安其室家也라. 興取之不二字, 如小星之例의 此는 興體之中에 又別是一例이니, 不然則又似比體라.
慶源輔氏曰: '彼其之子'는 이렇게 成人이 그 室家를 指하여 言함이니, 則 '不與我戍申'이라 云者는 대개 그 室家와 함께 함으로 往할 수 없을 뿐임을 言한 것이고, '懷哉懷哉'는 그 思念이 한 번으로는 족하지 않음 言한 것이며, '曷月予還歸哉'는 何日이라야 可히 還歸하여 그 室家와 安할지에 알지 못함을 言함이다. '興取之不二字 如小星之例'의 此는 興體이고서 中에 別도로 이렇게 一例인 것이니(興而比), 不然이면 則 또한 比體와 흡사한 것이다.

○安成劉氏曰: 先儒는 多以爲水弱不流薪楚하여 喩平王微弱不能徵發諸侯이나, 蓋由誤認此詩之體이라. 此詩는 乃興之에 不取義者고, 特取之不二字相應耳인지라, 故集傳에도 特指其例以明之이라.
安成劉氏曰: 先儒들은 多로 水가 弱하여 薪楚조차 떠나보내(流)지 못함으로, 平王이 微弱하여 能히 諸侯들을 徵發할 수 없음을 비유한 것으로 여겼으나, 그러나 대개 此詩之體를 誤認함으로 말미암은 것이다. 此詩는 이내 그것으로 興之함에 義로 取하지 않은 것이고, 다만 '不'의 二字만을 取之하여 相應케 하였을 뿐이니(공컨대 앞의 不로 뒤의 不의 일을 흥하여 비유한 것이다), 故로 集傳에서도 다만 그 例(如小星之例)를 指하여 그것을 明之한 것이다.

06-04-02 ○揚之水여. 不流束楚로다. 彼其之子여. 不與我戍甫로다. 懷哉懷哉로니 曷月에 予還歸哉리오.
완만히 흐르는 강물이여! 가시나무단조차 띄워 보낼 수 없음이로다. 저 그리운 사람이여! 내 포(甫)땅 수(戍)자리로 함께 하지 못함이로다. 그리움만 품고 품나니 어느 달에나 내 귀가 할 수 있으리오?

잔잔하게 흘러가는 저 강물은 싸리단 조차 못 띄우네
저 그리운 내 집사람 포땅 수자리로 함께 못하네
그립고 그리워라 어느 달에 나 돌아갈까

興也라. 楚는 木也라. 甫는 卽呂也니, 亦姜姓이라. 書에 呂刑을 禮記에선 作甫刑하니, 而孔氏의 以爲呂侯後爲甫侯가 是也라. 當時에 蓋以申故로 而幷戍之라. 今未知其國之所在나, 計이면 亦不遠於申許也라.

興체이다. '楚'는 가시나무이다. '甫'는 즉 呂國이니, 또한 姜姓이다. 書經 <周書>편의 呂刑을 禮記에서는 甫刑이라 作하였으니, 孔氏(공안국)가 '呂侯가 이후에 甫侯가 되었다.'라 여김이 이것이다. 당시에 아마 申나라의 변고로, 아울러 그곳에서도 수자리를 산 것이다. 지금 그 나라의 소재엔 알 수 없으나, 헤아려보면 또한 申나라와 許나라에서 멀지 않은 듯하다.

孔氏曰 言甫與許者는 以其俱爲姜姓이라. 旣重章以變文은 因借甫許以言申이지 其實不成許甫也라. 六國時에 秦趙同爲嬴姓하고, 史記漢書에도 多謂秦爲趙하니, 亦此類也라.

孔氏曰: '甫'와 '許'로 言한 것은 그 함께 姜姓이 되었기 때문이다. 이윽고 거듭 章마다의 變文하여 이로 因해 甫,許를 借로 言하길 거듭한 것이지, 그 實로 許와 甫에서 成하지는 않은 것이다. 전국 六國時에 秦,趙가 同으로 嬴姓이 되고, 史記와 漢書에도 多로 秦을 謂하여 趙로 삼았으니, 또한 此類인 것이다.

*참고: 姓은 嬴姓, 氏는 趙氏.

漢族趙姓出自嬴姓, 嬴姓的出現是因為舜帝(姚姓, 後代以姚為姓) 賜姓給他的女婿伯益(顓頊帝孫) 為「嬴」, 並把自己的姚姓的女兒嫁給他。雖然使用嬴姓的祖先是伯益, 但趙姓的具體始祖是造父

한족(漢族)의 조성(趙姓)은 영성(嬴姓)에서 나왔고, 영성(嬴姓)의 출현은 이렇게 순(舜)임금(姚姓,後代以姚為姓)이 그의 여식 사위가 될 백일(顓頊帝孫)에게 성을 하사하여 嬴으로 삼게 한 것으로 기인하니, 아울러 자기의 요성(姚姓)인 女兒를 그에게 시집보냈다. 비록 그럴지만 영성의 사용 선조는 백일이지만, 다만 조성의 구체적 시조는 이렇게 조보(造父)인 것이다(주목왕 때 말을 잘 몲: 성은 영<嬴>, 씨는 조<趙>).

周孝王傳至周幽王時, 因幽王無道, 造父的7世孫趙叔帶離周仕晉, 從此趙氏子孫世代為晉大夫, 掌握晉國大權。到戰國初年, 趙氏聯合韓、魏二卿擊敗智氏, 瓜分智氏封地, 繼而趙敬侯趙襄子聯合魏武侯、韓哀侯三家分晉, 建立趙國。至他的孫子趙籍時, 正式獲得了周威烈王的承認, 與韓、魏兩家並列為諸侯。公元前222年, 趙國為秦國所滅, 趙國王室紛紛散落民間。因為造父是秦人和趙人的共同祖先, 而且自造父開始姓趙, 所以秦國公族也姓趙, 比如秦始皇嬴政又稱趙政。

周 孝王이 제위를 傳하여 周 幽王 時에 이르자, 유왕(幽王)의 무도로 인하여 조보의 7세손 趙叔에 이르러 주나라를 떠나 진(晉)에서 벼슬을 하여, 이를 쫓아 조씨 자손 세대가 진대부(晉大夫)를 지내고 진(晉)국의 대권을 장악하였다. 戰國初年에 到하여 趙氏가 韓과 魏의 二卿과 聯合하여 智氏를 擊敗시키고, 智氏의 封地를 瓜를 分하듯 분할하였다. 繼하여 趙敬侯(?:恐컨대 趙獻子의 오자)와 趙襄子(조간자 조앙의 아들)가 魏武侯와 韓哀侯와 聯合하여 三家가 分晉하

여 趙國을 建立하였다. 그의 孫子(?:恐컨대 子) 趙籍(趙烈侯:초대군주) 時에 至하여 정식으로 周威烈王의 承認을 獲得了하여, 韓과 魏의 兩家와 並으로 諸侯들과 반열에 들었다. 기원전(公元) 222년에 조국(趙國)이 진국(秦國)에 멸망되었다. 조나라 왕실은 뿔뿔이 흩어져 민간으로 전락하였다. 이로 인하여 조보(造父)가 이렇게 진(秦人)과 조인(趙人)의 공동 선조가 되었고, 또 조보로부터 趙로 성을 개시하였기에 진(秦)국의 공족도 또한 趙로 성을 삼았던 까닭이니, 예컨대 진시황 '영정嬴政'을 또 '조정趙政'이라 칭한 것이다.

06-04-03 ○揚之水여. 不流束蒲로다. 彼其之子여. 不與我戍許로다. 懷哉懷哉로니 曷月에 予還歸哉리오.
완만히 흐르는 강물이여! 버드나무단조차 띄워 보낼 수 없음이로다. 저 그리운 사람이여! 내 허(許)땅 수(戍)자리로 함께 하지 못함이로다. 그리움만 품고 품나니 어느 달에나 내 귀가 할 수 있으리오?

잔잔하게 흘러가는 저 강물은 갯버들 한단도 못 보내네
저 그리운 내 집사람 허땅 수자리로 함께 못하네
그립고 그리워라 어느 달에 나 돌아갈까

興也라. 蒲는 蒲柳니, 春秋傳云하길 董澤之蒲하고, 杜氏云하길 蒲는 楊柳로 可以爲箭者가 是也라.
興체이다. '蒲'는 蒲柳(갯버들)이니, 春秋傳에 '董澤之蒲' 라 云하였고, 杜氏(두예)가 이르기를: <蒲는 楊柳이니, 가히 화살을 만들 수 있다>라는 것이 이것이다.

孔氏曰 陸璣云하길, 蒲柳엔 有兩種하니, 皮正青者曰小楊하고, 其一種皮紅者曰大楊하니, 其葉皆長廣於柳葉이라. 皆可為箭幹이니, 故宣公十二年傳曰하길, 董澤之蒲 可勝既乎이라.
孔氏曰: 陸璣云하길, 蒲柳엔 兩種이 有하니, 皮가 正青者를 '小楊'이라 曰하고, 그 一種의 皮가 紅者를 '大楊'이라 曰하니, 그 葉은 모두 柳葉보다 長하고 廣하다. 모두 可히 箭幹(화살대)을 만들 수 있으니, 故로 宣公十二年傳에 曰하길 '董澤之蒲를 可勝既乎리오.' 라 하였다.
*참고: 董澤之蒲 可勝既乎
楚熊負羈囚知罃. 知莊子以其族反之. 廚武子御 下軍之士多從之. 每射抽矢敢 納諸廚子之房. 廚子怒曰 非子之求 而蒲之愛. 董澤之蒲 可勝既乎. 知季曰 不以人子 吾子其可得乎. 吾不可以苟射故也. 射連尹襄老獲之 遂載其尸. 射公子穀臣囚之 以二者還.

楚 熊負羈(楚大夫)가 지앵(知罃:知莊子之子)을 사로잡았거늘, 그 아비 知莊子가 그 族(家兵)으로서 反擊할 새에, 주무자(廚武子:魏錡)가 御者가 되고 下軍의 士들이 많이 그를 쫓았다. 매번 射할 적마다 矢를 뽑아둠(抽:擢)에 좋은 것(敢:好箭)은 廚子의 전통(箭房)에 들이거늘, 廚子가 怒하며 曰: <그대께서는 아들을 구하고자 함이 아니도다. 버들(蒲:楊柳)의 화살을 아낌이로다. 董澤(澤名)의 버들(蒲:可以爲箭)을 가히 이윽고 다 쓸 수 있겠는가?>라 하자, 知季曰: <人의 子가 아니라면 나의 子를 그 가히 얻을 수 있겠는가? 내가 가히 좋은 화살로 구차히 아무나 쓸 수 없기 때문이니라.>고 하고서, 連尹 襄老를 쏘아 포획하여 드디어 그 시신을 수레에 싣고 公子 穀(楚王子)을 쏘아 그를 사로잡아, 그 二者로서 還하였다.

○華谷嚴氏曰 毛는 以爲草하고, 鄭은 以爲蒲柳하나, 皆通이라. 蒲草는 見陳澤陂하고, 蒲柳는 見陳東門之楊이라.
華谷嚴氏曰: 毛씨는 草라 여기고, 鄭현은 蒲柳라 여기나, 모두 통인 것이다. '蒲草'는 陳澤의 陂에서 見(견)할 수 있고, '蒲柳'는 陳의 東門之楊에서 見할 수 있음이다.

許는 國名으로 亦姜姓이니, 今穎昌府 許昌縣이 是也라.
'許'는 나라 이름이고 또한 姜姓이니, 지금의 穎昌府 許昌縣이 이곳이다.

穎昌府許昌縣은 卽今河南,開封府,許州也라.
'穎昌府 許昌縣'은 卽 今의 河南 開封府 許州이다.

揚之水는 三章으로, 章六句이라.
揚之水는 三章으로, 章마다 六句이다.

申侯가 與犬戎과 攻宗周而弑幽王하니, 則申侯者는 王法에 必誅不赦之賊이고, 而平王與其臣庶엔 不共戴天之讐也라. 今平王은 知有母而不知有父하고, 知其立己爲有德而不知其弑父爲可怨하곤, 至使復讐討賊之師로 反爲報施酬恩之擧하니, 則其忘親逆理로 而得罪於天已甚矣라(安成劉氏曰 小弁詩曰하길, 何辜于天하고, 又曰하길 君子信讒하며, 又曰하길 君子不惠不舒究之하고, 又曰하길 舍彼有罪予之佗矣라하니, 皆爲怨父之詞이라. 吾意컨대, 平王이 所以但知母家之重而不知弑父之讐者는 皆自疇昔怨父一念之差로 所致也라. 究其忘親逆理之罪이면 吾는 於其傅에도 與有責焉이라). 又況先王之制엔 諸侯有故면 則方伯이 連帥以諸侯之師討之하고, 王室有故면 則方伯이 連帥以諸侯之師救之함에 天子鄕遂之民도 供

貢賦,衛王室而已이라. 今平王은 不能行其威令於天下하고 無以保其母家하며, 乃勞天子之民으로 遠爲諸侯戍守인지라, 故周人之戍申者가 又以非其職而怨思焉하니, 則其衰懦微弱하여 而得罪於民임을 又可見矣라.

申侯가 犬戎과 함께 宗周를 공격하여 幽王을 시해하였으니, 즉 申侯者는 王法에 반드시 죽여 사면할 수 없는 賊인 것이고, 平王과 그 많은 신하(臣庶)들에겐 함께 하늘을 이고 있을 수 없는 원수인 것이다. 지금의 平王은 어머니 있음만 알고 아버지 있음엔 알지 못하였고, 그 재위로 세움에 자기에게 德이 있음만 알고 그 아버지 시해가 가히 원수가 됨엔 알지 못하곤, 復讎해야 할 討賊의 군사로 하여금 도리어 시혜에 보답(報施)하고 은혜를 갚는(酬恩) 거병으로 하기에 이르렀으니, 즉 그 忘親의 逆理로 하늘에 죄 얻음이 너무 심한 것이다(安成劉氏曰: 小弁詩에 曰하길 '何辜于天'라 하고, 又曰하길 '君子信讒'이라 하며, 又曰하길 '君子不惠不舒究之'라 하며, 又曰하길 '舍彼有罪予之佗矣'라 하니, 모두 怨父之詞가 됨인 것이다. 吾意컨대, 平王이 다만 母家之重함만을 知하고 弑父之讐者에 不知인 所以는 모두 疇昔<이전,접때주:오래지 않은 과거의 어느 때>의 怨父에 대한 하나의 잘못된 생각(一念之差)으로부터 致하였던 바인 것이다. 그 忘親의 逆理에 대한 罪에 궁구일지면, 吾는 그 사부<傳>에게도 함께 그것에 責任이 있다 허여함이다). 또한 하물며 先王의 제도엔 諸侯에게 연고가 있거든 즉 方伯이 連帥(連은 10국을 의미하고, '連帥'는 10개 지방을 통솔하는 대장군)에게 諸侯의 군사로서 그들을 토벌하게 하고, 王室에 연고가 있음이면 즉 方伯이 連帥에게 제후의 군사로서 그것을 구원하게 함에 천자의 鄕과 遂의 백성도 貢賦를 바쳐 왕실을 호위할 뿐인 것이다. 지금 平王은 능히 그 위엄의 令을 천하에 행하지도 못하였고, 그 외가의 나라(母家)도 보호하지도 못하였으며, 이내 천자의 백성들만 수고롭게 신나라 제후를 위해 멀리 수자리를 살며 지키게 하였는지라, 고로 周나라 사람으로 申나라에서 수자리를 살던 자가 또한 그 직분 아닌 것으로 그것을 원망하고 그리워하였으니, 즉 그 衰懦하고 미약하여 백성에게 죄 얻음을 또한 가히 볼 수 있는 것이다.

程子曰 諸侯有患에 天子命保衛之함은 亦宜也나, 平王은 獨思其母家耳이지 非有王者保天下之心이니 人怨宜也라. 況天子가 當使方伯鄰國共保助之서야.
程子曰: 諸侯의 有患에 天子가 命하여 그들을 保衛之함이 또한 宜이나, 平王은 獨으로 그 母家만을 思했을 뿐이지 王者의 保天下의 心이 有함은 아니었으니, 人의 怨도 宜인 것이다. 하물며 天子가 方伯으로 하여금 鄰國과 함께 그들(母家)만을 保助之케 함에 當해서야!

○三山李氏曰 以公存心이면 則如采薇하고, 以私存心이면 則如揚之水라. 遣戍엔

則同이나, 而美刺엔 則異也라.
三山李氏曰: 公으로서 存心이면 則 <采薇>와 같음이고, 私로서 存心이면 則 <揚之水>와 같음이다. 遣戍에선 則 同이나, 美와 刺에 있어선 則 異인 것이다.

嗚呼라, 詩亡而後春秋作이 其不以此也哉리오.
嗚呼라! 시가 망(亡)한 이후에 <春秋>가 지어졌다 함이, 그 이것 때문이 아니겠는가?

慶源輔氏曰 忘親逆理로 以賊人之秉彝하고, 非法枉道로 以使人之勞役컨대, 此民之所以怨思也니, 欲其悉力致死로 以報其上難矣哉리오. 所謂 民至愚而神를 於此可見이니, 先王之所以畏而敬之也라. 此는 正平王之詩인지라, 故曰하길 詩亡然後春秋作,其不以此也哉라.
慶源輔氏曰: 忘親逆理로 人之秉彝를 賊하게 하였고, 非法의 枉道로서 人을 勞役케 하였건대, 此가 民이 怨思하게 된 所以이니, 그 있는 힘을 다하고 죽음을 던져서(致死)라도 그 上에 報答케 하고자 하여도 難이로다(哉:영탄)! 所謂 '民은 보기에는 至愚라도 지닌 생각은 神靈스럽다(唐代名臣,陸贄).'를 可見이니, 先王께서 畏而敬之한 所以인 것이다. 此는 正히 平王之詩인지라, 故로 曰하길 '詩亡然後春秋作 其不以此也哉'라 한 것이다.

○南軒張氏曰 胡文定公云하길, 按邶鄘而下컨대 多春秋時詩여도 而謂詩亡然後春秋作라하니, 何也오. 自黍離降為國風에 天下無復有雅하고, 而王者之詩亡에 春秋作이라. 於隱公도 適當雅亡之後이고, 夫黍離所以為國風者도 平王自為之也라. 平王忘國함에 於是王者之迹熄而詩亡이고, 天下貿貿焉으로 日趨於夷狄禽獸之歸인지라 故孔子懼而作春秋이라.
南軒張氏曰: 胡文定公(宋의 湖安國. 자는 康侯. 호는 武夷先生. 시호는 文定)云하길, 邶,鄘의 而下를 按컨대 多로 春秋時의 詩인데도 '詩亡然後春秋作'이라 謂함은 무엇인가? 黍離로부터 降되어 國風이 됨에 天下엔 다시 雅로 有함이 없었고, 王者之詩가 亡임에 春秋가 作이었던 것이다. (춘추의 시작인) 隱公에 있어서도 마침 雅亡之後에 當함이고, 저 黍離가 國風이 되는 所以인 것도 平王이 스스로 그것을 為之하였던 것이다. 平王이 國의 원수를 忘함에 於是에 王者之迹도 熄하여 詩가 亡하였던 것이고, 天下가 그것에 貿貿(눈이 흐릿함)하곤 날로 夷狄과 禽獸의 歸로 趨인지라 故로 孔子께서 懼하여 春秋를 作하신 것이다.

○安成劉氏曰 以上兩節觀之면, 則王迹所以熄과 雅所以亡과 而春秋所以作者는,

皆平王忘親逆理하며 而衰懦微弱之所致也歟인져.
安成劉氏曰: 以上의 兩節로서 그것을 觀之이면, 則 王迹이 熄하게 된 所以와 雅가 亡하게 된 所以와 春秋가 作하게 된 所以인 것들이, 모두 平王의 忘親逆理하며 衰懦微弱으로 致했던 바일진져!

5. 中谷有蓷

06-05-01 中谷有蓷하니 嘆其乾矣로다. 有女仳離이라 嘅其嘆矣호라. 嘅其嘆矣호니 遇人之艱難矣로다.
계곡 속 익모초(蓷) 있나니 그 가는(乾) 줄기 시듦이로다. 여인 기근에 실가(室家)와 이별인지라 아~ 그 탄식만 토해내노라. 아~ 그 탄식일 뿐이로니 사람의 크나큰 곤궁을 만남이로다.

골짜기의 익모초 그 줄기 시들었네
집 떠나온 한 여인이 탄식하며 한숨쉬네
탄식소리 들어보니 당한 곤궁 많았구나

興也라. 蓷는 鵻也니, 葉은 似萑하고, 方莖에 白華하며, 華生節間이니, 卽今益母草也라(本草曰 茺蔚은 一名益母로, 節節生花하길 如雞冠하고, 其子三稜이라. ○華谷嚴氏曰 據本草면 茺蔚은 正生海濱,池澤하니, 其性宜濕이라). 嘆은 燥이고, 仳는 別也라. 嘅는 嘆聲이고, 艱難은 窮厄也라. ○凶年饑饉에 室家相棄하니, 婦人이 覽物起興하여 而自述其悲嘆之詞也라.
興체이다. '蓷(퇴)'는 익모초(鵻:작은비들기,익모초추)이니, 잎이 萑(물억새환)과 같고 각진 줄기에 흰 꽃이 피며, 꽃은 마디 사이에서 나오니, 즉 지금의 익모초이다(本草曰: 층울<茺蔚>은 一名 益母이니, 節節마다 生花하여 마치 雞冠과 같고, 그 씨앗<子>엔 세 개의 모서리<三稜>가 있다. ○華谷嚴氏曰: 本草에 據이면 茺蔚은 正히 海濱이나 池澤에서 生하니, 그 性이 宜당 濕이다). '嘆(마를한)'은 마를 燥이고, '仳(떠날비)'는 이별함이다. '嘅(탄식할개)'는 歎息하는 소리이고, '艱難'은 窮厄이다. ○凶年의 饑饉에 室家가 서로를 돌보지 않으니(相棄), 婦人이 物을 감상(覽)하다 興을 일으켜 스스로 그 悲歎의 가사로 기술한 것이다.

06-05-02 ○中谷有蓷하니 嘆其脩矣로다. 有女仳離이라 條其歗矣호라. 條其歗矣호니 遇人之不淑矣로다.
계곡 속 익모초(蓷) 있나니 그 다 자란 줄기 시듦이로다. 여인 기근에 실가(室家)와 이별인지라 처량히 그 휘파람만 토해내노라. 처량한 그 휘파람만 불어 대나니 사람의 크나큰 불길(不吉)을 만남이로다.

골짜기의 익모초 그 줄기 시들었네
집 떠나온 한 여인이 긴 한숨 몰아쉬네
긴 한숨 몰아쉬니 당한 불행 많았구나

興也라. 脩는 長也라(永嘉陳氏曰 長茂者도 亦爲所暵이라). 或曰乾也라하니, 如脯之謂脩也라. 條는 條然歗貌이라. 嘯는 蹙口出聲也니, 悲恨之深하여 不止於嘆矣라. 淑은 善也니, 古者엔 謂死喪饑饉하여 皆曰不淑이라(董氏曰 古人傷死者之詞에 曰如何不淑이라). 蓋以吉慶爲善事하고 凶禍爲不善事하니, 雖今人語도 猶然也라. ○曾氏曰 凶年而遽相棄背라하니, 蓋衰薄之甚者인지라 而詩人乃曰하길 遇斯人之艱難,遇斯人之不淑라하고 而無怨懟過甚之詞焉하니, 厚之至也라.

興체이다. '脩'는 길 長이다(永嘉陳氏曰: 長茂者도 또한 暵하는 바가 됨인 것이다). 或이 曰하길 '건조(乾)'라 하니, 마치 脯를 일러 脩라 함과 같음이다. '條'는 사무침으로 길게(條然) 휘파람 부는 모양이다. 휘파람(歗:소)은 입을 오므려서 소리를 냄이니, 悲恨이 깊어 탄식에만 그침이 아닌 것이다. '淑'은 善함이니, 옛적엔 死喪과 饑饉을 일러 모두 '不淑'이라 曰하였건대(董氏曰: 古人이 傷을 당하고 死를 당한 者의 詞엔 '如何로 不淑함을 만날 수 있는 것인가?'라 曰하였다), 대개 吉慶을 善事로 삼고 凶禍를 不善事로 삼으니, 비록 요즘 사람의 말에도 오히려 그러하다. ○曾氏曰: <흉년이 들어 갑자기 서로를 돌보지 못하여 버리고 등짐이다.>라 하니, 대개 衰落하고 薄節함이 심한 것인지라, 시인도 이내 말하길 '이 사람이 艱難함을 만남이로다. 이 사람이 不淑을 만남이로다.'라고만 하고, 그것에 怨懟(원망할대)하길 지나치고 심한 가사로 함이 없으니, 두터움의 지극한 것이다.

06-05-03 ○中谷有蓷하니 暵其濕矣로다. 有女仳離이라 啜其泣矣호라. 啜其泣矣호니 何嗟及矣리오.
계곡 속 익모초(蓷) 있나니 그 물가 줄기 시듦이로다. 여인 기근에 실가(室家)와 이별인지라 훌쩍훌쩍 그 울음만 토해내노라. 훌쩍훌쩍 그 울음일 뿐이로니 차탄에 이른들 어찌할 수 있으리오?

골짜기의 익모초 그 줄기 시들었네
집 떠나온 한 여인이 훌쩍훌쩍 울고있네
흐느끼며 울어봐도 한숨 소리 어쩔 수 없네

興也라. 暵濕者는 旱甚에 則草之生於濕者도 亦不免也라(孔氏曰 先言乾,次言脩,

後言濕에 見凶年之淺深也라. ○須溪劉氏曰 乾者已暵하고, 脩者又暵하며, 濕者亦暵이니, 其爲旱勢可勝言哉리오. 旱愈甚에 則佽離之愁歎도 愈甚矣라). 啜은 泣貌라. 何嗟及矣는 言事已至此하니, 末如之何니, 窮之甚也라.
興체이다. '暵濕'이라는 것은 가뭄이 심함에 즉 습지에 나는 풀도 또한 면할 수 없는 것이다(孔氏曰: 先言으로 乾하고, 次言으로 脩하며, 後言으로 濕하니, 凶年之淺深에 대해 見할 수 있음이다. ○須溪劉氏曰: 乾者는 이미 暵인 것이고, 脩者는 거기에다 또 暵인 것이며, 濕者는 거기에다 또 暵인 것이니, 그 旱의 勢됨에 可히 勝言할 수 있겠는가? 旱이 愈로 甚일수록, 則 佽離의 愁歎도 더욱 甚인 것이다). '啜(훌쩍훌쩍울철)'은 우는 모양이다. '何嗟及矣'는 '일이 이미 이 지경에까지 이르렀으니, 끝내 그것에 어찌 할 수 있겠는가?'라 말함이니, 窮박함이 심한 것이다.

眉山蘇氏曰 嘆之者에 知其不得已也고, 歗者怨之深也며, 泣則窮之甚也라.
眉山蘇氏曰: 嘆之者에 그 不得已함을 알 수 있고, 歗(소)者는 怨之深이며, 泣은 則窮之甚인 것이다.

○慶源輔氏曰 歎은 則悲嘆而已이니, 歗엔 則悲而恨焉이고, 泣엔 則悲而至於傷矣라. 方其嘆,且恨之時엔 而曰遇人之艱難,遇人之不淑라하여 而無怨懟過甚之詞하니, 固見其厚矣라. 及其至于傷而泣也에도 則亦曰何嗟及矣而已이니, 殆有知其不可奈何而安於命之意로, 此尤見其厚거늘 也豈非先王之澤哉리오.
慶源輔氏曰: 歎식함은 則 悲嘆일 뿐이니, 歗에는 則 悲하며 그것에 恨인 것이며, 泣에는 則 悲함이 傷에까지 至인 것이다. 바야흐로 그 嘆하고 恨하는 때에는 '遇人之艱難' '遇人之不淑'이라고만 曰하여 怨懟에 대해 過甚之詞가 없음이니, 固히 그 厚함에 見할 수 있는 것이다. 그 傷에 이르러 泣함에 미쳐서도 則 또한 '何嗟及矣'라고만 曰하였을 뿐이니, 자못 그 可히 이내 어찌 할 수 없음에 知하여 命에 安하려는 意가 有인 것으로, 此에서 더욱 그 厚함을 見할 수 있거늘, 또한 어찌 先王之澤이 아니겠는가?

中谷有蓷는 三章으로, 章六句이라.
中谷有蓷는 三章으로, 章마다 六句이다.

范氏曰 世治에 則室家相保者는 上之所養也고, 世亂에 則室家相棄者는 上之所殘也라. 其使之也勤하고 其取之也厚면, 則夫婦日以衰薄하여 而凶年엔 不免於離散矣라. 伊尹曰 匹夫匹婦마다 不獲自盡이면, 民主는 罔與成厥功이라. 故讀詩者는 於一物失所에 而知王政之惡하고, 一女見棄면 而知人民之困이라. 周之政荒하여 民散이니, 而將無以爲國을 於此亦可見矣라.

范氏曰:<세상이 다스려져 즉 室家가 서로 보전되는 것은 윗사람이 길러주는 바이기 때문이고, 세상이 어지러움에 즉 室家가 서로 돌보지 못하는 것은 윗사람이 殘惡한 바이기 때문이다. 그 그들을 부리길 부지런히 하고 그 그들에게 취하길 두텁게만 할지면, 즉 夫婦조차 날로 衰락하고 薄절해져 凶年에선 離散을 면치 못하는 것이다.>라 하였고, 伊尹曰: <匹夫匹婦마다 自盡함을 얻을 수 없게 하면, 백성의 주인은 그 功으로 함께 이를 수 없다.>라 하였으니, 고로 詩를 읽는 자는 하나의 사물이라도 마땅한 바를 잃음에 王政이 惡했음을 알아야 하고, 한 아녀자라도 돌보지 않음일지면 人民이 곤궁임을 알아야 한다. 周나라의 정령이 황폐하여 백성들이 흩어졌으니, 장차 나라를 치세로 다스려 나감이 없음을 여기에서도 또한 가히 볼 수 있는 것이다.

慶源輔氏曰 范氏之說은 其得讀詩之旨니 使讀詩者能如此면 則詩之爲敎於人이 大矣라.
慶源輔氏曰: 范氏之說은 그 讀詩之旨를 得함이니, 가령 讀詩者가 能히 如此일 수 있으면 則 詩가 人에 있어 敎됨이 大인 것이다.

○疊山謝氏曰 凶年飢歲엔 上而王朝엔 有司徒荒政十二하여 以聚民하고, 下而有司는 能以時告其上하여 發倉廩,開府庫하고 懋遷化居에 以賑民이면, 必無夫婦衰薄,室家相棄之事라. 此詩三章에서 始暵其乾,中暵其脩,終暵其濕하니 言物之暵이 一節急一節이라. 始嘅其歎,中條其歗,終啜其泣은 民之怨恨者가 一節深一節이라. 始曰遇人之艱難은 憐其窮苦也고, 中曰遇人之不淑은 憐其遭凶禍也며, 終曰何嗟及矣는 夫婦旣已離別雖怨嗟亦無及也라. 又曰夫婦는 人之大倫也고, 飢饉而相棄는 人道之大變也라. 婦에 無一語怨其夫하고 而有哀矜惻怛之意焉하며, 知其無可奈何而安之若命하니, 此義婦로 也與忠臣孝子同道라. 人不幸而處三綱之變코도 以此存心이니, 則綽綽然有餘裕矣라.
疊山謝氏曰: 凶年의 飢歲에는 上으로 王朝에선 司徒의 荒政十二를 有하여 聚民하여야 하고, 下로 有司는 能히 그 上에게 時에 맞게 告하여 倉廩을 發하고 府庫를 開하게 하며, 없는 곳에 있는 것을 옮기길 힘쓰고 쌓여 있는 재화를 교역의 변화로 民을 구휼(賑)할지면, 반드시 夫婦의 衰薄과 室家의 相棄하는 事들이 無일 것이다. 此詩의 三章에서 始엔 暵其乾하고 中엔 暵其脩하며 終엔 暵其濕이라 하니, 物之暵이 一節이 一節보다 急임을 言한 것이다. 始에 嘅其歎하고 中에 條其歗하며 終에 啜其泣하였으니, 民之怨恨者가 一節이 一節보다 深인 것이다. 始에 遇人之艱難으로 曰함은 그 窮苦를 憐인 것이고, 中에 遇人之不淑으로 曰함은 그 遭凶禍에 憐인 것이며, 終에 何嗟及矣로 曰함은 夫婦가 이윽고 이미 離別함에 비록 怨嗟라도 또한 及할 수 없다는 것이다. 又曰: 夫婦는 人之大倫이고, 飢饉而相棄는 人道之大變인 것이다. 婦에 一語이라도 그 夫

에 대한 怨함이 無하고 그것에 哀矜의 惻怛之意만이 有하며, 그 可히 이내 어찌 할 수 있음이 없음을 알아서 그것에 安之하길 命과 같이 하니, 此는 義婦로 또한 忠臣孝子와 더불어 同道인 것이다. 人이 不幸히 三綱之變에 處하고도 此로서 存心하니, 則 綽綽然(여유롭고 넉넉할 작)히 餘裕가 有인 것이다.
*참고: 懋遷有無化居(書·益稷)
懋, 勉其民, 徙有於無, 交易變化, 其所居積之貨也。又移物曰遷。

6. 兎爰
06-06-01 有兎爰爰어늘 雉離于羅로다. 我生之初에 尙無爲러니, 我生之後에 逢此百罹호니, 尙寐無吪엇다.
토끼는 여유롭게 빠져나가거늘 꿩만이 평지 그물(羅) 걸림이로다. 내 생애 초년 오히려 인위(人爲) 없이도 태평이러니, 내 생애 말년 이런 온갖 근심(罹) 걸리나니, 거의 잠들다 움직임 없이 죽으리로다.

　　　　토끼는 뛰어가고 꿩만 그물에 걸렸구나
　　　　나 태어난 어릴 때는 아무 일도 없었는데
　　　　다 자란 말년에는 온갖 우환 겪고 있네
　　　　차라리 잠이 들어 꼼짝않고 죽었으면

比也라. 兎性은 陰狡이라. 爰爰은 緩意라. 雉性은 耿介이라. 離는 麗이고 羅는 網이며, 尙은 猶이고 罹는 憂也라. 尙은 庶幾也라(安成劉氏曰 二尙字는 義不同이라). 吪는 動也라. ○周室衰微에 諸侯背叛하니, 君子不樂其生하여 而作此詩이라. 言張羅本以取兎커늘 今兎狡得脫하고, 而雉以耿介하여 反離于羅함으로, 以比小人致亂여도 而以巧計幸免하고 君子無辜여도 而以忠直受禍也라(東萊呂氏曰 此는 因所見으로 爲比也라. 兎之大로 以比諸侯하고, 雉之小로 以自比也라. 言諸侯之背叛者는 恣睢로 自如커늘, 而周人만이 反受其禍也라). 爲此詩者는 蓋猶及見西周之盛인지라, 故曰하길 方我生之初엔 天下尙無事라가 及我生之後엔 而逢時之多難如此이라. 然旣無如之何일진대 則但庶幾寐而不動以死耳이라. 或曰하길, 興也니, 以兎爰으로 興無爲하고, 以雉離로 興百罹也라(須溪劉氏曰 有兎爰爰의 舒緩而無虞者는 比我生之初의 承平之人也고, 雉離于羅의 求死不得은 比我生之後의 百憂之人也나, 安得一寐而死不復見하여 此之爲快哉리오). 下章妨此이라.
比체이다. 토끼의 성(性)은 음험하고 교활하다. '爰爰'은 완만한 뜻이다. 꿩의 성(性)은 바르고 강직(耿介)하다. '離'는 걸림이요, '羅'는 그물이요, '尙'은 오히려 猶이고, 罹(걸릴리)는 근심(憂)함이다. '尙'은 庶幾이다(安

成劉氏曰: 二의 尙字는 義가 不同이다). '吪(음직일와)'는 음직임이다. ○周室이 衰微함에 諸侯가 배반하니, 군자가 그 生을 즐거워하지 않아 이 詩를 지은 것이다. 그물을 벌려놓음은 본래 토끼를 취하려 함이거늘, 지금 토끼는 교활하여 벗어남을 득하고 꿩만이 충직하고 강직(耿介)하여 도리어 그물에 걸리고 말았음을 말하여, 소인은 어지러움을 야기해도 교묘하게 요행히 면할 것을 도모하나 君子는 無辜한데도 忠直으로 화를 받음에 比한 것이다(東萊呂氏曰: 此는 見한 바로 因하여 比로 삼은 것이다. 兔之大로서 諸侯를 比하고, 雉之小로서 自를 比한 것이다. 諸侯之背叛者는 자만으로 방종<恣睢:눈부릅들휴>하길 자유자재<自如>이나, 周人만은 도리어 그 禍를 受함으로 言한 것이다). 이 詩를 지은 자는 대개 오히려 西周의 盛大한 때를 봄으로 미쳤기 때문에, 고로 '바야흐로 내가 태어난 초기에는 천하에 오히려 무사하였는데, 내가 태어난 후로부터 미쳐서는 시대의 多難함을 만나길 이와 같았다. 그러나 이윽고 그것에 어찌 할 수 없을진대, 즉 다만 바라건대 잠들다 음직이지 않고 죽을 뿐이로다.' 라 曰한 것이다. 혹자왈: <興체이니, 兔爰으로 無爲를 興함이고, 雉離로 百罹를 興함인 것이다.>라 하였으니(湏溪劉氏曰: 有兔爰爰의 舒緩而無虞者는 我生之初의 承平之人(나라가 태평할 때)에 比한 것이고, 雉離于羅의 求死不得은 我生之後의 百憂之人에 比한 것이니, 어찌 한 번 잠들<寐>다 死하여 다시는 見하지 않음을 得하여 此로 快함을 삼았겠는가?), 下章도 이와 같음이다.

06-06-02 ○有兔爰爰어늘 雉離于罦로다. 我生之初에 尙無造러니, 我生之後에 逢此百憂호니, 尙寐無覺이엇다.
토끼 여유로이 빠져나가거늘 꿩만이 덮치기 그물(罦:罬) 걸림이로다. 내 생애 초년 오히려 비롯됨 없이(無造)도 태평이러니, 내 생애 말년 이런 온갖 우환(憂) 만나노니, 거의 잠들다 깨남 없이 죽으리로다.

> 토끼는 뛰어가고 꿩만 그물에 걸렸구나
> 나 태어난 어릴 때는 아무 일도 없었는데
> 다 자란 말년에는 온갖 우환 겪고 있네
> 차라리 잠이 들어 깨어나지 말았으면

比也라. 罦는 覆車也니, 可以掩兔이라(孔氏曰 釋器云하길, 繴을 謂之하여 罿,罬也라. 罬을 謂之罦하니, 覆車也라. 郭璞云하길, 今之翻車也니, 有兩轅中에 施罥하여 以捕鳥이라<繴音壁,罬音拙,罥音絹이라>). 造도 亦爲也라. 覺은 寤也라.
比체이다. '罦(그물부)'는 覆車(새 잡는 工具)이니, 가히 토끼를 덮칠 수 있는 것이다(孔氏曰: 釋器云하길, 繴<덮치기 그물 벽>을 謂之하여 罿<새그물 총>과 罬<새그물 철>이라 한다. 罬을 謂之하여 罦라 하니, 覆車이다. 郭璞云하길, 今의 翻車<날번>이니, 兩轅의 中에다 罥<얽을견>를 施함을 有하여 鳥를 捕인 것이다<罼은 音壁이고, 罬은 音拙이며, 罥은 音絹이다>). '造'도 또한 인위(爲)이다. '覺(깰교)'은 깨어남이다.

06-06-03 ○有兎爰爰이어늘 雉離于罿이로다. 我生之初에 尙無庸이러니, 我生之後에 逢此百凶호니, 尙寐無聰이엇다.
토끼 자유롭게 빠져나가거늘 꿩만이 수레 그물(罿) 걸림이로다. 내 생애 초년 오히려 애씀(庸) 없이도 태평이러니, 내 생애 말년 이런 온갖 흉사(凶) 만나노니, 거의 잠들다 들림 없이 죽으리로다.

  토끼는 뛰어가고 꿩만 그물에 걸렸구나
  나 태어난 어릴 때는 고달픔도 없었는데
  다 자란 말년에는 온갖 흉사 겪고 있네
  차라리 잠이 들어 아무 것도 못 들었으면

比也라. 罿은 罬也니, 卽罜也라. 或曰施羅於車上也라. 庸은 用이고, 聰은 聞也니, 無所聞則亦死耳이라.
비체이다. '罿'도 새그물(罬)이니, 즉 새그물 罜(부)이다. 혹자왈: <그물을 수레 위에다 펼치는 것이다.>라 하였다. '庸'은 씀이고, '聰'은 들림이니, 들리는 바 없음이면 즉 또한 이미 죽었을 뿐인 것이다.

兎爰은 三章으로, 章七句이라.
兎爰은 三章으로, 章마다 七句이다.

7. 葛藟

06-07-01 綿綿葛藟여. 在河之滸로다. 終遠兄弟이라 謂他人父호라. 謂他人父나 亦莫我顧로다.
면면(綿綿)히 뻗어 나간 칡넝쿨이여! 하수 벼랑 위(滸)에 있음이로다. 끝내 부모형제 떨어진지라 타인 일러 아버지라 하노라. 타인 일러 아버지라 할지나 또한 나 돌아봐주지도 않음이로다.

  얼기설기 얽혀있는 저 칡넝쿨 하수 가 언덕 위에 뻗어있구나
  마침내 형제들과 멀어지더니 남의 부친 내 부모라 섬겨왔었네
  남을 일러 아버지라 불러봤지만 역시 나를 돌봐주진 아니했다네

興也라. 緜緜은 長而不絶之貌라. 岸上曰滸라. ○世衰民散인지라 有去其鄕里家族하여 而流離失所者가 作此詩以自歎이라. 言緜緜葛藟는 則在河之滸矣고, 今乃終遠兄弟하여 而謂他人爲己父이라. 己雖謂彼爲父여도 而彼亦不我顧하니, 則其窮也甚矣라.

興체이다. '緜緜'은 길게 이어져 끊기지 않은 모양이다. 岸上(벼랑위)을 '滸(물가호)'라 曰한다. ○세상이 衰퇴해 백성들이 흩어져 떠남인지라, 그 鄕里의 家族들을 떠나 유리하며 살 바 잃은 자가 있어, 이 詩를 지어 스스로를 歎한 것이다. 면면히 뻗은 칡넝쿨은 즉 河水의 벼랑 위에 있거늘, 지금은 이내 끝내 형제와 멀리 떨어져 타인을 일러 자기의 아버지라 함이로다. 자기가 비록 저 사람을 아버지라 이르지만 저 사람은 또한 나를 돌봐주지도 않으니, 즉 그 窮핍함이 또한 甚함을 말한 것이다.

06-07-02 ○緜緜葛藟여. 在河之涘로다. 終遠兄弟이라 謂他人母호라. 謂他人母나 亦莫我有로다.

면면(綿綿)히 뻗어 나간 칡넝쿨이여! 하수 물가(涘) 옆에 있음이로다. 끝내 부모형제 떨어진지라 타인 일러 어머니라 하노라. 타인 일러 어머니라 할지나 또한 나 마음에 두지도 않음이로다.

　　　　치렁치렁 얽혀있는 저 칡넝쿨 하수의 물가에 뻗어 있구나
　　　　마침내 형제들과 멀어지더니 남의 모친 내 부모라 섬겨왔었네
　　　　남을 일러 어머니라 불러봤지만 역시 나를 돌봐주진 아니했다네

興也라. 水涯曰涘라. 謂他人父者면 其妻엔 則母也라. 有는 識(廬陵羅氏曰 識音志니, 記而不忘也라)有也니, 春秋傳曰하길 不有寡君이라(華谷嚴氏曰 莫我有는 言視之若無也라).

興체이다. 물가(水涯)를 '涘(물가사)'라 曰말한다. 他人을 아버지라 부르는 자이면, 그 처에 있어서는 즉 어머니인 것이다. '有'는 有함으로 기억(識)함이니(廬陵羅氏曰: 識의 音은 志이니, 記憶하여 忘하지 않음이다), 春秋傳에 曰하길 '寡君에게 뜻을 두어 잊지 않음(有)으로 아니할지면…'라 하였다(華谷嚴氏曰: '莫我有'는 그 視之하길 無하듯이 함을 言함이다).

*참고: 春秋傳曰不有寡君(昭公三年)
宣子使叔向對曰 君若辱有寡君 在楚何害 脩宋盟也. 君苟思盟 寡君乃知免於戾矣. 君若不有寡君 雖朝夕辱於敝邑 寡君猜焉. 君實有心 何辱命焉 君其往也. 苟有寡君 在楚猶在晉也.

宣子가 叔向으로 하여금 對하게 하며 曰: <君께서 만일 辱되게 마음을 寡君에

들지면, 楚에 在한다한들 어찌 害가 되리오? 宋盟을 脩함에 있어, 君께서 진실로 思盟에 뜻을 들지면 寡君께서는 이내 君이 戾에서 免함을 知할 것이나, 君께서 만일 寡君에게 뜻을 두어 잊지 않음으로 아니할지면 비록 朝夕으로 敝邑에 辱되게 하실지라도 寡君께서는 그것에 의심(猜)하리니, 君께서 實로 心이 계시다면 어찌 그것이 辱命케 할 수 있으리오? 君께서 그 往하심에 진실로 寡君에게 뜻을 두신다면, 楚에 在하실지라도 오히려 晉에 在함과 같나이다.>라 하였다.

06-07-03 ○綿綿葛藟여. 在河之漘이로다. 終遠兄弟이라 謂他人昆호라. 謂他人昆이나 亦莫我聞이로다.
면면(綿綿)히 뻗어 나간 칡넝쿨이여! 하수 절벽(漘) 위에 있음이로다. 끝내 부모형제 떨어진지라 타인 일러 형님이라 하노라. 타인 일러 형님이라 할지나 또한 내 말 들어주지도 않음이로다.

　　치렁치렁 얽혀있는 저 칡넝쿨 하수가 절벽 위에 뻗어 있구나
　　마침내 형제들과 멀어지더니 남의 형님 내 동기라 섬겨왔었네
　　남을 일러 형님이라 불러왔지만 나의 말은 들어주지 아니했다네

興也라. 夷上洒下曰漘이라. 漘之爲言은 脣也라(爾雅注曰 涯上平坦而下水深爲漘이니, 不發聲이라. ○東陽許氏曰: 岸上面平夷而其下爲水洗蕩이 齧入若脣也라).
昆은 兄也라. 聞은 相聞也라.
興체이다. 평평한 위에다 아래가 물에 깎여진 것을 '순(漘)'이라 曰하는데, '漘'이라 말을 삼음은 입술 모습이기 때문이다(爾雅注曰: 涯의 上은 平坦하지만 下론 水에 深해짐이 漘이 되니, 聲으로 發할 수 없음이다<禮部韻略:송나라 丁度가 지은 韻書>. ○東陽許氏曰: 岸<안>의 上面은 平夷하고 그 下는 水에 깎임<洗蕩>이 되니, 齧하여 물고 들어감이 마치 脣과 같기 때문이다).
'昆'은 兄이다. '聞'은 서로 이야기를 들어줌이다.

葛藟는 三章으로, 章六句이라.
葛藟는 三章으로, 章마다 六句이다.

8. 采葛

06-08-01 彼采葛兮여. 一日不見이 如三月兮로다.
저곳으로 칡넝쿨 뜯으러 나섬이여! 하루 보지 못함이 석 달 같음이로다.

　　　　　저기 칡을 캐러 가네
　　　　하루라도 그대를 보지 못하면
　　　　석 달을 못 본듯 그립답니다

賦也라. 采葛은 所以爲締絡이나, 蓋淫奔者가 託以行也라. 故因以指其人而言하길, 思念之深하여 未久而似久也라.
賦체이다. '采葛'은 締絡(성근갈포치,고운갈포격)을 만들 수 있는 까닭이나, 대개 淫奔者가 행차에 의탁한 것이다. 고로 이로 인해 그 사람(보고픈 님)을 가리켜 말하기를 '思念이 깊은지라, 아직 오래되지 않았어도 흡사 오래인 듯 하다.'라 한 것이다.

06-08-02 ○彼采蕭兮여. 一日不見이 如三秋兮로다.
저곳으로 대쑥(蕭) 뜨으러 나섬이여! 하루 보지 못함이 여삼추(如三秋)로다.

　　　　　저기 대쑥 뜨으러 가세
　　　　하루라도 그대를 볼 수 없다면
　　　　세 계절을 못 본 듯 길기만 하네

賦也라. 蕭는 荻也니, 白葉莖麤하며 科生有香氣하여, 祭則焫以報氣인지라, 故采之라(孔氏曰 蕭荻은 今人謂之荻蒿하니, 可作燭에 有香氣인지라 故祭祀에 以脂爇之也라). 曰三秋은 則不止三月矣라.
賦체이다. '蕭(맑은대쑥소)'는 개사철쑥(荻:적)이니, 잎은 희고 줄기는 거칠며 응덩이(科)에서 자라 향기가 있어, 제사에 즉 불살(焫:설)라 魂氣에 보답인지라, 고로 그것을 캐는 것이다(孔氏曰: '蕭荻'은 今人들이 謂之하여 荻蒿라 하니, 可히 燭으로 作함에 香氣가 有인지라, 故로 祭祀에 脂로서 그것을 爇之<불사를설>한다). '三秋(최소 2년은 넘음)'라 曰함은 즉 석달로만 그치지 않음인 것이다.

06-08-03 ○彼采艾兮여. 一日不見이 如三歲兮로다.
저곳으로 약쑥(艾) 뜨으러 나섬이여! 하루를 보지 못함이 3년 같음이로다.

　　　　　저기 약쑥 뜨으러 가네
　　　　하루라도 그대를 보지 못하면
　　　　3년이나 못 본 듯이 그립습니다

385

賦也라. 艾는 蒿屬으로(爾雅曰 一名氷臺나, 注今艾蒿也라), 乾之可灸인지라 故 采之라(東萊呂氏曰 葛爲絺綌하고, 蕭共祭祀하며, 艾療疾이나, 特訓釋三物見采 之由이지 不於此取義也라). 曰三歲는 則不止三秋矣라.
賦체이다. '艾'는 쑥(蒿)의 등속으로(爾雅曰: 一名 빙대<氷臺>이나, 今의 艾 蒿로 注를 단 것이다), 그것을 말려서 가히 뜸(灸:구)을 뜰 수 있기 때문에, 고 로 그것을 캐는 것이다(東萊呂氏曰: 葛은 絺綌을 만들고, 蕭는 祭祀에 共하며, 艾는 疾에 療일 수 있으나, 다만 집전에서 三物에 대해 訓釋을 단 것은 채집 으로 말미암게 된 까닭을 見<현>함이지, 此에 義로 取함은 아닌 것이다). '三歲(3년을 꽉 채움)'라 曰함은 즉 三秋에만 그치지 않음이다.

采葛은 三章으로, 章三句이라.
采葛은 三章으로, 章마다 三句이다.

慶源輔氏曰 采葛,采蕭,采艾其說은 託言明矣라. 至于思念之情이 流而不止如此하 니, 則爲淫奔之辭者가 宜哉인저.
慶源輔氏曰: 采葛, 采蕭, 采艾의 그 說은 의託의 言임이 明인 것이다. 思念之 情이 流하여 止하지 못함이 如此하였으니, 則 淫奔之辭者가 됨이 宜일진져!

9. 大車
06-09-01 大車檻檻하니 毳衣如菼이로다. 豈不爾思이온마는 畏子不敢이니라.
대부의 대거(大車) 은은(檻檻)히 들리나니 푸른빛 취의(毳衣) 갈대의 새싹(菼) 빛깔이로다. 어찌 그댈 생각지 않으리오마는 저 대부 두려워 감히 나서지 못 함이니라.

그대 탄 큰 수레 덜컹거리네 물억새 빛 푸른 취의 입고 계시네
어찌 그대 생각나지 않겠소마는 그대 감히 두려워 가지 못하오

賦也라. 大車는 大夫車이라. 檻檻은 車行聲也라. 毳衣는 天子의 大夫之服이라 (臨川王氏曰 王之大夫는 四命으로 與子男와 同服也라). 菼은 蘆之始生也라. 毳 衣之屬은 衣繪而裳繡에 五色皆備하니, 其青者如菼이라(劉氏曰 毳衣는 以宗彝 爲首인지라 蓋畵虎蜼하니, 虎蜼淺毛인지라 故謂毳이라<蜼音壘이고 胃右이라> ○安成劉氏曰 毳衣所畵者三章으로 宗彝也,藻也,粉米也고, 裳所繡者二章으로 黼 也,黻也라. 所畵所繡에 皆備五色이니, 所謂 以五采 彰施于五色者也라). 爾는 淫 奔者가 相命之詞也라. 子는 大夫也라. 不敢은 不敢奔也라. ○周衰에도 大夫猶 有能以刑政治其私邑者인지라, 故淫奔者가 畏而歌之如此이라(眉山蘇氏曰 其止

之엔 有道이니, 民聞其車聲而見其衣服에 則畏而不敢矣지, 非待刑之而後已也라). 然其去二南之化와는 則遠矣니, 此可以觀世變也라.

賦체이다. '大車'는 대부의 수레이다. '檻檻(난간함)'은 수레가 지나가는 소리이다. '毳衣(솜털취)'는 天子國 大夫의 의복이다(臨川王氏曰: 王의 신하인 大夫는 四命으로, 子와 男과 더불어 同服이다). '菼(물억새담)'은 갈대(蘆)가 처음 자라날 때이다. '毳衣'의 屬은 상의에다 문장을 그려 넣고 하의에다가도 문장을 수(繡)를 놓음에 五色이 모두 갖추어지니, 그 푸른 것이 마치 갈대의 처음 자라남(菼)과 같다는 것이다(劉氏曰: 毳衣에는 宗彝<종이:호랑이와 원숭이유>로 首로 삼는지라 대개 虎蜼<원숭이유>를 畫해 넣으니, 虎蜼는 淺毛인지라 故로 謂하길 毳라 한 것이다<蜼音壘이니, 胃右의 반절음이다:보루누> ○安成劉氏曰: 毳衣에다 畫한 바의 것은 三章이니, 宗彝이고, 藻<마름>이며, 粉米<백미의 모양을 수놓아 기름을 상징>이다. 裳에다 繡하는 바의 것은 二章이니, 黼<도끼문양>이고 黻<亞문양>이다. 畫한 바와 繡한 바에 모두 五色을 備하고 있으니, 서경<益稷편>의 所謂 '五采<文彩>를 五色에다 彰施한다.' 는 것이다). '爾'는 淫奔者가 상대를 명하여 부르는 말이다. '子'는 大夫이다. '不敢'은 감히 달려가지 못함이다. ○周나라가 쇠약했음에도 大夫 중에는 오히려 능히 刑政으로서 그 私邑을 다스렸던 자가 있었기 때문에, 고로 淫奔者가 두려워하여 그것에 노래하길 이와 같이 한 것이다(眉山蘇氏曰: 그 止之케 함엔 有道하였던 것이니, 民이 그 車聲을 聞하여 衣服을 見하고서 則 畏하여 敢히 나아가지 못함인 것이지, 그것에 刑之를 待한 而後에 已하였던 것은 아니다). 그러나 그 주남 소남 二南의 교화와는 거리가 즉 먼 것이니, 이것에서 가히 世變임을 볼 수 있는 것이다.

東萊呂氏曰 此詩는 唯能止其奔이나 未能革其心이니, 與行露之詩異矣로 亦僅勝於東遷之初而已이라.
東萊呂氏曰: 此詩는 오직 能히 그 奔엔 止케 하였으나 能히 그 心까지 革하지는 못하였으니, 行露之詩와는 異인 것으로 또한 겨우 東遷之初보다 勝일 뿐인 것이다.

○慶源輔氏曰 漢廣之遊女가 端莊靜一에 人見而知其不可求하고, 野有死麕之女子가 貞潔自守에 人見而知其不可犯하니, 此所以爲二南之化也거늘, 豈至于有淫奔之心待有所畏而後不敢哉리오. 今觀此詩면 則世變之愈下임을 可知矣라.
慶源輔氏曰: 漢廣之遊女가 端莊靜一함에 人이 見하고 그 不可求임에 知하였고, 野有死麕之女子가 貞潔自守함에 人이 見하고 그 不可犯임에 知하였으니, 此는 二南之化가 되는 所以이거늘, 어찌 淫奔之心이 有하고도 畏한 바가 있음을 待한 而後에야 敢히 하지 못함으로 이르름이겠는가? 今에 此詩를 觀일지면, 則

世變이 더욱 下임을 可知인 것이다.

06-09-02 ○大車噣噣하니 毳衣如璊이로다. 豈不爾思이온마는 畏子不奔이니라.
대부의 대거(大車) 천천(噣噣)히 다가오니 붉은빛 취의(毳衣) 문옥(璊)의 빛깔이로다. 어찌 그댈 생각지 않으리오마는 저 대부 두려워 감히 달려가지 못함이니라.

그대 탄 큰 수레 덜컹거리네 옥구슬 붉은 취의 입고 계시네
어찌 그대 생각나지 않겠소마는 감히 그대 두려워 가지 못하오

賦也라. 噣噣은 重遲之貌이라. 璊은 玉赤色이니, 五色備엔 則有赤이라.
賦체이다. '噣噣(느릿할톤)'은 거듭 느릿느릿 더딘 모양이다. '璊(문)'은 옥의 붉은색이니, 五色으로 갖추어짐엔 즉 붉은색도 있음이다.

孔氏曰 噣噣은 行之貌인지라 故為重遲이라. 上은 言行有聲이고 此는 言行之貌이니, 互相見也라. 毳衣裳에 繢綉가 皆五色이니, 青者如菼하고 赤者如璊함은 各舉其一耳이라.
孔氏曰: 噣噣은 行之貌인지라 故로 重遲로 삼은 것이다. 上장은 行有聲에 言인 것이고, 此엔 行之貌를 言함이니, 互相으로 見인 것이다. 毳衣와 裳에다 繢綉(수놓을케,수)함에 모두 五色이니, 青者는 如菼하고 赤者는 如璊함은 各 그 一씩만을 舉했을 뿐인 것이다.

06-09-03 ○穀則異室이나 死則同穴호리라. 謂予不信인댄 有如皦日이니라.
살아선 즉 한집에 살(同室)순 없으나 죽어선 즉 같은 무덤 묻히리라. 내 말 미덥지 못할진댄 저 밝은 해로 맹서하니라.

살아서는 따로따로 살아왔지만 죽어서는 한 곳에 묻히고 싶소
진정 그대 내 말을 못 믿겠다면 저 밝은 해를 두고 맹세하리라

賦也라. 穀은 生이고, 穴은 壙이며, 皦는 白也라. ○民之欲相奔者가 畏其大夫하여 自以終身不得如其志也인지라, 故曰하길 生不得相奔以同室이나, 庶幾死得合葬以同穴而已이라. 謂予不信,有如皦日은 約誓之辭也라.
賦체이다. '穀'은 살아있는 때요, '穴'은 구덩이(壙)이고, '皦(교)'는 밝음이다. ○백성들 중에 서로 도망하고자 한 자가 그 대부를 두려워하여 스스로 종신토록 그 뜻한 바와 같이 할 수 없었기 때문에, 고로 말하기를 '살아서는 서로 도망하여 同室을 이룰 순 없지만, 바라건대 죽어서라도 合葬하여

同穴을 이루고자 할 뿐이다.'라 한 것이다. '謂予不信 有如曒日'은 약속과 맹서의 언사이다.

慶源輔氏曰 世變雖下여도 而大夫能使人畏之하길 如此하니, 亦可謂賢也라. 已始則不敢奔而已하고, 終則知其雖殁身不得遂其志하니, 則其刑政之効라도 亦非無常者之所能也라.
慶源輔氏曰: 世變이 비록 下이어도, 그러나 大夫가 能히 人으로 하여금 그것을 畏케 하길 如此하였으니, 또한 可히 賢이라 謂할 수 있는 것이다. 이미 始에서도 則 不敢奔일 뿐이라 하였고, 終에서는 則 그 비록 殁身토록 그 志를 이룰 수 없음을 知하였으니, 則 刑政之効일지라도 또한 無常者가 能할 수 있는 바가 아닌 것이다.

大車는 三章으로, 章四句이라.
大車는 三章으로, 章마다 四句이다.

10. 丘中有麻

06-10-01 丘中有麻하니 彼留子嗟로다. 彼留子嗟컨대 將其來施施런가.
언덕 위 삼밭 있으니 저곳서 자차(子嗟) 머물게 함이로다. 저곳서 자차(子嗟) 머물게 하건대 장차 그 보란듯이(施施然) 올 수 있겠는가?

　　　　　언덕 위에 삼밭 있네 그 곳에 차자님 머물고 있네
　　　　　차자님 그곳에 머무신다니 내게도 기쁘게 달려 오실까

賦也라. 麻는 穀名으로, 子도 可食이고 皮는 可績爲布者이라(本草曰 一名麻勃이니, 此는 麻上花勃勃者이라. 麻子는 味甘,平,無毒하며, 園圃所蒔이라. 今人作布及履에 用之이라). 子嗟는 男子之字也라. 將은 願也라. 施施는 喜悅之意이라. ○婦人이 望其所與私者而不來인지라, 故疑丘中有麻之處하여 復有與之私而留之者거늘, 今安得其施施然而來乎리오.
賦체이다. '麻'는 곡식 이름이니, 씨앗도 먹을 수 있고 껍질은 가히 길쌈하여 베를 만들 수 있는 것이다(本草曰: 一名 麻勃이라 하는데, 此는 麻上의 花가 왕성한<勃勃:한창 피어남> 것이기 때문이다. 麻子는 味가 甘하고 성질은 화평으로 無毒하며, 園圃에다 모종<蒔>하는 바이다. 今人은 布와 履를 作함에 그것을 用之한다). '子嗟'는 남자의 字이다. '將'은 원함(願)이다. '施施'는 喜悅의 의미이다. ○婦人이 그 함께 私通했던 바의 자를 바랬으나 오지 않았기 때문에, 고로 의심컨대 언덕 위 麻밭의 處가 있어 다시 그곳에서 함께 私通해 그를 머물게 하는 자가 있건대, 지금 어찌 그 施施然하게 올 수 있겠는가?

06-10-02 ○丘中有麥하니 彼留子國이로다. 彼留子國컨대 將其來食런가.
언덕 위 보리밭 있으니 저곳서 자국(子國) 머물게 함이로다. 저곳서 자국(子國) 머물게 하컨대 장차 그 내게 와 먹고 쉴 수 있겠는가?

언덕 위에 보리밭 있네 그 곳에 자국님 머물고 있네
자국님 그 곳에 머무신다니 그대 내게로 와 식사하실까

賦也라. 子國도 亦男子字也라. 來食은 就我而食也라.
賦체이다. '子國'도 또한 남자의 字이다. '來食'은 나에게 와서 먹는 것이다.

06-10-03 ○丘中有李하니 彼留之子로다. 彼留之子컨대 貽我佩玖런가.
언덕 위 살구밭 있으니 저곳서 저들 머물게 함이로다. 저곳서 저들 머물게 하컨대 장차 내게 패옥(玖) 보내올 수 있겠는가?

언덕 위에 오얏나무밭 있네 그 곳에 그 님이 머물고 있네
그 곳에 그 님이 머무신다니 내게도 고운 패옥 보내 주실까

賦也라. 之子는 幷指前二人也라. 貽我佩玖는 冀其有以贈己也라.
賦이다. '之子'는 앞의 두 사람을 아울러서 가리킨 것이다. '貽我佩玖(옥돌 구)'는 자기에게 선물로 보내옴이 있기를 바란 것이다.

丘中有麻는 三章으로, 章四句이라.
丘中有麻는 三章으로, 章마다 四句이다.

王國은 十篇으로, 二十八章 百六十二句이라.
王國은 十篇으로, 二十八章 百六十二句이다.

慶源輔氏曰: 讀詩者엔 可以怨에도, 則詩人은 固無忿懟,過甚之辭이라. 然予讀王風이면, 則見其怨여도 詩尤為平和하니, 此에 可見周人之風俗也라.
慶源輔氏曰: 讀詩者의 입장에선 可히 怨할 만함에도, 則 詩人은 固히 忿懟의 過甚한 辭가 없게 함이다. 그러나 予가 王風을 讀함에 則 그 怨함을 見이어도 詩에서는 더욱 平和하게만 하였으니, 此에서 可히 周人之風俗에 見할 수 있는

것이다.

鄭 一之七

鄭邑名으로, 本在西都,畿內,咸林之地이라. 宣王이 以封其弟友하여 爲采地하고, 後爲幽王司徒되어 而死於犬戎之難하니 是爲桓公이라. 其子武公掘突(一作滑하니, 並音鶻이라)이 定平王於東都하고 亦爲司徒코서, 又得虢檜之地(鄭氏曰 武公이 取虢,檜,鄢,蔽,補,丹,依,㽥,歷,華의 十邑之地하니, 右洛左濟하고 前華後河하며 食溱洧焉이라)하여 乃徙其封하고 而施舊號於新邑하니 是爲新鄭이라. 咸林은 在今華州鄭縣(即今의 陝西,西安府,華州이라)이고, 新鄭은 即今之鄭州가(即今의 河南,開封府,鄭州이라) 是也라. 其封域山川엔 詳見檜風이라.

'鄭'은 邑名으로, 본래는 西都 畿內인 咸林땅에 있었다. 宣王이 그 아우인 友로 封하여 采地로 삼게 하였고, 후세에 幽王의 司徒가 되어 犬戎의 난리에서 죽었으니 이 사람이 桓公이 된다. 그 아들 武公 掘突(一에선 滑로도 作하니, 並으로 音은 鶻<골>이다)이 平王을 東都에 안정시키고 또한 司徒가 되었으며, 또 虢,檜의 땅(鄭氏曰: 武公이 虢,檜,鄢,蔽,補,丹,依,㽥,歷,華의 十邑之地를 取하였으니, 右로는 洛水가 있고 左로는 濟水가 있으며, 前으론 華山을 주산으로 삼고 後로는 河水가 있으며, 그곳에서 溱水와 洧水로 식수를 삼았다)을 병합으로 얻어 이내 그 옛 封邑을 옮겨 新邑에다 옛 호칭을 펼치니, 이곳이 新鄭이 되었다. '咸林'은 지금의 華州 鄭縣에 있고(即 今의 陝西의 西安府 華州이다), '新鄭'은 즉 지금의 鄭州(即 今의 河南 開封府의 鄭州이다)가 이곳이다. 그 封域의 山川에 대해선 檜風에서 자세히 보인다.

1.緇衣

07-01-01 緇衣之宜兮여. 敝予又改爲兮호리라. 適子之館兮이라 還予授子之粲兮호리라.

치의(緇衣) 연복(燕服) 의당(宜)함이여! 해짐엔 내 또 지어 드리리라. 내 그대 관사(館) 향하는지라 돌아오심엔 내 그대께 성찬 마련해 올리리라.

  검은 예복 입으시니 의젓하네요 그 옷 다 헤지면 또 해드릴께요
  그대 지금 관사로 가시는군요 돌아오면 맛난 음식 올리오리다

賦也라. 緇는 黑色(周禮,考工記曰 三入爲纁하고, 五入爲緅하며, 七入爲緇이라)이니, 緇衣는 卿大夫의 居私朝之服也(孔氏曰 緇衣는 即士冠禮所云한 玄冠朝服, 緇帶素韠이 是也라. 卿士는 朝於王에 服皮弁하고 不服緇衣라. 退食엔 私朝에

服緇衣하고 以聽其所朝之政也라)라. 宜는 稱이고 改는 更이며, 適은 之이고 館은 舍(鄭氏曰 卿士之館은 如今之諸廬也라. ○孔氏曰 考工記 說王宮之制에, 外有九室 九卿朝焉컨대, 注에 外는 路寢之表이고, 九室은 如今朝堂諸曹治事之處이라)이라. 粲은 餐也(鄭氏曰 設餐하여 飮食之라)나, 或曰粲은 粟之精鑿者(東陽許氏曰 粟一石에 得米六斗가 爲糲이고, 糲米一石을 舂爲八斗가 爲鑿이라)이라. ○舊說에, 鄭桓公,武公이 相繼爲周司徒되어 善於其職에 周人愛之인지라, 故作是詩라. 言子之服緇衣가 也甚宜커늘, 敝엔 則我將爲子更爲라. 且將適子之館해서 旣還而又授子以粲로니, 言好之無已也라.

賦체이다. '緇'는 黑色(周禮 考工記曰: 三의 염색으로 入함에 纁<분홍빛훈>이 되고, 五로 入함엔 緅<검붉을추>가 되며, 七로 入함엔 緇가 된다)이니, 緇衣는 卿大夫가 私朝(가신들에게 문안 받는 장소)로 居할 때의 옷이다(孔氏曰: 緇衣는 卽 士冠禮에서 云한 바인 '玄冠에다 朝服하곤, 緇帶와 素韠(슬갑필)을 한다.'가 是이다. 卿士가 王에게 朝會를 들 때에는 皮弁을 服하고 緇衣를 服하지 않으며, 퇴식<退食>의 私朝에선 緇衣를 服하며 그 朝에서 해야 할 바의 政을 聽한다). '宜'는 걸맞음이요 '改'는 고침이며, '適'은 갈 之요 '館'은 관사이다(鄭氏曰: 卿士之館은 마치 今의 여러 관사<諸廬>와 같음이다. ○孔氏曰: <考工記>에 王宮之制를 說함에, '外有九室 九卿朝焉'이라 하니, 注에 外는 路寢之表이고, 九室은 마치 今 조정<朝堂>의 諸曹<관청의 소관직분:如六曹>에서 治事하였던 處와 같음이다). '粲'은 먹을 餐(찬:저녁밥 飧<손>의 의미)이나(鄭氏曰: 餐을 設하여 그것을 飮食之케 함이다), 혹자 왈하길 '粲은 곡식을 곱게 찧은(鑿:쌀슳을착) 것이다(東陽許氏曰: 곡식<粟> 一石에서 得米의 六斗가 현미 糲가 되고, 糲米 一石을 舂하여 八斗가 鑿이 된다).'라 하였다. ○舊說에, 鄭 桓公과 武公이 서로 이어서 周나라의 司徒가 되어 그 직책을 잘 수행함에 周나라 사람들이 그들을 사랑하였기 때문에, 고로 이 詩를 지은 것이라 하였다. <그대가 緇衣로 입음이 또한 매우 걸맞거늘, 해짐엔 즉 내 장차 그대를 위해 다시 그것을 만들어 주리라. 또 장차 그대의 館舍로 가서는 이윽고 돌아오심에 또 그대에게 성찬으로 만들어 주리라.>고 말한 것이니, 좋아하길 그침이 없음을 말한 것이다.

*참고: 鑿(쌀 슳을 착)
곡식을 찧어 속꺼풀을 벗기고 깨끗하게 함이다.

慶源輔氏曰 緇衣之宜兮는 此美武公之德이 稱其服也라. 敝予又改為兮는 欲其服之常新也고, 還予授子之粲兮는 欲其粟之常繼也라. 旣欲其服之常新하고 又欲其粟之常繼하니, 發乎情,形於歌詠이 如此면 則其好善之誠心이 於是為至也라.
慶源輔氏曰: '緇衣之宜兮'의 此는 武公之德이 그 服食과 稱됨을 美하게 여긴 것이다. '敝予又改為兮'는 그 服食을 항상 새것(常新)으로 해주고자 한 것이고, '還予授子之粲兮'는 그 粲을 항상 이어주고자(常繼) 한 것이다. 이윽고 그 服을 항상 新하고자 하고도 또 그 粲을 항상 繼하고자 하니, 發乎情과 形於歌詠이 如此이면 則 그 好善의 誠心이 於是에 至극함이 되는 것이다.

○程子曰 好賢無已之意는 當就敝予,還予二字上하여 看이라.
程子曰: '好賢無已'의 意는 當히 '敝予,還予'의 二字上에 就하여 看할 수 있다.

○華陽范氏曰 適子之館은 親之也고, 授子之粲은 又授之以飮食也라. 旣親之하고 又授以飮食하니, 此는 好賢之至也라.
華陽范氏曰: '適子之館'은 그를 親之인 것이고, '授子之粲'은 또 飮食으로 授之인 것이다. 이윽고 그를 親之하고 또 飮食으로 授하니, 此는 好賢之至인 것이다.

07-01-02 ○緇衣之好兮여. 敝予又改造兮호리라. 適子之館兮이라 還予授子之粲兮호리라.
치의(緇衣) 연복(燕服) 걸맞음(好)이여! 해집엔 내 또 만들어 드리리라. 내 그대 관사 향하는지라 돌아오심엔 내 그대께 성찬 마련해 올리리라.

　　　검은 예복 입으시니 의젓하네요 그 옷 다 헤지면 또 만들게요
　　　그대 지금 관사로 가시는군요 돌아오면 맛난 음식 올리오리다

賦也라. 好도 猶宜也라.
賦체이다. '好'도 宜와 같은 의미이다.

07-01-03 ○緇衣之蓆兮여. 敝予又改作兮호리라. 適子之館兮이라 還予授子之粲兮호리라.
치의(緇衣) 연복(燕服) 크게 안락함(蓆)이여! 해집엔 내 또 제작해 드리리라. 내 그대 관사 향하는지라 돌아오심엔 내 그대께 성찬 마련해 올리리라.

　　　검은 예복 입으시니 의젓하네요 그 옷 다 헤지면 또 만들게요
　　　그대 지금 관사로 가시는군요 돌아오면 맛난 음식 바치오리다

賦也라. 蓆은 大也라. 程子曰蓆엔 有安舒之義니, 服稱其德이 則安舒也라.
賦체이다. '蓆(자리석)'은 큼(大)이다. 程子왈: 蓆에는 安舒의 뜻이 있으니, 服飾이 그 德과 걸맞음에 즉 安舒인 것이다.

緇衣는 三章으로, 章四句이라.
緇衣는 三章으로, 章마다 四句이다.

記曰好賢하길 如緇衣하고, 又曰於緇衣에서 見好賢之至라.
禮記에 왈: <賢人 좋아하기를 '緇衣'편과 같게 해야 한다.>라 하였고, 또 왈:<'緇衣'편에서 賢人 좋아함의 지극함을 볼 수 있다.>라 하였다.

東萊呂氏曰 孔叢子云하길, 於緇衣에 見好賢之至의 所謂賢은 即謂武公父子也라.
東萊呂氏曰: 孔叢子云하길 '緇衣에서 好賢之至를 見할 수 있다.'의 所謂 賢은 即 武公의 父子를 謂함이다.

○華陽范氏曰 桓公武公은 上得於君하고 下得於民하니, 君子好之에 愈久而愈不厭이라.
華陽范氏曰: 桓公과 武公은 上으론 君의 직분에 마땅함을 得하였고, 下론 民心을 得하였으니, 君子가 그들을 好之해 줌에 더욱 久이어도 더욱 싫증(厭)나지 않음인 것이다.

2.將仲子
07-02-01 將仲子兮는 無踰我里하며, 無折我樹杞어다. 豈敢愛之리오. 畏我父母니라. 仲可懷也나, 父母之言이 亦可畏也니라.
바라건대 증자(仲子) 우리 마을(里) 넘나들지 말지며, 내 심은 구기자도 꺾임 없게 할지어다. 어찌 감히 그것을 아끼리오? 나의 부모 두렵기 때문이니라. 증자(仲子) 가히 마음에 품음이나, 부모님 말씀 또한 가히 두려울 뿐이니라.

바라건대 증자님! 우리 마을 넘나들지 마시옵소서
내가 심은 버들가지 꺾지 마세요 버들가지 아까운 게 아니랍니다
범 같은 우리 부모 무서워서요 증자님 그립고 생각나지만
부모 말씀 너무도 무섭답니다

賦也라. 將은 請也라. 仲子는 男子之字也라. 我는 女子自我也라. 里는 二十五家所居也라. 杞는 柳屬也니, 生水傍하고 樹如柳하며, 葉麤而白色하며, 理微赤이니, 蓋里之地域溝樹也라. ○莆田鄭氏曰 此는 淫奔者之辭라.
賦체이다. '將'은 請함이다. '仲子'는 男子의 字이다. '我'는 여자 自我이다. '里'는 25가구가 거주하는 곳이다. '杞'는 버드나무의 등속이니, 물

395

가에서 자라고 나무 기둥은 버드나무와 같으며, 잎은 거칠고 색이 희며, 나무의 결은 약간 붉으니, 대개 마을의 경계와 도랑에 심는다. ○莆田鄭氏曰: 이것은 淫奔者의 말이다.

慶源輔氏曰 此雖爲淫奔之詩라도 然其心猶有所畏하여 未至於蕩然而無忌也라. 故列於鄭詩之首하여 以見其爲風之始變也歟인져.
慶源輔氏曰: 此가 비록 淫奔之詩가 될지라도, 그러나 그 心엔 오히려 畏하는 바가 있어 아직 蕩然으로 忌함이 없는 데에까진 이르지 않았다. 故로 鄭詩之首에다 列하여 그 風됨이 始變임을 보인 것일진져!

○安成劉氏曰 此女는 猶能知此畏憚인지라, 故其託辭如此이라. 鄭風之中에도 亦所罕見也라.
安成劉氏曰: 此女는 오히려 能히 此의 畏憚에 知인지라, 故로 그 託한 辭가 如此하였던 것이다. 鄭風之中에서도 또한 罕하게 보이는 바인 것이다.

07-02-02 ○將仲子兮는 無踰我牆하며, 無折我樹桑이어다. 豈敢愛之리오. 畏我諸兄이니라. 仲可懷也나, 諸兄之言이 亦可畏也니라.
청컨대 중자(仲子) 우리 담장(牆) 넘나들지 말지며, 내 심은 뽕나무도 꺾임 없게 할지어다. 어찌 감히 그것을 아끼리오? 여러 형님들 두렵기 때문이니라. 중자(仲子) 가히 마음에 품음이나, 여러 형님 말씀 또한 가히 두려울 뿐이니라.

바라건대 중자님! 우리 집 담장을 넘지 마세요
내가 심은 뽕나무도 꺾지 마세요 뽕나무가 아까운 게 아니랍니다
우리 집 오빠들이 무서워서요 중자님 그립고 생각나지만
우리 오빠 잔소리도 무섭답니다

賦也라. 牆은 垣也니, 古者엔 樹牆下以桑이라.
賦체이다. '牆'은 담이니, 옛날엔 담장 아래에다 뽕나무를 심었다.

07-02-03 ○將仲子兮는 無踰我園하며, 無折我樹檀이어다. 豈敢愛之리오. 畏人之多言이니라. 仲可懷也나, 人之多言이 亦可畏也니라.
청컨대 중자(仲子) 우리 채소밭 울타리 넘지 말지며, 내 심은 박달나무도 꺾임 없게 할지어다. 어찌 감히 그것을 아끼리오? 사람들 소문 두렵기 때문이니라. 중자 가히 마음에 품음이나, 사람들 소문 또한 가히 두려울 뿐이니라.

바라건대 중자님! 우리 집 울타리는 넘지 마세요
내가 심은 박달나무 꺾지 마세요 박달나무 아까운 게 아니랍니다
다른 사람 소문이 두려워서요 중자님 그립고 생각나지만
다른 사람 소문도 두렵답니다

賦也라. 園者는 圃之藩으로, 其內可種木也라. 檀은 皮青滑澤하며, 材彊韌하여 可爲車이라.

賦체이다. '園'이라는 것은 菜田의 울타리로, 그 안에다 가히 나무를 심을 수 있음이다. '檀(박달나무단)'은 외피가 푸르고 윤택하며, 재목이 강인(彊韌)하여 가히 수레를 만들 수 있음이다.

將仲子는 三章으로, 章八句이라.
將仲子는 三章으로, 章마다 八句이다.

新安胡氏曰 三章에 皆有所畏하여 而不輕身으로 以從其所懷하니, 亦庶幾로 止乎禮義者也라.

新安胡氏曰: 三章에 모두 畏하는 바를 두어 輕身으로 그 懷하는 바만을 從하지 않음이니, 또한 거의 止乎禮義者인 것이다.

3. 叔于田

07-03-01 叔于田하니 巷無居人이로다. 豈無居人이온마는 不如叔也의 洵美且仁이니라.

숙(叔)께서 전렵 나서시니 거리엔 인적(人跡)조차 없는 듯하도다. 어찌 인적 없으리오마는 숙(叔)께서 참으로 아름(美)답고 또 인자(仁)함만 못함이니라.

숙께서 사냥 가시네 거리엔 사람흔적 하나도 없네
어찌 사람흔적 하나 없을까마는 숙 만한 사람은 아무도 없네
숙께서는 아름답고 인자하시네

賦也라. 叔은 莊公弟로 共叔段也니, 事見春秋이라(隱公,元年,夏五月,鄭伯이 克段于鄢에, 左傳曰 鄭武公이 娶于申하니, 曰武姜하고 生莊公及共叔段이라). 田은 取禽也라(孔氏曰 以取禽于田하니, 因名曰田이라). 巷은 里塗也라(孔氏曰 里內之塗라). 洵은 信이고, 美는 好也라. 仁은 愛人也라. ○段不義에도 而得衆인지라, 國人愛之하여 故作此詩이라. 言叔出而田에 則所居之巷마다 若無居人矣니, 非實無居人也고 雖有이도 而不如叔之美且仁이라. 是以若無人耳이라(華谷嚴

氏曰 叔段이 豈其美且仁哉리오. 其黨私之之言이니, 猶河朔之人이 謂安史하여 爲聖也라). 或疑컨대, 此亦民間男女相悅之詞也라.
賦체이다. '叔'은 莊公의 아우 公叔段(共叔段)이니, 기사가 春秋에서 보인다 ('隱公 元年 夏五月에 鄭伯이 段을 鄢에서 克하다.'에, 左傳曰: 鄭 武公이 申에 娶하니, 武姜이라 曰하였고 莊公과 共叔段을 生하였다). '田'은 날짐승을 잡는 것이다(孔氏曰: 禽을 田에서 取하니, 이로 因해 名하여 田이라 曰한 것이다). '巷'은 마을 안의 길이다(孔氏曰: 里內의 塗이다). '洵'은 참으로 信이며, '美'는 좋아할 好이다. '仁'은 남을 사랑함이다. ○段이 不義함에도 대중의 민심을 얻은지라, 國人들이 그를 아껴 하여 고로 이 詩를 지은 것이다. 叔이 나서서 田獵함에 즉 居處하는 마을 거리마다엔 마치 거주하는 사람 없는 듯하나, 실로 居주하는 사람이 없음이 아니라, 비록 있어도 叔의 좋고 仁함만 같지 못함을 말한 것이다. 이러므로 마치 사람이 없음과 같을 뿐이라는 것이다(華谷嚴氏曰: 叔段이 어찌 그 美하고 또 仁함이리오? 그 黨이 그를 私사로이 대하는 言이니, 河朔<항하 북쪽 기슭>의 人들이 安史<安祿山>를 謂하여 聖이라 함과 같은 것이다). 혹자가 의심컨대, 이도 또한 民間의 남녀가 서로 사랑을 탐하는 가사라 하였다.
*참고: 河朔之人
河朔 在中國古代 指黃河以北的地區, 大体包括今山西、河北和山東部分地區。

07-03-02 ○叔于狩하니 巷無飮酒로다. 豈無飮酒이온마는 不如叔也의 洵美且好니라.
슉(叔)께서 겨울사냥 나서시니 거리엔 음주의 예(禮)도 없는 듯하도다. 어찌 음주의 예 없으리오마는 슉(叔)께서 참으로 아름답고 또 호인(好人)인 것만 못함이니라.

   슉께서 수렵 나가시네 거리엔 술 마시는 사람 하나도 없네
  어찌 술 마시는 사람 하나 없겠냐마는 슉 만한 사람은 있지 않다네
      슉께서는 아름답고 호걸이시네

賦也라. 冬獵曰狩이라.
賦체이다. 겨울사냥을 '狩'라 曰한다.

杜氏曰: 狩는 圍守也라. 冬엔 物畢成인지라, 獲則取之에 無所擇也라.
杜氏曰: 狩는 圍하여 守함인 것이다. 冬엔 物이 畢로 成인지라, 獲에는 則 그것을 取之에 擇하는 바가 없는 것이다.

07-03-03 ○叔適野하니 巷無服馬로다. 豈無服馬이온마는 不如叔也의 洵美且武이니라.
슉(叔)께서 교외로 나서시니 거리엔 말 오르는 이 없는 듯하도다. 어찌 말 오르는 이 없으리오마는 슉(叔)께서 참으로 아름답고 또 법도(武) 됨만 못함이니라.

슉께서 들판 나가시네 거리엔 말 탄 사람 하나도 없네
어찌 말 탄 사람 하나 없겠냐마는 슉 만한 사람은 있지 않다네
슉께서는 아름답고 늠름하시네

賦也라. 適은 之也라. 郊外曰野이라. 服은 乘也라.
賦체이다. '適'은 나아갈 之이다. 郊外를 '野'라 曰한다. '服'은 올라탈 乘이다.

龜山楊氏曰 仁코도 且有武焉이면, 固宜國人之所悅而歸之也니, 雖使之一天下朝諸侯라도 無不可矣나, 而詩엔 猶以為不義得眾라하니 何也오. 蓋先王之迹微에 而禮義消亡,政教不明하여 而國俗傷敗인지라, 故人之好惡를 不足以當是非하고 而毀譽를 不足以公善惡하니, 則其所譽而好之者는 未必誠善也고, 所毀而惡之者는 未必誠惡也라. 叔段不義而為眾所悅者는 亦以衰俗의 好惡,毀譽를 不當其實故也라. 然則이면 所謂仁者에 豈誠有仁哉리오. 所謂武者도 亦若此而已이라. 以是觀之면, 則俗之所好惡임을 可知矣라.
龜山楊氏曰: 仁하고도 그 속에 武함이 有일지면, 固히 宜당 國人이 悅하는 바이어서 그에게 歸之인 것이니, 비록 그로 하여금 一天下(通天下)로 朝諸侯라도 不可함이 없는 것이나, 그러나 詩에서는 오히려 不義가 됨에도 得眾이라 하니, 무엇인가? 대개 先王之迹이 微해짐에 禮義가 消亡하고 政教가 不明인지라 國俗이 傷敗하였기 때문에, 故로 人之好惡를 足히 是非에 當하게 하지 못하였고, 毀譽를 足히 善惡에 公하지 못하였으니, 則 그 세속에서 譽로 여기는 바로 그것을 好之하는 者는 아직 반드시 誠으로 善함이 아닌 것이고, 세속에서 毀로 여기는 바로 그것을 惡之하는 者도 아직 반드시 誠으로 惡함은 아닌 것이다. 叔段이 不義이고도 眾이 悅하는 바가 된 것은 또한 衰俗에서 好惡와 毀譽를 그 實과 當하게 하지 못하였던 까닭인 것이다. 然則이면 所謂 '仁'者인 것에, 어찌 誠으로 仁함이 有하였겠는가? 所謂 '武'者에서도 또한 此와 같을 뿐인 것이다. 이것으로서 觀之일지면, 則 세속에서 好惡하였던 바일 뿐임을 可知인 것이다(是非好惡를 의당하게 하여야 한다).

叔于田은 三章으로, 章五句이라.

叔于田은 三章으로, 章마다 五句이다.

廬陵彭氏曰 玩味此詩면 宛然히 如見叔段의 輕獧을 浮揚之意니, 如今之貴族의 輕薄子를 閭里少年朋徒가 追逐而極口誇美之也니, 次篇放此이라.
廬陵彭氏曰: 此詩를 玩味일지면 宛然히 마치 叔段의 輕獧을 浮揚해주는 意와 같음을 見할 수 있으니, 마치 今之貴族 중 輕薄子를 閭里의 少年朋徒들이 追逐하며 極口로 誇美之함과 같으니, 次篇도 放此이다.
*참고: 輕獧
지극히 경망스럽고, 도량이 좁고 성급함(輕狂偏急.獧通狷).

4. 大叔于田

07-04-01 叔于田하니 乘乘馬로다. 執轡如組하니 兩驂如舞로다. 叔在藪하니 火烈具擧로다. 襢裼暴虎하야 獻于公所로다. 將叔無狃로다. 戒其傷女노라.
슉(叔)께서 전렵 나서시니 사마 수레(乘馬)에 오름이로다. 고삐 쥠이 비단결 같으니 양 참마는 춤추듯 함이로다. 슉(叔)께서 수풀 깊이 임하시니 화공(火攻) 맹렬히 번짐이로다. 웃통 벗고 맨손 범 때려잡아 장공(莊公) 계신 곳 바침이로다. 바라건대 슉(叔)께선 자주(狃) 하지 말지어다. 그 그대 상할까 걱정이노라.

> 슉께서 사냥 가시네 사마수레 몰고 가네
> 실 놀리듯 고삐 잡고 춤추는 듯 말을 모네
> 슉께서 숲에 이르시니 사냥 불꽃 타오르네
> 맨손으로 범을 잡아 임금님께 헌상하네
> 이제 그만 멈추소서 그대 다칠까 염려되오

賦也라. 叔도 亦段也라. 車衡(車軛也)의 外兩馬를 曰驂이라. 如舞는 謂諧和의 中節이니(董氏曰 五御之法에 有舞交衢者하니, 卽所謂如舞也라. 服馬制於衡인지라 不得如舞니, 其如舞者는 驂也라. ○雙峰饒氏曰 如舞者는 節奏니, 謂御中節也라), 皆言御之善也라(安成劉氏曰 善御其馬니, 是以轡엔 則柔順如組이고, 驂엔 則諧和如舞也라. 藪는 澤也라(廬陵羅氏曰 水鍾曰澤하고, 水希曰藪이라. ○釋文曰 韓詩云하길 禽獸居之曰藪이라). 火는 焚而射也라(曹氏曰 王制云하길 昆蟲未蟄엔 不以火田하니, 故爾雅謂하길 火田爲狩이라. 惟冬田에만 乃用火컨대, 若夫刈草以爲防하곤 驅禽而納諸防中인 然後焚而射焉이니, 則四時之田도 皆然也라). 烈은 熾盛貌라. 具는 俱也라. 襢裼은 肉袒也라(孔氏曰 李巡云하길 襢裼은 脫衣見體를 曰肉袒하고, 孫炎云하길 禮去裼衣이라). 暴은 空手로 搏獸也

라(勉齊黃氏曰 暴은 徒搏也니, 有慢侮欺陵之意이라). 公은 莊公也라(孔氏曰 公이 與之俱田也라). 狃는 習也라. 國人戒之曰하길, 請컨대 叔無習此事하니, 恐컨대 其或傷汝也라. 蓋叔多材好勇에 而鄭人愛之하길 如此이라.

賦체이다. '叔'도 또한 段이다. 수레 멍에 횡대(車軶) 밖의 양 말을 '驂馬'라 曰한다. '如舞'는 잘 어울리(諧和)는 中節을 말함이니(董氏曰: 五御之法에 '舞交衢'者가 有하니, 即 所謂 '如舞'인 것이다. 服馬는 멍에의 가로장<衡>에 制되어 '如舞'일 수 없으니, 그 如舞者는 驂馬인 것이다. ○雙峰饒氏曰: 如舞者는 규칙적인 흐름에 절도를 맞춤<節奏>이니, 御의 中節임을 謂한 것이다), 모두 말 몰기를 잘함을 말함이다(安成劉氏曰: 그 馬를 御하길 善함이니, 이렇게 轡에 있어서는 則 柔順으로 組와 같고, 驂에 있어서는 則 諧和로 舞와 같다는 것이다). '藪(덤불수)'는 澤이다(廬陵羅氏曰: 水가 모여듦<鍾:종>을 澤이라 曰하고, 水가 希인 것을 藪라 曰한다. ○釋文曰: 韓詩云하길, 禽獸가 居之하는 곳을 藪라 曰한다). '火'는 불을 지르고서 활을 쏘는 것이다(曹氏曰: 王制云하길, 昆蟲이 未蟄에는 火田치는 않으니, 故로 爾雅에서 謂하길 '火田은 狩에서만 한다.'라 하였다. 오직 冬田에서만 이내 火로 용하건대, 마치 저 刈草로서 둑<防>을 만들고서 禽을 驅하여 防中에다 納하곤 然後에 그곳에 焚하여 射함과 같으나, 則 四時之田에서도 모두 형식은 然인 것이다<火로만 않하는 듯하다>). '烈'은 불길이 성대(熾盛)한 모양이다. 具는 함께 俱이다. '禮袒'은 웃옷 한쪽을 벗어 상체 일부를 드러냄이다(孔氏曰: 李巡云하길 '禮袒은 脫衣하여 體를 見함을 肉袒이라 曰한다.'라 하였고, 孫炎云하길 '정복 걸에 입는 袒衣<홑으로 된 걸옷>를 禮去<웃통벗을단>함이다.'라 하였다). '暴'은 맨손으로 짐승을 때려잡는 것이다(勉齊黃氏曰: 暴은 맨손과 맨발<徒>로 때려잡음<搏>이니, 慢侮<잘난 체하며 남을 깔봄>와 欺陵<남을 속이고 능멸함>의 意가 有인 것이다). '公'은 莊公이다(孔氏曰: 公이 그와 함께 田인 것이다). '狃'는 익숙하게 함이다. 國人이 그것을 경계하여 말하길: <請컨대 叔은 이러한 일에 익숙하게 하지 말지니, 恐컨대 그 혹여 그대를 상하게 하리로다.>라 하였으니, 대개 叔이 재주가 많고 용맹을 좋아함에 鄭人들도 그를 아껴주길 이와 같이 한 것이다.

*참고: 거형 (車衡:車軶:멍에액)
달구지나 쟁기의 채를 잡아매기 위해 소나 말의 목에 가로 얹는 둥그렇게 구부러진 막대(다음 국어사전).

*참고: 五御之法
五御之節은 馳驅法(치구법)에 해당하는 것으로 "鳴和鸞, 逐水曲, 過君表, 舞交衢, 逐禽左."이다. ①和<수레앞 가로대>와 鸞<멍에>의 방울이 화하게 울리고, ②물길이 곡선을 따라 흐름처럼 매끄럽게 달리고, ③임금을 지날 적엔 경의의 예를 표하고 ④길의 교차로를 만남엔 춤추듯 부드럽게 응하고, ⑤짐승

을 마주 보게 몰되 왼쪽에 놓이게 하여 좌측의 사수가 쏘아 맞출 수 있도록 함이다. (출처: 秦風·駟驖 작성자 도라)
*참고: 裼衣
석의(裼衣)는 옛날에는 구의(裘衣) 위에 입던 겉옷이었으며, 중국 선진(先秦)시대에 확립된 옷이다. 겨울에 구(裘)를 입고 그 위에 석의를 입었다. 『예기(禮記)』 옥조(玉條)에는 구(裘)에는 석(裼)이라고 하였으며 보기가 좋다고 하였다. 이에 공영달(孔穎達)의 소(疏)를 보면, 구는 위에다 석의만을 더해 입는데 석의는 오로지 가죽 옷에 입어야 보기 아름답고 정중한 옷이라고 하였다. (위키실록사전)
*참고: 肉袒
사죄, 복종, 항복을 나타내는 뜻으로 윗옷의 한쪽을 벗어 상체의 일부를 드러내는 일(다음 국어사전).

安成劉氏曰 章首四句는 所謂才也고, 次四句는 所謂勇也며, 末二句는 則國人愛之之詞也라.
安成劉氏曰: 章首의 四句는 所謂 '才'이고, 次의 四句는 所謂 '勇'이며, 末의 二句는 則 國人들이 그를 愛之한 詞인 것이다.

07-04-02 ○叔于田하니 乘乘黃이로다. 兩服上襄이오 兩驂鴈行이로다. 叔在藪하니 火烈具揚이로다. 叔善射忌며 又良御忌로소니, 抑磬控忌며 抑縱送忌로다.
숙(叔)께서 전렵 나서시니 황색 사마 수레(乘黃)에 오름이로다. 늠름한 양 복마 멍에 매 앞섬이오 양 참마는 안행(鴈行)처럼 뒤쫓음이로다. 숙(叔)께서 수풀 길목 임하시니 화공 맹렬히 일어남이로다. 숙(叔)께선 활도 잘 쏘시며 수레 또한 잘 몲이로니, 아~ 급회전하다 아~ 급정거하며 화살 메기고선 활 덮어 활집에 넣음이로다.

숙께서 사냥 가시네 황색 사마 타고 가네
두 필 복마 앞에 서고 두 필 곁말 뒤따르네
숙께서 늪가 이르시니 사냥 불꽃 훨훨 타네
숙께서는 명사수요 말 수레도 잘 모시네
달리고 멈추고 활 쏘고 쫓고 자유자재 움직이네

賦也라. 乘黃은 四馬皆黃也라. 衡下에 夾轅兩馬를 曰服이라. 襄은 駕也니, 馬之上者에 爲上駕이니, 猶言上駟也라(鄭氏曰 上駕는 言馬之最良也라). 鴈行者는 驂은 少次服後하니 如鴈行也라. 揚은 起也라. 忌, 抑은 皆語助辭라. 騁馬를 曰磬이고, 止馬를 曰控이라(廬陵羅氏曰 補傳云하길, 磬은 謂使之曲折如磬이고,

控은 謂控制不逸이라). 舍<舍音捨>拔(<拔音跋>廬陵羅氏曰 括也니, 矢御弦處이라)曰縱하고, 覆彌(廬陵羅氏曰 與簫同으로 弓弰也라. 廣韻注云하길, 彌는 弓弭이고 弭는 弓末이다)曰送이라.

賦체이다. '乘黃'은 네 마리의 말들이 모두 黃色인 것이다. 衡의 아래 끌채(轅)에 끼여 있는 두 마리의 말을 '服馬'라 曰한다. '襄'은 멍에(駕)이니, 四馬의 상품(우수한 말)인 것을 上駕로 세움이니, '上駟(상등의 말)'라 말함과 같은 것이다(鄭氏曰: 上駕는 馬 중에 最良<최고의 좋은 말>을 言함이다). '雁行'이라는 것은 驂馬가 服馬보다 후로 차례지게 하니, 마치 기러기의 비행 행렬과 같다는 것이다. '揚'은 일어남이다. '忌'와 '抑'은 모두 語助辭이다. 자유자재(騁)로 말 모는 것을 '磬'이라 曰하고, 말을 멈추게 하는 것을 '控'이라 曰한다(廬陵羅氏曰: 주자의 <격물補傳>에 云하길, 磬은 그들로 하여금 曲折케 하길 마치 磬쇠의 굽은 듯하게 함을 말함이고, 控은 제압<控制>하여 逸하지 못하게 함을 말함이다). 오늬<舍:활시위에 끼우게 에어낸 부위>를 활시위에서 놓음을 '縱'이라 曰하고(<舍音捨,拔音跋>廬陵羅氏曰: 오늬<括:활>이다. 矢를 弦處에다 제御함이다), 활고자(彌:소. 활 양쪽 끝의 시위를 거는 부분)를 덮어 놓음(廬陵羅氏曰: 簫와 더불어 同으로, 弓의 弰<활고자소>이다. 廣韻注云하길, 彌는 弓弭이고, 弭<활고자미>는 弓의 양쪽 末이다)을 '送'이라 曰한다.

孔氏曰 能磬又能控하고 能縱又能送하니, 是叔之善射御也라.
孔氏曰: 能히 磬하고선 또 能히 控하며, 能히 縱하고서 또 能히 送하니, 이렇게 叔이 射와 御에 善인 것이다.

○慶源輔氏曰 章末四句는 美叔之才藝也라.
慶源輔氏曰: 章末의 四句는 叔之才藝를 美하게 여긴 것이다.

07-04-03 ○叔于田하니 乘乘鴇로다. 兩服齊首오 兩驂如手로다. 叔在藪하니 火烈具阜로다. 叔馬慢忌며 叔發罕忌로소니, 抑釋掤忌며 抑鬯弓忌로다.
슉(叔)께서 전렵 나서시니 오총(烏驄) 사마 수레에 오름이로다. 양 복마 나란히 앞섬이오 양 참마는 손가락처럼 쫓음이로다. 슉(叔)께서 수플 길목 임하시니 화공 맹렬히 성대함이로다. 슉(叔)께서 말 몰음 점차 완만하며 슉(叔)께선 활 쏨도 점점 줄더니만, 열어 논 전통(箭筒) 닮음이며 시위 풀어 활집 넣음이로다.

슉께서 사냥 가시네 말 수레에 오르시네
두 필 복마 가지런하고 두 필 참마 수족같네

숙께서 늪가 이르시니 사냥 불꽃 타오르네
타던 말들 느려지고 활쏘는 일 뜸하더니
전통 뚜껑 다시 닫고 활도 도로 꽂으시네

賦也라. 驪에 白雜毛를 曰鴇니, 今所謂烏驄也라. 齊首如手는 兩服은 竝首在前함에 而兩驂가 在旁稍次其後하니, 如人之兩手也라. 阜는 盛이고, 慢은 遲也라. 發은 發矢也라. 罕은 希이고, 釋은 解也라. 掤은 矢筩으로, 蓋春秋傳作冰이라(孔氏曰 昭公, 二十五年, 左傳云하길, 公徒執冰而踞에 字異나 義同이라. 服虔云하길 冰은 犢丸蓋라하고, 杜預云하길 犢丸은 是箭筩이라. ○華谷嚴氏曰 用矢엔 則擧掤以開筩하고, 旣用엔 則納矢筩中하곤 釋下掤으로 以覆筩이라). 鬯은 弓囊也니, 與韔同이라(孔氏曰 鬯弓은 謂弢弓이니, 而納諸鬯中이라<弢音韜>). 言其田事將畢에 而從容整暇가 如此이라(鄭氏曰 田事且畢에 則馬行遲하고 發矢希이니, 蓋矢而弢弓이라) 亦喜其無傷之詞也라.

賦체이다. 검은 털(驪:검은말려)에다 흰 털이 섞여 있는 것을 오총이(烏驄) '鴇(보)'라 曰하는데, 지금의 소위 烏驄馬이다. '齊首如手'는 양의 服馬가 나란히 머리가 앞에 놓임에, 양의 驂馬가 곁에 조금 그 후미지게 차례로 놓이니, 마치 사람의 양 손가락과 같음이다. '阜'는 盛함이요, '慢'은 더딤이다. '發'은 화살을 발사함이다. '罕'은 드묾이요, '釋'은 풀어 놓는 것이다. '掤(전통뚜껑붕)'은 화살통(筩:대통통)의 덮개이니, 대개 春秋傳에선 氷으로 썼다(孔氏曰: 昭公 二十五年 左傳云하길 '公徒執冰而踞(公徒는 甲을 釋하고, 冰<箭筩,其蓋可以取飮>을 執하며 걸터앉아<踞> 있었더니<言無戰心>...)'라 하건대, 字는 異이나 義는 同이다. 服虔云하길, '冰은 犢丸의 蓋이다.'라 하고, 杜預云하길 '犢丸은 이렇게 箭筩이다.'라 하였다. ○華谷嚴氏曰: 矢를 用함엔 則 掤을 擧하여 筩을 開하고, 이윽고 사용하고선 則 矢를 筩中으로 納하곤 釋下하였던 掤으로 覆筩한다). '鬯(활집창)'은 활집(囊:낭)이니, 韔(활집창)과 같다(孔氏曰: 鬯弓은 弢弓<활집도>을 謂함이니, 鬯中에다 納인 것이다<弢音韜>). 그 전렵의 일이 장차 마치려 할 적에 從容하고 整暇(바쁜 가운데도 여유 있음)하길 이와 같았음을 말함이니(鄭氏曰: 田事가 또 畢함에 則 馬行은 遲하고 發矢는 希하니, 대개 矢를 다하고선 弢弓에 넣는 것이다), 또한 그 傷함이 없음을 기뻐한 가사인 것이다.

安成劉氏曰 上章及此도 亦皆言其田獵射御之善하고 而喜其畢事無傷로, 皆所謂 多才好勇而得衆者也라.
安成劉氏曰: 上章과 此도 또한 모두 그 田獵의 射御之善에 言하고서 그 畢事에 無傷함을 喜한 것으로, 모두 所謂 '多才好勇而得衆' 者인 것이다.

大叔于田은 三章으로, 章十句이라.
大叔于田은 三章으로, 章마다 十句이다.

陸氏曰 首章에도 作大叔于田者는 誤이라. 蘇氏曰 二詩에 皆曰叔于田인지라, 故加大以別之하니, 不知者가 乃以段有大叔之號하여 而讀曰泰하고 又加大于首章하니, 失之矣라.
陸氏曰: 首章(앞장)에도 '大叔于田'이라 쓰는 것은 잘못됨이다. 蘇氏曰: 두 詩에서 모두 <叔于田>이라 曰하고 있는지라, 고로 大字를 더해서 그것과 구별함이거늘, 알지 못하는 자들이 이내 段에게 大叔이라는 별호가 있음으로 여겨, 읽기를 泰로 하고 또 首章에도 大字를 더하니, 실수인 것이다.

永嘉鄭氏曰 段은 以國君介弟之親, 京城大叔之貴여도 而所好者는 馳騁弋獵也고, 所矜者는 禮袒暴虎也며, 所賢者는 射御足力也라. 出而人思之者도 飲酒服馬之儔也라. 氣習到此하고 而又恃其君母之愛玩하니, 於莊公之惟其所欲에 而不誰何也컨대, 欲不為亂여도 得乎리오.
永嘉鄭氏曰: 段은 國君의 介弟之親과 京城의 大叔之貴이어도, 好하는 바의 것이라곤 馳騁으로 弋獵하고, 矜하는 바의 것은 禮袒으로 暴虎하며, 賢하게 여겼던 바의 것은 射御와 경주(足力)였다. 사냥으로 出함에 人들이 그를 思之하였던 것도 飲酒와 服馬로만 필적(儔)하였던 것이다. 氣習이 此로만 到達하였고 또 그 君母之愛玩만을 恃하였으니, 莊公에게 오직 그 하고자 한 바(欲:찬탈)에 누군들 어찌 할 수 없었건대, 亂을 일으키지 않고자 하여도 得할 수가 있었겠는가?
*참고: 介弟(介:버금, 둘째)
稱謂。尊稱他人的弟弟。《左傳. 襄公二十六年》: 「夫子為王子圍, 寡君之貴介弟也。」

○豐城朱氏曰 段之為人이 以射則善하고 以御則良하며, 以容止則甚習하고 以材力則甚武이나, 如是而甚不仁이라. 夫惟不仁인지라 所以欲紾兄而奪其位也나, 而國人愛之若此者는 豈盡出於公哉인져. 上教不明인지라 人心不古하여 顛倒是非하고 混殽黑白되어, 固有不勝其可歎者矣라.
豐城朱氏曰: 段의 人됨이, 射에 있어서는 則 善하였고 御에서는 則 良하였으며, 容止에 있어서는 則 甚習이었고 材力에서는 則 甚武하였으나, 如是이고도 甚히 不仁하였다. 저 오직 不仁인지라 兄을 紾하여 그 位를 奪하고자 하였던 所以인 것이나, 國人이 그를 愛之하길 此와 같았던 것은 아마도 다 公에게서 出함일진져! 上教가 不明인지라 人心이 不古(순박하지 않음)하여 是非가 顛倒되고 黑白이 混殽(섞일효)되어, 固히 그 作亂之可歎을 감당하지 못함이 있게 된 것이다.
*참고: 京城大叔之貴

夏 五月 鄭伯克段于鄢(夏 五月에 정백(鄭伯)이 단(段)을 언(鄢)에서 克하다).

좌 初 鄭武公娶于申 曰武姜. 生莊公及共叔段. 莊公寤生 驚姜氏 故名曰寤生. 遂惡之 愛共叔段. 欲立之 亟請於武公 公弗許.

애초에 정나라 무공(武公)이 신(新)나라에 장가들었으니, 무강(武姜)이라 하였다. 장공(莊公)을 낳고 공숙단(共叔段)에 이르렀는데, 장공은 무강이 깨어나 보니 태어난지라 강씨를 놀라게 하였기 때문에, 고로 이름을 오생(寤生)이라 하였다. 드디어 그를 미워하고 공숙단만을 사랑하여, 그를 제위로 세우고자 자주 무공에게 청하였으나 무공이 불허(不許)하였다.

及莊公卽位 爲之請制. 公曰 制 巖邑也 虢叔死焉 佗邑唯命. 請京 使居之 謂之京城大叔. 祭仲曰 都城過百雉 國之害也. 先王之制 大都不過參國之一 中五之一 小九之一. 今京不度 非制也 君將不堪. 公曰 姜氏欲之 焉辟害. 對曰 姜氏何厭之有. 不如早爲之所 無使滋蔓 蔓難圖也. 蔓草猶不可除 況君之寵弟乎. 公曰 多行不義必自斃 子姑待之.

장공이 즉위로 이르자 그를 위해 제(制)읍을 청하니, 장공왈: <제읍은 바위로 된 험준한 읍이어서, 또한 괵숙(虢叔)도 그곳에서 죽었습니다. 다른 읍을 청하시면 명(命)대로 따르겠습니다.>라 하였다. 경(京)읍을 청하자 그곳에 거주하게 하니, 경성태숙(京城大叔)이라 하였다. 제중(祭仲)왈: <도성(都城)은 백치(白雉)보다 지나치면 나라에 해롭습니다<사방 3.58m가 1丈*3*100>. 선왕의 제도에 대도(大都)는 국도(國都)의 1/3에 불과하여야 하며, 중도(中都)는 1/5이며, 소도(小都)는 1/9에 불과하여야 하나, 지금 경읍은 법도를 따르지 않는지라 선왕의 제도가 아니나니, 군주께서 장차 감당하지 못하오리이다.>라 하니, 공왈: <강씨께서 그렇게 하고자 하시니, 어찌 해(害)롭다하여 피할 수 있겠는가?>라 하였다. 대왈: <강씨가 어찌 그것에 만족함이 있겠습니까? 일찍이 그것에 마땅한 바로 하여 넝쿨로 자라나지 못하게 함만 못하노니, 넝쿨로 자라날지면 도모하기가 어렵나이다. 넝쿨로 자라나면 풀도 오히려 가히 제거하기 어렵거늘, 하물며 군의 총애하는 아우에게 있어서야?>라 하니, 공이 왈: <불의(不義)를 많이 행하면 반드시 스스로 넘어져 죽으리니(斃), 그대는 우선 그것에 기다릴지니라.>고 하였다.

旣而大叔命西鄙北鄙貳於己. 公子呂曰 國不堪貳 君將若之何. 欲與大叔 臣請事之. 若弗與 則請除之 無生民心. 公曰 無庸 將自及 大叔又收貳以爲己邑 至于廩延 子封曰 可矣 厚將得衆 公曰 不義不暱 厚將崩.

이윽고 태숙이 서비(西鄙)와 북비(北鄙)에 명하여 자기에게 양쪽으로 귀속하게 하니, 공자여(公子呂)가 왈: <한 나라에 두 군주(貳)로는 감당하지 못하나니, 군주께서 장차 그것을 어찌 하시리오? 태숙을 허락하시고자 하신다면 신이 청컨대 그를 섬길 것이요, 만일 불허하실지면 즉 청컨대 그를 제거하여 민심(民心)이 자라나지 못하게 하소서.>라 하니, 공이 왈: <그럴 필요가 없느니라. 장차 스스로 화가 미치리로다.>고 하였다. 태숙이 또 양쪽에 소속되게 했던 읍들을 자기의 읍으로 삼아고서 늠연(廩延)에까지 이르거늘, 자봉(子封)이 日: <가히 토벌하여야 합니다. 토지가 두터워지면 장차 대중을 얻게 되리이다.>고 하니, 公이 日: <의롭지 못하고 백성으로부터 친애를 받지 못하건대, 두터움은 장차 무너지리로다.>고 하였다.

大叔完聚 繕甲 具卒乘 將襲鄭 夫人將啓之. 公聞其期 日 可矣. 命子封帥車二百乘以伐京. 京叛大叔段 段入于鄢 公伐諸鄢. 五月 辛丑 大叔出奔共.

태숙이 성곽(城郭)을 완비하고 인민(人民)을 모아, 갑주(甲冑)와 병장기를 수선(繕)하며 보졸과 병거(兵車)를 갖추어, 장차 정성(鄭城)을 습격하려 함에 부인(夫人)이 장차 문을 열어 주기로 하였다. 공이 그 期約을 듣고 왈: <可할지로다.>라 하고, 자봉에 명하여 병거 200승(乘)을 이끌고 경(京)읍을 토벌하게 하건대, 경읍이 태숙단을 배반하니 단이 언(鄢)땅으로 들어갔다. 공이 언땅을 토벌케 하니 오월 辛丑日에 태숙이 공(共)나라로 달아나 도망하였다.

書日 鄭伯克段于鄢 段不弟 故不言弟 如二君 故日克. 稱鄭伯 譏失教也. 謂之鄭志 不言出奔 難之也. 遂寘姜氏于城潁而誓之日 不及黃泉 無相見也 旣而悔之.

춘추에 <鄭伯克段于鄢>이라 기록한 것은, 단(段)이 아우답지 못하였기에 고로 아우라 말하지 않고 마치 두 군주가 겨룬 것 같이 하였기 때문에 고로 극(克)이라 한 것이다. '정백(鄭伯)'이라 칭한 것은 가르치기를 잃어버림을 나무란 것이니, 鄭伯의 의도였음을 말한 것이다. '출분(出奔)'이라 말하지 않은 것은 鄭伯의 志가 殺하는 데에 있었기 때문에 그 출분(出奔)이라 말하기가 곤란하였던 것이다. 드디어 강씨를 영성(潁城)에 안치하고 맹서(盟誓)하며 日: <황천(黃泉)에 이르지 않는 한 서로 만남은 없을 것이로다.>라 하였으나, 이윽고 그것을 뉘우쳤다.

潁考叔爲潁谷封人 聞之 有獻於公. 公賜之食 食舍肉. 公問之 對日 小人有母 皆嘗小人之食矣 未嘗君之羹 請以遺之. 公日 爾有母遺 繄我獨無. 潁考叔日 敢問何謂也. 公語之故 且告之悔. 對日 君何患焉 若闕地及泉 隧而相見 其誰日不然 公從之. 公入而賦 大隧之中 其樂也融融. 姜出而賦 大隧之外 其樂也洩洩 遂爲母子如初. 君子日 潁考叔純孝也. 愛其母 施及莊公. 詩日 孝子不匱 永錫爾類 其是之謂乎.

영고숙이 영곡(潁谷)의 국경을 맡아보는 관리가 되어, 그것을 듣고서 공(公)에게 헌상함이 있어하니, 公이 음식을 하사(下賜)함에 식사를 하며 고기 국을 남겨 놓자 공이 그것에 물은즉, 대왈: <소인에게는 노모가 있사오니 모두 일찍이 소인이 맛보여 드렸으나, 일찍이 군주의 고기국은 맛보이지 못하였나니 청컨대 남겨가게 하여주소서.>라 하니, 공이 왈: <너에겐 남겨 가져다드릴 노모가 있으나, 아(繄:탄성예)! 나만 홀로 없도다.>라 하니, 영고숙이 왈: <감히 무엇을 말씀하시는지 문사잇고?>라 하니, 공이 연유를 말하고 또 뉘우침을 告하건대, 대왈: <군주께선 어찌 그것에 근심하시리오? 만일 샘이 이르기까지 땅을 파(闕) 굴(隧:수)을 통해 서로 만날 수 있다면, 그 누가 그렇지 않다고 말 하리오?>라 하니, 공이 그것을 쫓았다. 공이 들어가며 시를 읊조리건대, '큰 굴속(隧)의 그 즐거움이 융융(融融:화락한 모양)하도다.' 라 하고, 강씨도 나오며 시를 읊조리기를, '큰 굴 밖의 그 즐거움이 예예(洩洩: 마음이 자유롭고 한가한 모양) 하도다.' 라 하며, 드디어 모자가 애초처럼 되었다. 군자(左氏)가 曰: <영고숙은 순일한 효자로다. 그 노모를 사랑함이 장공에게까지 미쳐 베플어지니, 시경(詩經)에 이르기를 '효자는 정성이 다함이 없어하니, 영원히 너의 동류(同類)의 善으로 錫해주리로다.' 고 하였으니, 이것을 말함인져!>라 하였다.

*참고: 詩曰 孝子不匱 永錫爾類(旣醉)
○威儀孔時어늘 君子有孝子로다. 孝子不匱하니 永錫爾類로다. (旣醉-05)
威儀가 심히 時에 맞아 하거늘, 君子께선 또한 嗣子(孝子)로서 잔을 받들어 음복이로다. 嗣子의 효가 다함(匱)이 없어 하니, 영원토록 너희들에게 善類로서 錫해주심이로다.

5.清人

07-05-01 清人在彭하니 駟介旁旁이로다. 二矛重英하며 河上乎翱翔이로다.
청인(清人)들 황하 방(彭)땅 주둔하니 갑옷의 사마(駟馬) 이리저리 분주로다. 두 창의 영(英)장식 수레 양쪽에 펄럭이며 하수(河) 위 떠돌며 유희(遊戲)로다.

    청읍사람 팽땅 왔네 사마 수레 분주하네
    붉은 장식 두 창들고 하수 가를 빙빙 도네

賦也라. 清은 邑名이니, 清人은 清邑之人也라. 彭은 河上地名이라. 駟介는 四馬而被甲也라. 旁旁은 馳驅에 不息之貌이라. 二矛는 酋矛, 夷矛也라. 英은 以朱

羽爲矛飾也라(孔氏曰 魯頌에 說矛之飾을 謂朱英하니, 則以朱染爲英飾이라. 蓋 絲纏而朱染之라). 酋矛는 長二丈이고, 夷矛는 長二丈四尺이니, 竝建於車上에 則其英重疊而見이라. 翱翔은 遊戲之貌이라. ○鄭文公이 惡高克하여 使將淸邑之 兵하여 禦狄于河上하곤(孔氏曰 文公捷은 屬公子이라. 閔公二年 冬十二月 狄入 衛에, 衛在河北하고 鄭在河南하여 恐其渡河侵鄭인지라, 故使高克將淸邑之兵於 河上하여 禦之라) 久而不召하니, 師散而歸에 鄭人이 爲之賦此詩이라. 言其師出 之久하고 無事여도 而不得歸인지라 但相與遊戲如此하니, 其勢가 必至於潰散而 後已爾이라.

賦체이다. '淸'은 邑名이니, 淸人은 淸邑의 사람이다. '彭'은 黃河 위의 지명이다. '駟介'는 四馬에다 갑옷을 입힘이다. '旁旁'은 馳驅하기를 쉬지 않는 모양이다. '二矛'는 酋矛와 夷矛이다. '英'은 붉은 깃(羽)으로, 창을 장식하는 것이다(孔氏曰: 魯頌에서 矛之飾을 說함에 '朱英'이라 謂하고 있으니, 則朱染으로서 英飾을 삼음이다. 대개 絲로 纏<얽을전>하고서 朱로 染之 인 것이다). '酋矛'는 길이가 二丈이요, '夷矛'는 길이가 二丈 四尺이니, 나란히 수레 위에다 세움에 즉 그 英이 중첩되어 보인 것이다. '翱翔<비상할 고,상>'은 遊戲하는 모양이다. ○鄭文公이 高克을 미워하여 淸邑의 병사를 가지고 狄을 河水 上에서 막게 하곤 오래도록 불러들이지 않았는데(孔氏曰: 文公 捷은 屬公 突의 子이다. 閔公 二年 冬十二月에 狄이 衛를 침입함에, 衛는 河北에 在하고 鄭은 河南에 在하고 있었기 때문에, 그 渡河로 侵鄭일 것에 恐 하였는지라 故로 高克으로 하여금 淸邑之兵을 將하고서 河上에서 그들을 禦之 케 한 것이다), 군사들이 흩어져 돌아옴에 鄭나라 사람들이 그들을 위해 이 詩를 賦한 것이다. 그 군사들이 출병한지 오래되고 일이 없음에도 돌아올 수 없었는지라 다만 서로 함께 유희하길 이와 같이 하였으니, 그 형세가 반드시 潰散(意思是猶散失,逃亡散失之衆)에 이른 이후에야 그칠 뿐임을 말한 것이다.

永嘉鄭氏曰 夫擁大衆於外하고 而無所事엔, 不爲亂이면 則必潰散耳이라.
永嘉鄭氏曰: 저 大衆을 외에다 擁(안을옹)해 놓고선 事하는 바가 없음엔, 亂을 일으키지 않으면 則 반드시 潰散(무너지고 흩어져 도망)일 뿐인 것이다.

07-05-02 ○淸人在消하니 駟介麃麃로다. 二矛重喬인채 河上乎逍遙로다.
청인(淸人)들 황하 소(消)땅 주둔하니 갑옷의 사마(駟馬) 위풍당당이로다. 세 월 낡아 두 창 갈고리(喬)만 드러낸 채 하수 위 떠돌며 소요(逍遙)로다.

　　　　　청읍사람 소땅 왔네 사마 수레 위풍당당
　　　　두 창 끝에 갈고리 달고 하수 가를 거닌다네

賦也라. 消도 亦河上地名이라. 麃麃는 武貌라. 矛之上句曰喬이니, 所以懸英也라. 英弊而盡에 所存者는 喬而已이라.

賦체이다. '消'도 또한 河水 上의 地名이다. '麃麃(균셀표)'는 위엄의 모습이다. 창 위의 갈고리를 '喬'라 曰하니, 英을 매달 수 있는 까닭인 것이다. 英이 헤지고 다 닳음에 남아있는 바의 것이라곤 喬일 뿐이라는 것이다.

07-05-03 ○淸人在軸하니 駟介陶陶로다. 左旋右抽어늘 中軍作好로다.
청인(淸人)들 황하 추(軸)땅 주둔하니 갑옷의 사마(駟馬) 한가로이 노님이로다. 마부(左)의 급회전에 우사(右士) 칼 뽑아 들거늘 중군(中軍)의 장수 위엄 늠름이로다.

청읍사람 추땅 왔네 사마 수레 내달리네
깃발 들고 칼 빼들고 장수 위엄 늠름하네

賦也라. 軸도 亦河上地名이라(孔氏曰 彭,消,軸은 皆河上之地로, 久不得歸는 師有遷移三地인지라, 亦應도 不甚相遠이라). 陶陶는 樂而自適之貌이라. 左는 謂御在將軍之左하며 執轡而御馬者也라. 旋은 還車也라. 右는 謂勇力之士가 在將軍之右하며 執兵以擊刺者也라. 抽는 拔刃也라. 中軍은 謂將在鼓下,居車之中하니, 卽高克也라(孔氏曰 此謂將所乘車니, 若士卒兵車엔 則左人持弓하고 右人持矛함에 而中人은 御이라). 好는 謂容好也라. ○東萊呂氏曰 言師久而不歸하고 無所聊賴에 姑遊戲以自樂이니, 必潰之勢也라. 不言已潰하고 而言將潰하니, 其詞深이고 其情危矣라.

賦체이다. '軸'도 또한 河水 上의 地名이다(孔氏曰: 彭,消,軸는 모두 河上之地로, 久토록 歸를 得하지 못하였던 것은 師를 三地로 遷移함이 있었기 때문인지라, 또한 應함도 甚히 서로 遠으로 하지 않은 것이다). '陶陶'는 즐거워 하면서 自適한 모양이다. '左'는 御가 장군의 왼쪽에 자리하며 고삐를 잡고 말을 모는 자를 말함이다. '旋'은 수레를 돌림이다. '右'는 勇力의 戰士가 장군의 우측에 놓여 병기를 잡고서 擊刺하는 자를 말함이다. '抽'는 칼을 뽑아 드는 것이다. '中軍'은 장수가 북 아래에 자리하고 수레의 중앙에 거처함을 말함이니, 즉 高克인 것이다(孔氏曰: 此는 將군이 乘車하는 바를 謂함이니, 마치 士卒의 兵車와 같은 경우에는 則 左人이 持弓하고 右人이 持矛함에 中人은 수레를 御한다). '好'는 용모의 좋음을 말함이다. ○東萊呂氏曰: 군사들이 오래도록 돌아오지 못함에 애오라지 의뢰할 바가 없어 우선 遊戲로 自樂을 삼으니, 반드시 潰亂의 형세임을 말한 것이다. 이미 潰亂했다 말하지 않고 장차 潰亂할 것으로 말하니, 그 가사를 깊이 하면서도 그 실정을 급박하게 한 것이다.

淸人은 三章으로, 章四句이라.
淸人은 三章으로, 章마다 四句이다.

事가 見春秋이라(安成劉氏曰 見閔公二年이라). ○胡氏曰 人君은 擅一國之名寵하여 生殺予奪을 惟我所制耳이니, 使高克이 不臣之罪已著면 按而誅之가 可也고, 情狀未明엔 黜而退之도 可也며, 愛惜其才하여 以禮馭之도 亦可也나, 烏可假以兵權하여 委諸竟上하곤 坐視其離散하며 而莫之卹乎리오. 春秋書曰하길 鄭棄其師라하니, 其責之深矣라.
기사가 春秋에서 보인다(安成劉氏曰: 閔公 二年에 見한다). ○胡氏曰: 人君은 一國의 名譽와 寵愛를 마음껏 하여 生殺予奪을 오직 자기가 제어하는 바일 뿐이니, 가령 高克이 신하답지 못한 죄가 이미 드러났거든 살펴 그를 주살하여도 可할 것이요, 情狀이 분명치 않거든 쫓아내 그를 물리쳐도 또한 可할 것이며, 그 재주를 애석히 여겨 예로서 그를 부림(馭:어)에도 또한 가한 것이나, 어찌 가히 병권을 가장하여 국경 위에 버려두고 그 離散을 坐視하며 그들을 전혀 구휼하지 않을 수 있겠는가? 春秋에 기록하여 曰하길, <鄭나라가 그 군사를 버렸다.>라 하니, 그 책망하기를 깊이 한 것이다.

6. 羔裘

07-06-01 羔裘如濡하니 洵直且侯로다. 彼其之子여. 舍命不渝로다.
어린 염소갖옷 윤기나 흐르나니 참으로 모발(毛髮) 곱고도 멋짐이로다. 저 그 갖옷 입은 그대여! 천명의 거처(舍)서 달리함 없도다.

염소 갖옷 윤기나네 곱고도 아름답네
저기 멋진 사람이여! 천명종심 변치않네

賦也라. 羔裘는 大夫服也라. 如濡는 潤澤也라. 洵은 信이고, 直은 順이며, 侯는 美也라. 其는 語助辭이라. 舍는 處이고, 渝는 變也라. ○言此羔裘가 潤澤하고 毛가 順而美하니, 彼服此者는 當生死之際여도 又能以身居其所受之理하여 而不可奪로,
賦체이다. '羔裘'는 大夫의 복식이다. '如濡'는 潤澤함이다. '洵'은 참으로 信이다. '直'은 順함이요, '侯'는 아름다움이다. '其'는 語助辭이다. '舍'는 處함이요, '渝'는 變함이다. ○이 羔裘는 潤澤하고도 털이 順하며 아름다우니, 저 이 옷을 입은 자는 생사의 갈림길에 당해서도 또한 능히 자신이 그 받은 바의 이치에 居處하여 가히 그 뜻한 바를 빼앗을 수 없음을

말한 것으로,

鄭氏曰 謂守死善道와 見危受命之節이라.
鄭氏曰: 死로서 善道를 守해내고, 見危엔 목숨(命)을 던지(受)는 節도를 謂함이다.

○華谷嚴氏曰 命者는 天所賦予於我者이고, 舍는 則居之而安也라. 君子는 能安於命인지라, 臨利害而不變이라.
華谷嚴氏曰: 命者는 天이 我에게 賦予해준 바의 것이고, 舍는 則 그곳에 居之하며 安인 것이다. 君子는 能히 命에 安인지라, 利害에 臨해선 不變인 것이다.

○慶源輔氏曰 舍命不渝의 所包者는 闊이라. 命엔 有二이니, 有指理而言者하고 有指氣而言者이라. 此는 蓋兼之라. 以理而言이면 則居其理而不變이고, 以氣而言이면 則居其分而不渝이니, 理可以兼氣인지라 故集傳엔 止以理言之라.
慶源輔氏曰: '舍命不渝'가 包하고 있는 바의 것은 闊이다. 命에는 有二이니, 理로 指하여 言者도 有하고 氣로 指하여 言者도 有이다. 此는 대개 그것을 兼之인 것이다. 理로서 하여 言일지면 則 그 理로 居하며 不變이고, 氣로 하여 言일지면 則 그 分으로 居하며 不渝인 것이나, 理는 可히 氣도 兼인지라 故로 集傳에서는 다만 理로서만 言之한 것이다.

蓋美其大夫之詞나 然不知其所指矣라.
대개 그 大夫를 미화한 가사이나 그러나 그 가리키는 바엔 알지 못함이다.

07-06-02 ○羔裘豹飾이로소니 孔武有力이로다. 彼其之子여. 邦之司直이로다.
어린 염소갖옷 표범가죽(豹皮) 가선이로니 심히 씩씩하며 박력 있도다. 저 그 갖옷 입은 그대여! 나라의 곡직(曲直) 담당할 만하도다.

염소 갖옷에 호피 장식 씩씩하고 박력있네
저기 멋진 사람이여! 이 나라의 명관일세

賦也라. 飾은 緣袖也라. 禮에 君은 用純物이나, 臣下之故인지라 羔裘에다 而以豹皮로 爲飾也라. 孔은 甚也라. 豹는 甚武而有力인지라, 故服其所飾之裘者도 如之라. 司는 主也라.
賦체이다. '飾'은 옷소매에 가선(加襈:緣,연)을 두름이다. <禮>에 군주는 순수의 동일한 물건으로 꾸밈을 사용하나, 신하인 까닭에 羔裘에다 豹皮로서 가선의 꾸밈을 삼은 것이다. '孔'은 甚함이다. 표범은 매우 굳세며 힘이 있기 때문에, 고로 그 꾸민 바의 갖옷을 입은 자도 그와 같다는 것이다. '司'는 주관으로 맒이다.

07-06-03 ○羔裘晏兮오 三英粲兮로다. 彼其之子여, 邦之彦兮로다.
어린 염소갖옷 성대히 선명하고 삼영(三英) 장식 밝게 빛남이로다. 저 그 갖옷 입은 그대여! 나라의 으뜸가는 현사(賢士)로다.

염소 갖옷 성대하고 삼영 장식 빛나도다
저기 멋진 사람이여! 이 나라의 선비로다

賦也라. 晏은 鮮盛也라. 三英은 裘飾也나, 未詳其制라(程子曰 若素絲五紽之類이니, 蓋衣服制度之節이라). 粲은 光明也라. 彦者는 士之美稱이라.
賦체이다. '晏(아름답고 깨끗할 안)'은 鮮明하고 盛大함이다. '三英'은 갖옷의 장식이나, 그 제도엔 未詳이다(程子曰: 마치 <羔羊>편 '素絲五紽'의 類와 같음이니, 대개 衣服制度의 節인 것이다). '粲'은 光明이다. '彦'이라는 것은 士의 美稱이다.

羔裘는 三章으로, 章四句이라.
羔裘는 三章으로, 章마다 四句이다.

慶源輔氏曰 首章은 言其能舍命不渝하고, 次章은 言其為邦之司直하며, 末엔 乃以為邦之彦而結之니, 然則為臣之道는 主於正直하고 不阿而已이라. 雖孔子之在朝서도 亦以便便,誾誾,侃侃為常이라도, 至于柔行,巽入엔 委曲以就事하여 亦固有時而當用要之니, 其出於不得已而已이라.
慶源輔氏曰: 首章에선 그 能히 舍命不渝로 言하였고, 次章에선 그 邦之司直됨으로 言하였으며, 末에선 이내 邦之彦이 됨으로 그것을 結之하였으니, 然則이면 為臣之道는 正直에 主하여 阿치 말아야 할 뿐인 것이다. 비록 孔子께서 在朝에서도 또한 '便便(분명하고 분별 있게),誾誾(정중하며 예의 갖춤),侃侃(화평하고 화락함)'으로 常을 삼으셨더라도, '柔行과 巽入'에 至해선 委曲의 事마다에 就하여 또한 固히 時에 따라 當히 그것으로 要之해 用함이 有하셨으니, 그 不得已에서 出했을 뿐인 것이다.

○豊城朱氏曰 舍命不渝면 則必不徼倖而苟得이니, 而於守身之道得矣라. 邦之司直이면 則必不諛悅以求容이니, 而於事君之道盡矣라. 旣能順命以持身하고 又能忠直以事上하니, 此所以為邦之彦也歟인저.
豊城朱氏曰: 舍命不渝면 則 반드시 徼倖으로 苟차히 得하지 않음이니, 守身之

道에 있어서 得인 것이다. 邦之司直이면 則 반드시 諫說로서 容納되길 求하지 않음이니, 事君之道에 있어서 盡인 것이다. 이윽고 能히 順命으로 持身코도 또 能히 忠直으로 事上하니, 此가 邦之彦이 되는 所以일진져!

7. 遵大路

07-07-01 遵大路兮하야 摻執子之袪兮호라. 無我惡兮어다. 不寁故也니라.
대로(大路) 쫓으며 당신 소매 잡고 만류하노라. 나 미워해 떠나지 말지어다. 옛정 이리 빨리 끊을 수 없나니라.

큰길가로 쫓아나가 그대 소매 붙잡았소
나 미워 가지마오 옛정일랑 끊지 마오

賦也라. 遵은 循이고 摻 擥이며(與攬同으로 撮持也라), 袪는 袂이고(孔氏曰 袂是袪之本이고 袪是袂之末이니, 俱是衣袖이라) 寁은 速이며, 故는 舊也라. ○淫婦가 爲人所棄인지라 故於其去에 也擥其袪而留之曰하길, 子無惡我而不留하라. 故舊는 不可以遽絶也라. 宋玉賦에도 有遵大路兮 攬子袪之句하니, 亦男女相說之詞也라.

賦체이다. '遵'은 따를 循이요, '摻(잡을삼)'은 잡을 擥(람)이요(攬과 더불어 同이니, 撮持<모을촬>이다), '袪(소매거)'는 소매 袂(몌)이요(孔氏曰: 袂는 이렇게 袪之本이고, 袪<거>는 이렇게 袂之末이니, 함께 이렇게 衣袖인 것이다), '寁'은 빠름이요, '故'는 예전의 舊이다. ○淫란한 婦인이 사람에게 버림받는 바가 되었기 때문에, 고로 그 떠나감에 있어 또한 그 소매를 부여잡고 그를 만류하며 曰하길 '그대는 나를 미워하여 머물지 않고 떠나감이 없을지어다. 故舊의 정은 가히 갑자기 끊을 수가 없도다.' 라 하였다. 宋玉(굴원의 제자)의 賦에서도 '대로를 따라 그대의 옷소매를 잡는다.' 라는 구절이 있으니, 또한 남녀 간의 서로 사랑하는 가사인 것이다.

安成劉氏曰 宋玉의 登徒子好色賦에 曰하길, 鄭衛의 溱洧之間에 羣女出桑컨대, 臣觀其麗者하여 因稱詩曰遵大路兮,攬子袪하곤 贈以芳花詞甚妙이라. 注云하길, 攬衣袖은 欲與同歸이고, 折芳,誦詩는 以贈游女이라. 集傳에 援此爲證者는 蓋宋玉去此詩之時가 未遠이고, 其所引用도 當得詩人之本旨이니, 彼는 爲男語女之詞이나 猶此詩는 爲女語男之詞也라.

安成劉氏曰: '宋玉의 <登徒子好色賦>'에 대해 진(秦)나라 장화대부가 曰하길, '鄭,衛의 溱洧之間을 종용(從容)할 때, 한 무리의 소녀(羣女)들이 桑밭을 나섬에 臣이 그 수려한 이를 觀하고선 이로 因해 詩經에서 曰한 "遵大路兮

를 稱하고선 芳花를 贈하곤 詞를 甚히 妙하게 전하였습니다.'라 하였다. 注에 云하길, '攬衣袖'는 함께 同歸하고자 함이고, '折芳'과 '誦詩'는 游女에게 贈해 준 것이라 하였다. 集傳에서 此를 당겨(援) 證으로 삼은 것은 대개 宋玉이 此詩의 시대와 거리가 아직 遠하지 않았고, 그 引用한 바도 當히 詩人之本旨를 得하였기 때문이니, 彼는 男이 女에게 語한 詞가 되나 오히려 此詩는 女가 男에에 語한 詞인 것이다.

*참고: 登徒子好色賦(宋玉)

大夫登徒子侍於楚王, 短宋玉曰:
대부 등도자가 초 양왕(裏王)을 모시고 송옥에 대한 단점을 일컬어 曰하길:

"玉爲人體貌閒麗, 口多微辭, 又性好色。願王勿與出入後宮。"
송옥의 사람됨은 體貌엔 여유롭게 잘생겼지만, 입만 벌리면 은근한 언사만을 많이 일삼고 또한 성품도 호색한이니, 원컨대 왕께선 함께 후궁으론 출입하진 마십시오."

王以登徒子之言問宋玉。
왕이 등도자의 말로 송옥에 물어 보았다.

玉曰: "體貌閒麗, 所受於天也; 口多微辭, 所學於師也; 至於好色, 臣無有也。"
玉曰: "體貌가 훤하게 잘생긴 건 하늘에서 부여받은 바인 것이요, 입만 벌리면 은근한 언사가 많음은 스승님께 배운 바인 것이나, 好色에 이르러선 臣과는 무관합니다."

王曰: "子不好色, 亦有說乎? 有說則止, 無說則退。"
王曰: "그대가 好色하지 않음에도 또한 그런 말이 떠돌겠느냐? 할 말이 있으면 즉 여기에 머물고, 할 말이 없으면 즉 물러가라."

玉曰: "天下之佳人莫若楚國, 楚國之麗者莫若臣裏, 臣裏之美者莫若臣東家之子。東家之子, 增之一分則太長, 減之一分則太短;
玉曰: "천하의 미인이래야 초나라 사람과 같음이 없고, 초나라의 수려한 자라도 臣의 동네 안쪽(裏)만 같음이 없습니다. 臣의 동네 안쪽 미인인 자도 臣의 동쪽 집 여식만한 이가 없습니다. 臣의 동쪽 집 여식은 일 품을 더하면 즉 키가 장대해지고, 일 품을 감함이면 즉 키가 너무 작아지게 됩니다.

著粉則太白, 施朱則太赤; 眉如翠羽, 肌如白雪;
분을 바르면 즉 지나치게 희어지고, 연지를 바르면 즉 지나치게 붉어집니다. 눈썹은 물총새 깃털(翠羽:물총새취)과 같고, 피부는 백설과도 같습니다.

腰如束素, 齒如含貝; 嫣然一笑, 惑陽城, 迷下蔡。
허리는 비단 한 필 묶음인 듯하고, 가지런한 치아는 입 다문 조개와 같으며, 생긋 눈웃음(嫣:언) 지으며 한번 웃는 날엔, 양성(陽城:귀족봉지)의 자제들을 미혹케 하고, 하채(下蔡:왕족봉지)의 왕족들을 혼미케 합니다.

然此女登牆 窺臣三年 至今未許也

그러나 이 여인이 우리 담장 위에 올라 저 엿보길 삼 년이어도, 오늘에 이르기까지 허락치 않았습니다.
登徒子則不然 其妻蓬頭攣耳 (齒只)脣歷齒
등도자는 즉 그렇지 아니하니, 그의 처는 쑥대머리가 귀에까지 내려오고, 치아는 입술을 지나 툭 튀어 나왔으며,
旁行踽僂 又疥且痔
걸음걸이 삐뚤고(旁行) 구부정한 곱사등(踽僂:우루)에다, 또 옴의 습진을 앓고 치질(痔:치)의 고통을 앓음에도,
登徒子悅之 使有五子
등도자는 그녀에게 기뻐하여 다섯 아들을 두게 하였으니,
王孰察之 誰爲好色者矣
대왕께선 누가 호색한이 되는지에 잘(孰) 살피소서.
是時, 秦章華大夫在側, 因進而稱曰:
이때에 진(秦)나라 장화대부가 옆에 있다가 이로 인해 나아가 칭하며 말하길:
"今夫宋玉盛稱鄰之女, 以爲美色, 愚亂之邪; 臣自以爲守德, 謂不如彼矣。
且夫南楚窮巷之妾, 焉足爲大王言乎? 若臣之陋, 目所曾睹者, 未敢雲也。"
"오늘의 송옥은 이웃집 여자를 성대히 칭송하며 미색이라 여겼으나, 어리석음으로 정도를 어지럽히는 사특함입니다. 臣은 스스로 '덕을 지킴(守德:守禮)'을 미색으로 여김이지, 저와 같음을 말함이 아닙니다. 또한 저 남쪽 초나라 궁벽한 마을의 처자를 어찌 족히 대왕을 위해 언급할 수 있겠습니까? 臣이 누추한 마을에서 눈으로 일찍이 목도한 바의 것과는 감히 말할 바도 못됩니다."
王曰: "試爲寡人說之。"
왕曰: "과인을 위해 시연하여 그것을 말해보라.
大夫曰: "唯唯 少曾遠遊, 周覽九土, 足歷五都。出咸陽、熙邯鄲, 從容鄭、衛、溱、洧之間。是時向春之末, 迎夏之陽, 鶬鶊喈喈, 羣女出桑。此郊之姝, 華色舍光, 體美容冶, 不待飾裝。臣觀其麗者, 因稱詩曰:'遵大路兮攬子袪'。
大夫曰: "분부대로 아뢰겠습니다(唯唯). 臣이 젊은 시절 일찍이 멀리 유람하여, 두루 9개 지역을 관람하고 족히 5개의 도읍을 거쳤습니다. 함양(咸陽)을 나서 한단(邯鄲)에서 노닐다(熙), 정(鄭)나라 위(衛)나라의 진수(溱)와 유수(洧) 사이에서 여유 있게 머물(從容) 때였습니다. 이때는 늦봄의 자락을 향하여 초여름의 태양을 맞이할 무렵이었는데, 꾀꼬리(鶬鶊:창경) 화락하게 우짖음에 한 무리 소녀들이 뽕나무밭을 나서고 있었습니다. 이곳 교외의 아름다움(姝:주)에다, 華色을 지니고도 광채를 숨기며 신체는 아름답고 용모는 다듬어져 있어 장식과 치장이 필요 없었습니다. 臣이 그 수려한 이를 보고는 이로 인해 <시경>의 '遵大路兮 攬子袪'를 읊어주었습니다. 아가씨는 恍然(언뜻)히 바라보다가 다가오지 않고 올 듯하다가도 보이지 않았습니다. 서로의 마음

은 가까웠지만 몸은 멀었으니, 아가씨의 一擧一動은 남달랐고 즐거운 미소를 지으며 곁눈으로 저를 보았습니다. 아울러 答詩를 읊었습니다. "봄바람이 부니 꽃이 피어납니다. 당신의 반가운 소식을 기다릴게요. 당신이 말해주 시는 저를 어쩔 수 없게 하네요." 그리고 아가씨는 떠났습니다. 단지 몇 마디의 詩語만으로도 서로가 감동하며 정신적으로 서로 통하였습니다. 눈으로 그 얼굴을 보고 싶었지만 마음은 正道를 생각하였으니, 詩로 和答하였을 뿐으로 예를 지켜(守禮) 끝까지 어긋남이 없었습니다. (孔子의 好色과 守禮:《詩經·關雎》를 중심으로. 김세환)

07-07-02 ○遵大路兮하야 摻執子之手兮호라. 無我醜兮어다. 不寁好也니라.
대로(大路) 쫓으며 당신 손목 잡고 호소하노라. 나 추(醜)하게 여겨 떠나지 말지어다. 깊은 정(情) 이리 빨리 끊을 수 없나니라.

　　　　　큰길가로 쫓아가서 그대 손목 붙잡았소
　　　　　나 밉다고 가지마오 깊은 정을 끊지마오

賦也라. 醜는 與醜同이니, 欲其不以己爲醜而棄之也라. 好는 情好也라.
賦체이다. '醜(미워할추)'는 醜와 같으니, 그 자기를 추하게 여겨 버리지 말라고 한 것이다. '好'는 정이 깊이 든 사이이다.

慶源輔氏曰 無我惡兮, 不寁故也는 猶假義以責之니, 至于無我醜兮, 不寁好也에선 則真情見하며 而詞益哀矣라.
慶源輔氏曰: '無我惡兮 不寁故也'는 오히려 義를 假裝하여 그를 責之인 것이니, '無我醜兮 不寁好也'에 이르러서는 則 真情을 見(현)하며 詞를 더욱 哀절하게 한 것이다.

遵大路는 二章으로, 章四句이라.
遵大路는 二章으로, 章마다 四句이다.

8. 女曰鷄鳴

07-08-01 女曰鷄鳴이어늘, 士曰昧旦이니라. 子興視夜하라. 明星有爛이어니, 將翺將翔하야 弋鳧與鴈이어다.
부인 닭 울었다 깨워 말하거늘, 남편 아직 어두워 캄캄하다 대꾸함이라. 그대 일어나 밤하늘 살펴보라. 이미 계명성 밝게 빛나리니, 장차 성큼성큼(翺翔) 가 주살로 오리 기러기 잡아올지어다.

여인이 닭이 운다고 깨워 말합니다
사내는 "아직 날이 캄캄하오" 대꾸합니다
"일어나 밤하늘 봐요 별이 반짝이고 새들도 곧 날아다녀요
어서 가서 물오리랑 기러기도 잡아오세요"

賦也라. 昧는 晦이고, 旦은 明也니, 昧旦은 天欲旦이나 昧晦하여 未辨之際也라 (東萊呂氏曰 列子云하길 將旦의 昧爽之交나, 日夕의 昏明之際에...). 明星은 啓明之星이니, 先日而出者也라. 弋은 繳射이니, 謂以生絲繫矢而射也라. 鳧는 水鳥로, 如鴨하고 靑色이며 背上有文이라. ○此는 詩人이 述賢夫婦相警戒之詞이라. 言女曰하길 雞鳴以警其夫함에 而士曰하길 昧旦하여 則不止於鷄鳴矣라하니, 婦人又語其夫曰하길 若是라면 則子可以起而視夜之如何이라. 意者는 明星已出而爛然리니, 則當翱翔而往하여 弋으로 取鳧鴈而歸矣라. 其相與警戒之言이 如此하니, 則不留於宴昵之私임을 可知矣라.

賦체이다. '昧'는 어두울 晦이요, '旦'은 밝음이니, '昧旦'은 하늘이 여명(旦)으로 비추고자할 때, 어둡고 컴컴(昧晦)해 아직 分辨되지 않을 때이다 (東萊呂氏曰: 列子云하길, 將차 旦하려 할 때의 昧爽之交이니, 日이 夕하여 昏明之際일 때에...). '明星'은 啓明星이니, 해보다 먼저 나타나는 것이다. '弋'은 주살에 줄을 매어 쏨(繳射:작)이니, 生絲를 화살에 매어 쏨을 말합이다. '鳧(오리부)'는 물새로, 마치 집오리(鴨:압)와 같고 청색이며, 등 위에 무늬가 있다. ○이것은 詩人이 어진 夫婦가 서로 警戒함을 기술한 가사이다. 여자 왈하길 닭이 울음으로 그 남편을 경계함에, 남편 왈하길 아직 어둡고 컴컴하여 즉 아직 닭이 울 때로 머물지 않았다라 하니, 婦人이 또 그 夫에게 이야기하며 말하기를 이와 같다면 즉 당신은 가히 일어나 밤하늘이 어떠한가 살펴보라. 의도해볼 수 있는 것은 明星이 이미 나와 반짝이며 빛나고(爛然) 있으리니, 즉 마땅히 날아가듯 가서 주살로 오리(鳧)와 기러기(鴈)를 취해 돌아오라고 말한 것이다. 그 서로 함께 경계한 말이 이와 같으니, 즉 宴昵의 사사로움으로만 머물지 않았음을 가히 알 수 있는 것이다.

*참고: 列子(湯問)
二曰承影, 將旦昧爽之交, 日夕昏明之際, 北面而察之, 淡淡焉若有物存, 莫識其狀. 其所觸也, 竊竊然有聲, 經物而物不疾也.
둘째는 승영(承影)이라고 하는데 날이 새려는 이른 새벽이나 해가 저무는 저녁 무렵에 북쪽을 향하여 들고 서서 살피면 희미하게 물건의 존재가 있는 것 같지만 그 모양은 알 수가 없다오. 그것이 닿는 데는 은은한 소리가 들리고 물건을 절단하여도 그 물건은 아픔도 모른다오. (swings81님의 블로그)
*참고: 將翱將翔

고(翱)란 새가 날면서 날개를 위아래로 흔드는 것을 말하고, 상(翔)은 날개를 움직이지 않고 날아가는 것을 말하는데, ①날개를 펼치고 뜻을 얻은 듯이 노 님. ②제멋대로 날뛴다는 의미로 사용됨. (한국고전용어사전)

07-08-02 ○弋言加之어든 與子宜之하여, 宜言飮酒하야 與子偕老호리라. 琴瑟在御면 莫不靜好로다.
주살로 쏘아 맞추거든 그댈 위해 마땅하게 요리하여, 의당 그것으로 음주하며 그대와 해로(偕老)로 화락하리라. 이에 금슬(琴瑟) 연주까지 놓일지면 이보다 안정(安靜)되고 좋은 화목 없을지로다.

<blockquote>
주살질로 고기 잡아오면 그댈 위해 요리하지요
마주 앉아 슬 마시며 우리 함께 늙어가요
금과 슬을 곁에 두고 편안하고 한가하게 살아갑시다
</blockquote>

賦也라. 加는 中也니, 史記所謂 以弱弓微繳 加諸鬼鴈之上이 是也라(埤雅曰 加는 與玄鶴加,加雙鴨之加와 同意라. 蓋弱弓微矢로 乘風振之를 曰弋이라. 故史記謂하길 楚人好以弱弓微矢 加諸鬼鴈之上이라). 宜는 和其所宜也니, 內則에 所謂 鴈宜麥之屬이 是也라(鄭氏曰 言其氣味相成이라). ○射者는 男子之事고 而中饋는 婦人之職인지라, 故婦謂其夫하길 旣得鬼鴈以歸엔 則我當爲子하여 和其滋味之所宜리다. 以之飮酒하며 相樂期於偕老하고 而琴瑟之在御者면 亦莫不安靜而和好라하니, 其和樂而不淫을 可見矣라.

賦체이다. '加'는 맞춤(中)이니, 史記(楚世家) 초나라 경양왕 18년(기원전 281년)에 소위 <약한 활에 약한 주살 끈을 매어 鬼鴈상에다 加한다.>라 하였으니, 이것이다(埤雅曰: 加는 '玄鶴加'와 '加雙鴨'의 加와 더불어 同意이다. 대개 弱弓에다 微矢를 달아 바람을 타고<乘風> 그것을 날려보냄<振之>을 弋이라 曰한다. 故로 史記에서 '楚人 중에 弱弓微矢로 鬼鴈之上에다 加하길 잘 하는 자가 있었건대...'라 謂한 것이다). '宜'는 그 의당한 바로 和하게 함이니, <內則>에 소위 <오리국에는 보리밥이 의당하고(鴈宜麥)...>의 속이 이것이다(鄭氏曰: 그 氣와 味가 서로 이루어지게 함을 말함이다). ○활 쏘는 것은 남자의 일이요, 음식을 맞게(中饋) 함은 부인네의 일이기 때문에, 고로 婦人이 그 남편에게 이르기를, 이윽고 鬼鴈을 득하여 돌아옴엔 즉 내 마땅히 그댈 위해 그 滋味의 마땅한 바로 和하게 하리이다. 그것으로 飮酒하며 偕老로 서로 화락하길 기약하고 琴瑟의 연주로 놓일 것이면, 또한 무엇도 이보다 安靜으로 화평하고 좋지(和好) 않음이 없다라 하니, 그 和樂하면서도 淫亂하지 않음을 가히 볼 수 있는 것이다.
*참고: 玄鶴加(司馬相如列傳)

於是乃相與獠於蕙圃(어시내상여료어혜포), 媻珊勃窣上金隄(반산발솔상금제), 掩翡翠(엄비취), 射鵕䴊(사쥰의), 微矰出(미증출), 孅繳施(섬격시), 弋白鵠(익백곡), 連駕鵝(연가아), 雙鶬下(쌍창하), 玄鶴加(현학가)。

'이에 모두 함께 향초를 심은 들로 가서 밤 사냥을 하는데, 살금살금 천천히 걸어서 견고한 제방 위로 올라가 그물로 물총새를 덮쳐잡고 화살로 금계(金鷄)를 잡고, 작은 주살을 꺼내 가느다란 주살의 줄을 매어 쏴대고, 주살로 고니를 맞추고 잇달아 거위를 잡으며, 재두루미 두 마리를 쏘아 떨어뜨리니 검은 재두루미도 맞아 떨어집니다.

○獠(요,료): 밤 사냥. 야간 사냥. ○蕙圃(혜포): 향초를 심은 밭. 향기 나는 풀이 자생하는 들녘. ○媻珊(반산): 서서히 달려가는 모습. 살금살금. ○勃窣(발솔): 느릿느릿 앞으로 가다. ○金堤(금제): 견고한 제방. 제방명이라는 설도 있다. ○鵕䴊(쥰의): 금계(金鷄). ○矰(증): 주살. ○孅繳(섬격): 가느다란 주살의 줄. ○施(시): 쏴대다. 내쏘다. ○弋(익): 주살. 활의 오늬에 줄을 매어 쏘는 화살. ○白鵠(백곡): 고니. ○鵝(아): 거위. ○鶬(창): 재두루미. ○玄鶴(현학); 검은목두루미. (https://blog.naver.com/swings81/221633450750)

07-08-03 ○知子之來之댄 雜佩以贈之며, 知子之順之댄 雜佩以問之며, 知子之好之댄 雜佩以報之호리라.
그대의 현인 식객 모시려는 뜻 알진댄 좌우 패옥(雜佩) 풀어 방문 답례 드릴지며, 그대의 친애로 따르는 바 알진댄 좌우 패옥 풀어 문안 선물 보낼지며, 그대의 기뻐하는 벗 알진댄 좌우 패옥 풀어 교제 예를 보답하리라.

그대 오시는 걸 알면 아끼던 모든 패옥 다 드리지요
그대 다정하게 대해 주시면 모든 패물 다 드리고 문안드리죠
그대 날 좋아해 주신다면 모든 패물 다 드리고 보답할게요

賦也라. 來之는 致其來者니, 如所謂修文德以來之라. 雜佩者는 左右佩玉也라. 上橫曰珩하고, 下繫三組로 貫以蠙(步眠反으로 蚌之別名이라)珠하며 中組之半에 貫一大珠를 曰瑀하며, 末懸一玉하며 兩端皆銳를 曰衝牙하고, 兩旁組半에다 各懸一玉하니 長博而方을 曰琚하며, 其末各懸一玉하니 如半璧하고 而內向을 曰璜하고, 又以兩組貫珠하여 上繫珩하고 兩端下交貫於瑀하여 而下繫於兩璜하니, 行에 則衝牙觸璜하여 而有聲也라. 呂氏曰 非獨玉也고, 觿,燧,箴,管등의 凡可佩者가 皆是也라(建安熊氏曰 婦人의 左佩엔 紛,帨,刀,礪,小觿,金燧이고, 右佩엔 箴,管,線纊,大觿,木燧之屬이니, 備尊者使令也라. 觿는 解結로 狀如錐하고, 以象骨爲之라. 燧는 取火이고, 箴은 貯以管이라). 贈은 送이고, 順은 愛며, 問은 遺也라(孔氏曰 曲禮云하길 凡以苞苴簞笥問人者라하고, 左傳에 衛侯使人以弓問子

貢라하니, 皆遺人物을 謂之問이라). ○婦又語其夫曰하길, 我苟知子之所致而來하니, 及所親愛者에 則當解此雜佩하여 以送遺報答之라하니, 蓋不惟治其門內之職이고 又欲其君子親賢友善하여 結其驩心하고 而無所愛於服飾之玩也라.

賦체이다. '來之'는 그 오도록 이루는 것이니, 마치 소위 <文德을 닦아 그들을 오게 한다.>이다. '雜佩'라는 것은 左右의 佩玉이다. 위에다 가로댄 것을 '珩(패옥형)'이라 曰하고, 아래로 매단 세 개의 줄에다 진주(步眠反으로, 蚌之別名이다<방합조개방>) 구슬을 꿰며 가운데 줄의 반쯤에 하나의 큰 구슬을 꿰어 놓은 것을 '瑀(패옥우)'라 曰하며, 끝에다 옥 하나를 매다는데 양 끝은 모두 예리하니 '衡牙'라 曰하고, 양 옆의 줄 반쯤에다 각기 옥 하나를 매다니 길고 넙적하며 네모진 것을 '琚'라 曰하며, 그 끝에다 각각 옥 하나를 매다니 마치 半璧과 같고 안으로 향한 것을 '璜'이라 曰하고, 또 양 줄로 구슬을 꿰어서 위로는 珩에 매달고 양 끝단을 아래로 瑀에 교차하게 꿰어 아래로 양 璜에 매다니, 행할 때에 즉 衡牙가 璜과 부딪혀서 소리가 난다. 呂氏曰: 유독 옥일 뿐만이 아니라, 觿(송곳), 燧(부시돌), 箴(바늘), 管 등의 무릇 가히 찰 수 있는 것들이 모두 이러한 것이다(建安熊氏曰: 婦人의 左佩엔 紛<닦는 헝겊>帨<수건세>刀<칼>礪<숫돌>小觿<작은 매듭 푸는 송곳>金燧<쇠로 된 부싯돌>하고, 右佩엔 箴<바늘>管<담는 통>線纊<실과 솜>大觿<큰 매듭 푸는 송곳>木燧<나무로 된 부싯돌>의 屬이니, 尊者의 使令에 대해 備인 것이다. 觿는 解結로 狀이 錐와 같고, 象骨로 爲之한다. 燧는 取火이고, 箴은 管에다 貯한다). '贈'은 보내줌이고, '順'은 친애함이요, '問'은 보낼 遺(유)이다(孔氏曰: 曲禮云하길 '무릇 苞苴와 簞笥<대로 만든 둥글거나 네모난 음식 그릇>로 人에게 안부 물을 때 보내주는 것엔<凡以苞苴, 簞笥, 問人者>...'라 하였고, 左傳에 '衛侯<出公>가 人으로 하여금 弓으로써 子貢에게 보내 問안케 하고...'라 하니, 모두 人에게 物을 遺해줌을 謂之하여 問이라 한다). ○婦人이 또 그 남편에게 이야기하며 曰: <내가 진실로 그대가 정성을 들여 찾아오게 하려는 바에 앎이니, 이내 친애하는 바의 자 오심에 미쳐 즉 마땅히 이 雜佩를 풀어놓았다가 그에게 보내어 보답하겠다.>라 하였으니, 대개 오직 그 閨門 내의 직분만을 다스릴 뿐만 아니라, 또 그 군자가 현자를 친애하고 善人과 벗 삼게 하고자 하여, 그 즐거워하는 마음을 맺게 하고선 복식의 노리개로는 아끼는 바가 없었다.

慶源輔氏曰 一意에다 而三疊之하니, 以見其情之不能自已也라. 夫勤勞以成業하고 和樂以宜家하니, 此婦之賢德이라. 然情엔 猶未已也인지라, 故無所愛於服飾之玩하고 而欲其君子之親賢으로 以輔成其德하니, 是又加於人一等矣라.
慶源輔氏曰: 一意에다 三으로나 그것에 疊之하였으니, 그 情에 能히 스스로 已할 수 없음을 見할 수 있는 것이다. 무릇 勤勞로서 成業케 하고 和樂으로서

宜家케 하였으니, 此는 婦之賢德인 것이다. 그러나 情엔 오히려 아직 已할 수 없었기 때문에, 故로 服飾之玩에 아끼는 바 없이 그 君子의 親賢으로 그 德을 輔成케 하고자 하였으니, 是는 또한 人보다 一等만큼 加인 것이다.

女曰雞鳴은 三章으로, 章六句이라.
女曰鷄鳴은 三章으로, 章마다 六句이다.

朱子曰 此詩意思는 甚好이라. 讀之면 使人으로 有不知手舞足蹈者이라.
朱子曰: 此詩의 意思는 甚好이다. 讀之이면 人으로 하여금 手舞足蹈이라도 不知함이 有인 것이다.

○慶源輔氏曰 觀此詩면 則鄭國之俗을 雖曰 淫亂이라도, 然在下之人의 夫婦之間엔 猶知禮義하고 勤生業하며 不昵於宴私하고, 相安於和樂코도 而又能贊助其君子 親賢樂善으로 以輔成其德하니, 此에 可以觀先王之澤與民性之善矣라.
慶源輔氏曰: 此詩를 觀일지면 則 鄭國之俗을 비록 淫亂이라 曰할 수는 있어도, 그러나 在下之人의 夫婦之間엔 오히려 禮義에 知하고 生業에 勤하며 宴私로만 昵하지 않았고, 和樂으로 相安하고도 또 能히 그 君子의 親賢樂善으로 그 德을 輔成케 贊助하였으니, 此에서 可히 先王之澤과 民性之善임을 觀할 수 있는 것이다.

9. 有女同車

07-09-01 有女同車하니 顔如舜華로다. 將翺將翔하나니 佩玉瓊琚로다. 彼美孟姜이여, 洵美且都로다.
여인과 함께 수레 오르니 안색은 무궁화 꽃잎이로다. 걸음걸이 사뿐사뿐(翺翔)하나니 패옥(佩玉)엔 경거(瓊琚)의 옥이로다. 저 아리따운 맹강(孟姜)이여! 참으로 아름답고 또 우아(優雅:都)로다.

수레를 함께 탄 어떤 여인은 얼굴이 무궁화처럼 곱기도 하네
그 걸음 사뿐사뿐 걸을 때마다 허리에 찬 패옥소리 찰랑거리네
저 아리따운 강씨댁 맏딸 참으로 아름답고 우아하도다

賦也라. 舜은 木槿也니, 樹如李하고 其華가 朝生暮落이라(陸氏曰 舜은 取瞬之義이라). 孟은 字이고, 姜은 姓이라. 洵은 信이고, 都는 閑雅也라. ○此는 疑亦淫奔之詩이라. 言所與同車之女의 其美如此하고 而又歎之曰하길, 彼美色之孟姜이여, 信美矣而又都也라.

賦체이다. '舜'은 木槿(무궁화나무근)이니, 나무가 오얏나무와 같으며 그 꽃이 아침에 피었다가 저녁에 진다(陸氏曰: 舜은 瞬<깜작일순>의 義를 取한 것이다). '孟'은 字이요, '姜'은 姓이다. '洵'은 참으로 信이요, '都'는 우아(閑雅)함이다. ○이것은 의심컨대 또한 淫奔의 詩인 것이다. 함께 수레에 동승한 바의 여자의 그 아름다움이 이와 같음을 말하고 나서, 또 그것에 감탄하여 왈하길 '저 美色의 孟姜이여! 진실로 아름답고도 또 한아(閑雅)하기도 하도다.'라 한 것이다.

慶源輔氏曰 鄭詩에 惟此篇만이 爲男悅女之辭이라.
慶源輔氏曰: 鄭나라 詩에서 오직 此篇만이 男이 女에 悅한 辭가 됨이다.

07-09-02 ○有女同行하니 顔如舜英이로다. 將翶將翔하나니 佩玉將將이로다. 彼美孟姜이여. 德音不忘이로다.
여인과 함께 수레 오르니 안색은 무궁화 꽃술이로다. 걸음걸이 사뿐사뿐하나니 패옥(佩玉) 소리 장장(將將)이로다. 저 아리따운 맹강이여! 덕음(德音)의 목소리 잊지 못함이로다.

수레에 함께 탄 어떤 여인은 미색이 아름다운 무궁화 같네
그 걸음 사뿐사뿐 걸을 때마다 허리에 찬 패옥소리 찰랑거리네
저 아리따운 강씨댁 맏딸 다정스레 해주던 말 잊지 못하네

賦也라. 英은 猶華也라. 將將은 聲也라. 德音不忘은 言其賢也라.
賦체이다. '英'은 華와 같다. '將將'은 소리 울림이다. '德音不忘'은 그 현명함을 말함인 것이다.

臨川王氏曰 於瓊琚에선 言德之容하고 於將將엔 言德之音하니, 各以其類也라.
臨川王氏曰: 瓊琚에서는 德之容으로 言하였고, 將將에선 德之音으로 言하였으니, 各 그 類로서 한 것이다.

○慶源輔氏曰 所謂德音은 是以日月詩之德音類也라. 世衰道降하여 徇情肆欲인지라, 所美非美者가 多矣라.
慶源輔氏曰: 所謂 '德音'은 이렇게 邶風 <日月>詩에 德音의 類인 것이다. 世衰道降하여 徇情肆欲인지라, 非美를 美하게 여긴 바의 것도 多이로다.

有女同車는 二章으로, 章六句이라.
有女同車는 二章으로, 章마다 六句이다.

10. 山有扶蘇

07-10-01 山有扶蘇며 隰有荷華어늘, 不見子都하고 乃見狂且런가.
산엔 앙증맞은 부소(扶蘇)나무 있으며 습지엔 연꽃(荷華) 피어 있거늘, 자도(子都)와 같은 이는 보지 못하고 이내 광인(狂人)만을 찾을 수 있겠는가?

　　　　산에는 키작은 부소나무 있고 습지엔 하늘하늘 연꽃 피었네
　　　자도 같은 멋진 남자 보이지 않고 내 앞엔 광인들만 눈에 띕니다

興也라. 扶蘇는 扶胥로, 小木也라. 荷華는 芙藥也라(釋文曰 未開曰菡萏하고, 已發曰芙藥이라). 子都는 男子之美者也라(孟子曰 至于子都에도 天下莫不知其姣者也컨대). 狂은 狂人也라. 且는 語辭也라. ○淫女가 戲其所私者曰하길, 山則有扶蘇矣하고 隰則有荷華矣거늘 今乃不見子都하고 而見此狂人하니, 何哉오.
興체이다. '扶蘇'는 扶胥이니, 작은 나무이다. '荷華'는 芙藥(연꽃부,거)이다(釋文曰: 未開한 것을 菡萏<연꽃함,봉우리도>라 曰하고, 已發한 것을 芙藥라 曰한다). '子都'는 남자 중에 아름다운 자이다(孟子曰: 子都에 이르러서도 천하에 아무도 그의 아리따움(姣)을 알지 못함이 없건대...). '狂'은 狂人이다. '且'는 語辭이다. ○음탕한 여인이 그 사통한 바의 자에게 희롱하면서 말하기를 <산에는 扶蘇나무가 있고, 습지에도 荷華가 있거늘, 지금 이내 子都와 같은 이는 보지 못하고 이 狂人만을 봄은 어째서인가?>라 한 것이다.
*참고: 扶蘇
 '扶蘇'는 부서(扶胥)라고도 한다(毛傳). 부소는 부목(扶木), 부상(扶桑)이라고도 하며 금규과(錦葵科)에 속하는 낙엽관목. 무궁화의 별종으로 꽃은 홍, 백, 황의 세 가지 중 홍색을 제일로 꼽으며, 여름에서 가을 사이에 핀다. (김학주 <시경> 역주)

07-10-02 ○山有橋松이며 隰有游龍이어늘, 不見子充하고 乃見狡童이런가.
산엔 우뚝 솟은 소나무 있으며 습지엔 흐드러진 홍초(龍:葒草) 있거늘, 자충(子充)과 같은 이는 보지 못하고 이내 교활한 이(狡童)만 찾을 수 있겠는가?

　　　　산에는 우뚝 솟은 소나무 있고 습지엔 흐드러진 개여뀌 있네
　　　자충 같은 멋진 남자 보이지 않고 내 앞엔 잔머리꾼만 눈에 띕니다

興也라. 上竦無枝를 曰橋하니, 亦作喬라. 游는 枝葉이 放縱也라. 龍은 紅草也니, 一名 馬蓼이며 葉大而色白하고, 生水澤中이며 高丈餘이라(張子曰 龍은 是

葒草로 其枝幹은 樛屈하고, 著土處엔 便有根如龍也라. 本草云하길, 葒草이고, 一名鴻薈이며, 如馬蓼而大하니 即水葒也라하고, 詩注云하길 一名 馬蓼라하니, 馬蓼는 自是一種也<薈音은 績이라>라). 子充은 猶子都也라(董氏曰 子充은 不見於書하니, 疑亦以美著也라). 狡童은 狡獪之小兒也라.
興체이다. 위로만 솟고 가지가 없음을 橋라 曰하니, 또한 喬로 쓰기도 한다. '游'는 가지와 잎이 제멋대로 자라남(放縱)이다. '龍'은 홍초(紅草:잎이 희고 꽃이 길고 붉음)이니, 일명 마묘(馬蓼:개여뀌,마디풀과에 속한 한해살이풀)라 하는데 잎이 크며 흰색이고 水澤 안에서 자라며, 높이가 한 장 남짓 된다(張子曰: 龍은 이렇게 葒草<말여뀌>이고, 그 枝와 幹은 樛屈<힐규:구불구불>하게 휘었고, 著土의 處엔 문득 용과 같은 뿌리가 있다. 本草云하길, '葒草는 一名 鴻薈(개여뀌형)이며, 마치 馬蓼와 같으나 大하니, 即 水葒<털여뀌>이다.'라 하고, 詩의 注에 云하길, '一名 馬蓼이다.'라 하니, 馬蓼는 自로 이렇게 一種인 것이다<薈音은 績이다:홀치기염색힐.>). '子充'은 子都와 같음이다(董氏曰: 子充은 書에 보이지 않으니, 疑컨대 또한 美로서 이름이 著名했던 자이다). '狡童'은 狡獪(교활할회)한 어린아이이다.

山有扶蘇는 二章으로, 章四句이라.
山有扶蘇는 二章으로, 章마다 四句이다.

11. 蘀兮

07-11-01 蘀兮蘀兮여. 風其吹女리라. 叔兮伯兮여. 倡予和女호리라.
마른 잎이여 마른 잎이여! 바람 곧 그 네게로 불어오리라. 숙이여, 백이여! 나를 불러 줌엔 네게 화답하리라.

　　　　마른 잎이 지네 잎이 지네! 바람에 날려 그대에게 날아가네
　　　　숙이여 백이여! 나를 불러주시면 따라가리다

興也라. 蘀은 木槁而將落者也라. 女는 指蘀而言也라. 叔,伯은 男子之字也라. 予는 女子의 自予也라. 女는 叔伯也라. ○此는 淫女之詞라. 言蘀兮蘀兮여, 則風將吹女矣로다. 叔兮伯兮여 則盍倡予런가. 而予將和女矣로다.
興체이다. '蘀(낙엽탁)'은 나무가 말라 장차 떨어지려는 것이다. '女'는 마른 나뭇잎을 가리켜서 말한 것이다. '叔'과 '伯'은 남자의 字이다. '予'는 여자 자신의 予인 것이다. '女'는 叔과 伯이다. ○이것은 淫女의 가사이다. '낙엽지려는 잎이여, 낙엽지려는 잎이여! 즉 바람이 장차 너에게 불어오리라. 叔이여, 伯이여! 즉 어찌 나를 부르지도 않는 것인가? 그러면 내

장차 네게 화답하리로다.' 라 말한 것이다.

07-11-02 ○蘀兮蘀兮여. 風其漂女리라. 叔兮伯兮여. 倡予要女호리라.
마른 잎이여 마른 잎이여! 바람 곧 그 네게로 나부끼리라. 슉이여,
백이여! 나를 부름엔 너의 뜻 이루어 주리라.

　　　　마른 잎이 떨어지네 잎이 떨어지네 바람에 날려 그대에게 나부끼네
　　　　　　슉이여 백이여! 나를 불러주시면 받아드리리

興也라. 漂는 飄同이고. 要는 成也라.
興체이다. '漂'는 나부낄 飄(표)와 같음이고, '要'는 이루게 할 成이다.

慶源輔氏曰 爾能倡予면 則予將成汝之志라하니, 視前章所謂和女者면 其情益急
矣라.
慶源輔氏曰: 爾가 能히 予를 倡일지면 則 予는 將차 汝의 志대로 成해주겠다
하니, 前章의 所謂 '和女' 者에 視일지면 그 情이 더욱 急박인 것이다.

蘀兮는 二章으로, 章四句이라.
蘀兮는 二章으로, 章마다 四句이다.

12.狡童
07-12-01 彼狡童兮여. 不與我言兮하나다. 維子之故로 使我不能餐兮런가.
저 교활한 사람이여! 나와 함께 말도 하지 않는도다. 오직 그대 인하여 나로
하여금 능히 밥도 먹지 못하게 할 수 있겠는가?

　　　　어리석은 저 사람은 나하고는 말 한마디 섞지 않네요
　　　　　　저 사람 때문에 나는 아무 것도 먹지 못하네

賦也라. 此도 亦淫女見絶하여 而戱其人之詞라. 言悅己者衆이니, 子雖見絶라
도 未至於使我不能餐也라.
賦체이다. 이것도 또한 淫女가 절교를 당하고, 그 사람에 대해 희롱하는 가사
이다. 나에게 기뻐하는 자 많으니, 그대에게 비록 절교를 당했지만 나로 하여
금 능히 밥도 먹지 못하게 이르게 할 순 없다고 말한 것이다.

07-12-02 ○彼狡童兮여. 不與我食兮하나다. 維子之故로 使我不能息兮런가.

저 교활한 사람이여! 나와 함께 밥도 먹지 않는도다. 오직 그대 인하여 나로 하여금 능히 편히 쉬지도 못하게 할 수 있겠는가?

> 어리석은 저 사람은 나하고는 겸상도 하지 않으니
> 저 사람 때문에 나는 편히 쉴 수도 없다네

賦也라. 息은 安也라.
賦체이다. '息'은 편안함이다.

狡童은 二章으로 章四句이라.
狡童은 二章으로, 章마다 四句이다.

13. 褰裳

07-13-01 子惠思我인댄 褰裳涉溱어니와, 子不我思인댄 豈無他人이리오. 狂童之狂也且로다.
그대 나 어여뻐 여길진댄 치마라도 걷어 진수(溱水) 건너 쫓으려니와, 그대 나 마음 두지 않을진댄 어찌 타인 쫓음 없으리오? 교활하고 광폭한 어리석음 뿐이로다.

> 그대가 날 생각해 준다면 치마걷고 진수라도 건너가련만
> 그대 날 마음속에 두지 않으니 어찌 다른 사람인들 못 만날까요?
> 이 바보 같은 사람아! 어리석은 사람아!

賦也라. 惠는 愛也라. 溱은 鄭水名이라. 狂童은 猶狂且狡童也라. 且는 語辭也라. ○淫女가 語其所私者曰하길, 子惠然而思我일진대 則將褰裳라도 而涉溱以從子건만, 子不我思일진대 則豈無他人之可從하여 而必於子哉리오. 狂童之狂也且도 亦譏之之辭라.
賦체이다. '惠'는 사랑함이다. '溱'은 鄭에 있는 물줄기 이름이다. '狂童'은 狂하고 또 狡童임과 같음이다. '且'는 語辭이다. ○淫女가 그 사통했던 바의 자에게 이야기하며 말하기를: <당신이 흔쾌히(惠然) 나를 마음속에 두고 있을진댄 즉 장차 치마라도 걷어(褰:건) 溱水 건너 당신을 쫓을지나, 당신이 나를 마음에 두지 않을진대 즉 어찌 타인을 가히 쫓음이 없이 반드시 당신만을 기필 하리오?>라 한 것이다. '狂童之狂也且'도 또한 그를 희학(戱譴)하는 언사인 것이다.

07-13-02 ○子惠思我인댄 褰裳涉洧어니와, 子不我思인댄 豈無他士리오. 狂童之狂也且로다.
그대 나 어여삐 여길진댄 치마라도 걷어 유수(洧水) 건너 쫓으려니와, 그대 나 마음 두지 않을진댄 어찌 다른 사내 쫓음 없으리오? 교활하고 광폭한 어리석음 뿐이로다.

그대가 날 생각해 준다면 치마걷고 유수라도 건너가련만
그대 날 마음속에 두지 않으니 어찌 다른 남자 못 만날까요
어리석은 사람아! 바보같은 사람아!

賦也라. 洧도 亦鄭水名이라(前漢, 地理志曰 洧水는 出潁州陽城山하여 東南으로 至長平코선 入潁이라). 士는 未娶者之稱이라.
賦체이다. '洧'도 또한 鄭에 있는 물줄기 이름이다(前漢 <地理志>에 曰: 洧水는 潁州 陽城山에서 출원하여 東南으로 長平에 至하고선 潁水<出潁川, 陽城縣, 西北, 少室山>로 入한다). '士'는 아직 장가들지 않은 자의 칭호이다.

褰裳은 二章으로, 章五句이라.
褰裳은 二章으로, 章마다 五句이다.

慶源輔氏曰 婦人은 從一而終者也거늘, 狡童,褰裳之詩엔 則其縱欲하여 而賊理가 也甚矣라.
慶源輔氏曰: 婦人은 一人을 從하다 終하는 者이거늘, 狡童과 褰裳의 詩에서는 則 그 欲으로만 縱하여 賊理함이 또한 甚인 것이다.

14. 丰

07-14-01 子之丰兮가 俟我乎巷兮러니, 悔予不送兮노라.
멋진 풍채의 그대 문밖 거리서 나 기다렸더니, 가만히 뉘우침에 쫓아 맞이할(送) 수 없었노라.

풍채 좋고 멋진 그대 거리에서 날 기다렸네
그대 따라가지 못한 것이 후회된다네

賦也라. 丰은 豐滿也라. 巷은 門外也라. ○婦人과 所期之男子가 已俟乎巷커늘, 而婦人에게 以有異志하여 不從코서 旣則悔之해 而作是詩也라.
賦체이다. '丰(어여쁠봉)'은 겉으로 드러난 豐滿의 모습이다. '巷'은 문밖

의 거리이다. ○부인과 기약했던 바의 남자가 이미 문밖의 길가서 기다리거늘, 부인에게 뜻한 바를 달리함이 있어 쫓지 않고서 이윽고 즉 그것을 뉘우쳐 이 詩를 지은 것이다.

07-14-02 ○子之昌兮가 俟我乎堂兮러니, 悔予不將兮노라.
늠름한 외모의 그대 성황당서 나 기다렸더니, 가만히 뉘우침에 내 장차(將) 따라나설 수 없었노라.

      늠름하고 멋진 그대 당에서 날 기다렸네
      그대 쫓아가지 않는 것이 후회된다네

賦也라. 昌은 盛壯貌이라. 將도 亦送也라.
賦체이다. '昌'은 盛壯한 모양이다. '將'도 또한 쫓을 送이다.

07-14-03 ○衣錦褧衣코 裳錦褧裳하리니, 叔兮伯兮여. 駕予與行이리라.
비단 상의 홑옷에 비단 치마 홑치마 마련하리니, 슉이여 백이여! 예(禮) 갖춰 멍에 매 찾아오면 함께 쫓아 나서리라.

      비단 저고리에 홑저고리 걸치고 비단 치마에 홑치마 입었네
      슉이여 백이여! 수레타고 오시면 같이 갈래요

賦也라. 褧은 禪也라(鄭氏曰 蓋以禪縠爲之라. 中衣裳은 用錦하고 而上에 加禪縠焉하니, 惡其文之著也라). 叔,伯은 或人之字也라. ○婦人旣悔하곤, 其始之不送而失此人也에 則曰하길, 我之服飾이 旣盛備矣거늘 豈無駕車以迎我而偕行者乎리오.
賦이다. '褧(경)'은 홑옷이다(鄭氏曰: 대개 홑단<禪:단>의 주름비단<縠곡>으로 그것을 爲之한다. 中의 衣裳은 錦을 用하고선 上에다 그것에 禪縠으로 加하니, 그 文체가 드러남을 미워하기 때문이다). '叔'과 '伯'은 或人의 字이다. ○婦人이 이윽고 뉘우쳐, 그 처음에 쫓지 않아 이 사람을 잃고 나서, 즉 왈하길 '나의 服飾이 이윽고 성대히 갖추어졌거늘, 어찌 수레에 멍에 매 나를 맞이해 함께 떠나려함이 없는 것인가?'라 한 것이다.

07-14-04 ○裳錦褧裳코 衣錦褧衣하리니, 叔兮伯兮여. 駕予與歸하리라.
비단 치마 홑치마에 비단 상의 홑옷 준비하리니, 슉이여 백이여! 예 갖춰 멍에 매 찾아오면 함께 따라 시집가리라.

429

비단치마에 홑치마 걸치고 비단 저고리에 홑저고리 껴입었네
숙이여 백이여! 수레타고 찾아오시면 시집갈래요

賦也라. 婦人謂嫁를 曰歸이라.
賦체이다. 婦人이 시집감을 일러 '歸'라 曰한다.

丰은 四章으로 二章은 章三句이요, 二章은 章四句이라.
丰은 四章으로, 二章은 章마다 三句이요, 二章은 章마다 四句이다.

15.東門之墠

07-15-01 東門之墠에 茹藘在阪이로다. 其室則邇나 其人甚遠이로다.
동문 밖 빈터 너머엔 모수넝쿨 비탈 이룸이로다. 그이 집 즉 가까울지나 그 님과는 심히 멀도다.

동구 밖의 빈터에는 모수넝쿨 무성하네
그대 집은 가까워도 그대 마음은 멀리 있네

賦也라. 東門은 城東門也라. 墠은 除地町町者라(孔氏曰 除地,去草인지라 故云 町町이라). 茹藘는 茅蒐也며 一名茜이니, 可以染絳이라(本草曰 一名地血이라. 葉은 似棗葉하고, 頭尖이나 下闊하며, 莖,葉俱澀이라. 四五葉이 對生節間하고 蔓延草木上이라. 根은 紫赤色이라). 陂者曰阪이라(孔氏曰 陂陀不平여도 而可種者를 曰阪이라) 門之旁有墠하고, 墠之外有阪하며, 阪之上有草하니, 識其所與淫者之居也라. 室邇人遠者는 思之而未得見之詞也라.
賦체이다. '東門'은 城郭의 東門이다. '墠'은 땅을 고르게 하고 풀을 제거하여 町町(밭두득정)하게 한 곳이다(孔氏曰: 地를 除하고 草를 去하였기 때문에, 故로 云하길 町町이라 한 것이다). '茹藘'는 모수(茅蒐:꼭두서닛과에 속한 여러해살이 덩굴풀)이며, 一名 꼭두서니 茜(천)이니, 가히 붉게 물들일 수 있는 것이다(本草曰: 一名 地血<茜根>이다. 葉은 대추잎<棗葉>과 흡사하고, 頭는 尖하고 下로는 闊하며, 莖과 葉이 모두 떫은 맛<澀:삽>이 난다. 四五의 葉이 節間에서 對生<한 마디에 잎이 2개씩 마주나기로 달리는 것>하고 草木 上에 덩굴로 뻗어 자란다. 根은 紫赤의 色이다). 비탈진 곳을 '阪(비탈판)'이라 曰한다(孔氏曰: 陂陀<비탈질타>하여 不平이어도 可히 種할 수 있는 곳을 阪이라 曰한다). 문 옆에는 墠이 있고, 墠 밖에는 阪이 있으며, 阪 위에는 풀이 있으니, 그 함께 음란했던 바의 자와 居했던 것을 기억한 것이다. '室邇人遠'이라는 것은 그를 그리워하였지만 아직 볼 수 없다는 가사이다.

07-15-02 ○東門之栗에 有踐家室이로다. 豈不爾思온마는 子不我卽이니라.
동문 밖 밤숲 너머엔 민가(家室) 즐지어 섰도다. 어찌 그대 그리지 않으리오마는 그대 나 찾아 나서지 않음이니라.

동문 밖 밤나무골 집들이 늘어섰네
그대 생각 간절한데 그대 나를 찾지 않네

賦也라. 踐은 行列貌라. 門之旁有栗하고, 栗之下엔 有成行列之家室하니, 亦識其處也라. 卽은 就也라.
賦체이다. '踐'은 行列진 모양이다. 성문 옆엔 밤나무가 있고, 밤나무 아래에는 行列을 이룬 家室들이 있으니, 또한 그 處했던 바를 기억한 것이다. '卽'은 나아감의 就이다.

慶源輔氏曰 思之切하고 而冀其亟來就己之辭이라.
慶源輔氏曰: 思하길 切하고 그 빨리(亟:극) 己에게 來就하길 冀하는 辭이다.

東門之墠은 二章으로, 章四句이라.
東門之墠은 二章으로, 章마다 四句이다.

16.風雨

07-16-01 風雨淒淒어늘 鷄鳴喈喈로다. 旣見君子호니 云胡不夷리오.
비바람 차고 서늘하거늘 닭도 짝 찾아 구구대도다. 이윽고 군자 만나 뵈오니 어찌 마음 평안치 않으리오?

비바람이 차거우니 닭들도 울어대네
이제 님을 만났으니 어찌 편안치 않으리오

賦也라. 淒淒는 寒涼之氣이라. 喈喈는 鷄鳴之聲이라. 風雨는 晦冥하니, 蓋淫奔之時이라. 君子는 指所期之男子也라. 夷는 平也라. ○淫奔之女가 言當此之時하여 見其所期之人하곤 而心悅也라.
賦체이다. '淒淒'는 차고 서늘(寒涼)한 기운이요, '喈喈(새소리개)'는 닭 우는 소리이다. 風雨엔 晦冥하니, 대개 淫奔의 때인 것이다. '君子'는 기약했던 바의 남자를 가리킨다. '夷'는 평이함이다. ○淫奔한 여자가 이때를 당하여 그 기약했던 바의 사람을 보고서 마음이 기뻤음을 말한 것이다.

07-16-02 ○風雨瀟瀟어늘 雞鳴膠膠로다. 旣見君子호니 云胡不瘳리오.
비바람 후드득 떨어지거늘 닭도 무리 찾아 꼬꼬댁이로다. 이윽고 군자 만나 뵈오니 어찌 쌓인 그리움 가시지 않으리오?

비바람 소리 매서우니 닭들도 울어대네
이제 님을 만났으니 내 병도 곧 낫겠네

賦也라. 瀟瀟는 風雨之聲이라. 膠膠도 猶喈喈也라(華谷嚴氏曰 羣鷄之聲이라).
瘳는 病愈也라. 言積思之病이 至此而愈也라.
賦체이다. '瀟瀟'는 風雨의 소리가 세참이다. '膠膠'는 喈喈와 같음이다 (華谷嚴氏曰: 羣鷄之聲이다). '瘳'는 병이 나음이니, 그리움으로 쌓인 병이 이때에 이르러서야 나았음을 말한 것이다.

07-16-03 ○風雨如晦어늘 雞鳴不已로다. 旣見君子호니 云胡不喜리오.
비바람 몰아쳐 어둑하거늘 닭 울음소리 끊임없도다. 이윽고 군자 만나 뵈오니 어찌 즐겁고 기쁘지 않으리오?

비바람에 날 흐리니 닭 울음소리 심해지네
이제 님을 만났으니 어찌 아니 즐거우리

賦也라. 晦는 昏이고, 已는 止也라.
賦이다. '晦'는 어두움이요, '已'는 그침이다.

東陽許氏曰 喈喈,膠膠,不已는 皆鷄聲紛雜之意이라.
東陽許氏曰: 喈喈와 膠膠와 不已는 모두 鷄聲의 분잡(紛雜)한 意인 것이다.

○慶源輔氏曰 喜는 甚於瘳이고, 瘳는 甚於夷이라. 云胡不喜는 言如之何而不喜也니, 蓋喜劇之辭이라.
慶源輔氏曰: 喜는 瘳보다 甚이고, 瘳는 夷보다 甚인 것이다. '云胡不喜'는 그것에 어떻게 喜하지 않을 수 있겠는가를 言함이니, 대개 喜劇之辭인 것이다.

風雨는 三章으로, 章四句이라.
風雨는 三章으로, 章마다 四句이다.

17. 子衿

07-17-01 靑靑子衿이여. 悠悠我心이로다. 縱我不往이나 子寧不嗣音인고.
그대 청색 소매여! 오래도록 내 마음속 남음이로다. 설령 내 쫓지는 못했으나 그대 정녕 소식 한 통 없는고?

      비취빛 님의 옷깃 너무 고와서 내 마음에 오래오래 남아 있어요
    내가 비록 쫓아 가지 못한다 해도 그대 역시 소식 한 장 없으시군요

賦也라. 靑靑은 純緣之色으로, 具父母에 衣純以靑이라(孔氏曰 物色雖一靑라도 而重言靑靑者는 古人之復言也니, 如都人士 狐裘黃黃이 謂狐色黃耳이라. 深衣云하길, 具父母에 衣純以靑하고, 孤子에 衣純以素이라). 子는 男子也라. 衿은 領也라. 悠悠는 思之長也라. 我는 女子自我也라. 嗣音은 繼續其聲問也라. 此도 亦淫奔之詩이라.
賦체이다. '靑靑'은 加綠(의복의 가장자리를 딴 헝겊으로 가늘게 싸서 돌린 선)이 순 녹색인 것으로, 부모가 계심엔 상의의 가선을 순청색으로 두른다(孔氏曰: 物色이 비록 一의 靑일 뿐이나 重言으로 靑靑者는 古人의 復言의 표현이니, 마치 <都人士之什>의 '彼都人士 狐裘黃黃'은 狐色이 黃이라 謂함과 같을 뿐인 것이다. 예기 <深衣>에 云하길 '具父母엔 衣純以靑하고, 孤子엔 衣純以素라.' 고 하였다). '子'는 남자이다. '衿'은 옷깃 領이다. '悠悠'는 길게 생각함이다. '我'는 여자 自我이다. '嗣音'은 그 음성의 문안으로 계속함이다. 이것도 또한 淫奔의 詩인 것이다.

07-17-02 ○靑靑子佩여. 悠悠我思로다. 縱我不往이나 子寧不來인고.
그대 청색 패옥끈이여! 오래도록 내 마음속 남음이로다. 설령 내 쫓지는 못했으나 그대 정녕 한 번 찾음 없는고?

    비취빛 임의 패옥 너무 고와서 오래도록 내 마음에 남아 있어요
    설령 내가 찾아가지 못한다 해도 그대 역시 한 번도 오지 않네요

賦也라. 靑靑은 組綬之色이라(禮記,玉藻注曰 所以貫佩玉하여 相承受者고, 組綬一物也라). 佩는 佩玉也라.
賦체이다. '靑靑'은 組綬(인끈수:패옥을 매는 끈)의 색깔이다(禮記 <玉藻>注에 曰: <綬者는> 佩玉을 貫하여 서로 承受일 수 있는 所以인 것이고, 組와 綬는 一物이다). '佩'는 佩玉이다.

孔氏曰 禮엔 不佩靑玉여도 而云靑靑子佩者는 佩玉을 以組綬帶之라

孔氏曰: 禮에서는 佩에 靑玉으로는 아니하였는데도 '靑靑子佩'로 云한 것은 佩玉을 組綬로서 그것을 帶之하였다는 것이다.

07-17-03 ○挑兮達兮하나니 在城闕兮로다. 一日不見이 如三月兮로다.
경박한 슬수만 방자히 꾀하나니 대궐 성곽만 맴돎이로다. 하루 보지 못함이 삼 개월과 같음이로다.

        이리저리 갈팡질팡 마음 못 잡고 성문 밖을 맴돌며 서성입니다
        하루라도 그대를 보지 못하면 석 달을 못 본 듯이 그리워져요

賦也라. 挑는 輕儇跳躍之貌라. 達은 放恣也라.
賦체이다. '挑(돋을도)'는 경박하고 영리(輕儇:현)하며 도약하는(躍躍) 모습이다. '達'은 放恣함이다.
*참고: <대동>편의 '佻佻公子'에
여동래(呂東萊)는 '경현교오(輕儇驕傲: 경박하고 영리하여 남에게 교만하고 오만하게 구는 것)의 모양' 이라고 하였다.

慶源輔氏曰 此는 淫女가 望其所與私者나, 旣無音問하고 又不見其來하자 而極其怨之辭也라.
慶源輔氏曰: 此는 淫女가 그 함께 사통하였던 바의 자를 희망하였으나, 이윽고 성음의 문안도 없고 또 그 보러도 오지 않자, 그 怨望을 극도로 한 辭인 것이다.

子衿은 三章으로, 章四句이라.
子衿은 三章으로, 章마다 四句이다.

18.揚之水

07-18-01 揚之水여. 不流束楚로다. 終鮮兄弟인지라 維予與女로니, 無信人之言이어다. 人實迋女니라.
세차게 흐르는(激揚) 강물이여! 싸리단조차 띄어 보낼 수 없음이로다. 끝내 형제 같은 이 적은지라 오직 그대와 나일 뿐이로니, 타인(他人) 주장 믿지 말지어다. 타인 실로 그댈 기망할 뿐이니라.

        강물이 아무리 세찰지라도 싸리단 한 단도 못 보내네
        우리 형제 거의 없어 그대와 나 둘 뿐이네

남의 말은 믿지 마오 실로 그댈 속인다네

興也라. 兄弟는 婚姻之稱이니(爾雅曰 婦之黨은 爲婚兄弟하고, 壻之黨은 爲姻兄弟라. 注云하길 古人은 皆謂婚姻爲兄弟이라), 禮 所謂 不得嗣爲兄弟가 是也라 (禮記 曾子問篇에 陳櫟解曰하길, 夫婦有兄弟之義니, 夫唱婦隨는 猶兄先弟從이며, 所謂宴爾新婚,如兄如弟가 是也라. 陳澔解曰하길, 兄弟者는 亦親之之辭也라). 予,女는 男女自相謂也라. 人은 他人也라. 迋은 與誑同이라. ○淫者가 相謂言하길, 揚之水에 則不流束楚矣로다. 終鮮兄弟인지라 則維予與女矣로니, 豈可以他人離間之言으로 而疑之哉리오. 彼人之言은 特誑女耳이라.

興체이다. '兄弟'는 혼인 맺음으로 인한 칭호이니(爾雅曰: 婦의 黨은 婚<결혼하러 감>의 兄弟가 되고, 壻의 黨은 姻<중매로 인함>의 兄弟를 삼는다. 注에서 云하길 '古人들은 모두 婚과 姻으로 兄弟를 삼았음을 말함이다.'라 하였다), 禮記에 이른바 '(부득이) 형제의 예를 이을 수 없습니다(역주: 恐컨대, 부부간 또는 혹 사돈간의 예).'라 한 것이 이것이다(禮記 <曾子問>篇에, 진력<陳櫟>이 解하여 曰하길 '夫婦에는 兄弟之義가 有하니, 夫唱婦隨는 兄先弟從과 같으며, 所謂 邶風 <谷風>의 "宴爾新婚 如兄如弟"와 같음이 是이다.'라 하였고, 陳澔<1260~1341>가 解하며 曰하길 '兄弟者는 또한 그를 親之로 대하는 辭인 것이다.'라 하였다). '予'와 '女'는 남녀 스스로가 서로를 말하는 것이다. '人'은 他人이다. '迋(돌아갈광)'은 誑(속일광)과 같다. ○음란한 자가 상대에게 일러 말하기를 <거침없이 도도히 흘러가는 강물에 즉 싸리단조차 떠내려 보내지 못함이로다. 끝내 믿을 만한 형제 적은지라 즉 오직 나와 그대일 뿐이나니, 어찌 가히 他人의 離間의 말로 그것을 의심할 수 있으리오? 他人의 말은 다만 너를 속일 뿐이로다.>라 한 것이다.

*참고: 禮 所謂 不得嗣爲兄弟

昏禮 旣納幣有吉日 女之父母死 則如之何 孔子曰 壻使人弔 如壻之父母死 則女之家亦使人弔 父喪稱父 母喪稱母 父母不在 則稱伯父世母 壻已葬 壻之伯父致命女氏曰 某之子有父母之喪 不得嗣爲兄弟 使某致命 女氏許諾而弗敢嫁 禮也 壻免喪 女之父母使人請 壻弗取而后嫁之 禮也 女之父母死 壻亦如之

예기 <증자문>에 이르기를, "증자가 묻기를, '혼례에 있어서 이미 납폐(納幣)를 하고 혼례 치를 길일을 잡았는데, 신부의 부모가 죽었을 경우에는 어떻게 합니까?'라 하니, 공자가 답하기를, '신랑의 집에서 사람을 시켜서 조문해야 한다. 신랑의 부모가 죽었을 경우에는 신부의 집에서도 사람을 시켜서 조문해야 한다. 상대방이 아버지의 상이면 이쪽에서도 아버지의 이름으로 조문하고, 어머니의 상이면 이쪽에서도 어머니의 이름으로 조문한다. 부모님이 안 계시면 백부(伯父)나 세모(世母:한집안의 대를 잇는 어머니라는 뜻으로, '큰어머니'를 달리 이르는 말)의 이름으로 조문한다. 신랑이 장사를 치르고 나서는 신랑의 백부가 여자의 집에 알리기를, 「아무개의 아들이 부모상을 당하여 형제지친(兄弟之親)을 맺을 수 없으므로 아무개를 보내 알립니다.」라 한다. 그러면 여자의 집에서 허락하나 감히 다른 곳으로 시집보내지 않는 것이 예이다. 신랑이 상기(喪期)를 마친 뒤에 여자의 부모가 사람을 보내어 다시 혼인하기를 청한다. 신랑이 거부하면 비로소 다른 곳으로 시집보내는 것이 예이다. 신부의 부모가 죽었을 경우에도 신랑 집에서 또한 이와 같이 한다.' 라 하였다.(출처: 문상(聞喪), 작성자 행복을 주는 PhD 박종윤)

07-18-02 ○揚之水여. 不流束薪이로다. 終鮮兄弟인지라 維予二人이로니, 無信人之言이어다. 人實不信이니라.
세차게 흐르는(激揚) 강물이여! 장작단조차 띄어 보내지 못함이로다. 끝내 형제 같은 이 적은지라 오직 나와 두 사람일 뿐이로니, 타인(他人) 주장 믿지 말지어다. 타인 실로 선량(信)치 못할 뿐이니라.

강물은 세차게 흐를지라도 장작단 한 단도 못 보내네
우리 형제 거의 없어 그대와 나 둘 뿐이네
남의 말을 믿지 마오 실로 남은 믿을 수가 없네

興也라.
興체이다.

揚之水는 二章으로, 章六句이라.
揚之水는 二章으로, 章마다 六句이다.

*참고: 모시정의
《揚之水》, 閔無臣也. 君子閔忽之無忠臣良士, 終以死亡, 而作是詩也.
疏 「《揚之水》二章, 章六句」至「是詩」. ○正義曰:經二章, 皆閔忽無臣之辭. 忠臣、良士, 一也. 言其事君則為忠臣, 指其德行則為良士, 所從言之異耳. 「終以死亡」, 謂忽為其臣高渠彌所弒也. 作詩之時, 忽實未死, 序以由無忠臣, 意以此死, 故閔之. 《有女同車》序雲:「卒以無大國之助, 至於見逐.」意亦與此同.

揚之水, 不流束楚. (揚, 激揚也. 激揚之水, 可謂不能流漂束楚乎？箋雲:激揚之水, 喻忽政教亂促. 不流束楚, 言其政不行於臣下. ○漂, 匹妙反.) 終鮮兄弟, 維予與女. (箋雲:鮮, 寡也. 忽兄弟爭國, 親戚相疑, 後竟寡於兄弟之恩, 獨我與女有耳. 作此詩者, 同姓臣也. ○鮮, 息淺反, 注下同.) 無信人之言, 人實迋女。(迋, 誑也。○迋, 求往反, 徐又居望反。誑, 九況反。)

疏「揚之水」至「迋女」。○毛以為, 激揚之水, 可謂不能流漂一束之楚乎? 言能流漂之, 以興忠臣良士, 豈不能誅除逆亂之臣乎? 言能誅除之。今忽既不能誅除逆亂, 又複兄弟爭國, 親戚相疑, 終竟寡於兄弟之恩, 唯我與汝二人而已。忽既無賢臣, 多被欺誑, 故又誡之, 汝無信他人之言。被他人之言, 實欺誑於汝。臣皆誑之, 將至亡滅, 故閔之。鄭唯上二句別, 義具箋。○箋「激揚」至「臣下」。○正義曰: 箋言激揚之水, 是水之迅; 疾言不流束楚, 實不能流, 故以喻忽政教亂促, 不行臣下。由政令不行於臣下, 故無忠臣良士與之同心, 與下勢相連接, 同為閔無臣之事。毛興雖不明, 以《王》及《唐·揚之水》皆興, 故為此解。

揚之水, 不流束薪。終鮮兄弟, 維予二人。(二人同心也。箋云: 二人者, 我身與女忽。) 無信人之言, 人實不信。《揚之水》二章, 章六句。

19. 出其東門

07-19-01 出其東門호니 有女如雲이로다. 雖則如雲이나 匪我思存이로다. 縞衣綦巾이여. 聊樂我員이로다.
그 동문(東門) 밖 나서보니 어여쁜 처자 구름 같도다. 설령 구름처럼 많을지나 내 그리움 머물 바 아니로다. 흰 상의에 쑥색 두건이여! 오직 나와 자락(自樂)할 님이로다.

동문 밖을 나서보니 여인들이 구름같네
구름처럼 많다 해도 내 마음은 거기 없네
흰 저고리에 녹색 두건 함께 즐길 내 님이네

賦也라. 如雲은 美且衆也라. 縞는 白色이고, 綦는 蒼艾色이라(孔氏曰 戰國策云하길 強弩之餘엔 不能穿魯縞라하니, 則縞는 是薄繒不染인지라 故色白也라. 綦는 青色之小別이고, 艾는 謂青而微白이니 為艾草之色이라). 縞衣, 綦巾는 女服之貧陋者로, 此人을 自目其室家也라(華谷嚴氏曰 猶云荊釵布裙也라). 員은 與云 同이니, 語辭也라. ○人이 見淫奔之女하고 而作此詩라. 以爲此女가 雖美且衆라도 而非我思之所存也고, 如己之室家가 雖貧且陋라도 而聊可以自樂也라. 是時에 淫風大行여도 而其間에 乃有如此之人하니, 亦可謂能自好하여 而不爲習俗所移矣라. 羞惡之心은 人皆有之컨대, 豈不信哉리오.
賦체이다. '如雲'은 아름다움이 또한 많음이다. '縞(흰색비단호)'는 백색이요, '綦(연두빛 비단 기)'는 푸른 쑥색(蒼艾)이다(孔氏曰: 戰國策云하길

437

'强弩의 화살이라도 힘이 다한 餘에선 能히 魯나라 縞의 비단조차 穿할 수 없다.' 라 하니, 則 縞는 이렇게 얇게 짜고<薄繒> 不染인지라 故로 色白인 것이다. 綦는 靑色之小別이고, 艾는 靑에 微白인 것을 말하니 艾草之色이 된다). '縞衣,綦巾'은 여자의 복식 중에 貧陋한 자로, 이 여인을 스스로 그 室家로 지목한 것이다(華谷嚴氏曰: 형채포군<荊釵布裙:싸리나무 비녀와 베로 만든 치마>이라 말함과 같음이다). '員'은 云과 더불어 같으니, 語辭이다. ○어떤 사람이 淫奔의 여자들을 보고서 이 詩를 지은 것이다. 이러한 여자들이 비록 아름답고 또한 많을지라도 나의 그리움을 두고 있는 바가 아니고, 자기의 室家가 비록 貧하고 또 陋함과 같을지라도 애오라지 가히 자락(自樂)할 뿐이라 여긴 것이다. 이때에 淫風이 大行하였어도 그 사이에 이내 이와 같은 사람이 있었으니, 또한 가히 능히 自好여서 習俗에 옮겨지는 바가 되지 않았다고 말할 수 있는 것이다. 羞惡의 마음은 사람들마다 모두 그것을 가지고 있음이건대, 이것을 보면 어찌 믿지 못하겠는가?

*참고: 모시정의
○正義曰:《廣雅》云:「縞, 細繒也。」《戰國策》云:「強弩之餘, 不能穿魯縞。」然則縞是薄繒, 不染, 故色白也。《顧命》云:「四人綦弁。」注云:「靑黑曰綦。」《說文》云:「綦, 蒼艾色也。」然則綦者, 靑色之小別。《顧命》為弁, 色故以為靑黑。此為衣巾, 故為蒼艾色。蒼卽靑也。艾謂靑而微白, 為艾草之色也。知縞衣男服、綦巾女服者, 以作者旣言非我思存, 故原其自相配合, 故知一衣一巾, 有男有女, 先男後女, 文之次也。傳以「聊」為「願」, 故云「願室家得相樂」。室家卽縞衣綦巾之男女也。

慶源輔氏曰 出其東門,有女如雲은 目之所觀에 若可美也고, 雖則如雲,匪我思存은 反之於心이면 而知其非所當慕樂也라. 縞衣綦巾,聊樂我員엔 則安分自樂하여 而不徇俗以忘己也라. 大序의 所謂 發乎情,止乎禮義이니, 先王之澤을 於此可以觀矣라.

慶源輔氏曰: '出其東門 有女如雲'은 눈으로 목관한 바가 마치 가히 美한 듯한 것이고, '雖則如雲,匪我思存'은 心에 反之해 보면 그 當히 慕樂할 바가 아님을 知할 수 있는 것이다. '縞衣綦巾 聊樂我員'에는 則 安分으로 自樂하며 徇俗으로 忘己치 않은 것이다. <大序>에 所謂 '發乎情 止乎禮義'이니, 先王之澤임을 此에서도 可히 觀할 수 있는 것이다.

07-19-02 ○出其闉闍호니 有女如荼로다. 雖則如荼나 匪我思且로다. 縞衣茹藘여. 聊可與娛로다.
그 옹성(甕城:闉) 망루(闍) 나서보니 어여쁜 처자 띠꽃 같도다. 설령 띠꽃처럼 고울지나 내 그리움 머물 바 아니로다. 흰 상의에 여로색(茹藘) 물들임이여!

오직 가히 함께 화락(娛)할 님이로다.

　　성문 밖 나서보니 여인들이 띠풀 꽃 같네
　　띠풀처럼 곱다해도 내 마음은 거기 없네
　　흰 저고리 붉은 두건 나와 함께 즐길 사람

賦也라. 闍은 曲城也라(永嘉陳氏曰 門之外에 有副城하니, 回曲以障門者를 謂之闍이라). 闍는 城臺也라(孔氏曰 闍는 是城上之臺니, 謂當門臺也라). 荼는 茅華로, 輕白하여 可愛者也라(孔氏曰 釋草에 有荼苦菜, 又有蒤委葉라하니, 邶風荼苦는 即苦菜也고, 周頌荼蓼는 即委葉也라. 此言如荼는 乃是茅草秀出之穗지 非彼二種荼也라). 且는 語助辭이라. 茹藘는 可以染絳이니, 故以名衣服之色이라. 娛는 樂也라.

賦체이다. '闍(성곽문인)'은 曲城이요(永嘉陳氏曰: 門之外에는 副城을 두니, 回曲으로 障門을 만드는 것을 謂之하여 闍이라 한다), '闍(망루도)'는 城臺요(孔氏曰: 闍는 이렇게 城上之臺니, 當히 門臺를 말함이다), '荼'는 모화(茅華:띠풀<삘기>의 꽃)이니, 가볍고 희어서 가히 사랑스러운 것이다(孔氏曰: 이아 <釋草>편에 '荼苦菜가 有하고, 또 蒤委葉<蒤虎杖>이 有한다.' 라 하였다<蒤에는 2종이 있음이다>. 邶風의 '荼苦'는 即 苦菜인 것이고, 周頌의 '荼蓼'는 即 委葉인 것이다. 此에 言한 荼와 같은 것은 이내 이렇게 茅草<띠풀>에 秀로 出한 穗<꽃>이지, 彼 二種의 荼는 아닌 것이다). '且'는 語助辭이다. '여로(茹藘:갈대로,꼭두서니)'는 가히 붉은색으로 물들일 수 있는 것이니, 고로 의복의 색깔로 이름한 것이다. '娛'는 화락할 樂이다.
*참고: 苦菜
苦菜別名天香菜、荼苦荬、甘馬菜等, 是菊科植物苦丁菜的嫩叶, 药食兼具, 多年生草本植物。

出其東門은 二章으로, 章六句이라.
出其東門은 二章으로, 章마다 六句이다.

朱子曰 此詩는 卻是箇識道理이라. 人做鄭詩雖淫亂여도 然此詩卻如此好하고, 女曰雞鳴의 一詩도 亦好이라.
朱子曰: 此詩는 도리어 이렇게 箇의 道理에 識인 것이다. 人들이 鄭詩를 비록 淫亂으로 여길지라도, 그러나 此詩 만큼은 도리어 如此로 好이고, '女曰雞鳴'의 一詩도 또한 好인 것이다.

○慶源輔氏曰 鄭詩중에 唯女曰雞鳴이 與此詩와 爲得夫婦之道니, 夫子錄之도

正以見人性之本善하고 而先王之澤이 猶未泯也라.
慶源輔氏曰: 鄭詩 중엔 오직 '女曰雞鳴'이 此詩와 더불어 夫婦之道를 得함이 되니, 夫子께서 그것들로 錄之하심도 正히 人性之本善이고 先王之澤이 여전히 泯되지 않았음을 見(현)한 것이다.

○南豐曾氏曰 氓에선 以華落色衰而相棄背하고, 谷風以淫於新昏하여 而棄室이나, 唯出其東門만은 則不然이라.
南豐曾氏曰: <氓>에선 華落色衰로 서로 棄背하고, <谷風>에선 新昏에 淫하여 室을 棄하였으나, 오직 出其東門만은 則不然이다.

20. 野有蔓草

07-20-01 野有蔓草하니 零露漙兮로다. 有美一人이여. 淸揚婉兮로다. 邂逅相遇호니 適我願兮로다.
들에 넝쿨풀 퍼져 자라니 내린 이슬 흠뻑 젖음이로다. 저 아름다운 님이여! 눈과 눈썹 완연하도다. 우연히 서로 만나노니 마침 나의 이상형이로다.

　　　　들에 퍼진 넝쿨풀들 이슬 맺혀 촉촉하네
　　　　저 아름다운 사람이여! 고운 눈매 수려하네
　　　　우리 서로 만나보니 내가 찾던 그 사람이네

賦而興也라. 蔓은 延也라. 漙은 露多貌라. 淸揚은 眉目之間이 婉然히 美也라. 邂逅는 不期而會也라. ○男女가 相遇於野田草露之間인지라, 故로 賦其所在하여 以起興이라. 言野有蔓草에 則零露漙矣고, 有美一人에 則淸揚婉矣로다. 邂逅로 相遇인지라 則得以適我願矣로다.
賦而興체이다. '蔓'은 뻗어나감(延)이다. '漙(이슬많을단)'은 이슬이 많은 모양이다. '淸揚'은 眉目의 사이가 뚜렷(宛然)하게 아름다운 것이다. '邂逅'는 기약하지 않았는데 만나(會)는 것이다. ○남녀가 서로 野田의 풀 이슬이 맺힌 사이에서 만났기 때문에, 고로 그 소재의 바를 읊어 興을 일으킨 것이다. '들에 蔓草 있음에 즉 내린 이슬 많이 맺힘이고, 아름다운 사내 있음에 즉 눈과 눈썹 사이(淸揚) 완연히 훤함이로다. 우연히 邂逅로 서로 만난지라, 즉 나의 원하던 바를 마침 얻음이로다.' 라 말한 것이다.

07-20-02 ○野有蔓草하니 零露瀼瀼이로다. 有美一人이여. 婉如淸揚이로다. 邂逅相遇호니 與子偕臧이로다.
들에 넝쿨풀 퍼져 자라니 내린 이슬 방울방울이로다. 저 아름다운 님이여! 눈과 눈썹 완연하도다. 우연히 서로 만나노니 그대와 함께 선남선녀(善男善女)로다.

<blockquote>
들에 뻗은 넝쿨풀들 이슬방울 맺혀있네
저 아름다운 사람이여! 고운 눈매 수려하네
우리 서로 만났으니 그대와 같이 즐겨보세
</blockquote>

賦而興也라. 瀼瀼도 亦露多貌이라. 臧은 美也니, 與子偕臧은 言各得其所欲也라.
賦而興체이다. '瀼瀼(흠치르할양)'도 또한 이슬이 많은 모양이다. '臧'은 아름다움이니, '與子偕臧'은 각각 그 欲하고자 하는 바(各得其所)를 얻었음을 말함이다.

野有蔓草는 二章으로, 章六句이라.
野有蔓草는 二章으로, 章마다 六句이다.

21. 溱洧

07-21-01 溱與洧에 方渙渙兮어늘, 士與女마다 方秉蘭兮로다. 女曰觀乎인댄, 士曰旣且로다. 且往觀乎인저, 洧之外는 洵訏且樂이라하며, 維士與女마다 伊其相謔하며 贈之以勺藥이로다.
진수(溱) 유수(洧)에 물살 불어나거늘, 삼월 삼짓날에 남녀마다 난초 지님이로다. 여자 '함께 구경 갑시다!'라 하건대, 남자 '이윽고 다녀왔도다.'라 하도다. '또 가서 볼진져! 유수(洧) 밖 풍광은 참으로 넓고 또 즐길 만하더이다.'라 하며, 오직 남녀 저마다 그 서로 희학하며 작약 증표 삼아 건넴이로다.

<blockquote>
진수 유수 강물이 넘실거리고 삼짓날 남녀 손에 난초 들었네
"함께 구경갈까요" 여자 말하니 "벌써 다녀왔네요" 남자 답하네
"또 한 번 가 봐요 유수가는 크고 넓어서 즐길 만하대요"
남자 여자 가까워져 같이 놀다가 증표 삼아 작약 꽃 건네주었네
</blockquote>

賦而興也라. 渙渙은 春水盛貌니, 蓋氷解而水散之時也라(詩考曰 三月은 桃花,水下之時이라). 蘭은 蘭也니, 其莖葉은 似澤蘭하나, 廣而長節하며 節中赤하고 高四五尺이라(朱子曰 蘭은 與澤蘭相似니, 生水旁하고 紫莖,赤節,綠葉으로 光潤하고 尖長이라. 有岐<葉>陰小紫이라). 且는 語辭이라. 洵은 信이고, 訏는 大也

라. 勺藥도 亦香草也니, 三月開花하며 芳色可愛이라(本草注曰 芍藥엔 有二種이니, 有草芍藥,木芍藥이라). ○鄭國之俗에 三月上巳之辰엔 采蘭水上으로 以祓除不祥이라. 故其女問於士曰하길 盍往觀乎컨대, 士曰吾旣往矣하니, 女復要之曰하길 且往觀乎인져 蓋洧水之外의 其地는 信寬大而可樂也라. 於是에 士女相與戲謔하고, 且以勺藥爲贈하며 而結恩情之厚也라. 此詩는 淫奔者가 自叙之詞이라. 賦而興체이다. '渙渙'은 봄에 물이 盛한 모양이니, 대개 얼음이 플려서 물이 흩어지는 때인 것이다(<詩考>曰: 三月은 桃花와 水下의 時이다). '蘭(난초간)'은 蘭이니, 그 줄기와 잎이 택란(澤蘭:꿀풀과에 속한 여러해살이풀)과 같으나, 넓고 마디가 길며 마디 가운데가 붉고 높이는 4~5尺이다(朱子曰: 蘭은 澤蘭과 相似하니, 水旁에서 生하고 紫莖,赤節,綠葉으로 光潤이 있고 뾰족하고 길며<尖長>, 岐葉에는 陰의 小紫함이 有하다). '且'는 語辭이다. '洵'은 미더울 信이요, 訏(클우)는 큼이다. '勺藥'도 또한 香草이니, 三月에 開花하며 꽃의 향과 빛깔이 가히 사랑스럽다(本草注曰: 芍藥엔 有二種이니, 草芍藥과 木芍藥이 有이다). ○鄭國의 風俗 중에 三月 上巳의 辰日(음력3월3일:삼월삼짇날,上巳,重三,元巳,上除,踏靑節)엔 난초를 캐어 물에 띄어 보내 不祥을 祓除하였다. 고로 그 여자가 남자에게 물어 말하길 '어찌 가서 관람하지 않는가?'라 하건대, 남자가 말하길 '내 이윽고 가서 보았도다.' 라 하니, 여자 다시 그것을 요구하며 왈 '또 가서 구경할진져! 아마도 洧水 밖의 그 땅은 참으로 넓고 커서 가히 즐길만 하더이다.' 라 하였다. 이때에 士와 女가 서로 함께 戲謔하며, 또 勺藥으로 서로에게 정표로 주어 애정(恩情) 맺기를 두텁게 한 것이다. 이 詩는 淫奔者가 스스로 펼친 가사이다.

*참고: 蘭(釋義)
蘭草。《龍龕手鑑.草部》:「蘭,蘭蘭,香草名也。」《字彙.艸部》:「蘭,蘭也。與澤蘭相似,生水旁,紫莖、赤節、綠葉,光潤尖長。即今都梁香也。藏衣書中,可辟白魚。」《詩經.鄭風.溱洧》:「士與女,方秉蘭兮。」漢.毛亨.傳:「蘭,蘭也。」

07-21-02 ○溱與洧는 瀏其清矣어늘, 士與女로 殷其盈矣로다. 女曰觀乎인댄, 士曰旣且로다. 且往觀乎인저, 洧之外는 洵訏且樂이라하며, 維士與女마다 伊其將謔하며 贈之以勺藥이로다.
진수(溱) 유수(洧)는 그 맑고 깊거늘, 삼월 삼짇날에 남녀 인산인해로다. 여자 '함께 구경 갑시다!'라 하건대, 남자 '이윽고 다녀왔도다.' 라 하도다. '또 가서 볼진져! 유수 밖 풍광은 참으로 크고 또 즐길 만하더이다.' 라 하며, 오직 남녀 저마다 그 서로 희학하며 작약 증표 삼아 건넴이로다.

진수 유수 강물이 맑게 흐르고 남자 여자 모이니 인산인해네

"우리 함께 구경가요." 여자 말하니 "이미 다녀왔어요." 남자 답하네
"또 한 번 가볼까요? 유수가는 크고 넓어 즐길 만하답니다."
남자 여자 가까워져 같이 놀다가 증표 삼아 작약꽃 건네주었네

賦而興也라. 瀏는 深貌라. 殷은 衆也라. 將은 當作相이니, 聲之誤也라.
賦而興체이다. '瀏(맑을류)'는 깊은 모양이다. '殷'은 많음이다. '將'은 마땅히 相으로 써야 하나, 글자의 소리가 비슷해서 생겨진 오류이다.

溱洧는 二章으로, 章十二句이라.
溱洧는 二章으로, 章마다 十二句이다.

慶源輔氏曰 鄭國之土地寬平으로 人物繁麗하고, 情意駘蕩으로 風俗淫泆하니, 讀是詩者도 可以盡得之라. 詩可以觀을 詎不信然리오.
慶源輔氏曰: 鄭國은 土地가 寬平하여 人物이 繁麗(많고 화려)하고, 情意가 駘蕩(방탕)으로 風俗이 淫泆하니, 是詩를 讀하는 者도 그것에 盡得之일 수 있는 것이다. 詩에 '可以觀'임을 어찌(詎:거) 그러함을 信하지 못하겠는가?

鄭國 二十一篇으로 五十三章이고, 二百八十三句이라.
鄭國 二十一篇으로 五十三章이고, 二百八十三句이다.

鄭衛之樂은 皆爲淫聲이나, 然以詩考之면 衛詩三十有九에 而淫奔之詩는 才四之一이고, 鄭詩二十有一에 而淫奔之詩는 已不翅七之五이라. 衛엔 猶爲男悅女之詞이나 而鄭은 皆爲女惑男之語이며, 衛人은 猶多刺譏懲創之意나 而鄭人幾於蕩然無復羞愧悔悟之萌이니, 是則鄭聲之淫이 有甚於衛矣라. 故夫子論爲邦에 獨以鄭聲爲戒而不及衛는 蓋擧重而言도 固自有次第也라. 詩可以觀을 豈不信哉리오.
鄭과 衛의 음악이 모두 淫聲이 되지만, 그러나 詩로서 그것을 상고해 보면 衛나라는 詩 39편 중에 겨우 4분의 1이고, 鄭나라는 詩 21편 중에 淫奔의 詩가 이미 7분의 5일 뿐만(翅:시)이 아닌 것이다. 衛에는 오히려 남자가 여자를 기쁘게 하려는 가사이나 鄭은 모두 여자가 남자를 유혹하는 이야기며, 衛나라 사람은 오히려 刺譏를 두어 懲創하려는 뜻이 많으나 鄭나라 사람은 거의 蕩然으로 다시 羞愧와 悔悟의 맹아가 없으니, 이렇게 즉 鄭聲의 음탕함이 衛보다 심함이 있는 것이다. 고로 夫子께서 나라 다스림을 論하시되, 유독 鄭聲으로만 경계를 삼으시고 衛로는 미치지 않으심은 대개 중한 것만을 들어 말씀하셔도 참으로 자연한 次第가 있기 때문이다. 詩로서 가히 세태를 觀해 볼 수 있음(時變)을 어찌 믿지 못하겠는가?

華陽范氏曰 樂之淫者는 鄭,衛인지라 如有王者면 必放鄭聲리니, 然則이면 亂關雎者엔 莫如鄭,衛이니, 故鄭詩를 終於亂之極焉이라.
華陽范氏曰: 樂(악)의 淫者는 鄭,衛인지라 만일 王者가 有일지면 반드시 鄭聲을 放하리니, 然則이면 關雎를 亂인 것엔 鄭衛만한 것이 없으니, 故로 鄭詩를 그것 중에 亂之極으로 終케 한 것이다.

○詩考曰 公羊疏에 許氏云하길, 鄭詩二十一篇에 說婦人者十九이라.
詩考曰: 公羊傳 疏에, 許氏云하길 '鄭詩의 二十一篇 중에 婦人에 대해 說한 것이 十九이다.' 라 하였다.

○安成劉氏曰 鄭詩之有緇衣,羔裘,女曰鷄鳴,出其東門篇하니, 乃礫中之玉也라. 他如大叔于田及淸人詩엔 雖無足尙이지만 猶幸非爲淫奔而作이나, 若叔于田엔 則亦未免有男女相悅之疑라. 是其二十一篇之中에 曉然不爲淫奔而作者는 五六篇而已인지라, 故曰淫奔之詩,不翅七之五이라. 然自昔說詩者엔 唯以東門之墠與溱洧만을 爲淫詩나, 今朱子는 乃例以淫奔斥之者는, 蓋卽其辭而得其情이니, 正以發明放鄭聲之旨라. 不然이면 則衛,齊,陳詩의 諸篇들도 非無淫聲이거늘, 夫子께선 何獨以鄭聲爲當放哉리오.
安成劉氏曰: 鄭詩엔 緇衣,羔裘,女曰鷄鳴,出其東門의 數篇이 有하니, 이내 礫中(조약돌력)에 玉인 것이다. 그 마치 大叔于田에서 淸人의 詩에 及하기까지는 足히 尙할 바는 없지만, 오히려 다행히 淫奔을 위해 作됨은 아나, 마치 叔于田과 같음도 則 또한 男女의 相悅之疑가 有함에서는 未免인 것이다. 이렇게 그 二十一篇之中에 曉然히 淫奔으로 作되지 않은 것은 五六篇일 뿐인지라, 故로 曰하길 '淫奔之詩 不翅七之五' 라 한 것이다. 그러나 昔으로부터 詩를 說하였던 者는 오직 東門之墠과 溱洧만을 淫詩로 삼았으나, 今에 朱子께서는 이내 例지어 淫奔으로 그것을 斥之한 것은, 대개 그 辭에 나아가 그 성정을 得하심이니, 正히 鄭聲을 放하려는 旨를 發明하신 것이다. 不然이면 則 衛,齊,陳詩의 諸篇들도 淫聲 아님이 없거늘, 夫子(공자)께서는 어찌 유독 鄭聲으로만 當히 放으로 삼으셨겠는가?

詩傳大全卷之五

齊 一之八

齊는 國名으로, 本으로 少昊時에 爽鳩氏가 所居之地니(孔氏曰 爽鳩氏는 司寇也라. 爽鳩는 鷹也니, 鷙故爲司寇主盜賊이라. 少昊는 以鳥名官하나, 其人之名氏엔 則未聞也라). 在禹貢엔 爲靑州之域라가 周武王이 以封太公望이라. 東至于海하고 西至于河하며, 南至于穆陵하고 北至于無棣이라. 太公은 姜姓으로, 本四岳之後이라.

齊는 國名으로, 본래는 소호(小昊) 때에 爽鳩氏가 居했던 바의 땅이니(孔氏曰: 爽鳩氏는 司寇이다. 爽鳩는 매<鷹:응>이니, 맹금<鷙:지>인지라 故로 司寇가 되어 盜賊에 主인 것이다. 少昊는 鳥名으로 官職을 삼았으나, 그 人의 名氏에 대해선 則 未聞이다). 禹貢 때에 在해서는 淸州의 지역이 되었다가 周 武王이 太公望에게 封하였으니, 동쪽으로는 바다에까지 이르고 서로는 黃河에까지 이르며, 남쪽으로는 穆陵에까지 이르고 북으로는 無棣(산앵도나무체)에까지 이르렀다. 太公은 姜氏姓으로, 본래 四岳의 후예이다.

*참고:昭公十七年秋,
郯子來朝, 公與之宴. 昭子問焉, 曰:「少　　皞氏鳥名官, 何故也?」郯子曰:「吾祖也, 我知之. 昔者黃　帝氏以雲紀, 故爲雲師而雲名;炎帝氏以火紀, 故爲火師而火名;共工氏以水紀, 故爲水師而水名;大皞　氏以龍紀, 故爲龍師而龍名. 我高祖少皞摯之立也,　鳳鳥適至, 故紀于鳥, 爲鳥師而鳥名. 鳳鳥氏, 歷正也。」

孔氏曰 齊世家云하길, 呂尙者의 其先은 爲四岳되어 封於呂이라. 姓姜氏나, 從其封하여 姓인지라, 故曰呂尙이라. 西伯獵遇하여 與語에 大悅曰하길, 自吾先君太公曰컨대 當有聖人適周면 周國以興컨대, 吾太公이 望子를 久矣로다. 故號之曰太公望이라. 載歸로 立爲太師하고, 文王崩武王平商하곤 封於營丘이라.

孔氏曰: <齊世家>에 云하길 '呂尙者의 그 先祖가 四岳이 되어 呂로 封해졌다. 姓은 姜氏이나, 그 封을 從하여 姓을 삼았기 때문에, 故로 呂尙이라 曰한 것이다. 西伯이 獵하다 遇하여 함께 語함에 大悅하며 曰컨대 "吾의 先君인 太公으로부터 曰하시길 <聖人께서 周에 適함으로 당면함이 있을지면, 周國은 興하리로다.>라 하시었건대, 吾의 太公께서 子 望하시길 久였나이다." 라 하였다. 故로 그를 號之하여 太公望이라 曰하였다. 수레에 載하여 歸하곤 立하여

太師로 삼았고, 文王이 崩함에 武王이 商을 平하고서 營丘에다 封하였다.' 라 하였다.
*참고: 營丘
강태공의 도읍은 영구(營丘)인데, 현재의 산동성 임치(臨淄)의 임치진(臨淄鎭)에서 약간 북쪽으로 8리 정도 떨어진 곳이다.

旣封於齊하자 通工商之業하고 便魚鹽之利하니, 民多歸之인지라 故爲大國하고(勿軒熊氏曰 齊乃東方의 形勝要害之地로, 世號爲東西秦하니, 秦得百二하고 齊亦得十二서도, 蓋可見矣라. 大抵齊地는 富强近利인지라, 故孔子도 謂齊變而後至魯也라), 今靑,齊,淄,濰,德,棣等州가 是其地也라.
이윽고 齊로 封해지자 工商의 業을 통하게 하고 魚鹽의 이익을 편리케 하니, 백성들이 많이 그곳으로 귀의하였기 때문에 고로 大國이 되었고(勿軒熊氏曰: <한고조본기>에 '齊는 이내 東方에 形勢의 勝지이고 요충<要害>의 地로서, 세에서 號하길 "東의 西秦"으로 불려지니, 秦은 百에 二로서도 지켜냄을 得할 수 있고 齊도 또한 十에서 二로서도 지켜냄을 得할 수 있나이다.' 라 함에서도, 대개 可히 見할 수 있는 것이다. 大抵 齊地는 富强近利인지라, 故로 孔子께서도 謂하길 '齊變而後至魯'라 하신 것이다), 지금의 靑, 齊, 淄, 濰(강 이름유), 德, 棣의 等州가 이렇게 그 땅인 것이다.

靑州는 卽今靑州府이고 齊州今爲濟南府이며, 淄州는 今爲淄川縣이고 濰州는 今爲濰縣이며, 棣州는 今爲樂安州與德州에서 並隸山東이라.
靑州는 卽 今의 靑州府이고, 齊州는 今의 濟南府가 되며, 淄州는 今의 淄川縣이 되고 濰州는 今의 濰縣이 되며, 棣州는 今의 樂安州와 德州가 되며 아울러 山東에까지 隸속됨인 것이다.

1. 鷄鳴

08-01-01 雞旣鳴矣라 朝旣盈矣라하니, 匪雞則鳴이라 蒼蠅之聲이로다.
'닭 이윽고 운지라, 조정에 이윽고 신하로 가득 찼나이다.' 라 하니, 닭 울음소리 아니라 파리 앵앵대는 소리로다.

　　　　이윽고 새벽닭이 우는지라 "조정엔 신하들이 다 모였겠네요" 하니
　　　　　"닭은 아직 아니 울고 파리 떼들 앵앵대는 소리랍니다"

賦也라. 言古之賢妃가 御於君所하며 至於將旦之時에 必告君曰하길, 雞旣鳴矣니 會朝之臣이 旣已盈矣라하니, 欲令君早起而視朝也라. 然其實非雞之鳴也고, 乃蒼

蠅之聲也니, 蓋賢妃가 當夙興之時에 心常恐晚인지라. 故聞其似者하고 而以爲眞이라. 非其心存警畏하여 而不留於逸欲이면, 何以能此리오(三山李氏曰 心苟在焉이면 則聞蒼蠅之聲라도 以爲雞鳴이나, 心不在焉이면 雖雷霆在側여도 而耳不聞焉이라). 故詩人이 叙其事而美之也라.

賦체이다. 옛날의 어진 妃가 군주의 거소(居所)에서 모시며 장차 아침이 밝으려 할 때에 이르러, 반드시 임금에게 告하여 말하기를 '닭이 이윽고 울음 우니 조회에 모인 신하가 이윽고 이미 가득하다.' 라 하였으니, 군주로 하여금 일찍 일어나 조회를 보게 하고자 하였던 것이다. 그러나 그 실제는 닭 울음이 아니고 이내 파리의 소리(蒼蠅)였으니, 아마도 어진 妃가 일찍 일어날(夙興) 때를 당하여 마음은 항상 늦을 것을 두려워하였기 때문에, 고로 그 비슷한 것을 듣고선 참으로 여겼음을 말한 것이다. 그 마음에 警畏心을 두어 욕구의 일탈(逸欲)로 머물지 않으려함이 아니라면, 어찌 이것에 능하겠는가(三山李氏曰: 心이 苟로 그것에 在일지면 則 蒼蠅之聲을 聞하고도 雞鳴으로 여길지나, 心이 그것에 不在이면 비록 雷霆이 側에 在하여도 耳엔 그것이 不聞인 것이다)? 고로 詩人이 그 일들을 서술하여 그것을 찬미한 것이다.

08-01-02 ○東方明矣라 朝旣昌矣라하니, 匪東方則明이라 月出之光이로다.
'동창 막 밝은지라, 조정엔 이윽고 신하로 꽉 들어찼나이다.' 라 하니, 동방 밝음이 아니라 달빛만 홀로 비춤이로다.

동방이 밝은지라 "조정엔 신하들이 다 몰려들겠네요" 하니
"동방은 아니 밝고 달빛만이 저 홀로 비추고 있소"

賦也라. 東方明이면 則日將出矣라. 昌은 盛也라. 此再告也라.
賦체이다. 東方이 밝으면 즉 해가 장차 뜨려함인 것이다. '昌'은 盛함이다. 이것은 재차 고함인 것이다.

慶源輔氏曰 一章은 疑於耳也고, 二章은 疑於目也라. 古之賢妃가 進御於君에 當其夙興之時해선 心常恐晚인지라, 故於耳目聞見之際에 疑其似者하여 而以爲眞이니, 玩繹其辭면 則其戰兢警惕으로 眞有臨深履薄之意라. 至誠所感일진대 則其爲君코도 焉有留於宴昵之私者哉리오.
慶源輔氏曰: 一章은 耳에 疑하였던 것이고, 二章은 目에 疑하였던 것이다. 古의 賢妃가 君에 나아가 모실 적에, 그 일찍 일어남(夙興)의 時로 當해선 心은 常으로 晚일까에 恐하였기 때문에, 故로 耳目과 聞見의 際에 그 유사한 것에 疑하여 眞으로 여겼으니, 그 辭를 玩繹(완미하여 찾음)일지면 則 그 戰兢과 警惕으로 참으로 臨深履薄之意를 有하였던 것이다. 至誠으로 感하는 바이건대,

則 그 君되고도 어찌 宴昵之私에 留하는 者가 있을 수 있으리오?

○安成劉氏曰 此章은 以月光爲東方明이니, 乃目見其似하곤 而以爲眞也라. 如前章엔 則是耳聞其似者하곤 而以爲眞也라.
安成劉氏曰: 此章은 月光으로서 東方이 明함으로 여겼으니, 이내 目으로 그 유사를 見하고서 眞으로 여긴 것이다. 마치 前章과 같은 경우는 則 이렇게 耳로 그 유사者를 聞하고서 眞으로 여긴 것이다.

08-01-03 ○蟲飛薨薨이어늘 甘與子同夢이언만, 會且歸矣엔 無庶予子憎런가.
풀벌레 깨어 훙훙 날아오르거늘 그대와 동침의 꿈 달게 여기건만, 조회 들다 또 헛걸음 돌아감엔 거의 나로 인해 그대 미움받음 없겠습니까?

풀벌레 윙윙대며 날아드는데 그대와 잠들면서 단꿈 꾸고파
아침 조회 가셨다가 헛걸음치면 나 때문에 미움살까 걱정되네요

賦也라. 蟲飛는 夜將旦에 而百蟲作也라. 甘은 樂이고, 會는 朝也라. ○此三告也라. 言當此時에 我라고 豈不樂與子同寢而夢哉리오. 然羣臣之會於朝者가 俟君不出에 將散而歸矣면 無乃以我之故로 而幷以子爲憎乎인가.
賦체이다. '蟲飛'는 밤이 장차 밝으려 함에 온갖 벌레들이 일어남인 것이다. '甘'은 즐거워함이요, '會'는 朝會이다. ○이것은 세 번째 告함인 것이다. '이때를 당해 我라고 어찌 당신과 더불어 同寢하며 꿈꾸기를 즐거워하지 않겠는가? 그러나 조정에 조회든 群臣의 자들이 군주 기다려도 나오지 않음에 장차 흩어져 돌아간다면, 이내 나의 연고로 아울러 당신마저 미움받음은 없겠는가?'라 말한 것이다.

臨川王氏曰 甘與子同夢은 情也고, 會且歸矣,無庶予子憎은 義也라.
臨川王氏曰: '甘與子同夢'은 情인 것이고, '會且歸矣 無庶予子憎'은 義인 것이다.

雞鳴은 三章으로, 章四句이라.
鷄鳴은 三章으로, 章마다 四句이다.

三山李氏曰 自古로 人君에 修身謹行으로 而無流連荒亡之禍者엔 非特有忠臣義士이고, 亦由賢妃貞女가 夙夜警戒로 以成其德이라. 周宣之姜后와 齊桓之衛姬와 楚莊之樊妃가 是也라. 不獨人君爲然이니, 吳許升爲博徒에도 妻呂榮이 躬勤家業하며 以養其姑하고, 數勸升修學이나 升每爲不義컨대, 輒流涕進規하자 升感激하

여 自勵하곤 乃尋師遠學하여 遂成名하니, 賢女之助가 如此이라.
三山李氏曰: 自古로 人君 중에 修身의 謹行으로 流連과 荒亡의 禍가 無하였던 者 중엔 다만 忠臣과 義士만이 有하였던 것이 아니고, 또한 賢妃의 貞女가 夙夜로 警戒함으로 말미암아 그 德을 成하였던 것이다. 周 宣王의 姜后와 齊 桓공의 衛姬와 楚 莊王의 樊妃가 是인 것이다. 유독 人君만이 然했던 것도 아니니, 《後漢書·列女傳》에 吳許升은 잡기를 일삼는 무리(博徒)가 되었음에도, 妻인 呂榮이 몸소(躬) 家業에 勤하며 그 姑를 養하고선, 數次례 升에게 修學할 것으로 勸하였으나 升이 每번 不義만을 하였건대, 문득 눈물을 흘리며(流涕) 규범으로 아뢰자(進規), 升이 感激하여 스스로 힘써(自勵) 이내 師를 찾아나서 遠으로 學하여 드디어 名聲을 이루었으니, 賢女之助가 如此인 것이다.

○安成劉氏曰 夫爲妻綱이니, 古之人의 身修而家齊者上也니, 思齊의 所謂刑于寡妻가 是也라. 夫道不足에 幸有賢妃助之成德者次也니, 此詩所述이 是也라. 彼로 有相與昏淫耽樂이면 卒以覆亡이니, 如瞻卬所刺의 幽王褒姒者엔 無足道矣라.
安成劉氏曰: 夫는 妻의 綱이 되니, 古之人의 身修而家齊者는 上等이니, <思齊>편의 所謂 '刑于寡妻'가 是인 것이다. 夫의 道가 不足임엔 幸으로 賢妃의 助之成德者가 有함이 次等이니, 此詩에서 述한 바가 是인 것이다. 저 相與로 昏淫耽樂만이 有할지면 卒에는 覆亡이고 마니, 마치 <瞻卬>편에서 刺한 바와 같이 幽王褒姒者에 있어선 足히 道할 바조차 못 되는 것이다.

○豐城朱氏曰 男女之際의 人欲之所存焉에 節欲而循乎天理者는 賢君之所以治也고, 縱欲而滅夫天理者는 昏君之所以亂也라. 此詩에서 述賢妃警畏之心하길 如此하니, 蓋天理之所以常存이고 而人心之所以不死거늘, 也其爲君子之助가 不亦多乎인가.
豐城朱氏曰: 男女之際에 있어 人欲이 그곳에 存하는 바에, 欲을 節하여 天理로 循게 하는 것은 賢君으로 治를 이루게 하는 所以인 것이나, 欲에만 縱하여 저 天理를 滅게 하는 것은 昏君으로 亂을 이루게 하는 所以인 것이다. 此詩에서 賢妃의 警畏之心에 대해 述하길 如此하니, 대개 天理가 常存하는 所以이고 人心이 不死하는 所以거늘, 또한 그 君子의 助가 됨이 또한 多하지 않겠는가?

2. 還
08-02-01 子之還兮여. 遭我乎峱之間兮라. 並驅從兩肩兮하소니 揖我謂我儇兮라 하나다.
그대 민첩(還)히 수레 몲이여! 나와 노산(峱) 사이서 마주침이라. 나란히 말 달려 두 큰 돼지 쫓았더니 내게 읍하며 '날래다.'라 하나다.

그대 몹시 민첩했었네 노산가는 골짝에서 우리 만났네
큰 돼지 쫓아서 함께 달렸지 날더러 날쌔다고 인사했다네

賦也라. 還은 便捷之貌라. 峱는 山名也라. 從은 逐也라. 獸三歲曰肩이라(釋文曰 亦作豣이라. ○孔氏曰 獻肩于公라하니, 則肩이 是大獸인지라 故言三歲이라). 儇은 利也라. ○獵者가 交錯於道路하자, 且以便捷輕利로 相稱譽하길 如此이나(鄭氏曰 俱出獵而相遭也라. 謂我儇은 譽之也니, 譽之者는 以報前言還也라), 而不自知其非也니, 則其俗之不美를 可見이고 而其來도 亦必有所自矣라.
賦체이다. '還(돌선)'은 민첩(便捷)한 모습이다. '峱(노:山東省 臨淄縣의 남쪽에 있음)'는 산 이름이다. '從'은 쫓음이다. 3년 된 짐승을 '肩'이라 曰한다(釋文曰: 또한 豣<견>으로도 作한다. ○孔氏曰: <豳風 七月>에 '獻肩于公'이라 하니, 則肩이 이렇게 大獸인지라 故로 三歲로 言한 것이다). '儇(영리할현)'은 날카로움이다. ○사냥 나간 자들이 도로에서 交錯되자, 또한 便捷과 輕利로써 서로를 칭찬(譽)으로 稱하길 이와 같았으나(鄭氏曰: 함께 獵으로 出하였다가 서로 遭한 것이다. '我儇'이라 謂함은 나를 譽之인 것이니, 그것으로 譽之인 것은 前言의 '還'에 대한 報답이다), 그 그른 줄 알지 못하였으니, 즉 그 풍속의 不美함을 가히 볼 수 있고, 그 풍속이 전해옴도 또한 부터 온 바가 있었던 것이다.
*참고: 소남 <騶虞>편의 <모씨정의>
'于嗟乎騶虞로다.'
【疏】傳 '一歲曰豵'
○正義曰: 傳以七月云 "言私其豵, 獻豜於公." 大司馬云 "大獸公之, 小獸私之." (豜)[豵]言私, 明其小,
故彼亦云 "一歲曰豵", 獻豜於公, 明其大, 故彼與<還>傳皆云 "三歲曰豜".
<伐檀>傳曰 '三歲曰特', 蓋異獸別名, 故三歲者, 有二名也.
大司馬職注云 "一歲爲豵, 二歲爲豝, 三歲爲特, 四歲爲肩, 五歲爲愼." 其說與毛或異或同, 不知所據.

安成劉氏曰 集傳에서 但言必有所自는 蓋不質其爲哀公所致也라.
安成劉氏曰: 集傳에선 다만 '반드시 부터 온 바가 있음이다.'라 言한 것은, 대개 그 哀公이 致한 바로 되었다고 질정(質正)하지 않은 것이다.
*참고: 齊哀公
제나라 5대 군주. 제계공의 아들. 제호공의 형. 그는 이웃인 기(紀)나라의 군주와 사이가 좋지 않았다. 제애공 말년(기원전 863년), 기나라 군주가 그를 주이왕에게 모함하자 주이왕은 제애공을 소환해 삶아 죽였다(烹刑). 그리고 이

일로 인해 제나라와 기나라는 원수지간이 되었다. 애공이 죽고 동생인 강정(姜靜)이 뒤를 이으니 그가 바로 제호공이다. 이후 제나라의 거듭된 공격으로 기나라는 약소국으로 전락했고, 제양공이 마침내 기나라를 멸하였다. (출처: 나무위키)

08-02-02 ○子之茂兮여. 遭我乎峱之道兮라. 並驅從兩牡兮하소니 揖我謂我好兮라하나다.
그대 아름다운(茂) 자태여! 나와 노산 길가서 마주침이라. 나란히 말 달려 두 수컷 쫓았더니 내게 읍하며 '빼어나다.' 라 하나다.

　　　　그대 정말 멋있었네 노산 가는 길목에서 우리 만났네
　　　　숫 짐승 쫓아서 함께 달렸지 날더러 잘한다고 인사했다네

賦也라. 茂는 美也라.
賦체이다. '茂'는 아름다움이다.

08-02-03 ○子之昌兮여. 遭我乎峱之陽兮라. 並驅從兩狼兮하소니 揖我謂我臧兮라하나다.
그대의 창성(昌)한 덕이여! 나와 노산 남쪽서 마주침이라. 나란히 말 몰아 두 이리 쫓았더니 내게 읍하며 '훌륭하다.' 라 하나다.

　　　　그대는 정말 씩씩했었네 노산 가는 남쪽 길에서 서로 만났네
　　　　이리 떼를 쫓아서 함께 달렸지 날더러 훌륭하다 칭찬해줬네

賦也라. 昌은 盛也라. 山南曰陽이라. 狼은 似犬이나, 銳頭白頰하고 高前廣後이라(爾雅曰 狼은 牡名獾하고 牝名狼이라<獾音歡>). 臧은 善也라.
賦체이다. '昌'은 盛함이다. 산의 남쪽을 '陽'이라 曰한다. '狼'은 개와 흡사하나, 머리가 예리하고 뺨은 희며, 앞으로 높고 뒤로는 넓다(爾雅曰: 狼은 牡를 名하여 獾(오소리환)이라 하고, 牝을 名하여 狼이라 한다<獾音歡>). '臧'은 善함이다.

還은 三章으로, 章四句이라.
還은 三章으로, 章마다 四句이다.

疊山謝氏曰 千萬人之習俗은 原於一人之好尚하고, 千百年之敝化는 生於一時之放心이니, 齊俗好田이 如此거늘 爲人上者가 可不謹哉리오.

疊山謝氏曰: 千萬人의 習俗은 一人之好尙에 原하고, 千百年의 敝化(敗壞風化)는 一時之放心에서 生하나니, 齊俗의 好田이 如此하거늘 人의 上이 된 者가 可히 謹하지 않을 수 있겠는가?

○華陽范氏曰 表記云하길, 上之好惡엔 不可不謹也니, 是民之表也라하니, 國君禽荒에 而國人以習於田獵을 爲賢하고, 閑於馳逐을 爲好하며, 安於所習而不自知其非커늘, 道民之道에 可不愼哉리오.
華陽范氏曰: 예기 表記의 <緇衣>에 云하길 '上之好惡엔 可히 謹하지 않을 수 없으니, 이렇게 民의 儀表가 되기 때문이다.' 라 하니, 國君이 사냥(禽)에 荒함에 國人들이 田獵에 習함으로 賢을 삼고, 馳逐에 閑(能手能爛)함을 好로 삼으며, 習하는 바에 安이고서 스스로 그 非임을 知하지 못하거늘, 民을 인도하는 道에 可히 愼하지 않을 수 있겠는가?

3. 著
08-03-01 俟我於著乎而하나니, 充耳以素乎而오 尙之以瓊華乎而로다.
그대 문안의 뜰(著)서 나 맞이하나니, 흰 실 귀막이 끈이오 경화(瓊華)의 옥돌 더함이로다.

> 그대 나를 문간에서 기다리셨네
> 흰색 실로 귀막이를 하고 있었지
> 아름다운 옥돌도 달고 있었네

賦也라. 俟는 待也라. 我는 嫁者自謂也라. 著는 門屛之間也라(孔氏曰 門屛之間을 謂之宁이라. 門內屛外컨대, 人君視朝에 所宁立處也라. 著與宁는 音義同이라). 充耳는 以纊懸瑱으로, 所謂紞也라(孔氏曰 懸瑱을 當耳인지라 故謂之塞耳이라. 紞은 懸瑱之繩으로 用雜綵線하여 織之라). 尙은 加也라. 瓊華는 美石似玉者로, 卽所以爲瑱也라(朱子曰 古者의 五等之爵엔 朝會祭祀마다 皆以充耳이니, 不知此詩는 說何人이라. 所說尙之는 以靑黃素,瓊瑤英이나, 大抵只是押韻으로 不知古人充耳以瑱에 或用玉,或用象이라. 看來면 是以線穿垂하여 在當耳處이라). ○東萊呂氏曰 昏禮에 壻往婦家하여 親迎에, 旣奠鴈하고 御輪而先歸라가 俟于門外하다 婦至면 則揖以入이라. 時에 齊俗不親迎인지라 故女至壻門서야 始見其俟己也라.
賦체이다. '俟'는 기다림이다. '我'는 시집간 자가 스스로를 말함이다. '著<뜰저>'는 門과 屛의 사이이다(孔氏曰: 門屛之間을 謂之하여 宁<뜰저>라 한다. 門內에서 外을 屛하건대, 人君이 視朝할 때 宁立하는 바의 處인 것이다. 著와 宁는 음과 義가 同이다). '充耳'는 숨(纊)으로서 귀막이 옥(瑱)을 매단 것이니, 이른바 담(紞:귀막이 끈과 옥)이라는 것이다(孔氏曰: 懸瑱<귀막이 옥진>을 耳에 當하게 하기 때문에, 故로 謂之하길 塞耳라 한 것이다. 紞은 懸瑱之繩이니, 雜綵<오색장식>線을 用하여 그것을 織之한다). '尙'은 더함이다. '경화(瓊華)'는 美石으로 옥과 흡사한 것인데, 즉 瑱을 만들 수 있는 까닭인 것이다(朱子曰: 古者의 五等之爵이 朝會와 祭祀엔 모두 充耳로서 하였으나, 此詩에선 이렇게 何人으로 說함인지엔 不知이다. 尙之로 說하였던 靑, 黃,素와 瓊,瑤,英은 大抵 다만 이렇게 押韻인 것으로, 古人은 瑱으로 充耳할 적에 或 用玉인지 或 用象인지에는 不知이다. 看來이면 이렇게 線으로 穿하여 垂에 當耳의 處에 在하게 하였을 뿐인 것이다). ○東萊呂氏왈: '예기 昏禮편에, 사위가 신부의 집에 가서 親迎할 때에, 이윽고 전안(奠雁)의 禮를 행하고 수레를 몰아 먼저 돌아왔다가 문밖에서 기다려 부인이 이르르면 즉 揖하고선 안으로 들인다.' 라 하였다. 이때에 齊나라의 風俗은 親迎하지 않았기 때문에, 고로 여자가 신랑 문에 이르러서야 비로소 그 자기 기다림을 볼 수 있었던 것이다.
*참고: 門屛(문병)
밖에서 집안을 들여다보지 못하도록 대문(大門)이나 중문(中門) 안쪽에 가로막아 놓은 담이나 널빤지. (네이버사전)

08-03-02 ○俟我於庭乎而하나니, 充耳以靑乎而오 尙之以瓊瑩乎而로다.
그대 정원(庭)서 나 맞이하나니, 푸른 실 귀막이 끈이오 경영(瓊瑩)의 옥돌 더함이로다.

그대 나를 뜰에서 맞이 하였네
푸른 실 귀막이를 하고 있었지
아름다운 옥돌도 달고 있었네

賦也라. 庭은 在大門之內과 寢門之外이라(廬陵李氏曰 堂下至門을 謂之庭이라). 瓊瑩도 亦美石으로 似玉者이라. ○呂氏曰 此昏禮의 所謂 堺道婦及寢門하여 揖入之時也라.
賦체이다. '庭'은 대문 안과 寢門 밖 사이에 놓여있다(廬陵李氏曰: 堂下에서 門에 至하기까지를 謂之하여 庭이라 한다). '경영(瓊瑩)'도 또한 美石으로, 옥과 비슷한 것이다. ○呂氏曰: 이는 昏禮에서 이른바 신랑이 부인을 인도해 寢門에 이르러서 揖하고 들어갈 때인 것이다.

08-03-03 ○俟我於堂乎而하나니, 充耳以黃乎而오 尙之以瓊英乎而로다.

그대 당(堂)에서 나 맞이하나니, 황색 실 귀막이 끈이오 경영(瓊英)의 옥돌 더 함이로다.

그대 나를 당에서 맞이 하였네
노란 실로 귀막이를 하고 있었지
아름다운 옥돌도 달고 있었네

賦也라. 瓊英도 亦美石으로, 似玉者이라(孔氏曰 木謂之華하고, 草謂之榮하며, 榮而不實者를 謂之英하니, 然則瓊英,瓊華,瓊瑩은 皆玉石光色이라. ○疊山謝氏曰 其充耳엔 則以素以青以黃하고, 其加飾엔 則瓊華,瓊瑩,瓊英이니, 修容盛飾에 非不美也니, 惜乎不知禮耳이라). ○呂氏曰 升階而後至堂이니, 此는 昏禮에 所謂升自西階之時也라.

賦체이다. '경영(瓊英)'도 또한 美石으로, 玉과 비슷한 것이다(孔氏曰: 木에선 謂之하길 華라 하고, 草에선 謂之하길 榮이라 하며, 榮이고도 不實者를 謂之하여 英이라 하니, 然則이면 瓊英, 瓊華, 瓊瑩은 모두 玉石으로 光色을 띄는 것이다. ○疊山謝氏曰: 그 充耳에선 則 素, 青, 黃으로 하고, 그 加飾에선 則 瓊華, 瓊瑩, 瓊英으로 하니, 몸 단장(修容)의 盛飾에 美하지 않음이 없음이나, 禮법을 알지 못함이 애석할 뿐이로다). ○呂氏曰: 계단으로 오른 이후에야 堂에 이르니, 이는 昏禮에서 이른바 당에 오르길 서쪽 계단으로부터 할 때인 것이다.

東萊呂氏曰 既不親迎인지라, 故但行婦至壻家之禮에 壻道婦入인지라, 故於著,於庭,於堂에서 每節마다 皆俟之也라.
東萊呂氏曰: 이윽고 親迎치 않았는지라, 故로 다만 婦가 壻家에 至하는 禮를 行함에 壻가 婦를 인도(道)하여 入하였기 때문에, 故로 著, 庭, 堂에서 每번의 節목마다 모두 그녀를 俟之인 것이다.

著는 三章으로, 章三句이라.
著는 三章으로, 章마다 三句이다.

4. 東方之日

08-04-01 ○東方之日兮여, 彼姝者子는 在我室兮로다. 在我室兮컨대 履我卽兮로다.
동방의 해여! 저 아리따운 님 나의 내실에 있도다. 나의 내실에 있건대 나의 자취 밟고 들어섬이로다.

> 동방의 밝은 해여!
> 저기 아리따운 사람은 지금 내 집에 와 있네
> 내 집에 와 있으니 내 뒤를 따라 들어오겠네

興也라. 履는 躡이고, 卽은 就也니, 言此女躡我之跡하여 而相就也라.
興체이다. '履'는 밟을 躡(섭)이요, '卽'은 나아감이니, 이 여자가 나의 발자취를 밟아 서로 나아갔음을 말한 것이다.

廬陵歐陽氏曰 相邀의 以奔之詞也라
廬陵歐陽氏曰: 서로 맞이(邀:요)하는 음분의 詞인 것이다.

08-04-02 ○東方之月兮여. 彼姝者子는 在我闥兮로다. 在我闥兮컨대 履我發兮로다.
동방의 달이여! 저 아리따운 님 나의 뜰(闥)에 있도다. 나의 뜰에 있건대 나의 자취 밟고 나섬이로다.

> 동방에 휘영청 밝은 달이여!
> 저 아리따운 사람은 내 집 문안에 와 있네
> 나의 집 문 안에 와 있으니 나의 뒤를 졸졸 따라다니네

興也라. 闥은 門內也라. 發은 行去也니, 言躡我而行去也라.
興체이다. '闥(달)'은 문 안이다. '發'은 떠나감이니, 나의 자취를 밟고서 떠나감을 말한 것이다.

東方之日은 二章으로, 章五句이라.
東方之日은 二章으로, 章마다 五句이다.

慶源輔氏曰 東方之日,東方之月은 恐是因其時以起興하여, 言彼淫奔之女가 旦則躡我之跡而來하고, 暮則躡我之跡而去也라.
慶源輔氏曰: 東方之日과 東方之月은 恐컨대 이렇게 그 時로 因하여 興을 起하여서, 저 淫奔之女가 旦엔 則 我之跡을 躡하여 來함이고, 暮엔 則 我之跡을 躡하여 去함을 말한 것이다.

5. 東方未明

08-05-01 東方未明이어늘 顚倒衣裳호라. 顚之倒之어늘 自公召之로다.
동방(東方) 아직 밝지 않거늘 의상 전도(顚倒)해 입고 입궐이노라. 거꾸로 입고 뒤집어 입거늘 공(公)의 내치는 대로 부름 쫓음이로다.

아직 동도 트지 않았는데 바지저고리 바꿔 입고 입궐하였네
허둥지둥 거꾸로 바꿔 입은 건 임금께서 부르셨기 때문이라네

賦也라. 自는 從也라. 羣臣之朝엔 別色으로 始入이라. ○此는 詩人이 刺其君興居無節하고 號令不時라. 言東方未明에 而顚倒其衣裳이니 則旣早矣고, 而又已有從君所而來召之者焉하니 蓋猶以爲晩也라. 或曰 所以然者는 以有自公所而召之者故也라.
賦체이다. '自'는 부터 쫓음이다. 群臣의 조회엔 색을 구별하여 비로소 들어감이다. ○이것은 詩人이 그 군주의 興과 居에 절도가 없고, 호령을 때로 아니함을 풍자한 것이다. <東方이 아직 밝지 않아 그 衣裳을 顚倒해 입으니 즉 이윽고 호령의 때가 일렀던 것이고, 그리고 또 이미 임금의 거소로 쫓아 불러온 자들도 있었으니 대개 오히려 호령의 때보다 늦음으로 한 것이다.>라 말한 것이다. 혹자왈: <그러한 이유인 것은 公의 거소로만 그들을 불러들였던 까닭인 것이다.>라 하였다.

08-05-02 ○東方未晞어늘 顚倒裳衣호라. 倒之顚之어늘 自公令之로다.
동방 햇살 밝지 않거늘 의상 전도해 입고 입궐이노라. 거꾸로 입고 뒤집어 입거늘 공(公)의 내치는 대로 호령 쫓음이로다.

아직 동도 트지 않았는데 바지저고리 바꿔 입고 입궐하였네
허둥지둥 거꾸로 바꿔 입은 건 임금께서 내린 명령 쫓음이라네

賦也라. 晞는 明之始升也라(孔氏曰 晞는 是日之光氣이라. 湛露云하길 匪陽不晞는 謂見日之光氣而物乾이니 故以晞爲乾라하고, 蒹葭云하길 白露未晞는 言露在朝旦未見日氣니 故以爲乾義이라. 此無取於乾인지라 故言明之始라하여 謂將旦時日之光氣始升也라). 令은 號令也라.
賦체이다. '晞(마를희)'는 밝은 빛이 비로소 떠오르려 하는 것이다(孔氏曰: 晞는 이렇게 日之光氣이다. 소아의 잠로<湛露>편에서 云하길 '陽이 아니면 晞하지 않겠도다.'는 日의 光氣를 만나야 物이 乾이라 말함이니 晞로서 乾을 삼은 것이고, 진(秦)풍의 겸가<蒹葭>편에서 云하길 '<갈대는 무성한데> 白露는 아직 晞하지 않네.'는 露가 朝에 在하여 旦에서 아직 日氣를 만나지 못했음을 말함이니 故로 乾의 義로서 삼은 것이다. 此에서는 乾으로 取함은 없

기 때문에 故로 '明之始'라고만 言하여, 將次 旦時에 日之光氣가 비로소 升하려 함을 말한 것이다). '令'은 호령이다.

08-05-03 ○折柳樊圃에 狂夫瞿瞿어늘, 不能晨夜하고 不夙則莫로다.
버드가지 꺾어 만든 채소밭 울타리에 정신 나간 사내라도 놀라 돌아보거늘, 능히 새벽 밤중 구별 못하고 일찍 아니면 즉 한밤중 실수로다.

　　　버드나무 가지 꺾어 울타리 치면 정신 나간 광인조차 조심하건만
　　　새벽인가 밤중인가 분간 못하고 새벽에도 밤중에도 실수만 하네

比也라. 柳는 楊之下垂者로, 柔脆之木也라. 樊은 藩也라. 圃는 菜園也라(孔氏曰 郭璞云하길, 藩은 籬也니, 種菜之地를 謂之圃하고, 其外藩籬를 謂之園하니, 故曰圃는 菜園也라). 瞿瞿는 驚顧之貌이라. 夙은 早也라. ○折柳樊圃는 雖不足恃나, 然狂夫見之면 猶驚顧而不敢越하니, 以比晨夜之限甚明하여 人所易知여도 今乃不能知하고 而不失之早이면 則失之莫也라.
比체이다. '柳'는 버드나무 가지가 아래로 드리워지는 것이니, 부드럽고 연한 나무이다. '樊(번)'은 울타리(藩)이다. '圃'는 채소밭이다(孔氏曰: 郭璞云하길, '藩은 籬<울타리리>이니, 菜를 種하는 地를 謂之하여 圃라 하고, 그 외의 藩籬를 謂之하여 園이라 하니, 故로 '圃는 菜園이다.'라 曰한 것이다). '瞿瞿'는 놀라서 돌아보는 모습이다. '夙'은 일찍이다. ○버드나무 꺾어 菜田의 울타리로 삼음은 비록 족히 믿을 만하지는 못하지만, 그러나 狂夫라도 그것을 보면 오히려 놀라 돌아보아 감히 넘지 못한다는 것으로, 새벽과 밤중의 한계는 매우 분명하여 사람들마다 알기 쉬운 바인데도, 지금 이내 능히 알지 못하고 너무 일찍에 실수하지 않으면 너무 늦음에 실수한다고 비유한 것이다.

程子曰 柳는 柔脆로 易折之物이니, 折之為藩籬여도 非堅固也나, 狂夫亦知其有限이라. 晝夜之限은 非不明也나, 乃不能知하고 而不早이면 則晏하니, 言無節之甚이라.
程子曰: 柳는 柔脆로 易折之物이니, 그것을 折之하여 藩籬를 만들어도 堅固함은 아니나, 狂夫라도 또한 그 限이 있음을 아는 것이다. 晝夜之限이 明하지 않음도 아닌데, 이내 能히 알지 못하고 早로 하지 않으면 則 晏(늦을안)으로 하나니, 無節하기가 甚함을 言한 것이다.

東方未明은 三章으로, 章四句이라.
東方未明은 三章으로, 章마다 四句이다.

6. 南山

08-06-01 南山崔崔어늘 雄狐綏綏로다. 魯道有蕩이어늘 齊子由歸로다. 旣曰歸 止어늘 曷又懷止리오.
남산 높고 험준하거늘 숫여우 짝 찾아 어슬렁대도다. 노나라 향한 길 넓고 평 탄이어늘 제나라 녀식 이 길 쫓아 시집감이로다. 이윽고 노(魯)나라 시집갔거 늘 어찌 또다시 다른 맘 품을 수 있으리오?

남산은 높고 높아 숫여우 짝 찾아 어슬렁거리네
노나라 가는 길은 넓고 평탄해 제나라 공주님 시집가던 길
이미 한번 시집가면 그만인 것을 어이해서 다른 마음 품을 수 있나

比也라. 南山은 齊南山也라. 崔崔는 高大貌라. 狐는 邪媚之獸이라(孔氏曰 對文 이면 則飛曰雌雄하고 走曰牝牡이니, 散엔 則可以相通이니, 左傳云한 獲其雄狐 도 亦謂牡爲雄이라). 綏綏는 求匹之貌라. 魯道는 適魯之道也라. 蕩은 平易也라. 齊子는 襄公之妹고, 魯桓公夫人文姜이니, 襄公通焉者也라(孔氏曰 襄公은 名諸 兒로 僖公子이라. ○安成劉氏曰 桓公은 名軌이고 一名允이며, 惠公庶子이라). 由는 從也라. 婦人謂嫁를 曰歸이라. 懷는 思也라. 止는 語辭이라. ○言南山有 狐로 以比襄公居高位而行邪行하곤(鄭氏曰 雄狐가 行求匹耦於南山之上에 形貌 綏綏然으로 喩襄公居人君之尊而爲淫泆之行可恥惡하길 如狐이라), 且文姜旣從 此道하여 歸于魯矣거늘, 襄公은 何爲而復思之乎리오.
比체이다. '南山'은 齊나라의 南山이다. '崔崔'는 高大한 모양이다. '狐'는 사특하게 교태(邪媚)부리는 짐승이다(孔氏曰: 글자 文의 의미와 對하 여보면 則飛에서는 雌雄이라 曰하고 走에서는 牝牡라 曰하나, 산문에서는 則 可히 서로 通用이니, 左傳云한 '獲其雄狐'도 또한 牡를 雄으로 삼아 말한 것이다). '綏綏(천천히수)'는 짝을 구하는 모양이다. '魯道'는 魯나라로 가는 길이다. '蕩'은 平易함이다. '齊子'는 제나라 襄公의 누이동생이고 魯나라 桓公의 부인인 文姜이니, 襄公이 그녀와 사통하였던 것이다(孔氏曰: 襄 公의 名은 諸兒이고, 僖公의 子이다. ○安成劉氏曰: 桓公의 名은 軌이고 一名 允이며, 惠公의 庶子이다). '由'는 말미암아 쫓음이다. 婦人이 시집가는 것 을 일러 '歸'라 曰한다. '懷'는 그리워함이다. '止'는 語辭이다. ○'南 山에 여우 있음으로 襄公이 高位에 居하며 邪行을 行하고 있음을 비유하고선 (鄭氏曰: 雄狐가 南山之上에서 匹耦를 求하여 行함에 形貌가 綏綏然함으로, 襄 公이 人君之尊에 居하며 淫泆之行을 하여 可히 恥惡하기가 狐와 같았음을 비 유한 것이다), 또 文姜이 이윽고 이 길을 쫓아 魯나라로 시집갔거늘 襄公은

무엇을 위해 다시 그녀를 그리워하는 것인가?' 라 말한 것이다.
*참고: 獲其雄狐(僖公十五年)
涉河侯車敗 詰之. 對曰 乃大吉也. 三敗必獲晉君. 其卦遇蠱 曰 千乘三去 三去之餘 獲其雄狐. 夫狐蠱 必其君也. 蠱之貞 風也 其悔山也. 歲云秋矣 我落其實 而取其材 所以克也. 實落材亡 不敗何待.

'황하(河)를 건넘이면 侯(五等總名)의 車가 敗할 것이다.' 라 하니, 秦侯가 힐란(詰:以爲不祥故)하였다. 對曰: <이내 크게 吉할 것입니다. 三敗로 이르게 됨에는 반드시 晉君을 사로잡을 수 있을 것입니다. 그 卦가 蠱(䷑:巽下艮上)卦를 만났으니, 그 卦辭(卜筮書의 雜辭)에 '제후의 千乘을 三이나 제去일지니, 三去인 餘에 그 雄狐를 사로잡는다.' 라 曰하니, 저 호고(狐蠱)란 반드시 그 君일 것입니다. 蠱괘의 貞(內卦)은 風(爲己身秦象)이고 그 悔(外卦)는 山(爲他人晉象)이며, 한해(歲) 중에 계절이 秋라 云함이니, 我가 그 實들을 떨어뜨림에 그 사람들이 材木을 채취함이니(艮爲山 山有木 今歲已秋 風落其實則人取其財), 이기게 되는 까닭인 것입니다. 實이 떨어지고 材木이 없어짐이거늘, 敗하지 않고 무엇이 기다리겠습니까?>라 하였다.

08-06-02 ○葛屨五兩이며 冠綏雙止니라. 魯道有蕩이어늘 齊子庸止로다. 旣曰庸止어늘 曷又從止리오.
칡신 다섯 켤레에도 짝 있으며 갓끈도 쌍 이룸이니라. 노나라 향한 길 넓고 평탄이어늘 제나라 녀식 이 길 통해 시집감이로다. 이윽고 이 길 통해 시집갔거늘 어찌 또다시 서로 쫓을 수 있으리오?

> 칡넝쿨로 삼은 신도 제 짝 있으며 갓 끈을 매어보면 두 가닥이네
> 노나라 가는 길이 넓고 평탄해 제나라 공주님 시집가던 길
> 이미 한번 시집가면 그만인 것을 어찌하여 또 누굴 쫓을 수 있나

比也라. 兩은 二의 屨也라. 綏는 冠上飾也라. 屨도 必兩이고 綏도 必雙이니, 物各有耦에 不可亂也라(藍田呂氏曰 屨는 與屨爲耦니 雖五兩에도 各相耦이고, 冠도 綏之雙으로, 亦自爲耦이니, 襄公文姜은 非其耦也라. ○盧陵羅氏曰 複下曰舃하고 禪下曰屨하니, 下는 謂底이라. 禮書에 二組는 屬於笄하고, 順頭而下結之謂之纓하고, 纓之垂者謂之綏이라). 庸은 用也니, 用此道以嫁于魯也라. 從은 相從也라.
比체이다. '兩'은 두 개로 짝을 이룬 신발이다. '綏<갓끈유>'는 冠 위에 다는 장식이다. 신발은 반드시 두 짝이요, 갓끈의 장식도 반드시 쌍이니, 물건마다 각 짝이 있음에 가히 어지럽힐 수 없는 것이다(藍田呂氏曰: 屨는 또 다

른 屨와 緉를 이루니, 비록 五라도 兩(5켤레)으로 各 相緉가 있고, 冠의 緌도 雙으로 또한 自로 緉를 이름이나, 襄公과 文姜은 그 緉가 아닌 것이다. ○廬陵羅氏曰: 바닥(下)이 두 겹<複>인 것을 舃<신석>이라 曰하고, 下가 한 겹<禪>인 것을 屨라 曰하니, 下는 신발바닥<底>을 謂함이다. <禮書>에 二組를 笄<계>에 屬하게 하고, 頭를 順하여 下에서 그것을 結之하는 것을 謂之하여 纓<갓끈영>이라 하고, 纓之垂者를 謂之하여 緌라 한다). '庸'은 씀이니, 이 道路를 이용해 魯나라로 시집갔다는 것이다. '從'은 서로 좇음이다.

藍田呂氏曰 此의 上二章은 罪襄公이니, 言其理如是여도 而襄公違之하며 以淫洪者는 何也오.
藍田呂氏曰: 此의 上二章은 襄公을 罪인 것이니, '그 理가 如是한데도 襄公은 그것을 違之해가며 淫洪한 것은 무엇인가?'라 言한 것이다.

08-06-03 ○藝麻如之何리오. 衡從其畝니라. 取妻如之何오. 必告父母니라. 旣曰告止어늘 曷又鞠止리오.
삼(麻) 심음엔 어찌 하리오? 그 전묘(田畝) 종횡으로 다스리니라. 처에 장가들길 어찌 하리오? 반드시 부모님께 고함이니라. 이윽고 고해 장가갔거늘 어찌 또다시 욕망 궁극케 할 수 있으리오?

삼밭을 지을 때는 어떻게 하나 종횡으로 골을 파서 이랑 만들지
아내를 얻으려면 어떻게 하나 반드시 부모님께 여쭈어야지
부모님께 고하고 장가갔는데 어찌하여 또 다시 욕심부리나

興也라. 藝는 樹이고, 鞠은 窮也라. ○欲樹麻者는 必先縱橫耕으로 治其田畝이고(毛氏曰 衡으로 獵之하고 從으로 獵之코서 種之然後에야 得麻이라. ○孔氏曰 獵은 是行步踐履之名이라. ○釋文曰 衡은 亦作橫하니, 韓詩云하길 東西耕曰橫하고, 從은 韓詩作由하고 云하길 南北耕曰由라), 欲娶妻者는 必先告其父母하니, 今魯桓公이 旣告父母而娶矣거늘, 又曷爲使之得窮其欲而至此哉리오.
興체이다. '藝'는 심음이요, '鞠'은 다할 窮이다. ○삼(麻)을 심고자 하는 자는 반드시 먼저 縱橫으로 밭 갈아 그 田畝를 다스리고(毛氏曰: 衡으로 그것을 涉獵之하고 從으로 그것을 涉獵之하고서, 그곳에다 種之인 然後에야 得麻일 수 있는 것이다. ○孔氏曰: '獵'은 이렇게 行步로 밟고 지나감<踐履>의 名인 것이다. ○釋文曰: 衡은 또한 橫으로도 作하니, 韓詩云하길 '東西로 耕함을 橫이라 曰한다.'라 하였고, 從은 韓詩에선 由로 作하고선 云하길 '南北으로 耕함을 由라 曰한다.'라 하였다), 처에 장가들고자 하는 자는 반드시 먼저 그 부모에게 告하니, 지금 魯桓公이 이윽고 부모께 고하여 장가들었거늘,

또한 어찌 하여 그들로 하여금 그 욕망을 다하게 하여 이 지경에까지 이르게 하였는가?

東萊呂氏曰 納之不正이면 則容有不敢制者나, 今魯侯는 旣以正禮納文姜이니 當早裁制之거늘, 曷爲又使窮其姦하여 而至於極也리오.
東萊呂氏曰: 納之에 不正이면 則 敢히 禮로 절제할 수 없는 것이 있을 수 있으니, 今의 魯侯는 이윽고 正禮로서 文姜을 納하였으니 當히 早로 그녀를 裁制之해야 하거늘, 어찌 또 그 姦淫을 궁극케 하여 極처에까지 至하게 하였는가?

08-06-04 ○析薪如之何리오. 匪斧不克이니라. 取妻如之何오. 匪媒不得이니라. 旣曰得止어늘 曷又極止리오.
장작 팰 때 어찌 하리오? 도끼 아니면 능할 수 없나니라. 처에 장가들길 어찌 하리오? 증매 아니고선 득(得)할 수 없나니라. 이윽고 증매 얻어 장가들었거늘 어찌 또다시 음난 다하게 할 수 있으리오?

> 장작을 쪼갤 때는 어떻게 하나 도끼가 아니면 쪼갤 수 없지
> 장가를 들려면 어떻게 하나 증매가 아니고선 얻을 수 없지
> 증매쟁이 통해서 장가갔는데 어찌하여 또다시 궁할 수 있나

興也라. 克은 能也라. 極도 亦窮也라.
興체이다. '克'은 能함이다. '極'도 또한 다할 窮이다.

藍田呂氏曰 此의 上二章은 罪魯桓公이니, 言其理如是여도 桓公은 縱之窮極其惡케 하니 何也오.
藍田呂氏曰: 此의 上二章은 魯桓公을 罪한 것이니, '그 理가 如是한데도 桓公은 縱之로 그 惡을 窮極하게 하였으니 무엇인가?' 라 言한 것이다.

南山은 四章으로, 章六句이라.
南山은 四章으로, 章마다 六句이다.

春秋 桓公十八年에, 公이 與夫人姜氏如齊라가 公薨于齊컨대(武夷胡氏曰 與者는 許可之詞이나, 曰與者는 罪在公也라. 夫淫亂者는 文姜이나, 而春秋罪桓公은 治其本也라), 傳曰 公將有行코서 遂與姜氏如齊하니, 申繻曰 女有家하고 男有室하여 無相瀆也를 謂之有禮라하니, 易此면 必敗이라. 公會齊侯于濼하고 遂及文姜如齊라. 齊侯通焉컨대, 公譎之하자 以告라. 夏四月에 享公하고, 使公子

彭生으로 乘公하자 公薨于車이라. 此詩의 前二章은 刺齊襄이고, 後二章은 刺魯桓也라.
<春秋>에, '桓公 16년 公이 夫人 姜氏와 함께 齊나라에 갔다가, 公이 齊나라에서 薨하였다.' 라 하였는데(武夷胡氏曰: 與者는 可함을 許諾한 詞이지만, '與' 라 曰한 것은 罪가 公에 在한다는 것이다. 무릇 淫亂者는 文姜이지만, 春秋에서 桓公으로 罪함은 그 本을 治하게 함이다), 左氏傳에 曰: 公이 장차 行次하고서 드디어 姜氏와 더불어 齊나라로 가고자 하니, 申繻曰:<女는 남편의 家에 편안함을 두고 男은 부인의 室에 편안함을 두어 서로 모독됨이 없어야 하나니, 이것을 일러 '禮가 있다.' 라 합니다. 이것을 바꿀지면 반드시 敗하나이다.>라 하여도, 公이 齊侯와 濼(물이름락)에서 회합하고서는 드디어 文姜과 함께 齊로 갔다. 齊侯가 그녀와 通情하거늘, 公이 그것을 꾸짖자(謫) 고해바쳤다(夫人告齊侯). 夏 四月 丙子일에 公에게 향연을 베풀고, 公子 彭生으로 하여금 公의 수레에 오르게 하자, 公이 車에서 薨하였다. 이 詩 前의 2章은 齊襄公을 풍자한 것이요, 後의 二章은 魯桓公을 풍자한 것이다.
*참고: 左氏傳 나머지.
魯人告于齊曰 寡君畏君之威 不敢寧居 來脩舊好. 禮成而不反 無所歸咎 惡於諸侯 請以彭生除之. 齊人殺彭生.
魯人이 齊나라에 고하여 말하길:<寡君께선 君의 威嚴에 두려워하시어 감히 편안히 거쳐하지 못하시고 와서 옛 우호(舊好)를 重修하였거늘, 禮가 이루어져도 돌아오지 못하시니 허물(咎)을 돌릴 바가 없나이다. 諸侯들에게 惡名으로 소문 날 것이니, 청컨대 팽생(彭生)을 제거해주소서(恥辱之惡).>라 하자, 齊人이 彭生을 죽여 버렸다.

7. 甫田

08-07-01 無田甫田이어다. 維莠驕驕리라. 無思遠人이어다. 勞心忉忉리라.
큰 밭(甫田) 갈기만 꾀하지 말지어다. 오직 강아지풀만 왕성(驕驕)해지리라. 멀리 있는 사람만 생각지 말지어다. 마음만 수고롭고 근심만 쌓이리라.

큰 밭을 갈지마오 강아지풀만 무성해요
먼 데 사람 생각마오 내 마음만 괴로워요

比也라. 田은 謂耕治之也라. 甫는 大也라. 莠는 害苗之草也라. 驕驕는 張王之意이고, 忉忉 憂勞也라. ○言無田甫田也라. 田甫田而力不給이면 則草盛矣라. 無思遠人也라. 思遠人而人不至면 則心勞矣라. 以戒時人厭小而務大하고 忽近而圖遠하여, 將徒勞而無功也라.

比체이다. '田'은 밭 갈아 그것 다스림을 말한 것이다. '甫'는 큼이다. '莠'는 苗에 해로운 풀이다. '驕驕'는 더부룩하게(張) 왕성(王)한 의미이고, '忉忉(근심할도)'는 근심으로 수고스러움이다. ○<큰 밭(甫田) 갈기만 꾀하지 말지어다. 甫田만을 갈다 힘이 공급치 못하면, 즉 풀만 무성할 것이다. 멀리 있는 사람만 염두에 들지 말지어다. 멀리 있는 사람만 염두해 두다 그 사람 이르지 않으면, 즉 마음만 수고로울 것이다.>라 말한 것이니, 당시의 사람들이 작은 것은 싫어하고 큰 것에만 힘쓰며, 가까운 이에겐 소홀하고 먼 사람만을 도모하여, 장차 다만 수고롭기만 하고 功이 없을 것임을 경계한 것이다.

眉山蘇氏曰 田엔 必自其小者始이니, 小者有餘면 而甫田可啓矣라. 思遠人엔 必自其近者始이니, 近者旣服이면 而遠者自至矣라.
眉山蘇氏曰: 田을 다스림엔 반드시 그 小者로부터 始하여야 하니, 小者에 有餘이면 甫田에도 가히 啓할 수 있는 것이다. 思遠人은 반드시 그 近者로부터 始하여야 하니, 近者가 이윽고 服이면 遠者도 自로 至인 것이다.

○慶源輔氏曰 厭小而務大가 田甫田者也니, 妄作者之所爲也라. 忽近而圖遠이 思遠人者也니, 妄想者之所冀也라. 妄作엔 則事不遂이고, 妄想엔 則心徒勞라.
慶源輔氏曰: 小에 厭하여 務大가 田甫田者이니, 妄作者가 爲하는 바인 것이다. 近에 忽하고 遠만을 圖함이 思遠人者이니, 妄想者가 冀하는 바인 것이다. 妄作엔 則 事가 不遂인 것이고, 妄想엔 則 心만이 다만 勞인 것이다.

08-07-02 ○無田甫田이어다. 維莠桀桀이리라. 無思遠人이어다. 勞心怛怛이리라.
큰 밭 갈기만 꾀하지 말지어다. 오직 강아지풀만 무성(桀桀)해지리라. 멀리 있는 사람만 생각지 말지어다. 마음만 애달프고 슬픔만 가득하리라.

큰 밭을 갈지 마오 강아지 풀만 무성해요
먼 데 사람 생각마오 내 마음만 애달파요

比也라. 桀桀은 猶驕驕也라(東萊呂氏曰 驕驕,桀桀은 皆稂莠이 侵凌嘉穀之狀이라). 怛怛도 猶忉忉이라.
比체이다. '桀桀'도 驕驕와 같음이다(東萊呂氏曰: 驕驕와 桀桀은 모두 稂莠<강아지풀랑>가 嘉穀을 侵凌하는 狀인 것이다). '怛怛(슬플달)'도 忉忉와 같음이다.

08-07-03 ○婉兮孌兮의 總角丱兮가 未幾見兮면 突而弁兮하나니라.
어리고 앙증맞은 양 갈래 총각머리, 얼마 못 본 사이 돌연 관 쓰고 나타나니라.

어여쁘고 귀여웠네 갈래 머리 그 총각
얼마 있다 다시 보니 관을 쓰고 나타났네

比也라. 婉,孌은 少好貌고, 丱은 兩角貌라. 未幾는 未多時也라. 突은 忽然高出之貌라(釋文曰 卒에 相見謂之突이라. ○韻書曰 它骨反이라. 犬이 從穴中暫出也라). 弁은 冠名이라(孔氏曰하길 弁者는 冠之大號也라). ○言總角之童을 見之未久에도 而忽然戴弁以出者는 非其躐等而强求之也니, 蓋循其序而勢有必至耳이라. 此는 又以明小之可大하고 邇之可遠이니, 能循其序而脩之엔 則可以忽然而至其極이나 若躐等而欲速엔 則反有所不達矣라.

比체이다. '婉(아름다울완)' 과 '孌(예쁠연)' 은 작고 예쁜 모양이고, '丱(쌍상투관)' 은 양쪽 상투의 모양이다. '未幾' 는 얼마 되지 않은(많지 않은) 시간이다. '突' 은 忽然히 높이 나서는 모양이다(釋文曰: 창졸간에 서로 만나 봄을 일러 突이라 한다. ○韻書曰: 它骨反이라. 犬이 穴中을 從하여 갑자기 <暫> 出인 것이다). '弁' 은 冠의 이름이다('弁冠名'에 孔氏는 曰하길 '弁者는 冠之大의 號이다.' 라 하였다). ○총각한 아이 그를 본지 오래지 않아도 홀연 弁을 쓰고 나타나는 것은 그 獵等으로 그것을 억지로 求함이 아니니, 대개 그 순서를 따르면 형세엔 반드시 이르게 됨이 있을 뿐임을 말한 것이다. 이것도 또 작은 것이라도 가히 크게 될 수 있고, 가까운 것이라도 가히 멀리까지 할 수 있음을 밝힌 것이니, 능히 그 순서를 따라 그것을 닦아나감엔 즉 가히 홀연히 그 극처에까지도 이를 수 있으나, 만일 獵等으로 속히 하고자만 할지면 즉 도리어 達하지 못하는 바만이 있게 된다는 것이다.

慶源輔氏曰 末章에서 又以其事之易見으로 而人所共知者를 爲比하여 以曉之小之可大,邇之可遠이니, 理固然也라. 厭小務大,忽近圖遠이면 則欲之亟也니, 循其理之自然하며 而計獲之心이 不萌이면 則忽然而造其極라도 有不自知者이라. 徇其欲之所爲면 則躁亟之意紛然라도 而終不能有所達矣라.

慶源輔氏曰: 末章에서 또 그 事之易見(견)으로 人이 함께 知할 수 있는 바의 것을 比로 삼아 小之可大와 邇之可遠를 曉之하였으니, 理가 固히 然인 것이다. 厭小務大와 忽近圖遠은 則 欲之亟(빠를극)이니, 그 理의 自然함을 循하며 計獲之心이 萌하지 않으면 則 忽然히 그 極으로 造하여도 스스로 知하지 못하는 것이 있다는 것이다. 그 欲만을 徇하여 爲하는 바일지면, 則 躁亟之意가 紛然이라도 終內에는 能히 達하는 바를 두지 못하게 되는 것이다.

甫田은 三章으로, 章四句이라.
甫田은 三章으로, 章마다 四句이다.

或問하길 甫田詩의 志大心勞컨대, 朱子曰 小序說한 志大心勞는 已是說他不好人이라. 若能循序하여 而進求之以道면 則志不爲徒大거늘, 心亦何勞之有리오. 人之所期에 固不可不遠大나, 然下手做時에 也須一步斂一步하여 著實做여야 始得이라. 若徒然히 心務高遠하고 而不下著實之功이면 亦何益哉리오.
或이 甫田詩의 '志大心勞'에 問컨대, 朱子曰: <小序>에서 說한 '志大心勞'는 이미 이렇게 그 不好人으로 說한 것이다. 만일 能히 循序로 하여 그것에 나아가 求之하길 道로서 할지면, 則 志는 다만 大만을 꾀함이 아니거늘 心도 또한 어찌 勞함이 有할 수 있겠는가? 人이 期하는 바에 固히 可히 遠大치 않을 순 없지만, 그러나 下手의 做時에는 또한 반드시 一步이고서 一步를 收斂하여 著實로 做이어야 비로소 得일 수 있는 것이다. 만일 徒然(空然)히 心務高遠하곤 下의 著實之功으로 아니할지면 또한 무슨 益함이 있겠는가?

○豐城朱氏曰 田之大者는 非果不可治니, 也先小而後에 大可也라. 人之遠者는 非果不可來이니, 也先近而後에 遠可也라. 天下之理엔 可循序而漸致이지, 不可躐等而欲速이라. 果循其序이면 則總角之童라도 可以忽然而見其弁이니, 是小非不可以爲大이고, 近非不可以爲遠也라. 果欲躐等하여 則厭小務大엔 而大終不可爲이고, 忽近圖遠엔 而遠終不可至矣컨대, 亦何益之有哉리오.
豐城朱氏曰: 田之大者는 결국 不可治가 아니니, 또한 先小인 而後에야 大에 可한 것이다. 人之遠者는 결국 不可來가 아니니, 또한 先近인 而後에야 遠에 可한 것이다. 天下之理엔 可히 循序로 하여 漸致하여야 하지, 躐等으로 欲速하여서는 不可한 것이다. 果然 循其序일지면 則 總角之童이라도 可히 忽然히 그 弁을 쓰고 나타남을 見할 수 있으니, 이렇게 小가 可히 大가 될 수 없음이 아닌 것이고, 近이 可히 遠이 될 수 없음도 아닌 것이다. 果然 躐等으로만 하고자하여 則 厭小務大이면 大는 終내 不可爲이고, 忽近圖遠이면 遠은 終내 不可至컨대, 또한 어떤 益함이 有하겠는가?

8. 盧令

08-08-01 盧令令이로소니, 其人美且仁이로다.
사냥개 방울소리 딸랑거림이로니, 그 사람 아름답고 또 인(仁)함이로다.

사냥개 방울소리 딸랑 거리네

그 사람은 아름답고 인자하시네

賦也라. 盧는 田犬也라(孔氏日 犬엔 有田犬,守犬이라. 戰國策云하길, 韓國盧가 天下之駿犬라하니, 是盧爲田犬也라). 令令은 犬頷下의 環聲이라. ○此詩大意는 與還略同이라.
賦체이다. '盧'는 사냥개이다(孔氏日: 犬에는 田犬과 守犬이 有이다. 戰國策云하길 '전국시대 韓國의 盧가 天下之駿犬이다.' 라 하니, 이렇게 盧는 田犬이 됨이다). '令令'은 개 턱 밑에 있는 방울소리이다. ○이 詩의 大意는 <還(선)>편과 더불어 대략 같음이다.

08-08-02 ○盧重環이로소니, 其人美且鬈이로다.
사냥개 방울 중첩지게 달았노니, 그 사람 아름답고 또 구레나룻 멋짐이로다.

사냥개가 크고 작은 옥방을 달았네
그 사람 아름답고 수염도 멋지네

賦也라. 重環은 子母의 環也라(孔氏日 重環은 謂環相重이니, 大環에다 貫一小環也라). 鬈은 鬚,鬢의 好貌라.
賦체이다. '重環'은 작은 방울과 큰 방울이다(孔氏日: '重環'은 環을 서로 중첩지게 함을 謂함이니, 大環에다 一의 小環를 貫인 것이다). '鬈'는 구레나룻(鬚:수,鬢:빈)가 좋은 모양이다.

08-08-03 ○盧重鋂로소니, 其人美且偲로다.
사냥개 큰 방울에다 두 방을 닮이로니, 그 사람 아름답고 또 구레나룻 성대하도다.

사냥개가 방을고리 두 개 달았네
그 사람 아름답고 멋지시구나

賦也라. 鋂는 一環에다 貫二也라(孔氏日 一大環에 貫二小環이라). 偲는 多鬚之貌이라(慶源輔氏日 仁則美其德也고, 鬈與偲則美其貌也라). 春秋傳의 所謂于思는 卽此字니, 古通用耳이라.
賦체이다. '鋂(사슬고리매)'는 하나의 방울에다 두 개를 꿴이다(孔氏日: 一의 大環에 二의 小環을 貫이다). '偲(굴셀시)'는 구레나룻가 많은 모양이니(慶源輔氏日: 仁은 則 그 德을 美하게 여김이고, 鬈與偲는 則 그 貌를 美하게 여김이다), 春秋傳의 이른바 '于思'가 즉 이 글자이니, 옛날에는 통용되었을 따름이다.

安成劉氏曰 左傳 宣公二年에 宋之城者가 譏華元曰하길 于思于思,棄甲復來컨대,
陸氏曰하길 思는 西才反으로, 多鬚貌라하니, 則此思<字音顋>이라.
安成劉氏曰:<左傳> 宣公二年에 宋의 城을 쌓는 者들이 華元을 譏하며 曰하길
'于思于思 棄甲復來'컨대, 陸氏曰하길 '思는 西才反로, 多鬚貌이다.'라 하
니, 則 此思<字音 顋(뺨시)이다>인 것이다.
*참고: 于思于思
宋人以兵車百乘 文馬百駟 以贖華元于鄭. 半入 華元逃歸 立于門外 告而入. 見叔
牂曰 子之馬然也. 對曰 非馬也 其人也. 旣合而來奔. 宋城 華元爲植巡功. 城者謳
曰 睅其目 皤其腹 棄甲而復. 于思于思 棄甲復來. 使其驂乘謂之曰 牛則有皮 犀
兕尚多 棄甲則那. 役人曰 從其有皮 丹漆若何. 華元曰 去之 夫其口衆我寡.
宋人이 兵車 百乘과 文樣과 彩色의 馬 百駟로서, 鄭에게 華元에 대한 贖錢을
바치기로 하였더니, 半쯤 入함에 華元이 逃하여 歸하고서, 城門 外에 서서 通
告하여 入하였다. 叔牂(羊斟)을 보자 曰:<그대의 馬가 그리한 것인가?>라 하
니, 對曰:<馬가 그리 한 것이 아니라, 그 人이 그리 한 것이다.>라 하고서, 이
미 答(合)하고서는 奔하여 魯로 왔다. 宋이 築城함에 華元이 감독(植:將領主
帥)이 되어 功役을 巡視할 적에, 城役者가 노래(謳)하며 曰:<그 目은 불거지
고(睅:出目), 그 腹은 불룩(皤:大腹)한 이가, 甲을 버리고 돌아왔도다. 더부룩
히 털 많은 이가(于思:多髮之貌), 甲을 버리고 돌아왔도다.>라 하거늘, 그 驂
乘으로 하여금 이르게 하기를 曰:<牛도 즉 皮가 있고 무소(犀兕)도 여전히
(尚) 多하거늘, 棄甲한들 즉 무슨(那:何) 害가 되리오?>라 하게 하니, 役人曰:
<그 皮있음을 從하더라도 丹漆은 어찌할 수 있으리오?>라 하니, 華元曰:<내
버려두어라. 저(役人)들의 그 口는 衆하고, 우리는 寡하니라.>고 하였다.

盧令은 三章으로, 章二句이라.
盧令은 三章으로, 章마다 二句이다.

9. 敝笱

08-09-01 敝笱在梁하니 其魚魴鰥이로다. 齊子歸止하니 其從如雲이로다.
헤진 통발 어량에 있나니 넘나드는 그 물고기 방환(魴鰥)이로다. 제나라 여식
귀녕해 머무나니 그 쫓는 행렬 구름 같도다.

구멍난 통발을 어량에 대니 방어 환어 물고기 몰려들었네

제나라 공주님 시집가는데 따르는 시종들이 구름 같구나

比也라. 敝는 壞이고, 笱는 罟也라(說文曰 曲竹으로 捕魚이라). 魴鱮 大魚也(孔氏曰 孔叢子云하길, 衛人釣得鱮魚컨대 其大盈車러니, 子思問曰 如何得리오. 對曰吾下釣垂一魴之餌에 鱮過而不視러니, 又以豚之半에 鱮則吞矣라하니, 是則鱮為大魚也라). 歸는 歸齊也라. 如雲은 言衆也라. ○齊人이 以敝笱不能制大魚로 比魯莊公不能防閑文姜이라(渤海胡氏曰 魴,鱮,鰥는 皆魚之可制者나, 也為其笱之敝敗하여 而不能制이고, 文姜本可防閑而制之나 由魯莊微弱하여 不能防閑也라. ○朱子曰 防은 所以止水이고, 閑은 所以扞物인지라, 故防閑엔 有禁制之意이라) 故歸齊而從之者가 衆也라.

比체이다. '敝'는 무너짐이요, '笱'는 그물이다(說文曰: 竹을 曲하여 魚를 捕하는 것이다). '방환(魴鱮)'은 大魚이다(孔氏曰: <孔叢子>에서 云하길 '衛人이 釣하여 鱮魚를 得하였건대 그 大하기가 盈車러니, 子思가 問하여 曰하길, 如何로 得인가? 對曰하길, 吾가 釣를 下하여 一魴之餌를 垂할 적엔 鱮이 過하다 不視러니, 또 豚之半으로 함에 鱮이 則 吞하더이다.' 라 하니, 이렇게 則 鱮은 大魚가 됨인 것이다). '歸'는 齊나라로 귀녕함이다. '如雲'은 많음을 말함이다. ○齊나라 사람들이 해진 통발로는 능히 大魚를 제어하지 못함으로, 魯莊公이 능히 어머니 文姜을 防閑하지 못하였음을 比한 것이다(渤海胡氏曰: 魴,鱮,鰥는 모두 魚의 可制인 것이나, 또한 그 笱가 敝敗함이 되어 能히 制하지 못하였던 것이고, 文姜은 本으로 可히 防閑하여 그녀를 制之일 수 있는 것이나, 魯莊의 微弱으로 말미암아 能히 防閑하지 못하였던 것이다. ○朱子曰: '防'은 水를 止하게 할 수 있는 所以인 것이고, '閑'은 物을 扞할 수 있는 所以인지라, 故로 防閑에는 禁制之意가 有인 것이다). 고로 齊나라로 귀녕함에 그녀를 쫓았던 자가 많았던 것이다.

新安胡氏曰 齊子歸止에 而有如雲之從은 責莊公不能禁之之意가 在其中矣라.
新安胡氏曰: 齊子가 歸止함에 雲과 같은 從이 有하였다는 것은, 莊公이 能히 그것을 禁之하지 못하였다는 責의 意가 在其中인 것이다.

08-09-02 ○敝笱在梁하니 其魚魴鰥로다. 齊子歸止하니 其從如雨로다.
헤진 통발 어량에 있나니 넘나드는 그 물고기 방어와 연어(魴鰥)로다. 제나라 여식 귀녕해 머무나니 그 쫓는 행렬 비와 같도다.

　　　　구멍난 통발을 어량에 대니 방어 연어 물고기 넘나들었네
　　　　제나라 공주님 시집가는데 뒤따르는 시종들 빗줄기 같네

比也라. 鱮는 似魴이나, 厚而頭大하니, 或謂之鰱이라(孔氏曰 陸璣云하길 鱮頭 尤大하여 魚之不美者니, 故里語曰하길 罔魚得鱮는 不如啗茹라. ○埤雅曰 鱮性 은 旅行인지라, 故其字從與이고 亦謂之鰱也라). 如雨도 亦多也라.
비체이다. '鱮(연어서)'는 魴魚와 비슷하나 두텁고 머리가 크니, 혹은 그것 을 일러 鰱魚라 하기도 한다(孔氏曰: 陸璣云하길, '鱮頭는 더욱 大하여서 魚 중에 不美者이다.'라 하니, 故로 <里語:속어사전>에 曰하길 '罔魚로 得鱮엔 素菜를 먹는 것보단<啗茹:씹을담> 못하다<啗是吃,茹是素菜>.'라 하였다. ○ 埤雅曰: 鱮性은 旅行인지라, 故로 그 字가 與를 從이니, 또한 謂之하여 鰱이라 고도 한다). '如雨'도 또한 많음이다.
*참고: 陸璣 · 草木蟲魚疏
鱮似魴, 厚而頭大, 魚之不美者. 其頭尤大而肥者, 徐州人謂之鰱, 或謂之鱅. 幽 州人謂之鴞鸒, 或謂之胡鱅.

龜山楊氏曰 如雲如雨는 言從之者衆也라. 許穆夫人이 思歸唁其兄이나 許人尤之 에 終以義不得而止이라. 若魯莊公이 剛而有制하고 使魯人無肯從者하길 如許人 焉이면, 則文姜雖欲適齊라도 尙可得乎리오.
龜山楊氏曰: 如雲과 如雨는 從之者가 衆임을 言한 것이다. 許穆夫人이 歸하여 그 兄을 위문(唁:언) 할 것에 思하였지만, 許人들이 그것을 尤之함에 終내 義로 서 得하지 못하고 그쳤던(止) 것이다. 만일 魯 莊公이 剛으로 有制하고, 魯人 들로 하여금 肯히 從者가 없게 하길 마치 許人이 그녀에게 하였던 것처럼 하 였을지면, 즉 則 文姜이 비록 齊에 適하고자 하였어도 오히려 可히 得할 수가 있었겠는가?

08-09-03 ○敝笱在梁하니 其魚唯唯로다. 齊子歸止하니 其從如水로다.
헤진 통발 어량에 있나니 넘나드는 그 물고기 자유자재(唯唯)로다. 제나라 여 식 귀녕해 머무나니 그 쫓는 행렬 강물 같도다.

구멍난 통발을 어량에 대니 물고기들 자유롭게 넘나드누나
제나라 공주님 시집가는데 뒤따르는 시종들 물결같구나

比也라. 唯唯는 行出入之貌라. 如水도 亦多也라.
비체이다. '唯唯' 출입으로 행하는 모습이다. '如水'도 또한 많음이다.

敝笱는 三章으로, 章四句이라.
敝笱는 三章으로, 章마다 四句이다.

按春秋컨대, 魯莊公二年에 夫人姜氏가 會齊侯于禚하고(杜氏曰 禚는 齊地이라. ○武夷胡氏曰 婦人無外事하니, 送迎엔 不出門이라. 旣嫁從夫하고 夫死從子이니, 今會齊侯于禚하니, 是莊公不能防閑其母로 失子道也라), 四年에 夫人姜氏가 享齊侯于祝丘하며(杜氏曰 魯地이라. ○武夷胡氏曰 兩君相見하고 享于廟는 中禮也나, 非兩君相見이고 又去其國하여 而享諸侯하니, 甚矣라), 五年에 夫人姜氏가 如齊師하고(武夷胡氏曰 曰會曰享엔 猶爲之名也나, 至是如齊師엔 羞惡之心亡矣니, 夫人之行에 不可復制矣라), 七年에 夫人姜氏가 會齊侯于防하고 又會齊侯于穀이라.

春秋를 살펴보건대, 魯莊公 2年에 夫人 姜氏가 齊侯와 禚(작)땅에서 만났고(杜氏曰: 禚는 齊地이다. ○武夷胡氏曰: 婦人은 無外事이니, 送迎엔 門을 벗어나지 않음이다. 이윽고 嫁해선 從夫하고 夫死엔 從子이나, 今에 '會齊侯于禚'하니, 이렇게 莊公이 能히 그 母를 防閑하지 못하였던 것으로 子道에 失인 것이다), 4年에 夫人 姜氏가 祝丘에서 齊侯를 燕享하였으며(杜氏曰: 魯地이다. ○武夷胡氏曰: 兩君이 相見하고 享于廟는 禮에 中인 것이나, 兩君의 相見이 아니며 또 그 國을 去하면서까지 享諸侯하였으니, 非禮가 甚인 것이다), 5年에 夫人 姜氏가 齊나라 군대로 들어갔고(武夷胡氏曰: 會를 曰하고 享을 曰함에는 오히려 그것에 名分이 있음이나, 이렇게 '如齊師'에 至해서는 羞惡之心조차 亡이니, 夫人之行에 다시 制함이 不可하였던 것이다), 7年에 夫人 姜氏가 防땅에서 齊侯를 만나고, 또 穀땅에서도 齊侯와 만났다.

武夷胡氏曰 防魯地,穀齊地컨대, 一歲而再會焉하니, 其爲惡이 益遠矣라.
武夷胡氏曰: 防은 魯地이고 穀은 齊地컨대, 一歲만에 再로 그와 會하니, 그 惡됨이 더욱 遠인 것이다.

○春秋 莊公十五年에 夫人姜氏如齊하고, 十九年에 夫人姜氏如莒하며, 二十年에 夫人姜氏如莒라. 胡氏傳云하길, 禮義者는 天下之大防也라. 其禁亂之所由生하길 猶坊止水之所自來也라. 衛女가 思歸寧而不得에 故泉水賦하고, 許穆夫人이 思唁其兄而阻於義에 故載馳作이니, 聖人錄於國風하여 以示後世하고 使知男女之別也라. 今夫人如齊는 以寧其父母에도 而父母已終이고, 以寧其兄弟는 又義不得往이니, 宗國猶爾컨대 而況如莒乎아. 婦人從人者엔 也夫死從子이니, 而莊公失子之道하여 不能防閑其母禁亂之所由生하니, 故初會于禚하고 次享于祝丘하며, 又次如齊師코선 又次會于防하고 于穀이라. 又次如齊하곤 又再如莒하니, 此以舊坊爲無所用하여 而廢之者也라. 是以至此極이라. 觀春秋所書之法이면 則知防閑之道矣라.

<春秋>에서 莊公十五年에 夫人姜氏가 如齊하고, 十九年에 夫人姜氏가 如莒하며, 二十年에도 夫人姜氏가 如莒하였다. 춘추胡氏傳(호안국)云하길, '禮義者

는 天下之大防인 것이다. 그 亂이 말미암이 生하는 바를 禁함은, 마치 제방이 水가 부터 來하는 바를 止하게 함과 같은 것이다. 衛女가 思歸寧에 不得하자 故로 <泉水>를 賦하였고, 許穆夫人이 思唁其兄에 阻於義하자 故로 <載馳>를 作하였으니, 聖人께서 國風에다 錄하고 後世에 示하여 男女之別을 知하게 하신 것이다. 今에 夫人이 如齊엔 그 父母에게 귀녕해야 함에도 父母가 이미 終하였고, 그 兄弟에 귀녕하였으나 또 義에 있어서는 不得往이니, 고국인 宗國에서조차 그와 같을 뿐이건대 하믈며 如莒에 있어서야! 婦人의 從人者엔 또한 夫死에 從子이나, 莊公이 子之道에 失하여 能히 그 母를 防閑하여 亂이 말미암아 生하는 바를 禁하지 못하였으니, 故로 初로 會于禚하고, 次에 享于祝丘하며, 또 次에 如齊師하고선 또 次에 會于防하고 會于穀하였던 것이다. 또 次에 如齊하곤 또 再로 如莒하였으니, 此는 舊坊(舊防)으로 用하는 바가 없어 그것을 廢之케 한 것이니, 是以로 此極에까지 至하였던 것이다. 春秋에서 書하였던 法에 觀일지면, 則 防閑之道에 知할 수 있는 것이다.

10. 載驅

08-10-01 載驅薄薄하노니 簟茀朱鞹이로다. 魯道有蕩이어늘 齊子發夕이로다.
수레 몰아 씽씽(薄薄) 달리노니 창호의 화문석과 붉은 옻칠 가죽이로다. 노나라 향한 길 넓고 평탄이어늘 제나라 여식 묵었던 관사 출발해 나섬이로다.

쏜살같이 수레몰아 달려오누나 대자리로 발을 치고 붉은 가죽 장식했네
노나라 가는 길은 넓고 평탄해 제나라 공주님 길 떠나시네

賦也라. 薄薄은 疾驅聲이라. 簟은 方文席也라. 茀은 車의 後戶也라(孔氏曰 謂以竹爲簟하고 蔽車之後戶也라). 朱는 朱漆也라. 鞹은 獸皮之去毛者니, 蓋車革質에다 而朱漆也라. 夕은 猶宿也니, 發夕은 謂離於所宿之舍라. ○齊人이 刺文姜乘此車하고 而來會襄公也라.
賦체이다. '薄薄'은 빨리 말 모는 소리이다. '簟(대자리점)'은 方文席(사각형 무늬를 넣어 만든 자리. 화려하게 수놓은 자리)이다. '茀'은 수레의 뒷문이다(孔氏曰: 竹으로서 簟을 만들어 車之後戶를 蔽했음을 말함이다). '朱'는 朱로 漆함이요, '鞹(가죽곽)'은 짐승 가죽에 털을 제거한 것이니, 대개 수레 가죽의 본 바탕에다 붉게 옻칠(朱漆)한 것이다. '夕'은 宿과 같으니, '發夕'은 묵었던 바의 관사에서 떠남을 말함이다. ○齊나라 사람들이 文姜이 이 수레를 타고 와서 齊 襄公과 만남을 풍자한 것이다.

08-10-02 ○四驪濟濟하노니 垂轡濔濔로다. 魯道有蕩이어늘 齊子豈弟로다.

검은 사마(四馬) 위용 뽐내노니 드리운 고삐 비단결이로다. 노나라 향한 길 넓고 평탄이어늘 제나라 여식 마냥 즐거워(豈弟)만 하도다.

검은색 네 마리 말 위용 뽐내니 드리워진 고삐가 잔물결 같네
노나라 가는 길은 넓고 평탄해 제나라 공주님이 즐거워하네

賦也라. 驪는 馬의 黑色也라. 濟濟는 美貌고, 瀰瀰는 柔貌라. 豈弟는 樂易也니, 言無忌憚, 羞恥之意也라.
賦체이다. '驪'는 말의 검은 색이다. '濟濟'는 아름다운 모습이요, '瀰瀰'는 부드러운 모양이다. '豈弟'는 즐겁고 편안함(樂易)이니, 꺼려(忌憚)함과 수치(羞恥)심도 없다는 뜻을 말함이다.

08-10-03 ○汶水湯湯이어늘 行人彭彭이로다. 魯道有蕩이어늘 齊子翶翔이로다.
문수(汶水)는 넘실거리거늘 길가의 행인 인산인해로다. 노나라 향한 길 넓고 평탄이어늘 제나라 여식 아랑곳없이 행보로다.

문수의 강물은 넘실거리고 길가의 행인들 구름같구나
노나라 가는 길은 넓고 평탄해 제나라 공주님 늠름하시네

賦也라. 汶은 水名으로, 在齊南魯北二國之境이라. 湯湯은 水盛貌이고, 彭彭은 多貌라. 言行人之多하여 亦以見其無恥也라.
賦체이다. '汶'은 물줄기 이름이니, 齊나라 남쪽과 魯나라 북쪽 두 나라 사이 경계에 있다. '湯湯'은 물이 盛한 모양이요, '彭彭'은 많은 모양이다. 길가의 사람들이 많음을 말하여 또한 그 부끄러움이 없음을 드러낸 것이다.

08-10-04 ○汶水滔滔어늘 行人儦儦로다. 魯道有蕩이어늘 齊子遊敖로다.
문수는 도도하거늘 길가의 행인 넘쳐남이로다. 노나라 향한 길 넓고 평탄이어늘 제나라 여식 아랑곳 않고 활보로다.

문수의 강물은 출렁거리고 길가의 행인들 몰려들었네
노나라 가는 길은 넓고 평탄해 제나라 공주님 호방하시네

賦也라. 滔滔는 流貌이고, 儦儦는 衆貌라. 遊敖도 猶翶翔也라.
賦체이다. '滔滔'는 흐르는 모양이요, '儦儦(많을표)'는 많은 모양이다. '遊敖'도 翶翔(제멋대로 날뜀)과 같음이다(恐컨대 앞서가 無恥임에 이것은 不懼인 듯하다).

載驅는 四章으로, 章四句이라.
載驅는 四章으로, 章마다 四句이다.

疊山謝氏曰 曰豈弟,曰翱翔,曰遊敖하여, 文姜之情態,歡欣,快樂이 如此하고, 無禮義,無羞恥,無忌憚임을 盡見於此詩矣라. 詩人이 鋪敍之詳,形容之巧하고, 刺之深, 疾之甚也라.
疊山謝氏曰: 豈弟라 曰하고 翱翔이라 曰하며 遊敖라 曰하여, 文姜의 情態(성정과 태도)와 歡欣과 快樂이 如此하고, 無禮義와 無羞恥와 無忌憚임을 다 此詩에서 보인 것이다. 詩人이 鋪敍(펼포)하길 詳하고, 形容하길 巧하며, 刺之하길 深하고 疾之하길 甚인 것이다.

11. 猗嗟

08-11-01 猗嗟昌兮여. 頎而長兮며 抑若揚兮며, 美目揚兮며 巧趨蹌兮로소니, 射則臧兮로다.
아(猗嗟)~ 기예만 창성(昌盛)함이여! 멋진 풍채 장대하며 감춤에도 위의(威儀) 드러나며, 아름다운 눈동자 반짝이며 수레의 질주 날개 편 듯하나니, 쏘는 화살마다 명중이로다.

　　　　아! 성대하도다 멋진 풍채 훤칠하네
　　　　소박한 듯 자태 뽐내 맑은 눈에 넓은 이마
　　　　날개 편 듯 달려가니 화살마다 명중이네

賦也라. 猗嗟는 歎詞이라. 昌은 盛也라. 頎는 長貌이라. 抑而若揚는 美之盛也라(慶源輔氏曰: 抑若揚兮는 所以甚言其美也라. 雖抑之여도 而猶若揚커늘, 而況於揚之乎아). 揚은 目之動也라. 蹌은 趨翼如也라. 臧는 善也라. ○齊人이 極道魯莊公威儀技藝之美如此하여 所以刺其不能以禮防閑其母니, 若曰惜乎,其獨少此耳라.
賦체이다. '의차(猗嗟)'는 歎詞이다. '昌'은 창성함이다. '頎(헌걸찰기)'는 키가 큰 모양이다. '抑而若揚'은 아름다움이 盛大한 것이다(慶源輔氏曰: '抑若揚兮'는 그 美함에 甚言한 所以인 것이다. 비록 그것을 抑之여도 오히려 楊하듯 하니, 하물며 그것을 揚之함에 있어서야!). '揚'은 눈동자의 움직임이다. '蹌(창:걸음걸이에 威儀가 있다)'은 질주함(趨)이 날개를 편 듯(翼如)한 것이다. '臧'은 善함이다. ○齊나라 사람들이 魯 莊公의 威儀와 技藝에 대한 아름다움이 이와 같았음을 극도로 말하여, 그 능히 禮로써 그 어머니를 防閑하지 못하였음을 풍자한 까닭인 것이니, 마치 '슬프도다! 그 유독 이것만이 부족할 뿐이로다.'라 曰함과 같은 것이다.

安成劉氏曰 射則臧,不出正,舞則選,四矢反은 皆伎藝之美고, 其餘所言도 皆威儀之美라.
安成劉氏曰: '射則臧' '不出正' '舞則選' '四矢反'은 모두 伎藝之美인 것이고, 그 餘의 言한 바도 모두 威儀之美인 것이다.

08-11-02 ○猗嗟名兮여. 美目淸兮오 儀旣成兮로소니, 終日射侯호대 不出正兮하나니, 展我甥兮로다.
아~ 명성만 뛰어남이여! 아름다운 눈동자 청명이요 위의(威儀) 항상 잃지 않음이로니, 종일 과녁 쏘아도 정곡 벗어나지 않나니, 참(展)으로 우리의 생질(甥)이로다.

아! 뛰어나도다 아름다운 그 눈동자 맑기도 하네
몸가짐도 의젓하여 하루종일 활을 쏴도
쏘는 족족 정곡이네 진실로 우리 생질이라네

賦也라. 名은 猶稱也니, 言其威儀技藝之可名也라. 淸은 目의 淸明也라. 儀旣成은 言其終事而禮無違也라. 侯는 張布而射之者也고, 正은 設的於侯中而射之者也라. 大射엔 則張皮侯而設鵠이고, 賓射엔 則張布侯而設正이라.
賦體이다. '名'은 칭예(稱譽)와 같음이니, 그 위의(威儀)와 기예(技藝)에 가히 명성을 이루었음을 말한 것이다. '淸'은 눈동자가 淸明함이다. '儀旣成'은 그 일을 마칠 때에까지 禮에서 어긋남이 없음을 말함이다. '侯'는 과녁의 베를 펼쳐서 그것을 쏘는 것이요, '正'은 과녁 안에 정곡을 설치하여 그것을 쏘는 것이다. '大射'에는 즉 가죽의 과녁을 펴서 鵠을 설치하고, '賓射'에는 베의 과녁(侯)을 펼치고 정곡을 설치한다.

孔氏曰 射皆三番而止컨대, 云終日射侯者는 美其久射而能中이라. 又曰 正者는 侯中所射之處로, 布侯畫正하니, 正大如鵠이라. 三分侯廣而正居一焉이라. 侯身長一丈八尺者엔 正方六尺하고, 侯身一丈四尺者엔 正方四尺六寸大半寸하며, 侯身一丈者엔 正方三尺三寸少半寸하니, 正以綵畫為之라. 王射五正하니, 畫中朱, 次白,次蒼,次黃하고 玄居外라. 諸侯射三正하니 損玄黃하고, 孤卿大夫士同射로 二正하니 去白蒼하여 而畫以朱하고 綠其外之廣하니, 皆居侯中三分之一하곤 而中央之綵方二尺也라. 正之言正이니, 也射者內志正라야 則能中이라. 亦鳥名이니, 齊魯之間엔 名題肩為正하니, 鳥之捷黠者로 射難中인지라 以中為俊에 故取

名이라.

孔氏曰: 射엔 모두 三番으로 止임에도 '終日射侯'者로 云한 것은 그 久射여도 能히 中임을 美한 것이다. 又曰: '正'者는 侯中에 射할 바의 處인 곳으로, 布侯에다 正을 畵하니, 正의 大하기는 鵠과 같게 한다. 侯廣을 三分하여 正을 그곳에 一에다 居하게 한다. 侯의 身長 一丈八尺者엔 正은 바야흐로 六尺이고, 侯의 身 一丈四尺者엔 正은 바야흐로 四尺六寸의 절반이상(大半) 寸으로 하며, 侯身 一丈者엔 正은 바야흐로 三尺三寸의 절반이하(少半) 寸으로 하니, 正은 綵畵하여 그것을 爲之한다. 王의 射엔 五正으로 하니, 中에다 朱로 畵하고, 다음 들레(次)엔 白하며, 次에 蒼하며, 次엔 黃하며, 玄을 外로 居하게 한다. 諸侯의 射는 三正이니 玄黃을 損하고, 孤卿大夫와 士는 同射로 二正이니 白蒼을 去하고선 朱로 畵하고 그 外之廣을 綠하니, 모두 侯中의 三分之一에 居하게 하곤 中央之綵는 바야흐로 二尺인 것이다. '正'은 正을 言함이니, 또한 射者의 內志가 正이라야 則 能中이기 때문이다. 또한 鳥名이니, 齊魯之間엔 題肩의 새를 名하여 正(鴲)이라 하였으니, 鳥 중에 빠르고 약은(捷黠:약을힐) 것으로 射함에 難中인지라 中으로서 俊걸로 삼았기에, 故로 名으로 取한 것이다.

○周禮에 梓人有皮侯, 采侯, 獸侯이니, 天子大射用皮侯하고, 賓射用采侯하며, 燕射用獸侯이라. 鵠은 以皮爲之하여 三分侯之一하니 似鳥之棲인지라 故曰棲鵠이라. 正은 則畵布爲之하여 亦三分其侯而居一이라. 射義注謂한 畵布曰正, 棲皮曰鵠이 是也라.

<周禮>에 梓人은 皮侯, 采侯, 獸侯를 有하니, 天子의 大射엔 用皮侯하고, 賓射엔 用采侯하며, 燕射엔 用獸侯이다. 鵠은 그 皮로서 그것을 만들어 侯에 三分의 一로하여 흡사 鳥가 棲함과 같게 하기 때문에, 故로 棲鵠이라 曰하는 것이다. 正은 則 布에 畵하여 그것을 만들어, 또한 그 侯에 三分의 一에 居하게 한다. 예기 <射義>의 注에 謂한 '畵布曰正 棲皮曰鵠'이 是인 것이다.

展은 誠也라. 姉妹之子曰甥이니, 言稱其爲齊之甥하여 而又以明非齊侯之子이니, 此詩人之微詞也라. 按春秋컨대, 桓公三年에 夫人姜氏가 至自齊하고, 六年九月에 子同生하니 卽莊公也라. 十八年에 桓公乃與夫人如齊하니, 則莊公은 誠非齊侯之子矣라.

'展'은 참으로 誠이다. 자매(姉妹)의 자식을 '甥'이라 曰하니, 그 제나라의 생질(甥)됨으로 칭하여 또한 齊侯의 자식이 아님을 밝힌 것이니, 이것은 詩人의 은미한 가사인 것이다. 春秋를 살피건대, 桓公 三年에 夫人 姜氏가 齊나라로부터 이르렀고, 六年 九月에 아들 同이 태어났으니 즉 莊公인 것이다. 十八年에 桓公이 이내 夫人과 함께 齊나라에 갔으니, 즉 莊公은 참으로 齊侯의 자식은 아닌 것이다.

08-11-03 ○猗嗟孌兮여. 淸揚婉兮로다. 舞則選兮며 射則貫兮며 四矢反兮로소니, 以禦亂兮로다.
아~ 용모만 아름다움이여! 완연한 맑은 눈에 멋진 눈썹이로다. 수레 춤추듯 즉 남다르며 쏠 적마다 즉 과녁 관통하며 네 발의 화살 다 적중이로니, 난(亂)을 막을 기예(技藝)로다.

> 아! 아름다워라 맑은 눈에 멋진 눈썹
> 춤추는 듯 몸 날리니 활을 쏘면 백발백중
> 네 발 화살 적중하니 극란 막을 기인이네

賦也라. 孌은 好貌라. 淸은 目之美也라. 揚은 眉之美也라. 婉도 亦好貌라. 選은 異於衆也나, 或曰齊於樂節也라. 貫은 中而貫革也라. 四矢는 禮射엔 每發四矢이라(鄭氏曰 禮射는 謂以禮樂射也니, 大射,賓射,燕射가 是矣라. 四矢는 象有事於四方이라). 反은 復也니, 中皆得其故處也라. 言莊公射藝之精이 可以禦亂이니, 如以金僕姑 射南宮長萬서도 可見矣라.
賦체이다. '孌'은 좋은 모양이다. '淸'은 눈동자의 아름다움이요, '揚'은 눈썹의 아름다움이다. '婉'도 또한 좋은 모양이다. '選'은 무리와 남다름이나, 혹자는 '음악의 절도에 가지런함'이라 曰하였다. '貫'은 맞추어 가죽을 꿰뚫음이다. '四矢'는 禮射에선 매번 네 개의 화살로 쏘는 것이다(鄭氏曰: 禮射는 禮樂의 射를 말함이니, 大射,賓射,燕射가 是인 것이다. 四矢는 四方에서 有事를 감당함을 象한 것이다). '反'은 돌아갈 復이니, 적중한 것들마다 모두 그 까닭의 처로 득했다는 것이다. 莊公의 활쏘는 기예의 정밀함이 가히 亂을 막을 수 있음을 말함이니, 마치 金僕姑란 화살로 南宮長萬을 쏘았던 것에서도 가히 볼 수 있는 것이다.

華陽范氏曰 射는 足以禦亂이나, 而禮로는 不足以防淫也라.
華陽范氏曰: 射로는 足히 亂을 禦할 만하였으나, 禮로는 足히 淫을 防하지 못하였다.

○左傳 莊公十一年注曰하길 金僕姑는 矢名이고, 南宮長萬은 宋大夫이라.
<左傳> 莊公 十一年 注에 曰하길 '金僕姑는 矢名이고, 南宮長萬은 宋大夫이다.' 라 하였다.

猗嗟는 三章으로, 章六句이라.

猗嗟는 三章으로, 章마다 六句이다.

或曰 子可以制母乎아. 趙子曰 夫死에 從子는 通乎其下거늘, 况國君乎아. 君者는 人神之主이고 風教之本也니, 不能正家컨대 如正國何리오. 若莊公者는 哀痛以思父하고 誠敬以事母하며 威刑以馭下면, 車馬僕從마다 莫不俟命커늘 夫人徒往乎아. 夫人之往은 也則公哀敬之不至이고 威命之不行耳이라(慶源輔氏曰 趙子之說은 義理之正으로, 聖賢復生라도 不可易也라). 東萊呂氏曰 此詩三章에 譏刺之意는 皆在言外이니, 嗟嘆再三에서 則莊公所大闕者를 不言可見矣라.

혹자 왈: 자식이 가히 어머니를 예로 제어할 수 있는 것입니까? 趙子왈: 지아비가 죽음엔 아들을 쫓음은 그 아래의 백성에까지 통함이거늘, 하물며 國君에 있어서야? 군주란 人과 神에 주인 것이요, 風教의 근본이니, 능히 집안을 바르게 하지 못하건대 나라를 바로 잡음에 어떻게 하겠는가? 마치 莊公과 같은 자는 애통으로 아버지를 생각하고, 誠敬으로 어머니를 섬기며, 위의(威儀)와 刑으로 아랫사람을 부리(馭:어)면, 車馬와 僕從 중에 아무도 명을 기다리지 않음이 없건대, 夫人이 다만 갈 수 있었겠는가? 夫人이 往하였던 것도 또한 즉 公이 애통히 공경하길 지극하지 못함이고, 威命이 행해지지 않았기 때문일 뿐인 것이다(慶源輔氏曰: 趙子之說이 義理之正이니, 聖賢께서 復生이라도 不可易인 것이다). 東萊呂氏왈: 이 詩 三章에서 譏刺하는 뜻은 모두 말한 바의 외에 있음이다. 嗟歎을 再三한 것에서 즉 莊公에게 크게 闕한 바의 것을 말하지 않아도 가히 볼 수 있음이다.

華谷嚴氏曰 變風之體에다 意를 在言外하니, 有全篇首尾마다에 皆託之하고, 他詞엔 但中間冷下一二語하여 自然使人默會이라. 如此詩極其其人容貌威儀伎藝之美하고 而以歎息之詞發之니, 是其人所不足者는 必有在於容貌, 威儀, 伎藝之外矣라. 中間의 展我甥兮一句에선, 只是一甥字에서 便見得是刺魯莊公이고, 只一展字에서 便見得是人以莊公爲齊侯之子이라. 讀者旣默會其意면, 見得自猗嗟而下句句마다 是稱美處가 節節是歎息不滿處이니, 詞不急迫여도 而意深切矣라.

華谷嚴氏曰: 變風의 體에다 意를 言外에다 在하였으니, 全篇의 首尾마다에 모두 그것으로 託之함이 有하곤, 각 장의 그(他) 詞 중에 다만 中間에다 냉소적(冷)으로 一二語로만 써내려가(下), 自然 人으로 하여금 默會일 수 있게 하였다. 如此의 詩도 그 人의 容貌와 威儀와 伎藝(재주기)의 美함에 極言하고선 歎息之詞로서 그것을 發之하였으니, 이렇게 그 人의 不足한 바의 것은 반드시 容貌, 威儀, 伎藝의 외에 在함이 有인 것이다. 中間에 '展我甥兮'의 一句에선, 다만 이렇게 一의 甥字에서 문득 이렇게 魯莊公에 刺임을 見得일 수 있고, 다만 一의 展字에서 문득 이렇게 人들이 莊公을 齊侯之子(양공의 아들)로 여겼음을 見得할 수 있는 것이다. 讀者가 이윽고 그 意에 默會일지면, '猗嗟'로부터 而下의 句句마다 이렇게 稱美한 處마다 節節히 이렇게 歎息의 不滿處임을 見得할 수 있으니, 詞는 不急迫이어도 意는 深切인 것이다.

○疊山謝氏曰 一章의 射則臧兮는 射則善矣나 德則未見其善이니, 亦可惜也라. 二章의 展我甥兮는 莊公誠爲我齊國之甥이나 今人乃以爲齊侯之子이니, 亦可惜也라. 三章의 以禦亂兮는 莊公善射가 似可以禦亂也나, 齊侯文姜之淫亂엔 則無策以禦之하니, 亦可惜也라.
疊山謝氏曰: 一章의 '射則臧兮'는 射에는 則 善이나 德에는 則 未見其善이니, 또한 可히 惜인 것이다. 一章의 '展我甥兮'는 莊公이 誠으로 我의 齊國之甥이 되지만 今人들은 이내 齊侯之子로 여기니, 또한 可히 惜인 것이다. 三章의 '以禦亂兮'는 莊公의 善射가 흡사 可히 禦亂인 듯하나 齊侯와 文姜의 淫亂엔 則 계책으로 그들을 禦之함이 없었으니, 또한 可히 惜인 것이다.

○三山李氏曰 夫子曰君子多乎哉리오, 不多也라. 世人은 乃專心於此하곤 而忘其本이니, 故莊公에 有威儀伎藝之美라도 而不免狃嗟之刺이고, 昭公이 習威儀之亟라도 而不能止乾侯之禍며, 漢成帝가 善修容儀하여 升車正立하고 不內顧라도 而不能制趙氏之橫하니, 雖多才藝而不能務本컨대 何所補哉리오.
三山李氏曰: 夫子께서 曰하시길 '군자가 다능(多能)하여야 하는가? 다능(多能)치 않을 뿐이로다(자한6)!' 라 하시었다. 世人들은 이내 此에만 專心하곤 그 本을 忘하였으니, 故로 莊公이 威儀伎藝之美가 有하더라도 狃嗟之刺에서 不免이었던 것이고, 昭公이 威儀에 習하길 亟이어도 能히 乾侯之禍를 止하게 하지 못하였으며, 漢 成帝가 容儀에 善修하여 升車에 正立하고 內顧치 않았더라도 能히 趙氏之橫(趙飛燕)을 制하지 못하였으니, 비록 才藝가 多일지라도 能히 務本치 못할진대 어떤 補하는 바가 있겠는가?
*참고: 魯 昭公
公名裯 襄公子母齊歸 在位二十五年遜于齊在八年 凡三十三年薨于乾侯 諡法威儀恭明曰昭.
*참고: 향당16
升車 必正立執綏->范氏曰 正立執綏則心體無不正 而誠意肅恭矣 蓋君子莊敬無所不在 升車則見於此也
수레에 오르실 적엔 반드시 바르게 서시며 끈을 잡으시었다.->正立執綏일지면 즉 心體는 바르지 않음이 없으니 誠意肅恭인 것이다. 대개 군자의 莊敬은 없는 바가 없으니, 수레를 오를 적에도 이것으로 드러난 것이다.
車中 不內顧 不疾言 不親指->禮曰 顧不過轂 三者皆失容 且惑人
수레 안에선 주위를 둘러보지 않으셨고, 빨리 말씀하도 않으셨으며, 직접 가리키지도 않으셨다.-> 예(禮)에 왈: <돌아봄은 수레바퀴를 넘지 않는다.>라 하였으니, 세 가지는 모두 용모를 잃음이고, 또한 사람을 의혹케 하는 것이다(非在車之容).　　==> 此一節 記孔子升車之容
이 일절은 공자께서 수레에 오르는 용모를 기록한 것이다.
*綏 挽以上車之索也　*內顧 回視也

齊國은 十一篇으로, 三十四章이고 一百四十三句이라.
齊國은 十一篇으로, 三十四章이고 一百四十三句이다.

魏 一之九

魏는 國名이라. 本舜禹의 故都로서(孔氏曰 舜都는 蒲坂이고, 禹都는 平陽이며 或安邑이니, 皆河東界라. 魏境內有其都爾이지, 魏不居其墟也라), 在禹貢의 冀州인 雷首之北, 析城之西이니, 南枕河曲하고 北涉汾水이라. 其地陿隘하여 而民貧俗儉하니, 蓋有聖賢之遺風焉이라(東萊呂氏曰 水經注에 魏國城은 西南竝去大河可二十餘里이고, 北去首山十餘里이니, 處河山之間인지라 土地迫隘이라. ○鄭氏曰 昔舜耕歷山하고 陶河濱하며, 禹菲飮食, 惡衣服, 卑宮室하니, 此儉約之化가 於是猶存이라). 周初以封同姓이니, 後爲晉獻公所滅而取其地니(鄭氏曰 魯閔公元年에 晉獻公滅之하곤 以其地賜大夫畢萬이라. ○安成劉氏曰 先儒는 以魏所封을 爲文王子畢公高之後也라), 今河中府解州가 卽其地也라(解州는 今隸山西 平陽府이라). 蘇氏曰 魏地入晉久矣니, 其詩疑皆爲晉而作이라. 故列於唐風之前이니, 猶邶鄘之於衛也라(眉山蘇氏曰 檜者도 鄭所滅也어도 檜詩不爲鄭이니, 而邶鄘爲衛하고 魏爲晉하니, 何也오. 邶鄘魏之詩는 作於旣滅하여 其詩所爲者가 衛晉也고, 至於檜詩에선 未亡而先作矣라). 今按篇中컨대, 公行, 公路, 公族은 皆晉官이니, 疑實晉詩거나 又恐魏亦當有此官이지만, 蓋不可考矣라.

魏는 국명(國名)이다. 본래는 舜임금과 禹임금의 古都로서(孔氏曰: 舜都는 蒲坂이고, 禹都는 平陽이며 或 安邑이니, 모두 河東의 界이다. 魏의 境內에 그 都가 有했을 뿐이지, 魏가 그 墟에다 居함은 아닌 것이다), 禹貢에선 冀州의 雷首山 북쪽과 析城 서쪽에 있었으니, 남으로는 河曲을 베고 있고 북으로는 汾水 건너까지이다. 그 땅이 협애(陿隘)하여 백성이 가난하고 풍속이 검소하였으니, 대개 聖賢의 遺風이 그곳에 있었던 것이다(東萊呂氏曰: <水經>의 注에, 魏國城의 西南에서 나란히 大河까지의 去리가 可히 二十餘里이고, 北으로 首山까지의 去가 十餘里이니, 河山之間에 處인지라 土地가 협소(迫隘)이다. ○鄭氏曰: 昔에 舜께서 歷山에서 耕하고 河濱에서 陶하였으며, 禹께서 菲<순무 비슷한 야채, 보잘것없음>의 飮食하고 惡의 衣服하며 卑의 宮室하였으니, 此의 儉約之化가 是에까지도 여전히 存하였던 것이다). 周나라 초기에는 同姓으로 봉하였는데, 후에 晉 獻公이 멸하곤 그 땅을 취한 바가 되었으니(鄭氏曰: 魯 閔公元年에, 晉 獻公이 그들을 滅之하고서, 그 地로서 大夫 畢萬에게 賜하였다. ○安成劉氏曰: 先儒들은 魏로 封한 바를 文王의 子인 畢公高<열다섯째 아들>의 後라 여겼다), 지금의 河中府의 解州가 즉 그 땅인 것이다(解州는 今의 山西 平陽府에 隸속된다). 蘇氏曰: 魏나라 땅이 晉나라에 편입된 것이 오래되었으니, 그 詩는 의심컨대 모두 晉나라에서 지어진 것이 된다. 고로 唐風의 앞에다 열거됨이 마치 邶와 鄘이 衛에서와 같은 경우이다(眉山蘇氏曰: 檜者도 鄭이 滅하였던 바인데도 檜詩가 鄭에 편입되지 않았거늘, 邶,鄘은 衛가 되고

魏가 晉이 됨은 무엇인가? 邶,鄘,魏之詩는 이윽고 滅됨에서 作되어져 그 詩로 불려졌던 것이 衛,晉이고, 檜詩에 至해선 아직 亡하지 않음에 先으로 作되었기 때문이다). 지금 魏風의 篇中을 살피건데 公行, 公路, 公族이 모두 晉나라 관직이니, 의심컨대 실로 晉나라의 時이거나 또는 아마도 魏에서도 또한 일찍이 이러한 관직이 있었을 것이지만, 대개 가히 상고할 수가 없음이다.

1. 葛屨

09-01-01 糾糾葛屨여. 可以履霜로다. 摻摻女手여. 可以縫裳이로다. 要之襋之하곤 好人服之로다.
승승 뚫린 칡신이여! 장차 가히 서리 밟을지로다. 새댁의 섬섬옥수여! 가히 하의(裳) 재봉에 고될지로다. 허리띠 달고 옷깃도 달게 하곤 그것 차려입고 호인(好人) 행세로다.

구멍 숭숭 칡신 신고 서리 땅을 밟고 있네
섬섬옥수 고운 손은 옷 짓느라 고생하네
허리띠 달고 깃도 달아 좋은 님께 입혀보네

興也라. 糾糾는 繚戾,寒凉之意라. 夏葛屨하고 冬皮屨라(孔氏曰 夏葛屨은 猶絺綌所以當暑가 特爲便於時耳이지, 非行禮之服이라. 若行禮면 雖夏猶當用皮이라). 摻摻은 猶纖纖也라. 女는 婦의 未廟見之稱也라. 娶婦三月에 廟見然後에 執婦功이라(孔氏曰 三月廟見는 謂無舅姑者엔 婦入三月에 乃見舅姑之廟이나, 若有舅姑면 則士昏禮云하길 質明에 贊見婦於舅姑라하니, 不待三月也라. 雖即見舅姑라도 亦三月여야 乃助祭行이니, 未祭行이면 亦未成婦也라). 要는 裳要이고, 襋은 衣領이라. 好人은 猶大人也라. ○魏地陿隘하여 其俗儉嗇而褊急인지라, 故以葛屨履霜起興하여 而刺其使女縫裳하고(慶源輔氏曰 糾糾葛屨는 本非可以履霜이나, 然自儉嗇者言之면 則亦可以履霜矣라. 以興摻摻女手도 本未可以縫裳이나, 然自褊急者言之면 則亦可使之縫裳矣라) 又使治其要襋하곤 而遂服之也라. 此詩는 疑即縫裳之女所作이라.
興체이다. '糾糾(얽을규)'는 어긋나게 얽어매(繚戾) 차고 서늘한(寒凉) 의미이다. 여름에는 칡신(葛屨)을 신고 겨울에는 가죽신을 신는 것이다(孔氏曰: '夏葛屨'는 마치 絺綌이 暑에 當하는 까닭이 다만 時에 편리함이 됨과 같을 뿐이지, 行禮之服은 아닌 것이다. 만일 行禮일지면 비록 夏라도 오히려 當히 皮를 用하여야 한다). '摻摻(가늘섬)'은 섬섬(纖纖)과 같음이다. '女'는 婦인 사람이 아직 廟에 뵙지 않았을 때의 칭호이니, 장가들면 부인은 석 달에서야 廟를 뵙고 난 연후에 부인의 일을 맡긴다(孔氏曰: '三月廟見'이란 無舅姑者는

婦가 入한지 三月만에 이내 舅姑之廟를 見함을 말함이니, 만일 舅姑가 有일지면 則 士昏禮云하길 '質明<혼례 다음 날 해돋이 때>에 婦가 舅姑에게 뵙기를 고(贄)한다.' 라 하니, 三月을 기다리지 않음이다. 비록 卽時 舅姑를 見하였더라도 또한 三月이어야 이내 祭行를 助할 수 있으니, 아직 祭行치 못함이면 또한 아직 婦의 일을 成일 수 없는 것이다). '要'는 하복(裳)의 허리띠이고, '襋(옷깃극)'은 웃옷(衣)의 옷깃이다. '好人'은 大人과 같음이다. ○魏나라 땅이 협애(陿隘)하여 그 풍속이 검약하고 인색(儉嗇)하여 좁고 급(褊急)하였기 때문에, 고로 칡 신발(葛屨)로서 서리 밟음으로 興을 일으켜서, 그 신부로 하여금 하의를 재봉하게 하고 또 그 옷의 허리띠와 옷깃을 달게 하고선(慶源輔氏曰: '糾糾葛屨'는 本으로 可히 履霜인 것은 아니나 그러나 儉嗇者로부터 그것을 言之이면 則 또한 可히 履霜일 수 있다는 것으로서, '摻摻女手'도 本으로는 아직 可히 縫裳일 수 있음은 아니나 그러나 褊急者로부터 그것을 言之이면 則 또한 可히 그녀로 하여금 縫裳케 할 것임을 興한 것이다), 드디어 그것으로 복장을 갖춤을 풍자한 것이다. 이 詩는 의심컨대 즉 하의를 재봉하던 새댁이 지은 바인 것이다.

09-01-02 ○好人提提하며 宛然左辟하나니, 佩其象揥로다. 維是褊心이라 是以爲刺하노라.
평안히 대인 행세하며 겸양히 객의 자리 물러나니, 그 머리엔 상아 빗치개로다. 오직 이렇게 편협한 마음인지라 이렇게 웃음거리 되노라.

좋은 님은 점잖은 듯 자리 양보 잘 하시네
상아 빗치개 차셨지만 마음 씀은 편협하네
이에 곧 웃음거리가 되네

賦也라. 提提는 安舒之意라. 宛然은 讓之貌也니(華谷嚴氏曰 宛은 委曲마다 遜順貌라), 讓而辟者必左이라(孔氏曰 不敢當主인지라, 故就客位라). 揥는 所以摘髮로 用象爲之니, 貴者之飾也라. 其人如此면 若無有可刺矣나 所以刺之者는 以其褊迫急促이 如前章之云耳이라.
賦체이다. '提提'는 편안과 조용(安舒)한 의미이다. '宛然'은 사양하는 모습이니(華谷嚴氏曰: 宛은 委曲마다 겸손과 유순<遜順>의 貌이다), 자리를 사양하여 피하는 자는 반드시 왼편으로 함이다(孔氏曰: 敢히 主의 자리에 當할 수 없기 때문에, 故로 客位로 就인 것이다). '揥'는 머리를 따는 까닭인 것으로 상아를 써서 그것을 만드니, 귀한 자의 장식이다. 그 사람이 이와 같다면 마치 가히 풍자할 만한 것이 없을 듯한데도, 그를 풍자한 까닭인 것은 그 마음이 편협(褊迫)하고 성질이 촉박(急促)함이 마치 前章에서 말함과 같을 뿐인 것이다.

慶源輔氏曰 此章은 則刺其內外,表裏之不相副이라. 自其外而觀之면 則其進止之安舒,遜讓之有節,服飾之貴盛하여 宜若無可刺者矣나, 然其心之褊迫,急促이 如前章之云이니, 是以不能不刺之也라.
慶源輔氏曰: 此章은 則 그 內外와 表裏가 서로 副合하지 못함을 刺한 것이다. 그 外로부터 그것을 觀之하면 則 進,止에 安舒하고, 遜讓에 有節하며, 服飾에 貴盛하여, 宜當 마치 可刺者가 無한 듯하지만, 그 心의 褊迫과 急促이 마치 前章에서 말함과 같을 뿐이니, 是以로 能히 그것을 刺之하지 않을 수 없었던 것이다.

葛屨는 二章으로, 一章六句이고, 一章五句이라.
葛屨는 二章으로, 一章은 六句이요, 一章은 五句이다.

廣漢張氏曰 夫子謂하길 與其奢也寧儉컨대, 則儉雖失中이라도 本非惡德이라. 然而儉之過이면 則至於吝嗇,迫隘하여 計較分毫之間하여 而謀利之心이 始急矣라. 葛屨,汾沮洳,園有桃의 三詩도 皆言急迫,瑣碎之意이라.
廣漢張氏曰: 공자(夫子)께서 이르시길, '그 사치하기보다는 차라리 검약하라.'고 하셨건대, 즉 검약이 비록 中道에서 어긋날지라도 본래 惡德은 아닌 것이다. 그렇지만 검약함이 지나치면 즉 吝嗇과 협소(迫隘)로 이르러, 털끝만한 사이에서라도 計較하여 이익을 도모하는 마음이 비로소 급박하게 된다. <葛屨>,<汾沮洳>,<園有桃>의 세 詩에서도 모두 急迫과 쇄쇄(瑣碎)한 의미를 말함이다.

2.汾沮洳
09-02-01 彼汾沮洳서 言采其莫로다. 彼其之子여. 美無度로다. 美無度나 殊異乎公路로다.
저 분수(汾)가 얕은 습지서 그 모나물(莫) 뜯음이로다. 저 계신 그대여! 아름다움 헤아릴 수 없도다. 아름다움 헤아릴 수 없으나 공로(公路)의 덕행과는 매우 다름이로다.

저 분수가 습지에서 모나물을 뜯고있네
저기 계신 아가씨는 아름답기 그지없네
아름답기 제일이나 귀인같지는 않는다네

興也라. 汾은 水名으로, 出太原晉陽山하여 西南入河라. 沮洳는 水浸處로 下濕之地이라. 莫는 菜也니, 似柳葉이나 厚而長하고 有毛刺하며 可爲羹이라(孔氏曰 陸璣云하길, 莫는 莖大如箸하고, 赤節이며 節一葉임에, 今人繰以取繭緒이라. 其味酢而滑하여 始生又可生食이라). 無度은 言不可以尺寸量也라. 公路者는 掌公之路車이니, 晉以卿大夫之庶子爲之라. ○此도 亦刺儉不中禮之詩이라. 言若此人者는 美則美矣나 然其儉嗇褊急之態에선 殊不似貴人也라.

興체이다. '汾'는 강 이름이니, 太原의 晉陽山에서 나와 西南으로 흐르다 黃河로 들어간다. '沮洳'는 물에 잠기는 처로, 낮고 濕한 땅이다. '모(莫)'는 나물이니, 버들잎과 흡사하나 두텁고 길며 털 같은 가시가 있으며, 가히 국을 만들 수 있다(孔氏曰: 陸璣云하길, '莫'는 莖의 크기가 마치 젓가락<箸>과 같고, 赤節이며 節마다 一葉임에, 今人들은 고치로 켜서<繰:소> 견<繭>의 緖를 取하기도 한다. 그 맛이 시고<酢:초> 부드러워<滑>, 始生에서는 또한 可히 生食할 수 있다). '無度'은 가히 尺寸으로 헤아릴 수 없음을 말함이다. '公路'라는 것은 公의 路車를 관장함이니, 晉나라 卿,大夫의 서자들이 그것을 맡아 하였다. ○이것 또한 검약함이 禮에 맞지 않음을 풍자한 詩이다. 마치 이 사람과 같은 자는 아름다움에선 즉 아름답지만, 그러나 그 儉嗇하고 褊急한 모습에선 매우(殊) 貴人과 흡사하지 않음을 말한 것이다.

*참고:【陸璣疏】
莫, 莖大如箸, 赤節, 節一葉, 似柳葉, 厚而長, 有毛刺, 今人繰以取繭緒。其味酢而滑, 始生可以爲羹, 又可生食。五方通謂之酸迷, 冀州人謂之乾絳, 河、汾之間謂之莫。 又通膜。

09-02-02 ○彼汾一方서 言采其桑이로다. 彼其之子여. 美如英이로다. 美如英이나 殊異乎公行이로다.
저 분수가 한편서 그 뽕잎 뜯음이로다. 저 계신 그대여! 아름답기 꽃과도 같도다. 아름답기 꽃과 같으나 공항(公行)의 덕행과는 매우 다름이로다.

저 분수가 한쪽에서 뽕잎을 따고있네
저기 계신 아가씨는 꽃처럼 아름답네
꽃같이 아름다우나 귀인같지는 않는다네

興也라. 一方은 彼一方也니, 史記에도 扁鵲視見垣一方人이라(安成劉氏曰 扁鵲은 姓秦,名越人이라. 長桑君이 與之藥하곤 使以上池之水로 飮藥하니, 三十日에 視垣見一方人이라. 以此視病하니, 盡見五臟癥結이라. 所謂垣一方者는 猶此詩言汾一方이니, 古語皆然也라<癥音徵>. ○索隱曰 方은 猶邊也니, 言能隔牆見彼人也라). 英은 華也라. 公行은 卽公路也니, 以其主兵車之行列인지라 故謂之公行

也라.
興체이다. '一方'은 저쪽의 一方이니, 史記에서도 <扁鵲이 담장 너머의 일방에 있는 사람까지 볼 수 있게 되었다.>라 하였다(安成劉氏曰: 扁鵲은 姓이 秦이고, 名은 越人이다. 長桑君이 그에게 藥을 주고선 上池之水로 飮藥케 하니, 三十日만에 담장 너머를 바라봄에 一方의 人까지 볼 수 있게 되었다. 此로서 病을 視하자, 五臟에 쌓이고<癥:징> 맺힌<結> 것까지 다 볼 수 있게 되었다. 所謂 '垣一方'者는 此詩에서 言한 '汾一方'과 같으니, 古語들은 모두 然인 것이다<癥音은 徵이다>. ○索隱曰: 方은 邊과 같음이니, 能히 隔牆이라도 彼人까지도 見하였음을 言한 것이다). '英'은 꽃이다. '公行'은 즉 公路이니, 兵車의 항렬을 주관하였기 때문에 고로 公行이라 이른 것이다.

孔氏曰 公路,公行은 一也라. 宣公二年에, 晉官卿之適으로 爲公族하고 庶子로 爲公行이라.
孔氏曰: 公路와 公行은 하나의 등급인 것이다. 宣公 二年에 晉의 官卿之適으로 公族을 삼고 庶子들로 公行을 삼았다.

09-02-03 ○彼汾一曲서 言采其藚이로다. 彼其之子여. 美如玉이로다. 美如玉이나 殊異乎公族이로다.
저 분수가 굽이서 그 수석나물(藚) 뜯음이로다. 저 계신 그대여! 아름답기 옥과도 같도다. 아름답기 옥과 같으나 공족(公族)의 덕행과는 매우 다름이로다.

저 분수가 강굽이서 수석나물 뜯는구나
저기 계신 아가씨는 예쁘기가 옥같다네
옥같이 예쁘지만 귀인같지는 않는다네

興也라. 一曲은 謂水曲流處라. 藚은 水舃也니, 葉如車前草이라(孔氏曰 藚은 牛唇라하고, 水舃也니 如續斷같이 寸寸有節하여 拔之可復라하니, 今澤瀉也라). 公族은 掌公之宗族이니, 晉以卿大夫之適子로 爲之라.
興체이다. '一曲'은 물이 曲流하는 처를 말함이다. '藚(택사과풀속)'은 물가의 수석(水舃)나물이니, 잎이 마치 車前草와 같다(孔氏曰: <尔雅·释草>에 藚은 牛唇이라 하고, 郭注에서는 '水舃이니, 續斷풀과 같이 寸寸마다 有節이고 그것을 拔之여도 可히 다시 자라날<復> 수 있다.'라 하니, 今의 澤瀉<갯벌사:쇠태나물>이다). '公族'은 公의 宗族을 관장함이니, 晉나라 卿,大夫의 適子로서 그것을 삼았다.

孔氏曰 成公十八年 左傳曰하길, 晉荀會,欒魘,韓無忌로 爲公族大夫하고 使訓子

弟라하니, 是公族은 主君之同姓也라<厭音黶>.
孔氏曰: 成公 十八年 左傳에 曰하길 '晉의 荀會와 란암(欒黶)과 韓無忌로 하여금 公族大夫로 삼고서 子弟들을 訓하게 하였다.'라 하니, 이렇게 公族은 君之同姓을 주관인 것이다<厭音黶:검은점암>.

汾沮洳는 三章으로, 章六句이라.
汾沮洳는 三章으로, 章마다 六句이다.

3.園有桃
09-03-01 園有桃하니 其實之殽로다. 心之憂矣라 我歌且謠호라. 不知我者는 謂我士也驕로다. 彼人是哉어늘 子曰何其오하나니, 心之憂矣여. 其誰知之리오. 其誰知之온마는 蓋亦勿思로다.
동산에 복숭아 있으니 그 과실 먹을(殽) 수 있음이로다. 마음 근심인지라 반주(歌)하고 또 음률(謠) 달래노라. 나 알지 못하는 자 내게 일러 士이고도 교만하다 하도다. '저들은 이미 옳거늘, 그댄 그 무엇을 위함인가?'라 하나니, 마음속 근심이여! 그 누가 내 근심 알리오? 그 누가 내 근심 알리오마는 대개 또한 생각지 않을 뿐이로다.

동산에 복숭아는 따 먹을 수 있으련만
내 마음에 근심 걱정 노래로나 달래보네
나 모르는 사람들은 교만하다 말을하네
그 사람들 옳다 하며 그댄 왜 그랬나 물어보네
내 마음속 맺힌 시름 그 누가 알아주랴
그 누가 알아줄까 아무 생각 할 수 없네

興也라. 殽는 食也라. 合曲曰歌하고 徒歌曰謠이라(孔氏曰 謠가 旣徒歌니, 則歌는 不徒矣라. 歌謠는 對文이나, 如此로 散에선 則 歌는 未必合樂也라). 其는 語辭이라. ○詩人憂其國小而無政인지라, 故作是詩이라. 言園有桃則其實之殽矣고, 心有憂則我歌且謠矣라(程子曰 此詩는 憂深思遠矣라. 國無政事則亡인지라, 故憂思之深이 至歌且謠이라). 然不知我之心者는 見其歌謠하고 而反以爲驕이라. 且曰하길, 彼之所爲는 已是矣컨대, 而子之言은 獨何爲哉리오. 蓋擧國之人여도 莫覺其非하고 而反以憂之者爲驕也라. 於是憂者가 重嗟歎之하며, 以爲此之可憂는 初不難知나 彼之非我는 特未之思耳이니, 誠思之면 則將不暇非我而自憂矣라.
興체이다. '효(殽)'는 먹음이다. 악기의 곡조와 합해짐을 '歌'라 曰하고, 다만 악기 반주 없이 노래만 부름(徒歌)을 '謠'라 曰한다(孔氏曰: 謠가 이윽고 '徒歌(반주 없는 노래)'이니, 則 歌는 徒<반주 없음>가 아닌 것이다. 歌 와 謠는 文의 의미에선 對別이나, 如此로 散文에서는 則 歌는 반드시 合樂만 은 아닌 것이다). '其'는 어조사이다. ○詩人이 그 나라가 작고 정령 행해짐 이 없음을 근심하였기 때문에, 고로 이 詩를 지은 것이다. 동산에 복숭아가 있 다면 즉 그 과실을 먹을 수 있고, 마음에 근심이 있을지면 즉 내가 반주의 노 래와 가사의 노래로 달랠 것이다(程子曰: 此詩는 憂가 深이고 思가 遠인 것이 다. 國에 政事가 無하여 則 亡하게 생겼거늘, 故로 憂思之深함이 歌하고 또 謠 함에까지 至인 것이다). 그러나 나의 마음 알지 못하는 자는 그 歌와 謠만을 보고서, 도리어 교만으로 여긴다고 말한 것이다. 또 말하기를, '저들이 하는 바는 이미 옳음이거늘, 그대의 말은 유독 무엇을 위함인 것인가?'라 하니, 대개 나라 사람들 통틀어도 그 그릇됨을 깨닫지 못하고, 도리어 그것을 근심 하는 것을 교만으로 여기는 것이다. 이에 근심하는 자가 거듭 그것에 차탄(嗟 歎)하며, 이것이 가히 근심거리임은 애초부터 알기가 어려운 것이 아니거늘 저들이 나를 비방함은 다만 그것에 생각지 않아서일 뿐이니, 참으로 그것으로 생각해볼지면 즉 장차 나를 비방할 겨를 없이 스스로도 근심하게 될 것이라 여긴 것이다.

*참고: 徒歌

釋義: 歌唱時不以樂器伴奏, 稱為「徒歌」。《爾雅.釋樂》:「徒歌謂之謠。」
《晉書.卷二三.樂志下》:「凡此諸曲, 始皆徒歌, 既而被之管絃。」

09-03-02 ○園有棘하니 其實之食이로다. 心之憂矣라 聊以行國호라. 不知我者 는 謂我士也罔極이로다. 彼人是哉어늘 子曰何其오하나니, 心之憂矣여. 其誰知 之리오. 其誰知之온마는 蓋亦勿思로다.
동산에 멧대추 있으니 그 과실 먹을(食) 수 있음이로다. 마음 근심인지라 잠시 나라 안 유람 떠나(疏略)노라. 나 알지 못하는 자 내게 일러 士이고도 원하는 바 끝없다(罔極) 하도다. '저들은 이미 옳거늘, 그댄 그 무엇을 위함인가?' 라 하나니, 마음속 근심이여! 그 누가 나의 충정 알리오? 그 누가 나의 충정 알리오마는 대개 또한 생각지 않을 뿐이로다.

동산에 대추열매 따 먹기나 하련만은
내 마음에 근심걱정 잠시 유람 떠나보네
나를 알지 못하는 자 내 행동을 원망하네
그 사람들 옳다 하고 그댄 왜 그랬나 물어보네
내 마음의 맺힌 시름 그 누가 알아주랴
그 누가 알아줄까 아무 생각 할 수 없네

興也라. 棘은 棗之短者이라(埤雅曰 大者棗,小者棘이라. 於文엔 重束為棗이고 竝束為棘이라. 蓋棗性重喬이고 棘則低矣인지라, 故其制字如此이라. ○本草注에, 棘有赤白二種이니, 小棗也라. 叢高는 三四尺이고, 花,葉,莖,實이 俱似棗也라). 聊는 且略之辭니, 歌謠之不足이면 則出遊於國中하여 而寫憂也라. 極은 至也니, 罔極은 言其心縱恣無所至極이라.
興체이다. '棘(극)'은 대추(棗:조)나무 중에 짧은 것이다(埤雅曰: 大者가 棗이고, 小者는 棘이다. 文으론 重束이면 棗<조>가 되고, 竝束이면 棘<극>이 된다. 대개 棗의 性은 重喬이나, 棘은 則 低인지라, 故로 그 制字가 如此인 것이다. ○本草注에, 棘에는 赤白의 二種이 有하며, 小棗이다. 叢의 高가 三四尺이며, 花,葉,莖,實이 함께 棗와 유사하다). '聊'는 또한 소략(且略)한다는 뜻이니, 歌謠라도 不足이면 즉 國中에 유람 나서 근심을 쏟아(寫:사)내겠다는 것이다. '極'은 至극이니, 罔極은 그 마음을 종잡을 수 없어(縱恣) 지극의 바가 없음을 말한 것이다.

園有桃는 二章으로, 章十二句이라.
園有桃는 二章으로, 章마다 十二句이다.

疊山謝氏曰: 使忠臣義士之心에는 略見知於人이어도, 通國여도 上下가 不羣吠라도 而衆惡之하며 問하길, 其所憂者가 何說이고 今之所當行者가 何事인가. 魏侯가 聞而大悔悟하고, 急為扶顚持危之謀면, 晉豈能驟滅其國哉리오. 國雖亡여도 亦未必如是之速也니, 嗚呼라 惜哉로다.
疊山謝氏曰: 가령 忠臣과 義士의 心에는 대략 사람들에게 알아줌을 당하는데, 나라를 통틀어(通國) 上下마다 직접 때 지어 꾸짖지(吠)는 않더라도, 大衆들이 (오히려) 그를 惡之하며 問하길 '그 憂하는 바의 것이 무엇을 말함인가? 今에 當行할 바의 것은 어떠한 事란 말인가?'라 하였다. 魏侯가 聞하여 大로 悔悟하고, 急히 顚하려 함을 扶하고 危태를 扶하는 謀를 하였다면, 晉이 어찌 能히 그 國을 갑자기 滅할 수 있었겠는가? 國이 비록 亡함이어도, 또한 반드시 是와 같이 速하지는 않았을 것이니, 嗚呼라, 惜哉로다!

○慶源輔氏曰 黍離之憂는 憂王室之已覆也고, 園有桃之憂는 憂魏國之將亡也라. 憂其已覆에도 而不我知면 則亦已矣나, 憂其將亡에도 而不我知면 則欲其思之者가 亦宜也라.
慶源輔氏曰: <黍離>章의 근심은 王室이 이미 전복되었음을 근심한 것이고, <園有桃>의 근심은 魏國이 장차 亡일 것으로 근심한 것이다. 그 이미 전覆됨을 憂함에 나를 知해주지 못함이면 則 또한 그만(已)일 뿐이지만, 그 장차 망하려 함을 근심함에서 나를 알아주지 못함이면 즉 그 그것에 생각케 하고자 함이 또한 의당한 것이다.

4. 陟岵

09-04-01 ○陟彼岵兮하야 瞻望父兮호라. 父曰嗟予子行役하야 夙夜無已로다. 上愼旃哉어다. 猶來無止니라.
저 높은 초목동산 올라 아버님 계신 곳 바라보노라. 아버님 '아~ 내 자식 행역 나가, 새벽 밤중 휴식의 그침조차 없도다.'라 하도다. 바라건대(尙) 이것(旃:전)에 삼가할지어다. 오히려 돌아올 생각해야지 죽어 머뭄 없어야 하니라.

<blockquote>
저 민둥산에 올라가서 아버지 계신 곳 바라보네
아버님 말씀하시길 "내 아들아! 부역 가서 밤낮없이 쉬지 못하겠지
몸조심하고 부역이 끝나거든 지체말고 빨리 오너라"
</blockquote>

賦也라. 山無草木曰岵이라. 上은 猶尙也라. ○孝子行役에 不忘其親인지라, 故登山으로 以望其父之所在하고 因想像其父念己之言曰하길, 嗟乎라 我之子行役에 夙夜勤勞하야 不得止息로다. 又祝之曰하길, 庶幾愼之哉인져. 猶可以來歸이지, 無止於彼而不來也로다. 蓋生則必歸하고 死則止而不來矣라. 或曰하길, 止는 獲也라하니, 言無爲人所獲也라.
賦체이다. 산에 草木이 없음을 '호(岵)'라 曰한다. '上'은 바랠(庶幾) 尙과 같음이다. ○孝子가 行役에 그 어버이를 잊지 못했기 때문에, 고로 산에 올라 그 부모의 소재를 바라보고, 이로 인해 그 부모께서 자기를 염려하는 말을 상상하여 말하길 <아~ 나의 자식 행역 나가 새벽 밤중 勤勞하여 휴식의 그침조차 얻지 못함이다.>라 하곤, 또 그것에 축원하며 말하길 <바라건대 그것에 삼갈할진져! 오히려 가히 돌아올 생각 해야지, 저곳에 머물며 돌아오지 못함이 없어야 할지로다.>라 하니, 대개 살아있으면 즉 반드시 돌아오게 되고, 죽으면 즉 그곳에 그쳐 돌아오지 못하는 것이다. 혹자 왈하길 '止' 포획됨이라 하니, 사람들에게 포획되는 바가 없게 할 것을 말함이라 하였다.

09-04-02 ○陟彼屺兮하야 瞻望母兮호라. 母曰嗟予季行役하야 夙夜無寐로다. 上愼旃哉어다. 猶來無棄니라.
저 민둥산 올라 어머님 계신 곳 바라보노라. 어머님 '아~ 내 막내아들 행역 나가, 새벽 밤중 잠잘 틈조차 없도다.'라 하도다. 바라건대 이것에 삼가할지어다. 오히려 돌아올 생각해야지 죽어 버려짐은 없어야 하니라.

<blockquote>
저 동산에 올라가서 어머님 계신 곳 바라보네
</blockquote>

어머님 말씀하셨네 "오 나의 아들아 행역나가 아침저녁 쉴 틈도 없겠구나
몸조심하고 일 끝나면 지체 말고 빨리 돌아오너라"

賦也라. 山有草木曰屺이라(孔氏曰 爾雅釋山云에, 多草木岵하고, 無草木屺하여, 與傳正反이니, 當是傳寫誤也라). 季는 少子也로, 尤憐愛少子者는 婦人之情也라. 無寐도 亦言其勞之甚也라. 棄는 謂死而棄其尸也라.
賦체이다. 산에 草木이 있는 것을 '屺(민둥산기)'라 曰한다(孔氏曰: 爾雅의 釋山云하길, 多草木이 岵이고, 無草木을 屺라 하여 傳과 正反이니, 當히 是는 傳寫하다 誤인 것이다<王肅,許愼俱從《爾雅》>). '季'는 작은아들로, 작은아들을 더욱 가련하고 사랑스럽게 여기는 것은 婦人의 性情인 것이다. '無寐'도 또한 그 수고롭기가 심함을 말함이다. '棄'는 죽어서 그 시신이 버려짐을 말함이다.

09-04-03 ○陟彼岡兮하야 瞻望兄兮호라. 兄曰嗟予弟行役하야 夙夜必偕로다. 上愼旃哉어다. 猶來無死니라.
저 산등성이 올라 형님들 계신 곳 바라보노라. 형님들 '아~ 내 동생 행역 나가, 새벽 밤중 무리와 함께 처함이로다.' 라 하도다. 바라건대 이것에 삼가할 지어다. 오히려 돌아올 생각해야지 허망한 죽음 없어야 하니라.

저 산등성이에 올라가서 형님 계신 곳 바라보네
형님들 말씀하시네 "아 내 동생아! 저 멀리 전장에서 밤낮으로
고생하겠구나 부디 몸조심하여 죽지말고 돌아오너라"

賦也. 山脊曰岡(永嘉陳氏曰 岵也,屺也,岡也는 皆山之高處로 而可以瞻望者나, 詩人各取其一은 以韻叶耳이라). 必偕는 言與其儕로 同作同止하니 不得自如也라.
賦체이다. 산등성이를 '岡'이라 曰한다(永嘉陳氏曰: 岵也, 屺也, 岡也는 모두 山之高處여서 可히 瞻望할 수 있는 곳이나, 詩人이 각 그 一로 取함은 韻叶으로서일 뿐인 것이다). '必偕'는 그 무리(儕)와 더불어 함께 일하고 함께 그쳐서, 자유로이(自如) 할 수 없음을 말한 것이다.

陟岵는 三章으로, 章六句이라.
陟岵는 三章으로, 章마다 六句이다.

慶源輔氏曰 既思其父하고, 又思其母하며, 又思其兄이라. 既想像其念己之言하곤, 又想像其視己之言曰하길, 庶幾其謹之哉라하니, 則斯人은 也必能以其親之心 為心이니, 亦可謂賢矣라.

慶源輔氏曰: 이윽고 그 父를 생각하고서, 또 그 母를 생각하였고, 또 그 兄들을 생각하였다. 이윽고 그 자기를 염려하는 말로 상상하고선, 또 자기에게 축원하는 말로 상상하여 말하기를 <거의 그 이것에 삼가할진져!>라 하였으니, 즉 이 사람은 또한 반드시 능히 그 어버이 마음으로 자기의 마음을 삼음이니, 또한 가히 현명하다라 말할 수 있는 것이다.

○安成劉氏曰 詩人은 以己之思親으로 而知親之念己하고, 雖曰하길 設爲親念己之言이나 實以深寓己念親之心也라. 章末二語는 所以自警이나 亦所以自悲하니, 可以見其忠孝之心也라.
安成劉氏曰: 詩人은 자기의 思親으로 어버이가 자기를 염려함에 알았고, 비록 말하길 가설적으로 어버이가 자기를 염려하는 말로 삼았지만, 실로는 자기의 어버이 염려하는 마음이 깊이 깃들어 있는 것이다. 章 말미의 二語는 스스를 경계 삼는 까닭이기도 하지만, 또한 자신의 슬픔이 되는 까닭이기도 하니, 가히 그 忠孝한 마음을 볼 수 있음이다.

5. 十畝之間

09-05-01 十畝之間兮여. 桑者閑閑兮니 行與子還兮호리라.
저 십묘(十畝) 땅 사이여! 뽕 따는 자 유연자득(悠然自得)이로니 장차 그대와 함께 돌아가리라.

십묘의 밭이 있는 고향땅이여!
뽕잎 따는 풍경있는 여유로운 곳 장차 그대와 함께 돌아가고 싶은 곳

賦也라. 十畝之間은 郊外에 所受場圃之地也라(張子曰 周制엔, 國郭之外에 有聽하여 爲場圃之地者니, 疑家受十畝하여 以毓草木이라. ○東萊呂氏曰 所謂十畝者는 特甚言之耳이지, 未可以爲定數也라). 閑閑은 往來者의 自得之貌라. 行은 猶將也고, 還은 猶歸也라. ○政亂國危인지라, 賢者不樂仕於其朝하여 而思與其友와 歸於農圃이니, 故其詞如此이라.
賦체이다. '十畝之間'은 郊外에 場圃의 땅으로 받은 바이다(張子曰: 周制엔, 수도<國> 외성<郭>의 외에 聽을 두고 場圃之地로 삼았던 것이니, 疑컨대 家마다 十畝씩 受하여 草木을 길렀던<毓:육> 것이다. ○東萊呂氏曰: 所謂 '十畝' 者는 다만 그것에 甚言之하였을 뿐이지, 可히 定數로 삼음은 아니다). '閑閑'은 왕래하는 자의 自得한 모양이다. '行'은 將과 같고, '還'은 歸와 같음이다. ○정령(政令)은 어지럽고 나라는 위태로워, 현자가 그 조정에서 벼슬함을 즐거워하지 않아, 그 벗들과 함께 農圃로 돌아갈 것을 생각하였으니,

고로 그 가사가 이와 같았던 것이다.
＊참고: 《周禮·地官》
"載師掌任土之法，以物地事，授地職，而待其政令。以廛里任國中之地，以場圃任園地，以宅田·士田·賈田任近郊之地，以官田·牛田·賞田·牧田任遠郊之地，以公邑之田任甸地，以家邑之田任稍地，以小都之田任縣地，以大都之田任疆地。"

慶源輔氏曰 危邦不入,亂邦不居는 君子의 仕止之常法也라. 使賢者가 不樂仕於其朝면 則其政亂國危를 可知矣고, 夫以場圃之採桑者가 爲自得하며 而思與其友歸焉이면 則其不樂仕之意를 可見矣라.
慶源輔氏曰: 危邦엔 不入하고 亂邦에 不居함은 君子의 仕止之常法인 것이다. 가령 賢者가 그 朝에 仕하길 不樂이면 則 그 政亂國危임을 可知인 것이고, 저 場圃之採桑者가 自得하며 그 友와 함께 그곳으로 歸할 것으로 思함이면, 則 그 不樂仕之意임을 可見인 것이다.

09-05-02 ○十畝之外兮여. 桑者泄泄兮니 行與子逝兮호리라.
저 십묘(十畝) 땅 사이여! 뽕 따는 자 유유자적(悠悠自適)이로니 장차 그대와 함께 떠나가리라.

십묘의 밭이 있는 고향땅이여!
뽕잎 따는 풍경있는 여유로운 곳 장차 그대와 함께 돌아가고 싶은 곳

賦也라. 十畝之外는 鄰圃也라. 泄泄도 猶閑閑也라. 逝는 往也라.
賦체이다. '十畝之外'는 이웃의 圃이다. '泄泄'도 閑閑과 같음이다. '逝'는 감이다.

十畝之間은 二章으로, 章三句이라.
十畝之間은 二章으로, 章마다 三句이다.

6.伐檀
09-06-01 坎坎伐檀兮나 寘之河之干兮로니, 河水淸且漣猗로다. 不稼不穡이면 胡取禾三百廛兮며, 不狩不獵이면 胡瞻爾庭有縣貆兮리오하나니, 彼君子兮여. 不素餐兮로다.
수레 만들 박달나무 쿵쿵 베었으나 하수(河水) 둔덕 위 방치로니, 하수는 맑고 또한 물결만 이는도다. '심지 않고 거두지 않으면 어찌 삼백명 전묘(田畝)라

도 곡식 취할 수 있으며, 사냥(獵) 수렵(狩)하지 않으면 어찌 너의 뜰 담비 가죽 내걸음 볼 수 있으리오?'라 하나니, 저 군자여! 헛된 음식(餐) 먹지 않음이로다.

박달나무 쏙쏙 베어 하수가에 쌓아뒀네
하수는 맑고 맑아 고운 물결 일렁이네
파종 추수 하지 않고 삼백 전묘 곡식 어찌 거들 수 있나
사냥 수렵 하지 않고 어찌 마당에 담비 가죽 걸려있나
군자들이여! 일하지 않고는 먹을 수도 없다네

賦也라. 坎坎은 用力之聲이라. 檀木은 可爲車者이라. 寘는 與置同이라. 干은 厓也라. 漣은 風行에 水成文也라. 猗는 與兮同으로, 語詞也라. 書엔 斷斷猗하고, 大學엔 作兮하며, 莊子亦云하길 而我猶爲人猗하니, 是也라. 種之曰稼하고 斂之曰穡이라(孔氏曰 以稼穡은 相對이니, 皆先稼後穡인지라 故知種曰稼斂曰穡이라. 若散에선 則相通이라). 胡는 何也라. 一夫所居曰廛이라(孔氏曰 廛은 民居之區域也라). 狩도 亦獵也라. 貆은 貉類이라(鄭氏曰 貉子를 曰貆이라). 素는 空이고, 餐은 食也라. ○詩人이 言有人於此에 用力伐檀은 將以爲車而行陸也니, 今乃寘之河干임에 則河水淸漣하여 而無所用이니, 雖欲自食其力이라도 而不可得矣라. 然其志엔 則自以爲不耕則不可以得禾하고 不獵則不可以得獸니, 是以甘心窮餓而不悔也라. 詩人이 述其事而歎之하며, 以爲是眞能不空食者이라(慶源輔氏曰 不稼不穡이면 則不可以得粒食이고, 不狩不獵이면 則不可以得鮮食이니, 人之所食에 雖多라도 而此二者爲大인지라, 故擧而言之라. 所謂甘心窮餓而不悔者는 詩中雖無此意라도 然觀其志之所면 有如此이고, 而詩人이 又以爲眞能不素餐者는 當有此事矣라). 後世若徐穉之流도 非其力不食하니, 其厲志가 蓋如此이라.

賦체이다. '감감(坎坎)'은 힘쓰는 소리이다. '檀木'은 가히 수레를 만들 수 있는 것이다. '寘(치)'는 置와 같음이다. '干'은 둔덕(厓)이다. '漣'은 바람이 불어 수면에 물결을 이름이다. '의(猗)'는 兮와 더불어 같으니, 語詞이다. 書經에는 '斷斷猗(誠一之貌)'라 했고, 大學에서는 '兮'로 썼으며, 莊子에서도 또한 '而我猶爲人猗(而는 이미 그 眞에 반하였으나, 我는 猶로 爲人이로다!)'라 말한 것이 이것이다. 종자 심는 것을 '稼'라 曰하고, 그것 거두는 것을 '穡'이라 曰한다(孔氏曰: 稼와 穡으로 서로를 對로 이루게 함이니, 모두 先稼인 後에 穡인지라 故로 '種曰稼 斂曰穡'임을 알할 수 있는 것이다. 마치 산문과 같은 경우에서는 則 서로 通함인 것이다). '胡'는 어찌 何이다. 一夫가 농사로 居住하는 곳을 전(廛)이라 한다(孔氏曰: 廛은 民이 居하는 區域이다). '狩'도 또한 獵이다. '훤(貆)'은 담비(貉)의 류이다(鄭氏曰: 貉의 子를 貆이라 曰한다). '素'는 空이요, '餐'은 먹음이다. ○

詩人은 어떤 사람이 여기서 힘들여 박달나무 베는 것은 장차 수레를 만들어 육로로 행하고자 하는 것이거늘, 지금 이내 하수의 물가(干)에다 버려둠에 즉 河水는 맑은 물결(漣)만 일렁이며 쓰여지는 바가 없게 되니, 비록 그 힘을 들여 스스로 먹으려 하여도 가히 得할 수가 없음을 말한 것이다. 그러나 그 뜻한 바는 즉 스스로 밭을 갈지 않으면 즉 가히 벼를 얻을 수 없고, 사냥하지 않으면 가히 짐승 가죽 얻을 수 없으니, 이러므로 마음에 窮餓라도 마음을 달게 여겨 후회하지 않는다는 것이다. 詩人이 그 일들을 서술하고 그것에 차탄하며, 이것이 참으로 능히 헛된 밥을 먹지 않음이라 여긴 것이다(慶源輔氏曰: 不稼不穡이면 則 可히 粒食를 得할 수가 없고, 不狩不獵이면 則 可히 鮮食를 得할 수 없으니, 人이 食하는 방도의 바가 비록 多일지라도 此二者가 大함이 되는지라, 故로 擧하여 그것에 言之한 것이다. 所謂 '甘心窮餓而不悔'者는 詩中에 비록 此意가 無하지만, 그러나 그 志한 바를 觀일지면 如此가 有함이고, 詩人이 또 참으로 能히 '不素餐'者로 삼은 것은 當히 此事로 有해야 한다는 것이다). 후세의 서치(徐穉)와 같은 류들도 그 자기 힘이 아니면 먹지를 않았으니, 그 엄격하게 세운 뜻한 바(厲志)가 대개 이와 같은 것이다.

安成劉氏曰 後漢의 徐孺子는 家貧하여 常自耕稼하여 非其力이면 不食이라. 蓋其厲志之勤은 必欲服勞而後食이니, 亦若此詩賢者之志也이라. 又如范文正公이 居官에 每計一日飮食의 奉養之費하고 與所為之事相稱하여 則無復愧恥하니, 苟或不然이면 終夜不能安寢하니, 亦可謂能厲其志者矣라.
安成劉氏曰: 後漢 徐孺子는 家가 貧하여 항상 스로 耕稼하여 그 力이 아니면 不食하였다. 대개 그 厲志之勤은 반드시 服勞인 而後에 食하고자 하였으니, 또한 此詩의 賢者之志와 같은 것이다. 또 范文正公(范仲淹)이 居官함과 같이 每번 一日飮食의 奉養之費를 計하고 為하는 바의 事와 相稱케 하여 則 다시 愧恥함이 없게 하였으니, 참으로 或 不然이면 終내 夜에 能히 安寢에 들지 못하였으니, 또한 可히 能히 그 志를 엄격히(厲) 한 者라 말 할 수 있는 것이다.
*참고: 徐穉置芻 (후한서)
後漢徐穉字孺子 豫章南昌人. 家貧常自耕稼 非其力不食. 恭儉義讓 所居服其德. 屢辟擧不就. 桓帝時 陳蕃·胡廣上疏薦之. 備禮徵不至. 嘗為太尉黃瓊所辟. 瓊卒, 乃往設雞酒薄祭 哭畢而去 不告姓名. 時會者郭林宗等聞之 疑其穉也. 遣茅容追及之. 共言稼穡之事. 臨訣謂容曰 為我謝林宗. 大樹將顚 非一繩所維. 何為栖栖不遑寧處.
後漢의 徐穉는 字가 孺子이니, 豫章 南昌人이다. 집이 가난하여 항상 스스로 농사지었고, 자신의 힘으로 얻은 것이 아니라면 먹지 않았다. 공손하고 검소하며 의리가 있고 남에게 사양하니, 마을 사람들이 그의 덕에 감복하였다. 여러 번 조정에서 부르고, 남이 천거하여도 나아가지 않았다. 桓帝 때 陳蕃과 胡廣

이 上疏하여 그를 천거하였다. 예를 갖추어 불렀는데도 그래도 나가지 않았다. 太尉 황경(黃瓊)이 부른 적이 있었다. 황경이 죽자, 그의 집에 가서 닭과 술을 차려놓고 약소하게 제사를 지내고 곡을 마치고 가면서도 성명을 알리지 않았다. 이때 참석하였던 郭林宗 등이 이 말을 듣고 徐穉인가 의심하였다. 茅容을 보내서 그를 쫓게 하였다. 서치와 모용은 함께 농사 이야기하다가, 작별할 때가 되자 서치가 모용에게 말하였다. "나 대신 곽임종에게 벼슬을 사절한다고 말해 주오. 큰 나무가 쓰러지려고 하니, 하나의 노끈으로 묶을 일이 아니오. 어찌하여 불안한 곳에서 마음 졸일 것이오?"라 하였다.

▶栖栖: 마음이 불안한 모양. ▶遑寧: 安逸;安寧.

及林宗有母憂 往吊之 置生芻一束於廬前而去. 衆怪不知其故. 林宗曰 此必南州高士徐孺子也. 詩不云乎. 生芻一束 其人如玉. 吾無德以堪之.

곽임종에게 그의 어머니 상이 있자, 서치가 가서 조상하고 날꼴 한 묶음을 집 앞에 놓고 떠났다. 사람들이 괴이하게 여겼으나 그 까닭을 알지 못하였다. 곽임종이 말하였다. "이는 틀림없이 南州의 高士 徐孺子일 터이오. 《詩經》에 말하지 않았습니까? 날꼴[生芻]한 묶음은 보잘것없는 것이지만 옥과 같다고요. 그러나 나는 덕이 없으니 그것을 감당할 수 없소이다."라 하였다.

(출처: https://koahn.tistory.com/)
*참고: 목민심서/율기

范文正公云:吾每就寢, 卽計一日奉養之費及所爲之事, 果相稱則熟寐, 不然, 終夕不安眠, 明日必求以稱之者. 詩云:彼君子兮, 不素餐兮. 此之謂矣. 趙抃任成都, 日所爲事, 夜必衣冠, 拈香告天, 不可告者, 不敢爲也. 此君子戒愼恐懼之工, 眞正門脈.

범문정공(范文正公)이 云하길, '내가 매양 잠자리에 들면 곧 하루 봉양 받은 비용과 행한 일을 헤아려서 과연 서로 맞먹으면 잠을 깊이 들지만, 그렇지 않으면 밤새도록 편히 잠을 이루지 못하고, 다음날에 기어코 맞먹을 일을 하고야 만다. 시경(詩經) 위풍(魏風) 벌단(伐檀)에, "저 군자(君子)여, 일하지 않음에 먹는 일이 없도다." 하였으니, 이를 두고 말한 것이다.'라 하였다. 조변(趙抃)이 성도(成都)를 맡아 다스릴 때, 밤에는 반드시 의관을 갖추고 향을 피우며 낮에 한 일을 하늘에 고하였으며, 고할 수 없는 일은 감히 하지 않았다. 이는 군자가 경계하고 두려워하는 공부의 진정한 길이다.

(출처: story.kakao.com 류시언)

○廬陵曹氏曰 伐檀而寘之河之干의 此는 勞於事而不得以食其力者也라. 然賢者之心을 豈以是一事之不遂로만 而自沮乎其志이오. 蓋以爲不耕이면 則不可以得禾이고, 不獵이면 則不可以食獸이니, 是以寧勞於事雖窮餓라도 而不悔인지라, 故詩人이 述其事而歎之하며, 以爲是眞能不空食者矣라. 天下之事엔 固有爲其事

而無其功者나, 然未有不爲其事而能有其功者矣니, 君子之心은 寧勞而無功언정 必不肯無功而食人之食이라. 此가 先難後獲之意也라.
廬陵曺氏曰: 伐檀하고 河之干에 寘之의 此는 事에 勞였어도 그 力한 바로 食를 得하지 못함인 것이다. 그러나 賢者之心을 어찌 이렇게 一事의 不遂(不得)로만 스스로 그 志한 바를 沮일 수 있겠는가? 대개 不耕으로 함에 則 不可以 得禾하고, 不獵으로 함에 則 不可以 食獸이니, 이렇게 차라리 事에 勞하여 비록 窮餓라도 不悔인지라, 故로 詩人이 그 事를 述하여 그것을 歎之하며, 이것이 참으로 能히 不空食이라 여긴 것이다. 天下之事엔 固히 그 事로 하였다가 그 功을 이룸이 없는 者도 있었지만, 그러나 그 事를 하지 않고도 能히 그 功을 둔 者는 있지 않으니, 君子之心은 차라리 勞하여 無功일지언정, 반드시 肯히 功을 이룸은 없으면서 人之食만을 食하지 않는 것이다. 此가 先難後獲의 意인 것이다.

09-06-02 ○坎坎伐輻兮나 寘之河之側兮하니, 河水淸且直猗로다. 不稼不穡이면 胡取禾三百億兮며, 不狩不獵이면 胡瞻爾庭有縣特兮리오하나니, 彼君子兮여. 不素食兮로다.
바퀴살 만들 나무 쿵쿵 베었으나 하수(河水) 옆 방치로니, 하수는 맑고 또한 곧은 물결만 이는도다. '심지 않고 거두지 않으면 어찌 삼백억 볏단 전묘라도 곡식 취할 수 있으며, 사냥 수렵치 않으면 어찌 너의 뜰 큰 가죽(特) 내걸음 볼 수 있으리오?' 라 하나니, 저 군자여! 헛된 밥(食) 먹지 않음이로다.

바퀴 만들 나무베어 하수가에 쌓아두네
하수는 맑고 맑아 잔물결이 밀려드네
파종 추수 하지 않고 어찌 삼백창고에 곡식 들일 수 있나
사냥 수렵 하지 않고 어찌 마당에 짐승 가죽 걸려있나
군자들이여! 일하지 않고서는 먹을 수도 없다네

賦也라. 輻은 車輻也니, 伐木以爲輻也라. 直은 波文之直也라. 十萬曰億이니, 蓋言禾秉之數也라(孔氏曰 田의 方百里를 於今數면 爲九百萬畝인데, 而王制云하길 方百里爲田九十億畝라하니, 是億爲十萬也라. 禾秉之數는 謂刈禾之把數이라). 獸三歲曰特이라.
賦체이다. '복(輻)'은 수레의 바퀴살이니, 나무를 베어 輻을 만듦인 것이다. '直'은 파도(波)의 물결(文)이 곧은 것이다. 十萬을 '億'이라 曰하는데, 대개 볏단(禾秉)의 숫자를 말함이다(孔氏曰: 田의 方百里는 今에 헤아리면 九百萬畝가 되는데, 王制云하길 '方百里는 田九十億畝이다.' 라 하니, 이렇게 億이 十萬이 됨이다. 禾秉之數는 禾를 刈하여 把해 놓은 數를 謂함이다). 三年

된 짐승을 '特'이라 曰한다.
*참고: 爲九百萬畝(王制)
方一里者: 방 1리라고 하는 것은
爲田九百畝: 밭으로 환산하면 900묘가 된다.
方十里者: 방 10리라고 하는 것은
爲方一里者百: 방 1리 되는 것이 백이고(10*10)
爲田九萬畝: 전지로 환산하면 9만묘가 되고,
方百里者: 방 100리라고 하는 것은
爲方十里者百: 방10리 되는 것이 100이니(100*100)
爲田九十億畝: 전지로 환산하면 90억묘가 된다.

09-06-03 ○坎坎伐輪兮나 寘之河之漘兮하니, 河水淸且淪猗로다. 不稼不穡이면 胡取禾三百囷兮며, 不狩不獵이면 胡瞻爾庭有縣鶉兮리오하나니, 彼君子兮여. 不素飧兮로다.
바퀴 만들 나무 쿵쿵 베었으나 하수(河水) 물가 방치로니, 하수는 맑고 또한 잔물결만 밀려들도다. '심지 않고 거두지 않으면 어찌 삼백 창고 전묘라도 곡식 취할 수 있으며, 사냥 수렵치 않으면 어찌 너의 뜰 작은 새 가죽(鶉) 내 걸음 볼 수 있으리오?'라 하나니, 저 군자여! 헛된 만찬(飧) 먹지 않음이로다.

바퀴 만들 나무베어 하수가에 쌓아두네
하수는 맑고 맑아 잔물결이 밀려드네
파종 추수 하지 않고 어찌 삼백창고에 곡식 들일 수 있나
사냥 수렵 하지 않고 어찌 마당에 새 가죽 걸 수 있나
군자들이여! 일하지 않고서는 먹을 수도 없는거라네

賦也라. 輪은 車輪也니, 伐木以爲輪也라. 淪은 小風水成文이니, 轉이 如輪也라. 囷은 圓倉也라. 鶉은 鵪屬이라. 熟食曰飧이라.
賦체이다. '輪'은 수레바퀴이니, 나무를 베어 수레바퀴를 만듦인 것이다. '淪(륜)'은 작은 風이 물에 무늬를 만듦이니, 물결 구르기가 마치 수레바퀴와 같음이다. '囷'은 둥근 창고(圓倉)이다. '순(鶉)'은 메추라기(鵪:암) 등속이다. 익혀 먹는 것을 '飧(저녁밥손)'이라 曰한다.

伐檀은 三章으로, 章九句이라.
伐檀은 三章으로, 章마다 九句이다.

孔叢子子曰 於伐檀에선 見賢者之先事後食也라.
孔叢子子曰: <伐檀>에선 賢者의 先事後食에 대해 見할 수 있음이다.

○安成劉氏曰 有勞心而得食者하고, 有勞力而得食者하며, 有躬耕而自食者거늘, 豈必人人自耕以食哉리오. 但不可無其事而食其食耳이라. 伐檀君子意는 正如此인지라, 故詩人이 美其甘貧樂賤雖不見用여도 而不苟食也라.
安成劉氏曰: 勞心으로 得食하는 者가 有하기도 하고, 勞力으로 得食者가 有하기도 하며, 躬耕으로 自食者가 有하기도 하거늘, 어찌 반드시 人人마다 스스로 自耕하며 食할 수 있겠는가? 다만 그 事를 無이고도 그 食(사)를 食함이 不可할 뿐인 것이다. 伐檀의 君子意는 正히 如此인지라, 故로 詩人이 그 貧을 甘하고 賤에서 樂하며 비록 등용을 보지 못하더라도 苟차히 食하지 않았음을 아름답게 여긴 것이다.

7.碩鼠

09-07-01 碩鼠碩鼠아. 無食我黍어다. 三歲貫女호늘 莫我肯顧란대, 逝將去女코 適彼樂土호리라. 樂土樂土여. 爰得我所로다.
큰 쥐야 큰 쥐야! 나의 기장 먹지 말지어다. 3년토록 너의 습성 보았거늘 능히 우릴 생각지도 않을진대, 장차 너 버리고 떠나가 저 낙토의 땅으로 가리라. 낙토의 땅이여 낙토의 땅이여! 이에 내 마땅(所)한 바 얻으리로다.

> 큰 쥐야 큰 쥐야 나의 보리 먹지 마라
> 석삼년을 위했건만 나의 덕은 하나 없네
> 이젠 그대 떠나가서 즐거운 곳 찾아가리
> 즐거운 땅 그곳에서 나의 안식처 찾으리라

比也라. 碩은 大也. 三歲는 言其久也라. 貫은 習이고, 顧는 念이며, 逝는 往也라. 樂土는 有道之國也라. 爰은 於也라. ○民困於貪殘之政인지라, 故託言大鼠害己而去之也라.
比체이다. '碩'은 큼이다. '三歲'는 그 오래됨을 말함이다. '貫'은 익숙히 지켜봄이요, '顧'는 돌아봐 염려해줌이며, '逝'는 감이다. '樂土'는 道가 있는 나라이다. '爰'은 이에 於이다. ○백성들이 貪欲하고 殘악한 정령(政令)에 피곤하였기 때문에, 고로 큰 쥐가 자기를 해쳐 그곳을 떠남으로 기탁하여 말한 것이다.

慶源輔氏曰 三歲貫女이면 則民之於上이 至矣고, 莫我肯顧이면 則上之於民이

甚矣라. 於是에 而決去焉이니, 非民之罪也라.
慶源輔氏曰: '三歲貫女'이면 則 民이 上에 있어 지극했던 것이고, '莫我肯顧'이면 則 上이 民에 있어 甚하게 하였던 것이다. 이때서야 그곳을 決연히 去하니(逝將去女), 民之罪가 아닌 것이다.

09-07-02 ○碩鼠碩鼠아. 無食我麥이어다. 三歲貫女어늘 莫我肯德이란대, 逝將去女코 適彼樂國호리라. 樂國樂國이여. 爰得我直이로다.
큰 쥐야 큰 쥐야! 나의 보리 먹지 말지어다. 3년토록 너의 습성 보았거늘 능히 우릴 덕으로 여기지 않을진대, 장차 너 버리고 떠나가 저 낙토의 나라로 가리라. 낙토의 나라여 낙토의 나라여! 이내 내 의당(直)한 바 얼으리로다.

큰 쥐야 큰 쥐야 내 보리는 먹지 마라
석삼년을 위했건만 나의 덕은 하나 없네
이젠 그대 떠나가서 즐거운 곳 찾아가리
즐거운 땅 그곳에서 내 살 곳을 찾으리라

比也라. 德은 歸恩也라(華陽范氏曰 莫我肯德者는 不以我爲德也라. 民出力以事上여도 不以爲德하고 而反蠶食之하니, 所以去之也라). 直은 猶宜也라.
比체이다. '德'은 恩惠로 여김이다(華陽范氏曰: '莫我肯德'者는 我를 德으로 여기지 않음이다. 民이 出力으로 事上이어도 德으로 여기지 않고 도리어 그들을 蠶食之하니, 그를 去之하는 所以인 것이다). '直'은 宜당함과 같음이다.
*참고: 蠶食
누에가 뽕잎을 먹는 것 처럼 남의 것을 차츰차츰 먹어 들어가거나 침략(侵略)하는 것. (네이버 한자사전)

09-07-03 ○碩鼠碩鼠아. 無食我苗어다. 三歲貫女호늘 莫我肯勞란대, 逝將去女코 適彼樂郊호리라. 樂郊樂郊여. 誰之永號리오.
큰 쥐야 큰 쥐야! 나의 다 자란 싹 먹지 말지어다. 3년토록 너의 습성 보았거늘 능히 우릴 노고(勞苦)로 생각지 않을진대, 장차 너 버리고 떠나가 저 낙토의 교외로 가리라. 낙토의 교외여 낙토의 교외여! 누구에 원망의 장탄식 있으리오?

큰 쥐야 큰 쥐야 나의 곡식 싹 먹지마라
석삼년을 섬겼거늘 나의 노고 부질없네
이젠 너를 떠나가서 즐거운 들녘 찾아가리

저 즐거운 들판에서 누굴 원망하겠는가

比也라(疊山謝氏曰 食黍不足에 而食麥하고, 食麥不足에 而食苗하니, 苗者는 禾方樹而未秀也라. 食至於此로 以比其貪之甚也라). 勞는 勤苦也니, 謂不以我爲勤勞也라. 永號는 長呼也니, 言旣往樂郊에 則無復有害己者니, 當復爲誰而永號乎리오.

比체이다(疊山謝氏曰: 食黍에 不足하여 食麥하고, 食麥에 不足하여 食苗하니, 苗者는 禾를 바야흐로 심고서 아직 秀를 맺지 않은 것이다. 食이 此에까지 至하였다는 것으로, 그 貪이 甚함을 비한 것이다). '勞'는 勤苦함이니, 나를 勤勞함으로 여기지 않음을 말한 것이다. '永號'는 길게 부름이니, '이윽고 樂의 郊로 떠남에 즉 다시 나를 해칠 자 있음이 없을지니, 마땅히 다시 누구를 대고 길게 원망의 탄식 부를 수 있겠는가?' 라 말한 것이다.

碩鼠는 三章으로, 章八句이라.
碩鼠는 三章으로, 章마다 八句이다.

南軒張氏曰 碩鼠之詩를 聖人所爲取者는 以其上失道如此에 國人疾之甚而欲去之여도 猶有所未忍也니, 故著其情於詩이라. 著其情於詩는 乃其所未忍絶也라.
南軒張氏曰: 碩鼠之詩를 聖人께서 取하게 되신 바의 것은, 그 上의 失道가 如此함에 國人들이 그것을 疾之하길 甚하여 그곳을 去之코자 하여도 오히려 차마하지 못하는 바가 있었던 것이니, 故로 그 情을 詩에다 著하였던 것이다. 그 情을 詩에다 著함은 이내 그 아직 차마 絶하지 못하였던 바인 것이다.

魏國은 七篇으로, 十八章이고, 一百二十八句이라.
魏國은 七篇으로, 十八章이요, 一百二十八句이다.

華谷嚴氏曰 魏唐에 無淫詩니, 蓋猶有先聖之風化焉이라.
華谷嚴氏曰: 魏와 唐엔 淫詩가 無이니, 대개 여전히 先聖之風化가 그곳에 有하였기 때문이다.

○慶源輔氏曰 寬裕者는 其流長이고, 急迫者는 其意短이라. 魏는 以地陋하여 而褊急如此거늘, 其何以傳世하길 至於長久哉리오. 故變風이 作於平桓之世하고 而國은 遂滅於惠公之十七年하니, 止五六十年間耳인지라 詩人之意가 固憂之矣라.
慶源輔氏曰: 寬裕者는 그 이어지는 流가 長인 것이고, 急迫者는 그 미루어 보는 意가 短인 것이다. 魏는 地가 陋하여 褊急하길 如此하거늘, 그 어찌 傳世하길 長久로 至할 수 있겠는가? 故의 變風이 주나라 平王과 桓王의 世에서 作되어졌고, 國은 드디어 魏惠公의 十七年에 滅되고 말았으니, 五六十年間으로 止하였을 뿐인지라 詩人之意가 固히 그것을 憂之하였던 것이다.

*참고: 平桓之世, 惠公
① 주 평왕(周 平王)은 주나라의 제13대 왕이다. 성은 희(姬), 이름은 의구(宜臼)이다. 주 유왕의 아들이다. 기원전 770년~기원전 720년.
② 주 환왕(周 桓王)은 주나라의 14대 왕(재위: 기원전 719년~기원전 697년)이다. 성은 희(姬), 이름은 림(林)이다. 주 평왕의 아들인 태자 예보(洩父)의 아들이다.
③ 혜공(惠公:?~기원전 723년, 재위 기원전 768년~기원전 723년)은 중국 동주 시대 제후국 노나라의 제13대 임금이다. 휘는 사기에는 불황(弗湟), 사기색은에는 불황(弗皇), 어떤 곳에는 불생(弗生)이라 적혀 있기도 하다.(위키백과)

詩傳大全卷之六

唐 一之十

唐은 國名이니, 本帝堯舊都이라. 在禹貢冀州之域하니, 大行,恒山之西와 大原,大岳之野이라(鄭氏曰 今大原의 晉陽이니, 是堯始居地로 後乃遷河東平陽이라). 周成王이 以封弟叔虞하여 爲唐侯이라(孔氏曰 晉世家云하길, 成王與叔虞戲에 削桐葉為珪曰하길 以此封若이라. 於是封叔虞於唐하니, 地名晉陽이 是也라). 南有晉水이라. 至子燮하여 乃改國號曰晉하고, 後徙曲沃하고 又徙居絳이라(孔氏曰 唐叔生晉侯燮하고, 燮生武侯寧族하며, 族生成侯服人하니, 成侯徙曲沃이라. 穆侯徙絳하고 昭侯以下서 又徙翼이라. 及武公并晉하곤 又都絳也라). 其地土瘠하고 民貧이나, 勤儉質朴하고 憂深思遠하니, 有堯之遺風焉이라(前漢志曰 河東은 本唐堯所居로 有先王遺敎하니, 君子深思하고 小人儉嗇이라. ○南軒張氏曰 堯之遺風은 只是儉而用禮一事이니, 亦不必事事稱有遺風也라). 其詩不謂之晉하고 而謂之唐은 蓋仍其始封之舊號耳이라(安成劉氏曰 叔虞封唐하고 燮侯號晉하여 十七傳라가 至晉侯緡하여 為曲沃武公所并이라. 然武公能滅晉之宗여도 而不能滅唐之號하고, 能冒晉之號이나 而不能繼唐之統하니, 君子欲絶武公於晉이라도 而不可인지라, 故總名其詩為唐하곤 以寓意焉이라. 然則이면 晉詩稱唐은 見曲沃武公滅宗國之罪이고, 而魏風首晉도 又以見曲沃獻公滅同姓之惡이라. 世變如此인지라, 春秋를 欲不作여도 不可也라). 唐叔所都는 在今大原府이고, 曲沃及絳은 皆在今絳州이라(太原府는 即今太原府이고, 曲沃及絳은 今平陽府屬縣에서 並隷山西이라).

唐은 國名으로, 본래 帝堯의 舊都이다. 禹貢의 冀州의 지역에 있었으니, 太行山, 恒山의 서쪽과 太原, 太岳의 들녘인 것이다(鄭氏曰: 今 大原의 晉陽이니, 이렇게 堯의 始居地로서 後에는 이내 河東의 平陽으로 遷하였다). 周 成王이 아우 叔虞를 封하여 唐侯로 삼았으며(孔氏曰: 晉世家에 云하길 '成王이 叔虞와 함께 戲할 적에, 桐葉을 削하여 珪로 삼고선 曰하길 "此로서 너<若>를 封하노라."고 하였건대, 於是에 叔虞를 唐에 封하였다. 地名 晉陽이 是이다), 남쪽으론 晉水가 있다. 그 아들 섭(燮)에 이르러 이내 國號를 고쳐 晉이라 曰하였고, 후에 曲沃으로 옮기고 또 絳땅으로 옮겨 살았다(孔氏曰: 唐叔이 晉侯燮을 生하고, 燮이 武侯 寧族을 生하며, 族이 成侯 服人을 生하니, 成侯가 曲沃으로 徙하였다. 穆侯가 絳으로 徙하였다가 昭侯 以下에서 또 翼으로 徙하였다. 武公에 及하여 晉을 并合하고서 또 絳에다 都하였다). 그 땅의 土地가 척박하고 백성들이 가난하였으나, 근검하고 질박하며 근심을 깊이 하고 생각을 멀리까지 하였으니, 그곳에 堯의 유풍이 있었던 것이다(前漢志曰: 河東은 本으로 唐堯가 居한 바로 先王의 遺敎가 有하였으니, 君子는 思에 深하고 小人은 儉嗇하였다. ○南軒張氏曰: 堯之遺風은 다만 이렇게 儉而用禮의 一事였을 뿐이니, 또한 반드시 事事마다 遺風이 有함으로 稱할 필요는 없는 것이다). 그 詩를 晉이라 이르지 않고 唐이라 이름함은 대개 그 처음에 봉해진 舊號로 연유하였을 뿐인 것이다(安成劉氏曰: 叔虞가 唐에 封해지고, 燮侯가 晉이라 號하여 十七로 傳해지다 晉侯緡에 至하여 曲沃의 武公에 幷合되는 바가 되었다. 그러나 武公이 能히 晉之宗族은 滅하였어도 能히 唐之號까진 滅하지 못하였고, 能히 晉之號로는 冒하였으나 能히 唐之統을 繼하진 못하였으니, 君子가 武公을 晉에서 絶하고자 하였어도 不可하였기 때문에, 故로 그 詩를 總名하여 唐이라 삼고 그것에다 意를 寓해 놓은 것이다. 然則이면 晉詩를 唐이라 稱하여 曲沃의 武公이 宗國을 滅한 罪를 見한 것이고, 魏風을 晉보다 首해 놓음도 또한 曲沃의 獻公이 同姓을 滅한 惡을 見한 것이니, 世變이 如此인지라 春秋를 作하고자 하지 않아도 不可하였던 것이다). 唐叔이 도읍한 바는 지금의 太原府에 놓이고, 曲沃과 絳은 모두 지금의 絳州에 있다(太原府는 即 今의 太原府이고, 曲沃과 絳은 今의 平陽府 屬縣에서 山西에까지 아울러 예속된다).

1. 蟋蟀

10-01-01 蟋蟀在堂하니 歲聿其莫엇다. 今我不樂이면 日月其除리라. 無已大康인가. 職思其居하며 好樂無荒하길, 良士瞿瞿니라.
귀뚜라미 당(堂)서 울어하니 한해 드디어 그 저무는도다. 지금 우리 즐기지 않을지면 일월(日月)도 기다리지 않고 그 떠나가리라. 너무 즐거움에 빠짐은 없겠는가? 직분으로 그 거(居)할 바에 생각하며 즐거움 좋아하되 황망함 없게 하길, 량사(良士)의 먼 염려처럼 두루 살필지니라.

귀뚜라미 초당에 드니 한 해가 저무누나
지금 우리 즐겨보세 가는 세월 화살같네
즐기기만 하지 말고 집안일도 생각하세
놀 때는 넘침 없게 어진 선비들 조심하네

賦也라. 蟋蟀은 蟲名으로, 似蝗而小하고, 正黑,有光澤如漆하며, 有角翅이라. 或謂之促織하며(陸氏曰 一名蜻蛚하며, 里語云하길 促織鳴에 嬾婦驚이라), 九月在堂이라. 聿은 遂이고, 莫는 晩이며(孔氏曰 七月에, 說蟋蟀云하길 九月在戶컨대, 此言在堂은 謂在室戶之外니, 與戶相近이면 是九月을 可知라. 過此月後엔 則歲

遂將暮矣라), 除는 去也라. 大康은 過於樂也라. 職은 主也라. 瞿瞿는 却顧之貌라. ○唐俗勤儉인지라, 故其民間서 終歲勞苦하여 不敢少休라가, 及其歲晚務閒之時에 乃敢相與燕飮爲樂而言하길, 今蟋蟀在堂하니, 而歲忽已晩矣라. 當此之時에 而不爲樂이면 則日月將舍我而去矣라. 然其憂深而思遠也인지라, 故方燕樂而又遽相戒曰하길, 今雖不可以不爲樂이나 然不已過於樂乎아. 蓋亦顧念其職之所居者하여 使其雖好樂而無荒하길 若彼良士之長慮而却顧焉이면, 則可以不至於危亡也라(廣源輔氏曰 今我不樂,日月其除는 張而不弛면 文武도 不能也고, 無已大康, 職思其居는 弛而不張이면 文武도 不爲也며, 好樂無荒,良士瞿瞿는 一張에 一弛니, 文武之道也라. ○華谷嚴氏曰 職思其居는 啓其憂也고, 好樂無荒은 作其勤也며, 良士瞿瞿는 警其懼也니, 三言이면 而君國之道가 盡矣라). 蓋其民俗之厚로 而前聖遺風之遠이 如此이라.

賦체이다. '실솔(蟋蟀)'은 벌레 이름이니, 메뚜기(蝗)와 비슷하나 작고, 순(純) 흑색에 광택 있기가 마치 옻칠한 듯하며, 뿔과 날개가 있다. 혹은 그것을 일러 促織(길쌈을 재촉)이라고도 하며(陸氏曰: 一名 蜻蚓<잠자리청,귀뚜라미렬>이라고도 한다. 里語云하길, '促織이 鳴함에 嬾婦<게으를란>가 驚함이다.'라 하였다), 九月들어서는 집 堂에 나타난다. '聿'은 드디어 遂이고, '莫'는 늦음이며(孔氏曰: <七月>편에서 蟋蟀에 說하여 '九月在戶'라 云하였건대, 此言의 '在堂'은 室戶之外에 在함을 謂함이니, 戶와 더불어 相近이면 이렇게 九月임을 可知인 것이다. 此月이 過한 後에는 則歲가 드디어 將차 暮인 것이다), '除'는 떠나감이다. '大康'은 즐거움을 지나치게 함이다. '職'은 주(主)됨이다. '瞿瞿'는 돌이켜서 돌아보는(却顧:돌아갈각) 모양이다. ○唐나라 풍속이 근검하였기 때문에, 고로 그 民間에서 終歲토록 勞苦하여 감히 조금도 쉬지 못하였다가, 그 한 해가 저물어 일이 한가할 때에 미쳐서, 이내 감히 서로 함께 燕飮으로 樂을 삼고 말하기를, <지금 귀뚜라미(蟋蟀) 집안(堂)에 있으니, 한해가 어느덧 이미 저물었도다. 이때를 당해 즐거움(樂)을 삼지 않을지면, 즉 日月의 세월도 장차 우리를 버리고 떠나갈 것이로다.>라 하였다. 그러나 그 근심을 깊이 하고 생각을 멀리까지 하였기 때문에, 고로 바야흐로 燕樂이고서도 또 문득 서로에게 경계하며 말하기를, <지금 비록 가히 즐거움을 삼지 않을 수 없지만, 그러나 너무 樂으로만 지나침은 없겠는가? 대개 또한 그 직분으로 居한 것에 돌아보아(顧念) 그 비록 樂함을 좋아하더라도 황망함이 없게 하길, 마치 저 良士께서 멀리 염려(長慮)하여 그것을 돌아보듯이 한다면, 즉 가히 危亡으로는 이르지 않을 것이다.>라 한 것이니(廣源輔氏曰: '今我不樂 日月其除'는 가득 張게만 하고 弛하지 않으면 文武라도 (그들을 통해) 能할 수 없고, '無已大康 職思其居'은 弛하게만 하고 張하지 않으면 文武라도 爲할 수 없으며, '好樂無荒 良士瞿瞿'는 一張이고 一弛이니 文武之道인 것이다. ○華谷嚴氏曰: '職思其居'는 그 憂할 것으로 啓한 것이고, '好樂無荒' 그 勤할 것으로 作한 것이며, '良士瞿瞿'는 그 懼임을 警인 것이니, 三言이면 君國之道가 盡인 것이다), 대개 그 民俗이 후덕한 것으로 **前聖**의 流風이 遠하길 이와 같았던 것이다.

*참고: 子貢譏若狂(자공기약광)

子貢觀於蜡 孔子曰 賜也樂乎 對曰 一國之人皆若狂 賜未知其樂也 子曰 百日之蜡 一日之澤 非爾所知也 張而不弛 文武弗能也 弛而不張 文武弗爲也 一張一弛 文武之道也

예기 잡기 하편(雜記下)에 의하면, "자공이 남향 제사를 구경하고 있을 때 공자께서 '사(賜)야 즐거웠느냐?' 하고 물었다. 자공이 대답하기를 '온 나라 사람들이 모두 미친 듯한데, 저는 그 즐거움을 알지 못하겠습니다.' 라 하였다. 이에 공자께서 말씀하였다. "백일 동안 노고한 뒤에 지내는 남향 제사는 하루 동안 즐기도록 하는 군주의 은택이니, 네가 알 수 없을 것이로다. 활을 조이기만 하고 풀어놓지 않는다면 문왕과 무왕도 어찌하지 못하고, 활을 풀어만 놓고 조이지 않는다면 문왕과 무왕도 아무것도 할 수 없느니라. 한 번 조이고 한 번 풀어놓는 것이 문왕과 무왕의 도이니라."고 하였다. (출처: 季節詩감상/無名子<尹愭>의 記故事)

安成劉氏曰 自堯而至於周가 蓋千餘年矣여도, 而其風化가 流傳되어 固結於唐人之心인지라, 故其民間에 質實勤儉之習,親愛和樂之恩,警戒忠告之情이 備見於詩니, 此其俗之所以為厚也라.

安成劉氏曰: 堯로부터 周에 至하기까지 대개 千餘年이어도, 그 風化가 流되고 傳되어 固히 唐人之心에 結되었기 때문에, 故로 그 民間의 質實의 勤儉之習과 親愛의 和樂之恩과 警戒의 忠告之情이 詩에 備되어 見된 것이니, 此가 그 俗이 厚하게 된 所以인 것이다.

10-01-02 ○蟋蟀在堂하니 歲事其逝엇다. 今我不樂이면 日月其邁리라. 無已大康인가. 職思其外하야 好樂無荒하길, 良士의 蹶蹶니라.
귀뚜라미 당(堂)서 울어하니 한해 드디어 그 가는도다. 지금 우리 즐기지 않을지면 일월(日月)도 기다리지 않고 그 떠나가리라. 너무 즐거움에 지나침은 없겠는가? 직분의 그 외에도 생각하여 즐거움 좋아하되 황망함 없게 하길, 량사(良士)의 먼 염려처럼 서둘러 민첩할지니라.

    귀뚜라미 초당에 드니 한 해가 저무누나
    지금 우리 즐겨보세 가는 세월 유수라네
    즐기기만 하지 말고 안팎살림도 생각하세
    놀 때는 넘침 없게 어진 선비들 몸 삼가네

賦也라. 逝,邁는 皆去也라. 外는 餘也라. 其所治之事에도 固當思之나, 而所治之餘에도 亦不敢忽이니, 蓋其事變은 或出於平常思慮之所不及인지라, 故當過而備之也라(廬陵歐陽氏曰 職思其外者는 廣周의 慮也라). 蹶蹶은 動而敏於事也라.
賦체이다. '逝'와 '邁(매)'는 모두 떠나감이다. '外'는 나머지이다. 그 다스려야하는 바의 일에도 진실로 마땅히 그것에 생각해야 하지만, 다스릴 바의 나머지에도 또한 감히 소홀할 수 없는 것이니, 대개 그 事變은 혹 平常時의 思慮가 미치지 못한 바에서 나오기 때문에, 고로 마땅히 지나치게 해서라도 그것에 대비해야 하는 것이다(廬陵歐陽氏曰: 職思其外者는 廣周의 慮인 것이다). '蹶蹶'은 미리 움직여 일에 민첩한 것이다.

慶源輔氏曰 人에 無遠慮이면 必有近憂이라. 故當思慮가 在事外也라. 思之하길 雖周라도 而爲之不敏이면 則亦無益矣라.
慶源輔氏曰: 人에 遠慮가 無일지면 반드시 近憂가 有하게 된다. 故로 當히 思慮가 事外에도 在해야 하는 것이다. 그것에 思之하길 비록 周라도 爲之에 不敏이면 則 또한 無益인 것이다.

10-01-03 ○蟋蟀在堂하니 役車其休엇다. 今我不樂이면 日月其慆리라. 無已大康인가. 職思其憂하야 好樂無荒하길, 良士의 休休니라.
귀뚜라미 당(堂)서 울어하니 짐수레(役車) 운행도 그 그침이로다. 지금 우리 즐기지 않을지면 일월(日月)도 기다리지 않고 그 지나가리라. 너무 즐거움에 지나침은 없겠는가? 직책에 그 다가올 근심 깊이 하며 즐거움 좋아하되 황망함 없게 하길, 량사(良士)의 먼 염려처럼 절도(節)있게 편안할지니라.

> 귀뚜라미 초당에 드니 짐수레도 쉬는구나
> 지금 당장 즐겨보세 가는 세월 아깝다네
> 즐기기만 하지 말고 닥칠 어려움도 생각하세
> 노는 데는 넘침 없게 어진 선비들 절도있네

賦也라. 庶人은 乘役車니, 歲晩면 則百工皆休矣라(孔氏曰 春官巾車의 注云하길, 役車方箱엔 則載任器以供役하니, 收納禾稼에도 亦用此車인지라, 故役車休息이면 是農工畢也라). 慆는 過也라. 休休는 安閒之貌라. 樂而有節하여 不至於淫하니, 所以安也라.
賦체이다. 庶人은 役車를 타는데, 한해가 저물면 즉 百工의 일들이 모두 쉬는 것이다(孔氏曰: <春官 巾車>의 注에 云하길 '役車의 方箱엔 則 任器를 載하여 役에 供한다.'라 하였으니, 禾稼의 收納에도 또한 此車를 用인지라 故로

役車가 休息이면 이렇게 農工도 畢인 것이다). '愒'는 지나감이다. '休休'는 편안하고 한가로운(安閑) 모양이다. 즐거우면서도 절도가 있어 淫에 이르지 않으니, 편안의 까닭인 것이다.

慶源輔氏曰 庶人之役車도 猶休矣어늘, 則君子에 可無一日之樂乎아. 職思其居는 謂所居之職也고, 職思其外는 謂所職之外也며, 職思其憂는 謂思之極而至于憂也라. 瞿瞿는 顧慮周旋之貌로 未見於爲也고, 蹶蹶은 則見於爲矣며, 蹶蹶은 動而敏於事之貌로 未見其安也나 安은 則瞿瞿蹶蹶之效也라. 始엔 則瞿瞿然而思하고, 中엔 則蹶蹶然而爲하며, 終엔 則休休然而安하니, 必如是여야 始可以樂하며 而謂之良士爾이라. 其意가 皆自近而遠하고, 自淺而深이니, 是則所謂憂深而思遠者也라.

慶源輔氏曰: 庶人의 役車에도 오히려 休이거늘, 則 君子에 可히 一日의 樂함이 없겠는가? '職思其居'는 居하고 있는 바의 職을 말함이고, '職思其外'는 職된 바의 外에까지 말함이다. '職思其憂'는 思之極하여 장차 憂될 바에까지 至할 것을 말함이다. 瞿瞿는 顧慮의 周旋之貌로 아직 爲로 見(현)되지 않음이고, 蹶蹶은 則 爲로 見됨이며, 蹶蹶은 動而敏於事의 貌로 아직 그 安됨으로 見(견)하지 못함인 것이나 安은 則 瞿瞿와 蹶蹶의 效인 것이다. 始엔 則 瞿瞿然히 思하고, 中에선 則 蹶蹶然히 爲하며, 終엔 則 休休然히 安함이니, 반드시 如是여야 비로소 可히 樂하며 謂之하길 良士일 수 있을 뿐인 것이다. 그 意가 모두 近으로부터 하여 遠인 것이고, 淺으로부터 하여 深인 것이니, 이렇게 則 所謂 '憂深而思遠'者인 것이다.

蟋蟀은 三章으로, 章八句라.
蟋蟀은 三章으로, 章마다 八句이다.

定宇陳氏曰 始思其居는 則所居處之中이고, 次思其外는 則又出於所居之外며, 終思其憂는 則思之遠而憂之深임을 可見矣라.
定宇陳氏曰: 始의 思其居는 則 居處하고 있는 바의 속(中)인 것이고, 次의 思其外는 則 또 居하고 있는 바의 外에까지 出인 것이며, 終의 思其憂는 則 思之遠而憂之深임을 可見인 것이다.

○龜山楊氏曰 此詩는 欲及時自樂이나, 也而卒曰하길 好樂無荒라하니, 可謂有禮矣라. 當是時에 風雖變여도 而堯之遺風이 未亡也라.
龜山楊氏曰: 此詩는 時에 及하여 自樂하고자 함이나, 또한 卒에 曰하길 '好樂無荒'이라 하니, 可히 有禮라 말할 수 있는 것이다. 是時를 當해 風이 비록 變이었더라도 堯之遺風이 아직 未亡인 것이다.

○朱子曰 唐風은 自是尙有勤儉之意하니, 作是詩도 是一箇不敢放懷底人인지라, 說今我不樂하곤 便又說無已太康이라
朱子曰: 唐風은 자연 이렇게 여전히 勤儉之意가 有하였으니, 是詩를 作한 이도 이렇게 一箇라도 敢히 放懷치 못하는 人인지라, '今我不樂'이라 說하고선 문득 또한 '無已太康'이라 說하였던 것이다.

○安成劉氏曰 此詩에서 必曰蟋蟀在堂한 而後曰今我不樂하니, 則能不遊于逸矣라. 旣曰今我不樂하고 又曰無已太康하니, 則能不淫于樂矣라. 曰職思其外하니 則儆戒無虞也고, 曰好樂無荒하니 則無怠無荒也라. 以詩人之克勤克儉하고 所憂所思에 雖無唐虞君臣之德業라도 而其發於詩者는 與伯益告戒之辭와 同條共貫하니, 信乎前聖遺風之遠也라.
安成劉氏曰: 此詩에서 반드시 '蟋蟀在堂'이라 曰한 而後에 '今我不樂'이라 曰하였으니, 則 能히 逸로만 遊하지 않음인 것이다. 이윽고 '今我不樂'이라 曰하고서 또 '無已太康'이라 曰하였으니, 則 能히 樂으로만 淫하지 않음인 것이다. '職思其外'라 曰하였으니 則 예기치 못한 우환이 없을(無虞) 적에 儆戒인 것이고, '好樂無荒'이라 曰하였으니 則 無怠이고 無荒인 것이다. 詩人의 克勤克儉하고 憂하는 바와 思하는 바에, 비록 요순 唐虞의 君臣之德業은 無일지라도 그 詩에서 發하는 것엔 伯益의 告戒之辭와 同條로 공통하게 관통(共貫)하고 있음이니, '前聖遺風之遠'임에 信인 것이다.

*참고: 伯益告戒之辭(大禹謨)

1-6. 益曰:「吁! 戒哉, 儆戒無虞, 罔失法度, 罔遊于逸, 罔淫于樂, 任賢勿貳, 去邪勿疑, 疑謀勿成, 百志惟熙, 罔違道, 以干百姓之譽, 罔咈百姓, 以從己之欲, 無怠無荒, 四夷來王.」

益曰: <吁라! 戒哉하실지어다, 無虞한 때를 儆戒할지며, 法度에 失하지 말(罔) 것이며, 逸에 遊하지 말 것이며, 樂에 淫하지 말 것이며, 任賢에 貳로 하지 말(勿) 것이며, 邪를 去함에 疑를 두지 마소서. 疑된 謀를 成치 말지라야, 百志가 오직 熙하게 되리이다. 道를 違함으로서 百姓之譽를 干하지 말(罔)지며, 百姓에 逆(咈)함으로서 己之欲을 從하게 함이 없게 하소서, 無怠 無荒으로 하신다면, 四夷도 來王케 되리이다.>라 하노라.

先吁後戒는 欲使聽者로 精審也라 儆은 與警同이라 虞는 度이오 罔은 勿也라 法度는 法則制度也라 淫은 過也라 當四方無可虞度之時하면 法度는 易至廢弛라 故로 戒其失墜요 逸樂은 易至縱恣라 故로 戒其遊淫이라 言此三者는 所當謹畏也라 任賢에 以小人間之를 謂之貳요 去邪에 不能果斷을 謂之疑라 謀는 圖爲也니 有所圖爲에 揆之於理而未安者면 則不復成就之也니라 百志는 猶易所謂百慮也라 咈은 逆也라 九州之外가 世一見曰王이라 帝가 於是八者를 朝夕戒懼하여

無怠於心하고 無荒於事하면 則治道益隆하여 四夷之遠이 莫不歸往하리니 中土之民이 服從을 可知라 今按益言八者컨대 亦有次第하니 蓋人君이 能守法度하여 不縱逸樂이면 則心正身脩하여 義理昭著하여 而於人之賢否에 孰爲可任하고 孰爲可去하며 事之是非에 孰爲可疑하고 孰爲不可疑는 皆有以審其幾微하여 絶其蔽惑이라 故로 方寸之間에 光輝明白하여 而於天下之事에 孰爲道義之正而不可違하고 孰爲民心之公而不可咈는 皆有以處之不失其理하여 而毫髮私意가 不入於其間하니 此其懲戒之深旨니 所以推廣大禹克艱惠迪之謨也라 苟無其本하여 而是非取舍를 決於一己之私하고 乃欲斷而行之하여 無所疑惑이면 則其爲害가 反有不可勝言者矣리니 可不戒哉아

先에 吁로 하고 後로 戒한 것은 聽者로 하여금 精審케 하고자 함이라. 儆은 警과 더불어 同이라. 虞는 度이오, 罔은 勿이라. 法度는 法則과 制度라. 淫은 過이라. 四方에 可히 虞度할 만한 바가 없는 時에 當하면 法度는 쉽게 廢弛하는 데에 至하게 되는지라 故로 그 失墜의 바를 戒한 것이요, 逸樂은 쉽게 종자(縱恣:방자할자)한 데에 至하는지라 故로 그 遊淫의 바를 戒한 것이라. 此의 三者(罔失法度,罔遊于逸,罔淫于樂)는 마땅히 謹하고 畏할 바임을 言한 것이라. 賢을 任하는 데에 小人으로서 間之케 하는 것을 貳라 말함이요, 邪를 去함에 能히 果敢히 斷하지 못함을 疑라 말함이라. 謀는 圖爲하는 것이니, 圖爲하는 바가 있음에 그것을 理에 헤아(揆)려서 하되 安하지 못한 것이 있게 되면 則 다시 그것을 成就치 말아야 하는 것이라. 百志는 易에서 所謂 '百慮'라는 것과 같은 것이라. 咈은 逆이라. 九州之外가 세동안 一로 見하는 것을 王이라 함이라. 帝가 是 八者(任賢勿貳,去邪勿疑,疑謀勿成,罔違道,罔咈百姓)에 있어서 朝夕으로 戒懼하여 心에 怠함이 無하고 事에 荒함이 無하다면 則 治道는 더욱 隆할 것이며, 四夷之遠(藩國)들 중에 누구도 歸往하지 않음이 없게 되리니, 이미 中土之民이 服從하였음을 可히 知할 수 있는 것이라. 今에 益言의 八者를 按컨대 또한 次第가 있어 하니, 대개 人君이 能히 法度를 守하며 縱逸樂하지 아니하면 則 心은 正하고 身은 脩하여져 義理가 昭著하게 되어, 人의 賢否에 있어 누가 可히 任으로 할 수 있고 누가 可히 去하여야 하며, 事의 是非에 있어 무엇이 可히 疑가 되고 무엇이 疑를 두어서는 不可한지에, 모두 그 幾微를 審함이 있어 그 蔽惑을 絶할 수 있게 되는지라, 故로 方寸(마음)之間이 光輝明白하여 天下之事에 무엇이 道義之正이 되어 可히 違할 수 없고, 무엇이 民心之公이 되어 可히 咈할 수 없는지에, 모두 마땅한 바에 處之케 하여 그 理를 失하지 않음이 있게 되어 毫髮이라도 私意가 그 間으로 不入하게 되나니, 此는 그 懲戒之하기를 深히 旨하고 있으니, 大禹께서 하신 克艱과 惠迪의 謨를 推廣한 까닭이 되느니라. 진실로 그 本이 無하여 是非와 取舍를 一己之私에 의해 決하고, 이내 그렇게 斷하고서 行之하고자 하여 疑와 惑된 바가 있음을 알지 못하게 되면, 則 그 害됨은 도리어 可히 言으로 다(勝)할 수 없음이 있게

되리니, 可히 戒하지 않을 수 있겠는가?

○豐城朱氏曰 勤者는 生財之道이고, 儉者는 用財之節이니, 聖人敎人도 不越乎勤儉而已이라. 夫勞苦者는 人情之所畏나 然而不可以不勉이고, 逸樂者는 人情之所喜나 然而不可以太過이니, 必也致其勤於三時之久하여 而享其樂於一時之暫이면, 則其生財不匱하고 而用財有節矣라. 猶恐其或過也하고 又戒之以思其職之所居면, 夫斯民之職에 不在乎他이라. 男子之所當務者는 稼穡狩獵而已矣고, 女子之所當務者는 桑麻紡績而已矣니, 誠使男女各盡其職之所當爲면, 則廩有餘粟하고 機有餘布하여, 老者衣帛食肉하고 少者不飢不寒리니, 而於仰事俯育之間에 可以沛然有餘이라. 雖良士之長慮卻顧도 亦不過如此而已컨대, 豈不可以爲美俗哉리오.

豐城朱氏曰: 勤者는 財를 生하는 道인 것이고, 儉者는 財를 用하는 節인 것이니, 聖人의 敎人도 勤儉을 넘지 않는 것이다. 저 勞苦者는 人情이 畏하는 바이나 그렇지만 勉하지 않아서는 불가하고, 逸樂者는 人情이 喜하는 바이지만 그렇지만 太過하여서는 불가하니, 반드시 또한 三時의 久에 그 勤을 이루고 一時之暫으로 그 樂을 享이면, 則 그 生財는 不匱하고 用財에도 有節인 것이다. 오히려 그 或 過일까에 恐하고, 또 그 職으로 居하고 있는 바에 思할 것으로 戒之일지면, 저 이 民의 職에 있어서 他로 在하지는 않는 것이다. 男子가 當務할 바의 것은 稼穡과 狩獵일 뿐이고, 女子가 當務할 바의 것은 桑麻와 紡績일 뿐이니, 誠으로 男女마다 各 그 職의 當爲할 바에 盡게 할지면, 則 창고(廩)마다 餘粟이 有이고 베틀(機)마다에 餘布가 有하여, 老者는 衣帛으로 食肉하고 少者는 不飢로 不寒이리니, 仰事와 俯育의 間에 可히 沛然히 有餘인 것이다. 비록 良士의 長慮와 卻顧(瞿瞿)도 또한 如此에 불과할 뿐이건대, 어찌 可히 美俗이 되지 않겠는가?

2. 山有樞

10-02-01 山有樞며 隰有楡니라. 子有衣裳호대 弗曳弗婁며, 子有車馬호대 弗馳弗驅면, 宛其死矣어든 他人是愉리라.
산엔 가시느릅나무 있으며 습지엔 흰느릅나무 있음이라. 그대 멋진 의상(衣裳) 있어도 옷맵시 들어올려 끌지 못하며, 그대 좋은 거마(車馬) 있어도 말 몰아 채찍 가하지 않을지면, 앉아 바라보다 그 죽음이어든 타인(他人) 이것 즐거움 삼으리라.

산에는 가시나무 늪에는 느릅나무 있네
그대 멋진 옷 있어도 입어보지도 않고 있네

그대 좋은 거마두고 달리지도 않는다네
가만히 있다 죽고 나면 딴 사람만 좋은거지

興也라. 樞는 莖也니, 今刺榆也라. 榆는 白枌也라(東萊呂氏曰 陸璣云하길, 樞는 其針刺如柘하고, 其葉如榆하며, 爲茹하고 美滑於白榆也라. 榆之皮色白者를 名枌이라. 郭璞云하길, 枌,榆는 先生葉하고 卻著莢하며 皮色白이라). 婁도 亦曳也라(孔氏曰 曳者는 衣裳在身이면 行必曳之라. 廣韻注曰하길, 曳은 牽也고 又引也라). 馳는 走이고, 驅는 策也라(孔氏曰: 走馬曰馳하고, 策馬曰驅이라). 宛은 坐見貌라. 愉는 樂也라. ○此詩는 蓋亦答前篇之意하여 而解其憂이라. 故言하길, 山則有樞矣하고 隰則有榆矣라(朱子曰 詩에 所以能興起人處는 全在興이니, 如山有樞, 隰有榆는 別無意義고, 只是興起下面子有車馬, 子有衣裳耳이라). 子有衣裳車馬라도 而不服不乘이면, 則一旦宛然以死에 而他人取之하여 以爲己樂矣라. 蓋言不可不及時爲樂이나, 然其憂愈深하고 而意愈蹙矣라.

興체이다. '樞'는 느릅나무(莖:오미자치)이니, 지금의 가시느릅나무(刺榆:유)이다. '榆'는 백색의 느릅나무(白枌:분)이다(東萊呂氏曰: 陸璣云하길 '樞<느릅나무우>나무는 그 찌르는 가시<針刺>가 柘<산뽕나무자>와 같고, 그 葉은 榆와 같으며, 데쳐서(瀹) 나물로 茹할 수 있고 白榆보다 美滑하다. 榆之皮 중에 色白者를 名하여 枌이라 한다.' 라 하였고, 郭璞云하길 '枌,榆는 先으로 生葉하고, 씨앗의 꼬투리<莢:협>를 著하며, 皮色은 白이다.' 라 하였다<是枌 爲白榆也.>). '婁(루)'도 또한 끄는(曳) 것이다(孔氏曰: 曳<예>者는 衣裳이 身에 在이면, 行에 반드시 그것을 曳之인 것이다. 廣韻注에 曰하길 '曳은 牽이고 또 引이다.' 라 하였다). '馳'는 달리는 것이고, '驅'는 채찍을 가하는 것이다(孔氏曰: 馬를 走하게 함을 馳라 曰하고, 策馬를 驅라 曰한다). '宛'은 앉아서 보는 모양이다. '愉'는 즐김이다. ○이 詩는 대개 前篇의 의도에 답하여 그 근심을 풀게 한 것이다. 고로 말하기를, '산에는 즉 가시느릅나무가 있고, 습지에는 흰느릅나무가 있다(朱子曰: 詩에서 能히 人을 興起할 수 있는 所以의 處는 全으로 興에 在인 것이다. 마치 '山有樞 隰有榆'와 같음도 別도로 無意義하고, 다만 이렇게 下面의 '子有車馬 子有衣裳'을 興起하였을 뿐임과 같은 것이다). 자네에게 衣裳과 車馬가 있더라도 입거나 타지 않으면, 하루아침에 앉아서 보고만 있다(宛然) 죽거든, 他人이 그것을 취하여 자기의 즐거움으로 삼을 것이다.' 라 하였다. 대개 때에 미쳐 즐기지 않아서는 불가함을 말한 것이나, 그러나 그 근심은 더욱 깊음이고 뜻한 바는 더욱 급박(蹙:축)인 것이다.

安成劉氏曰 宛其死矣어든 而衣裳車馬는 徒爲他人之樂은, 是其憂이 遠及於身後이라. 其意欲盡樂於生時하여 則雖解前篇深遠之憂나 而憂反愈深이고, 雖答前篇

爲樂之意이나 而意則愈蹙矣라.
安成劉氏曰: 앉아만 보다(宛) 그 死이어든 衣裳車馬는 다만 他人의 樂됨이 되고 말 뿐임은, 이렇게 그 憂가 遠으로 자신 後에까지 及인 것이다. 그 意는 生時에 盡樂하고자 하여 則 비록 前篇의 深遠之憂를 解하고자 함이나 憂는 도리어 더욱 深인 것이고, 비록 前篇에 爲樂의 意에 答하고자 하지만 意에 있어서는 則 더욱 급박(蹙)인 것이다.

10-02-02 ○山有栲며 隰有杻니라. 子有庭內호대 弗洒弗埽며, 子有鍾鼓호대 弗鼓弗考면, 宛其死矣어든 他人是保리라.
산엔 산가죽나무 있으며 습지엔 참죽나무 있음이라. 그대 멋진 정원 있어도 물 뿌려 쓸지 못하며, 그대가 좋은 종고(鍾鼓) 있어도 연주로 두드리지 못할지면, 앉아만 바라보다 그 죽음이어든 타인(他人) 이것 소유로 거처 삼으리라.

　　　　　산엔 가죽나무 늪에는 참죽나무 있네
　　　　　그대 멋진 뜰 있으되 물 뿌리고 쓸지 않네
　　　　　그대 좋은 종북 두고도 두드리지 않고 있네
　　　　　가만히 있다 죽고 나면 딴 사람이 차지하리

興也라. 栲는 山樗也니, 似樗하나 色小白하고 葉差狹이라(孔氏曰 栲亦類漆樹하니, 俗語曰하길 櫄樗,栲漆은 相似하길 如一이라). 杻는 檍也니, 葉似杏而尖白色이나 皮正赤이요, 其理多曲少直하나 材可爲弓弩幹者也라(陸氏曰 杻二月中開花하며, 如楝而細하고, 蘂正白이 蓋樹이라. 今官園種之하곤 正名曰萬歲이라). 考는 擊也고, 保는 居有也라.
興체이다. '栲(북나무고)'는 산가죽나무(樗:가죽나무저)이니, 가죽나무와 비슷하나, 색은 조금 희며 잎은 조금 좁다(孔氏曰: 栲도 또한 漆樹와 類이니, 俗語曰하길 '참죽나무<櫄:춘>,가죽나무<樗:저>와 북나무<栲:고>,옷나무<漆>는 相似하길 如一이다.'라 하였다). '杻(싸리나무축)'는 참죽나무(檍:억)이니, 잎은 살구나무와 유사하나 뾰족하고 白色이나, 皮는 순(純) 붉은색이요, 그 가지의 결은 굽은 곳이 많고 곧은 곳은 적으나, 재목은 가히 弓弩의 근간을 만들 수 있다(陸氏曰: 杻은 二月中에 開花하며, 마치 멀구슬나무<楝:련>와 같으나 가늘고, 꽃술<蘂:예>의 正白이 樹를 뒤덮는다. 今의 官園에서 그것을 種之하고선 正히 名하여 '萬歲枝'라 曰한다). '考'는 두두림(擊)이요, '保'는 소유로 居處함이다.
*참고: 杻(陸璣疏)
檍也。葉似杏而尖, 白色, 皮正赤。多曲少直枝, 葉茂好, 二月開花如練而細蘂蓋樹, 名萬歲枝。或謂之牛筋, 材可爲弓幹。

10-02-03 ○山有漆이며 隰有栗이니라. 子有酒食호대 何不日鼓瑟하야, 且以喜樂하며 且以永日인고. 宛其死矣어든 他人入室하리라.
산엔 옷나무 있으며 습지엔 밤나무 있음이라. 그대 아름다운 술과 안주 있어도 어찌 날마다 거문고 연주치 않을지며, 또한 즐거움 만끽으로 또한 나날이 길게 하지 않는가? 앉아만 바라보다 그 죽음이어든 타인(他人) 대신 입실하여 즐거움 만끽하리라.

산에는 옷나무 늪에는 밤나무 있네
그대 맛난 술과 음식 어찌 놀지 않는겐가
기뻐하고 즐겨보세 긴긴날을 즐겨보세
가만히 있다 죽고 나면 딴 사람이 그 집 갖네

興也라. 君子無故엔 琴瑟을 不離於側이라. 永은 長也라. 人은 多憂엔 則覺日短이고, 飮食作樂엔 可以永長此日也라.
興체이다. 군자가 無故엔 琴瑟을 옆에서 떠나지 않게 한다. '永'은 길게 함이다. 사람은 근심이 많음엔 즉 날이 짧았으면 하고 느끼고, 음식과 음악 연주엔 가히 이 날들을 길고 오래하고자 함이다.

孔氏曰 曲禮下云하길, 士無故엔 不徹琴瑟라하고, 注云하길 故謂災患喪病이라. 言永日者는 人而無事면 則日長難度이나, 若飮食作樂은 則忘憂愁인지라 可以永長此日이라.
孔氏曰: <曲禮下>에 云하길 '士에 無故이면 琴瑟을 徹하지 않는다.'라 함에, 注에 云하길 '故는 災患과 喪病을 謂함이다.'라 하였다. 永日로 言인 것은 人이 일 삼을(事:飮食作樂) 바 없을지면 則 日長코자 하여도 헤아리기 어려우나(難度), 마치 飮食과 作樂과 같은 경우는 則 憂愁에 忘일 수 있는지라 可히 此日을 永長일 수 있는 것이다.

山有樞은 三章으로, 章八句이라.
山有樞은 三章으로, 章마다 八句이다.

疊山謝氏曰 始言他人是愉하고, 中言他人是保하며, 末言他人入室하니, 一節悲一節이라. 此도 亦憂深思遠也라.
疊山謝氏曰: 始엔 '他人是愉'라 言하고, 中에 '他人是保'라 言하며, 末에 '他人入室'이라 言하니, 一節이 一節보다 悲인 것이다. 此도 또한 憂深思遠인 것이다.

○東萊呂氏曰 前漢, 地志云하길, 蟋蟀, 山有樞는 皆思奢儉之中하고 念死生之慮이라.
東萊呂氏曰: 前漢의 <地志>에 云하길 '<蟋蟀>과 <山有樞>는 모두 奢儉之中에서 思이고 死生之慮에서 念인 것이다.' 라 하였다.

3. 揚之水

10-03-01 ○揚之水여. 白石鑿鑿이로다. 素衣朱襮으로 從子于沃하리라. 旣見君子호니 云何不樂이리오.
잔잔히 흐르는 강물이여! 수중의 흰 암석(白石) 깎은 듯 험준이로다. 생사(生絲)의 중의(中衣)에다 붉은 옷깃(朱襮) 보불 수놓아 곡옥의 그댈 쫓으리라. 이윽고 군자 만나 뵈오니 어찌 화락치 않으리오?

　　　　잔잔한 강물 속에 흰 돌이 우뚝 섰네
　　　붉은 자수 흰옷 입고 그대 따라 곡옥땅 가네
　　　이제 내 님 만났으니 어찌 기쁘지 않으리오

比也라. 鑿鑿은 巉巖貌이라. 襮은 領也니, 諸侯之服은 繡黼領하곤 而丹朱純也라.
比체이다. '鑿鑿(뚫을착)'은 가파르고(巉:참) 우뚝한 모습이다. '襮(수놓은 깃박)'은 옷깃(領)이니, 諸侯의 복식은 옷깃(領)에다 보불의 문양(亞,도끼모양 등)을 수놓아(繡黼:수놓을수,보) 붉은 색(丹朱)으로 가선(純,가선준:의복의 가장자리를 딴 헝겊으로 가늘게 싸서 돌린 선)을 두른다.

孔氏曰 此諸侯의 朝服, 祭服之裏衣也라. 以素爲衣하고, 丹爲緣하며, 繡黼爲領하니, 刺繡以爲衣領을 名爲襮이라.
孔氏曰: 此는 諸侯가 입는 朝服과 祭服의 裏衣이다. 素로서 衣를 만들고, 丹으로서 緣을 만들며, 繡黼로서 領을 만드니, 刺繡로서 衣領을 만듦을 名하여 '襮'이라 한다.

○華谷嚴氏曰 冕服은 絲衣也고 中衣用素이니, 素絲也라. 皮弁服, 朝服, 玄端은 麻衣也고, 中衣는 用布이라. 凡服엔 先以明衣親身하고 次로 加中衣하며, 冬엔 則次로 加裘하고 裘上에다 加裼衣하며, 衣上加朝服하니, 此以素爲衣는 是以絲爲之인지라 謂冕及爵弁之中衣也라.
華谷嚴氏曰: 冕服은 絲衣(生絲로 만든 祭服)이고 中衣도 用素이니, 素는 絲(본

색의 흰실)이다. 皮弁服, 朝服, 玄端은 麻衣이고, 中衣는 用布이라. 凡의 服엔 先으로 明衣로서 親身하고, 次로 中衣를 加하며, 冬에 則 次로 加裘하고 裘上에다 裼衣를 加하며 衣上에다 朝服을 加하니, 此의 '以素爲衣'는 이렇게 絲로서 그것을 爲之인지라 冕복과 爵弁복의 中衣를 謂함인 것이다.

子는 指桓叔也라. 沃은 曲沃也라. ○晉昭侯가 封其叔父成師于曲沃하니, 是爲桓叔이라(安成劉氏曰 按左傳,史記컨대, 晉穆侯太子曰仇하고 其弟曰成師라. 穆侯薨에 仇立하니, 是爲文侯라. 文侯薨에 昭侯立하고 封成師于曲沃하자, 師服諫曰하길, 吾聞컨대 國家之立에 也本大而末小하니 是以能固이라. 故天子建하고 諸侯立家커늘, 今晉甸侯코서 也而建國이니, 本旣弱矣컨대 其能久乎리오. 成師卒諡曰桓叔이라). 其後沃盛强而晉微弱에, 國人將叛而歸之인지라, 故作此詩이라. 言水緩弱而石巉巖으로 以比晉衰而沃盛이라. 故欲以諸侯之服으로 從桓叔于曲沃하고, 且自喜其見君子하며 而無不樂也라.

'子'는 桓叔을 가리킨 것이다. '沃'은 曲沃이다. ○晉의 昭侯가 그의 叔父 成師를 曲沃에 封하니, 이 사람이 桓叔이 되었다(安成劉氏曰: 左傳과 史記를 按컨대, 晉 穆侯의 太子를 仇라 曰하고, 그 弟를 成師라 曰하였다. 穆侯가 薨함에 仇가 立하니, 是가 文侯가 되었다. 文侯가 薨함에 昭侯가 立하고, 成師를 曲沃<수도 翼보다 큼>에 封하자, 師服이 諫하며 曰하길 '吾聞컨대, 國家之立엔 또한 本을 大하고 末을 小하게 하나니, 是以로 能히 固일 수 있나이다. 故로 天子는 제후의 國으로 建하고 諸侯는 대신의 家로 立이거늘, 今에 晉은 甸服<王畿 주위 500리 이내의 땅>내의 甸侯코서 또한 國으로 建하고 말았으니, 本이 이윽고 弱이건대 그 能히 久일 수 있겠습니까?'라 하였다. 成師가 卒함에 諡호를 桓叔이라 曰하였다). 그 후에 沃이 盛强해지고 晉은 미약해짐에, 國人들이 장차 배반하고 곡옥으로 귀의하려 하였기 때문에, 고로 이 詩를 지은 것이다. 물살은 완만하면서 약한데도 바위는 가파르고(巉:참) 준엄하다는 것으로서, 晉은 쇠약한데 沃은 강성해짐을 비유한 것이다. 고로 諸侯의 복식을 지어 曲沃으로 桓叔을 쫓으려 하고, 또 스스로 그 군자 만나보길 기뻐하며 즐거워하지 않음이 없음을 말한 것이다.

廬陵歐陽氏曰 揚之水의 其力弱으로 以比昭公微弱不能制曲沃하고, 而桓叔之强於晉國이 如白石鑿鑿然見於水中爾이니, 其民從而樂之이라.
廬陵歐陽氏曰: 揚之水의 그 물살 力이 弱함으로서 昭公이 微弱하여 能히 曲沃을 制하지 못함을 比하고, 桓叔이 晉國보다 强해짐이 마치 白石이 鑿鑿然히 水中에서 見함과 같을 뿐이니, 그 民들이 從하여 그에 樂之한 것이다.

○慶源輔氏曰 晉昭侯에 非有大無道之事以自絶於民이고, 也特以其微弱不振하여

日就菱繭인지라. 故國人以爲不足恃賴하고 而相與離叛하여 惟沃之强에 是歸焉이라. 以是知君人者는 蓋不必淫刑, 酷罰, 厚賦, 重斂爲足以失民心이고, 而威靈氣燄도 又有以興起人氣라. 天下之大, 人心之衆인지라, 固非奄奄欲盡之與도 氣로는 所能統屬也라.

慶源輔氏曰: 晉 昭侯에겐 큰 無道의 事로 스스로 民과 絶됨이 있었던 것이 아니라, 또한 다만 그 微弱으로 不振하여 日로 쇠미와 위축(菱繭:枯萎)으로 就하였기 때문에, 故로 國人들이 足히 恃賴로 삼지 못함이 되어 서로 함께 離叛하고선, 오직 沃의 强에게만 이렇게 그곳으로 歸하였던 것이다. 이것으로서 君人者는 대개 반드시 淫刑, 酷罰, 厚賦, 重斂만이 足히 民心을 失하게 될 뿐이 아니라, 명망의 위엄(威靈)과 불꽃같은 기세(氣燄:불꽃염)도 또한 人氣를 興起시킬 수 있음을 알 수 있는 것이다. 天下는 大하고 人心은 衆인지라, 固히 奄奄(숨이 곧 끊어지려고 하거나 매우 미약한 상태)으로는 그것을 盡之코자 하여도 氣가 能히 統括하여 예屬케 할 수 있는 바가 아닌 것이다.

10-03-02 ○揚之水여. 白石皓皓로다. 素衣朱繡로 從子于鵠호리라. 旣見君子호니 云何其憂리오.
잔잔히 흐르는 강물이여! 수중의 흰 암석(白石) 맑고 빛남이로다. 생사(生絲)의 중의(中衣)에다 붉은 옷깃(加綠) 보불 수놓아 곡(鵠)땅의 그댈 쫓으리라. 이윽고 군자 만나 뵈오니 어찌 그 근심일 수 있으리오?

잔잔한 물결 속에 흰 돌이 빛나도다
붉은 자수 흰옷 입고 그대 따라 곡땅가네
이제 내 님 만났으니 무슨 근심 있으리오

比也라. 朱繡도 卽朱襮也라. 鵠은 曲沃邑也라.
比체이다. '朱繡'도 즉 朱襮이다. '鵠'은 曲沃의 邑名이다.

10-03-03 ○揚之水여. 白石粼粼이로다. 我聞有命이나 不敢以告人호라.
완만히 흐르는 강물이여! 수중의 흰 암석(白石) 바닥까지 훤함이로다. 내 뜻한 바의 명 들었으나 감히 남에게 발설할 수 없었노라.

잔잔한 강물 속에 흰 돌이 빛나도다
나는 명령 들었으나 감히 남에게는 말 못하네

比也라. 粼粼은 水淸石見之貌라. 聞其命而不敢以告人者는 爲之隱也라. 桓叔將以傾晉에 而民爲之隱은 蓋欲其成矣라(慶源輔氏曰 民이 爲桓叔隱하여 而欲其事

之成하니, 此可見其情之大可畏也라. 大禹之訓曰하길, 予臨兆民에 懍乎若朽索之駛六馬로니, 為人上者가 奈何弗敬이리오. 其旨深哉로다). ○李氏曰 古者의 不軌之臣이 欲行其志엔 必先施小惠하여 以收衆情然後에 民翕然從하니, 田氏之於齊도 亦猶是也라. 故其召公子陽生於魯에 國人皆知其已至而不言하니, 所謂我聞有命不敢以告人也라.

比체이다. '粼粼(물맑을린)'은 물이 맑아 돌이 훤히 보이는 모양이다. 그 불의한 命을 듣고도 감히 남에게 고하지 못하는 것은 그를 위해 숨겨주기 위한 것이다. 桓叔이 장차 晉을 무너뜨리려 함에도 백성들이 그를 위해 숨겨주니, 대개 그 성취해주고자 함인 것이다(慶源輔氏曰: 民이 桓叔을 위해 隱해주어 그 事를 成해주고자 하였으니, 此에서 可히 그 情은 大로 可畏임을 見할 수 있는 것이다. 大禹之訓에 曰하길 '予가 兆民을 臨함에, 삼가(凜:름)기를 마치 朽索으로 六馬를 모는<駛:어> 것과 같이 하나니, 人의 上된 者가 이내 어찌 敬하지 않을손가?'라 하니, 그 旨가 深이로다!). ○李氏曰: 옛적에 반역을 꾀하는(不軌) 신하가 그 뜻한 바를 행하고자 함에는, 반드시 먼저 작은 은혜를 베풀어 대중의 정을 거둔 연후에 백성들도 흡족(翕然:합할흡)하여 그들을 쫒았으니, 田氏가 齊나라로 감에 있어서도 또한 이와 같은 것이다. 고로 魯나라에 있는 公子 陽生을 부를 적에, 제나라 國人들이 모두 그가 이미 이르른 것을 알고서도 말하지 않았으니, 소위 <내가 命이 있음을 듣고도 감히 남들에게 고할 수가 없었다.>인 것이다.

*참고: 其召公子陽生於魯 國人皆知其已至而不言(哀公 六年)

齊陽生入于齊. 齊陳乞弒其君舍.

齊 陽生이 齊로 入하다. 齊 陳乞이 그 君 舍를 弒하다.

좌 陳僖子使召公子陽生 陽生駕而見南郭且于曰 嘗獻馬於季孫 不入於上乘 故又獻此 請與子乘之. 出萊門而告之故. 闞止知之 先待諸外. 公子曰 事未可知 反與壬也處. 戒之 遂行 逮夜 至於齊 國人知之. 僖子使子士之母養之 與饋者皆入 冬十月丁卯立之.

陳僖子(陳乞)가 使로 하여금 公子陽生을 召하건대, 陽生이 駕하고 南郭且于(公子鉏魯南郭)를 見하고서 曰: <일찍이 季孫에게 獻馬하였더니, 上乘(上馬)에 入하지 않는다 하였기 때문에, 故로 또 此를 獻하려 하노니, 請컨대 그대와 더불어 乘之하리이다.>라 하고서(畏在家人聞其言故欲二人共載以試馬為辭), 萊門(魯郭門)을 出한 이후에서야 그 까닭을 告之하였다. 감지(闞止:陽生家臣)가 그것을 知之하고서 先으로 外에 待하고 있었더니(欲俱去), 公子曰: <事를 아직 可히 知할 수 없나니, 反하여 壬(陽生子)과 함께 處하라.>고 하고서는(簡公使闞止歸與其子共處), 그에게 새어나가지 않도록 戒之하고서, 드디어 行하여 夜에 미쳐 齊에 至하였으니, 國人들이 그것을 知之하였다(陳氏得衆故國人知而不言).

僖子가 子士의 母(僖子妾)로 하여금 그를 奉養케 하고, 饋하는 者와 더불어 함께 入하게 하고서는(令陽生隨饋食人入公宮), ＊荼公作舍,陽生不稱公子誅不子也 書陳乞弒禍由乞始也

＊참고: 大禹之訓曰(五子之歌5章)

予視天下 愚夫愚婦 一能勝予 一人 三失 怨豈在明 不見 是圖 予臨兆民 凜乎若 朽索之馭六馬 爲人上者 奈何不敬 (五子之歌-05)

予가 天下를 視하건대, 愚夫와 愚婦 一이라도 能히 勝予이다라 하나니, 一人이 三失함에 怨이 어찌 明한 데에만 在하겠는가? 不見일 時에 是를 圖할지로다. 予가 兆民을 臨함에, 삼가(凜:름)하기를 마치 朽索으로 六馬를 모는(馭:어) 것과 같이 하나니, 人의 上된 者가 이내 어찌 敬하지 않을손가?

予 五子自稱也 君失人心 則爲獨夫 獨夫則愚夫愚婦 一能勝我矣 三失者 言所失 衆也 民心怨背 豈待其彰著而後知之 當於事幾未形之時 而圖之也 朽 腐也 朽索 易絶 六馬易驚 朽索 固非可以馭馬也 以喩其危懼可畏之甚 爲人上者 奈何而不敬 乎 前旣引禹之訓 言此則以己之不足恃 民之可畏者 申結其義也

予는 五子가 自稱한 것이다. 君이 失人心하면 則 獨夫가 되고 말 뿐이니, 獨夫라면 則 愚夫 愚婦 一人이라도 能히 我를 勝할 수 있는 것이다. 三失라는 것은 失한 바가 衆하였음을 言한 것이다. 民心이 怨背함에 있어, 어찌 그 彰著하는 데에 待한 而後에라야 知之할 수 있겠는가? 當히 事의 幾가 未形인 時에 그것을 圖之하여야 하는 것이다. 朽는 부(腐)이다. 朽索은 絶하기 易한 것이고, 六馬는 驚하기 易한 것이니, 朽索은 진실로 可히 어마(馭馬)할 수 없는 것이거늘, 그 危懼하여 可히 畏之하기를 甚으로 해야 함을 喩한 것이니, 人의 上된 者가 이내 어찌 敬하지 않을 수 있겠는가? 前에서는 이윽고 禹之訓을 引하였고, 此에서는 則 己는 足히 恃할 것이 못되고 民만이 可히 畏할 바의 것임을 言하여, 거듭 그 義를 結한 것이다.

華谷嚴氏曰 命이란 謂桓叔命其徒以擧事이니, 禍將作矣라. 我聞其事여도 不敢以告人也나, 言不敢告人은 乃所以深告昭公이라.

華谷嚴氏曰: 命이란 桓叔이 그 徒에게 擧事로서 命함을 말함이니, 禍가 將차 作인 것이다. 我가 그 事에 聞하였으나 敢히 人에 告할 수 없었다는 것이니, '不敢告人'이라 言함은 이내 深히 昭公에게 告한 所以인 것이다.

揚之水는 三章으로, 二章은 章六句이고, 一章四句이라.
揚之水는 三章으로, 二章은 章마다 六句이고, 一章은 四句이다.

4. 椒聊

10-04-01 椒聊之實이여. 蕃衍盈升이로다. 彼其之子여. 碩大無朋이로다. 椒聊且여, 遠條且로다.
산초나무 열매여! 우거진 가지 되박(升)에 가득이로다. 저 그 그대여! 크고 아름다움 견줄 바 없음이로다. 산초나무여, 저 멀리까지 가지 뻗음이로다!

> 산초나무 열매를 되박에 가득땄네
> 저기 저 우리 님은 후덕하여 견줄 이 없네
> 산초나무 가지는 멀리까지 뻗어가네

興而比也라. 椒는 樹似茱萸하며, 有針刺하고 其實味辛而香烈이라. 聊는 語助也라. 朋은 比也라(釋文曰 比는 必履反이니, 謂無比例也라. 一音은 毗至反이라). 且는 歎詞이라. 遠條는 長枝也라. ○椒之蕃盛하니 則采之盈升矣고, 彼其之子는 則碩大而無朋矣라. 椒聊且, 遠條且는 歎其枝遠而實益蕃也라(永嘉陳氏曰 是椒가 也其條遠矣는 言其益盛也라). 此不知其所指나, 序亦以爲沃也라.

興而比체이다. '椒(산초나무초)'는 나무가 수유나무(茱萸:운향과에 속한 낙엽 교목)와 비슷한데, 침 같은 가시가 있고 그 열매는 맛이 시고 향이 강하다. '聊'는 어조사이다. '朋'은 견줄 比이다(釋文曰: 比는 必履反이니, 비례할 바가 없음을 말함이다. 一音은 毗至反<도올비>이다). '且'는 歎詞이다. '遠條'는 긴 가지이다. ○산초나무가 번성하니 즉 그것을 채집함에 되에 가득하고, 저 그 그대는 즉 碩大하여 비견할 바가 없다는 것이다. '椒聊且'와 '遠條且'는 그 가지가 멀리까지 뻗음에 열매가 더욱 번성함을 찬탄한 것이다(永嘉陳氏曰: 이 椒가 또한 그 條를 遠까지 뻗음은 그 더욱 盛大해짐을 言한 것이다). 이것은 그 가리킨 바에 알 수 없지만, 모씨 <序>에서는 또한 曲沃으로 여겼다.

10-04-02 ○椒聊之實이여. 蕃衍盈匊이로다. 彼其之子여. 碩大且篤이로다. 椒聊且여, 遠條且로다.
산초나무 열매여! 우거진 가지 양손(匊)에 가득이로다. 저 그 그대여! 크고 아름답기 또한 굳세고 깊음(篤)이로다. 산초나무여, 저 멀리까지 가지 뻗음이로다!

> 산초나무 열매를 양손 가득 따서 담네
> 저기 저 우리 님은 훌륭하고 신실하네
> 산초나무 가지는 멀리까지 뻗어가네

興而比也라. 兩手曰匊이라(三山李氏曰 陸農師云하길, 兩手爲匊하고 兩匊爲升이나, 先曰升後曰匊은 互相備而已이라). 篤은 厚也라.
興而比헤이다. 두 손의 양(量)을 '匊'이라 曰한다(三山李氏曰: 陸農師云하길 '兩手가 匊이 되고 兩匊이 升이 되나, 먼저 升으로 曰하고 後에 匊이라 曰함은 互相으로 備하게 하였을 뿐인 것이다). '篤'은 두터움이다.
*참고: 陸農師
송나라 육전(陸佃)으로 비아(埤雅)를 편찬하였다. 석어(釋魚)·석수(釋獸)·석조(釋鳥)·석충(釋蟲)·석마(釋馬)·석목(釋木)·석초(釋草)·석천(釋天)의 8편(八篇), 20권으로 되어 있다.

椒聊는 二章으로, 章六句이라.
椒聊는 二章으로, 章마다 六句이다.

華谷嚴氏曰 此詩는 言桓叔之强하고 而不及昭公이나, 其意則憂昭公之弱이니, 言在此여도 而意在彼也라.
華谷嚴氏曰: 此詩는 桓叔之强으로만 言하고 昭公에 대해선 不及하였으나, 그 意에 있어서는 則 昭公之弱에 憂함이니, 言은 在此여도 意는 在彼인 것이다.

○慶源輔氏曰 揚之水,椒聊二詩는 述當時民情이 棄舊君而樂桓叔也라. 如此는 則其俗之薄甚矣컨대, 聖人曷取焉인가. 夫民은 罔常懷하고 懷于有仁이니, 民之去就는 係上之人如何耳컨대, 上之無道하고 而責民之我棄는 不可也라. 是以로 古之聖人은 臨乎民上에, 懍乎若朽索之馭六馬焉이니, 凡有不得者면 皆反求諸己而已이라. 故聖人錄此二詩하여 以見民無常懷하고 而在上者不可不强於自治也라.
慶源輔氏曰: <揚之水> <椒聊>의 二詩는 當時 民情이 舊君을 棄하고 桓叔에 樂하였던 것을 述한 것이다. 如此한 것은 則 그 俗의 薄절함이 甚이건대, 聖人께서 어찌 그것으로 取하신 것인가? 무릇 民이란 常으로 懷함은 없고 有仁에만 懷함이니, 民之去就는 上之人의 如何인가에 係일 뿐이건대, 上이 無道하고서 民이 我棄함만을 責해서는 不可한 것이다. 是以로 古之聖人은 民上에 臨하고선 '懍乎若朽索之馭六馬焉'이니, 무릇 不得한 것이 有일지면 모두 反求諸己일 뿐인 것이다. 故로 聖人께서 此 二詩를 錄하여 民은 常懷함이 無하고, 在上者는 自治에 不强해서는 불가함을 보이신 것이다.

5. 綢繆
10-05-01 綢繆束薪일새 三星在天이로다. 今夕何夕인고. 見此良人호라. 子兮子兮여. 如此良人何리오.

섶나무 단단히 묶을 새 삼월 심성(三星:心星) 동쪽 하늘 떠 있도다. 오늘 저녁 어떤 저녁이던고? 이렇게 낭군님 보았노라. 그대여 그대여! 이와 같은 낭군님 어찌하면 좋단 말인가?

섶나무를 묶고 나니 삼성이 떠 있구나
이 무슨 밤이기에 이 좋은 님 만났을까
오 그대 내님이여! 이 좋은 님을 어찌할꼬

興也라. 綢繆는 猶纏綿也라(孔氏曰 綢繆는 是束薪之狀인지라, 故云猶纏綿也라). 三星은 心也라(盧陸羅氏曰 心은 東方蒼龍七宿之第 五星이라). 在天은 昏始見於東方이니, 建辰之月也라(鄭氏曰 昏而不見이면 則嫁之候니, 今見在天이니 則三月末로 是不得其時라. ○安成劉氏曰 心宿之象이 三星鼎立인지라, 故因謂之三星이라. 然凡三星者는 非止心之一宿이나, 而知此詩爲指心宿者라. 蓋春秋之初엔 辰月末에 日在畢하고 昏時에 日淪地之酉位임에 而心宿始見於地之東方이라. 此詩는 男女旣過仲春之月하여 而得成婚인지라, 故適見心宿也라). 良人은 夫稱也라. ○國亂民貧에 男女有失其時而後에 得遂其婚姻之禮者인지라, 詩人叙其婦語夫之詞曰하길, 方綢繆以束薪也하고 而仰見三星之在天하니, 今夕不知其何夕也라가 而忽見良人之在此라. 旣又自謂曰하길, 子兮子兮여 其將奈此良人何哉리오. 喜之甚而自慶之詞也라.

興체이다. '綢繆'는 전면(纏綿:단단히 얽혀 풀리지 않음)과 같음이다(孔氏曰: 綢繆는 이렇게 束薪之狀인지라, 故로 云하길 '猶纏綿也'라 한 것이다). '三星'은 心星이다(盧陸羅氏曰: 心은 東方의 蒼龍七宿 중에 第五星이다). '在天'은 저녁에서야 비로소 東方에서 나타나니, 建辰(3月)의 달이다(鄭氏曰: 昏에서 不見<현>이어야 則 嫁의 계절<候>인 것이나, 今에 在天에서 見하니 則 三月末로 이렇게 그 時로 得하지 못함인 것이다. ○安成劉氏<劉瑾>曰: 心宿之象은 三星이 鼎立<솥발과 같이 서로 벌여 섬>인지라, 故로 이로 因해 그것을 謂之하길 三星이라고 한 것이다. 그러나 凡의 三星者란 心之一宿으로만 止함은 아니지만, 此詩에서는 心宿者를 가리킴이 됨을 知할 수 있는 것이다. 대개 春秋시대 初에선 辰月의 末에 日이 畢星에 在하고 昏時에 日이 地之酉位에 빠져(淪)들면, 心宿이 비로소 地之東方에서 見하였다. 此詩에선 男女가 이윽고 仲春之月을 過하여 成婚을 得하였기 때문에, 故로 다만 心宿으로 見<현>한 것이다). '良人'은 지아비의 칭호이다. ○나라는 어지럽고 백성이 가난하여 남녀가 그 婚期를 놓친 이후에 드디어 그 혼인의 禮를 득한 자가 있었기 때문에, 詩人이 그 아내가 지아비에게 이야기했던 가사로 서슬하여 말하기를: <바야흐로 단단히 섶나무 얽어매(綢繆) 묶고서 3월의 三星(心宿之三星)이 하늘에 떠있음을 올려다 바라보니, 오늘 저녁 그 어떤 저녁인가 알지 못하였다가, 홀

연히 낭군님이 여기에 계심을 보게 되었도다.>라 하고, 이윽고 또 스스로 말하여 이르기를 <그대여, 그대여, 그 장차 이 良人을 어찌하면 좋단 말인가?>라 하니, 기뻐하길 심히 하며 스스로 경축한 가사인 것이다.

*참고: 東方蒼龍七宿 중 5의 심수(心宿): 여우
有星三, 卽天蠍座 $\sigma.\alpha.\tau$。 又名 三星,
별은 셋이며, 하늘전갈자리($\sigma.\alpha.\tau$)며, 또 삼성(三星)이라 한다.
詩唐風綢繆: 『三星在天』朱傳: 『三星,心也,在天昏始見於東方,建辰之月也』
시경<당풍,주무> "삼성재천"의 주전에 "삼성은 心宿이다. 하늘이 어둑할 때 동쪽에 있으며, 월건(月建)이 진(辰)의 월(음력3월)이다.
劉瑾曰: 『心宿之象, 三星鼎立, 故因謂之 三星, 然凡三星者, 非止心之一宿, 而知此詩為指心宿者, 蓋春秋之初, 辰月末, 日在畢, 昏時, 日淪地之酉位, 而心宿始見於地之東方, 此詩, 男女旣過仲春之月而得成婚, 故適見心宿也。』
유근이 이르되 : "심수의 모습은 세별이 정립(鼎立)한 것이며, 그러므로 일러서 삼성이라 하는데, 그러나 무릇 삼성이란 심수의 한 별자리에만 그치지 않으나, 이 시(詩)에선 심수(心宿)로 가리킴을 알 수 있다. 대개 춘추(春秋)의 초기엔 월건(月建/正月을 寅에 배정)이 진(辰)인 달, 즉 음력3월 말에 해가 필성(畢星)에 있고 어둑할 때 해가 지(地)의 유위(酉位)의 방면에 빠져들면, 심수(心宿)가 비로소 땅의 동쪽에서 나타나는데, 이 시에선 남여가 이윽고 중춘의 달을 지나쳐 성혼하였기 때문에 고로 다만 심수(心宿)로 나타내 보인 것이다." 라 하였다
心宿二亦名天王或大火
심수는 두 번째를 또한 천왕이라 부르고 혹 대화라고 부르며,
詩豳風七月:『七月流火』 卽指此星.
시경 빈풍7월에 "칠월유화"는 곧 이 별을 가리킨다.
禮月令:『季夏之月, 昏, 火中』
예기월령에서 "계하(季夏/음력6월)의 달에 어둑하면, 火中이다"
左傳襄公九年『心為大火』
좌전양공9년 " 심수(心宿)는 대화(大火)이다"
星經:『心三星,中天王,前為太子,後為庶子,火星也,一名大火,二名大辰,三名鶉火。』
성경 : "심수 세별은 가운데가 천왕이며, 앞이 태자이고, 뒤는 서자이니 화성이며, 일명 대화이고 또 한 이름은 대진이고, 세 번째 이름은 순화(鶉火)이다"
心宿又名商星,左傳昭公元年『遷閼伯于商丘,主辰,商人 是因,故辰為商星。』注:『辰,大火也。』
심수는 또 부르기를 상성(商星)이라 하고, 좌전 소공 원년에 "알백을 상구로 옮겨 진성(辰星)에 제사토록 하고 상나라 사람(商人)들이 이것을 이어왔으며

그러므로 진(辰)이 상성(商星)이 된다."의 주(注)에 "진(辰)은 대화(大火)이다"라 하였다. (출처: https://blog.naver.com/ewwiz/179741895)

慶源輔氏曰 婚姻禮之常也여서 及其時行其禮를 雖曰可嘉여도, 然亦常事耳거늘 何至喜之甚而自慶如此也리오. 惟其失時之久라가 而一旦得遂其禮인지라, 故喜幸之詞를 至于不能自勝也라. 誦綢繆之詩면 則足以知民之情이니, 而為人上者가 其可不使之得其常哉리오.
慶源輔氏曰: 婚姻은 禮之常이어서 또한 그 時에 及하여 그 禮로 行함을 비록 '可히 嘉하다.' 라 曰할 순 있어도, 그러나 또한 항상된 事일 뿐이거늘 어찌 喜之甚으로 自慶하길 如此에까지 至할 수 있는 것인가? 오직 그 失時之久하다 一旦만에 그 禮로 이름을 득하였기 때문에, 故로 喜幸之詞를 能히 스스로 이기지 못함에까지 이르렀던 것이다. 綢繆之詩를 誦이면 則 足히 民之情에 知할 수 있으니, 人上이 된 者가 그 可히 그들로 하여금 그 常을 得하지 못하게 할 수 있겠는가?

10-05-02 ○綢繆束芻일새, 三星在隅로다. 今夕何夕인고. 見此邂逅호라. 子兮子兮여. 如此邂逅何리오.
꼴풀 단단히 묶을 새 삼월의 심성(三星) 남동쪽 하늘 떠 있도다. 오늘 저녁 어떤 저녁이던고? 이렇게 해후하여 만남이노라. 그대여 그대여! 이와 같은 해후 어찌하면 좋단 말인가?

꼴풀단을 묶고 나니 삼성이 떠 있구나
이 무슨 밤이기에 이 좋은 님 만났을까
오 그대 내님이여! 이 만남을 어이할까

興也라. 隅는 東南隅也니, 昏見之星이 至此면 則夜久矣라. 邂逅는 相遇之意라. 此는 為夫婦되어 相語之詞也라.
興체이다. '隅'는 東南녘의 모퉁이니, 초저녁에 보였던 별이 이에 이르면 즉 밤이 깊은 것이다. '邂逅'는 서로 만남의 뜻인 것이다. 이것은 부부가 되어 서로에게 이야기하는 가사말인 것이다.

10-05-03 ○綢繆束楚일새 三星在戶로다. 今夕何夕인고. 見此粲者호라. 子兮子兮여. 如此粲者何리오.
가시나무 단단히 묶을 새 삼월의 심성(三星) 남쪽 창호에 떠 있도다. 오늘 저녁 어떤 저녁이던고? 이런 예쁜 색시 만남이노라. 그대여 그대여! 이와 같은 예쁨 어찌하면 좋단 말이오?

가시나무단 묶고 나니 삼성이 창문에 반짝이네
이 무슨 밤이기에 내 고운 님 만났을까
오 그대 내 님이여! 이 어여쁜 님 어이할까

興也라. 戶는 室戶也니, 戶必南出인지라, 昏見之星이 至此면 則夜分矣라. 粲은 美也라. 此는 爲夫語婦之詞也라. 或曰컨대, 女三爲粲이니, 一妻二妾也라.
興체이다. '戶'는 室戶이니, 戶는 반드시 남쪽으로 출구가 나 있는지라, 초저녁에 보았던 별이 이에 이르면 즉 밤이 나누어지는 때(자정)인 것이다. '粲'은 아름다움이다. 이것은 지아비가 부인에게 이야기하는 가사가 됨이다. 혹자왈: <여자 셋이 粲이 됨이니, 한 아내에 두 妾인 것이다.>라 하였다.

三山李氏曰 國語雖曰하길 三女爲粲이나 而又曰하길 粲美物하니, 是言美女也라.
三山李氏曰: 國語에 비록 '三女爲粲'이라 曰하고 있으나, 그러나 또한 '粲美物'이라고도 曰하고 있으니, 이렇게 美女를 言함인 것이다.

綢繆는 三章으로, 章六句이라.
綢繆는 三章으로, 章마다 六句이다.

三山李氏曰 淫泆之禍는 生于奢侈이니, 唐之風俗尙儉인지라 婚姻雖不得其時라도 猶未至於淫奔也라.
三山李氏曰: 淫泆之禍는 奢侈에서 生이나, 唐之風俗은 儉을 尙인지라 婚姻에 비록 그 時로 不得이었더라도 오히려 아직 淫奔으로는 至하지 않았던 것이다.

6. 杕杜

10-06-01 有杕之杜여. 其葉湑湑로다. 獨行踽踽호니, 豈無他人이온마는 不如我同父니라. 嗟行之人은 胡不比焉인고. 人無兄弟어늘 胡不佽焉인가.
우뚝한 저 아가위나무여! 그 잎조차 우거짐이로다. 홀로된 여정 쓸쓸하노니, 어찌 타인 동행 없으리오마는 나의 형제만 못함이니라. 아~ 큰길가의 행인들 어찌 그것에 친밀 보이지 않음인고? 사람 되어 형제 없거늘 어찌 그것에 손길조차 주지 않음인가?

우뚝 선 아가위 나무 그 잎이 우거졌네
홀로 가는 외로운 길 어찌 다른 사람이야 없겠냐마는
다 나의 부모와는 같지 않다네

길 가는 사람들 어찌 나를 모른체 하나
형제도 없는 사람인데 손길조차 주지 않나

興也라. 杕는 特也라. 杜는 赤棠也라(孔氏曰 陸璣云하길, 赤棠與白棠은 同耳이나, 但子有赤白,美惡이라. 赤棠子는 澀而酢하며 無味이라). 湑湑는 盛貌고, 踽踽는 無所親之貌라. 同父는 兄弟也라. 比는 輔이고, 佽는 助也라. ○此는 無兄弟者가 自傷其孤特하여 而求助於人之詞라. 言杕然之杜의 其葉도 猶湑湑然커늘, 人無兄弟하여 則獨行踽踽하니, 曾杜之不如矣라. 然豈無他人之可與同行也哉리오. 特以其不如我兄弟하니, 是以不免於踽踽耳라. 於是에 嗟歎行路之人은 何不閔我之獨行而見親하고, 憐我之無兄弟而見助乎리오.

興체이다. '杕(우뚝설체)'는 나무가 우뚝함이요, '杜(팥배나무두)'는 붉은 아가위나무(棠:아가위당≒산사자나무)이다(孔氏曰: 陸璣云하길 '赤棠과 白棠은 同일 뿐이나, 다만 子에 赤白과 美惡이 有하다. 赤棠의 子는 澀하며 酢이나 無味이다). '湑湑(이슬많을서)'는 盛한 모양이요, '踽踽(외로울우)'는 친한 바가 없는 모양이다. '同父'는 형제이다. '比'는 친밀로 도와줌이요, '佽(몸이잴차)'는 물자로 도와줌이다. ○이것은 형제 없는 자가 스스로 그 孤特함에 상심하여 남에게 도움을 구하는 가사인 것이다. '우뚝하게 서 있는 아가위(산사자)나무의 그 잎도 오히려 무성하거늘, 사람으로 형제 없이 즉 홀로 행함에 쓸쓸하니, 일찍이 아가위나무만 못함이로다. 그러나 어찌 다른 사람과 가히 더불어 同行함도 없을 수 있겠는가? 다만 그것이 나의 형제만 못함이니, 이러므로 쓸쓸함에서 면치 못할 뿐이로다.' 라고 말한 것이다. 이때에, '큰길 가(行路)의 사람들은 어찌 내 홀로 행함을 불쌍히 여겨 친함을 보이지 않고, 내 형제 없음을 가련히 여겨 도움을 보이지 않는 것인가?' 라 차탄한 것이다.

10-06-02 ○有杕之杜여. 其葉菁菁이로다. 獨行睘睘호니, 豈無他人이온마는 不如我同姓이니라. 嗟行之人은 胡不比焉인고. 人無兄弟어늘 胡不佽焉인가.
우뚝한 저 아가위나무여! 그 잎조차 무성함이로다. 홀로된 여정 기댈 바 없나니, 어찌 타인 동행도 없으리오마는 나의 동성 형제만 못함이니라. 아~ 큰길가의 행인들 어찌 그것에 친밀 보이지 않음인고? 사람 되어 형제 없거늘 어찌 그것에 도움조차 주지 않음인가?

우뚝 선 아가위나무 그 잎이 무성하네
홀로 가는 외로운 길 어찌 타인이야 없으랴마는
다 나의 동기간 같지 않음이네
길 가는 사람들 어찌 나를 모른 체하나
형제도 없는 사람인데 도움조차 주지 않나

興也라. 菁菁도 亦盛貌라. 睘睘은 無所依貌라.
興체이다. '菁菁(부추꽃정,우거질청)'도 또한 盛한 모양이다. '睘睘(놀라볼경)'은 의탁할 바가 없는 모양이다.

華谷嚴氏曰 同姓도 亦謂兄弟니, 變文成章耳이라.
華谷嚴氏曰: 同姓도 또한 兄弟를 謂함이니, 變文으로 成章케 하였을 뿐인 것이다.

杕杜는 二章으로, 章九句이라.
杕杜는 二章으로, 章마다 九句이다.

7. 羔裘

10-07-01 羔裘豹袪로나, 自我人居居로다. 豈無他人이온마는 維子之故니라.
염소갖옷에 표범가죽 가선이로나, 절로 우리 데면데면(居居)이로다. 어찌 섭길이 없겠는가마는 오직 그대와 오랜 사이(故舊) 때문이니라.

>염소 가죽 갖옷에 표범 가죽 소매댔네
>나는 사람들과 데면데면 잘 어울리지 못했다네
>어찌 다른 사람이야 없겠냐마는
>그대와의 옛정 때문이라네

賦也라. 羔裘는 君純羔이고, 大夫以豹飾이라. 袪는 袂也라(孔氏曰 袂는 是袖之大名이고, 袪는 是袖頭之小稱이라). 居居는 未詳이라.
賦체이다. '羔裘'에 군주는 염소가죽으로 가선(純:준)하고, 大夫는 표범가죽으로 소매를 장식한다. '袪(거)'는 소매(袂:몌)이다(孔氏曰: '袂'는 이렇게 袖<소매수>가 안쪽으로 大한 부분의 名이고, '袪'는 이렇게 바깥 袖頭의 小한 부위를 稱한 것이다). '居居(懷惡不相親比)'는 未詳이다.
*참고: 孔氏曰
<遵大路>편에선, '孔氏曰 袂是袪之本이고 袪是袂之末이니, 俱是衣袖이라.'고 하였다.
*참고: <毛亨傳>
袪, 袂也。本末不同, 在位與民異心自用也。居居, 懷惡不相親比之貌。
袪는 옷소매이니, 본말이 같지 않은 이가 지위에 있으면서 백성과 다른 마음을 스스로 사용함에 풍자한 것이다. '거거(居居)'는 미움을 품고 서로 친밀히 대하지 않는 모습이다.
＊참고: <鄭玄箋>
此民卿大夫采邑之民也, 故雲豈無他人可歸往者乎? 我不去者, 乃念子故舊之人.
"이 백성은 경대부 벼슬의 채읍의 백성이다. 고로 이르길 '어찌 다른 사람들에 귀의해 갈 바의 자가 없겠는가? 내 떠나지 않은 것은 이내 그대가 옛 오래된 친구라 생각하기 때문이다.' 라 한 것이다.

10-07-02 ○羔裘豹褎로나, 自我人究究로다. 豈無他人이온마는 維子之好니라.
염소갖옷에 표범가죽 가선이로나, 절로 우리 끝까지 추궁(究究)이로다. 어찌 섭길 다른 이 없겠는가마는 오직 그댈 아껴 좋아하기 때문이니라.

염소 가죽 갖옷에 표범 가죽 소매댔네
나는 사람들과 데면데면 잘 지내지 못했네
어찌 다른 사람인들 없겠냐마는
그대에게 좋은 마음 있어서라네

賦也라. 褎도 猶袪也라. 究究도 亦未詳이라.
賦체이다. '褎(소매수)'도 袪와 같다. '究究'도 또한 未詳이다(孫炎은 窮極人之惡이라 하였다).
＊참고: <鄭玄箋>
我不去而歸往他人者, 乃念子而愛好之也。民之厚如此, 亦唐之遺風.
내가 떠나 타인에게 귀의해 가지 않는 것은 이내 그대를 염려하고 그대를 아끼고 좋아하기 때문이다. 백성들의 후덕하기가 이와 같음은 또한 당(唐)의 남겨진 유풍인 것이다.

羔裘는 二章으로, 章四句이라.
羔裘는 二章으로, 章마다 四句이다.

此詩는 不知所謂니, 不敢强解이라.
이 詩는 말하려는 바에 알지 못함이니, 감히 억지로 해석할 수 없음이다.

8. 鴇羽

10-08-01 肅肅鴇羽여. 集于苞栩로다. 王事靡盬이라 不能蓺稷黍호니, 父母何怙런고. 悠悠蒼天아. 曷其有所리오.
퍼드덕 날갯짓에 중심 잡는 느시새여! 상수리 떨기 위 모여 앉음이로다. 왕사

(王事)에 치밀치 않을 수 없는지라 능히 서직(黍稷) 심을 수 없나니, 부모께선 무엇을 의지하실런고? 유구한 푸른 하늘아! 언제라야 그 마땅함 얻으리오?

   퍼덕퍼덕 나는 너새 상수리 나무에 모여있네
   나랏일이 너무 많아 기장 피도 못 심었네
   내 부모님 누굴 믿고 살아가시는지
  아득한 저 푸른 하늘이여! 그 언제나 편안한 곳 돌아갈 수 있으려나

比也라. 肅肅은 羽聲이라. 鴇는 鳥名으로, 似鴈而大하고 無後趾이라. 集은 止也라. 苞는 叢生也라. 栩는 柞,櫟也니, 其子爲皂斗하고 殼可以染皂者가 是也라(本草注曰 櫟木은 三四月開黃花하고 八九月結實하니, 其實爲皂斗이라. 槲,櫟皆有斗이라. ○爾雅曰 櫟其實이 梂이라. 釋曰하길 梂는 盛實之房也고, 其實은 橡也라. 有梂彙自裹라. 柞은 櫟也, 杼也, 栩也니, 皆櫟之通名이라. 橡斗子를 煑食이면 可止飢이라. 殼은 堪染皂라). 盬은 不攻緻也라(孔氏曰 盬與蠱는 字異나 義同이라. 左傳에, 於文皿蟲爲蠱하고 穀之飛亦爲蠱라 하니, 然則蟲害器,敗穀者가 皆謂之蠱이라. 是盬은 不攻牢,不堅緻之意也라. ○三山李氏曰 王事靡盬는 謂勤於王事인지라 而無不攻緻也라). 蓺는 樹이고, 怙는 恃也라. ○民從征役而不得養其父母인지라, 故作此詩이라. 言鴇之性은 不樹止나 而今乃飛集于苞栩之上하니, 如民之性은 本不便於勞苦이나 今乃久從征役而不得耕田以供子職也라. 悠悠蒼天아, 何時使我得其所乎리오.

比체이다. '肅肅'은 퍼덕덕 날갯짓 소리이다. '鴇(느시새보:들칠면조)'는 새 이름으로, 기러기와 비슷하나 크고, 뒤의 엄지발가락이 없다(움켜쥘 수 없음). '集'은 머물러 그침(止)이다. '苞'는 떨기로 자람(叢生)이다. '栩(상수리나무허,땅이름우)'는 柞(떡갈나무작)과 櫟(상수리나무력)이니, '그 열매를 皂斗(도토리조)라 하고, 껍질로는 가히 검게(皂:검게물들일조) 물들일 수 있다.'가 이것이다(本草注曰: 櫟木은 三四月에 黃花를 開하였다가 八九月에 結實하니, 그 實이 도토리<皂斗>가 된다. 槲<떡갈나무곡>과 櫟에도 모두 斗가 열린다<참고:상수리의 도토리가 더 낫다>. ○爾雅에서 曰하길 '櫟의 그 實이 梂이다.'라 하고, 釋名에서 曰하길 '梂<도토리받침구>는 實을 담고<盛> 있는 房이며, 그 實은 橡이다. 梂가 모아서<彙:휘> 자연 그것을 감쌈인<裹之> 것이다.'라 하였다. 柞은 櫟이고, 杼<상수리나무서>이며, 栩이니, 모두 櫟에 대한 通名인 것이다. 橡의 斗子를 煑하여 食이면, 可히 飢를 止케 할 수 있으며, 殼은 검게 물들임<染皂>으로 감당할 수 있다). '盬(무르게할고)'는 견고(攻)하고 치밀(緻:치)하게 하지 않는 것이다(孔氏曰: 盬와 蠱는 字엔 異이나, 義에서는 同이다. 左傳에서 '文으로 본다면 皿(器)과 蟲이 蠱가 되고, 穀에서 飛하여지는 것도 또한 蠱가 되나니(穀久積則變爲飛蟲)...'라 하

였으니, 然則이면 蟲이 害器와 敗穀者를 모두 그것을 謂之하여 蠱라 함이다. 이렇게 鹽은 不攻牢<단단히할뢰>이고 不堅緻의 意인 것이다. ○三山李氏曰: '王事靡鹽'는 王事에 勤勉인지라 견고하고 치밀하지 않음이 없음을 말함이다). '蓺'는 심음이고, '怙'는 믿고 의지(恃)함이다. ○백성들이 조세와 부역(征役)을 쫓아 그 부모를 봉양할 수 없었기 때문에, 고로 이 詩를 지은 것이다. <느시새의 성품은 나무가지에 머물지 않음이거늘, 지금은 이내 상수리 군락(苞栩) 위에 날아와 모여 앉아 위태로우니, 마치 백성의 성품은 본래 勞苦에 편치 않거늘 지금은 이내 오래도록 征役을 쫓아 밭을 일궈 자식의 직분을 받들 수 없음과 같음이로다. 悠悠한 蒼天이여, 어느 때라야 나로 하여금 그 마땅한 바를 얻게 할 것인가?>라고 말한 것이다.

*참고: 櫟其實捄(古經解鉤沉:고경해구침)

櫟實名捄也(舍人注 釋文三十) 櫟實橡也(孫注 齊民要術十) 有捄棘自裹也(同詩疏六之四)

*참고: 본초강목

《詩·唐風》云：集于苞栩。《秦風》云：山有苞櫟。陸機注云：即柞櫟也。秦人謂之櫟，徐人謂之杼，或謂之栩。其子謂之皁，亦曰皁斗。其殼煮汁可染皁也。今京洛、河內亦謂之杼。蓋五方通語，皆一物也。

詩의 <唐風(당풍)>에 "集于苞栩(집우포허)"라 하였으며, <秦風(진풍)>에 "山有苞櫟(산유포력)"이라 하였으며, 陸機(육기)의 註(주)에 '즉 柞櫟(작력)으로 秦地方(진지방)에서는 이것을 櫟(역)이라 하고, 徐地方(서지방)에서는 이것을 杼(저)라고 한다. 혹은 이것을 栩(허)라 하고, 그 子(자)를 皁(조)라 하며, 또한 皁斗(조두)라고도 한다. 그 殼(각)의 煮汁(자즙)으로 物(물)을 검게 染色(염색)할 수도 있다. 지금은 京洛(경락), 河內(하내)에서도 역시 이것을 杼(저)라고 하는데, 어느 곳에서나 通(통)하는 名稱(명칭)인 것이다.'라고 하였다. 모두가 一物(일물)인 것이다. (출처: 백두산 본초이야기)

*참고: 左傳於文皿蟲爲蠱 穀之飛亦爲蠱

趙孟曰 何謂蠱. 對曰 淫溺惑亂之所生也. 於文皿蟲爲蠱 穀之飛 亦爲蠱. 在周易 女惑男 風落山 謂之蠱 皆同物也. 趙孟曰 良醫也. 厚其禮而歸之.

趙孟曰: <무엇을 蠱라 하는가?>라 하거늘, 對曰: <淫溺과 惑亂에서 生하는 바이나니, 文으로 본다면 皿(器)과 蟲이 蠱가 되고, 穀에서 飛하여지는 것도 또한 蠱가 되나니(穀久積則變爲飛蟲), 周易에 在함을 보면 '女가 男을 惑하고, 風이 山을 落한다(女惑男 風落山).'라 함을 蠱(䷑:巽下艮上,巽爲長女爲風艮爲少男爲山)라 이르나니, 모두 同한 物(類)이나이다.>라 하건대, 趙孟曰: <良醫로다.>라 하고서, 그 禮를 厚하게 하여 그를 歸之게 하였다.

孔氏曰 鴇가 連蹄樹止인지라 則為苦하니, 喻今從征役亦甚危苦이라. 此는 王家之事인지라 無不攻緻이니, 故盡力為之에 不能復種黍稷컨대, 父母當何所怙乎리오. 人窮이면 則反本하고 困이면 則告天인지라, 故訴天而告怨也라.

孔氏曰: 느시새(鴇)가 連이어 밟고(蹄) 樹에서 머무르는(止)지라 則 苦됨이니, 今의 征役에 從함도 또한 甚히 危苦임을 비유한 것이다. 此는 王家之事인지라 견고하고 緻密하게 이루지 않을 수 없으니, 故로 盡力으로 為之함에 能히 다시 黍稷을 種할 수 없었건대, 父母께선 當히 무엇을 怙하실 바이겠는가? 人이 窮이면 則 反本이고, 困일지면 則 天에 告인지라, 故로 天에 하소연(訴)하며 怨망을 告한 것이다.

○慶源輔氏曰 王事靡盬者가 或勤王之事인지 或敵王之愾인지에 皆不可知나, 天子不恤侯國하고 侯國不恤其民하여, 使民久從征役으로 不得耕耨하여 父母飢餓無所恃賴면, 則其窮亦甚矣라. 然但呼天而告之하길 猶冀有時而得所也니, 雖唐風之厚라도 然其情之危가 亦岌岌然矣라. 惟君子만이 為能通天下之志인지라, 故王道로 必使斯民養生送死하여 仰事俯育之無憾하니, 不然이면 則亦何所不至哉리오.

慶源輔氏曰: 王事靡盬者가 或 王之事에 勤인지 或 王이 愾한 것에 對敵한 것인지 모두 可히 知할 수는 없지만, 天子가 不恤侯國하고 侯國은 不恤其民하여, 民으로 하여금 久토록 征役에 從사로 耕耨할 수 없게 해서 父母가 飢餓에 恃賴할 바가 없게 할지면, 則 그 窮이 또한 甚인 것이다. 그러나 다만 天을 呼하고선 그것을 告之하길 오히려 '어느 때(有時)라야 마땅한 바를 得할 것인가?'로 冀하였으니, 비록 唐風之厚일지라도 그러나 그 情에 危하기가 또한 岌岌然인 것이다. 오직 君子만이 能히 天下之志에 通함이 되는지라, 故로 王道로 하여 반드시 斯民으로 하여금 養生送死케 하여 仰事와 俯育에 憾함이 없게 하니, 不然일지면 則 또한 어떤 바인들 至하지 못하겠는가?

10-08-02 ○肅肅鴇翼이여. 集于苞棘이로다. 王事靡盬이라 不能藝黍稷호니, 父母何食런고. 悠悠蒼天아. 曷其有極인가.
퍼드덕 날갯짓에 중심 잡는 느시새여! 가시나무 떨기 위 모여 앉음이로다. 왕사(王事)에 치밀치 않을 수 없는지라 능히 서직(黍稷) 심을 수 없나니, 부모께선 무엇을 드실런고? 유구한 푸른 하늘아! 언제라야 그 그침 있겠는가?

퍼덕퍼덕 나는 너새 가시나무에 앉아있네
나랏일 너무 많아 기장 피도 못 심었네
내 부모님 어떤 음식 잡수시는지
아득한 저 푸른 하늘이여! 그 언제쯤 이 일이 끝나려는지

比也. '極' 已也.
比체이다. '極'은 그칠 已이다.

10-08-03 ○肅肅鴇行이여. 集于苞桑이로다. 王事靡盬이라 不能蓺稻粱호니, 父母何嘗런고. 悠悠蒼天아. 曷其有常이런가.
퍼드덕 날갯짓에 중심 잡는 느시새여! 뽕나무 떨기 위 모여 앉음이로다. 왕사에 진력치 않을 수 없는지라 능히 도량(稻粱) 심을 수 없나니, 부모께선 무엇을 맛보실런고? 유구한 푸른 하늘아! 언제라야 예전 같음 있겠는가?

퍼덕퍼덕 나는 너새 뽕나무에 모여있네
나랏일은 너무 많아 벼와 기장 못심었네
내 부모님 어떤 음식 드시는지
아득한 저 푸른 하늘이여! 그 언제쯤 옛날로 돌아갈 수 있으리오

比也라. 行은 列也라. 稻는 即今南方所食인 稻米니, 水生而色白者也라(本草曰 稻米엔 有粳米하니, 即人常所食이나 但有白赤,大小의 四五種이라). 粱은 粟類也나, 有數色이라(本草注曰 凡云粱米가 皆是粟類라. 青粱은 殼穗엔 有毛하고 粒青이며 米에도 亦微青而細於黃,白粱이라. 黃粱엔 穗大毛長하고, 穀,米에선 俱麤於白粱이라). 嘗은 食也라. 常은 復其常也라.
比체이다. '行(항)'은 행렬이다. '稻'는 즉 지금의 南方에서 먹는 바인 稻米이니, 물에서 자라며 색이 흰 것이다(本草曰: 稻米에는 경미<粳米:메벼에서 나온 찰기가 적은 쌀>가 有하니, 即 人이 常으로 食하는 바이나 다만 白赤과 大小에 따라 四五種이 有이다). '粱'은 粟(좁쌀)의 類이나, 여러 색이 있다(本草注曰: 粱米라 凡云한 것들이 모두 이렇게 粟類인 것이다. 青粱은 이삭의 껍질<殼穗>에 有毛이고, 粒은 青이며, 米에서도 또한 微青이나, 黃,白의 粱보다는 細이다. 黃粱은 穗가 大하고 毛가 長이나, 穀과 米에서는 함께 白粱보다는 거칠<麤:추>다). '嘗'은 먹음이다. '常'은 그 예전 평상(常)으로 회복함이다.

華陽范氏曰 思得休息으로 以反其常이니, 厭亂之甚也라.
華陽范氏曰: 休息을 得하여 그 常으로 반할 것을 思함이니, 厭亂之甚인 것이다.

鴇羽는 三章으로, 章七句이라.
鴇羽는 三章으로, 章마다 七句이다.

永嘉陳氏曰 春秋之時엔 諸侯猶以王命征役인지라 故曰王事靡盬이나, 但調發未必均이기에 故君子苦之라.
永嘉陳氏曰: 春秋之時엔 諸侯들이 오히려 王命으로서 征役하였기에, 故로 '王事靡盬'이라 曰한 것이나, 다만 징발(調發)함에 아직 반드시 均하지 않았기 때문에, 故로 君子가 그것을 苦之하게 여긴 것이다.

○安成劉氏曰 變風은 多作於春秋時하고, 斯時도 也天下不知有王之時나, 也而北門云하길 王事適我라하고, 伯兮云하길 爲王前驅라하며, 此詩亦云하길 王事하고 而且以靡盬爲言하니, 雖皆怨者之詞라도 猶幸王命之行於列國이니, 亦可以見君臣之義根於人心也고, 亦可以見文武成康之遺澤也라.
安成劉氏曰: 變風은 多로 春秋時에 作되었고, 斯時에도 또한 天下가 王道로 有해야 함에 대해선 不知하였던 時이나, 또한 <北門>에서 云하길 '王事適我'라 하였고, <伯兮>에서 云하길 '爲王前驅'라 하였으며, 此詩에서도 또한 云하길 '王事'라 하고 또 '盬로 할 수 없다.'라 言을 삼으니, 비록 모두 怨者의 詞이지만 오히려 王命이 列國에 行해짐을 幸으로 여긴 것이니, 또한 可히 君臣之義가 人心에 根하고 있음을 見할 수 있고, 또한 可히 文武와 成康의 遺澤임을 見할 수 있는 것이다.

9. 無衣

10-09-01 豈曰無衣七兮리오. 不如子之衣가 安且吉兮니라.
어찌 후백(侯伯)의 7명(七命)복식 입을 수 없으리오? 천자께서 명한 복식(命服) 안정되고 또 길함만 못하니라.

내가 어찌 칠장복이 없겠냐마는
그대가 주신 옷처럼 좋진 않아요 그 옷은 편안하고도 훌륭하네요

賦也라. 侯伯七命은 其車旗,衣服을 皆以七爲節이라(臨川王氏曰 周禮司服의 所謂 侯伯之服 自鷩冕而下 如公之服이 卽典命의 所謂 侯伯七命이니, 衣服以七爲節也라. ○東萊呂氏曰 周禮注에 鷩冕七章이라. 衣三章컨대, 一曰華蟲이니 畫以雉가 卽鷩也고, 二曰火며, 三曰宗彝이니, 皆畫爲繢이라. 裳四章컨대, 一曰藻하고 二曰粉米하며, 三曰黼하고 四曰黻하니, 皆以爲繡<鷩音鼈>이라). 子는 天子也라. ○史記에, 曲沃桓叔之孫인 武公이(三山李氏曰 桓叔生莊伯鱓하고, 鱓生武公稱이라) 伐晉滅之하곤 盡以其寶器하여 賂周釐(與僖同)王하니, 王이 以武公爲晉君하곤 列於諸侯라. 此詩는 蓋述其請命之意라. 言我非無是七章之衣也지

만 而必請命者는 蓋以不如天子之命으로 服之가 爲安且吉也라(慶源輔氏曰 安은 謂不陧杌이고, 吉은 謂無後患이라. 此特以利害言耳이지, 非誠知義命之所在也라). 蓋當是時에 周室雖衰여도 典刑猶在이기에, 武公旣負弑君簒國之罪인지라 則人得討之니, 而無以自立於天地之間인지라 故賂王請命하길 而爲說如此라. 然其倨慢無禮가 亦已甚矣라(慶源輔氏曰 請命于天子而敢自謂하길, 豈曰無衣不如子之所命리오. 則其辭之悖慢無禮가 亦甚矣라, 大率로 意得志滿者의 其辭多如此이라. ○華谷嚴氏曰 武公은 有無王之心而後에 動於惡이라. 簒弑는 大惡커늘, 也王法之所不容으로 誅也라. 彼가 其請命於天子之使컨대, 豈眞知有王哉리오. 正以人心所不與에 非假王靈이면 則終不能定晉也라. 此는 正與唐蕃鎭이 戕其主帥하고 而代之하여 以坐邀旌節者와 無以異라). 鰲王이 貪其寶玩하여 而不思天理民彛之不可廢인지라, 是以誅討不加而爵命行焉하니, 則王綱이 於是乎不振하고 而人紀도 或幾乎絶矣니, 嗚呼痛哉로다.

賦체이다. '侯'와 '伯'은 七命이니, 그 車의 旗와 衣의 服을 모두 七章으로 節을 삼음인 것이다(臨川王氏曰: 周禮 春官宗伯의 <司服>에서 所謂 '侯伯之服은 별면<鷩冕> 而下로부터는 公<九命>의 服과 같고…'는 即 춘관종백 <典命>에서의 所謂 '侯伯七命'이니, 衣服을 七로서 節을 삼음인 것이다. ○東萊呂氏曰: 周禮注에, 鷩冕의 복식은 七章이다. 衣에다 三章컨대, 一曰華蟲이니 雉로서 畵함이 即 鷩이고, 二曰火이며, 三曰宗彛이니, 모두 畵하여 채색<繢:궤>한다. 裳에다 四章컨대, 一曰藻하고, 二曰粉米하며, 三曰黼하고, 四曰黻하니, 모두 수놓는다<繡>. <鷩은 音이 鼈이다>). '子'는 天子이다. ○史記에, 曲沃 桓叔의 손자인 武公(三山李氏曰: 桓叔<成師>이 莊伯 鱓<잔치>를 生하고, 鱓가 武公 稱을 生하였다)이 晉을 정벌하여 그곳을 멸하고선 그 寶器를 모두 주나라 鰲(與僖同)王에게 뇌물하니, 王이 武公으로서 晉의 君으로 삼고선 諸侯들과 반열하게 하였으니, 이 詩는 대개 그 命을 請하는 뜻을 기술한 것이다. 내가 이 七章의 의복이 없는 것은 아니지만 반드시 請命인 것은, 대개 天子의 명으로 그것을 服함이 편안하고 또 吉함만 같지 못할 뿐이기 때문임을 말한 것이다(慶源輔氏曰: 安은 위태롭지<陧杌:위태로울얼,그루터기올> 않음을 말함이고, 吉은 後患이 없음을 말함이니, 此는 다만 利害로서 言했을 뿐이지 誠으로 義命之所在에 知했던 것은 아니다). 대개 이 시대를 당하여 周室이 비록 쇠미하였어도 典刑만은 오히려 존재해 있었기 때문에, 武公이 이미 弑君簒國의 죄를 짊어졌는지라 즉 사람마다 그를 토벌할 수가 있었으니, 天地間에 자립할 수가 없었기에 고로 王에게 뇌물을 보내 請命하길 이와 같이 설을 삼은 것이다. 그러나 그 倨慢(거만할거)하고 無禮함이 또한 이미 심한 것이다(慶源輔氏曰: 天子에게 請命하며 敢히 스스로 謂하길, '豈曰無衣 不如子之所命'이라 하니, 則 그 언辭가 패악의 오만<悖慢>과 無禮가 또한 甚인 것이다. 大率로 意는 得이고 志는 滿한 자들의 그 辭가 多로 如此인 것이다. ○華谷嚴氏

曰: 武公에게 無王之心이 有인 而後에 惡으로 動하였던 것이다. 篡弑는 大惡이거늘, 王法에선 容납될 수 없는 바로서 誅살인 것이다. 彼가 그 天子之使<시>에 請命이거늘, 어찌 眞으로 有王임을 知하였겠는가? 正히 人心이 與하지 않는 바인지라, 王靈을 假하지 않고서는 則 終내 能히 晉을 안정시킬 수 없었기 때문이다. 此는 正히 唐나라의 藩鎭들이 그 主帥를 戕살하여 그를 대신하고선, 앉아 旌節을 맞이(邀:요)했던 것과 더불어 다름이 없는 것이다). 釐王이 그 보물과 유물(實玩)을 탐하여 天理와 民彝는 가히 폐할 수 없음을 생각지 못하였기 때문에, 이러므로 誅討를 가하지 않고 그에게 爵命으로 행하였으니, 즉 왕도의 기강이 이때부터 떨쳐지지 않았고, 人道의 紀綱도 혹 거의 끊어지게 되었으니, 아~ 애통하도다.

*참고: 鷩冕

冕服에는 대구면(大裘冕), 곤면(袞冕), 별면(鷩冕), 취면(毳冕), 희면(希冕), 현면(玄冕)이 있고, 천자만이 여섯 가지 면복을 다 착용할 수 있다.

10-09-02 ○豈曰無衣六兮리오. 不如子之衣가 安且燠兮니라.
어찌 천자 경(卿)의 6명(六命)복식 입을 수 없으리오? 천자께서 명한 복식 안정되고 또 따뜻함만 못하니라.

어찌 내가 육장복이 없으랴마는
그대가 주신 옷처럼 좋지 않아요 그 옷은 편안하고 따뜻하네요

賦也라. 天子之卿은 六命이니, 變七言六者는 謙也라. 不敢以當侯伯之命하여 得受六命之服으로 比於天子之卿도 亦幸矣라(臨川王氏曰 六者는 子男之服也라. 子男之服은 以五為節여도 而曰六者는 天子之卿六命이 與子男과 同服故也라). 燠은 煖也니, 言其可以久也라.
賦체이다. 天子의 卿은 六命이니, 七을 바꾸어서 六이라 한 것은 謙辭이다. 감히 侯,伯의 命을 감당하지 못하여 六命의 복식만 받아 天子의 卿과 견줌(比)이라도 또한 다행이라는 것이다(臨川王氏曰: 六者는 子男之服인 것이다. 子男之服은 五로서 節을 삼음에도 六이라 曰한 것은 天子之卿은 六命으로 子男과 同服인 까닭인 것이다). '燠(욱)'은 따뜻함이니, 그 가히 오래도록 입을 수 있음을 말한 것이다.

藍田呂氏曰 義理에 有所未安이면, 雖食不飽하고 雖衣不煖이라.
藍田呂氏曰: 義理에 未安한 바가 있을지면, 비록 食이어도 不飽하고 비록 衣이어도 不煖인 것이다.

無衣는 二章으로, 章三句이라.
無衣는 二章으로, 章마다 三句이다.

華谷嚴氏曰 武公之事는 國人所不與也라. 以晉世家考之면, 初潘父弑昭侯하여 而迎桓叔欲入晉이나, 晉人發兵攻桓叔하자 桓叔敗還歸曲沃컨대 晉人共立昭侯子平하자 是爲孝侯니, 此桓叔初擧에 而國人不與也라. 其後에 曲沃莊伯이 弑孝侯于翼하자 晉人又攻莊伯하니 莊伯復入曲沃컨대, 晉人復立孝侯子郄하자 是爲鄂侯니, 此莊伯再擧에 國人又不與也라. 及鄂侯卒에 莊伯伐晉하자 晉人立鄂侯子光하자 是爲哀侯니, 此莊伯三擧에 而國人又不與也라. 及武公誘小子侯殺之하여 晉復立哀侯弟緡하니, 此武公四擧여도 而國人終不與也라. 最後에 武公伐晉侯緡滅之하곤 盡以其寶器賂周釐王하니, 王命武公爲諸侯然後에 晉人不得已而從之耳라. 然聖人致嚴於名分之際에, 陳成子之事에선 至沐浴而請討커늘, 蓋以人倫之大變엔 天理所不容인지라. 人人得而討之커늘, 無衣之詩를 不刪者도 所以著世變之窮하고, 傷周之衰也라.

華谷嚴氏曰: 武公之事는 國人들이 許與하지 않는 바인 것이다. 晉世家로 그것을 考之하면, 初에 반보(潘父)가 昭侯를 弑해하고 桓叔(成師)을 迎하여 晉으로 들이고자(入) 하였으나, 晉人들이 發兵하여 桓叔을 攻하자 桓叔이 敗하여 曲沃으로 還歸하였건대, 晉人들이 함께 昭侯의 子인 平을 立하자 是가 孝侯가 되니, 此가 桓叔의 初擧에 國人들이 許與하지 않은 것이다. 그 後에 曲沃의 莊伯이 孝侯를 翼에서 弑해하자, 晉人들이 또 莊伯을 攻하니 莊伯이 다시 曲沃으로 入하건대, 晉人들이 다시 孝侯의 子인 郄(흠극)을 立하자 是가 鄂侯가 되니, 此가 莊伯이 再로 擧병이어도 國人들이 또 不與인 것이다. 鄂侯의 卒에 及하여 莊伯이 伐晉하자 晉人이 鄂侯의 子인 光을 立하자 是가 哀侯가 되니, 此가 莊伯이 三擧여도 國人이 또 不與인 것이다. 武公이 小子侯(哀侯之子)를 誘하여 그를 殺之함에 及하여 晉이 다시 哀侯의 弟인 緡을 立하니, 此가 武公이 四擧여도 國人들이 終내 不與인 것이다. 最後에 武公이 晉侯 緡을 伐하여 그들을 滅之하고선 그 寶器을 盡하여 周 釐王에게 賂하니, 王이 武公에게 命하여 諸侯로 삼은 然後에 晉人들이 不得已하게 그를 從之하였을 뿐인 것이다. 그러나 聖人께서 名分을 嚴하게 세우고자 하실 際엔, 陳成子之事에 있어선 沐浴而請討로 至하셨거늘, 대개 人倫之大變엔 天理에 容納될 수 없는지라 人人마다 그들을 討之할 수 있었거늘, 無衣之詩를 깎아(刪) 없애지 않으신 것도 世變의 窮을 著하시어 周之衰를 傷하셨던 所以인 것이다.

○東萊呂氏曰 以史記,左傳考之면, 平王二十六年에 晉昭侯가 封成師于曲沃컨대 專封而王不問하니, 一失也라. 平王三十二年에 潘父弑昭侯하고 欲納成師여도 而王又不問하니, 二失也라. 四十七年에 曲沃莊伯弑晉孝侯여도 而王又不問하니,

三失也라. 桓王二年에 曲沃莊伯攻晉하자 王非特不討이고 反使尹氏武氏助之하니, 四失也라. 至是武公篡晉하여 僖王反受賂하곤 命爲諸侯하니, 五失也라. 以此五失觀之면 則禮樂征伐이 移於諸侯,降於大夫,竊於陪臣도 其所由來者가 漸矣라.

東萊呂氏曰: 史記와 左傳으로 그것을 考之해 보면, 平王 二十六年에 晉 昭侯가 成師를 曲沃에다 封하였건대, 專으로 封이어도 王이 問責하지 않았으니 一失인 것이다. 平王 三十二年에, 潘父가 弑昭侯하고 成師를 納하고자 하였어도 王이 또 不問하였으니, 二失인 것이다. 四十七年에 曲沃의 莊伯이 晉 孝侯를 弑해하여도 王이 또 不問하였으니, 三失인 것이다. 桓王 二年에 曲沃의 莊伯이 晉을 攻하자 王은 다만 討하지 않았을 뿐만이 아니라 도리어 尹氏와 武氏로 하여금 晉을 助之케만 하였으니, 四失인 것이다. 이렇게 武公이 晉을 篡奪함에 至해서도, 僖王은 도리어 受賂하고선 命하여 諸侯로 삼았으니, 五失인 것이다. 此의 五失로서 그것을 觀之이면, 則 禮樂과 征伐이 諸侯에게 移되고, 大夫에게 降되며, 陪臣에게 竊되었던 것도, 그 말미암아 來하였던 바의 것이 漸이었기 때문인 것이다.

○安成劉氏曰 春秋之始에 魯惠公이 以其妾仲子爲妻여도 及仲子沒에 平王則使宰咺來歸賵하고, 魯桓公이 以弟弑兄여도 及沒에 莊王則使榮叔來錫命周之典禮하니, 皆周之自壞也라. 歲改月化되어, 下愈陵,上愈替이라. 於是武公篡晉에 僖王命爲侯하고, 三晉又滅武公之祀에 亦得以威烈王之命爲侯이라. 嗚呼라, 司馬公之通鑑도 固不得不後春秋而作也인져. 然以僖王武公之事觀之면 則朱子所謂迷先幾者가 信矣라.

安成劉氏曰: 春秋之始에 隱公의 아버지인 魯惠公은 그 妾 仲子(生桓公)로 妻를 삼았는데도 仲子沒에 及하여 平王이 則 宰咺으로 하여금 來하여 장례 물품(賵:봉)을 보내(歸)주었고, 魯桓公은 弟로 弑兄하였어도 及沒에 莊王이 則 榮叔으로 하여금 來하여 周之典禮로 錫命하였으니, 모두 周가 스스로 壞인 것이다. 歲로 改해지고 月로 변화되어 下는 더욱 陵하고 上은 더욱 替하였던 것이다. 於是에 武公이 篡晉함에도 僖王은 命하여 侯로 삼았고, 三晉도 또 武公之祀를 滅함에 또한 周 威烈王이 命으로 侯가 되게 함을 득하였다. 嗚呼라! 司馬온公의 자치通鑑도 固히 春秋의 後를 이어 作되지 않을 수 없던 것일진져! 그러나 僖王과 武公의 事에 觀之이면, 則 朱子의 所謂 '迷先幾:먼저 나타난 조짐에 혼미하였기 때문이다(感興詩에서 나옴)' 者에 信인 것이다.

*참고: 司馬公之通鑑

책 이름. 북송(北宋)의 사마광(司馬光)이 찬술. 유반(劉攽) · 유서(劉恕) · 범조우(范祖禹) 등이 편찬을 도왔다. 전 294권. 고이(考異)와 목록(目錄)이 각 30권. 편년체(編年體)의 사서(史書). 주(周) 위열왕(威烈王) 23년(B.C.403)부터

후주(後周) 세종(世宗) 현덕(顯德) 6년(959)까지의 일을 기록했다. (다음백과)

10.有杕之杜

10-10-01 有杕之杜여. 生于道左로다. 彼君子兮가 噬肯適我런가. 中心好之나 曷飮食之리오.
가지 없이 우뚝한 아가위나무여! 동쪽 길가에 자람이로다. 저 훌륭한 군자께선 아~ 내게 기꺼이 오실 수 있겠는가? 마음속 그를 흠모이나 어찌 마시고 드시게 할 수 있겠는가?

우뚝 선 아가위나무 왼쪽 길가에 서있네
저기 멋진 군자님 기꺼이 내게 오시려나
내 마음속 깊이 흠모하니 어찌하면 함께 밥 먹을 수 있을까

比也라. 左는 東也라. 噬는 發語詞라. 曷을 何也라. ○此人好賢이나 而恐不足以致之인지라, 故言하길 此杕然之杜는 生于道左여도 其蔭不足以休息하니, 如己之寡弱하여 不足恃賴거늘, 則彼君子者도 亦安肯顧而適我哉리오. 然其中心好之엔 則不已나, 但無自而得飮食之耳라. 夫以好賢之心如此인댄 則賢者라도 安有不至며, 而何寡弱之足患哉리오.
比체이다. '左'는 동쪽이다. '噬'는 發語詞이다. '曷'은 何이다. ○이 사람이 현자를 좋아하였지만 족히 그를 오게 함을 이루지 못할까 두려워했기 때문에, 고로 말하기를 '이 우뚝(杕然)한 아가위나무는 길 동쪽 편에 자라고 있어도 그 그늘은 족히 휴식케 할 수 없으니, 마치 자신이 寡弱하여 족히 믿고 의뢰하지 못함과 같거늘, 즉 저 君子의 자도 또한 어찌 기꺼이 돌아보고 나에게 올 수 있겠는가? 그러나 그 마음속 그를 좋아함에는 즉 그침이 없었으나, 다만 부터 오게 하여 그에게 드시고 마시게 할 수 없을 뿐이로다.' 라 한 것이다. 무릇 현인을 좋아하는 마음이 이와 같을진대, 즉 현자라도 어찌 이르지 않을 것이며, 어찌 寡弱함이 족히 근심거리일 수 있겠는가?

10-10-02 ○有杕之杜여. 生于道周로다. 彼君子兮가 噬肯來遊런가. 中心好之나 曷飮食之리오.
가지 없이 우뚝한 아가위나무여! 길가 굽이서 자람이로다. 저 훌륭한 군자께선 아~ 기꺼이 오셔 머믈 수 있겠는가? 마음속 그를 흠모이나 어찌 마시고 드시게 할 수 있겠는가?

우뚝 선 아가위나무 길 모퉁이에 서있네

저기 멋진 군자님 내게 와 머물를 수 있나
내 마음속 깊이 사모하니 어찌하면 함께 밥 먹을 수 있을까

比也라. 周는 曲也라.
比체이다. '周'는 굽은 곳이다.

孔氏曰 言道周는 遶之故爲曲也라
孔氏曰: '道周'라 言함은 그곳을 두르고(遶之) 있었기 때문에, 故로 曲으로 삼은 것이다.

有杕之杜는 二章으로, 章六句이라.
有杕之杜는 二章으로, 章마다 六句이다.

慶源輔氏曰 好賢여도 而自恐不足以致之면, 則凡可以致之者에 必無不用也라. 中心好之여도 而自恐其不得飮食之면, 則凡可以養之者에 必無所吝也라. 好賢之心 如此일진대, 則在彼之賢에 安有不至며, 而在我之勢에도 又曷患於寡弱哉리오.
慶源輔氏曰: 好賢인데도 自로 足히 그를 이르게 致之하지 못할까 恐일지면, 則 무릇 可히 그를 이르게 致之할 수 있는 것에는 반드시 用하지 않음이 없게 된다. 中心에 好之여도 自로 그 飮食之케 할 수 없음을 恐일지면, 則 무릇 可히 그를 養之할 수 있는 것에는 반드시 吝색한 바가 없는 것이다. 好賢之心이 如此일진대, 則 彼之賢에 在해서 어찌 不至함이 有할 것이며, 我之勢에 在해서도 또 어찌 寡弱에 患일 수 있겠는가?

11. 葛生

10-11-01 葛生蒙楚하며 蘞蔓于野로다. 予美亡此하니 誰與獨處인가.
칡은 자라 가시나무 뒤덮으며 거지덩굴은 들로 자라 뻗음이로다. 나의 어여쁜 님만 이곳 안 계시니 누구와 함께 하시길래 나만 홀로 처하게 하는가?

　　　　칡넝쿨 자라서 싸리나무 뒤덮고 거지풀은 뻗어서 들판을 덮었네
　어여쁘고 고운 내님 이 곳에 안계시니 외로운 이 땅에선 뉘와 함께 지내볼까

興也라. 蘞은 草名으로, 似栝樓나 葉盛而細이라. 蔓은 延也라. 予美는 婦人指其夫也라. ○婦人이 以其夫久從征役而不歸인지라, 故言하길 葛生而蒙于楚하고, 蘞生而蔓于野하여, 各有所依託컨대(程子曰 葛之生은 託於物하고 蘞之生은 依於地이니, 興婦人從君子이라), 而予之所美者만 獨不在是니, 則誰與하여 而獨處

於此乎인가.
興체이다. '蘞(거지덩굴렴:포도과)'은 풀이름으로, 하늘타리(栝樓)와 비슷하나 잎은 무성하며 가늘다. '蔓'은 뻗어나감(延)이다. '予美'는 婦人이 그 지아비를 가리킴이다. ○婦人이 그 지아비가 오래도록 征役을 쫓아 돌아오지 못했기 때문에, 고로 말하길 '칡은 자라 가시나무를 뒤덮고, 거지덩굴은 자라 들로 뻗어나가 각 의탁할 바를 두었건대(程子曰: 葛之生은 物에 託하고 蘞之生도 地에 依하니, 婦人이 君子를 從해야 함을 興한 것이다), 내 아름답게 여기는 바의 자만은 유독 이곳에 안 계시니, 즉 누구와 함께 하시길래 여기에 홀로 처하게만 하는가?'라 한 것이다.

10-11-02 ○葛生蒙棘하며 蘞蔓于域이로다. 予美亡此하니 誰與獨息인가.
칡은 자라 대추나무 뒤덮으며 거지덩굴은 무덤 근처까지 뻗음이로다. 나의 어여쁜 님만 이곳 안 계시니 누구와 함께 하시길래 나만 홀로 머물게 하는가?

      칡넝쿨 자라서 싸리나무 뒤덮고 거지풀은 뻗어서 들판을 덮었네
      어여쁘고 고운 내님 이 곳에 안계시니 외로운 이 땅에선 뉘와 함께 지낼까

興也라. 域은 塋域也라. 息은 止也라.
興체이다. '域'은 무덤의 영역(塋域)이다. '息'은 머무를 止이다.

10-11-03 ○角枕粲兮며 錦衾爛兮로다. 予美亡此하니 誰與獨旦인가.
각(角)진 베개 화려하며 비단 이불 아름답도다. 나의 어여쁜 님만 이곳 안 계시니 누구와 함께 하시길래 나만 홀로 아침까지 지새게 하는가?

      쇠뿔 베게 화려하고 비단 이불 아름답네
      어여쁘고 고운 내님 이곳에는 안계시니
      나는 홀로 긴긴밤을 뉘와 함께 보낼꺼나

賦也라. 粲,爛은 華美鮮明之貌이라. 獨旦은 獨處至旦也라.
賦체이다. '粲'과 '爛'은 화려하고 아름다우며 鮮明한 모양이다. '獨旦'은 홀로 처함이 아침에까지 이르름이다.

10-11-04 ○夏之日과 冬之夜여. 百歲之後에나 歸于其居호리라.
긴긴 여름날 긴긴 겨울밤이여! 백세의 후에나 그 무덤 돌아가 만나리라.

      여름 낮은 길고 기네 겨울 밤도 길고 기네

나 죽은 백년 후에나 그 무덤에서 만날지고

賦也라. 夏日도 永하고, 冬夜도 永이라. 居는 墳墓也라. ○夏日, 冬夜마다 獨居로 憂思가 於是爲切컨만, 然君子之歸에 無期하여 不可得而見矣니, 要컨대 死而相從耳이라(南軒張氏曰 知其死亡之無日矣인지라, 則斷之하길 以百歲之後庶幾得同歸于邱而已라하니, 其亦傷之至也라). 鄭氏曰 言此者는 婦人專一이니, 義之至고 情之盡이라. 蘇氏曰 思之深여도 而無異心하니, 此는 唐風之厚也라.
賦체이다. 여름날은 길고, 겨울밤도 길다. '居'는 분묘(墳墓)이다. ○여름의 나날과 겨울의 밤마다 홀로 거처로 근심하고 그리워하길 이때만큼은 간절하건만, 그러나 군자께선 돌아올 기약이 없어 가히 볼 수 없으니, 요컨대 죽어서라도 서로 쫓을 뿐인 것이다(南軒張氏曰: 그 死亡에 날이 없음을 知인지라, 則 그것에 斷之하길 百歲之後라도 거의 邱에서 同歸할 뿐이라는 것이니, 그 또한 傷하기를 至인 것이다). 鄭氏曰: 이것은 婦人의 專一함을 말함이니, 義의 지극함이고 情을 다함인 것이다. 蘇氏曰: 그리움을 깊이 하고도 다른 마음이 없었으니, 이것은 唐風의 후덕함인 것이다.

10-11-05 ○冬之夜와 夏之日이여. 百歲之後에나 歸于其室호리라.
긴긴 겨울밤 긴긴 여름낮이여! 백세의 후에나 그 구덩이서 돌아가 만나리라.

겨울 밤은 길고 기네 여름 낮도 길고 기네
나 죽어 백년 뒤에나 그 묘혈에서 만날지고

賦也라. 室은 壙也라.
賦체이다. '室'은 뫼 구덩이 壙이다.

葛生은 五章으로, 章四句라.
葛生은 五章으로, 章마다 四句이다.

慶源輔氏曰 前三章은 人情之常也고, 後二章은 唐風之厚也라. 大序所謂 發乎情은 民之性也고, 止乎禮義는 先王之澤也者니, 是詩도 可以當之矣라.
慶源輔氏曰: 前三章은 人情之常이요, 後二章은 唐風之厚이다. <大序>에서의 所謂 '發乎情은 民之性인 것이요, 止乎禮義는 先王之澤인 것이다.'인 것이니, 是詩도 可히 그것으로 當之인 것이다.

12. 采苓

10-12-01 采苓采苓을 首陽之巓인가. 人之爲言을 苟亦無信이어다. 舍旃舍旃하야 苟亦無然이면, 人之爲言이 胡得焉리오.
복령 캐고 복령 캠을 수양산 정상서 하려는가? 사람들 지어낸 말 참으로 또한 신의 두지 말지어다. 그것 놓아두고 그것 제쳐두어 참으로 또한 그렇게 여김 없을지면, 사람들 지어낸 말 어찌 그것에 득함 있으리오?

 봉령을 캐고캐러 수양산에 올라볼까 남들이 지어낸 말 다 믿으면 안된다오
제쳐두고 흘려듣고 옳다하지 않는다면 남들이 말을 해도 어찌 할 수 없으리라

比也라. 首陽은 首山之南也라(孔氏曰 首陽은 在河東,蒲坂南이라. ○三山李氏曰 亦名雷首山이라. ○安成劉氏曰 集傳에선 以首爲山名하고 陽爲山之南하며, 春秋傳亦曰하길 趙宣子田于首山이라. 然此詩下章又云하길 首陽之東컨대 則似首陽二字로 同爲山名이고, 論語集註도 亦嘗指首陽하여 爲山名矣니, 豈泛名其山엔 則曰首山하고, 主山南而言엔 則又獨得首陽之稱乎인져). 巓 山頂也라. 旃은 之也라. ○此는 刺聽讒之詩라. 言子欲采苓於首陽之巓乎아. 然人之爲是言하여 以告子者엔 未可遽以爲信也니, 姑舍置之하고 而無遽以爲然하며 徐察而審聽之면, 則造言者가 無所得하여 而讒止矣라(廬陵彭氏曰 或云하길 人之爲言에 不可遽信이니 則固當舍置라하나, 然舍之而不究其實이면 則讒言은 猶幸히 於得中과 而無所懲이니, 必究其有無之實라야 則爲言者가 無所得하여 而自止矣라). 或曰 興也라하니, 下章放此라.

比쎄이다. '首陽'은 首山의 남쪽이다(孔氏曰: 首陽은 河東 蒲坂의 南에 在한다. ○三山李氏曰: 또한 雷首山이라 名하기도 한다. ○安成劉氏曰: 集傳에서는 首로서 山名으로 삼고 陽으로서 山之南으로 삼았으며, 春秋傳에서도 또한 曰하길 '趙宣子田于首山'이라 하였다. 그러나 此詩의 下章에선 또 云하길 '首陽之東'이라 하였건대 則 흡사 首陽의 二字로 同하게 山名으로 삼은 것이고, 論語의 集註에서도 또한 일찍이 首陽을 지시하여 山名으로 삼았으니, 아마도 그 山을 泛名함에는 則 首山이라 曰함이고, 山南으로 主하여 言함엔 則 또한 유독 首陽之稱으로 得함일진저!). '巓'은 山의 頂上이다. '旃'은 어조사 之이다. ○이것은 참소를 듣는 것에 풍자한 詩이다. '자네는 수양산 정상에서 복령(감초)을 캐고자 하는가? 그러나 사람들이 이런 말을 하여 그대에게 고한 것엔 가히 갑자기 믿음을 가져서는 아니 되니, 우선 그것을 놓아두고 갑자기 그렇다고 여기지 말며 찬찬히 살펴 그것을 가려듣는다면, 즉 말을 만들어 낸 자가 얻을 바 없어 참소가 그치게 될 것이다.' 라 말한 것이다(廬陵彭氏曰: 或云하길, '人이 言을 삼음엔 可히 갑자기 信할 수 없으니, 則 固히 마땅히 舍置하여야 한다.' 라 하나, 그러나 그것을 舍之하고선 그 實에 대해 究하지 않을지면, 則 讒言은 오히려 다행히 得中과 비교해서 懲할 바가 없게 되

니, 반드시 그 有無의 實에 대해 究이라야 則 爲言者가 得한 바 없게 되어 스스로 止하게 되는 것이다). 혹자는 興체라 曰하였으니, 아래 章도 이와 같음이다.

東萊呂氏曰 采荼,采苦,采葑을 不曰郊野하고 而曰首陽者는 興采聽之當遠也라. 孔子曰하길, 浸潤之譖, 膚受之愬에 不行焉이면 可謂遠也已矣컨대, 不輕聽易動하고 而徐觀其是非는 惟遠者能之라.
東萊呂氏曰: 采荼과 采苦와 采葑을 郊野라 曰하지 않고 首陽이라 曰한 것은 采聽에 當히 遠해야 함을 興한 것이다. 孔子曰하시길 '浸潤之譖과 膚受之愬에 그것들이 行해지지 않게 할지면, 가히 "遠"이라 이를 수 있다.' 라 하였건대, 輕聽으로 易動치 않고 徐로 그 是非에 觀함은 오직 遠者만이 그것에 能之인 것이다.

10-12-02 ○采苦采苦를 首陽之下인가. 人之爲言을 苟亦無與어다. 舍旃舍旃하야 苟亦無然이면, 人之爲言이 胡得焉리오.
씀바귀 캐고 씀바귀 캠을 수양산 아래서 하려는가? 사람들 지어낸 말 참으로 또한 허여치 말지이다. 그것 놓아두고 그것 제쳐두어 참으로 또한 그렇게 여김 없을지면, 사람들 지어낸 말 어찌 그것에 득함 있으리오?

　봉령을 캐고캐러 수양산에 올라볼까 남들이 지어낸 말 다 믿으면 안된다오
제쳐두고 흘려듣고 옳다하지 않는다면 남들이 말을 해도 어찌 할 수 없으리라

比也라. 苦는 苦菜也니, 生山田及澤中에 得霜이면 甛脆하여 而美이라(孔氏曰 苦는 所謂 菫荼也라). 與는 許也라.
比체이다. '苦'는 씀바귀(苦菜)이니, 산의 밭(山田)과 澤中에서 자람에 서리를 맞으면 달고 연해져 맛이 좋다(孔氏曰: 苦는 所謂 '菫荼<진흙근,씀바귀도>' 이다). '與'는 許與이다.

10-12-03 ○采葑采葑을 首陽之東인가. 人之爲言을 苟亦無從이어다. 舍旃舍旃하야 苟亦無然이면, 人之爲言이 胡得焉리오.
순무 캐고 순무 캠을 수양산 동쪽서 하려는가? 사람들 지어낸 말 참으로 또한 귀담아듣지 말지이다. 그것 놓아두고 그것 제쳐두어 참으로 또한 그렇게 여김 없을지면, 사람들 지어낸 말 어찌 그것에 득함 있으리오?

순무를 캐고캐러 수양산 동쪽 가본다네 남들이 지어낸 말 다 믿으면 안된다오
제쳐두고 흘려듣고 옳다하지 않는다면 남들이 말을 해도 어찌 하지 못하리라

比也라. 從은 聽也라.
比체이다. '從'은 들을 聽이다.

采苓은 三章으로, 章八句이라.
采苓은 三章으로, 章마다 八句이다.

埤雅曰하길, 苓生於隰하고 葑生於圃컨대, 則首陽之巓엔 不必有苓하고 其下에도 不必有苦하며, 其東서도 不必有葑하니, 則理에 可以無聽從矣라.
埤雅(송나라 박물사전)에서 曰하길 '苓(복령)은 隰에서 生하고, 葑(순무)은 圃에서 生한다.'라 하건대, 則 首陽之巓에선 반드시 苓이 有한 것은 아니고, 그 下에서도 반드시 苦가 有한 것은 아니며, 그 東에서도 반드시 葑이 有한 것은 아니니, 則 理에 可히 聽從함이 無인 것이다.

○慶源輔氏曰 讒譖之人은 不畏人之不聽하고 而畏人之能審이라. 今雖不聽라도 彼將浸潤而入之엔 則異日에 或不能不聽矣라. 惟能審察하여 而眞有以見其情僞之所以然해야만, 則不惟不敢進이고 而亦無自而進矣니, 此가 止讒之法也라.
慶源輔氏曰: 참소를 하여 일러바치는(讒譖) 人은 人이 不聽일까에 畏하지 않고, 人이 能히 審일까에 畏인 것이다. 今에 비록 不聽이라도 彼가 將次 浸潤으로 그것을 入之케 함엔, 則 異日에선 或 能히 聽하지 않을 수 없게 될 수도 있다. 오직 能히 審察하여 참으로 그 情僞의 所以然에 見함이 있어야만, 則 오직 敢히 進하지 못하게 할 뿐이 아니라 또한 부터하여 進함을 없게 할 수 있으니, 此가 讒을 止하게 하는 法인 것이다.

○豐城朱氏曰 無遽以為信은 則欲其察之詳也고, 曰舍之而無遽以為然은 則欲其聽之審也라. 能如是면 則雖誑之以理之所有라도 其計且有所不行커늘, 況欲昧之以理之所無여도 其計果孰得而行哉리오. 小人之為讒譖엔 或積小以成大하고 或飾虛以為實하니, 其為害也大矣라. 患人君不能徐察而審聽之耳이니, 苟徐察而審聽之면 則造言者는 無所遁其情하고, 而被讒者도 亦可以免於禍矣라.
豐城朱氏曰: '無遽以為信'은 則 그 察하기를 詳하게 하고자 한 것이고, '舍之而無遽以為然'이라 曰함은 則 그 聽하길 審하게 하고자 한 것이다. 能히 如是일지면 則 비록 理에 있는 바로는 그것을 속일(誑) 수 있을지라도, 그 計에는 또한 行할 수 없는 바가 있거늘, 하물며 理에 없는 바로 그를 어둡(昧)게 하고자 하여도 그 計를 果然 어디엔들 行할 수 있으리오? 小人들이 讒譖을 함에는 或 小로 積하여 大를 成하고, 或 虛를 飾하여 實로 꾸미니, 그 害됨이 또한 大인 것이다. 人君이 能히 徐로 察하고 審으로 그것을 聽之하지 못할까에

患할 뿐이니, 苟로 徐察하여 審聽之일지면 則 造言者는 그 情을 遁할 바가 없게 되고, 讒을 입은 者도 또한 可히 禍에서 免일 수 있는 것이다.

唐國은 十二篇으로, 三十三章이고 二百三句이라.
唐國은 十二篇으로, 三十三章이고 二百三句이다.

黃氏曰 鄭,衛,齊,陳之國은 皆以世變多인지라, 故有淫奔之風이나, 惟魏,晉만은 以聖人所都之故에 而淫奔之俗不聞하고 聖人之化入人하길 深하기가 如此也라.
黃氏曰: 鄭,衛,齊,陳의 國풍은 모두 世變이 多였는지라 故로 淫奔之風이 有하였으나, 오직 魏,晉만은 聖人께서 都읍한 바의 까닭이기 때문에 淫奔之俗은 들리지 않고 聖人之化만이 人心에 入하길 深하기가 如此였던 것이다.

曰: 武公에게 無王之心이 有인 而後에 惡으로 動하였던 것이다. 簒弑는 大惡이거늘, 王法에선 容납될 수 없는 바로서 誅살인 것이다. 彼가 그 天子之使<시>에게 請命이거늘, 어찌 眞으로 有王임을 知하였겠는가? 正히 人心이 與하지 않는 바인지라, 王靈을 假하지 않고서는 則 終내 能히 晉을 안정시킬 수 없었기 때문이다. 此는 正히 唐나라의 藩鎭들이 그 主帥를 戕살하여 그를 대신하고선, 앉아 旌節을 맞이(邀:요)했던 것과 더불어 다름이 없는 것이다). 釐王이 그 보물과 유물(實玩)을 탐하여 天理와 民彛는 가히 폐할 수 없음을 생각지 못하였기 때문에, 이러므로 誅討를 가하지 않고 그에게 爵命으로 행하였으니, 즉 왕도의 기강이 이때부터 떨쳐지지 않았고, 人道의 紀綱도 혹 거의 끊어지게 되었으니, 아~ 애통하도다.

*참고: 鷩冕

冕服에는 대구면(大裘冕), 곤면(袞冕), 별면(鷩冕), 취면(毳冕), 희면(希冕), 현면(玄冕)이 있고, 천자만이 여섯 가지 면복을 다 착용할 수 있다.

10-09-02 ○豈曰無衣六兮리오. 不如子之衣가 安且燠兮니라.
어찌 천자 경(卿)의 6명(六命) 복식 입을 수 없으리오? 천자께서 명한 복식 안정되고 또 따뜻함만 못하니라.

어찌 내가 육장복이 없으랴마는
그대가 주신 옷처럼 좋지 않아요 그 옷은 편안하고 따뜻하네요

賦也라. 天子之卿은 六命이니, 變七言六者는 謙也라. 不敢以當侯伯之命하여 得受六命之服으로 比於天子之卿도 亦幸矣라(臨川王氏曰 六者는 子男之服也라. 子男之服은 以五爲節여도 而曰六者는 天子之卿六命이 與子男과 同服故也라). 燠은 煖也니, 言其可以久也라.
賦체이다. 天子의 卿은 六命이니, 七을 바꾸어서 六이라 한 것은 謙辭이다. 감히 侯,伯의 命을 감당하지 못하여 六命의 복식만 받아 天子의 卿과 견줌(比)이라도 또한 다행이라는 것이다(臨川王氏曰: 六者는 子男之服인 것이다. 子男之服은 五로서 節을 삼음에도 六이라 曰한 것은 天子之卿은 六命으로 子男과 同服인 까닭인 것이다). '燠(욱)'은 따뜻함이니, 그 가히 오래도록 입을 수 있음을 말한 것이다.

藍田呂氏曰 義理에 有所未安이면, 雖食不飽하고 雖衣不煖이라.
藍田呂氏曰: 義理에 未安한 바가 있을지면, 비록 食이어도 不飽하고 비록 衣이어도 不煖인 것이다.

만 而必請命者는 蓋以不如天子之命으로 服之가 爲安且吉也라(慶源輔氏曰 安은 謂不陧扤이고, 吉은 謂無後患이라. 此特以利害言耳이지, 非誠知義命之所在也라). 蓋當時에 周室雖衰여도 典刑猶在이기에, 武公旣負弑君簒國之罪인지라 則人得討之니, 而無以自立於天地之間인지라 故略王請命하길 而爲說如此라. 然其倨慢無禮가 亦已甚矣라(慶源輔氏曰 請命于天子而敢自謂하길, 豈曰無衣不如子之所命리오. 則其辭之悖慢無禮가 亦甚矣라, 大率로 意得志滿者의 其辭多如此이라. ○華谷嚴氏曰 武公은 有無王之心而後에 動於惡이라. 簒弑는 大惡커늘, 也王法之所不容으로 誅也라. 彼가 其請命於天子之使컨대, 豈眞知有王哉리오. 正以人心所不與에 非假王靈이면 則終不能定晉也라. 此는 正與唐蕃鎭이 戕其主帥하고 而代之하여 以坐邀旌節者와 無以異라). 釐王이 貪其寶玩하여 而不思天理民彝之不可廢인지라, 是以誅討不加而爵命行焉하니, 則王綱이 於是乎不振하고 而人紀도 或幾乎絶矣니, 嗚呼痛哉로다.

賦체이다. '侯'와 '伯'은 七命이니, 그 車의 旗와 衣의 服을 모두 七章으로 節을 삼음인 것이다(臨川王氏曰: 周禮 春官宗伯의 <司服>에서 所謂 '侯伯之服은 별면<鷩冕> 而下로부터는 公<九命>의 服과 같고...'는 即 춘관종백 <典命>에서의 所謂 '侯伯七命'이니, 衣服을 七로서 節을 삼음인 것이다. ○東萊呂氏曰: 周禮注에, 鷩冕의 복식은 七章이다. 衣에다 三章컨대, 一曰華蟲이니 雉로서 畵함이 即 鷩이고, 二曰火이며, 三曰宗彝이니, 모두 畵하여 채색<繢:궤>한다. 裳에다 四章컨대, 一曰藻하고, 二曰粉米하며, 三曰黼하고, 四曰黻하니, 모두 수놓는다<繡>. <鷩은 音이 鼈이다>). '子'는 天子이다. ○史記에, 曲沃 桓叔의 손자인 武公(三山李氏曰: 桓叔<成師>이 莊伯 鱓<잔치>를 生하고, 鱓가 武公 稱을 生하였다)이 晉을 정벌하여 그곳을 멸하고선 그 寶器를 모두 주나라 釐(與僖同)王에게 뇌물을 하니, 王이 武公으로서 晉의 君으로 삼고선 諸侯들과 반열하게 하였으니, 이 詩는 대개 그 命을 請하는 뜻을 기술한 것이다. 내가 이 七章의 의복이 없는 것은 아니지만 반드시 請命인 것은, 대개 天子의 명으로 그것을 服함이 편안하고 또 吉함만 같지 못할 뿐이기 때문임을 말한 것이다(慶源輔氏曰: 安은 위태롭지<陧扤:위태로울얼,그루터기올> 않음을 말함이고, 吉은 後患이 없음을 말함이니, 此는 다만 利害로서 言했을 뿐이지 誠으로 義命之所在에 知했던 것은 아니다). 대개 이 시대를 당하여 周室이 비록 쇠미하였어도 典刑만은 오히려 존재해 있었기 때문에, 武公이 이미 弑君簒國의 죄를 짊어졌는지라 즉 사람마다 그를 토벌할 수가 있었으니, 天地間에 자립할 수가 없었기에 고로 王에게 뇌물을 보내 請命하길 이와 같이 설을 삼은 것이다. 그러나 그 倨慢(거만할거)하고 無禮함이 또한 이미 심한 것이다(慶源輔氏曰: 天子에게 請命하며 敢히 스스로 謂하길, '豈曰無衣 不如子之所命'이라 하니, 則 그 언사가 패악의 오만<悖慢>과 無禮가 또한 甚인 것이다. 大率로 意는 得이고 志는 滿한 자들의 그 辭가 多로 如此인 것이다. ○華谷嚴氏

533

秦 一之十一

秦 國名으로 其地는 在禹貢雍州之域하니, 近鳥鼠山이라. 初伯益이 佐禹治水有功하자 賜姓嬴氏이라(孔氏曰 鄭語云하길 嬴 伯翳之後라하고, 地理志云하길 嬴 伯益之後라하니, 則伯益,伯翳는 聲轉字異이니 猶一人也라. ○問컨대, 姓,氏如何 分別리오. 朱子曰 姓은 是大總腦處이고, 氏는 是後來次第分別處이라. 如魯本姬姓이나 其後有孟氏季氏하니, 同爲姬姓而氏不同也라). 其後中潏이 居西戎하며 以保西垂이라. 六世孫大駱이 生成及非子하고, 非子事周孝王하여 養馬於汧(地理志曰 汧水는 出扶風汧縣하여 西北으로 入于渭이라)渭之間컨대 馬大繁息하자 孝王封爲附庸하고 而邑之秦이라. 至宣王時하여 犬戎滅成之族하자, 宣王遂命非子曾孫秦仲爲大夫하고 誅西戎컨대 不克見殺이라. 及幽王爲西戎,犬戎所殺하여 平王東遷에 秦仲孫襄公이 以兵送之하자, 王封襄公爲諸侯하며 曰 能逐犬戎이면 卽有岐豊之地이라. 襄公遂有周西都畿內八百里之地이라(三山李氏曰 史記에 襄公十二年에 伐戎至岐而卒에, 至其子文公하여 遂收周餘民하고 有其地라. ○孔氏曰 周之二都는 相接爲畿하고, 其地가 東都橫長하고 西都方八百里也라) 至玄孫德公하여 又徙於雍이라(孔氏曰 僖公十三年 左傳云하길 '秦輸粟于晉 自雍及絳'하고, 昭公元年云하길 '秦后子享晉侯 自雍及絳'하니, 是秦自德公已後로 常居雍也라). 秦은 卽今之秦州이고, 雍은 今京兆府興平縣이 是也라.

秦은 國名으로 그 땅은 禹貢 때의 雍州지역에 있었으니, 鳥鼠山과 가깝다. 애초에 伯益이 禹임금을 도와 治水에 공이 있자, 嬴氏로 성을 하사받았다(孔氏曰: 鄭語에 云하길 '嬴씨는 伯翳<깃일산예>의 後예이다.'라 하였고, 地理志에 云하길 '嬴씨는 伯益의 後예이다.'라 하였으니, 則 伯益과 伯翳는 聲이 轉되어 字가 異되었던 것이니 오히려 一人인 것이다. ○問컨대, 姓과 氏는 如何로 分別인 것입니까? 朱子曰: 姓은 이렇게 크게 총괄로 주재(總腦)하는 處인 것이고, 氏는 이렇게 後來의 次第에 따라 分別된 處인 것이다. 마치 魯와 같은 경우도 本으로 姬姓이나, 그 後에는 孟氏와 季氏가 有하였으니, 同으로 姬姓이 되지만 氏에서는 不同인 것이다). 그 後裔인 중결(中潏)이 西戎에 居하며 西垂지역을 보전하였다. 六世孫인 大駱(낙타락)이 成과 非子를 낳았고, 非子가 周 孝王을 섬겨 견수(汧水)와 渭水 사이에서 말을 길렀는데(地理志曰: 汧水는 扶風 汧縣에서 出하여 西北으로 흐르다 渭水로 入한다), 말이 크게 번식하자 孝王이 封하여 附庸으로 삼고서 秦땅에 도읍하게 하였다. 宣王 때에 이르러 犬戎이 成의 종족을 멸하자, 宣王이 드디어 非子의 증손인 秦仲에게 명하여 大夫로 삼고서 西戎을 주살케 하였는데, 이기지 못하고 죽음을 당하였다. 幽王이 西戎과 犬戎에게 죽음을 당하는 바가 됨에 及하여, 平王이 東遷할 때 秦仲의 손자인 襄公이 병력으로서 그를 호송하자, 王이 襄公으로 봉하여 제후

로 삼고서 말하기를: <능히 犬戎을 내쫓는다면, 즉 岐와 豊의 땅을 차지할 것이다.>라 하니, 襄公이 드디어 周의 西都인 畿內 800리의 땅을 차지하였고(三山李氏曰: 史記에 襄公 十二年에 伐戎하여 岐에 至하여 卒함에, 그 子인 文公에 至해서 드디어 周의 餘民을 收習하고 그 地를 차지하였다. ○孔氏曰: 周의 二都는 相接하여 畿를 이루었고, 그 地가 東都는 橫長하고 西都는 바야흐로 八百里였다), 玄孫인 德公에 이르러 또 雍땅으로 옮겼다(孔氏曰: 僖公 十三年 左傳에 云하길 '秦輸粟于晉 自雍及絳'이라 하였고, 昭公 元年에 云하길 '秦 后子가 享晉侯에 自雍及絳이다.'라 하니, 이렇게 秦은 德公으로부터 已後에는 항상 雍에 居하였던 것이다). 秦은 즉 지금의 秦州요, 雍은 지금의 京兆府 興平縣이 이곳이다.

*참고: 秦輸粟于晉 自雍及絳

晉荐饑 使乞糴于秦 秦伯謂子桑與諸乎. 對曰 重施而報 君將何求. 重施而不報 其民必攜. 攜而討焉 無衆必敗. 謂百里與諸乎. 對曰 天災流行 國家代有. 救災恤鄰 道也. 行道有福 丕鄭之子豹在秦 請伐晉. 秦伯曰 其君是惡 其民何罪. 秦於是乎輸粟于晉 自雍及絳相繼. 命之曰汎舟之役.

晉에 보리와 벼가 거듭(荐)으로 익지 않자(饑) 秦에게 곡식 구매(糴)를 乞하게 하니, 秦伯이 子桑(公孫枝)에게 일러 말하길: <주어야(與) 하는가?>라 하자, 對曰: <거듭된 은택을 베풂에 그들이 보은할지면, 君께서 장차 무엇을 더 그들에게서 求하시리오? 거듭된 은택을 베풂에도 보은치 않거늘 그 民은 반드시 떠나게(攜) 될 것이고, 떠난 이후에 그들을 토벌하신다면 대중이 없는지라 반드시 敗하리이다.>라 하였다. 百里奚(秦大夫)에게 말하길: <주어야 하는가?>라 하자, 對曰: <天災는 流行하는 것으로 國家들마다 대대로 있었거늘, 災를 구원하고 鄰을 구휼함은 道이니, 道를 행할지면 福이 있나이다.>라 하였다. 이때에 丕鄭의 子인 豹가 秦에 在하면서 晉을 伐할 것으로 청하자, 秦伯曰: <그 君은 이렇게 惡일지나, 그 民에겐 무슨 罪이리오?>라 하였다. 秦이 이때에 晉으로 곡식을 수송함에 雍(秦國都)에서부터 絳(晉國都)에 及하기까지 서로 이어졌으니, 그것을 命하여 汎舟의 役(從渭水運入河汾)이라 하였다.

*참고: 秦后子享晉侯 自雍及絳

夏 秦伯之弟鍼出奔晉.

夏에 秦伯의 弟 침(鍼)이 晉으로 出奔하다.

[좌] 秦后子有寵於桓 如二君於景. 其母曰 弗去懼選. 癸卯 鍼適晉 其車千乘. 書曰 秦伯之弟鍼出奔晉 罪秦伯也. 后子享晉侯 造舟于河 十里舍車. 自雍及絳 歸取酬幣 終事八反.

秦 后子(鍼,景公母弟)가 桓公에게 寵이 있어, 마치 景公 때에 二君이 있는 듯

이 하였거늘, 그 母가 曰: <國을 去하지 아니하면, 죄상이 열거(選:數)될까 懼하노라(恐景公數罪加戮).>고 하니, 癸卯일에 침(鍼)이 晉으로 適하건대, 그 車가 千乘이나 되었다. 書曰 <秦伯之弟鍼出奔晉>이라 기록하여 말한 것은 罪가 秦伯에게 있다는 것이다(罪失敎). 后子가 晉侯를 享할새, 河에 造舟케 하여 梁을 만들고(爲梁通秦晉之道), 十里마다 車를 八乘(一舍)으로 하여, 國都 雍으로부터 晉의 絳에 及하기까지(千里,用車八百乘), 수폐(酬幣)를 秦으로부터 歸取케 하길 終事(享)까지 八反이나 하였다(備九獻之儀,自齊其一以爲初獻,餘則每十里八乘車以次,載幣相授而還,比至享終八車皆反).

秦州는 即今鞏昌府 秦州이고, 京兆府,興平縣은 即今西安府興平縣 並隸陝西이라.
'秦州'는 即 今의 공창부(鞏昌府:굳을공) 秦州이고, '京兆府 興平縣'은 即今의 西安府 興平縣에서 陝西에까지 並隸이다.

○豐城朱氏曰 按컨대, 成與非子는 本兄弟也라. 成之族이 既為犬戎所滅하고 而非子之孫秦仲도 復敗死于西戎하니, 則二戎者는 固秦之世讐也라. 及幽王為西戎犬戎所殺에도 則二戎者가 又豈非周之世讐歟리오. 使平王而有志焉이면 則於襄公之封에 宜命之하여 糾合侯伯하고 統率師徒하여 而討之리니, 則王轍可以不東이고, 戎難可以必除하여 而先王之讐에도 亦可以少報矣라. 既不能然하곤 乃曰하길 能逐犬戎 即有岐豐之地이라. 夫岐豐之地는 興王之地也니, 不惟其土地人民之不可棄이며, 抑先王之墳墓在焉이고 宗廟在焉이며, 宮室之美官府之富皆在焉커늘, 如之何其可委之而去也리오. 且先王之封國엔 有常制矣니, 八百里之地로 封方百里者하여 八以開方計之커늘, 則又不止於是矣하고 而一旦舉而畀之라. 於秦藉曰하길 其地已為犬戎所侵에 令其自取라하니, 然秦能取之컨대 王獨不能率諸侯以取之乎리오. 王而少有越句踐之志면 則必不若恝矣라. 故嘗謂하길, 平王之東은 也忘先王之仇讐而不報이고, 棄先王之土地人民而不恤이며, 舍先王之宗廟墳墓而不顧이고, 隳先王之典章法度而不守니, 卒使興王八百里之地를 悉歸於秦하니, 則秦之代興을 不待他日而其兆已見於此矣컨대, 可勝歎哉리오.
豐城朱氏曰: 按컨대, 成과 非子는 本으로 兄弟이다. 成之族이 이윽고 犬戎에게 滅하는 바가 되었고, 非子之孫인 秦仲도 다시 西戎에 敗死하였으니, 則 二戎者는 固히 秦의 世讐인 것이다. 幽王이 西戎과 犬戎에게 殺害되는 바가 됨에 及해서도, 則 二戎者가 또한 어찌 周의 世讐가 아니겠는가? 가령 平王에게 그것에 志가 有하였다면, 則 襄公之封에 있어 宜當 그에게 命之하여 侯伯을 糾合하고 師徒를 統率하여 그들을 討之케 하였으리니, 則 王의 수레바퀴(轍)도 可히 東으로 향하지는 않았을 것이고, 戎難도 可히 반드시 除去하여 先王之讐

에 또한 可히 少라도 報하였을 것이다. 이윽고 能히 然하지 못하고선, 이내 曰하길 '能逐犬戎 即有岐豐之地'라 하였다. 저 岐豐之地는 興王之地이니 또한 그 土地와 人民만이 不可棄일 뿐이 아니고, 도리어 先王之墳墓도 그곳에 在함이고 宗廟도 그곳에 在함이며, 宮室之美와 官府之富도 모두 그곳에 在이거늘, 如之何로 그 可히 그곳을 버리(委)고 去할 수 있겠는가? 또한 先王께서 封國함엔 常制를 有하셨으니, 八百里之地로 方百里者로 封하여 八방으로 전개하여 바야흐로 그것으로 計之함이거늘, 則 또한 是에 止하지 않고서 一旦만에 舉하여 그것을 주고(畀) 말았던 것이다. 秦藉에 曰하길 '그 地가 이미 犬戎이 侵한 바가 되어, 그 스스로 取하게 하였다.'라 하니, 그러면 秦도 能히 그것을 取之하였건대 王만이 獨으로 能히 率諸侯하여 그것을 取之할 수 없었겠는가? 王에게 少라도 越의 句踐之志가 有하였다면, 則 반드시 是와 같이 근심 없이(恝) 하지는 않았을 것이다. 故로 일찍이 謂하길, 平王之東은 또한 先王之仇讐를 忘하여 報하지 않음이고, 先王의 土地와 人民을 棄하고선 구恤하지 않음이며, 先王之宗廟와 墳墓를 舍하고선 顧하지 않음이며, 先王之典章과 法度를 隳케 하고선 守해내지 못함이니, 卒에는 興王의 八百里之地로 하여금 다 秦에 歸하게 하였으니, 則 秦이 代신하여 興함을 他日에 待하지 않아도 그 兆짐이 이미 此에서 見(현)이거늘, 可히 歎식을 勝할 수 있겠는가?

1. 車鄰

11-01-01 有車鄰鄰하며 有馬白顚이로다. 未見君子로니 寺人之令이로다.
수레 소리 웅장하며 흰털 이마의 백전(白顚) 명마로다. 아직 군주 알현치 못함이로니 시인(寺人)의 사령 통함이로다.

수레소리 덜컹덜컹 흰 털박이 명마로다
아직 군주 뵙지 못해 사인에게 부탁하네

賦也라. 鄰鄰은 衆車之聲이라. 白顚은 額有白毛로, 今謂之的顙이라(孔氏曰 的은 白也고 顙額也니, 今之戴星馬이라. 臨川王氏曰 白顚은 蓋名馬로, 騨騧, 盜驪, 赤兎, 的顱之稱이라). 君子는 指秦君이라. 寺人은 內小臣也라(孔氏曰 寺人은 在內의 細小之臣이니, 即今內小臣之官也라. 左傳에, 齊有寺人貂하고, 晉有寺人披하니, 是諸侯有寺人也라. ○華谷嚴氏曰 寺人은 閹宦이라). 令은 使也라. ○是時秦君이 始有車馬及此寺人之官하니, 將見者는 必先使寺人通之인지라, 故國人이 創見而誇美之也라.
賦체이다. '鄰鄰(수레소리린)'은 많은 수레가 내는 소리이다. '白顚'은 이마에 흰털이 있는 것이니, 지금은 그것을 일러 的顙이라 한다(孔氏曰: 的은 白

이고 顙은 額이니, 今의 戴星馬이다<이마에 흰 털의 점이 마치 별과 같이 박혀있는 말>. 臨川王氏曰: 白顚은 대개 名馬로, 화류<驊騮>, 도려<盜驪>, 적토<赤兎>, 적로<的顱:머리뼈로.有白色斑點的馬>의 稱인 것이다). '君子'는 秦나라 君주를 가리킴이다. '寺人'은 宮안의 小臣이다(孔氏曰: 寺人은 在內의 細小之臣이니, 即 今의 內의 小臣之官인 것이다. 左傳에 齊에겐 寺人 貂<담비초>가 有하였고, 晉엔 寺人 披<헤칠피>가 有하였으니, 이렇게 諸侯에게는 寺人이 有인 것이다. ○華谷嚴氏曰: 寺人은 閹宦<내시엄>이다). '令'은 使이다. ○이때에 秦君이 비로소 車馬와 이러한 寺人의 환관을 두었으니, 장차 임금을 뵈려는 자는 반드시 먼저 寺人으로 하여금 그것을 통하게 하였기 때문에, 고로 國人들이 처음 보고 그것을 과장하여 아름답게 여긴 것이다.

*참고: 名馬
화류(驊騮)와 도려(盜驪): 전설에 나오는 주나라 목왕(穆王)의 여덟 준마 가운데 하나. 후에 붉은색 良馬를 통칭하였다. 목왕의 8마리 명마(팔준마:八駿馬)의 이름은 적기(赤驥), 도려(盜驪), 백의(白義), 유륜(踰輪), 산자(山子), 거황(渠黃), 화류(華騮), 녹이(綠耳)라고 전해진다. 赤兎는 관우가 타던 명마이고, 的顱<亦稱為駒騵>는 유비가 타던 명마이다.

眉山蘇氏曰 凡此는 皆人君之常禮지만, 而秦之先君엔 昔所未嘗有也라.
眉山蘇氏曰: 무릇 此들은 모두 人君之常禮이지만, 秦의 先君에는 예전에 일찍이 있지 않았던 바인 것이다.

11-01-02 ○阪有漆이며 隰有栗이로다. 旣見君子이라 並坐鼓瑟호라. 今者不樂이면 逝者其耋이리라.
비탈 언덕엔 옻나무 있으며 낮은 습지엔 밤나무 있도다. 이윽고 군주 만나뵈온지라 나란히 앉아 비파 타리라. 금자(今者)에 즐기지 않을지면 세월 가 그 늙어버리리라.

　　　언덕에는 옻나무 늪에는 밤나무 있네
　　　이제 군주 뵈었으니 마주 앉아 비파타네
　　　지금 즐기지 않는다면 세월따라 늙어가리

興也라. 八十曰耋이라. ○阪則有漆矣하고 隰則有栗矣컨대(廬陵羅氏曰 陂者曰阪하고, 下濕曰隰이라), 旣見君子에 則並坐鼓瑟矣라. 失今不樂이면 則逝者其耋矣라.
興체이다. 八十을 '耋(늙은이질)'이라 曰한다. ○언덕에는 즉 옻나무 있고, 습지에는 즉 밤나무가 있다(廬陵羅氏曰: 陂者<비탈파>를 阪<언덕판>이라 曰

하고, 下濕<젖을습>을 隰<진펄습>이라 曰한다). 이윽고 군자를 보았으니 즉 아울러 앉아 비파를 타리라. 지금 때를 놓쳐 즐기지 않을지면, 즉 세월 흐르는 것에 그 늙어버릴지로다.

須溪劉氏曰 俯仰一時之景으로 以寫其中之所甚快者가, 此所以為興也라. 朱子每句著則矣字도 多得興意이라.
須溪劉氏曰: 俯仰의 一時之風景을 그 심중의 甚히 快한 바의 것으로 묘사해 놓는 것, 此가 興이 되는 所以인 것이다. 朱子께서 每句마다 '則'과 '矣'의 字로 著(착)해 놓음도 多로 興意를 得한 것이다.

○華谷嚴氏曰 既見君子,竝坐鼓瑟은 簡易相親之俗也고, 今者不樂,逝者其耋은 悲壯感歎之氣也라. 秦之強도 以此이고, 而止於為秦도 亦以此이라.
華谷嚴氏曰: '既見君子 竝坐鼓瑟'은 簡便하고 용易하게 相親하는 풍俗인 것이고, '今者不樂 逝者其耋'은 悲壯의 感歎之氣인 것이다. 秦의 強성도 此로서인 것이고, 秦이 다스려짐으로 止인 것도 또한 此로서인 것이다.

○慶源輔氏曰 未見秦君에 而觀其車馬之盛하고, 寺人之令에 而誇美之矣라. 及其既見秦君코선 也則相與竝坐鼓瑟하고, 而又歎以為하길 苟今時而不作樂이면 則逝者其耋矣라. 蓋國家方興에 禮義初備면 而人情喜樂이니, 故至於此이라.
慶源輔氏曰: 未見秦君에 그 車馬之盛을 목觀하고, 寺人之令에 과장되게 그것을 아름답게 여겼다. 그 이윽고 秦君을 見함에 及해선 또한 則 서로 함께 나란히 앉아 鼓瑟을 연주하였고, 또 歎하며 여기길 '苟로 今時에 不作樂이면 則 逝者에 그 耋해버릴 것이다.' 라 하였다. 대개 國家가 바야흐로 흥성하려 함에 禮義가 처음 備해짐이면 人情에 있어 喜樂인 것이니, 故로 此에까지 至하였던 것이다.

11-01-03 ○阪有桑이며 隰有楊이로다. 既見君子이라 並坐鼓簧호라. 今者不樂이면 逝者其亡이리라.
비탈 언덕엔 뽕나무 있으며 낮은 습지엔 버드나무 있도다. 이윽고 군주 알현인지라 나란히 앉아 생황 연주하리라. 금자에 즐기지 않을지면 세월 가 그 죽고 말리라.

     언덕에는 뽕나무 늪에는 버드나무 있네
     이제 군주 뵈었으니 함께 앉아 생황부네
     지금 놀지 아니하면 세월 가면 없어지네

興也라. 簧은 笙中金葉하여 吹笙이면 則鼓動之로 以出聲者也라.
興체이다. '簧'은 笙簧안에 金葉이 있어, 笙을 불면 즉 그것을 두드리고 움직여서 소리를 내는 것이다.

車鄰은 三章으로, 一章四句이고 二章은 章六句라.
車鄰은 三章으로, 一章은 四句이고 二章은 章마다 六句이다.

華谷嚴氏曰 秦興이고 而帝王之影響도 盡矣라. 車鄰은 其濫觴이니, 也世道升降之源이 在是歟인져.
華谷嚴氏曰: 秦이 興하려 함이고 帝王들에게 影響도 盡이었던 것이다(영향을 받음). <車鄰>은 그 시초의 <濫觴>에 해당되니, 또한 世道의 升降에 대한 근원이 是에 在함일진져!
*참고: 濫觴(남상:荀子의 子道篇)
큰 배를 띄우는 큰 강물도 그 첫 물줄기는 겨우 술잔을 띄울 정도의 적은 물이라는 데에서 나온 말로, 모든 사물이나 일의 시초·근원을 말함이다.

2.駟驖

11-02-01 駟驖孔阜호니 六轡在手로다. 公之媚子가 從公于狩로다.
검은 사마(四馬) 심히 살쪄 윤기 흐르니 여섯 고삐(六轡) 춤추듯 손안에 놓임이로다. 공(公)에 친애받는 이 공(公)을 쫓아 겨울사냥(狩)이로다.

　　네 마리 살찐 흑말 윤기 흐르고 여섯 줄 고삐 잡고 수레를 모네
　　공이 좋아하는 그 신하들 공을 따라 모두 함께 사냥 나서네

賦也라. 駟驖은 四馬가 皆黑色如鐵也라. 孔은 甚也라. 阜는 肥大也라. 六轡者는 兩服,兩驂各兩轡이나, 而驂馬兩轡는 納之於觖인지라(觖은 與䤼同으로, 古穴反이라), 故惟六轡在手也(華谷嚴氏曰 馬之有轡는 所以制馬使隨人意라. 在手는 言把握其轡하여 能制馬遲速이 唯手是聽也라). 媚子는 所親愛之人也라. 此亦前篇之意也라.
賦체이다. '駟驖(밤색털빛철)'은 네 마리의 말이 모두 검은색이어서, 마치 철(鐵)과 같음이다. '孔'은 甚함이다. '阜'는 肥大함이다. '六轡'라는 것은 두 服馬와 두 驂馬에 각각 두 개씩의 고삐가 있지만, 驂馬에 있는 두 고삐는 결(觖)에다 들여 매어놓았기 때문에(觖은 䤼<쇠고리결>과 더불어 同으로, 각 古와 穴의 反切음이다), 고로 오직 여섯 개의 고삐만이 손에 놓여 있는 것이다(華谷嚴氏曰: 馬에게 轡로 有함은 制馬하여 人意를 隨하게 하는 所以인

것이다. '在手'란 그 轡를 把握하여 能히 馬의 遲速으로 制함이 오직 손에 다 이렇게 聽할 뿐임을 言한 것이다). '媚子'는 親愛하는 바의 사람이다. 이 것도 또한 前篇의 뜻인 것이다.

華谷嚴氏曰 駟驖孔阜는 言馬之良也고, 六轡在手는 言御之良也라. 公之媚子, 從公于狩에서 見便嬖足使令於前也라.
華谷嚴氏曰: '駟驖孔阜'는 馬之良임을 言한 것이고, '六轡在手'는 御之良임을 言한 것이다. '公之媚子,從公于狩'에서 便嬖(寺人)가 足히 사냥 나가기 前에 使令하였음을 見할 수 있는 것이다.

11-02-02 ○奉時辰牡호니 辰牡孔碩이로다. 公曰左之하시고 舍拔則獲이로다.
이 사냥한 희생(犧牲) 올리나니 사냥의 희생 심히 장대하도다. 공(公)께서 수레 좌로 몰라 하시고 시위 놓음마다 즉 획득이로다.

　　　　제사 때 쓸 희생 짐승 몰아오는데 몰려온 짐승들 크고 실하네
　　　　공께서 좌로 몰라 분부하시고 활을 쏘면 시위마다 명중하셨네

賦也라. 時는 是이고, 辰은 時也라. 牡는 獸之牡者니, 辰牡者는 冬獻狼, 夏獻麋, 春秋獻鹿豕之類라. 奉之者는 虞人翼以待射也라(孔氏曰 冬獻狼以下는 皆天官獸人文으로, 獸人所獻以供膳이지 虞人無奉獸之文인지라, 故引獸人之文하여 以解時牡耳라. 獸之供食에 各有時節인지라 故曰時牡이라). 碩은 肥大也라. 公曰左之者는 命御者하여 使左其車하고 以射獸之左也라. 蓋射必中其左여야 乃爲中殺이라. 五御의 所謂逐禽左者도 爲是故也라(朱子曰 逐禽左는 逆驅禽獸에 使左하여 當人君以射之也라. ○建安何氏曰 公曰左之는 御者從左以逐之에 君從左以射之니, 公羊傳에 解第一殺,第二殺,第三殺에 皆自左膘射之達于右하니, 則左는 當人君之左이니, 指禽獸之左膘而言<膘音縹>이라). 拔은 矢括也라(孔氏曰 矢末爲括하고 以鏃爲首인지라, 故拔爲末이라). 曰左之而舍拔無不獲者는 言獸之多而射御之善也라.
賦체이다. '時'는 이것 是이고, '辰'은 때 時이다. '牡'는 짐승의 수컷인 것이니, '辰牡'라는 것은 겨울에는 이리를 올리고, 여름에는 큰 암사슴(麋)을 올리며, 春秋로는 사슴과 돼지를 올리는 類인 것이다. 그것을 올리는 자는 虞人이니, 사냥감을 몰고서(翼驅) 활쏘기(射)를 기다림인 것이다(孔氏曰: '冬獻狼'의 以下는 모두 <天官獸人>의 文으로, 獸人이 膳을 제공으로 獻하는 바이지, 虞人에겐 奉獸之文이 無인지라, 故로 獸人之文을 引하여 時牡를 解하였을 뿐인 것이다. 獸之供食에는 各 時節을 有인지라, 故로 時牡라 曰한 것이다). '碩'은 肥大함이다. '公曰左之'라는 것은 御者에게 명하여 그 수레

를 집승 왼편으로 몰게 하고 집승 왼편을 쏘고자 함인 것이다. 대개 활 쏨에는 반드시 그 왼편을 맞추어야 殺함에 맞게 되니, 馳驅法 <五御>의 소위 '집승을 쫓음을 왼편으로 한다.' 라는 것도 이것을 위한 까닭인 것이다(朱子曰: 五御의 '逐禽左'는 禽獸를 逆驅함에 左로 하게 하여 人君이 그들을 射之에 의當하게 함이다. ○建安何氏曰: '公曰左之'는 御者가 집승의 左측을 從하여 그들을 逐之함에, 君이 左측을 從하여 그들에게 射之할 수 있게 하는 것이다. 公羊傳에서 第一殺<自左膘射之達於右髃:髆前骨:팔뚝박>, 第二殺<自左膘射之達於右髀:股骨>, 第三殺<自左膘射之達於右䯗:갈비뼈요,肩骨>로 解하길 모두 左膘<갈비아래 복부표>로부터 射之하여 右에까지 達함으로 하였으니, 則 左는 집승을 人君의 左측에 當하게 함이니, 禽獸之左膘를 指하여 言한 것이다<膘는 음이 縹이다:휘날릴표>). '拔'은 오늬(矢括:화살의 끝을 시위에 얹도록 두 갈래 지게 에어 낸 부분)이다(孔氏曰: 矢末은 시위에 얹을 오늬<括>:괄>가 되고 鏃은 首가 되니, 故로 拔이 末이 됨이다). '왼편에 있게 몰게 하여 화살을 시위에서 놓음마다 획하지 않음이 없다.' 라 曰한 것은 집승도 많고 활쏘기와 말몰기도 잘함을 말한 것이다.

*참고1: <추우>편의 一發五豝(虞人翼以待射也)
君射一發而翼五豝者, 由虞人翼驅五豝, 以待公之發矢故也
君이 一發(4*3=12발)을 射함에 五豝를 翼驅(몰아서잡을익)인 것으로, 虞人이 五豝를 翼驅함으로 由하여 公之發矢를 待할 수 있는 까닭인 것이다.

*참고2: 桓公 四年
四年 春 正月 公狩于郞(四年 春 正月에 公이 郞에서 겨울사냥(狩)을 하다).

공 狩者何 田狩也. 春曰苗 秋曰蒐 冬曰狩. 常事不書 此何以書 譏. 何譏爾 遠也. 諸侯曷爲必田狩 一曰乾豆 二曰賓客 三曰充君之庖.

狩라는 것은 무엇인가? 겨울사냥(田狩)이다. 春을 苗라 하고, 秋를 수(蒐)라 하며, 冬을 狩라 한다. 평상시의 事는 기록하지 않는 것인데, 여기서는 어찌하여 기록한 것인가? 기롱한 것이다. 어찌하여 그것을 기롱한 것인가? 사냥을 멀리까지 했기 때문이다(禮에는 諸侯田狩은 不過郊이라). 諸侯는 어찌하여 반드시 田狩하는 것인가? 첫째는 乾豆(말릴건)를 위함이고, 둘째는 賓客을 위함이며, 셋째는 군주의 庖를 채우기 위함인 것이다.

11-02-03 ○遊于北園하니 四馬旣閑이로다. 輶車鸞鑣로소니 載獫歇驕로다.
사냥 끝나 북쪽 동산(北園) 노니나니 사마(四馬) 이윽고 조련 익힘이로다. 경쾌한 수레의 난(鸞)방을 재갈서 들리나니 렴(獫)과 갈교(歇驕)의 사냥개도 실음이로다.

553

북쪽 동산에 들놀이 나서네 길들여진 네 마리 말 한가로워라
사냥수레 방울 달고 여러 사냥개도 함께 실었네

賦也라. 田事已畢인지라, 故遊于北園이라. 閑은 調習也라. 輶는 輕也라. 鸞은 鈴也니, 效鸞鳥之聲이라. 鑣는 馬銜也라. 驅逆之車엔 置鸞於馬銜之兩旁하고(孔氏曰 夏官에 田僕은 掌設驅逆之車이라. 驅는 驅禽逐前趨後하고, 逆은 御還之해 使不出圍<御音迓>이라. ○埤雅曰 輶車엔 置鸞於鑣하여 異於乘車者는 驅逆之車엔 則尙輕疾故也라), 乘車엔 則鸞在衡하고 和在軾也라. 獫,歇驕는 皆田犬名으로, 長喙曰獫하고 短喙曰歇驕라. 以車載犬은 蓋以休其足力也라. 韓愈畵記의 有騎擁田犬者도 亦此類이라.

賦체이다. 田렵의 事가 이미 끝났기 때문에, 고로 北園에서 노니는 것이다. '閑'은 조련으로 익힘(調習)인 것이다. '輶(가벼운수레유)'는 가벼운 수레이다. '鸞'은 방울(鈴)이니, 鸞鳥의 소리를 본딴 것이다. '鑣(재갈표)'는 말의 재갈이다. 사냥감을 몰 적에 맞이해 쏘는 수레는 鸞의 방울을 재갈 양편에다 다니(孔氏曰: 夏官 '田僕'은 사냥의 驅하고 逆하는 車에 대한 設置를 관掌한다. '驅'는 禽을 驅하여 前으로 逐하며 사냥감 後에서 趨함이고, '逆'은 그들을 맞이해(御:아) 들러싸(還:선) 圍를 벗어나지 못하게 한다<御音迓:마중할아>. ○埤雅曰: 輶車엔 鸞을 鑣에다 置하여 乘車와 異한 것은 驅逆之車에는 則 輕疾을 尙하는 까닭인 것이다), 일반 乘車에는 즉 鸞의 방울이 衡(수레끌채)에 있고 和의 방울은 軾에 있다. '獫(사냥개렴)'과 '歇驕(개이름갈)'는 모두 사냥개 이름으로, 주둥이(喙:부리훼)가 긴 것을 獫이라 하고, 주둥이가 짧은 것을 歇驕라 한다. 수레에다 사냥개를 싣는 것은 대개 그들의 발힘을 쉬게 함인 것이다. 당 韓愈의 <畵記>록에 '騎擁田犬者一人(騎하여 田犬을 호위<擁>하는 者는 一人을 두고...)'으로 有한 것도 또한 이러한 類인 것이다.

*참고: 鸞鳥
중국 전설에 나오는 상상의 새. 모양은 닭과 비슷하나 깃은 붉은빛에 다섯 가지 색채가 섞여 있으며, 소리는 오음(五音)과 같다고 한다.

*참고: 田犬
明李時珍《本草綱目·獸一·狗》: "狗類甚多, 其用有三:田犬長喙善獵, 吠犬短喙善守, 食犬體肥供饌."

駟驖은 三章으로, 章四句이라.
駟驖은 三章으로, 章마다 四句이다.

慶源輔氏曰 駟驖孔阜는 言其馬之盛也고, 六轡在手는 言其御之善也라. 公之媚

子,從公于狩는 言公有所親愛之人이 隨公以田獵이니, 疑卽指御者而言也라. 奉時辰牡,辰牡孔碩은 虞人奉翼犬獸以待公之射이니, 禮義之備也라. 公曰左之,舍拔則獲은 射御之精也라. 遊于北園는 因出狩而遊觀也고, 四馬既閑은 車馬皆閑習也라. 輶車鸞鑣,載獫歇驕는 雖田犬而亦處得宜也라. 此皆昔無하고 而今有인지라, 故歷敍其事而誇美之也라. 秦은 本保于西戎라가 自非子為附庸而邑之秦하고, 遂入于中國은 自襄公為諸侯니, 盡有周西都畿內岐豐之地然後에 始備中國之禮儀와 侍御함에 而詩人美之라. 然觀其所美者如此이면 則其所缺者도 亦多矣라.

慶源輔氏曰: '駟驖孔阜'는 그 馬之盛을 言함이고, '六轡在手'는 그 御之善을 言함이다. '公之媚子,從公于狩'는 公이 親愛하는 바로 두는 人이 公을 隨하여 田獵함을 言함이니, 疑컨대 卽 御者를 指하여 言한 것이다. '奉時辰牡 辰牡孔碩'은 虞人이 犬으로 獸를 翼(驅)하며 公之射를 待하여 받들어 올림이니(奉), 禮義之備인 것이다. '公曰左之 舍拔則獲'는 射御之精인 것이다. '遊于北園'은 出狩로 因하여 遊하며 觀覽인 것이다. '四馬既閑'는 車馬마다 모두 閑習하였던 것이다. '輶車鸞鑣 載獫歇驕'는 비록 田犬이라도 또한 宜當으로 處함을 得하게 한 것이다. 此도 모두 昔엔 無였으나 今에 有인지라, 故로 그 事에 歷敍하며 誇張되게 그것을 美之한 것이다. 秦은 本來 西戎 땅에 거처하며 西垂지역을 保全하였다가 非子로부터 附庸이 되어 秦에 邑之하였고, 드디어 中國으로 入함은 襄公(천도를 도와 附庸國에서 제후국이 됨. 견융으로 진격하다가 岐에서 죽음)이 諸侯가 됨으로부터이니, 周의 西都인 畿內 岐豐之地를 다 차지한 然後에야 비로소 中國之禮儀와 侍御를 備함에 詩人이 그것을 美之한 것이다. 그러나 그 美하게 여긴 바의 것이 如此함을 觀일지면, 則 그 缺如된 바의 것도 또한 多인 것이다.

○豐城朱氏曰 一章은 言其往而狩이고, 二章은 言其狩而獲이며, 三章은 言其獲而息으로, 此皆創見而深喜之之辭也라.
豐城朱氏曰: 一章은 그 往하여 狩함을 言한 것이고, 二章은 그 狩하여 獲함에 言한 것이며, 三章은 그 獲하고서 息함을 言한 것으로, 此도 모두 創見함에 깊히 그것을 喜之한 辭인 것이다.

○南軒張氏曰 讀車鄰駟驖之詩면 則知秦之立國하곤 自其始創부터 則不過盛其車馬하고, 奉養之事에도 競為射獵之為而已라. 蓋不及於用賢制民인지라, 也則其流風도 亦習乎是而已라.
南軒張氏曰: <車鄰>과 <駟驖>의 詩에 讀일지면 則 秦之立國하곤 그 始創으로부터는 則 그 車馬만을 盛함에 불과하였고, 奉養之事에도 競爭적으로 射獵之為만을 하였을 뿐임을 知할 수 있는 것이다. 대개 用賢의 制民에는 不及하였기 때문에, 또한 則 그 流風도 또한 是로만 習하였을 뿐인 것이다.

○前漢地理志曰 天水隴西엔 山多材木하여 民以板爲室屋이라. 及安定,北地,上郡,西河까지 皆迫近戎狄인지라, 修習武備하고 高上氣力하며 以射獵爲先인지라, 故秦詩曰하길 在其板屋하고 又曰하길 修我甲兵,與子偕行하니, 及車鄰,駟驖,小戎之篇과 皆言車馬田狩之事이라.

前漢 地理志下曰: 天水군의 隴西현지역엔 山에 材木이 多하여 民들이 板으로 室屋을 지었다. 安定, 北地, 上郡, 西河에 及하기까지 모두 戎狄과 임迫하여 近인지라, 武力의 준비 태세를 닦아 익히고 氣力을 高上히 하며 射獵만을 급先무로 삼았기 때문에, 故로 秦詩에서도 <在其板屋:小戎편>이라 曰하였고, 또 <王于興師, 修我甲兵, 與子偕行:無衣편>이라 曰하였으니, <車鄰><駟驖><小戎>의 篇과 함께 모두 車馬의 田狩에 대한 事로 言하였던 것이다.

3.小戎

11-03-01 小戎俴收로소니 五楘梁輈로다. 游環脅驅며 陰靷鋈續이며 文茵暢轂이로소니, 駕我騏馵로다. 言念君子호니 溫其如玉이로다. 在其板屋하야 亂我心曲이로다.

융거(小戎)의 차체(車體) 날렵(俴收)이로니 높이 솟은 끌채기둥 다섯의 동여맨 장식이로다. 복마엔 유환(游環)의 고리 횡목엔 협구(脅驅)의 끈이며, 음판(陰板)엔 인끈(靷)의 백금고리 장식이며, 호피의 깔개에다 큰 바퀴통이로니, 흰 발굽 검푸른 말에 멍에 얹음이로다. 전장(戰場)의 군자 떠올리니 온화하기 그 옥과 같음이로다. 그 오랑캐(西戎) 판옥(板屋) 땅 계심에 나의 마음 곡절하고 애틋이로다.

  작은 수레 앞뒤 낮고 가죽끈으로 끌채 감았네
 복마 등에 유환고리 횡목에 협구끈 묶고 음판엔 백금고리 장식 달았네
  호피 방석 큰 바퀴통에 흰 발굽 얼룩말에 멍에 얹었네
 그 님을 생각하니 옥돌같이 따뜻한데 오랑캐 땅 판옥살이내 마음 굽이치네

賦也라. 小戎은 兵車也라(董氏曰 六月言元戎의 此가 天子之車也면, 諸侯之戎車를 謂之小戎이 宜也라). 俴은 淺也라. 收는 軫也니, 謂車前後兩端橫木으로 所以收斂所載者也라. 凡車之制는 廣皆六尺六寸이나, 其平地任載者는 爲大車이니, 則軫深八尺이고 兵車則軫深四尺四寸인지라, 故曰小戎俴收也라(孔氏曰 兵車는 當輿之內인지라 前軫至後軫까지 惟深四尺四寸이니, 人之升車는 自後登之하여 入於車內인지라 故以淺深言之라). 五는 五束也라. 楘은 歷錄然文章之貌也라. 梁輈는 從前軫하여 以前稍曲하여 而上至衡(則居衡之上)하곤 則向下鉤之橫衡於

輈下하니, 而輈形의 穹隆上曲이 如屋之梁하고, 又以皮革五處束之하니 其文章歷錄然也라(孔氏曰 輈는 上曲鉤衡하니, 衡者軛也라. ○永嘉陳氏曰 輈는 車轅也라. 前駕於服馬之上하고, 衡之後로는 則承前軫코서 宜逼後軫이라. 梁輈가 則穹其上함에, 以便服馬之進退따라 車之進退가 以輈為主인지라, 懼輈之不堅也라. 故一輈五分하여 其穹每分마다 以皮束之使堅하니, 是謂之五楘이라. ○安成劉氏曰 梁輈는 即所謂軏也라).

賦체이다. '小戎'은 兵車이다(董氏曰:<六月>에 言한 '元戎'의 此가 天子之車일지면, 諸侯之戎車를 謂之하여 小戎이라 함이 宜인 것이다). '俴(갑옷엷을천)'은 얕음이다. '收'는 수레의 뒷턱나무(軫<車後橫木也>:수레의 뒤턱에 가로 넓이로 설치한 나무를 가리킨다)이니, 수레의 앞뒤 양끝에 가로댄 나무(橫木)를 말하는 것으로, 걸어 들인 것(收斂)을 싣는 바가 되는 까닭인 것이다. 무릇 수레의 제도는 안의 폭의 너비가 모두 6尺 6寸이니, 그 평평한 지면에다 짐을 싣는 바의 것엔 大車는 즉 軫의 가로 깊이가 8尺이 되고, 兵車는 즉 軫의 깊이가 4尺 4寸이기 때문에, 고로 '小戎俴收'라 曰한 것이다(孔氏曰: 兵車는 輿<사람이 타는 수레의 바닥부분>의 內部만을 當하는지라 前軫에서 後軫에 至하기까지가 오직 深이 四尺四寸이니, 人之升車는 後로부터 그곳으로 실어(登之) 車內로 入인지라 故로 淺深으로서 그것을 言之한 것이다). '五'는 다섯 곳을 묶음이다. '목(楘:수레의 끌채에 가죽을 감아서 꾸민 장식)'은 역력히 찬란(錄然)하게 매듭지어 문장이 드러난 모양이다. '梁輈(끌채주)'는 앞의 軫을 좇아 앞으로 점점 구부러져 올라 衡에 이르러선(則 衡之上에 居하고), 즉 아래로 향하여 끌채(輈)의 아래를 橫衡에다 갈고리로 걸으니, 輈의 형상이 높이 솟아(穹隆) 위로 굽어짐이 마치 집의 대들보(梁)와 같고, 또 皮革의 가죽으로 다섯 곳에다 그것을 묶음에 그 문장이 歷錄然(錄은 설문에 '金色也'라 하였다)하다는 것이다(孔氏曰: 輈는 上으로 曲하여 衡에다 갈고리로 걸음(鉤)이니, 衡者는 軛<멍에액>이다. ○永嘉陳氏曰: 輈는 車의 끌채<轅:원>이다. 前으로 服馬之上에다 駕하고, 衡에서 後로는 則 前軫을 承하고서 宜當 後軫에까지 逼인 것이다. 梁輈가 則 그 上으로 높아<穹>짐에, 문득 服馬之進退에 따라 車之進退가 輈로서 主를 삼는지라, 輈가 不堅일까에 懼인 것이다. 故로 一輈에다 五로 그 穹한 부위를 分하여 每分마다 皮로 그곳을 束之하여 堅케 함이니, 是를 謂之하여 五楘이라 함이다. ○安成劉氏曰: 梁輈는 即 所謂 '軏<끌채쐐기원>'인 것이다).

游環은 靭環也니, 以皮爲環하여 當兩服馬之背上하고, 游移前却無定處하여, 引兩驂馬之外轡로 貫其中而執之니, 所以制驂馬하여 使不得外出이라. 左傳曰如驂之有靭이 是也라(左傳 定公九年注言하길, 如驂馬之隨靭也라. 釋文曰 靭者는 言無常處이라). 脅驅도 亦以皮爲之하니, 前係於衡之兩端하고 後係於軫之兩端하여

當服馬脅之外하니, 所以驅驂馬使不得內入也라. 陰은 揜軌也라(廬陵羅氏曰 車軌前曰靷이니, 蓋轊頭也라. 轊는 于歲反이고, 車軸端이라). 靷은 在軌前컨대, 而以板橫側揜之하여 以其陰暎此靷인지라, 故謂之陰也라. 鞙은 以皮二條로 前係驂馬之頸하고 後係陰版之上也라. 鋈續은 陰版之上에는 有續鞙之處하니, 消白金沃灌하여 其環以爲飾也라(孔氏曰 鋈은 沃也로 謂消白金以沃灌이니, 鞙環鋈續은 則是作環相接이라).

'游環'은 가슴걸이(鞙:인)의 고리이니, 가죽으로 고리(環)를 만들어 두 服馬의 등 위에 당하게 하고, 앞뒤로 游移하게 하여 고정된 처가 없게 하여, 양 驂馬의 바깥 고삐를 끌어다 그 속을 관통케 하여 그것을 잡아주니, 驂馬를 제어하여 밖으로 벗어나지 못하게 하는 까닭인 것이다. 左傳曰하길 '마치 驂馬가 鞙끈<가슴걸이인> 속에 있음과 같다.' 라 하였으니(좌전의 文은 '猛笑曰: 吾가 從子함은 如驂之靳'이다), 이것이다(左傳 定公九年注에 言하길, '驂馬가 靳끈<가슴걸이근>을 隨함과 같다.' 라 하였다. 釋文曰: 靳者는 常處가 없음을 말함이다). '脅驅(겨드랑이협)' 도 또한 가죽으로 만드니, 앞으로는 衡의 양단에 매이게 하고 뒤는 軫의 양단에 매이게 해서 服馬의 겨드랑이에 당하게 하니, 驂馬를 몰 때에 내측으로 들어올 수 없게 하는 까닭인 것이다. '陰(덮다,비호하다)' 은 軌(軌:수레바퀴,굴대케)을 가리(揜)는 것이다(廬陵羅氏曰: 설문에 車軌의 前을 靷이라 曰하니, 대개 轊頭<굴대끝에>인 것이다<轊는 于歲反으로 車의 軸端이다>). 靷은 軌 앞에 놓여있는데, 판자로 횡의 측면에서 그것을 가려서 이 靷을 깊게 감추기(陰暎:深邃貌,깊을수) 때문에, 고로 陰이라 말한 것이다. '鞙' 은 가죽 두 가닥으로 앞으로는 驂馬의 목에 매이게 하고 뒤로는 陰版의 위에다 매이게 한다. '옥속(鋈續:도금할옥)' 은 陰板의 위에다 鞙과 연속된 처를 두는데, 白金을 녹여 부어(沃灌:물댈옥,관) 그 고리로 장식을 삼는다(孔氏曰: 鋈은 沃으로 白金을 消하여 沃灌함을 말함이니, 鞙環鋈續은 則 이렇게 環을 作하여 相接케 하는 것이다).
*참고: 車軌前曰靷이니, 蓋轊頭也라.
廬陵羅氏는 軌를 "轂末"이라 하였고, 수레바닥 둘레에 대는 나무 靷을 "轊頭(굴대축)" 라 하였다. 恐컨대 수레 바닥이 굴대축 위에 얹어져 있기 때문에 굴대축이 관통하는 부위인 바퀴중심부위의 뜻이 생긴 것으로 보여진다.

蓋車衡之長은 六尺六寸으로 止容二服하고 驂馬之頸不當於衡하니, 故別爲二鞙以引車인지라 亦謂之靳이라(廬陵羅氏曰 靳은 當胸之皮이라. 驂馬之首는 當服馬之胸이니, 胸前有靳<靳은 居覲反이라>이라). 左傳曰하길 兩鞙將絶하니, 是也라(孔氏曰 驂馬頭는 不當衡인지라, 則爲二鞙係陰版上하여 令驂馬引之라. 大叔于田云하길 兩服齊首,兩驂如手하니, 明驂馬首는 不與服馬齊이라. 左傳襄公十四年에 服虔云하길 鞙는 車軛也니, 兩邊에 有馬頸라하니, 是一衡之下엔 唯有服

馬二頸也라. 哀公二年云하길, 兩靷將絶라하니, 是橫,軛之前엔 別有驂馬二靷也라). 文茵는 車中所坐에 虎皮褥也라. 暢은 長也라. 轂者는 車輪之中으로, 外持輻하고 內受軸者也라. 大車之轂은 一尺有半이고, 兵車之轂은 長三尺二寸인지라, 故兵車曰暢轂이라(孔氏曰 言長於大車之轂이라). 騏는 騏文也라(孔氏曰 色之青黑者엔 爲綦하고 馬名爲騏니, 知其色作綦文이라). 馬左足白曰騈이라. 君子는 婦人目其夫也라. 溫其如玉은 美之之詞也라. 板屋者는 西戎之俗엔 以版爲屋이라. 心曲은 心中의 委曲之處也라. ○西戎者는 秦之臣子에 所與不共戴天之讐也라. 襄公이 上承天子之命하고 率其國人하여 往而征之인지라, 故其從役者之家人이 先誇車甲之盛如此而後에 及其私情이니, 蓋以義興師에 則雖婦人도 亦知勇於赴敵하고 而無所怨矣라.

대개 수레 衡의 길이는 6尺 6寸이라서 다만 두 마리의 服馬만을 용납하고, 驂馬의 목은 衡에 해당하지 못하니, 고로 별도로 두 개의 가슴걸이 끈을 만들어 수레를 끌게 하는지라, 또한 그것을 일러 靷(가슴걸이근)이라고 한다(廬陵羅氏曰: 靷은 胸之皮에 當하게 한다. 驂馬之首는 服馬之胸에 當하게 하니, 胸前에 靷이 有인 것이다<靷은 居覲反이다>). 左傳에 曰하길 '두 靷이 장차 끊어지려 함에도...(郵良曰: 我는 兩靷이 將絶에도 吾能止之러니, 我御之上也로다).'라 하였으니, 이것이다(孔氏曰: 驂馬의 頭는 衡에 當하지 않는지라, 則 二靷이 陰版上에 係하게 하여 驂馬로 하여금 그것을 引之하게 하는 것이다. <大叔于田>에서 云하길 '兩服齊首,兩驂如手'라 하니, 驂馬首는 服馬와 더불어 齊하지 않음이 明인 것이다. 左傳 襄公十四年에, 服虔云하길 '軥<멍에구>는 車軛이니, 兩邊에 馬頸이 有한다.'라 하니, 이렇게 一衡之下엔 오직 服馬의 二頸만이 有인 것이다. 哀公 二年云하길 '兩靷將絶'이라 하니, 이렇게 橫闌의 軛前에는 別도로 驂馬의 二靷만이 有인 것이다<橫訓闌,則直者衡者皆在內矣>). '文茵(수레깔개인)'은 수레 안의 앉는 바로, 虎皮의 요(褥:욕)인이다. '暢'은 긴 것이다. '轂(바퀴통곡)'이라는 것은 수레바퀴(輪) 중심으로, 밖으로는 바퀴살(輻)을 지탱하고 안으로는 굴대 축(軸)을 받아들이는 것이다. 大車의 轂은 1.5尺이고, 兵車의 轂은 길이가 3.2尺이기 때문에, 고로 兵車에서는 '暢轂'이라 曰함인 것이다(孔氏曰: 大車之轂보다 長함을 말함이다). '騏'는 검푸름(騏:기)의 문양이다(孔氏曰: 色의 青黑者엔 비단에선 綦<연두빛비단기>가 되고 馬名에서는 騏가 되니, 그 色이 綦文이 됨을 知인 것이다). 말의 왼쪽 발이 흰 것을 '주(騈)'라 曰한다. '君子'는 부인이 그 남편을 지목하여 말한 것이다. '溫其如玉'은 그를 아름답게 여긴 가사이다. '板屋'者는 西戎의 풍속엔 판자로써 집을 짓는다. '心曲'은 마음속 세세한 곡절의 처이다. ○西戎의 자들은 秦의 신하와 백성(臣子)들에겐 더불어 함께 하늘을 일 수 없는 바의 원수인 것이다. 襄公이 위로 천자의 명을 받들고 그 國人들을 통솔하여 가서 그들을 정벌하였기 때문에, 고로 그 從役하는 자들의 家人들이 먼저 수레와 갑옷의 성대함이 이와 같음을 과시한 이후에 그 私情으로 미쳤으니, 대개 義로써 군대를 일으킴에 즉 비록 婦人일지라도 또한 적에 다달음에 용감해야 함을 알고 원망하는 바가 없었던 것이다.

*참고: 수레 구조

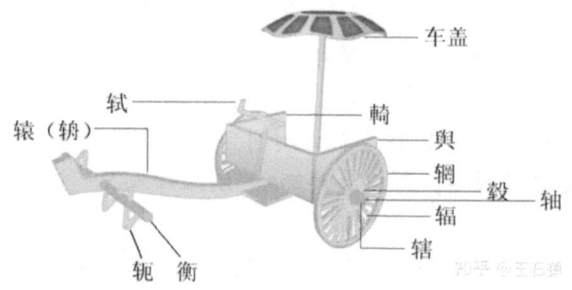

*참고: 바퀴의 구조

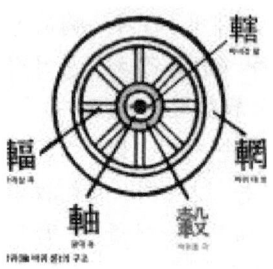

<출처: 수비니겨 날로쑤난 甲骨文>

朱子曰 襄公報君父之仇는 其所以不自己者거늘, 豈恔忿之心哉리오. 乃大倫之正과 天理之發하여 以大義驅其人으로 而戰之하니, 此襄公所以能用其人이고 而秦人所以樂爲之用也라.
朱子曰: 襄公이 君父之仇에 報함은 그 스스로 그칠 수 없는 까닭인 것이거늘, 어찌 恔忿(원망할기,忿怒而擊)의 心일 수 있었겠는가? 이내 大倫의 바름(正)과 天理를 發하여 大義로서 그 人을 驅하여 그들과 戰之하였으니, 此가 襄公이 能히 그 人을 用할 수 있었던 所以인 것이고, 秦人도 그것에 用되기를 樂하였던 所以인 것이다.

○安成劉氏曰 每章前六句는 誇車甲也고, 後四句는 私情也라.
安成劉氏曰: 每章의 前六句는 車甲에 誇인 것이고, 後 四句는 私情인 것이다.

11-03-02 ○四牡孔阜하니 六轡在手로다. 騏駵是中이오 騧驪是驂이로소니, 龍盾之合이오 鋈以觼軜이로다. 言念君子호니 溫其在邑이로다. 方何爲期리오. 胡

然我念之런가.
네 숫 말 심히 장대하나니 여섯 고삐(六轡) 춤추듯 손안에 있음이로다. 적마(赤馬)에 검은 갈기는 이렇게 복마(服馬)요 황마(黃馬)에 검은 입은 이렇게 참마(驂馬)로니, 용의 방패 쌍(合)으로 실음이오 참마 안쪽 고삐 옥(鋈)의 고리로 매임이로다. 그리운 군자 떠올리니 온화한 얼굴 오랑캐 읍(邑)땅 계심이로다. 장차 언제라야 돌아올 날 기약이런가? 어찌 그리도 나의 상념 극하게 하는가?

> 네 마리 숫말 씩씩하고 여섯 고삐 수레 끄네
> 가운데엔 얼룩말과 갈기 검은 붉은 말이
> 양옆에는 주둥이 검은 누런 말과 검은 말이 끌고가네
> 용 방패 쌍으로 싣고 백금고리에 말고삐 맸네
> 내 님을 생각하면 따뜻하게 계시겠지
> 그 언제나 돌아올까 내 마음은 오직 한 생각뿐

賦也라. 赤馬에다 黑鬣을 曰騅라. 中은 兩服馬也라. 黃馬에다 黑喙을 曰騧이라. 驪는 黑色也라. 盾은 干也니(孔氏曰 盾은 以木爲之라), 畫龍於盾하고 合而載之하여 以爲車上之衛하니, 必載二者는 備破毁也라. 觼은 環之有舌也라. 軜는 驂內轡也라. 置觼於軾前하여 以係軜인지라 故謂之觼軜하니, 亦消沃白金하여 以爲飾也라(孔氏曰 轡는 所以制馬令隨人意나, 驂馬欲入이면 則逼於脅驅인지라 內轡不須牽挽이니, 故知軜驂內轡係於軾前하고 其係之處에다 以白金爲觼也라). 邑는 西鄙之邑也라. 方은 將也니, 將以何時라야 爲歸期乎리오. 何로 爲使我思念之極也리오.

賦체이다. 赤馬에다 검은 갈기(鬣:렵)가 있는 것을 '騅(월다말류)'라 曰한다. '中'은 두 服馬이다. 黃馬에다 주둥이가 검은 것을 '騧(공골말과)'라 曰한다. '驪'는 흑색이다. '盾'은 방패(干)이니(孔氏曰: 盾은 木으로서 그것을 만든다), 방패에다 龍을 그리고선 두 개의 合으로 그것을 실어서 수레 위에 방패막이로 삼는 것이니, 반드시 두 개로 싣는 것은 파손과 훼손을 대비함이다. '觼(쇠고리결)'은 고리에 혀가 달린 것이고, '軜(고삐납)'은 驂馬의 내측 고삐이니, 觼(쇠고리결)을 軾 앞에 설치하여 軜의 고삐를 매달기 때문에, 고로 그것을 일러 觼軜이라 말함이니, 또한 白金을 녹여 부어 장식을 만듦이다(孔氏曰: 轡는 制馬하여 人意를 隨하게 할 수 있는 所以인 것이나, 驂馬가 入하고자 함이면 則 脅驅에 의해 逼인지라 內轡를 반드시 牽挽할 필요가 없으니, 故로 軜은 驂의 內轡를 軾前에다 係임을 知할 수 있고 그 係한 處에는 白金으로 觼의 고리를 만든다). '邑'은 西鄙의 邑이다. '方'은 장차이니, '장차 어느 때라야 돌아올 날 기약할 수 있을런가? 어찌하여 나로 하여금 思

念을 극도로 하게 할 수 있는가?'라 한 것이다.

11-03-03 ○俴駟孔群이어늘 厹矛鋈錞로다. 蒙伐有苑이어늘 虎韔鏤膺이로다. 交韔二弓하니 竹閉緄縢이로다. 言念君子하야 載寢載興호라. 厭厭良人이여. 秩秩德音이로다.
얇은 갑옷에 사마(四馬) 심히 조화롭거늘 삼지창 평평한 자루 백금 장식이로다. 꿩깃 장식의 방패(中干) 문채 나거늘 호피 활집에 말 가슴 쇠장식이로다. 활집에 두 활 교차해 넣으니 대나무 도지개 묶어둠이로다. 그리운 군자 떠올림에 자나 깨나 편치 못함이노라. 편안하고 진중하신 님이여! 덕담의 말씀도 정연하셨도다.

　　　　　얇은 갑옷입은 네 마리 말 백금장식 화려하네
　　　　꿩깃무늬 고운 방패 범무늬 활집에 쇠장식 달았네
　　　　　활집에는 활이 두 개 대나무 도지개 동여맸네
　　　　　내 님을 생각하니 자다 깨다 또 잠 못 이루네
　　　　온화하신 내님이여! 다정하신 그 말씀 사려깊었네

賦也라. 俴駟는 四馬皆以淺薄之金爲甲이니, 欲其輕而易於馬之旋習也라. 孔은 甚이고, 群은 和也라(孔氏曰 金甲堅剛일지나 則苦하여 其不和인지라, 故美其能甚群이니, 言和調也라. 物不和면 則不得群聚인지라, 故以和爲群也라). 厹矛는 三隅矛也라. 鋈錞는 以白金으로 沃矛之下端하여 平底者也라(孔氏曰 厹矛는 刃有三角하니, 鋈白金하여 飾其錞이라. 曲禮曰하길 進戈者는 前其鐏하고 進矛戟者는 前其鐓라하니, 是矛之下端者가 當有錞也라. 銳底曰鐏하고, 平底曰鐓이라<錞은 存이고 去聲이라>). 蒙은 雜也라. 伐은 中干也니, 盾之別名이라. 苑은 文貌이니, 畵雜羽之文於盾上也라. 虎韔은 以虎皮爲弓室也라. 鏤膺은 鏤金以飾馬하길 當胸帶也라. 交韔은 交二弓於韔中으로, 謂顚倒安置之니, 必二弓은 以備壞也라. 閉는 弓檠也니, 儀禮作䪐이라. 緄은 繩이고, 縢은 約也니, 以竹爲閉하고 而以繩約之於弛弓之裏하여, 檠弓體로 使正也라(孔氏曰: 儀禮旣夕에서 器之弓에 說明云하길 '有䪐'하고, 注云하길 '䪐弓檠也라. 弛則縛之於弓裏하니, 備損壞也라. 以竹爲之라'하니, 然則置弓䪐裏하고 繩係之라. ○廬陵李氏曰: 䪐狀은 如弓이라). 載寢載興은 言思之深而起居不寧也라. 厭厭은 安也고, 秩秩은 有序也라.
賦체이다. '俴駟'는 네 필의 말들에 모두 얇고 엷은 쇠로 된 갑옷을 만들어 입힘이니, 그 가볍게 해서 말들이 선회를 익히는 데에 용이하게 하고자 한 것이다. '孔'은 심함이요, '群'은 和함이다(孔氏曰: 金甲이면 堅剛일지나, 則苦하여 그 不和인지라 故로 그 能히 甚群임을 美한 것이니, 和調를 言함인 것이다. 物이 不和이면 則 羣聚할 수 없기 때문에, 故로 和로서 羣을 삼은 것이다). '厹矛(세모창구)'는 세모진 창이다. '鋈錞(창물미 대)'는 白金을 녹여 창의 下端에 부어 평탄한 바닥이 되게 하는 것이다(孔氏曰: 厹矛는 刃에 三角이 有하고, 白金을 鋈하여 그 錞를 飾함이다. 曲禮曰하길 '남에게 戈를 進하는 者는 그 후미의 鐏<창물미 준>을 前으로 하여 주고, 矛戟을 進하는 者는 그 후미의 鐓<창물미 대>를 前으로 하여 준다.' 라 하니, 이렇게 矛之下端者에는 當히 錞가 有인 것이다. 銳의 底를 鐏이라 曰하고, 平의 底를 鐓라 曰한다<鐏은 음이 存이고 去聲이다>). '蒙'은 섞임이다. '伐'은 중간 정도(中型)의 방패이니, 盾의 별명인 것이다. '苑'은 문채나는 모양이니, 여러 깃털의 무늬를 섞어 방패 위에다 그려 넣은 것이다. '虎韔(활집창)'은 虎皮로서 활집을 만든 것이다. '鏤膺(쇠불이장식루)'은 쇠불이 장식으로 말에 장식하길 가슴 띠에 당하게 함이다. '交韔'은 교대로 두 활을 활집에다 넣어두기를, 전도되게 그것을 安置해 둠을 말함이니, 반드시 두 활로 함은 파손에 대비하기 위함이다. '閉'는 활의 도지개(檠,경:활을 바로잡는 틀)이니, 儀禮에서는 䩛(비)로 쓰여 있다. '緄(띠곤)'은 노끈이요, '縢(밀봉할등)'은 묶는 것이니, 대나무로서 도지개(閉)를 만들고선 노끈(繩)으로써 풀어놓은 활 이면에다 묶으니, 활체에 도지개를 대어 활을 바로잡는 것이다(孔氏曰 儀禮 <既夕>에서 器之弓에 說明하여 云하길 '有䩛'라 하였고, 注에 云하길, '䩛는 弓檠이다. 弛하고서 則 弓裏에다 그것을 대어 縛之하니, 損壞에 備하기 위함이다. 竹으로서 그것을 為之한다.' 라 하니, 然則이면 弓을 䩛裏에 置하고선 繩으로서 그것을 係之인 것이다. ○廬陵李氏曰: 䩛狀은 弓과 같음이다). '載寢載興'은 그리움이 깊어 起居에 편안하지 못함을 말함이다. '厭厭'은 편안함이요, '秩秩'은 차례가 있음이다.

三山李氏曰 婦人謂夫하길, 乃安靜善人이여, 其德音은 又秩秩然有序컨대, 今乃從征役하여 我是以思念之也리오.
三山李氏曰: 婦人이 夫에 謂하길 이내 '安靜된 善人이여, 그 德音엔 또한 秩秩然히 有序이거늘, 今엔 이내 征役을 從인지라 我로 하여금 이렇게 思念을 극하게만 하는가?' 라 한 것이다.

小戎은 三章으로, 章十句이라.
小戎은 三章으로, 章마다 十句이다.

慶源輔氏曰 一章은 主言車이고, 二章은 主言馬이며, 三章은 主言兵器라. 所謂婦人은 必其卿大夫為將帥之妻也라. 蓋君子良人,溫其如玉,厭厭秩秩은 皆非士卒所能當也라. 極其憂思는 情也고, 無所怨刺는 義也니, 二者竝行而不相悖이라.

此詩所謂版屋者에서 可見是伐西戎時事인지라, 故先生於序下에서 雖以爲時世無所據而未可知나, 然於詩之首章下에 復以襄公爲說也라.
慶源輔氏曰: 一章은 車에 主하여 言한 것이고, 二章은 馬에 主하여 言한 것이며, 三章은 兵器에 主하여 言한 것이다. 所謂 '婦人'은 반드시 그 卿大夫 중에 將帥가 되었던 妻인 것이다. 대개 '君子良人 溫其如玉 厭厭秩秩'은 모두 士卒이 能히 當할 수 있는 바가 아닌 것이다. 그 憂思로 極함은 情인 것이고, 怨刺의 바가 없었던 것은 義인 것이니, 二者가 竝行이어도 不相悖인 것이다.
此詩의 所謂 '版屋'者에서 可히 이렇게 西戎을 伐하였던 時事임을 見할 수 있는지라, 故로 先生께서 <序>의 下에선 비록 時世에 據할 바가 없어 可히 知할 수 없다라고 여기셨으나, 그러나 詩의 首章 下에선 다시 襄公으로 說을 삼으셨던 것이다.

4. 蒹葭

11-04-01 蒹葭蒼蒼하니 白露爲霜이로다. 所謂伊人은 在水一方이로다. 遡洄從之나 道阻且長이며, 遡游從之나 宛在水中央이로다.
갈대(蒹葭) 을창하였더니 맑은 이슬 서리 변해 내림이로다. 소위 저이(伊人) 강 저편(一方) 계심이로다. 물길 거슬러 쫓고자 하나 길 막혀 또한 멀기만 하며, 물길 따라 쫓고자 하나 완연히 강 한복판 계심이로다.

갈댓잎이 푸릇하고 하얀 이슬 서리되네
그리운 그 사람은 강 저쪽에 있다하네
물길 거슬러 가려하니 길을 멀고 막혀있네
물길 따라 찾아갈까 물속에서 아른아른

賦也라. 蒹은 似萑而細하고 高數尺이니, 又謂之薕이라. 葭는 蘆也라(華谷嚴氏曰 蒹은 一名薕이고 又名荻이니, 一物而三名이라. 陸璣云하길 水草로 牛食之肥라. ○山陰陸氏曰 今人은 以爲簾箔이니, 因以得名이라. 葭는 蘆也, 葦也고 又名華하니, 一物而四名이라. 孔氏云하길, 初生爲葭하고, 長大爲蘆하며, 成則名葦라. 萑는 荻也고 又名雚하니, 亦一物而四名이라. 薕, 葭, 萑의 三物에 共十一名이라). 蒹葭未敗에 而露始爲霜이면, 秋水時至하여 百川灌河之時也라. 伊人은 猶言彼人也라. 一方은 彼一方也라. 遡洄는 逆流而上也고, 遡游 順流而下也라. 宛然은 坐見貌이라. 在水之中央은 言近而不可至也라. ○言秋水方盛之時에 所謂彼人者가 乃在水之一方하니, 上下求之라도 而皆不可得이라. 然不知其何所指也라.
賦체이다. '蒹(갈대겸)'은 억새(萑:물억새환)와 비슷하나 가늘고 높이는 數尺이니, 또한 薕(물억새렴)이라고도 부른다. '葭(갈대가)'는 갈대 蘆(노)이다

(華谷嚴氏曰: 蒹은 一名 薕<물억새렴>이기도 하고 또 일명 荻이라고도 하니, 一物에 三名인 것이다. 陸璣云하길 '水草로 牛가 그것을 食之하면 肥이다.' 라 하였다. ○山陰陸氏曰: 今人은 薕箔을 만드니<발렴,박:釋義에서는 簾子<발>로 여겼으니, 多로 竹과 葦로 編하여 成한다>, 이로 因해 得名하였다. 葭는 蘆<갈대>이고, 葦이며, 또 華라고도 名하니, 一物에 四名인 것이다. 孔氏云하길 '初生에선 葭가 되고, 長大해서는 蘆가 되며, 成해서는 則 名하여 葦라 한다.' 라 하였다. 萑<물억새환,풀많을추>은 菼<물억새담>이고, 또 名하여 騅(익모초추)라고도 하니<萑은 【唐韻】에서는 '職追切,音騅.' 라 하였다>, 또한 一物에 四名인 것이다<《疏》: 初生者为菼, 长大为薍《물억새완》, 成则为萑>. 薕(3),葭(4),萑(4)의 三物에 共히 十一名인 것이다). 蒹葭가 아직 시들지 않을 때에 이슬이 비로소 서리가 되면, 秋水가 時에 맞춰 이르러 모든 작은 하천마다 河水에다 물을 대기 시작하는 시기인 것이다. '伊人'은 彼人이라 말함과 같음이다. '一方'은 저쪽 一方인 것이다. '遡洄'는 물결을 거슬러 위로 오르는 것이고, '遡游'는 물결을 따라 아래로 내려가는 것이다. '宛然'은 앉아서도 보이듯 뚜렷한 모양이다. 강물 중앙에 놓여 있으면 가깝더라도 가히 이를 수 없음을 말한 것이다. ○가을에 배수가 바야흐로 盛할 때에, 소위 저 사람의 자가 이내 물속 一方에 있으니, 上下로 그를 구하고자 하여도 모두 가히 득할 수가 없음을 말한 것이다. 그러나 그 누구를 가리키는지에는 알 수가 없음이다.

*참고: 秋水時至
가을이 되어 때맞추어 물이 불어남. 번역문에서는 '때맞추어[時]'라는 번역어를 생략하는 것도 자연스럽다. 李頤는 "물은 봄에 생기고 가을에 성대해진다[水生於春 壯於秋]."고 풀이했는데 宣穎, 王先謙, 阮毓崧 등이 이 견해를 따랐다. 成玄英은 보다 상세하게 "큰물은 봄에 생기고 가을에 왕성해진다. 가을철에는 음기가 성대해져 궂은비를 내리게 하는 경우가 많기 때문에 가을철이 되면 물이 지극해진다[大水生於春而旺於秋 素秋陰氣猛盛 多致霖雨 故秋時而水至也]."고 풀이했고 福永光司, 金谷治, 赤塚忠도 거의 같은 견해를 제시했지만 이는 오행론에 기초한 사고방식에 기초하여 물이 많아지는 현상을 풀이한 것으로 다소 과장된 견해이다. 時至는 물이 때에 맞춰 불어남. 李勉은 "때에 맞춰 이름이다[及時而至也]."고 풀이했다. (전통문화 연구회. 장자 第17篇 秋水第1章)

11-04-02 ○蒹葭凄凄하니 白露未晞로다. 所謂伊人은 在水之湄로다. 遡洄從之나 道阻且躋며, 遡游從之나 宛在水中坻로다.
갈대 수북이 처량하니 맑은 이슬 아직 마르지 않음이로다. 소위 저이 강 둔치 계심이로다. 물길 거슬러 쫓고자 하나 길 막혀 또한 오르막이며, 물길 따라 쫓고자 하나 완연히 강 모래섬(坻) 계심이로다.

갈대숲 울창하고 맑은 이슬 촉촉하네
그리운 그 사람은 강 건너에 있다하네
물길 거슬러 가려하니 길은 멀고 험하다네
물길 따라 찾아갈까 모래섬에 아른아른

賦也라. 凄凄도 猶蒼蒼也라. 晞는 乾也라. 湄는 水草之交也라. 躋는 升也니, 言難至也라. 小渚曰坻이라.
賦체이다. '凄凄'도 蒼蒼과 같음이다. '晞'는 마를 乾이다. '湄(미)'는 물과 풀이 교차하는 곳이다. '躋'는 오름이니, 이르기(至) 어려움을 말함이다. 작은 모래톱(渚)을 '坻(머무를지)'라 曰한다.

11-04-03 ○蒹葭采采하니 白露未已로다. 所謂伊人이 在水之涘로다. 遡洄從之나 道阻且右며, 遡游從之나 宛在水中沚로다.
갈대 베여낼 만 하였더니 맑은 이슬 그치지 않음이로다. 소위 저이 강 가장자리(涘) 계심이로다. 물길 거슬러 쫓고자 하나 길 막혀 또 우회길 만남이며, 물길 따라 쫓고자 하나 완연히 물속 모래톱(沚) 계심이로다.

갈대숲 우거지고 맑은 이슬 맺혀있네
그리운 그 사람은 저 강기슭에 있다하네
물길 거슬러 가려하니 길이 막혀 뱅뱅도네
물길 따라 찾아갈까 모래톱에 아른아른

賦也라. 采采는 言其盛而可采也라. 已는 止也라. 右는 不相直하고 而出其右也라. 小渚曰沚이라.
賦체이다. '采采'는 그 盛해져 가히 채집할 수 있음을 말한 것이다. '已'는 그침이다. '右'는 서로 직면하지 못하고 그 오른편으로 갈라짐이다. 작은 모래톱(渚)을 '沚'라 曰한다(爾雅에 小洲曰渚하고, 小渚曰沚이라).

蒹葭는 三章으로, 章八句이라.
蒹葭는 三章으로, 章마다 八句이다.

5.終南

11-05-01 終南何有인고. 有條有梅로다. 君子至止하시니 錦衣狐裘삿다. 顔如渥

丹하시니 其君也哉삿다.
종남산에 무엇이 있음인고? 가래나무 매화나무로다. 군자 종남산 기슭 이르시니 여우 갖옷(狐裘)에 비단옷(錦衣) 받쳐 입으샷다. 안색 단심(丹心)으로 붉게 물드시니 그 군주다움이샷다.

종남산에 무엇이 있나 추자나무 매화나무
군자께서 오시네요 여우갖옷에 비단옷 입고
붉은 안색 윤기나니 정말 우리 군자로다

興也라. 終南은 山名으로, 在今京兆府南이라(京兆府는 即今陝西,西安府이라). 條는 山楸也니, 皮葉白色이고 亦白材理好하여 宜爲車版이라. 君子는 指其君也라. 至止는 至終南之下也라. 錦衣狐裘는 諸侯之服也니, 玉藻曰하길 君衣狐白裘하고 錦衣以裼之라(孔氏曰 玉藻注云하길, 君衣狐白毛之裘에 則以素錦爲衣하여 覆之使可裼也라). 渥은 漬也라(鄭氏曰 渥丹은 赤而澤也라). 其君也哉는 言容貌衣服이 稱其爲君也라. 此는 秦人美其君之詞로 亦車鄰,駟驖之意也라.

興체이다. '終南'은 산 이름으로, 지금의 京兆府 남쪽에 있다(京兆府는 即今의 陝西 西安府이다). '條'는 산의 楸(가래,호두)나무이니, 외피와 잎이 백색이고 재목은 희고 결이 좋아 車의 版을 만들기에 적당하다. '君子'는 그 군주를 가리킨다. '至止'는 終南山 아래에 이르름이다. '錦衣'와 '狐裘'는 제후의 복식이니, 예기 玉藻에 왈: <군주는 狐의 白裘로 상의를 입고서 錦衣로 어깨를 드러나게 입는다.>라 하였다(孔氏曰: 玉藻注에 云하길, '君은 狐의 白毛之裘로 衣하고서, 則 素錦으로서 衣를 만들어 그것에다 覆之하여 可히 裼하게 한다.'라 하였다). '渥'은 물듦이다(鄭氏曰: 渥丹은 안색이 붉게 물듦<澤>이다). '其君也哉'는 용모와 의복이 그 군주됨과 걸맞음을 말한 것이다. 이는 秦나라 사람들이 그 군주를 찬미한 가사이니, 또한 <車鄰>과 <駟驖>의 뜻인 것이다.

須溪劉氏曰 其君也哉도 亦似賦其始見이니, 也猶寺人之令也라.
須溪劉氏曰: '其君也哉'도 또한 흡사 그 始見함에 대해 賦함이니, 또한 마치 '寺人之令'과 같음이다.

11-05-02 ○終南何有인고. 有紀有堂이로다. 君子至止하시니 黻衣繡裳이샷다. 佩玉將將하시니 壽考不忘이로다.
종남산에 무엇이 있음인고? 깎아지른 산등성 평평한 분지로다. 군자 종남산 기슭 이르시니 불(黻)문양 상의에다 수(繡)놓은 하의 입으샷다. 패옥(佩玉)소리 장장하니 길이 장수로 안녕하길 잊지 못함이로다.

567

종남산에 무엇이 있나 산등성과 평지라네
군자께서 이르셨네 자수 예복 입으셨네
패옥 소리 쟁쟁하니 만수무강 빌어주네

興也라. 紀는 山之廉角也라. 堂은 山之寬平處也라. 黻之狀은 亞로, 兩己相戾也라. 繡는 刺繡也라(孔氏曰 黻皆在裳이나, 言黻衣者는 衣大名으로 與繡裳異其文耳이라). 將將은 佩玉聲也라. 壽考不忘者는 欲其居此位服此服하길 長久而安寧也라

興체이다. '紀'는 산 모서리의 각진 곳이다. '堂'은 산의 寬平한 처이다. '黻'의 형상은 亞이니, 두 己字가 서로 어긋나 등진 모습이다. '繡'는 刺繡를 놓은 것이다(孔氏曰: 黻의 문양이 모두 裳에도 在함이나, 黻衣라 言한 것은 衣는 大名으로 繡裳과는 더불어 그 文을 異하게 하였을 뿐이다). '將將'은 佩玉의 소리이다. '壽考不忘'者는 그 이 지위에 居하고 이 복식 입기를 長久하고도 安寧케 하고자 함이다.
*참고: 춘추좌전 桓公 二年참조
보불(黼:백흑으로 자수, 黻;흑청으로 자수)은 그 文章을 밝히기 위함.

終南은 二章으로, 章六句이라.
終南은 二章으로, 章마다 六句이다.

6. 黃鳥

11-06-01 交交黃鳥여. 止于棘이로다. 誰從穆公인고. 子車奄息이로다. 維此奄息이여. 百夫之特이로다. 臨其穴하야 惴惴其慄이로다. 彼蒼者天이여. 殲我良人이로다. 如可贖兮인댄 人百其身이로다.
안절부절 분주한 황조(黃鳥)여! 가시나무 위 앉음이로다. 누가 목공(穆公)의 순장 쫓음인고? 자거씨(子車氏)의 순식(奄息)이로다. 오직 이 순식(奄息)이여! 모든 장부 중 특출이로다. 그 구덩이 임하여 몹시 두려워 그 전율(戰慄)이로다. 저 푸르른 하늘이여! 우리의 선량한 이 다 거두심이로다. 만일 가히 바꿀 수 있을진대 사람들 백번이라도 그 몸소함이로다.

바삐 나는 저 꾀꼬리 가시나무위에 앉았도다
누가 목공 따라갔나 자거씨의 순식이네
오직 이 분 순식께선 백 사람 중 으뜸이네
그 묘혈 들어갈 제 두려워서 떨었겠지

저기 푸른 하늘이여! 우리 님을 거둬갔네
바꿀 수만 있다면야 몸이라도 백번 대신하리

興也라. 交交는 飛而往來之貌라. 從穆公은 從死也라. 子車는 氏이고, 奄息은 名이라. 特은 傑出之稱이라. 穴은 壙也라. 惴惴는 懼貌라. 慄은 懼이고 殲은 盡이며, 良은 善이고 贖은 貿也라. ○秦穆公卒에(孔氏曰 穆公名은 任好이라), 以子車氏之三子爲殉하니(孔氏曰 殺人으로 以葬環其左右를 曰殉이라), 皆秦之良也라. 國人哀之하여 爲之賦黃鳥컨대 事見春秋傳하니(見文公六年이라), 卽此詩也라. 言交交黃鳥는 則止于棘矣로다. 誰從穆公런가. 則子車奄息也로다. 蓋以所見起興也라. 臨穴而惴惴은 蓋生納之壙中也라. 三子皆國之良컨대 而一旦殺之하니, 若可貿以他人이면 則人皆願하길 百其身以易之矣라.

興체이다. '交交'는 날으며 왕래하는 모양이다. '從穆公'은 따라 죽는다는 것이다. '子車'는 氏이고, '奄息'은 이름이다. '特'은 傑出한 칭호이다. '穴'은 무덤 壙이다. '惴惴(췌)'는 두려워하는 모양이다. '慄'은 두려움이고, '殲'은 다하는 것이며, '良'은 善함이고, '贖'은 바꾸는 것이다. ○秦 穆公이 卒함에(孔氏曰: 穆公의 名은 任好이다) 子車氏의 세 자식으로 殉葬하였으니(孔氏曰: 殺人으로 그 左右에다 環하여 葬함을 '殉'이라 曰한다), 모두 秦나라의 善良한 사람이다. 國人들이 그것을 슬퍼하여 그들을 위해 黃鳥歌를 읊었건대 일이 春秋傳에 보이니(文公 六年에 見한다), 즉 이 詩인 것이다. <분주히 왕래(交交)하는 黃鳥는 즉 가시나무 위에 앉음이로다. 누가 穆公을 쫓음이런가? 즉 子車奄息이로다.>라 말하였으니, 대개 본 바로서 興을 일으킨 것이다. 구덩이에 임하여 두려워함은 대개 산채로 구덩이 속으로 넣기 때문이다. 세 사람 모두 나라의 善良한 자인데 하루아침에 그들을 죽이고 마니, 만약 가히 다른 사람으로 바꿀 수만 있다면, 즉 사람들 모두가 백번이라도 그 자신들이 그들과 바뀌여지길 원한다는 것이다.

11-06-02 ○交交黃鳥여. 止于桑이로다. 誰從穆公인고. 子車仲行이로다. 維此仲行이여. 百夫之防이로다. 臨其穴하야 惴惴其慄이로다. 彼蒼者天이여. 殲我良人이로다. 如可贖兮인댄 人百其身이로다.

안절부절 분주한 황조(黃鳥)여! 뽕나무 위 앉음이로다. 누가 목공(穆公)의 순장 쫓음인고? 자거씨(子車氏)의 중항(仲行)이로다. 오직 이 중항(仲行)이여! 백(百)의 장부 감당이로다. 그 구덩이 임하야 몹시 두려워 그 전율이로다. 저 푸르른 하늘이여! 우리네 선량한 이 모두 거두심이로다. 만일 가히 바꿀 수 있을진대 사람들 백번이라도 그 몸소함이로다.

바삐 나는 저 꾀꼬리 뽕나무 위에 앉았도다

누가 목공 따라갔나 자거씨의 중항이네
오직 이 분 중항께선 백 사람도 감당하네
그 묘혈 들어갈 제 두려워서 떨었겠지
저기 푸른 하늘이여! 우리 님을 거둬갔네
바꿀 수만 있다면야 몸이라도 백번 대신하리

興也라. 防은 當也라(東萊呂氏曰 訓防爲當者는 蓋如隄防之防水라). 言一人可以當百夫也라.
興체이다. '防'은 감당함이니(東萊呂氏曰: 防에 '當'으로 訓한 것은 대개 마치 隄防이 水를 防함과 같은 것이다), 한 사람으로 가히 百의 장부를 감당할 수 있음을 말한 것이다.

11-06-03 ○交交黃鳥여. 止于楚로다. 誰從穆公인고. 子車鍼虎로다. 維此鍼虎여. 百夫之禦로다. 臨其穴하야 惴惴其慄이로다. 彼蒼者天이여. 殲我良人이로다. 如可贖兮인댄 人百其身이로다.
안절부절 분주한 황조(黃鳥)여! 가시덤불 위 앉음이로다. 누가 목공(穆公)의 순장 쫓음인고? 자거씨(子車氏)의 겸호(鍼虎)로다. 오직 이 겸호(鍼虎)여! 백(百)의 장부 막아냄이로다. 그 구덩이 임하야 몹시 두려워 그 전율이로다. 저 푸르른 하늘이여! 우리들 선량한 이 다 거두심이로다. 만일 가히 바꿀 수 있을진대 사람들 백번이라도 그 몸소함이로다.

바삐 나는 저 꾀꼬리 가시덤불에 앉았도다
누가 목공 따라갔나 자거씨의 겸호라네
오직 이 분 겸호께선 백사람을 물리쳤네
그 묘혈 들어갈 제 두려워서 떨었겠지
저기 푸른 하늘이여! 우리 님을 앗아갔네
바꿀 수만 있다면야 이 몸 백번 대신하리

興也라. 禦도 猶當也라.
興체이다. '禦'도 當과 같음이다.

黃鳥는 三章으로, 章十二句이라.
黃鳥는 三章으로, 章마다 十二句이다.

春秋傳曰 君子曰하길 秦穆公之不爲盟主도 也宜哉로다. 死而棄民하니, 先王違世엔 猶貽之法컨대 而況奪之善人乎리오. 今縱無法하여 以遺後嗣하고 而又收其良

以死하니, 難以在上矣일진져. 君子是以로 知秦之不復東征也라. 愚按컨대, 穆公於此에 其罪不可逃矣라. 但或以爲穆公遺命如此에 而三子自殺以從라도 則三子亦不得爲無罪거니와, 今觀臨穴惴慄之言이면 則是康公이 從父之亂命하여 迫而納之於壙이니, 其罪有所歸矣라(董氏曰 陳乾昔子,魏顆는 皆從其治命하여 不以爲殉에 君子美之컨대, 然則康公得無罪乎리오. ○永嘉陳氏曰 穆公의 悔過自誓가 見於秦誓하니, 擧人之周에 用人之一라도 未易得이니, 如穆公者至從死一事하여 說者이면, 以爲穆公之命이 夫屬纊方亂하여 未可遽從하고, 帷堂未徹無所復請거늘, 以未可從之命而康公從之하니 是不孝也고, 以不可復請之命而康公行之니 是不仁也라).

春秋傳에 曰: <君子가 평하기를, '秦 穆公이 盟主가 되지 못함도 또한 마땅하도다! 죽으면서까지 백성을 버렸음이여! 死하면서까지 民을 버리고 말았으니, 先王께서 世上을 떠나심엔 오히려 法度로 끼치셨건대(詒), 하물며 善人을 빼앗을 수 있겠는가? 今에 방종(縱)의 無法으로 後嗣에 남겨주고, 또한 그 良人을 거두어 死하게 하였으니, 그 윗자리에 있음이 어려울진져!' 라 하였다. 君子가 이것으로서 秦이 다시 東征하지 못할 것을 알았다.>라 하였다. 내가 살펴보건대, 穆公은 이것에서 그 죄에 가히 도망할 수 없는 것이다. 다만 혹자가 穆公의 遺命이 이와 같음에 세 사람 스스로 죽음으로서 쫓았다고 여기더라도, 즉 세 사람도 또한 죄 없음을 득할 수 없거니와, 지금 '무덤구덩이에 임하여 전慄하였다.'는 말을 살펴본다면, 즉 이는 康公이 아버지의 亂命(병세가 깊어 혼미할 때의 명)을 쫓아 핍박하여 구덩이에 밀어 넣은 것이니, 그 죄에 귀결될 바가 있는 것이다(董氏曰: 陳乾昔의 子<尊己>와 晉魏武의 아들 魏顆<위과:결초보은>가 모두 그 治命을 從하고 殉으로 하지 않음에, 君子가 그것을 美之하게 여겼거늘, 然則이면 秦 康公이 無罪를 得할 수가 있겠는가? ○永嘉陳氏曰: 穆公의 悔過의 自誓가 서경 <秦誓>에 見하니, 擧人之周에 用人之一이라도 쉽게 得하지 않았으나, 마치 穆公과 같은 者도 從死케 한 一事에 至하여 說하자면, 穆公의 목숨(命)이 저 屬纊<솜을 코에 갖다 댐>에선 바야흐로 亂함이 되어 가히 갑자기 從할 수 없음이고, 장막을 두른 소렴의 堂에서 다시 請할 바 없이 물리쳐서도 안되거늘, 가히 從할 수 없는 명임에도 康公이 그것을 從之하고 말았으니 이렇게 不孝인 것이고, 가히 다시 請하는 命 없이 康公이 그것을 行之하였으니 이렇게 不仁인 것이다).

又按史記컨대, 秦武公卒에 初以人從死하여 死者六十六人이고, 至穆公遂用百七十七人코도 而三良與焉하니, 蓋其初가 特出於戎狄之俗여도 而無明王賢伯이 以討其罪라. 於是習以爲常하니, 則雖以穆公之賢而不免이라. 論其事者도 亦徒閔三良之不幸하고 而歎秦之衰이니, 至於王政不綱하여 諸侯擅命하고 殺人不忌가 至於如此여도 則莫知其爲非니, 嗚呼라 俗之弊也久矣여. 其後始皇之葬에 後宮

皆令從死하고 工匠生閉墓中커늘, 尙何怪哉리오.
또 史記를 살펴보건대, 秦 武公이 卒함에 처음으로 사람으로서 따라 죽게 하여 죽은 자가 66인이었고, 穆公때에 이르러 드디어 177인을 쓰고도 세 사람의 善良을 그들과 함께 하였으니, 대개 순장의 시초가 다만 戎狄의 풍속에서 나왔더라도 明王과 賢伯이 그 죄를 성토함이 없었기 때문이다. 이때부터 관습으로 항상됨을 삼으니, 비록 穆公의 현명함으로도 이에 면할 수가 없었다. 그 순장의 일을 논한 자도 또한 다만 三良의 불행을 불쌍히 여기고 秦의 쇠미해짐만 탄식하였으니, 王政이 벼리가 되지 못함에 이르러 제후들이 王命을 擅斷하고 殺人도 꺼리지 않음이 이와 같음에 이르렀어도, 즉 누구도 그 그릇됨이 되는 줄 알지 못하였으니, 아~ 슬프도다. 세속의 폐단이 오래됨이여! 그 후에 始皇帝의 장례에는 後宮들 모두를 쫓아 죽게 명하고, 工匠들도 산채로 묘 안에다 막아버렸거늘, 오히려 어찌 괴이함이 되겠는가?

朱子曰 始皇葬驪山下이라. 錮三泉하고, 令匠作機弩하여 有穿近者면 輒射之이라. 上具天文하고 下具地理라. 後宮無子者는 皆令從死하고, 工匠爲機者도 皆閉之墓也라.
朱子曰: 始皇을 驪山의 下에다 葬하였다. 三泉의 바닥에 구리를 녹여 부어 견고케 하고, 匠人으로 하여금 쇠뇌의 장치(機弩)를 作하게 하여, 무덤을 穿하여 접근者가 有일지면 문득(輒:첩) 射之케 하였다. 上으로는 天文을 具비하였고, 下로는 地理를 具비해 놓았다. 後宮의 無子인 者는 모두 從死케 令하였고, 工匠의 機를 만들었던 者들도 모두 墓에다 閉之하여 버렸다.

○安成劉氏曰 古之葬者엔 有明器하니, 但備物而不可用컨대, 如芻靈이 亦其類也라. 不幸流俗之弊하여 而至于作俑하고, 又不幸而至于用人이나, 然作俑者서도 夫子且以爲不仁하고 而謂其無後커늘, 況秦武公旣用殉하고 五傳至穆公而又用殉하니, 夫子之言이 反似無驗이나, 孰知穆公之後의 二十一傳至莊襄王에 而呂氏之子가 遂絶嬴氏之統리오. 維夫始皇不知所監하고, 驪山葬後未三年에 而呂氏之祀도 又絶하니, 嗚呼라, 不仁之禍가 及子孫如此이여.
安成劉氏曰: 古之葬者에는 明器를 有하였으니, 다만 備物케만 하고 不可用으로 하였건대, 마치 芻靈과 같음이 또한 그 類인 것이다. 不幸히 流俗에 弊단이 생겨 作俑으로 至하였고, 또 不幸히 用人에까지 至하였던 것이나, 그러나 作俑者에서도 夫子께서 또한 不仁이라 여기시고 그 無後로 말씀하셨거늘, 하물며 秦武公에서 이윽고 用殉하고, 五대로 傳하여 穆公에 至해서도 또 用殉하였으니, 夫子之言이 도리어 흡사 증험의 바가 없는 듯하나, 누가 穆公之後의 二十一로 傳하여 莊襄王(속설에 이미 임신한 여불위 애첩에게서 시황제를 낳음)에 至해서 呂氏之子가 드디어 嬴氏之統을 絶할 것으로 知하였겠는가? 오직 저 始皇도

監할 바를 알지 못하였고, 驪山에 葬한 後 아직 三年이 채 되기도 전에 呂氏 之祀도 또 絶되고 말았으니, 嗚呼라 不仁之禍가 子孫에 及함이 如此함이여!

7. 晨風

11-07-01 鴥彼晨風이여. 鬱彼北林이로다. 未見君子이라 憂心欽欽호라. 如何如何로 忘我實多리오.
높이 나는 저 신풍(晨風)의 새매여! 울창한 저 북림숲(北林) 찾아듦이로다. 아직 낭군 뵙지 못한지라 근심 잊을 길 없노라. 어찌 어떻게 나 잊길 실로 많은 날 할 수 있겠는가?

쏜살같이 나는 새매 울창한 숲 찾아드네
아직 임을 못 뵌지라 그리운 맘 하염없네
어찌 어찌 그러실까 나를 아주 잊으셨나

興也라. 鴥은 疾飛貌라. 晨風은 鸇也라(孔氏曰 陸璣云 似鷂하고 靑黃色이며, 燕頷句喙으로 嚮風搖翅하며, 乃因風飛라가 急疾擊鳥雀食之라). 鬱은 茂盛貌라. 君子는 指其夫也라. 欽欽은 憂而不忘之貌라. ○婦人이 以夫不在而言하길, 鴥彼晨風도 則歸于鬱然之北林矣컨대, 故我未見君子에 而憂心欽欽也라. 彼君子者는 如之何而忘我之多乎라하니, 此도 與庭寥之歌同意로, 蓋秦俗也라.
興체이다. '鴥(율)'은 빨리 나는 모양이다. '晨風'은 새매(鸇:송골매전)이다(孔氏曰: 陸璣云하길 '鷂<새매요>'와 흡사하고 靑黃色이며, 제비 같은 턱<燕頷>에다 굽은 부리<句喙>로 風을 嚮하였다가 날개<翅:시>를 搖하며, 이내 風으로 因해 飛하였다가 急疾로 擊하여 鳥雀을 食은한다). '鬱'은 무성한 모양이다. '君子'는 그 지아비를 가리킨다. '欽欽'은 근심하며 잊지 못하는 모양이다. ○婦人이 남편의 不在로 말하기를 '빨리 나르는 저 새매도 즉 울창한(鬱然) 北林으로 돌아가는데, 고로 나는 군자 뵙지 못함에 근심어린 마음 잊지 못함(欽欽)이로다. 저 군자의 者께선 어떻게 나 잊음을 오래도록 할 수 있는 것인가?'라 하니, 이것은 염이(庭寥:빈한한 가정살림)의 歌와 같은 뜻으로, 대개 秦의 풍속인 것이다.

*참고: 晨風
쏙독샛과의 새. 몸의 길이는 29cm 정도이며, 검은 갈색이고 복잡한 무늬가 있다. 입이 크고 부리와 다리는 짧다. 5~8월에 한 배에 두 개의 알을 낳는다. 시베리아에서 일본에 걸치는 동부 아시아에 분포하고 동남아시아에서 겨울을 보낸다. (출처:https://dict.wordrow.kr/)

安成劉氏曰 晉獻公滅虞에 百里奚亡秦하여 走宛컨대, 楚鄙人執之하자 秦穆公聞其賢하여 以五羖羊皮贖之하고 授以國政이라. 後因作樂하여 所賃澣에서 婦自言하길 知音呼之라하니, 援琴而歌曰하길, 百里奚여, 五羊皮로다. 臨別時에 烹伏雌하길 炊扊扅러니, 今富貴가 忘我爲로다. 因問之하자 乃其妻也라<伏은 扶富反이고, 禽抱卵이라>.

安成劉氏曰: 晉 獻公이 虞를 滅하자 百里奚가 秦을 도망하여 초나라 宛땅으로 走컨대(晋에서 穆姬의 잉신으로 秦에 보냄에 치욕으로 여겨 도망함), 楚의 鄙人들이 그를 執之하자 秦穆公이 그의 賢함을 聞하고, 五羖의 羊皮로 그를 贖之하고 國政으로 授하였다. 後에 樂을 연주함으로 因하여, 세탁<澣>으로 품을 파는(賃) 바의 婦가 自言하길 '知音하고 呼之할 수 있습니다.' 라 하니, 琴을 援하자 歌하며 曰하기를 '百里奚여, 五羊의 皮로다. 이별의 臨할 時에 어미닭(伏雌:母鷄) 烹하길, 문의 빗장(扊扅:염이)을 떼어 불 때었거늘(炊), 今의 富貴가 나를 忘케 함이로다.' 라 하였다. 이로 因하여 問之하자, 이내 그 妻였다 <伏는 '扶富反:품을 부'이고, 禽이 抱卵함이다>.

11-07-02 ○山有苞櫟이며 隰有六駁이로다. 未見君子이라 憂心靡樂호라. 如何如何로 忘我實多리오.
산엔 떨기의 상수리나무 있으며 습지엔 여섯 얼룩 가래나무로다. 아직 낭군 뵙지 못한지라 근심에 화락치 못하노라. 어찌 어떻게 나 잊길 실로 많은 날 할 수 있겠는가?

                    산에는 상수리나무 습지엔 가래나무있네
                    아직 임을 못 뵌지라 슬픈마음 울적하네
                    어찌 어찌 그러실까 나를 아주 잊으셨나

興也라. 駁은 梓楡也니, 其皮靑白이 如駁이라(陸氏曰 樹皮靑白이 駁犖하여 遙視면 似駁馬인지라, 故謂之駁이라). ○山則有苞櫟矣하고 隰則有六駁矣라(孔氏曰 王肅云하길, 言六은 據所見而言也라) 未見君子에 則憂心靡樂矣라. 靡樂은 則憂之甚也라.

興체이다. '駁'은 가래와 느릅나무(梓楡)이니, 그 외피의 靑白色이 마치 얼룩말과 같음이다(陸氏曰: 樹皮의 靑白이 얼룩색깔<駁犖:얼룩소락>이어서 멀리서 바라보면<遙視> 마치 駁馬와 같은지라, 故로 謂之하길 駁이라 한 것이다). ○ '산에는 즉 떨기로 자란 상수리나무 있고 습지에는 즉 六駁이 있거늘(孔氏曰: 王肅云하길 '六으로 言함은 見한 바를 據하여 言한 것이다), 아직 군자를 보지 못함에 즉 마음의 근심에 화락하지 않음이다.' 라 한 것이다. 즐겁지 않음은 즉 근심이 심했기 때문이다.

11-07-03 ○山有苞棣며 隰有樹檖로다. 未見君子이라 憂心如醉호라. 如何如何로 忘我實多리오.
산엔 떨기의 앵두나무 있으며 습지엔 돌배나무로다. 아직 낭군 뵙지 못한지라 근심에 술 취한 듯하노라. 어찌 어떻게 나 잊길 실로 많은 날 할 수 있겠는가?

산에는 팔배나무 습지엔 돌배나무있네
아직 임을 못 뵌지라 슬픈 마음 술취한 듯
어찌 어찌 그러실까 나를 아주 잊으셨나

興也라. 棣는 唐棣이라. 檖는 赤羅也니(山陰陸氏曰 其文細密如羅이라. 又有白羅이며, 皆文木이라), 實似梨而小하고 酢可食이라(陸氏曰 一名山梨하고, 一名鹿梨하며, 一名鼠梨이니, 極有脆美者이라). 如醉도 則憂又甚矣라.
興체이다. '棣'는 唐棣(棠棣:산앵두나무)이다. '檖(돌배나무수)'는 赤羅이니(山陰陸氏曰: 그 文의 細密이 마치 羅와 같다. 또한 白羅도 有하며, 모두 文이 있는 木이다), 열매는 배와 같으나 작고, 맛은 시어도 가히 먹을 수 있다(陸氏曰: 一名 山梨라 하고, 一名 鹿梨라 하며, 一名 鼠梨라 하니, 極으로 아삭하고 맛<脆美:연할취>이 있다). '如醉'도 즉 근심이 또한 심한 것이다.

晨風은 三章으로, 章六句이라.
晨風은 三章으로, 章마다 六句이다.

8. 無衣

11-08-01 豈曰無衣만 與子同袍리오. 王于興師어시든, 修我戈矛하야 與子同仇호리라.
어찌 무의(無衣)에만 그대와 함께 솜옷 두루마기 같이 하리오? 왕명으로 군사 일으키거든, 나의 모과(戈矛)의 창 수선하여 그대와 함께 짝 이루리라.

어찌 옷이 없다 말을 하리오 그대와 솜옷도 나눠 입으리
임금께서 군사 일으키면 짧은 창 긴 창 날을 갈아서
그대와 짝을 이뤄 일어나리라

賦也라. 袍는 襺也라(孔氏曰 玉藻云하길, 纊為繭하고 縕為袍라 하니, 純著新綿를 名為繭하고, 雜用舊絮를 名為袍이라). 戈는 長六尺六寸이고(周禮曰 戈柲는

六尺有六寸이니, 柲猶柄也라. 音秘이라), 矛는 長二丈이라(周禮曰 酋矛는 常有四尺라하니, 注에 八尺曰尋하고, 倍尋曰常하니, 常有四尺은 是二丈也라). 王于興師는 以天子之命而興師也라. ○秦俗強悍하여 樂於戰鬪인지라, 故其人平居而相謂曰하길, 豈以子之無衣而與子同袍乎리오. 蓋以王于興師면 則將修我戈矛하여 而與子同仇也라. 其懽愛之心이 足以相死如此이라. 蘇氏曰 秦本周地인지라, 故其民엔 猶思周之盛時하여 而稱先王焉이라(止齋陳氏曰 襄公攘西戎하고 救王室之難하여 得列諸侯인지라, 故秦雖遠處西垂라도 而其民엔 知有王室之尊, 王事之重이라. 東遷之後에 王室雖微라도 而在於人心者엔 未泯也라. 讀文侯之命者면, 歎平王之無志도 其有以哉인져). 或曰興也하여 取與子同三字爲義라하니, 後章妨此이라.

賦체이다. '袍'는 솜옷 襺(견)이다(孔氏曰: 玉藻云하길 '새솜<纊:광>'이 襺이 되고, 헌솜<縕:온>이 袍가 된다.'라 하니, 新綿을 純著함을 名하여 襺이라 하고, 舊絮<솜서>를 雜用함을 名하여 袍라 한다). '戈'는 길이 6尺 6寸이고 (周禮 冬官考工記에 曰: '戈의 자루<柲>는 六尺有六寸이다.'라 하니, 柲<音秘:솝길비>는 柄과 같음이다), '矛'는 길이 二丈이다(周禮曰: '추모<酋矛: 보병의 창>는 常有四尺<20尺>이다.'라 하니, 注에 八尺을 尋이라 曰하고, 倍尋을 常이라 曰하니, 常有四尺은 이렇게 二丈인 것이다). '王于興師'는 천자의 명으로 군사를 일으키는 것이다. ○秦의 풍속이 용맹하고 사나워 戰鬪하기를 즐기는지라, 고로 그 사람들이 평상시 居處함에 서로에게 일러 말하기를: <어찌 그대 옷 없음에만 그대와 함께 솜옷 두루마기 같이 하리오? 대개 왕명으로 군사를 일으키면, 즉 장차 나의 戈와 矛를 닦아 그대와 함께 같이 짝을 이루리라.>고 하였으니, 그 기뻐(懽)하고 사랑하는 마음을 족히 서로 죽음으로서 하길 이와 같았던 것이다. 蘇氏왈: <秦은 본래 周의 옛 땅이기 때문에, 고로 그 백성들에겐 오히려 주나라의 盛대하던 때를 그리워하여 그것으로 先王을 칭송하였던 것이다.>라 하였다(止齋陳氏曰: 襄公이 西戎을 攘하고 王室之難을 救원하여 諸侯와 반열을 得하였기 때문에, 故로 秦이 비록 遠으로 서쪽 변방<西垂>에 處했지만, 그 민에는 王室之尊과 王事之重함이 있음을 知하였다. 東遷之後에 王室이 비록 微하였지만, 人心에 在했던 것들이 아직 泯되지는 않았던 까닭이다. 서경에서 晉의 <文侯之命>者를 讀일지면, 平王之無志에 歎식도 그 까닭<以>이 有함일진져!). 혹자는 '興體'라고도 曰하여 '與子同'의 세 글자를 취하여 뜻을 삼기 때문이라 하니, 後章도 이와 같음이다.

11-08-02 ○豈曰無衣만 與子同澤이리오. 王于興師어시든, 修我矛戟하야 與子偕作호리라.

어찌 무의(無衣)에만 그대와 함께 속옷 같이 하리오? 왕명으로 군사 일으키거든, 나의 모극(矛戟)의 창 수선하여 그대와 더불어 함께(偕) 하리라.

어찌 옷이 없다 말을 하리오 그대와 속옷도 나눠 입으리
임금께서 군사 일으키면 긴창 가지창 날을 갈아서
그대와 함께 행동하리라

賦也라. 澤은 裏衣也니, 以其親膚하여 近於垢澤인지라 故謂之澤이라(澤은 卽襗이니, 古字通이라. ○說文曰 襗은 絝也니, 絝가 卽袴이라). 戟은 車戟也니, 長丈六尺이라(鄭氏曰 車戟은 常也라).
賦체이다. '澤'은 속옷이니, 그 피부에 친히 하여 垢澤과 가깝기 때문에, 고로 澤이라 이른 것이다(澤은 卽 襗<속고쟁이탁>이니, 古字엔 통용이다. ○說文曰: 襗은 絝<바지고>이니, 絝가 卽 袴<바지고>이다). '戟'은 車戟이니, 길이가 1丈 6尺이다(鄭氏曰: 車戟은 常<倍尋:16尺>이다).

11-08-03 ○豈曰無衣만 與子同裳이리오. 王于興師어시든, 修我甲兵하야 與子偕行호리라.
어찌 무의(無衣)에만 그대와 함께 하의(下衣) 같이 하리오? 왕명으로 군사 일으키거든, 나의 갑옷과 병장기 수선하여 그대와 함께 동행(偕)하리라.

어찌 옷이 없다 말을 하리오 그대와 바지도 나눠 입으리
임금께서 군사 일으키면 내 갑옷과 병기를 손질하여
그대와 함께 행동하리라

賦也라. 行은 往也라.
賦체이다. '行'은 감(往)이다.

無衣는 三章으로, 章五句이라.
無衣는 三章으로, 章마다 五句이다.

秦人之俗이 大抵尙氣槩,先勇力하여 忘生輕死인지라, 故其見於詩如此이라. 然本其初而論之면, 岐豊之地는 文王用之에 以興二南之化하여 如彼其忠且厚也라. 秦人用之에 未幾而一變하여 其俗至於如此하니, 則已悍然여도 有招(音翹 擧也)八州하여 而朝同列之氣矣하니, 何哉리오. 雍州는 土厚水深하여, 其民도 厚重質直하고 無鄭衛驕惰浮靡之習이니, 以善導之면 則易興起而篤於仁義하고, 以猛驅之면 則其强毅果敢之資가 亦足以彊兵力農而成富彊之業이니, 非山東諸國所及也라. 嗚呼라, 後世의 欲爲定都立國之計者는 誠不可不監乎此하고, 而凡爲國者도 其於導民之路에 尤不可不審其所之也라.

秦人의 풍속이 대체로 氣槪를 숭상하고 勇과 力을 우선하여 生을 잊고 死를 가벼이 여겼기 때문에, 고로 詩에서 나타난 것도 이와 같았던 것이다. 그러나 그 애초에 근본하여 논하면, 岐와 豊의 땅은 文王께서 그들을 다스림에 二南의 교화를 일으켜 저처럼 그 忠하고 厚하였던 것이다. 秦人이 그들을 다스린 지 얼마 안 되어 그 풍속이 一變하여 이와 같음에 이르렀으니, 즉 이미 사나움인데도 八州를 통틀어(招:음이 翹<꽁지깃교>이니, 舉이다) 同列의 제후들을 조회 들게 한 기상이 있었으니, 무엇인가? 雍州는 땅이 두텁고 물길 깊어, 그 백성들도 厚重하고 質直하여, 鄭,衛의 驕惰와 가볍고 화사(浮靡)한 풍습이 없었으니, 그들을 善으로 인도일지면 즉 쉽게 興起하여 仁義에 두터울 것이요, 猛으로 그들을 驅之일지면 즉 그 强毅와 果敢한 자품이 또한 족히 兵을 강하게 하고 農에 힘을 쏟게 하여 富彊의 業을 이루니, 山東(函穀關 동쪽의 땅)의 여러 나라가 미칠 수 있는 바가 아닌 것이다. 오호라! 후세에 나라를 세워 都邑을 定하고자 계획하는 자는 참으로 이것에 살피지 않아서는 불가하고, 무릇 나라를 다스리는 자도 그 백성을 인도하는 길(路)에 있어 더욱 그 가야할 바에 깊이 살피지 않아서는 불가한 것이다.

慶源輔氏曰 先生이 發秦人厚重質直之意,與夫強悍果敢之資하고, 及周秦所以導之者不同而皆易於有成하니, 先儒之所未及也라. 至謂後世之定都立國,當監乎此者는 又有感於藝祖皇帝之聖訓焉여도 亦嘗疑之이라. 堯與文武皆聖人也라. 然堯之風은 歷三代而尙有遺於晉이나, 至文武之風는 則一變爲秦而不復有遺者하니, 何哉리오. 蓋堯之時風氣는 方開純朴未散이니, 譬之人이면 則孩提之時也고, 至文武時해선 則其人壯大矣라. 今人이 於孩提之時敎之면 則雖老라도 大有不忘者이나, 至於年日益壯이면 雖強聒之라도 旋得旋失하여 終不能久而不忘也라.

慶源輔氏曰: 先生께서 秦人의 厚重質直之意와 저 強悍果敢之資로 發하시곤, 周와 秦이 그들을 導之한 것의 所以가 不同임에도 모두 有成으로 쉽게 하였음으로 及하였으니, 先儒들이 아직 及하지 않았던 바인 것이다. '後世之定都立國 當監乎此'者로 謂함에까지 至하였던 것은 藝祖(시조)의 皇帝(宋太祖)의 聖에게 그것으로 訓도이어도 또한 일찍이 그것에 疑之한 것에 감함이 있었기 때문이다(북송의 하남성 개봉부에 도읍). 堯와 文武께서는 모두 聖人인 것이다. 그러나 堯之風은 三代를 歷이어도 오히려 晉風에 遺함이 있었으나, 文武의 風에 至해서는 則 一變하여 秦風이 되어버려 다시 遺함을 두지 못하였던 것은 무엇인가? 대개 堯之時의 風氣는 바야흐로 純朴으로 開함에 未散이었던 것이니, 人에 譬之이면 則 孩提之時인 것이고, 文武時에 至해서는 則 그 人이 壯大인 것이다. 今人이 孩提之時에 그들을 敎之이면 則 비록 老라도 大로 不忘인 것이 有이나, 年日의 益壯에 至일지면 비록 強하게 그들에게 떠들썩하게(聒:괄) 할지라도 旋得하였다 旋失하여(得失에 모두 매우 快하게 됨을 形容) 終에는

能히 久함에 忘하지 않을 수 없는 것이다.

○疊山謝氏曰 幽王没于驪山하니, 此中國之大恥이고, 周家의 萬世不可忘之大讐也라. 讀文侯之命이면 可以知諸侯無復讐之志矣나, 獨無衣一詩만은 毅然以天下大義為己任하니, 其心忠而誠이고 其氣剛而大이며 其詞壯而直이라. 吾乃知岐豐之地는 被文武周公之化하길 最深하여, 雖世降俗末여도 人心天理는 不可泯滅者니, 尚異於列國也라.
疊山謝氏曰: 幽王이 驪山에서 没되었으니, 此는 中國之大恥이고 周家의 萬世토록 不可忘之大讐인 것이다. <文侯之命>을 讀일지면 可히 일반 諸侯에게는 復讐之志가 無하였음에 知이나, 유독 <無衣> 一詩만은 毅然하게 天下大義로 己任으로 삼았으니, 그 心이 忠而誠이고 그 氣가 剛而大이며 그 詞가 壯而直인 것이다. 吾가 이내 岐豐之地가 文,武,周公之化를 被하길 最로 深하여, 비록 世 降되고 俗末이어도 人心의 天理는 不可泯滅임을 知이니, 여전히 列國과는 異인 것이다.

○豐城朱氏曰 與子同袍는 恩愛相結於無事之時也고, 與子同仇는 患難相恤於有事之日也라. 先王之時엔 居而為比閭族黨之民하고, 出而為伍兩軍師之衆하니, 其所以使之相保相愛,相扶持者로, 要非一日之積矣라. 岐豐之地가 雖已屬秦여도 然猶有先王之遺民焉이니, 故其所以相告語者如此이라. 然曰王于興師는 則非從其君之私也고, 誠欲其君奉王命而為討賊復讐之擧也라. 惜也라, 周既不能以此而令諸侯하고, 秦復不能以此而匡王室코서, 卒之數傳之後에 討賊復讐之志는 既衰하고, 貪功謀利之心만이 益勝하여 而其囂然好戰之習하니, 非復先王之民더러 眞秦之民矣라.
豐城朱氏曰: '與子同袍'는 恩愛가 서로 無事之時에 結인 것이고, '與子同仇'는 患難을 서로 有事之日에서 恤인 것이다. 先王之時엔 居에 比,閭,族,黨의 民이 되게 하고, 出에 伍兩의 軍師之衆이 되게 하였으니, 그 그들로 하여금 相保相愛하여 서로 扶持케 한 所以인 것으로, 要컨대 一日의 積이 아닌 것이다. 岐豐之地가 비록 이미 秦에 屬이어도, 그러나 오히려 그곳에 先王之遺民들이 有하였으니, 故로 그 서로 告한 語의 所以인 것들이 如此하였던 것이다. 그러나 '王于興師'로 曰함은 則 그 君의 私를 從하고자 함이 아니라, 誠으로 그 君으로 하여금 王命을 奉하여 討賊과 復讐의 擧事를 위함인 것이다. 애석하도다. 周가 이윽고 能히 此로 하여 諸侯에 令하지 못하였고, 秦도 다시 能히 此로 하여 王室을 匡하지 못하고서, 卒에 數세토록 傳之한 後엔 討賊復讐之志가 이윽고 衰하고 말았고, 貪功謀利之心만이 더욱 勝하여 그 囂然히 好戰之習으로만 하였으니, 다시 先王之民이 아닐 뿐더러 眞으로 秦之民이고 말았던 것이다.

*참고: 伍兩
군대 조직의 단위인 오(伍)와 양(兩)을 아울러 이르는 말. 오는 군사 5인, 양은 25인을 단위로 함. (한국고전용어사전)

9. 渭陽

11-09-01 我送舅氏하야 曰至渭陽호라. 何以贈之런고. 路車乘黃이로다.
내 외삼촌 전송하러 위수(渭) 북쪽까지 이르렀노라. 무엇을 예물로 드렸던고? 제후의 수레에다 황색 사마(四馬)로다.

외숙님 전송하러 위수가에 이르렀네
어떤 예물 드렸던가 수레와 황색사마로다

賦也라. 舅氏는 秦康公之舅인 晉公子重耳也라(毛氏曰 母之昆弟曰舅라). 出亡在外에 穆公召而納之하니, 時康公爲太子되어 送之渭陽하며 而作此詩라. 渭는 水名이라. 秦時都雍에서 至渭陽者는 蓋東行送之於咸陽之地也라. 路車는 諸侯之車也라(董氏曰 巾車의 金路는 以封同姓하고 象路는 以封異姓하며, 革路는 以封四衛하고 木路는 以封蕃國하니, 皆諸侯也인지라 故人君之車를 曰路車이라). 乘黃는 四馬皆黃也라.

賦체이다. '舅氏'는 秦 康公의 외숙(舅)인 晉 公子 重耳이다(毛氏曰: 母의 昆弟를 舅라 曰한다). 망명으로 나서서 외국에 있었는데, 穆公이 불러 晉나라로 그를 들이(納)니, 당시 康公이 太子가 되어 渭陽에서 그를 보낼 적에 이 詩를 지은 것이다. '渭'는 강 이름이다. 秦의 당시 도읍인 雍에서 渭陽까지 이르렀다는 것은 대개 동쪽으로 가서 咸陽땅에서 그를 전송하였다는 것이다. '路車'는 諸侯의 수레이다(董氏曰: 巾車<베나 비단으로 幕을 쳐서 꾸민 수레>의 '金路'는 同姓 제후에게 封해주고 '象路'는 異姓에게 封해주며, '革路'는 四衛에게 封해주고 '木路'는 蕃國에게 封해주니, 모두 諸侯인지라 故로 人君之車를 路車라 曰함이다). '乘黃'은 四馬가 모두 黃色인 것이다.

*참고: 王之五輅
大輅는 玉輅也요, 綴輅는 金輅也요, 先輅는 木輅也요, 次輅는 象輅 革輅也라. 王之五輅에 玉輅는 以祀不以封하니 爲最貴요, 金輅는 以封同姓하니 爲次之요, 象輅는 以封異姓하니 爲又次之요, 革輅는 以封四衛하니 爲又次之요, 木輅는 以封蕃國하니 爲最賤이라. 其行也는 貴者宜自近이요, 賤者宜遠也라. 王乘玉輅하니 綴之者는 金輅也라, 故로 金輅를 謂之綴輅라. 最遠者는 木輅也라, 故로 木輅를 謂之先輅라. 以木輅爲先輅면 則革輅, 象輅 爲次輅矣라.

*참고: 路車之路
唐 孔穎達 疏: "路, 訓大也. 君之所在以大爲號, 門曰 '路門', 寢曰 '路寢', 車曰 '路車'; 故人君之車, 通以路爲名也."

華谷嚴氏曰 何以贈舅氏乎런가. 惟路車乘馬而已이라. 歉然猶以爲薄이나, 意有餘也라.
華谷嚴氏曰: 무엇으로 舅氏에게 贈해드렸는가? 오직 路車와 乘馬일 뿐이로다. 歉然히 오히려 薄로 여겼으니, 意에는 有餘인 것이다.

11-09-02 ○我送舅氏호니 悠悠我思로다. 何以贈之런고. 瓊瑰玉佩로다.
내 외삼촌 전송하니 나의 그리움 오래도록 머묾이로다. 무엇을 예물로 드렸던고? 제후의 패옥(玉佩)인 경괴(瓊瑰)로다.

외숙님 전송하니 나의 마음 사무치네
무슨 예를 드렸던가 옥구슬과 패옥이네

賦也라. 悠悠는 長也라. 序엔 以爲時康公之母穆姬已卒에, 故康公送其舅하며 而念母之不見也라(華谷嚴氏曰 送舅而有所思면, 則思母也라). 或曰穆姬之卒엔 不可考인지라, 此但別其舅에 而懷思耳이라. 瓊瑰는 石而次玉이라.
賦체이다. '悠悠'는 길게 함이다. 모씨 <序>에서는 당시 康公의 어머니 穆姬가 이미 卒하였기 때문에, 고로 康公이 그의 외삼촌을 전송하며 어머니 보지 못함을 생각했기 때문이라 여겼다(華谷嚴氏曰: 舅를 送함에 思하는 바를 有하였다면, 則 思母인 것이다). 혹자는 왈: <穆姬의 卒에 가히 상고할 수 없는지라, 이것은 다만 그 외숙과 작별하면서 그리움을 품었을 뿐인 것이다.>라 하였다. '瓊瑰(옥경,구슬괴)'는 石이면서 玉에 다음가는 것이다.

孔氏曰 瓊者는 玉之美名이지 非玉名也라. 瑰者는 美石之名이라. 瓊를 毛氏韻에선 赤玉이라
孔氏曰: 瓊者는 玉이 美하다는 名이지 玉名은 아닌 것이고, 瑰者는 美石之名이다. 瓊은 <毛氏韻增>에선 赤玉이라 하였다(說文도 이와 같다).

○曹氏曰 玉佩는 珩璜琚瑀之屬이라.
曹氏曰: 玉佩는 珩,璜,琚,瑀의 屬이다.
*참고: 패옥
잡패(雜佩)는 좌우(左右)의 패옥(佩玉)이다. 위에 가로댄 것을 형(珩)이라 하니, 아래에서 세 개의 끈을 매달고 진주조개를 꿰며, 가운데 끈의 중간에 하나

의 큰 구슬을 꿰니, 이것을 우(瑀)라 한다. 끝에 하나의 옥을 매다는데 두 끝이 모두 뾰족하니, 이것을 충아(衝牙)라 한다. 양 곁의 끈 중간에 각기 하나씩 옥을 매다는데, 길쭉하고 넓적하며 네모지니, 이것을 거(琚)라 한다. 그 끝에 각각 한 옥을 매다는데, 반벽(半璧)과 같으며 안으로 향했으니, 이것을 황(璜)이라 한다. 또 두 개의 끈으로 구슬을 꿰어 위로 형(珩)에 매달고, 양 끝은 아래로 우(瑀)에 교차시켜 꿰고 아래로 두 황(璜)에 매다니, 사람이 걸어가면 충아(衝牙)가 황(璜)에 부딪쳐 소리가 난다. 여씨(呂氏)가 말하기를 '비단 옥뿐만이 아니요 뿔송곳과 화경, 바늘과 대통 등 모든 찰만한 것들이 모두 이것이다.' 라 하였다.(集傳: 雜佩者, 左右佩玉也. 上橫曰珩, 下繫三組, 貫以蠙珠, 中組之半, 貫一大珠, 曰瑀. 末懸一玉, 兩端皆銳, 曰衝牙. 兩旁組半, 各懸一玉, 長博而方, 曰琚, 其末各懸一玉, 如半璧而內向, 曰璜. 又以兩組貫珠, 上繫珩, 兩端下交貫瑀而下繫於兩璜, 行則衝牙觸璜而有聲也. 呂氏曰, 非獨玉也. 觿燧箴(針)管凡可佩者皆是也.) 출처: 『詩經』「鄭風」, '女曰鷄鳴'. <자료: 크리에이티브커먼즈>

○慶源輔氏曰 讀是詩者는 見其情意周至이라. 言有盡而意無窮이니, 良心之發固如是也라.
慶源輔氏曰: 是 詩를 讀하는 者는 그 情意가 周로 至하였음을 見할 수 있는 것이다. 言에는 有盡이나 意에는 無窮이니, 良心之發이 固히 如是인 것이다.

渭陽은 二章으로, 章四句이라.
渭陽은 二章으로, 章마다 四句이다.

按春秋傳컨대, 晉獻公이 烝於齊姜하여 生秦穆夫人,太子申生하고, 娶犬戎胡姬하여 生重耳하고 小戎子에 生夷吾하며, 驪姬에 生奚齊하고 其娣에 生卓子이라. 驪姬譖申生컨대 申生自殺하고, 又譖二公子컨대 二公子皆出奔이라. 獻公卒에 奚齊,卓子繼立라가 皆爲大夫里克所弑에, 秦穆公納夷吾하니 是爲惠公이라. 卒에 子인 圉立하니 是爲懷公이라. 立之明年에 秦穆公又召重耳而納之하니, 是爲文公이라. 王氏曰하길, 至渭陽者는 送之遠也고, 悠悠我思者는 思之長也며, 路車乘黃,瓊瑰玉佩者는 贈之厚也라(疊山謝氏曰 送之遠,贈之厚에, 念母之心을 可見矣라). 廣漢張氏曰하길, 康公爲太子에 送舅氏하며 而念母之不見하니 是固良心也컨대, 而卒不能自克於令狐之役하니(安成劉氏曰 左傳,文公七年에 晉敗秦師于令狐<令音伶>이라), 怨欲害乎良心也라. 使康公知循是心하여 養其端而充之면, 則怨欲可消矣라.
<春秋傳>을 살피건대, 晉 獻公이 齊姜(아버지 무공의 첩)을 간음하여 秦 穆夫人과 太子 申生을 낳았고, 犬戎의 胡姬에게 장가들어 重耳를 낳았고 媵妾 小

戎子에서는 夷吾를 낳았으며, 驪姬에게는 奚齊를 낳고서 그의 여동생에서는 卓子를 낳았다. 驪姬가 태자 申生을 참소컨대 申生이 자살하였고, 또 두 公子를 참소컨대 두 공자(重耳,夷吾)는 모두 외국으로 망명하였다. 獻公이 죽자 奚齊와 卓子가 이어서 즉위하였다가 모두 大夫 里克에게 시해되는 바가 됨에, 秦 穆公이 夷吾를 晉나라로 들이니 이 사람이 惠公이 되었다. 혜공이 죽자 그 아들 圉를 제위로 세우니 이가 懷公이 되었다. 제위에 오른지 다음해에 진 목공이 또 重耳를 불러서 그를 晉나라로 들이니, 이 사람이 文公이 되었다. 王氏 왈: <渭陽에까지 이르렀던 것은 그를 송별하길 멀리까지 함이요, '悠悠我思'라는 것은 그를 그리워하길 오래도록 함이며, '路車乘黃 瓊瑰玉佩'라는 것은 보내드리길 후하게 한 것이다.>라 하였다(疊山謝氏曰: 送之하길 遠하고 贈之하길 厚함에서, 念母之心을 可見이다). 廣漢張氏왈: <康公이 太子가 되었을 적에 외숙을 보내며 어머니 뵙지 못함을 그리워하였으니 이렇게 참으로 良心이로되, 마침내 능히 스스로 令狐의 役을 이기지 못하였으니(安成劉氏曰: 左傳 文公七年에, 晉이 秦師를 令狐에서 敗하였다<令은 音이 伶이다:악공령>), 원망과 욕망이 良心을 해쳤던 것이다.>라 하였다. 만일 康公으로 하여금 이 마음을 쫓아서 그 사단(四端)의 선함을 기르고 그것으로 채워나감을 알게 하였다면, 즉 怨과 欲은 가히 사라졌을 것이다.

10. 權輿

11-10-01 ○於我乎에 夏屋渠渠로니, 今也엔 每食無餘로다. 于嗟乎라, 不承權輿여.
내게 넓고 큰 가옥으로 성대하였더니, 오늘엔 매번 음식조차 남길 수 없음이로다. 오호라, 초심의 예를 잊음이여!

나에게 고대광실 살게 하더니 지금은 끼니조차 잇기 어렵네
아 슬프구나! 그 마음 처음과 같지 않구나

賦也라. 夏는 大也라. 渠渠는 深廣貌라. 承은 繼也라. 權輿는 始也라(華谷嚴氏曰 造衡에 自權始이고, 造車엔 自輿始이라). ○此言其君始에 有渠渠之夏屋으로 以待賢者라가 而其後엔 禮意浸衰하여 供億寖薄러니(杜氏曰 供은 給이고 億은 安也라), 至於賢者每食而無餘라. 於是嘆之하며 言不能繼其始也라.
賦체이다. '夏'는 큼이다. '渠渠'는 깊고 넓은 모양이다. '承'은 이어 받음이다. '權輿'는 처음 비롯됨이다(華谷嚴氏曰: 衡을 造함은 權으로부터 始인 것이고, 車를 造함은 輿로부터 始인 것이다). ○이것은 그 군주가 처음에는 깊고 넓은 큰 집을 마련하여 현자를 대했다가, 그 후에는 禮意가 점차 쇠

해져 편안(億)을 제공(供)함이 점차 薄해져(杜氏曰: 供은 給이고, 億은 安이다), 賢者에게 매번 음식의 하사를 남길 수 없을 정도로 하기에 이르렀다. 이에 그것을 탄식하며 능히 그 처음의 마음을 잊지 못함을 말한 것이다.

11-10-02 ○於我乎에 每食四簋러니, 今也엔 每食不飽로다. 于嗟乎라, 不承權輿여
내게 매번 사궤(四簋)로 성대하였더니, 오늘엔 매번 음식조차 배불리 못함이로다. 오호라, 초심의 예를 잊음이여!

끼니마다 사궤성찬 성대하더니 지금은 한끼조차 배고픔이네
아 슬프구나! 그 마음 처음과 같지 않구나

賦也라. 簋는 瓦器로 容斗二升하며, 方曰簠하고 圓曰簋하니, 簠엔 盛稻粱하고 簋엔 盛黍稷이라. 四簋는 禮食之盛也라.
賦체이다. 簋(기장,피를 담는 제기궤)는 기와로 만든 그릇으로 한 되 2승을 용납하며, 모난 것을 '簠(보)'라 曰하고 둥근 것을 '簋'라 曰하니, 簠에는 稻粱을 가득 담고 簋에는 黍稷을 가득 담는다. '四簋'란 禮食을 盛大히 차림이다.

慶源輔氏曰 夏屋渠渠는 無不致其備也고, 每食無餘는 無一致其備也라. 每食四簋는 無不極其至也고, 每食不飽는 無一極其至也라. 其進銳者는 其退速이니, 惟有恒者라야 然後可久也라.
慶源輔氏曰: '夏屋渠渠'는 그 備로 致하지 않음이 없음이고, '每食無餘'는 一이라도 그 備로 致함이 없는 것이다. '每食四簋' 그 至極에 極度로 하지 않음이 없음이고, '每食不飽'는 一이라도 그 至極에 極함이 없는 것이다. 그 進銳者는 그 退에도 速이니, 오직 恒을 有한 者라야 然後에 可히 久일 수 있는 것이다.

權輿는 二章으로, 章五句이라.
權輿는 二章으로, 章마다 五句이다.

漢의 楚元王이 敬禮申公,白公,穆生에 穆生不嗜酒하자 元王每置酒에 嘗爲穆生設醴이라. 及王戊卽位에도 常設라가 後忘設焉하니, 穆生退曰하길 可以逝矣로다. 醴酒不設은 王之意怠로니, 不去면 楚人將鉗我於市라하고 遂稱疾이라. 申公,白公이 强起之曰하길, 獨不念先王之德歟인가. 今王이 一朝失小禮컨대 何足至此리오. 穆生曰하길, 先王之所以禮吾三人者는 爲道之存故也니, 今而忽之는 是忘道

也로다. 忘道之人과 胡可與久處하며, 豈爲區區之禮哉리오. 遂謝病去하니, 亦此 詩之意也라.

漢나라 때 楚元王이 申公과 白公과 穆生을 예로서 공경할 적에, 穆生이 술을 좋아하지 않자 元王은 매번 술을 차려 놓음에 일찍이 穆生을 위해 단술도 설치해 두었다. 왕무(王戊:元王의 손자)가 즉위함에 及해서도 항상 베풀다가 후에는 그것으로 베풀길 잊으니, 穆生이 물러나며 말하기를: <가히 떠남직(逝)하도다. 醴酒를 베풀지 않음은 왕의 뜻이 태만이로니, 떠나지 않는다면 楚人들이 장차 시장에서 나의 목에 찰날(鉗:겸)을 씌우리라.>고 하고서, 드디어 병을 칭하고 몸져누웠다. 申公과 白公이 그를 억지로 일으키며 왈: <그대는 유독 先王의 덕을 생각지 않을 수 있겠는가? 지금 왕이 하루아침에 작은 禮를 잃었다 하여, 어찌 족히 이에 이를 수 있겠는가?>라 하자, 穆生이 말하기를: <先王께서 우리 세 사람을 禮로서 하신 까닭인 것은 道를 보존하기 위한 연고 때문이니, 지금에 그것을 소홀함은 이렇게 道를 잊음이로다. 道를 잊은 사람과 어찌 가히 함께 오래도록 處하며, 어찌 區區한 禮로 할 수 있겠는가?>라 하고, 드디어 병으로 사퇴하고서 떠나가니, 또한 이 詩의 의미인 것이다.

慶源輔氏曰 引穆生之事爲證者는 推原詩人之心蓋本於此이라. 不然이면 則其所計者는 不過區區於安居餔歠之事而已이니, 恐非賢者之志也라.
慶源輔氏曰: 穆生之事까지 引하여 證을 삼았던 것은 詩人之心이 대개 此에 本하고 있음을 근원하여 미루어 나간 것이다. 不然이면 則 그 計하는 바의 것들이 安居와 餔歠(마실철)의 事로 區區함에 불과할 뿐인 것이니, 恐컨대 賢者之志가 아닌 것이다.

○疊山謝氏曰 秦君用賢에 禮貌衰여도 而不去하고 至于每食不飽하니, 豈非飢餓免死者乎리오. 其君固可刺나, 當時號爲賢者도 亦爲可恥矣라.
疊山謝氏曰: 秦君이 用賢에 禮貌가 衰하였는데도 不去하고 每食의 不飽에까지 至하고 말았으니, 어찌 飢餓에서 死를 免하려는 者가 아니겠는가? 그 君은 固히 可히 刺일 뿐이지만, 當時에 號하길 賢이라 하는 者도 또한 可恥함이 될 뿐인 것이다.

秦國은 十篇으로, 二十七章이고 一百八十一句이라.
秦國은 十篇으로, 二十七章이고 一百八十一句이다.

疊山謝氏曰 中國而純乎人欲이면 則化爲夷狄이고, 夷狄而知有天理이면 則化爲中國이라. 秦本戎狄으로 不得齒中國之會盟인지라, 春秋夷之이라. 邑於岐,豐하여 用文武成康之遺民하고 習文武成康之舊俗하여, 一旦惡人欲而崇天理하니, 其

發於詩者에도 有尊君親上之義하고 有趣事赴功之勇하니, 故季札聽其樂曰하길 是謂能夏이라. 能夏코도 始大憂하니, 其將有中國矣리오.
疊山謝氏曰: 中華의 國이고도 人欲에 純일지면 則 化하여 夷狄이 되고, 夷狄이라도 有天理에 知일지면 則 化하여 中華의 國이 될 수 있는 것이다. 秦은 本來 戎狄으로 中國之會盟에 齒함을 得하지 못하였기 때문에, 春秋에서도 그들을 夷之로 여겼던 것이다. 岐와 豊에 邑하여 文,武,成,康왕의 遺民을 등용하고, 文,武,成,康의 舊俗을 習하여, 一旦만에 人欲을 惡하고 天理를 崇하였으니, 그 詩에서 發한 것에도 尊君과 親上의 義가 有하고, 왕사에 나아가(趣事) 공을 세우고자 하는(赴功) 勇이 有하였으니, 故로 季札이 그 樂을 聽하고서 曰하길 '是를 謂하여 能히 문명(夏)을 이룸이다.' 라 하였던 것이다. 能夏이고서도 大憂의 始발점이 되고 말았으니, 그 將차 '中國'을 차지할 수가 있었겠는가?

*참고: 季札聽其樂(春秋左氏傳,襄公29년:B.C.544)
吳公子札來聘, 請觀於周樂 使工爲之歌周南召南 曰 美哉 始基之矣 猶未也 然勤而不怨矣. 爲之歌邶鄘衛 曰 美哉 淵乎 憂而不困者也. 吾聞衛康叔武公之德如是 是其衛風乎. 爲之歌王 曰 美哉 思而不懼 其周之東乎. 爲之歌鄭 曰 美哉 其細已甚 民弗堪也 是其先亡乎. 爲之歌齊 曰 美哉 泱泱乎大風也. 表東海者其大公乎 國未可量也. 爲之歌豳 曰 美哉 蕩乎 樂而不淫 其周公之東乎. 爲之歌秦 曰 此之謂夏聲. 夫能夏則大. 大之至也 其周之舊乎. 爲之歌魏 曰 美哉 渢渢乎 大而婉 險而易行 以德輔此 則明主也. 爲之歌唐 曰 思深哉 其有陶唐氏之遺民乎 不然何憂之遠也. 非令德之後 誰能若是. 爲之歌陳 曰 國無主 其能久乎. 自鄶以下 無譏焉. 爲之歌小雅 曰 美哉 思而不貳 怨而不言 其周德之衰乎. 猶有先王之遺民焉. 爲之歌大雅 曰 廣哉 熙熙乎 曲而有直體 其文王之德乎. 爲之歌頌 曰 至矣哉 直而不倨 曲而不屈. 邇而不偪 遠而不攜. 遷而不淫 復而不厭. 哀而不愁 樂而不荒. 用而不匱 廣而不宣. 施而不費 取而不貪. 處而不底 行而不流. 五聲和 八風平 節有度 守有序 德之所同也.

吳 公子 札이 來聘하였더니, 周나라의 樂에 觀하기를 請하거늘, 工으로 하여금 그를 위하여 周南 召南을 歌하게 하니, 曰: <美哉로다! 비로소 그곳에다 기틀(基)을 잡음에 오히려 未完인지라, 그리하여 勤하게 함에도 백성들이 不怨하는도다.>라 하였다. 그를 위하여 邶風과 鄘風과 衛風을 歌하게 하니, 曰: <美哉로다! 애절함이 깊음(淵)인져! 憂하면서도 困으로 여기지 않음이로다. 吾가 聞컨대 衛 康叔(周公弟)과 武公(康叔九世孫)의 德이 이와 같다라 하였으니, 是는 그 衛風일진져(二君德化深遠雖遭宣公懿公之亂亡民不至困)!>라 하였다. 그를 위하여 王風을 歌하게 하니, 曰: <美哉로다! 근심(思)하면서도 懼하지 아니하

니, 그 周가 東으로 갔을 때일진져(宗周隕滅故憂思猶有先王有風故不懼)!>라 하였다. 그를 위하여 鄭風을 歌하게 하니, 曰: <美哉로다. 그 細微해짐이 이미 甚하나니, 民은 삶을 堪당으로 못할지로니, 是는 그 먼저 亡함이 될진져(美其音譏其煩)!>라 하였다. 그를 위하여 齊風을 歌하게 하자, 曰: <美哉로다. 泱泱(弘大之聲)하노니, 大國의 風일진져! 東海에 表하는 者로니 그 大公일진져! 國運을 可히 量할 수 없을 따름이로다.>라 하였다. 그를 위하여 幽風을 歌하게 하니 曰: <美哉로다! 蕩이로다! 樂하면서도 不淫하니, 그 周公께서 東征하실 때일진져(周公遭管蔡之變東征三年)!>라 하였다. 그를 위하여 秦風을 歌하게 하니, 曰: <此를 일러 夏의 聲이라 하나니, 무릇 能히 夏하면 즉 大하게 되는지라, 大 중에도 至한 것이니, 그 周의 舊土일진져(襄公佐平王東遷受其故地故曰周之舊)!>라 하였다. 그를 위하여 魏風을 歌하게 하니, 曰: <美哉로다! 응장(渢渢:中庸之聲)함이로다! 大하면서도 婉하고, 險(儉)하면서도 易行하나니, 德으로서 此를 輔한다면 즉 明한 主가 되었으리라.>고 하였다. 그를 위하여 唐風을 歌하게 하니, 曰: <思에 深哉로다! 그 陶唐氏의 遺民일진져! 그렇지 아니하면 어찌 憂가 遠까지 하리오? 令德의 後가 아니라면 누가 能히 이와 같을 수 있으리오?>라 하였다. 그를 위하여 陳風을 歌하게 하였더니, 曰: <國에 無主하니 그 能히 久할 수 있겠는가(淫蕩無忌故曰無主)?>라 하였다. 鄶風으로부터 以下는 그것에 譏함이 없었다. 그를 위하여 小雅를 歌하게 하니, 曰: <美哉로다! 思함에도 貳로 하지 아니하고(思文武之德而不有貳心), 怨하면서도 言하지 아니하니(怨時政而不言), 그 周德이 衰함인져! 그래도 오히려 그곳에 先王의 遺民이 있음이로다.>라 하였다. 그를 위하여 大雅를 歌하게 하니, 曰: <廣哉로다! 화락(熙熙:和樂聲)함이여! 曲하면서도 直體가 있으니(論其聲), 그 文王의 德일진져!>라 하였다. 그를 위하여 頌을 歌하게 하였더니, 曰: <至極함이로다! 直하면서도 不倨(放肆)하며, 曲하되 不屈(卑下)하며, 邇하되 不偪하며, 遠하되 不攜(離心)하며, 遷하되 不淫(過分)하며, 復하되 不厭하며, 哀하되 不愁하며, 樂하되 不荒하며, 用하되 不匱하며, 廣하되 不宣(顯露,張揚)하며, 施하되 不費하며, 取하되 不貪하며, 處하되 不底(滯)하며, 行하되 不流하며, 五聲이 和하고 八風이 平하며, 節에 度가 있고 守함에 序가 있으니, 德이 同하는 바이로다.>라 하였다(頌有殷頌魯頌故曰盛德之所同).

1권 종료.

시경(詩 經)
詩傳大全 細註譯
삼천년 사랑의 노래(風) 1

초판 1쇄 인쇄 2024년 05월 01일
초판 1쇄 발행 2022년 05월 07일
지은이 石敬 張重德, 如園 許洵榮, 仁川濟 韓載林

펴낸이 김양수
책임편집 이정은

펴낸곳 도서출판 맑은샘
출판등록 제2012-000035
주소 경기도 고양시 일산서구 중앙로 1456(주엽동) 서현프라자 604호
전화 031) 906-5006
팩스 031) 906-5079
홈페이지 www.booksam.kr
블로그 http://blog.naver.com/okbook1234
포스트 http://naver.me/GOjsbqes
이메일 okbook1234@naver.com

ISBN 979-11-5778-643-5 (04140)
　　　　979-11-5778-642-8 (SET)

* 이 책은 저작권법에 의해 보호를 받는 저작물이므로 무단전재와 무단복제를 금지하
  며, 이 책 내용의 전부 또는 일부를 이용하려면 반드시 저작권자와 도서출판 맑은샘의
  서면동의를 받아야 합니다.
* 파손된 책은 구입처에서 교환해 드립니다.　　* 책값은 뒤표지에 있습니다.
* 이 도서의 판매 수익금 일부를 한국심장재단에 기부합니다.